문예신서
176

# 지방의 계몽주의

계몽 시대의 아카데미 사회와 문화, 1680-1789

다니엘 로슈

주명철 옮김

東文選

# 지방의 계몽주의

Daniel Roche

# Le siècle des lumières en province

Académies et académiciens provinciaux, 1680-1789

© 1978, EHESS

This edition was published by arrangement
with Editions De EHESS, Paris
through Imprima Korea Agency, Seoul

파리에서 본 지방은 결정적 변화를 겪고 있는 오늘날까지도 전혀 변하지 않는 것 같지만, 실은 늘 모습을 바꾸어 가고 있다. 따라서 파리인의 눈에는 이같은 이중성이 더욱 잘 드러날 수밖에 없다. 다시 말해 '이방인'으로서 파리인은 민족학자의 눈을 가지고, 지방 세계의 다양성을 거북하지만 아무런 문제 없이 직접 볼 수 있는 것이다. 예컨대 빛의 세기를 대변하는 아카데미 프랑세즈 회원을 계승한 현대 아카데미 회원을 만난 파리인은, 과거는 없어지지 않았다는 느낌을 강하게 받는다. 자기 앞에 버티고 선 파리인을 버릇없다는 듯이 희미한 시선으로 바라보고 있는, 옛사람의 초상화가 나란히 걸려 있는 아카데미의 엄숙한 방마다 과거는 살아 있는 것이다. 그것은 온갖 의전 행사와 예식 속에서 유지되고 있으며("……18세기초부터 우리는 매주 화요일에 만나고 있다……"), 역대 종신 사무총장의 온갖 편집증과 거동 속에 살아남아 있다. 이들은 친절하고 진정어린 지도자일 수도 있고, 아니면 호쾌한 세력가이며 때로는 잘난 체하는 현학자일 수도 있다. 그러나 이들은 가치 있게 생각되는 과거 속에 깊이 뿌리내린 세계의 보호자임을 자처하기도 한다. 지방 아카데미는 우리가 모르는 역사적 간계에 의해 오랜 세월에 걸쳐 결정된 시간의 거품처럼 남아 있다. 이 책의 목적은 이러한 유산을 발견하고, 이러한 전통을 이해하는 데 있다. 거기서 우리는 무엇보다도 언젠가 사라질 공유 재산의 특징이라 할 문화를 볼 수 있기 때문이다. 더욱이 이 공유 재산에 대해서 생각해 볼 때, 아카데미 회원은 누구나 설령 그가 지방 아카데미 회원이라 할지라도, 여전히 '초록색 옷을 입은 사람'으로 남아 있음을 상기하게 된다. 이야말로 집단 기억의 역설임이 분명하다. 집단 기억은 이미 한물 지나간 제복에서 더욱 먼 옛날에 대한 추억을 되살리는 힘을 주고 있는 바, 그 힘은 소중한 자유를 가지고도 지켜내지 못한 것이다. 오늘이 어떻게 생겨났는지 위로 거슬러 올라가서 찾고, 자기 시대를 더 이상 지배하지 않게 된 정지된 역사 저편을 바라보며, 지방 아카데미 회원이 아직도 예사로운 이야기의 주제로 존재하지 못한 시대의 신선함을 재발견하는 작업, 이것이 본 연구를 이끌었다.

본 연구는 애당초 다음과 같은 세 가지 기본 문제를 가지고 출발했다. 첫째 문화 계급, 말하자면 독서와 토론을 하는 특권 집단, 한 마디로 말해서 여론과 대중을 조직하는 사람들의 크기를 정확히 판단할 것, 둘째 지방의 문단을 활발하게 만들어 준 온갖 동기를 이해할 것, 끝으로 지방 문단의 여러 가지 의사 표시와 의도 속에 나타난 거동을 분석할 것이다. 이러한 작업은 실제로 어떤 문화의 본질을 파악하는 일이다.

이를 위해 다음과 같은 방법을 고르지 않을 수 없었다. 우선 이 모험을 성공리에 끝마치도록 도와 줄 아주 일관성 있고 쉽게 접근할 수 있는 일정 분야의 고문서를 찾아야 했다. 지방의 학술 단체들은 공공 또는 개인의 고문서 보관소에 소장되어 있는 엄청난 양의 서류와 함께 모습을 드러낼 게 분명했고, 수백 명 석학의 업적을 놀랄 정도로 증명해 주는 방대한 도서 목록도 본 연구의 앞길을 열어 주었다. 막대한 사료 덕분에 전국에 대해서도 유효한 결과를 끌어낼 만큼 일관성을 가진 증거를 찾을 수 있었다. 그 결과 32개 지방 중심지의 사회문화적 분위기를 재조직할 수 있었다.

그리고 나서 방법론을 명확히 할 필요가 있었다. 다시 말해서 도시 사회의 다양한 면모와 모든 학회의 흥미있는 독창성을 최대한 비교 연구할 필요가 있었다. 관련된 인원과 업적의 수량을 사료에서 직접 찾아냄으로써 회원 구성의 모범적 체계를 파악함은 물론, 그들의 주요 관심을 일일이 열거할 수 있게 되었다. 간단히 말해서 여러 가지 주요 계열의 문서를 조직적으로 사용하고 비교할 수 있게 되었던 것이다. 거의 6천 명에 달하는 인원을 파악하고, 회기중에 낭독된 2만 종 이상의 저작 목록을 작성했으며, 약 2천 개에 달하는 현상 논문 계획을 재발굴하여 조사한 결과, 사회적 요구의 중요성과 사상적 생활의 공통 규모를 밝힐 수 있었다.

끝으로 연구 대상의 시기를 결정할 필요가 있었다. 1680년대는 출발점으로 가장 알맞은 시기였다. 이때는 본질적으로 남프랑스가 학회 창설이라는 첫번째 물결을 맞이한 시기라 할 수 있다. 그리고 폴 아자르가 지적 했듯이 두 세기의 접점인 17세기말이야말로 유럽에서 가장 강한 지적 변화가 있었던 시기 가운데 하나라는 부수적 이유를 들 수 있다. 쇼뉘와 함께 우리는 이 시기를 통해 새로운 근대성이 나타나는 순간을 읽고 고민했던 사회 정예(여기서는 명사들의 사회 집단을 뜻한다) 계층에 주의를 기울일 수 있다. 도착점은 스스로 나타나게 마련이다. 제헌의회가 활동한 여름은 사회 전체뿐만 아니라 모든 학술 단체에 대해서도 중요한 변화를 예고해 주는 시점이었다. 이미 모든 학회에 대해 위기라 할 수 없다 해도 역류가 몰아닥쳤고, 학회원들이 간절히 바라던 모든 개혁의 희망은 시들해졌으며, 꿈은 이루어지지 않았다. 국민공의회의 법령에 의해 전국의 아카데미가 공식 폐지되었다. 그 결과 옛날에는 명사들의 닳아 해진 문화를 누리지 못하던 사람들이 발언권을 얻은 그 순간부터 자신의 존재 이유를 상실한 집단은 심한 타격을 받게 되었다. 17세기말부터 혁명기까지 아카데미는 수와 분석에 의해 파악할 수 있는 통일성과 일관성을 지닌 집단 정신 자세를 구축하였다.

이러한 선택에 맞추어 연구의 순서가 다음과 같이 결정되었다. 제I부에서는 지방 아카데미 활동의 깊은 본질을 발견하고, 제II부에서는 지방 지식인의 지성에 영향을 끼친 사회문화적 요소를 분석하고자 했다. 먼저 각 단체의 기원을 칭송하는 기본적인 '성인전'의 전통에서 출발하여 창립 사건이 지역 공동체의 어떤 부분을 반영했는지, 곧 그 사건은 어떤 형태의 사교성을 통해 착수되었으며, 어떤 정신적 응집력을 지향하고 있었는지를 밝히고자 했다. 그러한 단체를 설립하기 위한 준비 과정이 설립 원인과 다르다 할지라도, 그 과정에서 우리는 설립에 필요한 여러 가지 조건이 사전 조정되고 있었음을 보게 될 것이다. 아카데미는 어떻게 생겨나며, 어째서 여기서는 성공하는데 저기서는 실패하는 것일까? 지방 사정을 되돌아본다면, 유행처럼 퍼지다가 필수품이 된 것이 무엇인지 밝힐 수 있고, 어떻게 해서 계몽주의가 도시의 산물이었는지 더욱 잘 이해할 수 있을 것임에 틀림없다. 아카데미는 자신의 관행·관습·권리·계층·기능과 함께 도시의 중심지에 설립되었다. 이처럼 도시에 설립된 아카데미는 그에 따라 어떤 관

습을 가지게 되었고, 권력이 발행하는 담화와 저술가의 증언, 권위 있는 찬
미의 연설문 속에 나타난 이념을 전제 조건으로 가지게 되었다. 이렇게 볼
때 우리는 아카데미 정신을 세계와 사물의 질서에 대한 시각이자 지성을
갖추는 일로, 모범적인 정치와 인간의 심상으로 묘사할 수 있을 것이다.

　제II부에서는 모든 현실을 다루었다. 여기서는 세 가지 문제를 해결하고
자 노력했다. 첫째 아카데미 활동의 사회학적 토대는 어떤 것인가? 이 점
과 관련해서는 단체가 자체적으로는 물론 도시 사회 전체와 맺은 관계 속
에서 어떤 일관성을 지니고 있는지 인식하는 일이 무엇보다도 중요하다.
둘째 다른 문화 단체와 비교해 볼 때, 아카데미 사회의 독창적 성격은 무
엇인가? 일부 단체는 프리메이슨처럼 공통의 사교성과 관계가 있었고, 일
부 단체는 몇몇 농학회나 파리의 몇몇 중요한 아카데미와 마찬가지로 행
정부의 활동이나 군주에 대한 봉사의 성격을 지니고 있다. 그리고 또 어
떤 단체는 여론의 형성과 백과전서파, 정기 간행물의 독자와 도서 구독
신청자, 서신을 주고받는 사람들의 세계와 같은 문인 공동체 조직의 형성
과 관계가 있었다. 요컨대 이러한 분류 작업의 목적은 공간을 세분화하여
문화 전파의 사회학을 시도해 보는 데 있다고 하겠다. 끝으로 모든 활동을
분석하여 재구성할 수 있는 문화의 모범이 보여 주는 주요 특성은 무엇이
며, 아카데미 정신에서 타성과 개혁은 어떻게 상호 적응하는가? 여기서의
의도는 지성적 열성이 대체로 의미하는 바가 무엇인지 다시 생각하고, 그
것이 형성되고 있는 역사 전체에서 어떤 역할을 하는지 자리를 매기려는
데 있다. 말하는 사람들의 역사를 다시 한 번 주제로 삼는 목적은 발언권
을 얻지 못한, 모든 이의 큰 바다 가운데 격리되어 있던 그 사람들에게
진정한 자리를 되찾아 주려는 데 있을 뿐이다.

　이 연구가 나오게 되기까지 여러분의 도움이 있었다. 그러한 도움을 열
거하는 일은 지극히 당연하다. 누구보다도 먼저 알퐁스 뒤프롱 선생님께
감사한다. 나는 그분께 큰빛을 졌다. 그리고 나를 가르쳐 주신 피에르 구
베르·에르네스트 라브루스·장 뫼브레·알베르 소불 선생님들께도 감사
의 뜻을 전한다. 두번째로 형제 같은 우애로 나를 도와 준 로제와 안 마
리 샤르티에 부부·자크 뒤파키에·프랑수아 퓌레·모리스 가르당·도미

니크 줄리아·자크와 모나 오주프 부부·장 클로드와 미셸 페로 부부·
자크 프루스트·장과 미셸 보벨 형제·콜레트와 에릭 발테 부부 같은 친
구들에게 감사한다. 세번째로 나는 모든 학생·동료·친구·동학들에게도
빚을 졌다. 그들은 내게 자신감을 주려고 노력했으며, 그 결과 내 작업을
집단의 차원으로 높여 주었다. 그들은 기 부르데·미셸 보데·다니엘 불
레·미레유 코르비에·크리스티앙 데플라·도미니크 지라르댕·장 프랑
수아 자쿠티·실비와 장 크리스토프 르브르통 부부·장 피에르 마르탱·
장 피에르 피터·장 피에르 푸수·아니와 알랭 슈나프 부부·미셸 토
캉·장 바소·미레유와 베르나르 뱅상 부부이다. 끝으로 나를 받아 주고
도와 준 모든 학회의 사무총장과 관계자, 그리고 나를 후원해 준 국립도
서관, 지방 고문서 보관소, 지방 도서관, 생클루고등사범학교, 국립과학연
구소, 고등연구원의 제6부 관계자께 감사의 뜻을 전한다.

# 제1부
## 아카데미 운동

# 1

# 아카데미의 설립

　문학 공화국은 역설에 찬 의문투성이의 나라이다. 여러 단체와 문학 모임·독서실이 생기고, 가장 복잡한 수준에서 여러 아카데미가 나타난 결과 18세기부터 질문의 물결이 일게 되었다. 《아카데미론》[1]을 쓴 무명의 저자는 거기서 18세기의 특징을 보았다. 그러나 그는 아카데미가 도처에 존재하는 현상이 왜 일어나게 되었는지 의심을 품기 전에, 아카데미의 역사가 형성되는 순간, 다시 말해 아카데미의 창설[2]에 관하여 해학적이고도 구체적으로 묘사하고 있다. 어떤 도시에 재사(才士, bel esprit)가 되고 싶어하는 두 사람이 있었다고 가정하자. 그들은 그 순간부터 '신문에 나고 싶어 근질근질하여' 참을 수 없게 된다. 그리하여 그들은 '식사와 점잖은 모임' '노름과 음악' 모임을 만들어 '장관·대법관·학장·의장'을 불러모은다. 거기다 '나라의 위대한 인물에게 보호자의 자격을 부여하고' 연감에까지 자기네 이름을 올려야 직성이 풀린다.

　이러한 빈정거림 뒤에서 어쨌든 본질적으로 지방 아카데미가 태어나도록 주관하는 근본 성격 몇 가지가 모습을 드러내고 있다. '재사'라는 말은 사교성과 도시성의 틀을 생각나게 한다. '재사'는 그 틀 속에서 일정한 수의 사교 활동을 하는 동시에, 사회적으로 각 도시의 교양인과 지도자 계층에 소속해 있기 때문이다. 설령 문화상의 동기가 아직 분명히 드러나지 않았다 해도, 출발의 방식은 이미 제시되고 있다. 사회의 응집력으로 말미암아 꼭 필요한 도움을 추구하고 얻어내는 일이 가능했기 때문이다. 그들이 성공을 거두게 되면서, 그때까지 바친 노력은 더욱 빛을 발하게 되었다. 지방의 연감과, 18세기초까지만 해도 파리에서만 발행되다가 세기말에 이르러 지방에까지 확산된 정기 간행물에서는 프랑스 왕국 안팎의 문인과 문학 애호가에게 정보를 제공하기 위해 프랑스의 문화 지도 위에 새로운 요소가 나타났음을 기록했다. 이 지점에 도달하여 우리는 아카데미를 설립한다는 일은 그 시대의 어떤 질서를 위하여 대신 소송을 제기하고, 안정을 위하여 조직을 만들며, 일상 생활의 끊임없는 박자에서 벗어나는 일이자 불후의 명성을 꿈꾸는 일이라고 말할 수 있다. 지방민의 의식 속에서 아카데미 프랑세즈의 화려하고 거만한 표어가 직접 메아리치고 있었다. 도시 생활의 빠른 박자에 맞추어, 아카데미의 창설이라는 두드러진 사건은 곧 영구성이라는 의미와 함께 풍부해졌다. 혁신에 비할 설립 행위는 눈부시고 중요한 사실이며, 비조직에서 조직으로, 비규칙에서 규칙으로, 덧없는 것에서 결정적인 것으로 옮아가는 일로서, 장래의 아카데미 회원으로 하여금 학술 출판물의 차례에서 자기 이름을 보고 느끼는 단순한 허영심을 훨씬 뛰어넘어 정신상의 변화를 겪게 만들지도 모른다. 그러한 현상은 문화 기관과 호의적인 환영의 분위기가 없다면 발전하지 못할 지적 중심지가 차례로 늘어나는 것을 예상케 한다.

전통을 수립하는 창립 사건이 있은 뒤에는 거의 언제나 그에 관한 이야기가 출간된다. 연설과 보고서가 일차적인 역사——대부분의 경우 성인전 냄새가 나는 역사로서, 그 형태나 목적을 통해 그것을 쓰는 집단의 사회심리학적 정신 자세를 보여 주는 역사——를 이룬다. 대부분의 경우 사건의 흐름을 간추려서 그리고 있는 아카데미의 역사는, 몇몇 단체에서 발간한 보고서는 물론 손으로 쓴 등록부에서도 무시할 수 없는 자리를 차지하고 있다. 사람들은 자연스러운 대화중에 그 사건을 곱씹는다. 그 사건을 기초적인 행위이자 출발점으로 내세우면서 인정하고, 새로운 질서의 설립을 축하하는 가운데 그 사건을 축성한다. 성인전 같은 이야기는 아카데미가 새로 생겼음을 확인해 주며, 사실의 연대기는 그 학회에 관한 인사말인 동시에 존재 선언이라 하겠다. 1744년, 루앙의 시드빌은 첫 회의 때 읽은 연설문에서 이렇게 외쳤다. "여러분, 마침내 이 세상 모든 사람과 두루 교류를 갖는 일로 명성이 자자한 우리 고장은 이제 온갖 예술과 사귐으로써 자신을 드러낼 것입니다. 노르망디의 수도는 이제 더 이상 문학 아카데미를 갖는 영광에 대해 다른 도시를 부러워하지 않을 것입니다……" 시드빌은 루앙의 영광스러운 문학적 과거 속에 아카데미 설립의 뿌리를 두면서 그때까지 겪은 단계와 부딪힌 어려움, 받은 도움을 하나하나 되뇌었다. "설령 제가 그것들을 지나칠 만큼 자세히 열거한다 할지라도, 모든 선생님께서는 제가 여러분의 도움을 받은 것을 얼마나 자랑스럽게 생각하는지 이해하시고 부디 용서하시기 바랍니다. 이처럼 취한 듯한 순간, 저는 더욱 사랑받기 위하여 서로에 대해 더욱 봉사하는 것을 자랑으로 여기는 연인들과 저 자신을 비교합니다……."[3] 의전 절차는 아카데미가 엄숙히, 공개적으로 설립된 그 순간부터 마련되었다. 이야기는 이야기를 넘어서 어떤 의식 절차를 세운다. 아카데미의 연계 체제를 추적하려는 시도, 그리고 《프랑스 리테레르》에 오르는 아주 다양한 기관 가운데 조금씩 역할을 찾아가는 아카데미의 활동·집회·만남·통신의 체계를 이루는 주요 단계를 주목하려는 시도를 통하여, 우리는 초기 성인전의 단계를 넘어서 여러 가지 사건의 '거울 같은 표면' 아래 숨겨진 중요한 집단적 태도를 찾을 수 있을 것이다.[4]

아카데미는 오직 그 활동의 내적 순서에 따라서, 그리고 망설이는 가운데 창조된 공간 속에서만 분석 가능하다. 세 가지 커다란 의문을 통하여 분석 방향이 잡혔다. 첫째, 아카데미가 유행인 동시에 지방에 필요했던 주요 동기를 찾아야 했다. 다시 말해서 여러 가지 활동을 구체화하고, 설립의 핵심 요원을 중심으로 회원 구성 체계를 갖추도록 부추긴 자극 요인이나 요인들의 총체를 찾는 일이다. 이러한 사실로부터 활동적인——가장 넓은 의미로 받아들여야 할 말이다. 왜냐하면 여기서 참석한다는 것은 이미 참가 행위이기 때문이다——구성원들의 이해 관계와 작업으로 말미암아 이들이 표현하는 도시의 중심지가 문화 영역에서 더욱 많은 기능을 맡게 되었기 때문이다. 둘째, 새로운 조직을 세우기 위해 자신을 희생해 가면서까지 조직의 성공에 대한 책임을 떠맡은 사람들의 역할을 이해해야 할 것이다. 입법자라는 주제에 대해 오랫동안 깊이 생각해 온 시대에, 아카데미 설립자들은 법전·규약·법규를 정한 사람으로서 따로 취급될 만하며, 몇몇 개인에게만 시야를 한정시킴으로써 전체를 보지 못하게 되어서는 안 될 집단을 형성한다. 끝으로, 지방과 국가의 후원을 모색하는 과정에서 설립과 실패를 반복하면서도 때로는 다시 일어서는 노력을 통해, 아카데미가 제도적 틀을 어떻게 갖추어 나갔는지 더 잘 이해할 수 있다.

이처럼 기원을 찾을 때 시간의 순서를 다룰 필요가 있겠지만, 아마도 더욱 중요한 것은 진화 과정을 다루는 데 있다. 사실 이 분야에서 의미 있는 날짜를 선택하기란 까다롭다. 만일 면장을 받는 날짜를 선택한다면, 그것은 어쩔 수 없이 아카데미의 창설을 오직 왕권의 공식 인정이라는 기준에 따라 분류하게 되는 것을 뜻한다. 따라서 첫 모임의 순간을 채택하는 것이 빈틈없다고 할 수는 없다 해도 역시 필요하다. 왜냐하면 초기 모임에 참가한 회원들이 규정에 관한 허가를 얻기 위해 보여 준 의지를 고려하는 일은 더욱 유연한 동시에 더욱 논리적이기 때문이다. 후회와 재도전이라는 과정 속에는 아카데미가 겪은 시련의 시기가 잘 드러나 있다. 대부분의 종신 사무총장이 늘 자신의 아카데미가 가장 오래 되었다는 점을 증명하려고 노력했다 할지라도(이러한 태도는 성인전다운 전통과 관계가 있다), 그것이 우리의 관심 사항이 될 수는 없다. 비록 면장을 받아 빛나는 승리를 거둠으로써 질적인 도약을 성취했다 해도, 그 준비 단계를 무시해서는 안 될 것이다. 아카데미가 창설될 무렵을 살펴보면, 친구들의 모임과 사교적 살롱, 인정을 받기도 전에 허가를 받은 문학회, 가끔 비공식으로만 법적 허가를 받은 아카데미에 준하는 모임, 그리고 마지막으로 인가를 받아 설립되었으나 여전히 통제에서 벗어나지 못한 아카데미 사이에는 대체로 뚜렷한 경계가 없었다. 사실 불후의 명성이라는 보상은 프랑스 앙시앵 레짐의 정치 · 사회 제도의 논리 속에 있었다. '지방 아카데미 회원'은 집단과 개인의 특권을 인정해 줄 자격을 갖춘 유일한 존재인 국가의 보살핌을 순순히 받아들일 때 비로소 집단 활동을 오랫동안 존속시킬 수 있었으며, 나아가 공적 · 도덕적 인간에게 부여되는 특권을 누릴 수 있었다.[5] 그 결과 집단 전체가 누리는 자치권은 그 이전의 더욱 자발적이고 독자적이었던 어떤 질서를 부인하는 과정에서 얻은 산물이었다. 겨우 얻은 특권을 지키려는 의지가 아카데미가 생기자마자 아주 빠르게 나타났고, 아카데미는 그 기원에 대한 무언의 공준에 반박했다. 아카데미에 가입하는 일은 더욱 어려워졌고, 규약과 그 적용에 대한 집단의 합의는 유형 무형의 규제를 낳았다. 다시 말해 아카데미 회원은 문학·과학·예술을 될 수 있는 대로 널리 대중에게 전파하는 첫 임무를 부분적으로 잘못 이해하고 있었다.[6] 따라서 도시라는 틀 속에 놓인 제도가 겪은 모험을 연구하기 위해서는 이미 문화의 사회학과 관련된 연구를 실시하기에 앞서, 아카데미 사이에 형성된 연계를 분석하는 일이 필요하다.

## 1. 위대한 세기의 유산

지방 여러 곳에서 아카데미가 처음 뿌리를 내린 것은 '의식의 위기'를 맞이한 시대인 17세기말과 18세기초였다. 이렇게 아카데미가 창설되는 데에는 물론 전반적인 계획과 사전의 상호 협조가 없었다. 그렇다 해도 파리의 몇몇 주요 아카데미를 강화하고 재조직하는 단계에 즈음하여 지방 아카데미가 설립되었음을 알아둘 필요가 있다. 1670-75년 이래 아카데미 프랑세즈는 국가 중요 기관에 속하게 되었다. 이 시기에 이르러 콩라르의 친구들로 구성된 동인 모임과 부분적으로 관계없는 역사가 완성되었다. 세기에가 죽고 국왕의 보호를 받게 되자 역사의 한쪽이 완전히 넘어갔던 것이다.[7] 1666년과 1700년 사이에 완전히 재조직된 과학 아카데미는, 콜베르가 꿈꾸고 부분적으로 실현한 관 주도형 문화 체계에 속하게 되었다.[8] 1663년 이후에는 '작은 아카데미'가 창설되어 왕의 무훈을 기념하는 기장과 등록을 담당하였다. 1709년 규약과 면장을 받은 이 학회는, 1716년에는 '비명문학 아카데미'라는 이름을 가지게 되었다.[9] 라비스가 기술한 것과는 달리 왕권의 이러한 태도는 지방의 지적 생활을 완전히 죽여 없앴다기보다는,[10] 오히려 파리 이외의 곳에서 지방 아카데미 운동의 발생을 규정하는 필연적인 방향을 제시해 주었다.

과학 아카데미와 마찬가지로 아카데미 프랑세즈의 경우에서도 왕권은 어떻게 보면 사적인 단체를 찾아 어떤 역할을 맡김으로써 '지성의 정부'라는 정책에 참여시켰다. 지식과 권력은 우연히 만난 것이 아니었다. 아카데미 프랑세즈의 개별 모임들, 그리고 과학 아카데미의 시작에 앞선 모든 단체 가운데 가장 중요한 모임을 언급할 때마다, 몽모르의 집과 테브노의 집에서 비공식이기는 해도 때를 정하여 가졌던 모임이 등장한다. 이제 이러한 모임은 공식성을 띠게 됨과 아울러 이론의 여지없이 통제적인 성격을 지니게 되었다.[11] '작은 아카데미'는 철저히 왕의 영광을 불멸의 것으로 기리기 위하여 창설되었다. 그후 퐁샤르트렝의 개혁이 있은 뒤에야 비로소 역사 연구와 고증에 관한 야심만만한 계획을 수립할 수 있었다. 이러한 학회의 창설에 관한 역사를 통해 우리는 영국의 경우와는 다른 프랑스의 전통을 확인하게 된다. 다시 말해서 런던 왕립학회의 창설과는 달리, 국왕의 보살핌을 받고 절대주의 행정으로부터 물질적 도움을 받는다는 것은 조직의 연계망이 존재할 뿐만 아니라, 각 조직에 지식의 한 분야를 맡겼음을 뜻한다는 사실을 알 수 있다. 퐁트넬의 말대로,[12] 설령 사람들이 어느 순간 단 하나의 아카데미를 세우려고 생각했다손 치더라도 1660-1700년의 중요한 개혁으로 생긴 것은 다름 아닌 각 분야 권위자의 영역을 나누는 전문적이고 자율적인 모임들이었다. 그 결과 계몽 시대의 중요한 개념이라 할 수 있는 공익성에 입각한 군주의 이해 관계와 '문인들'의 연구가 바로 여기서 한곳으로 모이게 되었던 것이다. 지방학회의 설립을 이해하기 위해서는 이들 지방학회가 누구를 교사로 삼았는지에 대해 알 필요가 있다. 왜냐하면 누구도 이 점을 지적하지 않았다는 사실 외에도, 지방은 파리를 거울삼아 제 모습을 찾으려 했기 때문이다. 지방민은 새로운 왕의 광채로 둘러싸인 채 잘 정비된 칙령과 훈령, 행정과 감독 관리의 총체를 내보내고 있는 수도 쪽으로 시선과 야망을 돌리고 있었다. 물론 우리는 뒤에 실현된 것에 비추어 행정 상황을 상상해서는 안 되지만, 지사가 골고루 파견되어 있거나[13] 개혁적인 고위 성직자의 역할이 강화되었다는 사실을 통해 확고한 감독의 의지를 읽을 수 있다. 이러한 맥락에서 지방의 단체는 수도와 각 지방 사이에서 다소 명백하게 느낄 수 있는 관계 속에서 생겨났다고 할 수 있다.

더욱이 이처럼 지방 아카데미는 행정의 국면에만 한정되지 않고 전체의 관계 속에서 신설되었다. 아카데미가 생기려면 허가를 받아야 했다. 이는 진정한 의미로 지방의 '압력 단체'가 형성되어 주요 인사와 접촉했으며, 결정적으로 왕에게도 접근하여 도움과 보호를 끌어내고 있었음을 전제로 한다. 또한 여러 지방의 중심지마다 존재했던 지적 사회와 파리의 학자 및 문인으로 구성된 중요한 동인들이 여러 모로 얽혀 있었다는 사실도 중요하다. 이처럼 여러 가지 요인이 아카데미의 전체 연계를 구축하는 데 언제나 끼어들었다. 특히 파리의 주요 아카데미의 보호를 얻거나 그것과 결연 관계를 맺지 못한다면, 최소한 보증이라도 얻으려고 노력했던 지방 아카데미의 경우에 있어 창설의 성공 여부는 대부분 그들의 단결에 달려 있었다.

지방 아카데미는 아카데미 프랑세즈와 과학 아카데미 가운데 어떤 것을 자신의 결정적인 본보기로 삼느냐를 놓고 망설였다. 일부 아카데미가 자신이 할 바를 정확히 규정하거나 자기네 활동의 의미를 결정하는 데 시간을 보내는 것에 비해, 어떤 것은 훨씬 올되었다.

무엇을 참고하였느냐에 따라 두 종류로 구별할 수 있다. 첫째, 아를(1669)·아비뇽(1658)·수아송(1674)·님(1682)·앙제(1685)·빌프랑슈앙보졸레(1695)·툴루즈(1695)는 아카데미 프랑세즈를 따르기로 하였다. 이들은 모두 1700년 이전에 면장을 받았다. 1706년과 1713년 사이, 몽펠리에와 보르도는 과학 아카데미를 곁눈질했다. 그 대신 캉과 리옹(1652-1705, 1700)에서는 아주 독창적인 아카데미가 선을 보였다. 이들 지방 아카데미는 권력에 대해서는 그렇지 못했다 해도 파리의 보살핌과 관련해서는 훨씬 눈에 띄게 독립해 있었다. 그들에 관한 역사는 본보기가 될 뿐만 아니라 결과 또한 무성하다. 이처럼 아카데미 설립의 첫 단계가 지난 뒤, 1720년대에 이르러서야 비로소 두번째 시도를 하게 되고 성공을 거두게 된다. 우선 우리는 직접 전국이 겪은 사회상으로서 아카데미 설립 운동이 어찌하여 파리에서 모범을 구하였는지 의문을 가질 수 있다. 그리고 초기의 연합체들이 뿌리를 내리고 있던 사회가 질적인 변화를 겪는 과정에서 아카데미가 제도화한 것은 아닌지 하는 문제를 제기할 수 있다. 끝으로 아카데미가 필요한 보호를 얻어내고, 부인할 수 없는 선택에 따라 시작부터 방향이 설정된 활동을 유지하는 데 필요한 조건을 문화와 사회의 재원 속에서 찾을 수 있다면, 그것의 성공은 물론이고 이후로도 생명을 유지할 수 있지는 않은지 물을 수 있는 것이다.

지방 단체와 파리 아카데미의 만남은 공통 문화에 대한 결합이며, 수도의 관행에 참여하겠다는 선언인 동시에, 엘리트의 언어이자 권력의 언어인 프랑스어의 확산에 참여하겠다는 맹세임을 첫눈에 알 수 있다. 이 현상이 남부에서 꽃피었다는 사실은 도시 지배층에 속한 일부 명사가 전국적으로 공통의 담론을 창출하는 데 걸었던 기대를 설명해 준다. 대부분의 경우 파리에 반대하고 저항하는 남부 지방의 바로크 문학 전통에 뒤이어 파리의 순수주의에 입각한 중앙 집중적 보편성이 나타났다.[14] 정치 현상과 문화 계획의 만남은 앞으로 살펴보겠지만,[15] 이념의 차원 위에도 나타나고 거동의 차원에서도 나타난다. 아카데미는 자기를 맞아 줄 풍토를 고지식하게 골라서 유행하게 된 것은 아니었다.

아를의 '제운시(製韻詩) 아카데미'는 아카데미 프랑세즈와 결연을 맺었다고 주장하면서 학회 운동의 전위에 섰다.[16] 그들이 파리의 방식을 좇은 것은 1650-60년의 소요가 있었을 때, 국왕에게 정치적 충성을 바치겠다고 천명하고 얼마 지나지 않아서 일어난 일이다. 그 일은 루이 14세가 프로방스로 여행을 갔을 당시 대낮에 일어났다. 순회중의 조정이 보여 준 매력과 아카데미 회원으로서 정신(廷臣)인 생 테냥[17]의 보살핌으로 결합의 협상은 순조롭게 진행되었다. 님에서도 문화와 정치는 뗄래야 뗄 수 없는 깊은 관계를 맺고 있었다. 정치적 귀결은 종교 의식의 영역에도 깊은 영향을 미쳤다.[18] 아카데미의 설립은 화해를 위한 마지막 희망과 함께 나타났다. 아카데미 프랑세즈와 결연을 맺는다면 가톨릭 엘리트와 신교 엘리트[19]의 문화적 통일성을 달성해 낼 것처럼 보였다.[20] 카스트르,[21] 그리고 특히 캉[22]의 관용적인 회합에 대해서도 이와 비슷한 희망을 걸었다. 아마도 그들은 아카데미 프랑세즈 회원들을 끌어들이기 위해 파리에 도움을 요청했을 것이다. 그렇다면 그들은 발족 당시의 평화로운 분위기를 만들어 내지 못할 운명이었던가? 이 영역에 있어서 수도에서 통용되는 말을 함께 사용하는 사실만 가지고는 부족했음이 분명하다. 낭트 칙령의 철회로 일어난 소요 때문에 님 아카데미는 회원 선출·학회 활동·결연 문제 등과 관련해 심각한 차질을 빚었다. 등기부에서 볼 수 있는 것처럼, 이 시기는 언제나 자유로운 토론을 벌일 수 있는 때가 아니었다.[23] "1683년 11월 5일 평상시처럼 모인 학회는 용기병이 집집마다 뒤지고 다녔기 때문에 곧 해산해야 했다." 님 주교가 된 플레시에는 교섭을 다시 시작하여 10년 전부터 그렇게도 바라던 결연 관계를 맺을 수 있었다. 원장신부 베고가 파리 아카데미 회원에게 한 연설은 군주에 대한 충성과 종교적 승리의 새로운 풍토를 주된 내용으로 담고 있었다. 이 두 단체가 맺은 결연은 국왕이 취한 신교도 정책의 다행스러운 결과로 보였다. "이제 국왕 전하의 월계수 그늘에서 뮤즈 신들이 완전한 휴식을 취하게 되었다." 님 사람들은 이렇게 자신을 위안하면서 실제로 겪은 모든 어려움을 무시해 버렸다.[24] 님은 몇 년간 눈부신 활동을 하다가 무기력해졌고, 카스트르는 아카데미의 지평선 너머로 사라졌다. 그러나 이 두 단체가 1750년대에 활동을 재개했다는 사실은 이들이 새로운 조건에 적응했음을 보여 주는 구체적인 사례라 하겠다.

아울러 우리는 앙제 아카데미가 탄생하고, 이 학회가 아카데미 프랑세즈와 암암리에 결합한 사실을 통해 정치적 사건의 무게를 비교적 두드러지게 알 수 있다.[25] 왕권에 의해 다시 장악되고, 낭트 칙령의 철회라는 맥락 속에서 감시를 받았던 앙제 시는 학회 하나를 설립하면서 국왕에 대한 충성을 확인해야 했다. 이것은 지적인 보상인 동시에 지적 가치를 높이는 행위였다.[26] 1686년 7월 1일의 개회식에서 시민들은 왕의 결정과 앙제 시장 그랑데의 완전한 복종을 찬양했다. 베샤멜 드 누앵텔 지사의 감독하에 앙제의 지도층 집단들은 파리의 아카데미를 철저히 모방했으며, 그로부터 왕의 보호를 요청하는 기관에 편입되었다.[27]

빌프랑슈앙보졸레의 아카데미 정예도 똑같은 명예와 보호를 얻어냈다.[28] 수아송에서도 파리가 지도하는 대로, 그리고 아카데미 프랑세즈의 회원인 보호자의 통제에 완전히 따르겠다는 분명한 조건에 따라 면장을 받은 단체가 조직되었다.[29] 툴루즈의 죄 플로로(Jeux floraux) 아카데미는 국왕의 감시하에 쇄신되었고, 오랜 전통을 가진 시 창작 대회는 총리대신의 보살핌을 받았다.[30] 몽펠리에 아카데미의 설립자들은 학회의 자격·특권·정관에서 과학 아카데미를 그대로 모방했다.[31] 보르도에서도 라 포르스 공작이 면장을 얻은 뒤에 그와 비교할 만한 결연을 제안했다.[32] 이곳 아카데미는 등록부에도 나와 있듯이 이같은 보살핌을 받아들였으나, 곧 제 나름의 길을 찾기 시작했다.

그야말로 완전히 복종하던 체계에서 어떤 변화가 일어나고 있었다. 반세기 동안 눈부신 지적 생활을 달성한 캉의 아카데미는 면장을 받은 그 순간부터 파리의 보살핌을 거절했다.[33] '노르망디 지방의 아테네'는 더 이상 명성을 누리지 못했고, 이곳에 새로 생긴 학회는 파리인들의 지도를 물리치지 못했다손 치더라도 파리의 지시를 받지 않고 지내기 위해 자신들의 독창적인 문화적 전통을 강조했다. 예컨대 위에·스그레·보샤르를 위시하여 그 지방의 문예 후원자와 설립자 무아장 드 브리외의 도움 외에도, 마티뇽 가문과 크루아지유 가문의 후원을 받은 캉 지식인들은 학술 활동을 제도화하지 않고도 계속 유지할 수 있었다.[34] 노르망디의 명사들은 가톨릭교도와 신교도가 모이는 비공식 강연을 종교의 화합이 거둔 사회적·문화적 성공의 상징으로 보았다.[35] 그보다 훨씬 뒤 용기병이었으나 위대한 학자이며 확고부동한 장서가였던 푸코 지사는 파리와는 전혀 결연 관계가 없는 '왕립문학 아카데미'를 위해 면장을 얻어냈다. 이처럼 왕의 통제와 지방의 개별주의가 묘하게 어울렸던 것이다.[36]

지방 운동이 파리의 사주를 얼마나 많이 받았는가 하는 관점에서, 리옹인은 노르망디인보다 더 파리를 멀리했다. 이 지방 정예 분자들의 뒷받침을 받고 있던 지식인의 소집단은 1724년 왕의 재가를 받을 때까지, 면장에 연연하지 않고 이미 아카데미의 성격을 띤 정기적인 모임을 가지고 있었다. 물론 파리의 도움에서 완전히 자유로운 것은 아니었으나, 이들은 자기네 도시의 독창적 문화에 대해 강한 자부심을 가지고 있었다.[37] 부알로가 변호사 브로세트에게 쓴 편지를 통해 그 점을 증명할 수 있다. "저는 어째서 당신이 제게 리옹인이 한때 파리보다 우월한 지위를 누렸다는 독일인의 논쟁을 언급하시는지 이유를 모르겠습니다."[38] 이처럼 파리와 지방의 관계를 보여 주는 태도는 노르망디인에 이어 리옹인, 그리고 보르도인에게서 단계적으로 변했음을 알 수 있다.[39]

아카데미 운동이 시작되었을 때는 모든 것이 분명하게 규정되어 있지 않았다. 그러나 '파리인,' 라 그리유 데스투블롱 후작의 표현을 빌리자면

'위대한 학자들'과 파리에서 아를을 지칭하던 말인 '시골 아카데미 회원들'의 '식민지' 사이의 갈등은 1670년을 고비로 점차 늘어나기 시작한다.[40] 우선권 논쟁 외에도 지방민은 파리인의 무례함이나 경멸적 태도를 보고 크게 실망했던 것이다. 이로써 멀리 떨어져 있다고 해서 성공을 장담할 수는 없다는 사실이 분명해졌다. 물론 파리에 파견된 아를의 대표들이 서투른 솜씨로 일을 제대로 꾸려 나가지 못했던 점도 있었다. 그러나 두 도시가 정신과 문화에서 보여 주는 차이를 더 많이 고려해야 한다. 아를의 아카데미 회원들은 1640년대식으로 살았고, 파리에서는 오래 전에 버린 아카데미 정신이라는 개념을 가지고 살았던 것이다. 국왕의 후원을 받고 있던 아카데미 프랑세즈는 자신의 특권을 강하게 행사했으며, 아울러 자신의 기능이 얼마나 중요한지 잘 알고 있었다. 그들에게는 자신의 특권을 지방에 새로 생긴 단체와 나누어 가지려는 의사가 전혀 없었다. '지방민'은 그 나름대로 파리의 '종주권'을 인정하려고는 했으나, 문단에 반드시 필요한 근본적 평등을 결연의 조건으로 내세웠다.[41] 귀족적 평등주의에 물든 이 정예주의의 개념 속에서, 후에 정관에 삽입될 명예에 관한 사항은 상호 협력을 통한 의견의 일치를 요구하는 것으로 쌍방이 동일한 협동을 한다는 담보에 지나지 않았다. 아카데미의 전통 귀족은 종속 관계의 표시인 상납금을 거절했다. 그 대신 콩라르·샤플랭·샤르팡티에의 생각으로는 그들 마음대로 인정하거나 거절하는 우월성의 인정이 있어야만 결연 관계를 맺을 수 있었다. 아비뇽의 '경쟁자들'이 실패한 것은 이러한 점에서 흥미롭다.

  베종의 주교 장 니콜라 콩티를 중심으로 교황령 특사 시지의 보호를 받았던 이 '경쟁자들의' 아카데미는 귀족 단체로서 파리의 전형을 좇았다기보다는 이탈리아에서 모범을 찾았던 것 같다. 페로 후작이자 준장인 쥘 세자르 드 펭의 영향을 받은 이 학회는 파리 쪽으로 머리를 돌린 채, 아카데미 프랑세즈와 결합하기를 원했다. 페로의 요청에 대한 샤플랭의 정중하지만 당황스러운 답변을 통해, 그의 거절이 국왕의 문화적 이익을 수호하려는 관심, 즉 서로 다른 제후에게 속한 두 단체의 결합을 막으려는 배려에서, 나아가 다른 누구와도 섞이지 않으려는 아카데미 프랑세즈의 의

지에서 나온 것임을 알 수 있다.[42]

 "저는 당신이 지적한 연합의 조항을 다시 훑어봅니다. 콩라르 선생은 당신에게 연합을 방해하는 것에 대해 설명하는 일을 제게 맡겼습니다. 그 제안은 우리 학회에 대해서 호의적입니다. 그리고 우리 학회가 당신의 학회를 구성하고 있는 수많은 훌륭한 사람을 포함하게 된다면, 우리로서도 아주 유익한 일이 될 것입니다. 그러나 당신은 그 결과 얼치기가 생겨나고, 완전한 두 단체가 하나의 불완전한 단체가 된다는 점을 생각지 않았습니다. 이처럼 두 학회는 성질상 뭉칠 수 없으며, 따라서 각자는 자기 본질을 지켜야 할 것입니다. 그리고 설령 두 단체가 우정과 이해 관계로 결합할 수 있다 할지라도, 둘 다 무의미하게 만들거나 아주 비정상적인 일이 일어나게 될지도 모르게 뒤섞이기보다는 서로의 차이점을 지켜 나가야 할 것입니다……. 그리고 두 단체가 서로 다른 군주에게 속해 있기 때문에 그분들의 시샘을 받지 않고, 또한 그분들에게 다른 이를 섬기지 않겠다고 했던 맹세를 저버리지 않고서는 뒤섞일 수 없다는 점을 잊지 마시기 바랍니다. 그러나 이처럼 강력한 이유에도 불구하고 당신의 바람이 교황청에 의해 받아들여진다 해도, 프랑스에서는 불가능한 이유가 하나 있습니다. 왜냐하면 당신도 잘 아시다시피 학회의 규칙상 구성원 수가 정해져 있으며, 마치 성스러운 추기경단과 마찬가지로 한 사람이 사망해야만 그 자리를 메울 수 있기 때문입니다. 그리고 설령 국왕 전하께서 전권을 휘두르시어 당신이 제안하신 변화를 받아들이고 싶어하시더라도, 전하는 칙령을 공포해야만 그 일을 가능케 할 수 있습니다. 그러나 칙령은 전하로부터 얻을 수 있는 것이 아니며, 그렇기 때문에 특별 배려가 필요한 일입니다. 그리고 설령 그것을 얻어낸다 해도 칙령은 우리에게 속하고, 민중에게까지 확산될 특권 때문에 고등법원에서 절대로 통과되지 않을 것입니다……."

 '경쟁자들'은 사라지고 콩타 지방의 문화 생활은 개인적 동아리들 속에서 펼쳐졌다.[43] 아카데미 프랑세즈의 회원들은 수이송에서 더 훌륭한 성과를 얻었다. 그들은 자신의 특권에 관한 한 아무것도 잃을 게 없었기 때문에 결연을 맺기로 결정했던 것이다. 여기서 지방민은 파리의 지시에 따

르고 매년 상납금을 바친다는 조건을 받아들였다.[44) 님에서는 플레시에가
결연 관계를 얻는 데 성공했다. 그러나 님 사람들은 자신의 종속 관계를
나타내기보다는 파리의 학술회의에 참가하는 권리를 얻는 데 더욱 관심
을 보였다.[45) 앙제와 마찬가지로 빌프랑슈에서도 결합은 이루어지지 않았
으나 제도를 모방했다는 사실만은 중요하다.[46) 1670년부터 1690년 사이
툴루즈에서 아카데미를 설립하려고 몇 번 시도했을 때, 아카데미 프랑세
즈에서는 그들이 바라던 결연을 거절했다. 이제는 죄 플로로 아카데미가
그 본보기를 바꾸는 개혁을 하던 말던 더 이상 문제삼을 일이 아니었다.[47)

　몽펠리에는 아주 유별난 경우였다. 권력의 인정을 받은 새 단체가 과학
아카데미와 동등한 자격——이것은 다른 지방학회가 결코 누리지 못했던
특권이었다——을 얻어냈던 것이다.[48) 총리대신 퐁샤르트렝을 설득하여
남부 지방에 파리와 똑같이 학구적이고, 실용적인 문화의 필수적인 중심
지를 세우도록 하는 데 기여한 원장신부 비뇽이 과학 아카데미를 재조직
할 임무를 맡았다. 새로운 과학적 담론을 이끌어 가려던 국왕의 의지는 지
방민의 평등주의 의지와 일시적으로 결합하였다. 몽펠리에의 단체가 1706
년부터 1740년까지 어려움을 겪은 것은 파리가 호의를 보여 주지 않아서
라기보다는 차라리 진정한 의미에서 지방 분권적인 과학 연구가 생겨나
면서 수많은 물질적 문제가 나타났기 때문이다. 이와 관련해 보르도의 학
회가 결연을 맺을 수 있었던 것은 조금 다른 성질의 문제였다. 보르도는
몽펠리에의 경우를 그대로 답습했기 때문이 아니라, 지방 후원자들의 도
움을 받아 성공을 거두었기 때문이다. 수도에서 도움을 얻을 수 있었던
이 후원자들은 귀족 초심자로서 재산과 문화 덕분에 기옌과 수도의 과학
운동 지휘부를 빼앗을 수 있었다.[49) 그들은 확고부동한 성공을 거둠으로써
지방의 학회 운동에 참가한 명사들의 시선을 끌었다.[50) 지방에서는 벌써부
터 변화의 과정이 분명히 드러나고 있었다. 첫 단계에서 지방의 엘리트는
수도에 매력을 느꼈고, 수도의 회원들로부터 영감을 얻었다. 이들은 파리
의 기관들을 본떠서 거기서 누리는 것과 동등한 특권 및 그들로부터 인정
받는 동등한 관계를 끌어내고자 노력했다. 그러나 주요 아카데미들의 요구
앞에서, 지방은 마치 도처에서 실현되고 있는 중앙 집권과 통제 정책보다

는 문화의 종속에 더욱 민감하다는 점을 들킨 것처럼 움츠러들었다. 사실상 그들은 자기네 아카데미의 특권에 대해 파리의 '훌륭한 신사들'이 이의를 제기하는 한도 내에서 그 특권이 어떤 것인지 더욱 생생하게 인식할 수 있었던 것이다. 파리의 감독을 받아들인다는 것은 부분적이나마 자신을 부정한다는 뜻이었다. 이렇게 볼 때, 모든 문인이 가진 평등 의식은 무엇인가 거부하는 데서 태어났다. 그러나 아카데미의 설립은 여전히 그것이 뿌리박고 있는 사회적 토양에 의존하고 있었다. 나중에 있을 사회학적 분석에 기댈 것 없이, 여기서는 지방의 아카데미들이 성공할 수 있도록 자극하고 이끌어 준 동력을 사교성의 차원에서 살펴보아야 할 것이다.

아카데미는 여러 가지 주제에 관한 토론에 전념하기 위한 모임을 통해, 공통의 사회적 여가 활동을 하던 도시의 문학 동아리들의 기대 속에서 유리한 풍토를 찾아 설립되었다. 16세기부터 입증된[51] 남부의 시도가 세속적인 관행과 거동의 맥락에서 나타났다고 한다면, 북부와 서부의 시도는 동일한 기원을 가졌던 것처럼 보인다. 여러 아카데미 속에서 드러난 연합 취미를 통해 가장 공통적으로 여러 가지 활동, 즉 사교 활동을 우선으로 하고, 그 뒤에 문학과 학술 활동을 전개하는 아주 다양한 형태의 집회가 있었음을 알 수 있다. 아카데미가 나타난 것으로 미루어 우리는 그에 앞서 '살롱' '사랑방' 또는 개인적 모임이 다수 있었으리라는 추측을 할 수 있다. 사교계의 생활은 지방 엘리트가 이같이 불확실한 초기 모임에서 벗어날 필요가 있다고 믿기 시작하면서 결정되고, 구성된 연합 속에서 구체화되었다. 그리고 대부분의 경우 수도의 문화 정책을 모방한 계획에 따라 구체화되었다.

지적 호기심을 추구하는 취미를 가진 지방 엘리트는 지방에서만 모인 것이 아니라 왕국 전체에서 모였다.[52] 아카데미가 설립된 일부 도시들의 경우를 살펴보면 사교성의 두 가지 형태에 관한 가설을 세울 수 있다. 첫번째 형태는 사교적이고 궁정풍이며, 여성에게 친절한 것으로서, 남부의 공동 거실에서 뿐만 아니라 살롱·규방, 부르주아와 귀족의 밤모임에서 출발했다. 거기서 사람들은 자신도 모르는 사이에 비조직적인 사교로부터 학술적이고 현학적인 토론으로 나아갔다. 두번째 형태는 즐거움과 기쁨을 나누는 연합으로서 연령별, 또는 사회적 부류에 따라 우애를 나누는 모임이었다. 후자의 경우 우의를 다지는 식사 모임을 통해 자신의 상징적인 활동을 전개했으며, 가끔 음악 연주에도 관심을 보였다.[53] 거기서도 사람들은 역시 자신도 모르게 변화를 겪으면서 조직적인 문화 계획을 수립하게 되었다. 두 경우 모두 초기 단계에 비해 조직이 이미 끝난 상태였다. 이처럼 두 가지 형태의 사교성은 끊임없이 교류하면서 서로를 물들였다.

우리는 아를과 남부의 여러 도시에서 이와 관련된 최초의 보기를 접할 수 있다. 1622년부터 라 그리유 데스투블롱 후작의 집에 모였던 이름 모를 사람들의 학회는 궁정풍의 활기를 띤 예절바른 모임이었다.[54] 아를 아카데미 요람에는 다음과 같은 문구가 씌어 있다. "사람들은 프로방스의 옛 백작령 아래서 그토록 찬양받았던 이러한 종류의 애정어린 궁정 속에서 친절한 질문을 던졌다……. 그것은 재치와 우아한 기품을 지닌 아카데미의 일종이었다……."[55] 사람들은 그곳에서 "인문학의 아버지 프랑수아 1세가 뿌린 취향의 씨앗을" 길렀다. 그 결과 아를 아카데미 회원들은 17세기 말에는 그 지방의 과거를 충실히 증언해 주는 귀족적 사교성의 관계와 함께 군주의 문화적 임무에 대해서도 당당하게 나설 수 있었던 것이다. 파브르 신부가 아를을 찬양하는 가운데 자신이 속한 모임에 붙인 이름인 '제운시 아카데미' 또는 '예절 아카데미'는 '예의바르고 유용한 논쟁의' 모임에 적합한 것이었다.[56] 마침내 1667년 그들은 확실한 주도권을 잡게 된다. "우리 아카데미는 사교계와 아름다운 예절의 부드러움은 말할 것도 없이 일상의 대화 속에서도 자행되는 폐단에 대해 수많은 불평을 접수하고, 다음과 같이 명령하였으며 명령하는 바이다. 앞으로 우리 아카데미 회원 6명이 이 도시의 모든 밤모임에 나타나 연인들의 불성실성, 친구간의 신의 부족, 부당하게 행사된 엄격성……, 쓸데없이 목소리 높이기, 무분별, 격분, 숨김, 조롱, 아는 체……, 그리고 여타의 잘못이 자행되는지 최종적으로 보고 확인토록 한다."[57] 사람들은 이 결정을 곧 무시해 버렸지만, 이러한 결정을 통해 우리는 파리와 지방, 다시 말해서 아카데미 프랑세즈와 그것을 모방하여 문법·문학·겉치레·가벼운 문체를 뒤섞은 학회들의 간격이 어느 정도인지를 알 수 있다. 아를의 아카데미 동아리에서 마담 데

줄리에르를 회원으로 선출함으로써 최소한 상징으로라도 여성 회원을 만날 수 있게 되었다는 것은 놀라운 일이 아니다. 세속적이고 사교성으로 물든 관행에서는 완전히 무시되었지만, 계몽 시대의 프로방스 지방에서는 완전한 성별 분화가 평신도, 비밀 결사, 공동 생활의 차원에서 철저히 지켜지고 있었다. 따라서 이 사건은 완전한 성별 분화에 기초한 아카데미 운동에서는 예외적인 일이었다.[58] 문화의 사회적 요구와 참여자의 질은 중요한 동아리와 이탈리아의 아카데미를 모방한 《판도라》의 저자 베르트롱이 행사했던 주도권을 부분적으로 설명해 준다.[59] 그는 아카데미의 사교성과 관련한 어떤 요소를 바꾸어 나간 인물이었다. 예컨대 툴루즈의 죄 플로로 아카데미가 몇몇 여성을 '문학제의 대가'로 환영했다는 사실 외에, 아를에서도 '귀부인 아카데미'가 1757년과 1773년 사이에 존재했음이 증명되었던 것이다.[60] 이러한 관점에서 아를의 귀족 동아리와 파리의 지식인 모임이 관계를 맺게 되면서 문학과 학문 연구의 방향이 잡혔다. 관계가 단절되고, 사회적으로 한 부류(귀족)에서만 회원을 선출할 수 없게 되는 한편, 귀족적 분파를 갈라 놓는 행위가 자행되었다. 그리고 활동이 점점 희미해지면서 진정한 의미의 과거가 부활되고, 조직을 갖추지 못한 사교성의 차원으로 되돌아가게 되었다. 1727-30년경 경쟁적 당파로 분열된 지배 계급은 이른바 검은 방과 흰 방으로 재편성되었다. 18세기를 통해 '앙브라쥐르(Embrasure, 문지방)' 모임이 제 기능을 발휘하게 되었다. 한마디로 그것은 "매일 시청 현관의 문지방에서 점심과 저녁 전에 두세 시간씩 진행되었던 귀족과 부르주아 계층의 한가한 시민 모임이었다. 회원은 이 모임을 통해 국가 정책 및 도시에서 일어난 일에 대해 의견을 교환했으며, 종교·도덕·역사에 대해서도 언급하였다. 그리고 모든 것을 최종적으로 판결하였다……"[61]

아비뇽에서도 경쟁자들의 모임이 실패한 후에 같은 현상이 있었음이 증명되었다. 결국 우리는 이러한 모임의 본질적인 특성을 어디서나 찾을 수 있는 것이다. 님에서는 아카데미가 "무엇보다도 30년 동안 서로 선택한 친구들이 함께 행복하게 살아간 동아리에 불과하였다. 한편 어떤 사람들은 거의 같은 방식으로 구성되었던 아카데미 프랑세즈를 보고 자기네 모임도 그와 똑같이 만들고 싶다는 생각을 가지게 되었다."[62] 사료상 약간의 빈틈이 있기는 하지만 빌프랑슈에서도 똑같은 발전을 엿볼 수 있다.[63] 앙제의 사교 활동은 그와 비교할 만한 전례와 접목되었다.[64] 수아송의 데스트레 원수의 저택 규방에서는 처음부터 장래 아카데미 회원들의 모임이 열렸다.[65] 툴루즈에서는 방다주 드 말페르와 펠리송 형제의 집에서 사교 모임으로 출발한 2개의 중요한 집단이 그곳 고등법원 판사인 카레자 집에서 결국 하나의 동아리로 결합하였다. 이 모임들로부터 나온 '가납사니들' 모임은 이 저택에서 저 저택으로 옮겨다니며 모였고, 그들의 주도하에 파리의 학회로부터 모범을 취하려는 움직임이 추진되었다. 이렇게 사태가 뒤집히게 되자, 그들 자신이 격렬히 비판했던 학회의 옛날 경쟁 방식이 개혁되었다.[66] 툴루즈의 고등법원 인사와 명사들의 살롱이 그곳 아카데미를 설립하는 데 기초가 되었다. 노르망디의 학회 설립이 구체화되었을 때, 그들은 리옹·보르도·몽펠리에에서와 마찬가지로 무엇보다도 사교를 중시하였다. 이러한 모임이 더욱 직접적으로 학술적 성격을 지녔다는 사실은, 무아장 드 브리외와 위에의 증언을 통해서 증명된다. 무아장 드 브리외는 이렇게 적었다. "그들과 나는 수 년 전부터 매주 월요일 우리의 서적상 가운데 한 사람의 가게에서 만나 신문을 읽고, 신간 서적을 보았다. 우리는 집집마다 돌아가면서 더욱 편리하게 이같은 기분 전환을 할 수 있을 것으로 생각하였다. 사람들은 내 집을 골랐는데, 그 이유는 내 집이 이 도시의 가운데 있어서 사방에서 모이기 쉬웠기 때문이다. 우리는 군관구 사령관(몽토지에 공작)·지사(기 드 샤미야르)·국왕 대리관(말레르브)에게 우리가 세운 계획을 통보하였으며, 그들 모두가 그것을 인정하였다."[67] 절친한 교제와 정기 집회, 각종 권력의 동의, 캉은 이처럼 아카데미 운동의 추진력에 관한 법칙을 피하지 않았다. 몽펠리에의 경우 "우정과 연구로 맺어진 관계에 힘입어, 사람들이 결국 과학을 연구하기 위하여 자주 모이게 된 것은 바로 몇몇 개인의 열의 덕분이었다." 그러한 운동이 전개되면서 아무도 모르는 사이에 속된 사교적 모임이 즐거움과 우정을 전면에 내세우는 모임으로 바뀌어 갔던 것이다. 이 첫번째 성격을 통하여 우리는 핵심적인 창설자들이 어떻게 긴밀한 관계 속에서 모이게 되었는지 알 수 있다. 그들을 모으기 위해 지배 계급의 개념에 호소했다면, 그것은 모든 아카데미 회원이 권력과 지식의 세계, 다시 말해 각 지방 중심지에서 사회 계층의 꼭대기에 속했음을 강조하기 위한 목적에서였음이 분명하다. 주도적인 집단들은 사회와 문화에서 큰 비중을 차지하였지만 그다지 많지 않아서 아를에서는 10개 이하, 님에서는 6,7개, 리옹에서는 8,9개, 수아송·빌프랑슈·툴루즈·보르도·몽펠리에·캉에서는 각각 5,6개에 불과하였다. 그들은 아주 빠른 속도로 같은 지역에서 나온 이차 집단을 흡수하였다. 여기서 우리가 알 수 있는 것은 가장 훌륭한 가문은 이렇게 합쳐진 단체 속에서도 여전히 세련된 교제 방식을 취하고 있었다는 사실이다.

친구간 교제의 경우 학회 운동을 추진하는 데 있어서는 부수적인 자리를 차지하였던 반면, 사교적인 교제라는 첫번째 국면의 기초가 되었다. 이러한 경향은 아무데서나 모습을 드러냈다. 아를의 등기부에서는 "아카데미의 뮤즈 신들은 다른 신들과는 달리 연구실의 딸이 아니며, 사회·즐거움·향연을 좋아한다"는 사실이 확인되었다. 당시 아를에서는 친구들의 식사 모임이 유행처럼 번지고 있었다.[68] 모랑은 1729년 아카데미를 재추진하기 위하여 아를인의 애향심에 호소하면서 이렇게 외쳤다. "가장 훌륭한 경쟁을 통하여 우리가 가장 높이 도약할 수 있기를 기다리면서 음악을 듣는 일부터 시작합시다." 연주회와 훌륭한 식사, 놀이를 통하여 각 회의실[69]의 회원들이 모였으며, 1748년경 창설된 '쾌락주의의 모자를 쓴 연대'에 속한 부르주아도 참석자의 한 부분을 차지했다. 수아송의 다른 분위기 속에서는 이제 막 공부를 마친 젊은 법관들의 모임이 아카데미를 이끌어 나갔다. 그들 가운데 하나인 쥘리앵 드 에리쿠르는 다음과 같이 회고하고 있다. "향연의 즐거움이 달콤한 감정을 표출시키는 가운데 동정심이 눈을 뜨고, 우정이 더욱 활발해지며, 마음과 마음이 조화로이 어울리게 된다는 사실을 우리는 경험을 통하여 배웠다. 더욱이 바쿠스 학회는 뮤즈 신들이 낯설지 않았다."[70] 식도락과 음악, 술잔을 들고 읊는 시, 그리고 자유롭고 활기에 넘치는 토론이 본질적으로 수많은 아카데미가 제 나름의 방식으로 결합하게 되는 사회적 거동을 이루었던 것이다. 그러나 이 '쾌락주의적 기사단'에 대해 완전한 목록과 역사는 아직도 완성되지 않고 있다. 디노의 옛 작품은 그 현상이 남프랑스에만 국한되지 않았으며, 비록 눈에 잘 띄지는 않지만 아카데미 역사의 다른 시기에서도 발견할 수 있다는 사실을 보여 준다.[71] 특히 우리가 주목해야 할 점은 아카데미의 창설이 억압이 아니라면 단절과 반동을 의미한다는 사실이다. 지금까지의 아카데미 역사의 기술은, 이처럼 작은 집단에 국한된 우정어린 축제의 잠재적인 사교성을 들여다보지 않는 경우가 대부분이었다. 이 점에 관한 조사는 다른 무엇보다도 사라진 것들을 등록하는 일이라 하겠다. 보르도에서는 재판장 살로몽 드 비를라드[72]가 일시적으로 조직한 사교적이고 학구적인 모임 대신, '서정시 아카데미'라는 이름으로 알려진 음악 모임이 생겨났다. 그러나 아직까지는 독창성과 거리가 먼 모임이었다. 사람들은 잦은 학술 및 문학 토론으로 인해 연주회가 두 배나 늘어났을 때도 궁정 예절에 따른 사교성을 지키고 있었다.[73] 더욱이 보르도의 신(新)피타고라스파의 지나친 열성 때문에 이 집단은 결국 분열이라는 파국을 맞게 된다. 그 결과 두 파벌이 생겼는데, 이들은 첫 모임을 가진 상황에 빗대어 자기네 이름을 지었다. 그 가운데 문학을 위한 학회는 '구운 거위 아카데미,' 과학을 위한 학회는 '달팽이 아카데미'였다.[74] 그리하여 사람들은 똑같이 귀족적 분위기 속에 함께 존재하는 두 가지 형태의 예의를 갖추게 되었다. 이같은 만남으로부터 사람들을 모으고 음악 청중의 폭을 넓히는 사회 전체의 응집력으로 작용할 음악 연주회가 나오게 되었던 것이다.[75] '달팽이' 모임이 창설되어 아카데미로 발전하였고, 그때부터 보르도인의 지적 생활에 지도부가 조직되었다. 거기서는 관복 귀족이 책임을 떠맡음과 동시에 지적 활동을 독점하였다. 아카데미 회원들의 식사가 아카데미에서 오가는 이야기의 범위를 떠난 것은 바로 그 무렵이었다.

1676년과 1680년 사이 캉에서는 '명사회'[76]라는 의미의 무거운 이름하에 모임을 배로 늘렸다. 음악이 중요한 기능을 담당했던 리옹에서는 생 퐁이 재판장 뒤가에게 보낸 편지에서, 빌프랑슈 아카데미 회원은 물론 리옹 아카데미 회원에게도 비슷한 관행이 있었음이 밝혀졌다. 그러나 보뤼드 생 퐁은 그러한 경향을 그다지 높이 평가하지 않았던 것 같다. 그는 "내 생각과 내 지갑에 해로운 저주받을 식사"라고 불평하면서 이렇게 덧붙였다. "나는 될 수 있는 대로 빨리 당신을 뵈러 가겠습니다. 그러나 당신을 뵈러 가려고 서두르는 이유가 아카데미의 회식에 참석하려는 데 있다고 생각지 마시기 바랍니다. 당신 따님의 결혼식에 참석치 못하여 상심한 뒤에는 리옹에서의 어떠한 공식 모임에서도 나는 매력을 느끼지 못하게 되었습니다. 지난해 우리가 가졌던 식사 모임 따위를 이제 줄여야 한다는 당신의 의견에 전적으로 동의하는 바입니다."[77] 그의 편지를 통해 아카데미의 정예가 부분적으로 자신들을 계속 결합시켜 준 사교성에 싫증을 느꼈을 뿐만 아니라 그것을 인정치 않으려는 태도가 나타나고 있음을 알수 있다. 사실 사료에서 언급되지 않은 사항은 사회적 윤리를 비난한다는 의미에서 해석될 수 있는 것이다. 아카데미의 질서가 모든 도심지를 지배하게 되면서 '완전한 술꾼' '텔레미트(Télémites)'[78]나 '즐거운 방구쟁이'[79]가 주관하는 식사 모임은 사람들의 눈을 피해 마치 다른 분야의 관행처럼 이루어졌다. 자유 사상에 대한 두려움과 쾌락주의적 경쟁에서 생길 수 있는 위험에 대해 과민할 만큼 신중했던 검열관들은 툴루즈의 죄 플로로 아카데미의 전통적 식사 모임을 덮쳤다.[80] 비방문과 공개장이 쇄도하는 가운데 그 문학회를 싫어하는 지식인층은 하나같이 이 연회를 질탕한 것으로 간주하였다. '기품 있는 사람'은 더 이상 이 모임에 참가할 수 없었다. 그러나 국가와 시에서는 여전히 거기에 돈을 쏟아 부었다. 툴루즈의 정예는 가톨릭 개혁의 윤리 사상, 다시 말해 '정직한 사람'의 모습을 내세우면서 자신들의 풍습에서 더욱 공개적이고, 더욱 공동체적인 사교성의 집단 행위 양식을 몰아냈다. 이러한 갈등은 권력의 대립과 함께 갈수록 깊어만 갔다. 왜냐하면 파리의 방식을 좇아 개혁된 대회를 누가 다스리느냐 하는 문제를 놓고, 노골적이지는 않았지만 자신들의 역할과 과거에 대해 자부심을 가진 툴루즈 시행정관들과 대왕(루이 14세)이 기를 한풀 꺾어 놓은 고등법원 인사들이 대립했기 때문이다. 이 대회에 대한 신뢰성이 떨어지고, 관복 귀족과 교회 엘리트가 대회를 변화시킨 결과 중대한 문화적 분열이 노출되었다. 그 결과 친숙한 옛 세계를 멀리하는 경향이 더욱 두드러지게 나타났다. 매사에 경계하면서 조심스럽게 행동했던 아카데미의 정예들은 대부분 북적거리는 세상과는 멀리 떨어진, 윤리와 지식의 변화를 경험한 쾌락의 새로운 질서 속에 파묻혔다.

그때 주도적 역할을 부추긴 것은 지적 활동에 대한 취향이었다. 보호자들이 학회에 대해 별로 신경을 쓰지 않게 되었던 것도 바로 그 때문이었다. 여러 방면의 요청에 따라 파리에서 면장을 얻기 위해 활동을 전개할 압력 단체가 생겨났다. 아를 주민은 생 테냥 공작과 방돔 추기경, 루이 14세의 비서인 보즈를 지지했다. 님에서는 총리대신 르 텔리에, 랑그독 군관구 사령관인 멘 공작, 국왕 대리관 노아유 공작, 세기에 주교를 후원자로 삼았고, 그 뒤에는 플레시에와 나르본 대주교인 봉지 추기경에게 호소했다. 수아송에서는 결정적으로 데스트레 가문과 로앙 가문, 특히 빌프랑슈 아카데미를 창설할 때도 활동했던 오를레앙 가문을 동원할 수 있었다. 앙제 시장과 부시장은 그 지방 군관구 사령관으로서 아르마냑 백작인 루이 드 로렌과, 이미 아를을 위하여 개입한 적이 있는 후작이자 지사이기도 한 샤토뇌프를 믿었다. 캉에서는 무아장 드 브리외가 사회·정치 권력자들에게 도움을 호소한 결과, 푸코 지사를 통해 면장을 얻게 되었다. 푸코는 몽토방 지사로 재직할 당시 임수산부의 임검자로서 자신을 수행했고, 수아송 아카데미의 창설자 가운데 한 사람이었던 쥘리앵 드 에리쿠르와 함께 벌써 툴루즈의 개혁에 말려 들어가 있었다. 라 포르스와 보르도, 비유루아 가문과 리옹, 콜베르 드 크루아시[81] 주교와 몽펠리에, 이처럼 이 도시들은 모두 보호자의 후원에 기대고 있었다. 그 중에서도 라무아뇽 드 바빌은 남부의 모든 아카데미 창설에 막중한 역할을 맡은 인물이었다.

그러나 더욱 중요한 것은 학자들의 보호였다. 왜냐하면 그들의 보호야말로 운동의 방향을 지시하고 선택할 바를 지정해 주었기 때문이다. 예컨대 남부 지방에 문학 아카데미가 창설될 당시 지원을 아끼지 않은 인물로는 콩라르·샤플랭·샤르팡티에를 꼽을 수 있다. 수아송의 주요 아카데미를 대표한 인물로는 유명한 변호사인 파트뤼와 펠리송이 있고, 데스트레 가문도 빼놓을 수 없는 중요한 역할을 담당했다. 앙제에서는 메나즈, 캉에서는 위에가 각각 학회를 대표했다. 툴루즈에서는 시행정관 가문 출신으로서 초급 재판소 관리의 아들이자 아카데미 프랑세즈 회원인 시몽 드 랄루베르가 죄 플로르 아카데미를 개혁했다. 어머니 쪽으로 대귀족 가문과 연결된 그는 수 개국 언어에 능통한 외교관 및 여행가, 퐁샤르트렝의 협력자로서, 아카데미 프랑세즈 회원으로 선출된 직후 툴루즈로 귀향했던 것이다.[82] 그밖에 몽펠리에의 경우는 원장신부 비뇽·카시니·마랄디가 강력하게 개입했다.

아카데미 창설의 첫번째 물결은 이처럼 이중의 방법으로 일기 시작했다. 지방 아카데미는 파리의 아카데미에 충성하면서 절대 군주국에서 정확한 역할을 찾을 수 있었고, 지식과 권력의 결합을 증명해 주었다. 1700년에 창설된 '몽펠리에의 왕립과학회'는 "과학에 전념하기 위하여 자주 모일 수 있도록 우정과 연구로 결합된 몇몇 개인의 열성이 맺은 결실이다……. 그들은 자신들의 연구 성과를 공공의 이익을 위하여 사용하고, 더욱 정기적으로 강연을 하고자 노력하였다. 아카데미에 첫번째 목적을 부여하고, 군주의 권위하에 아카데미의 모임을 성사시키려는 의도를 낳게 만든 욕망과, 이 몇 명에 지나지 않는 친구들이 기울인 노력을 통하여 그들은 찬양할 만한 경쟁심을 가지게 되었다. 그 결과 그들은 스스로가 선택한 맹세에 따른 의무를 정확히 이행할 수 있다고 믿을 정도로 자신감을 가지게 되었던 것이다."[83] 우정과 연구·경쟁·책임·군주의 권위, 이러한 것들은 다른 곳과 마찬가지로 여기서도 학회 운동이 시작될 당시의 중요한 개념이었다. 공문서를 엄밀히 조사한다면, 분명한 절대주의적 의도를 밝혀낼 수 있을 것이다. 설령 북부와 남부의 아카데미가 창설되는 데에 미묘한 차이가 있다 해도, 파리에 비해 30년에서 40년이나 늦게 나타난 현상의 배경에는 대중화 의도라는 공통 분모가 숨어 있었다. 한마디로 지방의 정예를 군주의 계획에 맞추어 모으려는 의도였던 것이다. 더욱이 학술 활동은 주로 문학을 바탕으로 이루어졌으며, 호고주의적 인문주의에 충실하게 넓은 뜻으로 해석되었다. 몽펠리에와 보르도를 제외하고는 어디서나 라틴어와 프랑스 문학, 고고학과 역사, 과거와 세계에 대해 옛 이야기식으로 전개되는 질문이 학술 활동의 본질을 이루었다. 모든 아카데미의 교류와 연계 활동을 증거로 들 수 있듯이, 이 활동은 공동 작업에 참여한다는 의식으로 발전하였다. 그러나 지방의 상황에 따라 발생한 부담과 수많은 어려움을 피할 수는 없었다. 툴루즈의 죄 플로로 아카데미는 혁명기까지 거의 1세기 동안 끊임없는 개혁을 시도한 반면, 아를은 1700년경 사실상 모든 활동을 중단했다. 님과 빌프랑슈·수아송은 침체기에 들어갔으며, 캉[84]은 1715년과 1731년 사이에 정기 모임을 폐지하였다. 앙제역시 1700년부터 1745년까지 활동다운 활동을 전개하지 못하였다. 한마디로 학회 운동은 거의 명맥이 끊어진 채 침묵을 지키고 있었다. 군주의의도와 보호 활동이 지방의 맥빠진 추진력을 대신할 수는 없었다. 그러나개별적인 상황에 힘입어 과학과 전반적인 학문에 대해 활발한 관심이 일어난 곳에서는, 학회 활동이 어려움을 겪었다 해도 훨씬 큰 성과를 거두었다. 아카데미 운동은 처음에는 독립과 후원, 파리에 대한 호소, 지방 도시의 활력, 지방 엘리트의 압력, '길손들'[85]의 영향, 그리고 즐거운 자발성과 윤리적인 질서 사이에서 고민하는 운동이었다.


## 2.《백과전서》 이전에 생긴 아카데미(1715-60)

1715년부터 1760년까지 50년도 채 되지 않는 사이, 지방에는 처음 생긴학회 외에 20여 개 단체가 새로 생겼으며, 그 대부분은 창립시에 다소 효과적인 활동을 추진하거나 이어나갔다. 그러나 우리의 예상과 달리 지방아카데미 설립이 가장 두드러진 시기는 해방적인 특징을 보여 주는 섭정기가 아니었다. 지방 아카데미는 지방의 역사를 써서 밝혀야 할[1] 지적 소요와 혼란의 시대인 '로(Law) 체제'의 산물이 아니었던 것이다. 아카데미의설립은 1720-23년 이후 정기적으로 추진되었고, 대부분이 1750년 이전에세워졌다. 이제 이들이 면장을 얻는다면, 그것은 주도적 행동을 고취하거나 그와 일치한다기보다는 꾸준한 활동에 대한 보상이 될 것이었다. 1751년에 발행된《백과전서》에서는 다음과 같이 기술하고 있다. "아카데미의수는 날마다 늘어난다. 이와 비슷한 기관을 아주 열렬히 늘려 가는 것이유익한가 하는 점을 따지지 않아도, 최소한 그것들이 부분적으로나마 문학과 연구에 대한 취미를 퍼뜨리고 보존하는 데 기여한다는 사실을 부인할 수는 없다. 아카데미가 설립되지 않은 도시에서도 거의 같은 활동을 하는 문학회를 조직하고 있다."[2] 그리고 거기에 실린 항목은 아카데미의 필요성에 대하여 국가적 차원에서 열린 토론의 주제가 되었다.[3] 1755년 아카데미 프랑세즈는 "문학회를 어느 선까지 늘려 나가는 것이 적합할 것인가?"라는 주제로 현상 논문을 모집하였으나 그다지 만족스러운 대답을 얻지 못하였다.[4] 그러나 몇 가지 시도가 눈부신 성공을 거두었고, 디종 아카데미에 제출한 장 자크 루소의 논고가 좋은 반응을 얻었다. 이처럼 부분적인 성공과 아울러 명백한 실패도 있었다는 사실은 상황을 극도로 미묘하게 바꾸어 놓았으며, 이러한 상황에 부딪힌 문인들에게 의식의 혼란을 가져왔다.

이 새로운 비약 단계에서 처음 설립 운동을 시작한 포에서는 1718년과 1720년 사이에 아무런 문제 없이 아카데미가 자리를 잡았다.[5] 그와는 반대로 1725년부터 시작된 오를레앙의 설립 운동은 정기적인 모임을 가졌음에도 50년대가 지나서까지 그 존재를 증명받지 못하였다. 1741년에 두번째로 설립된 아카데미 역시 성공을 거두지 못하였다.[6] 베지에에서는 소집단이 1723년부터 활발한 노력을 기울였지만, 1766년에 가서야 권력의 인정을 받게 되었다.[7] 프로방스의 경우 마르세유가 10년 동안의 망설임(그리고 흑사병) 끝에 아카데미를 세우자마자 곧 인정을 받게 되었다.[8] 아미앵 문학회는 면장을 얻는 데 겨우 5년(1745-50)이 걸렸을 뿐이다.[9] 툴루즈의 두번째 아카데미는 1719년경 문을 열었다. 15년 동안 지속적인 활동을 벌인 이 아카데미는 두 번에 걸친 시도 끝에 1746년 마침내 공식 인정을 받았다.[10] 1736년에 설립된 리옹의 두번째 학회는 1752년에 면장을 받았으나, 그로 말미암아 이제까지 조용하던 아카데미 세계에 풍파가 일었다. 그러나 두 학회는 1756년 하나로 뭉치면서 경쟁 관계를 끝내게 되었다.[11] 1730년 이전에 활동을 시작한 라로셸의 아카데미 회원들은 1732년에 면장을 받았다.[12] 몽토방 아카데미는 1730년에 정관을 채택하였지만, 1744년에 가서야 면장을 받았다.[13] 디종 아카데미는 1740년부터 아주 활발한 문화인 집단의 활동을 새로운 방향으로 이끌었으며, 뤼페의 집에서 모이던 문학회의 정예들과 모임을 가지기도 하였다. 그후 디종 아카데미는 1760년 이전에 인정을 받게 되었다.[14] 루앙에서는 1736년부터 정기적으로 모였고, 1744년에 인정받았다.[15] 그와는 반대로 아라스에서는 1737년부터 1773년까지 기다려서야 비로소 모임에 대한 인정을 받을 수 있었다.[16] 클레르몽의 면장도 1773년에 나왔지만, 그들은 1750년부터 첫 모임을 가졌다.[17] 브장송 아카데미는 세 번이나 시도한 끝에 1752년에야 인정을 받았다.[18] 1749년에 발족한 오세르 아카데미는 목적을 이루지 못한 채 1772년에 영원히 사라지고 말았다.[19] 이미 1757년에 비공식적으로 허가를 받은 셰르부르 아카데미는 침체기를 거쳐 1765년 이후에야 비로소 활동을 재개했다.[20] 1752년에 창설된 브레스트 아카데미[21]와 1757년에 창설된 메스 아카데미[22]는 거의 즉각적인 성공을 거두었으며, 스타니슬라스의 낭시 아카데미 설립 계획은 겨우 2,3년이 걸려 실현되었다.[23] 1750년 아카데미 설립 운동에 가담한 샬롱쉬르마른은 그로부터 25년 후(1775)에 면장을 받았다.[24] 부르캉브레스에서 랄랑드가 시도한 학회 설립 운동은 1757년 이후에도 여전히 면장을 받아내지 못했다.[25]

1760년 아카데미는 거의 모든 지방에 설립되었으나, 그 발전은 단일화된 역사 속에서 읽혀질 성질의 곡선을 그리지는 않는다. 각각의 성격은 지방 권력이 제공한 기회에 따라서, 또한 중앙 권력과 맺은 지극히 다양한 관계에 따라서 분명해졌다. 그러나 중앙 권력은 분명히 결정된 정책을 가지고 있지 못하였다. 그 정책이란 확인의 범위를 넘어 점점 더 중요성을 인정받는 정책으로서, 관찰 기간이 필요한 정책이었지만 말이다. 각각의 경우 늘 똑같은 대화 상대자가 개입함으로써 성공 가능성을 높여 주었다. 권력과 문화가 맺는 관계는 주교·군관구 사령관·지사들이 어떤 의도를 가지고 대화에 임하느냐에 따라 점차 새로운 차원으로 발전하였다. 그 대화에서 파리 아카데미들은 새로운 자치주의 속에 새로운 차원의 권력과 문화의 관계가 자리잡을 수 있도록 만들어 주는 구실을 맡고 있었다. 사람들이 옛 형태가 유지되거나, 반대로 급속히 사라지고 있음을 느끼게 되면서 아카데미의 사교성은 더욱 깊어지게 되었다. 이제부터 지방에서도 문화적 기관이 활동하게 되었다. 그리고 그 기관은 지식의 분야에 대하여 처음부터 수정된 시각을 명시하였다. 개인적 전기를 통하여 명백히 알 수 있듯이, 볼테르가 시레에서 새로 교육을 받았다는 사실에서[26] 지방의 백과전서파 이전 시기를 특징짓는 찬란하고도 명백한 과학의 승리를 엿볼 수 있다. 이러한 특징은 몇몇 경우를 제외하고는 아카데미 활동을 통해서 뿐만 아니라 그것을 설립하는 데 관련된 문서 속에서도 나타난다. 이처럼 18세기의 이사분기는 과학에 대한 관심이 널리 퍼져 나간 시기였다. 그리고 이러한 사실이야말로 《백과전서》가 나온 직후부터 비로소 그러한 관심이 나타나게 되었다고 전통적으로 믿었던 연대기를 다시 한 번 뒤흔들어 놓는 요소라 하겠다.

1715-60년의 기간 동안 주교는 아카데미 운동이 시작되었을 때, 보호자나 학예 후원자, 나아가 학자와는 아주 다른 역할을 담당하였다.[27] 장세니즘이 몰고 온 위기로 말미암아 그들은 정통 교리를 열렬히 수호하게 되었다. 그 결과 새로 설립되는 학회는 자유로운 토론이 진행될 가능성이 있다는 이유만으로 그들의 의심이나 불안을 사게 되었다. 벨중스 예하는 마르세유의 젊은 학회원들을 '장세니스트와 무신론자의 모임'으로 간주했다.[28] 사실 이 고위 성직자의 투쟁적 정통 교리는 '장세니즘에 입각한 행동'의 결과였다. 그는 르브레 지사[29]에 의하여 추방된 귀족 출신 의사의 자식 페이소넬 형제, 그리고 특히 마르세유 학회원들의 충실한 친구 수도원장 포라드[30]의 초기 모임에 참석하면서 매우 우려할 만한 단서를 찾아냈던 것이다. 벨중스 예하의 상징적인 행동(1714년 케넬의 서적 3천 부를 태워 버린 행위 따위)은 폭발적임과 동시에 좀더 은밀한 반대 여론에 부딪혔다. 후덕함과 엄정한 용기를 갖춘 그는 새로운 모임을 결코 속수무책으로 받아들일 수는 없었다. 그는 궁정에 손을 써서 면장 발급에 반대했을 뿐만 아니라, 빌라르 원수의 활동[31]에 지지를 표명하였다. 그는 또한 첫번째 공개 회의에 참석하는 일조차 거절하였다. 그의 미움을 산 아카데미는 자기네가 성실하다는 증거를 수없이 보여 주어야 했다. 샬라몽 드 라 비스클레드는 1726년 3월 8일 그에게 다음과 같은 편지를 보냈다.[32] "영광스럽게도 제가 속한 학회는 예하의 의심을 받는 불행을 겪고 있습니다……. 그러나 저는 저희 회원이 장세니즘 신봉자이기는커녕, 거기에 대해 아주 반대되는 감정을 가진 것으로 알고 있습니다. 게다가 저는 감히 도전하는 사람이 1명이라도 있는지 모르겠습니다……. 더욱이 문학 학회는 종교와

는 전혀 관계가 없을 뿐더러, 정관에 따라 종교와 관련된 것이라면 어떠한 말도 하지 못하게 되어 있습니다……. 예하께서는 왕국 내의 모든 아카데미에서 이 시대의 사태에 관해 다양하게 느낄 수는 있으나, 종교를 해칠 수 있는 것은 하나도 나오지 않는다는 사실을 알고 계십니다." 이제부터 모임은 주교청에서 열리게 되었고, 예수회와 주교의 친구이자 주교 대리 리고르[33]가 직접 모임에 참가하여 규정의 준수를 보장하였다. 리고르가 이미 1716년, 빌라르 원수에게 반(反)개신교와 반(反)장세니즘 학회를 세울 것을 제안하였다는 사실은 주목할 만하다. "제가 보기에는 종교와 국가의 행복만큼 관심을 끄는 문제는 없습니다. 이러한 차원에서 저는 안시에서 생 프랑수아 드 살르와 재판장 포르가 예술과 과학에 대해서 관심을 보였던 것처럼 종교에 대해서도 똑같은 관심을 가질 수 있다고 생각해 왔습니다. 예하, 저의 중요한 목표는 제네바와 네덜란드로부터 쉽게 들여올 수 있는 특정 종교 서적을 아무런 원칙도 없는 사람들이 읽고 맞이할 수 있는 위험에 대처하는 것이었습니다. 그러나 사람들이 저로 하여금 종교를 다루어야 할 필요성을 직시하게 한 위험 때문에 저는 거기서 배제되었고, 다른 학문에 전념하게 되었습니다……."[34] 반종교 개혁의 정신, 반장세니즘의 투쟁 정신이 이곳 학술 단체들 속에서 세속화된 영역을 규정하기 위하여 결합하고 있다. 마르세유의 예는 모든 운동에 대하여 확신을 잃을 경우 중대한 결과를 초래할 수도 있는 엄정 중립성의 필요를 증명해 준다.

고위 성직자들의 감시가 어떤 경우에도 모두 완전하였다고 볼 수는 없으나, 다른 집단들 또한 거의 같은 정도로 심한 문초를 받아야 했다. 아를에서는 포르뱅 예하가 중립을 지키는 대신, 주교좌 성당 참사원 보슈와 장세니스트인 슈발리에(騎士) 드 로미외에 대한 경계와 아울러 학회 활동의 재개를 막았다.[35] 오를레앙에서는 대부분 젊은이로 구성된 위그노 거리의 학회 회원들이 장세니스트 동아리에 가입함으로써(1725) 주교의 경계심을 부추겼다. 이곳의 니콜라 조제프 드 파리 예하는 1741년 자신의 주교청에 적대적인 집단을 받아들이겠다고 선언하였다. 그러나 종교상의 다양한 차이 때문에 어떠한 융합도 이루어지지 않았다.[36] 루앙에서는 다수의 장세니스트 후보자가 주교의 비위를 거스르지 않으려고 애쓰는 아카데미에 열띤 토론의 장을 제공하였다.[37] 브장송의 고위 성직자 앙투안 피에르 2세 드 그라몽 예하는 판사의 권위를 빌려 디종의 변호사 장 바티스트 프로마죠의 희망을 좌절시켰다. 이것이야말로 세상이 받아들였다가 배척한 장세니스트의 흥미로운 보기라 하겠다.[38] 그와는 반대로 프랑스 국교회 신봉자였던 켈뤼스 예하는 '죄인들의 피신처'인 주교구 한가운데에 위치한 과학의 요새라 할 오세르 아카데미의 초기 보호자였다. 그러나 그의 뒤를 이은 콩도르세 예하, 그리고 특히 샹피옹 드 시세 예하는 이 '라틴족'의 여론을 얻어내지 못하였으며, 1772년 후자는 활동을 완전히 정지토록 하는 명령을 얻어냈다.[39] 요컨대 주교들은 사회와 종교라는 맥락에서 자신들에게 불안거리를 안겨 주는 곳이면 어디나 결정적으로 개입하였다. 주교들은 장세니즘이 고개를 쳐들지 몰라 두려워하면서 신경을 곤두세우고 있었고, 대부분의 아카데미 회원들이 '철학(계몽 사상)' 때문에 의심을 받지 않았다는 사실에 주목하는 일은 흥미롭다. 그러나 '아미앵 학회'는 볼테르의 추종자 바롱 변호사가 다량의 작품을 개작하는 바람에 자칫 성공을 거두지 못할 뻔하였다. 그전까지 그 학회에 대해 호감을 가지고 있던 라 모트 예하[40]는 그가 1751년의 교서를 풍자한 '성직자의 대사(大赦)'를 보고 결국 화를 내고 말았다. 매사를 경계하지는 않았다 해도, 어쨌든 조심성이 많았던 대부분의 단체는 선수를 쳐서 종교와 철학에 대하여 중립의 태도를 보여 준 결과, 법의 인정을 받고 주교들의 보호를 받을 수 있었다. 예를 들어 동 퐁과 로망을 중심으로 정통 교리와 아카데미의 필요성을 결부시켜 보려고 노력한 몽토방에서와 마찬가지로, 문제는 전체 여론을 묻는 것이었다. 그러나 다른 한편으로 보면 거물급 행정가로서 고위 성직자들은 자신들에게 영예를 안겨다 주는 학회 활동에 우호적이었다. 보호와 문예의 옹호는 그들의 사회적 역할 가운데 한 부분이었고, 그러한 보기는 쉽게 찾을 수 있다. 바이외 주교 륀 예하는 캉 아카데미의 보호자 역할을 수락하였다. 아라스에서는 콩지에 예하, 몽토방에서는 베르타몽 예하, 낭시에서는 슈아죌 예하, 메스에서는 다른 사람들에 비해 훨씬 무관심하기는 했으나 몽모랑시 라발 예하를 꼽을 수 있다. 그리고 님에서는 학회 활동을 다시 할 수 있도록 도와 준 벡 드 리에브르 예하, 리옹에서는 비유루아 예하와 탕생 추기경, 베지에에서는 르 루세 예하와 보세 예하, 클레르몽에서는 르 메스트르 드 라 가를레 예하가 자기 주교구에서 활동하는 아카데미에 아주 우호적인 태도를 보였다. 더구나 이들은 명예회원의 지위를 흔쾌히 받아들였다. 다른 종류의 지방 권력이 활발히 개입할 수 있다는 점을 자주 고려하여야 했던 이들은, 순수한 형태의 종교적 기준만으로 사상의 한 분야를 규정하면서 자신들의 지적 조심성을 만족시켰다.[41]

그러나 무엇보다도 지방 권력의 맨 앞줄에서 열의를 다하며 돋보였던 사람은 '군관구 사령관'이었다. 이미 행정과 군사적 역할에서 영향력을 잃고 있던 그들이 신설 아카데미에 관심을 보인 것은 부분적으로는 일종의 보상 현상이었다. 이러한 관점에서 비유루아 공작은 보르도의 라 포르스 공작을 시발로 여러 사람이 따르게 된 전통을 만들어 냈다. 비유루아는 한편으로 리옹의 모든 아카데미에 보호를 약속하면서, 다른 한편으로는 음악회와 미술 아카데미에 대해서 뿐만 아니라 브로세트의 학회를 감시하였다. 그는 이 모든 학회를 위하여 면장을 얻어냈다. 그의 죽음이 가져온 갖가지 잡음을 통해 리옹의 엘리트가 얼마나 동요하였는지 충분히 이해할 수 있다. 재판장 뒤가는 1730년 8월 6일 보튀 드 생 퐁에게 편지를 써서 자신의 심정을 피력하였다. "여러 대군과 영주가 리옹 군관구에 요구하였다는 소문이 여기저기 나돌고 있습니다. 사람들은 오를레앙 공작·샤롤레 백작·르멘 공작·탱그리 대군을 거론합니다. 저로서는 작고하신 선왕께서 계승권을 인정해 주신 비유루아 공작으로부터 그걸 빼앗아 가고 싶어한다고 믿을 수 없습니다. 만에 하나 그런 일이 일어난다면 몹시 화가 날 것입니다. 그분은 아주 훌륭하신 영주이며 정직한 사람이었습니다. 더욱이 새로운 집행부의 탄생은 결코 즐거운 일이 되지 못할 것입니다……."[42] 막대한 수입을 가져다 주는 직책인 군관구 사령관은 모든 분야에서 보호권을 행사하면서 무시하지 못할 권력을 휘두를 수 있었다.[43] 이들은 '입장 행사'의 행렬 뒤에서, 그리고 축제와 연회의 놀이 밑에서 중재와 천거에 지나지 않지만 지방의 정치·사회 생활에 절대적으로 본질적인 특성을 이루는 기능을 가지고 있었다.

마르세유 아카데미 회원들의 자발성을 고취시키고 그 젊은 학회를 효과적으로 보호하고 있던 프로방스 군관구의 빌라르 원수는 그 점을 잘 이해하고 있었다.[44] 그는 궁정에 개입하는 것 외에도 벨중스 예하와 협상을 진행하였으며, 아카데미 회원들에게는 인내심을 가지도록 충고하였다. 그리고 비록 본인이 전적으로 호평하지는 않았던 학회지만, 리고르에게 명령하여 모임에 참석토록 하였다.[45] '위엄과 장점을 갖추도록 양육되고'[46] 막대한 재산을 가졌으며, 플뢰리 추기경 주위에서 강력한 힘을 얻은 드냉의 승리자는 '보호자'의 역할을 훌륭히 보여 주었다. 그는 아카데미 프랑세즈와 결연을 맺는 데 이바지하였고, 3백 리브르가 걸린 시(詩)문학상을 제정하였으며, 학회가 언제나 활발한 영향을 받도록 환경을 조성해 주었다. "뮤즈 신들에게는 가장 풍부한 소재를 제공해 주고, 그 소재를 작품으로 만드는 예술에 대한 판단을 내릴 능력을 갖춘 어떤 영웅의 친절보다 즐거운 것은 없다." 영웅과 계몽된 문예 애호가, 너그러운 문예 후원자, 이들이야말로 그의 찬양과 더불어 공개회의에서 읽힌 수많은 입회 수락 연설에서 끊임없이 상기된 인물들이었다.

거의 어디서나 비유루아·라 포르스·빌라르의 보기를 따르게 될 것이다. 볼테르와 그의 친구 시드빌의 보호자 뢱상부르 공작은 루앙 아카데미를 후원해 달라는 요청을 수락하였다.[47] 그레세와 밀접한 관계를 맺고 있던 숀 공작은 초기의 아미앵 학회를 키워 준 인물이었다.[48] 그곳에서는 1746년 11월 13일, 페티스트 회장이 지방에서 행한 연설과 매우 유사한 말투로 공작을 맞이하였다. "과학 아카데미에서 당신이 차지하고 계신 위치로 말미암아 그 학회는 (새로운 학회를 위하여) 당신의 보호를 요구할 자격을 가졌으며, (당신이 참석하시는 덕분에) 영웅과 학자의 행복한 일치를 축하할 주제들을 생각해 낼 수 있을 것입니다."[49] 프랑슈콩테에서는 탈라르 공작과 뒤라 원수가 차례로 아카데미에 대해 관심을 가지지 못하게 막았다.[50] 이러한 와중에서 콩티 대군은 라로셸 아카데미 회원들의 노력을 뒷받침해 주었다. 그리고 콩데 대군인 루이 앙리 드 부르봉은 생 플로랑탱 백작에게 손을 써 디종 아카데미에 면장을 주도록 하였다.[51] 툴루즈의 가납사니들은 멘 공작의 보호하에 있었고, 과학 아카데미 회원들은 리슐리외 원수의 보호를 받았다. 그는 모르빌과 폴리냐크 추기경의 뒤를 이어 보르도도 보호해 줄 것을 약속하였다.[52] 샹파뉴에서는 클레르몽 대군이 샬롱 아카데미 회원들을 뒷받침해 주었고,[53] 오세르에서는 콩데 대군에게 보호를 간청하였으나 불행히도 거절당하였다.[54] 마지막으로 학회에 대하여 아주 매력적인 예라 할 수 있는 벨일 공작의 경우를 들 수 있다. 그가 메스에 개입한 것은 한 마디로 결정적인 사건이었다. 국무대신이던 그는 쉽게 면장을 얻어냈고, 경비를 마련해 주었다. 그 대신 메스 왕립학회는 그의 감독을 받아들였다. 지방 권력의 피라미드 꼭대기에 있던 벨일은 아카데미에서도 '보호자'인 동시에 '창설자'로서, 아직도 불확실한 문화적 모험에 자신의 명성과 재산을 쏟아부음으로써 모종의 정치적 위업을 달성하였다. 그는 아카데미가 국가 차원에서 지니는 궁극의 목적을 상징적으로 보여 주었다. 그것은 지방 권력과 상층 귀족, 그리고 귀족과 문화 사이에서 종종 단절되는 결연 관계의 끈을 다시 이어 주는 일이었다.[55]

지사들은 아카데미 창설 작업에 아주 다양하게 참가하였다. 때로 그들은 군관구 사령관에게 주도권을 맡긴 채(이것은 메스의 경우이다), 또는 주교에게 맡긴 채(이것은 오세르와 오를레앙의 경우이다) 전혀 그 일에 간섭하지 않았다. 더욱이 그들은 주로 고등법원 소재지에서 이미 최고 재판소와 맺고 있던 미묘한 관계에도 불구하고, 새로운 문제를 일으키는 것에 별로 개의치 않고 학회 창설을 인정하였다. 포나 툴루즈의 경우, 그들은 먼 거리에서 감독하는 것으로 만족하였다. 특히 그곳 신분회가 지켜보는 경우에 그들은 아주 호의적인 태도를 취하였다.[56] 디종에서는 아믈로 드 샤이유가 명예회원이 될 것을 수락하였으며,[57] 르냉과 생 프리에스트 가문, 발렝빌리에 같은 랑그독 지방의 지사들도 마찬가지였다.[58] 프랑슈콩테의 지사는 아카데미측의 주장을 옹호하는 데 그치지 않고, 그들의 활동에 정기적으로 참석하였다.[59] 또한 보몽 대신 부안으로 교체하면서 이 아카데미에 대하여 감사와 유감의 뜻을 표했다. 루앙 아카데미 발기인 모임을 위해 자신의 저택을 내주었던 라 부르도네는 1744년에 정식 회원으로 가입하였다.[60] 프로방스에서는 카르댕 르브레가 빌라르 원수의 노력에 지지를 표

명하긴 하였지만, 직접 아카데미 회원에까지 뽑히지는 않았다.[61]

고등법원이 없던 도시의 경우, 그곳에 배정된 수임자들은 다른 곳보다 훨씬 민감하게 지방 엘리트의 욕망에 반응하였다. 리옹은 다시 한 번 좋은 보기가 된다. 트뤼덴과 풀티에는 아카데미에 도움을 아끼지 않았다.[62] 그들의 뒤를 이은 팔뤼는 1739년 8월 11일 정식 아카데미 회원으로 가입할 수 있었다. "그의 인사말은 정중하고 맵시가 있었다. 그는 자신이 그 단체에서 받은 온갖 영광을 느끼고 있으며, 만일 그 영광을 누리기 위해서 문학을 몹시 사랑하고, 거기에 전념하는 사람들을 무한히 존중하는 일로 족하다면, 자신은 감히 그것을 누릴 자격이 없지 않다는 자부심을 느끼노라고 말했다. 그는 자신이 우리의 모임에 열의를 가지고 참가하고, 아카데미와 그 구성원 모두에 대해서 가장 많이 신경 쓰고 있다는 사실을 강조하면서 인사말을 마쳤다."[63] 지사와 강력한 군관구 사령관들의 사회적 배경이 서로 다른 것을 고려할 때, 리옹에서 지사의 처지는 미묘하다고 할 수 있었다. 때문에 그는 주요 명사들의 마음을 사로잡는 데 주의를 기울이는 것처럼 보였다.[64] 그 결과 리옹 아카데미는 각종 영향력이 휘몰아치는 바둑판 위의 요석과 같았다. 자신의 권위를 키우고, 도시의 중요 단체들과 원만한 관계를 맺기 위해 영향력을 행사하던 팔뤼는, 학구적인 단체들에게 관심을 기울였다. 그는 내분으로 침체된 빌프랑슈 아카데미의 회합을 재개하는 데 전념하였다.[65] 그의 뒤를 이은 베르탱과 라 미쇼디에르도 그의 예를 따랐고, 후자는 서로 적대적인 단체들을 통합시키는 데 큰 역할을 하였다. 독재주의적인 관료와 멀리 있는 군주의 대표로서 쉽게 가까이할 수 없었던 지사는, 아카데미측에서 볼 때 18세기 초반부터 이전의 엄격한 권위를 잃어 가고 있었다. 이제 그는 너그러운 중재자였다. 설령 아직 완전한 지방민은 아니었다 해도, 최소한 문화 정책에 있어서는 대표가 없어 고민하는 단체의 여러 가지 중요한 방향 가운데 하나를 완전히 이해하였다.

많은 경우 커다란 차이가 있었지만, 이들은 어디서나 똑같은 관심과 똑같은 영향력을 행사하였음은 물론, 때로는 적대감과 의심까지도 보여 주었다. 이러한 예를 찾는다면, 셰르부르의 베르탱은 초보 단계의 학회를 '일종의 몽상'으로 다루었고,[66] 부르캉브레스의 지사 졸리 드 플뢰리는 랄랑드가 추진한 운동을 경멸하였다.[67] 또한 낭시의 라 갈레지에르는 스타니슬라스 왕이 추진하는 운동을 필요 이상으로 감시하였다. 그는 '로렌 지방의 애향심'을 확고하게 다져 줄 뿐만 아니라 옛 섭정 가문에 애착을 나타낼지도 모른다는 의심 때문에, 몇 년 동안이나 학회의 설립을 반대하였다.[68] 그러나 다른 곳에는 우호적인 예도 많았다. 1753년, 캉의 퐁테트는 아카데미를 위해 아주 이로운 제2의 보호자 역할을 맡기 시작하였다. 그 결과 여론은 학회를 보호하는 것이 '지사의 일'이라고 생각하게 되었다. 18세기초에 푸코가 세운 전통이 도처에서 승리를 거두고 있었다.[69] 누구보다도 가족적인 학회를 풍부하게 실천한 비농은 1732년부터 라로셸 아카데미에서 활동하였다.[70] 오베르뉴의 지사였던 로시뇰과 샤즈라는 정부를 상대로 아카데미를 옹호해 주었다.[71] 브레스트의 지사 들라포르트는 해군 대신 루이예에게 압력을 넣어 1749년부터 정기적인 모임을 만들려고 애쓰던 해군 장교들의 주장을 지지하게 하였다.[72] 바르브리 드 생 콩테스트는 생 플로랑탱 백작에 맞서 샬롱 문학회를 옹호해 주었다.[73] 아미앵 아카데미에서는 아라스 아카데미에서와 마찬가지로 쇼블랭이 결정적인 역할을 하였다. 아미앵 아카데미 회원들은 서류를 작성하여 지사와 숀 공작이 정부에 제출토록 하였다. 지사는 편지를 주고받으면서 한 걸음씩 간섭의 역사를 돌이켜보도록 만들 수 있었다. 이것은 일단 다행스러운 간섭이었으나, 아주 뚜렷한 목적을 가지고 있었다. 1746년 3월 21일, 지사는 학회 총재 페티스트에게 편지를 보냈다. "그 단체의 구성원들이 내게 전해 주고 싶어할 빛을 내 편에서 믿듯이, 여러분 또한 내가 줄 도움을 믿어도 좋을 것입니다."[74] 아카데미는 마치 주의 발전을 위하여 봉사하는 계몽된 행정관을 위한 공정한 조절자들의 자문회의처럼 보였다. 지사들이 개입하여 아카데미의 면장을 얻어 준 결과, 계몽주의는 행정적 시각의 끊임없는 발전 속에서 다시금 제자리를 찾게 되었다. 18세기 초반부터 아카데미의 보호자들은 지방의 명사들과 대화를 가지려고 노력했다. 그들은 상호 정보 교환의 필요성을 느꼈으며, 문화와 성찰의 기관들을 지방에 창설하려는 의지를 가지고 행동하였다. 지방 권력이 도시 정예의 희망을 민감하게 받아들이게 되면서, 사람들은 점점 더 의식적으로 지방주의의 경향을 띠게 되었다. 이러한 보기는 아주 다양하게 존재하였다.[75] 지방에 파견된 수임자들의 기능이 모호했던 것(군관구 사령관과 주교의 경우, 그들의 기능은 어떻게 달랐던가)은 일을 시행하는 데 쓰인 추진력과 그들이 의존했던 세력의 성격이 서로 달랐기 때문이다. 문제가 된 요인들이 얼마나 강력한가에 따라서, 할 수 없이 받아들이긴 하지만 실상은 두려워하는 이방인이 대표자가 되거나 그렇지 못하게 된다. 그가 창설된 기관들의 발전을 가속화하거나, 거기에 제동을 걸 수 있다는 사실에 대해 지방에서는 아무도 의심을 제기할 수 없었다.

지방 권력은 지방 의식의 특별한 면모가 나타날 때 간섭하기 시작했다. 이제부터 파리와 지방이 주고받은 교환 관계는 아주 다르게 등록될 것이다. 수많은 글의 뜻을 밝혀 주고, 의혹과 거기에 덧붙여 노골적인 무관심의 색깔까지 띤 매력이 아카데미 역사를 통틀어 일관되게 나타나고 있다. 지방은 불확실한 평등을 주장하면서 자신의 자유를 꿈꾸었다. 여기서도 다시 한 번 문학과 과학을 자신들의 기관 속에 재위치시키려는 모습이 아카데미 창설의 역사 뒤에서 나타나고 있다. 전통적인 기준은 사라지기는커녕, 오히려 관행이나 필연적인 요소가 되었다. 앙드레 신부는 셰르부르의 모임을 조직하느라 고군분투하던 그루에게 다음과 같은 편지를 보냈다. "나는 문학과 미술에서 셰르부르의 작은 파리를 만들려는 당신의 계획에 박수를 보냅니다."[76] 마십은 베지에에서 '중요한 모범'에 대하여 영감을 얻었다.[77] 여기저기서 서로 모방이 이루어졌음이 분명하지만, 지방민은 거기에 그치지 않았다. 앙드레 신부는 사람들이 이제 더 이상 존중하지 않는 명예와 종교의 가치를 성실한 태도로 추구하는 일이야말로 독창적이라고 생각하였다. 지방민은 이처럼 새로운 모임의 미래와 필요성을 도덕과 종교의 신조 아래 놓으면서도 그 모임의 안녕에 주의하였다. 예컨대 베지에에서 활동하던 의사 부이예는 지방 문화의 지체 현상을 해결하는 일이 본질적인 문제라고 보았다. '책도 없고' '깊은 학식을 가진 사람이 거의 없는 곳' 그리하여 '사람들이 일생 무지한 상태에서 벗어나지 못한 채 살아야 할' 곳에서는 그 문제를 쉽게 해결할 수 없다. 따라서 파리에서 이룩한 업적에 의존할 필요가 있다. 다시 말해서 주요 아카데미에서 발간한 보고서를 주의 깊게 읽고, 그 내용이 구체적으로 적용된 보기를 따라야 할 것이다. 이처럼 공식적인 승인을 바라는 마음이 곳곳에서 드러났다. 지방의 젊은 의사에 불과한 한 개인의 희망과 야망이 집단의 향상을 바라는 욕망과 뒤섞였다. 도르투 드 메랑은 부이예에게 답장을 보내면서 파리와 비교하여 지방학회의 설립에 걸려 있는 문제를 정확히 보여 주었다. "베지에 아카데미는 비정상적으로 훈련받은 대중에게는 아무것도 해주지 말아야" 할 것이다.[78] 지방민은 여기저기 널려 있는 호기심의 유혹을 피해야 할 것이며, 그들은 그 시대의 깊이 있는 변화를 이해하고 분별을 지키면서 현실적이 되어야 하며, 온갖 장애를 물리치기 위해서 정치적 목적에 맞추어 행동하고 새로운 과학 사상을 믿어야 할 것이다. 그런데 사실은 특권을 옹호하고 물질적 이해 관계를 추구하는 가운데, 파리에 대하여 충성심을 확인하는 것에 기대를 걸 수밖에 없는 지방학회 운동의 연대성을 흔들어 놓았다. 랑그독에서는 과학적 문화를 독점하기 위해 안달하던 몽펠리에 왕립학회가 왕실의 보호 아래 세력을 휘둘렀다. 시쿠아노·마르코·라 페로니 같은 훌륭한 전의(典醫)의 지지를 등에 업은 이 학회는 베지에[79]와 툴루즈[80]의 아카데미 창설 기도에 제동을 걸었다. 이러한 불협화음으로 '과학 아카데미'가 중재권에 입각한 중요한 역할을 다시 맡게 되었다. "아카데미라는 명칭은 호의로 베풀어진 은총이라기보다는 공훈에 수여되는 보상이라고 보아야 하기 때문에, 국왕 전하는 학회의 활동 결과를 보고받은 경우에만 그 학회의 소청에 귀를 기울이신다. 왕립과학 아카데미가 해당 학회에서 제출한 업적을 심사할 것이며, 툴루즈 아카데미가 영광스럽게도 존재할 수 있는 것은 왕립과학 아카데미가 툴루즈 아카데미의 업적에 대해 유리한 판결을 내렸기 때문이다……."[81] 1767-71년에 걸쳐 전쟁을 치른 뒤, 브레스트에서 다시 모인 주요 기관의 관리들은 이번에도 의견의 일치를 보지 못하였다. 그들은 조직적인 결연마저도 거절하였다. '해양 아카데미'와 '과학 아카데미'는 오직 개인적인 상호 방문과 평등한 대응을 바탕으로 결연을 맺었다.[82] 귀족적 성격을 띤 집단은 지나칠 정도로 개혁적이고, 필요 이상으로 파리만 좇는 대신들을 비난하면서 사회적으로나 정치적으로 이들에 반대하였다. 바로 여기서 우리는 깊이 뿌리내린 지방의 불신을 찾을 수 있다.

아카데미 프랑세즈에 대한 망설임이 늘어갔다. 마르세유는 보호의 모색이 모두의 희망인 양 혼동하는 정신 상태로부터 자치주의적 경계심을 확인하는 데로 이행해 간 전형적인 사례였다. 1716년 대리인 리고르는 파리에서 이렇게 썼다.[83] "여기 모여 함께 일하는 사람은 모두 가끔 훌륭한 발견을 할 수 있고, 파리의 아카데미와 왕래를 할 수 있을 것입니다……. 제가 주인의 지시를 받아 일을 할 수 있도록, 당신(미유랭)의 생각과 괜찮으시다면 원장신부 당죠의 의견도 제게 말씀해 주시기 바랍니다." 기준은 명확하다. 하지만 그것은 당시의 아카데미가 과학의 옹호자와 문학의 지지자, 다시 말해서 과학자와 재사들을 대립시킨 갈등을 겪고 있었으며, 결연에 관한 문제는 뒷전으로 물러났다. 그 문제는 샬라몽 드 라 비스클레드와 빌라르가 아카데미를 세웠을 때 다시 한 번 외부로 노출되었다. 파리에서 시 부문에 응모하여 두 번이나 영예를 안았던 샬라몽과 1734년 아카데미 프랑세즈의 회원으로 선출될 빌라르 원수(元帥)는 똑같은 희망을 갖고 있었던 것이다. 그들은 결합을 통하여 먼저 결합한 아카데미들과 협력하면서 자기네 학회를 튼튼한 바탕 위에 세울 수 있다고 생각했다. 우리는 이를 통해 두 가지 사실을 알 수 있다. 즉 무엇보다도 그들은 아카데미 운동이 어떻게 발전하고 있는지 잘 모르고 있었을 뿐만 아니라, 파리 사람들과 지방 사람들 사이에 맺은 관계가 그때에는 아주 느슨해졌음을 전혀 알지 못했다는 점이다. 그들은 종속된다는 관념을 가졌으나 수아송의 보기를 좇았다. 그런 의미에서 1726년 1월 12일의 편지[84]는 매우 흥미롭다. 지방민들은 편지를 통해 항구 도시 마르세유가 처해 있는 상황 때문에 그 도시가 나쁜 취미에 물들고 있을 뿐만 아니라, 거기서 온갖 외국어가 판을 쳤던 만큼 더욱 절실히 보호를 받아야 할 것으로 생각하면서 이를 요청하였다. "여러분, 당신들은 왕국의 한가운데서 훌륭한 취미를 확고히 만들었습니다. 이제는 국경선을 갖추는 일만이 문제입니다. 우리는 거의 알몸을 드러내고 있으며, 무역 때문에 이곳으로 들어오는 외국인이 상륙하면 정신과 언어의 정중함이 똑같이 공격을 받게 됩니다. 우리는 우리 자신을 오직 당신들의 보호 아래 두어야만 안전을 보장받을 수 있을 것입니다." 두 아카데미의 결연은 1726년 9월 19일, 그때까지만 해도 잘 쓰이지 않던 예식을 통하여 선포되었다. 샬라몽 드 라 비스클레드는 거기서 아카데미 프랑세즈에 관한 자신의 시각을 발표하였다. 예식을 지켜보며 문학적 영감을 주는 어머니 같은 요소를 발견한 그는, 역대 왕과 보호자들이 원했던 그 어머니의 영광이 지방에 있는 자식들에게 넘어가는 것으로 생각하였다. "당신들과 관련을 맺는 일이 얼마나 영광스럽고, 얼마나 유익한지 나는 그들(나의 동료들)과 마찬가지로 느낍니다. 나는 당신들이 영광스럽게도 우리를 택하여 결연을 맺어 주시어, 우리에게 당신네 아카데미의 모든 영광이 미치도록 해주셨다는 사실을 충분히 알고 있습니다. 당신들은 마치 조상의 영광을 자손이 물려받을 수 있듯이 그와 똑같은 권리를 우리에게 주시어 당신네 아카데미의 영광을 누리도록 하셨습니다……." 종속되지 않은 채 결연을 맺고 싶어하는 이러한 내용에는 어떤 모호성이 숨어 있다. 그리고 이 학회는 지식과 윤리, 덕과 재능을 동일하게 여기는 의식 위에 설립되었다. 천재성은 아니라 해도 이처럼 공훈과 덕을 평등하게 취급하려는 의도를 가지고, 자기네 논점을 마르세유의 옛날 문화적 전통에 호소하는 데서 찾는 평등주의의 주장을 구체화했던 것이다. "대부분의 위대한 사람들의 영광은 일정한 거리를 두고 보아야 더욱 빛을 발합니다. 그들을 가까이서 보면 빛을 잃습니다. 당신들은 그 영광을 얻었습니다. 사람들이 당신들을 더 잘 알게 될수록 인기·존경·숭배의 정도는 높아갑니다. 사람들이 당신들 속에서 아카데미 회원의 자질을 벗어 버린 인간을 본다는 것은 유익한 일입니다. 그들은 재치와 천재성만을 보려고 하였습니다만, 재치와 천재성과 함께 덕성도 발견하게 될 것이기 때문입니다. 선생들이시여, 당신들은 잘 알고 계십니다. 마르세유 아카데미는 아테네와 로마의 아카데미와 경쟁할 자격이 있다는 사실을…… 그 학회는 골 지방에 대해서는 계몽주의의 제2의 원천이었습니다."[85] 전통과 덕은 종속 관계이어서는 안 될 결연 관계를 정당화시켜 주기에 충분하리만큼 마르세유 아카데미 회원들의 유산 속에 새겨져 있었다. 이에 대해 퐁트넬은 평등주의적 결연이라는 관념을 발전시키면서 그 점을 다음과 같이 잘 이해하고 있었다. "이성의 행진에 우호적인 당신의 아카데미는 우리의 딸이라기보다는 누이가 될 것입니다." 보편적인 운동에 동참한다는 의식을 가지고, 효용성이 옛 방식으로 보증을 받는다는 사실을 상기하였기 때문에 (결연의) 방향이 낙관적으로 설정되었다. 그러나 상징적인 단어를 사용함으로써 장래를 충분히 보장해 주지 못했으며, 그 결과 그들의 관계는 1741년 거의 완전히 해체될 정도로 악화되었다.[86] 두 학회는 참석권과 공납금에 대해 서로 다투면서 더 이상 결합할 수 없음을 보여 주었다. 특권, 개별주의의 증대, 상석권, 과학의 성장, 재치의 쇠퇴가 함께 작용하여 지방 아카데미는 새로운 방향을 잡게 되었다. 이제 지방의 학회는 파리를 적대시하지 않으면서도 파리와 거리를 두려고 함으로써 제 나름의 길을 가려는 노력을 보여 주었다. 문학은 파리에서 점점 더 높은 지위에 올랐으나 지방에서는 여전히 침체되어 있었다.[87] 증대되는 갈등과 경계심의 곡선을 그려 본다면, 두 가지 차원에서 학회 운동의 일반적 의미를 확인할 수 있을 것이다. 첫째, 교류가 증가하면서 개별주의가 발전하게 되었다. 둘째, 이제 억지춘향의 전제주의로 얼룩진 집단 보호제에 의존하는 대신, 파리에서 출세한 지방 출신의 거물급 인사들이 자기네 고향을 보증해 줄 것을 호소하게 되었다.

1750년 아미앵 아카데미가 내부의 상석권에 관한 문제를 가지고 루앙·캉·몽토방·디종·리옹과 주고받은 통신을 통하여, 당시의 상황을 더욱 자세히 알 수 있다. 모든 회신은 "문학 공화국을 지배해야 할 평등의 정신"을 주장하였고, "자기가 정한 규칙을 공공연히 깨고 있는 아카데미 프랑세즈의 거드름"을 비난하였다.[88] 아카데미 프랑세즈 회원이기도 한 그레세는 독재적 방식으로 종신 회장직에 오른 뒤 반대에 직면하고, 쉰 공작이 사태 수습을 위하여 끼어들자, 그 명예직이 자신에게 장애가 된다고 생각하여 포기하였다.[89] 파리의 아카데미는 규정에 따라 지방학회의 활동을 감독할 수 없었으며, 이것은 중개인을 통해서만 가능하였다. 아라스의 아카데미 회원들은 쇼블랭 지사가 전해 준 수아송 정관을 그대로 베끼기를 거부하였다.[90] 그러나 그들의 태도 때문에 돌아온 것은 군관구 사령관의 거절이었다. 그들에게는 면장이 발부되지 않았던 것이다. 어디서나 독립의 의지가 발전하고 승리하였다. 그것은 정관의 전거를 선택하는 데서 잘 나타났다. 포는 보르도 아카데미의 규칙을 따랐고, 라로셸은 앙제와 보르도의 정관을 참조하였다. 뷔퐁이 증언한 바에 의하면, 브장송은 빌프랑슈의 정관을 앞에 놓고 만든 디종 아카데미의 정관에서 영감을 얻었다고 한다. 그러나 르프랑 드 퐁피냥의 반계몽 사상과 일치하는 아카데미 프랑세즈와 비슷한 예식을 지켜 나가던 몽토방은 툴루즈의 죄 플로로 아카데미에서 많은 것을 따왔다. 뚜렷한 기준 없이 학회를 세워야 한다는 사실은 종종 지방학회 설립의 독창성을 강조하는 경향을 띠게 되었다. 이러한 보기는 뤼페가 자신의 '비밀 이야기'에서 디종 아카데미의 창설자 푸피에를 비난한 데서 찾을 수 있다. 그의 비난에 따르면, 그대로 베끼기 위해서가 아니라 독창적인 작품을 만들기 위해 중요한 선례를 충분히 고려해야 했음에도 그러지 못했다는 것이다.[91] 샬롱 아카데미 회원들은 보르도 쪽으로 머리를 돌렸고, 메스에서는 아라스와 낭시로 눈길을 보냈다. 리옹 아카데미는 자기 나름의 길을 지켰다. 이 점에 관해서 보튀 드 생 퐁은 재판장 뒤가에게 다음과 같은 답변을 했다. "우리 아카데미는 파리의 어떤 아카데미에도 의존해서는 안 된다. 하기야 우리는 세 곳의 아카데미로부터 조금씩 따오기는 했다. 그렇다면 어떤 학회와 결합할 것인가?"[92] 이것은 지방적 독창성을 작업의 전문화에서 찾기보다는, 보편적인 경쟁에서 찾으려는 중요한 언급이라 할 수 있다. 그의 견해는 몽펠리에로부터 영감을 받았으나 활동의 공공연한 방향을 지키려 애썼던 베지에의 부이예의 주목을 끌었다.[93] 툴루즈는 몽펠리에에서 모범을 찾았을 뿐 아니라, 런던 왕립학회에 대해서도 깊은 관심을 보였다.[94] 1747년, 클레르몽의 케리오가 한 발언은 이 점에서 시사적이다. "수도에서 언제나 지방에 대해 우월성을 유지한다면, 지방은 수도를 명예롭게 만들고, 수도의 우선권을 영광스럽게 만든다고 말할 수 있다."[95] 학회 운동은 수도와 관계를 끊으려고 했다기보다는 오히려 자율성을 인정받으려고 간절히 바라고 있었다. 모든 지방민에게 문인들 사이의 평등이란 모든 아카데미의 평등을 전제로 하는 것이었다.

상호 조화 속에서 파리의 보증을 받아들인다면, 이러한 원칙을 인정하는 일은 아무런 모순을 보이지 않을 것이다. 이 때문에 지방의 단체들은 단체의 직접적인 간섭보다는 사람들의 접촉을 선호하였다. 더구나 이들이 같은 계층 출신이고, 문화적 차원에서 지방 권력이 정치 행정의 영역에서 맡으려 드는 역할을 수락하는 경우에는 특히 그러하였다. 낭시의 학회는 이러한 점에서 가장 설득력 있는 예가 될 듯하다. 스타니슬라스 왕이 필요 이상으로 개입했다고 해서, 로렌 지방의 학회가 전반적인 운동과 관련이 없는 것처럼 생각해서는 안 된다. 스타니슬라스의 주도 아래 왕조에 대한 충성심에 뿌리박은 '로렌 지방의 애향심'이 더욱 드높아지고, 다른 방향으로 시선을 돌린 도시 정예의 관심이 제자리를 찾게 됨에 따라, 라 갈레지에르의 조건이 아카데미 프랑세즈의 조건과 결합하였던 것이다. 더욱이 폴란드 국왕이 뤼네빌의 왕좌에 옮겨 앉으면서 로렌 지방에서 국제적 전통은 사실상 끝나게 되고 프랑스의 색깔이 확고한 승리를 거두게 되었다. 스타니슬라스가 지적 통합을 이루어 내는 데 결정적인 역할을 했다고는 하지만, 아카데미 설립을 구체화시키는 데 로렌 지방의 지배층의 도움이나 '호의적인 계몽사상가'와 우정과 봉사의 관계를 맺은 파리 인사들의 도움을 받지 못했다면 그 작업은 완전히 성취될 수 없었을 것이다.[96] 이 점에서 피에르 마로의 시각은 주목할 만하다. 그는 라퀴른 드 생트 팔레의 개입이 갖는 의미와 슈발리에 드 솔리냐크의 활동, 몽테스키외의 찬성을 분석했으며, 과학 아카데미에서는 레오뮈르와 라 콩다민, 비명문학 아카데미에서는 테르시에, 베를린 아카데미와 런던 왕립학회 그리고 에든버그와 몽펠리에 학회의 회원이며 동시에 캉 아카데미의 명예회원인 트레상 백작과 같은, 파리의 계몽된 계층의 두드러진 대표들의 자문이 끼친 영향을 정확히 보여 주었다. 이처럼 선택된 사람들은 학회 운동에 대해 결코 무관심하지 않았다. 이들은 모두 파리의 단체와 지방 아카데미 사이에서 중요한 역할을 하던 사람들이다. 라퀴른은 디종의 사회와 관련을 맺었고, 몽테스키외는 1722년부터 파리의 동아리들 안에서 보르도 아카데미의 이익을 지켜 주었다. 솔리냐크는 마르세유 아카데미와 라로셸 아카데미에 참여하였고, 레오뮈르는 라로셸 아카데미 활동을 북돋아 주었으며, 트레상은 몇몇 아카데미 종신 사무총장들과 편지를 주고받았다.[97] 트레상은 스타니슬라스로 하여금 파리의 독재에 대한 복종과 지방적 자율성의 주장

사이에서 중립을 걷도록 지도해 준 인물이기도 하다.[98] 그가 몽펠리에 왕립학회와 교환한 서신을 통하여 그 문제를 어떻게 이해하고 있는지 알 수 있다. 1750년 12월 16일자 편지에서 그는 여섯 단계에 걸친 독창적인 해결책을 제시하면서 자신의 경향을 토로하였다. "저는 폴란드 국왕이 실현하고자 하는 위대한 계획을 위하여 뤼네빌에 갑니다. 이 군주는 자기 신민의 교육과 행복을 위하여 가장 유용한 기관들을 세운 뒤에 도서관과 문학회를 만들어 작업을 마무리하려고 합니다. 그는 로렌의 과학과 문학이 거의 걸음마 단계에 있다는 점과, 만일 새로 태어나고 있는 학회가 갑자기 기존 학회들의 수준까지 품위를 높이려고 든다면 학회는 물론 그것을 설립한 사람의 명예도 더럽힐 것이라는 점을 잘 알고 있습니다. 따라서 그는 먼저 도서관을 하나 세우고, 시상 제도 몇 가지와 처음에는 검열관의 이름만 가질 연금수령자 몇 명을 두고자 합니다. 그리고 이 검열관직을 수행하는 사람들은 그들 나름대로 단체를 하나 조직하고 강의를 하도록 노력할 것입니다. 강의의 내용이 더 완전해지고 확실해짐에 따라 처음에 설립된 기관에 흡수될 수 있을 것이며, 그때에 가서 전체는 아카데미 또는 왕립학회라는 이름을 가질 수 있을 것입니다." 트레상 백작이 제시한 계획은 1752년이 되기 전에 모두 실현되었으며, 파리의 아카데미들과 '밀접하게 결합'[99]하는 일은 문제삼지 않았다. 게다가 새 학회는 '과학을 위하여 유리한' 통신 관계를 가지는 데 그쳤다. 학회 활동과 경시 대회의 심사, 그리고 도서관의 기관들은 외지나 로렌 출신의 첫 '검열관들'을 중심으로 아카데미의 정예를 모으는 데 한몫을 담당하였다. 이들은 학술 활동과 엄숙한 개회식을 통하여 자신들의 사회적 가치를 새로 인식할 수 있게 되었다.[100]

여기서 몽테스키외가 보르도 아카데미를 위하여 벌인 활동을 일일이 추적할 필요는 없다. 그는 자신의 능력이 닿는 한 모든 방면에 걸쳐 지원을 아끼지 않았다. 피에르 바리에르는 보르도 아카데미가 이 위대한 인물에게 진 빚을 아주 정확하게 파악하고 있다.[101] 충실한 아카데미 회원으로서의 경험을 담은 그의 작품은 그 시대의 문학 속에서 거의 전례 없는 지방적 구체성 속에 뿌리박고 있다. 보르도 아카데미 회원들은 그를 친구인

동시에 사업가요, 주의 깊은 검열관이며, 파리와 자신들의 고향 사이에 필
요한 중재자로 생각하였다. 1782년 보르도 아카데미에서는 그를 찬양하는
가운데 자신들의 학회를 위하여 '철학의 은밀한 길'을 제시해 준 인물의
업적을 전적으로 인정하였다.[102] 그밖에도 많은 사람이 지방 학회 운동을
후원하였다. 몽토방의 르프랑 드 퐁피냥과 그의 아우인 주교,[103] 베지에의
도르투 드 메랑,[104] 아미앵의 그레세[105] 등이 그러하였다. 퐁트넬도 마찬가
지였는데, 그는 루앙 아카데미의 보호자 겸 모범이 되었다. 그가 시드빌과
교환한 서신을 통하여 새로 태어나는 학회에 얼마나 많은 관심을 기울였
으며, 파리의 보호를 보증해 주기 위하여 몹시 애썼다는 사실을 알 수 있
다. 르 카는 1754년 그에게 이렇게 썼다. "선생이시여, 당신은 과학 아카
데미의 최연장자로서 모든 종신 사무총장의 아버지이며 모범이십니다. 당
신은 루앙 아카데미의 종신 사무총장에 더욱 애착을 갖고 계시며, 언제나
그를 위하여 아주 호감을 가지고 계십니다……"[106]

　한 기관의 보호에서 개인적 보호로 바뀌는 과정이 여기서는 완전히 성
취되었다. 따라서 퐁트넬이 가입자 명단의 첫머리에 있는 것은 놀라운 일
이 아니다. "선생, 당신은 이름만 가지고도 거기에 가입하실 수 있을 정도
입니다. 당신의 이름은 파리의 3대 아카데미를 유명하게 만들어 주고, 혈
연에 의해서라기보다는 숭고한 세련미에 의하여 코르네유 가문의 이름과
관련을 맺었습니다……. 선생이시여, 당신이 시작한 학회를 뒷받침해 주지
않을 수 없게 만드는 쌍방간의 자격 때문에, 우리는 후손에게 우리를 고
상하게 보이도록 노력하여야 할 것입니다."[107] 위대한 사람의 성공을 통하
여 지방의 영예가 빛을 발한 예는 언제나 눈부신 문학사에 기록되어 있다.
그때부터 지방은 확고한 모범을 따르는 충성심에 의존하게 된다. 인기 작
가와 훌륭한 학자가 중간에 끼어들게 되면서 지방의 자치주의가 발달하
는 동시에 파리의 단체를 모방하게 되었다. 수도와 지방을 오가는 재사들
의 활동은 지방의 성공 가능성을 증명해 주고, 부추겨 주는 위대한 예가
존재하는 한도 안에서만 제구실을 하였다. 부르의 랄랑드 같은 사람들에
게 아카데미를 세우는 일은 그야말로 고향의 발전을 의미하였고, 파리의
천재들이 지배하는 더욱 넓은 문화적 세계와 그들의 고향을 결합시키는

일이었다. 《브레스의 이야기》는 당시 부르에 살고 있던 젊은 학자가 일생을 통해 지속적으로 써나간 작품이다. 거기서 그는 자신의 고향에 대해 몸과 마음으로 애착을 가지고 있다는 증거를 보여 주었다. 또 여가 속에서 학문적 위안을 찾을 수 있다고 했을 뿐만 아니라, 성공을 거둔 사람들에게는 동향인들에 대해 지적으로 빚을 갚아야 할 책임이 있다고 성실하게 믿는 마음이 생긴다고 밝혔다.[108] 부분적으로는 정치적 상황의 여파와 다미앵의 국왕 암살기도를 계기로 고조된 반계몽주의의 분위기 때문에 학회가 실패하였다고는 해도, 제롬 랄랑드는 용기를 잃지 않은 채 20년 전 토마 리부가 시작한 운동을 지켜 나갔다.

설립자-보호자의 명단은 도무지 끝날 줄을 모른다. 그러나 레옹 메나르와 세기에의 역할을 꼽지 않고서는, 1750년의 님 아카데미의 활동에 대해 이해할 수 없을 것이다. 님의 두 거장학자 가운데 전자는 역사 저작으로 파리에서 성공을 거둔 인물이었다. 비록 그가 님 아카데미에 참석하지 않았다 해도 힘을 북돋아 주었고, 비명문학 아카데미 회원들의 친절을 확보해 주었다. (그의 아버지 루이 메나르는 활동적인 회원이었다.) 그리고 후자는 저명한 마페이 후작의 그늘에서 국제적인 경력을 쌓은 뒤 고향에 돌아와 지방적 역량을 집약시킨 인물이었다. 그는 자신의 고향에 학문과 문화의 중심지를 건설하였으며, 보기 드문 명성으로 온갖 나라에서 방문객을 끌어들였다.[109] 브장송에서는 재판장 쿠르부종과 함께 새 조직의 어려움을 해결하였을 뿐만 아니라, 《메르퀴르》에 '그에 걸맞게 우아하고 소박한' 강연 보고서와 계획서를 제출한 살랭 수도회 소속의 원장신부 올리베가 그 아카데미를 파리에 인식시켜 주었다.[110] 파리에서 지방 아카데미를 후원했던 지방민들은 그러나 통일성을 유지하지는 못하였다. 서서히 변화하는 학회들을 위하여 거물급 명예회원들은 더욱 큰 역할을 맡게 되었으며, 그 역할은 지방학회가 파리의 본보기를 좇아가도록 만드는 일이었다.

옛날 형태의 사교성은 사라졌다. 그 대신 어디서나 똑같은 법규를 가진 지적인 모임이 승리하게 되었다. 여기서 우리는 사료가 말하지 않는 것을 해석해야 하고, 사라진 예식의 사회적 영향에 관해서 살펴보아야 할 것이다. 세 가지 형태의 일관성이 때로는 완전히, 때로는 반쯤 드러난 채 지속되었다. 음악은 단 하나의 가장 확실한 요소였다. '자코뱅파 아카데미'에 모인 리옹의 음악애호가들은 특히 음악회에서, 말하자면 고상함과 대화의 기호하에서 사교적인 만남의 기회를 발견하였다. 애호가들의 악기 연습이 점차 줄어들었다는 것은 전문 연주자들의 개입을 의미하였으며, 보통의 모임은 음악 연주·시·과학을 상기시키는 더욱 제한적인 만남으로 바뀌어 갔다. 점점 분열이 일어났다. 1724년, 면장을 받아 새로운 학회가 창립되면서 음악회는 그 도시의 관습이 되었다.[111] 많은 회원들이 두 군데 이상의 학회에 참여하였지만, '미술 아카데미'와 '과학·문학 아카데미'는 서로 경쟁한 나머지 결국은 분쟁으로까지 발전하였다. 이 두 협회의 경우, 각자의 능력을 어떻게 하면 가장 잘 정의할 것인가라는 문제가 분쟁의 핵심이었다. 어떤 의미에서 이들의 경쟁심은 부분적으로 두 사회 집단의 대립을 뜻하였다.[112] 1752-58년 그들이 화해하였을 때, 음악은 학회 활동의 지평선에서 실제로 사라졌다. 이미 보르도에서 보았던 과정을 답습하는 리옹의 경우에서도 음악 활동의 쇠퇴를 의심할 수 없다. 그것은 소리에 기반을 둔 사교성의 한 종류로서 공연을 통해서만 존재할 수 있는 것으로 움츠러들었다. 오르페우스풍의 예전 기능 대신 순전히 체면 유지 역할이 들어선 것이다. 포의 고등법원 인사들도 똑같은 변화를 겪었다. 음악애호가들의 음악회 대신 조직적인 학술상의 대화가 생겨나면서, 그 도시 사람들의 눈에 사회적 명성을 확인해 줄 기회인 현란하고 호사스러운 모임이 사라지게 되었다. 1736년부터 학위 수여식과 다과회가 폐지되었다는 것은 많은 의미를 지닌다. 그것은 "이러한 종류의 예절 때문에 사람들이 아주 조용히 주의를 집중하면서 들어야 하는 음악회를 늘 방해하기 때문이었다."[113] 포 아카데미 회원들이 절약을 하려고 애썼다 해도, 그들은 단지 학구적 성찰과 모순되지 않는 범위 내에서 경제를 따지는 신중한 정신에 물들어 있었던 것 같다. 음악애호가들의 연주로 활기를 띤 사교 예식 대신 지적 모임의 윤리적인 의식이 자리잡았다. 그러나 연주회의 응집력이 작용해 주기를 바라는 희망은 수많은 사람의 가슴속에 여전히 살아남아 있었다. 예컨대 모랑과 슈발리에 드 로미외는 30년대에 아를 학회의 활동을 소생시키려는 운동을 추진하면서 바로 이같은 연주회의 응집력에 기대를 걸었던 것이다.[114] 디종에서도 같은 사람들이 '부르주아 음악회' 다시 말해서 명사들의 음악회와 아카데미를 함께 창설하였다.[115] 클레르몽에서는 음악 아카데미가 먼저 생겨났다. 1740년에 캉에서 발간된 《문단 소식》 또한 만일 "사람들이 음악가라고는 한 사람도 볼 수 없을 정도로 포도원이 궁핍해진 이 고장에 음악회를 세울 수 있다면" 아카데미에 대해서도 그와 비슷한 성공을 기대할 수 있다는 사실을 상기시켰다.[116] 아미앵에서도 역시 비슷한 일이 있었다. 지방의 경우 개인적인 살롱과 종교적 지배를 받는 교회를 떠나면서, 도시의 지배 계급을 결속시킨 음악이 집단 정신을 형성하는 데 큰 역할을 하였음을 의심할 수 없을 것이다. 더욱이 이러한 발전은 어디서나 일종의 중대한 이별을 가져왔다. 1740년과 1760년 사이 프랑스 음악의 수호자들과 서정성이 강한 노래 위주의 이탈리아 음악 지지자 사이에 논쟁이 일어났을 때, 지방의 집단 정신 자세는 이전과는 전혀 다른 성격을 보여 주었다. 한마디로 그것은 라모와 루소의 대립 같았다. 그때까지 지방은 휴머니스트들의 신피타고라스주의가 메르센이나 말브랑슈 같은 사람의 철학적·음악적 성찰에 의하여 확인되던 옛 전통을 계승하고 있었다.[117] 그러나 영원한 아름다움을 상기시키고 사람들에게 음악 모임의 화려한 광경을 보여 줌으로써, 그들을 그 모임의 시각적이고 윤리적이며 조화롭고 영적인 구성 분자들과 일체가 되게 만드는 초월적인 원리에 호소하는 낡은 지식 대신 조직적 분류 체계를 갖춘 긍정적 시각이 들어섰다. 음악을 통한 공감의 시간이 사라지고 더욱 은밀한 사회적 예식이 그 자리를 차지하였다.

아카데미의 연회에 대한 비판은 연회의 쇠퇴와 마찬가지로 똑같은 변화에 대한 응답이었다. 살롱으로 숨어든 궁정 예절의 사교적이고 정중한 행동으로부터 점차 멀어지는 것도 같은 뜻을 가졌다. 지방 아카데미 회원들은 어디서나 더 이상 예의를 혼동하지 않고, 예식을 뒤섞지 않으려고 노력하였다. 사람들은 때때로 함께 식사를 하기 위하여 모임을 마련하기도 하였지만, 그것은 이제 지적 활동과 만남의 기회는 아니었다. 즉 집단적인 참석의 기능보다는 사회적 통일성을 확인하는 기능을 가진 부수적인 예식에, 그리고 명사들을 명예롭게 만드는 식도락에 지나지 않았다. 종종 합주로써 멋을 살린 몽펠리에 왕립학회의 철학적 회식은 이중의 목적을 가지고 있었다. 그를 통해 회장들은 자신들의 너그러움을 과시할 수 있었고, 또한 보호자와 문예 후원자들을 환영할 기회를 가질 수 있었던 것이다. 연회는 모든 교환이 전적으로 내부에서만 일어나는 어떤 질서의 보수주의적 표현에 지나지 않았다.[118] 마르세유 아카데미 회원들은 '한방을 쓰는' 또는 '카푸친회 수도원의' 아니면 '메두사의 기사들의' 식사 모임에 참가한, 즐거운 동거자들로 오해받지 않기를 바랐다.[119] 아미앵 문학회도 피카르디 지방의 성모수태 찬가에 의하여 마련된 전통적 모임과 그후의 만찬에 대해 똑같은 거리를 유지하였다.[120] 샬롱에서도 학회 활동을 바코스와 히포크렌의 보호 아래 두어 문학과 식사를 함께 해결하자는 베르탱 뒤 로슈레의 제안을 그다지 환영하지 않았다.[121] 같은 맥락에서 그롤레는 경쟁심과 경박성이 판을 치는 '수다스러운 모임'을 멸시하였다. 그가 친구들과 사치스러운 밤참을 들면서 트루아 아카데미의 가짜 보고서를 작성하였다는 점으로 미루어, 그들이 두 가지 의미를 가진 교제를 유지하였다는 사실을 알 수 있다. 그들의 만남 자체가 점점 의심스러운 것이 되었고, 의미상 두드러진 변화를 겪었던 것이다. 1760년 11월 19일 메스 아카데미가 첫 공개 회의를 끝내고 나서 시청에서 베푼 '호화 만찬'은 명사들의 호사스러운 모임에 불과하였다.[122] 부르에서는 18세기 이사분기에도 여전히 아카데미의 모임을 발견할 수 있다. 그러나 그것은 향기로운 술과 밤참을 들며 아나크레온풍의 오락을 즐기는 남녀간의 정중한 사교 모임으로서, 랄랑드의 심각한 모임과는 아주 다른 분위기를 띠고 있었다.[123] 아카데미 회원들의 식사 모임은 학술 활동과 관계 없는 형식적인 구성 요소에 지나지 않았던 만큼, 음악회와 비슷한 해체 과정을 겪은 후에 도시의 연중 행사를 기록한 책력 속에서만 존재하게 되었다. 1747년 몽토방에서는 "아주 독창적인 상상력을 발휘하여 만든 후식을 먹으면서 식사를 끝냈다. 그 중요 부분은 산을 닮은 피라미드로서, 그 위에 온갖 과실이 달린 향내나는 작은 나무들을 심고, 고풍스러운 신전으로 장식하였다. 그리고 갖가지 색의 대리석 결정의 기둥 위에 얹은 신전 지붕은 아폴론의 지성소를 이루도록 하였다. 이 순백색의 신상은 삼발이 위에 서 있었다. 식탁의 한귀퉁이 오른쪽 위에 세워진 이 품위 있는 건축물 중앙에는 펠리포의 이름을 상징화하여 장식한 기둥이 서 있었는데, 그 기둥 위에는 이 아카데미의 보호자 생 플로랑탱의 문장(紋章)을 받들고 있는 정령을 올려 놓았다. 그 반대편 끝 왼쪽에는, 받침 위에서 월계수 가지가 줄기에 접목된 몽토방의 버드나무가 뻗어 나가고 있었다. 그와 함께 이 아카데미의 도장에 새겨진 것과 같은 글귀인 베르길리우스의 시구, 새로난 잎들은 경이롭다(Miraturque novas frondes)가 금색 글씨로 적혀 있는 쪽빛 깃발이 꽂혀 있었다." 그 연회의 화려함으로 국가와 도시의 권력들이 맺은 결연을 확인할 수 있음은 물론, 소비세 재판소장 르프랑 드 퐁피냥의 관청에 모인 저명한 아카데미 회원들이 얼마나 눈부시게 문화를 이끌었는지도 알 수 있다.[124]

아카데미와 살롱도 역시 분리되어 있었다. 두 가지 형태의 사교성은 공존했지만 이질적이었다. 여기서 지방 살롱의 역사를 살펴볼 이유가 없다 해도, 그것이 존재하였음은 잊지 말아야 한다. 지방 중심지에서 일어나는 사교 생활 속에서, 경쟁적인 가문의 여주인들이 불어넣은 활기에 힘입어 회원수나 가입 조건이 더욱 넓어지고 자유로워진 가운데 아카데미의 모임이 꿈틀거리거나 아카데미의 설립이 추진되었다. 무계획적이고 대화가 자유롭다고 해서, 아카데미 규범과 다른 범주에 속했던 예의 범절이 지켜지지 않을 리는 없었다. 마르셀 프루스트는 살롱에서 만나는 사람보다는 거기 참석하지 못하는 사람들에 의하여 살롱의 평점이 결정되는 원칙이 있음에 주목하였는데, 예의 범절은 그러한 원칙에 따라 또 다른 종류의 사회적 분열을 결정지어 놓았다. 이 때문에 모임이 있을 때마다 도시 사회는 둘로 나뉘었다. 보르도인은 마담 뒤플레시스의 살롱에 자주 드나들었지만, 지사 부인의 집이라고 해서 억지로 가지는 않았다.[125] 브장송의 경우, 마담 드 라코레가 주관하는 모임은 고등법원의 모임과는 전혀 다른 성격을 띠고 있었다. 툴루즈의 대여섯 가지 사교 모임은 재판장과 판사의 세계를 갈라 놓았다. 그보다 적은 영향력을 가진 도시의 중심지에서는 사람들이 하나의 기관에 모여들었다. 여기서 말하는 하나의 기관이란 지사의 집, 하급 재판소 판사의 집, 그리고 주교의 집이었다. 지극히 다양한 지방적 요인과 일치하며, 사회적 교류로부터 깊은 동일성을 배제하지 않는 여러 가지 형태의 다양성과 생활 방식을 무시하고는 도시 엘리트의 사교성에 관한 인류학은 성립될 수 없다. 놀이, 세련된 대화, 즐거움이 완벽하게 조화를 이룬 이 모임에서는 아카데미가 존중한 진지함·질서·정확성·윤리가 배제되었다. 주지하다시피 아카데미를 위해서는 애당초 공식적인 부분과 회원 선출에 관한 부분의 공간과는 다른 공간이 주어졌던 것이다.

　도시의 공간은 지평선을 볼 수 없을 정도로 한정되었고, 거리와 광장이 그리는 궤적으로 나뉘어 각종 사회 계급과 단체가 접촉하기 쉽게 되어 있었다. 학회는 이처럼 붐비는 곳을 피해 세워졌고, 연구실·도서관·정원 같은 정박소와 은신처를 가지고 있었다. 설립자들은 정신을 혼란시키는 일상적인 질서의 요구로부터 벗어나 멀리 사색의 나래를 쉽게 펼칠 수 있는 폐쇄적이고, 온화하며, 보호받을 수 있는 공간을 찾으러 거기에 갔다. 어떤 면에서 모든 학회는 집단 모험을 뜻하였고, 도심에 자리잡기까지는 거부와 도피를 의미하였다. 초기 역사가들이 향수를 느끼게 하는 낙원에 대해서 기억해 내듯 이같은 기원에 대해서도 늦게나마 비로소 생각한 까닭이 여기 있다. 모든 학회의 특성과 행동은 마치 모방이라도 한 것처럼 비슷하거나 같았는데, 이같은 모방은 필시 심리적(학회들의 짧은 전통은 이야기를 전하는 사람들의 젊음과 일치한다)이고 사회적(지방학회는 파리학회의 창립 의식을 답습한다)인 계열의 근원을 가진 것이었음이 분명하다. 옛날 파리의 모임에 처음 참가한 사람들과 마찬가지로, 문학과 과학에 대한 사랑으로 모인 '젊은이 집단들' '젊은 친구들의 모임' '젊은 학자들'은 언제나 떠오르는 모습이다. 1750년 원장신부 벨레는 자신이 집필한 몽토방 아카데미의 역사에서 다음과 같이 기술하고 있다. "설립자들이 이러한 결정을 시행하는 방법을 정확히 살피기 위해서, 정확히 1백 년 전, 수도에서 몇몇 저명한 친구들이 학구적인 대화를 통하여 위대한 대신에게 아카데미 프랑세즈를 설립할 생각을 하도록 만든 일을 단지 이야기로만 그친다면 이상한 일이다. 사실 사람들은 펠리송 선생이 이 친구들에 대하여 쓴 내용을 문자 그대로 설립자들에 대해서도 말할 수 있다." 지적인 학회를 설립하기 위하여, 이제부터는 실험 도구·서적·조류 박제·석고·금석문·식물 표본·호화 장서 같은 것으로 잡다하게 꾸며 놓은 연구실, 또는 수수한 응접실이라는 새로운 틀을 갖추게 되었다. 재판장 부이에의 집과 뤼페의 집은 호사롭고 부유한 색조를 띠었는데, 그것은 모든 고등법원 중심지에서 볼 수 있는 색조였다. "뤼페 선생은 샤티용쉬르센의 수아로 선생의 장서를 1천7백 리브르에 구입하여 이 도서관의 첫 기본 장서로 삼았다. 그것은 모두 옛날 책으로 이루어져 있었다. 그는 서적에 대한 취미를 즐길 만큼 재산을 가졌기 때문에 40년 동안 온갖 종류의 책을 사들였다……. 서고는 책으로 빛났다. 그 폭과 길이는 각각 17자와 48자였고, 끝은 둥근 모양이었다. 서고의 어디에나 우아한 조각으로 장식한, 철망이 달린 장롱이 있었다. 그 꼭대기는 자연사에 관한 흥미진진한 책으로 채워졌고, 장롱마다 고전 서적, 물리 실험 도구, 그밖의 기묘한 흥밋거리가 들어찼다. 창 사이의 벽들은 대리석 메달 3개로 장식되어 있었는데, 그 중 둘은 루이 14세의 것이고, 세번째는 첫 왕세자의 것으로서, 이것들은 모두 메달 조각사인 쿠아즈보의 손으로 만들어졌다. 4천 개 이상의 옛날 메달과, 아주 훌륭한 최신식 메달로 이 도서관을 완전히 꾸밀 수 있었다……."[126] 이에 반하여 학교장 푸피에의 모임은 '어두운 방' 연기 자욱한 '다락방'에서 이루어졌다. 그러나 리샤르 드 뤼페는 자신을 부각시켜 주는 반대파를 공연히 나쁘게 보았다. 지방의 모임이 소박한 것은 규칙에 따른 결과였다. 예를 들어 아라스에서는 독서 애호가들이 공증인 크로셰의 집에 작은방 두 칸을 세내어 모였다. 소박함은 헐벗음에 대한 일종의 변명이었다. 그러나 모두가 헐벗었다고 할 수 없다. 메스의 학회원들은 생루이중등학교의 훌륭한 도서관을 이용할 수 있었고, 폴란드 국왕은 비용 문제를 초월해 이 검열관들을 묵게 하였다. 두 가지 예에서 과시나 단순함이 언제나 학회의 기원에 관한 신화를 만들어 내는 데 이바지하고 있음을 알 수 있다.

그밖의 경우에서는 이러한 역할을 정원에 맡겼다. 소란스러운 도시를 반드시 멀리하고, 매사에 앞서 깊은 명상을 할 필요가 있다는 생각을 가지고, 지식을 대중화하는 집단이 고대 아카데미모스의 역사에 부합하는 모양을 갖추도록 만들었다. 지방의 아카데미들은 아카데의 정원에 대해 향수를 가지고 있었으며, 도시 생활의 직접적 소재를 통해 이같은 신화적 보상을 찾을 수 있었다. 마르세유의 초창기 모임에서는 "아름다운 정원이 매주 월요일 학원 역할을 하였다." 이곳에서는 흑사병으로 명사들이 도시를 빠져 나가 시골에 피신해야 했지만,[127] 페이조넬의 요새에서 예비 모임을 계속 가질 수 있었다. 툴루즈의 라피에르 저택에서는 "수많은 유실수와 희귀한 꽃이 만발하고, 오렌지와 레몬나무 화분이 늘어서 있는 굉장히 아름다운 정원을 바라볼 수 있었다. 정원 한가운데 연못이 있었고, 거기에는 마치 아주 맛있는 곳에서 영원한 봄의 부드러움을 맛보는 비밀을 발견이나 한 것처럼 막대한 양의 물을 뿜어내는 트리톤 상이 있었다." 베르토·무아앵쿠르·뒤페·르 카 같은 루앙 아카데미의 설립자들은 도시 외곽의 '작은 정원'에 모였다. 이 경우에는 그들의 식물학 취미가 부분적으로나마 그 사실을 설명해 준다. 약초가 무성한 울타리 속의 밭과 정원은 채소 농업의 경험을 쌓게 해주었을 뿐만 아니라, 특히 무더운 여름 학구적 명상을 도와 주었다. 그곳에서 사람들은 마음껏 생각을 발전시켰다. 므누의 아버지는 1750년 예수회 건물에 낭시 아카데미 회원들을 받아들이기 위한 손쉬운 계획을 제출하면서, 본원적 아카데미 공간의 모범이 될 만한 정의를 내렸다. "거기에는 문학회를 받아들이기에 아주 적합한 아름다운 건물이 있습니다. 그 건물에는 이미 훌륭한 시설을 갖춘 도서관이 있으며, 또한 가구가 놓인 아주 쾌적한 방들이 많이 있고, 닫집 아래로 국왕의 실물대 초상화를 걸어 놓았습니다. 거기서 아카데미의 모임을 가질 수 있을 것입니다. 또한 그곳에는 완전한 교회가 있어서 아카데미 회원들이 엄숙한 예식을 치를 수 있을 것이며, 커다란 정원이 있어서 도시의 소음과 혼란에서 멀어질 수 있을 것입니다. 왜냐하면 뮤즈 신들은 전원을 좋아하고, 정적을 즐기기 때문입니다."[128] 도시적 사교성의 모습이라 할 아카데미는 도심지의 집단 생활로부터 도피할지, 아니면 거기에 뿌리내릴 것인지를 놓고 망설였다. 그것은 학회가 창설될 당시의 꿈으로서 목가적 삶에 대한 몽상으로 가득 차 있다. 그러나 사회적 왕래에 참여하고, 권력과 명성을 인정해야 할 필요성 때문에 깨어질 수밖에 없는 꿈이었다. 새로운 지적 야망이 증가하면서 그러한 꿈에 제 나름대로 기여하게 되었다.

지방에서 대규모 지적 변화를 겪은 것은 다니엘 모르네의 주장처럼 1750년 이후가 아니라 1700년과 1760년 사이의 일이었다. 1715년부터

1750년까지 아카데미의 숫자가 비약적으로 증가하면서 학회 운동도 가속
화되었다. 그 결과로 지방은 오랜 침묵의 괄호 안에서 겪던 더욱 깊고 은
밀한 변화를 백일하에 드러내게 되었다. 사람들은 지방에 산재해 있던 몇
몇 학술적 연구의 중심지가 17세기의 '위대한 혁명'의 역사를 위하여 얼
마나 중요한지를 분명히 알고 있었다. 캉·툴루즈·디종에서는 때때로 전
통이 유지되는 가운데 지속성이 증명되기도 하였다. 그러나 18세기에는
위대한 사람들의 개인적 모험을 살피기보다는, 권력의 보증을 확보한 도
시 엘리트가 개입함으로써 가져온 집단적 변화의 실제 범위를 파악하는
일이 더욱 중요하다. 이렇게 변화를 겪은 뒤, 중요한 중심지들(특히 파리)
의 학구적이고 문학적인 동아리 안에서 다듬어진 여러 가지 이론과 신간
서적이 대중화와 더불어 널리 유포되었다는 사실은 의심의 여지가 없다.
그러나 여기서 주목해야 할 점은 지방은 독창성을 변화는 비교적 근대성
을 보여 주었다는 사실이다.

   이처럼 지방 아카데미는 단지 그들 자신의 힘만으로 계획을 수립하고,
자기네 활동의 적용 범위를 규정하였다. 그들은 겉모양에 관한 지식이나
학식이 아니라 그것의 집단적 필요성을 새로이 체계화시켰다. 1760년 이
전에 생긴 30여 개 학회가 어떻게 분류되었는가 하는 점은 중요한 뜻을
지닌다. 그들 중 아홉은 문학회를 자처하였다. 다시 말해서, 시인과 웅변
가에 대한 인식을 본질로 삼겠다고 외쳤던 것이다. 퓌르티에르는 이들 학
회가 추구할 인식을 '인문과학'·언어·문법·시, 그리고 "고전 연구를
통하여 배울 수 있는 그밖의 것들"(1690)이라고 불렀다. 지식의 조직화
체계는 여기서 중등학교의 교육을 계승하고 있다. 아리스토텔레스의 고전
을 다시 읽고, 라틴어를 우선적으로 쓰며, 예수회 신부들의 **고증학적 지식**
이나 오라토리오회의 개별화된 교재라 할 수 있는 역사를 도입하여 공간
과 시간을 차례로 발견하는 일은 아카데미 회원들이 학교에서 받은 중요
한 기본 소양이었다. 그러나 그들은 중등학교에 비해서 중요한 혁신을 가
져왔다. 왜냐하면 그들은 더 이상 라틴어를 학술적으로 쓰지 않았기 때문
이다. 프랑스어만이 학회에서 쓰였다. 라틴어와 관계된 것은 모두 유산으
로 물려받은 지식에 지나지 않았다. 이제 그것들은 문화적 공동체에 통합

되었고, 고고학적 비명문에 관한 토론의 기회를 마련해 주었다. 라틴어를 모른다는 것이 거의 생각할 수 없는 일이었다면, 그 언어를 알아야 할 필요는 여전히 존재했을 것이다. 그러나 그렇다 해도 그것은 죽은 말에 불과했다. 수사적인 담론을 이용하여 개인과 시민의 기능에 윤리를 도입함으로써 문학의 영향력을 더욱 넓혔으나, 사상보다 훨씬 더 존재론적이고 합리적인 분류를 위한 여러 가지 범주를 하나하나 세밀히 정의할 수는 없었다. 필요성에 따라 내용이 규정되지만, 내용이 필요성을 규정하지는 않는다. 문학을 내세운 아카데미 가운데 일곱만이 예전에 생겼다는 사실, 그리고 죄 플로로 아카데미와 수아송 학회를 제외하고 대부분이 깊은 위기를 겪었다는 사실은 이 분야가 얼마나 정세에 민감하고 관습적이었는지를 강조해 준다. 라로셸·몽토방·마르세유는 한동안 아카데미 프랑세즈의 전문 분야를 고집했듯이, '문학'을 선언한 마지막 학회였다.

다른 데서 모범을 구하거나 더욱 복잡한 자격을 자칭한 다른 학회를 통하여 과학과 예술이 승리하였음을 알 수 있다. 몽펠리에와 브레스트의 2개 아카데미가 과학에 전념하겠다고 선언하였다. 아미앵·낭시·베지에·툴루즈의 4개 아카데미는 문학과 과학을 위하여 수립되었다. 보르도·디종·루앙·리옹·클레르몽·브장송·오세르·샬롱의 8개 아카데미는 문학·과학·예술을 동시에 추구하였다. 우리는 거기에 1728년에 수립된 빌프랑슈 아카데미와 1760년경에 세워진 앙제와 마르세유 아카데미를 추가할 수 있다. 이들은 모두 새로운 이름을 얻었다. 만일 우리가 지금부터 캉과 라로셸처럼 초기의 이름을 고집하고 있는 아카데미들이 새로운 전형에 맞는 다양성을 가지고 활동을 하였다는 사실을 덧붙인다면, 이러한 발전의 중요성을 인식할 수 있을 것이다. 끝으로 포와 메스의 2개 아카데미는 오직 과학과 예술에만 관계하였다. 거기에 아카데미 운동의 독창성이 나타나 있다. 우리는 그 내용과 본질을 더욱 정확히 파악하도록 노력해야 할 것이다.

정신적 유산은 본질적으로 중등학교의 **자연학** 과목에 남아 있었다. 1700년 이래로 예수회의 프랑스 5개 지방 교구에 속한 88개 중등학교 가운데 80개가 과학 교육을 실시하였다. 1762년에는 85개 중등학교에 물리학 시간이 개설되었고, 20여 곳에서 수학 수업을 실시하였다. 오라토리오회가 실시한 과학 교육도 함께 계산한다면, 정통 교육을 실시한 대학교의 학부와 부설 중등학교를 세지 않고도 거의 1백여 개의 학교가 있었음을 알 수 있다. 아울러 그 당시의 교육에 대한 반동으로 생각하기 쉬운 그 운동이 어떤 땅에 뿌리를 내리고 있었는지도 알 수 있을 것이다. 아카데미의 발전은 지방의 수많은 학교에서 실시했던 과학 교육과 떼어 놓을 수 없다.[129] 그러나 아카데미의 개혁은 다른 데 있었다. 우선 과학적 분야가 확장되고, 예술과 과학이 서로 관련을 맺는 데서 개혁이 일어났던 것이다.

디종 아카데미의 학술회의를 위하여 푸피에가 유언으로 남긴 계획에 대하여 생각해 보고,[130] 또한 보르도와 몽펠리에가 보여 주듯이[131] 모든 곳에서 '지방의 자연사'를 연구하기 위하여 세운 계획을 검토하고, 마르세유의 페이소넬과 리고르가 품은 과학적 야망이나 메스와 낭시의 아카데미 회원들의 의도를 살펴본다면,[132] 모든 곳에서 어떤 분야의 과학 지식도 무시하지 않겠다는 의지를 확인할 수 있다. 디종의 물리학과 의학은 자연적 물체·생리학·화학·식물학·해부학의 지식을 목표로 하는 모든 것과 관련되어 있었다.[133] 이러한 호기심에 관한 한 디종 아카데미와 그곳의 고위 관복 귀족의 동아리들은 아무런 차이가 없었다. 리샤르 드 뤼페도 이 점을 공격하지는 않았다.[134] 그가 비판한 것은 사회적 질서와 순수 문화적인 질서에 관계된 부분이었다. 왜냐하면 리샤르 드 뤼페는 더 많은 문학인과 학자를 학회에 받아들이자고 주장하였기 때문이었다. 이 보기를 통하여 우리는 어떠한 전문화도 거부하는 기관의 발생을 구체적으로 볼 수 있다. 마르세유에서는 리고르가 문학을 통하여 학회에까지 퍼진 학술적 야심을 보여 주었다. "빌라르 원수 각하, 저는 이 아카데미의 구성원 대부분이 웅변·시·역사를 많이 읽었음을 알고 있습니다. 이것들은 아주 즐거운 연구 과제이지만, 원수 각하 같은 분의 보호를 받을 정도가 되기 위해서는 공화국에 유익하게 되도록 노력해야 할 필요가 있다고 생각합니다. 그리고 각하께서는 그들이 단지 명성을 날리는 것만을 바라셔서는 안 될 것입니다……. 아카데미 회원 대다수가 각하께서 그들에게 베푸신 은혜와 이익에 대해 유용한 발견을 통하여 보답하기 위해서는 과학과 기예에 전념해야 할 것이라고 생각합니다……." 리고르는 1716년부터 꿈꾸어 왔던 원대한 계획을 여전히 지켜 나가고 있었다. 그 계획이란 문학·교회와 시민의 역사·문법·프랑스어·시인과 시예술·자연사·화학·식물학·의학·천문학·물리학·조각·항해술과 물길 안내·기계학을 하나의 체계 안에 통합하는 것이었다.[135] 군선[갤리선]의 대위 로페 드 라 파르와 군선의 감독관인 에리쿠르가 그의 야망을 계승하였다. 1732년부터 과학은 마르세유 아카데미에서 시민권을 획득했다.[136] 이처럼 시민권을 얻었다는 사실은 우주의 이해가 새로운 교육으로 귀결되는 예시적인 모험의 감동적인 결말이었다. 그 이유는 다름 아니라 모든 아카데미 회원은 스승인 동시에 제자이며, 교육자인 동시에 피교육자였기 때문이다. 메스에서도 아카데미 회원들은 "자신들은 애호가의 모임을 목표로 모였으며, 그 모임에서 무엇보다도 먼저 다른 종류의 연구나 실험, 다시 말해서 친애하는 원장신부 생 티농의 실험과 예시·반복에 의한 물리학 강의, 그리고 군병원의 약사 펠비외의 예시하에 실시되는 기초화학 강의와 실험을 할 예정이라고 밝혔다." 아카데미의 설립은 휴머니즘의 계승자가 성취하지 못한 종합에 대한 향수와 이미 선언한 바 있는 지식의 대중화를 위한 목표 사이의 통로를 뜻하였다. 학회의 시간은 아직 실행에 옮기지 못한 목록과 호기심의 시간인 동시에 이미 실용적인 적용의 시간이기도 하였다. 단어들의 목록인 문학과 사물들의 목록인 과학은 달랑베르가 《백과전서》의 서문에서 그림을 통하여 모색한 인식의 조직화를 주장한 새로운 이론으로 발전하는 대신, 여러 가지 행위를 묘사하는 데로 나아갔다. 지방 아카데미가 대중에게 제안한 것으로서, 지식의 새로운 영역별 구분의 체계보다는 전반적인 실천을 독창적으로 제시한 체계가 더욱 중요하였다. 그 과정에서 역사의 언어와 윤리를 통제하여 얻게 되는 인간의 인식, 자연의 묘사와 이해는 기술에 그치고 말았다. 왜냐하면 예시와 실험이 아직 분류 체계를 구축하는 데 이용되지 않았으며, 각각의 범주는 이론적 규약에 의해서라기보다는 쓰임새와 적용에 따라 규정되었기 때문이다. 필요가 '실천'을 명령하였다. "그러므로 유익한 관찰은 오직 영혼의 윤리와 인간의 다른 부분, 말하자면 인간의 몸에 관해서만 이루어질 수 있다. 그런데 몸의 경우,

사람은 물질로 이루어진 아주 단순한 부분에 대해서 아는 만큼…… 그리고 자기 주위에서 영향을 끼치는 모든 종류의 자연적 물체의 속성에 대해서 아는 만큼만 자기 몸의 부분과 속성에 대해서 알 수 있다."[137] 견습과 기계적인 적용이 '예시'를 통하여 목록표의 확산을 가능케 만들어 주었다. 화학은 '자연의 맞수'가 되었지만, 지방 아카데미 정신이 지닌 심오한 근대성은 사회적 이용이라는 기능을 위하여 예술의 비순응주의를 이용하는 데 있었다. 시드빌은 1745년 루앙 아카데미에서 지방학회가 얼마나 유익한가를 증명하기 위하여 이렇게 외쳤다. "이 아름다운 지방이 모든 분야의 활동과 지식을 통해 품에 안거나 표면에 펼쳐 놓은 보물, 아직 잘 알려지지 않은 보물을 당신의 영역에 돌려 주었습니다. 그리고 이 지방의 역사가 밝혀야 할 중요한 사실, 완성시켜야 하거나 인식시켜야 할 다양한 산업, 다시 말해서 농업·가축에 관한 교육과 거래의 증가에 유익한 여러 가지 방법을 이 지방에 밝혀 주어야 할 책임이 당신들에게 떨어졌습니다. 당신이 더욱 부지런히 이 지방을 돌아다닌다면, 경력은 당신의 발 아래 더욱 많이 쌓일 것입니다. 당신의 보살핌에 따라 과학은 문학에 대해 방법론과 정확함을 주고, 그 대신 문학은 과학에 대해 독단적인 양식을 가장 가치 있게 만들 언어의 순수함과 구조의 명백함을 마련해 줄 것입니다. 내가 이루 다 지적할 수 없을 정도의 대상에 대해 당신의 유익한 논문을 모아 놓는다면, 어느 날 이 지방의 시민과 물리적 환경과 정치에 대한 역사가 완전히 갖추어짐은 물론 장엄한 건물이 서게 될 것입니다. 프랑스의 다양한 부분이 이처럼 공적인 재산에 기여한다면 국가로서도 풍부한 보물을 얻는 일이지 않겠습니까…!"[138]

아카데미 운동은 모든 활동을 통일적으로 확인하는 데(문학)서 이원적이라기보다는 삼원적인 조직(문학·과학·예술)으로 이행하면서 설립자의 지적 분야가 넓어졌음을 입증해 주었다.

이제 막 형체를 갖추기 시작한 체계로서는 완전히 계층화된 분석의 술어를 갖추지 못하고, 구멍이 숭숭 뚫린 범주를 그나마 제대로 규정하지도 못한 채 기능조차 분명히 하지 못한 것은 불가피한 일이었다. 과연 이같은 부족함으로 예측할 수 있는 결과는 모든 아카데미가 평등을 주장할 수 있을 정도로 비전문적이었다는 사실이다. 통신망을 설치하면서 학회 운동의 집단 의식이 확인되고, 진정한 '사상의 공화국'이 건설된 것은 바로 그때였다. 그것은 17세기에서 볼 수 있듯이 뛰어난 만큼 외로운 인물 사이에서만 이루어지던 교환 속에서 건설되지는 않았다.[139] '문학 공화국'이라는 낡은 개념은 새로운 가능성으로서 문인 사이의 평등을 임무로 가지고 있었다. 여기서 말하는 평등이란 각자의 처지와 필요에 따라, 아니면 사회적 여가와 거래에 따라 정신의 활동에 맡긴 것이었다. 평등에 대한 꿈은 아카데미마다 문화적인 동시에 사회적인 요구 사항이었다. 그것은 비(非)전문화의 성격을 띤 정관으로부터 나왔는데, 이 정관에 따르면 개인은 저마다 모든 아카데미 회원의 활동을 판단할 수 있고 판단해야 하였다. 그에 따라 가장 높은 수준의 성찰을 요구하는 엄격한 철학과 과학이 외면한 문제를 다룰 수 있게 되었다. 그 결과로 발명과 생산이 있었다기보다는, 이론과 실제 사이의 아슬아슬한 균형을 항상 유지하려는 의도를 가지게 되었고 적용하게 되었다.

그러나 지방민이 파리에 매혹되면서 느끼게 되는 감정과는 정반대라고 할 수 있는, 수도에 대한 지방의 불만은 이미 더 이상 문화적 불평등을 인정하지 않겠다는 새로운 의지를 선언하는 것이었다.[140] 《백과전서》가 나오기 전 권력의 비호를 받으면서 개화된 아카데미들은 실용주의적 관점을 세웠고, 사물에 대한 말과 행위의 영향력을 인정하였으며, 문화와 자연을 조화시키려고 생각하였다. 아카데미들은 장 자크 루소의 말을 조금도 이해할 수 없었다. 루소는 그들의 낙관주의에 반대하고, 계몽주의의 이익을 부정하며, 그들을 가치 전도의 위험에 빠뜨렸기 때문이다.[141] 달랑베르는 이렇게 썼다. "신·사람·자연은 세 가지 종류의 사실이다." 아카데미 회원들은 신을 생각지 않게 되었고, 예술의 중재로 통합된 사람과 자연만을 성찰의 대상으로 삼게 되었다.

## 3. 숨가쁨과 통합 시도(1760-89)

앙시앵 레짐의 마지막 30년은 아카데미 운동이라는 측면에서도 더 이상 역동적인 시기가 아니었다. 중요한 도시마다 거의 하나씩의 아카데미를 가지고 있다고 해도,[1] 1760년을 지나면서 새로 창설되는 아카데미는 거의 없었다. 더욱이 새로 창설되는 아카데미보다 기존의 아카데미가 소생하는 경우가 많았다. 셰르부르(1773)·아라스(1773)·브레스트(1763-73)·베지에(1766-83)·부르캉브레스(1783)는 결국 일시적으로 활동을 멈추고 난 뒤에야 면장을 받을 수 있었다. 아장(1776)·그르노블(1780)·발랑스와 오를레앙(1784)의 단체들만이 새로 설립된 경우라고 생각할 수 있을 것이다. 학회 운동이 침체에 빠졌다는 것은 분명한 사실처럼 보이지만, 그렇다고 해서 기존의 학회 사이에 교류가 없었다고 말할 수는 없다. 사실 그 당시 아카데미의 생명은 2개의 박자로 특징지을 수 있다. 학술 활동이 느슨해지면서 동아리 또한 폐쇄적인 경향을 띠었으나, 그 내부에서는 국가적인 차원의 조직을 다듬어 내고, 전국적으로 뭉치려는 여러 가지 시도가 있었던 것이다. 이러한 발전과 함께 어디서나 눈에 띄는 현상이 나타났다. 그것은 지방에서 경합이 증가하였다는 점이다. 사료의 부족 때문에 '왕립농학회'를 포함하여 '비밀 결사' '독서회' '문학회'가 수없이 증가하는 데 대하여 아카데미 회원들이 어떠한 반응을 보였는지 정확히 가늠하기란 불가능한 일이다. 그러나 새로운 기관들이 증가한 결과 지방 차원에서 수많은 질문이 제기되었음은 분명한 사실이다. 토론과 만남의 가능성을 키워 준 이러한 기관이 설립되면서 지방의 문화적 요구가 증가하였다. 아울러 부분적으로 폐쇄되었던 아카데미식 '클럽'이 보상을 받았고, 정치 상황 또한 발전하였다. 끝으로 그전에 설립된 학회와 관계에서 드러난 새로운 기관의 독창성을 분석할 필요가 있다.

학회를 둘러싼 대내외적 요인을 통해 옛날에 설립된 학회의 새출발과 그 뒤에 설립된 학회에 대해 설명할 수 있다. 첫번째 경우는 대체로 지방 권력이 다시 관심을 가졌다는 사실뿐만 아니라, 학술 활동을 재개하기 위

해 이전보다 더욱 활발하게 움직였던 인물들의 왕성한 활동과도 일치하
였다. 따라서 수습 기간을 끝내 줄 것을 정부에 설득하는 일이 무엇보다
도 중요하였다. 이 때문에 이미 자리잡은 기관을 움직여 그 활동이 가져
다 줄 이익을 보여 줄 필요가 있었던 것이다.[2] 두번째 경우 학회가 신설
될 수 있었다는 사실은 이미 문화적으로 우호적인 분위기가 조성되어 있
었음을 말해 준다. 다시 말해서 도시의 정예가 바라는 바와 행정가와 고
위 성직자의 보호 의지가 맞아떨어졌던 것이다. 우리는 학회가 창설되는
것을 보면서, 학술 활동의 방향에 대해 제 나름의 정의를 내리는 새로운
문화적 사교성이 존재하고 있었음을 확인할 수 있다.

아라스와 셰르부르의 경우, 학회 활동이 다시 시작된 이유는 아주 분명
하다. 다시 말해서 그 지방의 권력이 개별적 추진력을 추인해 주었던 것
이다. 그러나 아르투아 지방에서는 그러한 활동이 성공을 거둔 반면, 코탕
탱에서는 실패로 끝나고 말았다. 후자의 경우 학회 창설이라는 움직임이
임시 대응의 성격을 지녔다는 데서 그 이유를 찾아야 할 것이다. 상대적
으로 조건이 우호적이었던 베지에·부르캉브레스·브레스트에서는 많은
사람이 기다린 끝에 성공을 거둘 수 있었다.

이처럼 아라스에서는 사방에서 신경을 써주었기 때문에 새출발이 가능
하게 되었던 것이다. 지방 신분회와 아라스 주교 콩지에 예하, 궁정에 파
견된 도시 및 주의 대표 라 에 같은 사람은 아라스 문학회를 위하여 왕립
아카데미가 누리는 이권을 얻어 주었다. 그러나 이러한 조치의 결과가 결
정적으로 등기부에 오르기까지는 10년을 더 기다려야 했다. 아르뒤앵의
죽음으로 새 종신 사무총장을 선출하게 되면서 전기를 맞이하였다. 뒤부
아 드 포쇠는 원장신부 베르트의 보고가 있은 후에 잘 알려진 인물로서
주목받을 만하였다. 아르투아 지방의 '비신참'[3] 귀족 가문 출신인 그는 파
리에서 교육을 받은 것으로 알려져 있다. 특히 그가 자기 고장에 널리 알
려지게 된 것은 1760년부터 1765년 사이 궁정을 자주 드나들게 되면서부
터였다고 한다. 연극애호가이자 볼테르보다는 루소의 독자이며, 절대로 호
기심을 그냥 넘기지 않는 성격이었던 그는 정치와 종교의 전통을 존중하
고, 지적 자유주의를 열망하는 지방 귀족의 전형적 화신이었다. 재산가이

자 시골 전통 귀족으로서 건축가인 동시에 농학자였던 그는, 포쇠의 성관과 그에게 '부르주아의 권리'를 부여한 아라스에 마련한 집을 오가며 살았다. 한때 예수회와 원장신부 놀레의 교육을 받기도 했던 그는 일생 문학과 과학에 대한 탄탄한 취미를 지켜 나갔다.

그가 독서 생활중에 남긴 3만 5천여 개에 달하는 각주를 통하여, 우리는 아카데미에 대한 그의 끊임없는 헌신과 학문에 대한 진지한 노력을 엿볼 수 있다. 특히 그가 마련한 연락망은 아카데미 운동의 활력을 위한 증거가 되고 있다. 그러나 그것은 아카데미 활동보다는 전국 규모의 집단 통신 활동을 두드러지게 보여 주는 경향을 지닌 독특한 보기로 남아 있다.

셰르부르는 전혀 다른 맥락에서 깨어났다. 셰르부르 아카데미가 다시 소생할 수 있었던 것은 니콜라 그루의 헌신과, 더욱이 그 항구의 대공사가 원인이 된 일시적이지만 깊은 변화 덕분이었다.[4] 변호사이자 해군 군법회의의 국왕 대소인인 동시에 학회 초창기의 설립자였던 그루는 해양법에 대한 업적으로 프랑스 전역에서 이름을 날렸다.[5] 1772년 그는 학회의 서류를 정부에 제출하기 위하여 파리에 파견되는 기회를 맞게 된다. 다른 학회의 본보기가 될 정도로 체계적이었던 그 서류에는 학회의 필요성에 관한 보고서와 1755년부터의 업적 목록, 저작물을 포함한 회원 명부(그와 함께 그들 가문의 명예, 그리고 사회적 명예에 대한 간단한 평가), 새로운 활동안…… 따위가 포함되어 있었다. 그가 가져간 서류에 전적으로 동의한 베르탱은 학회 설립에 필요한 허가를 내려주었다.[6] 이렇게 해서 설립된 이 단체는 실용주의의 실천이라는 목표 위에서 대변환기를 맞은 군사 항구 도시의 문화적 발전을 실현코자 하였다. 그밖에도 이 학회는 '수학·물리학·자연과 시민의 역사·농업사'와 함께 항해사의 훈련에 전념하였다. 그 결과 노르망디 지방을 위해서는, 학술 단체가 각축을 벌이는 장기판 위에 말 하나가 더 놓인 격이 되었다. 그루는 이 영역에서 지방민만이 가질 수 있던 독창적인 개념을 1772년의 회고록에서 잘 보여 주고 있다. "루앙 아카데미와 셰르부르 학회는 이 지방의 양극에 놓일 테고, 캉 아카데미는 두 학회와 거의 같은 거리를 유지하게 될 것이다. 만일 우리가 학회를 무지의 어둠을 쫓아 버리는 불꽃처럼 생각한다면, 셰르부르에 방

금 창설된 학회의 허가는 이 지방 전체를 골고루 밝혀 줄 것이다."[7] 그러
나 새로운 학회는 일시적으로 성공했을 뿐이다. 1783년 활동이 갑자기 중
단되면서 학회는 개별적인 모임으로 연명되었다. 학회가 실패한 데에는 두
가지 요소가 함께 작용하였다. 첫째 1779년과 1783년 사이 학회를 주물렀
던 뒤무리에의 독재적 성향과, 둘째 별로 우호적이지 못한 분위기 속에서
학회가 지녔던 상대적인 약점을 꼽을 수 있다. 전자는 뒤무리에의 《회고
록》[8]에서 읽을 수 있는 요소이며, 후자는 괄괄한 성격의 지휘관이 도시 권
력과 행정을 상대로 말다툼과 마찰을 빚었던 게 직접적인 이유였다. 명사
들로 구성된 학회는 해결책을 마련할 수 없게 되었고, 그 결과 다시 무기
력해졌다.

랑그독에서는 부이예의 희망이 마침내 성공하여 보상을 받게 되었다. 이
러한 성공 뒤에는 주교 보세 예하와 니콜라이 예하의 보호,[9] 그리고 재무
총감 아믈로의 도움이 있었다.[10] 브레스에서는 토마 리부가 랄랑드의 도
움에 힘입어, 그가 세운 '경쟁학회'의 명칭을 공식적으로 인정받게 되었
다. "교양을 쌓고 경쟁을 추구하는 사람들의 모임이야말로 브레스에서 가
장 장려되어야 할 것이다……"[11] 부르고뉴에서도 지사와 총독인 콩데 공
의 보증으로 문제가 쉽게 해결되었다. 브레스트의 해양 아카데미 또한 여
기저기 도움을 간청한 결과, 재조직은 물론 활동 범위를 연장할 수 있었
다. 이처럼 지방의 발전과 명성에 유리한 학회의 설립 계획은 어디서나
권력의 지지를 받았다.

나중에 설립된 학회의 근원에서 우리는 중요한 시사점을 확인할 수 있
다. 그르노블과 발랑스 아카데미 회원인 아샤르 드 제르만은 장차 창설자
들에게 활력을 줄 원칙에 대해 아주 분명하게 정의하고 있다. "각 지방마
다 기본적인 기관을 가져야 할 것입니다. 그렇게 된다면 거기 속한 계급
의 사람은 자기네 주민의 행복에 기여할 수 있는 것이 무엇인지 상상하
고, 기후의 모든 관계와 내외의 사건을 종합하며, 그 병폐에 대한 대책을
강구할 것입니다. 끝으로 정치가란 늘 행정에 바쁜 나머지 깊이 생각할
겨를이 거의 없기 때문에, 권력을 가진 사람들에게 그들이 마련해야 할 공
공복지 계획을 성공적으로 수행하기 위하여 필요한 충고를 해줄 수 있을

것입니다. 더욱이 그들이 정치가를 사로잡을 만한 진실한 면을 가진 사상을 제공한다면 더 큰 다행이 아닐 수 없습니다. 나는 당신들이 몰두하는 인민의 가슴속에 이러한 기관이 존재한다고 생각합니다. 당신들이 살고 있고, 거두게 될 업적의 이익을 퍼뜨릴 고장을 개발하는 데 만족치 못한 당신들은 당신들을 부추기는 감정에 물든 사람들의 주의를 촉구할 것입니다……."[12]

그후로 아카데미는 권력 기관의 자문위원이 되고 싶어하였다. 아울러 계몽사상가들이 군주들에게 자문해 주면서 가졌던 기능을 권력의 주위에서 행사하려는 사회 정예의 집단 의지를 보여 주었다. 지방주의와 아카데미 정신은 서로를 강화시켜 주었다. 아카데미의 계획은 이제 공리주의적 연구를 실제로 적용하는 방향으로 나아갔으며, 곧 학문과 권력의 결연을 주장하게 되었다. 발랑스 아카데미는 새로운 방향을 강조하는 '아카데미식 애국 단체'라는 명칭을 가졌다. 설립된 지 3년 후에 면장이 발행됨으로써, 그동안 이 학회가 거둔 '물리학·수학·농학·역사·과학·예술·문학 분야'의 성과를 보상해 주었다. 발랑스의 주교 그라브 예하와 포병학교장, 도피네 지방의 대리관, 클레르몽 토네르 공작, 지사 등이 발랑스 학회의 발전을 위해 로메니 드 브리엔으로부터 보증을 얻어냈다.[13]

아장 아카데미 설립의 역사는 절반만 성공을 거둔 경우에 속한다. 인문주의자이며 문학적 소양을 갖춘 일단의 음악가들이 1770년경 문학과 음악 사교 모임을 가졌다. 그러나 이 애호가들은 시민임을 자처하면서, 자신들의 모임에 대한 공식 인정을 요구하게 되었다. 라 세페드가 주교에게 보호를 간청하였으나, 지방 권력을 설득시키기에는 '학회의 유용한 업적이 아직 미비하다는 이유로' 1788년까지 허락을 기다려야 했다. 그러나 일련의 혁명적 사건의 여파로 관할 구역 세 신분이 진정서에서[14] 요구한 면장의 발행이 늦어졌다. 이에 비해 오를레앙 아카데미는 한층 더 폭넓은 기회를 향유할 수 있었다. 그도 그럴 것이 첫 모임을 가진 지 5년 뒤인 1786년에 면장을 얻을 수 있었기 때문이다. 사무총장인 보베 드 프레오는 학회 탄생의 상황과 정신에 대해 다음과 같이 요약하였다. "몇 달 전부터 오를레앙에는 공익과, 특히 이 지방의 발전과 관련해 물리학의 발전을 열렬히 추구하는 사람들의 모임이 이루어졌다……. 그들은 동료들 사이에 경쟁심을 일으키고, 그들의 성향과 취미를 유익한 일에 전념토록 돌리는 것을 유일한 목적으로 삼고 있었다. 이에 따라 그들은 해부학·화학·자연사·식물학의 공개 강좌를 가질 것을 계획하였다……."[15] 법적인 재가에 대한 오를레앙 주민의 관심이 고조되면서, 그들은 여러 방면에서 달성한 업적의 일관성과 공익성을 증명해 보였다. 그리하여 오를레앙의 '물리학회'는 시피에르 지사의 개입과 오를레앙 공작의 보증에 힘입어 소기의 목적을 달성하게 되었다.[16]

도피네 지방 아카데미는 공권력의 기대와 그르노블 정예의 염원이 대등하게 만나면서 태어났다. 알려진 바대로 학회 설립의 동기는 3만 4천 권의 장서와 수많은 원고가 포함된 콜레 예하의 장서를 구하려는 데 있었다.[17] 공공 도서관을 열어야 한다는 생각으로 뭉친 각 단체와 주요 명사들이 회원 공개 모집을 환영하였다. 당시 도서관 사서 포르가 작성한 계획서에는 일반인의 지식 갈구에 응답하려는 지배 계층의 의지가 잘 나타나 있었다.[18] 콜레 예하의 장서 매입은 곧이어 두번째 단계로 이어졌다. 우리는 **필연적인 변화의 실현**이라고 할 수 있는 이 단계를 보면서 스타니슬라스가 주도한 아카데미 설립 운동을 생각지 않을 수 없다. 도서관을 운영할 임무를 맡은 사무국으로부터 아카데미를 설립하고 싶어하는 사람들이 떨어져 나갔다. 여기 속한 사람으로는 고등법원 판사 루이 드 소쟁, 서인도 제도에서 재산을 모았다고 해서 '미국인'이라는 별명이 붙은 도매상 라비, 그리고 스탕달의 외할아버지인 의사 앙리 가뇽을 열거할 수 있다.[19] 자율적인 기관의 창설이라는 목표를 위해 1774년부터 모임을 꾸려 온 이들은 "이 지방의 족보학·역사·지형학·문학·과학·예술, 그리고 옛 주민과 그들의 관습과 풍속 등에 대한 연구 보고서를 낸 학자·의사·자연과학자·문인에게" 개방될 아카데미를 염두에 두고 세운 계획에 대한 여론 수렴에 착수하였다. 그 결과 "그들의 동향인은 예술과 과학의 발전에 기여할 수 있는 이 값진 보물을 읽게 해준 데 대하여 그들에게 감사할 것"이라는 결론을 이끌어 냈다.[20] 학회 설립 행위는 그 지방의 '경쟁'·'공익'·발전 및 그 고장의 과거에 대한 자긍심 고취를 목표로 하는 집단의 공민 정신에 입각한 행동이었다. 발랑스와 오를레앙·아장과 마찬가지로 그르노블 또한 파리에서 본보기를 구하려 하지 않았다. 아장 사람들이 보르도와 툴루즈를 따라했듯이, 그들은 디종과 낭시를 모방하였다.[21] 그들은 카즈 드 라 보브 지사의 후원과 오를레앙 공 및 왕세자의 재정적 도움, 네케르의 승인을 얻었다. 1789년 3월에 면장을 받은 도피네 아카데미는 그때까지 사교성과 문화라는 두 가지 상반된 전통 때문에 오랫동안 헤어나지 못하던 집단적 문화 침묵에서 벗어났다.

18세기초부터 재판장 장 피에르 모레 드 발보네는 자기 집에 법학자와 학자의 작은 집단을 모아들였다. 이들은 리옹(드 발보네는 리옹 아카데미의 준회원이었다), 재판장 부이에, 그리고 '비명문학 아카데미'와 편지를 교환하고 있었다. 그러나 이 모임은 회계 검사원과 고등법원의 도움에도 불구하고 아무런 성과를 거두지 못했다. 모임 자체가 그르노블 정예의 관심을 끌지 못했기 때문이다.[22] 사실 그르노블은 18세기 내내 중요한 군사 주둔지로서, 그곳에 주둔해 있던 귀족 장교들이 도시의 모든 관계에 자신들의 색조를 부여하였다. 여인과 노름 때문에 젊은 병사들의 윤리가 이미 위험 수위를 벗어난 쾌락의 도시 그르노블에서는 문학을 애호하는 장교의 연애시를 들을 수 있었다. 연극과 음악이 도시 전체를 휘어잡았으며, 귀족의 저택과 성관은 접대 연회로 활기를 띠었다. '순간을 믿는 교단'이라 할 에피쿠로스적 사회를 이룬 부르주아 계층도 지배적인 취미에 물들었다. 시집《클레망틴》에 실린 경박한 시, 슈발리에 드 보나르의 익살맞은 작품, 라클로의《위험한 관계》등이 학회 모임과는 거리가 먼 문화적 여정에 이정표를 세웠다.[23]

도피네 지사들이 더욱 진지한 문화 질서를 수립하려는 시도를 여러 차례 해보았지만, 결국 아카데미 설립에서 변화가 구체화된 것은 지방의 '지성'이 긴 발전을 겪고 난 뒤였다. 베르말이 앙리 가농을 진정한 학회 창설자로 간주한 데는 그 나름의 이유가 있었다. 훌륭한 가문을 드나드는 주치의이자 친절하고 정중한 학자인 이 볼테르 신봉자는, 그르노블 시의 두 가지 경향을 어느 정도 조화시킬 줄 알았던 것이다.[24] 도심지의 그르네트 광장에 있는 그의 집에서 지사는 물론 고위 성직자의 후원을 받아 공민 정신과 합리 정신을 증진시키려던 모임이 이루어졌다. 그르노블에 도서관이 구성되면서 계시주의가 발전하는 데 대한 항의가 일어났다. 문학회는 음험한 기운이 증가할 때마다 위협을 피할 수 없는 이성의 상징이 되었다.

실제 20년 이래로 지방의 문화적 모습은 상당히 많은 변화를 겪었다. 더 늦게 설립된 수많은 협회가 기존 아카데미가 누리는 특권에 도전했다. 이들 다양한 모임을 통해 집단적으로 드러난 사회 관계의 필요가 증가하였다는 사실을 알 수 있다. 여러 가지 복잡한 사실을 감안하건대, 그들의 활동이 지닌 중요성과 집단 생활이라는 다소 독창적인 성격과 관련된 새로운 형태의 사교성이 얼마나 중요한 영향을 미치는지 분석할 필요가 있을 것 같다. 프리메이슨 결사와 '왕립농학회,' 독서나 연구를 위한 자발적인 모임들, 끝으로 '예술과학원'이라는 네 가지 중요한 모범이 새로운 형태의 사교성을 대표하고 있었다.

먼저 1750년부터 프리메이슨 결사의 중요성이 두드러졌다.[25] 파리에서 시작된 이 비밀 결사는 순식간에 왕국 전체로 세력을 뻗쳤고, 10년마다 도표를 그려 보면 계속 발전하는 추세를 보였음을 알 수 있다. 18세기 전반기에 조직된 50여 개 결사의 4분의 3은 루아르 강 이남에 생긴 것이었다. 파리가 으뜸의 자리를 지켰다는 사실은 이론의 여지가 없겠지만, 아카데미를 가진 도시는 일찍부터 결사를 받아들였다. 1750년부터 1759년까지 북부에서는 결사 운동이 별로 맥을 추지 못하였으나, 남부에서는 도처에서 결사가 늘어났다. 60년대에 들어서 남부에서는 그 숫자가 더욱 증가하였다. 중부에서도 마시프상트랄 지방만 빼고 어느곳에나 결사가 생겼고, 중부의 협곡을 따라 형성된 중요한 교통의 축을 타고 올라갔다. 아카데미가 있는 도시의 결사 운동은 남부에서도 뚜렷하게 진행되었다. 특히 노르망디의 서부 지방과 로렌-알자스의 변방 지역이 눈에 띈다. 1770년부터 1779년까지 중요한 도시의 중심지마다 비밀 결사가 생겨났다. 예컨대 기엔·랑그독·프로방스 지방의 경우 결사체의 수가 더욱 늘어남으로써 그 그물코가 더욱 촘촘해졌으며, 론 강 유역과 손 강의 협곡, 알프스와 쥐라에서 시작되는 뫼즈와 모젤 강을 따라 동쪽과 남동쪽으로 결사의 연계망은 더욱 치밀해졌다. 다른 곳에서도 결사의 세력 확장이 눈에 띄게 진행되었다. '그랑토리앙'(프리메이슨의 중앙 본부)이 재조직되었다는 점도 이와 같이 두드러진 발전의 원인 가운데 하나로 작용하였다. 1777년에는 활동중인 결사의 수가 3백여 개에 이르렀고, 1789년에는 더욱 늘어나 7백 개를 넘었을 것으로 추정된다. 그리고 정확한 숫자를 파악할 수는 없으나, 그랑토리앙과 관계를 맺지 않은 결사를 더한다면 그 수는 더욱 증가할 것이다. 여러 가지 경향이 얽히고설켰으며, 스코틀랜드의 물결과 신비주의적 흐름이 도입되었다. 게다가 각 지부가 서로 대립함으로써 파리에 의하여 질서가 회복되기보다는 비밀 결사의 발전이 더욱 쉽게 이루어졌다.

이러한 번영의 얼개는 50년 동안 더욱 세련되었지만, 여전히 초기의 도식을 충실하게 따랐다. 대도시에서 작은 도시로, 외곽에서 중심으로 결사의 보급은 끊임없이 진행되고 있었다. 지도를 보면 중요한 도심지의 주위마다 결사가 옹기종기 모여 있는 것을 알 수 있다. 해변과 강을 따라 발전한 결사는 상업이나 지적 교류 때문에 미리부터 존재했던 그물을 이용하면서 점차 내륙으로 세력을 뻗어 나갔다. 여기서 결사의 결연 관계를 종합적으로 다시 조명해 보지는 않겠지만, 프로방스 지방에서 얻은 결론을 가지고 다른 지방에 대해서도 일반화를 시도할 수 있을 것이다.[26] 첫째 어떤 결사가 특정 지방의 지부 아래 여러 개의 집회를 가질 수 있거나, 둘째 파리의 중앙 본부가 직접 지방에 지부를 창설하거나, 끝으로 결사의 장(將)급 인사들이 개별적으로 합의하여 새로운 결사를 후원하는 경우라 하겠다. 여기서 주목해야 할 점은 결사가 그러한 현상을 더욱 빠르게 보급했다는 사실 외에도, 구성원간의 협동 관계가 왕국 전체에 개인 관계는 물론 영혼으로도 일치하는 세계를 세우는 데 결정적인 역할을 했다는 사실이다. 이 모든 점을 함께 고려해 볼 때, 아카데미를 가진 도시는 무시하지 못할 자리를 차지하였던 것이다. 그 중 리옹을 선두로 한 7개 도시가 10개 이상의 결사를 가졌고, 샬롱과 빌프랑슈를 제외한 모든 도시가 적어도 2개를, 대부분의 경우 3,4개의 결사를 거느리고 있었다. 아카데미 운동의 영향을 받은 도시가 이처럼 결사를 번성시켰다는 점은 부분적으로 결사가 옛 관행을 개혁하였다는 것으로 해석된다. 연회와 음악이 의식을 집

전하는 잔치의 의전에 포함되었다. 몽테스키외는 베누티에게 보낸 편지에
서 이러한 경향을 해학적으로 꼬집고 있다. "나는 우리의 아카데미가 술
을 마시거나 노래를 부르는 대신 건축을 한다면, 프리메이슨 결사와 다를
바가 없다고 생각합니다."[27] '세속적 일탈'[28]이 시작되면서 결사는 아카데
미와 그 바탕부터 구분되었다. 더욱이 결사는 사회의 상류층에 대해서 만
큼 아카데미에서 제외된 계층에 대해서도 상당히 개방적이었다. 따라서
결사는 아카데미 세계를 향하여 회원 모집에 관한 명백한 문제를 제기했
다. 두 가지 형태를 사회학적으로 비교해 보면, 계몽 사상의 확산에 관한
더욱 일반적인 현상을 더 잘 이해할 수 있을 것이다. 아카데미의 경우 여
러 가지 형태의 활동과 사교성이 평행성을 그으면서 대대적으로 경쟁하
였듯이, 이념도 언제나 일치하지 않은 채 경쟁을 벌였다는 사실을 일단 강
조해야 할 것이다. 설령 비밀 결사가 전통적인 정치와 종교의 형태와 깊
은 관련을 맺고 있었다 해도, 아마도 여기서는 더욱 확장된 관계와 토론
생활을 가능케 하는 문학회에 비할 만한 역할을 하였을 것이다. 결사는
아카데미보다 못한 힘을 가진 조직이었지만, 바로 그 때문에 회원을 더욱
넓은 공동체에 포함시키고자 노력하였다.

　더욱 행정적인 동시에 덜 자생적인 '왕립농학회'도 역시 아카데미에 수
많은 문제를 던졌다. 농학회가 늘어나면서 사교성의 관계나 철학 교류에
단순히 가담하는 것만이 문제가 아니었기 때문이다.[29] 지방에 따라서 농
학회는 아카데미 회원들이 전개하는 활동의 일부를 인정하지 않았다. 농
학회는 정부의 보호를 받는 기관으로서 앙리 레오나르 베르탱의 현명한
행정기에 그의 직접적인 감독하에 있었다. 튀르비이 후작의 자문을 받았
던 그는 아카데미를 창설하거나 옛 학회를 변경할 의사가 결코 없다는 사
실을 강조하였다.[30] "설령 기존 아카데미가 거기에 대해 불안하게 생각한
다 해도 아무 근거도 없는 일임에 분명하다. 왜냐하면 그들은 아무런 피
해를 입지 않을 것이기 때문이다……. 그들이 이와 비슷한 일을 가지고 항
의나 반대를 한다 해도, 국무회의에서 호감을 가지고 들어 줄 리 없다."[31]

　1757년부터 1763년까지 브르타뉴의 보기를 좇아 투르·파리·리모즈·
리옹·오를레앙·리옴·루앙·수아송·알랑송·부르즈·오슈·라로셀·

몽토방·캉과 발랑시엔에 16개 학회가 창설되었다. 1789년 이전에 푸아티에·엑스·페르피냥·물랭에도 각각 학회가 생겼다. 농학회가 이같은 그물을 이룬 것은 여러 가지 절대적인 필요성 때문이었다. 대부분의 경우 지사가 농학회를 설립해야겠다고 마음먹게 된 것이 결정적인 역할을 하였다. 또한 어디서나 지방 엘리트가 농사 문제에 관심을 가지게 되었다는 점도 들 수 있다. 농학회가 라로셸과 수아송을 잇는 선 이북에 있는 지방에 더욱 많았다는 점에서 영국과 맺은 관계(이는 루앙·캉·파리의 경우에서 명백하다) 및 농촌 풍경의 차이가 가져다 주는 중요성을 알 수 있다. 농학회 대부분이 대단위 경작지의 한가운데 세워졌다는 사실이 이 점을 뒷받침해 준다. 파리의 압력과 수도 지주들의 연계로 말미암아 농학회에 우호적인 조건이 마련될 수 있었다. 우리는 또한 그밖의 요인들 때문에 농학회 분포도에 나타나지 않은 부분도 이해할 수 있다. 가장 중요한 것은 지방 신분회의 역할이었다. 베아른과 랑그독에서는 신분회의 합동위원회가, 부르고뉴에서는 신분회의 경제 분과에서 농사 문제를 전적으로 검토하였다. 디종에서는 신분회의 중요 활동 가운데 하나를 아무 거리낌없이 빼앗았던 농학자 출신의 아카데미 회원들과 지사가 모두 농학회를 싫어하였다.[32] 몽펠리에의 아카데미 회원들은 자신들이 직접 농학 연구에 관심을 쏟기로 하였다.[33] 다른 곳에서는 기존 아카데미들의 반대 때문에 농학회가 제대로 세워질 수 없었다. 루앙의 경우 오트노르망디의 지사인 페이도 드 브루의 보호를 받고 있던 아카데미가 정관을 정비하여, 통신 사무국의 창설 및 이 기구를 운영할 새로운 부류의 회원을 뽑는 안을 제출할 수 있었다.[34] 퐁테트도 같은 방식으로 캉 아카데미의 주장을 뒷받침해 주었다. 이 아카데미는 농사 문제를 수 차례 경시 대회의 주제로 내걸 수 있었고, '농학부'의 창설도 제안하였던 것이다.[35] 노르망디에서는 결코 한 걸음도 양보하지 않았던 정부였지만 낭시의 경우는 달랐다. 지사의 확실한 지원을 받고 있던 낭시 왕립학회 회원들이 1766년 3월 6일 농학회를 구성함으로써 정부의 승인을 얻어냈던 것이다.[36] 보르도 역시 1761년 정부의 양보를 받아냈으며, 아라스에서도 아르투아의 신분회와 주교의 연합 공세가 결국 승리를 거두었다.[37] 아미앵에서는 슌 공작이 학회를 인정하고 빚을 갚아 주었기 때문에 권력은 무릎을 꿇었지만, 사람들은 기껏해야 수도와 통신을 할 것으로 기대하였다.[38] 3주교구(메스·툴·베르됭)에서는 메스 아카데미가 농학 연구를 독점하였고,[39] 프랑슈콩테에서는 브장송 아카데미 회원들이 루앙이나 캉과 마찬가지로 아카데미 안에 농학부를 구성하겠다고 제의하였다.[40] 끝으로 '왕립농학회'가 설립된 20개 도시 가운데 단지 7개 지역만이 아카데미를 가지고 있었다는 점에 주목할 필요가 있다. 더욱이 새로운 기관에서 결정적인 역할을 담당한 사람들은 아카데미 회원인 경우가 대부분이었다.

지사가 직접 리옴의 사무국을 설치한 클레르몽에서는 20명의 회원 가운데 6명이 아카데미 회원이었으며, 몽토방에서는 소르비악과 카레르 부자가 가장 부지런한 아카데미 회원이었다. 끝으로 리옹에서는 새로운 학회의 사무총장직을 그곳 아카데미의 사무총장인 라 투레트가 맡았다. 일부 아카데미가 농학회를 흡수하고 경쟁을 없애는 데 성공을 거두었다. 농학회 창설이라는 작업은 결국 아카데미 회원과 동일한 부류의 사람들을 대상으로 삼았으며, 농학회의 명사들을 선출하는 문제도 쉽게 해결할 수 있는 성질의 것은 아니었기 때문이다. 더욱이 학회들은 권력과 대립할 수 있을 만큼 힘을 가지고 있었고, 이제 '지방의 인사'라 할 수 있는 지사들을 자신들 편으로 끌어들이는 수완도 지니고 있었기 때문이다.

한층 더 자발적이고 비조직적인 연합의 형태가 프랑스 전역에서 거의 동시에 나타났지만, 사정은 한결같지 않았다. 여러 아카데미와 농학회가 사회적 유용성을 지향하면서 똑같은 사교성에 참여하였다고는 해도, 도시 정예를 끌어들인 것은 그밖의 다른 집단과 다양한 모임들이었다. 왜냐하면 그들은 아주 단순히 옛 필요에 대해, 자유롭게 토론하려는 새로운 염원에 대해, 그리고 더욱 긴밀한 관계 속에서 생활하려는 데 부응하였기 때문이다.

1750년 이후, 공권력의 감독을 받지 않고도 모임을 가질 수 있다는 생각이 개인적인 동아리 사이에서 널리 퍼져 나갔다. 그러나 직접적으로 20여 개 이상의 모임이 창설된 것은 1780년 이후의 일이었다.[41] 분포도를 만들어 보면 사료의 부족으로 어쩔 수 없는 빈틈이 있다 할지라도, 그러한 현상이 일반적으로 존재했음을 발견하게 된다. 또한 분포도는 세 가지 중요한 중심지가 존재하고 있음을 강조해 준다. 남서부와 프로방스에서는 새로운 모임이 대부분 작은 도시의 중심에 세워졌으며, 아카데미를 가진 도시를 중심으로 부수적인 연계망을 짜고 있었다. 피카르디·아르투아·플랑드르 지방에서는 그러한 현상이 덜 긴밀하긴 하지만 위의 경우와 비교할 만한 정도는 되었다. 그 대신 모임의 수가 얼마 되지 않았던 브르타뉴에서는 그 지방의 엘리트가 두드러지게 변모하였음을 알 수 있다. 그들은 두 가지 방법으로 변모하였다. 하나는 한결 자유롭고 친근한 방식이었다면, 다른 하나는 이미 더욱 확실한 조직을 갖추는 방식이었다. 첫번째 경우는 아카데미보다 더욱 절충적인 활동을 하고, 신문을 읽는 일과 대화, 때로는 놀이를 혼동하는 클럽이나 동아리에 관한 것이다. "사람들은 거의 모든 도시에서 이러한 성격의 단체를 볼 수 있다. 그것은 파리에서 모든 시민 가운데 선택받은 계급이 아주 쾌적한 방편으로 생각하여 세운 클럽·학원·예술 살롱·올림포스회와 박애주의회를 본받아 구성한 것이다."[42] 이러한 협회는 어디서나 의심과 감시의 표적이 되면서 증가하였다. 그러나 이러한 현상은 다음과 같은 두 가지 질문을 제기하게 한다. 첫째, 그것은 풍속의 변화를 보여 주는 표시가 아니었던가? 둘째, 지방의 예에서 볼 수 있듯이 그 사회의 '선택된 계급들'에는 평신도회[43]라는 형태의 전통적인 모범과 결별한다는 표시는 아니었던가? 1769년에 나온 《프랑스 리테레르》는 그들의 활동에 대해 아주 분명하게 알려 주고 있다. "미요의 협회에서는 일요일과 축제일을 빼고는 매일 독서회가 열린다. 그들은 각종 정기 간행물에서 자료를 얻는다. 그러나 정기 간행물을 모두 훑어보았을 경우에는, 그 시대의 가장 훌륭한 저작을 가지고 회의를 진행하기도 한다. 각 회원은 회의실에 들어갈 때 마음에 드는 책을 집는다. 만일 책을 읽는 도중에 함께 검토할 만하다고 생각하는 주제가 있다면, 그는 동료들에게 그 문제를 내놓는다. 개인적인 독서는 곧 일반적인 대화로 바뀐다. 회원 각자의 생각을 깊이 있게 토론한 뒤에는, 회원들의 주의를 끌 만한 문제가 생길 때까지 다시 개인적인 독서에 들어가는 것이다. 이렇게 해서 독서회는 보통 밤이 되어서야 끝이 난다."[44] 그들이 아카데미를 참조하였

다고 해서 사회적인 모방의 의지를 가졌다고 생각한다면 큰 오산이다. 그
들은 자유롭게 활동하였으며, 그 덕분에 여성도 참여시킨 예가 종종 있었
다. 이 점과 관련해서 '기분 전환을 위한 모임'을 만든 아장의 경우를 들
수 있다. 그들은 규칙을 정해 시민들의 세련미·명예·명성을 강조하였고,
식사·포도주·리쾨르 술은 물론 심지어 커피까지도 금하였으며, 노름에
대해서도 강력하게 반대하였다.[45] 규칙 제11조에서는 "본 모임에 부인들
이 참석할 때, 회장과 회원 각자는 그에 상응하는 예절을 지켜야 할 것이
다"라고 규정하였다. 부르캉브레스의 '트릭트락회'(주사위 소리)는 초심
재판소의 법관 베르나르가 조직한 모임이었다. 그가 제공한 3개의 당구대
와 노름용 탁자, 정기 간행물을 토대로 〈정치적 연구실〉이 구성되었다. 거
기 모이는 60여 명은 안락의자에 파묻혀 편안한 자세로 《백과전서》를 뒤
적이거나 토론을 하였다.[46] 이러한 모임의 중요한 특성으로는 더 많은 회
원에 대한 개방성과 활동의 확장, 사회적 교제의 자유를 들 수 있다. 모임
의 성공은 평신도회·비밀 결사·학회보다는 세속적 오락에 더욱 우호적
이었다는 데 기인하였다. 아라스의 '로자티'(Rosati, 이것은 Artois의 철자
수수께끼이다) 모임의 보기만 가지고서도 이 점을 증명하기에 충분하다.
이 '즐거운 학문'이라는 기관은 옛 풍속과 관행의 재발견을 우선시했던
모임으로, 그것이 다시 출현하였다는 사실은 그동안 지하에서도 그러한
모임이 명맥을 유지하고 있었음을 강조해 준다. 전에 두에에 세워진 라
발뮈즈 회의소에서 영감을 받아 아라스에 설립된 이 학회는, 우애·젊음,
음주와 애정의 시라는 세 가지 요소를 앞세우면서 젊은이들(평균 연령은
24세였지만, 아라스 아카데미의 사무총장인 아르뒤앵과 현자 뒤부아 드 포쇠
도 거기에 포함되어 있었다)을 끌어모았다. 변호사와 법관, 주둔군 장교들
은 예외 없이 아나크레온티즘에 공감했고, 사랑의 강의가 준 영향을 흡수
했다. 아울러 그들은 솔리외나 라 파르 같은 사람들의 현학적인 자유 사
상을 은근히 참조하기도 하였다. "시골의 요람 아래…… 비난의 신 모무
스가 술고래를 화제로 삼도록 부추기러 온다……." 로베스피에르와 카르
노가 서로 면식을 넓히게 된 것도 바로 이 모임에서였다. 그들은 장차 예
술과학원에서 베르니오의 주위에 모이게 될 보르도의 젊은 변호사들과 똑

같이 우아한 겉멋을 부리면서 자연과 아름다움을 예찬하였다.[47] 우울하고 귀족적인 시를 좋아했던 이 모임은 옛날 방식의 의식을 채택함으로써, 장차 도래할 혁명기에 동참하게 될 연령층의 결속을 다져 주었다.

한편 이러한 동아리 중에는 회원이 스스로 규약을 정하고, 정기 활동을 시도할 정도로 발전하여 본질적으로 아카데미에 가까운 형식을 갖추게 된 것도 있었다. 설령 오락에 더욱 치중하고, 가끔 여성을 받아들이는 경우가 있었다 해도, 이 두번째 형식은 옛날에 설치된 학회의 발전 과정과 비슷한 경로를 걸었다. 그것이 특히 아카데미를 가진 도시에서 발전하였다는 사실은 매우 중요한 의미를 지닌다. 이러한 발전 형태가 문화적 정예를 더욱 확보하겠다는 의지를 반영함은 물론 지적 경쟁의 풍토를 마련하여 주었기 때문이다. 적대감과 경쟁심·복종심을 항상 명확히 구분하기란 쉬운 문제가 아니었다. 그러나 브장송에서는 그 경계선이 명확히 그어졌다. 브장송 아카데미에 가입하지 못하여 몹시 실망한 오라토리오회 출신 원장신부 세랑의 주도하에 그리퐁 요새에서 모인 '문학과 군사학회'는 군사학 분야에서 옛 협회의 실용적 노선에 대항할 만한 연구를 하기로 의견을 모았다. 그런데 이 기존 아카데미는 자신의 경쟁자가 더 이상 활동하지 못하도록 봉인장을 받아냄으로써 활동을 독점할 수 있었다.[48] 그와는 반대로 툴루즈에서는 문학회의 회원들이 '작은 아카데미'를 구성하였다. 이 모임은 훗날 "클레망스 이조르의 가문에 전수된 것과 같은 형태"를 띠고 있었다. 가장 열성적인 회원들은 죄 플로로 아카데미나 과학·문학 아카데미에 가입하였다. 마르몽텔과 카스티용, 원장신부 오프레리 같은 사람은 바로 이러한 모임을 통하여 문학 경진 대회에 글을 응모하였던 것이다. "사람들은 거기서 담론의 모든 주제를 얻었으며, 모든 회원은 가장 훌륭한 작품에 대하여 토론을 벌였다."[49] 그들은 '이러한 젊음의 모임'을 모방함으로써 중요 아카데미의 문 앞에서 발만 동동 구르던 사람들의 기대에 부응하였다. 리옹의 변호사 들랑딘의 집에서 1778년부터 1785년까지 모였던 문학회도 같은 목적에 응답하였다. "우리 리부·제르송·들랑딘, 그리고 조프루아는 문학을 함양하고 서로에게서 배우고자 앞으로 우리의 작업을 통일하며, 각자가 지닌 이성의 빛을 모두에게 골고루 전파해 줄 문학회를 세운다. 그러나 변덕스럽기만 하고 아무런 규칙도 가지지 못한 모든 협회는 곧 해체될 것이다. 단체를 유지하는 것은 질서이며, 평등을 보존해 주는 것은 법률이다. 그리고 우리는 아무리 의견이 분분해도 부드럽고 우아한 태도를 지키면서 사람들을 접근시키고자 한다……."[50] 이처럼 단순한 시도가 있었다고 해서 당장 아카데미와 경쟁에 들어가지는 않았다. 오히려 그것은 공백을 메웠으며, 법조계·교계·의학계측의 기다림을 30년 이하의 세월로 끝나게 만들어 주었던 것이다. 이들이 비판한 내용은 사실상 그러한 시도의 첫 단계에서 이제는 확고한 위치를 차지하여 거만해진 공식적 협회가 요구한 원칙들을 인정하는 것에 불과하였다. 반(反) 아카데미 정신이라 해도 그것은 서로 모른 체하는 아카데미 정신에 불과하였으며, 문학회의 명사 회원들이 이 동아리에 들어가리라는 것은 이미 예정된 일이었다.[51] 낭시에서는 '새로운 도시의 아카데미'가 지나치게 공식적이고, 경직화의 위험에 처했다고 판단된 스타니슬라스의 학회에 반대하는 변호사들을 끌어모았다.[52] 그들이 풍자적 개작의 형식으로 제출한 보고서를 보면 아카데미에 대하여 느끼는 실망감을 알 수 있다. 메스에서는 필아텐 협회(아테네를 사랑하는 사람들)가 아카데미의 조직보다 더욱 유연한 조직과 훨씬 폭넓은 회원층을 확보하였다. 일이 이렇게 된 데에는, 특히 그 협회가 자기네 활동에 참여하고 있는 회원들을 가진 과학회와 필적할 수 있도록 더욱 철학적인 방향으로 활동을 해나갔기 때문이다.[53]

그러나 예술과학원의 활동은 다른 견해를 가지게 한다. 쿠르 드 즈블랭과 필라트르 드 로지에의 주도하에 파리에서 시작된 이 모임은 대중의 폭을 넓혀 주었다. 아울러 교육과 사교에 대한 사명과 더불어 아폴론풍이자, 음악과 비밀 결사의 경향을 함께 보여 줌으로써 아카데미와 구별되었다.[54] 지방의 예술과학원 운동은 '브르타뉴 애국협회'〔이 협회의 창설자는 세랑 백작과 조르즐랭 드 코스케였다〕가 설립되어 있던 브르타뉴처럼 아카데미 정신에서 완전히 제외된 지역에 영향을 끼쳤다.[55] 정기 모임과 등록부를 가지고 있던 렌의 독서회는 브르타뉴의 교양인 사회를 술렁거리게 만든 정치적 난관 때문에 아카데미를 설립하는 데까지 발전하지는 못하였다.[56] 그러나 브르타뉴의 귀족 일부는 1769-90년에 걸쳐 그 지방 재판장 코를레의 주도적 행동을 지지하였다. 종교인들이 움직이고, 진정한 의미의 민중 축제를 수반한 시골의 연회가 열렸다. 아울러 신·국가·국왕·조국·브르타뉴 민족을 찾는 문학회를 통해 특별히 복잡한 분위기가 조성되었다. 각계각층이 온 사교 활동을 벌였으나, 그 결속력은 깨지기 쉬운 것이었기 때문이다.

1785년에 창설된 아미앵 예술과학원은 다음과 같은 세 가지 기대에 부응하였다. 첫째, 무엇보다도 이 모임은 롤랑의 친구들이 경직성과 폐쇄성을 들어 비난한 '무교양의 아카데미'에 적대적인 협회였다. 둘째, 그것은 학구적 작업에 몰두하고자 하는 동년배 사람들의 모임이었다. 끝으로, 그것은 정예들의 활동을 시민 사회를 생각하는 방향으로 바꾸어 놓으려는 의도를 가진 집단이었다. 새로 생긴 동아리는 그곳의 공식 기관인 아카데미가 바라던 바가 초기와는 달리 퇴색하고 있는 것을 보면서 공리주의와 평등주의의 이상을 홀로 구현하는 듯이 뽐냈지만, 결코 작은 비공식 동아리의 범위를 벗어날 수는 없었다. 독창성이라고는 존재하지도 않았지만, 독창적으로 보이기 위해 그들은 지적 교류를 그리스풍으로 꾸몄고, 비유적인 말을 주고받으면서 놀이의 즐거움과 문화적 정예주의를 위한 의지를 결합시켰다.[57]

보르도와 툴루즈의 경험 역시 같은 희망에 바탕을 두었지만 곧 더 많은 대중을 얻게 되었다. 이 두 경우는 모두 파리의 경험을 참고로 하였고, 음악과 사교를 활동의 주요 목표로 삼았다. 보르도 예술과학원의 음악회는 주지하다시피 옛 전통과 결합하였다. 그러나 뒤프레 드 생 모르 지사가 첫번째 회의에서 방향을 천명한 전체 활동의 범위를 벗어날 수는 없었다. "우리는 한가한 젊은이들이 자신의 운·건강, 또는 명예를 위하여 지나칠 정도로 자주 낭비하는 이 값진 시간을 조금씩 더 유용하게 쓰도록 장려하면서, 이 대도시에 과학과 문학의 취미를 일깨우고 예술가들의 경쟁심을 부추기며, 아주 깊이 묻혀 있는 재능의 싹을 발견하고 틔우며 옛날처럼 풍습의 순수함을 되찾게 해야 할 것이다."[58] 새로운 학회의 경우, 아카데미 회원 가운데 일정한 수준 이상의 회원들이 그 사업에 참여하였다. 따라서 그들은 아카데미에 대해 나쁜 감정을 가질 이유가 없었고, 보르도의 문화 생활에 혁신을 가져오겠다는 원대한 포부를 실현할 수 있었다.[59] 툴루즈에서도 비슷한 예를 볼 수 있다. 무엇보다도 로메니 드 브리엔이 랑그독의 공공 사업 감독관 들레스트르의 계획을 인정함으로써, 옛 기관들은 호의적인 뒷받침을 받게 되었다. 그와 함께 도시 엘리트가 모두 새 조직 속에 재편성되었으며, 음악과 음악회 그리고 유익하고 실천적인 미술 작업을 통하여 복잡한 문화적 세계를 구성하였다.[60] 아울러 아카데미의 영향력하에 있었던 예술과학원의 독특한 보기를 제공하는 메스의 시도를 추가할 경우[61] 남부의 예술과학원이 겪었던 지방적 경험이 여러 가지 성격을 지니고 있었음을 알 수 있다. 이를 위해서는 먼저 모든 문화 활동과 인간 지성의 모든 영역을 끌어모아야 할 것이다. 이 첫번째 계획을 통해 아주 재미있는 이상향의 도시 계획이 결정되었다. 보르도에서 나온 보고서에서는 건축물의 계획을 다음과 같이 묘사하고 있다. "우리 시대의 예술과학원은 문학·과학·예술의 공통 중심이며 집합처이다. 또한 그것은 교육과 여러 가지 실험을 위한 방들, 개인 및 여러 가지 모임을 위한 방들을 갖추어야 하며, 이 방들을 돌아다녀도 조금도 시끄럽지 않고 질서가 잡힌 안락한 큰 건물이어야 한다. 끝으로 하나의 예술과학원은 예술은 물론 다른 예술과학원들과 직접 관계를 맺고 있는 모든 것을 담고 있어야 한다."[62] 건축가 가스탕비드는 보르도의 모습을 대대적으로 바꾸려는 거대한 안목을 가지고 계획을 세웠으며, 루이 왕은 그같은 안목에서 보르도를 정비할 영감을 받았다. 툴루즈에서는 들레스트르가 계획한 예술과학원의 궁전이 같은 방식으로 도시의 재건축, 아니 더욱 구체적으로 말하자면 강기슭의 재건 계획에 끼어들었다. 그 계획이란 대중의 산책로를 굽어보는 웅장한 건물의 내부 한가운데에 커다란 응접실을 두고, 그 위에 여러 아카데미에 속한 방들과 전문화된 실험실, 그리고 연구실을 배치하는 것이었다. 위층에는 공공 도서관과 교실·계단 강의실을 두어 시설을 완성시켰고, 맨 아래층 앞에는 "아카데미의 지도를 받아 물건을 제작하는" 공장과 물을 끌어올리는 기계를 설치했다. 거기에는 장식에 관한 사항도 포함되어 있었으나, 지나치게 막대한 돈이 드는 안이었다. 남녀노소를 막론하고 모든 사람에게 개방될 툴루즈의 예술과학원은 모든 연령층을 조화시키고, 여러 가지 문화 전통을 융합하며, 모든 갈등을 해소하는 상징적인 존재였다. 이 점을 이해하기 위해서는 예술과학원 운동의 중요한 성격 가운데 두번째 사항을 상기할 필요가 있다. 즉 모든 인간 활동을 종합하고 실천해야 한다면(이것은 부분적으로 여러 아카데미의 실용적 백과전서의 정신에 대한 반동으로 생각할 수 있다) 그러한 지식을 가능한 한 많은 사람에게 가르쳐야 한다는 사명감 때문이었던 것이다. 소수파의 문화는 교육받은 시민 가운데 다수의 마음을 사로잡아야 했다. 교육의 목표에 맞추어 더욱 원대한 지적 계획을 세워야 했다. 보르도의 지사 뒤프레 드 생 모르는 1783년 6월 25일 그곳 예술과학원 회원에게 이렇게 선언하였다. "여러분, 우리 기관의 목표는 가능한 한 한계를 뛰어넘고, 소수의 재산을 공통의 재산으로 만드는 데 있습니다."[63] 아카데미를 본받았지만 그 이상으로 발전한 예술과학원은 점점 늘어나는 대중을 상대로 보편적인 목표에 입각한 양질의 교육을 실시하고자 하였다. 정예들의 동아리를 확장하려는 노력이 그 운동의 중요한 사회학적 동기가 되었다. 보르도와 툴루즈에서는 공권력의 도움에 힘입어, 그때까지만 해도 친밀한 동아리들 속에 한정되었던 교제가 활기를 띠게 되었다. 독서실과 예술 및 음악 클럽, 문학·과학·예술을 위한 아카데미들이기도 한 예술과학원은 인상 깊은 야망을 가지고 도시의 교양 있는 계층들의 염원을 부르짖었다. 이들은 '아카데미를 대신'하였다기보다 누구에게나 개방된 아카데미로서 연구의 범위를 모든 영역으로 확장하였다. 예술과학원 회원의 눈으로 볼 때, 그들의 의도는 지나치게 생각되었다. 그들은 방법에 따라 노력을 조절하기 위하여 활동을 선별하였기 때문이다. 그로부터 예술과학원은 아카데미의 관심 사항보다는 직접적인 유용성과는 거리가 멀고, 한층 더 심미적인 일에 전념하게 되었던 것이다. 사회적 응집력을 목적으로 했던 만큼 교육의 임무는 뒷전으로 밀려났으나, 야심만만한 시각은 계몽 시대의 지방 사회를 갈라놓은 틈을 돋보이게 만들었다. 그렇다면 우리는 다음과 같은 질문을 제기할 수 있다. 일관된 국가 공동체를 설립했다면, 결국 실패로 끝난 지방의 통일 노력을 보상해 줄 수 있었을까? 그러나 적어도 아카데미는 여러 경쟁적인 주체에 맞서고 자신들의 계획에 충실하면서 개별주의를 넘어선 결합의 필요를 이해했던 것 같다.

이러한 태도를 보여 주는 지표는 많다. 도처에서 학회 사이의 통신망이 발달하였다. 연합의 역할과 서신 교환으로 짜인 그물에 의하여 생겨난 가능성을 십분 활용하면서, 경연 대회의 계획과 공개 강의의 보고서가 더욱 두툼해졌고 전국적인 규모로 발전하였다. 기존의 지역적 경계선이 허물어지면서 집단 의식을 이루는 데 중요한 역할을 하였다. 부르고뉴 지사의 요청에 따라 디종 아카데미의 활달한 사무처장인 위그 마레는 이 학회를 왕립의학회를 대표하는 지방 통신의 중심지로 만들었다. 그 결과 부르고뉴·브레스·르뷔제의 의사들을 위한 연락처 역할을 하던 지방의 수도와 파리 사이에 영구적인 관계가 수립되었다.[64] 이처럼 파리의 주도적인 행동은 즉각 지방에 확산되었다.[65] 왕립의학회의 통신망에 대한 연구를 이러한 관점에서 다시 시도하여야 한다.[66] 프랑슈콩테와 리옹[67]과 툴루즈[68]·보르도에서는 정보 교환의 관례에 충실하게 통신망을 확장하였으므로 한층 더 전형적인 모습을 보여 주었다. 어디서나 이에 비할 만한 발전을 목격할 수 있다. 그 결과 각 지방이 선택적으로 관계를 가지던 데서 왕국 전체에 정기적인 관계를 설정하는 데로 나아가게 되었다. 끝으로 뒤부아 드 포쇠의 통신 사무국은 그 규모로나 체계적인 성격으로나 아카데미들의 세계를 확고히 지배하면서 아라스 아카데미가 모든 학회와 정기적인 관계를 맺도록 주선해 주었다.[69] 이러한 예외적인 조직의 기능을 통하여, 우리가 일관성을 추구할 수 있도록 도와 주는 중요한 수단이 두드러지게 나타난다. 아라스 아카데미의 사무총장은 파리의 주요 아카데미 동료들과 자신의 동료들에게 편지를 썼다. 통지된 목록들은 곧 준회원들이 보내 준 정보로 보충되었다. 정기 간행물을 체계적으로 검토해 보면 역시 통신원들의 동아리가 확장되고 있었음을 알 수 있다. 전통적 관계는 우송료 면제와 회람 덕분으로 기록의 정보를 다루는 사무국으로 급속하게 바뀌었던 것이다. 이 사무국은 규모에 있어서 독보적이긴 했으나, 그렇다고 해서 다른 학회의 사무총장들이 1세기 동안 실험한 관행을 전혀 물려받지 않은 것은 아니었다. 특히 그러한 사업은 정기 간행물의 전반적 발전, 신문과 지방 아카데미들 사이의 관계를 떠나서 생각할 수 없는 것이었다.

특히 《메르퀴르》 같은 파리의 주요 신문들은 처음부터 아카데미의 활동에 대하여 간헐적으로 보고하였다. 마르몽텔의 지휘에 따라 아카데미에 관심을 가지게 된 《메르퀴르 드 프랑스》는, 1758년 6월 지방의 여러 학회에 띄운 일련의 회람에서 정기적인 관계를 수립할 것을 요청하였다.[70] 이 계몽사상가는 회고록에서 다음과 같이 기술하고 있다. "나는 왕국의 모든 아카데미와 관계를 맺었다……. 그들의 업적이 무엇인지 생각지 않은 채 단지 그들의 현상 모집 계획만이 나의 흥미를 자극하였으나, 그것은 해결해야 할 문제들이 예고하는 건전하고 깊은 시각에 의해서였다……. 지방 구석구석에서 우리에게 들어오는 이러한 문제들의 범위가 아주 분명한 데 대하여 깜짝깜짝 놀랄 때도 있었다. 내가 생각하기에 그처럼 대중의 정신적 방향이나 경향, 그리고 발전을 잘 제시해 주는 것은 어디에도 없었다……."[71] 이러한 영역에 《메르퀴르》의 편집인만이 있었던 것은 아니다. 《가제트 드 프랑스》와 바쇼몽의 《비망록》, 원장신부 로지에의 《물리학 잡지》, 프레롱의 《아네 리테레르》에도 목록과 학술 경진 대회 계획들이 실렸다. 가장 흥미롭고 체계적인 사업은 뭐니뭐니해도 《프랑스 리테레르》의 경우였다.[72] 처음에는 저자와 작품들에 대한 간편한 목록인 단순한 《미술 연감》이었던 이 저작물은 1755년 이후에 완전해졌다. 1756·1757·1758년에 잇따라 발간된 저작물은 《주르날 리테레르》라는 명칭을 달았다. 주요 아카데미들의 통신에 따르면, 1769년 이후 지방과 파리는 확고한 관계를 수립하였다.[73] 이 저작물은 이제 더 이상 연감이 아니었다. 책력이 사라진 대신 24절판에서 12절판으로 지면이 확대되다가 결국에는 8절판으로 발간되었다. 거기다 편집인도 대단한 야심을 성취하기에 이르렀다. 1784년 《프랑스 리테레르》는 문인이 처한 상황을 가장 완벽하게 제시하였을 뿐만 아니라, 대부분의 아카데미에 대한 정보를 제공하였다. 그밖에 죽은 저자들의 책을 재발간한 것을 제외하고, '유명한 저자들'의 작품을 풍부하게 수록한 다소 전문적이긴 하지만 철저하고 회고적인 저작 목록을 실었다. 이 신문은 시작 당시부터 작가들의 협조를 요청하였던 바, 1756년에는 지방의 몇몇 아카데미 사무총장이 몇 가지 주의 사항을 적어 보내 주었다. 1769년판을 보면 문인 사이에 파리와 지방에 중요한 다리를 놓겠다는 의도가 명확하게 드러나 있다. 여기서 편집인은 지방에서 오는 서신이 늦어지는 것에 대해 언급하면서, 바로 앞 지면에는 아카데미의 역사에 관한 장문의 글을 실었다. 1784년에 이르면 《문학의 지형도》와 저자들의 《탄생에 관한 책력》으로 내용이 한층 늘어나게 되는데, 이것은 프랑스 문단을 사회학적으로 파악하기 위한 첫 시도였다. 세 사람, 다시 말해서 삼류작가로서 다방면의 작품을 남기고도 오늘날 잊혀진 작가들, 서적상에 고용된 이 세 명의 지식인, 즉 원장신부 라 포르트, 자크 에브라이, 코르베이 수도원장인 조제프 기오는 재능을 가진 사람의 세계가 어떤 의식을 가졌는지 생생히 증언해 주고 있다. 이들은 부유한 사람들에게 호소력을 지녔고, 그 결과 신문 값이 1리브르 4솔에서 4리브르 이상으로 올랐던 것이다. 이들의 호소는 아카데미 회원들은 물론 지성인의 동아리에 들어가고 싶은 모든 사람의 심금을 울렸다. 이들이 계속해서 낸 광고에는 문학 공화국의 내부에 경쟁심을 일깨우고 정보를 확산시켜 조화를 불러일으킬 원칙이 천명되어 있었다. 리지 자노니가 발행한 지도책 속에 계몽 시대의 지방을 처음 공간적으로 표현한 문학적 프랑스의 지도가 함께 발간된 것도 같은 시기였다.[74]

예를 들어 지방 신문의 발전과 연감의 증가와 같은 다른 사실도 동일한 방향으로 나아갔다. 아카데미가 설립된 도시마다 항상 회원 명단이 실린 '달력' '새해 선물' 또는 '연감'을 가지고 있었다.[75] 이보다 더욱 중요한 점은 《아피슈 프로뱅시알》에 학술회의의 계획과 보고서를 실음으로써, 지방의 엘리트들이 자신들을 알릴 수 있을 뿐만 아니라 자신들의 업적을 발전시킬 수 있었다는 사실일 것이다.[76] 지도를 그려 보면 아카데미를 가진 도시들이 주조를 이루고 있음을 알 수 있다. 예컨대 다양한 게시물과 광고 50여 종 가운데 20개 정도가 거기에 속하였으며, 가장 오랜 역사를 가진 아카데미들이 대부분이었다. 거의 같은 시기에 《메르퀴르》의 지방 보관소의 숫자 또한 두 배(1748년의 26개 도시에서 1764년의 55개 도시)로 늘어났다. 모든 것은 통일을 위한 조건에 유리하게 작용하였다. 그러나 여러 가지 난관으로 인해 어떠한 통일 시도도 성취되지 못하였다.

1774년 이후 루앙 아카데미의 회원인 원장신부 야르는 파리에 지방 아카데미들의 중앙 사무국을 창설하자고 제안하였다. 거기에 각 학회에서 보조금을 받는 신문편집인을 두어 지방의 업적을 분석하는 월간지를 발행토록 하고, 가장 훌륭한 업적들을 모아서 매년 발간하자는 것이었다. "이제 아카데미의 필요성이 널리 알려진 바, 우리는 그 필요성을 더욱 늘리고 증진시키는 모든 방안을 강구해야 할 것이다. 그리고 이러한 방안 가운데서 학자나 문인 회원이 두루 의견을 나누는 방법보다 더 확실한 방안은 없을 것이다. 자연이나 인위적인 것, 또는 천재나 노력의 산물인 그들의 업적은 여러 모로 유용하고 유쾌한 것이다. 따라서 그들은 도와서 가르치고 완성시키기 위하여 서로를 몹시 필요로 한다. 광물이나 식물처럼 프랑스의 자연사에 포함된 모든 것, 왕국의 안에서 성장하는 모든 것, 외국에서 가져오는 모든 것, 우리에게 필요한 모든 원료와 그 가공품들, 이러한 것들은 우리 나라의 각 지방이 얼마나 쉽게 그것들을 마련하고, 어떤 재능을 가지고 그것들을 다루느냐에 따라 어느 정도 풍부하게 배급되고 있다……. 그러나 우리의 아카데미는 이제 겨우 서로를 알기 시작하였다. 각 아카데미가 거두는 성공은 다른 아카데미에 의하여 상실되며, 만일 아카데미들이 하나의 계몽 단체로 결합해야 한다면 그때서야 비로소 각 아카데미는 지성을 번득일 수 있게 되고, 이웃이나 멀리 있는 아카데미에 대해 영향을 미칠 수 있을 것이다. 수도는 지방 도시에 대해 거의 아무것도 모르고 있으며, 지방도 그들의 상호 업적이 주는 혜택을 거의 누리지 못하고 있다……."[77] 한편 아카데미가 문화적 계획을 발전시킨 결과 국가의 단결을 추구할 수 있게 되었다고 보는 사람들도 있었다. 야르 신부가 취한 주도적 행동은 루앙의 동료들에게 환영받았다. 그러나 이들은 그 행동을 자신들의 이름으로 행사하지는 않았다. 그다지 호응을 얻지 못한 이 운동은 결국 실패로 끝나고 말았다. 같은 해 과학 아카데미의 종신 사무총장인 콩도르세도 그와 비슷한 계획을 마련하였다. 그는 자신의 계획을 1774년 님 아카데미 회원들에게 돌렸으며(그는 달랑베르와 함께 그곳을 여행하는 동안 세기에를 만났다), 1776년에는 리옹 아카데미 회원들에게 나누어 주었다.[78]

그 계획안에 대한 지방 회원들의 답변은 수도에 맞선 아카데미 운동이 어떤 방안을 모색하고 있었는지 잘 드러내 준다. 한마디로 그것은 지방민의 경계심을 보여 준 예라 하겠다. 다시 말해서, 그들은 지방의 개별주의를 넘어 통일된 의식을 지니자고 강조하였던 것이다. 사실 콩도르세의 계획은 몽펠리에의 왕립과학원과 과학 아카데미 사이에 이미 구현된 바와 같은 연합을 모든 아카데미에 확대하자는 것에 불과하였다. 과학 아카데미의 임무는 가장 주요한 업적들을 발간하는 일이었으며, 모든 아카데미 회원들에게 회의 참석권을 인정하여 주었다. 지방의 모든 학회들에게 최초의 아카데미 창설자가 되는 꿈을 심어 주기 위하여 다음과 같은 세 가지 논쟁 주제가 제시되었다. 첫째, "즉시 일관성 있는 통신을 시작하여"[79] 가장 중요한 보고서를 구하고, 그 보급을 증진시켜야 한다. 둘째, 모든 모임은 정부로부터 더욱 효과적인 보호를 받아야 한다. "모임들은 함께 공통 단체를 구성하고, 그 행정에 일부 참여할 것이며, 특정 지방의 지사나 군관구 사령관이 과학에 대하여 가질 수 있는 취미에는 어떤 식의 의존도 하지 말아야 한다." 끝으로 "만일 이 계획을 모든 지방에서 실시한다면, 프랑스는 베이컨의 아틀란티스와 비슷한 나라가 될 것이다. 정부와 지방이 협력할 수밖에 없는 계획안을 만듦으로써 각 지방의 물리적 환경과 자연적 역사를 파악하고, 같은 지도 위의 어디서나 일기를 관측하고 한결 더 세심한 관찰을 진행하는 성과를 낳을 것이다……."[80] 콩도르세는 유연한 연방 체제에 의하여 중앙 집권적인 통제를 하는 정부하에 백과전서의 정신을 보급하고, 모든 학술 활동을 조화시키려는 안을 마련하였던 것이다. 훗날 토크빌이 지적하였듯이, 파리는 '프랑스의 유일한 교사'가 되었다. 다양한 정신을 보편적으로 화해시키고, 파리와 지방을 결정적으로 일치시키기 위해서는 아카데미들간의 통일이 전제되어야 했다.

세기에와 라 투레트(이 중에서 후자는 자신의 동료 회원, 더 정확히 말해서 샤를르 보르드와 볼리우 메르메의 연구에 관한 일람표를 작성하였다)의 대답에서도 그와 비슷한 경계심이 나타나 있다. 님이나 리옹 사람들은 행정의 역할을 콩도르세가 생각했던 바와 같은 뜻으로 받아들이지 않았다. 그들은 지방 권력의 보호를 받는 것을 예속이라고 생각지 않았던 것이다. "나는 이 마지막 견해(지방 아카데미의 운명이 지사와 군관구 사령관이 과학에 얼마나 취미를 가졌느냐에 달려 있지 않다는 견해)를 아카데미 회기중에 읽어야 한다고 생각지 않습니다. 그들에게 의존하는 사람들이 우리 단체에 속해 있으며, 그 사람들이 귀하의 견해를 그들과의 조화를 깨뜨려 가면서까지 제출할 수 있기 때문에 그러한 견해를 수정해야 할 필요가 있을 것입니다……"[81] 지방에서 보면, 각종 권력과 문화 사이에 수립된 조화를 정부에 예속된다고 해서 함부로 깰 수 있는 문제는 아니었다. 더욱 심각한 일은 지방 아카데미의 위엄을 나타내기 위하여 오히려 이러한 의존성을 다양하게 이용하였다는 데 있었다. "모든 종류의 연합, 특히 지방 아카데미와 수도 아카데미의 연합은 예속 이상의 의미가 될 수 없다. 전자는 필수적으로 후자에 대해 의존하게 된다. 더욱이 모든 학자는 권리상 형제이며 협력자이다……"[82] 지방 연구의 전문화를 거부한다는 명목 하에 파리에서 주장하는 사항에 대항하는 아카데미의 평등주의가 나타났다. "이러한 단체는 각각 일률적으로(문학·과학·예술 중에서) 자기 논고의 주제를 고를 수 있을 것이다……"[83] 설령 그들의 당면 과제인 연합이 이루어진다 해도 모두가 독립과 평등을 유지해야 하며, 따라서 그 연합은 개별적 합병 체제에 의하여 더욱 쉽게 실현될 성질의 것이었다. 끝으로라 투레트도 제기했듯이, 이런 의문을 갖게 된다. "설령 순수한 문학적 성격을 가지고 있는 것이라 할지라도 모두 가담한 일종의 동맹에 대해 정부는 불안감을 느끼지 않았을까?" '계급들의 통합'의 그림자, 최고 법원과 권력을 대립시킨 정치적 혼란의 위험 역시 지방에서 터놓고 말하지는 않았으나 충분히 느낄 수 있을 정도였다. 콩도르세는 답변을 통하여 이러한 어려움을 해결하려고 하였다. 모든 재사를 고무시키고, 평등을 존중하며, 정부는 문학협회를 겁내지 않을 정도로 아주 개화되고, "왕좌를 덕성으로 둘러싸며, 더욱이 모르파 경이 내 계획을 알고 인정해 줄 때" 그러한 어려움은 해결될 것이었다.[84] 그러나 그의 계획은 환상에 지나지 않았다. 지방과 파리 사이에 대화가 이루어지지 않았던 이유는 쌍방이 비슷한 점보다는 차이점을 더 많이 가지고 있었기 때문이다. 10년 뒤 《프랑스 리테레르》가 그 계획을 다시 거론하였다. 문제의 기사를 쓴 사람은 아카데미 운동을 아주 비판적으로 묘사하였다. 그에 따르면 아카데미란 고립·이기주의·비생산성이 판을 치고 저작이 유통되는 길을 막을 뿐만 아니라, 개인적인 다툼이 지배하는 모임에 불과하였다. 전반적인 연합만이 지방 아카데미를 구할 수 있었고, 계몽주의의 공동체 속에서 그 존재를 유지시켜 줄 수 있었다. 어떤 사람은 익명으로 파리를 찬양하면서 그것의 '절대 지배'를 요구하였다. 단 하나의 중심지로 모인 모든 빛은 "군주 국가로 바뀐 공화국의 모든 영역"으로 점점 퍼져 나갈 것이었다.[85] 그러나 혁명 직전의 아카데미 운동은 이러한 모순을 물리치지 못하였다.

문화에 대한 두 가지 개념이 대립하고 있었다. 그 중 하나는 파리의 '절대 지배'만이 계몽 사상의 승리를 확실히 해줄 수 있다는 것이었다. 요컨대 설령 파리에서 지방의 주도적 노력을 존중해 준다고 해도, 자기네 아카데미의 우월성을 믿는 파리가 철학과 과학 운동의 장래를 덕성을 갖춘 개혁적·자유주의적 군주 국가의 계획과 결부시키려 할 것이라는 주장이었다. 또 다른 개념은 지방 연구 시대의 열매로서 학자의 자율성, 아카데미간의 평등, 문인의 동질성을 지지하였다. 이 개념에 따르면, 파리는 '문학 공화국'을 지배할 수 없었다. 수도가 지방에 비해 훨씬 많은 '천재'와 '재사'를 수용하고 있었음은 분명한 사실이었고, 지방은 그들의 가르침을 들을 준비가 되어 있었다. 그러나 그것은 동등한 관계를 통해서만 가능할 뿐이었다. 이처럼 여러 가지 이유가 좌충우돌하며 서로 부딪혔다. 사람들은 파리처럼 지방의 도심지에서도 글을 쓸 수 있었다. 더구나 뮤즈 신은 침묵과 은둔을 좋아하고, 문인은 어디서나 유리한 조건을 찾을 수 있었기 때문이다. 도서관, 독서실, 클럽, 동아리, 모든 계층의 학술 단체와 신문들은 지방 어디에나 있었다. 리옹에 머무는 동안 지방의 지적 수준이 향상되는 것을 지적한 그리모 드 라 레니에르의 발언은 이 점에서 시사점을 던져 주고 있다. 그의 증언은 미묘한 차이에도 불구하고 충분히 일반화시킬 만하다. "학자는 여기서도 파리의 학자처럼 친절하고 근면하며 솔직하지만 아카데미는 파리의 여러 문학 단체가 보여 주는 교만함과 야바윗속을 모른다. 만일 이곳의 학문과 지식 수준이 당신들만큼 진보했다 해도, 사람들은 너그럽고 친절하며 진정한 철학 정신이 이곳에서 더욱 꽃피웠다는 사실을 확인할 수 있으리라……"[86]

지방민은 지방 중심지의 분열된 문화에 대하여 지방 동아리들의 통일성과 조화를 내세웠다. 지금까지 우리는 구체적인 현실이 이같은 아카데미의 꿈과 현저하게 다르다는 사실을 살펴보았다. 그러나 그렇다고 해서 아카데미가 혁명이 일어나기 직전에 가졌던 힘과 중요성을 잘못 알거나 잘못 판단해서는 안 된다. 유토피아는 다름 아닌 아카데미를 통해 학문의 대중화를 시도하려는 주요한 문화 계획과 직접 관련을 맺고 있었다. 지방과 파리간의 대립은 사회문화상의 차이를 말해 주며, 다양한 지식의 국면이 존재하고 있음을 보여 주었다. 수도와 지방은 똑같은 박자에 맞추어 살아가지 않았다. 여러 형태의 사교성이 발달하였다는 사실로 그 점을 더욱 분명히 알 수 있을 뿐만 아니라, 사교성의 구성 요소까지도 파악할 수 있다.

아카데미를 가진 중심지에서는 사회적 교류가 사교 생활을 누르고, 그것에 대한 담화가 부분적으로 권력을 쟁취하게 되었다. 많은 부분을 먼 과거에서 물려받은 다양한 모습의 사교 생활 대신 질서 있고 정기적인 아카데미 모임이 나타났다. 더욱이 이들 아카데미 모임이 여러 형태의 옛날 모임에서 동원된 응집력의 요소들을 폭넓게 이용함으로써 조직되었다는 사실에 주목할 필요가 있다. 구식의 잔재, 오랫동안 유지된 음악이나 식사의 관행 대부분이 지극히 다양한 지방 기질을 뛰어넘어 그 나름의 독창성을 이루었다. 게다가 집단적인 지적 활동에 대한 취미가 더욱 보편화된 것은 결국 기본적으로 정치적 성격을 가질 수밖에 없는 문화 계획과 일치하며, 지방을 중앙으로 모으는 통합을 목표로 한다는 점을 주목하는 일도 중요하다. 일단 만남이 이루어지고 나면 새로운 조직을 만들어 내지 않고는 사교 관계를 유지하기가 어렵게 된다. (규방·살롱·공동 거실들은 이러한 사실을 증명해 준다.) 사람들은 그 자체가 무엇인지도 모른 채 그저 즐기기 위해 장난삼아 움직이는 '기관'에서, 자신의 역할에 대해 생각하고, 자신의 진정한 의미를 찾으려고 노력하는 조직으로 발전시켰다. 이러한 과정에서 옛 의식은 덕성을 잃어 갔고, 즐겁고 자발적인 잔치가 뒷전으로 물러났으며, 비록 사료에 언급되어 있지 않다 해도 분명히 존재하였던 음악회와 포도주·시는 이제 사라지게 되었다. 이와는 다른 거동의 목록과 담론이 아카데미가 설립되어 감에 따라 조금씩 모습을 드러내기 시작했다. 그러나 이같은 변화는 그 시대의 사람들이 알아차리기에는 지나치게 느리게 진행되었다. 그리하여 오랫동안 그것은 파리의 무대에 이미 올랐던 모험을 단순히 되풀이하는 순수한 반복처럼 인식되었다. 그러나 사람들은 어떤 점에서 그러한 변화가 권력의 시야에 들어가게 되었는가에 대해서는 알지 못하였다.

지방 아카데미는 아주 일찍부터 서로를 모순에 빠뜨리는 충성 서약을 거부하였다. 계몽 시대의 세계에서 그들은 자기 의도를 규정해 나가면서 독특한 요구 사항을 설정하였다. 왕국 내의 아카데미들이 동등성을 유지하기 위해서는 모든 아카데미 회원들의 평등이 전제되어야 했다. 이를 통해 지식으로 인간과 자연이 조화를 이루며, 기예의 승리가 끝없는 발전을 약속해 주는 방대한 계획을 수립할 수 있었다. 지방주의에 대한 토론은 파리와 지방의 대립에서 크게 벗어났다. 이제는 각 중심지의 일상 생활 속에서 지방주의를 일깨운 조건과 거기에 의존하는 목표를 발견하는 일이 중요하다. 결국 아카데미라는 기관의 기능만이 통일성과 유대의 원칙과 함께 서로 모순되는 요소까지 밝혀 줄 것이다.

2

# 도심지의 아카데미

　18세기 프랑스의 계몽주의는 도시의 산물이었다. 계몽주의에 대한 이러한 정의는 대담하지는 않지만, 아주 엄밀히 분석할 필요가 있는 주장이다. 프랑스 사회에서 아카데미라는 현상은 도시적 성격을 띠고 있으며, 그것이 양적으로 늘어나는 사실을 통해 아카데미 설립의 사회적 조건이 얼마나 중요한가를 알 수 있다. 농촌 생활과 전통 경제라는 방해 요소에도 불구하고, 다양한 발전을 경험한 도시 중심지를 필두로 지방 아카데미 운동이 전개되었다. 각 중심지마다 일반 여건이 갖추어져 아카데미 생활이 끼어들 수 있는 문화적 조건이 형성되었다. 교환을 통제하는 지리적 위치, 확장이나 침체의 싹을 포함한 인구, 번영의 박자를 통제하고 사회적 분화를 돋보이게 하는 경제, 이러한 세 요소가 만나면서 도시 중심지는 여러 가지 다양한 공적 임무와 사업을 맡게 되었다. 그 결과 이 도시들은 여러 가지 활동과 생산을 이끌어 나가게 되었으며, 이 과정에서 중요한 사회문화상의 틈이 벌어졌던 것이다. 워낙 여러 가지 사실이 뒤엉켜 있어서 단일한 설명으로는 파악하기가 어렵다. 전통 구조 속에서 자본주의가 성장하긴 했지만, 그것만으로는 복잡하게 뒤엉켜 있던 사회적 힘의 관계를 철저하게 파악하는 데 한계가 있다. 문화사가는 한 세기 동안 변화를 겪은 온갖 수준의 현상이 복잡하게 얽혀 있는 것을 혼자서는 해결할 수 없기 때문에, 30개가 넘는 아카데미 중심지의 생활에 활력을 불어넣어 주는 근본 충동을 정확히 묘사하려는 욕망을 가질 수 없다. 그는 오직 글로 쓰인 역사에 더욱 의존할 뿐이며, 그가 얻은 정보 또한 과거로부터 물려받은 것이다. 더욱이 현대 역사학의 주요 분야(인구와 농촌 대중에 관한 연구, 경제와 집단 정신 자세의 분석)를 뒤집어 놓은 깊은 변화가 있은 지 50년이 지난 오늘날까지도 지방 도시를 대상으로 하는 사회사는 조금도 발전하지 않았다.

  물론 사법·행정·지방자치 기관들에 대한 연구에 관심을 가진 지방 학자의 옛 단일 연구에 주요한 업적이 추가되었음은 사실이다. 그동안 수많은 역사학자가 지사관구(지사 관할 구역)·대법관 재판소·고등법원을 대상으로 연구를 진행시켜 왔다. 그러나 리옹·보르도·아미앵·오를레앙에 대한 저명한 저작을 제외하면, 전체사가 되기에는 아직도 부족한 점이 너무 많다. 사회 구조에 관한 많은 연구가 이루어졌다고는 하지만, 투철한 문제 의식이나 전체적인 계획의 결여로 말미암아 뚜렷한 비교점을 제시할 수 없다는 게 오늘날의 프랑스 역사학계가 처한 실정이다. 그러나 관심의 중심이 대중과 관련된 모든 현상을 중시하는 데로 당당하게 옮겨간 것은 현대 역사학이 선택한 결과임에 분명하다. 이에 비해 아카데미는 소수와 관계가 있었고, 사회의 정예 분자들이 공동 운명에 참여하는 경우에 한해서 그들을 위한 만남의 장소가 되었다. 한마디로 아카데미는 지적 교환의 새로운 분위기를 규정해 나감과 동시에 모든 문제에 관심을 기울였다. 계몽된 사람들은 그들 나름대로 이러한 사실을 이미 알고 있었다. 특정 문제에 대한 그들의 질문은 각종 단체의 발전과도 일치하였다. 이러한 보기는 리지 자노니와 제프리에 백작의 활동에서 명확하게 드러난다. 전자가 지도첩을 만들기 위해 각 지방 중심지에 설립된 기관을 끌어모았다면,[1] 후자는 지도 한 장에 각 지방의 생활에서 볼 수 있는 여러 가지 특징을 수집하였다.[2] 그가 제작한 지도의 범례를 통하여, 여러 가지 기호를 정확하게 사용하면서 현실을 총체적으로 파악하는 작업이 시작되었다는 사실을 알 수 있다. 18세기의 삼사분기에 이르면, 집단 의식은 부와 기능 속에서 다양해진 공간 개념의 영향을 받게 된다. 행정 당국의 관심과 경제학자의 흥미는 이처럼 세계에 대한 총체적 질문을 던지게 하는 추진력 역할을 하였다. 《아카데미론》을 쓴 익명의 저자는 직접적인 비교 방법을 통해 문학 단체의 증가를 분석하였다. 이 운동의 원인을 이해하려고 노력했던 그는 그것의 장점만큼 위험성도 충분히 알고 있었다. 그는 세 가지 기준을 가지고 문제에 접근하였다. 아카데미는 인구가 많고, 부유하며, 충분한 제도와 문화 장치를 갖춘 대도시에 자리를 잡았다는 것이다. 그의 중앙 집중식 관점에 따르면, 지방의 주요 중심지와 가장 중요한 지방 도시만이 재사를 모으고 지식을 완성시킬 수 있는 물질적 가능성과 문화적 능력을 지니고 있었다.[3] "일류 도시는 훌륭하고 순수한 취미를 가지고 있다. 그 취미는 자기 중심지에서 떠나지 않고 그곳의 장점을 지니고 있으며, 자기 원천에서 벗어나지 않은 채 본래의 아름다움을 유지하기 때문이다." 지성에 대하여 이같은 개념을 가지는 일은 사회적 지위의 '이념적 반영'으로서, 아카데미에 참여하는 과정을 그 사회 지배 엘리트의 '훌륭한 취미'에 동의하는 것처럼 규정한다. 아카데미는 권력을 보유함으로써 암암리에 활동을 억제하였다. 지방에서 전개된 아카데미 설립 운동을 이해하려면 도시의 인구, 역할과 봉사, 문화 장비 등을 파악할 필요가 있다. 특히 이 요인들은 아카데미 설립 과정에서 지방과 지역이 담당하였던 역할을 집단 운명의 그물 속에서 파악할 수 있도록 도와 준다. 각 단체의 물질적·제도적 생활이 수많은 구조 속에 끼어들면서, 도시민을 자극하였던 '명성을 위한 갈등' 속에서 중요한 자리를 차지하게 되었다.[4] 아카데미 회원은 문화를 심판하며, 계몽 사상을 가르치는 동시에 지성의 시민 잔치를 이끄는 사람들이었다.


## 1. 아카데미와 그것이 속한 사회


인구와 재산은 아카데미의 기능을 파악하기 위한 첫번째 수단이다. 아카데미 현상에 대해 고찰했던 남부의 한 아카데미 회원은 이 두 요소 사이에서 연결점을 발견하였다. 도시는 '크고, 부유하고, 인구가 많아야' 한다. 특히 인구가 중요한 이유는 "인구가 많으면 많을수록 천부적 재능을 부여받고 태어난 사람, 재능을 계발하려는 욕구로 생기를 띤 사람이 더 많기 때문이다."[5] 기존의 관계는 그리 단순하지가 않다. 왜냐하면 설령 '인민의 능력'과 '양' 사이에 거리가 있다 해도, 그 관계는 모든 경우 지배층 정예로 향한 길을 최소한 상대적인 뜻으로라도 열어 주기 때문이다. 그리고 그 필연적인 귀결로서, 아카데미의 공적 임무 수행에 꼭 필요한 인원을 확보해 줄 만한 크기의 인구임을 인정해 주는 사회적 관점과 연결되어 있기 때문이다. 거물급 변호사 파트뤼는 이미 1660년대에 이러한 관점을 가지고 있었다. 수이송 아카데미 설립에 관한 자문 요청에 대해 그는 "내 친구들은 프랑스에서 첫째가는 도시 가운데 하나인 루앙에서도 그러한 계획에 성공하지 못했다"고 말하면서, "그토록 인구가 적은 도시에서, 문학에 적합한 사람들이 아카데미를 구성할 만큼 많이 있다는 데 놀라움을 표시하였다."[6] 그 시대 사람들의 의식은 세제 및 군사상의 업무와 관련된 국가적 차원에 대해서 뿐만 아니라, 지방적 차원에 대해서도 "인민의 숫자를 정확하게 파악함으로써" 세금 징수나 그로 인한 피해를 최소화할 것을 요구하였다.[7] 도시가 갖는 화려함에 가장 큰 영향을 미치는 요인이 인구라는 사실은 아무도 부인할 수 없을 것이다. 그러나 17세기부터 혁명에 이르는 시기 동안 프랑스 32개 도시에서 경험한 인구 발전을 혼자서 재구축해 내기에는 많은 한계가 있다. 그렇지만 근래에 역사인구학이 발전을 보았기 때문에 이 작업은 의무적인 것이 되었으며, 사상누각을 짓지 않기 위해서 반드시 필요하였다.[8] 소그렝이나 엑스피이가 편찬한 사전들, 오리에서 네케르에 이르는 정부의 조사와 평가, 19세기초의 인구 조사 같은 가장 보편성 있는 자료는 다소 의심스럽기는 해도 규모에 있어서 받아들일 만하며, 일반적인 발전을 지적할 수 있을 정도로 아주 확실하다. 가능한 한 그 지방의 사료를 면밀하게 검토한다면, 아주 정밀한 분석을 장담할 수는 없지만 최소한 오류를 피할 수는 있을 것이다.

여기서 18세기의 중요한 사실이라고 할 수 있는 도시의 폭발적 발전을 한눈에 볼 수 있다. 1720-30년에서 1789년에 이르는 기간 동안 1만 명 이상의 주민을 가진 도시의 망상 조직은 다양한 변화를 겪게 된다. 바로 이러한 전반적인 팽창의 맥락에서, 특히 아카데미를 가진 도시의 발전을 생각해야 할 것이다. 주민의 수를 파악하고, 숫자상의 변화를 추적하는 두 가지 과정은 번영과 문화적 발전의 역동성을 연관시키는 데 반드시 필요하다. 왜냐하면 그 시대 사람들이 인정한 상호 연관성은 결코 단순하지도 기계적이지도 않기 때문이다. 그리고 두 가지 사실을 이어 주는 매개물은

수없이 많이 있겠지만 파악하기가 어렵다.[9]

　도시 인구는 19세기초 몇 번에 걸친 첫 인구 조사를 통하여 밝혀졌다. 조사——특히 1806년의 조사——결과 그전에 시도한 모든 평가보다 더 많은 사실을 알 수 있었다고는 하지만, 1789년의 숫자를 추론해 내기란 불가능하다. 도시가 소요와 깊은 변화를 겪었던 시기의 혁명적 위기로 말미암아 18세기말의 인구 변동을 파악하기란 어렵다. 어쨌든 혁명 전의 조사와 비교하여 황실의 계산은 최소한 가설이라는 면에서 한 세기에 걸친 발전을 설명해 준다.[10] 18세기의 마지막 수십 년 동안에 있었던 여러 가지 계산은 서로 일치하며, 그 결과를 지도에 표시해 보면 다섯 가지 도시의 모형이 나타난다. 첫번째 모형은 5만 명 이상의 주민을 가진 도시로서, 그 시대의 최대 인구 밀집 지대와 일치한다. 왕국의 두번째 도시로서 거의 14만 명의 인구를 가진 리옹이 첫머리에 오고, 인구 11만의 보르도와 마르세유가 그 뒤를 따른다. 루앙은 8만을 넘었고, 툴루즈는 6만에 달하였다. 이 숫자군에 속하는 모든 도시를 놓고 볼 때, 단 두 도시만이 아카데미를 갖지 못하였다. 플랑드르의 수도인 릴과 삼각 무역의 대도시 낭트가 바로 여기에 해당하였다. 특히 후자의 경우에는 1760년 이후 여러 개의 독서실이 생겼으며, 전자는 프리메이슨의 물결에 아주 심한 영향을 받았다. 그 결과 1785년에는 '필아테트 조합'〔자선 및 박애주의 모임〕이 설립되기에 이른다. 이 단체의 성격은 문학회와 매우 비슷했기 때문에 아카데미가 없다고 해서 중요한 문화 활동을 전혀 하지 못했던 것은 아니다.[11]

　앙시앵 레짐 말기에 1만 명 이하의 인구를 가진 아카데미 도시가 5개 있었다. 부르캉브레스·포·수아송·발랑스·빌프랑슈앙보졸레가 거기에 속했다. 망상 조직의 파악은 거의 불가능하나 그와 비슷한 수준의 도시 중심지를 전부 엮어 놓고 볼 때, 아카데미를 갖지 못한 도시가 상당히 많았음을 알 수 있다. 예를 들어 프로방스의 경우 5백 가구 또는 2천5백 명 (모오가 생각하는 최소한의 도시 기준)에서 4천5백 명(1765년의 칙령이 나온 뒤 행정부가 생각한 숫자)의 주민을 가진 지역이 50여 군데에 이를 것으로 추산된다.[12] 그런데 이처럼 도시에 준하는 규모로 상당히 도시화가 추진되었으며, 그리하여 인구 밀도가 아주 높은, 장(場)이 서는 읍이나 마을은 언제나 중요한 지적 임무를 맡지 못하였던 것이다.[13] 아카데미를 가진 대표적인 도시 다섯 곳의 경우를 살펴보면, 이러한 지역의 지배 계급도 프리메이슨의 세력 확장이 증명해 주듯이 대단위 밀집 지역의 지배 계급과 비슷한 현상을 보여 준다는 사실을 알 수 있다. 더욱이 여기서 우리의 흥미를 끄는 보기 가운데 둘(부르와 발랑스)은 아카데미를 늦게 창설하였고, 셋(빌프랑슈·포·수아송)은 18세기말까지 무질서하게 활동하던 끝에 마침내 안정을 찾았다. 이처럼 안정되지 못한 활동을 하였지만, 주요한 도시에서 날개를 펴는 아카데미 문화에 대하여 이 도시 사람 가운데 극소수만이 좋게 생각지 않았다.

세번째 집단은 4만 명에 달하는 도시이다. 아미앵·캉·님·오를레앙·메스를 여기에 포함시킬 수 있을 것이다. 전국에 걸친 그물 속에서 이러한 크기를 가진 도시 가운데 스트라스부르만이 아카데미를 갖지 못했다. 볼테르의 말대로 "반은 독일이고, 반은 프랑스이며, 전부는 이로쿼이족인" 알자스의 아주 개별적인 처지 때문이었다. 아카데미라는 모범은 지방 엘리트에게 강요될 수 없는 것이었거나——또 다른 국경 도시인——릴이나 낭시에서 볼 수 있듯이 개별주의를 두려워하는 정부에게 불안감을 주는 것이었기 때문에, 문화적 분열은 아카데미에게는 다행스럽지 못한 일이었다.[14]

네번째 집단은 2만 5천 명 이상의 도시로서 브장송·몽펠리에·앙제·낭시·몽토방·그르노블·브레스트를 포함시킬 수 있다. 그리고 좀더 자세히 조사한다는 조건으로 디종·아라스와, 나아가 아를까지 추가할 수 있을 것이다. 이들은 프랑스 전체로 보아 이정도 크기 도시의 4분의 3에 해당하였다. 영토상의 지위가 결정적인 역할을 했던 아비뇽, 농학회와 독서회가 두드러진 지적 활동을 전개하였던 렌, 불행히도 경쟁 관계에 있으면서 샹파뉴 지방의 지사청 소재지인 샬롱 때문에 끝내 좌절을 맛보아야 했던 트루아와 랭스, 궁정이 모든 역할을 하였던 베르사유, 끝으로 브레스트와 같은 가치를 지닌 지중해 도시로서 관직 보유자·법관·무역업자의 정치 단체가 성직자들을 '움찔 놀라게 만들었던' 툴롱 같은 도시는 여기서 제외되었다.[15] 그 바로 밑에 인구 2만 미만의 도시인 베지에·라로셸·

오세르·샬롱의 4개 도시가 있으며, 그와 비슷한 규모로서 아카데미를 갖지 못한 도시는 10여 개이다.[16] 요컨대 결론을 내리자면 아카데미가 있는 도시 가운데 3분의 2가 2만 명 이상의 주민을 가졌고, 2만 명 이상의 주민이 거주하는 프랑스 도시의 4분의 3이 아카데미 하나씩을 지니고 있었다는 것이다.

그러나 해석하기보다는 증명하는 일이 더 쉽다. 어떤 경우에는 숫자가 결정적인 요소가 될 수 있겠지만 인구의 질과 구조가 더 중요한 역할을 한다.[17] '인구의 증가'가 '문화적 번영'이라는 등식은 기계적으로 해결될 수 있는 문제는 아니다. 특히 분석에 필요한 수많은 정보를 가지고 있지 못한 상황에서는. 아카데미를 가진 도시만을 놓고 볼 때 도시의 발전은 매우 다양하였고, 아카데미를 설립하려는 노력도 도시마다 제각기 달랐기 때문에, 어쨌든 당장은 거기서 지나칠 정도로 진부한 정보 이외의 것을 뽑아내기란 쉬운 일이 아니다.

적어도 세 가지 경우에 있어서 인구의 증가가 분명치 않다. 19세기초에 가서야 겨우 17세기의 숫자를 회복한 아장의 경우 아카데미의 설립을 목격하려면 발전의 마지막 분기까지 기다려야 했다. 인구 변화가 그다지 눈에 띄지 않는 샬롱의 경우도 18세기말에 이르러서야 17세기말의 손실을 회복하였던 것 같고, 문학회의 설립은 그 과정의 중간에 있었다. 몽펠리에에 대해서는 침체라고 해야 할지, 또는 쇠퇴라고 해야 할지 모르겠다. 르루아 라뒤리의 말대로,[18] 17세기말에 일어난 인구 폭발은 도시보다는 농촌에 해당된다고 보아야 할 것이다. 따라서 1706년의 학회 창설은 1720년에 안정되는 번영의 곡선과, 18세기 이사분기의 불규칙성은 어려운 기간과, 끝으로 18세기 후반기에 활동을 다시 시작한 것은 꾸준하지만 별로 눈부시지 않은 발전과 일치한다. 북부의 도시가 문자 그대로 1690년부터 1715년까지 지속된 위기 속에서 아카데미를 창설하였다면, 남부의 중심지는 표면적으로나마 훨씬 잘 버텼다. 따라서 이들 도시에서 아카데미를 설립하려는 움직임은 다시금 형평을 찾으려는 노력이었다고 할 수 있다. 1713년의 보르도, 1700년부터 아카데미 설립에 대해서 말하기 시작한 마르세유 그리고 님·아를·베지에·포, 그보다는 조금 늦은 몽토방의 경우가 이를 증명해 준다. 아를 아카데미를 무너뜨린 것은 흑사병이 아니라 아카데미의 전통 귀족 4분의 3을 쓰러뜨린 전쟁이었다. 이러한 손실로 아를의 문화 생활은 회복될 수 없는 지경에 이르게 되었다.[19] 반면 마르세유에서는 저명한 과학 애호가들이 흑사병을 피해 농촌의 별장으로 피신하였다.[20] 한마디로 사회적 불평등을 고려하여 세분화된 분석을 하는 것 이상 신빙성이 있는 것은 없다. 북부 도시를 강타한 위기는 아카데미 설립이 늦은 이유를 부분적이나마 설명해 줄 것이며, 1740-87년의 번영은 학회 운동의 비약적 발전을 가져온 간접적인 요인이었다. 대부분의 경우 30퍼센트를 넘어선 인구 증가율은 학회 설립의 노력을 가능케 하였으며, 그 결과 작은 중심지와 대도시에서도 활동에 박차를 가할 수 있었다.[21] 빌프랑슈는 아카데미 창설로 한때 광채에 휩싸였다. 지방의 작은 수도이자 작은 행정 중심지인 동시에, 수공업 인구가 밀집한 소도시였던 빌프랑슈에 아카데미가 들어서게 된 것은 긴밀한 유대를 가진 집단의 노력에 따른 결과이자 좀더 직접적으로는 '군주의 업적' 때문이었다. 그곳 행정관들의 증언을 믿는다면, 끔찍한 위기로 말미암아 4천 명의 인구가 2천6백 명으로 줄었고, 아카데미 활동 또한 참사를 이겨내기에는 역부족이었다. 남은 사람들은 다시 일을 벌이기 위한 덧없는 노력으로 18세기 전반기를 보냈으며, 결국 18세기의 사사분기에 가서야 활동을 재개할 수 있었다. 여기서 우리는 하나의 상관 관계를 발견하게 된다. 즉 대도시와 마찬가지로 인구가 늘어나면서 학회 활동을 위한 노력도 증가했다는 사실이다. 인구 수준이 이미 9만 명, 아니 10만 명에 달한 도시에서 창설된 리옹 아카데미는 아무 방해도 받지 않고 집회를 평온하게 이끌어 가던 침체기의 오목한 곡선(谷線) 위에서 정관과 면장을 받을 수 있었다. 결국 지배 계급에게는 단체 하나만으로는 충분치 못하듯이, 인구가 다시 증가함에 따라 다양한 경쟁 현상이 따라 나왔던 것이다. 앙시앵 레짐 말기의 리옹은 아주 다양한 방식의 문화 활동을 전개하는 가운데 자신만의 독특함을 구축했다. 즉 리옹 아카데미야말로 여러 문학회, 30여 개의 프리메이슨 단체, 그리고 2개의 경쟁적인 동아리에서 태어난 유일한 아카데미였다는 점이다.[22] 우리는 보르도와 툴루즈에서도 이에 비할 만한 발전을 볼 수 있다. 지중해 연안의 도시들이 다른 지방에 비해 더디게 발전하였다는 사실을 통하여 그들의 노력이 얼마간의 차이가 있기는 하지만 결국 같은 성격을 지녔음을 알 수 있는 것이다.

여기서 당시의 다양한 사회적 현상——인구·생산·빈부 격차·경제적 번영이나 폐색, 그리고 더욱 활발해진 유동성이나 신분 제도의 경색에 따른 사회 변화——이 지닌 상호 작용을 좀더 심층적으로 분석하기란 거의 불가능하다.[23] 18세기의 도시가 17세기와는 다른 길을 걸었다 하더라도 각각의 시기 동안에 보여 준 도시의 상황은 똑같은 중요성을 지닌다. 문화의 영역에만 국한시켜 볼 때, 앙리 4세·루이 13세·루이 14세 시대의 도시에서 중등학교와 신학원을 창설한 것이 무엇을 뜻하는지 상상해 볼 필요가 있다. 그러한 투자는 사회 전체가 노력해야 성심할 수 있고, 지배 계급을 교육하는 데 중요한 역할을 하는 것이며, 아카데미를 창설하는 일보다 더 경제 정세의 영향을 받기 때문에 더 나은 관점을 제공한다. 도시에 설치된 기관 가운데 아카데미는 문화적 발전과 그에 앞선 지적 자본화의 첨단이다. 다시 말해 아카데미는 일상의 현실을 초월하였고, 전체 생활의 성격을 규정하고 도시를 민중 계급의 무덤으로 만들었던 어려운 상황을 무시하였다. 아카데미는 오직 지배 계급과 관계를 맺고 있었다. 아카데미의 설립과 관련된 사회 풍토에 진실성을 부여하기 위하여 도시의 발전을 염두에 두어야 한다면, 그것은 그러한 토양 덕분에 권력과 부와 문화를 향유한 아주 한정된 핵심과 관련되어 있는 한에서 일뿐이다. 이러한 면에서 도시의 발전은 더 많은 사람이 복종하면 할수록 재산을 더 많이 소유하게 되는 지배 집단이 늘어나는 지표이며 원인이 되는 것이다. 이처럼 잠재적 일손이 늘어나면 전통 경제의 틀이 깨지는 것을 일별할 수 있다. 도시 엘리트가 증가하면 반드시 더욱 큰 대표성에 대한 기대가 뒤따르게 마련이다. 정치 생활의 영역에 국한시킬 경우 이러한 현상은 우리가 중요성을 무시할 수 없는 평판을 얻기 위한 갈등에 의하여, 또는 고등법원과 같이 권한을 위임받은 기관에 들어가려는 욕구에 의하여 설명될 수 있다.[24] 제일 넓은 뜻으로 본 문화적 영역에서 새로운 계층이 발전하면 결국 집단적 사교성의 형태가 늘어나게 되는 것이다. 문화의 조건을 구조

에 관한 현상과 결부시키는 방법을 찾는 일은, 벌써 아카데미라는 기관의
사회적 구성에 대해 묻는 일과 마찬가지라 하겠다. 더욱 구체적으로 말하
자면 그것은 또한 아카데미 역동성의 조건이 되는 물질적 문제를 어떻게
풀어야 할까에 대하여 묻는 일이기도 하다. 사회의 상층부에서 개인을 뽑
아 쓸 수 있는 가능성이 늘어나고, 자치 정부나 지방의 자원이 더욱 개선
되었다는 것은 대부분 집단적 발전의 결과라 할 수 있다. 그 시대 사람들
이 도시의 '인구'와 지식인 집단이 직접적인 관계를 가지고 발전한다는
사실을 여과 없이 받아들였다면, 그것은 그들이 사람과 재능의 수는 똑같
이 늘어난다고 단순히 믿었기 때문이다. 이러한 신화 때문에 지방 아카데
미 회원들의 평등주의 이념과 뗄래야 뗄 수 없는 사회적 유동성이라는 관
념이 더욱 뒷받침을 받게 되었던 것이다. 지방에서 오는 사람들 때문에
문학계가 계속해서 안정을 위협받는 파리의 문제는 이와는 다른 경우이
다.[25] 인구 증가에 대한 이같은 분석을 통하여 사실과 구조의 관계에서 이
룰 수 있는 문화적 사실의 독립성을 어느 정도 파악할 수 있다. 아카데미
의 중요한 기능, 인구의 질, 그리고 지방 운동의 발전 사이에 더욱 정확한
관계를 발견하기 위해서는 먼저 아카데미를 가진 도시를 지리적으로 그
려 보아야 할 것이다.

아카데미를 가진 도시가 얼마나 복잡한 그물을 이루는지는 아직도 정
확히는 알 수 없다. 왜냐하면 수많은 연구가 있었다 해도 대부분이 도시
마다 지닌 다른 기능에 대한 논리적인 설명을 결여한 채 아카데미를 분석
하는 데 그쳤기 때문이다. 따라서 지리학 연구에 동화된 이러한 개념에
대한 사전 고찰의 필요성은 오래 전부터 제기되어 왔다.[26] 본래 농촌인 옛
프랑스의 풍경에서 도시란 오늘날 저개발국에서 볼 수 있듯이 어울리지
않는 존재였다. 농촌의 단조로운 풍경 속에 자리잡은 도시의 벽과 구렁은
18세기말까지 존속하면서 도시의 고립을 상징적으로 보여 주었다. 그러나
두 세계가 서로 알지 못한 채 지낸 적은 없으며, 도시 기관들의 앞날은 시
골의 운명과 깊은 관계를 맺고 있었다. 앙시앵 레짐의 마지막 세기에 도시
가 번영해 나아감에 따라 교류와 교환의 그물이 촘촘하게 짜이고 있었다.
프랑스 전체에서 인구 1만 명에 도달한 도시는 거의 70개였지만, 그 가운

데 30개 도시가 이제 막 아카데미 현상에 물들기 시작하였다. 18세기 도시의 발달과 함께 더욱 큰 역할을 맡게 되는 기능이 다수 존재하고 있는 상황은 새로 아카데미가 설립되면서 대표하게 되는 문화적 기능에 얼마만큼이나 영향을 미치는 것인가? 이것은 어려운 질문이다. 우리는 이중의 분석을 통하여 이에 대한 답을 구할 수 있다. 첫째는 그러한 현상을 가장 바깥쪽의 모습으로 파악하기 위하여, 아카데미를 가진 도시가 제도상 어떠한 얼개를 가졌는지 분석하는 일이다. 둘째는 어떤 문화 기관으로 하여금 그 기관을 위하여 환영의 분위기가 생겨난 뒤에 결정적인 역할을 맡을 수 있게 한 사회적 매개물이 과연 무엇이었는가를 묻는 일이다. 이 점에 대해서는 도시의 모든 기능 가운데서 도시의 일반 활동에 관계된 기능과, 특히 지적 요구 사항의 표현에 응답하는 기능을 구별해야 할 필요가 있다. 그러나 아카데미를 가진 도시 대부분이 수많은 기능을 지니고 있었으므로, 이 점에 있어서 만족할 만한 기능의 분화를 파악하기란 어렵다. 어쨌든 우리는 어떠어떠한 형태의 기관들이 있거나 없는 것을 도시 활동의 다양한 경향을 보여 주는 정당한 지수로 생각할 수 있다. 설령 그 지수를 가지고 도시의 부(富)를 철저히 측정하지 못한다 할지라도 말이다.

아카데미를 가진 도시들의 가장 공통적인 임무는 영적인 데 있다. 32개 도시 중 26개가 주교구였던 것을 감안하면 충분히 알 수 있는 문제이다. 그러나 캉·세르부르·브레스트·빌프랑슈·부르캉브레스·포 같은 도시는 예외였다. 지리적으로 주교직은 북부와 남부에 똑같이 나뉘어져 있었다. 이러한 사실은 더욱 공통적이고 보편적인 거주지에 살아야 하는 고위 성직자의 역할과, 도시의 정예들이 지적으로 깨어나는 데 교회의 문화가 미친 영향을 강조하는 것처럼 보인다. 주교의 기능이 가톨릭 개혁 당시부터 아주 강력하게 부각된 결과, 적어도 17세기 후반기부터는 신자뿐만 아니라 성직자에 관한 종교상의 지적 교육이 개선되었다. 영적인 부분이 아카데미를 가진 도시에 끼친 영향은 행정가인 주교가 존재했다는 데서 찾을 수 있다. 이들은 부주교단과 신학원의 보좌를 받는 것 외에도 성당의 강력한 참사회로 둘러싸여 있었다. 18세기로 접어들면서 위기를 맞이하긴 하였지만, 이들의 권력은 한 세기 이상 결정적인 영향력을 행사하였음을 잊어서는 안 될 종교 수도회의 활동으로 강화되어 있었다. 아카데미를 가진 주교구의 모습을 단일한 모형으로 단순화시킬 수는 없지만, 주교구의 수입과 교구의 수라는 이중의 관점에서 그들 사이에는 비슷한 점이 있다. 몇 가지 예외(메스와 루앙 같은 지극히 부유한 주교구와 그보다 한 급 낮은 툴루즈)를 제외하면 모두가 연간 수입이 2만 리브르를 넘었고, 대다수가 2백 개 이상의 교구를 가지고 있었다.[27] 루앙·리옹·메스·클레르몽·브장송처럼 5백 개 이상의 교구를 가진 대도시를 제외하면, 아카데미를 가진 모든 주교구는 보통 크기였다고 할 수 있다. 지도를 만들어 보면 북부와 남부 교구의 대조가 더욱 분명해진다. 똑같은 수입을 가졌던 남부의 교구들은 규모상 북부보다 작은 경우가 많았다. 한마디로 아카데미 설립의 역사는 이 점을 명확하게 조명해 주고 있다. 당시 주교의 역할은 다음 세 가지 경우를 통해 구체화되었다. 무엇보다도 새로운 기관에 대한 후원을 우선적으로 꼽을 수 있겠다. 그 다음으로는 잠재적인 회원 영역의 존재에 의하여 나타나며, 끝으로 재속 성직자는 물론 수도 성직자가 부추기고, 도시의 문화 장비라는 틀 속에서 교회 도서관들이 상징적으로 보여 주었던 문화 전통의 존재에 의하여 나타났던 것이다. 예건대 메스·오를레앙·툴루즈의 경우 1791-1792년의 공공 기탁물 가운데 5,6천 권에 달하는 서적 중 3분의 2가 주교구나 수도원에서 나왔다는 사실에 주목할 필요가 있다.[28] 어떤 개인의 장서도 교회 도서관의 풍부한 장서에 필적할 수 없었으며, 더욱이 앙시앵 레짐 말기에 이르면 학자와 독서가 대중을 위해 개방된 교회 도서관을 곳곳에서 발견할 수 있었다. 당시의 고위 성직자는 경제적으로 안정된 수입과 종종 목격되는 행정적 역동성으로 인해 툴루즈의 로메니 드 브리엔처럼,[29] 서적 취미와 지적 새로움에 관심을 보임으로써 제1신분의 기본적인 지적 기능을 맡았다고 할 수 있다. 계몽 시대의 프랑스에서 성직자가 행하였던 문화적 봉사를 그 어떤 것도 대신할 수 없다.

이에 비해 행정 기관의 활동은 덜 분명하며, 게다가 덜 공통적인 요소를 지니고 있었다. 그러한 한계점에도 불구하고 여기서는 이들 행정 기관이 담당한 여러 차원의 활동을 구별할 필요가 있다. 왜냐하면 정치 활동 가운데 어떤 것은 다른 것보다 더 결정적인 역할을 하였기 때문이다. 지방 군관구 사령관보다 지사가 더 영향력 있는 자리였다는 데 대해서는 이론의 여지가 없다. 그러나 군관구 사령관청이 있는 곳에는 거의 어디서나 아카데미가 설립되어 있었다. 랑그독·기엔·부르고뉴·리오네·콩테·도피네·아르투아·샹파뉴·피카르디·앙주·로렌·3주교구·오니스·베아른·노르망디에는 아카데미를 위시하여 때로는 여러 개의 단체가 설립되어 있었다. 겉모습은 화려하지만 한직에 지나지 않게 된 옛 군관구 사령관의 기능은 문화 후원자라는 역할을 통하여 자기 명예의 일부를 되찾을 수 있었다. 부르고뉴의 콩데 가문이나 일드프랑스의 오를레앙 가문은 물론 프로방스의 빌라르 가문과 리옹의 비유루아 가문은 모두 문화 후원자의 역할로 유명해졌는데, 그밖의 군관구 사령관 가문도 대부분 이같은 전통을 지키려 하였다. 18세기말 베아른의 그라몽 가문은 그때까지만 해도 무시하던 포 아카데미에 관심을 보이기 시작했다. 그러나 더욱 직접적인 역할을 했던 것은 징세구가 존재했다는 사실과 학회 설립을 주도하기 위한 지사의 행동이었다. 아카데미를 가진 20개 도시도 역시 지사청이 있는 곳이었다. 브르타뉴를 제외한 모든 지방 신분회 소재지에는 최소한 하나 이상의 학술 단체가 설립되어 있었다. 나중에 살펴보겠지만 지방의회는 종종 학술 단체에 유리한 정책을 폈다. 아카데미를 가진 도시 속에 수립된 행정 기관을 조사해 보면 환경이 끼친 영향이 얼마나 중요했는지를 알 수 있다. 나아가 무시할 수 없는 문화적 영향력을 가진 **관리**의 인적 구성과 배경이 어떻게 구성되어 있었는지에 대해서도 상기할 수 있다.

고등법원을 가진 주요 도시도 아카데미를 환영해 주었다. 우선 주요 고등법원이 있는 도시는 렌을 제외하고는 모두가 하나 이상의 학술 단체를 가지고 있었고, 대부분의 관할 구역 내에서 문학 모임이 늘어나고 있었다. 뿐만 아니라 사람들의 결정적인 행동과 유리한 분위기의 형성이 이들 학술 단체의 설립과 뗄래야 뗄 수 없는 관계를 맺고 있었다. 이들 도시에서 사법 기능의 중요성이나 최고 법원 관직 보유자의 사회적 지위는 더 이상 상기할 필요조차 없다. 그리고 고등법원이 없는 곳에서는 리옹의 화폐 재판소, 몽토방의 소비세 재판소, 몽펠리에의 회계검사원, 클레르몽에 잠깐 설치되었던 상급 법원처럼 형태가 다른 최고 법원이 지역에 따라 고등법

원과 같은 기능을 수행할 수 있었음을 기억해야 할 것이다. 사법·행정
활동과 기관들의 사다리를 내려올 경우 아카데미를 가진 도시는 조직상
더 많은 동질성을 보여 준다는 사실을 알 수 있을 것이다. 초급 재판소,
남부나 북부의 대법관 재판소가 있는 도시가 여기에 해당된다. 이들 도시
에서는 예외 없이 적어도 피위임자의 대리인이 거주하였으며, 실제로 재
무관 사무실, 소비세·총괄징세·통관세·소금세의 행정을 위한 개별적인
징세인이나 대리인 따위의 재정 기관이 있었다. 이러한 행정 기구 조직은
지방 차원에서 행정의 복잡한 성격을 그대로 반영하고 있다. 왜냐하면 이
같은 기관은 대부분의 경우 행정 기능과 함께 사법 기능도 포함하고 있었
기 때문이다. 요컨대 아카데미를 가진 도시는 여러 가지 사회적 임무를
수행함과 아울러, 지방의 한가운데서 도시의 세분화된 계층에 일관성을
유지해 주는 정치 기능을 일상적으로 확보하고 있었다. 경제 기관의 역할
도 행정 기관처럼 분명치 못했다. 더구나 이 기관들은 행정 기관과 달리
대리인조차 제대로 갖추지 못하고 있었다. 아카데미를 가진 32개 도시에
서 여섯 곳에만 상업회의소가 있었으며(리옹·루앙·툴루즈·몽펠리에·보
르도·라로셸), 증권거래소가 설치된 도시는 네 군데(루앙·툴루즈·마르세
유·리옹)에 불과했다. 이러한 영역의 기관이 없었다는 사실을 통하여 단
지 기관에 대한 기준만으로는 복잡한 성격을 규명해 내지 못하는 여러 가
지 활동의 양적·질적 계층을 상기하게 된다.

　사법·행정 기관을 넘어서서 사람과 단체의 중요성을 한결 더 자세히
파악할 수는 없을까? 실제 인구에 관한 일반적인 고찰이 필요하겠지만 30
여 개의 도시에 대한 연구를 합리적으로 완성시키기란 거의 불가능하다.
따라서 지방에서 발간된 연감에서 수집할 수 있는, 흥미롭지만 부분적인
정보에 만족해야 할 것이다. 우리가 이러한 정보에 대해서 흥미를 느끼는
첫번째 이유는 거기에 실린 아카데미 인사의 경력을 정확히 알 수 있기
때문이다. 그러나 도시 명사의 세계를 알려 주는 전반적인 자료를 수집하
려면, 이들 도시에서 중요하거나 유용한 역할을 담당했던 사람들을 한곳
으로 모아야 할 필요가 있다. 17세기말부터 지방에 보급되기 시작한 《왕
실 연감》은 본질적으로 18세기 후반에 가서야 성공할 수 있었다. 연감 보

급의 성공은 도시 기관들이 성장함에 따라 "아무것도 해결하지 못한 채 잇따라 행정 기관을 창설한 결과"[30]인 잡다한 행정의 혼돈 상태를 풀기 위하여, 점점 필요해진 관례를 나타내 주는 지수라 할 수 있다. 지방의 연감은 더 많은 교양을 갖추려는 관심에 따라 움직이는 폭넓은 독자층에 호소하였다. 그러나 이들 연감은 점점 낡은 달력 속에서 절기의 척도가 되고, 세계에 관한 역사적이고 전설적인 주석이 되는 것을 하나하나 버리기 시작하였다. 양치기의 퇴비에서 19세기의 행정 달력과 상공 연감에 이르는 변화는 아주 늦게 일어났다. 툴루즈에서 매년 때맞춰 발간된 연속물을 통하여 다른 곳에서 증명할 수 있는 발전을 이해할 수 있다.[31] 18세기초 사람들은 오-랑그독의 수도에서 여전히 《밀라노 연감》을 발간하였다. 이 것은 "위대한 어부 디 키아라발레가 발간한…… 진정한 의미의 세계적인 연감으로서, 거기에는 문자 그대로 도착된 예언에 대해 사람들이 언급한 내용과 함께 그해에 관찰된 것이 담겨 있었다……." 사람들은 여전히 출판물이 대대적으로 보급되는 문화적 세계에 있었다. 거기서는 민중의 우주 진화론과 앞날에 대한 분석 작업이 밀접하게 얽혀 있었다. 《툴루즈 시를 위한 아주 재미있는 연감》은 최초의 관공서 연감인 《툴루즈 고등법원이 주민들을 위하여 발행한 달력》이 발행된 1750년 이전까지 이러한 전통을 계속 지켜 나갔다. 이같은 변화의 순간에 교회의 성무 안내서를 모방한 것은 결정적이었다. 사람들은 거기서 관계자들에 대한 비평의 유사점 외에도 축일과 성직자 목록을 작성하기 위하여 교구의 책력이 추구한 모범에 따라 회기의 연간 구성을 제시하는 모습을 볼 수 있었기 때문이다. 시간을 비슷하게 자르고, 속된 세계를 어느 정도 기능화하여 제시하기 위한 세속적 배려와 사회적 관심이 집단 정신 자세 속에 얽혀 있었다. 1750년 이후 연보의 틀은 전통적 정보에 덧붙여 도시와 지방의 상태를 보여 주는 《랑그독의 역사와 연대기 연감》에 구체화되었다. 끝으로 1779년부터 1790년에 이르는 기간 동안 툴루즈의 거물급 인쇄업자 바우르는 조직적인 면에서 새로운 형식의 모범이라 할 수 있는 연감을 발간하였다. 이 시기는 더 이상 별자리로 정당화되는 끊임없이 새로운 예언의 시대가 아니라, 시간을 의전에 관한 박자와 행정적 축제에 따라 조직하고 분할하는 시대였다. 단지 교회, 민사·군사 현황, 과학·예술 현황, 상업 현황이라는 관용적인 제목하에 도시와 시골의 공간에 관한 목록이 작성되기 전의 시기였을 뿐이다. 모든 것은 필요성에 따라 제자리를 차지하였고, 사람들은 자기가 알아야 할 것, 말하자면 장날 대법관 재판소의 집행관, 특정 동업조합 회장의 주소 따위를 찾을 수 있게 되었다. 관습에 따라 여러 가지 크기와 용도의 책이 함께 출판되고 팔리고 있었다. 사람들은 책력을 단 15솔에, 그리고 제본된 책력 전체는 1리브르 10솔에 살 수 있었다.《툴루즈 연감》은 값이 쌌기 때문에 가장 많이 팔렸고, 그 결과 그것은 이제 가끔 발간되는 인쇄물이 아니라 그 도시의 기본적인 제도가 되었다. 이 연감을 통하여 우리는 직무를 가진 명사의 사회를 정의할 수 있다.

  준공식적인 연감으로서, 언제나 우선권의 영역을 분명히 하고 싶어 안달하던 세계의 좀스러운 통제를 받았던 이 인쇄물은 도시 인사들의 사교적 인명부인 동시에 유용한 주소록이기도 하였다. 이러한 기능 외에도 유명인 명부와 실용적인 목록이 각각 중요한 순서에 따라 나열되어 있었다. 이때의 순서는 신분과 계급을 나타낸다기보다는 그 도시의 기능적 조직과 일치하였다. 그리고 그 목적은 모든 사람의 역할과, 도시 공간 속에서 주소에 의하여 공증을 받는 여러 가지 직업이 보여 주는 집단적 가능성을 볼 수 있게 만들어 주는 데 있었다. 확실히 연감에는 그 반대의 양적 중요성을 가진 두 가지 범주가 빠져 있었지만, 그렇다고 무시해도 좋을 부분은 아니었다. 구체적으로 루앙에서만 조사된 것으로 알려진 유한 계급과 가장 현저한 인물들, 다시 말해서 조합장이나 도시의 행정 기관에 속한 요원들로 대표되는 여러 가지 직업과 소매점이 누락되어 있었다. 따라서 연감에 나타난 도시 정예의 사회는 찌그러진 동시에 넓혀진 모습을 보여 주고 있는 것이다. 연감에는 명사 가운데 활동하지 않는 사람, 말하자면 귀족과 부동산세를 받는 부르주아의 대다수가 빠진 대신 사회적 질보다는 유용성을 가진 소수가 포함되었다. 도시의 다양한 사명을 보여 주는 그림이라 할 수 있는 연감을 통하여 활발한 기능을 하는 기관을 조사할 수 있다. 아카데미를 가진 모든 도시에서 발견되는 어떤 동질성과, 그러한 동질성에 근거한 행정과 사법 기관의 숫자를 알 수 있다. 이를 위해서는 신뢰성 있고 비판적인 방법으로, 각각의 경우마다 자료의 대표성을 확인해야 할 것이다. 접근할 수 있는 범주를 정밀하게 조사하는 데 있어서 참고 자료는 마땅히 가치 있는 것으로 보인다. 수도 성직자의 경우 이 영역에서 풍부한 참고 도서 목록을 이용하여 참고삼을 만한 숫자들을 완성시킬 필요가 있는 듯했다. 아카데미를 가진 모든 도시의 그림을 두 가지 변수에 따라 관찰해야 할 것이다. 먼저 명사 전체의 숫자를 고려할 때 각 기능의 비율은 여러 가지 형태의 활동을 보여 주는 것처럼 보인다. 그리고 주민의 수와 관련하여 각 범주의 비율은 도시의 각각의 기능을 위한 장치와 요원들의 실질적 범위를 알려 준다.

첫번째 결론은 명사의 세계가 양적으로 보잘것없다는 사실이다. 그들은 전체 인구의 1퍼센트에서 4.8퍼센트까지, 또는 활동 인구의 5퍼센트에서 15퍼센트까지, 그리고 가족에 관한 비율을 감안하면 도시 인구의 4퍼센트에서 12퍼센트까지 차지하였다.[32] 전체 인구와 거기서 도시 정예가 차지하는 부분의 상관 관계는 인구 2만에서 4만 사이를 기준으로 삼았을 때 그 중에 1.3퍼센트 내지 3.5퍼센트의 명사를 가진 도시의 경우에만 감소 곡선상에 분명히 나타난다. 두번째 경향은 정예들 세계의 희미함과 막대한 전체 인구의 숫자 사이에서 발견된다. 도시의 여러 가지 기능과 명사의 사회가 보여 주는 피라미드는 중간 크기의 중심지보다 리옹·보르도·마르세유·루앙·툴롱에서 위로 올라갈수록 훨씬 많이 좁아졌다. 그와는 반대로 빌프랑슈·발랑스·오세르·부르·셰르부르·샬롱·포 같은 작은 도시에서 아래로 갈수록 피라미드의 폭이 넓어졌다. 도시 정예의 모든 문화 활동은 인원 보충의 기회가 많을수록 상당히 다른 반향을 불러일으킬 수 있었다. 중간 정도의 도시가 마지막으로 아카데미를 창설한 곳이라는 사실에는 이론의 여지가 없다. 이같은 도시에서는 인구 밀도가 더 높은 도시보다 명사가 훨씬 큰 비중을 차지하였는데, 이들 도시의 아카데미는 명사 사회가 천천히 형성된 다음에야 설립되었다. 그러나 가장 많은 어려움을 겪은 것은 작은 도시의 아카데미였다. 예컨대 빌프랑슈·포·수아송·오세르·셰르부르의 경우 숫자상의 약점 때문에 과업을 계속해 나가는 데 상당한 곤란을 겪어야 했다. 1만 5천 내지 2만 이상의 주민을 가진 도시뿐만 아니라 대도시에서도 명사의 중요한 핵은 모든 활동의 대표성은 물론 불변성을 확보해 주었다. 바꾸어 말하자면 아카데미의 문화적 기능은 활동과 인구가 더욱 많고 다양한 주요 도시에서 훨씬 더 쉽고 빠르게 뿌리 내렸던 것이다.

두번째 특징으로 종교적 기능과 교회 기관을 꼽을 수 있다. 정예 분자는 성직자의 대표성에 따라 두 집단으로 구별된다. 도시 가운데 절반이 30퍼센트의 종교적 명사를 가지고 있었고, 나머지 절반은 5퍼센트 내지 25퍼센트(이들은 주교구나 참사회가 없는 도시이다)였다. 명사 가운데 4.8퍼센트가 성직자인 포와 60퍼센트 이상인 클레르몽은 아주 넓은 범위의 양끝을 이루고 있다. 인구와 비교하여 사제와 수도자의 수는 훨씬 더 중요한 의미를 지닌다. 양상은 인구 50명에서 2백 명당 사제 1명으로 나타난다. 11개 도시가 50명에서 1백 명당 사제 1명을 가졌고, 12개의 도시에서는 1백 명에서 2백 명당 1명을 가지고 있었다. 교회의 '설비 부족'이 심각한 도시는 소수에 불과하였으며, 성직자가 전체 명사의 25퍼센트가 안되는 도시가 여기에 해당되었다. 이러한 변형들을 제외한 대부분의 아카데미 도시에서는 종교적 기능이 무시할 수 없는 문화적·경제적 반향을 불러일으켰다.

경제 활동이 어디서나 똑같은 중요성과 의미를 지닌 듯하지는 않다. 서열상 의미 있는 위치라 할 수 있는 연감의 마지막 몇 페이지에 조사 등록된 경제적 명사들은 대부분의 경우 사업상의 분쟁을 해결해 주기 위한 상업 재판소, 또는 자선과 자치 정부에 관한 행정과 같은 경제 외곽에 있는 기관에 속하였기 때문에 모습을 나타냈다. 도시 정예의 내부에서 이러한 범주가 차지하는 비율이 다양하다는 사실은 중요한 의미를 지닌다. 10여 개의 도시가 포함된 한 집단에는 경제적인 대도시이자 국내외로 중요한 상업과 수공업의 중심지라 할 수 있는 툴루즈·낭시·보르도·캉·마르세유·오를레앙·루앙·리옹·라로셸·님이 모여 있었다. 이들 모두가 3퍼센트 내지 25퍼센트의 경제계 명사를 가지고 있었고, 5개 도시가 15퍼센트를 넘었다. 나머지는 겨우 2.5퍼센트에서 3퍼센트에 불과했고, 이러한 범주의 명사가 아예 없는 도시도 일곱 군데나 되었다. 이같은 기준은 설령 충분치 못하더라도 전체적 방향을 아주 분명히 보여 주고 있으며, 아카데미의 문화적 기능과 상업 및 산업 활동 사이에 관계가 있다면 그 관계는 대부분의 경우 중요치 않다고 할 수는 없겠지만 간접적인 관계라는 사실을 나타내고 있다.

더 이상 상기할 필요조차 없는 낙후성을 가진 정치와 사법의 두 가지 지배적인 기능은 어디서나 찾을 수 있다. 앙시앵 레짐의 지방 생활은 중앙집권화와 그에 반발한 상급 법원과 하급 법원이 구체적으로 보여 주었던 지방화라는 반동 사이에서 갈등을 겪고 있었는데, 정치와 사법은 이같은 지방 생활의 여러 가지 경향을 결정한다는 면에서 특별한 중요성을 가지고 있었다. 사법 기능의 영향을 가장 많이 받은 곳은 고등법원 중심지의 지배를 받았던 20여 개 도시였다. 사법계 명사가 전체 명사 수의 30퍼센트 이상을 차지하였던 이 도시들은 주민 50명 내지 2백50명당 법조계 인사 1명씩을 가지고 있었다. 부르나 수아송 같은 소도시가 하급 법원의 영향을 가장 많이 받았던 데 비해, 다른 도시는 고등법원과 상급 법원의 영향하에 있었다. 브레스트·클레르몽·리옹·마르세유·베지에의 경우 사법 기관이 설치되었다고는 하여도 주민 3백50명당 겨우 한 사람의 사법관직 대표를 가졌을 뿐이다. 결국 분명한 사실은 당시의 법관들이 아무런 영향을 끼치지 못하였다는 점이다. 사회적으로 가장 높은 수준에 올라 있던 사람들로 구성된 리옹의 화폐 재판소는 사법 기능의 영향을 충분히 확인하는 데 아주 적절한 예가 될 것이다. 그러나 이곳의 독창성이 사법 기능과는 다른 경제 활동이나 행정 기능이라는 점에 있었음을 상기할 필요가 있다. **관리들** 세계의 대표를 살펴보면 당장 그 점을 확인할 수 있을 것이다. 아카데미를 가진 도시는 대부분 행정과 지도 요원을 착실히 갖춘 행정 도시였다. 20여 개 도시에 10퍼센트 내지 30퍼센트의 행정관이 있었다는 사실을 통해 주민 2백 명 내지 4백 명당 관리 1명씩을 가졌음을 알 수 있다. 우리는 각 도시의 역사를 알아야만 그 도시 행정 기관의 발전에 대하여 알 수 있을 것이다. 그 발전의 역사에는 모든 계열의 행정 기관, 말하자면 재무국·토목건축국·임수산국·종마사육장, 그리고 왕령이나 사유 영지 사무국은 물론 뿌리 깊은 지방자치 행정이 포함되어 있었기 때문이다. 그러나 앙시앵 레짐의 행정 조직에 관한 전반적인 지도를 만들기 란 어렵기 때문에, 이 영역에서 아카데미의 그물이 지닌 독창성을 완전히 파악하기는 어렵다. 그 대신 사법과 행정의 세계에 대부분의 명사가 참여 하였다는 데서 그 동질성을 찾을 수 있다. 어디서나 부르주아적——여기 서는 도시민을 의미한다——과두정이 사실상 그리고 아주 당연하게 권력 을 유지하고 있었던 것이다.

  간단히 말해서 네 가지 도시 모형이 분명하게 드러난다. 꼭대기에는 보 르도·리옹·몽펠리에·낭시·툴루즈·루앙의 6개 지방 대도시가 왕성한 활동을 펼치면서 온갖 기관을 보유하고 있었다. 이들은 몽펠리에를 제외 하고는 인구 밀도가 아주 높은 도시로, 낭시 외에 모두 일찍이 18세기초 에 아카데미 생활을 받아들인 곳이었다. 또 다른 집단이 고등법원 중심지 의 지배를 받는 지역적 수도를 중심으로 형성되었다. 메스·브장송·그르 노블·디종과 주요 경제 중심지인 마르세유·오를레앙·캉·라로셸이 여 기에 해당되었다. 이들 도시에서는 상급 법원의 반대에 따라 구체적으로 나타나는 정치적 기능이 여러 가지 활동에 적합한 운동을 부추겼으며, 더 욱이 국제적 화물 수송과 수공업 공장으로 밀도 높은 생활이 이루어지고 있었다. 세번째 형태는 공직의 영향력이 줄어드는 대신 지방의 수도로서 명확히 규정될 수 있는 주요 기능을 갖게 된 행정과 종교적 기능의 지배 를 받는 지방 중심지였다. 클레르몽·아라스·아미앵·앙제·샬롱·몽토 방·수아송이 여러 차이점에도 불구하고 여기에 포함되어 있었다. 그리고 님의 경우, 수공업 공장의 중요성과 행정 및 사법상의 틀이 미약했기 때 문에 아주 특별한 자리에는 놓이지 못한다고 해도 거기에 속할 것이다. 끝으로 인구도 행정 요원도 그다지 많지 않은 아주 작은 중심지로, 아카 데미 활동이 늦게 정착하거나 매우 큰 어려움을 겪었던 도시를 발견할 수 있다. 17세기 프로방스 지방의 찬란한 수도 아를과 고등법원의 중심지였 던 포는 브레스트(이곳의 아카데미 생활은 주민과 접촉이 없었다)·셰르부 르·베지에·부르·오세르·발랑스·빌프랑슈와 나란히 거기에 포함되어 있었다. 이들 도시가 지닌 정치 기능은 단순한 행정적인 면모로 격하되었 고, 경제 기능 또한 지방 사이의 교역으로 축소되었다. 각 도시의 독창성을 아주 좁혀서 구체화시킬 수는 없다 해도 지금까지 대강이나마 밝혀진 서열을 통해 아카데미를 가진 도시들이 짠 그물의 중요한 성향들을 정확히 알 수 있을 것이다. 그리고 그에 따라 문화적 장치의 몇 가지 중요한 특성의 일부분을 평가할 수 있을 것이다.

　이러한 개념을 명확히 하기 위해서는 세 가지 지표를 염두에 둘 필요가 있다. 즉 식자층의 비율, 서적 판매와 출판업의 비중, 중등학교와 대학 수준의 학교 교육에 관한 지도가 바로 그것이다. 아카데미의 지도를 문화 발전의 공간을 형상화시키는 좀더 넓은 틀 속에 다시 집어넣는 것은 정말 해볼 만한 작업이다.[33] 유감스럽지만 식자층에 대한 지수는 개략적인 일반화(제네바-생말로를 잇는 선 이북에 아카데미가 조금 더 많다)를 제외하고는 전혀 정당하게 보이지 않는다. 1686-90년과 1786-90년의 지도를 비교하면 두 가지 상반된 교훈을 얻을 수 있다. 첫 시기에 대해서는 아카데미가 문자 교육이 덜 이루어진 남부 지역에 세워졌다는 사실을 통해서, 파리에서 쓰는 언어 표현에 익숙한 문화가 남부에서 승리를 거두는 모습을 강조할 수 있을 것이다. 저개발 지역의 도시 정예는 문화 향상의 임무를 어느 정도 인정하였다. 그러나 후기의 지도에서는 이러한 경향을 지속적으로 발견할 수 없다. 1720년 이후 아카데미는 본질적으로 아주 개화된 지역에서 설립되었다. 따라서 1784년까지 둘 사이의 상관 관계가 반대 방향으로 작용했을 것이라는 사실을 받아들여야 한다. 가장 발전된 지역의 명사들은 아카데미를 창설함으로써 한 세기의 발전을 완성시켰다. 여기서 우리는 하나의 모순을 통하여 관계의 복잡성을 알 수 있다. 아카데미가 교육의 압력이 늘어남에 따라 설립되었다면 브르타뉴·도피네, 그리고 오베르뉴의 경우처럼 어째서 어떤 지방에는 아카데미가 없거나 늦게 설립되었는가 하는 이유를 부분적으로 설명할 수 있을 것이다. 그러나 두 가지 사실을 직접 연결하기란 어려울 듯하다. 아카데미는 사회 정예의 문화 현상이었고, 더욱이 아카데미 회원들은 그것에 대해 명확한 의식을 가지고 있었기 때문이다. 결혼 당사자들이 남긴 서명만 가지고서는 대중에 관하여 일반화시킨 사실과 아카데미가 어떤 관계를 가지고 있는지 잘 알 수 없으며, 설령 관련이 있다 해도 수많은 매개물 때문에 지극히 모호한 관계일 뿐이다. 마그지올로의 조사는 아마도 결정적인 통계 가치를 지니지 못할 것이다. 왜냐하면 그의 조사는 일관성 있는 지리적 기준에 근거하지 못하였기 때문이다. 예컨대 어떤 도는 늘 빠져 있는 데 비해, 다른 도의 면들이 차지하는 비율은 지극히 약하며, 특히 도시 현상이 근본적으로 묵살되어 있다. 아카데미 도시의 대부분이 조사에서 제외되었으며, 그 결과 평균 비율과 지역적 차이로 말미암아 현실의 정확한 모습을 파악하지 못한다는 점을 감수해야 한다. 게다가 도시와 농촌의 반대를 넘어서 도시 자체의 내부 불평등이 작용하고 있었다. 또한 이러한 맥락에서 수행된 연구를 통하여 우리는 오직 문자 교육이라는 관점에서 명사 사회의 문화적 동질성을 밝힐 수 있을 뿐이다. 툴루즈나 마르세유의 경우 귀족·공직자·도매 상인의 상층부, 나아가 자유 직업인이라는 꼬리표를 달 수 있는 사람들의 결혼 서약서에서 남녀 각각 80퍼센트 내지 1백 퍼센트의 서명률을 볼 수 있다.[34] 18세기 전반기와 후반기 사이에 시간의 차이에 따른 변화는 거의 찾아볼 수 없다.[35] 식자율은 지배 집단에게 공통적인 자료였다. 합리적으로 생각해 볼 때 마그지올로 조사의 전반적인 결과가 갖는, 문화의 사회인류학적 의미를 사회의 상층부나 피지배 계급에게 똑같이 적용할 수는 없다.[36] 불평등, 그리고 특히 불평등의 역사는 식자층에게 특별한 의미를 지닌다. 따라서 대중과 정예의 문제들을 동일한 지표로 고려할 수는 없다. 뛰어난 지적 현상과 초급학교 교육을 비슷한 수준에서 설명하기에는 무리가 따를 수밖에 없는 것이다. 후자의 경우 읍이나 교구의 학교에 관한 설비의 역사야말로 지방과 전국 수준의 불평등을 설명해 줄 수 있으며, 전자의 경우 높은 수준의 문화 집중을 한결 더 정확하게 분석하는 일이야말로 도시 정예의 다양하고 풍부한 지적 거동을 추적할 수 있게 해준다. 문자 교육을 받은 명사 집단은 문자 교육을 부분적으로 받은 대중 사회와는 다른 기준으로 정의내려야 마땅한 문화적 고립 집단을 두드러지게 만들어 주는 것이다.

　지방의 서적 판매와 출판업에 관한 지도를 통하여 우리는 아카데미 도시들의 문화 자원을 섬세하게 파악할 수 있다. 지방의 출판업은 마르탱이 보여 주듯이, 파리가 주도권을 잡음에 따라 1700년부터 약화의 길을 걷게 된다.[37] 그러나 아카데미 도시는 18세기 전체를 통해 적어도 상대적이나마 특권을 유지해 나갔다. 1764년 사르틴의 조사에 대한 지사들의 회답, 1777년의 조사표, 1785년의 연감을 살펴보면 가끔 가벼운 회복세를 가진 이러한 경향을 확인할 수 있다. 요컨대 10여 개 도시가 4명 이상의 출판인을 가지고 있었고, 이들 모두가 출판업이 경제 활동에서 무시하지 못할 정도의 자리를 차지하는 대도시였다. 50년 동안 10여 개의 가게가 문을 닫은 리옹, 그보다 훨씬 더 안정된 루앙, 랑그독과 기옌의 출판업 중심지인 보르도와 툴루즈, 로렌의 중심지 낭시, 그뿐만 아니라 캉·디종·브장송·그르노블이 모두 그러하였다.[38] 서적 판매의 지도에서 첫머리에 나타나는 이들 도시의 경우 활동이 다양해지고 여러 기관이 성장함에 따라 파리와 아비뇽의 경쟁력과 저항할 수 있는 유리한 분위기가 조성될 수 있었다고 말할 수 있다. 1777년 이들은 지방의 출판업에 활력을 불어넣기 위해 나온 명령의 덕을 톡톡히 보았다.[39] 지방 생산업에 일시적인 채찍질을 가하였던 이같은 조치로, 다양한 변화의 시대를 맞아 이미 개별화된 중심지들이 이익을 얻게 되었다. 루앙과 리옹이 이러한 면에서 보기가 될 만하다.[40] 그들이 합법적으로 펴낸 출판물이나 해적판이 그랬듯이 공식 거래는 물론 비밀 거래도 결정적인 이익을 얻었던 것이다. 지방의 주요 도시에 섰던 서적 시장은 풍부한 고객의 덕을 본 경우였다. 이러한 현상은 서적상과 인쇄업자의 숫자가 적은 곳에서 유지되는 듯하다. 대부분의 도시마다 2,3명의 출판인과 2-4개의 가게가 있었다. 인구와 비교하여 주민 1천 명 내지 4천5백 명당 서적상-인쇄업자 한 사람일 때가 최적 조건이라 할 수 있다. 더욱이 작은 중심지의 경우 단지 인구가 적었다는 사실을 장점으로 삼았음을 알 수 있으나, 그들의 장점 때문에 공급의 현실에 관하여 닥쳐오는 불확실성과 출판인의 추진력을 보지 못하여서는 안 될 것이다. 아울러 각 지방이 처했던 조건을 무시해서도 안 될 터이다. 가령 빌프랑슈에 서적상이나 인쇄업자가 하나도 없었다면, 그것은 이 도시가 리옹에 아주 가까이 있었으므로 서적에 관한 온갖 노력의 싹이 뽑혔기 때문이다. 툴루즈와 보르도에 근접해 있던 아장, 마르세유와 이웃한 아를, 그보다 한 등급 낮은 루앙 근처의 셰르부르와 캉 같은 도시가 빈약한 설비를 갖추었다는 사실에 대해서도 똑같이 생각할 수 있다. 어쨌든 여러 가지 공적 임무에서 낮은 수준에 있던 도시가 설비를 제대로 갖추지 못한 도시 속에 포함되어 있었다는 사실을 분명히 알 수 있다. 주민 2만 명 이상에 서적상이 1명에 불과했던 아를·베지에와, 특히 브레스트·오세르·셰르부르와 빌프랑슈·아장 같은 도시가 그러하였다. 여기에 덧붙여 상업과 수공업 대도시인 마르세유·몽펠리에·님·보르도·아미앵에서는 인구와 서적 관계자의 비율이 고등법원과 행정 중심지의 비율보다 낮았다(주민 5천 명 이상에 서적상-인쇄업자 1명)는 사실도 지적할 수 있다. 리옹·오를레앙·라로셸·그르노블·낭시는 이러한 점에서 훨씬 훌륭한 비율(주민 4천 명 이하에 서적상-인쇄업자 1명)을 보여 준다. 이러한 변수를 분석하면 설령 아카데미 도시의 일반적 경향이 다른 곳보다 훨씬 유리하게 보일지라도 그와 동시에 이질성도 파악할 수 있다. 따라서 평균 설비율로는 현실의 다양한 모습을 완전히 설명할 수 없다. 서적상과 출판인 외에 고객에 대해서도 살펴볼 필요가 있다. 아울러 가게를 제외하고 우리가 밝히려고 노력해야 마땅할 문화적 각성이나 지체 현상 같은 전반적 경향을 드러내 주는 서적 생산에 대해서도 알아야 한다. 대부분의 경우 서적상들은 그르노블의 서적상 조제프 퀴셰의 생각에 동의할 것이다. "나는 이러한 직업에 종사하여 지식층을 늘이는 데 공헌하였다고 말할 수 있으며, 이 도시의 시민들은 아마도 내게 감사해야 할 것이다……. 내가 없었다면 이 도시의 문학 취미는 아직도 포대기에 싸여 있을 것이다. 혁명은 어디서나 일어났고, 내가 운영하는 독서실은 모든 신분의 사람들에게 영향을 미쳤다. 젊은이는 일찍부터 생각하는 방법과 자신의 사고를 깊게 만드는 방법을 배웠다. 자신에게 걸맞는 무게를 가진 관복 귀족은 우리로 하여금 그들에게 사랑과 존경심을 품게 하는 우아함도 함께 지닐 수 있게 되었다. 법조인은 사물의 본성에서 출발하는 합리적 사고가 법률·주석·교리의 견딜 수 없는 궤변을 대신하는 것을 보았다. 군인은 모임에서 경쾌한 말씨를 쓰고, 매력 있는 태도를 지키는 가운데 그들의 가장 반항적인 덕목을 억누를 수 있었다. 평범한 사람은 한순간 자신을 반성해 보고 스스로 얼굴을 붉혔다. 사람들은 《에밀》을 읽었고, 곧 그들은 어머니 속에서 태어난 아이를 목욕

시켰다……. 간단히 말해서 나는 문인을 교육시키는 데 기여하였다. 만일 그런 일이 없었다면 사람들은 보잘것없는 존재로 남아 있을 것이다."[41] 지방 서적상은 문화적으로 선구자 역할까지는 아니더라도, 어디서나 늘 뜸씨 역할을 하였다. 기본적인 사실은 아카데미 도시의 경우 서적 생산지보다 서적 거래가 훨씬 활발하였다는 점이다. 이러한 현상은 도시의 충분한 문자 교육과, 특히 식자층 소비자의 집중을 통해 설명할 수 있다. 따라서 중등학교, 대학교, 그리고 중요한 위생 시설을 갖추었다는 지표는 이러한 면에서 고려해야 할 것이다.

이같은 두 가지 기준을 분석하면 아카데미의 그물에 관한 어떤 통일성을 찾을 수 있다. 셰르부르를 제외한 모든 도시가 중등학교 하나는 가지고 있었고, 대규모 중심지로 갈수록 학교 수는 늘어난다. 대부분이 1690-1700년부터 물리학 강좌(처음에는 2년 단위였다가 곧 매년 개설되었다)를 갖추면서 전 과정을 개설하고 있었다. 18세기초 교사는 몇몇 경우를 제외하고는 모두 예수회 소속이었다. 오라토리오회에서 설립한 중요한 중등학교 몇 개만이 앙제와 수아송에 있었고, 몇몇 도시에서는 다양한 신도조합의 속인이 세운 학교가 있었다. 중급 교육 차원의 질 높은 학교가 있는 아카데미 도시는 전문화된 과학 교육의 영역에서도 수많은 기관을 가지고 있었다. 예컨대 수학이나 수로 측량을 위한 왕립교단, 항구는 물론 특히 동부와 남동부를 위한 육·해군학 연구 기관, 끝으로 작은 도시를 제외한 여러 중심 지역에 설립된 의학중등학교가 여기에 해당되었다. 대학교 도시의 대다수가 아카데미를 탄생시켰다고 생각했을 경우, 교육 기관의 밀도가 지방 학술 단체가 정착하는 데 주요 요인처럼 보일 수도 있다. 그리고 보건 위생 시설을 갖추었다는 면에서도 마찬가지이다. 7개 지역을 제외한 대부분의 도시에 20명 이상의 의사·외과의사·약사가 있었다. 특히 대도시의 경우에는 대체로 1백 명을 넘었다. 이러한 사실로 미루어 볼 때 전체 도시의 4분의 3이 주민 1천 명 이하에 의료업 종사자 1명씩을 가지고 있었음을 알 수 있다. 그밖에 루앙·리옹·마르세유 같은 도시, 다시 말해서 인구가 많은 도시에는 인구 2천 명 이하에 1명 정도가 있었고, 아미앵·셰르부르·베지에·몽토방에서는 제대로 된 의료 시설이 없었던 것으로 나타났다. 대부분 인구 1천 명 내지 3천 명에 의사 1명 정도가 최상의 조건이었다.[42] 문화의 집중 현상은 도시에 설립된 대표적인 교육 단체의 비율로도 가늠할 수 있다. 어디를 막론하고 주민 3천 명 이하에 중급 및 고등 교육 수준의 선생이 1명씩 있었다. 보르도를 제외한다면 대학교가 있는 도시로 갈수록 교원수는 더욱 늘어난다. 모든 분야에서 기본적인 역할을 담당하였던 발랑스에서는 주민 2백 명당 1명, 포에서는 3백 명당 1명, 캉과 몽펠리에에서는 7백 명당 1명, 브장송·디종·툴루즈에서는 9백 명당 1명, 오를레앙과 낭시에서는 2천 명당 1명씩이었다. 아카데미 도시의 4분의 3 이상이 적어도 전체 도시 정예의 2퍼센트 내지 3퍼센트를 포함한 문화적인 명사를 가지고 있었다. 앙시앵 레짐 말기에 오면 지역에 따라서 정도는 다르지만——근본적으로 예수회의 추방에서 기인된——위기를 겪게 되면서 교원의 숫자에도 영향을 미치게 된다. 예컨대 중등학교 교원의 경우 17세기와 1750-60년의 수준을 완전히 비교할 수는 없다 하여도 명예로운 수준에 머물러 있는 경향을 보였다. 지역에 따라 정도는 다르지만 대학교가 퇴조하는 가운데서도 지역적으로 제 나름의 형태를 지닌 문화 전통을 유지하고 있었다. 이러한 전통은 비록 우리가 모른다고 해도 그 중요성을 부인할 수 없는 사회적 기능을 맡고 있었다.[43] 새로운 연구가 부족한 현실에서 한층 더 심도 깊은 분석을 추진하기란 쉬운 일이 아니다. 여하간 앙시앵 레짐의 사상과 문화의 발전에만 국한시켜 대학교라는 기관의 사회적 의미를 판단하는 데는 많은 한계가 따른다. 왜냐하면 그 시대의 사상 및 문화 발전은 앙시앵 레짐에 필요한 교육적 효율을 제대로 설명해 주지 못하기 때문이다.[44] 굳이 그러한 방법을 택하지 않더라도 사제의 양성은 물론 종교의 정통성을 대단히 엄격하게 수호하는 신학부가 확고부동한 역할을 하였으며, 국가에 기본 요원을 대주는 법학과 의학 연구의 몫이 늘어나지는 않았다 해도 늘 일정 수준에 머물러 있었기 때문에 대학교가 어떻게 사회에 끼어들었는지 정도는 쉽게 알 수 있다. 게다가 여러 가장자리 기관의 발전으로 대학교의 쇠퇴가 더욱 두드러져 보였다.[45] 사실 학교 기관은 아카데미의 사회 환경 속에서 중요한 역할을 담당하였고, 그들이 차지하는 비중 또한 아카데미 회원을 분석하는 데뿐만 아니라 그들을 중등학교와 대학교에 묶어 놓는 여러 관계에서도 나타나고 있다. 낭시의 솔리냐크는 퐁타무송대학교가 옮겨온 사실을 두고 중요한 사건이라며 매우 기뻐했다. 그것은 아카데미 세계에서는 예외적인 일이었지만 문화적 이해의 깊이를 알려 주는 사건이었다. 교수라면 아카데미 회원으로 선출되지 않았다 해도 학회에 참석할 수 있었기 때문이다.[46] 아카데미 회원들이 대학교와 중등학교가 내거는 전통 교육의 분위기에 반대 의사를 나타내는 일은 아주 드물었다. 예수회가 해체되고 이제부터 도시나 고등법원이 학교를 재조직하는 문제를 떠맡게 되자, 아카데미 회원도 중등 교육 심의위원회의 행정 노력에 동참할 수 있는 기회를 얻었다. 1763년 상업 재판관의 학교 재편 작업에 대한 리옹 아카데미의 지지는 중등 교육 심의위원회 위원인 뒤가 드 캥소나와 특히 그의 수석비서 클라레 드 라 투레트의 행동을 통해 구체화되었다.[47] 이 두 사람이 속인이라는 것과 오라토리오 회원인 신임 교사를 고르는 데 반발한 대법관 재판소와 상업 재판소에서는 아카데미 회원이 새 기관에 마련된 자리를 차지한다는 조건에 동의하였다. 이같은 일은 거의 어디서나 재현되었다. 마르세유·툴루즈·루앙은 물론 아라스·아미앵·베지에에서 아카데미는 학교 경영에 여러 명의 회원을 대표로 참가시켰다.[48] 수많은 사람, 즉 디종의 기통 드 모르보,[49] 리옹의 샤를보르드,[50] 또는 브장송의 필리퐁 드 라 마들렌[51] 같은 사람이 교육에 관한 토론에 참여하였다. 프랑슈콩테의 수도에서도 아카데미는 베르지에와 트루이예 같은 원장신부를 새롭게 개혁된 중등학교 교장으로 맞아들였다.[52] 그르노블 고등법원의 법관인 루이 드 소쟁은 교육 계획 입안자로서 나중에 문학회를 설립한 인물이었다. 고위 성직자, 행정가, 상급 법원의 판사, 지방자치 기관의 대표이기도 하였던 아카데미 회원은 설립자 명단 가운데 첫머리를 장식하였다.

이들은 대부분 대학교 출신이라는 유리한 경력을 가지고 있었다. 지방 아카데미 회원의 80퍼센트가 중등학교를 거쳤고, 학력이 알려지지 않은 사람도 대부분 이러한 규칙에서 벗어나지 않았을 것이다. 더욱이 거의 50퍼센트가 대학 교육을 받았거나 졸업한 사람이었다. 이렇게 볼 때 아카데미 세계의 깊은 문화적 통일성은 널리 보급된 교육의 전통에서 찾아야 하

지 않을까? 일단 수립된 관습이 갖는 지속성은 놀라울 정도이다. 예수회
와 오라토리오회가 이끄는 중등학교 생활에서, 아카데미는 처음부터 교육
제도의 근본적인 요소로 작용하였다.[53] 문학 토론이나 활동에 참가하는 것
외에도 이미 집회에 속해 있는 학생 가운데서 회원을 뽑는 중등학교 아카
데미는 가장 훌륭한 사람들의 성공을 반영하고 있었다. 학교 교육은 더욱
자유롭고 자발적인 아카데미의 활동에 힘입어 완성된 모습을 갖추어 나
가기 시작하였다. 선생은 그러한 과정에서 단지 충고만 할 뿐이며, 사람들
은 학교에 대한 의무보다 자신의 재능과 가치를 증명해야 했다. 아카데미
에 들어가는 일은 학업의 성공을 이룩한 세계에서 정예 중의 정예가 되는
것을 의미했다. 2세기 동안 도시 명사는 이같은 꿈을 모범삼아 빚어진 심
리를 가지고 있었다. 과연 성년이 된 사람 가운데 어느 정도가 이러한 첫
교육을 받았던가? 사료의 부족 때문에 각 도시에서 중등학교의 아카데미
가 어떤 기능을 수행하였는지 추적하기란 불가능하다. 그러나 거의 어디
서나 그러한 아카데미가 존재하였음을 볼 수 있다. 1759년 디종의 고드랑
중등학교 아카데미 회원은 군주의 자질 가운데 어떤 것을 선택할까를 놓
고 열띤 토론을 벌였다.[54] 1778년 아라스의 오라토리오회 중등학교장은 아
카데미를 주교의 보호하에 두고, 거기에 "각 학급에서 가장 슬기롭고, 일
을 사랑하고, 두드러진 성적을 얻은 학생들"을 모아들였다. 그리고 "국가
에 관계된 중요한 사건들을 기념하는" 공식 회의에서 가장 감동적인 연설
을 한 사람에게 상을 주었다.[55] 가장 훌륭한 사람들의 더할나위없는 경쟁
기관이었던 중등학교 아카데미는 성인 아카데미 정신을 위한 준비 단계의
분위기를 만들어 냈다. 그뿐만 아니라 중등학교에서 맺어진 연대감은 어
른이 되어서도 문학과 학술 투쟁에서 확고하게 나타났다. 끝으로 행정가
이며 중등학교 졸업생인 아카데미 회원은 교육 제도와 맺은 관계에서 모
범이나 재판관으로 보였다.

중등학교 학생과 선생이 논문을 바치는 관습, 즉 아카데미 대표 앞에서
행해지는 공식적인 구두 심사가 이미 18세기에 존재하였음이 증명되고 있
다. 툴루즈의 경우가 이러한 사실을 뒷받침해 주고 있다. 2개의 중등학교
가 아카데미의 호의를 얻으려고 서로 다투다가 1738년부터 왕립중등학교

예수회측에서 아카데미에 물리학 논문을 바치기 시작했던 것이다.[56] 1741
년 레스키유 교의협의회도 그들을 본떴고, 1789년까지 교육자와 아카데미
회원들은 계속해서 공개 실험을 위한 모임을 가졌다. 그러던 와중에 1771
년 한 편의 물리학 논문을 바친 일이 토론에 불을 붙인 계기가 되었다. 논
문을 쓴 사람이 "이 논문에서 제안한 것에 대해서가 아니라 논문 그 자체
에 대해서 심사를 해줄 것을……" 바랐기 때문이다. "이러한 제안이 인지
대와 라틴어 논문을 없앰으로써 더욱 많은 중등학생들로 하여금 자신이
쓴 보고서의 공개 심사를 받을 수 있게 함은 물론, 교수에게는 그들의 예
사로운 논문에만 늘 한정된 명제를 세상에 널리 알릴 기회를 줌으로써,
그 논문에 대하여 대중이 완전히 이해할 수 있게 만들 수 있으리라는 사
실을 모두가 인정하였다……"[57] 작은 개혁이 실시됨으로써 아카데미 회원
과 중등학교 선생은 자신들의 세계를 위한 공통 원칙이 있다는 사실을 확
인할 수 있었다. 그 원칙이란 경쟁을 쉽게 만들어 주고, 강좌와 토론을 널
리 보급시키는 일이었다. 포·님·루앙·낭시·캉·아미앵·앙제의 아카
데미 회원은 논문의 헌정과 공개 심사에 참석할 것을 수락하였다. 이러한
과정을 통해 그들은 자신들이 중대한 문화 권력을 지녔음을 대중에게 보
여 줄 수 있었던 것이다. 교육 계획상 경쟁이 있었고, 아카데미가 중등학
교를 위시한 모든 교육 기관의 조직과 목적에 관한 깊이 있는 연구에 참
여하였던 걸로 보아, 겉으로 드러난 것보다 더욱 잦은 의견의 일치가 있
었던 듯하다. 아카데미 회원들은 개인적인 교육 과정과 도시에서 가지고
있는 기능에 따라 학교 제도를 관리하고 판단하며, 때로는 지켜보고 때로
는 흔들어 놓기도 하였다. 아카데미는 명사의 권력에 속한 분야 가운데 바
로 이 부분에 더욱 많은 관심을 보였던 것이다.

  아카데미 도시가 갖는 동질성은 단 하나의 기준으로 단순화될 수 없다.
주민의 숫자와 행정·사법·경제 기관들의 존재만으로는 아카데미 설립
에 대한 만족할 만한 설명을 얻을 수 없다. 그러나 도시의 여러 가지 기
능에 관한 연구를 통해 어떤 통일성을 찾아낼 수 있을 것이다. 인구나 복
잡한 활동에 있어서 최고 수준에 해당하는 6개 대도시를 제외하면 아카데
미 도시는 중간 크기의 도시로서, 다른 기능에 비해 특히 영혼·행정·사

법 기능이 우세하다는 특징을 가지고 있었다. 경제적 기능은 앞의 기능보다 한 단계 낮았다. 성직자의 중요성, 사법직 관리와 관직 보유자의 합리적인 세계는 이러한 사실을 뒷받침해 주는 증거가 된다. 또한 전체적으로 중등학교와 대학교가 존재하기 때문에 가능한 상당히 비중 있는 교육 활동이 그들에게 활력을 불어넣어 주었다. 끝으로 식자층이 아니라도 풍부한 독서 인구로 인해, 지방 출판업이 아주 활발하진 못해도 중요할 정도의 책 거래를 유지해 주었다. 어디서나 아카데미 회원인 정예 분자를 배출할 잠재적인 영역을 이루는 소수의 명사 가문은 극히 제한된 것처럼 보인다. 이들은 주로 중등학교의 유산과 권력의 통제에서 동질성을 찾았다. 시간이 흘러감에 따라 이들의 숫자가 늘어났는지의 여부를 파악하기란 그리 쉬운 일이 아니다. 왜냐하면 여기서 전체 인구의 증가는 참고할 정도 이상의 역할을 하지 못하기 때문이다. 사회적 유동성의 연구는 재빠른 변혁이나 활발한 사회적 부상 운동을 조금도 밝혀 주지 못하는 듯하다. 그나마 그같은 연구마저도 아주 드물기 때문에 변화의 박자가 느리고 숫자상으로도 한정되었다는 가설 이외의 것을 해결하거나 받아들일 수 없을 정도이다. 교양인의 안정된 사회가 존재한다는 사실은 사회 변혁보다는 아카데미 현상이 정착하는 데 더욱 적합한 요소였던 것 같다. 대항구의 무역업자와 수공업 공장 경영인, 리옹 방직 공장 감독, 은행과 재정 대표 같은 특정 집단이 발전하고, 특히 부를 얻게 되는 과정을 부인하지 않는 한, 그들이 아카데미에 어느 정도 참여했는가는 물어볼 수 있을 것이다. 그러기 위해서는 무엇보다도 도시에서 아카데미가 차지하는 자리를 평가할 필요가 있다.


## 2. 아카데미의 체제

**사회가 있으면 법이 있기 마련이다.** 아카데미는 이러한 격언을 거짓이라고 부인하지 않으며, 아카데미 회원이라면 누구를 막론하고 입법가가 되려고 한다. 새롭게 설립되는 단체는 정확한 규정을 정하고, 오랜 뒤에는 정관의 준수와 개정이 모든 활동 중에서 가장 중요한 자리를 차지한다. 브장송의 경우도 마찬가지이다. 브장송 아카데미는 첫 회의를 열어 왕의 인가를 받기 위해 제출할 면장과 정관의 문구를 다듬었다. 이때 결정된 면장과 정관은 마침내 1752년 7월 27일 프랑슈콩테 고등법원에 등재되기에 이른다. 그러나 여러 가지 면에서 규정이 부정확하였기 때문에 아카데미는 다시 규정을 논의하였다. 이곳 종신 사무총장인 재판장 쿠르부종은 원장 신부 올리베에게 아카데미 프랑세즈의 관행에 대하여, 그리고 르프랑 드 퐁피냥에게 몽토방 아카데미의 관행에 대해 각각 의견을 물었다. 그리고 캉소나·샤티용·시플레·쿠르부종 같은 재판장이 포함된 위원회가 원안을 작성하였다. 이 가운데 첫번째 조항 몇 가지는 1753년 4월 2일 토론에 부쳐 채택되었고, 마지막 조항은 1주일 뒤에 가결되었다. 이들은 보호자인 탈라르 공작에게 30일 동안에 걸쳐 수정한 문안을 제출했고, 수정안을 받아든 공작은 다시 몇몇 조항을 직접 손질하였다. 그리고 1753년 5월 21일 마지막 토론을 거친 규정은 마침내 고등법원에 등재되었다. 브장송 학회원은 1754년초에 자신들의 규정을 인쇄키로 결정하였다. 결국 아카데미 회원의 최대 관심사는 1752년 5월부터 1753년 5월에 걸쳐 진행된 규정 확정 작업이었다.[1] 그렇다고 해서 브장송의 경우가 다른 곳과 비교해 예외적이거나 전혀 새로운 분위기를 만들어 냈던 것은 아니다. 초기에 아카데미가 생겼을 때부터 정관을 마련하려는 열기는 모든 아카데미의 특성이었고, 그러한 경향은 마지막 아카데미가 설립될 때까지 일관되게 지속되었다. 아를은 콩라르의 자문을 받아 정관을 마련하는 데 여러 달을 보냈다. 예외적인 일이긴 하지만 오를레앙은 세 번에 걸친 규정 확정 작업에 거의 10년을 보내기도 했다.[2]

끝없이 지루하게 반복되는 이러한 자료를 읽으면서, 누구든 그 뜻을 묻지 않을 수 없을 것이다. 그러나 40여 개에 이르는 규정(거기에는 개정된 헌장과 새로운 정관이 포함되어 있다)을 통해 정관을 선택하는 과정에서 자주 발생하는 공통점을 관찰한다면, 아주 특징 있는 활동의 사회학적 기능을 더 잘 이해할 수 있을 것이다. 아카데미의 규정위원회와 학술 모임에 법률가 회원이 참여하였다는 사실만으로는, 다시 말해 법률가 세계의 사회적·정신적 무게만으로는 모든 것을 충분히 설명할 수 없다. 법률가는 단체의 이름으로 활동하였고 단체의 통제를 받았다. 그러나 사실상 법조계의 정신 자세는 사람들에게 늘 법전을 만들려는 의지를 불어넣을 정도로 18세기 인간의 모든 활동을 물들였다. 학술 단체의 세계는 규정집의 세부 항목에 대해 세심하게 신경을 썼다. 규정집이야말로 개개인의 사회적 좌표를 정확히 해주는 기능이 있기 때문이다. 권력의 시각을 보여 주는 면장과 함께 아카데미가 자신의 기능에 관한 증거로 가지고 있는 정관은 사회 전체에서 그 단체가 지닌 독창성을 확고히 해준다. 다시 말해 규정을 통해 단체의 정확한 모습이 나타나며 단체가 존재할 수 있게 되는 것이다. 제도적 틀이 갖는 첫번째 관심이 아카데미와 세계의 경계선, 아카데미와 비(非)아카데미적인 것의 경계선을 긋는 데 있다는 것은 바로 이 때문이다. 자신의 법에 따라 설립되고 자신의 법전에 따라 통제를 받는, 그 자체로 확고한 위치에 서게 된 아카데미는 자신의 야심을 펼침과 동시에 활동을 발전시킬 수 있었다. 이제까지 아카데미 회원은 통일적인 동시에 본질을 밝혀 주는 더욱 보편적인 의지의 개별 영역에 적용되는 합리적 의지를 보여 주었다. 그러나 아카데미에 관한 법률을 더욱 일반적인 근대성을 가진 사법의 다른 표현으로 보는 시각에는 많은 한계가 있다. 아카데미에 대한 법전은 법률상의 다른 모범, 예를 들어 조합과 직업인 단체에 관한 법률과 같은 자격을 가지고 있는 바, 아주 새로운 요소와 그 시대의 모든 무게를 설명해 주는 다른 요소를 포함하고 있다. 아카데미 회원은 어떤 원칙(ratio)을 명시하면서 자신들이 더 이상 관습에만 얽매어 있지 않다는 것을 보여 주었다. 그러나 이들은 규정의 내용을 다듬는 과정에서 상당히 전형화되고 부분적으로 고풍스러운 문화적 거동을 특별히 중시하였다. 법률의 민족학적 언어를 빌려서 한마디로 말하자면, 그들에게 중요한 것은 전체에 내재하는 문제를 해결하는 일과 함께 공동체를 구축하는 일이었다. 아카데미의 규정이 도시법의 역사에서 한 자리를 차지하고 있는 것은 사실이지만, 그것이 특히 주목받는 이유는 이들 규정이 사회적 거동을 구체화하고 특정한 정신 자세를 표현하기 때문이다. 아카데미 정관은 특정한 행위에 대한 존중과 사회 관계의 규정을 통해 문화 의식

(儀式)을 세련화시켰다. 아카데미 규정의 정밀한 내용을 보면 마치 바라보는 사람이 제약을 받을 정도로 모든 것을 지나치게 세밀히 묘사한 그림을 보는 것 같은 생각이 든다. 사람들은 무엇이건 재검토하지 않고서는 거기에 아무런 변화를 가져올 수 없으며, 전체의 논리적 조직만으로는 그것을 설명할 수 없다. 아카데미 규정은 그것이 담고 있는 내용을 설명해 주지만, 입안자의 기록되지 않은 의도를 생각지 않고서는 그 규정을 제대로 파악할 수 없다. 법률이란 적용되고 토론을 거치게 마련이며, 이러한 과정은 예나 지금이나 일반적인 관행이다. 그러나 아카데미의 규정집은 이상하게도 어떤 것을 선택한 이유나, 어떤 것을 수정한 까닭에 대해 아무런 언급이 없다. 아카데미의 법은 대부분 불투명한 채 살아 있는 전체의 뼈대와 같다. 아카데미 활동에 참여하는 사람은 어떤 순간 요행히 그리고 우연히 아카데미의 안팎에서 밀어닥치는 압력을 느끼고, 권리를 수정하고, 정관을 바꾸는 경우가 있었다. 그러나 이처럼 특별한 순간은 거의 없었고, 대부분의 경우 아카데미 회원은 자신들의 법을 설명하지 않은 채 그대로 적용하였다.

사실 아카데미 집단은 바로 이 부분에서 자신의 모습을 적나라하게 드러낸다. 정관이 정한 바에 따라 권리에 관한 규칙이 거기서 나오기 때문이다. 군주의 역할은 오직 한 번의 인준 행위에 국한될 뿐이다. "상기 아카데미에 내부의 규율을 위한 개별 정관과 규정을 가질 수 있도록 허락하노라. 정관과 규정은 적어도 정회원 4분의 3으로 구성된 회의에서 다수결에 의해 결정될 수 있을 뿐이다. 그러나 정관과 규정은 항상 현행 규칙에 근거해야 하며 거기에 조금도 위배되어서는 안 된다. 전자와 후자는 모두 아카데미의 의사록에 기록될 것이다."[3] 공동체의 법으로서 엄격한 규칙에 따라 공동체의 인정을 받은 기본 헌장은 어떠한 전복도 허용치 않을 정도로 그 자체에 충실한 행위 속에서만 문제가 될 수 있다. 지나친 개혁은 아카데미 자체를 뒤흔든다. 아카데미의 법은 기본 법안의 정신 속에서만 개혁을 받아들일 수 있는 보수적인 법이다. 집단은 아카데미의 전체 속에서 의견을 내놓아야 하며, 이러한 점에서 모든 정관은 한결같이 주요한 주의 사항을 명확히 규정하고 있다. "본 아카데미에서는 최소한 10명이 모여야만 안건을 심의할 수 있으며, 회원의 선출과 자격 박탈, 또는 자격 정지, 수훈자의 지명과 기타 중요한 사항……에 대해서는 15명이 모이지 않으면 어떠한 결정도 내릴 수 없다."[4] 법에 대한 잘못을 판단하는 일이나 법을 적용할 임무를 띤 사무관을 선출하는 일, 혹은 법을 개정하는 일은 모두 같은 차원에 놓인 중요한 사항이었다. 따라서 이를 위해서는 공동체가 하나처럼 존재할 필요가 있었다. 아카데미의 법은 보수와 방어의 성격을 함께 띠고 있는 것으로서, 당연히 발전 속도가 더딜 수밖에 없었다. 그 결과 정관의 변경은 여러 가지 긴장의 마지막 지점만을 기록할 뿐이다. 학술 단체의 세계는 동질성을 가지기 위하여 미리 정해진 행위의 통제를 받았다.

　정관을 분석해 보면 관습과 원칙을 중요시하는 아카데미 사회 조직을 더 잘 이해할 수 있다. 아울러 케케묵은 성격과 참신함 사이를 오가는 정신 자세의 중요한 특성을 발견할 수도 있다. 정관은 담론의 무서운 힘에 대한 깊은 믿음을 설명해 준다. 학술 단체가 정관을 개정하거나 늘리려는 유혹을 이겨내지 못했다면 그것은 상황 때문인 동시에, 상황이 기존 활동에 은밀하고 끈질긴 희망을 불어넣었기 때문이다. 학회 활동이 활발치 못하고 보고서가 거의 나오지 못하며, 회원 대다수가 결석하는 풍조에 물드는 경우, 요컨대 학회에 대한 회원의 열정이 식었을 때 저절로 떠오른 것은 정관을 개정하거나 증보하는 임시 방편으로서, 이는 "케케묵은 방법인 동시에 언제나 새로운 방법이기도"[5] 했다. 더욱이 새로 설립되는 아카데미는 초기의 정신을 거듭나게 만들어야 했고, 자신을 눈부시게 발전시켜야 했다. 모든 법률 개정은 거듭 태어나는 일이었다. 규칙에 따른 처방전을 써서 아카데미의 병을 고쳐야 하는 한편, 새로 설립하거나 법을 개정함으로써 새로운 틀에 아카데미를 맞추어야 했다. 사무관이 제식 집행자의 역할을 떠맡게 되는 의식을 알지 못하고서는 아카데미의 법을 생각할 수 없다. 이같은 법적 의식을 통해 두 가지 중요한 기능이 존재하였음을 알 수 있다. 첫째는 집단을 규정하고 회원과 일반 대중의 눈에 그 집단을 정당한 것으로 보이게 만드는 기능이며, 둘째는 사회 전반의 이질성과 아카데미 공동체에 반드시 필요한 동질성을 조화시키는 조직을 명확하게 만드는 기능이다.

아카데미 회원은 규정에 따라 외부의 갈등과 인류 공통의 엄격한 달력
에서 벗어날 수 있었다. 닫힌 동시에 열린 세계의 법전으로서 아카데미의
규정은 단체 정신을 확립하였다. 규정이 맡았던 방어와 안전판의 역할은
집단 내부의 동질성을 확보하고 강화해 주었다. 아울러 집단을 외부의 적
대감으로부터 보호해 주기도 하였으며, 특히 이러한 역할은 집단에 대한
더욱 강력한 보호막을 설치하기 위한 여러 조항을 반포하는 가운데 나타
났다. 가장 절실한 것이 회원 선출법을 제정하는 일이었다. 회원이 되려는
사람이 지켜야 할 실천 사항에 나이·도덕성·재능이라는 조건이 결부되
었다. 전체 아카데미의 규정 가운데 4분의 3이 나이에 대해 명시하지 않
았으며, 원칙보다는 관습이 우세하였다. 어쩌다 회원의 나이 제한이 명시
된 경우에는 25세로 한정되었다. 그리고 연구 보조원과 견습생의 나이는
20세로 제한하였다. 이같은 나이는 원장신부 비뇽이 과학 아카데미와 비
명문학 아카데미의 규정을 입안할 당시 정해 놓은 것이었다.[6] 그때는 관
행상 법적 성년, 아니면 적어도 관습상 성년을 강조하던 시대였다. 아카데
미라는 사회는 스스로 책임을 지고 성인 노릇을 하고 싶어했다. 그것은
나이의 층계가 모이는 지점에 설립되었다. 게다가 아카데미 회원에게 중
요했던 것은 연령에 따른 계급을 정해야 한다는 절대 필요성보다는 성인
다운 윤리가 필요하다는 의식이었다. 셰르부르·루앙·캉의 아카데미 회
원인 투스텡 드 리슈부르는 정관 개정을 위한 토론에 즈음하여 다음과 같
이 분명하게 언급했다. "철 이른 재능과 덕성의 예를 도처에서 볼 수 있
지만 정신과 마음은 대체로 잘못 육성되었고, 20세에도 완성된 사람은 거
의 없기 때문에 가입할 수 있는 나이를 24세로 올려야 할 것이다……"[7]
　25세가 된다는 일은 아카데미가 회원 조건으로 내세운, 도덕과 교양을
갖춘 세계에 편입되었음을 보증한다는 의미였다. 다시 말해 나이 자체보
다는 훌륭한 삶과 풍속에 관한 조항이 훨씬 더 근본적인 것이었다.
　다음 조항은 아카데미 프랑세즈의 규정을 직접 베낀 것이다. "아카데미
보호자의 마음에 들지 않고, 미풍양속, 좋은 평판, 고매한 정신을 유지하지
못하는 사람은 누구도 아카데미의 회원이 될 수 없다……" 세상의 이목에
맞는 바른 윤리와 지성에 대한 요구도 과학 아카데미(1699)와 비명문학

아카데미(1701)의 정관에 나타나 있다. "미풍양속을 지키지 않고 성실성을 인정받지 못한 사람은…… 누구도 회원으로 추천될 수 없다……."[8] 사회적인 윤리에 대한 존중을 강조하고 있는 이 항목은 지방 법전 전체에 포함되어 있다. 《백과전서》는 성실성을 이렇게 정의하고 있다. "(성실성이야말로) 시민의 온갖 덕성을 지키는 일이다. (이를 지키는 데는) 어떤 사람이 모든 사람에게 빚지고 있는 것을 모두 그들에게 되돌려 주려고 생각하는 것 이상의 어려움이 따른다. 정념이 그것에 대해 속살거리고, 기분이 내키지 않으며, 본성이 그것을 싫어하며, 이기심이 질겁을 한다. 시민 사회의 모든 임무를 조금도 무서워하지 않고 바라보는 일은 그것들을 조금도 당연한 것으로 여기지 않음을 뜻한다. 사회의 가장 성스러운 법이 확보되고 준수되는 것은 오로지 종교의 후원을 받아서 가능할 뿐이다……." 다시 말해서, **입회 허가**는 만족할 만한 윤리적 명성을 얻은 사람에게 주어졌다. 클레르몽 아카데미의 정관은 '명예로운 성실성'도 필요하다고 명시하였으며,[9] 17세기말부터 18세기에 걸쳐 어디서나 같은 조건을 내걸었다. 아를 아카데미 회원도 빌프랑슈나 수아송의 아카데미 회원처럼 '미풍양속'을 요구하였고, 리옹 아카데미 회원은 '미풍양속과 성실성'을 인정받을 필요가 있다고 생각하였다. 또한 1784년 발랑스 아카데미 회원은 "공적·재능·열의를 가지고 사회를 빛내고, 정직성과 미풍양속을 널리 인정받은 사람"을 원했다. 끝으로 1789년 그르노블에서도 역시 '미풍양속'을 요구하였다.[10] 게다가 대부분의 아카데미는 불명예스러운 행위를 한 사람을 회원으로 받아들이지 않거나 회원 자격을 박탈한다고 하였다. 아를·수아송·빌프랑슈·앙제·낭시·라로셸 아카데미는 아카데미 프랑세즈의 정관 13조를 그대로 빌려 썼다. "만일 어떤 회원이 불명예스러운 잘못을 저지를 경우, 그의 자격은 정지된다……."[11] 규정에서 사용된 공식적인 말이 지닌 막연하고 일반적인 성격은 모든 계통의 교제와 관련되어 있었다. 지방의 입안자는 위대한 세기의 윤리주의자·작가·수도사로부터 물려받은 정직성의 전통을 잘 지켜 나가고 있었다. 부정확한 문구가 있다면 그것은 더욱 폭넓은 합의가 이루어질 경우에 대비해서 문구를 적용할 수 있는 가능성을 제시한다. 아카데미 운동이 일어난 18세기는 설령 17세기의 윤리적 관념을 이어받았다 해도 윤리주의자의 공통 부분에 조금씩 변화가 일어나고 있던 시기였다. 아카데미의 명예가 비록 윤리적 관계에 대한 귀족과 명사의 개념에 물들어 있었다 할지라도 단순하게 그러한 개념에 국한시켜 생각할 수 있는 문제는 아니다. 그것은 정직한 인간이라는 개념, 문화와 도덕의 조정자로서 사회의 모형이 되고 싶어하는 개념과 밀접한 관계가 있었다. 아카데미 회원의 명예는 몽테스키외가 《법의 정신》에서 정의했던 바와 같은 군주정을 부추기는 감정 이상의 것으로 보인다. 그것은 덕성과 법에 대한 존경, 그리고 어떤 사람은 자기 자신에 대해, 다른 사람은 당신에 대해 가지는 평판에 대한 의식을 흡수한다. 그것은 흄과 같은 방식의 실용주의를 기꺼이 받아들일 준비가 되어 있다. 명예로운 사람은 사회에 봉사한다. 이렇게 여러 가지 의미를 지닌 명예는 언제나 아카데미 공동체를 강화하는 감정이었다. 아카데미 회원은 질서를 사랑하고 서로 친숙한 작은 집단 속에서 발전한 공공연한 평판을 깊이 의식함으로써, 덕성과 재능을 실천하는 데 있어 사회적으로 밀착되어 있는 명예를 규정하였던 것이다. 이처럼 아카데미의 명예는 무엇보다도 공통의 임무, 공통의 법과 의무를 한결같이 존중하는 충실한 의식이었다. 그것은 사회적 순응주의의 완전한 표시였다.

아카데미의 정관은 각 단체에서 공통 정신으로 움직이는 통일된 전체를 만들어 낼 원칙을 명확히 밝혀 주는 한편, 세상에서 떠도는 온갖 다툼에 물들지 않을 정도로 아주 특별한 상황을 확보해 주는 규칙을 정해 주었다. 시민 정신·정직·예의에 대한 이상이 아카데미 활동의 기초를 이루었다. 이 영역에서 정관은 한결같이 무한한 주의 사항을 규정한다. 토론할 때는 너무 신랄하거나 남을 깔보는 듯한 태도를 취하여서는 안 되며, 논평은 큰소리로 하되 겸손하고 차분한 가운데 화를 내지 않고 중단 없이 '정중하게' 해야 한다. 예절에 대한 관심과 친절에 대한 감각은 질투와 정열이 빚어내는 지나친 행동이나 들뜬 흥분을 내모는 데 결정적인 기여를 했다. 아카데미의 총재와 사무관은 언제나 '시민' 사회의 원칙에 맞도록 '훌륭한 질서'를 지키면서 회의를 주재할 임무를 가지고 있었다.[12] 음모와 비웃음은 고발 대상이었다. 이상향의 모습을 담은 정관은 살아가는 기술(ars vivendi)과 아카데미 회원의 단합 및 아카데미의 영속성을 보장해 줄 사교의 규범을 정해 놓고 있었다. 근본적인 정직성의 추구는 명예와 덕성의 화해를 통해 가능하다. 따라서 사람을 사귈 때 상대방을 존중하고 윤리적인 마음가짐을 중요시한다면, 그러한 태도는 앞서 말한 정직성을 이루는 과정의 한 단계임에 틀림없는 예절바른 말 속에 표현된다고 할 수 있다. 그러나 그 시대의 주된 경향과 반대로 예절은 전혀 문제되지 않았다.[13] 아카데미는 진정한 장점과 행복에 찬 사회로서, 18세기말에는 인류애를 대표하는 집단이었다.[14] 아카데미 정관은 술어를 바꾸어 쓰면서 어떤 사회계급이 소유하고 있는 윤리를 정의하는 데 덜 적합한 다른 의미를 배제했다. "사실상 명예는…… 신사, 다시 말해서 좋은 가문에서 태어나고 훌륭한 교육을 받았으며, 예의 범절이나 윤리적 정직성이라는 이름에 적합한 몇 가지 원칙에 따라 모이는 사람들이 맺는 사회 계약에 지나지 않는다. 낮은 계급을 모두 제외시켰다고 생각하는 고상한 묵계에 지나지 않는다……."[15]

내부의 단결을 보장해 주는 윤리 헌장에 외부의 안전을 보장해 주고 모든 간섭을 예방해 주는 원칙이 덧붙여졌다. 아카데미의 토론에서는 종교와 정치를 주제로 다룰 수 없었으며, 방종과 비꼬는 말투는 완전히 금지되었다. 지방학회는 이러한 영역에서 역시 파리의 모범을 철저히 지켜 나갔다. 아카데미 프랑세즈의 정관에서 21·22·23조는 어디서나 더욱 간결한 형태로 채택되었다. "종교에 관한 어떠한 논의도 없을 것이다……" "윤리와 정치에 관한 문제를 아카데미에서 다룰 때는 오직 군주의 권위, 정부의 현 상태, 왕국의 법률에 맞추어서 다룰 것이다……" "……우리는 앞으로 발간될 모든 저작 속에 아카데미, 또는 아카데미 회원의 자격을 가진 개인의 이름으로 자유분방하거나 방종한 말과 모호하거나 잘못 해석될 수 있는 말은 절대로 싣지 않을 것이다……."[16] 훌륭한 아카데미 회원은 종교의 원칙을 존중하고, 군주와 국법에 복종했으며, 윤리의 위엄을 갖춘 담론을 주고받았다. 그들은 그렇게 함으로써 검열을 미리 막고 온갖 민사와 종교의 권력들의 보호를 확실히 받는 동시에, 특권을 보장받았다. 왕립 과학 아카데미의 정관을 거의 그대로 베낀 아카데미만이 이러한 전통주의에 근거를 둔 합주 속에서 예외가 되었다. 그러나 이들 아카데미의 경우를 보면 마치 자신의 활동을 규정하는 일만이 논쟁을 불러일으킬 만한 소지를 사전에 방지할 수 있다고 느꼈다는 인상을 받게 된다.[17] 아카데미 회원은 전통의 우위를 인정하는 동시에, 사회의 모든 가치를 조금도 문제삼지 않겠다고 맹세한다. 그의 행동은 반드시 전형의 거푸집으로 흘러들게 마련이다. 아카데미의 단결은 이러한 대가를 치르고 나서야 비로소 모습을 드러낸다. 그렇다면 굳이 아카데미 회원의 지적 자질을 훨씬 명쾌하게 정의내릴 필요는 없게 된다. 선출된 사람은 누구나 '필요한 만큼의 재능을' 갖추고, '아카데미의 모든 활동에 적합한' 인물임에 틀림없다. 사실 누구나 아카데미 회원이었다. 왜냐하면 당신을 인정한 단체야말로 바로 이러한 성격을 가졌으니까. 누구나 자신과 같은 종류의 사람들에 의해 회원으로 받아들여지게 마련이다. 이들은 새로 뽑는 회원이 자신들보다 자질이나 천재성이 부족하다고 인정하지 않는다. 몇몇 경우에 사회에서 연구된 여러 학문에 대한 지성을 갖추어야 한다는 점이 명시되어 있으며, 또 다른 경우에는 어떤 저작이나 연구 업적을 반드시 읽어야 한다는 것을 분명하게 말한다. 그러나 이러한 경우는 문체상의 예외적인 구절에 불과하였다. 왜냐하면 학술 단체는 회원이 되겠다고 신청하는 사람이나 해당 단체가 이미 자격을 인정하는 사람만을 선택하였기 때문이다. 어떠한 경우에도 술책이나 간청은 받아들여지지 않았다. 이 점과 관련해 라로셸 아카데미에서는 다음과 같은 규정을 정해 놓았다. "본 아카데미에 들어오기 위해 술책을 써서 선거에서 이긴 사람, 또는 고위직에 있는 사람의 천거를 받은 사람은 제외된다."[18] 회원은 완전히 자유로운 사람들의 투표에 의해서만 선출될 뿐이다. "회원이 되고자 신청하는 사람은 사무관을 만나야 한다. 그리고 나면 의장을 만나게 되고, 그 다음 회의에 그의 문제를 올리게 된다. 선출 여부는 다수결의 원칙에 따라 결정된다……."[19] 새로운 회원 선출 방법이 어떤 형태를 띠었든지간에, 그것은 언제나 단체의 단결을 유지하게 해달라는 부탁이나 방문 의식을 거치게 되어 있었다. 회원의 선출이 있을 때마다 유일한 정예 집단에 속했다는 공동 의식이 다시금 현실로 나타났던 것이다. 투표 방식의 세부 사항은 오직 회원 보충의 근본 행위를 성스럽게 만들고, 똑같은 이상을 추구하는 공동체의 자유를 보장해 주는 목적을 가졌을 뿐이다. 아카데미는 새로운 회원을 호선으로 선출함으로써 지속적인 변화를 거치는 것처럼 보이면서도, 계속해서 변하지 않는 시간의 영원한 질서 속에 등록된다. 그리고 새 회원은 자신을 완전히 인정된 회원으로 만들어 줄 의식을 거쳐야 한다.

그는 선서를 하거나 등기부에 등재된 정관에 서명하며, 때때로 정관의 일부를 받는다. 아카데미의 법전은 엄숙한 맹세로서 비준을 받는다. 브장송의 신입 회원은 아카데미 입회시에 다음과 같이 맹세하였다.[20] "저는 제 명예를 걸고 어떠한 종류의 부탁도 듣지 않을 것이며, 제 마음에 든다고 해서 아무에게나 표를 던지지 않겠습니다. 제게 주어진 자유로운 투표권을 행사할 것이며, 아카데미의 정관에 맞도록 행동할 것을 약속합니다." 이러한 형식은 모든 법전이 규칙에 대한 찬성을 엄숙히 맹세할 것을 새 회원에게 강요하는 동시에, 지향하고 있는 이상을 부각시켜 준다. 특정 집단을 특정 집단으로 만들어 주는 정관을 알지 못했던 회원은 없었을 것이다.[21] 더욱이 모든 조항은 회원의 비밀을 미리 준비해 두고 있었다. 아카데미의 모험은 조화로운 사회를 이루려는 근본 염원에 적합한 신비스러운 성격을 보유하고 있었다. 이를 통해서도 역시 파리의 모범이 지방에서 승리하고 있었다는 사실을 알 수 있다. 아카데미 회원이 아닌 사람은 미리 정한 상황과 사무관의 자문을 받는 경우를 제외하고는 학회에 참여할 수 없었다. 회원은 결정 사항이나 집단의 일에 관한 안건과 그에 대한 이유를 밖에 알려서는 안 되었다. 이 점에서도 역시 과학 아카데미를 모범으로 삼은 아카데미는, 마치 자신이 신성치 못한 부분을 가진 활동 영역에 참여하는 것처럼 보이게 만드는 비밀을 포함하는 조항을 가지지 않았다.

끝으로 동질성을 확인하는 마지막 의식으로서, 대부분의 아카데미는 매년 개회시마다 규칙을 새로 읽어야 했다.[22] 규칙을 읽음으로써 공동체의 헌장을 다시금 기억할 수 있었고, 아울러 규정된 의무와 인정받은 규범을 상기할 수 있었던 것이다. 이처럼 반복되는 행사를 통해 해마다 학회 창설의 의식을 재창조하고, 아카데미를 처음의 행복했던 시절로 되돌릴 수 있었다. 디종 아카데미를 뒤흔든 분쟁이 끝나갈 즈음 르구 드 제를랑은 개회사를 통해 아카데미의 이상을 명확하게 밝혔다. "……만일 우리가 조국을 빛내기 위해 선택되었다면 언제나 이성의 불빛 아래 행진합시다. 과학을 연구하는 과정에서 범하기 쉬운 성격상의 신랄함을 이성의 빛으로 우리에게서 멀어지게 합시다. 이러한 신랄함은 학자의 명예를 떨어뜨리게 할 뿐입니다. 아울러 우리를 유혹하여 다른 사람에게 정의로운 행동을 하지 못하도록 방해하는 이기심을 몰아내도록 합시다. 이기심의 날개를 잘라 버려…… 뮤즈의 신전 안에서 우리의 행동이 조화를 이루도록 합시다. 존경과 우정의 끈으로 우리를 묶읍시다. 문학회를 확고히 뒷받침해 주는 가장 완전한 평등으로 우리의 노력을 유지합시다. 그리고 마지막으로 명예·덕성·공적을 모든 신민을 구별하는 유일한 기준으로 삼읍시다. 질투와 자기 사랑, 성격상의 가혹함을 뮤즈의 신전에서 쫓아낸다면, 아첨과 숨김도 역시 추방해야 할 것입니다. 이것들은 천박하거나 이익만을 좇는 영혼, 다시 말해서 두려움과 어리석음의 노예가 갖는 천성이기 때문입니다. 신랄함이나 거만함과는 거리가 먼 고상한 솔직성이야말로 진정한 아카데미 회원의 성격일 것입니다……. 이 단체의 단결과 우리 조국의 명성을 우정으로 드높이고, 우정의 이름으로 우리의 이름이 결국 후세에 전해지게 되기를 빕니다."[23] 조화롭고 윤리적인 공동체 의식은 기본 가치를 존중하는 가운데 힘을 얻게 된다. 그리고 그러한 과정을 통해 강화된 공동체 의식은 문화의 세계를 사회화하는 내부 조직의 규정을 수반한다.

아카데미의 질서는 한정된 범위의 세계와 관계가 있다. 왜냐하면 항상 같은 단위로 잴 수 있는 규칙을 가진 사회에서 선출된 사람은 소수이기 때문이다. 각자는 우정이건 명성이건 거기서 인정을 받아야 한다. 결국 숫자상의 한계를 엄격히 지키려는 유일한 목적은 모두가 서로 직접 알고 지낼 수 있도록 해주는 기관의 화려한 성격을 돋보이게 하려는 데 있다. 요컨대 모든 단체의 서열에 따라 정확한 숫자는 달라졌다. 이같은 단체에는 지속적인 회원 확보와 함께 도시의 경계를 넘어서 명성을 얻는 일이 중요하였다. 특히 지역적 명성이나 국가적 명성을 얻기 위해서는 협회의 수를 늘이지 않으면 안 되었다. 재판장 바르보는 1744년 1월 25일의 연설에서 지방학회의 이와 같은 기본 염원을 분명하게 보여 주었다. "아카데미는 과학의 취미를 퍼뜨리기 위해 설립되었기 때문에, 이러한 단체는 자신을 성공적으로 키워 줄 사람을 찾는 일에 세심한 주의를 기울여야 할 것입니다. 발굴되지 않은 재능이 종종 잊혀진 채로 방치되어 있는 지방에서는 이 부분에 더욱 주의를 기울일 필요가 있습니다. 따라서 보르도 아카데미는 탁월한 공적을 가진 유명한 지방 인사를 끌어모을 필요가 있으리라고 나는 믿습니다……. 그 사람들이 멀리 떨어져 있기 때문에 이 단체의 설립에 관련된 혜택을 받지 못한다는 생각, 이러한 폐단을 고치기 위해 과학 아카데미와 파리의 문학 아카데미가 연구 대상으로 삼은 과학에 대해 일정수의 사람만을 골라 그들과 교류를 가지겠다는 생각…… 보르도 아카데미가 기옌의 문화·정치·자연의 역사에 대해 연구하려는 목적에서 기꺼이 그 지방의 서로 다른 지역에 살고 있는 사람들의 지혜를 이용하려는 일보다, 이러한 종류의 교류를 더욱 필요하게 여겨야 한다는 생각은 모두 부당합니다……."[24] 학술 연구에 대한 필요가 생겨나고 파리의 모범을 모방함에 따라 회원 선출의 범위를 지방의 특정 영역에까지 확대해야 했지만, 그 범위도 곧 기옌의 경계를 넘어섰다. 두 가지 절대 필요에 따라 모든 아카데미는 닫힌 사회라는 이상과 계몽되고 열린 세계라는 이상 사이에서 표류하기 시작했다. 아울러 문화적 정예의 타고난 일체감을 가진 활기차고 우정어린 집단의 꿈과, 문학 공화국과는 거리가 먼 성격을 파악할 수 없는 집단 생활에 참여해야 한다는 필요 사이에서 갈등을 겪게 되었다. 바로 이 때문에 정규 아카데미 회원의 숫자가 여전히 상징적인 뜻을 가지게 되었던 것이며, 준회원과 통신원의 수가 제대로 명시되지 않은 경우(이것은 또한 명예회원의 경우에도 가끔 적용된다)가 자주 발생하였던 것이다. 전체적으로 볼 때 아카데미 프랑세즈를 그대로 본딴 세 곳만이 정회원 40명을 가지고 있었을 뿐,[25] 30명에서 35명을 가진 곳이 열다섯 군데,[26] 그리고 20명 이하인 곳도 열네 곳이나 되었다.[27] 어디서나 지방 문화의 현자는 극소수에 불과하였고, 따라서 소수 정예의 성격이 아카데미 현상의 속성이었다는 느낌을 갖게 한다. 이러한 경향은 한 사람 한 사람이 누구와도 바꿀 수 없는 요소인 것처럼 제자리를 차지하고 있는 기준의 서열을 결정한다. 아카데미 공동체는 이러한 가치를 바탕으로 존속하였으며 자신의 전통을 물려 주었는데, 그것은 소수의 구성원 모두가 의식적으로 참여하는 경우에만 가능하였다. 더욱이 학술 단체가 시간의 한계를 극복하고 불후의 존재가 된다는 것은 바로 이러한 의미에서라 하겠다. 슬기로운 아카데미 회원은 어떤 면에서 아주 일관되지만, 공동체가 자신에 대해서 가지는 모습을 충실히 지켜 나갈 정도로 극히 제한적인 회원 선출의 호선 방식에 따라 죽음의 타격에서 벗어나 있었다고 할 수 있다. 호선 방식을 통해 그들의 문화적 힘은 영원히 존재하게 된다. 그러한 방식으로 아카데미는 내부에 완전히 시간을 초월한 서열을 세우면서, 시간에 의해 변경될 수 있는 구분을 부정한다. 아카데미 회원은 상당히 불완전하지만 어쨌든 그 자체로서 아주 명백한 범주를 규정하면서 각자의 역할을 맡게 되며, 각자는 공동체 속에 마련된 자기 자리에 끼어들게 된다. 그와 동시에 그 집단은 바깥 사회의 여러 긴장으로부터 보호받는다. 정관은 서열에 대한 관심을 나타내 주면서도 언제나 평등한 행위의 의전서를 만들어 냈다. 모든 아카데미의 조직은 반드시 필요한 문화 및 정신의 동질성과 사회의 이질성을 끊임없이 조화시키려고 노력하고 있음을 말해 준다. 간단히 말해서 정관의 중요성은 사라질 수 없는 서열에 따라 분류된 사람 각자가 단순한 개인이기보다는 더욱 중요한 인물이 되도록 만들어 주는 데 있었다. 아카데미의 이상은 이처럼 여러 목소리의 통일에 있었다.

지방 아카데미 앞에 파리의 두 가지 모범이 제시되었다. 첫번째 사례는 완전한 통일을 달성한 아카데미 프랑세즈로서, 이 단체에 소속된 모든 회원은 권리와 의무의 평등을 누리고 있었다. 천재성과 불멸성의 통일은 어떠한 분열도 받아들이지 않았다. 처음 세워진 아를·수아송·빌프랑슈·님 아카데미는 이러한 관점에 따라 정비되었다. 그러나 이 첫 세대 아카데미 가운데 수아송만이 설립 당시의 조직을 보존해 나갔다. 아를을 제외하고[28] 그밖의 아카데미는 기존 학술 단체의 예를 좇아 새로운 규칙을 만들었다. 두번째 사례는 왕립과학 아카데미와 비명문학 아카데미였다. 이 두 단체는 정회원·명예회원·연금수령인·준회원·견습생이라는 여러 가지 범주를 구분함으로써 모범을 제시했다.[29] 각각의 범주는 두 가지 기준에 따라 분류되었다. 첫번째는 지적 계열의 기준으로서, "중요한 업적을 가지지 못한 사람은 누구도 연금수령인이나 준회원이 될 수 없다."[30] 그러나 규칙에는 명예회원이 되려면 과학이나 학식에 있어서 추천할 만한 지력을 가져야 한다는 점만 규정해 놓고 있었다.[31] 규칙에 따라 애호가와 전문가가 어느 정도 분리되었다. 두 가지 경우에서 유일한 가치 기준은 공적에 관한 사항이었다. 그러나 애호가에 대해서는 자유로운 활동이 문제가 되었던 것에 비해, 전문가에 대해서는 관리에 준하는 지위를 가지고 있는지의 여부가 관건이었다. 두번째는 지리상의 특성으로서, "연금수령인과 견습생은 모두 파리에 거주해야 한다"[32]고 명시되어 있었다. 명예회원과 준회원의 경우 완전한 거주의 자유를 누렸다. 이같은 이중 차별 때문에 삼원적 서열(견습생의 경우 권리상의 평등을 누리지 못했기 때문에 어느 정도 구별되어야 한다)이 결정되었다. 맨 꼭대기에 어떠한 속박도 없지만 의사 결정과 선거에 관한 온갖 권리를 누리는 명예회원이 있었고,[33] 그 밑에는 왕이 주는 돈을 받고 반드시 파리 출신이어야 하는 연금수령인이 있었다. 그러나 이들은 명예회원에 한정된 모임의 의장을 배출할 권리를 빼고는 모든 권리를 누렸다.[34] 그리고 끝으로 급료를 받지 못하고 파리에 거주할 의무도 없는 준회원이 있었다. 과학 아카데미의 경우 이 마지막 범주에 속하는 사람은 '선거에 관한' 사항이나 '아카데미에 관계된 일'에 대해서 결정권을 가지지 못한 대신, 비명문학 아카데미에서는 명예회원이나 연금수령인과 같은 권한을 누렸다. 17세기말의 중앙집권화된 군주 정치의 맥락에서 다듬어진 이같은 서열은 학자들의 경력상 다양한 가능성을 규정해주었으나, 이러한 경향은 18세기로 접어들면서 거의 볼 수 없게 되었다.[35] 첫 시기에 오면 견습생들의 범주가 이롭지 못하다고 판단됨으로써 비명문학 아카데미에서는 폐지되었고, 과학 아카데미에서는 새로운 보조원의 계급으로 대체되었다.[36] 두번째 시기에 파리의 아카데미들은 자유로운 준회원과, 거주의 통제를 받지 않고 의사 결정에서 아무런 역할을 하지 못하는 통신원을 새로 만들게 된다. 그리고 이 과정에서 조직적인 정보의 필요성이 새삼 부각되었다.[37] 끝으로 아카데미 회원의 경력은 자신의 업무를 추진하지 못하는 처지에 놓인 사람에게 선배의 권한을 인정하게 하는 것으로 완성되었다.[38]

대다수의 지방 아카데미(32개 가운데 20개)가 이처럼 복잡한 모형을 채택하였으나, 원래의 모형에 손질을 가하는 경우도 있었다. 애호가와 연금을 받는 학자를 구별하였던 파리학회의 조직 체계는 아카데미를 가진 도시의 엘리트 사회에는 적합치 못하였다. 왜냐하면 지방의 경우 엘리트 사회라 하더라도 문화의 전문성을 확보하지 못하였기 때문이다. 지방 아카데미의 새 회원의 성격은 경력에 대한 관심보다 문학과 과학의 자유로운 실천을 통해서 더욱 확실히 규정된다. 1721년, '사람이 먹을 수 있는 식물에 관한' 논고에서 몽테스키외는 지방민이 바라는 것의 핵심을 명쾌하게 통찰하고 있다. "그것은 농촌의 한가로움 때문에 나온 결과이다. 그것은 그것을 태어나게 해준 고장에서 죽어갈지도 모른다. 그러나 어떤 사회에 살고 있는 사람은 마땅히 해야 할 의무를 가지고 있으며, 우리는 우리의 가장 작은 놀이에 대해서도 무엇을 해야 할 것인지 생각해야 한다. 이러한 종류의 업적으로 이름을 남기려 해서는 안 될 것이다. 왜냐하면 이러한 업적은 이름을 얻지도 못하고, 그것을 누릴 자격도 없기 때문이다. 사람들은 관찰 결과를 이용하지만, 관찰자가 누구인지는 모른다. 이로운 일을 많이 한 사람에 대해서도 마찬가지이다. 아마 이들이 베푼 은혜만큼은 우리가 잊는다 해도 부당하다는 소리를 듣지 않을 것이다." 지방 아카데미 회원은 이러한 부수적인 역할에 동참하지 못하면서도 자신의 이름이 널리 알려지기를 원했던 것 같다. 그러나 몽테스키외의 글은 아카데미 활동에 참여하는 일이 두 가지 의미를 가지고 있음을 강조하고 있다. 그에 따르면 그것은 문화적으로는 유익함을 인정하는 일이며, 사회적으로는 어떤 생활 방식을 첫머리에 내세우는 일이었다. 파리의 삼원적 조직을 선택한 이유는 사회의 가치 전체와 일치하였기 때문이다. 지방민에게는 서열과 재능의 대립이 그다지 중요하지 않았다. 재능이란 언제나 추정되는 것이기 때문이다. 그것이 필요할 뿐만 아니라 충분한가, 또는 그것과 함께 마땅히 이름과 체통을 인정받아야 하는가를 알 필요가 있었다. 애호가의 기관을 위한 입법가, 말하자면 정관의 기초를 잡은 사람들은 파리에 있는 단체의 일부 전문적 조직 안에 서열의 귀족주의, 그리고 지능과 학식의 귀족주의에 속해 있음을 명확하게 나타내 주는 것을 유지하였다.

사실상 실천과 특히 비판만이 아카데미의 서열이 지닌 의미를 밝혀 준다. 지방 사회는 지성의 전문주의나 파리와 같은 형태의 공영화를 받아들이지 않았다. 그러나 이러한 공영화를 마치 재정의 통제를 받는 아카데미에 국한된, 그것도 거의 상징적인 의미에 불과한 회의 참가비 지급과 혼동해서는 안 될 것이다. 단 하나 디종 아카데미만이 설립자의 유증 조항에 따라 경력의 가능성을 막연하게 정해 놓았으나, 그 적용에는 여러 가지 어려움이 따랐다. 재판장 베르나르 드 뤼페가 규정에 맞추어 강도 높은 활동을 수행했던 이유는 디종이 학술 단체에 부여된 공통 권리를 누리도록 하기 위함이었다.[39] 1740년의 규정뿐만 아니라 1762년과 1767년의 규정도 삼원적 구조를 인정했다. 말을 바꿔 쓴 경우까지 고려하면 이 구조를 택한 아카데미는 전체의 3분의 2에 이르렀다.[40]

아카데미의 피라미드 꼭대기는 고등법원 인사와 시장이 차지하고 있었다. 구체적으로 살펴보면 처음부터 종신직에 앉은 총재 5명, 지역 주민인 명예회원 12명과 비지역 주민인 명예회원 다수가 매년 아카데미 사무관을 선출할 자격을 가진 우두머리 계급을 이루고 있었다. 그 밑에 푸피에의 유산에서 6백30리브르를 나누어 갖는 연금수령인 12명, 정회원 6명, 주민 가운데서 출석이 자유로운 회원 6명이 매년 의무적으로 일을 하면서 종신 사무총장과 재무관을 배출하는 두번째 계급을 이루었다. 마지막 계급은 통신원과 출석이 자유로운 비주민 회원으로서 이들은 의사 결정을 할 수 없었고, 3년마다 한 가지 업적만을 제출할 의무를 가지고 있었다. 거주 회원의 기준은 끝에서 두 계급에만 적용되었다. 왜냐하면 첫번째 계급의 경우 거주자와 비거주자가 혼합되어 있었기 때문이다. 이러한 모범은 형식상의 구별을 넘어서 아카데미 프랑세즈의 단일한 해결책을 따르지 않고, 거주와 재능만을 기준으로 삼는 이원 체계를 택한 10여 개의 지방 수도를 제외한 다른 곳에서 채택되었다.[41] 리옹은 이 부분에서 아주 뜻깊은 보기가 된다. 이러한 조직을 결정적으로 채택함으로써 진실을 드러내는 토론을 유발시켰기 때문이다. 애당초 과학·문학 아카데미는 리옹에 거주하는 정회원과 다른 곳의 명예회원만을 구별하였을 뿐이다. 1746년까지 이와 똑같은 구분을 인정하고 있던 미술 아카데미에서는 새 정관을 토론에 부치면서 명예회원 문제가 상정되었다. 어떤 사람은 '학식 있고 명망 있는 사람'을 위하여 이러한 부류를 창설하고 싶어하였던 반면, 다른 사람은 '학술 단체에 가입할 수 있는 자격은 신분이 아니라 재능에 따라서일 뿐'이라는 생각을 충실히 지켜 나갔다. 1758년에 재통합된 아카데미의 정관에서도 거주 사실을 기준으로 구분되는 두 가지 범주를 채택하였다.[42] 여기서 우리는 평등주의 관념이 일반적으로 발전하는 가운데 삼원 조직에 반대하는 이원 체계가 서서히 떠오르는 것을 살펴볼 필요가 있다. 그러나 정관이라는 영역에서 아카데미 회원은 뚜렷한 변화보다 세부 사항의 개혁에 더 큰 관심을 보였다. 혁신은 결정적인 요소가 되고자 하는 사회 조직에는 적합치 않았다. 이 때문에 대부분의 단체는 철저하게 규칙에 의거한 활동을 전개하였으나, 어떤 모범에서 다른 모범으로 넘어가는 예는 단둘밖에 찾을 수 없다. 여기서는 이들 단체가 보여 주는 갈등을 가까이서 살펴보기로 하겠다.

루앙에서는 "조건과 임무에 의해서 뿐만 아니라 재능과 과학·문학·예술에 대한 취향에 의해 추천받을 만한 사람 가운데서" 선택된 명예회원 12명이 1744년부터 아카데미를 장식하였다. 의장과 부의장은 그들 가운데서 뽑혔다. 또한 이들 명예회원은 정회원이나 보조원들과는 달리 결석할 때마다 허가를 얻을 필요도 없었다.[43] 이러한 구별은 태어나고 있는 단체에 "그것을 존중할 만한 존재로 만들어 준 데 대한 배려"의 목적에서 도입되었다. 다시 말해서 아카데미를 보호해 줄 만한 특권층과 인사를 사업에 끌어들이기 위해 도입되었던 것이다. 이 점과 관련해서 르 카는 이렇게 쓰고 있다. "다수가 따르도록 만들 여러 가지 보기가 필요했던 바, 다수는 그러한 보기를 첫 명예회원 속에서 찾았다." 그리고 더욱이…… "지금 태어나고 있는 우리 단체는 자기 도시의 바깥보다는 안에서 더 많은 뒷받침을 받아야 한다. 아카데미 회원이라는 자격을 얻는 일은 스스로 학자나 재사라고 칭하는 일과 거의 같다. 그리고 사람들이 사교계라고 부르는 세계속에서 아무 탈 없이 그렇게 할 수 있는 특권을 가졌거나, 무지한 데도 그렇게 하려고 노력하는 야릇한 행위를 감행할 용기를 가진 사람은 소수이다. 아카데미 프랑세즈가 태어나고 있을 때, 그것은 온갖 비웃음·야유·놀림으로 박해를 받았다……. 만일 수도에서 가장 위대한 사람들에 대하여 이러한 종류의 야만스런 행위가 나타났다면, 지방의 상업 도시에서 우리가 두려워하지 않을 것이 무엇이란 말인가."[44] 르 카는 자신의 글을 통해 아카데미 프랑세즈의 기원에 대해 상기할 기회를 제시하고 있다. 그의 글은 학문에 대한 관심 밖에 있는 상업 세계와 은근히 대립하고 있는 전통 엘리트가 가져야 할 주의 사항을 강조하고 있다. 우리는 명예회원의 기능을 밝히는 가운데 다시 한 번 이 문제로 되돌아가야 할 것이다. 부분적으로 부적당한 분위기 속에서 지식인은 자신의 활동을 보호해 줄 사람을 찾아야 했다. 그러나 그 결과는 기대를 넘어섰던 것처럼 보인다. "정규 아카데미 회원을 제외하면, 이러한 특권층이 도시를 장악하고 있었다. 회계검사원, 성당의 참사회, 루앙의 변호사단은 구성원에게 명예회원이 아닌 자격으로는 아카데미에 들어가지 못하게 했다."[45] 그런 와중에 재무국 직원이 정회원이 되겠다고 나서면서, 진실을 드러내 보여 주는 위기가 시작되었다. 그렇게 되자 아카데미의 서기 2명은 명예회원에게 자격을 포기할 것을 권유하면서 근본적인 해결책을 모색하였다. 해결책이란 정관의 모범을 바꾸는 일이었다. 시드빌이 공직에 있는 아카데미 회원의 계급 속에 자신의 이름을 기입해 줄 것을 요구하면서 그들을 뒷받침해 주자 수많은 명예회원도 그러한 보기를 좇기에 이르렀고, 결국 국왕에게 아카데미의 평등을 수립해 주는 정관을 요구하게 되었다.[46] 1755년에 있었던 루앙의 위기는 당시의 지식 사회가 기존 질서를 뒤흔드는 사건보다는 재능의 귀족주의 안에서 기본 평등을 인정하였다는 사실을 보여 준다. 특권층이 정관을 고치려 들었다는 사실은 이러한 의미를 지니고 있다. 보르도보다는 루앙에서 더욱 단호하고 의식적이었던 이같은 경향은 《백과전서》나 뒤클로·달랑베르의 저작에 나타난 명예 회원에 대한 비판이 바로 그 시대에 확산되었음을 반영하는 예였을지도 모른다.[47] 지방의 토론과 관련해 보르도에서는 준회원이 정회원의 지위를 얻기 위해 끊임없는 압력을 넣었지만, 아카데미의 평등에 관한 문제는 보르도에서도 결코 조건의 평등까지 이르지는 않았다. 그들이 명예 회원이 되고 선거에 참여하는 권리를 얻게 된 것은 30년 동안의 망설임을 겪고 난 뒤였다.[48] 이미 1760년에 그들은 자신들 속에서 재무보좌관을 뽑기로 결정한 바 있었다. 나아가 "그들은 무엇보다도 그 당시까지 아카데미의 모든 직책과 사업에 참여할 수 없음을 초조하게 견뎌 온 준회원의 자존심을 만족시켜 주고, 그들이 아카데미에 더욱 애착을 갖도록" 하기 위해 여러 모로 애를 썼다. 1763년 준회원도 총재 선거에 참가하게 되었다. 1770년 이들은 정관을 더욱 급진적인 방식으로 개정하는 문제에 부딪혔다.[49] 이 점과 관련해 닥스의 부군수로서 아카데미의 준회원이었던 라파르즈의 편지는 정관의 개혁이 무엇을 뜻하는지 알게 해 준다.[50] 그는 그처럼 중요한 의사 결정에 참가할 수 없게 되어 미안하다고 하면서 이렇게 덧붙였다. "선생님, 문학의 품위는 늘 악덕이라고는 할 수 없는 자기 사랑의 기를 꺾고, 모욕하며, 괴롭힙니다. 저는 이처럼 지나치게 섬세한 것을 덕성으로 바꾸는 성질을 가진 마음을 알고 있다고 생각합니다. 아카데미 프랑세즈의 회원이 누리는 완전한 평등은 그것을 설립한 위대한 아르망 선생의 첫번째 목표였습니다. 이러한 종류의 기관이 가져야 하는 진정한 정신과는 반대로, 그것과는 다른 차원에서 마련된 보르도 아카데미의 정관은 문학의 장점을 더욱 부추기고 이끌어 주기보다는 그것을 거스르면서 진저리나게 만들 뿐 아니라, 오히려 그로부터 멀어지게 할 뿐입니다. 아카데미는 후손에게 물려 줄 업적을 통해 영원한 생명을 얻어야 할 필요가 있습니다. 그리고 이러한 정관에 따라 정회원이 될 수 있는 사람이 대부분 학자와 문학가라 할지라도, 각자의 재산·생명·명예에 대해 결정을 내리기 위해 늘 갖게 되는 힘든 관심으로 말미암아 그들은 그밖에 추상적이거나 순수히 취미에 맞는 문제에 진지하게 매달릴 시간이 조금도 없습니다……"

아카데미의 규칙이 회원의 요구를 인정하고, 주거에 관한 사항만을 분명한 기준으로 인정하게 된 것은 1783년에 이르러서였다. 루앙뿐만 아니라 보르도의 경우에도 회원 선출에 있어서 독자적인 발전과 관련된 긴장이 존재했음을 보여 준다. 전통적 서열에 이의를 제기하는 것은 부분적으로 외부 사회의 변화를 반영하지만, 기능상의 요구에 더욱 부합한다고 볼 수 있다. 아카데미의 특권층이라 할 수 있는 루앙의 명예회원과 보르도의 정회원에게 유리하게 규칙을 해석하는 일은 그 기관의 건강한 활동을 위협하는 것이므로, 우리는 그 집단이 개혁에 찬성하게 된 이유를 이해하게 된다. 누군가가 아카데미에 가입하려고 할 경우, 그는 아카데미와 가지는 관계에 대해서만 자질을 인정받을 필요가 있다. 엄밀한 제한 속에서 아카데미 회원은 설령 자유를 누리는 정도에 미묘한 차이가 있을지라도, 자신을 법적으로 평등한 개인으로 간주하였다. 지방 아카데미의 세계는 사회 전체 속에 특권 지대를 설정하고, 서열을 가진 사회 내부에 회원의 평등을 기본 조건으로 삼고 있던 다른 집단을 만들어 냈기 때문에, 18세기 내내 서열의 폭포 속에 갇혀 있었다.

"우리의 아카데미가 가지는 힘과 생명은 오직 구성원의 활동에서 나온다. 재능을 가진 사람만 들어갈 수 있는 곳은 원로원으로서, 그곳은 평등이 의견의 일치를 가져다 주어야 하는 장소이며, 공적의 차이가 서열의 차이를 가져와서는 안 되는 곳인 동시에, 똑같은 법률에 속해 있는 각자가 감히 다른 사람을 지배하려 하지 않는 대신, 단지 그들을 능가하는 명예만이 인정되는 곳이다. 그곳은 오직 자기가 속한 나라의 이익만을 생각하는 시민이 살고 있는 공화국으로서 경쟁을 하되 질투하지 않고, 소란스럽지 않게 활동하며, 자유를 누리되 방종에 흐르지 않고, 승복하지만 노예 상태로 빠지지 않으며, 자기 재산을 서로 활용하여 공공의 재산을 늘리려는 생각만을 가지고 있는 곳이다……."[51] 퐁세 드 라 리비에르는 병폐를 없애고 아카데미 자유를 보존하기 위해 필요한 주의 사항을 현명하게 규정해 놓은 제한된 공간의 이상을 설득력 있게 설명한다. 아카데미 사회는 일반 사회와 혼동될 수 없는 것이다.

기구의 기능을 통제하면서 사물의 질서를 새롭게 수립하려는 목적을 가진 조항은 많다. 그것은 세 가지 계열로 나눌 수 있다. 첫번째 계열은 행정과 학술적 결정에 관한 것이다. 거기서 모든 것은 투표에 의해 좌우되었고, 특히 중요한 투표가 있을 때에는 적어도 회원 중 3분의 2의 출석을 강력히 요구하는 규칙이 나오게 되었다. 퐁세 드 라 리비에르는 이 점에 대해 다시 한 번 언급하고 있다. "……확고한 결정을 내리기 위해서는 투표를 자유롭게 치러야 한다. 공동의 관심은 개인들의 관심이 모이는 곳에 있어야 하며, 집단 정신을 앞세워 구성원간의 이질적인 정신을 추방할 것이다."[52] 두번째 계열은 상석권의 폐지와 관련된 것이다. 당시 지방의 모든

단체에서는 오직 내부의 기능에 의거한 규범에 따라서만 좌석의 공간이
서열화되어 있었다. 대부분의 경우 각자는 신분이나 자격, 또는 자질의 구
별 없이 제자리를 차지하였다.[53] 아를의 정관만을 언급하자면, 표를 모으는
일이 중요한 문제가 되었을 때 각자는 "격식이나 의례와는 상관 없이 우
연히 제자리를 차지하게 될 것처럼" 묘사하고 있었다. 나아가 캉의 정관
에서는 나이의 구별조차 없다고 분명히 밝혀 놓았다. 브레스트·메스·낭
시·루앙의 단 4개의 단체만이 아카데미에 속한 여러 범주에 관해 좌석상
의 서열을 따진 경우였다. 그러나 각 집단의 내부에 적용되는 평등을 잊지
는 않았다. 이 점을 분명히 밝히고 있는 죄 플로로 아카데미의 규칙 제1조
를 참조한다면, 현실의 공간과 좌석의 배치 사이에 있는 구별을 훨씬 더 잘
알 수 있을 것이다. "죄 플로로 단체의 구성원은 들어왔을 때의 서열이나
단체 내에서 갖는 자격에 의해서가 아니라, 이 단체의 밖에서 태생·체
면·직업 또는 직책에 의거한 서열에 따라 차례로 명부에 기록될 것이다.
구성원은 바로 이같은 명부의 서열에 따라, 죄 플로로 단체 안에서 공개
리에 치러지는 예식 및 모든 행사를 서열과 자리로 통제하게 될 것이
다……. 비공개 모임을 가질 때에는 어떤 예식도 치르지 않을 것이다. 거
기 참가하는 사람은 서로 평등하게 대접할 것이다. 그리고 모든 문학 아
카데미에서 하듯이 회의장에 들어서자마자 아무런 구별 없이 자리잡을 것
이다……." 이 조항이야말로 지방 정관 총람 가운데 아카데미의 평등에 대
한 실제 조건을 명확히 보여 주는 사례라고 할 수 있다. 우리는 이를 통해
죄 플로로의 고등법원 회원이 공식 축제가 있을 때마다 상석권에 대해 깊
은 관심을 쏟았음을 알 수 있다.

　그밖에 학술 단체의 내부 결속과 단체의 **문단속을 강화**하려는 목적을 가
진 세번째 계열의 규칙도 함께 고려해야 한다. 사실 학술 모임을 위한 범
위 안에서 존엄성을 인정받은 경우는 제비를 뽑거나 3분의 2 이상의 찬성
표를 받아 뽑힌 사무관의 직책에 불과하였다. 대부분의 단체에서 고위직
은 정회원과 명예회원의 단체 전체에 속하였다.[54] 베지에·보르도·디종·
몽펠리에·오를레앙·포·툴루즈(죄 플로로 아카데미)·툴루즈(과학·예
술·문학 아카데미)의 8개 단체는 고위직 범주를 두 가지로 구별하였다. 하

나는 명예회원 중에서만 선출되는 의장·법관, 또는 총재의 범주, 또 다른 하나는 정회원 가운데서 선출되는 사무관의 범주였다. 이 가운데죄 플로로는 1773년에, 보르도는 1783년에 공통의 권리에 대해 각각 정관을 개정하였다. 고위직의 경우 아카데미 안에서 두드러진 자리를 차지하였을 뿐만 아니라 착실히 업적을 쌓으며 공동의 이익을 지킬 책임을 가지고 있었던 만큼, 이들의 중요성을 무시해서는 안 될 것이다. 총재·법관, 또는 의장은 공식 행사에서 동료를 대표하고 단체의 질서와 규율을 유지하였으며, 제한된 동아리 내부에 모든 사람의 통제를 받는 행정권을 구축하였다. 진정한 의미에서 학술 단체에 활기를 불어넣는 종신 사무총장의 노력은 더욱 행정적인 성격을 띠었다. 이러한 노력은 아주 세심하게 나뉘었고, 때로는 매우 무겁게 보였기 때문에 규칙에 따라 직책을 두 배로 늘리게 되었다. 보르도의 경우가 그 대표적인 예로서, 거기서는 정관의 제4조에서 이렇게 규정하고 있다. "종신 사무총장은 2명으로 한다. 한 사람은 과학 분야, 또 한 사람은 문학과 예술 분야를 맡게 될 것이다. 전자는 모든 의사 결정과 회의에서 통과된 것들을 기록한다. 그는 논문을 모으고, 아카데미에 온 편지에 답하며, 모든 책과 과학 기구를 간수한다. 문학과 예술을 위한 사무총장은 자신과 관계된 일에서 전자와 비슷한 일을 한다……." 사무총장의 활동은 어디서나 그의 동료 회원을 대표하는 총재의 감독을 받았다. 예를 들어 메스의 정관 제10조는 이렇게 정하고 있다. "사무총장은 모든 결정에 서명하고, 등기부 네 권에 총재와 이 일을 위해 학회에서 임명한 회원 2명의 서명을 받고 쪽수를 기입하여 보관한다……." 그리고 제2조에는 다음과 같이 기술되어 있다. "등기부와 학회의 서류 및 증서는 사무총장의 손에 맡겨 관리한다. 위원을 임명하고 등기부의 목록을 작성하여, 위원 2명의 확인과 서명을 받아서 총재에게 제출하며, 총재가 없을 때에는 아카데미에 가장 먼저 가입한 정회원이 그를 대신하여 목록을 받게 될 것이다. 매년 휴가중에 이 목록은 회원들과 위원회 위원들에 의해 회기중에 추가된 것을 모아 증보될 터이다." 정확성과 감독이야말로 사무총장이 동료 회원의 성격을 존중해 주면서 노력과 충성을 증명해야 하는 민주적 기능의 여건을 규정하는 요소였다.

이들을 완전히 묘사하는 일은 어렵다. 모든 아카데미를 대상으로 할 때, 거기 속한 인물의 목록은 1백 가지가 넘는다. 그 가운데 절반은 관직을 보유한 부르주아와 학자 출신이었고, 학식을 갖춘 사제 중에서 재속 성직자, 관직을 보유한 귀족, 문학과 과학에 빠진 전통 귀족이 나머지 절반을 구성하였다. 따라서 재능을 가진 부르주아가 아카데미의 행정을 도맡았다고 생각하기란 어렵다. 고위직의 지도층 인사 가운데는, 특히 규칙에 따라 이러한 직책에 임명된 명예회원 가운데는 분명 귀족이 가장 많았다. 그러나 거기서 부르주아를 제외시켜서는 안 될 것이다. 더구나 마르세유나 캉의 경우에는 부르주아가 귀족의 대표보다 훨씬 더 많았다.[55] 귀족 총재는 단순히 간접적으로 영향을 행사하는 사람이 아니라 유능한 학문애호가인 경우가 많았다. 그러나 이처럼 각종 역할을 이해하는 차원에서 개인이 가진 특성들이 지극히 결정적인 의미를 지니는 경우가 대부분이었다. 이러한 예는 리샤르 드 뤼페에서 찾아볼 수 있다. 그는 사상과 행동의 귀족주의자로서 독재의 성격을 보여 주는 경우가 많았지만, 디종 아카데미에 막대한 충성을 바친 인물이었다.[56] 그가 쓴 《비밀 역사》는 지나친 감은 있지만 아직도 지방의 수도에 살고 있던 귀족의 집단 정신 자세를 가장 잘 보여 주는 역작으로 평가받고 있다. 우리는 이런 질문을 던질 수 있다——그는 자기가 속한 사회에서 예외였던가, 아니면 고립되었던가? 어찌되었건 바르보나 보르도의 라 몽타뉴,[57] 마르세유의 비스클레드,[58] 리옹의 투레트,[59] 메스의 뒤프레 드 즈네스트[60] 같은 사람의 역할, 몽토방의 르프랑 드 퐁피냥,[61] 앙제의 르 코르베지에[62] 같은 사람의 행동, 그리고 아라스의 뒤부아 드 포쇠[63]의 극단적인 경우 등은 지방 귀족을 대표하는 사람이 주도권을 쥐고 활동에 임하였음을 보여 주는 사례라 하겠다. 제도를 분석하고 실제로 어떻게 실천하였는가를 검토해 보면, 여러 집단이 단체의 단결심으로 융합된다는 사상이 얼마나 중요한지를 알 수 있다. 이 점과 관련하여, 부르고뉴의 티스랑과 부샤르의 경우는 많은 시사점을 던져 주고 있다. 사회적으로는 이질적이지만 문화나 바라는 바가 일치하는 사회의 내부에서 일어난 개인의 경쟁 관계와 혈족의 다툼을, 단순하게 1백 년 동안 전개된 격렬한 계급 투쟁이라고 말할 수는 없을 것이다.[64] 이념과 갈등은 아주 복잡하게 발전하였다. 정관을 기초하는 작업조차도 아카데미를 결집시키려는 의지를 보여 주었다. 그리고 종신 사무총장은 한 사회 계급의 승리를 위해 싸우기보다는 기구가 확실하게 기능을 발휘토록 하는 데 더 많은 역할을 하였다. 그들의 수준에 대해 말하자면, 그들은 각자가 속한 아카데미뿐만 아니라 아카데미 운동 전반에 반드시 필요한 요소였다. 그들이야말로 가끔씩 목격되는 여러 가지 연합을 가능케 했던 사람이었다. 디종의 사무총장 위그 마레는 13개 학회의 회원이었고, 20년 이상 낭트 아카데미의 사무총장직을 맡았던 피에르 조제프 드 솔리냐크는 7개 아카데미에 소속하고 있었다. 뒤부아 드 포쇠 또한 10여 개에 이르는 학회의 회원이었다. 그들이 맡고 있던 행정과 학술의 통신 덕분에, 그들은 아카데미의 그물 속에 그 누구보다도 많은 청중을 가지고 있었다. 딱 한 가지 보기만 들라고 한다면, 30세(1756)에 디종 아카데미 회원이 되고, 1763년 연금수령인이 된 지 1년 만에 사무총장으로 승진한 의사 위그 마레의 경우를 생각할 수 있다. 화합력과 성실한 인품을 지녔던 그는 막중한 직업적 노력을 기울인 결과 아카데미 안에서 여러 가지 역할을 맡을 수 있었다. 그가 죽었을 때 아카데미 전체가 그를 잃게 되어서 섭섭하다는 뜻을 밝혔다. 마이이는 잘 지었다고 할 수는 없으나 진지하게 격식을 따른 시를 통해 타의 모범이 될 만한 그의 공적을 예찬하면서 추모했다.

"예술·덕·천재의 품위 있는 대변자여. 모든 사람은 후손에게 그를 기리는 말을 남기노라. 불행한 사람들과 아카데미 때문에 눈물이 나는구나. 그가 떠난 이제 누가 불멸의 이름을 가질 수 있단 말인가……."[65] 제르딜의 말대로[66] 아카데미의 정신·풍속, 그리고 관습을 맡은 종신 사무총장은 다른 사무관과 함께 아카데미 안에서 중요한 자리를 차지하였다.

지방 아카데미의 정관은 제도의 틀을 규정하면서 무엇보다도 화합을 이루는 단체를 만들려고 하였다. 비밀을 지키고, 의식을 시행하며, 규칙을 정하고, 그에 따른 실천을 끊임없이 감독하는 일은 안팎의 갈등을 부정하는 세계에서 날마다 실천되는 일을 뚜렷하게 보여 준다. 이러한 의미에서 지방의 학회는 소설풍의 상상이나 중농주의자의 입법에 따른 국가 건설에 의해 그 시대의 몽상에 바쳐진 이상향과 그리 멀지 않았다. 그러나 아카데미가 몽상의 이상향과 다른 점은 아카데미의 헌장은 실제로 적용되도록, 그리고 경험의 질서를 다듬을 수 있도록 작성되었다는 데 있다. 기구를 안정시키고 보호하는 헌장의 기능은 기구의 생명과 회원 구성을 깊이 고려해서 만든 편제와 겹쳐졌다. 중요한 사실은 현실의 무게, 갈등과 긴장의 존재를 부정하는 것이 아니라 단지 반대를 피하기 위해 심사숙고하여 만들어 낸 규칙을 조심스럽게 지켜 나가는 것에 관해 반대 의견을 거의 찾아볼 수 없다는 점이다. 단지 각기 다른 실천과 회원 선출의 관습을 더욱 세심히 분석함으로써 아카데미들이 처한 서로 다른 현실을 알 수 있을 뿐이다. 몇 가지 두드러진 예를 제외한다면, 아카데미의 세계는 그 시대의 이질성과 개인들의 참여를 내부의 서열을 통해 조화시키면서 권력의 영역에서 자기만이 지닌 평등의 규칙을 표현하고 있다. 이러한 평등의 규칙을 통해 회원은 자신 위에 군림하기는 하지만 가장 약한 사람의 목소리와 가장 강한 사람의 목소리를 똑같이 취급하는 공동체의 관념을 받아들이게 된다. 또한 이것은 개인에게 오직 단체와 관련해서만 의미를 지니게 되는 어떤 자격을 부여하며, 역할을 나누어 주는 동시에 인격을 더욱 중요시하는 권리상의 동질성을 주기도 한다. 아카데미의 규칙은 저마다 소수의 관계를 조직함으로써 사법과 사회의 울타리를 부정하지 않은 채, 정예 분자에게 적합한 평등주의 개념을 규정해 주었다. 그들의 기능이 완수될 때 비로소 그들의 이상이 일부 구현되는 모습을 볼 수 있을 것이다. 이들 기관과 물질의 문제가 대립할 때 지방 권력과 맺는 관계와 연결된 문제가 떠오른다. 따라서 아카데미가 도시에 존재하고 있는 현실을 분석할 필요가 있다.[67]


## 3. 아카데미의 역할

다음과 같은 세 가지 사실을 보지 않고서는 나날이 펼쳐지는 도시 생활 속에서 학술 단체가 맡았던 역할을 정확히 이해할 수 없을 것이다. 첫째, 어떠한 아카데미도 한 세기 내내 그 기관이 기능을 발휘하는 데 압력을 가하는 중요한 물질적 문제를 해결치 않고서는 지적 목적을 실현하지 못함은 물론 살아남거나 발전하지도 못할 것이다. 이러한 사실로부터 아카데미 회원은 도시의 운영에 직접 참가하지 못한다 해도 필요한 신용을 얻기 위해 적어도 시장과 시행정관, 지사와 군관구 사령관 같은 지방의 권력과 협상을 하게 되는 것이다. 그 결과 아카데미는 어쩔 수 없이 도시 사회에서 일정한 기능을 맡는 것으로 간주된다. 재정 독립을 이루지 못한 아카데미는 이러한 과정을 거치면서 사사로운 집단의 성격에서 벗어나 점점 더 공적인 역할을 담당하게 된다. 이같은 현상과 직접 관련된 경험은 무엇보다도 교육의 영역에서 나타난다. 18세기의 이사분기에는 적잖은 단체가 상당히 전문화된 과학 및 예술 교육을 떠맡게 되었고, 이러한 임무는 1750년 이후 더욱 발전한다. 아카데미가 애당초 가졌던 바람과 도시의 교양을 갖춘 계층의 새로운 요구가 맞아떨어지면서 몇몇 도시에서 학교가 설립되었다. 끝으로 매년 치르는 도시의 축제에 대한 독창적인 공헌인 동시에 교육 기능의 구체적인 표현이기도 한 지방학회의 공식회의가 도시 정예를 모았고, 은밀한 사회적 합의를 겉으로 드러나게 만들었다.

모든 지방 아카데미의 재정에 대한 역사를 추적하기란 불가능하다. 왜냐하면 19세기, 때로는 20세기의 아카데미 회원이 자기네 고문서 가운데서 이러한 문서를 대수롭지 않게 취급한 결과 대부분의 서류가 없어졌기 때문이다.[1] 그러나 몇몇 장부와 중요한 결정이 남아 있기 때문에 학술 단체의 예산에 대한 일반적인 추론이 가능하다. 지출과 수입만 놓고 보면 대수로운 수준은 아니었다. 아미앵의 경우 1760년 이전에 2천 리브르가 안되었고, 1780년경에는 4천 리브르를 넘지 못했다.[2] 가장 부유한 아카데미 가운데 하나인 보르도마저도 18세기 초반의 평균 지출이 2천 리브르를 밑돌았고, 1773년-80년에는 8천 리브르에 이르지 못했다.[3] 탄탄한 기반 위에 설립된 포 아카데미의 경우 1736-37년 회계 연도의 대차대조표에서 대변이 4천4백57리브르, 차변이 4천9백56리브르였던 것이 1784-85년 회계 연도에 이르면 각각 1만 91리브르와 9천6백55리브르로 두 배가 되었다.[4] 1789-90년도에 2천4백8리브의 수입을 올린 몽펠리에는 1천3백20리브르라는 경비를 지출하였으나 교육을 통한 수입은 완전히 계산되지 않았다.[5] 1774년 레이랑글라드 남작은 님 아카데미 회원들에게 흥미를 끌 만한 계산서를 제출하였다. 경상 지출이 2천4백 리브르였던 데 비해 수입은 3천 리브르였던 것이다.[6] 더욱이 재무관들이 숫자 계산을 엄격히 하였다는 인상보다는 시적 환상을 불러일으키는 경우가 더 많은 죄 플로로의 재정 출납부를 보면, 앙시앵 레짐 말기(1767-93)의 예산을 평가할 수 있다. 구체적으로 보자면 수입이 3천 리브르, 지출이 2천 리브르였다.[7] 1784년 이후의 등기부에 기록된 툴루즈 과학 아카데미 재무국의 회계 보고서에 따르면 수입이 4천4백 리브르였던 비해 지출은 5천3백 리브르였다. 그러던 것이 1790년에 이르면 지출 **4천4백50리브르**보다 수입이 **6천3백41리브르로** 늘어나면서 흑자 상태를 유지하게 된다.[8] 디종의 경우도 1745년에 1천 리브르, 1770년에 2천 리브르, 1788년에는 9천 리브르 이상의 수입을 올리게 됨으로써 툴루즈 과학 아카데미와 비슷한 증가율을 보였다.[9]

모든 아카데미를 살펴볼 때 예산의 규모가 아주 작았고, 이같은 사실로 문화에 대한 재정상의 투자가 쉽지 않았음을 알 수 있다. 그럼에도 불구하고 이러한 예산 규모는 시간이 흐를수록 점점 확대되었다. 그렇게 된 요인으로는 물론 물가의 압력을 받은 탓도 있었겠지만 도시의 엘리트와 권력이 지식 세계의 필요를 새삼스럽게 의식하기 시작한 점을 들 수 있다. 몇 가지 예산안을 분석해 보면 이러한 요구가 늘어난 것을 분명히 알 수 있다. 1758년 아미앵 아카데미는 사무총장의 경비 3백 리브르, 자연사 강좌를 위한 비용 3백 리브르, 성 루이 왕 기념 사업비 및 급료와 공식 회의를 위한 임시 경비 3백 리브르, 부채 상환금 4백50리브르, 식물원 유지비 6백50리브르라는 다섯 가지 계정으로 지출을 나누었다.[10] 1787년의 장부에는 계정이 더욱 늘어나서 책값과 정기 구독료, 건물 유지비, 화학 강좌 비용, 정원사 과부를 위한 연금 같은 새로운 항목이 생겨났다. 학술 경진 대회의 메달을 사는 데 들어간 경비는 화가 라투르가 설립한 기금의 장기 이자 수입으로 충당되었기 때문에 여기서는 계산되지 않는다.[11]

디종 아카데미가 1767년에 지출한 경비는 부채 상환금과 이자, 직책수당과 경비(사무국 요원, 하인, 3백 리브르짜리 메달), 연금수령인에게 주는 출석수당의 세 종류였다. 20년 뒤 이처럼 경상 수입에 의존한 경비 외에

화학·식물학·의학 강좌를 위한 경비로 거의 6천 리브르가 추가되었다.[12] 툴루즈의 과학 아카데미도 같은 시기에 출석수당 3백60리브르, 부채 상환금 1천 리브르, 상금 5백 리브르, 급료 4백50리브르, 식물원 유지비 6백리브르, 정기 간행물 구독료 57리브르, 나무값 42리브르, 초·펜·종이값 24리브르, 그리고 세금 30리브르를 지출하였다.[13] 여기서도 비경상 수입으로 여러 가지 강좌를 마련하는 데 드는 경비를 충당하였다. 아카데미의 예산을 재구성하거나 그것이 어떤 규모였는지 알 수 있는 곳에서는 공통적으로 네 가지 중요한 계정을 가지고 있었다. 이것은 해에 따라, 그리고 단체에 따라 다소 상이한 비율을 보였다. 학술 경진 대회와 교육에 필요한 계정이 그 첫번째 경우로, 우리는 이를 통해 아카데미가 끼친 확고한 영향력을 알 수 있다. 집세라는 형식으로건 아니면 빚의 상환이라는 형식으로건, 집세가 두번째 계정을 차지하고 있었다. 그리고 세번째 경우로 급료와 유지비를 꼽을 수 있으며, 출석수당을 지출한 것을 마지막으로 증명할 수 있다. 이 마지막 관행은 아마 아카데미 프랑세즈를 본떠 지방에서 실시되었을 것으로 추정된다. 그러나 여기서 말하는 출석수당은 급료라기보다는 아카데미에 대한 열의를 드높이기 위한 첫째가는 상징이었다고 보는 편이 더 정확하다. 대부분의 단체가 회원의 징표인 메달이나 초를 줄만큼 넉넉한 재정을 확보하지는 못했다. 그러나 디종에서 특정인의 유산으로 미리 정해 놓았듯이, 몇몇 아카데미에서는 이런 시늉이야말로 아카데미 설립에 따른 의무 조항이었다. 특히 디종 아카데미는 정해진 규정에 따라 푸피에의 유산에서 해마다 9백30리브르를 책정해 상금으로 3백 리브르, 연금수령자 12명에 대한 출석수당으로 6백30리브르를 지출하였다. 다시 말해서 한 사람당 50리브르의 아주 미약한 액수로 쪼개 쓰면서 그의 유언을 실천에 옮겼던 것이다.[14] 몽펠리에 아카데미 회원도 매년 일정액에 달하는 '출석표'를 만질 수 있었다. 그러나 이러한 관행은 재정상의 어려움이 따를 때마다 정지되었다. 1775년 이후 왕립과학회는 각각에게 줄 돈을 분배하고, 특별 장부를 만들기 위해 일정액을 매년 출석수로 나누어 지급하기로 하였다. 이러한 관행을 뒷받침하기 위해서는 무엇보다도 재정상의 안정이 필요하였다. 브장송·보르도·마르세유 또는 캉 같은 주요 아카데미는 몇 가지 예외를 제외하고 출석표를 발급하지 않았다. 님에서는 레이랑글라드 남작이 이 제도를 수립하자고 제안하였으나 아카데미의 재정상 허락되지 않았다. 그와는 반대로 메스에서는 보호자의 의지로 아카데미의 '모임에 열심히 참석하는 회원'에게 매년 4백 개에 달하는 출석표를 발급하였다.[15] 사무총장과 재무관이 이러한 의무 때문에 항상 노심초사하였던 것은 아니다. 뒤프레 드 즈네스트는 1772년의 회람에서 이렇게 불평하고 있다. "당신들이 저로 하여금 출석표를 주조하도록 결정하셨다면, 그것은 바로 당신들의 열성의 대가를 더욱 일찍 받기 위해 제 주머니에서 돈을 내도록 요구하고 명령하는 바와 다름없습니다……." 이러한 관점에서 일부 회원의 요구는 아카데미의 목적에 위배되는 것이었다. 이 종신 사무총장은 자신의 돈을 써도 재정상의 어려움이 늘어만 가고 있음을 개탄하는 한편, "일부 회원의 논의는 우리의 근본 목적이라 할 학술 사업의 증진에 아무런 도움도 주지 못할 뿐 아니라 우리에게 꼭 필요한 결속력을 무너뜨릴 정도로 위험하기 짝이 없으므로 불필요하다"고 말하면서 섭섭해하였다. 그와는 반대로 리옹에서는 상업 재판관이 1736년부터 2년마다 학회에 참석하는 사람에게 나누어 줄 3백 개의 출석표 기금을 마련토록 지시하였다. 1740년 리옹 시장이며 아카데미 회원인 플뢰리외 드라 투레트는 출석표의 수를 매년 2백50개까지 늘릴 수 있었다.[16]

이러한 여러 가지 지표를 통해 일반적인 결론을 끌어낼 수 있다. 지방 아카데미에 대해 끊임없는 관심을 보였던 권력은 그러나 어떠한 경우에도 체계적인 보조금 정책을 마련해 주지 않았다. 그 결과 학술 단체가 처한 재정 상황은 몇몇 예를 제외하고는 언제나 살얼음판이었다. 문화의 공적 봉사라는 개념은 지방 권력이 규정할 성질의 것이었다. 군주가 도시와 지방의 개별주의를 드높이기에 완전히 적합한 상태를 만들어 낸 것도 이같은 맥락에서였다. 학술 연구의 필요성과 자율성 확보에 사로잡힌 지방 학회는 가난과 실패, 혹은 금빛 찬란한 후원 가운데 하나를 선택해야 했다.

모든 아카데미는 재정을 충당하는 방법으로서 문화예술의 후원자에게 호소하거나, 공권력으로부터 보조금을 받아내거나, 아니면 개인으로부터 돈을 징수하는 세 가지 방법 중에서 하나를 골랐지만 어떠한 경우도 확실한 방법이 될 수는 없었다. 더욱이 순수한 기부금과 원금 회수를 포기하는 차용의 형태로 인정받은 할당액을 구별하기 어려울 때가 많았다. 끝으로 재정 충당의 방법은 돈이 쓰이는 목적에 따라 달랐다. 예를 들어 대다수 도시의 재정상 어려움에 대해 고려해 볼 때, 도시 권력은 정기적인 보조금에 동의하는 경향보다는 주거 문제 따위에 더 많은 관심을 보였다. 특히 18세기에 접어들면 책과 도구의 구입, 정기 구독료 지불과 구독 예약건의 동의, 돈이 많이 드는 실험 계획과 강좌의 발전을 꾀하는 일 따위의 여러 가지가 더욱 필요하게 되었다.

보호자들은 특히 학술 경진 대회의 상을 제공하는 따위의 결정적인 영역에서 도움을 주었다. 프로방스 백작이 늦게서야(1783년) 매년 3백 리브르를 내놓음으로써 앙제 아카데미의 시상 제도를 확립해 준 덕분에, 이 학회는 상금 때문에 도시 당국이나 학회원의 선의에 호소하지 않아도 좋았다.[17] 브장송에서는 탈라르 공작이 2만 리브르의 자본금을 출자하여 그 이자로 학술 경진 대회의 비용과 경상비를 충당토록 배려해 주었다.[18] 캉의 지사 퐁테트는 아카데미 후원회 부회장으로서 학회에 꼭 필요한 물질적 수단을 제공하였다.[19] 빌라르 원수는 마르세유에 3백 리브르의 상패 운영 기금을 냈고, 벨일 원수는 메스 아카데미에 연금 3천 리브르를 제공하였다. 스타니슬라스 왕은 약간 변동은 있었으나 낭시 도서관과 아카데미 회원에게 약 7천5백 리브르에 달하는 돈을 주기로 약속하였다. 금액이 줄어서 절약해야 했지만, 낭시 아카데미는 비로소 확고한 재원을 얻게 되었던 것이다. 1751년부터 1773년까지 이 학회는 거의 8만 리브르를 현금으로 바꾸어, 절반을 도서관에 투자하였다. 1792년, 1790년 이래 한푼도 받지 못한 이 학회의 재정 규모는 매년 3천5백 리브르로 줄어들었지만 그래도 기본 경비는 되었다.[20] 브레스트의 도시 행정부는 학회에 직접 6천 리브르, 그 뒤에는 7천 리브르를 지급하였다. 당시의 상황을 고려하면 이것은 매우 드문 경우로서, 이 덕분에 해양 아카데미는 권력으로부터 경비 보조를 받는 왕립 아카데미와 협조 체제를 갖추어 나갈 수 있었다. 시상 제도를 창설하건, 경비 전체를 부담하건간에 보호자들은 직접적인 행동을 통해 자신의 기능과 불가분의 관계를 맺고 있는 확고한 의지를 증명하는 동시에 아카데미 운동에 깊이 관여하고 있음을 보여 주었다. 그것은 시간에 저항하는 행위였으며, 어떤 점에서 근대의 후원자에 대한 기억과 학술 단체의 행동에 영원성을 부여하는 행위였다. 거물급 인사가 설립한 학술 단체는 계몽 사상 운동을 더욱 증진시키려는 그들의 의지와 진보에 대한 믿음을 나타낸다. 다시 말해 인류애를 추구하는 대부분의 운동이 물질을 강조하기보다는 명예와 불멸성을 추구하는 정신의 지도를 받는다는 맥락에서 볼 때, 보호자의 행동이야말로 고대의 자선 행위와 비슷한 인류애 운동이 있었음을 말해 주는 예라 하겠다. 게다가 이러한 움직임을 모방하는 사례가 생겨났다. 리샤르 드 뤼페는 로슈슈아르 백작부인이 제공한 상패 6백 개를 받으면서 다음과 같이 자기 생각을 분명히 밝히고 있다. "만일 학문의 진보를 위한 열의와 조국에 대한 사랑으로 움직이는 시민이 우리의 영광에 관심을 가지고 자신만의 감정에 알맞은 적선 행위를 하면서 서둘러 영광을 나누어 가지려 든다면, 우리는 이렇게 기쁜 일이 일어난 것을 교양 있는 대중이 아카데미에 대해 내리는 평가, 다시 말해서 아카데미 회원 사이에 지배적이며 그들의 업적을 이끌어 주는 고상한 경쟁의 산물인 평가의 덕으로 돌려야 할 것이다."[21] 기부금품의 목록과 후원자 명단을 작성했던 것은 기증자가 다양하다는 사실과 함께 선물도 다양하다는 사실을 밝히는 데 관심을 가졌기 때문이다. 귀족 대법관 르구 드 제를랑이 디종 아카데미에 남긴 아름다운 진열실에 전시된 상패와 자연사의 연구 대상,[22] 르 테라이 후작의 기부금 1만 리브르,[23] 재판장 바르보가 보르도에 남겨 준 과학 기구, 그리고 책 또한 무엇보다도 앞서 우리가 재검토해 보아야 할 개인 장서.[24] 이처럼 대부분의 단체는 저마다 후원자를 갖고 있었지만 경우에 따라서, 그리고 기부금품의 크기에 따라서 재정 상태가 달라졌다. 더욱이 합법적인 인정을 받는 일은 의존 관계를 수반하는 경우가 가끔 있었다. 따라서 아카데미는 인내심을 가지고 보호자의 의지와 권한 남용에 경계를 게을리하지 말아야 했다.

관(官)에서도 무시할 수 없을 정도의 후한 원조를 제공해 주었다. 대부분의 원조는 도시에서 담당하였으나 몇몇 경우 지방 신분회에서도 나오기도 하였다. 근본적으로 아미앵·앙제·아를·샬롱·리옹·마르세유·

몽토방·툴루즈 아카데미의 재정을 확보해 준 것은 지방자치 정부였다. 1726년 리옹 아카데미 회원들에게 땅과 돈을 주기로 한 상업 재판소의 결정을 통해 전반적인 보호가 있었음을 알 수 있다. "위의 사람들은 과학·문학·예술을 완성시키는 데 이바지할 수 있는 것이면 무엇이든간에 대도시 행정관의 각별한 주의를 끌 만한 장점을 가지고 있다고 생각하였다……." 리옹의 상업 재판관은 학회를 설립하려는 국왕의 위업을 인정하면서, 자신의 활동과 인선을 통제하는 군관구 사령관의 예를 따라 아카데미 회원들에게 물질적인 보호를 제공해 주기로 하였다. 그 까닭은 그들을 시청에 받아들이고, 자신의 주머니를 털어 "필기구 및 난방과 조명"의 비용을 감당하면서까지 상당히 오랫동안 "그 단체가 시청에서 존속할 수 있도록" 해주는 대신, "그들로 하여금 이 대도시의 환경을 더욱 명예롭고 이롭게 만들도록 하기 위해서"였다. 아카데미는 공익과 지역의 명예를 기리기 위한 도시의 공공 기관으로 자리잡게 되었다.[25] 루앙 아카데미를 설립한 사람들의 임무는 "죄 플로로(문학제)를 설립하거나, 수학상 또는 예술상을 제정하라며" 르장드르가 유증한 연금 1천2백 리브르를 도시 행정부를 통해 자기 자신에게 귀속시키는 일이었다. 루앙 아카데미로서는 연금을 자유롭게 이용하여야 성공을 보장받을 수 있었다.[26] 라로셸에서는 아카데미를 환영하였으나 아카데미의 기본 경비는 연금 1백50리브르와 여러 개인이 남긴 유산으로 충당되었다. 툴루즈의 죄 플로로 아카데미는 상으로 수여하는 꽃을 사고, 매년 학회 참석권으로 나가는 4백50리브르를 충당하기 위해 예산을 도시 행정 당국에 맡겼다. 과학 아카데미는 매년 보조금 6백 리브르와 비상 원조를 받았다. 이처럼 툴루즈의 2대 아카데미는 물질적으로 도시 행정 당국에 의존하고 있었다. 그러나 전자는 1694년의 면장을 적용함으로써 14세기에 압류된 아카데미의 옛 재산에 대한 보상으로 보조금을 받았다. 이러한 과정을 겪으면서 툴루즈의 시행정관과 죄 플로로 회원들은 미묘한 관계를 유지하게 되었다. 특히 전자의 경우 자신들의 손에서 벗어난 기관에 대하여 자발적인 감정이 많이 식긴 했지만 여전히 그같은 감정을 가지고 있었기 때문이다.[27] 서열에 따른 자리 배치, 공식 회의를 위해 '고관들의 방'을 쓰는 문제, 전설적인 클레망스 이조르의 존재, 그리고 그 도시가 학회 설립에 관한 추억에 젖어[28] 만들어 낸 여러 가지 임무의 효력에 대해 다양한 분쟁이 일어났다는 사실로 미루어 보아 도시 권력을 쥐고 있는 사람 사이에 해묵은 적대 관계가 있었으리라는 점을 충분히 짐작할 수 있다. 부분적으로 시행정에서 제외된 고등법원 인사는 죄 플로로에서 자신이 가진 문화 능력의 주요한 표시 가운데 하나를 지켜 나갔다. 이들은 1773년의 칙령을 통해 그동안 제시한 이유가 그 나름대로 합당하다는 판정을 받았으며, 자신을 귀족화하기 위해 도시 행정에 관여하는 게 아닌가 하는 의심을 받는 집단 앞에서 우월성을 인정받았던 것이다. 그후 툴루즈 시의회가 고등법원 귀족에게 우호적인 방향으로 개혁되면서 논쟁은 일단 막을 내리게 되었다. 그러나 이 논쟁은 1789년의 지방자치로 말미암아 툴루즈 지방자치 정부가 자신이 모든 면에서 우월할 뿐만 아니라, 죄 플로로를 이끌어 나갈 권리도 자신에게 있다고 주장하게 되면서 다시 새로운 국면을 맞이하였다.[29] 그 대신 시의 대법관과 회원 대부분이 죄 플로로와 같은 출신이었던 과학 아카데미 사이에는 언제고 합의가 존재했다. 국왕에게 이 아카데미를 위해 요구한 허락을 위시해서 학술 경진 대회와 일반 경비를 위한 재정상의 도움, 대법관 법원 건물과 여러 가지를 사들이기 위한 비상 지출에 대한 보조금 등, 지방자치 정부는 고등법원이 별로 장악하지 못한 이 기관을 계속해서 도와 주었다. 사실 권력 기관 사이의 갈등은 아카데미의 존립에 그다지 영향을 끼치지 못하였다. 이들의 갈등은 죄 플로로의 경우에서처럼 시행정관과 고등법원이 제공하는 혜택에 힘입어 최소한의 명성을 누리게 된 새로운 기관과 관련된 문제였기 때문이다. 더욱이 수많은 대립은 1778년 이후 훨씬 줄어들었고, 지방자치 정부 내에서도 개혁을 단행하게 되었다. 툴루즈를 이끌어 나간 엘리트 계층에게 과학 아카데미는 만남의 장소가 될 수 있었고, 그 회원은 조정자의 역할을 맡게 되었다.[30]

보르도에서도 동업조합 단체와 아카데미 사이에 비슷한 갈등이 있었다. 이곳 아카데미 회원은 자신의 저택과 여러 채의 집을 아카데미에 기증함으로써 그 집세를 경상비에 충당토록 해준 장 자크 벨의 유산을 굴리게 되면서부터 재정상의 독립을 누릴 수 있었다.[31] 투르니의 땅을 어떻게 분

배하는가 하는 문제로 20년 동안 긴 소송을 치렀다는 사실을 통해 고등
법원과 파리 귀족의 후원을 받는 아카데미 회원이, 왕의 영향력 아래 있
던 지사와 시행정관, 도시와 상인의 이익에 대해 적대감을 품었다는 것을
알 수 있다. 근본적으로 이 분쟁은 지방 권력을 바라보는 시각과 관련되
어 있었다. 보르도 아카데미는 고등법원의 주장과 함께 지방의 경영에 관
한 더욱 보편적이고 민사적인 개념을 옹호하였다.[32] 보르도 학회는 죄 플
로로 아카데미처럼 도시 행정부에 대해 자신의 명예와 우월성을 주장하
면서, 자신의 문화적 힘에 걸맞는 특권적 위치를 인정해 달라고 요구하였
다. 여기서는 단지 상징적 의미만 지니고 있는 우월성에 대한 반감보다는
도시 권력의 역할을 어떻게 정의하느냐에 대한 반감이 얽혀 있었다.

디종·메스·낭시, 그리고 이들에 비해 다소 늦게 출발한 그르노블 같
은 다른 고등법원 소재지에서는 아카데미 회원이 지방자치 정부가 섣불리
이의를 제기하지 못할 정도로 우월한 지위를 누렸던 만큼 갈등에 시달릴
필요가 없었다. 브장송에서도 고등법원과 지사관구가 통합되면서 아카데
미에 우호적인 군관구 사령관이 영향력을 행사한 결과 아카데미와 시청은
쉽게 합의점에 도달할 수 있었다. 둘간의 합의에 따라 시청이 아카데미 경
비를 일부 담당하고, 대신 시장을 아카데미의 '귀족회원'으로 영입하기로
하였다.[33] 이와 똑같은 방식으로 메스 아카데미의 귀족회원 6명이 아카데
미의 서열을 장식하게 되었다. 그들은 주교, 주(州) 주둔군 사령관, 수석
재판장, 지사, 성당 참사회의 공작, 도시의 수석 행정관으로서, 이 학회의
운행을 주도하는 집단에 합류하였다.[34] 그르노블의 아카데미 설립과 재정
은 처음부터 서로 상반되는 이해를 초월하여 자리잡은 기관이라 할 수 있
는 공공 도서관의 운영과 밀접하게 뒤얽혀 있었다. 미국인 라비는 "모든
폐단을 예방하면서 그르노블 공공 도서관의 행정을 구성하기 위한 계획"
에서 모든 시민의 열의로 설립되고 재정의 뒷받침을 받는 도서관은 권력
의 보호를 받아서는 안 되며, 늘 공동의 업적으로 남아 있어야 할 것이라
고 주장하였다.[35] 요컨대 아카데미의 재정상 경영에 관한 문제는 지방과 도
시 권력이 분쟁을 일으키건, 아니면 조화를 이루건 지배 계급의 집단 의식
을 발전시켰다. 신분회이건 도시이건 어느 한쪽이 새로운 문화 기관의 책

임을 맡으면서 이러한 합의가 드러나게 되었던 것이다.

아라스,[36] 신분회가 아카데미에서 조직한 교육에 드는 비용 전부를 부담하였던 디종,[37] 그리고 아카데미 일로 여러 차례에 걸쳐 보조금 5백 리브르를 끌어낸 포[38]의 경우를 보면 지방 신분회의 역할이 아주 중요하였음을 알 수 있다. 툴루즈와 몽펠리에의 학술 단체도 랑그독 신분회 덕분에 학술 사업을 무리 없이 이끌어 나갈 수 있었다. 몽펠리에에서는 정기적으로 보조금 6백 리브르를 받다가, 나중에는 1천 리브르를 받게 되었다. 당시의 보조금 인상은 20년 동안 교섭을 벌인 끝에 1737년에 인가를 받은 결과로서, 주에서 내놓은 패를 따오기 위해 선불한 금액에 보태졌다. 결국 1780-90년 이 아카데미 회원이 맡았던 강의에 든 비용을 주에서 갚아 주었는데, 주정부가 지불한 돈은 거의 4천 리브르에 달하였다. 게다가 1783년에는 주에서 3천 리브르를 건물 비용으로 갚아 주었던 것이다.[39] 툴루즈 아카데미 회원은 1754년에 보조금 6백 리브르를, 1775년에는 1천 리브르를 받게 되었다. 가리퓌의 집과 천문대를 함께 사들이는 작업도 주의 도움(3만 6천 리브르)이 없었다면 불가능한 일이었다.[40] 아카데미와 지방 신분회의 결합은 점점 더 중요성을 더해 갔다. 이처럼 원조의 양이 점차 늘어났다는 사실을 통해 학회가 어째서 회비 제도를 없애게 되었는지 이해할 수 있다.

그러나 개인이 낸 회비는 학회 활동에 매우 큰 보탬이 되었다. 이러한 예는 여러 곳에서 찾아볼 수 있다. 예컨대 보르도와 리옹은 회비에 힘입어 음악회를 조직할 수 있었고, 아장과 아미앵에서도 회원의 도움 덕분에 필요한 책을 구입할 수 있었다. 아라스와 님에서는 시작부터, 오를레앙에서는 초기의 단체에서 이러한 사례가 목격된다. 또한 포·메스·몽토방도 이와 비슷한 경우였다. 개인 회비는 가지각색이었다. 보르도와 포에서는 처음에 3백 리브르였던 것이 1백20리브르, 1백 리브르로 점점 낮춰졌다. 님에서는 2리브르에서 11리브르로 올랐지만 아카데미의 재정을 충당하기에는 턱없이 부족했다. 아라스에서는 40에서 20리브르로 내려갔고, 몽토방은 12리브르, 메스에서도 벨일 원수의 도움을 받기 전에는 10리브르를 걷었다. 그리고 셰르부르에서는 6리브르를 받았다. 학회회원의 합의에 따라 정기적으로 돈을 빌리는 제도도 개인 회비를 걷는 제도와 비슷하였다. 툴루즈가 이러한 경우에 해당된다. 9명의 명예회원이 기부한 6천 리브르에서 매년 3백 리브르의 이자가 들어옴으로써 "툴루즈 시에서 과학을 발전시키는 데 전념하는 학회를 지속적으로 확고하게 수립할 수 있었던 것이다."[41] 님 아카데미 회원도 같은 방식으로 세기에의 기부를 받아들이기 위해 1만 리브르(세금·식물원 유지비·장서 구입비)를 빌려야 했다.[42] 몽펠리에의 과학원 회원은 회비 제도에는 동의하지 않았지만 그 중 일부가 가불금을 내는 데 동의하였다.[43] 그러나 아카데미 회원이 너그러웠다고는 해도 늘어나는 비용을 감당할 수 있을 정도는 아니었다. 회비는 지나칠 정도로 불확실하였기 때문에 어디서나 좀더 정기적인 재원에 호소하였다. 보르도의 경우 회비가 제대로 징수되지 않았을 뿐만 아니라, 회비를 내지 않는 회원 자리를 요구하는 사람이 늘어나면서 1732년경에 이르러 결국 회비 제도를 폐지하게 된다.[44] 포에서도 회비가 아주 늦게 걷혔기 때문에 아카데미 회원은 회비를 제대로 내지 않는 사람을 쫓아다녔고, 여러 가지 방법을 찾아야 했다. 기엔 지방의 수도에서와 마찬가지로 음악회가 사라지자 할당액도 사라지게 되었다. 그 대신 1736-37년에 베아른의 신분회가 제공한 보조금으로 유리하게 대체되었다.[45] 전체적으로 문화의 봉사라는 개념이 점점 두드러지게 되었고, 애당초 개인의 모임에서 출발한 아카데미는 공권력의 재정적 도움을 받는 공식 기관으로 자리잡게 되었다. 그 결과 아카데미의 재정에 관한 역사는 각 지방의 수입과 지출의 역사와 불가분의 관계를 이루게 된다. 이러한 발전의 상징은 바로 그들이 어떤 곳에 학회의 건물을 마련했는가 하는 데서 찾을 수 있다.

　건물 부지를 갖는다는 일은 사람들의 눈에 그 기관이 얼마나 안정되었는가를 확인시키고, 특히 정기적으로 활동할 수 있는 가장 좋은 방법이었기 때문에 학술 단체측에서는 결정적인 문제였다. 어떤 단체는 설립자와 그 상속자의 너그러운 태도 덕분에 이 문제에서 완전히 자유로워질 수 있었다. 벨 저택을 희사받은 보르도, 처음에는 푸피에 저택을 가졌다가 그라몽 저택을 소유하게 된 디종이 바로 그러한 경우였다. 포에서는 시행정관이 물려 준 토지에 육중한 건물을 지을 수 있었으나, 그것을 보존하는 데

에는 아카데미의 능력이 채 미치지 못하였다. 님 아카데미는 1778년에 세
기에의 아름다운 저택에 자리를 잡았다. 끝으로 몽펠리에와 툴루즈의 학
회도 아주 넓은 집을 마련할 수 있었다. 그러나 3분의 2가 공공 건물에 들
어가는 것으로 만족해야 했다. 아미앵·앙제·아를·부르·캉·샬롱·클
레르몽·리옹·낭시·오를레앙·라로셸·루앙, 그리고 죄 플로로는 시청
이나 지방자치 정부 건물에 들어갔고, 아라스·브장송·메스는 군관구 사
령관청에 들어갔다. 브레스트와 마르세유는 무기고에, 그르노블은 예수회
중등학교가 있던 옛 건물에 자리잡았다. 학회의 대부분은 공식 모임을 공
공 건물에서 가졌고, 5분의 4가 시청에서 치르었다.

　무엇보다도 벨중스 예하의 환영을 받았던 마르세유 아카데미는 곧이어
무기고에 들어갔지만, 공식 모임은 시청에서 가져야 했다. 이들은 1781년
에야 비로소 해군 지사인 말루에와 대신 카스트리의 보호를 받아 천문대
를 얻게 되었다. 여기서 우리는 지방 권력의 무기력, 또는 재정상의 어려
움이 군관구 사령관의 행동으로 직접 보상을 받았음을 알 수 있다.[46] 끝으
로 아장·부르·셰르부르·베지에·오세르·수아송·빌프랑슈·발랑스
의 아카데미 가운데 여러 개는 계속해서 개별 모임을 종신 사무총장의 집
이나 회원의 집에서 열었으며, 공식 모임을 개최할 때는 공공 건물을 이용
하였다.

　아카데미가 안정을 찾게 되면서 해당 고장에서 요구하는 역할은 더욱
커졌다. 전통적으로 아카데미의 역할은 이중의 문화적 봉사를 하는 것으
로 제한될 수 있다. 이러한 맥락에서 아카데미는 도시의 기념비와 축제에
필요한 비명문을 짓는 임무를 담당했고, 그보다 더욱 새로운 면으로서 지
방 행정부에 관계된 여러 가지 문제를 책임질 학자 고문단의 역할을 맡게
되었다. 그리고 모두에게 공개할 과학 교육을 조직하는 일도 아카데미의
빼놓을 수 없는 임무였다.

　첫번째 기능은 아주 일찍부터 드러나기 시작하였다. 특히 이러한 기능은
17세기말의 학자와 공직 생활에서 특별한 자리를 차지했던 좌우명 및 기
념패에 대한 취미와 관련되어 있었다. 상업 재판관 가운데 여러 명이 아
카데미 회원이었던 아를에서 1677년의 오벨리스크에 명문을 써넣는 임무

를 맡게 된 것은 당연한 일이었다. 펠리송의 라틴어 좌우명을 상업 재판
관이 골랐다는 사실은 아카데미 회원과, 학회로부터 중요한 역할 하나를
빼앗은 일부 상업 재판관 사이에 한때나마 갈등이 있었음을 말해 준다.[47]
리옹에서도 도시의 축제·개선문·봉헌 기념주·중요한 공식 잔치를 위
한 일시적인 장식에는 아카데미 회원이 도시의 영광을 기리기 위해 지은
명구가 항상 붙어다녔다.[48] 루이 14세의 동상에 적을 문구를 제안한 사람
도 바로 이들이었다. 더욱 일반적으로 아카데미는 도시의 역사를 기록하
려 했다. 툴루즈[49]·리옹·프랑슈콩테의 회원들은 이같은 목적에서 도시
의 고문서 보관소에 드나들 자격을 얻게 되었다. 이처럼 아카데미는 도시
의 위용을 기리는 작업에 참여하였던 것이다.

　좀더 학술적 측면에서 그들은 지적 비판자의 역할을 맡고 있었다. 그것
은 다음과 같은 두 가지 국면을 가지고 있었다. 첫째는 학술 경진 대회의
주제로 지방자치 정부나 지역 문제와 직접 관련된 문제를 제기함으로써
주와 국가의 범위까지 반향을 불러일으키고, 둘째는 먼저 것보다 제한된
범위에서 지방자치 정부의 경영과 관계된 사항을 다루었다. 도량형과 일
정량에 관한 조사, 제조 방식에 대한 판단, 기계 검사, 새로운 화학 물질의
분석, 물에 대한 보고, 도시 계획과 도시 미화 문제를 위한 학술상의 의견
교환, 1785-89년의 공기정력학의 체험, 제분업에 관한 연구 등 토목 담당
관의 제안과 관련된 문제를 나열하자면 한이 없다. 보르도 아카데미에서
는 그것이 없어지기 몇 년 전부터 공덕심, 또는 충성심에서 우러 나온 행
동에 대한 상을 제정하였다.[50] 몽토방 아카데미는 덕망 높은 순결한 처녀
에게 상을 주었다.[51] 인류애·경제·풍속 등 도시 생활과 관련된 것은 모
두 논문과 학술 경진 대회의 주제가 되었다.[52] 지방 권력과 학술 단체 사
이에 진정한 공생 관계가 존재하였으며, 그러한 관계는 아카데미 회원이
도시의 여러 기관에 참여하고, 도시 행정관이 아카데미에 참여하는 것을
통해 확보되었다. 중등교육국·병원행정위원회·도시행정위원회는 그 자
체가 만남의 장소였고, 기능면에서 볼 때 고등법원 인사와 법조계 인사는
어쩔 수 없이 지방 행정 쪽으로 시선을 돌리게 되었다. 이러한 사실은 아
카데미의 공식 역할이 발전하는 데 유리한 복합체를 구성해 주었다. 1786

년 아미앵 시의회의 구성원을 살펴보면, 중등교육국의 (8명 가운데) 5명, 병원행정위원회의 13명 가운데 4명, 구빈위원회의 15명 가운데 5명, 도시행정위원회의 34명 가운데 7명이 모두 아카데미 회원이었다. 이러한 보기는 흔히 볼 수 있는 것으로 앙제 지방의 시장도 아카데미 회원이 되었다. 아를의 상업 재판관이 학회에 보인 관심도 결코 만만치 않았다. 학회 활동에 열심이었던 아라스의 시장 중에서 가장 유명한 뒤부아 드 포쇠는 도시 행정관과 아카데미 회원의 일을 병행해 나갔다. 브장송의 시장도 디종과 메스의 시장과 마찬가지로 저명한 회원이었다. 리옹의 시장은 아카데미 회원 속에서 선출되는 경우가 많았다. 아카데미의 사회와 지도층은 친밀한 관계와 공식 관계로 매우 강력하게 뭉쳤다. '공공의 복지'는 어디서나 추구해야 할 목적이 되었고, 정부도 이러한 추세를 부추겼다. 다음은 1772년 베아른 신분회가 경비 절약을 내세워 포 아카데미에 지급하던 5백 리브르를 취소하려고 했을 때 라 브리이예르 공작이 보낸 편지의 일부이다.[53] "비록 이 아카데미가 오늘날까지 사람들이 기대했던 이익을 창출해 내지 못하였을지 모르지만, 아카데미의 업적과 아카데미가 관리하는 공공 도서관은 이러한 분야에서 골고루 도움을 받지 못하던 지방에 진실로 유용하다는 점을 감출 수는 없을 것입니다." 랑그독 신분회는 1731년 몽펠리에의 왕립과학회에게 랑그독 주의 지도를 그리라는 임무를 부과하였다. 이 사업은 20년이라는 세월이 걸렸고, 비용만 해도 21만 5천 리브르나 들었다. 이것은 행정부와 학술 단체 사이에 깊은 유대가 있음을 보여 주는 드물지만 뜻 깊은 경우라 하겠다.[54]

이처럼 아카데미가 이중의 보호를 받게 되면서 새로운 교육 방식이 모습을 드러내기 시작하였다. 아카데미의 첫번째 목표는 무엇보다도 과학자와 고증학자에게 언제나 열려 있고, 대중에게도 종종 개방되는 도서관을 만드는 데서 구체적으로 볼 수 있는 것으로서, 이른바 도시 정예에게 계몽 시대의 문화를 접할 수 있는 수단을 마련해 주는 일이었다. 낭시와 그르노블은 이러한 점에서 상징적이다. 로렌 지방의 아카데미는 '자비로운 계몽 사상가'의 하수인이 열정을 바쳐 창설한 군주의 업적이었다. 그와는 달리 그르노블의 학회는 도시의 모든 단체와 권력의 대표를 망라한 집단 서명

운동의 결과로 설립된 것이었다. 두 아카데미는 모두 도서관의 산물이었으며, 똑같은 학술 기능을 가지고 있었다. 문학 모임은 이들처럼 지방의 이익을 기념하고 지방의 특권을 옹호하였을 뿐만 아니라, 특정 문화를 널리 보급시키려는 생각에 몰두함으로써 '진정한 애국심'을 구체적으로 보여 주었다. 아카데미 가운데 절반 이상이 눈에 띌 정도의 큰 도서관을 가지고 있었는데, 그것이 국가의 문화 장비로서 지니고 있는 결정적인 역할은 아마 가장 다수에게 책과 접촉할 기회를 마련해 주는 데 있었을 것이다.[55]

이 점과 관련해 바슐라르는 다음과 같이 기술하고 있다. "18세기의 과학은 전적으로 교양 있는 사람과 관계가 있다. 그들은 자연사 연구실과 실험실이야말로 여러 가지 경우에 따라서 도서관처럼 설비를 갖출 수 있다고 본능적으로 믿는다. 그들은 자신을 가진다. 그들은 개인적인 발견 가운데 갖가지 요행수가 끼어들어 서로 작용한다고 기대한다. 자연은 일관성이 있고 동질적인 것이 아닌가?라고." 과연 물리학·화학·자연사 연구실, 천체 관측소, 특히 남부의 학회가 가진 시설은 거의 어디서나 더 이상 책만 뒤지는 것에 그치지 않는 과학적 장비를 완비하고 있었다. 디종 아카데미의 수집품,[56] 님의 세기에 실, 라로셸 아카데미의 라파이실, 도피네 주의 도서관 수집품, 몽펠리에 왕립과학원의 수집품, 1775년 유명한 페스탈로치 수집품을 사들여 만든 리옹 아카데미의 수집품, 툴루즈의 과학 아카데미 연구실, 마르세유 아카데미 연구실은 다양한 구성과 새로운 관심의 발달로 유명하였다. 이러한 일을 할 수 있는 곳은 어디나 과학적 장식품을 마련한다는 취지 아래 고물 수집이 새로운 관행으로 자리잡게 되었다. 그 속에는 여러 가지 과학적 배율기, 기묘한 물건, 표본과 괴상한 것이 서로 뒤범벅되어 있어서 과학적 호기심을 막연하게 드러낼 뿐이었다. 기증·선물·매입으로 우연히 구성된 디종의 수집품은 전형적인 예에 속한다. 기통 드 모르보가 근엄하게 행동하던 아름다운 실험실 옆에 위치한 그라몽 저택의 연구실은 상패, 로슈슈아르 백작부인이 기증한 6백 가지의 선물, 그곳 아카데미가 가진 돈과 동전의 전체 목록을 작성할 임무를 맡았던 리샤르 드 뤼페가 기증한 물건 1천5백 가지, 바다 고기와 담수어, 진귀하고 값진 조개 같은 자연사 대상물 따위의 귀중한 자료를 감추어두고 있었다. 그 중에서 제일 아름다운 것은 인위적으로 말려서 유리 밑에 넣은 지중해 물고기 표본이었다. 리샤르 드 뤼페의 딸은 커다란 톱니 모양의 나무껍질을 보냈고, 기통 드 모르보는 훌륭한 악어 박제·광석 견본·명반 결정체, 그리고 샹티이의 콩데 수집품에서 나온 지질학과 식물학 표본을 제공하였다. 끝으로 그 지방 출신인 위대한 인물의 흉상, 조각가 아티레가 다듬은 미네르바, 기증자의 초상화도 빼놓을 수 없는 물품이었다. 이 모두가 부르고뉴 지방 아카데미 정예의 호기심과 취미의 모범을 보여 주었다. 그러나 이러한 현상이 디종에만 국한되어 있었던 것은 아니다. 자연사를 다루었던 지방의 연구실을 지도로 표시해 보면, 다른 분야와 마찬가지로 이 분야에서도 아카데미를 가진 도시가 우세하다는 점을 광범위하게 보여준다.[57] 그보다 조건이 좋지 못했던 몇몇 학회에서는 자연사 연구실을 갖추고 있진 못하였지만, 회원이 모은 수집품을 접할 수 있는 경우는 종종 있었다. 브장송의 아카데미 회원은 마르네지아 후작이나 외과의사 르 방셰르의 집에 모여 작업을 할 수 있었고, 캉에서는 행정관 푸케 또는 그렝도르즈 박사의 집에서 모임을 가졌다. 디종에서는 뤼페의 집, 신분회 사무총장인 동시에 과학 아카데미 통신원인 바렌 드 베오스트 집에 모일 수 있었다. 리옹의 주요 수집가 가운데 절반 이상은 아카데미의 회원이었다. 마르세유의 오라토리오회가 경영하던 중등학교에서는 실험실 운영을 아카데미 회원인 파퐁 신부에게 맡겼다. 루앙과 툴루즈에서도 이와 비슷한 모습을 찾을 수 있다. 아카데미 회원인 과학 애호가는 (바슐라르의 표현을 다시 한 번 빌려서) 사회 정예 속에 퍼졌던 이러한 ‘사교적인 과학’에 빠져들었음에 틀림없으나, 그들이 수집가로서 보여 준 열정은 적어도 1750년 이후 가장 저명한 학회가 내놓은 교육 사업에서 발전된 세속화의 의도에 의해 그에 못지않게 정당화된다.

일부 아카데미는 방법, 능력, 그리고 때로는 시간의 부족 때문에 교육을 확실히 베풀 수 없었다. 아를·수아송·빌프랑슈·앙제 아카데미와 같은 첫 세대에 속한 학회가 여기에 해당되었다. 그리고 더욱 기묘한 것은 캉 아카데미까지 포함되어 있었다는 사실이다. 아장·오세르·샬롱·그르노블 같은 몇몇 아카데미는 그럴 마음과 방법이 없어서라기보다는 다른 문제를 풀기 어려웠기 때문에 아무런 시도조차 하지 않았다. 포 역시 교육 부문과 관련해서는 어떤 노력도 기울이지 않았다. 굳이 이유를 들자면 능력이 부족했기 때문인 듯하다. 특히 포는 자연사 수집품을 갖지 않은 소수의 도시 가운데 하나였다. 리옹 아카데미가 교육 활동을 하지 않은 이유는 도시 행정 당국과 아카데미 회원의 후원을 받았던 의학중등학교, 병원, 부르즐라의 수의학교, 무료 미술학교의 강좌가 발전한 데서 찾아야 할 것이다. 이처럼 교육 분야에 여러 가지 기관이 창설되었기 때문에 리옹 아카데미의 역할이 상대적으로 줄어들었던 것이다.[58] 르프랑 드 퐁피냥이 이끄는 몽토방은 아카데미 프랑세즈를 본뜨려 했다. 이들은 교육 계획을 세우기보다는 해당 지방에서 자신의 이름을 지키는 데 더 많은 노력을 기울였다. 낭시는 캉의 경우와 비슷하다. 강좌가 없다는 사실이 놀랍지만 노르망디와 마찬가지로 로렌에서도, 의과대학교와 중등학교가 다른 곳에 비해 훨씬 정규적인 과학 교육을 베풀었다.[59] 1784년 개혁을 통해 의학부에 전문 교육 과정을 창설한 캉대학교는 이러한 관심을 구체적으로 드러냈다. 학예학부에 속한 중등학교를 대상으로 여러 가지 강좌를 개설한 이러한 과정은, 이 분야에 관한 한 프랑스 대학교를 통틀어 처음 있는 일이었다. 아카데미의 활동은 대학 교육의 결함을 곧바로 완화시켜 주었다. 설령 이 시기의 대학교에 관한 역사를 아직도 쓰지 못했다 할지라도 우리는 몇몇 사항을 알 수 있다.

대학교가 과학을 소홀히 취급했다는 것은 역사를 기록해 보면 누구나 지적할 수 있는 사항이다. 수많은 경우 과학을 교육하지 않았다는 사실은 이론의 여지가 없는 것처럼 보이지만, 대개 우리는 당시에 실시되던 과학 교육이 처한 조건에 대해 모른다는 사실을 인정하는 편이 나을 것이다. 상당수의 대학교는 교육의 보편적 역할을 한다는 데 만족하고 있었으며, 특별히 연구와 발견한 사실을 전파해야겠다는 계획을 세우지 않았던 듯하다. 파리의 중앙 집중화가 갖는 무게와 왕립과학 아카데미의 특별한 기능 때문에, 거의 언제나 신학부와 법학부의 지배를 받는 대학교의 낡은 구조는 이러한 경향을 더더욱 발전시켜 나갔다. 그러나 캉·낭시·몽펠리에의 보기를 통해 대학인은 그 시대의 과학 운동과 동떨어져 있지 않았다는 사실을 분명히 볼 수 있다.[60] 예컨대 학부의 범위 내에서 행동할 수 없다고 판단되었을 때는 파리나 지방 아카데미의 안에서 활동하는 경우가 많았다.[61]

디종 아카데미를 창설한 푸피에 학장은 이러한 부족을 메우고 싶어하였다. "학술회의, 시상, 그리고 주어진 현안 문제를 해결하기 위해서는 지금의 단체가 설령 사람들이 완벽한 대학교, 또는 단순히 학예학부나 의학부를 잇달아 설립한다 할지라도 존속해야 한다는 것이 나의 바람입니다." 과학의 발전에 이바지하고, 대중에게 과학의 영향을 끼치며, 대학 기관과 경쟁하는 일은 중등학교와 대학의 학부를 졸업한 아카데미 회원의 기본 활동을 이루었다. 이 분야에서 특별한 정신적 혁명이 일어난 것은 아니었지만, 2개의 교육 기관이 항상 교류를 가진 결과 변화의 분위기가 천천히 조금씩 무르익어 갔다.

아카데미의 교육 활동은 응용미술·식물학, 그리고 물리·화학·수학과 더욱 드물게는 의학을 포함하는 과학의 중요한 세 가지 주제를 중심으로 조직되었다. 지방의 미술학교가 설립된 것은 도시 지배 계층의 가장 독창적인 시도 가운데 하나였다. 왜냐하면 이들 미술학교의 설립 목적이 완벽한 직업 훈련 체계를 수립하는 데 있었기 때문이다. 장 바티스트 데캉이 루앙에서 겪은 체험은 다른 지역의 학교뿐만 아니라 장 자크 바슐리에가 파리에서 학교를 세우는 데에도 모범이 되었다. 르 카와 시드빌은 라 부르도네 지사와 뤽상부르 원수의 후원에 힘입어 정부로부터 1천5백 리브르의 보조금을 얻을 수 있었다. 이때 받은 보조금은 교수의 급료와 학생을 위한 상금(2백 리브르)을 마련하는 데 쓰였으며, 1746년에 이르러서는 5백 리브르를 모금함으로써 확실한 첫걸음을 내디딜 수 있었다. 1765년 데캉의 학교에는 학생이 거의 3백 명이나 되었고, 이때부터 상금을 준비하는 일이 아카데미의 활동 가운데 하나로 자리잡기 시작했다.[62] 그후 아미앵의 셀리에는 이러한 풍토를 그대로 모방하였다. 그 결과 아미앵에서도 1756년 학예학부생을 위한 응용미술과 기하학 강좌를 개설하였다.[63] 툴루즈와 리옹의 아카데미 회원도 이와 비슷한 노력을 부추겼지만 직접 통제하지는 않았다.[64] 그에 비해 브장송의 아카데미 회원은 지사 라코레가 설립하고, 화가 비르슈와 조각가 브르통이 이끌어 나가던 학교를 지배하려고 하였다. 그러한 노력의 결과 그들은 건축학 강좌를 창설했을 뿐만 아니라, 라코레로부터 모든 학교를 자신들의 휘하에 집결시킨다는 계획을 따냈던 것이다. 그러나 이 계획은 건설국장의 반대에 부딪혀 실패하고 만다.[65] 디종 아카데미는 그보다 훨씬 운이 좋은 편이었다. 왜냐하면 프랑수아 드보즈가 창립한 무료 미술학교가 부르고뉴 지방의 '징세관들'의 뒷받침을 받았기 때문이다. 이들은 강좌 주임교수에게 1766년에는 6백 리브르, 1771년에는 3천6백 리브르의 급료를 지급토록 허락해 주었던 것이다. 1768년 그곳 아카데미는 주임교수를 자유 회원으로 받아들였으며, 학생들을 평가할 임무를 띤 위원회에 참석할 권리를 얻었다. 프랑수아 드보즈를 예찬한 시를 보면 그의 성공을 기리는 다음과 같은 구절이 있다. "그는 그림과 조각에 뛰어난 학생을 한꺼번에 키울 수 있었다. 그리고 노동자에게 한꺼번에 여러 직업을 소화할 수 있는 재능을 주었으며, 학생과 함께 예술의 가장 높은 개념까지 올라갔다. 뿐만 아니라 매일 노동자와 함께 가장 기본이 되는 사항까지 내려가기도 하였다."[66] 디종의 경험은 아카데미가 예술 분야에 대해 품은 야심을 잘 드러내 주고 있다.[67] 단순히 예술가를 기르는 것만이 문제가 아니라, 오히려 아미앵·루앙·브장송·리옹, 그리고 정도는 다르지만 툴루즈·보르도·마르세유의 미술 아카데미가 해오던 바와 마찬가지로 예술과 직업에 필요한 교육을 널리 베푸는 것이 문제였다. 직공과 서민은 아카데미 부설학교의 강의를 열심히 들었다. 1768년과 1789년에 디종에서 만든 목록을 보면 무료 강의에 참석한 사람이 사회적으로 아주 다양한 계층 출신이었음을 알 수 있다.[68] 아믈로 뒤 샤이우 지사의 아들이 미장이·석공·유리직공·외과의사와 함께 배웠으며, 귀족의 자식과 고등법원 인사의 후계자가 수공업자나 노동자와 뒤섞였다. 루앙에서는 수천 명의 학생이 데캉의 강의를 들었다. 브장송에서도 수백 명의 학생이 강의를 들었다. 교육적 아카데미 정신이 나타나는 이러한 자리에 재능 있는 사람이 모여들고, 실용과 아름다움을 추구하는 이상을 퍼뜨리는 데 한몸이 된 '여러' 사회 집단이 만나게 되었다.[69] 예술학교의 젊은이는 '훌륭한 취미'를 지켜야 했고, 직업을 위한 자신의 자질을 개화시킴과 아울러 산업과 건설의 발전을 가져오며, 전체의 생활 조건을 향상시키는 데 필요한 이론과 실제를 완전히 배워야 했다. 셸리에는 아미앵 아카데미에 제출한 보고서를 통해 계몽 시대의 도시가 발전시켜야 할 이상향으로서 아카데미 회원이 모이는 '예술의 신전,' 음악회와 연극을 위한 방, 무료 학교, 교수 숙소 등의 개념을 제안하고 있다. 피카르디 지방 출신인 그의 꿈에서 교육의 방법을 합리화하고, 지배 계급의 실용주의 욕망에 맞도록 노력을 기울이려는 아카데미의 의지를 분명히 볼 수 있다.

아카데미는 더욱 많은 사람에게 과학과 친숙할 기회를 준다는 생각으로 모든 노력을 기울였다. 그러한 노력의 일환으로서 주요 아카데미의 중심지마다 증명과 실험에 바탕을 둔 교육이 실시되었다. 여기서 말하는 교육이란 여러 가지 이론의 설명을 결합하고, 그것이 어떻게 적용될 수 있을지를 검사하는 작업이었다. 보르도에서는 1714년부터 실험실이 마련되었고, 샤르다부안과 카르도즈가 차츰 물리와 화학 실험 계획을 착실하게 정착시켜 나갔다. 1741년에는 원장신부 놀레가 과학 강좌의 교사로 참여하게 되었고, 아카데미는 그의 설비 가운데 일부를 사들였다. 1743년 이후 원장신부 샤브롤과 티보 드 샹발롱, 그리고 그 뒤를 이은 카스테의 노력에 힘입어 실험물리학과 자연사 강의가 확고하게 자리잡게 되었다.[70] 디종에서는 사업이 좀더 늦게 진행되었지만 체계면에서는 훨씬 안정되어 있었다. 이리하여 1767년 5월 18일 재무국의 대소인인 즐로가 국가에 필요한 젊은이를 양성하고, 과학 및 기술 교육을 통해 중등학교의 교육 내용을 한 단계 끌어올리는 야심만만한 계획을 발표하기에 이르렀다.[71] "유익한 만큼 즐거운 과학과 예술을 가르치도록 임명된 교수는 중등학교가 어떤 사람들 속에서 일깨우기 시작한 것을 계승하고, 재산이 별로 없기 때문에 국가를 위하여 일하지 못하는 사람들 속에서는 재능을 꽃피우게 만들어 줄 필요가 있을 것이다." 아카데미는 "농업과 관계된 물리학·건축학·해부학과 실용의학·실용기하학과 기계학·소묘와 그림·수의학·작곡"의 7개 강좌를 열면서, 부자와 그보다 덜 부유한 사람에게 학교 교육의 범위를 넘어설 수 있도록 해주었다. 그 결과 가난한 사람을 새로운 교육의 범위 안으로 받아들이는 일을 시도할 수 있었다. 주정부는 "훌륭한 효과를 만들어 내는 데 비하면” 아주 보잘것없는 비용을 모두 떠맡아야 했다. 아카데미는 의학 강좌를 위그 마레에게, 화학 강좌를 기통 드 모르보에게 각각 맡기면서 자신의 사업을 훌륭하게 이끌어 나갈 수 있었다. 그들의 실험은 나날이 성공을 거두었고, 디종 아카데미의 화학 실험실과 해부학 계단 교실은 과학의 중심지가 되었다. 모르보의 뒤를 이은 쇼시에 박사는 더욱 체계를 갖추어 교육을 이끌어 나가면서 실제 의학 지식과 화학 지식을 통합하였다. 마레의 뒤를 이은 마쥐예는 1788년의 보고서에서 자기 학생(8,9명)은 “시골에서 치료술을 베풀 사람이며, 대부분 재능은 있으나 그다지 부유하지 못한 노동 계급의 자식으로서 만일 밝은 행정으로 그들에게 교육의 여러 가지 방법을 뒷받침해 주지 않는다면 의술을 제대로 발전시키지 못할 것”이라는 점을 주지시켰다. 이렇듯 과학의 발전은 재능의 발굴과 뗄 수 없는 관계를 이루었다. 모든 아카데미가 맡았던 교육의 역할은 계몽주의의 발전과 관련해서 더욱 늘어나게 된 사회적 유동성에 대한 관념과 일치하였다. 몽펠리에의 왕립학회는 원래 예수회가 맡았던 수학 교육을 지도하게 되었다. 게다가 이 학회가 앙투안 샵탈과 전기학의 대가인 원장신부 베르톨롱에게 맡긴 화학과 물리학 공개 강의가 유례없는 성공을 거두게 되었다. 그 결과 그들을 위해 ‘물리학과 화학 강좌를 위한 큰 건물’을 마련해 주어야 했고, 강의마다 다양한 사람이 몰려들었다.[72] 루앙에서는 보몽이 이 도시를 위해 마련해 준 출산학 강좌를 감독할 권한과 함께 의학과 외과학 교육을 르 카에게 맡겨 체계적으로 실시토록 하였다. 이 교육은 그후로도 50년 동안 줄곧 실시되었다. 르 카의 예찬론을 통해서 강의의 인기도를 쉽게 짐작할 수 있다. “이 강의는 우리의 철학이 이 도시에, 과학에 대한 취미를 소개하고 보존하기 위해 이용한 방법이다. 이 강의를 계속 들은 선택받은 수많은 청강생은 그를 끝없이 찬미하며, 우리의 부인들은 부지런히 강의에 참여함으로써 자신들이 습득한 취향과, 그 교수님이 그들에게 준 만족을 숨김없이 보여 주고 있다.” 성당의 참사원 부엥이 담당하던 기하학 교육을 리고가 계승하게 되면서, 뒬라그의 수리학 강좌가 덧붙여졌다.[73] 요컨대 노르망디 지방의 수도는 그곳 아카데미 덕택에 50년 동안 수학·물리학·화학의 분야에 대한 과학 교육을 계속해서 베풀어 나아갈 수 있었던 것이다.

 식물원을 이용하고, 의학과 과학 교육이 발달한 것도 더욱 보편화된 현상이었다. 자연사와 약초 재배원에 대한 취미가 점점 널리 퍼져 나간 것을 보면, 아카데미 회원의 교육관이 독특한 역할을 담당하였음을 알 수 있다. 아미앵·보르도·디종·몽펠리에·클레르몽의 예가 그러한 사실을 뒷받침해 주고 있다. 특히 툴루즈 아카데미는 그러한 취미에 큰 관심을 보였다. 루앙의 포부르 부브뢰이에서 아카데미의 초기 모임이 있었던 것은 바로 이러한 취미 때문이었다. 곧이어 루앙 아카데미는 시 당국으로부터 담으로 둘러쳐진 넓은 땅인 '사과주(시드르) 저장소'를 제공받을 수 있었다. 철책·못·분수·온실·오렌지나무를 갖춘 이 정원에는 3천 종 이상의 식물이 자라고 있었다. 그 덕분에 루앙 시립병원의 의사이며 《식물의 역사》를 저술한 피나르는, 그 안에 있는 식물을 체계적으로 분류하는 데 투른포르와 린네가 고안한 방법을 적용·실험할 수 있었다.[74] 몽펠리에 왕립학회의 식물원은 이처럼 시작부터 제 기능을 발휘하였으며, 마놀·소바주, 그리고 루소의 친구인 구앙이 남프랑스 지방의 중요한 식물지를 편찬할 수 있는 여건을 만들어 주었다.[75] 보르도의 식물원은 그보다 조금 늦게 라타피에 의해 조성되었다.[76] 디종의 식물원은 르구 드 제를랑의 기부 덕택에 1770년 이후에 건립되었다. 극성스런 청중이 뒤랑드 부자가 베푼 교육 강좌에 구름처럼 모여들었다. 1781년 8월 9일 식물원이 건립되는 모습은 클레르몽 아카데미 회원에게는 볼 만한 구경거리였으며, 들라르브르 신부의 강좌에도 수많은 사람이 몰려들었다.[77] 이처럼 모든 아카데미가 식물학에 맡긴 역할에 부합했고, 어디서나 사람들은 거기에 심취하였다. 식물원은 약사·의사·외과의사의 학교로서, "자연이 식물에 나누어 준 여러 가지 자원에 대한 지식을 배우는 곳이었다." 과학의 뒷받침을 받은 그곳은 갈레누스식의 교육이 갖는 야만스러운 방법이나 이국의 식물보다는 오히려 각 지방에서 나는 약에 의존하는 의학을 존중하는 특별한 장소였다. 모든 사람에게 건강을 주는 식물원은 학술 토론을 더욱 활발히 부추기는 곳으로서 권태나 무위도식과 싸울 수 있게 해주거나, 사치로 멍든 생활을 벗어나도록 해주는 곳이었다. 한마디로 식물원은 실용적인 꿈과 인간을 보존하려는 관심이 살아 숨쉬는, 말하자면 도덕과 의학의 이상향을 키우는 밭이었다. 아카데미가 가진 식물원은 빛의 세기말에 가서는 은둔지의 역할을 맡기도 하였다. 과학적으로 정밀하게 설립된 식물원은 과학의 세속화된 취미를 만족시켜 주었으며, 물과 빛깔의 매력으로 사람들의 긴장을 쉽게 풀어 주었다. 친절하게도 합법적인 즐거움을 불러일으켜 주었다. 온갖 식물이 자라는 그곳은 더운 날의 그늘이며, 풍속의 피난처였다. 이처럼 빛의 세기의 식물원은 아카데미 속에서 사회 윤리의 목적을 발견하였던 것이다.

아카데미의 교육은 분명히 과학과 예술에 대한 지식의 발전을 가져다주었고, 지방의 연구 풍토를 발전시켰다. 교육에 대한 이러한 열망은 보르도·툴루즈·메스의 예술과학원이 세운 계획에 따라 분명하게 체계화되었다. 구체적인 계획은 대학 출신자로서 대학과 그다지 나쁜 관계를 맺지 않은 사람들에 의해 현실로 나타났다. 이같은 경향이 부수적인 발전이라 할 수 있는 과학의 혁신에 대해서 말하고 있다면, 또 한편으로는 대학 교육에서 찾아볼 수 없는 것을 대중에게 보충해 주어야 한다는 사실을 자각한 의지에서 나왔다고 할 수 있다. 이것은 또한 학문 대중화의 기능과 관련된 것으로서, 특히 저명인사의 경우 과학에 대한 담론이 확산됨에 따라 이중의 역할, 곧 재능을 발전시키는 데 이바지하고 국가를 부강하게 만드는 한편, 사회 정예의 언어와 지식의 새로운 모범을 일치시키며, 그에 따라 정예의 단결을 강화하는 역할을 공공 봉사로 간주했다. 여기서도 또한 모든 아카데미는 18세기 사회의 결속을 다지는 기능을 맡았다.

이러한 역할로부터 문화의 확산을 뒷받침하기보다는 정치적 개입의 방법으로 보아야 할 공식 회의가 특권적인 영역으로 자리잡게 되었다. 매년 정기 총회는 각종 단체와 그에 속한 여러 계층 사이의 대화가 이루어지는 곳이었다. 그것은 또한 아카데미 집단의 대표가 필요하다는 사실을 설명해 주는 단서이자, 사회 정예가 권력에 대해서 바라는 바와 부합되는 지점이기도 하였다.[78]

공식 회의는 일종의 축제로서 매년 8월 25일 성 루이 절을 맞이하여 벌어지는 가장 중요한 행사였다. 그 성대한 의식은 변함없이 세 단계로 펼쳐졌다. 우선 은밀한 사전 모임을 통해 활기를 띠게 된 비공식 회의에서 계획을 결정짓기도 하고, 연설을 반복하기도 하며, 각자에게 역할을 맡기기도 했다. 모든 것을 계획에 따라 진행시켰고, 필요에 의해 원고가 수정되기도 했다. 총재와 사무총장의 일이 바로 이러한 것이었다. 두번째 막이 오르면 아카데미 운동의 지적 기능을 신성하게 만들고, 상징적인 방식을 통해 아카데미 운동을 종교 및 국왕과 결합시킨다. 설교자는 마치 아카데미와 그것을 보호하는 사람을 위협하는 온갖 위험을 몰아내려는 듯이 매년 같은 주제로 설교하였다. 아카데미 회원의 기도는 신앙 행위인 동시에, 힘과 생명력이 드러나도록 사회 질서를 찬양하는 것이기도 하였다.[79] 마지막으로 지성의 잔치가 시작된다. 종교 행사와 의무를 신과 국왕에게 바치고 나면 잇따라 그 도시와 학문에 대한 의식이 거행되었다. 대중은 신문이나 때로는 벽보를 통해 그러한 일정을 사전에 알 수 있었다. 각 단계마다 다양하게 펼쳐지는 의식은 폭넓은 대중의 참가로 인해 갈수록 열기를 더해 갔다. 그러나 참가 대중이 보이는 미묘한 사회적 차이를 제대로 규정하기가 어렵다.

여기서는 죄 플로로 아카데미의 호사스러운 축하연을 살펴보기로 하자. 도시 전체가 참여한 이 5월의 꽃잔치에서는 금빛 나리꽃·들장미·맨드라미 같은 꽃이 상품으로 도라드 교회의 중앙 제단에 놓여 있었다. 입구와 뜰에 푸른 융단을 깔아 놓은 시청 건물의 클레망스 이조르 상은 장미로 장식되었다. 봄의 승리와, 여자 설립자가 마땅히 받아야 했던 존경은 미묘한 차이를 가진 고풍스러운 색깔로 넘쳐흘렀다. "왜냐하면 그 설립자의 이름은 그가 자신의 조국에 정착시킨 문예의 이름과 뒤섞였기 때문이다." 이처럼 이중으로 자연과, 성녀나 여신은 아니지만 그러한 성격을 가졌던 여인을 찬양하였던 것이다. 군중의 은밀한 신앙심은 사상의 찬미와 담론의 종교에 바쳐진 의전 속에서 마지막 공통의 표시 가운데 하나를 찾게 되었다. 툴루즈의 사회 정예는 클레망스 이조르에게서 살아 있는 후원자의 화신을 보았으며, 그러한 존재를 목격하는 것이야말로 사회의 온갖 질서, 모든 확신의 지평을 위험에 빠뜨리는 일이었다.

3시경이 되면, 대회의실에는 엄격히 서열을 지켜 자리를 차지한 시의 대법관이 아카데미를 맞아들인다. 이조르를 예찬하는 가운데 회의가 열리고 나면(이 예찬 의식은 1527년 5월 3일부터 3년마다 치러졌다), 죄 플로로 아카데미 회원 대표와 시행정관은 꽃을 찾으러 도라드 교회까지 행진해 갔다. 호위대와 악대, '그 지방의 교향악'이 그들을 호위하는 동안 종신 사무총장은 학술 경진 대회에 관한 보고를 하면서 회의를 진행시켰다. 45분 뒤 행렬이 되돌아오면 저술가에게 상을 주고, 다음 계획을 발표하는 순서를 가졌다. 그때쯤이면 시간은 거의 저녁 7시를 가리키게 되고, 도시의 정예는 다시 한 번 꽃의 축제로 단합을 끌어낼 수 있었다.[80]

툴루즈에서 거행된 의식은 아카데미 축제의 중요한 특성을 두드러지게 보여 준다. 명사회는 도시민에게 새로운 구경거리를 제공해 주었다. 1694년 이래 꽃잔치는 도시 축제의 새로운 시대가 왔음을 증명하는 대표적인 경우라 하겠다. 이제 민중이 제외되는 대신 지배층의 위세가 나래를 펴는 생생한 장식물로 축소되었다. 팔라프라는 어디서나 세력을 얻고 있던 이러한 혁신을 회상하면서, 죄 플로로가 갖추게 된 위엄은 더 이상 사회를 유지하는 데 필수적으로 갖추어야 할 즐거움을 주지 못한다는 사실에 대해 개탄했다. 민중의 축제는 사회의 또 다른 응집력을 다지는 매우 적극적인 활동이었다.[81] "도시는 즐거움을 맛볼 때 튼튼하게 지켜질 것이다." 시행정관은 모두가 기쁨을 외쳐대던 시끌벅적한 옛날의 행렬이 사라진 것을 한탄하였다. "우리의 조상은 자신이 한 일을 잘 알고 있었다. 그들은 자신이 인민과 기쁨을 함께하지 않는 한 그 기쁨에 만족하지 않았고, 인민을 자기네 기쁨에 동참시켜 즐거운 마음을 유지하게 했을 때 어떤 결과가 일어나는지 잘 알고 있었다. 오늘날 우리의 툴루즈 아카데미에서 찬미하는 작품을 읽고 매력을 느낄 수 있는 사람은 오직 일류에 속한 사람일 뿐이다. 민중은 그것을 조금도 이해하지 못한다." 새로운 의전 속에서 민중은 더 이상 배역을 맡지 못하였다. "나라면 결코 신전으로부터 세 종류의 사람, 시인·허풍선이·승리자가 나오는 것을 보여 주는 재미있는 구경거리를 민중에게서 빼앗아 가지는 않았으리라. 지나가는 길에 서로 만나게 되고, 즐거움의 표시로 자기네 집으로 데려가는 시끌시끌한 행렬의 선두에서 법석을 떠는 사람들에 대해 생각해 보라. 그러한 즐거움의 표시는 사람들이 자기네 집에 다가갈수록 더욱 커지는데, 왜냐하면 그들은 분명히 거기서 미리 준비한 간식을 맛볼 수 있을 터이기 때문이다. 민중은 사람들이 창문으로 던져 주는 대궁을 받아먹게 되는 것이다……." 18세기의 아카데미 축제는 도시 전체가 일체가 된 옛날 잔치의 겉모양만을 간직하면서 활발히 펼쳐졌다.

이제 중요한 것은 툴루즈에서는 세 시간, 아라스에서는 거의 네 시간에 이르렀던[82] 긴 회의이다. 특히 아라스에서는 '저명한 인사'와 '선택된 명예로운 사람'이 자신들 가운데서 대표를 뽑았으며, 그렇게 함으로써 나머지 인구에게 자신들의 명성을 확인시키려 하였다. 이 지방 아카데미 회원들은 찬미와 상을 나누어 주는 의전을 즐기고, 대부분의 사람은 이해하지 못하는 세련된 연설을 들을 수 있는 특권을 누리면서, 하나의 단체로 부각됨과 동시에 권력의 위세를 더욱 강화시켰다. 회의의 내용을 극화하는 일은 대수롭지 못하다 할 수 없다. 그것은 오히려 회의를 지성의 재판소로 만들어 주었고, 사회의 통합을 위한 예식으로서 선택된 일이었기 때문이다.

회고록에서 마르몽텔은 회의에 관하여 조금 왜곡되었긴 해도, 생생한 묘사로서 독자로 하여금 죄 플로로에서 절정을 이룬 태도를 기묘하게 연상할 수 있도록 만들어 주었다.[83] 젊은 학생이 눈부신 회의 참석자를 지켜보며 받은 현란한 인상, 성대한 예식이 자아낸 감동, 그 도시의 가장 명예로운 인사와 가장 아름다운 여자 앞에서 느낀 수줍음, 교양인과 젊은 대학생이 지켜보는 가운데 나갈까말까의 망설임. 여기서 묘사된 내용은 아미앵에서 겪은 체험을 비판적이며 때로는 신랄하게 그린 마농 롤랑의 태도와 비교하면 상당히 대조적이다.[84] 그에 비해 니콜라 프트리노 데 눌리가 1686년 7월 1일 앙제 아카데미의 개회식에 대해 길게 묘사한 내용과 비교하면 감정상의 일치점을 발견할 수 있다. "도시와 주뿐만 아니라 이웃의 여러 주에서 온 수많은 저명인사가 시청의 대회의실에 모였다. 그 방은 우리의 왕, 앙주 백작의 초상화……, 그리고 우리 주 출신 문인의 모습을 담고 있는 으리으리한 벽걸이로 장식되어 있었다."[85] 모든 아카데미의 공식 회의는 사람들이 도시·주·보호자·국왕을 찬양하는 민간의 예전이었다. 거기서 펼쳐지는 상징과 수사학에 대한 취향은 대체로 똑같은 언어에 친숙한 대중을 위한 것이었다. 가끔 학자만을 위한 잔치로 흐르는

경우도 있었다. 그럴 때면 사회 정예는 어떤 현상의 관찰이나 기계의 새
로운 실험에 대한 권유를 받게 되었다. 몽펠리에에서는 이처럼 자주 있는
경향을 기념할 만한 날이 이틀이나 되었다. 1706년 5월 12일 왕립학회는
지중해 연안 지방에서 볼 수 있는 개기일식을 엄숙하게 관찰할 수 있는
모임을 조직하였다. 행정관, 소비세 재판소 판사, 대학교수, 저명한 가문의
가족이 제공받은 안경을 쓴 채 주교청의 정원을 가득 메웠다. 클라피에스
는 탄성 속에서 진행된 일식의 정확한 시간을 측정하였다. 천문학과 태양
이 학술 단체가 발족할 수 있는 유리한 조건을 마련해 주는 데 동원되었
다. 자연은 지배자의 세력에 지지를 보냈다. 화려한 학술제는 지배 계층이
자신의 정체에 대한 의식을 확보하는 일종의 선물이었다. 대중은 세력가
로부터 받은 것을 복종의 형식을 통해 게워낼 수 있을 뿐이었다.[86]

  1780년 12월 젊은 앙투안 샹탈은 자신이 맡은 강좌를 시작했다. 화학
사에 대한 그의 첫 강의는 1706년의 플랑타드의 강연에 대한 메아리와 같
았다. 과학은 문명의 특별한 도구가 되었고, 나아가 저명한 힘이 되었다.
후자에 대해 좀더 설명하자면 과학이야말로 사회 정예가 권위를 얻는 근
원이었기 때문이다. 대주교 2명, 고위 성직자 12명, 랑그독 신분회 대표,
그리고 주정부의 고위직이 조국을 사랑하고, 진보를 찬양하며, 사회의 조
화를 바라며 회의에 참석하였다.[87] 그밖의 시기에 아카데미의 축제는 지
역이나 국가적 인물을 기리는 기회이거나 저마다 허영심을 드러내는 자
리에 불과하였다. 디종에서는 콩데를 기렸고, 리옹은 볼테르와 프로방스
백작을 받아들였다.[88] 권력의 명성은 아카데미와 도시에 미치고 있었다.

  해마다 축제가 돌아오고 의례적으로 반복되는 가운데 모든 아카데미는
매번 다시 젊어졌지만, 그와 동시에 전통의 힘을 재확인하게 되었다. 모든
아카데미는 자신을 지켜보는 대중 앞에서, 서열화되고 비유적인 미학의
화려한 겉모습 속에서 해마다 다른 이름으로 영광을 찾았고, 대중의 인정
을 받아 해마다 다른 공로를 취할 수 있었다. 그 경우 도시 정예는 자신이
지배당하고 있다는 사실을 알고 있었다. 아카데미의 구성원 전체와 맞서
서 힘을 합친 사교계의 대중은 도시의 정신을 지배하는 사람의 얼굴을 발
견하였다. 아카데미 회원은 권력에 관한 담론을 특별 취급하고, 지적 생활

의 공식 의전 절차를 극화하면서 지배 계층의 긴장에서 벗어났으며, 그 도시의 나머지 사람에 대해 자신의 사회문화적 우월성을 확인하였다.[89]

모든 지방 아카데미는 도시 생활이 나래를 펴던 시기에 생긴 단체였다. 만일 아카데미와 인구·경제, 그리고 행정의 증가 사이에 어떤 관계가 있는지 알아보기 위해 단순한 등식을 만들 수 있다면, 예외 없이 도시의 모든 활동 조직 속에 학술 단체가 뿌리내리고 있었음을 분명히 알 수 있을 것이다. 다양한 함수와 문화적 동질성으로 소수 지배 계층과 관계된 현상이 촉진되었다. 정관과 규칙은 소수 지배자가 새로운 기능을 맡는 일을 정당화시켜 주었을 뿐만 아니라 보장해 주기까지 하였다. 또한 신비주의와 합리성으로 얼룩진 문화의 의례를 정해 놓았으며, 지식의 공동체를 세계의 온갖 집단이 보여 주는 현실이 담긴 그림 속에 끼워넣기 위해 마련된 사회적 윤리를 정확하게 다듬어 주었다. 아카데미 회원에게 울타리와 구경거리는 단결을 위한 민간 의전의 두 얼굴이었다. 인간과 단체의 단결을 선언하는 기회는 학문의 발전 및 재능의 계발을 목표로 삼았던 교육의 사명에 의하여 구체적으로 드러났고, 공식적인 의사 표시를 통하여 나타났다. 지배 계급의 눈에 비친 아카데미는 사회적 명령의 실천 속에서 화합을 이룬 세계를 대표하는 기관이었다. 교육과 학술제는 아카데미 운동이 발전함에 따라 특정 집단을 통합하고 보존하는 강력한 요인으로 작용하였다. 아카데미가 준 교훈은 체제 순응주의였다. 이처럼 아카데미가 도시에서 차지했던 위치를 통해, 우리가 진정한 모습을 구하려 노력해야 할 계몽주의의 실천을 가늠할 수 있는 것이다.

# 3

# 아카데미 정신

아카데미 회원은 계몽 시대의 도시에서 혁신적인 문화 기능을 수행하였다. 출발부터 아카데미 운동이 흥미를 끌지 않은 적은 한번도 없었으며, 나아가 애국의 임무까지 맡으려 들었던 것이다. 지방 권력은 그 나름대로 학술 단체가 시의원의 호의에 의존하는 물자를 확보해 주었을 뿐만 아니라 더 큰 편의를 제공해 주었고, 이들 단체에 도시를 사랑하는 마음을 불어넣어 주었다. 그리하여 아카데미 활동과 문화의 모든 국면을 규정하는 봉사의 관행이 발전하게 되었다.[1] 그러나 나날의 업무에 따른 현실은 계속해서 이념을 정당화하는 일과 분리될 수 없었다. 왜냐하면 아카데미 회원이 자기네 공식 임무를 확인하기 위해 자신들의 연설을 합법화하였기 때문이었다. 아카데미가 사회에서 실천한 일은 주로 연설에 의한 논증으로 구체화되었다. 이들의 실천은 정치적 교훈을 설파하고, 계몽주의를 유리하게 해석하며, 인간의 이상을 묘사하는 세 가지 방향으로 발전하였다. 아카데미 운동은 그 역사의 단계마다 공식 인정을 필요로 하였고, 그런 만큼 그것의 미래와 안정은 권력의 태도에 달려 있었다. 따라서 한 시대 혹은 프랑스 왕국에서 점점 완벽성을 갖추어 나갔던 행정 장치를 정돈하기 위해서는 무엇보다도 이러한 절대 필요성의 결과를 이해해야 할 것이다. 아울러 그러한 이해 과정을 통해 권력의 목표에 따라 특정 역할을 맡으려 했던 아카데미 형태를 더욱 명확하게 포착할 수 있을 것이다.[2] 왕의 정부는 문화의 정당화를 필요로 하였고, 파리와 지방의 학회가 그러한 역할을 맡아 줄 것을 요구하였다. 아카데미의 중요성과 능력의 범위에 대해 그 시대에 일어난 토론 속에서 이같은 태도가 기타 요구 사항과 함께 뒤섞여 있음을 알 수 있다. 여기서 우리는 계몽의 주역이 저술한 글을 연구하기 위해 학술 단체의 울타리 밖으로 나갈 필요가 있다. 아울러 학술 단체가 내놓은 연설로 되돌아와서 아카데미 회원이 자신과 청중에게 주었던 심상을 이해하려고 노력해야 할 것이다. 계몽 시대의 아카데미 정신은 일종의 세계 질서에 대한 개념이며, 문학 공화국에 대한 관점인 동시에 인간에 대한 이상적인 묘사이다.


## 1. 아카데미와 권력

군주와 아카데미 사이에는 아주 일찍부터 대화가 있었다. 학회 설립 운동 속에서 문학·과학·권력의 결합을 상징적으로 보여 준 전형적인 예는 아카데미 프랑세즈의 창설이었다.[3] 그러나 온갖 상황의 산물인 왕의 정책은 이 영역에 결코 체계적으로 반영되지 못했다. 이들 정책이 학회 설립 노력은 물론이고 학회 설립 자체를 공인하였음에도 불구하고 학회 창설 움직임에 적극적으로 뛰어들지 않았던 것을 이해한다면 그다지 이상한 일도 아니다. 이 점을 뒷받침하기 위해 1683년 6월 18일 콜베르가 여러 곳의 지사에게 보낸 편지를 인용할 수 있다. "국왕 전하께서는 문인에게 상여금을 내리셨고, 지금도 아카데미 프랑세즈를 보호하고 계시며, 여러 가지 과학과 예술 아카데미를 설립하셨기 때문에 왕국 안의 모든 주에서 몇몇 개별 학문, 각별히 자기가 속한 주의 역사에 노력을 바칠 문인이 나왔으면 하고 간절히 바라고 계시오. 만일 이러한 사람이 있다면 그의 재능에 따라 상여금을 내리시고자 하는 까닭에 내가 당신에게 바라건대, 당신이 맡은 징세구 안에 혹시 이러한 자질을 가진 사람이 있는지 살펴보고, 만일 있다면 내게 알려 주기 바라오……."[4] 이 글에서 알 수 있듯이 콜베르는 무엇보다도 개인들의 용기를 북돋아 주는 일에 관심을 보였고, 어떤 면에서 각 주의 재능을 가진 사람 가운데 될 수 있는 대로 젊은 사람 (앞의 편지에서 "만일 당신이 25세에서 30세 사이의 젊은이를 찾을 수 있다면"이라고 분명히 밝히고 있다)을 지방 아카데미의 조직보다는 왕에 봉사하는 데 우선적으로 동원코자 했다. 콜베르주의의 전통은 18세기까지 이어졌고, 권력은 주로 지방민의 욕구와 지방 권력을 나타내 주고 있던 노력을 인정하고 가상히 여기는 데 그쳤다. 아무튼 정부의 인정을 받고 면장을 받아내는 일만이 힘과 안정을 가져다 주었다. 이러한 경향은 권한 부여의 과정에서 쉽게 볼 수 있다. 특히 주에서 면허를 신청할 경우 정부는 지방 권력을 연루시키는 조사를 거쳐서 발급해 주었다. 몽펠리에의 왕립 학회 면장에는 다음과 같은 구절이 명시되어 있다. "과인은 우리의 국무회의 의원이며, 랑그독의 주지사인 친애하는 충신 라무아뇽 드 바빌에게 명하노니, 과인을 대신하여…… 조사한 뒤에 의견을 말하도록 명하노라."[5] 면밀한 검토를 거친 뒤에 국새를 찍고 국무비서가 부서하여 왕이 직접 발행하면, 고등법원은 이를 반드시 등록해야 했다. 이처럼 면장은 가장 엄숙한 권위의 표시인 공공 명령이었다.[6] 면장의 소지자와 면장의 구성은 거의 한결같다. 그러나 지방의 개별성을 고려해야 할 몇 가지 미묘한 차이를 주목해야 할 것이다. 일반적으로 말해서 국왕은 '프랑스와 나바르의 왕……'이라는 이름을 가지지만 발랑스와 그르노블에 대한 면장에서는 '비에누아의 군주이며, 발랑티누아와 디우아의 백작'이라는 문구를 덧붙였다. 나아가 마르세유에서는 '프로방스, 포르칼키에, 그리고 인접 지역의 백작'이라고 덧붙여, 이들 영토를 왕과 결합시키는 개인 관계를 재확인하였다. 면장의 발행이 엄격한 틀에 맞추어 이루어졌기 때문에 아카데미에 대한 군주의 담론을 주제별로 연구하기가 그만큼 쉬워졌다.[7] 아카데미를 바라보는 권력의 시각은 협상 상대를 인정하고 규정하며, 방법을 묘사하고 활동과 그것을 선택하는 일의 동기를 부여하는 네 가지 관점을 중심으로 형성되었다.

왕의 정부는 두 형태의 대화 상대를 인정하였다. 바로 요구 사항을 전해 주는 중개자와, 그것을 열렬히 받아들이는 계층을 상징화한 학회 설립자들이었다. 전자의 경우 군관구 사령관(16회)·지사(2회)·주교(1회, 베지에의 경우)·도시(7회)·고등법원(2회)·저명한 학자(3회)로서 이미 두드러진 구실을 맡은 지방의 권위 있는 세력이 포함되어 있었다. 문서를 보면 서로 개입하면서 작용하는 현실의 모습보다는 서열화된 효과가 더욱 눈에 띄는 것 같다. 정부가 지방 아카데미 회원을 바라보는 시각은 훨씬 더 확실하였다. 아를의 경우 예외적으로 '신사, 학식 있는 사람'이라는 표현으로 사회적 자질에 대해 암시하였지만 대부분의 경우 '재치 있고 학식 있는 사람'(아를·님), '문학에 조예가 깊은 사람,' '학식을 갖추고 부지런한 사람'(수아송·빌프랑슈·발랑스), '학식이 두드러진 사람,' '학식으로 추천받을 자격을 갖춘 사람'(아를·수아송·앙제·님·빌프랑슈·캉·포·리옹·마르세유·빌프랑슈·브장송·베지에·발랑스, 각 13회), '문인의 모임'이나 '문학회' '과학자의 모임' '학자의 모임'(몽펠리에·라로셸·루앙·아미앵·브장송·아라스·샬롱의 7회) 등 지적 자질만을 고려하였다. '과학·문학·예술애호가'까지 포함시킨 이러한 배려는 1740년 이후 더욱 흔해지는 경향을 보였다. 그러나 그보다는 지적 동질성을 정확하게 강조하는 반면, 사회적 정의를 불분명하게 내리는 문화적 관용어를 선택하는 일이 계속되었다. 아카데미 회원은 공식적으로 학식을 인정받은 학자이며 연구자이다. 그리고 그가 어떤 조건에 속해 있는지는 그다지 중요치않다. 다섯 군데에 걸쳐 '시민'과 '주민'이라고 표현하고 있다고 해서 그것이 문서를 더욱 명확하게 만들어 주지는 않는다. 그러한 표현은 아카데미 회원이 어느 정도의 기본적인 연대감을 보였다 할지라도 군주의 눈에는 문화의 집단적 태도라는 특징을 띠고 있다는 생각을 더욱 굳히게 해주었다. 왕권 앞에서 아카데미 정신은 문화 정예의 시각이며, 특정한 지적 활동을 의미했다. 그것은 사회학적 결정에 의해서가 아니라 사실상 의기양양하고 정당함을 증명하는 의식으로서, 그 자체로 동질성을 지닌 가치의 복합체였다. 다른 조건이 똑같다고 치고 안토니오 그람시의 분석을 빌어서 말하자면, 아카데미 정신의 역할은 여러 개인과 집단을 하나의 동질성을 지닌 구조 속에 결합시키는 것을 뜻하였다.[8]

　면장은 제 나름의 방법을 통해 이같은 정치와 사회의 기능을 행사한다. 가장 흔한 내용이라 해도 과학 기구나 그것을 관찰과 발견에 쓰는 일과 관계가 없었으며(2회), 수집품이나 도서관과도 관계가 없었다(3회 언급). 근본적인 사항은 이것과는 아주 동떨어져 있었으며, 오히려 아카데미의 봉사 활동을 연설·대화, 집단과 개별적인 독서, 집단과 개인의 작업으로 특별히 취급하는 것으로 정의할 수 있는 가능성에서 찾을 수 있었다. 가장 눈에 띄는 선택은 '회의'·'강좌'·'실습'(29회 가운데 8회가 마지막 술어에 관한 것이었다)이었다. 아카데미 회원은 무엇보다도 언어를 지키는 보호자였다.

이러한 역할은 권력의 눈으로 볼 때 여러 가지 방법으로 정당한 이유를 가지고 있었다. 첫번째로 성취해야 할 목표는 인식의 범위를 확장시키고 계몽주의를 발전시키며, 문학·과학·예술을 완성·발전시키거나 아니면 개발하는 일(각각 차례로 2회·6회·25회)이었다. 과학을 보호하는 군주는 지방의 학회에게 고유의 임무를 전달했으며, 군주의 이름으로 그것을 성취토록 하였다. 1750년 아미앵의 면장은 그 점에 대해 다음과 같이 분명히 밝히고 있다. "우리가 항상 과학·문학·예술의 발전에 이바지하기 위해 가졌던 욕망으로, 우리는 이미 문학회라는 이름하에 참가자의 집회를 인가해 주어야 했으며, 그 결과 그들이 이룩한 발전은 우리 나라를 위해 나오게 된 영광과 이익과 함께 우리가 문학회를 확고히 설립할 수 있는 결정을 내릴 수 있도록 도와 주었다." 이처럼 계몽 군주의 전통적 역할은 여러 가지 절대 필요성에 의해 정당화되었다. 신의 영광을 언급한 사례는 단 한 차례(아를)로 끝난다. 그러나 이러한 경향은 뜻깊은 일로서 학술 기능을 신성시하는 시각이 그만큼 줄어들었다는 사실을 말해 주기 때문이다. 반면 국왕과 왕국의 개인적 영광을 언급한 곳은 네 군데(아를·캉·리옹·아라스)나 되었다. 국가의 위대함은 군주 자신의 명성을 통해 나타났다. 특히 루이 14세 시대에는 마치 국가가 곧 군주인 것처럼 표현되었다. 중요한 것은 '공공의 이익'으로서, 때로는 아주 간단하게 '유용한 것' 또는 더욱 강조된 형태인 '공공에 대한 열의와 사랑'이라는 어구로 표현되었다. 이러한 관념이 모든 행정상의 전통처럼 아카데미의 권리를 지배하였다.[9] 그것은 아카데미 회원의 행동을 합법화해 주었고, 전체의 이익이라는 개념에 집단 윤리라는 형태를 부여해 주었다. 이러한 개념을 중심으로 온갖 가치가 생겨나게 되었고, 공공의 이익은 국가의 목적이 되었다. 왜냐하면 공공의 이익이 발달해야 비로소 국가의 번영과 '왕국의 행복,' 그리고 '신민의 행복'이 실현되기 때문이다.[10] 1695년 빌프랑슈 아카데미의 면장에는 이러한 중심 개념의 뜻이 명확하게 나타나 있었다. "사람들은 과학을 연구하고 예술을 적용하는 것이야말로 덕을 추구하는 일이자 그것을 얻는 방법이라고 항상 생각해 왔다. 또한 경험을 통해 가장 개화된 예술과 어느 정도 유익한 예술을 비교하면서, 예술과 과학은 모든 국민의 행복을 위한 것이라는 점을 볼 수 있었다……." 집단의 목표라 할 수 있는 사회적 유용성이 아카데미의 실천에서 개인의 도덕적 기능을 대신하게 되었다. 과학의 발전과 공익, 혹은 최대 다수의 행복은 1720년을 지나면서 하나로 결합(16회)되었다. 그러한 결합은 종종 도시의 장엄한 모습과 주의 눈부신 명성을 상기시켜 주는 일(12회)과 함께 나타났다. 이러한 현상은 또 다른 중요 개념이라 할 수 있는 경쟁에 대한 동일한 믿음(14회)과 재능의 발전을 결정하였다. 아카데미간의 경쟁과 열의를 통해 우리는 '숨겨진 빛'을 발견할 수 있어야 할 터이며, 업적과 지식의 발전을 통해 공공 복지를 구체적으로 완수해야 할 것이다. 권력에 의해 다듬어진 아카데미의 권리는 계몽 사상이 특히 강조했던 주제 가운데 하나인 발전의 개인주의 개념보다는 공통의 목표를 먼저 생각하였다. 찬란한 지적 과거 속에 뿌리를 내리고, 옛 전통을 상기시키는 일은 규범을 풍부하게 만들어(8회) 주었다. 1724년 리옹의 면장은 이 점과 관련해 매우 시사적이다. "대규모의 상업 활동으로 아주 유명한 우리의 도시, 살기 좋은 리옹에는 어느 시대나 두드러진 재능을 가지고, 가장 고상한 활동을 통해 발전을 가져온 사람들이 있습니다……." 이보다 1년 뒤에 나온 마르세유의 면장은 "면장이 마르세유에 가져다 준 옛 광채"를 거듭 강조했다. 옛 전통에 대한 이러한 표현은 3년 뒤 마르세유의 음악 아카데미를 위한 면장에서는 더욱 확대되었고, 나아가 전 회원이 따라야 할 공식 문구가 되었다. "이 기관(문학 아카데미)이 이룩한 성공과, 여기서 부추긴 경쟁심은 마르세유에 옛날 빛을 되찾아 줄 뿐만 아니라 마르세유가 아테네와 로마의 경쟁자라는 찬미를 받았던 지혜로운 지난 2세기의 세월을 생각나게 만들어 주는 경향이 있다." 따라서 왕국의 명성과 행복은 대부분의 경우 르네상스에 견줄 수 있는 도시와 주의 이름을 드높이는 작업과 연결되어 있었다. 수 세기에 걸친 문화의 연속성이라는 관점에서 볼 때, 지식인은 상당한 자율성을 확보하고 있었다. 그들의 활동은 무기가 왕국에 가져다 준 만큼의 영광을 주었고(5회), 상업이 도시에 가져다 준 만큼의 위대함을 선사(리옹과 루앙의 2회)하였다. 문학·과학·예술은 행복을 가져다 주는 수단인 동시에 명성을 두루 알려 주는 도구가 되었다. 이러한 표현의 정확한 내용을 불분명하게 정의함으로써 계몽 군주정의 계획을 확대하였다. 언어(2회)·도덕(6회)·웅변과 시학(5회), 더욱 넓은 의미에서 문학(5회)의 연구와 보급에 힘쓰는 아카데미는 차츰 과학과 예술(9회), 과학과 문학(8회), 그리고 아주 일반적인 지시 사항(물리학·화학·수학) 외에 단지 과학이라고 표기한 것(8회)을 양성하는 임무까지 맡기 시작하였다. 그에 따라 결국 과학·문학·예술의 삼원 체제(8회)가 갖추어지게 되었다. 권력이 공리와 실용을 추구해야 한다는 관점은 아카데미의 역할이 특정 문화를 규정하는 데 있다는 인식을 가져왔다. 문학과 과학에 의해 계몽된 절대주의는 거기서 이념상의 정당화 근거를 찾았던 것이다.

국왕의 담론에 아카데미 회원들 또한 담론으로 대답하였다. 이들 담론은 군주의 위대함을 드높이고, 그의 목적을 찬미하려는 민간의 의전 속에서 다듬어지고 발전하였다. 모든 아카데미가 군주와 그 가문에 진정한 뜻의 의식을 바치기 시작하였다. 대부분의 경우 그 의식은 성 루이 축제일에 절정에 올랐다. 나라를 다스리는 왕조에 충성을 바친다는 각 학회의 엄숙한 선언도 빼놓을 수 없는 의식의 한 부분이었다. 군주의 업적은 테데움(Te Deum) 감사 예배, 또는 장례식의 눈물, 아니면 군주가 집전하는 의식을 통해 시시때때로 찬양되었다. 그때마다 사소한 업적까지 담긴 군주의 무미건조한 연대기는 군주의 병, 작전의 성공, 행복한 출산, 가족의 사망, 평화 조약 따위의 내용으로 장식되었다. 루이 14세가 치루를 치료하게 되자 아를 아카데미 회원은 생트로펨므에 모였다.[11] 국왕을 살해하려던 다미앵의 기도가 미수에 그치자 왕국의 모든 아카데미는 기쁨을 터뜨렸다.[12] 국왕의 형제가 도시를 방문할 때면 아카데미는 화려한 연설로 무조건의 충성을 표시하는 기회로 삼았다.[13] 프로방스 백작부인은 1771년 5월 4일 리옹에서 길을 멈추었다. 그곳 아카데미 회원은 성당 참사원인 백작과 법관들이 백작부인을 방문한 뒤 곧 부인의 방으로 인도되었고, 아카데미의 총재인 보리는 다음과 같은 말을 백작부인에게 들려 주었다. "오늘 영광스럽게도 제가 속한 문학 단체를 이끌어 갈 책임을 지고 있는 저는 부인의 존안을 뵈옵고, 부인의 발 아래서 제 존경과 사랑의 인사를 올립니다. 부인께서는 벌써부터 모든 프랑스인과 엄숙한 인연을 맺으셨습니다. 아니, 부인, 당신은 제 주인의 숭고한 혈족에 아주 부드럽게 충성을 바치고 있는 이 행복한 민족에게 조금도 낯설지 않으십니다. 부인 가문의 숭고한 피는 저희들에게 모든 왕 가운데 가장 소중한 분을 주셨습니다. 자연의 빛나는 선물에, 부인께서는 자비와 온갖 덕의 더욱 확고한 장점을 덧붙여 놓으셨습니다. 물론 그러한 장점은 넘볼 수 없는 재능이자 행복과 영광을 노래하는 것입니다. 국민이 당신께 자기네 즐거움과 희망을 알려 주는 것은 바로 뮤즈 신의 목소리를 통해서 가능합니다……."[14] 도시 축제의 은유와 좌우명은 이 시대의 기쁨과 예찬을 합친 이상의 상징으로서,[15] 백작부인을 기리기 위해 행정관이 점화한 한밤중의 불꽃놀이로 세상에 널리 알려졌다. 아르투아 백작의 탄생을 축하하기 위한 예식은 아라스 아카데미에게는 왕조·주(그 주의 여러 기관과 젊은 군주를 통하여 축하를 받았다)·문학·예술을 한꺼번에 찬양하는 기회가 되었다.[16] 이처럼 아카데미 운동과 왕정의 결합은 끊임없는 존경의 기회였던 것이다.

　이 부분에 대해서는 파리가 좋은 보기가 된다. 특히 아카데미 프랑세즈는 모범을 보여 주었다. 회원 가입 연설은 한결같이 권력을 찬양하는 내용을 담고 있었다. 이러한 경향에 대해 계몽사상가들은 볼테르의 말을 인용한 그림의 의견에 전적으로 동의하였다. "볼테르 선생은 어디선가 이렇게 말했다. 아카데미 프랑세즈의 회원 가입 연설은 네댓 가지 기본 명제로 이루어져 있다. 첫째 리슐리외 추기경은 위대한 인물이라는 점, 그렇다고 해서 둘째로 세기에 대법관이 그 나름대로 위대한 인간이 되지 말란 법이 없고, 셋째로 루이 14세도 역시 위대한 사람이었다는 점을 생각지 못할 바도 없으며, 넷째로 새로 가입하는 사람의 자리에 있던 아카데미 회원은 각별히 아주 위대한 사람이었다는 것이다……."[17] 위 인용문을 통해 우리는 18세기의 취미 역시 이러한 면에서 조금도 바뀌지 않았다는 사실을 알 수 있다. 1690-99년과 1700-09년의 두 기간중, 아카데미와 권력의 결합을 널리 인정하는 내용이 아카데미 가입 연설에서 차지하는 비중은 30퍼센트를

넘어섰다. 그후 30여 년 동안 20퍼센트에서 25퍼센트 사이를 오가던 수치
는 1740-49년 이후 20퍼센트를 맴돌다가, 앙시앵 레짐 말기에 미세한 증
가를 보였다. 아카데미에 새로 선출된 사람과 총재는 1세기 동안 남이 본
받을 만한 군주의 모습을 강하게 심어 주었다.[18]

　계몽 시대가 시작되었을 때 사람들은 "진실한 그리스도교도, 이교도를
이긴 관대한 정복자, 그리고 문학의 보호자인 동시에 신사이신 국왕"이라
는 네 가지 중요한 주제를 바탕삼아 위대한 왕을 찬양하였다.[19] 이같은 최
초의 도식은 거의 바뀌지 않았다. "국가의 영혼이며 주인이신" 군주는
"모든 면에서 최고의 지배자였다."[20] 설령 군주의 엄격한 성격이 모든 것
의 위에 놓여 있다 해도 그의 용기와 믿음 또한 상당한 수준에 올라 있었
다.[21] 여러 방면에 자질을 갖추고 있는 왕의 모습은 루이 15세의 원숙기까
지 거의 변하지 않았다. 왕에 대한 이러한 시각은 1715년 3월 30일 그로
드 보즈가 연설을 끝마치면서 한 이야기에 잘 요약되어 있다. "영웅이시
고, 진실한 그리스도교도이시며, 위대한 인간이시고, 정복자로서 평화를
지키시는 분, 군대의 규율을 세워 주시고, 예술을 보호해 주시며, 이교도를
쳐부수고, 백성의 어버이, 왕들의 본보기, 모든 인민으로부터 찬양받으시
는 우리의 국왕 전하." 그의 뒤를 이어 아카데미 총재 다시에가 누구나
한결같은 어조로 찬양하는 기도의 말투를 읊조렸다. 그가 표현한 왕은 "부
드럽고, 사람을 사랑하며, 자비로운 덕성을 갖추신 영웅으로서 모든 면에
서 이성과 정의의 법칙을 찾아내고, 자신의 정당한 권리를 사람들이 받아
들이려 하지 않을 때만 무기를 드시는 분"이었다.[22] 이러한 경향이야말로
연설의 바탕을 이루는 성질이 그 목적보다는 신의 자비를 바라는 덕성에
있는 주술적 변호가 거둔 확실한 성공이라 하겠다. 권력에 대한 연설은 특
히 어려운 시기에 남을 설득하는 의전 절차를 실시하는 것이며, 거기 나
타난 수사학상의 장엄한 성격은 현실과는 동떨어진 상상의 세계를 떠다니
고 있었다. 이성으로 생각할 수 있는 군주, 추상화된 왕, 안정된 왕조는 아
카데미 회원이 반드시 찬양해야 하는 기본 성격이었다.

　1720-29년에는 이후 1770-79년에 이르러 절정에 달하게 될 새로운 요
소가 떠오르게 되었다. 왕조의 지속성을 확인하는 일, 조상의 영광을 충실

히 지키며 자신의 눈부신 선임자를 모범으로 삼는 젊은 군주의 출현은 왕을 찬양하는 일에 미묘한 차이를 가져왔다. 그러나 군주는 언제나 제단의 보호자로서 승리를 거두지만 평화를 사랑하며, 문예 보호자인 동시에 인류의 모범이었다.[23] 라 트레무알 공작은 1738년 3월 6일 연설에서 이렇게 외치고 있다. "여러분은 그분에게서 여러분의 뛰어난 지위를 받으셨고, 그분에 대한 기억으로 여러분이 결코 사라지지 않는다는 확실한 믿음을 얻게 될 것입니다. 그분은 여러분의 마음속에, 시인들이 뮤즈 신의 동아리 속에서도 위대한 존재로 표현하였던 신처럼 살아 계실 것입니다. 자신의 영광에 휩싸인 그분은 자신의 빛을 퍼뜨리기 위해 우주를 두루 돌아다니며 뮤즈 신의 작업을 끊임없이 부추겼던 것입니다." 아폴론과 같은 매력은 국왕이 아카데미의 역할을 인정해 주는 일의 기초를 이룬다. 왕에 대한 예찬은 조금씩 새로운 울림을 보여 주게 되었고, 자식 같은 기관들의 출현 속에서 아카데미 회원의 자부심 또한 점점 고취되었으리라는 사실을 알 수 있다. 조국의 모든 수호자에게 귀족을 보내 주고, 상업에 자유를 인정해 주는 군주의 모습을 꿈꾸어 왔던 달랑베르는 인간미가 넘치는 군주가 모든 덕을 몸으로 보여 줄 뿐만 아니라 행복을 심어 준다고 외칠 수 있었다.[24] 정확한 계획을 한순간에 묘사한 이러한 구절은 모든 연설문에 흩어져 있다. 아카데미 찬가의 후렴은 모든 인민의 행복,[25] 공중의 행복, 자비, 풍속, 그리고 왕의 성격상의 평등으로 이루어졌다. 프랑스의 왕정은 착하고 슬기로운 아버지 밑에서 하나로 통일된, 그리하여 행복과 번영을 구가하는 존경받는 가족과 같은 존재였다.[26] '가장 사랑받는 사람'(Bien-Aimé, 루이 15세의 애칭)에 대해 언급한 바 있는 라 콩다민은 우주의 번영이 국왕의 군대가 거두는 성공과 뗄 수 없는 관계를 가지고 있다는 사실을 보여 주었다.[27] 원장신부 부아즈농은 루이의 '진실한 영광'과 폭군의 '그릇된 영광'을 대립시키면서, 정치의 이상향이 지니는 온갖 덕성을 갖춘 프랑스의 윤곽을 다음과 같이 묘사하고 있다. "사람들은 거기서 모든 편에서 일으킨 먼지가 새벽의 부드러운 빛을 흐려 놓는 모양을 결코 보지 못할 것이다. 폭풍우는 이처럼 행복한 나라에는 결코 밀어닥치지 않는다. 이 나라의 하늘은 언제나 맑고, 공기는 그것을 마시는 사람의 입김에 오염되지 않은 채 순수함을 지킬 것이다. 이 나라는 사치·장식, 그밖의 어떤 이상한 모습도 찾아볼 수 없는 평화가 깃든 곳이다. 단순함과 솔직함이 이 나라 사람들의 입술 위에 머문다. 이 나라는 제조업을 태어나게 만들고, 상업을 불러일으켜 사람들이 한 형제임과 오직 그들이 뭉칠 때만 재산이 나오게 된다는 사실을 느끼게 해준다. 오로지 이 땅의 행복만을 만들어 준다는 의미에서 이 나라는 하늘의 자식인 것이다. 이 나라는 결코 승리의 종려나무 잎을 나누어 주지 않는다. 이 나라의 조용함 때문에 태어나게 된 풍성한 이삭이야말로 훌륭한 왕의 진실한 월계수이다. 왕의 궁전에서는 화려한 노래나 너스레를 떨어대는 시 따위는 결코 들을 수 없다. 오히려 마을마다 아버지가 자기 자식을 둘러앉혀 놓고 그들에게 언제나 편안함을 가져다 주시는 값진 분을 소중히 여기고 찬미토록 가르치는 모습을 볼 수 있는 것이다."[28] 이러한 범주의 문학에 필요한 요소와 형식상의 수사학적 반복은 그 어느것도 믿음의 힘을 감추지 못하였다. 소박하다고 말할 수 있을지 모르지만 확실히 진지한 태도를 가지고 있던 원장신부 부아즈농은 믿음의 대상이 된 허구의 힘을 마치 마술에 의해 증명하듯 보여 주었다. 이상향은 현실이었으며, 무엇보다도 진보의 무한한 가능성들을 현실로 만들어 주었다. 특히 아카데미 프랑세즈의 연설은 환상으로 가득 찬 세계의 확실한 진실을 확인해 주고 있다. 이들 연설을 읽다 보면 역설적으로 왕국의 출현이 이룩된 동시에 앞으로 다가오기도 한다는 종말론의 시각을 속되게 베낀 것임을 알 수 있다. 아울러 가부장과 중재자의 성격을 띤 군주정을 변호함으로써 정치관이라기보다는 액땜의 희망이라 할 수 있는 전갈의 바탕을 이루고 있음도 알 수 있다.

앙시앵 레짐의 마지막 20년 동안을 살펴보면 이러한 주제가 새로운 색깔로 피어나는 것을 볼 수 있다. 젊은 군주는 다시 한 번 온갖 덕성을 몸소 보여 주면서 모든 희망을 한몸에 지고 있었다.[29] 그는 법률을 지킬 것을 다짐하고, 모든 신분회가 고유의 권리를 누리도록 해주었으며, 온갖 절약을 권하고, 평화를 보장해 주었던 것이다.[30] 아름답고 다정다감한 왕비에게 기대했던 모성 또한 왕조의 번성과 행복, 나아가 뛰어난 감정의 승리를 증명해 주었다.[31] 전국 신분회가 열리기 직전에 최고조에 달했던 정

서의 핵심이 이같은 국왕 부처의 모습을 만드는 데 기여했으리라는 것은
더 이상 강조할 필요가 없다. 사랑받고 정당하고 행복하며, 공공의 정신과
이성에 귀 기울이는 군주는 시민 가운데 가장 훌륭한 시민이었다.[32] 아카
데미 연설의 곡선은 군주의 운명이 그리는 곡선과 밀접하게 이어져 있었
다. 아카데미 프랑세즈의 장엄한 회의가 열리는 시기는 국왕의 영광에 대
해 본받을 만한 봉사를 하는 기회가 되었던 것이다.

  지방에서도 파리의 회의록을 읽을 때가 가끔 있었다. 뿐만 아니라 거의
공식적인 의무를 가입 연설을 통해 정기적으로 이행할 수 있었다.[33] 어쨌
든 우리는 이처럼 중요한 변론의 자료 더미를 다른 데서는 찾아볼 수 없
다. 사회와 정치에 관한 상상의 세계를 공식화하는 일은 그다지 개별화되
지 못하였고, 새로 선출된 사람이 내놓은 연설 도입부의 너스레와 섞여
있었다. 특히 낭시·앙제·캉의 경우는 아카데미 회원이 규정에 따라 변
론의 기능을 수행하는 범위에서 유별난 모습을 보여 주었다. 낭시에서 나
온 연설문은 왕립학회가 설립자이자 문예의 보호자이며, 모든 아버지와
영웅의 모범인 동시에 자기 사위와 같은 자질을 갖춘 '자비로운' 스타니
슬라스에 대해 깊은 고마움을 표시하였다.[34] 예컨대 피에르 드 시브리는
《시나스탈》에서 글자 수수께끼(아나그람)의 형태를 이용해 왕의 통치를 이
상적으로 그린다는 구실로 왕의 역할을 분명히 밝히고 있다. 므누 남작의
아버지는 다음과 같이 모범이 될 만한 연설을 남겼다. "로렌 지방에서 그
의 자선 행위를 증명하지 않은 이는 누구입니까? 유럽에서 그의 덕에 대
해 말하는 것을 듣지 않은 이는 누구입니까? 그는 한때 군대의 맨 앞에
섰던 영웅이셨고, 그 이면에서는 슬기로운 사람이셨으며, 번영 속에서는 철
학자이시며, 그리스도교도의 모범이시고, 제단 아래서는 장엄한 모습을 보
여 주시고, 국가의 시민이시며, 생명의 교류에서는 친구이십니다. 인민에
게는 아버지이시고, 인류를 위해서는 진짜 사나이시며, 왕좌 위에서는 참
다운 왕이십니다. 여러분, 그분은 케사르처럼 아름답게 글을 쓰시고, 아우
구스투스처럼 멋지게 다스리십니다."[35]

  지방 어디서나 파리의 거동을 그대로 모방하였다. 앙제 아카데미는 57
개에 이르는 찬사문을 통해 통치 기간중에 문학과 과학의 완전한 발전을

이루어 낸 루이 14세에 대한 예찬을 한 세기 동안 그대로 지켜 나갔다. 그곳에서 가끔 그리스도교에 맞도록 바뀐 옛날식의 신화는 파리보다 훨씬 주술적인 인사말로 쓰였다. 파리와 마찬가지로 그곳에서 이루어진 찬사들은 세태를 보여 주는 요소를 가지고 있었을 뿐만 아니라, 국왕에 대한 열정을 돋보이게 해주었다.[36] 기존의 질서를 찬미하고 존중하는 태도가 이처럼 충성심을 과장하는 표현 속에서 두드러지게 나타났다. 이러한 경향은 캉에서도 마찬가지였다. 국왕 예찬은 전통에 따라 매년 첫번째 회의에서 하도록 되어 있었으며, 그에 따른 보수는 1736년까지 때맞춰 지급되었다. 여기서도 파리에서 주제로 삼았던 것을 모두 찾을 수 있다. 1737년 이후 앙드레 신부의 영향을 받아 다른 연설문을 낭독하면서 찬사를 함께 읽게 되었지만, 그렇다고 해서 사소한 실천이 줄어든 것은 아니었다. 1770년 이후 환영사나 실제 관심사에 대한 연설이 전통 연설을 대신하게 되면서 진부한 의식이 사라지는 경향을 보이기 시작하였다.[37]

아카데미가 권력을 찬미하는 데 바친 글이 모두 다 정치 이론을 만들어 낸 것은 아니었다. 이러한 글이 가끔씩 감히 아무도 문제삼지 못할 이상적인 목표를 정의했다고는 해도 단지 군주의 행위를 길게 설명하는 데 그쳤고, 아무런 정당화조차 꾀하지 않았다. 연설문이 가진 빈틈 때문에 합리적 동기나 무의식에 바탕을 둔 동기를 분석하기란 거의 불가능한 일이다. 우리에게 전달되는 내용은 결국 지배 엘리트의 합의를 유지하고, 그들의 성실성과 열의를 아카데미의 말로 바꾸어 전달하는 데 관심을 둔 권력의 요구에 대한 일반적인 대답일 뿐이다. 중요한 것은 서로 반대되는 것을 승화시키고, 여러 가지 차이를 조정하는 일이었다. 아카데미 정신은 언어의 힘으로 왕권에 대해 사회의 통일성을 되찾아 주는 더할나위없는 장소였다. 이러한 아카데미의 영향력은 곧바로 정치 교훈으로부터 나올 수 있었다. 이리하여 1774년에는 프랑스 근위대 대령이며 님 아카데미 회원인 데방은 학술 경진 대회의 주제로 "루이 16세에게 딸려 있는 프랑스, 또는 루이 16세의 즉위를 본 프랑스인의 가슴속에 처음 일어난 일"이라는 제목을 내놓았다. 그의 제안에 따라 "우리에게 두드러지게 발표된 통치에 대해 유려하고 진정한 필치로" 묘사함과 아울러 "더욱 고상하고 유용한"

주제를 파헤치는 작업이 진행되었다. 그때까지만 해도 이러한 경향은 일상의 한 부분에 불과했다. 게다가 님 아카데미 회원도 사람들의 마음과 힘을 새로운 통치의 시작을 정당화하는 데 쏠리게 할 준비가 되어 있었다. 그러나 이 덕을 갖춘 대령은 그 뒤 님 사람의 시적 영감을 불러일으킬 만한 23개의 일화를 내놓으면서 자신의 계획을 더욱 명확히 밝혔다.[38]

새 시대가 시작되었다. 젊은 군주의 출현과 그가 보인 감수성이 그것을 증명해 주었다. 그는 눈물로써 루이 15세의 죽음을 알렸다. 모르파의 품에 안긴 그는 형제에 대한 위로 또한 잊지 않았다.[39] 그러나 여린 마음을 가졌다고 해서 군주가 삭막한 정치 현실을 외면했던 것은 아니었다. 덕의 통치가 시작되었다. "왕은 치안 총감인 사르틴에게 명령하여 종교의 명예를 회복하고, 점잖은 풍습을 지키며, 경제의 확고한 수단을 마련토록 하였다."[40] 이처럼 지방민의 마음을 사로잡을 수 있었던 왕은, 사르틴으로부터 인민은 국왕이 자신들을 행복하게 만들어 주기를 바라고 있다는 말을 듣고 눈물을 흘렸다. 그는 조정의 신하들이 있는 앞에서 이제부터는 더욱 일찍 일어나겠노라고 말하였고, 모든 것을 아껴 썼으며, 밀값을 낮추었고, 대중의 믿음에 힘입어 네덜란드에서 8억 리브르를 얻어 왔다. 풍속의 질서, 경제의 번영, 건전한 재정 상태를 추구하는 정치 일정은 모든 사람들이 고개를 끄덕일 만큼 크고 넓었다. 인민의 돈을 절약하는 젊은 군주의 심상이 사람의 마음을 사로잡았고, 그 결과 군주는 자신의 일정을 강행해 나갈 수 있었다.[41] 그러나 이에 관한 일화는 모두 순수하지 못하다. 그 이유는 그가 사람들의 믿음을 얻기 위해 감성의 구조에 호소해야 했기 때문이다. 이때의 일화 속에서 궁신들에게 솔직하지 못하고 빚을 많이 지고 있다고 성을 내며, 마마에 걸릴 위험이 있지만 믿음을 실천하며, 젊은 기사들에게 진실한 위엄을 가르치고, 자리를 얻으려면 귀족임을 증명할 것을 요구한 왕의 모습을 보면서 우리는 당시의 지방 지배 계급이 무엇을 바랐는지 알 수 있다.[42] 일화가 대부분의 사람이 가졌던 기대를 중시했다는 사실은 곳곳에서 발견된다. 한 예로 왕이 호위병도 거느리지 않고 밖으로 나가면서 "모든 사람이 과인을 알아보면 그야말로 든든한 호위가 아니겠는가"라고 말했으며, 숲을 거닐고, 수많은 사람의 갈채를 받았다는 점[43]을 들 수 있다. 요컨대 여기에 나타난 주제는 십중팔구 아카데미 대중의 기다림과 일치하는 듯하다. 감정의 원천으로 되돌아갈 필요, 여론을 무시하지 말아야 할 필요, 나아가 경제의 영역에서 단순화된 소원은 도시 명사의 기대와도 부합되는 것이었다. 뿐만 아니라 여러 가지 어려움을 이겨내고 사람들이 그 시대의 꿈이라 할 수 있는 행복과 발전의 꿈을 빌어 마지 않는 군주의 매력 있는 신화를 만들어 냈던 것이다.

툴루즈의 죄 플로로에서는 국왕의 전통적 모습이 군주정과 애국이라는 도덕 개념으로 대체되었다. 1752년 이전의 문학제에서는 왕을 찬양하는 시가 쏟아져 나왔다. 그 중에서 루이 14세를 위한 것이 34편, 루이 15세를 위한 것이 15편 정도였다. 국왕이 사회 단체의 보전을 수용하고, 인민의 행복을 보장해 주려는 근본 노력을 기울이고 있음을 인정하는 찬사가 대부분이었다.[44] 연설과 시는 그리스도교도, 평화를 사랑하는 영웅, 문학의 보호자, 덕의 모범인 군주가 맡은 왕국의 생명력을 노래하였다.[45] 그러나 이같은 범주의 문학은 새로운 필요성의 대두와 함께 사라지게 되었고, 대신 권력에 관한 담론을 정치 영향력을 가진 업적에 결부시키게 되었다. 군주제의 준법 정신은 사라지는 대신, 고등법원 인사의 역할을 상기시키는 데서 자기 힘의 일부를 끌어 오는 시민 윤리의 발전과 공존하였다. 언제나 정치체의 확고부동한 우두머리인 국왕은 여론을 중시하여야 했다.[46] 여기서 우리가 주목할 점은 새로운 형평을 추구하는 움직임 속에서 겸손한 태도를 볼 수 있다는 사실이다. 아울러 아카데미 회원의 기대가 절대주의를 계발하여 완화시키려는 경향을 가지고 있었음도 놓쳐서는 안 될 중요한 점이다.

한 세기에 걸친 사회 통합 작업 속에서 으뜸의 자리를 차지하였던 것은 무엇보다도 언어였다. 아를 아카데미 회원은 "국왕을 찬양하기 위해 가장 아름다운 말을" 찾고자 노력하였으며, 따라서 군주의 목적은 아름다운 언어를 갈고닦는 바탕을 마련해 주는 데 있었다.[47] 루이 14세의 역사를 기록하고, 그의 영광을 비명문으로 기리는[48] 따위의 의무가 면장에서 제안하는 아카데미의 사업 계획 속에 들어 있었다. 그들의 목적은 문학을 소개하고, "여러 민족이 뒤섞여 있기 때문에 언어를 망치고 변질시키는 지중해 지방에 프랑스어의 순수함을 지키기 위해 노력하는 것”이었다. 툴루즈의 ‘죄 플로로’·님·수아송·빌프랑슈·캉·마르세유의 목적도 똑같았다. 그 뒤에 생긴 학회가 이러한 목적을 직접 밝히고 있지 않았다고 해서 완전히 잊어버린 것은 아니었다. 문학의 교양은 한 세기 동안 줄곧 아름다운 말을 가르치는 일로 남아 있었다. 모든 아카데미가 가졌던 이 첫째가는 목적은 어디서나 찾을 수 있는 것이며, 그것을 무시한 학회는 한 군데도 없었다. 그러나 이러한 경향은 두 가지 말을 함께 쓰는 지방에 뿌리를 내린 남프랑스의 아카데미에서 더욱 생생하게 목격된다. 우리는 랑그독 지방에 설립된 학회를 통해 랑그독이 패배하게 되었음을 알 수 있다. 왜냐하면 그곳 학회는 모두 사회 정예를 문화적으로 끌어모으는 기나긴 운동의 결과이며, 더욱이 원인보다 있는 그대로의 상태를 보여 주고 있기 때문이다. 사실 지배층이 문화 수단을 선택하는 일은 오래 전부터 행정상의 관행에 따랐고, 일부는 학교에 의해 결정되었던 것이다. 아카데미 창설은 분명히 군주의 단일 목적을 상징적으로 보여 주는 좋은 예이다. 언어의 통일이야말로 낮은 수준의 말이라고 판명된 것이 사라짐을 뜻한다기보다는 오히려 권력에 대해 모든 집단이 문화 언어로서 말하는 행위를 인정하는 일이라 하겠다. 랑그독 지방에서 2개 언어를 함께 쓰는 데 대해 연구한다면 분명한 교훈을 얻을 수 있을 것이다. 그러나 방언을 쓰고 있다는 사실을 확실히 증명할 수 있는 북부 지방, 예를 들어 피카르디와 콩테 지방, 부르고뉴와 로렌 지방의 경우는 특별히 비교할 만한 교훈이 없을 수도 있다는 의심을 가져 볼 수 있다.[49] 어쨌든 프로방스와 랑그독에서 두 가지 말을 함께 쓰는 것은 이중의 의식을 가지고 있음을 의미한다. ‘오크어’를 쓰는 것은 사투리의 시적 영감, 파리식 아름다움의 하위 범주, 그리고 사사로운 일상 관계의 말투 속으로 숨어 들어가는 것이다. 아카데미의 언어 의식은 분열의 의식이었다. 프랑스어와 맺은 관계에서 가지는 열등감의 결과, 과거와 과거의 문화적 풍부함은 물론 더욱 넓은 사회적 통일성이라는 이상과도 단절된다는 생각이 뒤따랐다. 팔라프라는 이 점과 관련해 툴루즈의 죄 플로로가 파리와 군주정의 모범에 따라 변화를 겪을 수밖에 없었다고 말하고 있다. “나는 사교계나 툴루즈에서 지은 시가 진지하고 장엄한 아카데미의 관심을 끌지 못했다는 사실을 잘 알고 있습니다. 그러나 나 같으면 신전의 앞마당에 있는 작품과 아폴론의 사제만 드나들 수 있는 곳에 있는 작품을 인정하겠습니다. 아카데미는 뒤의 작품을 성스러운 장소의 권위 아래 판단할 것이며, 더욱 재미있는 앞의 작품은 큰 모임을 통해 인민에게 즐거움을 주리라고 생각합니다……"[50] 아카데미 프랑세즈의 성격이라 할 수 있는 진지함과 위엄은 팔라프라가 "재사들의 울타리이며 인민의 오락"이라고 지적했던 죄 플로로의 전통과는 어울리지 않았다. 따라서 그들이 이른바 '혼합' 제도라는 틀을 유지할 수 없었던 것은 당연한 결과였다. 수도에서 쓰는 아름다운 말을 널리 전파하기 위해 여러 아카데미를 설립하는 일은 문화의 해체, 귀족 특권의 승리, 국가의 걸작품의 때늦은 동화를 의미하였다. 아카데미 회원이 언어를 통일시키는 문제에 대해 고집스런 반응을 보였다고 해서 결코 놀랄 필요는 없다. 그러한 태도야말로 지방의 차이에 부응하는 것이었기 때문이다. 문화의 통합은 언제나 늦게 시작되었다. 왜냐하면 그러한 통합 작업이 어디서나 한결같은 힘으로 추진되지 않았기 때문이다. 학교에 대한 프랑스어 보급은 행정 기관이나 아카데미에 대한 보급보다 늦었다. 따라서 지방민은 언제나 두 가지 말투로 사고를 전개할 수밖에 없었다. 하나는 제2의 문화어를 쓰는 경우로서 이때 지방민의 사고는 방언과 사투리의 일상에 젖어 있게 된다. 이에 비해 다른 하나는 그 사람이 사회 정예의 문화 공동체에 들어가고 싶어할 때 사용하는 말투였다. 우리가 여기서 주의해야 할 점은 이러한 현상의 중요성을 오해하지 않도록 노력해야 한다는 것이다. 1726년 마르세유 아카데미는 아직도 공식 회의의 청중을 구하지 못할까 봐 노심초사했던 적이 있었다. 1786년 최연장자였던 벤토 드 펜 후작은 아카데미가 시작한 이래 걸어온 길에 대해 이런저런 얘기를 하면서 다음과 같이 회상한 바 있다. 그때…… "가장 훌륭한 교육을 받은 우리의 시민은 서로 말을 주고받으며 오직 프로방스어만을 사용하였고…… 우리의 옛 동료 가운데 여럿은 글을 지을 때에는 프로방스어로 생각하였지만 곧이어 그 내용을 번역해야만 했다고 내게 고백했습니다."[51] 하기야 지방민이 매사에 늦었던 이유는 부분적이긴 하지만 그들의 언어가 친구와 식구 사이에 쓰는 말, 지중해 연안의 프랑스에서 쓰는 오크어, 수많은 차이를 가진 사투리들로 분리되어 있었기 때문이었다. 따라서 아카데미 회원이 된다는 것은 두 가지 의미를 지니고 있었다. 첫째는 이처럼 수도에서 멀리 떨어진 거리를 따라잡는 일을 뜻하였고, 둘째는 부분적으로 군주정과 파리의 이상들을 동화시켜 문화적 소외를 부정하는 것을 의미하였다. 지방이 파리의 아카데미 정신에 찬성하면서 아카데미 설립 운동을 부추긴 평등주의의 욕구가 생겨났다. 예컨대 '궁정의 말투'[52] '훌륭한 말투'[53] '순화된 말투'[54] 등은 모두 사회 정예의 세계에서 평등의 열쇠가 되는 말이었다. 그릇된 예절과 스스럼없는 말은 둘 다 동일한 수준의 사회적 비난을 받았다. "산업이 생활필수품을 쉽게 얻고 생산하는 길을 마련해 주자, 그러한 매력에 이끌린 산악 지방민이 님으로 들어오게 되었다. 그 결과 그들의 거칠고 사나운 말은 그들과 뒤섞이게 된 그곳 주민의 듣기 좋고 부드러운 발음을 조금씩 바꾸어 놓기 시작하였다. 그것은 프랑스 산악 지대의 풍습처럼 딱딱하고 거칠고 야만스럽게 된 언어에 대해 기후가 끼친 두드러진 영향이라 할 수 있다. 한편 아름답고 개화된 평원의 말은 섬세하고 순박한 성격을 띠고 있었다. 아테네 사람들은 이처럼 기후 덕분에 발음을 부드럽게 하게 되었던 것이다."[55] 도시에서 쓰는 말, 교양 있는 계급이 쓰는 언어로서 《지형학》을 저술한 님 아카데미 회원이 쓰던 프랑스어는 군주의 의도를 충실히 따르는 지배 계급을 통일시켜 주는 중요한 도구였음은 의심의 여지가 없다.[56]

명사는 군주정에 바탕을 둔 애국심을 찬양하는 화려한 교리 문답을 계속 실천하면서 중앙 권력과 더욱 확고하게 뭉칠 수 있었다. 모든 아카데미의 임무는 도덕과 정치적 선전을 위해 봉사하는 일이라고 분명히 규정되었다. 몽펠리에의 제라르 드 마르브졸은 아카데미 운동의 필요성을 거듭 밝힌 연설의 마지막 부분에서 권력과 결합한 것을 찬양하였다.[57] 모든 학회는 슬기롭고 계몽된 내각의 목적을 달성해야 했다. 그들은 또한 인민을 가난에서 구하고 국가의 불행을 막는 일에 바탕을 둔 '통치술'을 완성하는 데도 이바지하였다. 풍요/기근, 개간/미개간지 같은 중요한 반대 명제가 예술의 보호자인 군주를 예찬하는 내용과 함께 쏟아져 나왔다. 아카데미 회원은 국가 차원에서 국왕과 법관을 계몽시켜 인민의 행복을 위한 제도를 더욱 잘 추진할 수 있도록 만들어야 했다. 1747년 케리오가 클레르몽에서 한 연설[58]이나 1781년 기통 드 모르보가 디종에서 한 연설[59]을 보면 똑같은 정열과 시각을 찾을 수 있다. "수많은 사건 속에서⋯⋯; 올해 가장 축하해야 할 일은 우리 자손의 행복을 보장해 줄 왕자가 탄생한 일이라 하겠습니다. 우리는 아카데미 회원이기에 앞서 프랑스 사람입니다. 아니 더 분명히 말하자면, 오직 문학의 빛만이 사람을 자기 조국과 왕에게 붙들어 매주는 매듭을 더욱 단단히 조여 줄 수 있습니다. 그러므로 오늘 온 나라의 소망과 우리의 소망을 일치시키고, 우리가 아주 중요한 시기에 공공의 행복에 대해 느꼈던 감정의 흔적을 남겨 놓도록 합시다." 아카데미 덕택에 계몽된 절대주의는 오직 사회를 행복하게 만드는 일만 하게 될 것이다. 동 고스는 아라스 아카데미 회원으로 가입할 때 한 연설에서 이러한 견해를 피력하였다. 신분회, 지식과 미풍양속으로 존경받는 성직자, 용감함으로 존중받는 귀족, 청렴과 슬기로 도시를 명예롭게 만들어 주는 자치 단체, 경쟁을 부추기고 이성의 빛을 더욱 널리 퍼뜨리며 지배자를 교육하는 아카데미[60] 따위의 지방 단체는 국왕을 보좌할 준비가 되어 있었다. 마르세유의 지사 몽티옹은 아카데미 회원의 진정한 책임이 바로 거기에 있다고 생각하였다. "이 천재들, 학자들, 재능을 가진 사람들은 두드러진 능력을 통해 자기 조국에 책임을 진다⋯⋯. 아카데미를 구성하게 해준 동기는 바로 이같은 공공의 필요인 것이다."[61] 이와 같은 정치관은 18세기 내내 사람들에게 영향을 끼쳤다. 단지 고등법원 소재지의 아카데미만이 법관과 밀접한 관계를 유지하고 있음을 공표하면서, 특히 1771년과 1788년의 위기 동안 남들과 다른 반응을 보여 주었다.[62] 더욱이 아카데미 회원과 고등법원 인사를 이어 주는 도덕적 공동체가 공민 정신이 달리 표현되는 곳에 자리잡았다는 데 주목할 필요가 있다. 그러나 그렇다고 해서 아카데미의 공공 임무에 대한 기본 관념이 흔들렸다고 할 수는 없다. 예를 들어 브장송에서 국왕의 변호인 필리퐁 드 라 마들렌은 1783년 8월 24일 '용감한 법관'을 가리켜 "자신의 재산과 자유를 인민의 권리를 지키는 데 바치는" 사람들이라고 말한 바 있다. 그리고 12월 29일에는 "루이야말로 폭정에 소리 높여 반대하는 유일한 사람⋯⋯"이라고 찬양하기까지하였다.[63] 아카데미 회원의 눈에 비친 지방은 기본적으로 단결하고 있었다. 그러나 위기를 겪는 가운데서도 왕조에 대한 충성과 유순한 공민 정신을 거스르는 것처럼 보이지는 않았다. 모든 아카데미는 근본적으로 군주정을 따르는 내용을 지닌 사회 질서를 위해 제 나름의 유용성을 지니고 있었다. 체제에 적응하는 일은 공공의 행복에 복종하는 일로서 자신을 정당화하는 학술 단체의 특징이었다. "그것은 우리의 소망 가운데 으뜸의 것이라 하겠다. 조국을 사랑하는 마음은 시민의 으뜸 가는 덕성이다……. 우리가 생각하는 방법을 배운 뒤, 우리의 한결같은 바람은 사회의 행복을 지향하는 것이었다. 이러한 의무를 다하기 위해 오직 자기 마음의 소리만을 들을 수 있는 사람은 행복하다. 그리고 이처럼 자연법의 슬기로운 평등성에 물든 채, 사회의 중요한 의무라 할 수 있는 사랑과 봉사의 감정을 서로 교환하는 데만 전념하는 사람은 행복하다……."[64] 사회의 행복을 위해 일하고, 권력에 대한 봉사로서 '이성의 빛을 서로 교환'하는 행위야말로 학술 단체가 저마다 부르짖었던 마지막 목적이었다. 이러한 목적은 학술 단체가 어떤 좌우명과 상징을 고르느냐에 따라 확실히 드러난다. 어떤 뜻을 넌지시 밝히는 단어는 해당 공통 문화에 담겨진 언어로서 시민의 헌신과 군주에 대한 충성이라는 이상을 표현하였다. 아를 아카데미 회원은 **나는 평등한 사람들을 낳았다는 사실을 즐거워하리**(Laetabar genuisse pares)라는 좌우명과, 새끼를 데리고 있는 아를의 암사자가 새겨진 첫번째 메달 대신 햇살이 퍼지는 하늘 아래 커다란 월계수(아카데미 프랑세즈)와 작은 월계수(아를 아카데미)를 배경으로, 그들은 같은 **햇빛 아래 반짝인다**(Sole Foventur eodem)라는 말이 새겨진 동전을 갖게 되었다.[65] 지방의 역할에 관한 관념 대신 더욱 넓은 개념이 자리를 잡게 되었던 것이다.[66] 왕을 상징하는 해가 아카데미의 시인을 비춘다. 우리는 그 해를 아미앵에서 다시 볼 수 있다. 거기서 태양은 불후의 신전 위로 빛을 보내고 있다. 떠오르는 햇빛을 받으며 태어나고 있는 피닉스(되살아나는 문화의 상징)가 새겨진 마르세유 아카데미의 동전 위에서도 해는 빛나고 있다. **나, 첫번째로 햇빛 속에 다시 태어나다**(Primus renascor radiis)가 좌우명을 설명해 준다. 태양은 수아송·오를레앙·포·빌프랑슈에서도 여전히 빛을 발한다. 아카데미 회원이 쓰던 풍자적 비유 가운데, 아폴론과 군주를 나타내는 상징이 지식과 지적 업적을 상징하는 해와 빛의 비유가 식물이나 신화의 상징과 함께 있는 옛 그림의 바탕을 장식하였다. 면허장·보고서·경쟁 시험의 상 따위로 널리 알려진 이같은 계획을 통해 지식을 모아야 하는 아카데미의 임무에 관한 개념이 더욱 발전하게 되었다.[67] 아장에서는 올리브나무와 월계수가 함께 있는 그림을, 아미앵에서는 불멸의 신전을, 앙제에서는 물이 가득 든 물병을, 브장송에서는 미네르바와 테미스에게 둘러싸인 뮤즈 신전을, 포에서는 빛살을 모으고 있는 반짝이는 거울을,[68] 부르의 경쟁 단체를 위해서는 벌통과 꽃이 만발한 벌판에서 꿀을 찾아 날아다니는 벌을,[69] 캉에서는 가지를 쳐내고 되살아나는 올리브나무를, 메스에서는 유익한 기술의 천재를, 몽펠리에서는 과학 장비 가운데 있는 미네르바(이것은 왕립과학 아카데미의 경우도 마찬가지이다)를 선택하였다. 때때로 이성의 빛의 확산을 강조하는 경우도 있었다. 보르도 아카데미가 도시의 문장에서 따온 초승달 옆에 새겨넣은 **나는 자라나고, 빛나리라**(Crescam et lucebo)라는 화려한 문구가 여기에 해당되었다. 또한 디종에서는 올리브(평화로운 학문), 참나무(시민의 학문), 월계수(여러 가지 유익한 업적을 기리는 명예로운 관)로 만든 관이 그려진 도시의 문장 위에서 미네르바가 아카데미에서 발전시킨 학문의 상징이라 할 에스퀼라프의 칼·거울·막대기와 함께 호라티우스로부터 빌려 온 **그는 세가지 영광을 위하여 겨룬다**(Certat tergeminis tollere honoribus)는 명구를 내려다보고 있었다.[70] 그르노블과 낭시도 예외일 수는 없었다. 사람들은 이 두 도시의 아카데미 문장에서 도서관의 장서를 볼 수 있었다. 툴루즈 과학 아카데미의 상패 앞면에는 팔라스 신전에 오른 그 도시의 수호신이 새겨져 있었다. 여기서 우리는 문화의 정복을 통해 풍부해진 도시의 애국심을 널리 알리려는 의도를 읽을 수 있다. 그리고 그 뒷면에는 꽃이 만발한 초원에 놓인 벌통이 있고, 꿀벌이 날아다니며 꿀을 따고 있었다. 아카데미 회원은 이러한 비유의 수사학을 통해 아카데미의 임무에 관한 의식을 가질 수 있었고, 그러한 의식은 라틴어 명구에 더욱 잘 나타난다. **일은 모두에게 똑같다**(Labor omnibus unus. 툴루즈와 부르), **일이 전부다**(Labor omnia. 브장송), **통일에서 나오는 더욱 위대**

한 진실(Major ab unitis virtus. 포), 조화로운 부조화(Discordia concors. 리옹), 이로써 예술은 모두에게 이롭다(Per hanc prosunt omnibus artes. 브레스트) 같은 명구는 단결과 공통의 작업을 강조하고 있다. 셰르부르 아카데미의 명구는 '종교와 명예'를 부르짖었고, 메스는 공공의 이익을 위하여(Utilitati publicae)라는 명구를, 몽펠리에는 그는 발굴해 내고 완성시킨다(Invenit et perfecit)라는 명구를 내세웠다. 그르노블의 명구는 더욱 단순한 형태로서 '학문과 예술'이라는 두 단어만을 사용하였다. 공동의 이익에 대한 관심, 지식의 확산, 권력과 결합 같은 것들이 이러한 삽화와 똑같은 주제로 넘치는 수많은 연설에 나타난 민감한 설명의 동기가 되었다. 나리꽃에 꼭 매달린 형상으로 배치된 아미앵 아카데미의 나는 나리꽃 가지에 붙어 있다(Lilliis tenaci vimine jungor)라는 명구에서, 어떠한 학회도 거절하지 않았던 것처럼 보이는 행동 강령을 볼 수 있다.

군주의 담론과 아카데미의 담론이라는 두 가지 언어는 모두 똑같은 문제를 다루었으며, 그 사이에는 깊은 합의가 있었다. 비유와 명구는 모든 사람에게 아카데미와 권력의 결합을 구체적으로 보여 주는 기능을 가졌을 뿐만 아니라, 그들의 의무가 무엇인지 말해 주는 기능도 지니고 있었다. 만일 왕의 보호를 받지 않았다면 학술 단체는 보잘것없는 존재에 불과했을 것이다. 그러나 그 대신 아카데미는 군주의 의도대로 어떤 역할, 간단히 말해서 특정 문화를 규정하고 그것을 전달하는 역할을 맡을 것을 인정하였던 것이다. 그러나 왕의 의도가 불분명하고 끊임없이 변하였기 때문에 그처럼 야심만만한 계획은 제대로 실천되지 못하였다.[71] 설령 그러한 송가가 여러 방면의 활동의 한 부분에 불과했다 해도, 군주와 잇따라 등용되는 대신을 예찬하는 것만으로는 진정한 정치 이념을 창조해 낼 수 없었다. 아카데미의 야심이 실패하리라는 것은 그들의 활동에 관한 규칙을 통해 그들을 권력자의 감독 아래 묶어두었던 제약 속에서 충분히 예측할 수 있는 일이었다. 이러한 면에서 학술 단체와 공권력 사이에 맺은 관계에 대한 역사는 제도의 역사인 동시에 지배 엘리트의 회상의 역사이기도 하다. 1791년 리옹 아카데미의 들랑딘이 우울한 필치로 그 당시의 상황을 회고했던 것은 결코 우연이 아니다. "그때는 사람들이 학자와 문인의 통합을 축하하던 때였으며, 그들을 떼어 놓으려고 했던 대신 오히려 그들의 연합 속에서 계몽된 정부의 분명한 증거를 볼 수 있다고 믿었던 때였다."[72]

## 2. 아카데미와 계몽 사상

18세기의 교양인에게 아카데미란 엄밀히 말해 무슨 의미를 지니고 있었을까? 위대한 작가의 작품과 편지, 이류 저작물, 모든 범주의 회고록과 담론, 그리고 특히 18세기에 판을 거듭해 나온 주요 사전을 보면 이 문제에 답할 수 있을 것이다.[1] 우리는 거기서 아카데미·아카데미 회원·아카데미의 같은 말의 쓰임새와 의미를 직접 찾아볼 수 있다. 물론 이같은 경우에 우리는 말이 쓰이는 것과 사전류에 등록되는 데에는 상당한 시간차가 있음을 고려해야 할 것이다. 그리고 위에서 말한 문헌에서 우리는 계몽 시대 사람들이 문화 기관에 대하여 가지는 태도를 간접적으로 살펴볼 수 있다.

이같은 자료를 통해 첫번째로 확인할 수 있는 사실은 아카데미라는 말은 어디서나 만날 수 있으며, 심지어 가장 뜻밖의 곳에서도 마주치게 된다는 점이다. 우리는 지옥에서도 아카데미를 발견한다. 일본 천황에게 파견된 대사는 "아주 유명하고 한 번쯤 볼 만한" 아카데미를 방문한다.[2] 《영국의 첩자》에서는 '음란한 아카데미'의 모임·정관·경쟁 시험, 그리고 베스타 여신에게 바친 황금 메달을 묘사하고 있다.[3] 두번째로 확인할 수 있는 사실은, 그 단어가 도처에서 발견되는 만큼 그 뜻이 분명하게 구별되지 않는다는 점이다. 바이프[4]를 인용하면서 이탈리아어에서 왔다는 사실을 강조했던 바르트부르크에 따르면 그 단어는 오래 전부터, 다시 말해 16세기 전반부터 프랑스어에 들어왔다. 여기에는 보통 세 가지 의미가 포함되어 있었다. 첫번째가 학자들이 모임을 갖는 특별한 곳을 가리켰다면, 두번째는 노름집, 또는 도박장의 고상한 동의어였으며, 끝으로 "젊은이가 말을 타고, 때로는 무기를 다루며, 춤과 공중 곡예를 배우는 곳"[5] 다시 말해 말타기 교습소 같은 아주 개별적인 교육 기관을 가리켰다. 먼저 나온 두 가지 의미는 모두 사교 모임과 관련을 맺은 것으로서, 사람들이 볼 수 있었듯이 아카데미의 형식으로 발전되는 복잡한 사교성의 한 가지 형태와 관련되어 있었다. 이같은 형태의 모임은 혁명 직전의 아장에서 시작되었다. 모임의 목적은[6] "도시의 중요한 시민을 단단히 뭉치게 하고, 가장 훌륭한 정치 및 문학 신문을 읽고 서로 배우도록 함으로써 그들의 정신을 풍부하게 만들며, 유럽의 일을 정통하게 추론할 수 있는 방법을 마련해 주고, 올바른 위안거리를 제공하며, 그들의 모임에서 나오는 이익을 좋은 일에 쓰도록 만들어 주는 데 있다." 정관(18조와 19조)은 사교상의 놀이는 허락하였지만 노름은 금지하였다. 등록된 회원들 속에는 다수의 문학회 회원이 포함되어 있었다. 기분 전환을 위한 모임이라 할 수 있는 '동아리'는 **아카데미풍**이라는 낱말을 실제로 수용하여 활발히 사용하던 곳이었다. 그러나 이 경우 이 낱말은 위엄을 보이거나 십중팔구 일상적으로 쓰인다기보다는, 학문의 연구와 넓은 뜻으로 말해서 교육의 기능을 특별히 생각하는 낱말이었다. **아카데미 회원**이라는 술어는 예술학교에 다니는 '연주자'와 기숙생, 또는 통학생을 제외하고 단지 학술 단체에 속한 사람만을 가리키기 위해 사용되었다. **아카데미의**라는 말이 가지고 있는 교육상의 가치가 예수회와 오라토리오회의 중등학교를 통해 더욱 커졌다는 사실은 의심의 여지가 없겠지만, 개신교의 교육 기관도 상당한 역할을 담당하였다. 다시 말해 개신교 교육자가 그리스도교의 성격을 지닌 인본주의에 물든 이러한 명칭을 쓰게 되면서부터 가톨릭 개혁을 주도한 인물의 계획과 구별되었던 것이다.[7] 제네바를 본떠서 **아카데미**는 마침내 개신교 교육을 맡은 모든 고등 교육 기관을 가리키게 되었다.

한마디로 말해서 이 단어는 사회적 교환의 모범과, 전수 가능한 지식과 관계된 여러 가지 의미를 지니게 되었다. 그러나 사전은 학술 단체의 개념에 특별한 의미를 주고 있다.[8]

당시의 사전을 보면 한결같은 방식으로 문제에 다가서고 있음을 알 수 있다. 그 가운데 단지 《백과전서》만이 예외적인 경우였다. 《백과전서》는 기존의 형식을 뒤집어엎었을 뿐만 아니라 여러 가지 관련어를 사용해서 더욱 비판적인 토론 분위기를 불러일으키기도 하였다.[9] 사전류에서 아카데미에 대하여 묘사한 첫번째 모습을 확인하기 위하여 우리는 모든 단체의 고문서와, 작품에 관한 담론 속에서 그 모습을 어떻게 비추고 있는지 알아야 할 것이다. 집단의 상상은 아카데미 정신에 관한 진정한 신화를 바탕으로 더욱 커지지만 그 모양은 아주 단순화되어 있다. 이것이 우리가 식별할 수 있는 현실이며, 동시에 그에 대한 비판이기도 하다. '문단'에서 아카데미가 맡았던 역할은 계몽주의를 탄생시키는 임무의 성격을 띠고 있었다.

저술가의 눈에 비친 아카데미는 무엇보다도 분명한 사회적 형태를 가지고 있고, 특정 작업에 정신을 집중하며, 어떤 임무를 성취해야 하며 따라서 제 나름의 문화적 틀을 가진 기관이었다. 《트레부 사전》의 편찬자는 아카데미를 가리켜 "학문과 예술을 키우는 문인의 모임"이라고 정의했다. '아카데미' 항목의 집필자는 "프랑스에는 파리는 물론 지방에도 면장에 의해 온갖 종류의 모임이 설립되었다"고 덧붙였다. 퓌르티에르의 사전, 아카데미 프랑세즈의 사전, 《백과전서》, 모르리의 사전은 아카데미에 대한 정의를 내리면서 문화적 만남이라는 현상, 대화와 지식의 교환, '모임,' 생기를 주는 공동체를 상기시키는 '민회(ekklesia)'라는 의미를 강조하였다. 그러나 이같은 첫번째 기능에 문화의 구성과, 전파 과정에서 맡게 된 근본 역할에 대한 의식이 겹치게 되었다. 브뤼젠 드 라 마르티니에르는 이러한 관점에서 가장 훌륭한 정의를 내리고 있다. "아카데미는 문인이 서로 지식을 나누고, 함께 학문의 발전에 힘쓰기 위해 만든 협의회이다." 만일 우리가 18세기말이라는 시기가 문학과 학문의 차이를 완전히 구별하지 못했다는 사실,[10] 대부분의 경우 아카데미 회원이 아직 전문화되지 못했다는 사실[11]을 기억한다면 당시의 기본 단어가 '힘쓰다'와 '서로 나누다'라는 말이었음을 알 수 있다. 이 두 단어는 《트레부 사전》에서 내린 정의 속에도 반영되어 있다. 또한 《백과전서》에서는 아카데미 회원을 "연구 및 그것의 실제 적용과 관계된 문제를 목표로 하는 단체의 회원"이라고 규정하면서 "현학적인 문제에 대한 협의회를 가진 박학다식한 학자의 모임……" "서로 지식을 나누고, 서로의 이익을 위해 자신의 발견을 나누는 특별한 사람으로 구성된 모임"이라고 정의하였다.[12] 진지하게 추구된 과학과 재치, 업적과 상호 통신이 문학의 진보를 위한 저작의 특징을 이루었다. 이러한 정의를 내린 사람은 정확히 결정된 목적보다, 그리고 전문화된 일보다는 어떤 방법, 틀과 형태를 더욱 값진 것으로 여겼다.

지적인 사회 정예는 원칙상 지식의 기준만을 바탕으로 모일 수 있었기 때문에, 가장 넓은 의미로 지적인 사회 정예라 할 수 있는 사람이 모이는 아카데미는 평범한 현상이 아니라 '특별한' 현상이라는 데 당시 사람들은 의견의 일치를 보았다. 공통의 의견은 교육의 기능을 더 이상 떠올리지 않게 되었고, 《백과전서》는 물론 《트레부 사전》에서도 아카데미와 대학교를 세심하게 구별하였다. 라틴어에서 동의어가 파생되었던 영국과는 달리 프랑스에서는 "우리 말에서는 두 가지 모두 아주 다른 뜻을 가지고 있다." 백과전서파는 이 점과 관련해 그들의 차이가 분명히 구별되는 기능으로부터 나온다고 생각하였다. "아카데미는 어떤 종류의 기술을 가르치거나 공언할 목적을 갖는 대신 그것을 완성시키는 목적을 가진다. 그것은 학생을 더욱 재주 있게 가르치기 위한 곳이 아니라 서로 지식을 나눌 수 있는 뛰어난 능력을 지닌 사람을 위한 곳이다."[13] '뛰어난' '완성' '서로 지식을 나누고'라는 말이 거듭 나타나는 것을 보면 지식의 전파와 증식의 역할이 얼마나 강조되었는지 알 수 있다. 아카데미 회원간은 선생과 학생, 교육자와 피교육자의 관계가 아니라 지식에서 평등한 사람이 맺는 관계이며, 선생 사이의 관계와 같은 것이다. 왜냐하면 아카데미는 지식의 영향력을 인정하는 데 바탕을 두고 있기 때문이다. 모든 사전은 이러한 면에서 일치하는 동시에 현실과 모순을 보인다.

사실 진정한 교육 관계를 인정하면서 학술 단체 내부에서 이루어지는 교육을 설명하기란, 지방은 물론 파리의 주요 아카데미로서도 불가능한 일이었다.[14] 사람들은 '학생'이라는 단어보다는 덜 불평등한 관계를 나타내는, 다시 말해 열등한 상태보다는 기다림의 처지를 인정해 주는 '연구 보조원'이라는 말을 좋아하였다. 아카데미 정신은 각자의 뛰어난 재능과 완전한 아카데미 회원이 가져야 할 소질을 존중해 주지 않는 집단 교육과는 제대로 어울리지 못하였다. 그 대신 아카데미 정신은 지방학회에서 주로 발전한 교육의 일반 기능에 적합하였다. 사전은 이러한 경향을 무시했을 뿐만 아니라 아카데미가 맡았던 학술 경진 대회와 교육의 역할에 대해 아무런 언급도 하지 않았다. 이같은 사실은 사회의 합의를 반영하는 것임에 틀림없으며, 그러한 합의는 님의 원고에서 반영되고 있다.[15] 이 원고는 아카데미가 중등학교와는 다르며, 직접 교육을 담당하는 기관이 아니기 때문에 학생과 연구보조원이라는 지칭은 '무례하고 슬픈 구별'이라고 고발하고 있다. "서열, 자격, 목소리, 이 모두가 규격에 맞아야 하는" 아카데미의 성격과는 달리 교육은 제 나름의 규칙·방식, 교사의 어조를 갖고 있었다. 사람들이 아카데미의 내부에서 누렸던 평등은 교사의 교육이 거두는 성공과는 달랐다. 아카데미의 본래 목적 때문에 아카데미 운동은 결국 문화의 향상이라는 잠재적 기능을 실현하는 쪽으로 방향을 잡는다 할지라도, 규범을 정의하고 모범을 완성시키는 일은 규범과 모범을 전수하는 일보다 더욱 고상한 노력이었다. 계몽 시대의 아카데미 회원은 교육자이기에 앞서 기호와 의미를 지켜 주고, 가치관을 부여하는 스승이었다.

아카데미 프랑세즈의 담론은 다음과 같은 견해를 담고 있었다.[16] 새로 선출된 회원과 그들을 환영하는 총재들은 여섯 가지 중요한 심상을 바탕으로 이 기관을 지칭하였다. 가장 자주 눈에 띄고, 가장 중요한 것으로 보이는 심상은 아카데미를 평등과 재능 그리고 덕성을 바탕으로 이루어지는 관계를 가진 동료들의 모임으로 묘사한 것(2백42개 연설 중 75개)이다. 아카데미를 마치 성전(뮤즈 신·재능·천재의 신전)처럼 다루거나, (문학·취미·뮤즈를 위한) 지성소처럼 다룬 심상도 거의 비슷한 횟수로 등장하였다. 거기서 아카데미 회원은 문학에 바치는 의식을 집전하는 사제나 수호자였던 것(69가지)이다. 그보다는 드물지만 아카데미 재판소에 대해 언급하면서 아카데미 프랑세즈 회원을 재판관으로 규정한 연설문(36가지)도 있었다. 그외에도 육상 선수·경기·경기장, 또는 투기장으로 비유한 경우를 9번, 리케이온이나 스토아에 비유한 경우를 17번, 스승과 모범의 심상으로 표현한 경우를 19번 만나게 된다. 요컨대 아카데미 프랑세즈 회원은 1730년 이후 점점 강해지는 신성 부여의 임무를 받은 기관의 규범과 조정의 기능을 특히 선호하였다. 그 결과 '제단'·'지성소'·'성전'·'사제'·'신탁'·'수호자'·'의식' 같은 말이 더욱 많이 쓰이게 되었다.[17] 문화의 향상이라는 기능에 대해서도 마찬가지였다. 그러한 사실을 지적한 표현은

1740년 이후 전체의 4분의 3이나 되었으며, 아카데미의 말기 20년 동안은 절반도 넘었다. 원장신부 바르텔레미는 '신으로부터 영감을 받은 시민인' 아카데미 회원이야말로 '엄숙한 경기에 참가한 육상선수'이며, '문학의 지성소를 지키는 사람'인 동시에, '공공 복지에 몸을 바친 교육 담당자'라고 생각하였다.[18]

지방에서 나온 연설문의 경우에도 다른 점이 몇 가지 있으나 결론만큼은 비슷하다. 루앙에서 나온 1백여 가지 예찬론을 살펴보면, 아카데미 회원은 무엇보다도 과학의 발전을 위한 소질 때문에 모인 사람이었다. 이들은 또 모든 가치와 판단을 규정하는 데 몸을 바친 사제이기도 하였다.[19] 죄 플로로에서 나온 훈계와 예찬론은 무거운 사법상의 은유를 통해 입법 기능을 강조하였다. 아카데미는 취미의 재판소로서 저자를 심판하는 기관이었다. 시인에게 상을 주는 일은 사법부가 판결을 내리는 일과 맞먹었다. 아카데미의 이러한 행위는 신성한 진리를 성스럽게 만드는 행위와 같았다.[20] 그러나 설령 규범의 수호자·재판관·사제였던 아카데미 회원이 진보의 교육자로 지목되는 경험을 자주 했다 할지라도, 사람들은 그들의 역할이 갱신을 가르치고 전파하는 데 있다는 점을 항상 강조하였다.

아카데미는 모든 형태의 문화를 환영하였다. 그러한 태도는 모든 지식 분야에서도 마찬가지였으며, 아카데미 회원이 되기 위해서는 그 가운데 한 분야에서 자격을 갖추어야 했다. 아카데미는 혁신의 임무를 강조했으며, 사람들은 아카데미가 그같은 임무를 수행하는 한 차갑게 얼어붙지 않았음을 볼 수 있었다. 아카데미는 창조적 발전과 경쟁을 조장하고, 문학·과학·예술의 향상을 꾀하는 계몽 사상과 발전을 위한 기관이었다. 리슐레가 강조했듯이 아카데미는 계몽 사상의 자식이었다. "금세기 모든 나라는 예술과 과학을 꽃피우려고 노력하며, 유럽에서는 수많은 아카데미가 설립되고 있습니다."

우리는 여기서 세 가지 사항을 인정해야 할 것이다. 첫째, 아카데미 운동은 프랑스에 국한된 것이 아니며, 전 유럽에 널리 퍼져 있던 현상이었다. 둘째, '꽃피우다'·'회복하다'라는 말이 재생이라는 관념을 암시하듯이 아카데미는 진보의 역할에 발걸음을 맞추어 발전하게 된 기관이다. 여기서 재생이라는 관념은 지방 아카데미에서 자주 볼 수 있는 것으로, 창조적 활기가 필요하다고 생각하거나 계몽 시대의 과학과 기술상의 이상이 행사한 지배력을 무한히 믿는 것과는 두드러진 차이를 지니고 있음을 보여 준다.[21] 끝으로 학술 단체는 개인이나 집단의 소망과 군주의 계획이 만나는 지점에 자리잡았던 만큼 사회적 유용성을 증폭시키는 기구처럼 보였다.[22] 지성의 요구와 정치적 명령 사이에 형평을 이룬다는 생각이 아카데미의 의식 속에 작용하기 시작하였다. 그때부터 이러한 감정이 아카데미의 역사를 기술하거나, 옛날 아카데미 설립 운동이 일어났음을 상기시키는 데 쓰인 문장에서 뜻하지 않게 드러나게 되었음은 의심의 여지가 없을 것이다.

"즐거운 정원" "선택받은 장소" "즐거운 집" "그것은 옛날 아테네 근교에 있는 집 정원이었다" 등처럼, 문인과 과학자의 정예만을 위한 선택받은 오락, 세련된 취미, 닫힌 공간, 전원의 비밀을 상기시키는 시적 영감을 지닌 표현은 도처에서 발견된다. 그곳은 서민층이 다가갈 수 없는 장소이며, 권력이 그곳에 다가갈 자격을 갖춘 사람에게만 보장해 준 영지였다. 이러한 주제는 지방 아카데미 회원들의 글 속에서 지속적이고도 자발적으로 나타났다. 동 구르댕은 《시골의 저녁 식사 후》에서 다음과 같이 표현하고 있다. "우리는 당신들의 예쁜 여자친구를 회장으로 하고, 나를 사무총장으로 하는 아카데미를 설립하려고 마음먹었다. 그것은 리케이온이고, 파포스 섬의 스토아이다……. 거기에 너도밤나무를 심어 우리가 철학을 논하는 잔디밭에 그늘을 만든다. 잔가지가 그늘을 만들어 나무 밑의 제국을 시원하게 해주고, 작은 폭포가 재잘거리는 그곳에서 쓸쓸함에 살포시 젖은 우리의 영혼은 기분 좋은 몽상에 잠긴다. 이처럼 즐거운 곳을 꾸미러 오지 않으려는가…?"[23] 캉의 스그레는 이렇게 예찬하였다. "옛날 말레르브가 이 즐거운 냇가에/핀두스 산에서 모은 월계수를 심어/나리꽃 나라에 그늘을 만들어 주네/성스러운 작은 나무숲을 적시며 흐르는 달콤한 냇물이여……"[24] 레아·헤라클레스·아스트레에 대한 기억이 엉켜 있는 황금 시대의 신화가 지방 정예의 마음을 계속 사로잡았다.[25] 그 결과 군주와 아카데미 운동에 대한 예찬은 점점 도원경의 빛을 띠게 되었다. 원장신부 브리앙은 라로셸에서 이렇게 외쳐댔다. "그곳, 모두가 즐거워하고, 모두가 관심을 가지고, 모두가 살아가는 곳. 황금 시대에 살던 목동의 멋을 가지고 있다고 들 하는 목동의…… 샘, 사람들이 꿈을 꾸는 숲 속…… 행복한 자유의 성격을 지닌 글은 바로 이러한 외진 곳의 바닥에서 나온다……."[26] 사람들은 이처럼 이상향인 자연을 상기하면서 멋진 시골과 소란스러운 도시를 대립시켰고, 지방의 덕과 수도의 악덕을 대립시키는 향수를 키워 나갔다. 예컨대 1785년 롤랑이 리옹에서 한 연설은 지방의 조촐한 성격을 잘 나타내 주고 있다. "물론 거기서는 때로 위대한 사람이 침묵 속에서 각오를 다진다. 뿐만 아니라 훌륭한 지식의 문화가 평범한 애호가에 의해, 그것도 아주 쉬운 방법을 통해 시민과 가장의 고상하고 존중받는 기능에 합쳐지고 있다. 지방은 자연의 가장 위대한 모습에 더욱 가까이 다가섰다."[27] 우리는 바로 여기서 루소주의가 얼굴을 내미는 것을 느낄 수 있다. 그러나 시골의 덕을 강조했다고는 하지만 60년대까지는 지방 사람을 감동시키지 못하였다. 왜냐하면 꿈과, 그것을 현실로 만들려는 행위가 이처럼 혼합되었다고 해서 단순히 집단의 미학이나 감상적 성격만을 뜻했던 것은 아니었기 때문이다. 이러한 가운데 일정한 사회적 모범이 제시되었고, 자연의 이상화와 문화적 존재의 단순성을 사회적 행동과 분리할 수 없는 행복한 세계의 모습이 제시되었다. 여기서 우리는 그 시대 가장 중요한 토론의 핵심에 들어가게 된다. 사회 정예(엘리트)란 무엇인가라는 문제 의식이 바로 그것이다. 파리에서 규정한 내용과 지방에서 나온 연설문을 보면 한결같이 두 가지 점을 강조하고 있다. 그 중 하나가 특정 시기의 역사와 관련하여 이상화된 만남이라면, 또 다른 하나는 문화의 틀에서 볼 수 있는 닫히고 정선된 성격이라고 하겠다. 백과전서파는 입을 모아 회고성 예찬을 하는 가운데, 처음으로 요구나 상상의 결과가 아닌 실제적인 유용성과 공공 이익을 가지고 학술 단체의 과거와 현재를 상기시켰다. 결국 그들은 사람들의 장점에 따라 서열을 정하는 일이 얼마나 중요한지를 강조함으로써 난관을 벗어나게 되었던 것이다.[28]

아카데미의 역사는 이를 통해 인간 정신의 진보에 관한 역사를 알 수 있다는 점에서 중요한 의미를 지니게 되었다. 그것은 계몽 사상에 대한 낙관적 시각을 반영하며, 주요한 사전도 이러한 시각에 대해 일치된 견해를 보이고 있다. 그러나 《백과전서》가 약간의 차이를 두면서부터 사전마다 자기 나름의 독특한 차이를 가지게 되었다. 《백과전서》의 '아카데미 회원' 항목은 이러한 발전을 아주 풍부하게 다룬 좋은 자료라고 할 수 있다. 모든 아카데미는 철학 발전의 곡선을 충실히 뒤따랐다. 애당초 리슐레·트레부·퓌르티에르·모르리·《백과전서》 같은 사전은 아카데미의 설립자로 플라톤을 꼽았고, 아테네의 학파 속에서 첫 모범을 찾았다. 아카데미 회원은 플라톤학파의 **신봉자**(트레부·리슐레·《백과전서》)이거나 플라톤의 제자인 계몽사상가였다. 이같은 근거 속에서 아카데미 회원을 사회적 몸가짐과 정신적 태도에 의하여 정의하는 것이 공동의 관점이었다.

플라톤학파의 아카데미 회원은 그가 뽑혔다는 이유에서, 그리고 그가 거의 이상에 가까운 소수 동아리의 생각에 참여한다는 이유에서 철학자였다. 정원·무덤·나무 그늘·인물상·성전은 모두 그의 사색을 돕는 분위기를 만들었다. 사회 기관으로서의 아카데미가 지식 생활의 귀족주의 개념을 내놓았다면, 아카데미 회원은 일을 하는 데 가장 훌륭한 조건을 누려야 할 존재라고 볼 수 있다. 그는 새로운 회원의 계몽된 소수로 구성된 작은 집단에 속하였다. 아카데모스의 작은 나무숲과 18세기 아카데미 회원의 환경을 교묘히 연결시키는 것을 보면 다수를 제외하려는 사회적 태도를 상기하게 된다. 왜냐하면 인원을 선출하는 과정에서 볼 수 있듯이 오로지 닫히고, 제한되고, 통제를 받는 성격만이 뽑힌 사람의 명성을 유지해 주기 때문이다.[29] 빛의 세기가 고전을 통하여 물려받은 역사적 시각은 거침없이 받아들여졌다. 왜냐하면 그것은 규칙과 연설문에서 볼 수 있듯이 분명한 응집력을 가진 공동체를 구성하고 싶어하는 기본 염원과 완전히 일치하였기 때문이다. 아카데미의 세계는 자신의 법칙을 철저하게 따르면서 제약을 받아들이는 세계였다. 거기 속한 사람은 정해진 것을 사랑하고, 질서의 요구에 순응하였다. 그들은 바로 복종이라는 이상을 통해 사람과 제도가 조화를 이루는 사회의 가능성을 꿈꿀 수 있었던 것이다. 복종이라는 정치적·사회적 이상은 종교 전쟁이 끝나자마자 절대 왕권을 인정해 주는 가운데 나타난 것인데, 아카데미의 이상향은 이같은 이상을 시적으로 인정해 주는 일을 연장시켜 주었다. 이 점과 관련해 퀼러와 비반티는 황금 시대의 꿈과 아스트레의 승리가 어떻게 해서 세계의 조직에 대한 새로운 관점과 일치하는지를 분명히 보여 주고 있다.[30] 아카데미 운동은 이처럼 옛 모범을 실어날랐으나, 그 모범에 새로운 감정적 임무를 맡겼다. 그 임무란 진보를 찬양하는 일이었다. 황금 시대는 추억인 동시에 기다림이었으며, 아카데미는 세계를 최종적으로 이해하고 그럼으로써 완전히 지배할 수 있다는 희망과, 정치와 종교상의 모든 야심을 최종적으로 포기한다는 원칙을 조화시키면서 다가올 황금 시대에 대비하였다. 다시 말해 도원경의 꿈이 계몽된 절대주의와 아카데미를 결합시켜 주었던 것이다.

그러나 앞에서와 달리 아카데미 회원을 다른 형태의 정신, 다른 지적 거동을 가진 사람으로 규정할 수도 있다. 여기서 제시하는 사항은 많은 부분을 알려 줄 것이다. 퓌르티에르의 견해는 이 점과 관련해 중요한 시사점을 던져 주고 있다. "아카데미 회원은 아무것도 단언해서는 안 되며, 우리는 우리 자신이 아무것도 모른다는 단 한 가지 사실만을 알고 있다고 주장한다. 게다가 자기 제자에게 모든 것을 의심하도록 가르침으로써 그들이 확실한 의견을 갖지 못하고 언제나 잘못과 진리의 사이에서 망설이게 만들기보다는 젊은이의 성급한 결정에 반대하고, 편견 없이 검토하여 잘못을 피하게 함으로써 더욱 적합한 결정을 내릴 수 있게 도와 주었다. 데카르트 선생은 아카데미 회원의 이같은 원칙을 채택하였던 것이다." 이 밖에도 리슐레와 원장신부 이봉이 《백과전서》에 기술한 항목을 주목할 필요가 있다. 아카데미 회원을 회의주의자로 만들기보다는 합리적인 의심을 하는 사람으로 만든 것이야말로 아테네식 은총의 순간이라고 할 수 있기 때문이다. 그러나 이 은총의 순간은 여러 세기가 지난 후 데카르트에 의해 비로소 완성을 보게 된다. 철학 정신과 과학 정신이 만나는 지점인 체계를 갖춘 의심, 다시 말해 자유로운 검토의 정신만이 진리를 발전시킬 수 있다. 여러 가지 의심을 가질 수 있는 선택받은 땅인 아카데미는 자신이 진보를 이룩하게 된 깊은 뿌리를 옛 근원에서 찾았다. 플라톤에서 나온 전통은 사회 정예만을 위한 세계의 목가적 이상과 세계를 과학적으로 정복하는 데카르트 정신을 결합한 표시라 하겠다.

아카데미 운동의 역사에서 두번째 단계는 이 첫번째 시기의 거듭되는 반복을 통해 나타났다. 이제 계몽 시대의 아카데미 회원은 르네상스 시대에 진 빚에 감사하고, 이탈리아 휴머니즘의 유산을 떠맡을 수 있었다. 그전에는 단지 중요하고 뜻깊었지만 똑같은 주목을 받지 못한 덧없는 시도만이 있을 뿐이었다. 아리스토텔레스의 리케이온, 알렉산드리아의 예술과학원, 키케로가 활동하던 투스쿨룸의 아카데미는 모두 플라톤의 모범을 곧바로 이어받았다. 한편 샤를마뉴와 앨퀸이 세운 궁중 아카데미 기관도 주목받게 되었다. 계몽 시대 사람들의 생각에 그것은 이중의 의미를 가지고 있었기 때문이다. 사실상 행정 문서를 보급하기 위한 학교였던 이 기관은 그후 여러 차례에 걸친 규칙적인 강연에서 자신의 모범을 찾았다. 왜냐하면 이 기관이야말로 자신의 궁전에 학자와 작가를 끌어들이는 계몽 군주의 정치 태도의 상징이었기 때문이다. 엑스라샤펠의 모임은 루브르의 모임을 예고하였다. 황제의 보호는 계몽 군주의 태도를 정당화해 주었다. 이처럼 덧없이 투영된 첫번째 그림자 위에 에진아르와 앙길베르트를 중심으로 하는 지성인에 의해 속된 문화의 심상이 덧붙여졌다.[31] 모든 문서는 카롤링거 시대의 일화를 전한 뒤 한결같이 16세기의 중요성을 인정하면서 이탈리아의 유산을 떠맡았다. 그 결과 이탈리아 아카데미의 발전·숫자·독창성이 강조되었다. 모르리는 "이탈리아에서 아카데미를 갖지 않은 도시란 거의 없다." 퓌르티에르는 "이탈리아의 거의 모든 도시에 아카데미가 설립되었는데, 그들의 이름은 호기심을 끈다."《백과전서》에서는 "이탈리아에 아카데미를 갖지 못한 도시는 하나도 없다……. 대부분이 호기심을 끌거나 야릇한 이름을 가지고 있다"고 기술하고 있다. 이밖에도 《트레부 사전》에 따르면, "이상야릇한 이름을 가진 이탈리아 아카데미를 전부 기록한 목록을 작성한" 원장신부 피아자의 연구를 참조하라고 되어 있다. 여기서도 우리는 이중의 배려를 읽을 수 있는 것이다. 계몽 시대는 스스로 휴머니즘 시대에 빚을 지고 있다는 사실을 인정했다. 그뿐만 아니라 이 시대 사람들은 베일·볼테르·백과전서파와 함께 르네상스 개념을 더욱 넓은 의미로 재평가하기도 했다.[32] 또한 이와는 대조적으로 독특함을 생각하는 의식이 있었고, 이탈리아의 현상을 거의 인종상의 관점으로 생각하려는 시도도 있었다. 아카데미를 참고해 보면 여러 가지 차이를 느끼게 되지만, 인간 정신의 역사를 구성하는 두 단계의 연속성을 찾을 수 있을 것이다. 콩도르세는 자신의 글에서 이 점을 분명하게 지적하였다.[33] 《백과전서》의 부록 첫권에서 백과전서파가 이 문제를 다시 한 번 자세하게 짚고 넘어간 것은 정말 뜻깊은 일이라 하겠다. "사람들은 크루스카 아카데미……, 피렌체의 플라톤 아카데미……, 치멘토 아카데미 가운데 그 어느 것도 《백과전서》에서 언급되지 않았다는 사실에 놀라움을 감추지 못하였다. 그러나 거기에는 그럴 만한 이유가 있었다……. 우리는 부족한 점을 메워 나가겠다." 이같은 의사 표명은 대중의 반응을 보여 주는 드문 보기로서 독자층은 이제 더 이상 일반적인 언급만으로는 만족하지 않았고, 더욱 정밀한 역사적 분석을 요구했음을 알 수 있다. 이러한 추가 사항 속에서 백과전서파는 고전 시대와 자기 시대의 아카데미 기관의 심상에 따라 16,7세기의 학회를 재구성하였다. 단편적인 자료의 포로인 동시에 아카데미 현상을 바라보는 집단적 시각의 포로로서 정기 모임이 계몽 군주의 뒷받침을 받아 존재했다고 확실히 믿었던 그들은, 제도상의 차이보다는 자신들을 휴머니스트 집단과 결합시켜 주는 지성의 유사성을 훨씬 더 잘 느낄 수 있었다.[34]

계몽 시대 사람들의 눈에 피렌체의 플라톤 아카데미가 "관조형 철학 아카데미의 첫째가는 보기"로 비쳤던 것은 바로 이때부터였다. 뿐만 아니라 이들은 고전 시대의 중요한 학술 단체에 대해서 치멘토 아카데미(1657년)를 "최초의 과학 아카데미"로, 크루스카 아카데미를 "아카데미 프랑세즈의 어머니"이며 "이탈리아어는 그것에 대해 감사해야 한다"고 훨씬 쉽게 주장할 수 있게 되었다. 한편 찬사와 감사의 표현에 뒤얽힌 호기심으로 여러 가지 대조와 미묘한 차이가 두드러지게 나타났다. 이탈리아의 학회는 여러 면에서 계몽 시대의 학회와 비교할 만하였다. 18세기 사람들은 호기심을 끌거나 이상야릇하거나 또는 낯선 것으로 분류된 관행을 고대 모방주의로 치부하면서도 지나치게 엄격한 회원 선정 기준, 문화적 동질성, 관조의 성격을 띤 회의적 태도, 진보에 대한 기대 등을 발견할 수 있었다. 바로 이러한 점이 이탈리아의 학회와 계몽 시대의 학회를 연결해 준 끈이었던 것이다. 그러나 기묘하고 제멋대로라고 평가받는 이같은 측면 때문에 거의 모든 원고 작성자는 놀라움을 표시하였다. 훨씬 합리적이었던 아카데미 영역에 익숙한 사람이 이국의 문화 정서에 놀랐던 것이다. 그들은 이러한 '기묘함' '유치하고 우스꽝스런 겉치레' 크루스카 아카데미나 시에나의 인트로나티(Intronati) 회원의 복잡한 의전, 단체의 증가에 멸시의 눈총을 보냈다. 집단 심리의 가장 밑바닥에 문화의 표시들을 뿌리내리게 만드는 상징 체계를 가지고 있는 민속적 몸짓은 불가사의한 뜻을 전하고, 비난받아 마땅한 의식 절차의 바탕을 마련한다고 비판을 받았다. 계몽 시대의 인간, 어쨌든 백과전서파는 크루스카 아카데미의 돌절구·체·밀자루 같은 예식을 옛날의 '미신'으로 간주했다. 그들은 이같은 표시를 더 이상 포함시키지 않았다. 왜냐하면 그것은 아카데미 현상의 한 측면, 문인의 폐쇄적인 모임, 이상향의 생활 방식을 특별 취급하여 또 다른 유명한 아카데미를 상기시키는 결과를 가져왔기 때문이다. 예전과 의식이 업적을 뒤로 제쳤고, 바탕보다는 형식이, 행동보다는 상징이, 필요성보다는 호기심이 승리를 거두었다. 이제까지 살펴본 바에 의하면, 아카데미에 대한 계몽 시대의 담론은 하나의 넓은 합의를 보여 주고 있다. 문학회의 필요성에 대한 수많은 담론은 전부 한결같은 설명의 도식을 갖고 있으며, 똑같은 모범을 따랐다. 부르의 리부,[35] 리옹의 들랑딘,[36] 클레르몽의 케리오,[37] 몽펠리에의 지라르 드 마르브졸,[38] 라로셀의 델랑드와 가스튀모,[39] 마르세유의 원장신부 바르텔레미,[40] 베지에의 부이예와 마십,[41] 17세기말 아를의 그릴[42] 등, 이들 모두가 미묘한 차이는 있어도 어떤 집단적 태도를 설명하고 있다. 예컨대 우리의 관심을 끄는 들랑딘은 시간과 공간에서 이집트("거의 모든 대도시에 있는 학술 단체에 모인 사제는 서로 가르침을 주고받으며, 그들은 학문의 첫번째 빛을 보존하고 퍼뜨린다……")·중국·아랍을 따르면서 역사적 도식을 넓혔지만, 기본 단계는 여전히 그리스 시대("아테네 아카데미는 학문의 걸음을 재촉한다")와 이탈리아 르네상스("16세기에 이탈리아가 생각지 못한 것은 무엇인가?")에 두고 있었다.[43] 브레스트 아카데미 회원이었던 사브리엥은 《인간 정신의 발달사》에서 플라톤에서 피치노에 이르기까지, 휴머니즘에서 데카르트주의에 이르기까지 지속성을 강조하였다.[44]

포르메가 베를린 아카데미에 대해 쓴 보고서는 《백과전서》의 부록에서 아카데미의 성공에 대해 약술하기 위해 실은 것이었으나, 이렇다 할 독창성을 보여 주지는 못하였다.[45] "건전한 철학의 아버지라는 점에서 누구도 부정 못할 아카데미의 아버지"였던 플라톤·샤를마뉴·피코 드 라 미란돌라·데카르트 같은 학회 설립자의 행렬은 끝이 없었지만, 그들의 첫번째 역할은 언제나 마찬가지였다. 볼테르도 《철학 사전》과 《루이 14세 시대》에서 조금도 새로워지지 않았다.[46] 학회 운동의 역사는 모든 사람들에 의해 쉼없이 계속되었다. 이 운동은 온 유럽의 군주들이 보여 준 관심에 의해 승리를 보장받았다. "사람들은 수많은 전쟁과 여러 가지 종교의 차이에도 불구하고 유럽에서 아무도 모르게 문학 공화국이 수립되었음을 보았다. 모든 학문, 모든 예술은 이렇게 해서 서로 도움을 주고받았고, 아카데미가 이러한 공화국을 세웠다…… 각 분야마다 진정한 학자가 존재하였으며, 어디서나 독립해 있던 이 위대한 재사의 모임에서 일어나는 여러 관계는 이를 통해 더욱 긴밀해졌다."[47] 달랑베르도 《백과전서》 서문에서 이와 비슷한 의견을 내놓았다. "우리에게 훌륭한 책을 수없이 제공해 주고, 과학과 문학의 취미를 유지시켜 주는 목적을 가진 모든 학술 단체의 업적을 수많은 위대한 사람의 저작에 더한다면, 우리의 문학적 보물로부터 어떤 생각을 해내지 못하겠는가? 이러한 단체는 국가에 아주 큰 기쁨을 안겨 줄 것임에 틀림없다."[48] 지방에서 성장한 공리주의를 믿었던 몽테스키외도 같은 생각을 가지고 있었다.[49] 볼테르의 용어를 분석해 보면 알 수 있듯이 그는 일생을 통해 아카데미 현상에 분명한 관심을 가지고 있었다.[50] 그가 아카데미 문체를 비판하고 아카데미 종신 사무총장을 비꼬는 글을 썼다고 하여, 아카데미 운동에 관해 편협한 태도를 가졌다고 볼 수는 없다.[51] 그가 지방주의를 비난했던 것은 편견을 공격하는 독창적인 방식일 뿐이었다. 학술 단체는 약삭빠르게 개혁에 적응함으로써 새로운 이상의 전파라는 임무를 맡게 됨은 물론, 국가에 유용한 기관이라는 평가까지 받게 되었다. 님 아카데미 회원이 익명으로 쓴 원고를 보면 당시의 아카데미 운동이 지방에서 어떤 반응을 불러일으켰는지를 명확하게 이해할 수 있을 것이다.[52] 그것은 포르메에 의해 《백과전서》와 그 부록에서 널리 발전하였다.[53] 무지와 미신을 상대로 벌인 싸움의 앞줄에 선 아카데미는 반드시 필요한 기관이었으며, 가끔 독재권을 휘두르기는 했으나 오직 인류의 행복에 활동의 초점을 맞추었다.[54]

이처럼 여러 사람이 한결같이 아카데미 운동을 인정하는 가운데 장 자크 루소만이 홀로 엉뚱한 소리를 함으로써 사람들을 놀라게 하고 화나게 만들었다. 그는 문학에 대한 야망을 불태우던 시기에는 이 '슬기로운 기관'을 지지하였으나,[55] 제1논고가 발행되고 그 뒤를 이어 논쟁이 일어났을 때, 수많은 지방 아카데미 회원이 관계하고 있던 이들 기관과 결별하게 되었다.[56] 진정한 학자나 학문을 비난할 마음은 없었던 루소가, 계몽 사상의 전파를 소중히 여기는 사회관을 공격하였던 까닭은 도덕상의 개혁을 불러 일으키지 못하는 계몽 사상의 전파를 불건전하다고 판단했기 때문이었다.[57] 그의 어휘를 분석해 볼 때[58] 설령 그가 아카데미 운동에 그다지 관심을 갖지 않았던 것처럼 보인다 해도, 그가 학문과 예술에 관한 논쟁에 끼어드는 한 관심을 보였음을 알 수 있다. 그가 보기에 그것은 "악덕이 태어나고" 사람들의 양심이 서로 멀어지는 측면 가운데의 하나에 지나지 않았다.[59] 그의 적은 이상향의 전통과 계몽 사상을 결합하는 관점을 충실히 믿으면서 학문·덕성·자연·문화의 자연스러운 통일을 옹호하였다.[60] 이처럼 근본적인 등식에 등을 돌린 그는 계몽 시대의 사회 중심을 옮겨 놓았다.[61] 우리는 오직 이같은 문제 제기와 관련해서만 논쟁을 이해할 수 있다. 보르드의 눈에 비친 루소는 "제 집에 불을 질렀으며"[62] 카시러가 정확히 지적했듯이 사람들은 그의 비평을 지배 세력의 정당화된 세계의 전체 조화에서 떨어져 나간 고풍의 유토피아로 받아들였다. 루소의 교훈은 이러한 조화나 일반적인 낙관론에 전혀 영향을 끼치지 못하였다. 부르고뉴 동아리만을 보기로 든다면 1779년 디종의 원장신부 파바렐,[63] 1781년 카이예와 1785년 안젤로[64]는 학문을 통해 도덕의 해방을 가져올 수 있다는 생각을 옹호하였다. 오라토리오회의 원장신부 파퐁은 마르세유 아카데미에서 행한 아름다운 연설에서 지방학회가 정확히 무엇을 바라고 있었는지를 완전하게 보여 주었다.[65] 그들은 학술상의 발견에서 주요 아카데미와 당당히 맞설 수는 없었지만 '첫째 가는 학자'의 연구를 널리 보급하고, 조국을 위해 이들 연구를 적용할 역할을 맡아야 했다. "제국의 모든 주 어디서나 똑같은 것을 필요로 하지는 않는다. 기후의 특성, 토양의 성질, 위치 및 산업의 분야로 인해 주마다 차이가 있게 마련이기 때문에 사람들이 공익을 위해 지식을 쓰려고 한다면 이러한 차이를 알아야 할 것이다. 사람들은 왕국의 첫번째 아카데미로부터는 이같은 고마움을 전혀 기대할 수 없다." 왕국의 첫번째 아카데미는 수도에서 꼼짝하지 않지만 인간 지식을 폭넓게 수용하여야 하며, 그렇다고 해서 나라 안의 다른 곳에 세운 문학회의 수준이 반드시 이 정도까지 높을 필요는 없었다. "학회는 자기가 있는 곳의 인민을 계몽하고, 산업과 재능을 북돋워 주며, 덕성을 부추겨 주는 것을 가장 숭고한 기능으로 삼는다." 루소의 실낙원과는 반대로 마르세유 오라토리오회 신부가 생각한 아카데미 공화국은 진보의 가능성을 폭넓게 의식한다는 희망을 가져다 주었다. "사람들이 우리가 완성한 농업 관련 저작을 평가함에 있어, 특별히 우리가 대상으로 삼고 있는 시민 계급이 그것들을 읽지 않거나 읽지 못한다는 이유로 우리의 저작이 유용하지 못하다고 말하지 않았으면 한다. 우리는 이 저작이 퍼뜨리는 지식의 빛이 완전히 거기를 비추지 못하고, 결국 농부의 지붕 아래로 파고든다는 사실을 인정한다…… 경작인은 책을 읽지 않지만 생각을 한다. 그들이 유식한 사람에 의해 복잡한 방법 대신 단순한 방법이 쓰이는 것을 본다면, 굳이 이론을 알아야 할 필요는 없을 것이다. 그 방법을 쓰기 위해 그것이 쓸모 있다는 사실만 알면 족한 것이다." 아카데미 회원은 지식의 분야를 넓혀 변화를 일어나게 만들고, 최대 다수의 문화적 발전을 확신한다. 그들은 집단 정신 자세의 조용한 혁명을 시작한다. "이러한 소용돌이 속에 놓인 인민은 전체 운동에 참여하며, 자기를 놀라게 만드는 것과 친숙해지고, 원칙까지는 알 필요가 없는 수많은 관념을 받아들이고 간직한다…… 따라서 지방의 아카데미는 특히 이같은 힘을 활용한다는 측면에서 인민을 계몽하기 위한 기관으로 간주되어야 할 것이다……"

이같은 맥락에서 볼 때, 아카데미를 개혁시키려는 수많은 계획은 덜 급진적인 의미를 지닌다. 유일하고도 중요한 문제는 경기의 규칙을 정확히 규정하는 일이었으나, 거기에는 폐단이 따르지 않을 수 없었다. 왜냐하면

회원 선출의 문제에 따라 모든 방향이 결정되었기 때문이다. 특히 《백과전서》의 경우 평범한 사람의 가입을 막는 선택의 필요성을 뒷받침해 주었다. 이러한 경향은 아카데미 문으로 밀어닥치는 애호가의 염원과 충돌을 일으킬 수밖에 없었다. 선택의 중요성을 말해 주는 증거는 도처에서 목격된다. 지방의 학술 단체 가운데 아카데미의 형식을 거부한다기보다는 불운한 저자의 굴절된 희망을 보여 주는 소논문과 풍자성 개작에서 비판받지 않은 예는 거의 없었다.[66] 때때로 비판은 아를,[67] 빌뇌브 아카데미를 가진 낭시,[68] 특히 그롤레가 가짜 학회의 거짓 보고서를 발간할 수 있었던 트루아[69]의 경우처럼 아카데미를 그대로 모방한 데서도 나타났다. 가상의 모임과 보고서 모음, 상상의 담론, 실재 인물 묘사 놀이 등이 음성(陰性)의 세계를 구성하는 자료가 되었다. 익살과 빈정거림 뒤에서 자기 만족, 겉만 번지르르한 웅변, 지나친 권위, 규칙의 남용, 선택 기준의 결여, 끝맺음의 부족 등과 같은 아카데미의 결점이 드러나고 있었다. 슈발리에 드릴이 스타니슬라스가 세운 아카데미에 바친 노래에서도 증명되듯이 그러한 범주의 글은 세속적 성격을 띤 계시의 영적 영감을 참조하였다. "그러므로 사소한 사람과 위대한 사람은 모두 들으시오/사람들이 별로 힘들이지 않고 알 수 있는/모든 표현을 당신들에게 가르쳐 주기 위해/많은 연구나 고통도 없이/로렌 지방에서 공간을 넓혀 가고 있는/새로운 학자의 역사에 귀를 기울이시오." 재미있는 것은 피롱, 에쿠샤르 르브룅, 또는 리바롤의 시시한 풍자시에서 볼 수 있는 어조가 여기서도 발견되고 있다는 점이다.[70]

풍자문학은 재능을 가진 사람이 아카데미에 들어갈 필요성에 대해 반대하지 않았다. 그롤레는 "국가에 이로운 만큼 과학과 문학에도 역시 쓸모 있는 계획"을 '방금 개종한 유대인, 자독 조로바벨'이라는 이름으로 발간하면서 아카데미의 모든 직책을 팔 수 있도록 하자고 제안했다. 사실 이러한 반어법의 이면에는 날카로운 비판과 함께 경쟁에 뛰어든 '가짜 학자' 때문에 피해를 보게 된 '제4신분'의 재사를 위한 구두 변론이 포함되어 있었다. 당파 싸움과 사회적 독점으로 긴장은 더욱 높아졌다.[71] 백과전서파와 개혁을 바라는 지성인의 비평에 풍자성 개작이 합세하기 시작하였다.[72] 달랑베르[73]·뒤클로[74] 같은 사람이 이러한 주제를 널리 보급하였다. 볼테르는 아카데미 프랑세즈와 런던 왕립학회를 예찬하는 한편, 그밖의 아카데미가 처한 불평등의 위험을 강조하기도 하였다.[75] 재능을 가진 사람은 온갖 서열의 폭포를 기어오르는 데 어려움을 겪었고, 그런 만큼 제대로 사회에 통합될 수 없었다.[76] 님에서 나온 원고는 이러한 전통을 곧바로 계승하여 다음과 같이 주장하였다. "모든 안락의자는 평등하다." ……"태생만은 거드름이고, 재산은 관례며, 체면은 상상일 뿐이다……"[77] 다른 한편 파리의 검열관은 그들 스스로가 문인과 사교계 인사와 결탁하여 새로운 정예의 기초를 만들고 있었기 때문에 그처럼 멀리 나가려 들지 않았다. 예컨대 "민주주의의 형태만이 문학 공화국 같은 나라에 적합하다"고 말했던 달랑베르 역시 사회의 온갖 서열을 존중하는 흐름을 완전히 받아들였던 것이다. 작가와 지배 세력이 결합함으로써 훌륭한 취미의 완성과 문화적 지배의 시작을 통해 정당화되는 정치 계획은 든든한 지원군을 얻게 되었다.[78] 위에서 인용한 남프랑스의 작가는 문인에게 이러한 동맹을 바라지 말고, 거물급 인사의 궁정을 살찌우게 만들지 말라고 충고하였다. 그들은 자기네 생활 양식과 활동으로 스스로 노예가 되는 일을 거부해야 마땅했다. 17세기에 비추어 볼 때 더욱 두드러지고, 상퇴이의 보기에서도 명백히 드러나는 지방의 고대 모방주의는 루소의 영향을 받아 더욱 풍부해졌다. 그러나 사람들은 아카데미에 들어가 벼락출세하는 방법만을 찾으려는 '미천한 인간'을 쫓아낼 필요성을 인정하였다. 문단의 '가짜 회원'은 아카데미 운동의 책임이라는 이름하에 비난받았다.

　이러한 관점은 이상향에 대한 담론에 나타난 모범을 연구하는 데서도 다양하게 드러난다. 처음에는 베이컨이 《노바 아틀란티스》에서 '완전한 아카데미의 계획'(이 점을 명확히 밝힌 것은 1702년의 번역자였다)을 제시하였다.[79] 《솔로몬의 집》은 모든 제도상의 문제가 미리 해결된 모범을 보여 주었다. 평등이 지배하는 이곳에서는 회원을 선출하는 기준은 오직 공훈이며, 필요한 모든 방법을 자유로이 갖춘 학자가 자연의 풍부함과 신비에 대한 조사를 통해 세계를 완전히 지배할 수 있었다. 베이컨은 토머스 모어나 캄파넬라와는 달리 가장 좋은 사회에서 으레 볼 수 있는 풍경을 찾아내는 데 만족하지 않았다. 그는 과학의 연구에 목적을 두고, 이 세상의 거물 대신 명성 있는 학자가 더욱 높은 서열을 차지하는 사회를 꿈꾸었던 것이다.[80] 권력으로 정의할 수 있는 과학은 국가를 위한 유용성에 따라 정당성을 가진다. 달랑베르와 백과전서파는, 과학과 사회가 맺은 동맹 관계는 이론과 실제를 조화시키려는 목적을 가졌다는 이러한 관점을 물려받았다. 이제 곧 지식과 덕성의 지배가 시작될 것이다. 연구와 국가의 결합으로 진보의 길이 열릴 것이다.

1710-20년 사이 계몽 시대 초기에 퐁트넬은 《계몽사상가의 공화국》에서, 원장신부 생 피에르는 《착한 사람의 꿈》에서 각각 동일한 주제를 다시 생각하였다.[81] 후자가 보기에 아카데미야말로 "사람들이 훌륭한 교육을 통해 붙들기 시작한 지식의 빛을 계속 완성시켜 나가고, 국가와 모든 기관 그리고 발견된 지식을 더욱 빨리 완성시키기 위해 제일 좋은 방법"이었다.[82] 그에 따르면 각 아카데미는 전문화된 임무를 수행해야 하며, 아카데미 프랑세즈는 법률을 존중하면서 글을 쓰는 사람을 잊지 않기 위한 도덕적 일대기를 만들어 내는 장소가 되어야 한다. 그곳은 "문학 공화국을 위한 사려 깊은 원로원"이 되어야 할 것이다. 과학 아카데미는 "정부의 주요 목적이라 할 수 있는 사회의 행복"을 가져다 줄 작업을 수행하기 위해 온갖 호기심을 일으키는 것에 대한 연구를 뛰어넘어야 한다. 비명문학 아카데미는 "예술과 학문에서 인간 이성이 얼마나 증가했는지를" 보여 줄 임무를 맡게 될 것이다. 끝으로 국가 조직을 장식하는 '정치 아카데미'는 역사와 정치학의 연구를 발전시키고, 도시 행정관을 뽑아[83] 가장 훌륭한 사람으로 정부를 구성할 것이다. 왜냐하면 "정치는 이성의 극치이기 때문이다."[84]

유토피아를 상상하는 가운데 개혁가의 비판뿐만 아니라 계획과 야망까지 분명히 드러나게 되었다. 18세기말 두 작품이 여전히 주목을 받았다.[85] 문제의 작품은 세바스티엥 메르시에의 《서기 2440년》과 콩도르세의 《아틀란티스에 관한 고찰》이었다. 전자에 따르면 아카데미의 이상향은 25세기의 파리에서 완전한 의미를 찾는다. 정부와 경제의 형태를 분석하기 전에 도시마다 설립된 아카데미를 방문함으로써 새로운 도시의 항해를 끝마칠 수 있다. 거기서는 아카데미 회원의 수를 정해 놓지 않고, 장점을 가진 사람이면 모두 받아들인다. "재능을 가진 사람은 모두 자기의 관을 찾아 쓰며, 사람들에 대한 보상은 그것으로 충분하다." "유서 깊은 나무의 모든 부분이 만들어 주는 그늘 속에 앉은 존귀한 장소"인 의회의 자리까지도 명상에 도움을 준다. 작가는 그곳이야말로 이상향의 꿈을 실현하고, 문화와 자연을 완전히 융화시킬 수 있다고 주장한다. 끝으로 아카데미의 '훌륭한 천재들'은 동료 시민의 마음에 아름다움과 진실한 것에 대한 사랑과 덕성을 안겨 주려고 노력한다. 예술에 대한 예찬에 앞서 과학에 대한 예찬을 통해, 메르시에가 아카데미의 사상에 나타난 주요 주제에 동감하고 있음을 쉽사리 알 수 있다. 꿈을 실현할 시간이 왔다.[86] 이에 비해 콩도르세에게 아카데미라는 이상향은 진보에 대한 명상을 제일 먼저 생각하는 곳이었다. 진보는 사람에게 군주정을 모범으로 하는 것보다는 차라리 민주주의의 관점에서 출발한 과학적 사회를 제시하면서 베이컨의 '약속받은 땅'을 지나간다. 모두의 행복을 위해 조직된 과학은 어떤 점에서 문명 사회의 기본 원칙이 될 터이며, 인간 역사의 최후 사건이 될 것이다. "그러므로 해가 땅 위에 있는 자유로운 사람만 비추고, 그들의 이성만을 주인으로 인정하는 순간이 올 것이다……" 학자의 단체는 이성으로 계몽된 권력의 완전한 모범이 된다. 과학은 더 이상 국가에만 봉사하지 않고 모든 사람을 위해 봉사한다. 자유의 시간이 온다는 사실만으로 평등과 독립이 이룩된다. 포르메가 계몽 군주정을 위해 구상한 아카데미의 독재라는 꿈 대신 모든 학문을 바탕으로 한 범세계적인 민주주의 공화국이 들어앉는다. 그 나라는 지식의 지배를 현실로 만들어 준다.[87]

혁명기에 아카데미라는 조직 전체에 대해 이론이 분분하던 때, 콩도르세는 모든 상황과는 모순을 보이면서 이처럼 대담한 구상을 글로 표현하였다. 1백 년에 걸친 고찰이 끝날 즈음 학술 기관에 대한 비판이 구체화되었고, 개혁 안에서 그 모습이 제시되었다. 학자와 문인은 자유와 평등의 이름으로 거기에 이의를 제기할 필요가 있다고 느꼈다. 기초 의회에서 일어난 토론과 찬반론자의 연설문은 오직 논쟁을 더욱 악화시킨다는 점에서만 독창성을 보여 주었다. 우리는 거기서 옛날의 주제에 바탕을 둔 예찬과 빈정거림을 찾을 수 있지만, 그것은 다시금 감성에 호소하는 단어를 사용하고 있었다. 혁명 직전 "브르타뉴와 프랑스 전체에서 백과전서의 성격을 띠고 있는 대중의 아카데미, 다시 말해서 문학·과학·법률·역사·족보학·농촌경제학·예술과 직업의 아카데미를 세우는 데 대한 애국자의 견해"에 잘 나타나고 있듯이,[88] 아카데미 운동은 1790년 이후에는 군주권과 동맹해야 한다거나, 정예 분자가 평등하게 화합한다는 이상의 영향을 받지 않게 되었다. 더욱이 예전에 계몽사상가의 분석에서 볼 수 있던 것처럼 모든 것이 논쟁 속에서 뒤엉켰다. 사람들은 진정한 전문인 단체라 할 수 있는 파리의 여러 아카데미에 관해 고찰하면서도 영국식의 여러 학문 분야에 관계된 모범이 판을 치고, 전문 학자와 애호가가 연합하고 있던 지방학회에 대한 연구와 구별하지 못했던 것이다. 계몽사상가들은 아카데미가 늘어나는 것을 보면서 자신들이 예견하고 부추긴 대규모의 문화 전파 운동에 과연 얼마나 영향을 끼쳤는지를 가늠하게 되었다. 이러한 조사의 결과는 많았다. 중요한 대답은 대체로 긍정적이었지만 개혁에 한한다는 조건하에서만 그러하였다. 모두에게 아카데미는 이중의 역할을 가진 것처럼 보였다. 한편으로 그것은 문화와 권력의 자리를 인정해 주었기 때문에 사회를 통합시키는 역할을 맡았고, 다른 한편으로 그것은 문학 공화국이라는 더욱 넓은 공동체에 참여할 수 있었기 때문에 문화를 통합시키는 역할을 맡았던 것이다. 설령 파리의 아카데미 회원이 때때로 지방 아카데미 회원과 누가 더 완전한 평등을 누리는지 다툴 수 있었다고 해도, 전체로 보아 진보라는 공통의 이상을 고백하는 데서 모든 차이가 사라졌다. 지방과 파리의 대립은 권력과 문화의 결합 정책을 확인하고, 윤리 의식과 영적 의식이 확실히 통일되면서 누그러졌다. 아카데미 정신의 힘은 사람과 사회 단체의 심상을 전제로 하는 화해의 시각 속에 있었던 것이다.

## 3. 아카데미풍의 인간

계몽 시대의 공동체와 계몽된 권력의 눈에 비친 아카데미는 부조화를 순화시켜 주고, 인재들의 사회를 건설하는 기능을 가지고 있었다. 깊은 통합의 힘이라 할 수 있는 아카데미 정신은 무엇보다도 전체의 집단성을 정당화시켜 주고, 여전히 그것만을 기준으로 삼는 문화를 전해 주는 것을 의미하였다. 그같은 문화의 성격을 가려내고 중요한 특성을 분명히 할 필요가 있지만, 그러기 위해서는 사람들에게 그들 자신과 그들이 가진 사회적 꿈에 대해 물어보아야 할 것이다. 아카데미 회원은 어떤 문화적 선택을 할 것인가를 결정하기 전에 이상형의 인간 속에서 영원함과 절대성을 찾았다. 아카데미풍의 인간형은 확실한 문화적 목적을 가진 일관성 있는 집단의 염원을 전부 구현하는 일련의 집단적 어휘 계통 속에 자리잡는다는 장점을 가진다. 그것을 그려 보면 정예 분자의 정신 세계를 읽을 수 있는 열쇠를 쥘 수 있으며, 그들의 법전과 공통 참고 사항의 습관적인 세계로 쉽사리 들어갈 수 있다. 우리는 아카데미 회원의 예찬론을 모은 특별한 자료집을 보존하고 있는 덕분에 그것을 쉽게 그릴 수 있다.

여러 가지 요소 덕분에 아카데미에서 나온 예찬론의 분석이 쉬워질 뿐만 아니라 이러한 범주의 사회적 기능을 사전에 고찰할 필요가 정당화된다. 예식의 연설을 실시하는 것은 어디서나 볼 수 있는 현상이었으며, 연설문은 거의 언제나 발간되었다. 따라서 자료를 전부 복원해 보면 연구 대상의 양이 많다는 것과, 나온 그대로 수집하였다는 점에서 충분한 중요성과 대표성을 띠고 있는 만큼 지리상의 편협성 없이 주제를 계량적으로 다룰 수 있다.[1] 아카데미 프랑세즈는 17세기 후반부터, 퐁트넬이 있던 과학 아카데미와 원장신부 탈르망과 보즈가 있던 비명문학 아카데미에서는 18세기초부터 사망한 회원에 대해 경의를 표했다. 이외에도 비크 다지르가 갓 태어난 왕립의학회를 통해 망자들에 대한 존경을 표하였다.[2] 지방에서는 조금 늦게 파리의 관행을 따랐지만, 그것이 널리 보급된 것은 1750년이 지나서였다.[3] 모든 예찬의 대표성을 강조하는 사실을 두 가지 덧붙일 수 있다. 하나는 아카데미 세계 안에서 예찬이 퍼지는 것이며, 다른 하나는 달랑베르나 토마 같은 일류 저술가들이 그러한 범주의 문학에 관심을 보였다는 것이다.

파리에서 나온 예찬이 널리 퍼지고 읽혔으며, 이러한 현상은 그것을 모방하는 곳을 통일시켜 주는 요인이 되었다. 첫번째 광고를 게재한 곳은 물론 파리의 신문이었다. 《메르퀴르》·바쇼몽·그림·《가제트》는 이들 예찬을 요약하여 보고했고, 때로는 비평을 첨부하기도 하였다. 심지어 지방에서는 이러한 글에 대한 독서 계획을 세우기도 하였다. 더욱 재미있는 것은 파리의 종신 사무총장들이 예찬론 모음을 발송했다는 사실로서, 그러한 보기는 비크 다지르가 디종 아카데미의 마레에게 자신의 예찬 모음을 보내 준 데서 찾을 수 있다.[4] 그러나 지방민은 종종 그러한 발송물이 도착하기도 전에 파리의 공개회의가 있은 직후 인쇄된 연설문을 주의 깊게 읽곤 하였다. 매번 사람들로 빽빽이 들어찬 라로셸의 모임이 그 대표적인 사례였다.[5] 이러한 관행은 어디서나 볼 수 있었으며, 특히 파리의 예찬이 아카데미의 명예회원이나 보호자에 관한 예찬일 경우에는 더욱 그러하였다.[6] 1790년 툴루즈의 에스키유중등학교에서 상으로 주던 도서 목록에는 퐁트넬이 쓴 예찬론이 들어 있었다. 이를 통해 우리는 이제까지 교육상의 가치를 평가받아 온 범주가 그 범위를 넘어 성공을 거두었음을 알 수 있다.[7] 뿐만 아니라 정예 분자의 관심과 기본적인 희망을 보여 주는 아카데미 연설문을 읽어보면, 그 나름의 일생과 유통 경로가 실제로 존재하였다는 사실을 알 수 있다.[8] 재판장 뒤가는 1719년에 이 문제에 관해 다음과 같이 썼다. "나는 《과학 아카데미의 역사》의 마지막 권에 있는 세 가지 예찬을 즐거운 마음으로 읽었다. 퐁트넬 선생은 아주 영적으로, 심지어 어떤 때는 조금 지나치다 싶을 만큼 영적으로 썼다는 사실을 인정해야 할 것이다. 라이프니츠를 기리는 글 속에는 막연하긴 하지만 생전의 그의 모습이 어떠하였는지를 전해 줄 정도로 지나치게 섬세한 생각이 나타나 있다……"[9] 파리에서 나온 모범을 읽었기 때문에 아카데미 회원이 보여 주는 정신 자세의 특징을, 그같은 문학의 범주가 제 기능에 의해 규정하는 한도 안에서 모든 아카데미 회원이 느낄 수 있는 집단적 관행의 수사학에 대해 경탄하고 비판할 수 있게 되었다.

예찬은 그것이 아카데미 존재의 양극에 놓여 있었다는 점에서 결코 무시할 수 없는 행위였다. 새 회원을 받아들이는 연설에서 그것은 문학 공화국 속에 그들이 영광스럽게 태어난다는 사실을 시인하고, 인정받지 못하는 재사는 죽게 마련이지만 인재의 단체로 들어오면서 불멸성을 누리게 된다는 사실을 강조하였다. 추도사에서 그것은 고인이 거둔 불멸의 승리를 증폭시켜 거듭 태어나도록 만들어 주었다. 그것은 사망 증명서를 내주면서 그 사람과 작품에 대해, 품행과 업적에 대해, 사람됨과 역할에 대해 영원한 판단을 내린다. 말하는 주체로서 그리고 말하는 대상 속에서 자신을 찾는 아카데미의 대변인이라 할 수 있는 종신 사무총장은 영혼의 무게를 다는 데 전념하였다. "고인을 추모하면서 그에게 진 빚을 갚기 위하여 그의 활동이나 성격에 대하여 재판관 앞에서 토론을 벌이던" 고대 이집트의 엄숙한 의식을 처음으로 되살린 사람은 퐁트넬이었으며, 다른 사람도 그를 본받게 되었던 것이다.[10] 이러한 관습은 세 가지 기능을 포함하고 있다. 첫째는 수사학상의 기능으로서, 사람들은 이를 통해 진실보다는 담론에서 인물을 예찬하고자 하며, 문화를 최대한 읽을 수 있도록 만들어 주는 언어의 계열을 구성한다. 둘째는 기록과 인식에 관련된 기능이다. 다시 말해 보기가 될 만하다고 규정할 수 있는 이야기를 서술하면서 어떤 진실을 가정하는 기능이다. 마지막으로 성도전의 기능을 꼽을 수 있다. 이를 통해 사람들은 특정한 세계관을 보여 주고, 특정 윤리와 이념을 추천하기도 한다. 예찬론을 보면 그 조직상 어느 한 부분이 두드러지게 나타난다 해도 이 세 가지 기능이 밀접하게 뒤얽혀 있음을 알 수 있다. 사실 달랑베르는 《백과전서》의 '예찬'이라는 항목에서 두 가지 형태의 담론만을 구별하였다. 아카데미 프랑세즈에서 덕성과 인재들에게 경의를 표하기 위해 흔히 행하였지만, 수사학상의 필요 때문에 종종 성인전의 성격으로 떨어지는 '연설'이 그 하나였고, "엄밀히 말해 문학의 역사에 쓰일 보고서라 할 수 있으며, 진리를 중요한 성격으로 가져야 할" 이른바 '내력'이 나머지 하나를 구성하였다. 특히 후자의 경우는 문학과 과학 아카데미들에서 관행으로 나타나고 있었다.[11] 이러한 점에서 토마[12]·뒤소[13]·들릴 드 사알[14]이 모범으로 삼았던 달랑베르는 연설식의 담론이 특정인을 옹호하는 경향이 있다는 사실을 못마땅하게 생각하였다. 라크르텔은 자신의 비판적 관점으로부터 정예 분자가 통일성을 가질 수 있도록 만들어 주기에 적합한 교훈의 원칙을 끌어낼 수 있었다.[15] 예찬은 특정한 서열을 생각지 않고는 발달할 수 없는 기술이었다. 그 서열 속에서 신만이 완벽한 예찬을 받을 만하였고, 국왕은 인민이 고마움을 느끼는 한도에서 그 나름의 보상을 받으며, 천재는 인류에 대해 얼마나 봉사하였느냐에 따라 옹호를 받는 반면 모호한 사람은 별로 뛰어나지 못하기 때문에 당연히 잊혀졌다. 예술과 역사를 융합시킨 라크르텔은 아카데미의 예찬론이란 단지 웅변술을 갖춘 사람에 대해서만 할 수 있는 것으로 생각하였다. 그같은 사람은 "덕 있는 사람들의 불평을 불러일으키지도 않고" 대중의 존경을 받을 만한 자격을 갖추었다고 라크르텔은 생각하였던 것이다. 아무나 구별하지 않고 찬양하는 일은 더 이상 예술이 아니며, 예찬을 받을 자격도 없는 사람을 예찬하는 것은 단지 잊혀지기 위해 하는 일에 불과하다. 성인 예찬 같은 성격에서 벗어나 진정한 기술로 접근하는 유일한 방법이란 역사에서 예찬의 근거를 찾는 것이다. 다시 말해서 진실한 것과 점잖음을 존중하고, 자연과 선행의 색깔로 그림을 그리고, 자기 자신이나 후손을 속이지 않으며, 선악을 정당하게 다루는 작업이 필요하다.[16] 18세기에는 모든 예찬론의 논리 중심에는 자기 자랑이 끼게 마련이라는 사실을 알지 못한 채, 오로지 글의 평판을 떨어뜨린다는 사실에 대해 싸웠다. 아카데미 회원은 인재를 위한 축제일은 승리의 순간이어야 한다는 점, 지나친 축사를 해서 품격을 떨어뜨리지 말아야 한다는 점을 인정한 만큼 자신들이 순수하고 단순한 아첨만 일삼는 과도한 찬미의 증거에 대해서는 아주 비판적인 태도를 가졌다는 사실을 인정하였다.[17] 달랑베르는 지방 아카데미가 "이러한 찬양 일변도의 추도사"를 일반화한다고 비난하였다. 그는 또 "가장 하찮은 문학가도 이러한 학회 중 하나에 속하는 이점이나 어리석음을 가지는 경우가 가끔 있으므로 이같은 추도사는 그들에 대한 기억을, 그들 생애만큼 모호한 사실을 신격화해 준다"고 비난하였다.[18] 예찬론의 수사학에 나타난 지방주의를 질책한 이 파리의 학자는 아카데미의 연설은 무엇보다도 철학적 교훈을 주어야 한다는 점을 강조하였던 것이다. 그러한 연설은 과학이나 문학의 역사에서 찬양받는 사람이 가져온 진보를 파악할 수 있는 **교육을 받은 사람과**, 문학의 책임을 증명하는 생활의 도덕적 가치를 이해할 수 있는 **계몽사상가** 같은 사람이 포함된 독자(청중)에 대해서만 제대로 전달되어 이익을 주기 때문이다. 퐁트넬은 이같은 개념을 완전히 정당화하는 연설을 통해 철학의 정복이라는 자격으로 말하는 '인물 표본집단 연구'의 집단적 시각을 제시하였다.[19] 뒤클로·볼테르·뷔퐁은 이러한 의미에서 아카데미 프랑세즈의 가입 연설을 개혁하려고 의식적으로 노력하였다. 토마는 이들의 노력을 뒷받침하는 이론을 마련하는 한편, 과거의 영광들을 철학적으로 예찬하면서 그 이론을 널리 사용토록 만들어 주었다.[20] 진지한 태도가 장식을 물리치고, 용기에 대한 부분 대신 유용한 진리를 선언하는 자리가 마련되었다. 휴머니스트를 참고하고, 플루타르코스·키케로·퀸틸리아누스 같은 사람의 전통에 바탕을 둔 토마는 정확히 철학적 예찬의 다섯 가지 직무를 완벽하게 구사하는 거장이었다. 여기서 다섯 가지 직무란 유익한 시민의 공적을 인정하고, 예술의 명예를 높이며, 문인과 나누는 우정에 보답하고, 인간 정신의 역사를 위한 자료를 갖추며, 경쟁을 부추기고 "모든 시민에게 장점이 때로는 재산을 모아 주고 존경심도 불러일으킬 수 있다는 사실을 보여 주는 것……"을 의미한다. 예찬의 관습은 인재들의 이념을 이루는 요소가 되었고, 그러한 경향은 지방보다 파리가 훨씬 강하였다. 학사원 시대에 뒤소는 황제가 바라보는 가운데, 이 범주가 퐁트넬이나 달랑베르 같은 사람의 기술로 지나치게 빈정거리거나 섬세한 성격을 갖게 되면서 사상 투쟁에 연루되어 퇴보하였다고 비난할 것이다.[21]

이 범주가 지방에서 정당화되는 모습을 지켜보고 있노라면 파리의 아카데미 회원과 지방 회원 사이의 차이를 주목하지 않을 수 없다. 지나친 찬양을 비판하는 경우는 아주 드물었다. 님의 한 익명의 작가는 달랑베르가 비난한 것만을 다시 거론하였으며, 퀸틸리아누스가 남긴 불후의 교훈을 상기하였을 뿐이다. 이 작가는 아카데미에서 쓰는 문체상의 수준을 높이기에 급급한 나머지 독창성도 없는 영원한 폐단에 대해 비난하면서, 다음과 같은 경구로 결론을 맺고 있다. "만일 우리에게 아무런 할 말이 없다면, 말을 그칩시다."[22] 물론 그의 충고에 따르기란 결코 쉬운 일이 아니었다. 왜냐하면 지방의 아카데미 운동은 공식 회의 내내 사망한 아카데미 회원의 덕성과 재능을 되짚는 가운데 그러한 경구의 정당성을 증명할 수 있는 적절한 방법을 예찬론 속에서 찾았기 때문이다. 지방학회의 종신 사무총장은 거기서 도덕상의 자질에 대해 경의를 표하는 한편, 위대한 보기의 심상에 따라 경쟁을 가르치고 창조하였으며, 최대 다수가 다가설 수 있는 영웅주의를 묘사하는 가운데 다양한 활동의 타당성을 부르짖기 위해 다음과 같은 원칙을 발표하였다.[23] "모든 회원을 예찬해야 하는 의무를 지고 있는 아카데미는 온건한 학자가 보상을 받을 수 있기를, 그리하여 남의 눈에 띄지 않던 장점이 눈에 띄게 되기를 바랐다. 그러나 자신의 명예를 확고히 떨치며 살았던 저명한 사람은 굳이 아카데미가 가장 열렬한 보상을 해주어야 할 사람은 아니다."[24] 지방에서 나온 제안은 파리에서 인정한 것에 반대를 표명하였다. 우리는 여기서 지방민도 동등한 감수성을 가졌다는 지표를 추가로 발견할 수 있다. 그러나 사실상 이러한 연설문이 암시하고 있는 바는 모든 예찬이 정당화와 변론이라는 사명을 띠고 있다는 사실이며, 그것이 곧 찬양의 실천을 의미하지는 않았다는 사실이다. 계몽사상가들은 역사와 도덕의 교훈을 선호하면서도 예찬론의 범주가 안고 있는 중요한 모순을 보여 주었는데, 그 모순이란 다름 아닌 존경의 연설을 마치 사회적 통합의 규범을 전달하기에 앞서 질질 끌면서 변호하는 체계처럼 만들어 놓았다는 것이다.[25]

계몽 시대의 사람들은 아카데미 프랑세즈에서 읽은 회원 가입 연설이 지나치다고 비판하면서 예찬론의 과장된 측면을 부각시켰고, 찬양받을 만한 가치가 있는 사람만을 찬양할 것을 제의하였다. 물론 이러한 제의는 모든 아카데미가 찬미의 대상이 될 만한 사람 이외에는 더 이상 뽑지 말아야 한다는 점을 전제로 한 것이었다. 그와는 반대로 지방과 문인 및 과학자는 모두에게 온건하고 정당한 예찬을 해줄 것을 요구하였다. 지방과 파리의 회원 가입 연설을 분석하거나 1천여 개에 이르는 예찬론을 정확히 연구해 보면, 그 체제의 구조화된 기능을 어느 정도 알 수 있을 것이다.[26] 그러나 두 가지 경우 모두(특히 회원 가입 의식에서는 더욱 복잡하다) 사망한 회원에 대한 예찬론을 통해 옛 회원의 덕성과 업적을 진실되게, 혹은 과장되게 그리면서 그를 선출한 사실을 정당화시켰다. 사람들은 회의의 예식을 통해 타인의 장점을 확실히 인정하는 가운데 신입 회원, 새로 온 사람, 수동적인 청중, 또는 지적인 행위자가 얼마나 뛰어난가를 확인하는 하나의 결론에 도달하게 된다. 두 가지 경우 모두에서 '아카데미 회원'과 '뽑히는 일' 사이의 일치가 입증되었으며, 이러한 확인을 거치면서 아카데미 전체가 완전히 눈부시게 빛났다. 개별화된 예찬론의 영향이 전체에 파급되었다. 이처럼 다량의 예찬론 안에 품위를 다소 갖춘 문체상의 과장, 지나친 겸손이나 지나친 감사의 확인, 고인의 도덕과 학술상의 자질에 대한 터무니없는 주장이 담겨 있음을 놓치지 말아야 할 것이다.[27] 아카데미 회원은 진지하건 그릇되건간에 자신을 겸손하게 부정하고, 다른 사람의 위대함과 비교해 자신의 개인적 무능력을 인정함으로써 사라진 동료를 예찬하였다. 이러한 의식은 어떤 신화, 말하자면 특별한 사람으로 구성된 아카데미라는 신화를 영구히 존속시킬 임무를 띠고 있었던 것이다. 리옹 아카데미 회원들에게 "나는 여러분과 교제를 통해 구원을 받으려고 왔습니다"라고 선언한 원장신부 고드프루아의 경우[28]나 1788년 아카데미 프랑세즈 회원이 되면서 자신은 겸손을 가장하지 않겠지만 자기가 뽑힌 것이 모든 사람의 우정과 호의 덕택임을 잘 안다고 선언한 슈발리에 드 부플레르의 경우는, 학회의 가입이 이미 이루어졌음에도 감사의 말을 통해 집단 정신의 고귀함에 대한 확신을 보여 준 예라고 하겠다. 신입 회원은 자기네보다 먼저 가입한 회원의 장점을 되짚어 가면서 그들의 가치를 공인하였다. 뽑힌 사람들의 동아리에 가입하였다는 만족감을 가지게 되면서 그들처럼 될 수 없지나 않을까 하는 두려움을 없애는 한편, 불후의 인물들의 특별성을 의식하면서 그들의 장점을 인정하였다. 그리하여 아카데미가 제시한 가치 체계에 완전히 동화된 나머지, 이제는 자신들이 나서서 그것을 영원한 것으로 만들고 전달하게 되는 것이다. 라 아르프가 설명하였듯이[29] 규범에 따른 생활을 통해 "국민에게 책임을 지고, 문학의 고귀함을 지키기 위해 뽑힌 사람의 집단"이라 할 수 있는 아카데미 회원은 자신들의 손에서 영원한 생명을 얻게 될 체계의 가치를 최대한으로 높였다.[30]

그러나 아카데미라는 세계는 그 체계의 뛰어남을 집단적으로 정당화시켜 주는 일을 넘어서 예찬이라는 행위에 좀더 은밀한 뜻을 부여하였다. 추도 의식과 입단 의식의 접점에서 예찬 연설은 일종의 정화 기능을 담당하였다. 자리가 한정된 아카데미에 들어갈 권리를 얻기 위해서는 사망한 회원의 뒤를 이어야만 했다. 따라서 모든 선출은 계승이었으나, 다른 한편으로는 후보에 관한 규약에서 명백히 밝히고 있는 특권의 동아리에 끼고 싶은 욕망을 전제로 하였다. 그 결과 살아 있는 사람이 없어졌으면 하고 넌지시 바라는 일까지 생겨났다. 그리하여 장애물이 제거되면 과장된 예찬을 통해 집단 전체가 개인과 집단의 죄를 씻었다. 추도의 예찬은 성스러운 기도문을 세속화한 것으로서, 죽음의 표지 아래서 행하는 취임식의 성격을 띠었다. 집단을 쇄신하는 축제처럼 반복의 뜻을 정당한 것으로 인정받은 회의에서 거행되는 이 예식은, 신성화된 집단 예식에 관계된 특성을 합리성을 지닌 조직 속에 깊이 숨기고 있었다.[31] 시간의 재생을 바라는 의지 속에 죽은 자들을 상기시키는 데 호의적인 아카데미의 성대한 의식은 일시적인 주기를 닫고 새로운 주기를 열면서 규범을 전수하기에 적합한 것이었다. 거기서는 그러나 결코 완전히 순수한 즐거움을 누렸다고 볼 수 없다.[32]

예찬론은 여러 가지 모범을 가지고 있었다. 이 점과 관련해 부갱빌의 글에 주목할 필요가 있다. "그러므로 사람들의 행복을 위해 아무리 연구해도 지나치지 않을 여러 가지 모범을 백일하에 내놓으려고 노력하는 것이야말로 자신의 글을 사회의 이익을 위하여 바치는 일이다."[33] 한편 비크다지르는 찬양받을 사람의 전기를 쓰면서 초점을 맞추게 되는 '행위의 진정한 원리'를 발견하는 데 찬사의 범위를 한정시켰다.[34] 환영사에 자주 나타나는 "당신은 마침내 우리와 하나가 되었습니다"라는 표현은 모든 아카데미 회원은 규범에 맞게 행동해야 하며, 죽은 뒤에도 하나의 전형이 되어야 한다는 필요성을 설명하는 말이었다. 이처럼 아카데미의 예찬론은 사회에서 가치 있는 것으로 생각한 덕성을 부채처럼 펼쳐 놓았다. 수많은 평범한 자질을 나열함으로써 **아카데미카 메디오크리타스**(평범한 아카데미)를 이루는 한편 이름 없는 인재와 천재, 개인과 집단을 융화시켰다. 연설은 저마다 한 가족의 생생한 얼굴을 묘사하듯이 가장 보잘것없는 사람에게도 최대한의 찬사를 늘어놓음으로써 가장 훌륭한 사람과 동일하게 보아 평균치와 중간치를 승화시켰다. 평범한 인물은 이제 더 이상 무식한 인물이 아니었다. 예찬론은 사회의 상징을 담아야 할 교육상의 임무 때문에 객관화된 사실을 현실화시키지 못하였다. 그러나 거기에는 역시 모든 종신 사무총장이 모아들여야 할 정확한 정보와 문헌 자료가 있어야 한다는 사실이 전제되어 있었다.[35] 여러 사람의 삶과 활동에 대해 묻는 똑같은 방법에 바탕을 둔 전체 구성의 밑그림과 예찬론이 일치한다는 증거는 수없이 많다. 이같은 태도로 말미암아 '상호 예찬'과 역사상 진실의 엄숙한 요구가 맞아떨어졌던 것이다. 이러한 이유에서 예찬론은 어떤 내력과 체험을 이야기하는 특별한 장소라고 할 수 있으며, 그와 관련된 모든 것은 무의식이라는 중요한 핵심을 바탕으로 이루어졌다. 사회 통합의 도구인 한도에서 예찬론은 시성식과 고증의 수단이 되었던 것이다.[36]

라퀴른 드 생트 팔레가 마페이 후작의 예찬론을 집필하는 일과 관련하여 세기에에게 쓴 편지를 보면 예찬론의 저자들이 가졌던 중요한 호기심을 생생하게 느낄 수 있다.[37] 생트 팔레는 사회학적 의도를 가진 열한 가지 질문을 제시함으로써 당시에 행해졌던 조사의 틀을 상상케 해준다. 1) 출생지(정확한 생년월일), 세례명, 부모의 세례명. 2)가문은 어떠한가, 사회에서 어떤 서열을 가지는가, 그들과 관계를 맺은 가문은 어떠한가. "그 가문에게 달리 알려진 가지가 있습니까? 그리고 우리가 이름을 알 만한 사람이 그 가운데 어떤 집에서 나왔습니까…?" 3)그가 받은 교육은? 어떤 대학교, 어떤 도시에서 어떤 선생님께 배웠습니까? "한마디로 그의 유년 시절에 대한 기억이나 어떤 사항을 알 수 없겠습니까…?" 4)청년 시절을 보낸 그는 어떻게 사회 생활을 시작하였습니까, 그의 군대 생활은 어떤 편이었습니까, 아니면 공무원이었습니까, 그가 여행한 곳은 어딥니까, 그는 결혼하였습니까?[38] 5)그의 취미와 연구의 목적은 무엇이었습니까, 그는 실험실을 남겼습니까, 그렇다면 거기서 주종을 이룬 관심 분야는 무엇입니까? 6)그가 보유한 장서량은 어느 정도였습니까? 7)그는 저작을 많이 남겼습니까? "산문이건 시로 된 것이건 그의 저작 목록을 정확히 작성해 주시고, 문체·장점·명성·결과, 그리고 다른 곳의 출판 여부와 번역에 관해서도 알려 주시기 바랍니다…… 우리는 이 모두가 예찬론의 문학 부분을 구성하는 데 상당한 도움을 줄 것으로 생각합니다." 8)마페이 선생은 이탈리아의 베로나와 베니스에서 어떤 생각을 가지고 있었는지요? 그는 유익한 단체를 설립하였나요, 그는 여러 아카데미에 가입하였었는지요, 그는 여러 나라에 저명한 친구들을 가졌습니까, 그는 학자들과 친분이 있었습니까? 9)그의 공인 생활과 자연인 생활에서 중요한 사건은 무엇인지요? 10)그의 성격은 어떠하였나요……. 11)그의 모습은, 생활 방식은, 건강은, 그가 사망할 당시 앓던 병은 무엇인가요? 재산은 어느 정도였습니까? 보잘것없었나요, 상당하였나요? "문학 공화국에서 그가 어떤 자리를 차지할 수 있으리라 생각하십니까?" 요컨대 이렇게 모은 정보로 생생하고 유용한 초상화를 그릴 수 있어야 했다. 온갖 질문의 밑그림에서 예찬론이 구성된다. 본보기가 될 만한 사람의 삶은 시민 교육에 활용될 뿐만 아니라 경쟁심을 부추길 수 있으며,[39] 여러 사람의 전기가 진솔해야만 문화의 온갖 본보기가 인정을 받게 된다. 온갖 상투적인 인물이 있는 연옥에 내려가는 일이 허락된다면, 아카데미풍의 인간에 관한 진리를 찾아낼 수 있을 것이다.

대부분의 연설에서 찾을 수 있는 주요 주제는 삼중의 이상을 보여 준다. 첫째로 가문과 교육의 역할로서, 이를 통해 지성의 자질을 두루 갖춤으로써 아카데미에 다가설 수 있는 전제 조건을 이루었다. 둘째로 사회적 덕성과 개인적 덕성을 묘사하고 어떤 거동을 그려냄으로써 학술 도시의 성격을 장식하였다. 끝으로 어떤 사람이 겪은 모든 순간 속에서 걸작품일 수밖에 없는 그의 생명은 죽음으로 최후를 장식한다. 설령 우리가 집단 정신이 아주 강한 보수 성향을 보인다는 사실을 받아들인다 할지라도, 이처럼 의미 있는 세 가지 영역을 함께 고려할 때 지배층의 정예가 자신의 삶과 죽음에 대해 가졌던 깊은 태도를 더욱 잘 이해할 수 있다.

예찬론이 사회적 지위를 돋보이게 만든다면 아카데미에 뽑히는 일은 모든 전기의 방향을 과거에서 현재로 돌려 놓는다고 말할 수 있다. 그러나 아카데미 회원이 생각하기에는 모든 과거에는 어떤 뿌리가 있으며, 모든 사람은 운명과 결코 떨어질 수 없는 눈에 띄는 길을 따라간다. 사람들은 이미 어떤 상태에 다다른 존재였다. 모든 사람의 핵심은 중요한 세 요소로 이루어졌다. 하나는 사회적 구별과 덕성이라는 다소 큰 세습상의 유산이며, 둘째는 일정 정도는 물려받고, 일정 정도는 배워서 갖게 되는 문화이다. 마지막은 반쯤 은유화된 존재의 뜻깊은 사건을 통해 드러나는 재능과 소질의 복합체이다. 대부분의 담론은 출신에 대해 말하고 있다. 단지 11퍼센트만이 이에 대한 언급을 생략하였으며, 특히 지방(7.5퍼센트)은 파리(16.5퍼센트)에 비해 그 비율이 훨씬 낮았다. 그밖에 모형면에서도 여러 가지 뚜렷한 경향을 볼 수 있다. '귀족의' '저명한' '전통 있는' '품위 있는' 가문, '전통 있는' '명예로운' '품위 있고 성실한' 가문, 다른 조상이 개입하지 않고 아버지만 홀로 등장하는 상징적인 가문, '가난한' '보잘것 없는' '모호하거나 열등한' 가문으로서 사회적 지위가 열등하여 문화를 누리지 못하였던 데 비해 아주 드물게 '성실하다'고 일컬어지는 가문 등이 그 예이다.

그 중에서도 출신의 사회적 풍경화를 분명하게 지배했던 모형은 첫번째 형태였다. 수치상으로 따지면 파리에서는 38퍼센트, 틀에 박힌 전형의 힘이 더욱 두드러졌던 지방에서는 44퍼센트를 기록하였다. 특정인의 족보에 관해 길게 이야기하는 가운데 수많은 증거와 명예를 들먹임과 동시에, 그의 저명한 조상이 가졌던 직책을 늘어놓으면서 수많은 사항을 언급하였다. 종신 사무총장들이 귀족의 증거 앞에서 양순한 태도를 보여 주었던 이같은 사례에서 높은 신분의 전통에 대한 생각이 드러났다.[40] 의심이 나는 경우에는 대상의 중요성을 내세워 그의 운명을 유리한 방향으로 바꿀 수 있었다.[41] 콩도르세가 트롱셍에게 그의 가문의 상업 전통과는 관계도 없는 전통 귀족의 신분을 부여하였다는 사실은 그다지 놀랄 만한 일도 아니다. 게다가 극단적인 경우에 중요한 것은 정직성과 명예의 전통이었다.[42] "언제부터 시작되었는지 모를 정도로 까마득한" 옛날에 생겨났지만, '중요하고' '저명하며' '품위 있는' 한마디로 말해서 아주 널리 인정받은 최소한의 중요 계보를 가진 가문이야말로 절대적인 모범이었다. 언제나 불분명하고, 대부분의 경우 확인할 수 없는 오랜 전통이 가지고 있는 거의 마술 같은 가치는 지배층에 속한 소집단으로 구성된 작은 세계의 모습을 보여 주었는데, 이 사람들은 속된 세상에 뿌리를 내리고 각 가문의 수호신을 보장받는 데서 보상을 찾는 사람들이었다. 조상을 숭배하는 가운데 체제를 따르는 좁은 세계의 연대성이 굳게 다져졌다. 집단의 기억은 학자의 기억보다 더욱 빨리 잊혀지기——아니면 잊기를 원하기——때문에 조상은 더욱 자유롭게 증언하며, 보증에 대한 사회 체계는 세습되는 가치라는 주제로 강화된 순응주의에 바탕을 두었다. 사실 운이 따르고 우연히 좋은 집에서 태어난다고 해서 예찬의 대상이 될 수 없겠지만, 그러한 요소는 재능과 자질을 동반하였고 그 덕택에 명예를 보증하는 예찬론의 소재가 될 수 있었다.[43] "우리는 비농 가문에서 볼 수 있듯이 이렇게 존중받을 만하고, 훌륭한 시민과 위대한 인물을 길러내기에 적합한 옛날식의 단순한 덕성을 통해, 이 가문에서 아버지가 자기 아이의 첫 가정교사가 되고, 아이에게 일종의 감화를 주어 마음의 자질과 정신의 장식을 서로 교류할 수 있게 만들려고 하였던 관심을 일찍부터 예측할 수 있었습니다. 그리고 그러한 관심은 아직도 더욱 존중받을 만한 것이라고 저는 말씀드리고 싶습니다……."[44] 아카데미의 이상은 이처럼 사회와 지성의 귀족주의를 특별히 취급하였다. 이름 없는 인재는 어떤 점에서 그의 명성을 증명해야 했다.

아카데미 회원의 아버지에 대해서만 거론한다면 아들은 자기 아버지와 막상막하가 되고, 그가 물려받은 자질은 아버지를 보완하게 되며,[45] "그의 정신, 학문에 대한 사랑은 아버지에게 부족했던 점을 보충한다……." 아카데미는 새로운 왕조가 태어나는 것을 모른 체하려 하지 않았다. 더욱이 모든 어려움, 요컨대 불확실하고 모호한 기원 때문에 인재는 스스로 투쟁 속에서 두각을 나타내야 했으며, 바로 그러한 노력이 인재를 쉽사리 고를 수 있게 만들어 준다는 사실을 보여 주고자 했다.[46] 가장 훌륭한 사람을 선택하려는 데서 귀족주의 이상과 혁신에 대한 소망이 맞아떨어졌다. 규범의 체계는 거기에 있는 온갖 모순을 지우며, 정화의 역할을 교육에 맡겼다. 왜냐하면 마치 인재가 성공하여 귀족이 되듯이, 귀족은 그들이 벌써 얻은 것을 모두 누릴 자격을 가지려고 노력해야 했기 때문이다.[47]

모든 아카데미 회원에 관한 공통의 참고 사항인 교육은 그들을 문화의 계승자로 만들어 주었다. 정기를 길러 주는 가르침을 베풀었던 예수회와 오라토리오회의 중등 교육, 대학 교육이 모두 그러하였다. 교육 과정을 상기하는 내용이 모든 예찬론의 50퍼센트를 넘어서고 있었다. 그러나 50퍼센트라는 평균 수치를 분석해 보면, 지방이 63퍼센트에 이르렀던 반면 파리의 아카데미에서는 겨우 40퍼센트에 지나지 않았음을 알 수 있다. 교육에 대해 말하지 않았다 해서 교육을 받지 않았다고 생각할 수는 없을 것이다. 그것은 무엇보다도 정보의 부족을 증명하며, 모든 사람이 중등학교를 거치지 않았음을 보여 준다. 군인·귀족과 부르주아·개업의사·화학자·약사·외과의사는 고전 학급의 교양 과정을 거치지 않아도 되었다. 그러나 이 과정은 여전히 공통의 지평으로 남아 있었고, 가장 바람직한 양식이 될 만한 것으로 생각된 교육과 지성의 이상이었다. 왜냐하면 그것은 라틴어 능력을 배양시켜 주었을 뿐만 아니라(아름다운 라틴어를 사용하는 웅변가는 언제나 찬양의 대상이 되었다) 수사법에 대한 안목을 길러 주었으며(유려한 말투는 18세기 내내 아카데미 정신의 중요한 단어 가운데 하나였다), 과학도에게는 도덕과 시민의 교훈을 주는 문학의 지식을 갖추어 주었기 때문이다.

　교육 내용의 발전을 상기시키는 일 또한 과학 발전에 대한 생각을 퍼뜨리게 만들어 주는 범위 내에서 자주 등장하였다. 장래의 천재는 데카르트파의 선생을 만남으로써 마음의 격심한 동요를 겪게 되었고, 기하학과 지식상의 방향 전환으로 스콜라 철학과 어린 시절의 망령을 떨칠 수 있었다.[48] 이 영역에서 아카데미 정신은 모든 모순을 융화시켜 주었다. 대학은 모든 비판으로부터 완전한 자유를 누릴 수 있었다. 대학이야말로 장래 아카데미 회원이 어떤 것을 무조건 따르지 않도록 만들어 줌과 아울러, 그와는 반대로 훌륭한 길을 따르도록 이끌어 주었기 때문이다. 특히 아카데미의 인물 표본 집단 연구는 당시의 지식인이 한편으로는 완화된 교육 과정과 다른 한편으로는 가정 교육의 중요성에 이중으로 매달리고 있었다는 사실을 보여 주었다.

　종신 사무총장들은 이 주제에 대해 계속적인 칭찬을 아끼지 않았다. 어머니가 직접 아기에게 젖을 먹이면서 진정한 가치의 본을 보여 주는 가정을 행복한 가정이라고 한다면, 아버지가 아기에게 지력의 걸음마를 배워 주는 집안은 신의 축복을 받은 곳이다. 문화의 특권은 요람에서 얻게 된다. 훌륭한 아버지며 위대한 법관이자 존경받는 문인이었던 마니방은 "자식의 자질에 따라, 그리고 태생·인척 관계·재산의 모든 부분에 따라" 목적이 결정되는 교육을 누구의 도움도 받지 않고 직접 맡았다.[49] 아버지의 교육은 "시민의 행복과 국가의 영광을 위해" 대대로 물려 주는 자질을 완성시켜 준다.[50] 그 뒤의 학교 생활은 단지 이미 배운 것을 완성하고 드러내게 만들어 줄 뿐이다. 훌륭한 학생이라면 누구나 예수회나 오라토리오회가 운영하던 어떤 지역의 중등학교에서 수도나 지방의 명문학교, 예를 들어 18세기말의 쥐이나 소레즈 같은 학교로 진학할 수 있었고, 거기에는 여러 가지 모범이 있을 수 있었다. 예찬론의 교육적 이상은 절충주의였다.

앙시앵 레짐의 교육에서 규범을 전수하는 일은 대부분의 경우 혁신의 전수와 구별되었다. 따라서 평행으로 달리는 과정이 늘어나면서 기회가 최대한 늘어날 수 있게 되었다. 젊은 아카데미 회원은 한꺼번에 롤랭의 강의와 법학부의 강의를 들을 수 있었으며, 의학부의 해부학 강의에 참석하는 동시에 왕립 식물원이나 왕립 중등학교의 실험실에서 쥐시외의 공개 실험에 참석할 수 있었다. 이처럼 젊은 회원은 재능과 재주를 보여 주고, 용기를 북돋워 주며, 후원해 주는 스승을 만날 수 있었다. 모든 학교는 선택받은 곳이며, 적성을 드러내는 곳이었다.[51]

타고난 자질은 중등학교 시절부터 드러났다. 행복한 천성, 정당하고 곧은 정신, 유리한 자질, 확고하게 입증된 재능으로 학식의 불평등이 증명되고 사회적 배타성이 정당화되었다. 예찬론의 3분의 1 이상이 그러한 점을 언급하였으며, 어디서나 장래를 위해 그들이 선택한 것에 본성을 적응시키기를 강조하였다. 게다가 돋보이는 적성에 관한 주제는 세습 자산의 정복과, 지성·사회·도덕의 온갖 자질의 경험이 항상 존재한다는 사실을 보여 주었다. 아카데미 회원은 언제나 자신의 길을 찾았고, 그것도 빨리 찾아낼 수 있었다. 올바른 됨됨이를 강조하고, 신동을 예찬하는 일이 아카데미 회원의 유년 시절을 이야기하는 대목에서 지배적인 경향이었다. 타고난 자질과 장점이 남보다 두 배나 되며, 남보다 올되기 때문에 회원으로 뽑힌 사람은 그야말로 교조적인 영향력을 가졌던 것이다. 필리프 아리에스가 밝혔듯이 학교 교육 과정이 더욱 엄격해지고 완전히 구체화되면서, 아카데미 예찬론은 사망한 사람이 유년 시절에 행했던 장한 일을 들추어 내어 그야말로 우수한 인재이며, 그가 거둔 성공은 탁월하였다는 사실을 증명하였다.[52] '젊은 늙은이' 혹은 '학자놀이'와 같은 주제 및 일화는, 이들이 더욱 오랜 가문의 전통에서 나오는 특권을 가지고 태어났다는 천부성을 인정해 주는 증거를 가치 있게 여겼다.[53] 떠오르는 세대에게 죽음이 여전히 큰 자리를 차지하고 있을 때 책임 있는 자리에 빨리 오른다는 것은 그다지 특기할 만한 사항이 되지 못하였다. 그러나 삶의 이것저것을 정복하면서 가장 빠른 속도로 뒤를 잇는 기회를 갖기 시작할 때 아카데미 정신은 경력의 극심한 가속화라는 특권을 정당화시켜 주는 임무를 지닌다.[54] 이제 옛날의 학교 성적은 지도층의 정예 분자가 되는 데 무시 못할 요소로 작용하기 시작했다. 그 결과 올된 재능을 발휘하고 한결같이 올되다는 특징을 가진 인재에게 문을 열어 주는 행위는 완전히 정당한 것으로 인정을 받았다. 이렇게 해서 사회적 순진성을 잃어버린 아카데미 회원은 남이 아직도 소박하게 놀면서 시간을 보내고 있을 나이에 젊음을 빼앗기고, 읽거나 깊이 생각하고 발명하거나 관찰하는 데 시간을 바쳤다. 아카데미의 올됨은 짧은 평균 수명의 시대를 정복하는 일인 동시에 지배층의 특권이었다.

그러나 재능과 학식은 하나의 업적 속에서 구체화되어야 했다. 젊은 시절 벌써 어떤 경지에 도달하였다는 사실을 증명한 아카데미 회원은 원숙기에 달하면서부터는 저술·발견·문학상의 명예로 측정할 수 있는 긴 여정에서 자신이 가진 적성의 힘을 보여 주었다. 사람들이 어떤 삶의 결과를 판단하는 기준은 그가 가진 유용성에 있다. 아카데미 회원은 단순히 연구하고 수집하는 인간이 아니라 교육자이며 학문의 성과를 가르치는 교수이기도 하였다. 아카데미의 회의에 열심히 참석함으로써 비로소 그는 어떤 임무를 완수할 수 있게 되는 것이다. 로제 샤르티에가 인용한 프라비외는 이러한 책임의 깊은 뜻을 설명하였다. "어떤 아카데미 회원이 비록 가장 계몽되었다 해도 자신에게 맞는 분위기에 대해서만 지성의 영향을 퍼뜨린다면 그는 지구에 아무런 빛이나 영향을 주지 못하는, 대수롭지도 않고 관심도 끌지 못하는 별 가운데 하나와 같다. 그와는 반대로 자신이 밤새워 연구한 결과를 여러 사람과 나누는 사람은 하늘에서 빛을 발하여 눈에 띄는 고마운 별의 광채에 제 나름의 몫을 더하는 사람이다. 수많은 학자, 자신의 선배나 동시대 사람의 빛에 그가 보탠 빛으로 아직도 문학 세계의 어떤 지역에 퍼져 있는 안개가 걷힌다. 아카데미 회원이 저마다 거둔 것에 관해서 모든 사람이 토론하는 가운데 불과 빛의 다발이 생기고, 학술 세계의 모든 부분에서 새로운 해가 탄생해야 할 것이다……."[55] 아카데미 회원의 역할은 빛의 은유와 학술상의 심상을 통해 우주의 차원까지 넓혀졌다. 다른 사람들을 가르치기 위해 지식을 습득한 그는 더욱 개화되고, 더욱 행복하며, 더욱 자유로운 세계를 여는 열쇠를 손에 쥐었다. 재산의 일부를 새로운 신화의 실현에 바치고 명성을 얻은 문예 후원자는 특별히 언급되었다.[56] 그러나 여기서도 문화는 정복이었다.

무미건조한 연구의 시대를 이겨 나간 문화는 계몽주의의 이상으로 방향을 바꾼 새로운 인물의 열정의 결과였다. 공적 인물의 진지한 노력을 속박에서 벗어나게 만든 그것은 또한 여가와 휴식의 산물이기도 하였다. 근엄한 법관과 준엄한 학자가 호라티우스처럼 시를 지으며 즐거워하였다면, 한편으로는 그들의 사회적 기능이 그처럼 문화를 실천하면서 풍부해질 수 있었기 때문이며, 다른 한편으로는 그러한 행동이 시간을 조직하는 방식이며, 어떤 생활 양식에 의해 저명함을 증명하는 것이었기 때문이다. 정확히 어떤 전문적 지위를 누리고 있건간에 모든 아카데미 회원은 공적 인간이었고, 따라서 문학 공화국의 이해 관계를 대변하였다. 지적인 풍부함을 갖추게 된 그의 내부에는 이제 더 많은 열정과 지속적인 충성이 꿈틀대고 있었다. 이처럼 아카데미 회원은 위대한 저작을 읽고, 걸작에 대해 깊이 생각하면서 수많은 모범을 가질 수 있게 되었다. 특히 무엇보다도 사라진 회원의 거동으로 거듭 태어나는 본보기가 되는 행위의 한 계통이라 할, '저명한 인물'의 수많은 본보기를 가질 수 있었던 것이다.

용기병 대령이며, 왕립과학 아카데미 회원이었던 자크 달루빌이야말로 이상형이 될 수 있다. 그의 조상은 샤르트르 지방에서 3백 년 동안 명성을 누린 귀족이었고, 그 또한 훌륭한 운명과 천품으로 단번에 회원으로 선출되었다. 그는 가문의 막둥이로 교회에 들어갈 운명이었으나, 7세 때 "자기 나이보다 아주 높은 수준의 굽히지 않는 단호한 정신으로" 삭발례를 거부하였다. 학자가 될 그의 운명의 표시는 얼마 후에 공부의 성공, 뛰어난 자질, "12세에 유클리드 기하학을 시작하는 따위로" 여러 방면에서 올되게 나타났다. 그의 적성은 수학에 대한 자신의 취향에 따라 선택한 군대와 어긋나지 않았다. 입대한 그는 자유 시간을 통해 과학과 문학의 소양을 열렬히 쌓을 수 있었다. 전쟁이 끝나 은퇴한 뒤 그는 여가를 확실히 보장받았다. 고향으로 돌아온 그는 '전원의 작은 집'에 틀어박혀 밤에는 별을 연구하고, 낮에는 친구를 사귀었다. 보스 지방의 농민은 그를 마술사로 취급하면서 "포도가 제대로 되지 않을 때마다 그의 책임인 것처럼 비난하였으나" '선량한 사람들' 곧 "아주 계몽되어 마술에는 홀리지 않을 사람들이 곳곳에서 찾아와 날씨가 어떻겠느냐고 묻고, 올해 수확이 좋을지 물어보았다……." 그는 개인적인 모험을 맛보면서 집단의 이름을 드높이는 수많은 징표를 끌어다 자기 것으로 만든 인물이었다. 달루빌은 여가의 애호가였고, 사치와 사교성의 문명을 증언하였으며, 진보라는 신화의 **창설자였다.**[57] 옛 성현을 본받아 온갖 상징을 수호하는 아카데미 회원은 자신의 유익한 휴식을 통해 문화의 스승이 된다. 죄 플로로 아카데미 회원으로서 미르푸아 주교이기도 하였던 라브루 예하는, 위대한 고위 성직자에게서 볼 수 있는 두 가지 특색을 가지고 있었다. "그가 맡은 성직의 중요성과, 그것을 수행하려는 주의 깊은 근면성 때문에 우리는 거의 언제나 그를 빼앗겼다고 하지만 사실은 그에게서 아주 강력한 도움을 받아 왔다. 그는 우리에게 새로운 힘을 주었고, 우리의 경쟁심을 부추겨 주었던 것이다."[58] 작가에게 연구란 발견의 열정으로 빛나는 삶 그 자체이기 때문에 우리는 그들을 따로 취급해야 한다. 그들 세계의 덕이라는 영역에서 볼 때 아주 평범한 사람은 언제나 그 세계와 관계 없이 존재한다. 이들이 재산을 크게 모을 경우, 예를 들어 뉴턴처럼 크게 성공을 거둘 경우 그같은 성공은 유익한 일을 실현하고 자선을 베풀 수 있다는 점에서 사람들의 인정을 받게 된다. 그들은 거의 전적으로 규범을 피하는 사람들, 곧 괴짜, 염세주의자, 지나치게 노골적인 사람, 성마른 사람, 여러 모로 남을 괴롭히는 사람만으로 이루어져 있지만, 그들의 행위는 결국 도덕을 갖춘 거동으로 되돌아오기 때문에 보통 사람은 넓은 마음으로 그들의 버릇 없는 행동을 용서해 주게 마련이다.

덕의 두 가지 특색이 이같은 풍속화의 체계를 갖추어 주었다. 사사로운 사람의 덕과 공인의 덕이 바로 그것이다. 정당한 마음, 선량함, 동정심 많은 자선, 또는 철학 정신의 정당성을 증명해 주는 자선 같은 구체화된 개인의 온갖 자질이 주류를 이루었다.[59] 관습을 따르고, 색깔 없는 형용사를 쓰며, 개성 없는 판박이 말투가 승리를 거두게 되면서 예찬론의 전시실은 도덕적 의도를 무기로 하여 뛰어난 특성을 세심히 배합하고, 능동적인 것을 수동적인 것보다 특별히 취급하는 그림자놀이로 바뀌었다. 진지하고 덕을 갖춘 아카데미 회원은 거의 언제나 "훌륭한 아들이고, 친절한 남편이며, 근엄한 아버지"였다. 그들의 모습을 보여 주는 일화는 한정되어 있었다. 따라서 우리는 당대의 감수성을 기록한 목록과 고전 자료를 바탕으로 제작한 판화의 수많은 색깔을 일화의 한정된 목록에서 다 볼 수 없다. 독창성은 단지 우의화(알레고리)일 수밖에 없는 도덕적 운명의 성취에서가 아니라 지적 모험의 한가운데서 찾아야 한다. 사실 지배적인 자질은 '세련된 풍습' · '안정성' · '조용함'을 통해 각자에게 맞는 영웅주의를 알아볼 수 있게 만들어 주는 속된 금욕주의를 돋보이게 해준다. 열정을 억누른 건전하고 슬기로운 삶과 자기 억제는 새로운 성인의 정당성을 증명해 준다. 그같은 삶은 양심의 심판에 맡기는 명상을 위한 은둔에 들어가는 것이 아니라 세상 사람과 교제하는 삶이다. 그 경우 가장 중요한 것은 예절이었다. 예절은 단순히 겉으로 드러나는 행동보다는 올곧은 마음과 확신을 심어 주는 성격의 증거로서 인정받았다. 스스럼없이 지내는 일이 어디서나 바탕을 이루었고, 즐거움과 아카데미 활동의 기술을 수준 높게 실천하는 대화 · 재치 · 싹싹함 · 능란함 등은 아카데미 회원이 가진 성실성의 열쇠가 되었다. 예컨대 **동료의 사랑을 받을 만한 사람**(Vir amablilis ad societatem)과 같이 모든 것을 함께 묶는 최상의 찬사와 예의 범절의 존중, 폭넓은 덕성 등은 모두 단결과 공감대를 높이는 데 열의를 가진 슬기의 표현이었다. 우리는 여기서 도시의 성격과 예절을 문제삼았던 루소의 사회 비판 속에 나타난 루소식 단절의 중요성을 이해할 수 있다. 그에 따르면 아카데미 정신의 사회적 가치는 모두 가면이고, "사람들은 자기 모습을 더 이상 보이려 들지 않는다." 조화는 온갖 이기주의의 현실을 감추며, 의견은 서로 빗나갈 뿐이다. 계몽 사상에서 가장 심각한 단절 가운데 하나가 예찬론을 연구할 때 나타난다. 우리는 아카데미의 세속화를 존재들에 대한 비관론의 출현, 말하자면 장 자크가 정예 분자를 바라보던 시각이 되살아난 것과 같은 일로 취급할 수는 없다.[60] 그러나 사람들의 마음을 새로이 나눈다고 해서 아카데미의 세속화를 비난할 수는 없다. 그것의 힘은 단순히 권력의 원천으로부터 나올 뿐만 아니라, 또한 깊은 문화적 기원으로부터도 나온다. 예찬론은 여러 가지 습득된 일관성의 힘을 말해 준다. 설령 그것이 이론의 여지없이 예의를 가르치는 교범의 이상을 분명히 밝힌다 해도 언어의 대가의 관점을 강요하기 때문이다. 그것은 도덕의 심미적 구현이고, 윤리적 혁신에 관한 성찰이라기보다는 사상의 전수와 수사학상의 규범이라는 성격을 더 많이 가졌기 때문이다.

인물 묘사법이 예찬론을 지배하였다. 왜냐하면 만일 어떤 사람이 웅변가가 아니라면, 그리고 그가 미풍양속에 대해 알고 그것을 아는 한에서만 웅변가였다면 아카데미 회원이라 할 수 없기 때문이었다.[61] "심지어 가장 무식한 사람까지도 선행에 감동하였기 때문에" 도덕에 관한 일반 공리가 설득의 연설에서 판을 쳤고, 투명성을 회복했으며, 장애를 제거하였다.[62] 아카데미 정신은 특히 추도사에서 제자리를 찾았다. 이 특별한 장소는 아카데미 회원의 유년 시절에 세례를 주는 도덕적 글이 삶의 기술로 영원히 남게 되고, 공동체에 자신의 영원한 성격을 확실하게 부여하는 약호가 전달되며, 죽음을 부정하는 관점이 얼마간 크게 나래를 펴는 곳이었다.

죽음이 모든 아카데미에서 어슬렁거렸지만 예찬론의 기능 가운데 하나는 그것의 존재를 거부하는 일이었다. 회원은 저마다 죽은 이의 자리를 차지하며, 언젠가 그 자신도 죽어 다른 사람의 칭찬을 받게 될 것이다. 아카데미의 운명은 오로지 잃어버리면서 얻게 되어 있다. 아울러 이 기관의 운명은 자신이 내주었던 자리가 비어 있음을 슬픈 눈으로 바라보면서 시작되며, 진작부터 거기에 앉히고 싶어하던 사람을 받아들이면서도 언제나 간직하고 싶어할 사람을 여전히 찾는다.[63] 의식적으로 사실주의의 묘사가 보여 주는 특색에 따르면 산 사람이 죽은 사람을 몰아내며, 모든 아카데미의 삶은 선출 —— 탄생-죽음-떠남 —— 에 따라 열려 있는 일시적 순환 속에 펼쳐져 있다. 그러나 허구의 범위 속에서 시간성은 부인되고, 담론은 '언제나' '모든 시기에'라는 새로운 사실을 강요한다. 아카데미 정신은 실제 죽음을 일부 부정하는 것이다. 왜냐하면 말의 효과에 대한 믿음은 음흉한 행위의 흉계이기 때문이다.[64]

불후의 인물은 죽을 수 없다. 그들 각자는 업적과 덕성 때문에 결코 잊혀지지 않을 것이다. 그들은 "우리의 마음과 역사 속에서"[65] 영원히 살아남을 만하며, 문화의 증명서인 예찬론은 마술로써 죽음의 영역과 삶의 영역 사이를 구별지어 준다. 아카데미는 생명의 위험을 덕으로써 물리친 위대한 사람을 위한 속된 예전을 마련하였다. 불멸성에 대한 아카데미의 믿음은 제 방식대로 개인의 장점을 변화시켜 그가 집단의 절대 신념이라 할 수 있는 시민의 영원성에 대하여 감사하도록 만들었다. 아카데미 회원이 자기 영혼의 존속성을 확신함으로써 집단의 슬픈 단절을 보상해 주었다면, 예찬론은 옛날식 단체들이 죽음의 소동을 흡수할 수 있도록 해준 장례식의 '모조품들'이 수 세기에 걸쳐 울리는 메아리와 입회식의 의미를 계몽 사상과 이성의 시대에 보전해 주었다. 시간이 이미 할 일을 해놓았을 때 죽은 사람들을 상기하는 일이 벌어지는 학술 단체 안에서 진정한 의미로 죽음을 애도하는 일은 없다. 왜냐하면 새로운 탄생이 이미 빈자리를 채우면서 언제나 기쁨과 슬픔이 뒤섞였기 때문이다. 다른 회원을 뽑고 받아들이는 일이 보상 과정의 핵심을 이루었다. 새로 선출된 사람은 자질과 태생에 의해 그 단체의 특권을 확실하게 보장해 주는 자연권이 있음을 증명하였다. 자질에 관한 이념은 수많은 사회적 부조화를 교묘하게 감추고, 아카데미의 선택이 훌륭하였음을 전체에 확인시켜 주며, 아카데미가 거듭 태어나는 가운데 영원하게 될 수 있음을 증명한다. 죽음이 빚는 소란을 부정하게 만드는 사회적 특권을 순화시킴으로써(그 시대는 칸트가 아카데미 회원에게 실천 이성을 요구할 때와 그리 멀지 않았다) '죽음이 겉모양을 바꾸어 놓는' 시대에 지배층 정예의 문화적 요구를 확인할 수 있었다. 이 연구는 필리프 아리에스·피에르 쇼뉘·미셸 보벨의 뒤를 이어 전반적인 동향과 통합되며, 아마 우리가 나아가야 할 길을 열어 주리라 생각한다.[66]

18세기 전반기부터 아카데미 회원의 **죽는 기술**은 다른 양상을 보이기 시작한다. 숫자상으로 예찬론의 4분의 1(1750년 이전에는 23퍼센트, 이후에는 26퍼센트)이 죽음에 대해 침묵을 지켰다. 연설은 단지 완곡하게 어떤 끝을 기록하는 데 그쳤다. 이를테면 "그는 이제 사라졌다" "그는 우리 곁을 떠났다" "그는 마지막 숨을 거두었다" "죽음이 그의 생에 마침표를 찍었다" 등의 표현들이었다. 이러한 문구는 분명한 날짜를 밝힘과 아울러 시민권이나 약력의 합리성을 암시하였다. 여기서 우리는 "죽음을 장식하는 것"과 죽음이 "사람들을 불안하게 하는 심상"을 표현한다는 것이, 이제는 충분치 못하다는 점을 증명하려는 급진적인 태도를 엿볼 수 있다.[67] 중요한 것은 온갖 의전에서 죽음을 제외시키는 경향이 지방보다 파리에서 훨씬 심하였다는 사실이다. 아카데미 운동을 이끌었던 아카데미 프랑세즈의 변화가 위의 사실을 뒷받침해 주고 있다. 1700-09년부터 나온 이 단체의 연설 중 거의 80퍼센트가 죽음에 대해 완전히 침묵을 지켰던 것이다. 그러나 지방에서는 자기의 박자를 지키면서 사는 표시로서 아직도 전통 장례식을 고수하고 있었다. 툴루즈의 죄 플로로 아카데미에서는 50퍼센트의 예찬론이 더욱 전통적인 장례식을 충실히 지켰던 것이다. 볼 만한 죽음, 곧 1680-1710년의 프로방스 지방에서 승리한 바로크풍의 죽음이 파리와 지방의 장례식에서 거의 사라졌다는 것은 죽음이 아카데미의 영역 밖으로 물러났음을 의미하는 결정적인 증거라고 하겠다. 18세기를 통틀어 볼 때, 그같은 죽음을 정확하게 상기시킨 작품은 20편도 채 되지 못한다. 그러한 연설문은 각별히 종신 사무총장이 가끔 그리고 싶어한 뛰어난 부분에서 학술상의 열성을 승화시켜 공중을 계몽한다는 구실에서 나왔다. 우리는 여기서 탈저정(脫疽疔)에 걸린 '저명한 학자' 반 스비텐이 어떻게 죽어갔는가를 읽어볼 필요가 있다. 의사가 그의 손가락을 하나씩 떼어냈지만, 그는 "눈썹 하나 까딱하지 않은 채 책을 읽으며" 그 일을 겪었다. 병이 발로 번지자 그는 정신적 도움을 청하였다. "그분만이 침착과 평정을 결코 잃지 않았으며, 그와 함께 있던 사람은 모두 눈물을 흘렸다. 그는 아내와 자식을 침대 곁으로 불러서 마치 먼 여행을 떠날 사람이 출발 시각까지 자기가 사랑하는 가족과 지내는 것처럼 그들을 대하였다……. 그러나 점점 시력이 흐려져 갔고, 그는 죽음의 순간을 맞이할 때까지 며칠 동안을 무관심, 다시 말해서 사람들이 이따금 감히 철학의 이름을 더럽히면서 혼동하는 맹목적이거나 같잖은 무관심 속에서 보냈다기보다는, 신만을 믿는 참된 그리스도교도의 복종심을 가지고 살아갔다……. 그러나 그는 6월 13일 황녀께서 자신의 방에 납시는 것을 보고는 원기를 회복하셨다……"[68] 이처럼 수많은 사람이 지켜보는 가운데 준비된 죽음은 황녀의 도착과 함께 최고조에 달한다. 그러나 죽음을 옹호하려는 이같은 증거가 있다 해도 전체의 담론에서 죽음은 사라져 갔고, 이러한 보기는 단지 죽음에 대한 언급이 존속하고 있다는 것을 알려 주는 역할을 하였을 뿐이다.[69]

대부분의 경우 사회의 정예는 간단히 빠르게 비현실적으로 죽는다. 죽음에 대한 묘사는 학술적 시각에 따라 그리스도교 전통과 세속화된 태도로 나눌 수 있다. 첫번째 태도는 7성사를 실시하고, 신앙심을 불러일으키며, 옛 관습에 맞도록 행동하면서 정당화된다. 볼 만한 광경이 없어진 대신 죽어가는 사람과 의사가 대면하고 있는 광경을 보여 주는 훌륭한 보기로서 원장신부 디크마르의 경우를 들 수 있다. "그때 그는 의사에게 자신은 오래 전부터 철학과 종교를 통해 죽는 법을 배웠다고 말하였다. 1789년 3월 14일, 그를 위한 마지막 성사가 베풀어졌다. 그는 남이 본받을 만한 힘과 신앙심을 가지고 성사를 받아들였다. 디크마르는 정신의 모든 힘을 유지한 채, 같은 달 29일 마지막 숨을 거둘 때까지 사람이 신과 맺은 관계에만 관심을 쏟았으며, ……의 손에라는 말을 마지막으로 남겼다."[70] 파리의 죽음 가운데 20퍼센트, 지방의 죽음 가운데 57퍼센트가 그리스도교의 구원의 표시 아래 놓였다. 예찬론에서 죽음이 빠지면서 사회 정예의 탈그리스도교적 경향이 가속화되었다. 그러나 이러한 발전이 이용한 길은 아주 많았다.

첫째 합리성을 지키는 단체의 회원으로서 죽음을 늘 접하면서 살아가는 법학자들의 증명서에 나타난 의학상의 죽음을 들 수 있다. 이 경우 죽음의 원인을 지칭하는 데 사용된 말은 지식이 발전하고, 그 대신 죽음은 천천히 뒷걸음질친다는 사실을 강조한다. "이 유명한 예술가에게 차례로 닥친 마비와 뇌일혈 때문에 그는 손에서 가위를 떨어뜨렸다."(예찬론의 30퍼센트)[71] 희생자인 학자의 죽음은 종교상의 의식을 수반하지 않을 때 똑같은 의미를 지닌다. 특히 조용하고 온화하며, 갑작스럽지 않고 고통이 없는 수많은 죽음에 대해 말할 때 그러하였다. '뇌졸중'이 원인인 죽음의 보기가 풍부한 아카데미 회원의 예찬론은 결코 갑작스런 죽음의 두려움에 대해 말하지 않는다. 끝으로 반 스비텐의 예찬론에서 그리스도교도의 죽음에 대한 부정적 시각이라며 비난한 철학적 죽음을 마지막 형태로 들 수 있다. 고통을 완전히 이겨내고, 카토나 소크라테스가 보여 주었듯이 교양의 아들인 용기를 가진 명상으로 준비한 현인의 죽음, 아카데미 회원은 자신의 죽음을 맞이할 줄 알았다. 그러나 세속화는 혁신적 태도를 확인하는 데서보다는 침묵에서 더욱 많이 나타났다. 사람들이 설명하지 않고 죽을 수 있다는 사실(베르나르 그뢰투이젠이 '부르주아식의 죽음'을 정의한 것처럼)을 암시하는 세속적 관점과 급격한 변화는 지배층 정예의 세계를 완전히 정복하지 못했다.[72] 성인과 현인을 화합시키는 "그리스도교를 믿는 계몽사상가의 죽음" 속에서 이 둘의 중간 상태가 가끔씩 눈에 띈다. 의학상의 죽음, 세속 학문의 세계에서 영웅의 명석한 죽음, 그리스도교도의 죽음이 진정한 통합주의에 따라 본보기가 될 만한 예찬론 속에서 한데 뭉치고 있다. "그를 데려간 죽음은 장폐색과 폐병 때문에 천천히 최고조에 달하였다……. 죽기 열흘 전 그는 허파에서 많은 고름을 쏟아냈다. 이때부터 식욕을 잃는 한편 힘이 줄어들었고, 계속되는 졸음기에 시달리기 시작하였다. 이처럼 기력을 잃게 되자, 그는 목숨이 머지않아 끝날 것임을 확실하게 깨달을 수 있었다. 그러나 조금도 무서워하지 않았고, 남은 시간을 그리스도교를 믿는 계몽사상가로서 이용하였다. 마지막 숨을 거둘 때까지 그는 항상 가슴속에 있던 위대한 진리로 영혼을 드높였다. 마침내 6월 7일 아침 8시쯤 조용히 숨을 거두었다……."[73] 아카데미 회원은 그가 살아왔던 대로 죽었다.[74]

아카데미 정신은 어떤 형태의 문화 생활을 규정하였다. 그것은 인재의 우월성을 확인해 주는 평등주의 성향을 보여 주는 한편, 계몽된 소수에 소속하였음을 강조하는 귀족주의의 관점과 조화를 이루었다. 아카데미의 규칙·정관·예전상의 관행들은 외부에 갈등이 존재하였다는 사실을 감안하고 보아야 할 일관성 있는 공동체, 평등은 있으나 상석권이 없는 공동체의 바탕이 되었다. 도시의 축제 속에서 아카데미의 잔치는 온갖 긴장을 초월하고, 도시의 정예와 그들의 지적 명성을 일치시켜 주었다. 아카데미 기관은 어디서나 최대 다수의 행복을 위해 지식을 증진한다는 의식을 나타냈다.

　아카데미 운동은 지방 애호가의 계획, 도시 지배층의 요구, 끝으로 군주
의 여러 가지 계획이 어울리는 곳이었다. 다양한 요구가 결합된 이 운동
은 여러 가지 형태의 연대감이 작용하는 가운데 성공을 거두었으며, 그
결과 계몽주의 운동 속에 유익한 토론을 불러일으켰다. 물론 토론의 주제
는 지식의 평등, 같은 등급의 사람들 가운데 인재의 우월성, 시간차를 극
복할 수 있다는 의식으로 강화된 주장이라 할 수 있는 지방과 파리 사람
의 동등성이었다. 어디서나 자율적이지만 팽창을 도모하는 광범위한 공통
사업에 참여한다는 의식을 가진 정예의 소집단이 형성되었다. 이제는 그
운동이 의미하는 바와 실제를 대조해 보고 사회 계층을 분석해야 할 차례
이다.

# 제 II 부
## 사회와 문화

4

# 아카데미 회원들

프랑스 문화 계급의 중요한 일부가 사회적으로 어떻게 이루어졌는지 물어보기 위해서는 무엇보다도 먼저 목적·방법·방향을 정확히 밝혀야 한다. 특히 연구의 방향과 관련해서 우리가 생각해야 할 과정은 분명하다. 첫째, 아주 정확하고 세밀하게 아카데미 사회의 사회학적 테두리와 구성요소를 규정할 필요가 있다. 둘째, 지방의 정예들과 문학 공화국의 다른 주요 요소——프리메이슨, 파리 아카데미 기관들, 정기 간행물의 구독자와 통신원들의 그물——를 비교함으로써 계몽 시대에서 지방의 학회 운동이 차지하였던 진짜 역할을 파악해야 할 것이다. 이러한 작업이야말로 학술 단체의 문화가 가지는 주요 내용의 진실한 모양을 파악하기 위한 예비 조건이라 하겠다.

여기서 아카데미의 목적을 한마디로 규정하기란 결코 쉬운 일이 아니며, 그만큼 신중한 주의를 요구하는 작업이다. 지방 아카데미에 관한 사회적 연구는 늘 있는 것과 새로운 것이, 가끔 서로를 구별해 내기가 어려울 정도로 중첩되어 있는 사회문화적 구제도의 진실한 모양을 복원하려는 수많은 시도의 합류점에 놓여 있다.[1] 그러므로 집단적 문화 전통의 특성을 알아보고, 중요한 차이를 보여 주는 일이 무엇보다도 중요하다. 이러한 연구는 아주 야심만만하게 보이거나, 어떤 사람의 눈에는[2] 우리가 만나게 되는 수많은 담론의 사회적 뿌리를 계량적으로 연구한다기보다 그같은 작품을 순전히 문자상으로 읽어야만 진실한 재산을 파악할 수 있다고 주장하는 영역으로 축소시키는 것처럼 보일 수도 있다.

이같은 의혹은 그동안 단지 경제와 사회의 상황만 보지 않고 집단의 태도도 고려하는, 이른바 3층의 역사를 성실하게 분석한 저작이 없었다는 데서 이유를 찾을 수 있다.[3] 프로방스 지방 사람들이 죽음을 맞이하면서 보여 준 태도에 대한 미셸 보벨의 대작이, 피에르 쇼뉘의 표현대로 이제부터 이 분야의 진정한 '방법론'으로 생각될 수 있다 해도, 아주 다른 사료와 차원들을 가진 연구 분야에서 문화사회학의 모든 축을 그려야 할 필요는 분명히 존재한다.

아카데미의 역사를 연구하는 방법론은 정확히 말해서 사회와 지리상 아주 넓은 전체의 차원에서, 그리고 중요한 단절과 불연속을 잊어버리는 것을 뜻하지 않는 공시성의 박자에 맞추어서만 취급될 수 있는 집단 정신 자세의 역사와 똑같지 않다.[4] 지방 아카데미에 대한 분석은 명확한 문화의 집단 전통에 기초를 둔 작업으로서 무엇보다도 계몽 시대의 문학 공화국이 제시한 본보기가 될 만한 주제와, 영향 있는 사회 모범이 사회의 어느 구석까지 전파되었는지 알아보려는 데 그 목적이 있다. 그러한 분석은 창조자에 관한 사회학보다는 대중에 대한 사회학에 더욱 가깝다. 그것은 또한 문인이라는 직업의 교육과 지성인 단체의 발전에 관해 사회적 규약이 어떻게 바뀌었는가 하는 문제와 간접적인 관계를 맺고 있다. 문학 공화국에 대한 이상적인 충성과 사회에서 맡은 기능의 실천 사이에 생기는 긴장으로 말미암아, 여러 가지 뜻의 혼란을 일으키는 표현상의 확대된 의미로 보아서 지방 아카데미 회원을 대부분 '문인'으로 간주할 수 있다 할지라도, 그들은 문학과 과학의 전문가가 아니었다.[5] 문학과 과학의 나라에서 지방의 한 분파는 특히 애호가로 구성되었다.[6] 과학과 문학 활동의 평등을 전제로 하였던 지방의 애호가들은 바로 그 점에서 전문가나 기술자가 될 수는 없었으며, 호기심에 따라 설령 어떤 제약을 받지 않는다 해도 사람의 관심을 끄는 일상의 작업을 이겨낸 여가 활동에 참가하였다.

그렇기 때문에 지적 가치와 집단 도덕을 다듬고 전파하는 일을 더욱 잘 이해하고, 사회문화적 관계의 실천을 가장 잘 인식하는 것이야말로 18세기 프랑스 사회의 문화적 거동을 밝히는 데 기초가 된다고 할 수 있다. 지방 아카데미 회원에 대한 사회학적 연구는 다음과 같은 두 가지 목적을 지니고 있다. 첫째는 저자·혁신가·전통주의자와 그들의 독자 사이에 수립된 의사 소통 관계의 한계를 가늠하는 것이며, 둘째는 모든 문화적 범주가 사회사에서 차지하는 자리를 찾아 주는 일이다. 따라서 국내의 여러 공간이 만나는 경계에서 지적 기능은 어떤 현실을 가지고 있는지 살피고, 도시 지배 계급의 모든 문화적 수준을 검토하는 작업이 중요하다.

이러한 방향에서 첫째 중요한 저작과 그것이 담고 있는 개념에 대한 연구에 기초한 사상의 사회사 전통,[7] 둘째 계몽주의의 토론과 논쟁이 지방에 미친 영향을 끈질기게 찾아내려는 지방사의 전통,[8] 끝으로 과학·제도·작품·인간을 다루는 역사로서 성공 여부와 관계없이 여전히 파리에만 시각을 맞추고 있는 역사의 전통, 이러한 삼중의 전통으로부터 벗어나야 할 것이다. 왜냐하면 지방은 운동이 끝나는 지점이 아니면 결코 나타나지 않으며, 운동의 본질은 다른 곳 또는 그 위에 있기 때문이다.[9]

우리가 받아들인 것을 부정하지 않고, 그것의 풍부한 성과에 이의를 제기하지 않으면서 비로소 지방 풍경의 확실한 현실로 되돌아가 수많은 겉모양 속에서 바탕을 이루는 일관성을 잡아내기 위해 이러한 흐름을 지나가야 할 시간이 왔다. 관례에 따른 몫은 사라지고, 옛 성실성과 방법상 선택의 필요가 남는다. 다니엘 모르네는 프랑스 혁명의 지적 기원에 관한 대작 속에서 계량사 전통의 원칙을 세우는 데 이바지하였다. 그러나 애석하게도 지방 아카데미의 연구에는 그 원칙을 적용하지 못했다.[10] 우리 연구의 사회문화적 분위기를 이루는 다양한 사회 집단을 고찰하기 위해서는 무엇보다도 계량화에 의한 탐구가 필요하다. 왜냐하면 하나보다는 공통의 것에 관심을 가지는 집단에 대한 물음의 필요성을 존중해야 하기 때문이다. 따라서 사람수를 세고, 사회 직업별 빈도를 분석하며, 확실한 통일성 위에서 도시마다 한없이 미묘한 차이를 보이는 문화적 개인의 수많은 변수를 찾는 일이 무엇보다도 중요하다 하겠다. 이처럼 세 가지 출발점만이 구조적인 요소를 재결합하고 깊이 묻혀 있는 어떤 본보기를 제시해 줄 것이다.[11] 사회의 모든 묘사와 사회 발전에 대한 모든 분석에 필수적인 이같은 방법상의 원칙은 우선적으로 목록과 포괄성을 필요로 한다. 르페브르·라브루스·브로델이 열어 놓은 길을 따라가는 우리는 숫자로써 인간성을 말살하지 않는 사회사에 대한 믿음을 가지고 있다. 더욱이 사람수를 파악하는 작업은 주제의 수를 세는 첫걸음이다. 정예의 지적 요구를 고려하기 위해서는 선택된 자료와 호기심을 비판적으로 검토해야만 한다. 아울러 책 읽기와 노동의 계량화를 통해 현실의 여러 단계 사이에 나타난 사람들의 은밀하거나 노골적인 교류를 복원할 수 있다.[12] 계량화는 혁신이 일어나고 온갖 관념이 뿌리를 내리는 토양을 묘사해 주면서 문화의 주요 특성, 다시 말해서 문화의 유산·새로움·지속성·단절을 대량으로 넌지시 일러 준다.[13]

그렇다면 여기서 한걸음 더 나아가 문화와 사회적인 것의 수많은 다른 수준 사이에 수립될 수 있는 어떤 마디를 연구할 수 있지 않을까? 그러나 그보다는 사회의 결정 요인에서 출발하여 '세계관'을 재구축해야 함은 물론, 문학과 과학의 창작에 대해 설명하려는 욕심 대신[14] 처음부터 분석의 술어에 대한 편견에서 벗어나 모든 집단의 현실에 주목해야 한다고 생각한다. 설령 개인보다 집단에 대한 의욕에 찬 연구의 경우에는 단순한 사회학 만능주의의 위험이 덜하다 할지라도, 그같은 위험을 피할 수 없기 때문이다. 입회 승인의 사회학이 보여 주는 장애는 사회적 의미와 그것의 전파, 업적과 그에 대한 반응을 혼동하려 들지 않는 사람에게도 역시 분명하다. 우리는 지방 아카데미의 연구를 통해 사회와 문화 사이에서 발전된 간섭이 얼마나 다양한지 복원할 수 있다. 이러한 연구는 마치 뤼시앵 페브르가 말하였듯이 아직도 여전히 "지극히 매력적인 동시에 아주 어려운" 연구 분야라 할 수 있는 집단 정신 자세의 역사에서 지배층의 문화 기능을 분석하기 위한 전제 조건이 될 것이다.[15]

다른 곳에서 성공을 거둔 사회 분석의 원칙을 학술 단체의 좁은 세계에 적용할 때[16] 이같은 작업에 따르는 추상화와 오류에 대한 관습상의 비난을 받을 위험이 크다.[17] 이 단체들을 연구하는 역사가는 실천을 통해 사회학의 체계화를 반드시 선택해야 할 경우 신중한 태도를 가져야 할 것임을 분명히 배우게 되지만, 도시 정예의 세계를 연구하자면 여러 가지 분류 방식을 요구하는 사회 분석의 기본 규칙을 피할 수 없다. 홀로 연구하는 사람이 이처럼 많은 구조들을 일관성 있는 묶음으로 엮어내기란 불가능하다. 따라서 아카데미 조직을 왜곡시키지 않고 존중하는 원칙 위에 구성된 단순한 조직을 선택해야 할 것이다.[18] 여러 사회 집단이 만나는 단체라 할 수 있는 지방 아카데미는 그 나름대로 통일성을 가지고 있었다. 뿐만 아니라 앞에서도 살펴보았듯이 이 단체들은 문학 공화국의 평등주의 경향과 그들을 둘러싼 사회에 실제로 존재하였던 불평등을 조화시키려는 성질을 지니고 있었다. 특히 1백 년에 걸친 회원 보충 작업의 중요 방향을 열거하려 할 경우, 이처럼 이중의 극으로 나누려는 경향을 존중할 필요가 있다. 필자는 아카데미 등록부와 주요 자료(학회 보고서·《프랑스 리테레르》·신문·연감에 나온 목록들)에 명시된 자격과 직업을 될 수 있는 대로 정확히 비판하고 입증하면서 사회 직업 분석의 출발점을 찾을 수 있었다. 아울러 아카데미 회원들의 청중이 보여 준 일반적 한계와 지방의 차이에 부응하기 위해 이 연구에 앞서 내놓은 필자의 간행물 속에서 제안한 분류 방식을 다시 사용하고 통합하였다.[19] 이처럼 서열화된 사회 계급에 속한 사실을 모두 고려하는 분류 방식에 따르면 전통 범주의 미묘한 차이를 밝힐 수 있다. 뿐만 아니라 이들 범주가 생산 과정에서 정확히 어떤 자리를 차지하는지 밝히지 못한다 할지라도, 어쨌든 경제적 지위나 기능을 돋보이게 해 주는 직업의 요소에 주목할 수 있다. 아카데미 회원 전체의 경제 서열과 재산 수준을 실제로 재구성하지는 못한다 할지라도 질적 분석에 기대고, 아카데미의 분위기를 도시 사회와 비교하면서 일부 보충할 수 있다.

결국 세밀한 계량화에 바탕을 둔 연구는 철저히 숫자를 파헤치는 작업에 기초하고 있다는 점에서 그만큼 가치가 있는 것이다. (불확실한 면이 전체에서 차지하는 백분율은 1퍼센트를 넘지 못하기 때문이다.) 따라서 이 조사는 중요한 의미와 타당성을 가진다. 요컨대 이 연구가 분명히 덩치 큰 문제를 다루고 있으나, 없음과 있음이 모두 의미를 가질 정도로 철저한 태도를 유지하고 있음을 밝혀둔다. 이제 우리의 우선적인 과제는 지방의 새 회원을 구별해 주는 독창성의 원칙을 살펴보는 것이다. 문화 정예의 조직이 갖는 굵직굵직한 노선을 살펴봄으로써 회원 보충 문제에 대한 아카데미 기관간의 사회적 경기 규칙을 발견할 수 있을 것이다. 둘째로 단체들의 미묘한 차이를 깨닫고, 미리 부착시킨 사회 집단의 내부에서 볼 수 있는 기능과 경제의 다양성을 검토함으로써 정예 분자들의 불평등한 사회의 다양한 측면을 재구성할 수 있을 것이다. 그러한 과정을 통해 자율성을 가졌지만, 다른 것과의 관계 속에서 자신을 규정하는 단체의 구성이 계몽 시대 문명의 여러 가지 가능성 가운데 하나였다는 결론을 내릴 수 있을 것이다.

## 1. 아카데미의 사회

무엇보다도 모든 것의 제자리를 찾아 주기 위해서라도 아카데미 현상이 18세기 프랑스에서 얼마나 큰 무게를 지녔는지를 그려 볼 필요가 있다. 당시의 인구 상황이 비교적 널리 알려져 있다는 점에서 앙시앵 레짐의 마지막 몇 해 동안을 살펴보는 쪽이 가장 적절하다고 판단하였다. 아카데미를 가진 도시의 주민은 이 당시 1백10만 명, 다시 말해서 죽음이 승리하던 시대의 말기 프랑스 공동체의 겨우 25분의 1에 해당하는 숫자였다. 지중해 연안 도시의 더딘 발전과 장애 요소를 가진 남부에서는 도시의 성공과 발전을 경험한 북부에 비해 도시민의 비율이 빈약하였다. 이같은 상황 속에서 다 합해야 2천5백 명이 채 못 되었던 아카데미 회원은 무엇을 대표할 수 있었을까? 이들을 아카데미의 설립을 분석하기 전에 미리 규정한 명사들의 세계와 비교해 볼 때 숫자상의 관계는 분명 그다지 압도적으로 보이지 않을 것이다. 아카데미 도시 전체는 어림잡아 2만 3천 명, 다시 말해서 전체 주민 가운데 최대한 2퍼센트의 명사를 가지고 있었다. 속인의 가족을 거의 10만 명으로 평가할 경우, 도시의 지배 계급이라고 쉽사리 부를 수 있는 사람은 겨우 10퍼센트에 불과하다는 사실을 알 수 있다. 아카데미 회원과 가족은 명사의 10퍼센트에 지나지 않는 지극히 적은 비중을 차지할 뿐이다. 그러나 이들은 도시 정예의 전체를 구성했을 뿐만 아니라, 활동하는 남성의 핵심을 대표하는 소수(아카데미 회원 2천5백 명, 명사 2만 3천 명)로서 진정한 가치를 지니고 있었다. 이같은 사실과 함께 우리는 아카데미 설립 운동이 시작되었을 때부터 아카데미가 두 배로 늘어났을 것이라는 예상을 할 수 있다. 18세기초에는 1천 명도 채 안 되었지만, 혁명 직전 2천 명 이상으로 증가한 학술 단체의 세계는 본 연구의 대상으로 삼은 기간 중 거의 6천 명에 달하는 사람과 관계된 세계였다.[20] 여기서 알 수 있는 교훈은 분명하다. 아카데미의 소수가 일반적인 발전의 성격을 나타내지만, 그들 역시 소수에 국한된 정예 분자의 성격을 유지하고 있었다는 사실이다.

그러나 이들은 프랑스 문화 계급 전체에서 과연 무엇을 대표하며, 이 계급과 함께 식자층의 사회에서 무엇을 대표하는가? 기초 지식에 대한 설득력 있는 일반 조사가 없기 때문에 개략적인 대답조차도 간단치가 않다. 마그지올로가 제시한 숫자로 무장하고 모험을 감행한다면, 왕국 전체의 남녀 식자층을 1789년경 전체 인구의 40퍼센트 이하로 평가할 수 있다.[21] 이러한 방식대로라면 1천만 명의 집단과 관련한 계몽된 학술애호가는 더욱 분명히 구분될 수 있다. 그러나 이보다는 도시 지식인 사회를 도시의 식자층 대중과 비교하는 일이 더욱 논리적일 것이다. 학교 기관의 밀도가 높고, 다양한 직업의 필요성 때문에 기초 교육의 여건이 상대적으로 우수하며, 따라서 문자 해독률이 더욱 높았다는 점에서 당시의 도시를 특권을 누리는 작은 섬에 비유할 수 있다. 물론 이러한 판단의 근거는 어디서나 볼 수 있다. 민중 계급의 문맹률이 40퍼센트였던 리옹은,[22] 전국 평균이 60퍼센트인 데 비하면 아주 앞선 도시였다. 결혼 계약서를 바탕으로 처음 조사를 실시한 툴루즈에서는 식자층이 상당히 높은 비율로 나타났다. 사회의 하층 집단에 속한 부부 가운데 50퍼센트 가량이 서명을 하였기 때문이다. 툴루즈에 대해 더욱 정확하게 조사한 결과, 식자층은 평균 50퍼센트를 넘었다. 마르세유의 문화적 발전을 종합 평가해 보면 더욱 긍정적인 결과를 얻을 수 있다. 1730년까지 마르세유 주민의 50퍼센트가 자신의 이름을 쓸 수 있었고, 혁명 직전에는 서명자의 비율이 3분의 2를 넘어섰다. 도시 인구 전체에서 최소한의 계수를 일반화시킨다면 기초 교육을 받았고, 서적의 잠재 독자를 구성하는 대중은 거의 50만 명에 달했다고 볼 수 있다. 아카데미의 소수는 숫자상의 급격한 차이 속에서(잠재적 독자 50만 명, 아카데미 회원 2천5백 명, 또는 이들의 가족을 합쳐서 1만 명) 자기 명성의 주요 원천을 찾았던 것이다.

이같은 총계의 확인이 어떠한 차이를 보여 주는지 살펴보는 동안 1세기에 걸친 인원 확보 작업의 고충을 대충이나마 짐작할 수 있을 것이다. 아카데미 설립 운동의 확고한 성격은 전부 완전히 드러난다. 여기서 중요한 것은 단지 도시에 계속 살면서 모든 업적의 상당 부분을 차지하던 정회원의 숫자일 뿐이다.[23] 리옹은 활동을 하는 단체의 집단 가운데 선두를 차지하였던 도시로, 1백85명에 이르는 정식 아카데미 회원을 가지고 있었다. 이처럼 높은 숫자는 18세기 초반의 단체들의 복수주의와 어느 정도 관계가 있었다. 리옹의 뒤를 이어 툴루즈의 죄 플로로가 1백64명, 캉과 앙제가 똑같이 1백34명을 가지고 있었다. 또한 몽펠리에는 1백4명으로 빌프랑슈 아카데미 회원 95명보다 조금 많았고, 님 아카데미 회원 1백7명보다 조금 모자랐다. 다른 도시가 본받을 만큼 문화적 생동감이 넘쳐났던 보르도는 18세기 내내 단 67명 회원만을 모음으로써 수아송 아카데미보다 30명 정도 적었다. 수아송 아카데미는 통일성을 자랑하면서도 결국은 통일성을 이루지 못한 99명의 회원을 확보하고 있었다. 아주 일찍 아카데미가 사라진 아를에서는 회원이 77명으로 기옌의 중심지보다 많았다. 우리는 여기서 첫번째 교훈을 얻을 수 있다. 인원 보충의 범위가 넓어진다 해서 기관의 존속 기간이 직접적인 영향을 받지 않았을 뿐만 아니라, 의식하건 의식하지 못하건 집단의 선택이 거기서 중심 역할을 맡았다는 사실이다.

존속 기간과 인원 구성의 상호 관계에 관한 도표를 통해 보르도·수아송·빌프랑슈의 훨씬 더 확고한 성격을 즉시 알아차릴 수 있다. 그리고 뒤의 두 아카데미에 대해 말하자면, 그것들의 역사와 그것들이 만난 어려움의 특수한 방법을 고려해 볼 때 보르도에 비해 대표성이 떨어진다. 이에 비해 앙제·캉·죄 플로로·몽펠리에는 더욱 개방적인 기질을 보여준다. 두번째 세대에서 80명 이상의 회원을 가진 아카데미가 첫번째 집단에 포함된다. 루앙 아카데미가 회원 1백26명을 가지고 첫머리에 분류되고, 아라스가 그 뒤를 따른다. 그리고 나머지 아미앵·브장송·베지에·마르세유·포·라로셸, 거기다 오를레앙의 학회 전부를 고려할 경우 오를레앙, 그리고 툴루즈 왕립과학 아카데미와 비명문학 아카데미가 다수파를 이루었다. 이들은 80명에서 1백5명의 회원만을 가지고 있었다. 부르·샬롱쉬르마른·클레르몽·셰르부르·디종·몽토방·메스·낭시, 그리고 일찍 활동을 멈춘 오세르와 같은 특히 폐쇄적인 학회가 두번째 집단에 속하였다. 설령 오세르의 경우처럼 지역의 여러 가지 역경이 부르캉브레스나 셰르부르가 문을 닫은 이유를 설명해 준다 해도 다른 학회들은 독특한 방식으로 최소한의 접대 정책을 행사하였다. 여기서 우리는 디종의 경우가 보여 주는 미묘한 차이를 밝힐 필요가 있다. 특히 디종 학회는 아주 서열화된 회원 구성을 실천하여 돋보였으며, 훗날 대다수의 아카데미 평회원이 이 아카데미의 다수 명예회원이 되었기 때문이다. 이처럼 디종 아카데미의 회원 확보 방식이 수정되자 회원수가 1백 명을 넘게 되었고, 그 결과 이 부르고뉴 지방의 아카데미는 여전히 활동하는 단체 속에 끼어들 수 있었다.

세번째 세대에서 회원 40명을 가진 그르노블은 발랑스와 아장보다 분명히 더욱 우호적인 분위기를 가졌던 것 같다. 명예회원과 준회원의 숫자를 살핀다면, 거의 비슷한 교훈을 얻을 수 있기 때문에 굳이 회원을 보충하는 제도의 그림을 더욱 세밀히 다듬을 필요는 없다. 어디서나 숫자상 미약함이 규칙처럼 나타나고 있다. 식자층 속에서 아카데미 회원의 수는 그다지 많지 않았다. 그렇다면 중등과 고등 교육을 담당하는 학교에서 교육 과정을 통과하는 것으로 정의할 수 있는 문화 계급 전체와 관련시킬 경우에 식자층의 숫자가 더욱 잘 드러날 수 있지 않을까? 1789년 직전 세속 재단과 주로 오라토리오회가 운영하던 1백여 개 중등학교, 군사학교와 주변의 기관, 교육 아카데미, 사립 기관, 모든 형태의 기숙학교에 다니는 학생이 왕국 전체에 15만 명에서 20만 명 사이였다고 한다면, 전체 인구의 겨우 1.5퍼센트에서 2퍼센트에 지나지 않는 숫자이다. 전국에서, 심지어 여러 교양인 계층과 관련하여, 그리고 실제 독서 인구에서 아카데미 정신을 대표하는 인구는 대단치 못하였음을 알 수 있다. 중등학교나 아카데미를 가진 도시에 자리잡은 대학에 다니는 학생층을 통해 더욱 정확한 계산을 할 수 있겠다. 매년 진급하는 중등학생과 대학생 숫자를 바탕으로 계산한 앙시앵 레짐 말기의 문화 계급은 1만 3천 명을 넘지 못하였다.[24] 그러나 이것은 아마 너무 축소해서 평가한 숫자일 것이다. 왜냐하면 (아직 조사하지 못한) 주변 기관들을 셈에 넣지 못하였으며, 특히 공부를 하려고 고향을 떠나거나 때로는 외국까지 가는 사람——무역업자의 가족에 대해서 생각해야 한다——을 거의 제외시켰기 때문이다. 어쨌든 지배층 명사가 전부 2만 명을 넘었다고 생각한다면 분명히 빠진 사람이 있었을 것이다. 문화 계급은 지배 계급보다 좀더 한정되어 있었고, 나아가 그들 속에서 아카데미에 속한 부분은 5분의 1(아카데미 회원 2천5백 명――문화 계층을 대표하는 1만 3천 명에서 1만 5천 명)에도 미치지 못하였다. 이제 우리는 아카데미에 접근하는 사회적 방식을 이해할 수 있다. 뽑힌 사람들의 명성은 아카데미의 닫힌 성격으로 보장을 받는 한편, 부름받은 사람들의 희망은 상대적인 대표성으로 유지되었다. 지방의 계몽주의에 젖은 프랑스는 오직 맨 꼭대기에 있었던 것이다.[25]

그렇다고 해서 이같은 연구의 역사적 의미가 줄어드는 것은 아니다. 왜냐하면 그러한 사실이야말로 18세기 지성의 비상한 생명력이 적은 수에 바탕을 두고 있다는 생각을 강화시켜 주기 때문이다. 집단의 위대한 발전을 더욱 잘 이해하려고 노력하는 전체사의 맥락에서 소수와 관계된 문화 요인을 분석한다고 해서 그 문화 요인의 중요성을 과소평가한다고 말할 수 없다. 아카데미 회원이 왕국 전체에서 겨우 2천 명 남짓한 한도 내에서 가장 많이 알려진 작품을 읽은 사람은 얼마나 되겠는가를 물을 수도 있기 때문이다. 이러한 분석을 통해 《백과전서》의 구독 예약자가 4천 명 정도이고,[26] 뇌샤텔판은 전부 6천8백 부의 주문을 받았으며, 그 중 프랑스에서만 6천 부가 나갔으므로[27] 1750년부터 1780년 사이 1만 명 이상이 《백과전서》를 읽었으리라는 결론을 끌어낼 수 있다. 그러나 우리는 여기서 어떤 한계에 다다른다. 왜냐하면 어떠한 혁신적 작품도 18세기 내내 이와 비슷하게 보급되지 못하였을 터이기 때문이다. 만일 한 작품을 네다섯 사람이 읽었다고 추론할 수 있다면, 프랑스 문화 계급의 4분의 1이 책을 읽었던 것으로 생각할 수 있다. 그러나 발행 부수면에서 우리의 눈길을 끄는 부분은 전통적 작품과 특히 종교상의 고전에 불과하다. 1778년부터 1789년까지 지방에서 재발간된 60여만 부의 민간 예배서와 40여만 부의 금욕주의 교범, 20여만 부의 기도서는 이러한 타성의 무게를 보여 주는 구체적인 예로서 식자층의 가장자리에 놓인 민중의 여러 계층에 영향을 미쳤다.[28] 이에 비해 사리에 맞게 오직 프랑스의 개화된 부분에만 관계된 그외 작품이나 기관은 아카데미의 수준과 동떨어지지 않았다. 권력과 벌인 투쟁과 지성의 활동에서 중요한 역할을 마다하지 않았던 상급 법원의 공직자는 과연 몇 명이나 되었을까? 대략적으로 겨우 1천 명 남짓한 법관이 있었을 뿐이다. 여기에 덧붙여 18세기말에 《프랑스 리테레르》가 작가로 분류해 놓은 사람은 2천 명도 채 안 된다.[29] 엑스피이 대사전의 예약자를 샅샅이 뒤져 보아도 4백 명에도 못 미친다.[30] 《메르퀴르 드 프랑스》는 8백35명의 정기 구독자와 유럽 전역의 서적상 7백 곳에 배포되었는데, 그 중 4분의 3이 프랑스인이었다. 우리는 문단에 정보를 확실히 전달해 주는 여러 가지 경로에 대한 사회적 연구에 바탕을 두고 그 시대로 되돌아가야 할 것이다. 아카데미 현상의 범위가 좁았지만 전혀 고립되지는 않았다고 생각해도 무방하다. 유창한 독서에 접근하는 길이 이미 제한되어 있던 세계에서 문화를 가꾸고 퍼뜨리며 활발히 수용하는 데 참여하는 사람들의 크기는 지극히 한정될 수밖에 없었다. 따라서 재산과 지성을 가진 명사의 정신 자세를 정확히 보여 주는 아카데미의 역사는, 그것이 사소한 문화 요소의 의미와 활동이 사회에 어떻게 메아리치는가를 밝혀 주는 한에서 그 시대의 문화 발전에서 이 요소들이 맡은 중요한 역할을 돋보이게 해준다. 이제 문화적 힘의 일부를 가진 이 집단의 중요한 특성을 검토해 보기로 하자. 그러기 위해서는 다음과 같은 세 가지 방향을 따라야 할 것이다. 첫째로 인간의 가장 일반적인 성격인 성별, 뽑힌 나이와 사망시 나이를 바탕으로 아카데미의 전형을 규정하고, 둘째로 아카데미의 인원 구성에 관한 안팎의 기준을 고려하면서 아카데미 사회의 조직을 다시금 구성할 것이다. 마지막으로 아카데미 운동의 발전 양태에 대한 질문을 제기함과 동시에, 한 세기에 걸친 과정만을 묘사할 수밖에 없는 분석 속에 통시성을 갖추어 나가야 할 것이다.

아카데미 사회는 남성 위주였다고 처음부터 말해야 할 것이다. 여성의 뛰어난 지적 기능에 대해 끊임없이 상기하게 되는 시대에 이러한 사실을 확인하는 일은 가혹하다.[31] 그러나 살롱과 대화의 여왕이었던 계몽 시대의 여성은 학술 단체를 지배하지 않았으며, 아카데미 회원이 된 여성에 대한 몇 가지 예외는 오직 남성 위주의 규칙을 확인시켜 줄 정도일 뿐이다. 이러한 문화적 구분의 중요성은 사라지지 않는다. 예를 들어 루앙의 마담 뒤보카즈는 자기 지방과 전국에서 인정을 받아 영광을 얻은 뒤에야 비로소 환영받을 수 있었다. 그녀는 두루 여행을 다니고 파리에서 명성을 얻은 뒤에야 로마 홍예문 아카데미, 볼로냐 학사원, 파두아와 리옹의 아카데미 등록부에 이름을 올릴 수 있었다. 그녀가 지방 아카데미에 뽑힌 것은 단지 이미 얻은 평가를 확인시켜 준 데 지나지 않았다. 우리는 파리에 정착한 마르세유 아카데미 회원 니콜라 토마 바르트가 그녀에게 바친 헌사[32] 속에서 그녀에 대한 평가와 관련한 파리풍의 어조를 목격하게 된다. 여성이 풍속에 미친 영향을 노래하는 것은 훌륭한 단체의 특성이었다. "학자에게 사랑스럽고, 아프로디테의 사랑을 받는, 저명하고 아름다운 뒤 보카즈 부인이여, 그대 파리의 명예요 사랑이어라,/가장 훌륭한 운명을 누리소서,/웃음의 신의 품 안에서 사랑을 맛보소서……." 따라서 파리에서 살롱을 가진 여류 문인을 고르는 것은 일종의 상징적인 일로서, 노르망디와 리옹의 아카데미 회원의 이같은 거동은 도발적이지도 못하였고, 굳이 말해야 한다면 그다지 혁신적이지도 못하였던 것 같다. 비슷한 예로 1689년 베르트롱이 아를 아카데미에 마담 데줄리에르를 선출하도록 한 경우를 지적할 수 있다.[33] 1717년 죄 플로로 아카데미는 마드무아젤 카틀랑 드 포르텔을 지도자 가운데 한 사람으로 받아들였고, 그 뒤 1741년에는 잔 드 세글라 드 몽테귀를, 1780-83년에는 에스파르베 드 뤼상 백작부인 안 투아나르와 라고르스 후작부인 안 드 베르농을 받아들였다. 깍듯하고 귀족다운 전통이 계속 남아 있는 프랑스 남부의 모습을 보여 주는 이러한 종류의 경우를 제외하고, 아카데미가 여성을 뽑는 경우란 아주 드물었다. 따라서 그들이 가정에서 맡은 교육의 역할뿐만 아니라 그들의 지적 활동에 대한 우리의 예견과, 그들에게 타격을 입혔던 법적 불평등, 적어도 대다수가 겪어야 했던 문화적 불평등으로 인해 심각성을 더하는 법적 불평등에 대해서 우리가 발견한 것 사이에 중요한 모순이 생겨나는 것은 바로 그 때문이다.[34]

이 분야에 대해서는 아직도 할 말이 고스란히 남아 있으며, 도시의 명사 사회에만 국한시킨다면 여성이 비록 학술 단체에 들어가지는 못했다 할지라도 그들의 영향을 과소평가해서는 안 될 것이다. 사람들은 지방 살롱의 사교성에 진 빚을 결코 모르지 않았으며,[35] 여성이 장엄한 회의가 열리는 데서 맡은 사회적인 역할을 무시할 수 없었다. 마르몽텔과 마담 롤랑은 이 부분에 대해 언급하고 있다.[36] 그러나 정확히 말해서 여성이 장엄한 회의를 여는 데서 맡은 역할이 후퇴하는 것은 그러한 역할을 특정한 영역, 말하자면 규방의 성애, 가정 교육, 살롱의 지배에 한정시키는 다른 선택이 있었기 때문이다. 이는 명백한 불평등을 나타낸다.[37] 사회 정예 역시 사실상 대다수의 태도와 근본적으로 다르지 않았기 때문에 여성이 전통적인 기능을 맡아야 한다고 생각했다. 이러한 경향은 겉모습과는 달리 지방보다 오히려 파리에서 더욱 심하였다. 툴루즈의 변호사로서 죄 플로로의 회원이었던 수베랑 드 스코퐁은 성모 예찬뿐만 아니라 클레망스 이조르 예찬에 아주 만족스런 반응을 보임으로써 여권 신장 반대론의 증거를 보여 주었다.[38] 그는 이러한 관점에서 가장 강한 남자였기 때문에 자연은 "그가 권위를 얻고 유지할 수 있도록 유일한 선물을 주고 싶어하였다." 재능의 평등을 주장하고, 여자의 교육을 문제삼는 여권 신장론을 비난한 스코퐁의 의도는 순진무구하지 않았다. 그의 비판은 남녀를 각각 제자리에 붙들어두고, 각 계급에 맞는 등급을 찾아 주려는 목적을 가지고 있었다. 한마디로 그의 논의의 목적은 '부유한 여성 부르주아'의 사회적 행동을 비난하는 데 있었다. 왜냐하면 그가 비난한 여성은 "친절하고, 자기 남편보다 아주 높은 지위에 있었으며, 또한 사회적 교류를 통해 상류층 부인과 똑같은 주장을 하고 있었기" 때문이다. 보수주의자이자 반계몽주의자인 그는 이것을 환상으로 생각하였다. 그는 이같은 환상 때문에 사람들이 성의 평등권에 대하여 반대하고, 부르주아 계층의 신분 상승 욕구에 대해 깔보는 태도를 보여 준다고 생각하였던 것이다. '성의 정숙'을 불러일으키는 일은 공통적인 관용의 경계를 긋는 작업이라 하겠다.[39] 계몽 시대의 여성이 가진 권리는 사실상 사회의 피라미드에서 가장 높은 계층에 국한된 좁은 범위를 정복한 결과에 지나지 않았던 것처럼 보였으며, 우리는 이같은 현실의 겉과 속을 혼동하지 말아야 할 것이다.

　나중에 살펴보겠지만 사교적이고 세속적인 일탈 욕구를 끈질기게 보여 준 심각한 갈등마저 불러일으켰던 프리메이슨 결사도 남자의 사회인 아카데미의 만남을 모방하고 있었다.[40] 그러나 이같은 첫번째 심상에 좀더 뜻밖의 심상을 덧붙여야 할 것이다. 곧 아카데미 회원은 회원에 뽑힐 당시의 나이에 대한 연구 결과가 별로 놀랍지 않을 만큼 우리가 보기에 제롱트 같은 모습을 띤 경우가 너무 많았던 것이다.[41] 우리는 2천 개 이상의 경우를 조사하였다. 여기서 미확정의 경우는 수집한 정보에 따라 4퍼센트(오를레앙의 경우)에서 53퍼센트(오세르의 경우)까지 다양하지만, 평균 잡아 28퍼센트 정도였다. 그러므로 셈에 넣은 사람은 전체 아카데미 정회원의 3분의 2를 조금 넘어선 수치였다.[42]

도표상으로 볼 때 거의 완전한 일관성이 두드러지게 나타나고 있다. 전국에서 대체로 아카데미 회원의 16퍼센트가 50세 이후에 회원으로 선출되었지만 22퍼센트의 한계를 넘어선 아카데미는 단 두 곳에 불과하였다. 곧 베지에 아카데미에서는 50퍼센트가 50세 이후에 뽑혔고, 브장송에서는 35퍼센트가 그러하였다. 첫번째 경우에서 회원을 뽑는 사회적 범위가 아주 좁았고, 아카데미 활동을 시작하기 위해 오래 기다려야 했다는 사실은 주목할 만하다. 두번째 경우에서 고등법원 인사들이 프랑슈콩테 지방의 정예를 지배하는 예외적인 방향을 볼 수 있다. 다른 데서는 어디서나 주로 30세에서 50세의 성숙한 남자 위주로 회원을 뽑았지만 아카데미의 세계는 젊은이를 환영하였다. 30세가 안 된 사람도 평균 23퍼센트를 차지하였던 것이다. 이미 보았듯이 대부분의 규칙은 아주 젊은 사람의 가입을 금지하였으며, 실제로 이러한 원칙에 반대한 단체는 거의 없었다. 그러나 세 가지 경우가 주목할 만하다. 먼저 아장 아카데미의 경우 설립자의 젊음이 두드러지게 보이며, 몽펠리에 아카데미에서는 20세가 되기 전에 뽑혀서 얼마 있다 종신 사무총장이 된 드 라트가 젊은이의 상징으로 떠오르기도 하였다. (그를 전후하여 연구 보조원으로 들어간 소수의 젊은 의사가 빠른 속도로 회원 자격을 얻었다.) 끝으로 고등법원의 청년 판사들이 사법 경력의 가장자리에서 아카데미에 들어가 사교 생활의 첫걸음을 떼어 놓던 포 아카데미를 꼽을 수 있다. 결론적으로 말하자면 20세 이하의 젊은이는 1퍼센트도 채 안 되었다는 사실에서 알 수 있듯이 젊은이가 차지하는 부분은 아주 미약하였다. 그러나 유감스럽게도 전체에 대한 확실한 통계가 결여되어 있을 뿐만 아니라 준회원을 계산에 넣지 못하였다. 아마 정확한 통계를 낼 수 있다면 아카데미 회원의 심상은 분명히 젊어질 것이다. 여기서 프랑수아 드 뇌프샤토의 두드러진 보기를 살펴보기로 하자.[43] 뮤즈 여신들의 젖을 먹고 자란 이 13세의 천재 소년이 아카데미에서 보여 준 것을 다음과 같이 추적할 수 있다. 1765년(13세 반이었다)에 디종 아카데미 회원으로 뽑힌 그는, 같은 해 리옹 아카데미에도 들어갔다. 곧이어 마르세유에서 그를 향해 손길을 뻗쳤으며, 1766년에는 낭시에서도 미소를 보냈다. 14세에는 수많은 성숙한 사람이 들어가고 싶어하던 지방 아카데미 네 군데의 문을 밀고 입성하였다.[44] 위그 마레가 그를 회원으로 받아들이면서 "아주 빛나는 서광이 가장 아름다운 낮을 예고하도다"라고 선언하였듯이 문학의 기대를 보증하고, 사회에서 신분 상승을 부추기고, 문학예술의 후원자인 귀족을 찬양하는 일이야말로 아카데미의 중요한 기능이었다. 알자스 백작부인과 대법관이었던 에넹의 보호를 받았던 그는 소금세 징수인과 공문서 검사관의 일을 함께 맡았던 학교 선생의 아들이었다. 이는 그가 초라한 집안에서 태어났음을 말해 준다. 완전히 전설 같지만, 서자 출신이라는 것만으로도 감수성이 예민한 사람을 감동시켰던 어린 프랑수아는 그후 약속받은 경력을 밟기 시작한다. 이는 분명히 문학 청년에 관계된 특수한 경우로서 18세기의 사교계를 살펴보면 이와 비슷한 몇 가지 다른 보기를 찾을 수 있다. (어린 모차르트를 생각하자.) 그러나 그러한 사례가 전체에 대한 결론을 바꿀 정도는 되지 못한다. 그렇다고는 해도 중등학교 젊은이에게 명성의 심상을 심어 줌으로써 서둘러 아카데미의 동아리 속으로 들어가려는 그들의 희망을 보증해 주었다. 젊은 자작인 투스텡 드 리슈부르는 20세에 셰르부르 아카데미에 뽑힌 인물이었다. 이 때문에 그는 그 시대의 시 속에 젊음의 숨결을 불러일으킬 수 있었다. "당신은 내 청춘기에 나를 양자로 삼았습니다./제가 이처럼 즐거운 은혜를 입을 만한 자격을 가졌는지요,/그러나 제가 이러한 영광을 돌리는 것은/저 자신이 아니라 당신의 너그러움에 대해서입니다./제 마음은 지금 당신의 아름다운 호의를 가슴 깊이 느끼고 있습니다,/제 감사의 흥분을 받아 주소서,/저는 당신의 선택을 열렬히/그리고 온 힘을 다해 정당화하고 싶습니다."[45] 그러나 아카데미의 젊음은 도의상 그 기관의 사회적 윤리에 맞추어 행동하여야 했다. 18세기 내내 거의 5백 명(23퍼센트)에 이르는 사람들이 30세가 되기 전에 바라는 바를 성취하게 되었다. 여기서 주목해야 할 점은 이러한 기준이 대다수의 관리가 공직 생활을 시작하는 나이와 같으며,[46] 루앙과 툴루즈, 그리고 조금 덜하지만 보르도의 고등법원 인사에게 아주 지배적인 양식이었다는 사실이다. 그것은 정확히 파리 고등법원 인사의 평균 나이와 맞아떨어졌다. 그러나 아카데미 기관은 40세가 넘은 학문애호가를 더욱 많이 받아들였다는(23퍼센트) 점에서 상급 법원보다 덜 개방되어 있었다. 그렇긴 해도 회원이 될 때의 나이는 30세 이상이 지배적(39퍼센트)이었다. 이같은 사실은 연령 계급의 역사를 위해 아주 중요할 뿐만 아니라, 필리프 아리에스가 근대에 들어올수록 공부의 기간이 늘어난다고 하였던 가설과 일치한다.[47] 대다수 아카데미 회원의 경우 활동을 시작하는 나이는 20-25세에 걸쳐 있으며, 지적 완성은 30-50세 사이였다. 늙은 회원이 은퇴하는 시기는 이보다 덜 분명하다. 왜냐하면 이 마지막 규칙에 따른 원칙은 연구나 주거지 변경 때문에 아카데미 활동에 더 이상 참여할 수 없는 사람 외에도, 늙거나 병들어 활동하지 못하게 된 사람 모두와 관계되어 있기 때문이다. 아카데미 공화국은 노인 정치 이상의 것으로서 청년기의 조숙함에 대한 이상화된 꿈과 추억을 바탕으로 살아 나가는 세계였다. 그러나 집단 정신 자세를 공유하는 나이에 다다른 아주 성숙한 사람의 노고에 바탕을 둔 곳이기도 하였다.

　아카데미 회원이 전혀 늙지 않았다고 말하는 것이 터무니없는 억측에 불과한가? 그렇지는 않은 듯하다. 왜냐하면 어떤 사람이 젊어서 회원이 된다고 해서 곧 요절을 뜻하지는 않기 때문이다. 죽는 나이의 피라미드는 불멸에 대한 욕망의 생물학적 뿌리를 생생하게 보여 준다. 왜냐하면 통계 수치상 아카데미 회원 대부분은 늦게 죽는 특권을 누리는 것으로 나타나기 때문이다.[48] 학술 단체 전체로 보아 회원의 85퍼센트 이상이 50세가 넘어서 죽었고, 92퍼센트가 전 국민의 평균 연령보다 오래 살았다는 것이 그 증거이다. 지방마다 별로 차이를 보여 주지 못하였고, 아장만이 사료가 부족하다는 이유로 유일한 예외로 남아 있다. 이같은 사실로부터 두 가지 결과를 직접 끌어낼 수 있다. 먼저 아카데미 회원의 평균 수명은 아주 길다는 점이다. 게다가 만일 완전한 권리상의 은퇴는 아닐망정 사실상의 은퇴가 없었다면, 25-35세 사이에 걸친 평균 수명은 더욱 높아질 것이다. 이 분야와 관련해 죽음이나 사직만이 이처럼 성스러운 곳의 문을 열어 주었다는 데 주목할 필요가 있다. 두번째 결론은 사회에 미친 영향에 관한 것이다. 아카데미 회원의 수명이 길다는 사실이야말로 사회 정예의 특권을 보여 주는 증거였기 때문이다. 사망률의 차이에 대한 몇 가지 연구에서 증명한 사실로서 대부분의 사람이 일찍 죽은 세상에서 리옹은 이론의 여지없는 예외를 보여 주고 있다. 이곳의 평균 수명은 상류층의 경우 70세 이상이었던 데 비해, 다른 계층의 경우는 48세를 채 넘기지 못하였다.[49] 구체적인 통계를 보면 공작과 대귀족 가운데 50세가 넘어서 죽은 사람이 83퍼센트, 70세 이상은 42퍼센트였다.[50] 아카데미에서 70세가 넘어서 죽은 사람은 평균 44퍼센트였다. 명사의 사망률이 여전히 높게 보였다 해도 그 집단은 다른 어떤 집단보다 "삶의 정상적인 끝에 다다른 정도로" 높은 행운을 누렸던 것이다.[51] 우리의 목적이 이러한 변화의 원인을 밝히는 데 있지 않다 하더라도 자주 의사를 찾고, 일상의 중요 관심사로부터 보호받는 삶의 질을 유지하며, 위생적인 음식을 먹는다는 사실을 증명하는 예찬론의 내용을 상기하는 일이 부질없는 일만은 아닐 것이다. 이러한 점에서 본보기가 될 만한 마르세유 아카데미의 설립자들은 흑사병이 마지막으로 휩쓴 시기에 고향에 있는 요새에 은둔할 정도로 특권을 누렸다.[52] 더욱이 최근의 연구 결과를 인용한다면 사회의 정예 분자 사이에서 죽음의 세속화라는 중요한 현상을 볼 수 있다. 이들은 최초로 그들의 삶을 세 배는 아니라 해도 두 배 정도는 충분히 연장할 수 있던 계층이었다.[53]

 이 분야에서 지방의 독특한 성격을 더욱 분명히 강조할 필요가 있다. 파리의 아카데미 회원은 죽는 나이만큼 뽑히는 나이에서도 훨씬 높았다. 2세기(1635-1840)에 걸친 조사에서 밝혀진 9백17개의 경우에서 14퍼센트만이 30세가 못 된 나이에, 그리고 27퍼센트가 30-40세 사이에 주요 아카데미에 들어갈 수 있었다. 파리의 학회에 뽑힌 학자나 문인의 평균 나이는 44세로서 지방의 경우보다 10세나 많았다.[54] 좀더 젊어서 아카데미에 도달할 가능성은 거의 없었던 데 비해 좀더 늦게 죽는 경우가 많았다. 사망시 평균 연령은 60세였지만, 파리 아카데미 회원의 반 이상이 70세를 넘겨 죽었다. (그리고 이들 가운데 3분의 1 이상이 80-1백 세까지 살았다.) 파리의 학회를 생각할 때마다 늙은이의 심상을 떠올리는 것은 바로 이 때문이다. 파리가 인정받은 인재를 축복하였다면 지방은 희망을 맞아들이고, 문화의 훌륭한 의지를 환영하였던 것이다. 파리와 지방의 학회가 비교할 만한 사회적 동질성을 가지고 있었다고 해도, 분명히 드러난 나이 차이는 수많은 반대와 다른 기능을 낳는 주요 원인으로 작용하였다. 새로 회원이 된 사람은 죽음을 정복하려는 꿈을 가지고 있었다. 그러나 그것은 아마도 그들이 대다수의 시각에서 볼 때 남보다 오래 사는 특권을 누렸기 때문일 것이다. 도시의 명사가 보기에 사람들이 역사의 흐름을 좇아가지 못하는 시대가 왔다. 그때부터 문학 청년은 학술 단체의 문 앞에서 조금 더 오랫동안 서성이게 되었다. 앙시앵 레짐 말기의 20년 동안에 나온 새로운 경구를 보면 그들의 초조한 마음을 읽을 수 있다. 커다란 변화가 시작되면서 세대 갈등이 옆모습을 보이기 시작하였다.[55]

이제 한 세기에 걸친 회원 모집 방법을 토대로 사회의 서열 속에서 파악할 수 있는 아카데미 집단 전체의 윤곽을 대충 그려 보기로 하자. 무엇보다도 신중함을 요하는 작업이었으나 결과는 양적인 솔직성 속에서 분명하게 나타났다. 총 6천 명의 아카데미 회원 가운데 20퍼센트가 종교인, 37퍼센트가 귀족, 43퍼센트가 평민이었다.[56] 사회 신분이라는 것이 앙시앵 레짐의 사회는 스스로 마련된다는 지배적인 관점을 나타내기도 하며, 또한 그것은 법적 지위와 사회적 기능을 합한 것이기 때문에 또 다른 현실의 지표를 나타낸다는 생각을 받아들인다면, 아카데미의 세계는 사회의 서열에 대한 전통적 표시를 독특하게 보여 준다고 할 수 있다.[57] 첫번째 결론은 명백하다. 그것은 특권층의 승리로서 회원의 피라미드 꼭대기에 첫 두 신분을 올려 놓았다. 두번째 결론은 세 신분의 관계를 숫자로 나타냈을 경우 숫자상의 우월성이 삼원적 도식의 방향을 결정해 주지 못한다는 사실이다. 막대 그림표에도 나타나 있듯이 겨우 6퍼센트만이 제3신분과 귀족을 갈라 놓고 있음을 알 수 있다. 이것은 불확실한 균형의 성공이라 하겠다. 특히 전체에서 성직자가 차지하는 자리는 아직도 교육과 검열 제도의 주요 부분에 대해 커다란 영향력을 행사하였던 그들의 사회적 위치와 정확히 맞아떨어지지 않는다. 그러나 아카데미 운동은 문화 기능의 세속화 과정의 마지막에서 발전하였던 것이다. 계몽 시대의 새 회원을 전통 성직자와 혼동하여서는 안 되며, 80퍼센트의 경우가 속인이었다. 귀족도 상당히 많이 뽑혔다는 점에서 그들의 쇠퇴를 강조하는 역사 기술상의 법칙과 맞지 않는다. 그들의 존재는 그들의 퇴조보다는 오히려 권위를 강조해 준다. 우리의 예상을 빗나가기는 부르주아도 마찬가지라고 할 수 있다. 고전적 묘사에 따라 부르주아는 정치와 사회 혁명에서 승리하기 전에 사상의 천국에서 승리를 거두었다고 상상하였던 바와 달리, 제3신분은 비록 절대 숫자상 첫 자리를 차지했다고 해도 압도적인 권력을 누리지는 못하였다. 더욱이 이 첫번째 그림은 아카데미의 관행에 따라 생길 수밖에 없는 서열상의 미묘한 차이와 부딪히면서 놀라운 인상을 심어 준다.

정회원 가운데서 이미 특권층의 우월성이 확인되기는 하였으나, 귀족은 전체의 37퍼센트 이상을 지배하지 못하는 부르주아를 딛고 첫째 자리를 차지하였다. 성직자의 수도 역시 2퍼센트 정도 늘어났다. 이처럼 가벼운 자리바꿈이 있기는 하였으나, 전체의 균형은 조금도 변하지 않았다. 그러나 준회원의 경우는 도식이 뒤바뀐다. 왜냐하면 제3신분은 회원의 55퍼센트로서 상대적인 다수를 차지하였기 때문이다. 끝으로 명예회원의 경우 귀족이 전체의 71퍼센트를 차지해 눈부신 성공을 거두었으며, 성직자와 제3신분은 그들보다 훨씬 뒤처져 있었다. 아카데미 사회의 문은 특권의 경계선 위에서 신중하게 열렸으며, 규칙을 존중하고, 여전히 사회적 응집력에 대한 문화적 관점에 맞도록 처신하는 특징을 가지고 있었다. 그러나 지역상의 차이에 유념하면서 이같은 전체의 상황을 자세히 살펴보아야 할 것이다. 이를 위해 정회원과 준회원의 기능상의 범주를 살펴볼 필요가 있다. 명예회원의 세계는 그다지 놀라운 점을 가지지 못한다. 이들의 세계는 단지 17개 학회에 관계된 것이며, 더욱이 아주 한정된 차원의 소수 귀족에 관한 일이기 때문이다. 마르세유의 경우 명예회원은 5명에 불과하였다. 빌프랑슈에서는 7명, 오세르·오를레앙·발랑스에서는 10여 명, 베지에·클레르몽·낭시에서는 20명 남짓, 메스에서는 30명 정도였다. 그밖에 브레스트와 캉이 40명 이상, 라로셸이 60명 이상의 명예회원을 가지고 있었다. 이에 비해 명예회원이 1백 명이 넘고, 중요한 역할을 맡았던 곳은 툴루즈·디종·아라스뿐이었다. 명예직은 본성상 어디서나 문화예술 후원자와 보호자인 귀족과 성직자에게 돌아갔다. 18세기 내내 울타리를 지켰던 이처럼 작은 동아리 속에 제3신분은 두 가지 자격으로 들어갈 수 있었다. 첫번째는 문학과 학술상의 영광을 얻은 경우로서 회원이 되기 위해서는 지방에서 얻은 명성을 전국에 떨쳐야 했다. 두번째는 행정권의 인정을 구체적으로 받은 경우로서 아카데미는 영향력 있는 인물을 환영하였다. 라로셸에서는 시장과 국왕의 대소인, 빌프랑슈에서는 오를레앙 공의 사업 대리인인 데루아를 받아들였다. 그러나 아라스나 디종의 경우처럼 첫번째 상황에서만 실제 인원의 증가가 있었음을 알 수 있다.[58]

정회원과 관련해서 특권의 경계선에서는 확실한 차이가 나타나지만,[59] 57퍼센트라는 평균에 미치지 못하였던 단체는 소수에 불과하였다. 총 33개 단체 가운데 아미앵·오세르·부르·디종·몽펠리에·루앙의 6개 단체가 여기에 해당된다. 그러나 디종의 경우 이러한 판단을 내리기에 앞서 다음의 사항에 주의해야 할 것이다. 즉 회원을 뽑을 때 칭호와 상석권을 끈질기게 고수함으로써, 각 범주의 서열을 지나칠 만큼 철저하게 지켰던 그들의 원래 성향을 고려하지 않았다는 사실이다. 만일 우리가 부르고뉴 지방 아카데미의 구성을 바로잡는다면 그 단체를 특권층이 지배하는 집단에 집어넣을 수 있을 것이다. 몽펠리에와 그보다는 덜한 루앙에서 우리는 개방의 징조를 느낄 수 있다. 첫번째 두 신분이 지배하는 아카데미들의 구성을 좀더 가까이서 연구하면, 아를·아라스·브장송·보르도·브레스트·몽토방·낭시·포·수아송·죄 플로로·발랑스 같은 11개 단체를 가진 첫째 집단이 제3신분의 비율을 30퍼센트 이하로 묶어두었다는 사실을 알 수 있다. 이러한 사실을 통해 우리는 절대적인 신분 지배의 특성을 볼 수 있는 것이다. 두번째 집단은 부르주아에 대해 이들보다 훨씬 폐쇄적이었다.

이제 준회원에 대해서 살펴보자.[60] 도표를 그려 보면 그다지 큰 차이가 없음을 알 수 있다. 개방된 단체가 좀더 많았다. (아라스와 디종의 제3신분 비율은 55퍼센트를 상회한다.) 그럼에도 엘리트 중심의 행동을 보여 주는 닫힌 단체가 10개 정도 남아 있었다. 중요한 것은 이들 대부분에서 균형이 유지되었으며, 부르주아와 귀족-성직자간의 비교가 아카데미의 회원을 뽑는 실제 논리와는 직접적인 관련이 없어 보인다는 사실이다. 다른 식으로 도표를 그려 보면 세 신분이 만나는 복잡한 성격이 분명히 드러날 것이다.

먼저 세모꼴의 상관 관계 도표에서 정회원의 분포를 살펴보면 아카데미 전형의 존재가 분명히 드러난다. 대부분의 학술 단체가 핵심에 놓이게 되는데, 우리가 이들에 대해 가지는 세 신분의 참여라는 평균 심상은 공통의 전제를 따른다. 언제나 15퍼센트에서 35퍼센트가 성직자이며, 귀족은 20퍼센트 이상 45퍼센트 이하였다. 제3신분은 30퍼센트에서 55퍼센트를 차지하였다. 아카데미 운동의 응집력은 이러한 일치된 모습 속에서 나타난다. 3분의 1도 채 못 되는 아카데미만이 여기서 벗어났으며, 이들에게서 두 가지 경향을 볼 수 있다. 대부분 귀족이 지배하였지만 유독 몽펠리에만큼은 부르주아의 이상 발달 현상이 두드러지게 나타났던 것이다.[61] 예컨대 독창적인 활동을 전개하였던 왕립과학회는 18세기를 통틀어 귀족과 성직자의 수가 가장 적은 아카데미였다. 그러나 특이한 것은 몽펠리에의 도시 기능이나 사회 구조의 특수한 성격 가운데 그 어느것도 이러한 사실과 직접적인 관계가 없다는 점이다. 이 도시는 지방 수도들의 평균 수준에 속하였으며, 대다수 아카데미 소재지와 같은 성격을 보여 주었다. 그렇다면 어째서 왕립과학회는 공통 운명과 다른 모습을 보여 주었을까? 이유는 간단하다. 아주 막강한 의과대학교 교수와 졸업생의 지배를 받았기 때문이다. 다시 말해 그밖의 어떠한 단체나 사회 집단, 심지어 소비세 재판소의 법관까지도 그들의 권력에 반대를 나타낼 수 없었기 때문이다. 여기서 우리는 회원 선출에 대한 변수를 해석하는 교훈을 얻을 수 있다. 당시의 학술 단체는 회원을 선출하는 과정에서 두 가지 수준의 압력을 받았다. 첫째는 도시 명사로 구성된 지배층의 핵심이 가진 힘과, 문화 계급의 응집력을 보여 주는 일반 수준의 것으로서 다양한 부분 사이의 균형을 이루는 방향으로 회원 선출의 방법을 이끌어 주는 한편, 공동체에 대한 봉사라는 화해의 이념에 따라 대부분의 경우에 개입한 압력이다. 이리하여 문화적 전형은 여러 가지 차이를 가진 도시의 현실과는 비교적 관계가 없는 것처럼 보이며, 사회적 압력에 같은 기관의 행동이 덧붙여진다는 사실을 두드러지게 나타낸다. 둘째는 지배 집단이 자신의 이익과 지적 능력을 일부분이나마 결부시키려는 의지를 보여 준다. 사회 정예 전체는 이같은 도덕적 방향을 지켜 나갔는데, 이 방향은 그들의 사회적 우월성을 인정해 주는 것이긴 해도 명사 사회에 가끔 불화를 가져다 주기도 하였다. 이같은 보기를 찾기 위하여 디종 아카데미에서 정회원을 뽑는 경우를 단 한 가지만 살펴본다면, 그것은 부르고뉴 지방 귀족의 이해에 적대감을 갖는 닫힌 단체였다.[62] 몽펠리에의 왕립과학회에 비하면 덜 세속화된 단체였지만 본질적으로 거기에 가까웠다. 그러나 뤼페의 문학 단체와 부르주아 아카데미 사이에 이루어진 화해를 고려한다면, 그리고 회원을 선출하는 과정에서 그 지역 주민 명예회원 집단 속에 대대적으로 들어간 법관을 생각한다면, 부르고뉴 지방의 아카데미는 핵심의 가장자리에 놓이게 될 것이다. 고등법원과 부르주아 출신 명사의 결합은 디종의 정예가 가벼운 귀족적 색조를 띤 회원 선출의 공동 모범을 실천하는 과정에서 화해를 이루었음을 말해 준다.[63]

지방 아카데미는 귀족을 정점으로 모였으나, 그들 가운데 다섯 군데는 상급 법원의 산물임이 확인되었다. 보르도·브장송·몽토방·포·툴루즈의 죄 플로로가 '고등법원형'으로 나타났다. 단지 포에서만 배타주의가 약점으로 드러났다. 그밖의 다른 곳에서는 깊이 있는 지적 생활이 별로 방해받지 않고 발전하여 지방의 경계를 넘어 널리 명성을 얻을 수 있었다. 포의 실패는 본질상 인재를 하층 계급으로 물리치면서 받아들이지 않은 데서 비롯되었던 것으로, 그후 그들은 1736년 집단으로 사표를 쓰기에 이른다.[64] 또한 법관은 타협을 몰랐기 때문에 가끔 자기네 권력의 한계를 가까이서 겪어야 했으며, 그 결과 지방의 경쟁 상대와 대립하게 되어 어느 정도 성공을 거두었음도 주목해야 할 것이다. 브장송이 바로 그러한 경우로서, 여기서는 군인의 문학 단체가 다른 계층에서 회원을 선출하고자 했다. 그밖에 농학회라는 주제를 놓고 아카데미와 지사가 대립하여 갈등을 빚은 보르도의 경우도 마찬가지였다. 그러나 지방마다 조금씩 차이가 있었기 때문에 각각 다른 식의 질문을 던져야 할 것이다.

툴루즈 같은 도시에서는 2개 단체가 함께 있었다. 그 중에서 나중에 생긴 과학 아카데미는 일반 모범과 완전히 동화되었던 데 비해, 죄 플로로는 귀족이 판을 치는 단체에 속하였다. 아카데미 설립의 역사가 증명하듯이 지배 집단의 적대 관계는 아주 분명하며, 이보다 오래 된 죄 플로로의 배타주의는 16세기부터 자신이 지배해 온 그 유명한 기관에서 계속 지배자의 자리를 지키고자 했던 고등법원 인사의 의지를 나타내 줄 뿐이었다. 이로써 우리는 툴루즈의 문화 정예 속에서 권한이 분배되고 있었음을 알 수 있다. 나중에 생긴 학회가 시행정관과 신분회의 보호를 받는 가운데 회원 선출에 개방적인 태도를 가지면서 학술과 기술의 훈련을 책임졌던 데 비해, 죄 플로로는 좀더 확실한 윤리 지도를 맡고 있었다. 고등법원 인사가 그 아카데미에 들어가는 일을 받아들였다고 해서 회원 선출의 형평이나 활동의 방향이 조금이라도 바뀐 것은 아니다. 이렇게 볼 때 우리는 여기서 정예 분자의 화해가 이루어진 혼합 형태를 발견하게 된다. 이러한 형태는 디종의 예와 아주 비슷하며, 보르도와 툴루즈의 미술 아카데미의 명예회원 계급에서도 역시 볼 수 있는 형태였다.[65] 그러한 사정은 낭시와 아라스도 마찬가지였다. 도표를 그려 보면 놀라울 정도로 비슷하다. 스타니슬라스가 세운 아카데미는 처음부터 권력 기관의 기능을 담당하였던 바, 아카데미의 서기관 라 갈레지에르가 상급 법원의 법관을 불신하였던 가장 큰 이유는 로렌을 프랑스 문화에 통합시키기 위해 힘쓴 이 자애로운 계몽 사상가가 직접 중재권을 행사하였기 때문이다.[66] 이 아카데미에서 고등법원 인사는 완전한 지배권을 누렸는데, 그 이유는 그 지배권이 오직 개별주의의 표시로 느껴질 수 있었기 때문이다. 당시의 낭시는 귀족 후원자를 갖지 않았으며, 핵심보다는 가장자리에 놓여 있었다. 아라스의 경우 신분회와 특히 뒤부아 드 포쇠의 구실이 두드러졌는데, 이들은 인재의 정예 분자를 뽑는 일을 지적으로 감독하는 한편[67] 저울을 한쪽으로 기울게 만들고, 아르투아 지방법원 법관의 권력을 제한하기까지 했다. 그르노블·메스·루앙 같은 다른 고등법원 도시의 경우 일반 관행에 따라 법관이 존중한 지방의 형평에 맞추어 행동하였다. 도피네 지방의 수도에 늦게 설립된 아카데미는 모든 지배 집단이 결합한 표시로 보였으며, 따라서 고등법원의 지배에서 벗어날 수 있었다.[68] 노르망디의 아카데미 회원은 상급 법원과 함께 두 단체의 명성에 이로운 관계를 지켜 나갔고, 법관의 활발한 참여에 힘입어 결코 귀족의 편협성을 끌어들이지 않았다.[69] 메스에서도 비슷한 경향을 보였다. 그곳 군관구 사령관과 도시의 권력은 언제나 고등법원의 권력과 균형을 이루었다.[70] 그러나 귀족의 전형은 고등법원이 있는 도시 속에서만 나타나지 않았다. 이 점과 관련해 두 가지 경우를 살펴보기로 하자.

아를의 경우는 문제가 없다. 그곳 아카데미는 거의 전성기에 있던 귀족 집단이 만든 것이다.[71] 비록 그것이 쇠퇴하게 된 경위가 분명치 않다 해도, 그것이 사라졌다는 사실을 통해 단 하나의 사회 집단에 기댄 채 울타리 안에서 얼어붙은 기관이 얼마나 나약한가를 알 수 있다. 이에 비해 브레스트의 보기는 좀더 독특하다. 왜냐하면 그곳의 해양 아카데미는 그 지방의 지배 집단과 아무런 관계없이 군주가 세운 기관으로 보이기 때문이다.[72] 귀족의 지배는 1752년을 기점으로 주요 고급 장교가 참여한 데서 비롯되었다. 더욱이 아카데미의 회원 구성은 도표의 순서를 엄격하게 지켰다.[73] 젊은 귀족 해군 후보생과 해군 소위는 준회원이었고, 해군 대위와 소령이 정회원의 자리를 차지하였으며, 장성과 함대 사령관은 단지 명예회원이었을 뿐이다. 정규 아카데미의 경력이 해군의 계급 사회 속에서 상승 곡선을 따라 움직이며, 이 교훈은 무관뿐만 아니라 문관의 경우에도 똑같이 적용된다. 어쨌든 이 아카데미는 학자 문화의 온상이었다. 그것은 1770-80년의 대개혁을 추진하기 위해 내각이 소집한 책임자를 다수 배출하였다. 슈발리에 드 마르즈리, 경리단장 뤼이, 플뢰리외 같은 사람들이 여기서 나왔던 것이다. 그렇다고 해서 이 아카데미 회원 전체가 개혁에 적대감을 품지 말라는 법도 없었으며, 그 중 일부는 "내각의 조치 때문에 시작된 건방진 반란"에 참여하지 않는다는 보장도 없었다.[74] 이 기관이 맡았던 완전히 독창적인 역할은 여기서 나타난다. 장교단 전체의 과학적 업무를 격려하기 위해 설립되어 군인과 기술자의 결합에 기대었던 이 기관은, 그러나 적과 청이 다투었다고 해서 혼란에 빠지지는 않았다.[75] 뒤발 르 루아가 1780

년 슈발리에 드 마르즈리의 죽음에 부친 예찬론은 이러한 뜻을 담고 있었다.[76] 군주에게 충성하고, 전투에서는 용감하였을 뿐 아니라 "이성의 진정한 창시자"였던 학자 장교의 모범이 승리를 거두었다. 그리고 아카데미 회원과 고급 장교 사이에 경계선이 있었다 해도 그것은 사회보다는 문화의 경계였다. 이러한 성격에 따라 완전히 독창적인 위치에 있었음에도 불구하고, 그것은 아카데미 공동체를 묶어 주는 끈이었다.

그렇다면 여기서 더한층 미묘한 차이를 고려해야 할 것인가에 대한 의문이 생긴다. 개별 역사의 다양성이 그것을 받아들이게 만들겠지만,[77] 회원 선출의 원칙상 동질성 때문에 근본적으로 지배 집단의 단결에 호소하고 어디서나 서로 다른 여러 집단 사이에 온건한 균형을 가져다 주는 문화적 전형이 존재했다는 결론을 내릴 수 있다. 적어도 문화적 영역에 관한 한 사회적 관계는 조화를 이룰 수 있다. 그러나 거의 3분의 1에 해당하는 단체에서는 그렇지 않았다. 거기서는 한 무리의 지도자가 자신의 힘을 과시하였으며, 그 결과 그 단체들을 귀족형 단체라고 말할 수 있다. 그러나 두 경우에서 도시의 사회 구조가 끼친 영향은 모든 집단의 내부에 있는 여러 신분 사이의 미묘한 변화에 따라 나타날 수 있으며, 각 신분을 위하여 나타날 수도 있었다.

준회원의 범주에 대해서도 똑같은 상관 관계를 끌어낼 수 있다. 주요한 경향이 확인되지만 핵심은 수직으로 확산되었다.[78] 성직자의 경계선은 40퍼센트 선에서 고정되었고, 귀족의 경계선은 4분의 1 이상의 단체에서 50퍼센트에 달하였다. 그리고 부르주아의 한계가 많이 변하였다 해도 절반의 경우 모두 50퍼센트에서 멈추었다. 전체적으로 보아 사회적 역할이 확인되지만 준회원을 선출하는 데는 정예주의에 바탕을 두지 않았으며, 전반적인 경향은 제3신분을 널리 받아들이는 것이었다.

3분의 1에 해당하는 단체가 이론의 여지없이 부르주아가 지배하는 양상을 보이는 피라미드의 꼭대기에 몰려 있었다. 지배력을 과시하는 응집력을 지닌 귀족 집단도 역시 똑같은 운명을 따랐다. 이 집단은 도표 위에 우뚝 솟아 있는데, 이같은 사실은 이 집단의 선택 기준이 확대되었음과 함께 이 집단이 일부 해체되었음을 말해 준다. 몽펠리에와 루앙 아카데미가 첫

번째 극을 중심으로 모여 있으나, 그 옆으로 보르도·디종·아라스 아카
데미처럼 귀족의 걸음걸이를 피한 단체가 자리잡고 있다. 신입 회원들의
서열을 정하고 준회원을 새로 고르는 과정에서 모든 것이 마치 부르주아
의 지배가 정회원의 귀족 우선주의를 보상이나 해주듯이 지나갔다. 이러
한 움직임은 다름 아닌 인재들에게 호소하는 신호였다. 그러나 선택은 한
편으로는 확인의 성격을 띤 것일 수 있으며, 그래서 부르주아적 성격을
지닌 단체에 들어가는 일은 정회원 범주가 지닌 개방성을 생각하게 만들
어 준다. 이러한 경향은 오세르·베지에·부르·오를레앙에서 볼 수 있는
경우와 동일하다. 정회원의 가입을 규제하는 원칙을 충실히 지키겠다는
각오를 바탕으로 행동하였던 귀족주의와 정예주의의 색조가 브레스트·
브장송·낭시·죄 플로로 아카데미를 물들였다. 아울러 이들 곁에 마르세
유·님·아미앵·발랑스 아카데미처럼 주나 지역의 명성을 찾는 단체를
덧붙일 수 있다. 중간의 성격은 여러 가지 색조를 띤 영역으로서, 성직자
출신의 준회원을 지나칠 정도로 많이 가지고 있던 포 아카데미 외에도 그
와 비슷한 수준의 성직자 대표를 포함하고 있던 빌프랑슈·샬롱·셰르부
르와 같은 단체가 여기에 속한다. 세 신분이 거의 균형을 이루고 있던 라
로셸도 캉·클레르몽·그르노블·메스·리옹·앙제와 함께 이 대열에 합
류하였다. 여러 가지 상황에 따른 다양한 변화 때문에 공통의 규칙을 전
체적으로 적용하기는 어려우며, 따라서 수많은 거동의 복잡한 성격에 반
영되어 있는 상황과 지방의 가능성을 추측할 뿐이다. 그러나 정회원의 세
계가 여러 방면의 사회적 압력과 문화 전형이 복합된 영향을 더 잘 반영
하였다면, 준회원의 세계는 아카데미 단체에서 차지하는 자리와 기능에
따라 본래의 모습을 결정해야 했다. 각 단체마다 인재들의 진정한 지지자
들을 지명하면서 자신의 명성을 높이고 지켜 나갔다. 그러나 계속해서 문
화의 규범과 사회의 기준에 간섭받는 이같은 유형학을 명확히 하기 위해
서는 경계선과 제명의 원칙이 갖는 특수성을 규정할 필요가 있다.

　첫번째 전선은 속인이건 성직자이건 관계없이 귀족과 평민이 만나는 곳
이었다. 제1신분의 이질성에 대해서는 논의의 여지가 없다. 회원 자격을
가진 성직자의 39퍼센트가 귀족이었던 데 비해, 준회원의 경우는 겨우 15

퍼센트, 명예회원은 75퍼센트가 귀족이었다.[79] 이러한 경향을 감안하면 도표가 주는 교훈을 분명히 알 수 있다. 아카데미 회원을 통틀어서 앙제·오세르·부르·캉·셰르부르·몽펠리에·루앙의 단지 8개 단체만이 평민 쪽으로 기울었다. 다른 24개 단체들은 39퍼센트 이상의 귀족회원을 가지고 있었으며, 그 중 15개 정도가 45퍼센트 이상, 50퍼센트 이상도 여덟 군데나 되었다. 이들은 모두 '고등법원형'이거나 귀족형의 아카데미였다. 평민-귀족의 비교를 통해 앞서 내린 결론을 다시 확인할 수 있다. 아카데미가 회원을 확보하는 평균 형태는 두 가지가 있다. 하나는 귀족에게 유리한 방향이었고, 다른 하나는 부르주아 계층에 호감을 가진 방향이었다. 대부분의 경우 어느 한쪽의 가능성을 배제하지는 않았으나, 이 두 행동이 모두 나타나는 곳은 절반 이하의 학술 단체에 한하였다. 이러한 비교를 범주별로 다시 해보도록 하자. 귀족적인 성격을 띤 아카데미는 정회원을 선출할 때 그러한 면을 보여 주었으며, 통신원을 뽑을 때도 마찬가지였다. 특히 명예회원을 선출할 때에는 이러한 경향이 더욱 과장되어서 나타났다. 예컨대 명예회원은 80퍼센트가 귀족이었고, 정회원은 49퍼센트, 통신원은 30퍼센트 이하였던 것이다. 계몽 시대의 귀족은 평민 계급이 확보한 전통이 아니라 지배층 명사의 만남을 표현한 문화 생활에 활발히 참여하였다.

　두번째 질문은 연감을 읽고 계몽된 도시 정예의 사회와, 아카데미 회원의 윤곽 사이에서 생겨나는 관계에 관한 문제이다.[80] 유한 계급이라는 중요한 집단의 출현과 함께 나타난 첫번째 차이에 주목하자. 귀족과 부르주아로 구성된 금리생활자의 세계는 활동중인 명사의 목록에는 들어 있지 않다. 우리는 이들이 자기 도시에서 맡은 역할에 따라 학술 단체에 들어간 보기를 찾을 수 있으나, 이같은 예는 지방마다 차이가 있었다.[81] 그렇다면 이제 활동 인구 전체를 살펴보기로 하자. 그들의 상호 관계는 분명하지만 두 가지 궤도 수정에 주목해야 한다. 첫째, 도시에서 자신이 끼치는 영향에 비해 아카데미에서는 별로 자리를 차지하지 못한 성직자의 퇴조를 들 수 있다.[82] 그러나 이러한 경향은 놀라운 일은 아니며, 지방에서 지성인을 확보하는 일이 어느 정도 세속화되고 있었다는 사실을 확인해 주는 증거라고 하겠다. 둘째, 경제를 지배하는 대규모 상인과 수공업 공장 경영자들이 생각만큼 많은 회원을 배출하지 못했다는 점을 들 수 있다.[83] 전체를 진단하여 더욱 깊이 생각해야 할 경향에 주목하도록 하자. 다른 모든 기능 중에서 행정과 사법계의 명사처럼 합치성을 보이는 경우나, 아니면 문화와 건강을 주도하는 사람처럼 지나치게 많은 대표를 내는 반대의 경우를 강조해야 할 것이다. 도시 사회에서 이 집단이 차지하는 비율은 평균 10퍼센트였으며, 아카데미 속에서의 비율은 선출된 사람의 24퍼센트에 해당하였다. 물론 범주에 따른 여러 가지 변수에도 주목해야 한다. 정회원 속에서 이 집단은 14퍼센트에 달하였으며, 명예회원에서는 8퍼센트 미만, 그리고 준회원에서는 36퍼센트를 넘었다. 우리는 여기서 분명한 교훈을 얻을 수 있으며, 그러한 교훈을 근거로 지방의 의사나 유명 외과의사(앞의 경우보다는 덜하다) 속에서 아카데미 운동의 가장 중요한 인물을 찾아낼 수 있다. 아울러 인재에 대한 호소를 확인할 수도 있다. 그러나 교수·전업 학자·전업 문인에 이르면 이러한 경향이 덜 분명하게 나타난다. 다시 말해 그들은 좀더 희귀한 존재들이었다. 8개 학회가 그들을 정회원으로, 4개 학회가 준회원으로 받아들이지 않았다. 이같은 희귀성은 무엇보다도 어떤 결핍을 나타낸다. 직업적인 지식인은 특히 지방에서는 드물었다. 설령 있다 해도 파리의 신기루 때문에 그들은 일찍이 사라졌으며, 명예직이나 명성을 좇는 통신원의 시시한 대중 속에서 희미하게 보일 뿐이다. 더욱이 인재들의 대표성은 성직자가 지배하는 교직의 성격에 따라 뒤흔들렸다. 교수 성직자와 일반 사제를 구분할 수 있다면 분석이 쉬워지겠지만, 우리는 이들을 제대로 구별할 수 없다. 따라서 성직자와 속인 출신의 교육자들, 다시 말해서 중등학교 선생과 대학교수들(의사 출신의 교수들도 여기 포함된다)이 회원에 뽑히는 것을 살펴보기로 하자.[84] 전국의 아카데미에 들어간 교직자의 비율은 평균 15퍼센트였다. 아카데미 정회원 중 교직의 비율은 12퍼센트로서 다소 낮지만, 통신원의 경우 18퍼센트로서 평균 이상이다. 지방마다 차이가 있다 해도 이러한 성격의 일반성을 결코 바꾸어 놓지 못한다. 단 2개의 아카데미만이 정회원 가운데 교육자를 갖지 못했다. 그들은 귀족의 성격을 띤 아를과 장세니스트 성격을 띤 오세르 아카데미였다. 전체에서 아를 한 곳만이 어디에나 끼어들었다. 그러나 학교 기관에 대한 의존성은 분명히 나타난다. 특히 교육 과정이 복잡할수록 상당히 높은 의존성을 보여 주었고, 당연히 브장송·보르도·캉·몽펠리에·낭시·발랑스처럼 대학교를 가진 도시가 첫 줄에 속하였다. 셰르부르·리옹·메스는 다른 이유에서 선두 집단에 속하였다. 첫번째 경우는 교육자가 커다란 역할을 맡았던 주와 지방의 회원 선출 방식을 반영한다. 셰르부르는 중등학교는 없었지만, 회원의 22퍼센트를 교사 가운데서 뽑았다. 그들은 발로뉴·캉·루앙 같은 곳에서 뽑혀 왔던 것이다. 그러나 셰르부르와는 달리 나머지 2개 도시에서는 중등학교가 여러 개 있었다. 메스의 경우 베네딕투스회와 수도참사회 중등학교가, 리옹의 경우 처음에는 예수회, 그 뒤 오라토리오회와 속인의 중등학교가 개입하였다. 그러나 몇몇 경우를 보건대, 교육자를 불신하지 않았다 해도 대부분은 교육자를 그다지 많이 뽑지 않았음을 알 수 있다. 이러한 경향은 귀족이 가진 배타주의의 산물(몽토방과 아를의 경우 분명하고, 포에서는 준회원의 경우는 아니지만 정회원에 관한 한 역시 사실이다)이거나, 아니면 학교 기관이 보여 준 경쟁 관계의 산물(이것은 마르세유,[85] 툴루즈,[86] 중등학교가 18세기 내내 몰락해 간 빌프랑슈,[87] 그리고 수아송의 경우이다)이었다.[88] 그러나 이 점과 관련해 정회원과 준회원 사이의 중요한 차이는 다른 차원에서 바라보아야 한다. 특히 아카데미 회원이 교육을 맡은 단식서원 수도사에 대해 가졌던 불신을 이해하지 않고서는 해결할 수 없는 문제인 것이다. 아카데미 규정 가운데 3분의 1 이상이 수도사의 시민권에 이의를 제기하지 않았다 해도, 어쨌거나 제한하였던 것은 사실이다.[89] 여기서 우리는 "나는 수도사가 되자마자 그만두겠다"고 한 샬라몽 드 라 비스클레드의 말을 보기로 들 수 있다. 그리고 마르세유의 예에서도 일반적인 문제가 확고하게 남아 있는 사실을 알 수 있다. 정규 수도자를 싫어하는 지방의 단체들이 비록 그들을 제외하는 데까지 나아가지는 않았지만, 그들의 자격을 주로 통신원과 준회원에 국한시켰다. 이러한 태도를 갖기까지는 다음의 두 가지 이유가 작용하였다. 첫번째 이유는 예수회에 대한 재판이 진행되는 과정에서 고등법원 인사들이 뒷받침해 준 것으로서, 민간 단체 이외의 어떠한 것에도 기대지 않으려던 툴루즈의 죄 플로로가 처한 상황 속에서 실마리를 찾을 수 있을 것이다. 어떤 점에서 죄 플로로 회원들은 계몽사상가들이 법률 제일 주의를 주장하면서 계몽 시대의 세계를 뒤흔들어 놓은 갈등에 휘말려들지 않은 채 아카데미 운동을 이끌어 나가려고 했던 것이다. 두번째 이유는 설령 때때로 아카데미 회원들이 주요 인사들에게 예외를 인정해 줄 준비가 되어 있었다 해도, 그들을 수도회의 세계를 뒤흔든 적대감에 휘말려들지 않게 하려는 의지와 관련된 것이다. 이러한 태도는 1773년 마르세유에서 다시 한 번 확인된다. 곧 그곳 아카데미 총재 기가 오라토리오회의 도서관 사서인 역사가 파퐁을 받아들이고자 했을 때의 일이다. "만일 우리가 교단에서 추방당할지 모른다는 두려움에도 아랑곳하지 않고, 문학을 발전시켜 온 종교 단체들은 물론 우리 학회에 가입하려는 지망자들 가운데 한 사람을 받아들일 수 없다고 지금까지 믿어 왔다 해도, 나는 우리의 선배들은 우리 아버지들이 처했던 곤경에 다시 한 번 빠지고 싶어하지 않았음이 분명하다고 말하겠습니다. 우리 아버지들은 마르세유에 모여서 마치 로마에서 키케로가 그렇게 하였듯이 자기 자식을 위하여 어떤 학교가 좋은지 심사숙고하였습니다. 그들은 플라톤이 미의 세 여신을 따르도록 제자들에게 권유하는 그림을 걸어 놓은 아테네의 학교보다 마르세유의 엄격한 학교가 더 좋은지 심사숙고하였던 것입니다. 이같은 우유부단한 태도는 더 이상 있을 수 없겠습니다. 그리고 우리가 스스로 채택한 엄격한 규칙을 생각해 볼 때 선생이시여, 당신은 스스로 남다른 데가 있음을 증명할 수 있었던 것입니다."[90] 이처럼 아카데미 세계가 종교 단체의 문화 전통에 대해 설령 어떤 대화의 가능성을 인정했다 해도, 그들의 본질상 세속화의 관점을 고집할 수밖에 없었던 것이다.

이제 도시 권력에 관계된 명사들, 다시 말해서 행정관·법관·행정가·징세구의 전문 기술자, 그리고 상대적으로 숫자가 적었던 군인에 대해 확인하는 작업이 남아 있다. 그들은 명령과 권력의 연대성을 통해 도시·주 또는 국가를 위한 공통의 봉사라는 임무로 결합되어 있었다. 그들은 도시 명사의 49퍼센트, 아카데미 회원의 45퍼센트, 그리고 정회원의 경우 52퍼센트, 명예회원의 경우 70퍼센트, 준회원의 경우 34퍼센트를 차지함으로써 놀라운 평균치를 보여 주었다. 사회적으로 가장 열려 있는 범주는 역시 가장 닫힌 계급과, 정반대로 세속 권력의 핵심과 제일 멀리 떨어져 있었다. 그 대신 정회원의 세계에서 권력을 쥔 정예 분자의 대표성은 명사 전체 속에서 그들이 차지하는 대표성의 비율을 웃돌았다. 지방마다 다르게 나타나는 이러한 현상을 아주 가까이에서 조사할 경우 하나의 일관성을 끌어낼 수 있다. 전체의 도표 위에 오른 단체 사이에는 거의 변화가 없는 반면, 아주 강한 대표성을 가진 몇몇 집단을 가진 준회원 속에서는 주목할 만한 방향 전환(앙제·부르·브레스트·리옹·메스·빌프랑슈)을 볼 수 있다. 이러한 경향은 명예회원에 이르면 더욱 굳건해지고, 정회원의 범주에서는 압도적인 무게를 지니며 나타난다. 한마디로 지방의 아카데미는 행정 기관의 자식이었다. 그리고 어디서나 이념상의 정당화와 사회적 선택을 고려하게 만드는 수평의 사회문화적 연대감이 확인되었다. 지방 아카데미 회원은 귀족이건 부르주아이건 지나칠 정도로 권력 지향적이었으며, 이 때문에 아카데미 사회는 군주에 대한 봉사에 매혹된 지배층 인사들이 간직하고 있던 조정자의 이상을 완전히 나누어 간직하지는 않았다. 도시마다 선두에 정치와 문화의 선택에서 일치된 공동체가 자리잡고 있었고, 그들의 명성은 더욱 많은 사람들을 제외시키는 데 바탕을 두고 있었다.

　이제 아카데미 회원 구성의 영역을 도시 인구와 관련해 규정하면서 사회의 여러 가지 관계의 중요한 경계선을 정해 보기로 하자.[91] 지금까지 우리는 전체 연감에 관한 연구를 바탕으로 명사의 사회가 얼마나 좁은지에 대해 살펴보았다. 그러나 이러한 심상의 상대성을 사회 직업에 관한 연구의 빛에 비추어 정확히 밝혀야 할 것이다. 어디서나 두 가지 유형의 분열이 나타난다. 첫번째 유형은 아카데미 회원을 배출할 수 있는 잠재력만을 보여 주는 집단을 제한하고, 학술 단체 속에 얼마나 대표를 많이 보내느냐와는 상관 없이 대표를 보냈던 모든 사회 범주를 포함하고 있다. 도시 가장의 17퍼센트가 여기에 관련되어 있었다. 그것은 우리가 벌써 만났던 명사의 세계였으며, 거기에는 우아하게 사는 부르주아, 유한 귀족 계급, 도매 상인과 공장제 수공업자가 포함되어 있었다. 공식 회의의 대중 구성을 볼 때 경제적(재산의 수준에 따른)인 동시에 사회적(수많은 서열화된 상황 속에 처한)인 차이를 가졌음에도 거의 대부분이 이 세계에 소속되어 있었으며, 전체의 통일성은 문화적 단결 속에서 확보되었다. 여기서 봉급생활자·소매상·장색은 모두 제외되었다. 이들의 대표가 학술 단체 속에 완전히 결합되었던 적이 단 한번도 없었다는 사실을 고려하여 내린 결정이었다. 왜냐하면 그들은 낮은 지위와 평범한 역할로 말미암아 따로 취급되었던 만큼 그들의 목적은 '기예에 가입'한 것으로 따로 분류되는 데 있었기 때문이다. 아카데미가 회원을 선출할 때 한번도 넘지 못한 사회적 문턱은 바로 지배 계층과 피지배 계층이 마주 보는 문턱이었다.

그러나 우리는 두번째 대립을 고려해야 한다. 왜냐하면 학술 단체에 가끔씩만 회원을 내보냈던 집단을 예외로 친다 해도, 선출의 범위가 진실로 확장되었다는 것은 분명한 사실이기 때문이다. 이들은 핵심을 이루는 인구의 10퍼센트에도 미치지 못하는 사람들이었다. 국내의 평균은 거의 예외가 없으며, 대다수가 평균 수준임도 확인되었다. 도표는 명사의 2개 집단이 사라졌다는 사실을 솔직하게 강조해 준다. 그들은 부르주아 연금생활자 집단과 도매업자와 제조업자 집단이다. 첫번째 집단에 대해서 말한다면 비록 부르주아 연금생활자가 본질적으로 퇴직연금을 받는 사람이라는 사실을 이미 알고 있다 해도, 여기서 우리는 회원을 나이 든 계급에서 선출하는 아카데미의 경향을 확인할 수 있다. 두번째 집단의 경우(우리는 이 집단에 속한 두 가지 범주가 수많은 통로를 가지고 서로 얽혀 있기 때문에 엄밀히 구분할 수 없다는 사실을 잊어서는 안 된다) 다음과 같은 중요한 의문이 생긴다. 어째서 아카데미의 정예 가운데에는 이윤을 얻는 사람이 그다지 많지 않았을까, 어째서 17개 단체에서는 그들을 받아들이지 않았을까? 요점만 살펴본다면 지방 문화 정예들의 세계는 신분과 동일 목적을 가진 단체의 세계와 일치하였다. 다시 말해 사회적 처지와 집단의 구조와 일치하였던 세계였던 것이다. 아울러 이러한 구조를 위해 많은 대표를 확보해 준 대신 현재의 역사학이 탄생에 대해 추적하는 것으로 만족하고 있는 사회의 새로운 형태들과는 어울리지 못하는 세계였다. 자유 직업, 또는 학술 직업이 이루는 성운은 희미한 모양 속에서 너무나 전통을 무게로 강조하였기 때문에, 오히려 새로 떠오르는 계급이 공격적인 활력을 가졌음을 쉽게 발견할 수 있을 정도였다. 그러나 지방의 계몽주의 운동이 귀족주의에 빠졌다고 너무 성급하게 토론을 매듭짓거나 결론을 내려서는 안 될 것이다. 그러한 사실을 생각하는 데는 여러 가지 방향이 있을 수 있다. 첫째, 명백한 사실을 상기해 보는 일이다. 아카데미 정신은 사회 정예의 소수파인 정예 분자의 문화로서 지배 계급의 문화와 완전히 혼동될 수 없는 것이며, 처음부터 그 나름의 방향과 기능을 유지하고 있었다. 둘째, 계몽주의의 확산을 아카데미 세계에만 한정해서는 안 될 것이다. 바로 이 점이 우리가 그럴 듯한 대답을 찾으려 들기에 앞서 그밖의 동아리와 다른 그물을 연구해야 마땅한 이유라 하겠다. 셋째, 아카데미 속에 어떤 범주가 없다고 해서 그들이 교양을 갖추지 못하였거나 아카데미 문화에 관심을 갖지 못하였음을 뜻하지는 않으며, 다른 집단의 구성원이 부분적으로 없는 사람을 대표할 수도 있다는 사실에 주목해야 한다. 아카데미 회원을 배출한 사회 집단의 직업 분석을 더욱 다듬는 일이 중요한 이유가 여기 있다. 그러나 이러한 연구를 시작하기 전에 우리는 그 시대의 변수를 다시 떠올리고, 회원 선출에서 있을 수 있는 변화를 바라보아야 할 것이다.

이를 위해서는 무엇보다도 여러 가지 범주상의 변수를 없앨 필요가 있다. 명예회원들이 아직도 귀족주의 심상에 집착하고 있는 동안, 조금씩 변화하고 있던 준회원의 세계는 그 운동의 출발기에 문을 열어 시대의 흐름에 적응해 나갔다. 따라서 중요한 변화를 겪은 것은 특히 정회원들이며, 18세기초 20년 동안의 아카데미 회원과 혁명 전 20년 동안의 회원을 전부 비교해 보면 우리가 예상한 심상을 얻을 수 있을 것이다. 신분 분류를 보면 특히 제3신분이 성직자의 자리를 차지하게 되면서 18세기초에 비해 20퍼센트 이상 늘어났음을 알 수 있다. 그러나 이러한 비교는 설득력이 약하다. 왜냐하면 동일한 시간성을 갖지 못한 여러 요소를 뒤섞었다는 점을 굳이 들지 않더라도, 새로 생기는 단체와 1백 년 이상 된 아카데미를 같은 기준으로 볼 수 없기 때문이다. 경우마다 검토하는 연구가 바람직하다는 점에는 이론의 여지가 없을 것이다. 이러한 연구야말로 아카데미 회원 선출 방식이 발전하는 속에서 세 가지 무리, 말하자면 최소한의 이동을 겪은 성실성의 무리(13개 단체), 귀족에게 유리한 변화를 본 무리(5개 단체), 끝으로 부르주아 계층에게 유리한 변화를 겪은 무리(14개 단체)를 드러나게 해줄 것이기 때문이다. 첫번째 무리에는 거의 변화를 느낄 수 없는 새로운 단체가 포함되었다. 예를 들어 오세르처럼 미래가 없는 단체와 아를·아라스·앙제·브장송·브레스트·셰르부르·오를레앙·툴루즈의 과학 아카데미,[92] 그리고 수아송에서 볼 수 있듯이 더욱 복잡한 아카데미들의 핵과 나란히 아장·발랑스·그르노블의 아카데미가 이 집단에 해당된다. 특히 앙제의 예는 혁명기까지 한결같은 대표와 기초를 보여 주었다는 점에서 살펴볼 만한 가치가 있다. (귀족들의 경우 아카데미의 안락의자 가운데 15퍼센트에서 25퍼센트를 차지하였으나, 주의할 만한 변화는 성직자들 속에서 나타난다. 1685년까지만 해도 20퍼센트를 겨우 넘겼던 이들은 18세기 중엽에는 40퍼센트로 증가하였으며, 전국 신분회가 소집되기 전에는 30퍼센트로 안정된 비율을 보였다.) 약간의 이동에도 불구하고 회원직에서 부르주아 계층이 차지하는 비율은 18세기 내내 2퍼센트에도 미치지 못하였다.[93] 이러한 아카데미의 회원 구성은 도시의 안정된 모양을 반영하였다. 도시는 아무런 혁신의 활력도 없고, 교회 종탑의 그림자 밑에서 아무런 잡음도 없이 차분하게 평온한 생활을 해나가며, 구조상의 변화를 조금도 겪지 않았다.[94] 수아송의 경우 그곳은 마치 성당 참사회의 차분한 감독을 받으면서 신중하게 보수성을 지키며 살아가는 작은 섬에서나 볼 수 있는 생활의 질서를 꾸준히 유지하고 있었다. 이에 비해 툴루즈는 좀더 재미있다. 왜냐하면 이 도시의 경우 특히 17세기부터 활기를 띠기 시작한 지성 생활의 사회적 토대가 가졌던 지속성을 보여 주기 때문이다.[95] '가납사니들' 모임은 페르마와 그의 아들 둘을 중심으로 40퍼센트의 자리를 차지한 귀족의 핵심이라 할 고등법원의 정예들과, 학식 있고 좋은 가문 출신인 성직자 1명, 주로 의사와 공직자로 이루어진 부르주아 계층을 모아들였다. 간단히 말해서 이 고전적 집단에서 정신의 혁명을 주도하던 사람들은 실제로 얌전한 유산자이며, 온순한 신민이었다.[96] 20여 년을 조용히 보낸 이 작은 닫힌 세계는 과학 아카데미라는 이름으로 거듭 태어났으나, 배타주의를 움켜쥔 채 귀족의 지배를 받으며 18세기의 20년대를 보냈다. 그 결과 40년대에도 1백 년 전과 똑같은 비율을 지키고 있었고, 부르주아 학자가 몇 자리를 차지하였다고는 하지만, 그것은 성직자의 몫을 얻어낸 것이었다. 오를레앙의 회원 구성도 독특하다. 이곳 아카데미를 보면 그보다 앞선 아카데미의 제각각 다른 성향을 한몸에 통일시킨 듯한 인상을 받는다.[97] 이 문학회의 구체적인 회원 구성은 다음과 같다. 먼저 18세기의 2,30년대를 살펴보면 귀족의 파벌인 법조계나 군인 출신이 회원의 3분의 2로 거의 모두가 장세니스트였으며, 3분의 1이 부르주아로서 교회에서는 단 1명도 내보내지 못하였다. 그러나 40년대에 들어오면 성당의 그늘 아래 주교의 후원을 받는 주교의 단체로 정착하게 된다. 회원 가운데 귀족은 단 1명, 절반 이상이 부르주아, 나머지가 사제였다. 결국 아카데미로 승격한 이 단체는 10년간 존속하는 동안 그 어떤 변화도 보이지 않았다. 이 과정에서 우리는 부르주아만큼 귀족회원을 볼 수 있다. 숫자상 분명히 부족하게 된 성직자는 능력의 분할에 희생되었던 것이다. 요컨대 이처럼 안정된 아카데미들의 집단에 대한 변화는 아주 미묘한 차이를 보였고, 회원 선출 방식이 다양했다 해도 대부분의 경우 제1신분을 희생시켜 가며 수립된 형평은 조금도 손상되지 않았다.

귀족주의를 고수하는 기관은 전혀 일관적이지 못하였다.[98] 이 점에서 부르가 몽토방·낭시와, 라로셸은 루앙과 이웃하였다. 이들은 확실히 귀족적이거나 상대적으로 개방되었던 단체의 혼합이었다. 이러한 단체에서 귀족의 발전을 가져온 동기는 수없이 많다. 그 가운데 1756년과 1783년 사이 귀족의 비율이 23퍼센트로 증가하게 된 부르는 아주 두드러진 경우였다. 샬롱쉬르마른에서는 비공식 문학회가 면허를 받은 아카데미로 변모하였다.[99] 후원을 얻는 과정에서 특권층에 유리하도록 유지된 형평이 깨어졌고, 특히나 브레스의 성직자들은 그러한 작업의 쓰라린 결과를 감당하여야 했다. 라로셸에서도 비슷한 현상을 볼 수 있다. 상급 재판소 관리들의 귀족적 핵이 발휘한 생명력으로 설명되는 이러한 현상은, 무역 도시에 대해 주목할 만한 사례라 하겠다. 루앙도 같은 경향을 따랐던 것처럼 보인다. 그 대신 낭시와 몽토방은 지나칠 정도로 귀족주의 행동을 강조하였다. 그런데 우리는 두 경우 모두에서(물론 그 범위를 너무 과장해서는 안 되지만) 귀족의 반동에 대해 말하지 않는 관행을 가지고 있다. 왜냐하면 거기서는 결코 완전히 문을 닫아 본 적도 없었고, 소득은 언제나 제1신분을 희생시킨

대가로 나왔기 때문이다. 우리는 좀더 정확하게 세속화의 반동이라고 말할 수 있을 것이다.

끝으로 부르주아가 나머지 14개 학회에서 승리를 거두었다고 해도 여기에는 분명한 차이가 존재한다. 먼저 부르주아가 큰 승리를 거둔 빌프랑슈를 보면 이들의 범주가 1세기 동안 두 배가 되었음을 알 수 있다. 또한 리옹에서도 1715년 이전에는 10퍼센트의 자리를 차지하던 부르주아 계층이 1770년을 고비로 70퍼센트를 차지하는 승리를 거두었다.[100] 마르세유에서도 부르주아는 40퍼센트를 얻었고, 클레르몽에서는 47퍼센트를 정복하였으며, 보르도에서는 우리가 앞서의 연구에서 보여 준 것만큼의 승리를 거두었다. 그러나 포·몽펠리에·메스·디종·샬롱·캉·베지에·아미앵처럼 영향력을 행사한 이동이 20퍼센트 정도에 그친 데도 있었다. 이러한 성공을 세밀히 추적한다 해도 전체의 모양을 바꾸어 놓지는 못하며, 결국죄 플로로의 귀족 아카데미까지 물들였던 부르주아 계층의 등장이라는 일반 성격을 확인하게 될 것이다.[101] 리옹의 예를 통해 우리는 전체에 대한 증거를 확보할 수 있다. 이곳에서는 3개의 단체가 꼬리를 이었다. 첫번째 단체는 관직을 보유한 귀족들과 1735-40년까지 중요한 중등학교의 예수회가 지배한 곳으로서 단지 부르주아 계층의 변호사에게만 문을 열었다. 두번째 단체는 교수·의사·기사들이 학식 있는 성직자 다수와 함께 승리를 거둔 부르주아 단체로 확인되었다. 마지막으로 그전의 전통을 그대로 유지한 채 아카데미의 틀을 갖추고 소집된 단체를 들 수 있다. 부르주아 계층은 거기에 당당히 들어갔지만, 그것은 특권층의 두드러진 대표성을 가지고서였다. 더욱이 그들의 승리는 새로운 범주의 가입과, 다른 데보다는 못하지만 성직자의 후퇴에 바탕을 둔 것이었다.[102]

이 첫 평가를 마치면서 우리는 모든 지방 아카데미 속에서 사회 관계를 지배하는 규칙이 이상하게도 복잡해 보인다는 인상을 받게 된다. 그러나 지역의 차이와 범주의 차이를 넘어서 아카데미 회원 집단의 옆모습이 확연하게 드러난다. 아카데미 회원은 어디서나 무르익은 남자로서 젊은이는 거의 없고, 늙은이는 더욱 드물었다. 수명이 특히 길었던 이들은 자신의 자리를 언제나 30년 이상 유지하였다. 전체로 보아 이들은 명성의 가치와 문화의 규범, 학술 활동, 지배층에 속하는 사실 따위의 뒤섞인 기준에 의해 선발되었다.

아카데미에 대해 우리는 다음과 같은 세 가지 교훈을 얻을 수 있다. 첫째, 회원 구성의 일반 모범이 존재한다는 사실이다. 둘째, 어떤 계급이 쇠퇴하는 사실만을 강조하려고 지나치게 서두르는 역사 서술에도 불구하고 귀족 계급은 여전히 문화적 역할을 계속 행사하였다는 점이다. 끝으로 부르주아 회원이 상대적으로 늘었다는 사실이다. 아카데미 단체의 일반적 통일성에서는 귀족의 반동이라는 관념이 끼어들 수 없다. 그 대신 그들은 1백 년이라는 세월 동안 점점 더 세속화되는 지성인의 세계를 끌어안았다. 그리고 이들 새로운 '지식인들'은 종교의 원칙과는 관계없는 전통에 바탕을 둔 기준을 가진 문화를 다듬었다. 비록 우리가 그 범위를 과장해서는 안 된다 해도 신학상 논쟁을 피하고, 수도 성직자를 업신여기며, 사제들에게 호소하지 않는 것이야말로 실제의 거동이었다. 끝으로 부르주아가 거둔 승리는 거의 완전하다고는 볼 수 없는 것으로서(몽펠리에를 제외하고) 언제나 상대적 관점에서 평가해야 할 것이다. 이제 우리는 한편으로는 확고한 권력을 누린 귀족을 인정하고, 다른 한편으로는 승리하는 특성을 보여 주기보다는 전통적 형태로 나타나는 부르주아의 모호한 성격을 가진 아카데미 단체의 주요 방향에 맞는 분석을 정확히 해야 할 것이다.


## 2. 귀족과 권력


제2신분의 대표에게 아카데미의 문을 열어 주었다는 사실을 통해 우리는 그들에 대한 배려뿐만 아니라, 계몽주의가 지방으로 확산·발전하고 도시의 문화 전통이 형성되는 과정에서 그들이 맡은 역할도 확인할 수 있다. 사실 프랑스 각 지방의 사회에서 농촌 귀족과 도시 귀족 사이에는 중요한 틈이 있었다.[1] 예를 들어 일상의 여러 지평, 재산, 공공 사업에 대한 참여도, 여가 활동과 지성에서 깊은 차이를 보였던 것이다. 그러므로 도시 귀족인 아카데미의 귀족은 지방 귀족의 일부에 지나지 않았고, 그들의 문화 행위는 도시의 경영에서 첫째 역할을 맡으려는 의지와 주로 일치하였다. 그 때문에 그들은 사회의 다른 범주의 행동을 이끌었고, 부르주아 계층에 대해 매력적인 권한을 행사하였으며, 사교 생활의 공동체를 자극하였다. 그러나 이러한 도시 귀족 안에서도 귀족 세계를 갈라 놓는 여러 가지 차이 때문에 이질성이 두드러지게 나타나는 듯하다. 기원과, 누가 먼저 귀족이 되었는가 하는 문제의 다양성 및 여러 가지 사회 기능 때문에 아카데미 귀족은 지극히 미묘한 차이를 보여 주었다. 그러나 제1신분에 속한 고위 성직자나 성당 참사원, 장교와 군인, 국왕의 신하와 행정가, 상급 법원의 대법관과 하위 사법직의 군소 법관, 이제 막 평민의 티를 벗고 귀족이 된 전통 가문의 대표 등 모든 사람들은 아카데미의 질서를 통해 공동체의 이상 구현과 군주에 대한 봉사를 하나로 결합시켰다. 모든 아카데미의 질서는 문화 통합의 이상으로 뭉쳤다. 17세기말부터 귀족에 관한 연구는 이러한 질서에 속한다는 것이 단순히 혈통의 자격에만 의존하는 것이 아니라, 자기 서열을 지키는 방법과도 관련되어 있다는 생각을 왕실 전체에 널리 퍼뜨렸던 것으로 보인다.[2] 다시 말해 아카데미의 귀족들이 그들의 보호 행위나 참여 행위 속에 그들의 권력으로부터 나오는 영향력을 실었다는 사실은 의심의 여지가 없다.

　제2신분이 사회에서 차지하는 여러 현실에 주의하면 아카데미 귀족의 실제 자질을 가늠할 수 있게 되고, 곧이어 그들 내부에서 결정된 서열이 아니라 해도 최소한 기능의 다양성과 일치하는 사회 분화에 대해 간단한 그림을 그릴 수 있게 될 것이다. 우선 사법상의 성격을 강조함으로써 등록부와 예찬론에 의해 세심하게 수집된 헛된 칭호보다는[3] 문헌에서 말하지 않은 부분에 더욱 관심을 보일 것이다. 비록 아카데미에서 상석권을 분명히 존중하고 있지만 아카데미의 관행상 귀족 세계 내부에 어느 정도의 파벌이 있다는 사실을 아주 드물게 언급할 뿐이라는 점을 명백히 볼 수 있다. 그러나 문서에 언급되지 않았다고 해서 속을 수는 없다. 그것은 사회 관계 속에 최대한의 투명함이 있다는 전제가 되며, 벌써 공존을 넌지시 인정한다는 사실을 함축하고 있기 때문이다. 우리가 이 분야에서 끌어낼 수 있는 증거는 아주 적지만, 그 중 하나는 수많은 서열이 이루어진 아카데미를 가진 디종에 관한 것이다. 특히 여기서 주목해야 할 점은, 분담이 불평등하지만 필요하다고 옹호했던 리샤르 드 뤼페가 주의를 환기시켰다는 사실이다. 당시의 토론을 간단히 요약해 보자.[4] 1766년 근위대 장교인 기사 토마생 드 쥐이는 비거주 회원에 뽑혔다. 그 뒤 2년이 되기도 전에 그는 회원직에서 물러나면서 자신의 출생과 전통 귀족 자격, 왕국의 가장 중요한 군대에서 얻은 품위, 이 부대의 명예를 생각한다면 당연히 명예회원에 뽑혀야만 될 것이라는 사실을 들면서 자신의 행동을 정당화하였다. 뤼페는 이에 대해 기사 쥐이는 '부르주아 신사'에 불과하며, 그가 "한번도 존재한 적이 없는 귀족 확인서를" 얻었다는 것은 "이기심에 적합한 협잡이며, 대신들은 거기에 대해 눈을 감아 주는 월권을 자행하였다"고 하면서 악의에 찬 비난을 늘어 놓았다.[5] 이 사건은 그 자체가 진부한 성격을 띠고 있었지만, 한 세기에 걸친 유일한 사건이라는 점에서 중요하게 보일 수 있다. 아울러 이 사건 때문에 제2신분에 대한 두 가지 개념 속에 포함된 대립처럼 등록부가 말하고 있지 못한 것도 예외적으로 나타나게 된다. 첫째 개념은 좀더 오래 되고, 혈통과 가문의 권리에 대해 때늦은 이론을 제공하는 이론가들이 다시 한 번 주장하는 내용이다. 다시 말해 16,7세기 법률 전문가들이 거듭되는 출판을 통해 맥을 이어온 개념으로서, 상속과 전통을 무엇보다도 으뜸으로 치고 있다. 둘째 개념은 시사 평론가와 작가는 물론 귀족의 권한에 대한 전문가의 글 속에서 조금씩 발전한 것으로서, 국가가 인정한 공적을 먼저 생각해야 한다는 주장을 담고 있다.[6] 기사 쥐이는 아카데미 회원에게 보내는 편지에서 이같은 의식의 복잡성을 잘 보여 주었다. (그는 자신에게 제공된 자리를 받아들이는 데 동의할 수 없었다.)[7] "저는 실로 그 자리에 실망하였습니다. 왜냐하면 그것은 진실로 인재들의 자리이기 때문입니다. 그러나 등급에 대한 허영심은 거기 들어설 틈이 없습니다……. 우리는 문인들에게 유용성에 대한 사랑이 만들어 놓은 차이 외에는 아무런 차이를 두어서는 안 될 것입니다. 그리고 철학이 모든 아카데미 속에서도 자신에게 가장 위험한 적이라 할 자만심을 부추기려고 한다는 사실을 보면 놀라울 뿐입니다. 재산처럼 태생이라는 우연이 공적을 뒤흔들고, 단지 덕성에게만 주어져야 할 구별을 그러한 우연에도 적용시켜야 하겠습니까?" 토마생 드 쥐이와 리샤르 드 뤼페 사이의 말다툼은, 귀족이 된 사람인 공적의 지지자와 전통 귀족인 혈통의 지지자 사이의 대립과 불화를 생각나게 만든다. 디종 사건의 독특한 모습이 분명히 드러났다 해도 그것만으로는 아카데미 세계의 매서움을 증명하기에 충분치 못하였다. 그렇다면 우리는 이 아카데미 세계를 귀족이 동화되는 전형적인 장소라고 말할 수 있을까? 만약 그렇다면 이른바 귀족의 통일성은 그외 다른 곳에서 정교하게 다듬어졌던 공공 봉사라는 이념의 중요한 사회적 바탕 가운데 하나로 보일 것이다. 그러나 성급한 결론을 내리기 전에 한편으로는 서로 마주 보는 귀족 집단의 상대적 중요성을 가늠하고, 될 수 있는 대로 귀족을 인정하는 지방의 여러 가지 방식을 살펴보아야 할 것이다.

아카데미의 문헌은 언제나 누가 먼저 귀족이 되었는지에 대한 불확실한 기원을 따지는 것으로 만족하는 이 분야에 전혀 도움을 주지 못한다. 그러나 가문집(家紋集)과 여러 집안의 경력을 읽어보면, 확실한 혈통을 인정받으려면 3세대가 필요하다고 못박아 놓고 있음을 알 수 있다. 이들은 귀족 증서를 받아 귀족이 된 사람들이다. 그러나 이름의 전통을 전적으로 중시하였다는 점은 과장일 것이다. 귀족의 자랑을 서열화하고, 사회적 현실을 자세히 구분하기 위해서는 다른 기준도 필요하였으며, 각종 봉사의 질은 뿌리가 약한 가문의 약점을 널리 보완해 줄 수 있었던 것이다.[8] 그러나 아카데미 귀족들을 누가 먼저 귀족이 되었느냐는 기준에 따라서만 살펴보는 데에는 형평의 심상이 필요하다.[9] 귀족회원의 47퍼센트가 기껏해야 4세대 전부터 귀족이 되었고, 25퍼센트가 이 한계를 넘었으며, 나머지 28퍼센트만이 남자 쪽 혈통에서 7대를 넘었던 것이다. 지방 아카데미는 실제로 회원을 선출하는 데서 파리의 총괄 징세청부업자 집단보다 덜 개방되었으나 고등법원에 비한다면 훨씬 너그러웠다.[10] 노르망디의 상급 법원은 1774년과 1789년 사이 귀족회원을 75퍼센트 이상 가졌고,[11] 파리 고등법원[12]에서는 판사 둘 중 하나가 4대 이상의 귀족 가문 출신이었다. 지방 아카데미의 회원이 되는 일은 상당한 명성을 안겨 준다는 점에서, 도시 정예 분자들의 '매력적인 동아리'[13]에 들어갈 수 있는 방법이자 지방 귀족의 여러 서열 속에서 인정받는 자리를 얻는 방법 가운데 하나로 보였다. 귀족 사회

의 통일성은 아주 흥미로운 사실이라 할 수 있는 회원 선출 과정에서 드
러나게 된다. 왜냐하면 각 부류의 차이가 별로 중요하지 않을 뿐만 아니
라, 그 차이가 귀족이 된 사람과 전통 귀족 사이에 있다기보다는 후자 안
에 있었기 때문이다.[14] 인정받는 혈통을 가진, 그러나 최소한 7대 이상 귀
족 신분을 누리는 가문은 명예회원과 준회원보다 정회원 사이에 더 많았
다. 비교적 뿌리가 얕은 귀족이 지방에서 맡은 역할은 이처럼 **반대 추론**에
의해 두드러진다. 요컨대 우리는 18세기를 통틀어 이렇다 할 시간상의 변
화를 느낄 수 없다. 전통 귀족의 수는 언제나 반 이상이었고, 지방간의 차
이는 여전히 빈약하였기 때문이다.

그러나 전체의 회원 선출뿐만 아니라 모든 부류의 차이에 대해서도 지
방의 차이를 찾을 수 있다. 대체로 열한 군데 아카데미가 귀족 증서를 받
은 사람들에게 전국 평균보다 훨씬 더 개방되어 있었다. 가장 두드러진 경
우가 툴루즈의 과학 아카데미로서, 거기서는 얼마 전에 귀족이 된 사람이
60퍼센트 이상이었다. 아라스·베지에·보르도·샬롱·클레르몽·디종·
리옹·낭시·빌프랑슈에서는 최소 47퍼센트에서 최대 60퍼센트를 받아들
였다. 그 대신 열 군데 미만의 아카데미는 60퍼센트 이상의 전통 귀족을
회원으로 가지고 있었다. 그들은 아장·아미앵·아를·브장송·부르·브
레스트·셰르부르·님·발랑스 같은 아카데미들이다. 이 집단에서 귀족의
선출이 분명히 확인된 아카데미가 세 군데(아를·브장송·브레스트)에 이
른다 해도, 이러한 현상을 전체적인 상관 관계와 연결시켜 생각해서는 안
될 것이다. 귀족을 회원으로 선택하는 데는 여러 가지 동기가 작용하며, 지
방 사회의 귀족이 갖는 여러 가능성과 함께 그들의 재능도 고려 대상이
되어야 할 것이다. 이같은 타협은 귀족 증서를 받은 사람이 정회원이 되는
데 필요하였고, 유리하게 작용하였다. 대다수의 학회에는 사실상 귀족이
된 사람들이 45퍼센트 이상 있었고, 전통 귀족이 지배하던 일부 아카데미
는 거의 사라졌다. 이에 비한다면 준회원의 경우는 완전한 대조를 이룬다.
20여 개 학회가 귀족 증서를 받은 사람을 47퍼센트 이상 받아들였고, 그
중 6개가 60퍼센트 이상이었다. 명예회원이 보인 대조는 훨씬 더 분명하
다. 5개 단체만이 명예회원 가운데 이러한 사람을 40퍼센트 정도 보유하고

있었기 때문이다. 기능과 함께 누가 먼저 귀족이 되었는가도 고려 대상이 되었다. 하지만 요컨대 누구나 개방의 보통 모범을 따른 것처럼 보이며, 단지 각 도시의 원래 모양에 관계된 지방 환경만이 그 모범을 다소 바꾸어 놓았다.

이리하여 브레스트[15] · 셰르부르[16] · 발랑스[17] 같은 여러 도시에서 들추어 본 결과 귀족이 된 사람의 비율이 낮다 하더라도 하나의 공통 요소에 의해 설명될 수 있다. 이 세 경우 모두 지방 귀족은 미미하였으며, 아카데미의 귀족회원은 대부분 지방 귀족이거나 군인이었다. 브레스트의 아카데미는 그곳 주요 기관의 관리들에 의존하였고, 셰르부르에서는 수비대와 항구의 군인들, 그리고 발랑스에서는 포병학교와 도피네 지방 군사 귀족의 장교들에 각각 의지하였던 것이다. 모든 결과가 세 가지 범주의 아카데미로 수렴되는 것은 정회원 가운데 나타나는 단체 대표들의 무게 실린 선택을 전제로 하며, 그것은 다시 한 번 자동 결합의 힘을 두드러지게 만들어 준다. 좀더 확실한 보기를 들어 보면 비슷한 결론을 얻을 수 있을 것이다. 브장송의 경우[18] 정회원과 준회원은 중요한 세 집단에서 선발되었다. 첫째, 40여 명이 전통 있는 가문을 대표하였다. 거기서 우리는 주교좌와 정부의 요직을 차지한 궁정귀족뿐만 아니라 지방의 계보를 가진 중요한 집단도 볼 수 있다. 슈아죌 · 뒤르포르 · 뒤라스 · 로르즈 · 랑당 · 탈라르 · 세귀르 가문들이 생 조르즈 평신도회[19]에서 볼 수 있는 마르네지아 · 몽바레 · 툴롱종 · 보프르몽 같은 사람들과 나란히 자리를 차지하고 있다. 둘째, 콩테의 전통 귀족에 완전히 결합된 고등법원의 전통 가문들이 뽐내고 있다. 그들 가운데 가장 저명한 가문만 꼽는다면 베르저레 · 보케 · 시플레 · 테리에 드 클레롱 · 브제 같은 가문이 있다. 마지막으로 우리는 브장송의 새로운 관복 귀족 가문, 재정직 관리, 국가 행정을 대표하는 군인과 소수의 기술자들을 볼 수 있다. 이들은 귀족이 된 사람들로 모두 합해서 50명 정도이다. 대개 귀족의 통일성은 고등법원 인사들이 전통 가문과 결합하고, 이미 귀족에 동화된 사람과 귀족이 된 사람이 만나며, 파리 사람들과 콩테 사람들이 서로 교환되는 데서 비롯되었다. 아카데미의 회합을 통해 전통 귀족과 귀족에 서임된 사람들뿐만 아니라, 오래 전에 귀족이 된 평범한 가문과 훌륭한 혈통을 가진 가문 사이의 거리도 좁혀질 수 있었다. 설령 지방의 아카데미가 맡은 역할과 사람들이 가진 기능이 기원의 서열보다 더 중요했다 해도 이 서열 역시 눈여겨보아야 할 것이다.

우리가 일반적인 대답만으로 만족해야 한다 해도, 거의 90퍼센트의 경우에서 아카데미 귀족 가문이 평민에서 출발하였음을 확인할 수 있을 것이다. 여기서 전통 무사의 혈통은 지극히 적다는 사실을 알 수 있다.[20] 그러나 사료의 부족으로 지방 명가의 문장을 충분히 조사할 수 없기 때문에 아무런 문제도 해결할 수 없다. 더욱이 18세기부터 오늘날에 이르는 족보 학자들의 너그러운 태도 때문에 문제는 뒤죽박죽되었다. 아울러 전통성이 사회에서 빠르게 떠오르는 이유의 모호성을 가릴수록 그 전통성은 더욱 강조된다는 인상을 받았다. 툴루즈의 죄 플로로 아카데미와 과학 아카데미에 고등법원 선임 재판장('선임 재판장 모자'는 권위의 상징이었다. 특히 고등법원의 수석 재판장은 넓은 금테를 2개 두른 검은 빌로드 모자를, 선임 재판장은 좁은 금테를 1개 두른 검은 빌로드 모자를 썼다)과 군대의 국왕 대리관을 대표로 내보낸 리케 드 카라망 가문은 자신들의 뛰어난 혈통을 공공연하게 내세웠다. 궁정에서 명예를 얻은 그들은 프로방스의 리케티 드 미라보 가문의 이름과 비슷한 지위를 가진 성을 자신의 것으로 삼았던 것이다.[21] 국왕의 족보학자들과 지방 아카데미가 속아 넘어갔는지에 대해서는 아무런 증거가 없다. 그러나 랑그독의 귀족들이 "남부의 대규모 운하 사업 때문에" 리케 가문에 대한 존경을 잊을 수 없다 해도, 이 가문이 베지에의 평범한 대소인 후예라는 사실을 기억하고 있었을 것이다. 리옹에서 과학 아카데미에 3명의 회원을 내놓은 피아넬로 드 라 발레트 가문은 자기네 혈통이 샤를마뉴까지 거슬러 올라간다고 주장하였다. 그들은 자신들의 기원이 제노바에 있다는 점을 들어 아직도 상업을 가까이하고 있던 가계를 모호하게 만들었다.[22] 아직까지도 17,8세기의 프랑스 귀족에 관한 폭넓은 조사가 이루어지고 있지 않지만, 지금으로서는 당시에 뿌리내린 아카데미 기관 속에 들어간 귀족들을 통하여 귀족이 될 수 있는 장치가 여럿 있었음을 확인할 수 있다. 예를 들어 리옹에서는 세 종류의 직책을 가지면 도매 상인이나 평민 법관에서 제2신분으로 오를 수 있었다. 시행정관직, 상급 재판소에 결합된 소비세 재판소, 프랑스 재무국에 속한 직책이 여기에 해당되었다.[23] 리옹 아카데미의 귀족회원은 거의 전부 이러한 기관 가운데 하나를 거쳤으며, 대부분 얼마 전에 비로소 귀족이 된 사람들이었다. 4대 이상 동화된 귀족은 중대 결단을 내린 대표들을 둔 가문으로 구성되었다. 재판장 로랑 뒤가의 자식들이 바로 그러한 경우였다. 화폐 재판소에서 일하였던 피에르와 군인인 프랑수아도 그의 뒤를 이어 전통 귀족처럼 존경받을 수 있었다. 우리는 이같은 모범을 파르시외 가문이나 클라레 드라 투레트 가문에서도 찾을 수 있다. 툴루즈에서[24] 우리는 아카데미 회원의 4분의 3에 해당하는 계보가 지방 행정직을 가졌기 때문에 귀족이 된 사람들이라는 사실을 알게 되었다. 최고의 전통을 자랑하는 고등법원 가문도 이러한 규칙에서 예외가 될 수는 없었다. 시행정관인 장 바티스트 달드기에는 이 점과 관련해서 툴루즈 시의 역사에서 다음과 같이 기록한 바 있다. "고등법원의 인사들은 거의 모두가 시행정관 출신이며, 따라서 아무도 그 점을 감추지 못한다."[25] 브장송·보르도·디종·그르노블·메스·낭시·포의 경우 고등법원에 접근하는 일이 점점 더 어려워졌다고는 하지만, 얼마 전에 귀족이 된 고등법원 인사가 아카데미 회원이 되었다는 사실을 통해 평민 가문들의 야망이었던 신분 상승에 대한 꿈을 확인할 수 있다. 더욱이 귀족의 대열에 끼는 다른 방식도 비슷한 역할을 하였다. 예를 들어 몽토방과 몽펠리에에서 소비세 재판소를 거친 사람들의 절반 이상이 신분 상승을 꾀할 수 있었고, 아미앵 같은 도시에서는 재정직을 사거나 바이아즈의 사법직을 거침으로써 귀족에 이를 수 있었다. 이러한 현상은 샬롱과 앙제에서도 마찬가지였다. 그리고 아라스에서는 여러 아카데미 회원의 조상들, 곧 브리와·르페브르·앙라르·포아시에 가문이 참여한 아르투아 의회를 가장 존중하였음을 알 수 있다. 얼마 전이나 오랜 전통을 가진 가문의 공동체는 아카데미 사회를 더욱 단단하게 묶어 주었다. 그곳에서 전통 귀족과 귀족에 낀 사람들 사이의 다툼은 관복 귀족과 무관 귀족 간의 다툼 수준에 불과하였으며, 대신 그들의 단결은 아마 지방 수도가 갖는 중요한 특성 가운데 하나였을 것이다. 툴루즈의 보기는 잘 알려져 있지만 그밖의 고등법원을 가진 도시도 사정은 다르지 않았다.[26] 보르도에서는 거의 모든 법조계 인사의 차남 이하가 군대에 있었다. 특히 궁정과의 소송 사건에 말려들었던 차장검사 뒤파티의 동생은 그 당시 총사였으며, 군복무를 마치자마자 라로셸의 상급 재판소 명예 기사직을 샀던 것으로 알려져 있다.[27] 그르노블의 재판장 바랄의 동생도 군인이었다. 개개인의 보기에서 일반 법칙을 끌어낸다는 일이 어렵다 해도, 그리고 아카데미 세계에 속한 귀족 사이에 수많은 차이가 있다 해도 그것이 결코 싸움으로 나타난 적이 없다는 사실은 분명하다. 그와는 반대로 문화의 통일성을 얻으려는 확고한 의지가 자주 나타났다. 예를 들어 브장송에서 마르네지아 후작을 회원으로 받아들인 데에는 고등법원 판사 드로즈의 역할이 컸다. 다시 말해 그의 노력에 힘입어 지방 아카데미가 거듭 강조하였던 '신분들'의 결합과 '인재와 혈통 사이의 화합'이라는 주제가 더한층 발전되었던 것이다. 그는 마르네지아 후작의 선출을 마치 그가 소속한 국왕의 연대 장교단에 대한 보상인 듯이 소개하면서, 그가 아카데미를 위해 할 일은 무관 귀족이 평화의 기술을 실천하면서 쉴 수 있다는 증거가 될 것이라고 하였다. "여러분이 모든 신분 속에 경쟁을 불러일으키려고 주의할 때 문학의 업적과 군사 활동을 결합시킬 수 있으며, 마치 혈통이 좋은 사람들이 인재들에 대해 생각하듯이, 인재들은 그들에게 새로운 광채를 준다는 사실을 여러 가지 보기를 통해 공공연히 보여 줄 수 있습니다."[28] 귀족들의 화합은 봉사의 자질이 혈통의 전통과 경쟁하게 되는 모든 공적에 관한 이념의 한 부분이 되었다. 아카데미 정신은 여기서 프랑스 군주정의 은근한 행동 방침 가운데 하나를 추구하였으며,[29] 아카데미의 귀족회원들은 문화적 힘을 인정하는 가운데 사회의 다양성보다는 강한 집단의 통일이라는 의식을 반영하였다.

우리는 아카데미의 귀족을 다섯 가지 중요한 범주로 나눌 수 있다.[30] 전체 회원의 15퍼센트에 달하는 거의 4백 명의 귀족 성직자 집단을 한편으로 치워 놓으면, 곧이어 속인 귀족의 35퍼센트를 차지하는 관직 보유자, 23퍼센트를 가진 군인, 지방에서 중앙 행정에 참여하는 18퍼센트의 지방 대표들, 16퍼센트를 가진 지방의 비활동 귀족들을 차례로 분류할 수 있다. 그러면 전체 귀족의 7퍼센트도 못 되는 활동 귀족의 작은 핵이 남게 되는데,

의사·학자·문학가·교수·변호사·도매 상인들이 여기에 해당되었다. 이같은 사회 직업의 서열이 비록 사회의 서열을 다시 한 번 재단하는 일이라 해도 사회의 서열과 정확하게 일치하지는 않는다. 그러나 만일 우리가 지리상의 차이와 부류상의 차이를 생각한다면, 사회 직업의 서열은 사회의 서열을 좀더 잘 제시할 수 있을 것이다. 게다가 상황에 따라 실제로 불확실한 면뿐만 아니라 어떤 부류에서 다른 부류로 지나가는 모습을 볼 수 있다 해도, 이들 직업상의 서열이 도시 귀족의 사회 그물 속에서 아카데미 사회가 닻을 내리는 지점을 대표한다는 사실을 있는 그대로 분명하게 볼 수 있다.

귀족 성직자는 보호 역할과 지방 대표들의 자질을 통해 특별한 명성을 누렸다. 1백여 명의 주교와 수많은 부주교를 배출한 거의 3백 명에 달하는 성당 참사원과 원장신부가 거기 속해 있었다. 고위 성직자는 주교좌가 없는 부르·셰르부르·빌프랑슈와 앙시앵 레짐의 마지막 고위 성직자가 도서관 설립을 부추긴 그르노블을 제외하고는 어디서나 볼 수 있었다.[31] 주교의 비율은 정회원과 준회원——각각 성직자의 9퍼센트와 4퍼센트—— 보다 명예회원——56퍼센트——가운데서 훨씬 높았다. 이러한 차이를 통해 우리는 그들의 참여가 업적을 내는 일보다는 보호나, 때때로 감독의 경향을 띤다는 사실을 주목할 수 있다. 하지만 그렇다고 해서 트루아의 퐁세 드 라리비에르나 몽토방의 르프랑 같은 다수의 고위 성직자가 벌인 실제 행동을 잊어서는 안 될 것이다. 마르세유의 벨중스 예하는 1753년 은퇴할 때까지 수많은 개인 회합에 참가하는 동시에 아카데미 생활을 함께 하였다.[32] 나르본의 주교좌를 대표해서는 피에르 드 라 크루아 드 카스트르·크리용·디용·르구 드 베르셰르·앙투안 드 라 로슈 에몽, 몽펠리에 주교좌를 대표해서는 콜베르 드 크루아시·베르즈 드 샤랑시·빌뇌브· 조제프 프랑수아 드 말레드, 그리고 툴루즈를 대표해서는 로메니 드 브리엔 같은 랑그독의 고위 성직자들이 몽펠리에의 명예회원 명단에 올랐다. 몽펠리에로 보아서 물론 이보다 더 명예로운 일은 없었을 것이다. 수아송·샬롱·브장송·님·앙제에서는 5명에서부터 10명에 이르는 고위 성직자를 찾을 수 있으며, 툴루즈의 죄 플로로에서는 9명, 마르세유·몽토방·보르도에서는 4명, 클레르몽에서는 3명을 찾을 수 있다. 대체로 보아 고위 성직자의 확실한 참여는 단순히 보호의 차원에서 만족하는 것이 아니라 활동력을 보여 주었으며, 그들과 가까이 있는 참사회원과 부주교들도 그들의 활동을 본떴다. 그들은 대부분 리옹의 생장, 마르세유의 생빅토르 같은 중요한 성당 참사회에 속해 있었지만 그보다 덜 빛나는 기관에서 모집될 수도 있었다. 그들 전체가 활발한 집단을 이루었던 만큼 눈에 띄는 인물도 많았다. 마르세유 아카데미에서 가장 많은 청중을 확보한 종교인 가운데 한 사람이 폴 오귀스탱 드 포라드였다는 데는 의심의 여지가 없다. 그를 통해 우리는 제1신분의 귀족을 단단히 엮어 주는 기본 연대감을 볼 수 있다.[33] 그의 아버지는 엑스의 회계 검사원 위원이었으나, 그의 귀족 신분은 1669년에 나온 점유 확인 판결에 따라 오랜 혈통을 가진 것으로 알려졌으며, 참사원인 삼촌의 직책을 물려받게 되어 있었다. 장세니스트였던 그는 바로 그 점 때문에 학회를 창설하는 과정에서 벨중스 예하에게 의심을 받았다. 오라토리오회와 보베중등학교에서 공부를 마치고 소르본에서 학위를 받은 뒤 해박한 지식으로 파리에서 크게 인정을 받은 후 학회에 부지런히 참석하였으며, 아카데미가 완성시키고 싶어하던 마르세유 역사를 주도한 사람들 속에 끼게 되었다. 라발의 귀족 집안에서 태어나 생쉴피스에서 공부하고, 주교구의 종교 강연을 창시하였으며, 발레의 생쉴피스 수도 원장이 된 자크 피에르 코텔 드 라 블랑디니에르의 사람됨은 비교할 만한 모범을 제시해 준다고 하겠다.[34] 매부인 르 코르베지에가 자리를 차지하고 있던 앙제 아카데미에 뽑힌 그는 거기서 때마다 훌륭한 연설을 하였다. 그 중에서도 페늘롱과 퐁세 드 라리비에르에 관한 그의 연설은 교단으로 소환될 정도로 반향을 불러일으켰다. 블루아 성당의 참사원과 부주교, 베르두 수도원(오슈 주교구) 원장신부를 거친 그는, 83세에 파리의 생쉴피스 신학원으로 은퇴하였다. 지방의 훌륭한 가문과 연결된 박식하고 활동적인 이 두 성직자들이 귀족 성직자 전체를 대변할 수는 없지만, 그들은 귀족 성직자의 중요성을 알려 줄 뿐만 아니라 그들에게 아카데미 회원의 자리를 가져다 준 이해 관계와 기원의 공동체를 분명히 보여 주고 있는 것이다.

관직자 집단은 전체 귀족 아카데미 회원의 35퍼센트로서 가장 중요한 집단을 이루었다.[35] 그러나 관심을 끄는 부류의 차이가 재판소와 사법직 대표들이 지역에서 직접 행사하는 영향을 두드러지게 보여 주는 한 이들의 차이에 주목해야 할 것이다. 그들은 준회원의 20퍼센트와 명예회원의 28퍼센트에 불과한 데 비해 정회원의 48퍼센트를 넘었던 것이다. 물론 지방의 관복 귀족은 활동적이기를 원하였고, 직접 학술 단체의 정규 업적에 참여하고 싶어했다. 고등법원을 가진 도시들이 첫번째 서열에서 눈에 띈다고 해서 놀랄 필요는 없다. 루앙과 죄 플로로 아카데미는 귀족회원의 69퍼센트 이상, 메스는 64퍼센트, 보르도는 61퍼센트, 포는 60퍼센트, 그르노블은 58퍼센트, 디종은 55퍼센트 이상을 각각 가지고 있었다. 주요 법관들의 참여는 그들이 도시에서 차지하는 서열과 역할에 따라 확인된다. 어쨌든 우리는 고등법원이 있는 도시에서조차 그밖의 다른 상급 법원의 영향을 무시할 수 없을 것이다. 보르도의 재판장 바르보, 디종의 리샤르 드 뤼페, 그르노블의 두다르 드 라 그레와 모로 드 베론은 소비세 재판소나 회계검사원 출신이었다. 전체로 보아 이들은 연구와 직업적 실천을 통해 사회적인 통일을 성취하고, 사교성과 기본 연대감에서 긴밀히 결합된 사회 계층이었다. 그러나 고등법원을 가진 3개 도시는 약간 처졌다. 법관의 39퍼센트만을 대표로 보낸 브장송의 경우 아직은 법관이 다수파였지만, 사람들은 그들이 군인을 배출하는 전통 가문과 문화적인 융화 정책을 썼다는 사실을 상기하였다. 낭시에서는 44퍼센트로서, 이처럼 낮은 비율은 로렌 지방의 상원의원들을 뒤늦게 모집하였기 때문이다. 로렌 지방의 대법관 라 갈레지에르에게 반감을 가졌던 낭시의 고위 법관들은 재판장 루브루아가 회원으로 선출되는 1764년까지 회원이 될 수 없었지만, 등록부에는 '사법의 우두머리'는 "인재와 인재를 키우는 사람들을 사랑하는 문학인이라는 단순한 자격으로" 뽑혔노라고 명시하였다.[36] 아라스가 40퍼센트라는 미약한 비율을 보인 데에는 아르투아 귀족 가문의 수많은 대표에게 문을 열어 준 포쇠의 영향이 크게 작용하였다. 다른 상급 법원이 자리잡고 있는 도시의 관리들도 역시 고등법원을 가진 도시들의 관리들과 같은 수준이었다. 몽토방은 54퍼센트, 몽펠리에는 거의 40퍼센트, 끝으로 클레르몽은 50

퍼센트를 기록하였다. 특히 몽토방의 보기는 관리 계층의 성원들이 직업과 가문의 관계를 이용하여 어떤 식으로 아카데미의 회원 선출에 관여하였는지를 보여 주었다는 점에서 주목할 만하다.[37] 그들의 면면을 살펴보면 장 앙투안 드 사비냑·아마블 루이 말라르틱 드 몽트리쿠르·프랑수아 쇼젠 드 라콩브·앙투안 드 퓔리니외·장 자크 르프랑과 같은 소비세 재판소 재판장 5명과, 차장 검사 쥘리엥 베르나르 드 프라달, 검찰총장 니콜라 드 카자본, 판사 6명, 장 롱종 드 라프라드, 최연장자 앙투안 드 몽로르 드 라 모트, 후에 검찰총장이 된 장 갈라베르 도몽, 상급 재판소에서 국왕의 대소인이었던 장 드 브로카, 피에르 루이 드 브종브 드 생 즈니에스, 아버지의 뒤를 이은 루이 샤를 드 브로카, 툴루즈에서 회계검사원 판사가 된 장 드 라브루스 드 베라제 같은 사람들이 이 단체에 소속되어 있었다. 군인이나 공직에서 물러난 2세 집단이 이러한 핵을 둘러싸고 있었다. 그들은 재판장의 아들인 해군 중위 자크 드 몰리에르, 판사의 아들로서 생 베아르 후작인 니콜라 조제프 탕플, 역시 판사의 아들인 마르튀랭 드 블라지, 몽트리쿠르 재판장의 아들로서 수아소네 연대의 소령인 장 뱅상 드 말라르틱이었다. 이밖에 르프랑 가문에서도 3명의 회원을 내보냈다. 재판장 장 자크의 동생이며 장 루이 르프랑 드 케의 아들이기도 한 도팽 보병부대 대위 루이 드 생 클레르, 먼저 르퓌의 주교를 지내다가 비엔의 대주교가 된 장 조르즈, 그리고 그들의 아저씨로서 성당의 참사회원이며, 죽은 형의 뒤를 이어 법원의 재판장 자리를 겸하게 된 루이가 바로 그들이었다. 이처럼 개인과 직업상의 관계가 뒤얽힌 것을 보게 될 때, 아카데미는 가족의 문제인 동시에 최소한 밀접하게 통일을 이루는 사회의 이해 관계라고 할 수 있다. 물론 다른 단체에 대해서도 이와 비슷한 모습을 찾는 일은 그리 어렵지 않을 것이다. 고등법원의 여러 가문의 문장은 어디서나 아카데미 명단을 더욱 빛내 주었다.[38]

그러나 그들에 비해 그다지 명성을 얻지 못한 사법직만 있는 곳의 경우, 관리들이 상당히 많은 대표를 보내고 있었다는 사실에 좀더 주목할 필요가 있다. 오세르나 빌프랑슈처럼 작은 지방 수도에서는 이 관리들이 지방 귀족의 가장 지적인 부분을 이루고 있었을 뿐만 아니라, 도시마다 주교와 지사 밑에서 그곳 서열의 첫번째 자리를 차지하고 있었다. 오세르에서는 귀족의 1백 퍼센트가 관리였으며, 90퍼센트였던 빌프랑슈에서는 몽토방과 똑같이 가족들이 뒤얽혀 있는 모습을 보여 주었다. 여기서 귀족과 평민의 가문은 지나칠 정도로 가까웠으며, 귀족이 된 가문과 전통이 약한 귀족들이 하나로 뒤섞여 있었다. 빌프랑슈 아카데미 회원이었던 보튀, 다시 말해서 라 바르몽디에르는 바이아즈 재판소에서 왕의 대소인이라는 직함을 가지고 있었다. 그후 그는 아버지의 자리를 물려받아 국왕 비서직에 임명되었다. 그리고 그의 동생 장 보튀 드 생 퐁은 그와 함께 아카데미 창설자 가운데 하나였다. 그의 아들 프랑수아는 바이아즈와 아카데미에서 그의 뒤를 이었으며, 그의 조카이자 바이아즈의 특별 판사인 프랑수아도 여기에 합류하였다.[39] 이밖에 미뇨 드 뷔시 가문에서도 6명의 회원을 배출하였다.[40] 바이아즈·상급·재무국 같은 기관의 소수 독재는 샬롱쉬르마른[41]·베지에[42]처럼 군소 법관들의 문화와 사회적 신용을 충분히 보여 주는 뜻깊은 문서를 가진 곳에서도 역시 큰 자리를 차지하였다. "(프레지디알은) 베지에의 온갖 명예와 재원을 만들어 준다. 이곳은 도시를 장식해 주면서 인민을 끌어안고 있으며, 범죄자들을 격리하고, 주민과 주변의 휴식과 안정을 보장해 준다. 더욱이 베지에에는 군대와 법관직에 있는 다수를 위한 상거래가 그다지 활발하지 않은 편인데도 재판소가 수많은 법조계 인사들을 이 도시로 끌어들여 머물게 해줌으로써 주민들의 식료품 판매를 유리하게 만들어 준다." 문화와 권력은 이처럼 이익 공동체와 어떤 사회 기능의 특성에 대해 영광을 베풀었던 것이다. 아미앵[43]·리옹[44]·님·오를레앙[45]·라로셀·수이송처럼 관리의 수가 50퍼센트를 넘는 곳에서는 어디서나 비슷한 현상을 보였다.

군인회원은 귀족의 23퍼센트로서 귀족의 두번째 집단을 이루었지만 고르지 못하게 나뉘어 있었다. 특히 귀족 준회원의 28퍼센트를 차지하는 군인의 경우 계속 자리를 옮겨다녀야 하는 것 때문에 정상 활동보다는 통신원에 더욱 적합한 한계를 가진 신분이라는 점을 고려한다면, 이러한 숫자는 크다고 생각할 수 있다. 우리는 전투가 발생할 때마다 무관 귀족을 환대하던 단체의 작업이 어떻게 중단되었는지 알고 있다. 18세기초 여러 차례 커다란 전투를 치르는 가운데 학회회원의 3분의 1을 잃은 아를이나, 영국과의 전쟁에서 회원을 잃은 브레스트 같은 곳에서 그 보기를 찾을 수 있다.[46] 군인들의 비율은 명예회원의 경우 18퍼센트에 불과한데, 대체로 군관구 사령관·국왕 대리관·사령관들이 지배하는 이 범주에서 그들은 지사, 고등법원 판사들과 상대가 될 수 없었다. 정회원의 경우 전국 평균은 23퍼센트였지만 곳에 따라 상당히 차이를 볼 수 있다. 그들은 브레스트·셰르부르·발랑스에서 제일 많았고, 이러한 독특한 성격의 원인인 지방성에 대해서는 이미 위에서 살펴본 바 있다.[47] 고등법원 도시가 포함된 12개 아카데미에서는 이들의 비율이 15퍼센트 이하로서 최소한의 군인회원을 배출하였을 뿐이다.[48] 그러나 17개 단체가 17퍼센트에서 36퍼센트 사이로서 중간 정도의 군인회원을 받아들였다.[49] 부르는 50퍼센트로서 부르캉브레스의 '경쟁자들'의 활동을 뒷받침해 주기 위해 군인 단체를 활발히 동원한 아주 특징 있는 면모를 보여 준다. 이처럼 거동이 다양한 이유를 설득력 있게 설명할 수 있는 방법은 세 가지가 있다. 첫번째 이유는 도시의 지도층이 종종 주에 이질적인 성격을 가지고 있었으며, 도시에 주둔하고 있는 주둔군·병영 또는 포병공창을 깔보았다는 데서 찾을 수 있다. 장교들은 주의 분위기에 결합되지 않거나 좀더 속된 사교성의 형태에만 참여하였던 것이다.[50] 지배층 귀족의 다양한 계층간에는 온갖 관계가 설정될 수 있었다. 그만큼 심한 싸움과 갈등은 흔한 일이었다.[51] 두번째 이유도 앞서의 설명과 비슷하다고 할 수 있다. 군인은 법관의 적대 세력을 이루면서 이들이 자신들을 얕보는 데 정면으로 맞섰다. "군인은 언제나 원로원을 깔본다"는 몽테스키외의 주장은 친림법정이 열릴 때 국왕 대리관과 군관구 사령관이 거듭 끼어드는 곳에서 현실로 나타났다.[52] 끝으로 세번째 이유는 군인 귀족의 문화가 아니라면 그들의 생활 양식에 관계된 것이다. 군무에 따라 어쩔 수 없거나, 또는 문중의 영지로 은퇴하면서 재산상의 필요에 따라 할 수 없이 멀리 떠나게 되는 일이 생기게 됨으로써 아카데미 활동의 규칙성과 군사 상황을 함께 지킬 수 없게 되었던 것이다. 이러한 동기는 지방에 따라 다소 차이를 보일 수 있거나 어떤 것이 다른 것보다 더 강할 수도 있다. 그리고 언제나 미묘한 차이를 강조하였던 아카데미는 확고한 지방 가문의 대표를 결코 금지하지 않았다. 개별 보기와 집단 모형이 이러한 문제의 복잡성을 보여 준다.

1779년 몽탈랑베르 후작의 명령으로 엑스 섬의 요새화 작업을 맡았던 라로셸[53]의 젊은 공병장교 쇼데를로 드 라클로가 아카데미 회원에 뽑힌 것은 1785년이었다. 그는 그동안 옮겨다녔던 브장송·그르노블·발랑스의 주둔지보다 라로셸의 유서 깊은 도시에서 자신의 문화적 야망에 더욱 적합한 분위기를 찾을 수 있었다. 그곳 아카데미는 이미 정회원으로 많은 장교들을 받아들였고,[54] 갓 대위가 된 그도 거기서 자신의 상관들 곁에 앉을 수 있었다. 귀족에 오른 사람의 아들로서 재산도 별로 없었던 그에게 회원이 된다는 것은 명사 사회의 문을 비집고 들어가는 좋은 방법이었다. 회원에 뽑힌 그는 타이유세 징수인이며 귀족인 뒤페레의 망설임을 무너뜨림으로써, 마침내 그의 딸과 결혼할 수 있었다. 개인의 성공에 대한 소망과 집단의 행동 양식이 함께 작용하여 소귀족이지만 교육을 많이 받았으며, 자진해서 지방의 경쟁에 참여하게 된 군인에게 아카데미의 동아리는 이처럼 문을 열어젖혔던 것이다.

그와는 반대로 마르세유[55]의 경우는 어떤 단체의 명성과 사회적 영향, 그 회원들의 명성과 깊은 귀족의 뿌리가 그곳의 발전을 결정적으로 가로막는 공통의 장애가 되는 전형적인 예를 보여 준다. 그곳에서는 18세기 내내 갤리선(船) 부대의 기사들이 그곳에 회원을 보냈는데, 그들 가운데 몇몇은 슈발리에 도를레앙이나 포르뱅 백작처럼 아주 유명하였고, 아름다운 웅변과 쉬운 시에 대해서도 깊은 관심을 보였다. 이처럼 상인층에서 귀족이 된 정예 분자, 평민의 대규모 상인, 훌륭한 가문의 법관을 맞아들인 동아리에 대해 상급 법원의 분위기와 속된 사교성의 영향이 작용하였다. 마르세유 아카데미는 수많은 관계에 의해 항구와 바다에 의존하였다. 교양 있는 뱃사람의 활동은 그리 드문 일이 아니었으며, 어디서나 문화는 군사적 공적과 모순을 보여 주지 않는다는 인상을 받았다.[56]

이러한 모습을 완성시키려면 두 가지 다른 범주를 포함시켜야 할 것이다. 첫번째 집단으로는 일부는 놀고먹고, 일부는 은퇴한 사람으로 구성된 비활동성 지방 귀족을 들 수 있다. 이 중요한 집단의 전형적인 모범으로 뒤부아 드 포쇠[57]를 꼽을 수 있다. 명예회원의 10퍼센트, 준회원의 23퍼센트, 정회원의 15퍼센트 이하가 이 범주에 속하였다. 님·캉·포·아장의 아카데미는 귀족 정회원의 4분의 1에서 절반까지를 이 범주에 속한 사람들로 채워넣었다. 님에서는 샤를 드 바시 도베 후작, 마르게리트 남작, 생콤므 후작이자 1752년 종신 사무총장에 오른 피에르 드 로슈모르 후작이 이러한 경우에 속하였다. 그밖의 단체는 지방 귀족 중에서 수많은 공동 이해 관계를 가진 통신원들을 뽑았다.[58] 대다수가 지방의 수도에서 물러나 자기네 성관에 들어앉거나 좀더 작은 범위의 문화 중심지에 정착하였던 그들은 아카데미에 참여함으로써, 먹고 노는 귀족의 지성을 너무 무시해서는 안 된다는 사실을 증명하였다.

두번째 집단은 국가·문화·도매업에서 활동하는 귀족들이다. 이 집단은 이미 잘 알려져 있었고, 그들의 활동은 아카데미를 설립하는 시대에 결정적인 구실을 하였다. 이 집단이 차지한 막중한 비율은 그들이 아카데미의 활동적인 생활에 관심이 없지 않다는 사실을 증명하였다. 그들은 명예회원의 33퍼센트, 준회원의 20퍼센트, 정회원의 11퍼센트를 차지하였던 것이다. 8개 단체에는 20퍼센트 이상이 행정가인 귀족 정회원이 있었고, 다른 6개 단체에서는 30퍼센트 이상의 행정가가 통신원이었다.[59] 단순히 명예로운 인물로만 볼 수 없는 지사들 가운데는 뛰어난 개인이 포함되어 있었다. 브장송의 라코레, 캉의 퐁테트, 아미앵의 브뤼노 다게, 보르도의 투르니 집안, 그리고 랑그독의 모든 아카데미에서 찾아볼 수 있는 생 프리에스트 집안이 그러한 예였다. 신분회의 재정가와 행정가도 마찬가지였다. 몽펠리에와 툴루즈의 주베르, 역시 같은 단체에 속한 몽페리에 집안, 고등법원 인사에게 반감을 가지고 있으며 부르고뉴 신분회 의원으로 부르에서 활동하던 바렝 드 프니유 같은 사람들은 무시할 수 없을 정도로 중요한 역할을 맡았다. 낭시는 지방 공무원 세계의 학술 활동을 보여 주는 훌륭한 예로서, 그곳 아카데미 회원 뒤리발 삼형제에 주목할 필요가 있다. 이들은 18세기 로렌의 저명한 인물들로 삼형제 모두 귀족이 되었으며, 검열관 4명 가운데 1명인 치안 대리관 티보와 스타니슬라스에 대한 봉사를 하지 않았다면 아무것도 아니었을 슈발리에 드 솔리냐크를 자기 편으로 두고 있었다.[60] 명사와 계몽된 행정가는 학술 연구를 활발히 지원하기 위해 더 많은 관심과 시선을 보내었다. 모든 사회는 한계를 갖게 마련이며, 모든 분석은 불확실한 경계의 사회 범주를 만나게 되어 있다. 두드러진 직업 활동을 하는 귀족회원 가운데 주요 집단 3개가 떠오른다.[61] 첫번째 집단은 주로 시행정관의 도움으로 귀족의 신분에 오른 툴루즈 변호사로 구성되었다. 이에 비해 다른 곳에서는 변호사회에 속한 귀족회원이 극히 소수였다는 점에 주의하자. 두번째 집단은 좀더 널리 퍼져 있는 경우로서, 루이 라신·뷔퐁·레오뮈르 또는 라퀴른 드 생트 팔레 같은 귀족 학자와 저술가의 집단이다.[62] 거기에는 캉의 크르벨이나 브장송의 뒤노 드 샤르나즈처럼 귀족이 된 교수들과, 몽펠리에[63]에서 제2신분에 속한 의사들 다수가 속해 있었다. 이 모두에게 어떤 전문화된 학술 활동을 실천한다는 것은 지극히 당연한 일이었다.

끝으로 우리는 정회원과 준회원 가운데 20명이 채 못 되는 귀족 도매상을 만난다. 정회원만 살펴보면 그들의 지리상 분포는(아미앵·아라스·보르도·캉에 각각 1명, 마르세유에 2명, 오를레앙에 3명, 툴루즈에 2명)[64] 상업 도시가 상업계와 맺은 관계를 생각나게 만들어 주며, 그들의 제한된 숫자는 다시금 상업과 문화의 관계라는 문제를 불러일으킨다. 우리는 그들과 함께 사회의 경계선에 이르게 되며, 아카데미의 회원 선출은 그들의 경우에서 단지 이미 얻은 지위를 확인하는 데 지나지 않았던 것처럼 보인다.

아카데미 귀족의 재산과 전체 귀족의 재산을 확인하는 일은 결코 대담하다고 할 수는 없지만, 그래도 역시 중요한 문제를 가지고 있다. 역사가들은 한 가지 점에서 의견의 일치를 보았다. 다시 말해 귀족이 토지와 금리의 재산을 두드러지게 가졌을 뿐만 아니라, 농부의 순생산물을 징수하였던 도시 세계에서 가난한 귀족과 몰락한 귀족은 예외에 지나지 않는다는 것이다.[65] 아카데미 귀족도 경제의 전통 질서를 지배하던 기본 법칙을 벗어나지 않았다. 그러나 우리는 여기서 다음과 같은 질문을 던질 수 있다. 첫째, 1백 년 동안의 발전이 끝날 무렵 그들은 전체 귀족과 함께 승자였던가, 아니면 패자였던가? 둘째, 부르주아가 보인 비약적인 생산성 발전에 비해 귀족적인 낭비로 벌받아야 했던 그들을 희생자들 속에 끼워넣어야 할 것인가? 셋째, 그렇지 않다면 경제적 발전이 영향력과 재산의 이동을 가져왔다고 하지만 사회와 그 가치 체계를 뒤흔들 정도로 단절시키지 못하였던 데 비해, 그들은 경제적 발전 덕분에 사회적 서열에서 차지한 자리에 걸맞는 우월성을 지켰고, 지위를 더욱 강화할 수 있었던가? 문제의 중요성은 문화의 사회학에서 벗어나지 않는다. 왜냐하면 이 문제를 가지고 아카데미 귀족회원의 진짜 자리를 찾아 줄 수 있기 때문이다. 선택의 특권에 따라 그들은 위협받는 제도의 문화적 옹호자로서 나타나거나, 또는 그들이 중요한 열쇠를 쥐고 있었던 경제와 정신의 세계에서 느리고 확실하게 일어난 변화를 받아들일 수취인으로 나타날 수 있었다. 결국 중요한 것은 그들의 사회적 지배에 관한 문제이다. 이러한 문제를 해결하기 위해서는 무엇보다도 귀족의 재산에 대한 총평가 작업이 필요하다. 왜냐하면 아카데미 도시와 관련해 단 한 가지 경우에만 사용할 수 있는 사료의 범위가 아주 좁기 때문이다. 그러나 18세기 내내 알려지거나 알려지지 않은 연대감의 핵심에 아카데미 귀족을 놓는 일이야말로 구체적인 현실에 이르는 것이다. 이 점에 대해서 루이 15세 시대의 가장 명석한 역사가인 에르베르 뤼티의 말을 믿는다면, 우리는 아카데미 현상이란 본질적으로 지배 계급의 표현인 지성과 공공 생활의 중심에 있었다고 생각할 수 있다. 군주는 이 계급에서 구체적인 정치 권력을 빼앗는 대신 지방 경영에 관한 수많은 노력은 물론, 사법권에 의하여 사물의 질서를 보존하는 일을 전적으로 맡겼다. 권력의 기능이라 할 수 있는 아카데미의 활동은 문화의 영역에서 '사회적 산물'을 보호하고 소비하는 데 몸 바치는 단체의 참신한 표현이다. 그것은 오직 재산만이 허용해 주는 생활 양식의 인정이며, 온갖 유익한 목적에 힘을 쏟는 여가 활동의 선언이기 때문에 사회체제 전반을 정당화시켜 준다. 이렇게 이해된 아카데미 귀족회원의 자리는 귀족의 재산이 도시에서 차지하는 비중, 중요한 투자에 대한 뜻깊은 선택, 그리고 설령 지방주의로 물들어 있다 해도 세련된 처세술의 승리라 할 생활 방식이라는 세 가지 계열의 문제와 관련하여 분명히 정돈되어 있었다.

모든 도시의 전체 재산 가운데 귀족의 재산이 차지하는 비율을 정확히 가늠하는 일과 아카데미 재산의 수준을 가늠하는 일은 서로 다르다. 전자가 수많은 개별 조사를 거쳐 결론을 얻을 수 있는 문제라면, 후자는 도시의 사회사를 위한 지방 고문서의 바다 속에서 사료를 세밀하고 철저하게 조사하여야 해결 가능한 문제이다. 그러므로 우리는 겸손하게 여기서 제시된 집단과 개인의 예증적 가치에 반대하거나 찬성하는 노력을 훗날의 연구에 맡기면서 대강의 발전만을 그려 보도록 하자. 지방마다의 차이가 있지만 하나의 결론을 얻을 수 있다. 그것은 아카데미를 가진 도시의 지평선에서 귀족 재산은 다른 사람보다 많았다는 결론이다.

도시 재산의 63퍼센트를 주물렀던 툴루즈의 귀족 가운데 고등법원 귀족이 가장 부유하였고, 게다가 2개 아카데미에 가장 많이 진출하였다.[66] 이들의 우월성은 물론 조상으로부터 물려받은 것이다. 17세기말부터 카피타시옹〔귀족과 평민을 22등급으로 나누어 부과한 세금〕할당액이 증명하듯이,[67] 그리고 그들의 지참금과 상속 재산의 숫자가 말해 주듯이 귀족은 첫머리에 있었다. 18세기초 죄 플로로 문학회 귀족회원과 랑테르니스트 귀족회원은 대부분 10만에서 50만 리브르 사이의 재산을 가지고 있었다. 재판장 피외베는 상속인에게 40만 리브르를, 아드비자르는 20만 리브르를 남겼으며, 재판장 마니방의 재산은 1백만 리브르가 넘었다. 이같은 우월성은 18세기 내내 유지되었고, 귀족의 결혼 지참금은 모든 조사에서 다른 사람들보다 많았다.[68] 아카데미 회원인 고등법원 인사들의 4분의 3만이 10만 리브르 이상을 가지고 결혼을 하였으며, 혁명 직전에는 3명을 제외한 전부가 25만 리브르 이상의 재산이 있었다. 가장 많이 버는 부르주아가 2만 5천 리브르 이하의 재산을 가지고 그들의 훨씬 뒤쪽에 있었다.[69] 아카데미 회원 5명이 백만장자였으며, 1백 년 동안 죄 플로로는 리케 드 카라망 가족처럼 툴루즈에서 가장 큰 재산을 가진 회원을 뽑았다. 고등법원 인사들이 가장 많이 갖추었다는 사실에 이론의 여지가 없다 해도, 그밖의 공직자와 귀족은 불리하지 않았다.[70] 자크 구농과 마르카쉬 드 퓌이모랭처럼 과학 아카데미 회원으로서 귀족 상인이었던 사람들은 50만 리브르 수준을 넘었다. 귀족 성직자에 대해서 생각해 본다면 툴루즈 아카데미는 재산의 특권층으로부터 문화의 귀족 계급을 뽑았던 것이다. 우리는 이러한 모범을 일반화시킬 필요가 있을까? 전문 역사가들[71]이 1세기에 걸친 경제 논

리에 맞는 발전 지역 속에서 제외시키려 하였던 도시에 관한 자료를 전국
차원으로 확대시키려면 세심한 주의를 기울여야 할 것이다. 그러나 거기
에도 진실은 있다.

대규모 수공업과 상업의 중심인 리옹에서는 도매 상인의 재산이 늘어났
지만, 제시된 통계 자료가 어떤 것이든[72] 첫머리를 차지한 것은 귀족의 재
산이었다. 그곳의 귀족 재산은 가장 부유한 상인의 재산보다 세 배가 많았
으며, 18세기말에 이르면 차이는 더욱 늘어났다. 설령 리옹 귀족의 재산 수
준이 툴루즈와 파리의 수준에 못 미쳤다 해도,[73] 비단과 은행의 중심지에서
이러한 특성을 보여 주는 역설을 강조할 필요가 있다. 완전히 동질성을 가
지지 못한 이 집단 속에서 아카데미 회원에 관해 알려진 재산 목록을 보면
아카데미 회원은 서열상 앞에 놓여 있었다. 이밖에도 1791년의 동산 할당
액을 보면 그들의 부동산 규모를 알 수 있으며, 집세 일람표를 보면 그들
이 리옹의 재산가 범주 속에서 다수를 차지하였음을 알 수 있다.[74] 2명을
뺀 나머지 전체가 7백 리브르 이상의 세금을 냈다. 국가 재무 출납관이며
생쥐스트 성당 참사회원인 동시에 작은 수도원 2개를 맡고 있던 원장신부
라크루아는 1781년 8만 리브르를 남기고 죽었으며, 로랑생 백작은 자기 재
산만으로도 이 액수를 넘었다. 뒤가 가문은 리옹에서 가장 큰 부동산 가운
데 하나를 가지고 있었는데, 그것은 32만 6천 리브르에 달하였다. 그리고
리옹에서 가장 오래 된 귀족 가문의 가장으로서 이브토 공작인 카미유 달
봉은 1751년 자기 아내의 지참금으로 35만 리브르 이상을 받았다. 피아넬
로 드 라 발레트 가문의 재산은 1백만을 넘었다. 아카데미의 귀족회원은
설령 그들 모두가 재산을 가장 많이 가지지 못했다고 할지라도 유복한 소
수 가운데 다수였다. 이같은 개괄 검토를 통해 본 결과 고등법원 도시도
이러한 모양을 가지고 있음을 확인할 수 있었다.

로렌 지방의 낭시와 메스의 법관은 가까운 토지의 대부분을 서로 나누
어 가졌으며, 그들의 재산은 아마 부르주아의 두 배였을 것으로 추정된
다.[75] 공화력 2년 재판장 쾨르드루아는 낭시 자치 정부에 10만 리브르의
세금을 냈다고 기록되어 있다. 그 중에서도 쇼몽 드 라갈레지에르의 재산
은 부동산세와 국가의 공금을 놀려서 생기는 이익을 취하는 백만장자의

모습을 밝혀 줄 것이라는 점에서 연구할 만한 가치가 있다.[76] 그가 로렌에서 소유한 부동산만 해도 50만 리브르가 넘었다. 디종 귀족의 재산에 대해서 더 자세한 기록이 남아 있다. 그러나 거기서도 역시 사법직 귀족이 첫머리에 있었다. 부르고뉴 지방 아카데미 회원인 르구와 뤼페의 두 가문은 1백만 리브르에 가깝거나 그 이상의 재산을 누렸다. 그리고 다른 사람들도 혁명기의 여러 가지 재산 목록에 분명히 기록된 것처럼 영지와 부동산을 늘이고 풍요로운 생활을 하면서 그들의 뒤를 따랐다.[77] 로렌과 부르고뉴 귀족뿐만 아니라 기적의 무역 도시 보르도의 법관도 무시 못할 재산가였다. 가장 부유한 선주만큼 재산을 모았던 기옌의 귀족 역시 빼놓을 수 없는 재산가 집단을 이루었다. 공화력 2년 애국세를 제일 많이 낸 사람들은 검찰 총장 필리프 드 세즈와 미셸 드 베르타몽 같은 아카데미 회원이었으나, 이들은 3개월마다 들어오는 수입이 4만 리브르라고 인정한 보르도의 무역왕 보나페보다 수입이 적었다. 그러나 세즈는 천만장자였으며, 결국 실패하여 파산 신청을 하게 된 아카데미의 귀족 상인 라퐁 드 라데바는 4백만 리브르에 달하는 자산을 가지고 있었다. 아카데미의 고등법원 판사들의 평균은 좀더 낮았음에 틀림없지만, 그들의 재산도 눈부신 수준이었음은 이론의 여지가 없다.[78] 우리는 또 다른 무역과 고등법원의 도시인 루앙에서도 똑같은 결과를 얻을 수 있다. 로빈은 어떻게 해서 모든 판사들이 매년 6천 리브르 이상의 수입을 가질 수 있었는지, 그리고 아카데미 회원의 4분의 3이 귀족 재산의 서열에서 중간 이상에 해당하였는지를 분명히 보여 주었다.[79] 어디서나 아카데미의 귀족회원은 재산상의 정예 분자였다. 포에서는 이들 귀족회원의 3분의 2 정도가 귀족이 내는 높은 수준의 카피타시옹 세금을 내고 있었고,[80] 님에서는 이들 대부분이 '부유한 시민들'의 범주에 속하였으며,[81] 몽펠리에에서는 1790년에 가장 무거운 세금을 낸 시민에 속하였다.[82] 몽토방의 귀족회원도 2백 리브르 이상의 카피타시옹 세금을 납부하였으며, 소비세 재판소의 사회적 명성은 막강한 경제력의 뒷받침을 받고 있었다. 여기서 고위 성직자에 대해서 단 한 가지 보기만 든다면, 르 토넬리에 드 브르퇴이 예하가 매년 7만 리브르 이상 썼다는 사실을 어떻게 생각할 수 있을까?[83] 이보다 규모가 작은 도시들을 보더라도 결과는 마찬가지이다. 국가 재무 출납관과 바이아즈의 귀족 재판관을 가지고 있던 아미앵이나,[84] 굳건히 자리잡은 귀족의 소수 독재가 두드러졌던 캉,[85] 그리고 아르투아 주의회를 가지고 있던 아라스는[86] 앞서와 같은 결과를 보여 주었다. 오를레앙의 특권층이 낸 카피타시옹과 일급 동산세에 관한 자세한 연구를 통하여 우리는 다음과 같은 사실을 알 수 있다. 즉 아카데미의 귀족회원 중 90퍼센트 이상이 높은 범주 속에 포함되어 있었고, 그 중 아무도 2천 리브르 이하의 수입을 가지고 있지 않았으며, 아카데미에서는 그 도시에서 가장 부유한 크리뇽과 쇠라 가문을 받아들였다는 것이다.[87] 2백34개 유산 목록 가운데 15개가 귀족과 관련되었던 샬롱에서는 지배층의 재산이 모든 유산 총액의 60퍼센트에 달하였다. 국가 재무 출납관인 아카데미 회원 보케 당트네는 부동산만 10만 리브르 이상을 가지고 있었고, 나젤 후작이 결혼할 당시의 재산이 거의 50만 리브르에 달하는 것으로 알려졌다.[88] 토크빌은 이렇게 썼다. "귀족과 재산이 항상 별개의 것이라는 생각은 언제나 어느 정도 시간이 흐른 뒤 귀족이 소멸하게 되거나, 두 가지가 하나로 합치게 된다는 환상에 불과하다."[89] 더욱 철저한 재산 목록을 참고한다는 조건에서 볼 때 아카데미 귀족들은 그의 말이 옳다는 사실을 밝혀 준다. 그리고 아무런 미묘한 차이를 두지 않고 결론을 맺어야 한다면, 우리는 아카데미 귀족들이 사실상 부동산세의 혜택을 받는 사람들이었다는 점에서 본질상 18세기의 승리자의 핵심에 속하였다고 말할 수 있다.

귀족과 토지의 관계에 관한 문제를 다루는 일은 귀족과 토지를 묶어 주는 관계가 아주 복잡하다는 이유만으로도 야심만만하게 보일 수 있다. 그 관계는 무엇보다도 위신과 관련된 것이었다. 영지를 소유하는 일만이 귀족임을 약속하고 확인해 주는 조건이었기 때문이다. 반대 추론에 의하여 귀족이 된 사람들과 상업 분야에서 두드러진 귀족 도매상의 행동을 통해서 그 관계를 증명할 수 있다. 이들은 모두 가장 많은 토지를 소유한 사람 속에 포함되어 있었기 때문이다.[90] 또한 그것은 신비스럽다고 할 수 있는 근본적인 관계였다. 그것은 토지만이 경제적 산물의 진짜 명예로운 원천이며, 힘과 신용의 중추라고 생각하는 것이었다. 끝으로 그것은 쓸모와 사회적 합의에 관한 관계로서 부동산 행정이야말로 진실로 합의를 본 유일한 일이라고 생각하였다. 아카데미 귀족은 집단 정신 자세의 가장 깊은 곳에 기록된 이러한 모범에서 벗어나지 않는다. 관직, 법정 이자 수익, 국가에서 뜯어내는 연금 가운데 그 어느것도 부동산 수입과 비교할 수 없는 것이었다.[91] 아카데미의 귀족회원들은 거의 모두가 순수 생산의 주인인 **부동산 소유 계급**에 속했다. 어디서나 그들은 토지의 막강한 힘을 느꼈다. 우리는 보르도·디종·그르노블·포·루앙·툴루즈의 귀족들이 토지를 얼마나 사랑하였는지 잘 알고 있다. 영지를 사들이고, 작은 농토를 모으며, 환매권〔영주가 한번 판 봉토나 귀족 재산을 누구보다 앞서 되살 수 있는 권리〕·교환권·농지에 관한 칙령을 교묘하게 이용하는 사람들이 남긴 장부나 수첩을 보면 그들이 솜씨 좋은 관리인이었음을 알 수 있다. 가장 대담한 사람들은 아주 다양한 수입의 원천을 가지고 있었다. 뒤가 가문의 재산은 리옹 지방의 부아생쥐스트·캥소나·튀랭·사보노에 있는 영지뿐만 아니라 리옹 시 전체에 있는 셋집을 포함한 재산으로서, 한마디로 토지 재산의 성격을 지니고 있었다.[92] 라브레드 남작 가문인 스공다 가문은 고등법원에 들어가려고 꿈꾸기에 앞서, 어떤 사회 집단에 들어가고 싶어하였는지를 증언하고 있다.[93] 계몽사상가이며 감수성이 예민한 인간 몽테스키외의 뒤에서 우리는 항상 자신의 재산권과 상징적인 권리를 지키려 드는 거물급 봉건 지주뿐만 아니라, 이익을 내려고 노력하는 청부업자, 자기 생활을 농사 활동의 박자에 맞추면서 지극한 인내심을 가지고 늘어나는 토지 유산을 지키려는 인간, 런던이나 암스테르담으로 나가는 보르도산 포도주의 다양한 흐름을 아는 사업가의 모습을 볼 수 있는 것이다. 1726년부터 죽을 때까지 몽테스키외의 수입은 매년 6만 리브르씩 늘어나 두 배가 됨으로써, 이 포도 재배 전문가의 노력은 충분한 보상을 받았다. 앙제의 튀르비이 후작이 보여 준 예에서 확실히 볼 수 있듯이[94] 농사에 관한 토론은 별 성과 없는 수다로 보일 수도 있으나, 그러한 토론은 재배에 관한 흥미와 어떤 곳에 대한 열정, 거물급과 군소업자들의 기본 관심들을 보여 주었다.

발랑스 아카데미 회원인 샤를 앙투안 뒤 포르도 그러한 보기에서 벗어나지 않는다.[95] 27세의 공병 대위이며, 비바레의 귀족을 제3신분 편을 들도록 만든 이 소귀족은 1788-89년에 2만 리브르 정도의 수입을 가지고 있었다. 그의 수입은 거의 소작료로서 벨레르에서 4천, 본느통에서 2천, 로슈플라트·라가르드·생쥐스탱에서 수천 리브르씩 들어왔다. 정치 생활에 끼어들고 파리로 여행하고 거기서 살아야 했던 그는 돈을 꾸고, 옷을 팔거나 작은 농토를 파는 따위의 임시 방편을 써야 했다. 경제 정황에 관한 근심이 그의 장부 속에 분명히 나타나고 있으며, 뿐만 아니라 토지에 대한 믿음, 유리한 거래에 대한 농민의 감각도 잘 드러나 있었다. 일반적인 부동산 귀족을 대표하면서 자신의 영지에서 살았던 앙투안 뒤 포르는 발랑스나 프리바스에는 특별한 경우에만 갔다. 샬롱 아카데미 회원으로서 재산보다는 명예가 많았던(그의 수입은 수천 리브르였지만, 그의 귀족 신분은 16대 이상이었다) 를롱그 드 라 룹티에르는 빌프랑슈 아카데미의 종신 사무총장인 변호사 프장의 훌륭한 재능에 힘입어 자기의 상속녀를 찾을 수 있었다.[96] 그는 상속녀를 발리에르 백작이며 보프르몽 용기병 대위였던 조제프 앙리 드 몽스페 후작의 딸 '연인 아네트'에게서 찾을 수 있었다. 아카데미를 가진 도시는 편지를 주고받으면서 언젠가는 끊어지게 될 목가풍의 실을 짰다. 거기서 사람들은 아름다운 여인의 예쁜 눈에 대해서만큼 정중하게 토지와 영지에 대한 얘기를 꺼내었다. 한 해의 전부나 일부분을 자기 영지에서 살면서 토지와 가까이 지냈던 귀족은 루소주의의 영향 아래서 자연에 대한 감정을 되찾을 필요는 없었다. 도원경을 노래한 목가의 시들해진 매력은 농민에게 적응된 귀족의 축제 광경과 함께 자연에 대한 감정의 일부를 이루었다. 라 룹티에르는 시를 지어서 온갖 현실과 어려움에서 멀리 떨어져 사는 특권을 누리는 진실한 전원 생활의 다정한 작은 세계에 대하여 증언하였다.

축제와 휴식의 날들,
즐거움으로 메아리를 불러일으키네,
이웃 선술집에선
어떤 사람들은 이튿날의 근심을 없애고,

어떤 사람들은 길가에 앉아
심심풀이로 행운을 비네,
밤은 손에 든 화투짝으로 그들을 놀라게 하는데.
부모들은 축제를 보고,
아가씨는 한가운데 펼쳐진 넓은 풀밭 위에서
부모들 곁을 돌며 춤추고, 노래하고, 즐거워하네.
아가씨 곁에서 소작인 2명이
웃는 얼굴로 종탑을 바라보고 있네.

지방의 시인, 방언의 시인, 무릉도원의 시인이었던 라 룹티에르는 어떤 영원한 것, 곧 행운 속에서 수준 높은 편안함 속에서 문화의 기초를 보았고, 자연으로 되돌아가는 일에서 개화된 인간의 도덕적 자유라는 아주 긴요한 조건을 보는 키케로식 이상의 영원성을 중시하였다. 아카데미의 귀족회원들은 토지를 다시 찾으려고 노력할 필요가 없었다. 그들은 자신들의 토지를 떠난 적은 단 한번도 없었기 때문이다.

성관에 머무는 일은 도시 생활에 반드시 필요한 막간극과 같았다. 이러한 관습으로 말미암아 아카데미 회의는 정기적으로 열리지 못하였다. 수확 직후인 포도 수확기와 가을걷이중에 연기될 수밖에 없었기 때문이다. 집단 정신 자세의 무게와 일상 생활은 함께 작용하여 영[97]이 페즈나와 몽펠리에 사이에서 매력을 느꼈던 전원 생활을 완전히 구축할 수 있도록 해주었다. 그뿐만 아니라 농학의 효과가 널리 알려지기 전에는 개인의 취향으로 남아 있던 농학에 대한 관심을 북돋워 주기도 했다. 귀족과 토지의 관계를 지주들이 문화적 노력에 참여한다는 시각에서 바라보면, 그들이 사태에 적응하고 있음을 알 수 있다. 그렇지만 1년 중 한때를 농촌에서 지내는 아카데미 회원들은 자신의 영지에서 일종의 **기업가** 노릇을 하였다. 옛날의 위기를 벗어나면서 그들은 순수 생산물을 묶지 않고 풀어 주었던 것이다.[98]

우리는 과연 이렇게 역설처럼 보이는 분석을 비난할 수 있을까? 도시 귀족이 절정에 달한 시대라고 해서 우리가 본질을 바로 보지 말아야 할 것인가? 확실히 우리는 도시의 부동산·동산·저택이나 아파트를 포함한 나머지 모두를 잊어서는 안 될 것이다.[99] 이것이야말로 아카데미 회원의 일상 생활에서 볼 수 있는 공통의 틀이기 때문이다. 서열과 재산에서 특권을 누렸던 그들은 툴루즈의 생테티엔, 샬롱의 노트르담, 오를레앙의 생피에르와 생마클루, 리옹의 벨쿠르와 에네, 마르세유의 멜랑 산책길과 생페레올 구역, 님의 생카스토르 같은 구역과 교구, 시행정관직을 통하여 생활 관습을 공유하고 있었다. 고등법원 도시가 짠 그물 속에서 그들의 저택은 힘의 징표인 동시에 언제나 풍요의 양식이라 할 수 있는 생활 양식을 확인해 주는 존재이기도 하였다. 비슷한 수준의 집들은 풍부한 장식과 하인들을 전제로 하였으며, 더욱이 18세기 도시 계획의 두 가지 원칙이라 할 광장과 산책길을 둘러싼 도시상(Imago urbi)을 바꾸어 놓았다. 건축기사 르크뢰의 도시 정비 계획에 영감을 준 것은 다름 아닌 낭시의 집들이었다. 리옹에서는 수플로·들라몽스·페라슈·들로름 같은 사람들이 새로운 건축관의 모범을 제시하였다. 브장송 아카데미는 '이 도시를 아름답게 꾸미는 방법'이라는 주제를 경쟁에 부쳤다. 본보기로 연구할 만한 계획안이 마련되었다. 거기서는 그 도시를 변화시켜야 할 새로운 원칙으로 위생, 웅대한 관통로, 광장과 문의 정비, 도시를 바라보는 쇼단 언덕의 산책로 개조를 들었다. 계획안에 따르면 생울타리와 사과나무로 장식한 비탈이 서로 교차하게 되어 있는 쇼단 언덕은 새로 조성된 잔디밭을 지나 중국풍의 원형 건물을 세워 놓은 꼭대기에 이르도록 되어 있었다.[100] 님에서는 마르게리트 남작, 도베 후작, 로슈모르 후작은 메나르와 세기에 같은 전문가, 다르델롱과 레이몽 같은 건축가들의 연구를 뒷받침해 주었다. 성벽 대신 나무를 심은 커다란 안뜰을 놓고, 성관과 시가 사이에 있는 규격화된 평지를 왕립 광장으로 개조하였으며, 아카데미 회원들의 요청에 따라 도시 어디서나 물이 흐르도록 만들었다.[101] 아카데미의 계획과 명사들의 관점이 함께 작용하여 삶의 장식을 바꾸어 나갔다. 삶의 장식은 식자층에 끼어들고 싶어하는 귀족이 자신들의 힘을 뜻깊은 풍요로움으로 나타낸 것이었다. 순수 생산물을 부동산에 투자하는 것은 그것이 '사치스러운 장식'과 '성과 없는 지출' 속에서 왜곡된 도시의 투자와 겹쳤다. 아카데미의 명사들이 누린 재산은 결코 비밀에 부쳐질 수 없는 것이었다. 그들의 재산은 귀족 생활의 명성에 홀린 폭넓은 정예의 눈을 고정시켰다. 그러나 지방 아카데미의 귀족들(중요한 궁정·교회·무관 또는 행정의 가문은 제외하자)은, 파리 귀족의 특징을 이루는 '눈에 띄는 낭비' 욕구에 오염된 것처럼 보이지 않는다. 명사들이 빚을 얼마나 지고 있었는지 밝혀 놓은 역사는 아직 없기 때문에 정확히 알 수는 없지만, 실제로 종합 평가를 해보면 몇 몇 경우를 제외하고는 어디서나 수입이 지출보다 많은 것으로 나타났다.[102] 지방 귀족은 자기 사업을 관리할 줄 알았고, 더욱이 그들은 이익을 추구하는 활동과 관계를 맺고 있었다. 포르스테르는 툴루즈와 렌에 대해서, 생 자콥은 부르고뉴에 대해서, 장 메이예는 브르타뉴 지방 전체에 대하여 이 같은 사실을 증명하였다. 전통 귀족과 귀족이 된 사람들은 모두 신분회나 고등법원에 영향력을 행사하여 곡물값을 잘 받아내고, 포도 재배인의 특권을 옹호하며, 길을 확보하거나 공동 방목지를 나누어 가질 수 있었다.[103] 지방 귀족은 간접적으로 그들 자신의 필요와 대리인을 통해 상업과 관계를 맺고 있었다. 귀족이 된 대규모 상인들이 아카데미라는 동아리로 들어간 것은 상징의 가치를 지닌 일이자, 우리가 여태껏 잘 알지 못한 화해가 점차 이루어졌음을 암시해 주는 증거이기도 하다. 보르도에서 귀족이 된 선주의 아들인 검찰총장 프랑수아 아르망 드 세즈는 1790년에 아카데미에 가입하였다. 그는 가문의 관습을 유지하고, 캐나다에 투기하고, 배에 무장을 갖추었다. 그는 귀족 자격을 빼앗길까 봐 겁을 먹었기 때문에 상업에 종사하지 않았다고 볼 수 없다. 오히려 사회적 지위와 직업의 변화를 확인하기 위함이었다. 그렇다면 전통을 따른 사회적 신분 상승에 관련된 예외라 할 것인가? 고등법원은 상업이라는 바다에 있는 귀족의 섬이 아니었다는 사실을 밝힌 도일은 그렇게 생각지 않았다.[104] 행정관들은 판사·친척·제조업자와 마찬가지로 도매업과 관계를 맺었다. 여기서 우리는 식민지와 영국식의 해양 모델을 볼 수 있다. 이러한 모델은 라로셸과[105] 그보다는 조금 못하지만 고등법원 인사들만 놓고 볼 때 좀더 전통적인 루앙에서[106] 찾을 수 있다. 툴루즈의 행정관들이 일반적 이익을 따르는 운동에 뛰어든 것은 농산물의 거래를 계기로 소규모 농촌 산업이 정착된 직후였다. 이론의 여지없이 시대와 정신은 변하였고, 명사 기업가들의 지명도에 따른 목록을 작성해야 한다면 유명한 아카데미 회원도 거기에 오르게 될 것이다.

에스쿠비에-소시의 영주인 메스의 뢰데레에게는 무엇보다도 부동산이 중요하였으며, 왕립학회의 모든 귀족회원과 마찬가지로 포도밭과 곡식에 대한 감독을 소홀히 할 수 없었다.[107] 그러나 주의회 의원인 뢰데레는 프랑크푸르트의 은행가의 딸과 결혼하였고, 가지고 있던 자본을 샤를루아 지역의 유리 제조업과 '화력 공장'에 투자하였다. 따라서 이러한 투자 행위는 로렌 지방에서는 첫눈에 벌써 예외임을 알 수 있다. 그러나 귀족 도시인 디종에서 실업계에 지위를 부여하는 기업의 새로운 무리를 볼 수 없는 이유는 어디에 있을까? 화학을 진정한 산업 이론에 적용시켰던 기통 드 모르보는 니트로 광산, 소다 제조, 광산업에 투자하여 상당한 이익을 얻었다.[108] 그는 뷔퐁을 위대한 본보기로 삼았다. 공장주이며 제철업자였던 뷔퐁은 2급의 제철업자인 쿠르티브롱 후작과 함께 위대한 전문가 부쉬를 아카데미 회원으로 선출하도록 압력을 넣었다. 콜롱베는 귀족 계급 속에서 그들만이 있었던 것은 아니라는 사실을 증명하였다.[109] 레옹의 도움으로 그르노블에서도 산업이 기지개를 켜는 새벽에 행정관·지사·귀족을 만날 수 있다. 바랄 자작의 기업은 새로운 풍경을 지배하였고, 기술에 대한 아카데미의 보고서는 제철술의 발전에 이바지한 비넬리와 작센 사람 슈라이너를 언급하고 있다.[110] 보벨에 따르면 마르세유의 귀족은 귀족 신분을 포기하거나, 아니면 자격을 지킨 채 무역과 기업에 직접 관련을 맺었다. 최근에 밝혀진 그들의 부동산이 형평을 보장해 주었다.[111] 간단히 말해서 지위의 쇠퇴, 시대에 뒤떨어진 영주권, 또는 이익에 대한 멸시 가운데 그 어느것도 지방 귀족의 특성이 될 수 없다. 따라서 우리는 그들의 진정한 모습, 귀족처럼 사는 부르주아의 모습이나 부르주아처럼 사는 귀족의 모습이 진정 어떠한지 말하기 어렵다.[112] 위대한 역사가 조르주 르페브르는 오를레앙 지방에 대한 몇몇 연구에서 그 점을 올바로 지적하였다.[113] 여러 가지 방향의 투자, 성공한 것뿐만 아니라 불발로 그친 시도로서 우리는 귀족의 집단 정신 자세의 발전을 증명할 수 있다. 토지에서 수입을 얻는 사람들은 어디서나 다른 사람들에게 미래를 여는 열쇠를 남겨 놓지 않았다.

유익성과 효과의 이념이며, 국가와 공동체에 대한 봉사 이론인 아카데미 정신을 통해 그들은 이처럼 새로운 역할을 정당화시킬 수 있었다. 우리는 여기서 그동안 우리가 지나쳐 왔던 중요한 사실을 확인할 수 있다. 다시 말해 관복귀족의 전통과, 무관귀족이나 신사의 전통이 한 지점에서 만났다는 사실이다. 전자는 도덕과 고증에 관련된 휴머니즘의 영향을 받았으며, 17세기에 우주는 수학으로 해독할 수 있는 것이라는 전혀 새로운 견해를 받아들였던 전통이기도 하다.[114] 아카데미에 관한 고문서에는 귀족 전체에 대해 새로운 지성을 요구하는 문서가 많다. 18세기초 툴루즈의 팔라프라는 이렇게 말하였다. "대영주들은 수많은 이유에서 다른 사람들보다 더 깨어 있어야 한다. 그들이야말로 때로 가장 개화된 상태에서 가장 눈먼 상태가 되기를 좋아하는 사람들이다."[115] 우리는 눈 먼 상태의 원인은 새로움에 대한 열정 속에서, 그리고 자기 문화와 도덕을 일치시키지 못한 사회 계층의 부분적인 실패를 보여 주는 심심풀이 속에서 찾아야 할 것이다. 그리고 검찰 총장 모로가 디종의 동료들에게 말하여 1693년에 아카데미를 세우도록 한 것도 이에 비할 만한 호소라 하겠다. "군인들을 포용하는 사람들은 유쾌하고 유익하기만 한 연구에 얼마나 많은 시간과 세월을 바칠 수 있을까? 중요하고 가장 아름다운 문학의 수많은 부분 가운데 하나를 이루고, 역대 왕에 대한 연구라고 불리는 역사학, 다시 말해서 도덕이 더욱 아름답고, 정치가 더욱 세련되었음을 발견할 수 있도록 해주는 역사학보다 이 직업인들에게 더 필요한 지식은 어떤 것일까? 문학과 무기, 가치와 과학을 일치시키는 일보다 더 중요한 일이 있을까?"[116] 18세기초 지방의 지평선 위에 수립된 계획은 어디서나 수많은 노력과 장엄한 의식을 치르는 회원 선출의 박자에 맞추어 성취되었다. 지방 귀족은 아카데미의 길 속에서 자신들을 문화에 집중시키는 확실한 기회를 찾았다.

  교육, 시대를 상대로 한 싸움, 평등과 책임이라는 세 가지 쟁점은 귀족의 영향력이 미치는 범위를 보여 줄 뿐만 아니라 그들의 긴장을 강조한다. 연구는 귀족 신분에게 필요 조건이 되었으나 어떠한 예찬론도 이 점을 강조하지 않았고, 어떠한 편지도 이 점을 보여 주지 않았다. 연구는 원칙상 무기와 문학, 법률과 여러 학문을 통합하는 로마식 **방법**을 따랐다.[117]

이러한 분위기를 통해 옛 가문과 새로운 가문의 아이들은 종교·사법·명예·영광, 다시 말해서 무엇보다도 왕국의 영광과 그들이 유익한 노력에서 얻는 영광에 대한 금언을 배울 수 있었다.[118] 이것은 말할 것도 없이 이상을 확인하는 일이나 귀족 교육자들의 일상적 관심 속에 뿌리박고 있었다. 재판장 롤랑은 아미앵에서 아카데미 회원에 뽑혔을 때 새로운 신사의 교양에 관한 중요 사항을 하나하나 열거하였다.[119] 카스텔 신부는 아들의 교육에 관해 상담을 요청해 온 몽테스키외를 안심시키면서 이렇게 말하였다. "이것이 건강을 위한 일이고, 이것이 신체를 위한 일이지요. 정신을 위해서는 더욱 잘 된 일입니다. 1년 전 선생께서는 그 아이를 6학년에 올라가게 해주셨습니다. 그런데 녀석은 5학년에서 조금 처지다가 부활절이 지난 뒤에는 앞으로 나섰습니다……."[120] 리옹의 재판장 뒤가,[121] 툴루즈의 판사 알비 드 벨베즈[122]도 똑같은 관심을 가지고 있었다. 지방 귀족은 더 이상 학자의 모임에 텅 빈 머리로 나타나지 않았다.

이제부터 그들은 문학과 과학에서 앞으로 나아갈 수 있었다. 왜냐하면 그들이 누리게 된 자유는 물질의 독립에 바탕을 두었으며, 아울러 그들은 자기네 여가를 정복할 수 있었기 때문이다. 계몽의 삶은 **한가함**(otium)의 산물이었다. "리케는 자기 직책에 따른 여가 속에서 기하학과 물리학에 대한 취미가 되살아나는 것을 느꼈다……. 대부분의 사람들은 이러한 시간을 아무런 일도 하지 않고 늘어진 상태에서 보낸다. 오락이란 실제로는 나약한 무위도식으로 힘을 약하게 만드는 것인데도, 사람들은 힘을 되찾는다는 구실하에 빠져들었다. 그러나 리케는 전혀 그렇지 않았다. 그에게는 다른 종류의 일을 하는 것만이 휴가와 그밖의 계절의 다른 점이었던 것이다. 좀더 자유롭고, 자기 임무에서 벗어난 그는 물리학과 문학에 대한 자기 취미를 위하여 더 시간을 바쳤다……."[123] 지식을 위해 시간을 투자한다는 점에서 고급이라 할 이러한 휴식 시간이 없었다면 귀족의 호기심은 생기지 않았을 것이다. 그들의 호기심은 서재·개인 관측소·실험실 안에서, 또는 성관의 휴식 속에서 완전히 나래를 폈다. 귀족의 이상이란 정원에서 물리학을 배우는 것이었으며, 이처럼 학문을 탐구하는 순간에도 그들은 우아한 기품을 잃지 않아 도덕을 세련되게 만들었다. 속인의 옷차림을 하고 다녔던 베네딕트 수도사 동 구르댕이 쓴 《시골의 저녁 식사 후》에서는 한 사회 전체의 풍기에 대해서 이러한 뜻으로 말하고 있다.[124]

교육을 받지 않은 귀족은 물론이고, 연구·반성·대화하지 않는 귀족의 삶은 생각할 수도 없는 일이다. 새로운 처세술의 주요 단어는 새로운 주제로 풍부해졌다. 장점 없이 태어난 사람은 없고, 재능 없이는 출세도 못한다. 아카데미 동아리에서는 훌륭한 신분으로 태어난 사람들의 평등을 정의하는 일이 조건의 평등으로 격하되지 않도록 조심하였다. 지방에서는 파리의 보기에 귀를 기울였다. 뒤클로와 달랑베르가 위대한 인물과 문인 사이의 관계를 규정하기 위하여 보여 준 관심은 지방에서 뽑힌 사람들에게 유리하게 이용되었다. 이 점과 관련해서 기통 드 모르보는 다음과 같이 주장하였다. "풍요로운 궁전 가까이 하찮은 부모에게서 어린아이 하나가 태어나 가난의 포대기에 반쯤 덮여 있다. 같은 날 부자거나 작위를 가진 사람이 사치와 풍요의 환락과 멋으로 휘감은 상속자를 얻었다. 이다지도 다른 두 사람이 자라고 발전하는 모습을 보라……. 하나는 산더미 같은 황금 위에서 아무런 영광을 누리지 못하고 쓸모없이 근근이 자라나 곧 영원히 잊혀질 것이며, 다른 하나는 제 영혼의 활동에 따라 제 주인이 되어 천재를 발휘하여 같은 시대 사람들을 명예롭게 만들고, 영원히 이름을 남길 것이다."[125] 그와 함께 아카데미의 지방 귀족은 공적을 인정하였고, 이제 그에게 자기 신분의 수준에 맞도록 영혼을 길러 나가는 일이 필요하다고 생각했다. "오직 아카데미의 명단에만 눈길을 줌으로써 태생과 재산 때문에 과학과 문학이 더 이상 대가를 받지 못하는 일은 없다는 사실을 인정토록 해야 할 것이다. 오늘날 우리는 가장 뛰어난 사람들을 보게 되는데, 그들의 풍요는 취미에 따라 문학적 교양, 심지어 가장 추상화된 과학에 대한 연구, 그리고 예술의 실천에 몰두하고 싶은 욕망을 지원해 줄 수 있다. 유익한 지식의 발전에 아주 유리한 혁명이 인류 역사에서 가장 빛나는 시대 가운데 하나가 될 것이다."[126] 그의 동료 마레는 오직 이러한 의미에서 증거를 제시할 수 있었고, 아카데미 대중은 책임감을 문화와 분리시켜 보지 않는다는 생각을 확인하였다.

제2신분이 아카데미 활동에 참가한 것에 대해서는 다음과 같이 세 가지

특징으로 설명할 수 있다. 첫째 그들은 귀족 신분의 인정받은 혼합이라는
이상을 실현하였고, 귀족적 전통성의 벽이 지니는 의미는 귀족이 된 사람
과 전통 귀족이 공공 봉사 부분에서 결합한 것보다 약하다는 사실을 보여
주었다. 이것이 바로 귀족을 회원으로 뽑는 일을 직무에 밀접히 의존시켰
던 이유이며, 사법·군대·행정·고위 성직에서 귀족회원을 끌어낸 이유
라 하겠다.

　둘째 그들은 풍요로웠으며, 심지어 경제적 지배권을 가졌던 것처럼 보
인다. 아카데미 회원이 단순히 재산의 정예만을 대표하지 않는다 해도 그
들 중 일부의 눈부신 재산으로 전체의 사회적 명성이 빛난 것은 사실이다.
부동산 능력에 힘입어 확고한 지위를 누렸던 제2신분은 우리가 오늘날까
지 인정하고 싶어하지 않았던 그들의 경제적 운명을 더욱 강도 높게 지배
한 것으로 나타났다. 그때부터 학술 활동은 물질적 자유의 산물로서 직책
과 노력의 시대에 대한 정복이라 할 수 있듯이, 재산은 새로운 **한가로움**
을 허용하는 것처럼 보였다.

　그러므로 셋째 귀족의 참여는 사교 생활의 정점이며 사교성과 문화의
결합이라는 사실을 확인시켜 주었다. 몽테스키외는 재판장 바르보에 대해
언급하면서 그러한 원칙을 정확하게 규정하였다. "내가 가장 사랑하는 사
람은 사교계 사람들 가운데 하나이다. 그는 언제나 과학에 매달리지만 신
사처럼 매달린다. 그는 학자처럼 알고, 학예 후원자만큼 열의를 가졌다."


## 3. 공적과 봉사


　신분에 대한 사법상의 경계선에서 출발하여 부르주아 계층을 규정하는
데는 얼마간의 위험이 따른다. 18세기를 통해 수많은 부르주아가 귀족 세
계를 침투하고 넘어선 경계선의 양쪽에, 귀족과 부르주아를 무조건 정열
시킴으로써 현실과는 달리 비뚤어진 심상이 나타나는 경향이 있기 때문이
다. 이때 수평의 연대감은 그 존재를 부인할 수 없는 온갖 경쟁과 대립 관
계 앞에서 지워지게 된다. 장 클로드 페로의 표현대로 언제 어디서나 세

신분은 본질적인 면과 부수적인 면에서 서로 부딪혔다고 말할 수 있다.[1] 그러나 그와는 달리 그들은 학술 단체 속에서 무시할 만한 것이나 중요한 것에서 의견을 함께하였다.

또 다른 위험은(물론 무시할 수 없는 위험이다) 아카데미의 부르주아 회원 집단 속에서 피보호자의 현상을 보는 일이다. 당시 문화적 이해의 공동체란 얼마간의 필요에 따른 다소 임시적인 성격을 띤 집단으로서, 의존이나 연합의 관계를 감추고 있었다. 우리는 리샤르 드 뤼페가 자신의 평민 동료들에 대해서 내렸던 악의에 찬 판단을 읽으면서 그같은 관계의 현실과 중요성을 예감하였다. 《비밀 역사》에서 그들에 대한 호의는 단 한 줄도 찾아볼 수 없다. 교육, 풍기, 심지어 지성까지도 이처럼 신랄한 초상화가 걸린 회랑에 도장을 찍어 주지 못하였다. "원장신부 파바렐은 교단을 위해 가장 적합치 못한 사람이다. 풍기나 명예도 없는 그는 생애 대부분을 방탕과 음모에 바쳤다……. 그는 그의 됨됨이를 알고 경멸하지만, 그가 없이는 지내지 못하는 수석 재판장 라 마르슈와 이탈리아를 여행하였다……."[2] "즐로(검사)는 뤼페가 아카데미에 가입하였을 때, 이 단체에서 벌써 여러 번 바보짓을 저질렀다. 그 중 하나가 1750년 루소에게 상을 준 주제를 선택한 일이다. 그러나 뤼페는 그에게 열성이 있고, 재능과 선의가 있다고 믿으면서 애착을 가졌으며, 정중함과 우정으로 아카데미를 개혁하는 노력을 위해 밑거름이 되고자 하였다……."[3] '바보 같은' '심술궂은' '눈이 먼' '성가신' '음모자' 등, 이 신랄한 재판장이 쓴 어휘는 특히 그 자신의 원한과 실망을 설명하고 있다. 그의 동료 중에서 거의 아무도 지지하지 않을 이야기의 비밀 속에는 자만심이 넘쳐흐른다. 뤼페는 자기보다 낮은 지위의 평민과, 명예직에서 자기와 평등한 사람 가운데 그 누구도 보아 주지 않았다. 그러나 그 역시 공동체의 이상을 위험에 빠뜨리면서까지 아카데미 회원을 각자의 서열에 세워두려는 경향을 보여 주었다. 디종 아카데미 회원은 결국 그의 고집을 물리쳤지만, 사람들은 그같은 경향을 다른 곳에서 찾아볼 수 있었다. 보르도와 루앙의 경우 이러한 경향이 정관 개혁을 위한 바탕이 되었다면, 포의 경우는 실패의 조건이 되었음에 틀림없다. 아카데미의 부르주아는 귀족을 돋보이게 만드는 노릇만 하였다고 보는 것은 오래 가지 못할 태도이며, 아카데미 운동의 이념을 거스르는 일이었다.[4] 부르주아 계층은 공동의 협력 속에 제자리를 잡고 있었다.

지방의 부르주아 계층이 지배층 정예의 문화를 다듬고 전파하는 데 어떤 역할을 했는지 이해하려면 무엇보다도 그들이 특권을 누리는 지점 가운데 한 곳에서 살펴보아야 한다. 나아가 이러한 태도야말로 아카데미의 독창성을 고려하는 것이라 하겠다. 이와 관련하여 사전에 아무런 규정도 내리지 않은 채 사회 집단을 연구하는 일에는 어떤 위험이 뒤따르지 않을까? 그러나 경험주의적 연구 방식을 취한다고 해서 무지와 복잡한 토론의 악순환에서 벗어날 수 있는 것은 아니다.[5] 우리의 목적은 무엇보다도 활동에 바탕을 둔 분류를 한다는 통계의 관점에서 문화의 주역을 그려 보는 데 있다. 이러한 목적은 재산 정도에 관한 일반적 조사가 불가능하다는 점에서 나름대로의 정당성을 가지고 있다. 아울러 직업의 기준은 사회적 평가의 서열과 도시 구조 속에서 차지하는 위치와 관계된 것이 분명하다는 점에서 어떤 긍정적인 선택과도 일치한다. 이같은 의미에서 사회적 만남의 온갖 현상들을 파악할 필요가 있으며, 이를 위해 부르주아의 다양성을 분석하는 일 역시 그들의 통일성을 인정하는 것 못지않게 중요하다. 활동과 직업은 아카데미 회원 선출에서 첫번째 계열의 차이를 낳는다. 재산의 구성 요소와 수입의 성격은 부르주아 계층이 여러 가지 형태로 도시 사회의 조직 속에 끼어드는 모습에서 구체적으로 나타나는 다른 종류의 단절을 보여 준다. 끝으로, 어떤 동질성을 찾기 위해 노력할 필요가 있다면 그것은 문화적 차원에서 찾아야 할 것이다. 우리는 **봉사**와 **공적**의 사회적 모범이 승리를 거두는 속에서, 인재의 이념 의식을 미리 느낄 수 있는 한도 내에서 그것을 찾아야 할 것이다.

부르주아 아카데미 회원은 본질상 여섯 가지 사회 직업의 집단으로 나뉜다. 재속 성직자이거나 수도 성직자가 23퍼센트, 의료업 종사자가 26퍼센트, 사법과 행정직이 29퍼센트, 지성인을 자처하는 금리생활자 소수를 포함한 교수와 학자가 18퍼센트, 끝으로 도매상, 수공업 공장과 이윤을 내는 기업의 대표가 4퍼센트 이하를 차지하였다. 위의 비율에서 알 수 있듯이 성직자, 의사와 외과의사, 변호사와 사법직 관리가 평민회원의 4분의 3

이상을 이루었다. 한마디로 이것은 세 가지 검은 옷의 승리였다.[6]

성직자가 맡은 기능에 따라 그들에게 부여된 특권과 외관상 구별을 주는 원천으로서, 그리고 그들이 제1신분에 속한다는 사실로 말미암아 그들의 세계는 논란의 여지없이 통일되어 있었다.[7] 그러나 아카데미 범주와 다른 범주 사이에, 그리고 하나의 단체와 다른 단체 사이에는 분명한 차이가 나타난다. 평민인 하위 성직자는 이처럼 명예직에서 4분의 1에도 못 미치는 아주 미약한 자리를 차지하였다. 그 중에서 특히 디종·오세르·아라스 같은 세 아카데미에서는 통틀어 겨우 25명의 회원을 확보하였을 뿐이다. 우리가 아는 바와 마찬가지로 뽑힌 사람의 학술적 자질에 따라 정당화된 예외가 문제였다. 두 사람 모두 원장신부인 르뵈프와 오세르의 구제, 또는 아라스 도미니쿠스 수도원장을 지냈고, 프랑스 관구장인 동시에 로마 미네르바 아카데미의 신학교수였던 프로빌 신부 같은 사람이 그러하였다. 따라서 대다수를 차지한 하위 성직자는 정회원과 통신원으로 가입하고 있었으며, 앞의 범주에서는 성직자의 거의 60퍼센트, 뒤의 범주에서는 80퍼센트 이상을 차지하였다. 그러나 두 계급을 선출하는 일은 정확히 일치하지 않았으며, 수도 성직자의 존재에서 본질적인 차이를 볼 수 있다. 정회원은 특히 성당 참사회원직을 가진 사제로서(참사회원의 절반 이상이 귀족이 아니었다) 교수직에 있거나, 드문 경우이긴 하지만 교구의 주임신부직에 임명되어 있었다. 아카데미 정회원의 세계에는 종교 사회의 온갖 수준에서 온 사람들이 있었다. 그들 중 대부분이 도시 성직자를 대표하고, 물질 생활의 모든 근심에서 크게 벗어났으며, 교구의 활동과 학술 연구를 함께 해낼 수 있는 사람이었다. 읍과 마을의 군소 성직자는 아카데미에 가입하지 못했고, 아카데미 회원인 사제는 자신의 종교 활동보다는 지방 성직자의 지적 바탕을 대표하였다. 그들의 연대감은 아카데미 세계의 양쪽 끝에 걸쳐 나타났다. 그들 가운데 학자·석학·이류 연구자로서 가끔 종신 사무총장, 재무 관리, 또는 도서관 사서직에 몸 바치는 사람도 있었다. 사실 의료업을 제외한다면 사제에 대한 예찬론의 60퍼센트 이상이 자격과 학위에 대해 말하고 있기 때문에, 우리는 바로 이 집단 속에서 최대한의 대학 졸업자를 볼 수 있는 것이다. 프랑즈부슈의 사제이자 브장송 아카데미의 회원인 동시에, 성당 참사회원과 중등학교 교장을 겸직하고 있던 원장신부 베르지에야말로 이 집단의 대표적인 인물이었다.[8] 원장신부 트루이예의 친구이며, 계몽주의 사업에 대해서도 일가견이 있는 엄격한 전통주의자였던 그의 편지에서 그가 가진 다양한 면모를 친근하게 엿볼 수 있다. 친구에 대한 관심이 보통 이상이었던 그는 조그마한 소리에도 귀를 기울였으며, 훌륭한 포도주를 좋아하는 프랑슈콩테의 미식가인 동시에, 자기 경력을 주의 깊게 관리하고, 종교상의 직책과 빈자리에 대해서도 결코 소홀하게 취급한 적이 없었다. 그는 또한 루소와 맞서 이신론을 반박함으로써 다소 무겁게 그리스도교의 확실성을 증명하려는 맹렬한 호교론자의 모습을 보여주기도 하였다. 크리스토프 드 보몽은 그를 프로방스 백작부인과 공주들의 고해를 받는 파리 성당 참사회원에 임명하게 된다. 그가 《백과전서》의 첫권을 받고 내린 판단은 당시 교회 세계의 독특한 분위기를 전달해 주고 있다. "이 책에는 훌륭한 항목이 있으나 대부분의 경우 완벽성과는 거리가 멀다. 그럼에도 나는 여기서 완전히 비난할 만한 것을 찾지 못하였으며, 사람들은 이 박사들이 결코 경계선을 넘으려 들지 않고 아슬아슬하게 경계선에 가까이 다가서 있음을 본다……." 지방의 지평선 위에서 계몽사상가에 대해 안다고 해도 계몽 사상에 빠지는 일은 아주 드물었을 뿐이며, 대담함도 거의 나타나지 않았거나 비밀을 지켰다. 성직자 출신의 아카데미 회원은 대부분 성실한 사제들이었다. 때로는 재치를 번득이기도 하였으나, 대부분 신학자와 역사가인 그들은 단지 멀리서만 그 시대의 대담성을 접하고 있었던 것이다. 앙제 아카데미의 원장신부 랑자르는 또 다른 보기를 보여 준다.[9] 그는 구두 제조업자의 아들로서 소뮈르 오라토리오회 중등학교 출신이며, 대학교에서는 장학금을 받아 공부한 인물이었다. 그후 포케 드 리보니에르 집 가정교사를 거쳐 성당참사회의 문서 정리 비서직을 맡은 그는 주교와 참사회원이 대립하였을 때 소송에 꼭 필요한 자료를 주교에게 보여 줌으로써 자신의 화려한 경력을 위험하게 만들기도 하였다. 아카데미의 사무총장이었던 그는 회원에게 역사서나 도덕서와 함께 사랑이나 사교를 다룬 시를 번갈아 읽게 하였다. 생테냥의 사제직을 거쳐 참사회원이 된 그는 사교 모임, 《아피슈》[신문]의 편집, 농학회의 창설과 같은 앙제의 지성을 대표하는 온갖 모임에 참여하였다. 한마디로 그는 '복종하는 그리스도교도'이고 싶어하는 계몽사상가의 화신이었다. 성직자가 오 쾨르(Haut Chœur) 성당참사원인 귀족과 같은 인물으로 취급되던 사회에서 원장신부 랑자르는 어떤 개방성을 증명하는 동시에, 개혁과 전통 사이의 친밀한 화해가 성취되고 있음을 증언하였다. 바로 여기서 귀족 성직자와 평민 성직자의 연대감이 확실히 드러날 뿐만 아니라, 이러한 연대감은 여러 가문을 사법 기관과 엮어 주는 직업 관계나 귀족 사회에서 가정교사직을 맡으면서 생기는 관계에 의해 더욱 굳건해졌다. 여기서 우리는 각 단체가 보이는 차이가 귀족과 평민의 일반적 대립보다는 지방마다 제1신분 속에서 인재를 뽑을 수 있는 가능성에서 비롯되었다는 사실을 알 수 있다. 원장신부 로지에를 받아들인 리옹 아카데미나, 원장신부 가라와 시카르를 받아들인 보르도 아카데미나, 원장신부 바르텔레미를 선출한 마르세유 아카데미나 다들 하나의 공통점을 보이고 있었다. 즉 이 아카데미들은 지방은 물론 전국에서 인정받은 과학과 문학의 명성을 기린다는 측면에서 성직자를 받아들인 것이었으며, 그들에 대한 평가에서 나오는 명성에 초점을 맞추었던 것이다.

　수도 성직자에게 문을 열어 준 것은 준회원의 특징이었다. 이들은 성직 계층의 다른 대표와 같은 범주 속에서 뽑혔다. 그러나 참사회원의 비율이 절반으로 줄어들면서[10] 사제와 보좌신부의 수가 비교적 늘어났다. 더욱이 우리는 때로 수도 성직자에게 문을 걸어잠근 정회원의 거만한 태도의 원인을 볼 수 있다. 10개 아카데미에서는 정회원 가운데 수도 성직자가 1명도 없었고, 간혹 수도 성직자를 볼 수 있는 15개 아카데미에서도 제1신분의 정회원 가운데서 차지하는 비율이 15퍼센트 이하에 머물렀을 뿐이다. 그러나 준회원의 경우 평균 비율이 30퍼센트를 웃돌았다. 이러한 비율은 아카데미가 이 범주에서 수도 성직자를 거부하였거나(캉의 경우 성직자 회원 가운데 수도 성직자는 7퍼센트이며, 준회원의 경우는 67퍼센트였다) 정회원에게 이미 개방된 회원 선출의 원칙을 지켰기(리옹의 경우 각각 46퍼센트와 41퍼센트이며, 더욱이 메스의 경우 각각 80퍼센트와 37퍼센트였다) 때문이다. 여러 가지 다른 교단의 대표를 살펴보면 한 가지 결론을 얻게 된

다. 학구파 수도회가 승리하고, 프란체스코파와 옛날식의 명상 수도회는
몇몇 탁월한 개인 회원을 제외하고는 거의 찾아볼 수 없다. 예수회는 27
퍼센트로서 맨 앞에 있었지만 1752년을 고비로 낭시의 경우를 빼고는 지
방 아카데미의 지평선에서 자취를 감추었다.[11] 그러나 이들이 중등학교와
맺은 관계는 분명하였다. 리옹의 첫번째 아카데미에서 그들은 가장 중요
한 집단을 이루었으며, 통합 아카데미에서는 라트리니테 중등학교에서 볼
수 있는 것처럼 오라토리오회 회원에게 밀려났다.[12] 예수회의 뒤를 이어
왕성한 활동을 전개하였던 베네딕투스회는 캉·아미앵·브장송에 많았고,
툴루즈와 루앙에도 회원을 많이 보냈으며, 메스에서도 아주 활발히 움직
였지만 다른 곳에서는 거의 볼 수 없었다. 이들은 수도 성직자의 25퍼센
트로서 그들 가운데는 메스의 동 장 프랑수아,[13] 브장송의 동 그라팽과 동
베르토,[14] 루앙의 동 구르댕,[15] 기옌에서 캉으로 온 베네딕투스회 수도사로
서 생테티엔의 수도원장인 동 생 타프리크와 보몽탕오쥬 수도원장 동 카
조[16] 같은 탁월한 인물도 있었다. 생모르 수도회와 생반 수도회의 지적 전
통, 교단 수도원이 자체적으로 가지고 있던 아카데미의 역할이 이러한 선
택에 상당한 영향을 미쳤다. 오라토리오회는 전체의 19퍼센트로서 중등학
교를 볼 수 있는 곳에서는 어디서나 존재하였다.[17] 그 대신 교의협회는 10
퍼센트로서 주로 남부의 아카데미에서만 만날 수 있었다.[18] 특히 메스에
서는 다양한 수도회에 소속된 많은 수의 수도 성직자 참사회원을 볼 수
있었다.[19] 수도회의 종류가 다양하였던 만큼 생프랑수아드폴 수도회에서
10여 명, 카푸친회에서 몇 명,[20] 도미니쿠스파와 시토교단에서도 각각 몇
명씩을 보냈다. 그들은 다른 종류의 정신 노력에 몸 바치는 수도회에서 학
자와 문학인들이 외롭게 존재한다는 사실만을 말해 준다. 요컨대 아카데
미의 성직자 세계는 연구의 실천과 교육의 실천 속에서 통일성을 찾았던
것이다. 성직자의 절반 이상이 교육을 맡고 있거나 담당한 적이 있었다.
이처럼 아카데미 회원은 중등학교의 세계에 빚을 지고 있었으며, 18세기
의 세속화 경향에도 불구하고 여전히 교회의 통제를 받고 있던 학문적 틀
을 갖추려는 의지를 보여 주었다.

　교수·학자, 지성의 작업에 흡수된 금리생활자는 일관된 활동을 하는

집단을 이루었다. 그들은 정회원의 12퍼센트에 불과하였지만, 독창적인 기능을 맡을 수 있던 준회원의 범주에서는 32퍼센트를 넘어섰다.[21] 사실 그들이 통신원 목록에 이름을 올린 것은, 이 금리생활자가 통신원 부류의 명성과 위신을 높였을 뿐만 아니라 지방 아카데미 운동을 지지하였다는 사실을 보여 준다. 준회원 세계에 대한 이들의 참여는 여러 아카데미 단체의 훌륭한 기능에 반드시 필요한 평가의 역할 속에 나타나 있으며, 각 단체의 국내 위신에 따라 정회원 속에서 이들이 차지하는 비율도 달라졌다. 물론 단체의 위신이 체계화된 실천과 일치하는 때도 가끔 있었다. 회원 자격을 따면 간접적으로나마 왕립과학 아카데미와 연합할 수 있었기 때문에 누구나 그 자격을 따내려고 노력하였다. 예컨대 몽펠리에에서는 50명 남짓한 지식인을 만날 수 있었고, 이름을 날린 기관인 디종과 리옹에서는 40명 남짓, 앙제·캉·오를레앙에서는 20명 정도를 만날 수 있었다. 이에 비해 루앙은 이 집단에서 내보낸 준회원이 80명 이상이나 된다는 점에서 이 분야에서 가장 독특한 모습을 보여 준다. 볼테르·쥐시외·크레비용·토마·마르몽텔·라 아르프·가이야르·쿠르 드 제블랭·랄랑드·필라트르 드 로지에·메랑·파르망티에 같은 사람들이 그 예로서, 이들 덕택에 그곳의 문학과 과학은 눈부신 명성을 얻을 수 있었다. 그리고 루앙의 특이한 점은 예술가의 할당 정원을 가졌다는 사실로 더욱 돋보인다. 그들 가운데 가장 알려진 사람만 꼽는다 해도 레스투·르바·르무안·슬로츠 형제·르 카르팡티에·빌레·피갈·샤르댕·노노트·코셍·모로 르 죈·카피에리를 들 수 있다.[22]

금리생활자 집단이 확보한 정회원 가운데 가장 높은 비율을 차지하였던 계층은 속인 교수들이었다. 이 집단의 거의 3분의 2에 달하였던 이들은 중등학교, 대학교, 또는 수리학·수학·과학의 왕립 교수직을 맡고 있었다. 그들은 앙제에서 전체 부르주아의 41퍼센트에 이르는 대표를 보냈으며, 브장송·브레스트·캉·샬롱·클레르몽·디종·리옹·메스·오를레앙·루앙·툴루즈·발랑스에도 상당수의 동료가 있었다. 이렇게 해서 툴루즈의 과학 아카데미에서 구아제 2세가 법학을 가르치고, 튀를르가 대학교에서 기하학을, 프랑수아 뤼카가 예술 아카데미에서 조각을 가르치게 되었던 것이다. 작은 깃이 달린 옷을 입은〔원장신부를 뜻한다〕 뒤마는 왕립 중등학교에서 수사학과 웅변을 가르쳤다. 장 카스틸롱은 우리가 추적해 볼 만한 경력상의 모범을 보여 준다.[23] 그는 세네쇼세의 검사 아들로 태어나 에스키유의 예수회와 교의협회에서 차례로 공부한 뒤 법학을 전공하였으며, 같은 학교를 다닌 마르몽텔과 함께 법조계의 젊은 문학도를 모아 문학회를 세웠다. 네 번씩이나 죄 플로로의 회원 후보에 오른 행운아였던 그는 마침내 1751년에 회원으로 선출되었다. 다른 지방민과 마찬가지로 그 역시 파리로 올라가 눈부신 명성을 쌓았다. 기병대 사무국장과 정경 평론가를 거친 그는 《주르날 드 부이용》을 위해 피에르 루소와 협력하면서 계몽사상가와 자주 만났고, 《백과전서》 작업에도 참여하였다. 저명한 문학비평가이며, 살름 공과 브리엔의 보호를 누렸던 그는 성공한 지방민이었다. 그후 그는 툴루즈 대주교의 추천으로 그곳 중등학교 사서에 임명되어 대주교의 개혁을 돕기도 하였다. 나이가 들고, 고향을 그리워한 나머지 그는 랑그독 지방 지성인의 첫머리에 있는 명예직을 맡지 않을 수 없었다. 마침내 툴루즈 죄 플로로 아카데미 회원직에 복귀한 그는 귀향의 감격을 다음과 같이 표현하였다. "오, 30년간 자리를 비우고 돌아온 나의 터전이여, 나는 마침내 기쁨의 눈물을 흩뿌리노라. 어릴 적부터 내 마음에 영광을 느끼게 만들어 주고, 욕망에 눈뜨게 해준 이조르의 신전이여, 어떤 신께서 그대를 나의 초조함에 돌려 주셨는가." 과학 아카데미에 뽑혀 사무총장이 되고, 예술과학원을 창설한 그의 학구적 열성은 모든 사람의 인정을 받았다. 그러나 그의 귀향은 그 자신에게는 원천으로의 복귀와 심경의 변화를 뜻하였다. 한때 백과전서파가 '역설을 늘어 놓는' 저술가를 '궤변론자'와 '사기꾼'이라고 몰아세웠던 것을 생각하면 충분히 이해할 수 있는 일이다. 카스틸롱은 계몽 시대의 수많은 저술가의 희망과 한계를 잘 보여 줄 뿐만 아니라, 어째서 전통과 개혁이 지방의 지평선 위에서 조화를 이루었는지에 대해서도 잘 설명해 준 인물이었다. 메스의 감시인 르 브룅은 다른 형태의 모범을 보여 준다.[24] 교육자인 동시에 건축가였던 그는 지사의 협력자이기도 하였다. 그의 아들 클로드는 파리의 수학교수로서 그와 마찬가지로 포병학교에서 기하학과 도안을 가르쳤으며, 아버지의 뒤를 이어 파리의 건축관이 되었다. 좀더 분명히 말해서 카스틸롱보다 지방적 색채가 훨씬 강했던 이들 부자는 둘 다 인재가 아카데미에 참가하는 바탕을 이루는 사회문화적 통일성을 보여 주었다. 권력과 맺은 관계, 교육과 학술 활동, 표현력과 기술이 만나는 과학과 문학의 소양 등, 이 모든 것이 함께 작용하여 그들의 회원 가입을 정당화시켜 주었다. 그러나 이 요소들은 재능의 확인이 분명히 드러나는 부르주아 계층의 여러 가지 범주 사이에 수많은 통로가 있었다는 사실도 증명해 주었다. 지방 수도의 교양 있는 집단이 보여 준 환영을 배경으로 몇 개의 아카데미에 가입하여 동화된 이 지방 교수이며, 학자들은 결코 변두리 사람들이라 볼 수 없다.

그러나 18세기에 접어들면 부르주아 가운데서도 행정직 대표가 더 많이 참가하는 사법 '단체'에 속한 법조계 인사를 뽑는 일이 지배적이었다. 교육 다음으로는 공직이 도시에서 공을 세우는 왕도였다. 이 공직자들은 부르주아 정회원의 51퍼센트와 준회원의 28퍼센트를 이루었다. 그러나 여기서 중요한 점은 두 범주가 똑같은 임무——도시의 행정·보전·개선에 대한 임무——를 띠고 있었으며, 법률과 기술이 정예들의 경영에 쓰이는 실제 교양에서 일관성을 보이는 부류 가운데 회원을 뽑았다는 데 있다. 전체 속에서 차이를 보여 주는 세 부류는 토목기사와 건축가, 평민 출신의 관직 보유자와 행정가, 그리고 변호사였다. 더욱이 이들은 전체에 대한 평가의 서열이나 전체가 가문과 직업 사이에 맺은 관계 속에서 조화를 이루었다.

첫번째 집단은 가장 불평등하게 나뉘었다. 전체 1백92명 가운데 79명만이 정회원에 가입하였다.[25] 준회원의 경우 국가 주요 단체의 대표에게 강요된 거주의 문제가 정회원보다 더 자주 바뀌었다는 점을 고려하면, 이같은 불평등은 행정의 경력에 속한 논리에서 비롯되었음을 알 수 있다. 이러한 사실을 뒷받침해 주는 예로 르장드르의 부하이자 디드로, 볼랑 가문, 페로네의 친구로서 자신의 상관이 '징세구 감독관' 발령을 받자 그를 따라 캉에 간 샬롱쉬르마른의 기술자 비알레를 들 수 있다.[26] 도시를 옮기면서 아카데미까지 바꾸었던 그는, 그곳 시청의 국왕 대소인이기도 하였던 오른의 운하 건설 책임자인 토목기사 프랑수아 리샤르 들라롱드를 대신해 캉의 동아리에 가입하였다. 그와 나란히 도시 계획과 주의 교각 및 도로 건설 임무를 맡았던 르페브르와 라벤을 꼽을 수가 있다.[27] 어디서나 토목기사와 건축가가 지배층에 끼어들었다. 리옹에서는 드빌과 들로름, 그 뒤를 이어 자르와 랄리에, 도로 담당관이자 건축관인 불라르를 위시해 페라슈와 수플로가 있었고,[28] 툴루즈에서는 뒤크뢰와 랑그독 신분회의 토목기사인 가리퓌 부자를 볼 수 있다. 18세기 내내 교구의 지도를 그리는 임무를 맡은 토목기사의 정예 동아리가 있던 몽펠리에에에서는[29] 이 모두가 천문학자이자 저명한 수학자로서, 클라피에스·플랑타드·다니지·카르네·기욤 바르테즈를 중심으로 활동하였다. 보르도 아카데미는 보르도 시의 건축관이며 토목기사인 봉팽과 르베크, 토목 감독관 브레몽티에와 그의 동료인 조제프 트레르를 맞이하였다. 르노동·비넬리·슈라이너도 그르노블에서 큰 영향을 미쳤다. 아미앵의 건축관 루소와 예술학교장 셀리에, 아미앵 시의 정비를 위해 노력을 아끼지 않았던 드장과 크리스토프에 대해서도 관심을 둘 만하다. 아카데미에 토목기사가 들어갔다는 사실은 그들이 전문가로서 가진 능력과, 왕권이 한 세기 동안에 걸쳐 그들에게 제도상의 지위를 부여해 주었다는 사실도 함께 인정해 준 것이다.[30] 그것은 기술자, 다시 말해 자연의 질서와 기계적 기술을 수학으로 설명할 수 있는 사람들의 새로운 위신을 구체화시켜 주었다. 그것은 또 주요 단체가 도시의 심상을 바꾸는 데 한몫을 하였다는 사실을 인정해 주며, 마지막으로 도시 지배층이 물질 세계를 지배하였음을 증명해 주었다. 물질 세계의 정복은 도시 지배층에게 이익을 가져다 주었으며, 이들이 누리던 사회적 위세의 표시였기 때문이다. 계몽 시대의 토목기사는 과학과 실천의 질서를 구현하는 사람으로서 무엇보다도 이론과 유용성을 조화시키면서 모든 아카데미 속에서 자신의 재능을 인정받으려 하였다.

물론 평민 출신의 관직 보유자와 문필가의 세계는 더욱 고전적인 심상을 보여 주었다. 어디서나 그들을 만날 수 있다는 사실은 사법과 행정의 세계가 사회적인 특성만큼 도덕적 특성에서도 통일되었음을 보여 준다. 그들은 도시의 온갖 공동체 가운데 으뜸이었고, 지방 정부의 직책을 맡는 한편 아주 다양하고 중요한 모든 형태의 경영에 참가하였다.[31] 자방 자치 단체의 선거 서열에서 그들은 도시의 귀족과 함께 가장 크고 좋은 몫을 차지하였다. 따라서 그들을 아카데미에서 만날 수 있다고 해서 조금도 놀랄 필요가 없으며, 그로써 오히려 지방 지배 계층의 통일성을 다시 한 번 확인할 수 있는 것이다. 도시나 주의 행정을 맡은 평민 관직 보유자와 대표자들은 3분의 1에 해당하는 아카데미에서 10여 명의 회원을 확보하고 있었다. 우리는 그들이 상급 법원을 가진 도시에서 더 많은 대표를 배출하였다는 사실을 태연하게 받아들일 수 있다. 단지 정회원의 수만 살펴보아도 그들은 아미앵에서 15명, 앙제에서 24명, 부르와 베지에에서 10여 명, 오를레앙에서 12명, 님에서 9명, 라로셀에서 18명, 수아송에서 19명, 빌프랑슈에서 29명을 배출하였다. 아라스에는 아르투아 주의회가 있었지만 13명의 정회원을 냈고, 화폐 재판소를 가진 리옹은 정회원 9명을 넘으로써 모두 예외적인 기록을 보여 주었다. 아카데미의 결합은 부르주아 명사의 소수 독재가 행사하는 문화적 힘을 구체화시켜 주었는데, 이들은 때로 가문끼리 결합을 통하여 결정적 힘을 발휘하기도 하였다. 이 점과 관련해 빌프랑슈의 아카데미 명단 중에서 샤틀렝 데세르틴 가문의 7명과 그들의 친척 2명, 베시 뒤 플루 가문의 3명, 프장 가문의 2명, 뷔시외 뒤 샤틀라르 가문의 2명, 콜롱즈 가문의 2명, 롤랑 가문의 2명, 펭 가문의 2명을 꼽을 수 있다. 상급, 바이아즈, 그밖의 하급 법원에 속한 관직 보유자, 대리인, 징세인, 검사, 지방 정부의 대리관들은 아카데미의 모임에서 자신들의 권력이 문화적인 빛을 발함과 동시에, 생활 양식과 기본 유대감이 집단적으로 확인되는 것을 볼 수 있었다. 아카데미에 소속되었다는 것은 그들에게 중요한 가문의 출신이라는 사실을 뜻했으며, 특히 단체의 경쟁 관계와 그들 자신의 특권을 지키고 상석권을 확보하려는 논쟁을 초월하여 진정한 영혼의 통일을 발견하는 길이기도 하였다.

그들은 거물급 법관 귀족을 찾아보기 어렵던 학술 단체를 지배하였다는 사실을 쉽게 알 수 있다. 그들은 서열상 두번째로 밀려난 적이 없었고, 도시가 그들의 손아귀에 들어 있었던 만큼 문화를 지배하지 못할 이유는 어디에도 없었다. 이 점과 관련해 아미앵의 경우는 가장 주목할 만한 보기이다. 이곳 지사인 데르블루아는 자신의 대리인이며 비서인 드모와 함께 한꺼번에 변호사, 인쇄물 검열관, 피카르디 도서출판 행정관, 주의회의 사무국장 일을 보았던 부이예 드 바렝을 데리고 지사관구를 운영하고 있었다. 샤를 뒤카스텔과 르블랑 뒤 마이야르가 바이아즈를 운영하였고, 르 피카르와 바이아즈 판사의 아들인 루이 드바크가 국왕의 징세 청부업과 소금세를 운영하였으며, 징세구 재판소는 그곳 판사로서 지사와 긴밀한 협력 체계를 유지하였던 앙투안 도드렐이 맡고 있었다. 타이유세〔평민이 영주나 왕에게 바쳤던 세금〕는 징세관 우제 드 카비용이, 카피타시옹세는 담당관 뱅상 드 바이이가 각각 맡았으며, 도시 행정은 특별 대리관이며 바이아즈의 민사 재판관인 프랑수아 펠릭스 르 불랑제 드 라 리비에르가 담당하였다. 이밖에 수공업 공장은 감독관 트리베르가, 끝으로 군관구는 사무총장 오귀스트 다미엥이 각각 맡았다. 피카르디 지방의 행정 지도부는 모두 아카데미에 속해 있었다.[32] 이 수준에서 주목받을 만한 탁월한 개인은 한 사람도 빠지지 않았다. 그렇다면 여기서 한때 앙투안 갈랑이 그랬듯이, 캉 아카데미에서 지사 퐁테트의 눈 역할을 하였던 룩슬랭을 살펴보기로 하자. 한마디로 그는 중농주의자, 법률가, 설득력 있고 구변 좋은 종신 사무총장, 소법관의 훌륭한 보기였으며 임수산 관리부의 국왕 대소인이기도 하였다. 변호사인 그는 자신이 패소한 소송에 대한 사례금을 받지 않은 것으로 유명하였으며, 사교계 인사로서 모든 동아리에 참여하였다.[33] 다음으로는 셰르부르의 해군 본부에서 국왕 대소인을 지낸 그루를 살펴보자. 그는 박식한 편찬자이자 해양법에 관한 한 국제적인 권위자였다. 1768년 도시 행정부를 거친 그는 1790년에는 군(郡) 재판소 판사로 임명되기도 하였다. 제국의 시기에 이르러서는 잘 알려진 명사 집단에 합류하였으며, 거의 80년 동안 아카데미의 열기를 잃지 않았다. 그리고 마침내 1807년 20년 전부터 잠들어 있던 학회를 깨운 인물로 자신의 명성을 드높이게 된다.[34] 이밖에 부르캉브레스에서는 자신의 《철학 노트》 속에서 있는 그대로의 자신을 그리고 있는 토마 리부를 볼 수 있다. 그는 무엇보다도 법률학자로서 본 오라토리오회 중등학교를 나와 디종에서 학위를 받고, 리옹의 법조계에 등록한 뒤, 상급 판사직을 거쳐 국왕 대소인과 부재판소장이 된 인물이다. 그는 법률가이자 계몽된 행정가인 동시에, 《백과전서》·볼테르·베카리아·루소의 독자이기도 하였다.[35] 서투른 시인인 그는 브레스 지방 명사의 공동 생활과 사생활에서 볼 수 있는 모든 사건을 유명하게 만들었으며, 혁명과 그 이후의 제국은 그에게 나라의 중대사를 맡기게 된다. 룩슬랭의 뒤에서, 그루와 토마 리부의 뒤에서 우리는 권력과 사상을 함께 활용하는 가운데 모인 명사의 사회를 찾을 수 있다.

법조계의 중심에서 변호사는 한편의 자리를 차지하였다. 그런 만큼 그들은 아카데미에도 열심히 참가하였다. 정회원 가운데 20퍼센트(2백 명 정도), 준회원 가운데 10퍼센트(1백 명 이상) 정도가 이들에게서 배출되었다. 그들은 두 가지 범주 중 어디에나——브레스트와 아장은 제외되는데, 이는 당연하다——들어 있었지만 정회원 속에서 그들이 차지하였던 비율은 많은 차이를 보인다. 그들의 비율은 상대적으로 말해서 고등법원을 가진 도시에서는 약했던 반면[36] 그밖의 법원을 가진 도시에서는 좀더 높았으며,[37] 몇몇 경우를 제외한 나머지 곳에서는 아주 높았다.[38] 이러한 불평등은 주로 법조계가 사회적으로 보여 주는 독특한 성격과 관련되어 있었다. 그들은 직업의 실천과 사교성의 온갖 형태에서 일관성을 보여 준 집단이었다. 전통적으로 생티브의 후원을 받는 친목 단체는 어디서나 아주 활발하게 움직였으며, 인류애와 교육을 위한 활동을 부추겼다. 그 결과 변호사들은 아카데미 모임과 경쟁하던 온갖 회합에 참여하기에 이르렀다.[39] 그들은 임시의 사회 직업적 부류를 이루는 한편, 심지어 나이를 바탕으로 한 계급을 구성하였다는 사실도 덧붙여 말해 둔다. 대다수에게 변호사석은 '사법관직의 훈련소'에 불과하였기 때문이다. 그리고 바로 이 점 때문에 재판관과 변호사는 소송 당사자이건 아니건 한없이 복잡한 관계를 맺고 있었다. 그렇다면 이들은 거물급 법관의 피보호자에 불과하였던가? 만약 그랬다면 변호사는 심각한 의존 상태에 놓여 있었을 테고, 아카데미에 들어가지도 못하였을 것이다. 우리는 이같은 사실을 1명의 변호사도 뽑지 않은 브장송과,[40] 고등법원 인사가 주로 라모트와 세즈[41] 같은 그 단체의 거물급 지도자에게만 도움을 청하던 보르도에서 찾아볼 수 있다.

물론 고등법원과 왕권이 대립하였던 위기의 시기에 변호사들은 거의 언제나 귀족 계급의 편을 들었지만, 다른 한편에서는 이들에 대해 자신들이

전통적으로 누리던 특권을 지킬 준비가 되어 있었다. 지방법원의 연대기
는 그들의 날카로운 집단 의식과 사회적 장벽을 보여 주는 소규모 충돌 사
건으로 가득 차 있다. 따라서 그러한 사건을 보르도의 예술과학원이나[42]
브장송의 문학과 군사학회[43]처럼 서로 경쟁하는 단체에서 많이 볼 수 있
다고 해도 그리 놀랄 필요는 없다.

  그러나 이들의 반응은 고용인의 처지에 따라 자신도 모르게 강화된 피
고용인에 대한 보호의 거동과는 다른 거동에 속한다. 확실한 독립을 보장
받은 변호인단은 사법인들의 결합과 그에 따른 관계를 신뢰하였으며, 거
물급 법관이 권력의 모든 열쇠를 거머쥐지 못한 도시에서는 좀더 빠른 출
세를 하였다. 이 점과 관련해 아라스 아카데미에서는 종신 사무총장 아르
두앵의 뒤를 이어 뒤크누아, 비스리의 피뢰침 사건에서 큰 승리를 거둔 로
베스피에르, 군관구에도 관여한 르사주, 그리고 랑글레와 르게 같은 사람
과 함께 많은 변호사가 참가하였다.[44] 리옹의 변호사들은 상업 재판소 가
문과 관련을 맺었으며, 화폐 재판소의 관직 보유자나 귀족과도 훌륭한 관
계를 유지하였다. 특히 그곳 아카데미의 창설자 가운데 한 사람이며, 부알
로의 친구인 클로드 브로세트는 나중에 시장직에 오르게 된다.[45] 그르노
블에서도 아카데미에 들어간 사람은 가장 이름을 날린 변호사들이었으며,
이들 대부분은 혁명 전의 주요 사건을 이끌어 나간 인물이었다. 구체적으
로는 뒤셴·바르텔레미 도르반·르메트르·아샤르 드 제르만, 그리고 국
왕 판사와 주의회의 사무국장을 지낸 무니에를 들 수 있다.[46] 툴루즈의 변
호인단은 지방의회와 시행정부에서 맡은 역할을 이용하여 죄 플로로와 과
학 아카데미에서 아주 명예로운 자리를 차지할 수 있었다.[47] 아카데미에
가입한 변호사 중에는 명성과 재능을 두루 갖춘 뛰어난 젊은이가 많아서
자주 두각을 나타내었다.[48] 동시에 그들은 여러 단체 속에서 사법 세계의
힘과 문화에 대한 증언자이기도 하였다. 혁명이 일어나기 직전 그들이 자
신들의 적성에 대해 분명한 의식을 가지고 있었는지에 관해서는 의심의
여지가 없다. 그러나 그들은 평민 출신의 행정가나 관직 보유자와 명확하
게 구별되지는 않았다. 이들처럼 그들도 앙시앵 레짐의 온갖 연대감의 그
물 속에 동화되었으며, 이들처럼 그들도 자신들의 특권을 굳게 지켰다. 그

들이 혁신을 선택했을 경우 분열될 수도 있었지만(툴루즈 아카데미에서는 그 순간 바레르와 멜르, 베르니와 눈물을 자아내는 **조국의 변호사** 잠므에게 자리를 마련해 주지 않았던가?), 최소한 단결을 확보한 상태에서 어떤 체계가 가진 힘과 약점을 가늠하였던 것이다. "어떤 사람이 문학인이며, 제대로 생각하는 능력을 갖추고 인간을 사랑할 때 그는 모든 것에 적합하다." 토마 리부의 자신만만한 이 말은 그들의 관심 사항에 대한 진실한 태도를 분명히 드러내고 있다.[49]

마지막으로 중요한 집단은 거의 1천 명에 달하는 의료업 종사자로서 이들은 정회원의 28퍼센트, 준회원의 37퍼센트를 차지하고 있었다.[50] 이러한 불균형한 비율을 통해 우리는 소도시의 개업의라는 신분에도 불구하고 아카데미의 그물을 매개로 학문 생활 속에 끼어든 지방 의사의 역할을 볼 수 있다. 전국을 통틀어 죄 플로로와 몽토방 아카데미만이 의사를 뽑지 않았다. 두 아카데미가 의사를 거부한 이유는 그들의 노력이 순전히 문학을 향하였기 때문이다. 그밖의 다른 곳에서는 사회 직업상 중요한 차이가 있긴 하였지만, 건강을 위한 단체는 학술의 틀을 조직하는 요소가 되고 있었다. 5개 단체 모두가 대학의 학부와 중등학교를 가진 도시에 있었으며, 아카데미 정회원의 50퍼센트 이상이 이들 단체 출신이었다. 그 중에서도 몽펠리에와 브장송이 선두에 있었다. 15개 아카데미에서 20-50퍼센트를 뽑았고, 3개 아카데미에서는 10퍼센트도 채 안 되었다. 의료에 관한 여러 범주를 살펴보면 차이들이 나타난다. 20개 아카데미가 정회원에 외과의사를 뽑지 않았고,[51] 약사를 거부한 곳도 15개에 이르렀다.[52] 이러한 구별은 다양한 직업 사이에 있는 수많은 차이를 두드러지게 만들어 주며, 아카데미 세계도 그 시대의 사회적 편견을 완전히 벗어나지 못하였음을 보여 준다. 그러나 변화는 아카데미 세계에도 찾아왔고, 그 결과 인재를 공동체 속으로 끌어들이려는 시도가 고개를 쳐들기 시작하였다.

약사의 사회는 가장 개별화된 세계로서 제일 적은 대표를 내놓았다.[53] 가장 큰 이유로는 이들 사회가 상품과 직업인 조합에 근접해 있었다는 점을 들 수 있다. 거기 속한 사람 가운데서 아카데미에 뽑힌다는 사실은 언제나 수준 높은 재능, 주로 화학 분야에서 재능을 인정받았음을 뜻하였다. 그러나 약사는 표본병과 식물 표본, 싸구려 약과 증류기에 관계된 사람으로 일종의 수준 높은 연구실 조교로 남아 있었다. 이러한 인식은 약사가 도시의 서열에서 첫머리에 놓였을 때도 마찬가지였다. 한 예로 앙제에서는 약사가 재산과 명예 덕분에 상업 재판관과 시장직에 대거 참여하였을 때도, 아카데미에서는 아무런 자리도 확보하지 못하였다.[54] 그러나 약사와 개업의를 갈라 놓는 벽은 엷어지고 있었으며, 아카데미는 이러한 발전 속에서 무시하지 못할 책임을 떠맡았다. 아카데미가 약사를 뽑았다는 것은 아카데미 단체의 정관이 상업에서 자유 직업으로 바뀌고 있었다는 사실을 의미한다. 아카데미의 공적은 바로 여기에 있었던 것이다. 아카데미 회원이 된 약사는 이미 약제사로서, 자기 재산만큼 학문 분야에서도 이름을 날린 사람이었다. 이 점과 관련해 10여 명의 약사를 받아들인 몽펠리에의 경우에 주목할 필요가 있다.[55] 그리고 그 뒤를 이어 8명을 뽑은 루앙,[56] 5명의 툴루즈와 6명의 리옹이 있었다. 디종 같은 도시에서는 이러한 변화의 뜻을 분명히 가늠할 수 있다.[57] 그곳 아카데미는 강의와 여러 가지 시도를 통해 (약사 타르틀랭이 거기서 막중한 역할을 맡았다) 공동체로 하여금 과학의 변화에 귀를 기울이도록 만들었던 것이다. 응용화학 강좌나 식물학과 같은 '의학'에 관계된 주제 덕분에 약사는 과학인이 될 수 있었다. 의사 뒤랑드가 천명하였듯이 여러 아카데미의 가르침에 따라 "약제사는 쉽사리 식물을 아는 방법을 배울 수 있고, 위험한 무지 때문에 종종 가장 값진 인물을 죽음에 빠뜨리는 무지한 약초 판매상에 대한 믿음을 끊어 버릴 수 있게 되었다……."[58] 부르주아 계층의 명예 속에서 책임감과 지식에 대한 인식이 새로운 경계선을 긋고 있었다.

외과의사의 발전도 거의 비슷한 수준을 보였다. 이들이 학술 단체에서 활동을 벌이는 시기와 사회의 위로 떠오르는 시기는 거의 일치한다. 그들은 18세기초의 이발사와 여전히 비슷한 사람들이었지만, 일련의 개혁으로 자유 직업인의 세계에 쉽사리 들어갈 수 있게 됨으로써 더욱 나은 이론 교육을 약속받을 수 있게 되었다.[59] 그러나 그들은 의학부나 의과중등학교의 능력에 대한 편견으로 아카데미 회원에 뽑히지는 못하였다. 낭시·캉·보르도·앙제·브장송의 경우가 그러하였다.[60] 거기서 외과의사는 이사직에 있는 의사들의 적대감을 이겨내지 못하였다. 그 대신 리옹·디종·아미앵·오를레앙, 그리고 특히 루앙·툴루즈·몽펠리에에서는 의료인 단체의 통일에 호감을 가진 정신 상태가 발달해 있었기 때문에 도움을 받을 수 있었다.[61] 일찍부터 변화의 세례를 받았던 랑그독의 왕립과학회에서는 1706년 마레샬과 함께 외과학 아카데미를 창설한 라페로니를 볼 수 있다.[62] 1760년 외과학회가 창설된 디종에서도 조제프 에노·프랑수아 쇼시에·앙투안 르루[63]·장 자크 루이 우앵 부자들을 포함한 개혁가의 지원에 힘입어 개업의가 아카데미에 쉽게 들어갈 수 있었다. 가문끼리 맺은 관계는 의학과 통일성을 강화시켜 주었다. 위그 마레는 외과의사의 아들이고, 그의 아저씨 필리베르 마레는 중앙의료원의 수석 외과의였다.[64] 어디서나 외과 개업의는 위신과 이름을 얻었으며, 아카데미는 믿음이 깊고 계몽된 개업의를 끌어들였다.

의사의 위치는 주로 그들이 지닌 지성과 사회적 지명도의 결과였다. 다시 말해 비싸고 오랜 연구 과정을 거친 그들이 개업의사와 교육자의 자격으로 학술 활동의 기둥이 된 것은 지극히 자연스러운 일이었다. 그들은 옛날부터 명예로운 기관 어디에나 참가하였으며, 대학 이사직에 있는 의사와 의학중등학교 직원 사이에 있는, 좀더 넓게 말해서 똑같은 대학 출신 사이에 반드시 있게 마련인 단체 정신의 덕을 보았다. 몽펠리에 아카데미의 의사는 거의 대부분이 랑그독의 옛 기관에서 공부한 사람들이었다. 그들은 정회원 가운데 50명, 통신원 가운데 1백25명을 보내었다. 몽펠리에의 경우야말로 직업상의 통일성에 바탕을 둔 아카데미 연대감의 그물에 대한 유일한 보기임에 틀림없다. 그러나 우리는 툴루즈·루앙·마르세유·리옹·디종·보르도·아라스에서도 비슷한 경향이 나타나고 있음을 알 수 있다.[65] 이제 의사는 학술 전통으로 무장한 채, 자율성을 의식하는 단체를 대표하게 되었다.[66] 연구 과정에서, 계단식 강의실에서, 또는 병상의 머리맡에서 얻은 집단 업적에 대한 감각을 물려받은 그들은 모든 사회 집단에 스며들었다. 개업의와 교수는 가끔씩 행정에 참가함으로써 강화된 공공 봉사라는 동일한 이념으로 뭉쳤다. 왕립의학회의 영향이 지방에 아주 쉽게 뿌리내릴 수 있었다면, 부분적으로 이 학회에 도움을 준 아카데미에서 의료 집단을 미리 동원할 수 있는 능력 가운데 그 원인을 찾아야 할 것이다.[67] 아카데미 회원이 된 의사들은 "지식의 확산을 위해서 그것을 조직하려는" 이상에 참여한 모든 부류의 회원 중에서 가장 돋보였다.[68]

지금까지 아카데미에 참가한 부르주아에 대해 분석한 결과 우리는 한 가지 결론에 이르렀다. 부르주아 회원의 86퍼센트나 되는 대부분(정회원 83퍼센트, 준회원 88퍼센트)이 인재의 세계에 이름을 올렸던 것이다. 한 마디로 그것은 성직자·관직·자유 직업의 전통적인 길이 거둔 승리였다. 즉 직업 활동에 대해서만 말한다면 부르주아 계층은 도매상과 수공업 공장의 부르주아가 얻는 이윤의 당당한 길을 거부한 데서 자기네 통일성을 찾았던 것이다. 그들은 정식으로 인정받은 사회적 서열 어디에나 포함된 공직자 부르주아들이었다. 이제 우리는 이처럼 다양한 집단이 공동의 경제적 연대감을 특징으로 하고 있는지, 그리고 수입과 재산에 어떤 통일성이 있는지를 물어야 할 차례이다.

이들의 동질성에 대한 첫번째 요인은 아카데미 회원의 3분의 2가 봉급·정기 급료·사례금으로 최소한의 수입을 누렸다는 점이다. 물론 이들 사이에는 큰 차이가 있었지만 한 줌 정도의 간단한 보기를 통해 특징 있는 형태를 구별하고, 공통의 성격을 판단할 수 있을 것이다.

행정가는 정기 급료의 특권을 누리는 것으로 나타났다. 18세기말의 토목기사는 평균 2천에서 4천 리브르를 받았음을 잊지 말자.[69] 낭시의 토목기사 르크뢰는 매년 고정급 2천4백 리브르에다 4천에서 5천 리브르 사이의 수당을 받았다.[70] 비알레와 르페브르도 캉에서 같은 대우를 받았다. 브레스의 수석 기사인 니콜라 오브리와 부르의 라클도 비슷한 액수를 벌었다.[71] 지사 관할 구역의 임원, 주나 지방 정부의 행정가, 총괄 징세청부업자도 비슷한 수준이었다. 보르도의 부지사 뒤셴 드 보마누아르는 박봉 6백 리브르와 수당을 합해 1천에서 2천 리브르를 벌었다.[72] 물론 이 액수는 어떤 유능한 행정가가 자기 직책의 부수입으로 얻는 이익을 제한 기본급일 뿐이다. 이러한 거동에 대한 극단적인 예로서 브장송의 부지사 에티스 드 코르니를 들 수 있다. 부정 혐의 때문에 부지사직에서 쫓겨난 그는 1백만 리브르 이상의 재산을 안고 프랑슈콩테를 도망치듯 빠져 나갔다.[73] 앙시앵 레짐의 공무원들이 받은 정기 급료의 역사는 아직도 제대로 연구되지 않았지만, 우리가 만날 수 있는 자료는 결코 우연한 것이 아니었다. 우리는 이러한 자료를 통해 집단의 아카데미 회원에게 몇 가지 평범하지만 정기적인 수입이 있었으며, 그 중에는 상당한 수준의 수입을 얻었던 예외적인 인물도 있었음을 인정하게 될 것이다.

속인이거나 성직자인 교수들도 이에 견줄 만한 처지에 있었다. 부르나 아장 같은 작은 도시에서는 교수의 정기 급료가 4백에서 1천5백 리브르 사이를 오르내렸다. 원장신부이자 중등학교 교장인 로랑 로슈는 최소한의 수입으로 1천5백 리브르를 얻었으며, 아장의 동료인 노투와 파가넬도 1천에서 1천1백 리브르를 만질 수 있었다.[74] 툴루즈 · 보르도 · 앙제 같은 대학 도시에 있는 중등학교에서는 이보다 조금 높은 급료 수준을 유지하였다.[75] 대학 학부의 급료는 훨씬 높았지만 정확한 평가를 내리기 어려울 때가 많다. 왜냐하면 대부분의 교사급 교육자가 미약한 고정급 —— 툴루즈 예술 학부의 교수에게 지급된 급료는 3백 리브르였다 —— 과 시험을 치르는 횟수와 학생수에 따라 달라지는 임시 수입을 받았기 때문이다. 몽펠리에의 의학교수는 거의 2천4백 리브르를 벌었다.[76] 낭시의 법학자는 기본급 2백 리브르에 임시 수입을 합해 3천에서 4천 리브르를 받았다. 이에 비해 등록생에 대한 권리를 갖지 못한 신학자는 1천6백 리브르의 수입으로 만족해야만 했다.[77] 혁명이 일어나기 전 몇 년만을 살펴본다면 아카데미 회원인 교육자 집단은 어디서나 평범하지만 확실한 수입을 보장받았다.

자유 직업인인 변호사와 의사의 사례금에 대해서 알기란 더욱 어렵다는 데는 이론의 여지가 없다. 여기서도 우리는 상대적인 독립성에 대해 말할 수 있을 것 같다. 브장송 변호사 단체 소속인 한 변호사는 18세기초 10페이지의 서류를 써주는 대가로 10리브르를 받았고, 모두에게 예외 없이 적용되었던 카피타시옹세로 1758년에 9리브르, 1772년에 24리브르를 납부하였다.[78] 따라서 이들은 자신의 특권으로 적당히 편안하게 사는 계급에 속할 수 있었고, 변호사 단체의 지도자는 고객의 말을 들어 주면서 편안할 정도의 재산을 모았다. 지방 의사의 처지는 더 잘 알려져 있고 더욱 분명하다. 앙제의 의사가 평균 수준의 재산을 가졌다는 사실은 그들이 카피타시옹세 장부와 생활 수준으로 판단할 수 있다. 그들은 왕진 때마다 1 리브르, 이사직의 의사가 지사를 위해 주의 임무를 맡을 때면 하루에 10 리브르씩 받았다.[79] 그르노블에서도 1763년으로 접어들면서 이와 같은 수준이었으며, 왕진료는 시골로 갈 경우 18리브르, 도시 안에서는 1리브르를 받았다. 몽펠리에 아카데미의 피에르 조제프 아모뢰의 장부를 샅샅이 뒤져 보면 그의 기본급을 복원시킬 수 있을 것이다.[80] 1789년 당시 그의 수입 내역을 보면 사례금으로 1천7백 리브르, 병원과 주의 의사 봉급으로 1천2백 리브르, 집과 토지 임대 수입으로 1천5백 리브르, 여러 가지 이자 수입으로 5백 리브르 등 총 5천 리브르로서, 이 정도면 지방에서는 아주 훌륭한 수준이었다. 이밖에도 몽펠리에에서 가장 세금을 많이 낸 시민의 명단 속에서 1만 5천 리브르 이상의 수입을 올린 의사 브루소네의 이름을 볼 수 있다. 파리에서 성공을 거두고 돌아온 라페로니·시락·시쿠아노 같은 사람들도 수입면에서 누구와도 견줄 수 없는 수준을 유지하였다.[81] 그 외 지방 의료 기관에 배치된 툴루즈 아카데미 의사의 수입은 2천 리브르에서 6천 리브르 사이였고, 외과의사의 수입은 2천에서 5천 리브르 사이였다.[82] 여기서 우리는 결국 세 가지 의미를 지닌 결론을 얻을 수 있다. 첫째, 교수·행정가·자유 직업인은 모두 평범하지만 정기적인 수입을 얻었다. 둘째, 그들에겐 가끔 아주 다양한 봉급·사례금·부동산 수입 또는 기타 수입도 있었다. 끝으로, 그들은 대다수가 국가나 지방 권력에 의존하였다. 샬롱의 사바티에가 보여 주는 예는 이러한 점에서 아주 흥미롭다. 중등학교 교사로서 그는 1천 리브르 정도의 정기 급료를 받았지만, 지사 루이예가 내놓은 기금을 가지고 특권을 누리게 된 인쇄소를 설립하는 데 몸바쳤다.[83] 그리고 메스의 르 페이엥 같은 교수는 그곳의 건축기사를 겸직하기도 했다.[84] 그러나 그는 어의, 징세구의 의사, 도시·돌림병·병원의 의사, 또는 수녀원의 의사 중 그 어느 편도 아니었다. 계몽 시대의 도시에서 목격되는 의료 행위는 원칙적으로 사례금의 자유에 바탕을 두었지만 상황과, 매년 혹은 분기마다 설정된 예약에 따라 봉급이 조정되는 의사의 공공 직분을 이행하는 데 완전히 적응해 나갔다. 아카데미 회원의 3분의 2(이 도식에서 하급 재판소의 평민 변호사와 관직 보유자를 제외해야 할 것이다)가 보여 주는 인재의 통일성은 그들 모두가 같은 수입을 받으며, 준 공무원화되었다는 데 바탕을 두고 있었다.

평민에게 배당된 관직은 분명히 부르주아의 재산에서 무시할 수 없는 몫을 이룰 수 있지만, 주요 중심지보다는 작은 도시에서 그것을 소유한 사람을 사회적 서열 속에 결합시키는 기능을 발휘하였다. 또한 평민 출신의 관직 보유자는 이러한 사실로서 독특한 지위를 차지하였으며, 자기 직책의 산물로 사는 대신 거기서 위신과 권력을 끌어내었다. 예를 들어 부르캉브레스의 하급 재판소는 아주 평범한 기관이었지만, 1백여 명의 관직 보유자·변호사·검사·집달리를 가지고 있었다는 점에서 그 도시의 존재 이유로 남을 수 있었다.[85] 관직의 값은 5천에서 2만 5천 리브르 사이를 오르내렸고——재판관 자리에서 재판소장의 자리까지——파소의 연구에 따르면 이들의 수입은 (뇌물은 제외하고) 2백에서 4백 리브르에 달하였다. 관직은 재산 이상의 것으로서 특권과 책임을 의미하였다. 귀족으로서 아카데미 회원인 파라디 드 레이몽디는 이 점과 관련해 모두에게 적용할 만한 증언을 남겼다. "반드시 어떤 직책과 관련을 맺지 않아도 되는 사람으로서 단지 직책에 따라다니는 권위와, 그것이 만들어 주는 구별, 그리고 그것이 확보해 주는 승진, 또는 심지어 그것이 가져다 주는 이익만을 보는 사람은 권력의 그늘이나 재산의 증가에 기대어 자신의 자유를 버리지 않도록 세심하게 신경 써야 할 것이다……."[86] 관직에 투자를 하는 행위는 이익을 뒤쫓는다기보다는 지배 의지에 참여하는 일이었다. 아카데미를 가진 도시의 사회적 풍경 속에서 그러한 행위는 어디서나 권력의 표상이었다.[87] 살롱 아카데미 회원으로서, 영락없는 시골뜨기였던 그롤레는 이러한 태도의 일관성을 보여 준다. 그는 무엇보다도 변호보다는 자문을 해주는 변호사였지만, 생루 수도원의 대법관이자 트루아 근처의 샤프와 보샤시 같은 남작령을 맡은 재판관이기도 하였다. 어느 정도 익살스러웠던 그는 한곳에 늘 앉아 있는 아카데미 회원의 건강을 위해 반드시 필요한 운동이라 할, 시골을 걸어서 돌아다니는 취미를 즐기며 자기가 구입한 것을 설명하곤 하였다. 그 과정에서 그는 트루아 부르주아 계층 안에 중요한 위치를 차지하는 명예를 끌어냈으며, 특히 샹파뉴의 몇몇 유력한 가문과 관계를 맺기까지 하였다.[88] 중요한 것은 수입도 아니고, 활동도 아니었다. 중요한 것은 어디에 속한다는 상징이었다. 그러나 그롤레는 그것을 필요로 하지 않았다. 그는 자기 자산(대부분 가족의 유산이다), 부동산세, 사법과 문학 활동으로 먹고 살았다. 지방식으로 표현하자면 그는 보편화된 사회적 필요의 증인이었으며, 그의 재산은 아카데미의 부르주아 계층 속에서 받아들일 수 있는 모범을 명확히 강조해 주는 것이라 하겠다. 한마디로 그가 보인 모든 행동은 부동산 수입 덕분에 할 수 있는 명예로운 활동이었다.

아카데미 회원은 지주가 되고 싶어하였으며, 대부분의 경우 원래부터 지주였거나 나중에 지주가 된 사람이었다. 예컨대 아카데미의 성직자를 보더라도 거의 모두가 부동산세를 나누어 받아 살고 있었다. 집단으로 보아 그들은 십일조와 교회의 토지 수입을 이용하여 부유한 생활을 누렸다. 개인으로 보아 사제들의 처지는 상당한 차이를 보였으나, 아카데미 성직자의 대다수는 중요한 성직록과 농촌 영지를 소유함으로써 편안한 생활을 즐길 수 있었다.[89] '관리들'은 대다수가 순수 생산물에 대한 공제에 의존하였으며, 그들의 개인 재산은 일반적으로 안정된 가운데 미묘한 차이만을 보여 주었다.[90] 부동산이나 영지를 얻는 일은 모두에게 확실하고 명예로운 투자였다. 리옹 아카데미의 부르주아 가문을 살펴보면, 토지 매입과 관직 등용이 거의 동시에 이루어졌음을 알 수 있다. 다른 아카데미 회원 가운데 변호사 들랑딘은 3만 6천 리브르 상당의 부동산을 가지고 있었고, 의사 비테의 보유 부동산은 26만 리브르에 해당하였다. 이러한 차이야말로 다름 아닌 부동산의 서열을 말해 주는 척도라고 하겠다.[91] 툴루즈의 의사 뒤베르나르는 집과 토지로 2만 5천 리브르의 유산을 남겼고, 외과의사 비그리는 에스칼캉스의 소작농에게 4만 리브르를 투자하였다. 도서관 사서인 카스틸롱은 부동산으로 1만 3천 리브르를 소유하고 있었다.[92] 몽펠리에 아카데미 회원인 아모뢰는 부르주아 계층이 근처 평원으로 진출해 나가는 모습을 보여 주면서, 그들의 일부가 부재 지주였음을 고발한 바 있다.[93] 메스의 감시인 르브룅은 자신의 토지를 개량하고, 포도원을 개간하였다. 그의 소작지·집·광·술통·압착기는 모두 3만 5천 리브르로 평가되었다.[94] 이처럼 아카데미 회원은 어디서나 도시 부르주아 계층의 부동산 수용에 참여하였던 것이다. 그리고 거기에 그치지 않고, 귀족의 본을 받아 자신들의 세금과 수확에 세심한 신경을 쓰기도 하였다. 아카데미의 다수가 지주 계급에 속하였기 때문에 그들이 이 분야에서 귀족과 맞수가 되려고 생각한 것 이상으로 사회적 동질성을 강화할 수 있었다. 그 덕분에 그들은 자신들의 평범한 처지를 높일 수 있게 되었다.

분석의 자료가 어떤 것이든, 아카데미 회원이 평균 수준을 차지하고 있었다는 것은 분명한 사실이다. 1790년 오를레앙의 세무 장부는 수입이 1천 리브르에도 못 미치는 11명 외에도 이 문턱을 넘어선 19명의 명단을 기록하고 있다. 그러나 중요한 것은 후자가 주로 사법직 관리·행정가·측량과 방죽기사들이었다는 사실이다.[95] 아미앵·앙제·샬롱의 카피타시옹세 장부에서 아카데미의 부르주아 집단은 정확히 중간 계층들 위에 자리잡고 있었다.[96] 이 점과 관련해 리옹의 부동산 임대자 일람표는 두 가지 사실을 일깨워 준다. 첫째는 대다수의 부르주아 아카데미 회원이 7백 리브르 이상의 세금을 내면서 충분히 안락한 생활을 누렸다는 것이며, 둘째는 이들 대부분이 각각의 직업에서 가장 부유한 사람이었다는 점이다.[97] 툴루즈에서도 재능이 있거나 공직에 몸담고 있는 부르주아 계층은 도시 재산의 분배에서 비슷한 자리를 차지하고 있었다. 상속과 결혼 계약서에서 그들은 도매상을 제외한 모든 부류의 위에 있었다.[98] 캉의 경우(장 클로드 페로의 연구)와 마르세유의 경우(미셸 보벨의 연구)에서도 비슷한 결론을 얻을 수 있다.[99] 즉 아카데미 부르주아는 경제적으로 말해서 도시의 높은 수준에 있었고, 가끔 그들과 같은 활동을 하는 사람들보다 더 편한 생활을 누린 계층이었다. 그러나 다른 한편으로 이들의 재산은 귀족의 재산과는 비교도 할 수 없었고, 가장 높은 수준에 달한 것은 오직 예외적인 경우일 뿐이었다.[100] 우리는 여기서 중용(aurea mediocritas)의 이상을 파악할 수 있다. 당시의 예찬론에서도 알 수 있듯이 중용의 덕을 주제로 한 찬양은 절제된 안락함과 시골풍의 풍부함에 대한 찬양을 동반하였다. "사회의 이익보다는 덕을 갖춘 사람이 언제나 눈을 돌릴 수 있는 휴식을 좋아하며, 즐겁고 근거가 있는 희망을 무시하면서 (드뢰 뒤 라디에 선생께서는) 자신이 소유한 작은 영지의 전원으로 은퇴하시어, 여러 작품을 손으로 완성하는 데 정열을 바치셨습니다. 선생은 거기서 변호사와 마찬가지로 자기 면(面)의 선량한 사람들에게 일일이 충고를 해주는 고문이 되셨습니다……."[101] 충분한 재산으로 누릴 수 있는 독립과 명예로운 직업이 제공하는 웬만한 수입은 아카데미 부르주아의 문화적 자유를 보장해 주었다. 재산은 아카데미에 뽑히기 위한 충분 조건이라 할 수 없었지만, 안락한 생활은 회원이 되기 위한 전제 조건이 될 수 있었다. 그것만이 여가 활동을 허락해 주며, 그것만이 평민들에게 귀족다운 여가의 이상에 공감할 수 있게 해주었다. 이 점과 함께 회원 구성의 도표를 고려하였을 때 도매업과 수공업 활동을 하는 대표가 상대적으로 적었다는 사실은 다음과 같은 중요한 의문을 불러일으킨다. 첫째, 상업 활동만으로도 아카데미 모델의 모순에 대해 말할 수 있을까? 둘째, 도매상의 풍요로운 재산의 바탕이 되는 이익의 추구와 만족할 만한 중용의 도덕을 강조하는 학술 생활 사이에 중요한 모순이 있는가? 셋째, '자기 조국에서 이방인'으로 남아 있던 도매 상인은 아카데미에서도 이방인이었던가?[102]

확실히 학술 단체는 사업가 부르주아 계층에게 거의 문을 열어 주지 않았다. 그들은 정회원의 8퍼센트, 준회원의 2.5퍼센트로 전부 합해 1백50여 명에 불과하였다.[103] 이 숫자는 아카데미의 서열이 사업가 계층에 관한 한 보상의 구실을 완전히 하지 못한다는 사실을 보여 준다. 왜냐하면 이들은 정회원 속에 끼지 못한 대신 준회원의 범주에서 더 많이 뽑히지도 못했기 때문이다. 아카데미는 우선 도시에서 명사로 알려진 도매상을 받아들였는데, 상업상의 그물들과 아카데미 통신이 이루어지는 공간 사이에 자동으로 관계가 맺어진다는 생각에 미묘한 차이를 두어야 할 것이다.[104] 3분의 1의 단체(11개)가 그들을 거부하였으며, 이에 관한 지도는 명사의 서열에 관한 지도와 일치한다.[105] 도시 활동의 명부에서 자본가 부르주아는 거의 찾아볼 수 없으며, 어떤 아카데미도 이들에게 문을 열어 주지 않았다. 아카데미가 사회적 우선권의 순서를 따랐다는 데는 이론의 여지가 없지만, 그들을 제외한 동기를 설명할 길은 없다. 이 점과 관련해 지방 경제 중심지의 무력함, 지배 집단들의 부정적 반응, 문화와 종교의 장벽 등이 중요한 논점으로 등장하였다. 첫번째 형태는 발랑스·수아송·포·클레르몽·

오세르·아를·앙제에서 유력한 동기가 될 것 같다. 이들은 지리상 요인보다는 인간의 조건 때문에 전통 있는 정예에 대해 세력을 떨칠 만큼 충분히 활력 있고, 부유한 사업가형 부르주아가 발전하지 못한 도시 중심지였다. 앙제의 경우 가능성이 없었던 것도 아니지만 시원찮은 섬유 공업과 침체된 제당업으로 상인들의 재산은 '보잘것없는 수준'에 머물러 있었다.[106] 발랑스의 경우에도 사정은 비슷하였다. 그곳 지사 라 포르트의 말에 따르면 "주민들은 부지런하고, 론 강이 이제르 강과 함께 편리함을 제공하지만 상업을 별로 좋아하지 않았다."[107] 이러한 주장은 명성의 후퇴를 분명히 보여 주는 증거로서, 수공업 공장의 '게으름'을 비난하기 위해 되풀이되는 경우가 가끔 있었다.[108]

그와 반대로 상황에 의존하게 마련인 상업 활동의 불안정한 성격은 브장송·메스·낭시·툴루즈와 같은 몇몇 고등법원의 도시에서 볼 수 있는 것처럼, 대표 집단이 전통에 따른 서열을 확실히 지키는 곳이면 어디서나 나타났다. 이들 도시의 경우 도매상과 수공업 공장 운영자들이 활동하고 있었지만, 그들이 가져온 경제적 혁신이 낡은 구조들을 뒤집을 수는 없었다. 농촌에 의존하고, 지방마다 처져 있으며, 새로운 활동이 여러 모로 어려움을 안고 있고, 무기력이 판을 치고 있었기 때문에 아카데미의 동기는 일반적 합의 속에 묻혀 있었다.[109] 사업가형 부르주아는 사실상 고등법원과 옛부터 전통을 가진 가문의 그늘에 묻혀 살았다. 도시의 정신 자세는 농촌에 대한 투자의 매력과, 관례상의 사회적 서열에서 신분 상승을 바라는 희망의 지배를 받았다. 시행정관이 도매상과 귀족의 접근을 바라던 툴루즈에서나[110] 소수가 진취성을 발휘하였던 메스와 낭시에서나 사정은 비슷하였다.[111]

이에 비해 몽토방에서는 종교상의 장벽을 비난해야 할 것이다. 지역 전체를 쥐고 흔들던 몽토방의 도매상은 국제적인 명성 획득과 함께 일부를 아카데미에 내보낼 만큼의 발전을 이룩함으로써, 기업 정신이 왕성한 사회를 이루었다. 그들이 제외된 데에는 여러 가지 신학적 동기에서 비롯된, 다시 말해 명성을 위한 사회적 갈등이 크게 작용하였다. 신교도인 명사는 관직에도 나가지 못하였고, 법률적 인도주의의 눈으로 보아 '저급한 영혼'

의 운명이라 할 수 있는 경제적 영역에 머무르는 운명에 처해 있었다. 그러나 그들도 문화를 갖지 못한 존재는 아니었으며, 어떤 면에서 다른 종류의 문화적 특성을 보여 주었다. 그들은 자기 양심의 심판을 통해 분명하게 개종을 선언할 수도 있는 태도를 가지고 자기네 세계관을 지킬 수 있었고, 정치적으로는 율법제일주의를 주장하는 한편, 사회적으로는 반민주주의의 독특한 사상을 발전시켰고, 백과전서 정신으로 물든 차분한 주지주의를 수립하였다. 그러나 한마디로 말해서 그들은 가톨릭 정예의 편견과 경계를 이겨내지는 못하였다.[112]

어쨌든 몽펠리에의 종교적 경계는 다른 곳보다 덜 분명할 뿐만 아니라 다른 곳에 비해 결정적인 문화적 장벽이 존재하였음을 알 수 있다. 신교도 도매상의 관용주의는 그곳에서 더욱 분명하게 천명되었고, '부르주아 신분'[113] 속에서 칼뱅주의자와 가톨릭은 활동과 재산상으로는 통일을 이루었지만, 학술 활동에는 별로 관계하지 않는 집단을 구성하였다. 1775년 뒤 베르누아 신부는 박사 아모뢰에게 이렇게 썼다. "(도매상에게) 필요한 도서 목록은 모두 재정의 안내자이며 완전한 도매상이자 다른 도매상과는 전혀 다른 바렘므 선생에 대한 설명으로 귀착됩니다."[114] 70여 년 전 라무아농 드 바빌도 이와 비슷한 견해를 피력하였다. "이처럼 돈을 벌려는 욕심으로 그들은 문학과 과학에는 별로 적합치 못하였습니다……."[115] 이처럼 일(negotium)과 여가의 갈등은 중등학교를 설립하던 17세기초와 마찬가지로, 지방 계몽주의 운동의 한가운데에서 날카롭게 대립하였다.[116] 아카데미 부르주아 계층이 저술가와 정경 평론가로 하여금 도매상의 성격을 새로운 가치의 운반자로 이상화시켜 주기를 바라던 시절, 사업가가 존재하거나 끼어들지 못하였다는 사실은 중요한 집단적 토론의 골격 속에 기록되었다. 도시 생활의 어느곳에서나 볼 수 있는 도매 상인은 이제 무대의 전면에 나섰다. 그들은 간접적인 영향을 미치면서, 때로는 자신이 직접 참여하여 무게를 더하는 데도 성공을 거두었다.

사실 그들은 당당하게 가입하지는 못했다. 22개 학회에서 그들을 받아들였지만 이윤을 추구하는 사람을 뽑으면서 개인의 명성을 인정하거나(11개 아카데미에서 그들을 5명 이상 받아들이지 않았다), 집단적 이유에 중요

성을 두는(6개 아카데미만이 정회원과 준회원을 합해 10명 넘게 뽑았을 뿐
이다) 행위 사이에서 망설였다.[117] 이렇게 해서 아장 아카데미에 참여하게
된 클로드 라무루는 가문과 개인의 이름을 한꺼번에 성취할 수 있었다. 아
카데미는 한 가문의 상속인을 기쁨 속에 맞아들였고, 지사는 시정관·상
업 재판관·병원장이었던 이 조르즈의 아들을 위해 귀족의 칙허장을 상신
하였다.[118] 클로드는 자신의 소양과(그는 기엔중등학교 졸업생이자 비벤스와
로마 같은 기사의 친구였으며, 보르도 아카데미 회원이었다) 재산을 활용해
아장의 온갖 동아리를 일으켜 세웠으며, 그가 새 저택을 건설한 것은 이
러한 사실의 상징이었다. 캉의 샤를 롱게는 50만 리브르를 가진 부자로서
우수한 경제학자이자 박애주의자였으며, 그 역시 위대한 성공에 따르는 빛
을 누렸다.[119] 그들과 함께 벽은 낮아졌지만 지적 정예와 상업 사회의 간격
은 아직도 사라지지 않았다.

　아카데미는 집단에 속한 것보다는 얻어낸 위치의 명예와, 업적으로 드러
나는 문화의 독창성을 더 크게 인정해 주었다. 그 때문에 구빈국, 병원 운
영부, 상업 회의소의 행정·상업 재판소·시행정관 따위의, 도시에서 이름
을 얻을 수 있는 과정을 전부 거친 뒤에 아카데미에 들어가는 도매상을 가
끔 볼 수 있었다. 아미앵의 장 바티스트 드 라르몰리에르·니콜라 를뢰·
플로리몽 르 루,[120] 리옹 아카데미에 유일하게 뽑힌 비단 도매상 프랑수아
제네바의 경우가 모두 그러하였다. 그러나 브뤼제·크로제·푸아브르가
리옹 아카데미 회원들에 의해 뽑힌 것은, 그들이 사업가로서 벌인 활동 때
문이라기보다는 문화인이었다는 데서 정당한 이유를 찾을 수 있을 것이
다. 그리모 드 라 레니에르가 "리옹의 제조업자보다 더 무식한 사람은 없
다"고 한 말은, 문화와 도매업 사이의 모순이 해결되지 않은 채 남아 있음
을 뜻하였지만 그다지 부당하지만은 않았다.[121] 이에 비해 리옹·보르도·
루앙의 도매상은 문화에서 제외되지 않았으며, 단지 그들은 그들 나름대
로 사교성의 양식과 장소를 가지고 있었을 뿐이다.[122] 보르도의 샤르트롱
가문의 살롱과 도서관은 사업가 부르주아 계층이 더 이상 지적 운동에서
벗어나지 않으려는 의지의 결과였다. 이들은 1783-89년 동안 예술과학원
회원 가운데 무려 60퍼센트를 차지하였으며, 이러한 참여 비율은 재산과

생활 수준으로 모든 사람들을 놀라게 만든 집단의 문화적 위세를 증명해 준 것이었다.[123] 아카데미는 여전히 '상급 법원의 자식'이었지만 라퐁 드 라데바·티보·페로·누게카뮈자, 그리고 거물급 인쇄업자 브룅을 받아들이기 위해 문을 열어 주었다.

이 단계에서 상업 도시의 도매상은 신교도와 가톨릭을 모두 포함하고 있었고, 재산과 성공을 누린 명사는 도매상보다 더 중요하였다. 캉·루앙·마르세유에서는[124] 2개 교파의 대표들이 아카데미에 나아갔다. 예외적이긴 하지만 진실을 밝혀 주는 경우로서 마르세유의 도매업자를 꼽을 수 있다. 이들 집단에서 18명의 정회원이 나왔다는 사실만으로도 놀라운데, 그들 가운데 세망디와 보렐리는 최근의 상인 귀족을 대표하였던 것이다. 특히 주목할 만한 점은 볼테르와 네케르의 통신원으로서 엘리자베트 세망디와 결혼한 도미니크 오디베르가 1784년 그곳의 종신 사무총장이 되었다는 사실이다. 도시 정치 권력의 지원에 힘입어 잠에서 깨어난 풍요롭고 즐거운 사교 생활로 구체화된 수많은 관계가 교파의 결탁과 강력한 동족 결혼을 통해 대규모 상인 사이에 생겨났다. "행복과 무위도식은 결코 함께 살지 않는다"고 생각한 그리모 드 라레니에르는 "활발하게 일하는 사람들"이 살고 있는 풍요로운 도시 마르세유에서, "재산과 노동에 대한 관념이 언제나 일치한다는 점에" 마음이 끌렸다. 그곳 사람들은 "일한 뒤에 오는, 일하지 않고서는 결코 느낄 수 없는 즐거움"을 맛보았다.[125] 귀족과 상업은 똑같은 사교 생활 속에서 통일되었고, 두 집단이 아카데미에 참가한 것은 집단을 우선으로 생각하였기 때문이다. 1789년 퐁트베 후작은 다음과 같이 주장하게 된다. "나의 신분상 우리의 이익이란 신성한 재산권과 지방 정부의 영광, 다시 말해서 이 도시의 재산과 찬란한 명성의 주요 원천인 상업의 이점과 연관되어 있다고 생각해 왔으며, 우리 모두는 단 하나, 즉 같은 가족을 대표할 수밖에 없다고 간주해 왔다."[126] 귀족 계층이 이처럼 연대 의식을 바탕에 가지고 있었다는 사실이 마르세유의 보기에서 나타나고 있다.

사실 자본주의식 이윤을 좇는 사람들이 아카데미라는 동아리로 들어가는 과정에서, 다음과 같은 이중성을 가진 운동의 결과와는 다른 부분을 본다면 그들의 가입은 그다지 중요한 일이라 할 수 없을 것이다. 그들의 가입은 한편으로는 도매 상인의 동화 의지와 능력을 증명해 주는 것으로서, 그들의 입장에서 보면 학술 단체에 뽑힌다는 일 자체가 다름 아닌 문화적인 동등함을 인정받는 일이었다. 이 점과 관련해 우리는 무엇보다도 사업가 가운데 과학자와 고증학자가 선택되었음을 알 수 있다. 그리고 또 다른 한편으로 그것은 상업 부르주아의 관심사항의 일부를 자기 규범의 절충적 목록 속에 받아들인 아카데미 운동의 동화력을 분명히 보여 주었다. 집단의 유용성과 봉사에 대한 이념 덕분에 이같은 통합 운동이 쉽사리 이루어진 것은 사실이지만 즉시 일어나지는 않았다.

여기서 40년대의 외과의사 르 카가 경제 활동을 경멸하는 소리를 들어보자. "선생, 루앙이라는 시는 오로지 상인의 상업 활동 때문에 두각을 나타내게 된 것을 부끄럽게 여기기 시작하였습니다……"[127] 위의 보기와 관련해, 그로부터 20년 뒤에 나온 기욤 드 라 폴리의 예찬론에 주목할 필요가 있다. 이 거물급 도매상은 가장 훌륭한 교육을 받았을 뿐만 아니라, "지식과 재능으로 사람들을 놀라게 만들었습니다……. 그는 루앙에 돌아와 자신의 유일한 위안이라 할 유쾌한 예술 활동을 즐기는 한편, 상업에 몸을 바쳤습니다……. 그가 7년간 쓴 보고서 22편은 거의 모두 공식 회의에서 낭독되는 영예를 얻었습니다……. 예술가를 위해 언제나 자기 집 문을 열어 주었던 그는 너그러이 자신의 예술 제작 기법을 공개하였습니다……"[128] 효용과 기분 좋은 것은 도매업과 문화가 융합하는 데서 볼 수 있는 특징이 되었으며, 상인은 아카데미 회원에 뽑힘으로써 수 세기에 걸친 얼룩을 보상받았다. 마르세유의 도매업자 주르뉘는 이렇게 말하였다. "당신들은 나를 보면서 상업이 과학에 얼마나 적용되지 못하였으며, 도매업자가 문인이 되는 데 얼마나 걸림돌이 되었는지 잊으셔도 좋습니다……"[129] 이제 아카데미의 전형적 회원이 의견의 일치를 본 가운데 상업의 은혜를 예찬하고, 그것이 맡은 개화의 역할을 상기시키며, 집단의 번영을 반갑게 맞이들이는 일이 이루어질 정도로 더 이상 거칠 것이 없었다. 산업과 유익한 기술, 시적 영감과 즐거운 기예는 상업 도시 안에서 아카데미의 천재에게 구원을 호소하였다. 이렇게 조용히 이루어진 규범상의 변화로 공

동 이해가 점차 의식화되었다는 사실을 알 수 있다. 전통적 활동의 지평
에서 온 사람들과 도매업에서 나온 사람들의 대화가 비로소 가능해졌다.
행정가, 공장 감독관, 도시의 명사, 분쟁을 심판하는 법률가, 언제나 자신
들의 생산물의 유통과 변형에 관심을 갖는 유산층 등, 이들이 보인 관심
은 통일의 기반을 더욱 굳게 다져 주었다. 위대한 샹탈이 몽펠리에의 수
공업 공장에서 벌인 봉사 활동은 분명히 상징적인 것이었다.[130] 그보다는
오히려 가문의 관계와 출생에 관한 기업이 집단 정신 자세에 영향을 미쳤
다. 리옹 아카데미 회원의 4분의 1이 도매업자 출신이었다 할지라도 이것
만으로도 아카데미의 부르주아 가운데 사업가가 아닌 사람들이 불안감을
느끼고, 거기에 귀를 기울이면서 치료 방법을 찾으려 드는 이유가 충분할
것이다. 이에 대해서 몽테스키외는 다시 한 번 보르도 아카데미 회원을
상기시키면서 나아갈 길을 제시하였다. "……보르도에서 서인도 제도 무
역이 상당히 늘어난 것은 사실이다. 그러나 그같은 무역의 발전이 이 도시
무역상의 배들 덕분에 이루어지고 있다고 해서, 항해술과 그에 관련된 과
학이 지나치게 보호를 받을 수는 없을 것이다."[131] **여가와 일에 관한 토론,**
아카데미 세계에 사업가가 들어가느냐 마느냐 하는 문제는 무역의 세력
이 커지고 있지만, 아직도 이들 세력이 가장자리에 머물러 있음을 말해 준
다. 동시에 이를 통해 무역의 풍부함과 어려움, 전통 사회 속에서 제외되
거나 혹은 그 속에 끼어드는 무역의 모습을 볼 수 있는 것이다. 부르주아
가운데 놀라울 정도로 성공을 거둔 사람이 있는 까닭에, 이 계층에 근본적
통일성을 주는 인재를 평등하게 예찬할 수 있었던 것이다.

 '훌륭한 단체'는 신분과 서열과는 별개이며, 따라서 이들 단체야말로
생각하고 느끼는 사람, 정당한 생각과 성실한 감정을 가진 사람이 모인 곳
이라고 할 수 있다.[132] 개인의 성공은 집단의 승리를 보장해 준다.[133] 부르
의 상급 재판소 판사 장 마리 모니에의 가문에 관한 보고서는 이러한 면
에서 지방 부르주아 계층의 덕성과 자질에 바친 기념비라 하겠다. "그들이
이름을 얻게 된 것은 청렴성과 신분상의 품위를 갖추었기 때문이며, 그들
은 절약과 훌륭한 질서를 가지고 꿋꿋하게 서 있습니다……." 이같은 덕
성은 자신의 신분을 지나치게 빨리 바꾸고 싶어하는 모든 사람들에게 "신

분을 바꾸되 조금씩 바꾸고, 그것도 무리하지 말고 상황이 허락하는 경우에 한하라는” 신중한 충고로서, 아카데미 동아리에서 더욱 높아진 평등 의식의 증거이기도 합니다. “그리고 문학 연구야말로 부르주아 계층이 가장 아름다운 빛을 얻는 수단입니다. 관직을 가진 사람들·변호사·의사들은 이를 통해 대학에서 서열을 가질 수 있었으며, 개인적 귀족 신분으로 치장할 수 있었던 것입니다. 아울러 문학의 연구는 그들이 귀족과 함께 여러 가지 특권과 면제 특권을 누렸던 원인이기도 합니다……”[134] 모든 것이 아카데미 귀족회원의 이익을 위해 존재하였듯이 아카데미의 평등도 권장될 수 있는 대상이었다. 달랑베르는 아카데미의 평등을 권장하는 데 전혀 주저하지 않았다. 사람들을 구별해 주는 세 가지 기준인 정신의 재능·출생·재산 가운데 아카데미 정신은 재능을 첫째로 꼽았지만, 그는 출생과 재산을 떠나서는 재능이 존재할 수 없다는 사실을 증명하려고 애썼다. 파리의 슬기로운 사람과는 달리 지방 아카데미 회원은 편견을 감추지 않았다. 이들 지방 회원은 도시의 정예들 속에서 승리한 문화 공동체의 이상이 발휘하는 힘을 증명하였다. “작품들은 귀족에 대한 가장 아름다운 자격이 되었다.”[135] 아카데미의 회원 구성을 분석해 보면 재산과 권력을 가진 귀족과, 관직을 보유하거나 행정직 또는 자유 직업을 가진 부르주아 계층이 특권을 누리고 있음을 알 수 있다. 사회적 세습 재산을 경영하고 보전하며, 지식과 부동산을 전수하는 세계는 자신의 여가를 위해, 그리고 사회적 응집력을 보여 주기 위해 아카데미를 신임하였다. 이 세계는 주로 토지세를 받는 사람들과, 경제의 지평을 지배하려는 꿈을 버리지 못한 이른바 농촌 투자가인 지주들의 세계였다. 관직은 그들의 눈에 단지 지위를 얻는 열쇠이자 권력에 접근하는 길로 보였을 뿐이며, 동산의 투자는 사태에 적응하는 증거였을 뿐이다. 아카데미의 여러 범주에 맞는 소질 덕택에 이들 모두는 전통적 서열을 존중하는 일과 공적과 재능 속에 있는 평등을 인정하는 일을 조화시킬 수 있었다.

봉사와 능력에 대한 이념에 힘입어 도시 안에서의 사회적 유동성과 명예의 인정이 정당화되었다. 그러나 회원 선출 기준은 각자가 얻어낸 위치 및 지식의 소유와 일치하였다. 아카데미의 자격은 지성과 지식을 교환하는 정예들의 정확한 특징이며 특권이었다. 진정한 공적은 사회적 구별을 초월하여 드러난다. 이 때문에 호선의 과정에서 대다수의 도시 인구가 줄 안에 들어가지 못하였으며, 독립과 자유를 의식한 소수의 명사만이 그 안에 포함될 수 있었다. 다시 말해 아카데미의 호선 방식 자체가 사업가의 세계에 대해 폐쇄적이었으며, 여가가 언제나 일보다 먼저였던 것이다. 그러나 이름을 다투는 일이 엷어지는 곳에서는 문이 열렸다. 눈부신 성공과 새로운 풍요가 혁신적 지성이 승리할 것을 예고하는 곳에서는 문이 열렸다. 주목받을 만한 성공을 예찬하는 일은 같은 차원에서 이윤이 아니라 진보를 좇는 상인의 명예를 추켜세웠고, 재능을 문명의 이상적인 도구로 끌어올렸다. 도시의 이익 공동체는 응집력의 표시를 강화해 나갔다. 여기서 우리는 아카데미 단체가 정예 분자의 통일체를 수사학적으로 표현한 것과는 달리, 그들이 과연 지배 계급의 현실을 보여 주었는지에 대해 의문을 품게 된다. 그러나 문화 기관의 영역인 그들의 영역에서 자체 개혁의 마지막 기회를 가졌을 군주정의 계획과 주로 연결된 어떤 사회적 융합을 추측해 볼 수는 있다. 그리고 귀족과 부르주아가 같은 말, 곧 계몽 사상의 말을 썼다 해도, 그들의 일체감은 특권의 장벽을 조금도 흔들어 놓지 못하였다. 공적과 능력이 조화를 이루고 사회적 유동성이 효과적으로 발휘되는 한, 그들은 그 장벽을 흔쾌히 받아들일 수 있었던 것이다. 개혁을 바라는 국가의 시도가 실패로 끝나고, 문화계의 명사가 온갖 자리를 독점하고 있는 시기라면 설령 아카데미 세계가 통일을 이루었다 해도 안의 갈등과 밖의 압력에 저항할 수 없었을 것이다. 결국 아카데미 회원의 사회적 질서는 미래에 대한 타협에 속해 있었다. 이제부터 우리는 다른 문화 집단과 비교하는 가운데 아카데미의 독특한 성격이 어떤 것인지 밝힐 필요가 있다.

5

# ‘문학 공화국’의 기관들

  지방 아카데미 회원의 사회를 다른 현실과 떼어 놓고 상상해 보는 것은 여러 가지 사실을 허망하고 안이할 정도로 단순하게 바꾸어 놓는 일임에 틀림없다. 분명히 수많은 연대 의식의 존재에 힘입어 계몽 사상을 확산시키는 바탕이 되는 보편적 맥락이 짜이게 되었고, ‘문학 공화국’이라는 편리하지만 막연한 술어가 이들 연대감을 통칭하는 말로 쓰이기 시작하였다. 볼테르는 ‘문학 공화국’을 가리켜 “어느곳에나 전파되는 독립된 정신들의 위대한 사회”라고 정확하게 정의내렸다. 그의 정의는 주로 공통의 사고와 심상에 바탕을 두고, 투명함과 진보라는 똑같은 이상을 통해 지적 교류를 나누는 공동체를 의미할 뿐만 아니라, 이러한 공동체의 특징을 보여 주는 다양하게 분화된 문화의 틀 전체를 지칭하는 말이기도 하였다. 이에 비해 ‘사상의 공화국’은 집단의 참여와 책임감을 기꺼이 보여 주는 것으로 구체화되었다. 18세기 프랑스에서 사상의 교환에 대한 현실을 규정하는 이같은 정신적 공간과 관련된 문제를 모두 해결할 수 있다고 자부할 수는 없지만, 적어도 그 공간의 사회적 구성 요소들을 가려낼 필요는 있을 것이다.[1] 바꾸어 말해서 지방 아카데미 회원과 파리의 지성인 사이에, 그리고 집단 의지와 열리거나 닫힌 사회에서 볼 수 있는 불평등 사이에 어떻게 대립 관계가 생겨났는지를 살펴야 할 것이다.

  이 점과 관련해서 다음과 같은 세 가지 연구 방향을 설정하였다. 첫째는 아카데미를 본받아 사교성과 지성의 모범을 전제로 한 프리메이슨 운동의 분석과 관련된 것이다. 둘째는 파리와 그곳의 아카데미들, 편지를 통해서 파악한 그곳의 저술가들, 그리고 그곳에서 발간되었으며 여론의 힘과 규범적인 통치권의 위대한 속성들을 확증해 주는 출판물이 끼친 영향

을 설명해 주는 기관들과 관행을 분석하는 것이다.[2] 끝으로 세상의 희망
과 사상의 생명이 구체적으로 나타나는 공간의 역사적 지도를 그리면서,
프랑스의 지평은 물론 유럽의 지평까지 확산된 계몽 사상의 영향력을 가
늠해 보고자 하였다. 한마디로 말해서 '현대성'의 기원을 파악하고, 작품에
서 혁신과 전통주의의 요소를 보려고 노력하였다. 결국 가장 넓은 의미에
서 정치 생활이 제한될 수밖에 없는 시대의 지적 활동이 어느 정도의 보상
효과를 가져왔는지에 대해 가늠해 보는 일이 필요하다 하겠다.

## 1. 지방의 프리메이슨

특히 18세기 후반으로 접어들면서 지방의 도시마다 프리메이슨 결사가
늘어나고 있었다. 중앙 본부의 명부에서 얻은 숫자만 생각한다면 혁명 직
전에는 6백 개 이상의 결사가 활동하고 있었고,[3] 그밖에도 아카데미 도시
들에서 활동중이던 1백 개 이상의 단체를 덧붙일 수 있다. 같은 시기에
활동했던 30개 남짓한 아카데미와 비교하였을 때, 프리메이슨 운동의 중
요성은 쉽게 외면할 수 있는 성질의 것이 아니다. 나아가 이 운동이 지닌
중요성은 그것이 사회에 뿌리내리는 과정에서 보여 준 독창성에 대해 다
음과 같은 의문이 들게 한다. 결사 역시 아카데미 회원들과 같은 지평에
서 회원을 선출하였을까, 그렇다면 아카데미 회원들과 비슷한 선택과 제
외의 과정을 갖지 않았을까? 그렇지 않으면 그것은 기존의 문화 단체들
속에 전혀 새로운 단체가 끼어드는 것이었을까? 이러한 질문은 비밀 결사
가 뿌리내리는 기본 단계를 묘사한 뒤에 살펴보게 될 지방 결사에 관한
사회적 연구의 방향을 제시할 것이다.

아카데미를 가진 도시 속에서 프리메이슨 결사는 세 가지 중요한 시기
에 창설되었다.[4] 첫번째 시기는 1760년 이전으로 40개 남짓한 결사가 아
카데미 도시의 절반 이상에 설립되어 자리잡았다. 두번째 시기인 1761년
부터 1770년 사이에는 새로 60개 이상이 창설되면서 아장·아미앵·샬
롱·오세르·수아송·빌프랑슈를 제외한 대부분의 아카데미 도시가 이 운

동의 영향을 받게 된다. 세번째 시기인 1771년 이후로 접어들면, 모든 아카데미 도시가 프리메이슨 운동을 피할 수 없게 되었다. 새로 1백여 개 집회소가 생겼지만, 우리가 주목해야 할 중요한 사실은 혁명 직전에 활동한 집회소가 전체 중에서 겨우 1백50개 미만에 불과하였다는 점이다. 이처럼 아주 놀라운 결과를 낳는 세력 확장의 연대기와 방식들은 주목할 만하다.

아카데미 도시 속에 결사가 정착하는 모습에서 그들이 분명 파리식의 사교 방식을 채택하였음을 알 수 있다. 그러나 다른 한편으로는 이국 취향의 접촉을 모방하는 과정에서 나타난 외국의 영향, 다시 말해 영국의 영향도 무시할 수 없는 또 하나의 현상이었다. 1750년 이전만 해도 보르도·리옹·마르세유·툴루즈의 4개 아카데미 도시가 집회소의 수와 활발한 영향력을 통해 지방 결사의 지평을 지배하고 있었다. 특히 런던의 중앙회와 직접 관련을 맺고 있는 앙글레즈[영국]라는 최초의 결사가 기옌 지방의 수도에 창설된 것은 1732년이었다. 허가장을 발행한 이 결사는 바로 그 점 때문에 창설 즉시 전국에 영향을 미쳤다. 그리고 나서 얼마 뒤 지방에서 큰 역할을 맡게 될 아르모니[조화]와 그 딸이라 할 아미티에[우정]라는 2개 집회소가 보르도 중앙회에 생겼다.[5] 리옹은 40년대를 지나면서 아미 슈아지[선택받은 친구]·아미티에·브레 자미[진실한 친구]·콩코르드[화합]·스코틀랜드 중앙회와 함께 결사 창설의 첫번째 물결을 탔지만, 결사가 나타나는 조건들을 설명하기에는 아직 이른 시기였다. 어쨌든 아미 슈아지가 1744년 영국식 결사를 본받았다고 주장한 일이나, 당시 사람들이 루앙이 리옹의 스코틀랜드 중앙회와 맺은 관계를 알고 있었다는 점은 충분히 주목할 만한 사실들이다. 다시 말해서 리옹이 프랑스 남동부 지방 비밀 결사의 중심지로 떠오르게 된 데에는 국내외의 관계가 미친 영향이 컸다고 하겠다.[6] 대도시 마르세유도 이미 1740년 이전에 이 운동의 영향을 받았음에 틀림없다. 왜냐하면 벨중스 예하가 그곳 비밀 결사의 활동을 비난한 것이 바로 이 시기였기 때문이다. 첫번째 확실한 집회소는 1749년에 생겼고, 스코틀랜드 성 요한 중앙회는 1751년에, 그밖의 지회들도 조금 늦기는 하지만 거의 비슷한 시기에 창설되었다.[7] 끝으로 툴루즈의 경우는 1745년 이전을 출발점으로 해서 성 요셉 예술회, 선민 코헨의 신전, 파르페트 아르모니〔완전한 조화〕 같은 단체가 차례로 설립되었다.[8] 처음 생긴 결사의 지도를 보면 두 가지 결론을 얻을 수 있다. 첫째, 비밀 결사는 5만 명 이상의 주민과 지극히 다양한 도시 기능을 갖춘 지방 중심지에 직접 정착하였다.[9] 이들 지방 결사의 설립이 파리와 비교해 10년도 채 안 되는 차이를 보이고 있다는 사실은, 아카데미 창설이 망설임 끝에 늦게 이루어졌다는 사실과 커다란 대조를 이룬다. 둘째, 이들 지방 수도들에서 출발한 지방 결사들은 이미 존재하던 상업상의 변동과 여행자의 왕래 같은 기존의 관계를 이용하면서 곧 사방으로 뻗어 나갔다. 이리하여 중개인·뱃사람·관리·군인의 이동은 도시 사회 속에 점차 확산되던 이 현상을 더욱 발전시키는 데 이바지하였다. 이처럼 다양한 요인들은 장차 1만 명 이상의 주민을 가진 도시의 분포도와 일치하게 될 비밀 결사 운동의 장래를 위한 조건이 되었다.[10]

아라스와 루앙에서도 각각 1760년 이전과 1750년경을 고비로 비밀 결사의 물결이 밀어닥쳤다. 캉의 아르당트 마손〔열렬한 결사회원〕은 1760년에 생겼지만, 중등학교의 예수회는 이미 1741년부터 프리메이슨 가입을 의미하는 춤을 학생들에게 가르치고 있었다. 브레스트의 외뢰즈 아르모니〔행복한 조화〕는 이미 1750년 이전에 보르도의 앙글레즈에 의해 조직되었고, 그리고 나서 얼마 뒤 셰르부르에도 집회소 한 곳이 문을 열었으며, 라 로셸의 위니옹 파르페트〔완전한 통일〕는 1752년에 생겼다.[11] 남부의 주요 아카데미 도시들은 이 당시 최소한 하나 이상의 결사를 가지고 있었다. 결사의 설립과 관련해 포·님·몽토방이 첫 테이프를 끊었으며, 몽펠리에는 원조 성 요한이라는, 왕국에서 가장 존중받는 결사 가운데 하나를 갖게 되었다. 이 단체는 그후 1746년 트리플 알리앙스〔3중의 결합〕를 추가로 설립할 정도로 많은 사람이 드나드는 곳이 되었으며, 1750년경에는 세번째 결사 조직이 몽펠리에에 모습을 드러내게 된다.[12] 북동부로 올라가 보면 이 운동이 1750년경 발랑스, 1759년 이전에 부르캉브레스, 1740년 이전에 메스와 로렌 지방에 영향을 끼쳤음을 알 수 있다.[13] 파리와 결정적인 관계를 맺고 있던 오를레앙은 1744년 이전에 비밀 결사를 가졌고,[14] 비밀 결사의 기원에 관한 정확한 사료를 알 수는 없으나 클레르몽에서도 1750

년 이전에 결사가 설립되어 있었다. 한마디로 말해서 아카데미 도시의 4분의 3이 이미 1760년 이전에 프리메이슨의 발전과 관련되어 있었다. 이렇게 해서 아카데미 운동에 유리하게 작용한 조건들이 프리메이슨 운동에도 좀더 빠르게 끼어들었던 것이다.

1761-70년의 10년간 결사의 그물은 더욱 촘촘해졌지만, 이러한 현상은 주로 이미 집회소를 여러 개 가지고 있던 도시에 국한되어 있었다.[15] 새로운 정착의 중심지들은 낭시가 있는 로렌, 부르고뉴, 디종과 브장송이 있는 프랑슈콩테, 리옹으로부터 강한 영향을 받던 그르노블이 있는 도피네 지방에서 나타났다. 아르투아 지방의 아라스에 처음 생긴 아미티에는 1752년을 설립 원년으로 삼았지만, 본격적인 활동은 1770년 이후에야 가능하였던 것으로 보인다.[16] 따라서 중앙 본부에서 프랑스 프리메이슨 전체를 재조직하려 했을 때, 아카데미를 가진 도시들은 거의 대부분 이 운동의 영향을 받았다. 그후 이같은 모습이 조금 바뀌었다. 아직 결사를 갖지 못한 도시들은 앞을 다투어 결사를 설립하였던 것이다. 그리고 직접적인 감염 현상에 의한 것처럼 사전에 강력히 뿌리내리고 있던 곳에서는 어디서나 수많은 결사가 설립되었으며,[17] 새로운 창설의 기운은 80-85년에 전환기를 맞고 곧 수그러들었다.

프리메이슨의 세계는 이처럼 번성하면서 뒤흔들렸고, 이와 관련한 수많은 증거는 이같은 발전을 무질서로 간주하였음을 말해 준다. 1783년 리옹에서 페리셰의 형이 중앙 본부에 보낸 편지를 보면, 많은 결사가 난립한 나머지 결국 회원 선출을 엄격히 관리할 수 없게 됨으로써 질서가 문란해졌다는 사실을 알 수 있다. "이 도시에서는 프리메이슨의 광기처럼 날뛰는 것은 아무것도 없습니다……. 숫자를 알 수 없을 정도의 집회소가 모든 곳에 들어서고 있습니다……. 그들은 성격·풍기·행실에 대해서는 전혀 심사하지 않고 누구나 오는 족족 받아들이지만, 될 수 있는 대로 회원을 끌어모으기 위해 천박한 유혹까지 하고 있습니다. 돈을 낼 수만 있으면 누구라도 회원이 될 수 있는 게 지금의 실정입니다……."[18] 그보다 조금 앞서 캉의 테미스〔법과 정의의 여신〕 결사가 가입 희망자들에 대한 사회적 선택의 필요성을 강조하면서 비슷한 말로 집회소가 급증하는 현상을 비난한 바 있다. "캉 중앙회에 수많은 결사가 늘어난다고 해서 우리가 요구하는 구성과 일치할 수는 없을 것입니다. 중앙 본부에서 희망자에게 시민과 결사원으로 가져야 할 자질을 기대한다면 그들을 마땅히 거절해야 할 것입니다."[19] 얼마 뒤 보르도에서도 같은 불평이 나왔다. 아미티에 결사는 이렇게 썼다. "프리메이슨 결사는 남의 눈에 띄게 된 뒤부터, 말하자면 중앙 본부가 결사의 수를 늘리게 된 뒤부터 타락의 길을 걷고 있습니다……."[20] 사실 보르도의 —— 앙글레즈·프랑세즈·아르모니·아미티에 같은 —— 주요 결사가 도시의 인근 지역을 중심으로 새로운 결사를 조직하려는 청원자들의 움직임에 대해 반대하기 시작한 것은 1750년부터의 일이었다.[21] 옛날에 생긴 결사는 단결을 통해 여러 차례 효과를 보았으나, 요구가 늘어나면서 그들 사이에서도 정통성의 수호자를 자처하며 대립하는 일련의 논쟁이 생겨나게 되었고, 그 결과 단결의 끈은 점차 약해질 수밖에 없었다. 이제 결사의 세계는 새롭고 통제할 수 없는 힘의 압력을 받아 뒤집힌 형식적인 요새에 불과하였다. 사회적 불안으로 나타나는 진정한 의식의 위기가 무엇보다도 무질서에 대한 반감을 보여 주었다.

그보다 앞서 아카데미 운동은 이미 이와 비슷한 불안감을 맛보았다. 1750-60년대에 나온 소논문과 연설문은 이러한 불안감을 잘 보여 주고 있다. 다시 말해 공동의 승리를 거둔 문화의 정예가 자신들을 흉내내는 것을 고통스럽게 보면서 갖게 되는 집단 의문을 파악할 수 있는 것이다.[22] 전체로 볼 때 지방의 프리메이슨은 무질서하게 난립하여 혁명에 앞선 몇 년까지는 폭발할 지경까지 이르렀던 것이다.

우후죽순처럼 생겨난 프리메이슨 결사가 빠른 속도로 잠에 빠져드는 모습을 보고 있노라면 마치 일종의 휘몰이를 보는 것 같은 느낌이 든다.[23] 결사를 바탕으로 한 회합이 늘어나게 되면서 더욱 복잡해진 프리메이슨 운동은 '풀 수 없을 정도로 얽힌' 복종에 대한 논쟁과 끝없이 다양한 의식, 그리고 세분된 등급으로 인해 그 심각성을 더해 갔다. 지방의 프리메이슨 생활은 새로 생겨난 족벌이 주도하는 결사 내부의 수많은 경쟁 관계와 종종 관련을 맺게 됨에 따라 계속되는 긴장과 우여곡절에 시달려야 했다. 때로는 분열이 일어나 새로운 집회소가 생기고, 그리하여 새로운 분쟁의 씨를 뿌리기도 하였다. 먼저 루앙의 경우를 보면 파르페트 아르모니가 심각한 분열을 겪었고, 갈등을 견디다 못한 페 에코세즈(스코틀랜드 평화)는 파르페트 에갈리테(완전한 평등)를 낳기에 이른다.[24] 이밖에도 1786년 같은 중앙회에 속한 아르당트 아미티에(열렬한 우정)가 높은 계급과 관련해서 중앙회와 분규를 빚었으며, 그 뒤 수많은 결과를 낳은 진정한 분열을 겪었다.[25] 메스의 프리메이슨은 수 년에 걸친 지부장 팽스마이유와 회원 티펜의 말다툼을 견뎌내야 했다.[26] 님에서는 비엥프장스(자선) 결사가 분열하여 필앙트로피크(박애)를 낳았다.[27] 툴루즈에서는 1757년의 불화를 기점으로 성 요셉 예술회 지부가 생겨났으며, 스코틀랜드 성 요한 중앙회와 사제스(슬기)의 분열도 수그러들 조짐을 보이지 않았다. 그후 이러한 갈등은 중앙회에 의해 조직이 개편되면서부터 새로운 양상으로 번져 나갔다.[28] 조직 구성을 요구하기 위한 보고서는 엄격하게 결론을 맺는다. "조직 구성을 신청한 형제들은 지금까지 멀리해 왔던 프리메이슨 결사의 원칙을 엄격히 준수하라는 권고를 받고 있습니다. 만일 프리메이슨 결사가 그 조직과 관계 없는 부정 행위에 대하여 벌을 내릴 수 있었다면, 그들에 대한 비난은 더욱 혹독해져야 마땅할 것입니다. 그러나 우리는 이 추한 행위를 너그럽게 감싸 주는 편이 나을 것입니다……."[29] 그밖의 다른 원인 때문에 여러 곳의 집회소가 사라지거나 활동을 중단하게 되었다. 몽토방에서는 클레르몽의 앙시엔(Ancienne)에 의해 1745년에 조직된 결사가 활동을 중지하였는데, 그 이유는 "이 결사의 회원으로서 사회에서 중요한 지위를 차지하고 있던 수많은 형제들이 사법상의 우두머리와 타협하거나 그에게 복종하기를 두려워했기 때문이다." 남은 회원과 신입 회원은 1774년이 되어서야 비로소 자신들의 자격을 바꾸어 달라고 요구하기 시작하였다.[30] 우리는 이러한 사례를 통해 지방의 지배 집단이 성공을 장담할 수 없는 모험에 빠져들지도 모른다는 생각으로 인해 한때 두려워하는 모습을 충분히 그려 볼 수 있다. 포의 성 요한 결사도 고등법원 인사가 분열되었다는 점에서 그와 비슷한 운명을 겪었다.[31] 그러나 이러한 예는 일반화시킬 정도로 충분치도 못하고, 시간상으로도 그다지 정확하지 않다. 1750년이 지나서도 결사는 명예를 더럽히는 행동에 대한 두려움을 계속해서 가지고 있

었다. 그리고 이처럼 지나친 두려움이야말로 지방의 대다수 집회소가 질서
를 되찾아 줄 것으로 기대한 중앙 본부의 성공을 이해하는 관건이라고 할
수 있다. 이 점을 뒷받침하는 첫번째 증거로 조직과 재조직에 대한 끊임
없는 요구를 들 수 있겠다. 프리메이슨에 대한 고문서를 살펴보면, 특히
파리의 중앙회와 지방의 지부 사이에서 중간 역할을 맡고 싶어하는 지방
의 주요 결사에 관한 서류 속에서 이러한 요구를 담고 있는 문서를 발견
할 수 있다. 엑상프로방스의 중앙회는 개혁안에서, 프랑스 전역에 7개의
중요 결사를 조직하여 그 밑에 각각 7개의 집회소를 설치하자는 계획을
제시하였다. 그러나 새로운 결사를 조직하는 입법권은 분쟁의 최고 재판
관임을 자처하는 중앙 본부에 남아 있었다.[32] 엑스의 중앙회는 자신이 속
한 주에서 일관성 있게 행동하였고, 정화 작업의 일시적인 조치를 여러 차
례 발표하였다. 프로방스 지방의 결사는 규칙을 직접 만들지 않았다 해도,
자신들의 규칙을 엑스의 중앙회에 보내야 했다. 규칙에 따르면 초심자는
'신분·행위·성격'에 대한 엄격한 심사를 거쳐야 입문할 수 있었다. 중
앙회는 가맹·입회 승인·선출에 관련된 문서를 전달해 줄 것과, 특히 자
신들이 검토하기 전에는 프로방스에 어떠한 조직 허가장도 발행하지 말아
줄 것을 중앙 본부에 간곡히 부탁하였다. 수많은 지부 사이에 오고 간 보
고서는 세밀히 검토되었다. 지방의 지평선에서 회원 선출의 기준과 일의
성질을 정확히 파악하려는 희망은 전체를 통제하려는 의지의 산물이었다.
우리는 이러한 희망이 회원 선출의 사회적 범위 확대나, 우선권을 주장하
는 데 익숙한 사회 집단의 반동적인 행위와 어떻게 일치하는지 살펴보아
야 할 것이다. 어쨌든 프랑스의 프리메이슨이 집회소를 늘려 가고 등급을
복잡하게 세분하면서 생명력을 과시하고 있던 시절, 기존 질서의 기본이
되는 단일화의 희망이 존재했다는 사실에 주목하도록 하자. 한 예로 셰르
부르의 피델 마손(성실한 프리메이슨)은 중앙 본부에 자신들의 업적을 인
정해 달라고 요청하면서 앞서 말한 단일화의 희망을 내비쳤다.

  "우리가 프리메이슨의 일, 다시 말해서 모든 결사가 언제나 분규에 빠
지지 않도록 긴요한 일관성을 지킬 수 있게 해주는 일을 인식하고 이용할
수 있도록 하기 위하여……"[33] '타락'을 극복하고, 좀더 긴밀하고 통제된

동아리 안에 이 운동의 정예를 모아 보려는 목적을 가진 이러한 희망에는 아마도 세련된 비의(秘儀)가 덧붙여졌을 것이다.[34] 지금까지의 결과를 종합해 볼 때 지방의 프리메이슨을 분열되고 들끓는 세계로 보는 데 반대할 사람은 없을 것이다. 이제 어떤 사회 집단이 이 운동에 참가했는지 살펴보아야 할 차례이다.

분석을 위해 1773년 이후의 회원 명단이 수록된 중앙 본부의 고문서를 참고하였다. 프랑스 중앙회와 관련된 집회소의 사료를 볼 수 없다는 것은 분명 애석한 일이지만, 그렇다고 파리와 지방의 사료를 통해 그 부족분을 메우려 해서는 안 될 것이다.[35] 구할 수 있는 사료를 통해 분석해 낸 사람은 1만 명 이상의 프리메이슨으로, 파리의 결사에 관한 목록을 참고하였을 때 아카데미 회원이 6천 명이었다면, 이들 결사 단체의 회원은 거의 2만 명에 달하였다. 우리의 목록에서 지방의 수도가——스트라스부르·렌·릴을 제외하고——거의 모두 포함되었음을 잊지 않는다면, 우리의 조사가 통계상의 가치를 지니고 있다는 사실을 인정하게 될 것이다.[36] 그리고 좀더 바람직한 결론을 끌어내기 위해 분석 시기와 분석 대상을 한정하였다. 따라서 혁명 전 15년 동안의 기본 세 등급(la maçonnerie bleue의 번역. 견습생·동료 직공·전문 직업인의 세 등급을 말한다)에 초점을 맞추려 한다.

첫번째 사실로는 1771-80년과 1781-90년에 명사회원이 증가하였음을 꼽을 수 있다. 그러나 여기서도 시간상의 차이를 떼놓고 생각할 수 없을 것이다.[37] 회원의 증가 운동은 몇 가지를 제외하고는 어디서나 볼 수 있는 현상이었다. 라로셸에서는 콩코르드의 회원이 입문자 20명을 중심으로 정착되었고, 위니옹 파르페트는 40명으로 고정되기에 앞서 30명과 45명 사이를 오르내렸으며, 발랑스에는 1775년까지만 해도 40명 이상의 회원을 확보하고 있었으나 1780년과 1788년 사이에는 20명 이상을 가져 보지 못한 유일한 집회소 사제스가 있었다. 수아송의 2개 집회소 회원은 1777년부터 1789년까지 20명에서 30명 사이를 끊임없이 오르내렸다. 그와는 반대로 샬롱쉬르마른의 성 루이 결사는 1775-76년의 20명에서 3년 뒤에는 38명이 되었다가, 1784년과 1789년 사이 점점 수가 줄어 결국 20여 명으로 축소되었다. 디종의 아르 레위니〔일치된 예술〕와 콩코르드는 1780년 이전에는 각각 40명 이상과 30명 이상을 가지고 있었지만, 이때를 고비로 둘 다 20명을 겨우 넘겼다. 몽토방의 집회소 세 곳에 대해서도 비슷한 경향을 볼 수 있다. 결론적으로 말해서 수많은 프리메이슨의 중심지는 다른 곳에서 발견되는 발전에 영향을 받지 않았다고 할 수 있다. 물론 대도시에서는 어느 정도의 발전이 나타났지만 거기서도 여러 가지 방법상의 차이가 있었음을 알 수 있다. 리옹의 비엥프장스·사제스·파르페트 아르모니에서 본격적으로 회원수를 늘린 것은 1780년 후의 일이었다. 비엥프장스는 38명에서 89명으로, 사제스는 29명에서 95명으로, 파르페트 아르모니는 10명에서 45명으로 가입자가 늘어났다. 메스의 성 요한과 브레자미, 마르세유의 아마퇴르 드 라 사제스〔슬기로움의 애호가〕에서 회원이 늘어났다는 것은 정말 주목할 만한 사실이다. 그르노블의 집회소 세 곳에서도 비슷한 발전을 볼 수 있는데, 이러한 움직임은 에갈리테와 비엥프장스가 합쳐지고 난 뒤에도 늦추어지지 않았다. 캉의 쾨르 상 파르〔꾸밈없는 마음〕·콩스탕트 파베르·위니옹 에 프라테르니테〔단결과 우애〕도 1779-80년을 지나면서 규칙적인 발전을 겪었다. 툴루즈·낭시·보르도·브레스트가 보여 주는 곡선도 앞의 보기와 별로 다를 것이 없다. 대부분의 경우 프리메이슨 회원이 증가한 시기는 1780-85년으로 새로운 결사가 늘어나는 때와 일치하였다. 이로써 지방 도시 사회가 모두 프리메이슨을 수용하였음을 분명히 알 수 있다. 그렇지만 1785-86년을 고비로 회원은 더 이상 늘지 않았다. 이 시기에 접어들면서 대부분의 곡선은 고개를 숙였다. 브장송의 생세리테〔진실성〕는 1775년 당시 1백 명 정도의 회원을 확보하고 있었으나 1785년에는 60명으로 줄었고, 그 뒤에는 50명을 조금 넘은 수준에 머물렀다. 그 대신 파르페트 위니옹은 같은 기간에 25명에서 50명으로 늘었고, 인위적인 증가이긴 하지만 2개 집회소의 결합으로 한동안 75명 수준을 유지하고 있었다. 그러나 이 결합은 1789년에 이르러 깨지고 만다. 아장의 파르페트 위니옹, 아미앵의 생세리테, 오세르의 브레 젤르〔진실한 열의〕, 툴루즈의 파르페트 아르모니, 브레스트의 외뢰즈 랑콩트르〔행복한 만남〕, 그르노블의 파르페트 위니옹, 셰르부르의 피델 마손은 모두 비슷한 발

전을 보였다. 아카데미를 가진 도시들만 놓고 볼 때, 기본 세 등급은 1770
년부터 1790년 동안 세 단계에 따른 특징을 지니고 있었다. 첫번째 단계는
중앙 본부에 의해 재조직되는 시기로, 새로운 집회소가 정비되고 통제를
받아 창설되는 데 따라 입문자들의 세계도 규칙적인 증가 경향을 보였다.
두번째 단계는 혁명에 앞서 새로운 집회소가 설립되는 시기로, 시대의 열
기와 여론의 전반적인 소원을 두드러지게 보여 주면서 눈에 띄게 증가한
다. 마지막 단계는 1785년을 전후한 시기로, 특히 1785년 이후로 갈수록
안정을 달성하였거나 활동을 중지한 결사를 많이 볼 수 있다. 그러나 이러
한 현상은 회원 선출에 대한 통제가 성공했다기보다는 새로운 경쟁 관계
가 늘어났다는 사실을 의미한다. 진정한 정치 활동의 출현과 함께 프리메
이슨의 열기도 점차 엷어지기 시작하였다. 민중 단체와 정치 클럽의 시대
가 도래하고 있었던 것이다. 이제 취향과 근면성이 정착하는 가운데 새로
운 형태의 사교성이 준비되고 있었다.[38] 20년 동안 확고한 아카데미 정신
에 맞선 프리메이슨 집회소들은 강한 매력을 지닌 만남의 장소였다. 그러
나 집회소의 지리상 분포와 크기의 차이를 간과해서는 안 될 것이다.

　프리메이슨 집회소가 있던 도시는 크게 세 집단으로 나눌 수 있다. 그
가운데 5백 명 이상의 회원을 가진 보르도·브레스트·리옹·마르세유·
몽펠리에·루앙·툴루즈의 7개 도시가 선두를 형성하고 있었다. 이들은
각 지방의 중요한 수도로서 옛 전통을 지닌 프리메이슨 중심지였다. 특히
리옹과 보르도는 1천 명 이상의 회원을 확보하고 있었다. 조금만 주의해
서 살펴보면 이들 도시가 몇 가지 공통점을 가지고 있었다는 사실을 알
수 있다. 다시 말해 이들 도시는 행정·지성·경제 등 다양한 도시 기능
을 가지고 있었고, 주민수와 관련해서는 5만 명 이상의 수준을 유지하였
으며, 명사들로 이루어진 두터운 핵을 형성하고 있었다. 여기서 우리는 아
귈롱의 가설이 지닌 진실성을 인정할 수밖에 없다. 비밀 결사의 출현은 여
러 갈래의 밀도 있는 생활이 발전하는 시기와 일치하며, 특히 초기에는 지
방의 장벽 제거에 발맞추어 발전했다는 것이 그의 가설의 핵심이다.[39] 브
레스트가 선두 대열에 합류하게 된 데에는 해군 장교들의 역할이 컸으며,
몽펠리에의 경우는 주로 의사와 의학부 대학생이 프리메이슨 활동에 참

여하였다. 이처럼 프리메이슨 현상은 지식의 경로뿐만 아니라 대규모 상업이나 무기의 경로도 빌렸던 것이다.

두번째 집단으로 1백80명이 넘는 프리메이슨 회원을 가진 도시를 들 수 있다. 이들은 주로 주민 2만 5천 명 이상의 도시로 모두가 4개에서 7개의 집회소를 가지고 있었다. 브장송·디종·그르노블·메스·낭시 같은 고등법원 중심지 외에도 2백80명의 프리메이슨을 가지고 있던 엑상프로방스와 상급 법원이 있던 몽토방 등이 이 집단에 속하였다. 이밖에도 아미앵·님·라로셸·오를레앙 같은 지방의 경제 중심지를 꼽을 수 있다. 특히 보르도와 툴루즈의 중간에 있는 아장의 경우는 이 두 도시로부터 이중의 영향을 받았으리라는 추측을 하게 한다. 상대적으로 규모가 작은 아장이 이러한 수준에 끼어들었다는 사실이야말로 도시 사이의 관계가 얼마나 중요한지를 보여 주는 좋은 보기라고 하겠다.

프리메이슨의 정착에 관한 연구를 통해 대략 두 가지 사실을 알 수 있다. 첫째는 작은 도시가 대도시를 본뜨는 데는 어느 정도의 시간이 필요하였다는 점이고, 둘째는 앙시앵 레짐 말기의 수십 년 동안 대부분의 프리메이슨 집단이 아카데미 집회의 사교성과 거의 같은 사교성의 모범을 채택하였다는 것이다. 사실 결사체 형제의 숫자는 학술 단체보다 많지 않았다.[40] 평균 회원에 관한 도수 분포도를 그렸을 때, 1백37개 집회소의 4분의 3이 50명도 안 되는 회원을 가진 것으로 나타났다. 30여 개 집회소가 그보다 높은 수준을 보였고, 그 중 5개만이 평균 1백 명 이상의 회원을 보유하고 있었다. 이에 비해 20명도 못 되는 프리메이슨을 가진 집회소는 24개에 이르렀다. 20명에서 50명 사이의 80개 집회소가 중요한 몫을 담당하였다. 결국 프리메이슨 동아리도 20명에서 40명 사이를 오락가락하였던 아카데미와 비교해 더 많은 사람을 모으지는 못하였던 것이다. 그러나 주요 도시와 옛날부터 프리메이슨 전통을 간직하였던 도시 속에는 대규모 결사가 형성되어 있었다. 그 가운데 보르도의 프랑세즈는 70명 이상, 아미티에는 1백20명 이상을 가지고 있었다. 리옹에서는 16개 집회소 중 6개가 1백 명 가까운 수준을 유지하였다. 마르세유의 중앙회 스코틀랜드의 성요한은 1백50명 이상을 모았고, 레위니옹 데젤뤼〔선민의 모임〕는 1백여 명, 툴루즈의 2개 그리고 몽펠리에의 3개 집회소는 그보다 높은 수준을 확보하고 있었다. 그러나 비밀 결사가 이처럼 막대한 모임을 이룩하는 경우는 아주 드물었고, 프리메이슨의 확장은 오히려 중간 크기의 집회소를 통해 이루어졌다. 이로써 프리메이슨 결사가 귀족의 성격을 띤 동아리의 규범에 자신들의 사회적 관습을 성실히 맞추어 나갔다는 사실이 명백해진다. 그들 역시 동아리에 대한 소속감이나 선발 기준을 점점 엄격하게 지켜 나갔던 것이다. 따라서 이 운동에 대한 사회학적 연구가 던지는 중요한 질문은 이러한 이상과 가입 요구의 증가 사이에서 어떻게 조화를 이루었는가 하는 문제이다.

프리메이슨 사회는 분명 개방된 사회라는 인상을 준다.[41] 아카데미 회원을 내놓지 못한 새로운 사회 범주와 집단이 이 사회의 지배 세력으로 떠올랐다. 거의 모든 사회적 부류가 이 운동의 영향을 받았지만, 그 중에서도 부르주아 계층이 주류를 이루었다. 세 신분의 관계를 살펴보면, 성직자가 4퍼센트, 귀족이 15퍼센트(두 부류는 아카데미 회원의 57퍼센트를 이루었다)를 차지하고 있음을 알 수 있다. 물론 이러한 사실은 지방뿐만 아니라 파리에도 해당되었다. 특히 성직자의 경우에는 파리에서도 정확히 같은 비중을 차지하고 있었다. 그리고 파리의 귀족 비율(22퍼센트)이 지방보다 좀더 높았던 것은 베르사유의 귀족적 결사와 파리의 중앙회에 가맹한 여러 개 군인 결사를 연구 대상에 집어넣었기 때문이다. 어디서나 제3신분이 지배권을 장악하고 있었다.

지리적인 면에서 지방이 보인 차이는 아카데미 사회와 비교해 훨씬 덜하였다.[42] 7개 도시에서만 제1신분의 비율이 10퍼센트를 넘었다. 앙제 · 오세르 · 부르 · 샬롱 · 수아송 · 발랑스 · 빌프랑슈가 거기에 해당되었다. 이들은 아카데미 회원에 성직자를 대거 등용하였다는 점에서 이미 두각을 나타냈던 도시이다. 특별히 높은 비율을 보인 앙제(성직자가 29퍼센트) · 수아송(17퍼센트) · 발랑스(18퍼센트)가 지방의 작은 중심지였다는 사실을 고려하면, 프리메이슨의 자양분이 전통 구조의 핵심에 있었음을 알 수 있다. 제2신분과 관련해서는 9개 도시가 20퍼센트 이상의 귀족을 뽑았다. 그 가운데는 브장송 · 브레스트 · 툴루즈뿐만 아니라 상급 법원의 도시인 디종·그르노블·메스·몽토방·낭시가 포함되어 있다. 여기서도 사법 정예의 영향이 아주 컸음을 알 수 있다. 그러나 프리메이슨에 관해 덜 도식적인 심상을 갖기 위해서는 각 신분의 구성을 고려할 필요가 있다.

성직자가 프리메이슨에 들어갈 수 있었다는 것은 누구도 부인할 수 없는 사실이다. 3백 명 이상에 달하였던 파리 사제의 존재나, 거의 4백 명 선을 유지하였던 지방 사제의 존재는 그러한 사실을 입증하고도 남는다. 그러나 그들이 회원의 중요한 요소를 이루지는 못하였다는 것은 그 숫자로써 분명히 알 수 있다. 더욱이 프리메이슨에 가입한 성직자는 아카데미의 성직자와는 사뭇 달랐다. (여기서 우리는 성직자가 학술 단체에 보내 준 후원과 가입 행위와는 아주 다른 태도를 프리메이슨에 대해 가지고 있었음을 본다.) 첫번째 결론은 다음과 같다. 지방이든 파리든 주교를 볼 수 있는 집회소는 단 한 군데도 없었던 것이다. 이로써 우리는 합리주의, 만인 구제론의 욕망, 비교(秘敎)와 신비주의의 충동을 가졌기 때문에 로마의 비난을 산 프리메이슨 운동을 가톨릭 상층부가 아주 경멸하였다는 사실을 알 수 있다. 물론 프랑스 주교의 일파가 받들었던 프랑스 국교회주의가 또 다른 태도를 암시할 수 있다는 것도 사실이다.[43] 우리는 이 점에 대해 단지 의문을 가질 수 있을 뿐이다. 두번째 결론으로는 지방의 성당 참사회원·부주교·원장신부가 고위 성직자를 모방하였다는 점을 들 수 있다. 지방에서 그들은 프리메이슨에 가입한 성직자의 26퍼센트에 불과하였기 때문이다. 반면 그들이 32퍼센트(이것은 아카데미에서 차지한 34퍼센트라는 비율에 가깝다)를 차지한 파리에서는 고위 성직자의 예를 거의 따르지 않았다. 아마도 수도의 프리메이슨 집회소에서는 교권의 눈길을 덜 느낄 수 있었기 때문일 것이다. 그들이 눈에 띌 정도로 가입한 지방에서는 집단으로 가입하였음을 알 수 있다. 그들은 앙제에는 10여 명, 브장송에는 17명, 보르도에는 8명, 리옹에는 11명, 몽펠리에에는 8명, 수아송에는 7명이나 가입하였던 것이다. 나머지는 교구의 성직자로서 대부분 교구장과 주임신부(지방에서 42퍼센트, 파리에서 45퍼센트), 그리고 명단에 정확히 밝혀 놓지 않아서 성식서원(盛式誓願) 수도회와 단식(單式)서원 수도회의 어디에 속하였는지 알 수 없는 성직자였다. 어쨌든 이들 성직자가 제2신분 회원의 절반 이상을 차지하였던 아미앵·앙제·아라스·오세르·샬롱·낭시·오를레앙·수아송의 여덟 곳에서 우세하였음에 주목해야 할 것이다. 이들 도시에서도 이 수도 성직자가 같은 수도회에 속하였음을 보여 주는 근거가 있는 한, 집단 가입 행위를 볼 수 있을 듯하다. 예컨대 앙제의 탕드르 아쿠에이[정다운 환영] 결사에 가입한 '수도 성직자들'은 모두 오라토리오회나 아우구스티누스회에 소속하고 있었다. 오세르의 경우 중등학교의 베네딕투스회와 정규 수도원 참사회원을 볼 수 있으며, 샬롱의 경우에는 도미니쿠스회 소속이었고, 수아송의 경우 시토회와 베네딕투스회 소속이었다. 아카데미 사회와 비교하였을 때, 프리메이슨의 세계는 성직자에 대한 나쁜 편견을 좀더 쉽게 물리칠 수 있었다. 어떠한 문서에서도 그들이 서원을 말하면서 자유를 잃어버렸다고 비난하는 구절을 찾아볼 수 없다. 이처럼 수도 성직자는 학술 단체보다는 유기적인 단체라는 매력을 지닌 프리메이슨의 세계에서 더욱 완전한 부분을 차지하였다.

귀족이 프리메이슨에 가입한 것은 당연한 일이었다. 파리와 지방의 집회소 가운데 귀족의 숫자가 3천 명을 넘었다는 사실은 이 운동이 거둔 성공 속에서 귀족의 사교성이 미친 영향력을 분명하게 보여 준다. 그러나 프리메이슨 결사와 학술 단체 속에서 제2신분에 속한 사람은 똑같은 범주가 똑같은 비율로 회원을 내놓지 않았다는 사실을 입증하고 있다. 예를 들어 군인의 경우 46퍼센트로서 지방의 프리메이슨 중에서 가장 높은 비율을 차지하였던 데 비해 아카데미에서는 23퍼센트를 밑돌고 있었다. 특히 파리의 경우 프리메이슨 귀족의 60퍼센트가 무관 귀족이었다는 점에서 좀더 독창적인 모습을 보여 주고 있다. 이를 통해 내릴 수 있는 결론은 수도와 아카데미 도시의 귀족 프리메이슨은 대부분 군인이었다는 것이다. 이미 레오나르가 밝혀 놓았듯이[44] 그들의 가입은 군대의 전복을 뜻하지도 않았고, 군대 기강을 어지럽히지도 않았다. 그들의 가입은 오히려 비밀 결사 안에서 거둔 전형적 사회 관계의 힘이 성공을 거두고 있음을 나타낸다. 왜냐하면 전형적인 관계는 한편으로는 여행을 하고 자주 거처를 옮기는 장교와 해군의 생활 양식과 밀접하게 관련되었으며, 다른 한편으로는 활발한 지성의 실천보다는 사교 모임의 목적에 더욱 부합하였기 때문이다. 앙시앵 레짐의 군대 장교는 대부분 아카데미보다는 비밀 결사 속에서 더 쉽게 다가설 수 있는 세계를 찾았다.

두번째 분명한 사실은 아카데미 회원의 주요 집단 가운데 몇몇이 후퇴하고 있다는 점이다. 예를 들어 중앙의 행정가 가운데 결사 단체 회원은 지방에서는 30명 남짓, 파리에서는 1백여 명 정도에 불과하였다. 지사들은 흥미를 가지고, 그리고 가끔은 다소 불안하게 생각하면서 운동의 전 과정을 감독하였으나 대다수가 그 운동을 지지하지 않았다.[45] 그들이 회원에 가입하지 않은 까닭은 감독하기 어려운 현상에 대하여 비난하였다기보다는 멸시에 가까운 감정을 가지고 있었기 때문일 것이다. 그 대신 중앙 재정가가 참여한 것은 좀더 뜻깊은 일이다. 그들은 파리와 지방의 결사에 많이 참여하였다. 그들 가운데는 클레르몽·그르노블·디종·몽토방·몽펠리에의 회계 검사원과 소비세 재판소의 관직 보유자가 많이 포함되어 있었다. 그들은 파리와 지방의 귀족과 뒤섞여서 한 사회 계층이 심취한 것에 참여하였지만, 우리는 그들이 프리메이슨의 전파에 중요한 역할을 하였음을 밝힐 수 있다.[46]

지방과 파리의 수많은 고등법원 인사가 가입하였다는 사실도 그다지 놀라운 일이 아니다. 특히 상급 법원이 있는 도시에서는 관직 보유자의 범주가 아주 높은 비율로 나타났다. 좀더 구체적으로 살펴보면 보르도가 36퍼센트, 브장송이 31퍼센트, 디종이 33퍼센트, 그르노블이 27퍼센트, 낭시가 28퍼센트, 루앙이 33퍼센트, 툴루즈가 27퍼센트였다.[47] 이 분석은 대법관이 대거 참여한 지방은 물론 파리에 대해서도 언급한 바 있는 아미아블의 연구 성과와 일치(관직 보유자 2백8명, 귀족의 11퍼센트)한다.[48] 좀더 정확한 연구를 진행시킨다면, 이들 관직 보유자가 프리메이슨의 서열 속에서 얼마나 중요한 역할을 담당하였는지 분명히 알 수 있을 것이다. 지방의 귀족이나 활동중인 귀족으로 이루어진 소집단 가운데 어느 편도 프리메이슨에 가입한 특권층의 전체 모습을 바꿔 놓지 못하였다. 주로 군인과 관직 보유자가 숫자와 기능면에서 집회소를 지배하고 있었다.

그러나 어디서나 제3신분이 제일 많았다. 그렇게 된 데에는 무엇보다도 사업가·소매상·장인 등의 부르주아 계층이 대거 가입하였기 때문이다.[49]

먼저 도매상·수공업 공장·은행의 세계부터 살펴보면 지방 프리메이슨의 36퍼센트(아카데미에서는 5퍼센트 이하)를 차지하였으나, 파리에서는 중앙 본부의 회원 가운데 겨우 17퍼센트를 차지하여 그다지 두드러지지 못하였음을 알 수 있다.[50] 이에 비해 장인과 소매상은 수도와 지방 모두에서 같은 수준(12퍼센트)을 유지하고 있었다. 그리고 꾸준한 활동을 보였던 의료 집단이 두 경우 33퍼센트에서 6퍼센트 미만에 이르는 양끝을 가질 정도로 후퇴한 것은, 이 집단이 거둔 승리의 반대 측면을 보여 준 현상이라 하겠다. 이것은 프리메이슨 운동이 좀더 사교적인 동시에 덜 지적인 임무를 띠고 있다는 사실을 말해 주는 구체적인 증거이기도 하다. 이와 관련해 도시 하나만이 예외였다. 다름 아닌 몽펠리에가 건강을 위한 직업에 종사하는 사람 중에서 2백여 명에 이르는 프리메이슨을 내놓았으며, 이는 놀라운 일이라 할 수 없다. 그 대신 모든 사회 범주가 뒤섞이고, '앙시앵 레짐의 부르주아 계층'의 지배를 받던 사람은 같은 수준을 유지하고, 가끔 늘어나기도 하였다. 예를 들어 평민 관직 보유자·변호사·행정가·건축가는 아카데미 회원의 36퍼센트를 내놓았던 데 비해, 지방 프리메이슨의 33퍼센트, 파리 결사회원의 36퍼센트를 배출하였던 것이다. 그러므로 전통을 지닌 명사는 여전히 지배권을 유지하였으며, 연금생활자 부르주아가 지방의 경우 거의 7퍼센트, 파리의 경우 4퍼센트를 차지함으로써 지배권을 더욱 강화하였다.[51] 한편 '잡다한' 집단의 회원이 늘어난 것(35퍼센트)은 주로 파리 프리메이슨의 독창성을 말해 준다. 지방 집회소의 경우에는 상대적으로 참여도가 낮은 세 가지 범주의 사회 직업이 파리에서는 오히려 지배적이었다. 그들은 1) 학자·화가·음악가(부르주아 프리메이슨의 10퍼센트)를 포함한 예술가, 2) 평민 군인(5퍼센트), 3) 상점의 서기·고용원·봉급생활자와 귀족 가정의 관리인 및 지배인(7퍼센트)이었다. 결국 프리메이슨의 교체와 관련해 볼 때 다음의 두 가지 사실을 알 수 있다. 첫째 파리와 지방은 각기 다른 사회 계층의 영향을 받았으며, 둘째 사업가형 부르주아 계층은 계몽 사상의 세계에서 그다지 눈에 띄지 않았다.

그러나 지방마다 차이가 있음을 잊지 말아야 한다는 사실에는 이론의 여지가 없다. 왜냐하면 어떤 지방 도시는 혁신을 좇았지만, 어떤 도시는 전통을 고수하였기 때문이다. 새로운 부르주아 계층의 대표들이 평균보다 조금 높은 수준인 50퍼센트를 차지하였던 곳은 겨우 9개 도시에 불과하였다. 리옹과 그르노블이 70퍼센트 이상으로 선두에 있었고, 보르도·마르세유·몽토방·님·루앙은 60퍼센트 이상, 아미앵은 59퍼센트, 아장은 54퍼센트에 달하였다. 항구와 수공업 공장을 가진 대도시에서는 특히 도매상 부르주아의 성공이 두드러지게 나타난다. 도피네 지방의 수도는 그곳 기업가의 재산과 사회적 명성에 힘입어 상업과 공업 활동으로 넘치는 도시의 선두 집단에 속하였다. 몽토방의 신교도 도매업자는 재산이나 사회적 명성과 관련해 첫번째 등급에 들어간다. 하지만 그와는 반대로 사업가형 부르주아가 지배하지 못한 14개 도시에서는 아카데미 회원의 지배적인 범주가 65퍼센트를 넘어섰다. 프리메이슨 회원 대부분이 법조계 인사, 금리생활자, 또는 자유 직업인이었던 발랑스는 체제에 순응하는 명사에게 충실한 도시 집단 속에서 첫 자리를 차지하였다. 물론 대부분의 고등법원 중심지도 이 집단에 끼여 있었다. 아라스는 67퍼센트, 메스는 82퍼센트, 낭시는 65퍼센트, 포는 68퍼센트, 브장송은 85퍼센트를 가지고 있었다. 소비세 재판소가 있던 클레르몽에서는 법조계 부르주아 인사가 67퍼센트를 차지하였다. 그리고 앙제·오세르·베지에·부르·브레스트·캉·샬롱·셰르부르 같은 지방의 작은 행정 중심지가 이 집단의 마지막을 장식하였다. 끝으로 지배적인 사회 직업이 무엇인지 알 수 없는 5개 도시가 남아 있는데, 이들 도시의 프리메이슨은 생업에 종사하는 부르주아의 지배를 받지는 않았지만, 그렇다고 해서 전통의 범주가 분명히 승리를 거둔 것으로 보이지도 않았다. 디종과 몽펠리에는 전통 범주에서 54퍼센트, 오를레앙은 57퍼센트, 툴루즈는 59퍼센트, 빌프랑슈는 53퍼센트를 가지고 있었다. 전체적으로 보아 아카데미 단체와 기본적으로 다른 점은 어디서나 똑같은 정도로 증명되지 않았다고 말할 수 있다. 새로운 범주의 승리는 그것이 비록 도시 지배 계급의 중요한 요소를 이루지는 못한다 해도, 적어도 확실한 힘을 가진 생명력이 넘치는 집단을 이루고 있는 도시에서만 진정 증명될 수 있을 뿐이다. 좀더 많은 경우 전통과 혁신은 프리메이슨의 회원을 뽑는 데서 서로 앞을 다투었지만, 학술 단체 속에서 우세한 집단은 새로운 명사에게 조금도 뒤처지는 일은 없었다. 프리메이슨의 사회적 성운은 개방의 특징을 가지고 있었지만, 그렇다고 해서 근본이 단절되지는 않았다. 그들의 일관성은 회원층의 확장이라는 원칙과 마찬가지로 중요한 원칙에 바탕을 두었다. 그것은 다름 아닌 집회소의 전문화이다. 이제까지 여러 가지 형태의 문화 생활에서 완전히 제외되었던 평범한 사회 범주가 출현하면서, 비밀 결사 사이에 자신도 모르는 서열이 생겼을 뿐만 아니라 토론과 갈등이 종종 목격되기도 하였다. 프리메이슨 단체는 평등주의를 확인하면서도 분열된 사회로 남아 있었다.

사회적 차별은 거의 어디서나 나타났지만, 집회소가 새로운 사회 계층의 압력을 받아 다수가 생겼던 곳에서는 더욱 두드러졌다. 지방에서는 전통 부르주아 집단과 상업계의 상층부에 속한 2개 집단이 한결같이 회원을 내놓았다.[52] 이러한 선택은 다른 범주를 제외하거나 선택하는, 둘 중 하나의 형태로 나타났다. 우리가 분석의 범위를 한정시킨 아카데미 도시들과 관련해서는 한없이 복잡하게 전개되는 양상을 볼 수 있다. 우리는 될 수 있는 대로 많은 집회소를 분석하여 여러 가지 경우를 구별하여야 할 것이다. 단 하나의 집회소만 가진 오세르·베지에·샬롱쉬르마른·셰르부르·포·발랑스·빌프랑슈 같은 도시에서는 시시한 부르주아를 멸시하는 경향이 분명히 보인다.[53] 중간 규모의 상인과 장인은 거의 회원을 내지 못하였고, 대신 프리메이슨 회원의 '중추적 집단'이 우세하였다. 빌프랑슈의 파르페 타코르〔완전한 합의〕에서는 도매상과 수공업 공장 경영인이 21명이었고, 성직자와 귀족이 10명, 법조계 인사·변호사·자유 직업인·금리 생활자가 25명이었던 데 비해 소매상은 단 2명뿐이었다.[54] 그나마 발랑스의 사제스에서는 도매업자는 아예 만날 수도 없으며, 귀족 세력(25명의 회원)과 성직자 세력(11명)이 지배적이었다.[55] 오세르에서는 바이아즈의 관직 보유자와 변호사가 우세하였고, 그들 뒤로 귀족 군인과 성직자가 있었으며, 장인과 상인은 겨우 3명뿐이었다.[56] 셰르부르의 피델 마손에는 장인과 소매상이 없었던 반면,[57] 샬롱의 성 루이에서는 8명을 가입시켰다. 하지만 전체적으로 볼 때 그들은 하급 재판소의 관직 보유자와 자유 직업인이 판을 치는 중요한 집회소 속에서 아주 소수에 불과하였다.[58] 한때 용기병으로서 모든 계급을 거쳤고, '훌륭한 프리메이슨' 이었던 제빵업자 르페브르는 "막대한 비용 때문에 더 이상 집회소에 나가지 않았다." 이 도시들 대부분에서 프리메이슨 현상은 아주 늦게 나타났으며, 주로 전통적인 사회 집단에 바탕을 두었다. 사교성의 전형은 이제서야 겨우 서열이 낮은 곳으로 내려가기 시작하였지만 회비 문제 때문에 일부분 늦어졌다.

2개 집회소가 공존하는 곳에서 그들의 거동은 서로 다른 경향을 나타내었다. 앙제·아라스·부르·오를레앙·메스·수아송의 집회소들은 한 가지 선택을 관행으로 삼았다. 부르캉브레스의 결사 선민은 직업인 11명을 받아들였으나 주로 하급 재판소·변호사·인재·아카데미(그 중에서 특히 리부와 시계 제조인 구아퐁) 세계에 소속된 사람들이었다. 변호사와 행정가의 통제를 받았던 브레 자미는 장인을 받아들였지만 사업가는 뽑지 않았다.[59] 앙제의 중앙회에 속한 탕드르 아퀘이 결사와 아라스의 아미티에 결사는 확실히 귀족적 성격을 띠고 있었다. 귀족·성직자·법조계 인사·인재가 회원 구성을 지배하면서 온갖 높은 자리를 차지하였던 것은 바로 그 때문이었다. 도매업자의 경우 이 2개의 집회소에도 회원을 보내고 있었지만, 장인과 소매상은 거의 끼어들지 못하였다.[60] 그와는 달리 앙제의 페르 드 파미유(가장)와 아라스의 아미 레위니는 수공업 공장 경영인과 거물급 상인에게 문을 열어 주었고, 군소 상인과 장인·당과 제조업자·무두장이·포도주 상인도 받아들였다. 그에 따른 당연한 결과이겠지만, 이들 2개 집회소에서 볼 수 있는 행정 직원들의 사회적 수준은 확실히 좀더 낮았다.[61] 아미 레위니에 속한 아라스 지방의 프리메이슨은 지부장에 뽑혔음에도 아미티에 회원으로부터 '저속한 주막집 주인' 이라는 비난을 받았던 델리뉴 형제를 변호해야 했다. 여기서 잠시 그들의 표현을 살펴보기로 하자. "우리의 형제는 도매나 소매의 어떤 식으로든 포도주를 팔아 본 적이 없다. 그의 장사는 모든 종류의 상품을 취급하는 것이다……." 비난을 받게 되면서 프리메이슨의 세계에서도 직업상 명예를 지켜야 한다는 원칙이 분명히 드러났다.[62] 특히 프레르 자미(동료 형제)와 성 율리우스 드 로로르(여명기의 성 율리우스)라는 2개 결사가 있던 수아송은 이 점에 관한 한 좀더 분명한 입장을 고수하고 있었다. 먼저 설립된 프레르 자미는 회원으로 귀족의 핵(11명), 높은 비율의 성직자(19명)와 법관(바이아즈의 관직 보유자·변호사), 기사 다수(36명), 그리고 도매 상인 3명으로 구성되어 있었다. 이에 비해 후자는 귀족 군인 5명, 사제 1명, 소매 상인과 장인·재판소 서기·집달리·병무 담당 직원·소금세 담당자·지사 비서직 등의 군소 행정 직원 18명을 가지고 있었다.[63] 즉시 싸움이 일어났고, 프레르자미는 명단을 순화시켜야 한다고 주장하면서 두번째 결사가 뿌리내리는 데 반대하였다. 수아송에서 태어나 라페르에 정착한 지부장 르뵈프는 성 율리우스 드 로로르의 정확한 상태를 조사하였는데, 그가 작성한 평가서는 길게 인용할 만한 가치가 있다. 르뵈프는 새로 지부를 창설하는 데 긍정적인 태도를 보였지만 거기에 따르는 위험을 강조하였다. "만일 프랑스 프리메이슨의 행복한 가족이 모두 (오래 전부터 그러하였듯이) 너그러이 대접받고 인정받을 뿐만 아니라 국가에 가장 유익한 단체 가운데 하나로서 알려지고 채용되는 행복을 향해 큰걸음을 내딛지 않았다면, 나는 성 율리우스 드 로로르의 형제가 누리는 지위와 재산은 대단치 못하다고 말하고 싶다." 1780년을 기점으로 공식 '인정'은 사회적 존경의 문제를 불러일으켰지만 르뵈프가 보기에는 비난이 너무 지나쳤고, 중요한 것은 프리메이슨의 평등을 충실히 지켜 나가는 일이었다. 교육은 모든 구별을 지워 버릴 수 있었던 것이다. "사람은 수 세기 동안 무지한 상태에 놓여 있었기 때문에, 다음과 같이 가정하는 것이 여론일지 모른다. 즉 교훈적인 교육만이 미풍양속을 기를 수 있고, 모든 교육과 무관하게 사람들 마음속에 생기는 덕을 함양하는 취미를 고취시킬 수 있다는 가정 말이다. 그러나 오늘날 시민 사회치고 훌륭하고 견실한 교육을 시행하지 않는 곳이란 거의 없다. 그런데 특히 프랑스에서 정직한 처세술과 상냥한 대화가 널리 지배하고 있는 가운데, 나는 어떻게 다음과 같은 일이 생길 수 있는지 그 이유를 알 수 없다. 아무리 하찮게 태어나 쉽게 굽신거리고, 별로 저항하지도 않고 복종의 굴레를 쓰고, 자기 위에 군림한 사람에게 해야 할 일을 절대 잊지 않는 덕망 높은 책임을 느끼는 사람이 있다 해도, 그가 고상하고 정숙하게 처신하고, 자신과 동등한 신분의 사람에게 온화하게 대한다면 어째서 그가 프리메이슨에게 환대받지 못하겠는가……"[64] 온갖 불평등의 승인과 합리적인 예절의 평등주의는 "오직 서열과 사회적 구별에 좌우되는 관계만 인정하는" 도시에서 단체의 선택 기준이 되었다. 상업이 빛을 내지 못하는 곳, 신분 사이에 "일종의 지배적인 관계가 없는" 곳에서는 시민의 '계급'마다 결코 다른 계급과 혼동될 수 없는 개별 단체를 구성한다고 르뫼프는 생각하였다. 사회적 서열에 대한 견해에 의해 회원 선택의 기준이 영향을 받았다. 수아송은 '미천한 민중'이 포함되어서는 안 될 '세 계급'이 지배하는 도시였다. "제법 수가 많은 첫째 계급은 성직자·귀족·일류 사법관과 재정관을 포함하였다……. 이 집단은 거기 속한 몇몇 사람의 몫이 지나치게 크게 보일 수 있는 자기 주장을 가지고 있(었)다. 그러나 거기에는 시민 생활 속에서 연장될 수 없는 비밀 관계에 의해 강제로 시민을 묶어 놓는 횡포가 있을 수 있(었)다……. 둘째 계급에는 상인·부르주아·제2신분의 사업가가 포함되어 있(었)다. 이 계급에서 첫째 계급으로 넘어가는 사람은 아주 드물다. 셋째 계급은 더욱 뒤섞였다. 그것은 둘째 계급의 일부이긴 해도 장인의 신분에서 재능과 사회적 자질에 있어 남보다 뛰어나 보이는 사람을 받아들였다……."[65] 르뫼프에게 회원 선출의 경계선은 프레르 자미 결사(그리고 아카데미)를 거의 전부 채운 첫째 계급과, 성 율리우스 드 로로르 속에 포함되며 셋째 계급 안에서 품위를 갖춘 재능과 예절을 얻지 못한 사람을 몰아내서 순화시킨 둘째 계급을 구별해 주는 것을 의미하였다. 그들은 명단에서 쓸데없는 부분을 지워 버리기 위해 이들 구성원이 민병대와 궁수 및 총사 부대에 속하였었다는 사실을 밝혀내는 한편, 화가·소금 소매상·여관 주인·재판소 서기·조각가·소매상을 각각 한 명씩, 모두 여섯 형제를 제명하였다. 그리고 음식점 주인 알롬을 노동 수사의 서열로 되돌려 놓았다. 중간 도시의 사회적 계급과 이상적 평등은 이처럼 실제 선택의 관행 속에서 조화를 이루며 정당화되었다.

여러 가지 집회소를 가진 지방의 대도시에서 회원 선출은, 어떻게 보면 옛날 프리메이슨 단체의 기원을 찾는 일이 어려웠던 만큼 그보다는 더욱 쉽사리 이 원칙을 따랐다. 사업이 번창하던 리옹의 도매업자, 부르주아 친위대의 장교, 보수주의 판사가 파르페트 레위니옹 결사에 모였다. 캉되르〔순진〕 결사에는 젊은 도매업자, 세력이 조금 약한 상인·점원들이 모였다.

이러한 경향은 파르페 실랑스〔완전한 침묵〕도 마찬가지였다. 이에 비해 주로 법조계 인사로 구성된 비엥베이양스〔친절〕는 27명의 전체 회원 가운데 검사 13명, 공증인 3명, 개업의 6명을 포함하고 있었다. 성 요한 파트리오티즘〔애국심의 성 요한〕은 부르주아 출신 장교를 모아들였다.[66] 한편 파르페트 위니옹과 비엥프장스같이 귀족적 성격을 지닌 명사의 집회소 반대편에는 평범한 사회 집단의 지배를 받는 다양한 집회소가 있었다. 그들은 페〔평화〕·예루살렘의 성 요한·파르페트 아르모니·브레 자미와 같은 상인과 소매상의 결사로서, 거기에는 소매상·행정직·소비세 징수인·총괄 징세청부업 고용인·점원·경리·여객 마차와 우체국 직원들로 이루어진 군소 직업인 부르주아가 뒤섞여 있었다.[67] 각 집회소의 회원 단위를 살펴보면, 그들의 증가가 수많은 사회 집단의 존재와 일치한다는 사실을 끌어낼 수 있다. 리옹의 프리메이슨은 동질성을 가진 수많은 동아리로 조직되어 있었다. 그러나 이러한 경향이 리옹만의 특징이라고 할 수는 없었다. 마르세유 도매업자의 세력은 스코틀랜드의 성 요한(장인은 단 1명, 70퍼센트가 대규모 상인), 레위니옹 데젤뤼(69퍼센트가 도매업자와 해군 대위), 누보 푀플〔새로운 인민〕(66퍼센트), 슈아 데 브레 자미〔진정한 친구의 선택〕(74퍼센트), 아마퇴르 드 라 브레 사제스(52퍼센트) 같은 곳에서 나타났다. 소매상과 장인뿐만 아니라 상선의 장교도 필라델프와 성 요한의 계승자 결사로 모여들었다. 그보다 신분이 낮은 사람은 프레르 쥐니〔동맹 형제〕(86퍼센트가 장색과 군소 상인)에 모였다.[68] 마르세유의 명단은 그곳 프리메이슨이 "모든 신분과 모든 분파로 이루어졌으며, 단지 그 자체로서가 아니라 거기에 파고든 잡다한 집단 때문에 아주 해롭다는 사실에" 주목하게 했다. 그 결과 명사들이 위험하다고 판단한 이 사회적 혼합체에 즉각적인 반격이 가해졌다. 높은 서열의 귀족과 성직자, 거물급 상인, 은행가, 귀족에 오른 도매업자, 행정가, 법관 부르주아가 가장 오래 된 중앙회로 모여들었다. 그들 중에는 아카데미 회원인 오디베르·세망디·위그 같은 사람들도 포함되어 있었다.[69] 그러나 이러한 범주의 사람이 다른 집회소에 가입하는 일은 드물었다. 지도층의 '훌륭한 집단'은 해로운 잡동사니와 효과적으로 싸울 줄 알았다.

고등법원을 가진 도시의 예를 보면 역시 좀더 분명해진다. 최소한 하나이상의 결사가 무관귀족과 관복귀족, 도매업자의 정예 분자, 평민 법관 부르주아, 자유 직업인을 끌어모았다. 소매상을 거의 완전히 제외한(4개 집회소에서 단 3퍼센트만 받았다) 브장송에서는 생세리테와 파르페트 에갈리테라는 명사 집회소를 가지고 있었다.[70] 디종에서는 고등법원과 회계 검사원이 콩코르드를 지배하였다.[71] 보르도에서는 법관과 주요 도매업자들이아미티에와 프랑세즈를 통제하였다.[72] 그르노블의 비엥프장스,[73] 메스의원조 성 요한[74]도 명사의 모임이었다. 낭시의 성 루이, 성 필리프에는 판사와 법관, 명사 도매업자, 자유 직업인이 모였으며, 오귀스트 피델리테〔지엄한 성실성〕는 아직도 폐쇄적이었다.[75] 루앙의 셀레스트 아미티에〔하늘 같은 우정〕도 파르페트 위니옹보다는 못하지만 명사를 받아들였으며, 고등법원 인사는 파비이 중앙회에 세번째 결사까지 세우며 누구와도 견줄 수 없는 위세를 떨쳤다.[76] 대부분이 죄 플로로 아카데미 회원이던 툴루즈의 법관은 정상급 변호인단과 재능 있는 공증인과 함께 파르페트 아미티에에모였다. 도매업자가 설령 시행정관직을 거쳤다 해도 그 결사에 들어갈 수는 없었다. 그러나 도매업자는 쾨르 레위니와 엘뤼 드 샤르트르〔샤르트르의 선민〕에 속한 전통 정예 분자가 관계를 맺고 함께 참여한 사제스를 완전히 지배하였다. 툴루즈의 베리테 르코뉘〔인정받은 진리〕는 귀족만 받아들이면서 극도의 차별 정책을 취하였다. 브레 자미와 페는 변호사와 몇몇생업을 가진 부르주아에게만 문을 열어 주었다.[77] 상급 법원을 가진 그밖의 도시도 똑같은 모범을 제시한다. 그 중 일부 단체가 귀족과 도매업자의우두머리를 주축으로 구성된 반면 일부는 도매업자의 통제를 받았지만 전통 부르주아 계층과, 그보다 덜하지만 장색과 소매상에게도 문을 열어 주었다. 또 어떤 단체들은 사회적으로 거의 완전히 동질성을 지닌 결사로서직업인・소매상・사법과 행정상의 하위직・도매업자의 고용인과 가게 점원을 회원으로 가지고 있었다. 클레르몽의 성 모리스・성 미셸・성 위베르 같은 세 집회소는 정확히 이 세 가지 형태와 들어맞았다. 몽토방의 소비세 재판소와 귀족, 하급 재판소, 인재들은 모두 비엥프장스에 모였다. 거물급 도매상은 가톨릭이건 신교도이건 모두 본 푸아〔참된 믿음〕(여기서는 몇몇 귀족 법관들도 가입하여 수준이 더욱 높았다), 콩코르드, 콩스탕스[불변함]에서 자리를 함께하였다. 소매상과 낮은 집단은 파르페트 위니옹을 세웠다.[78] 몽펠리에에서도 거의 같은 모습을 볼 수 있다. 귀족과 도매업자들로 이루어진 위르바니테[도시의 우아함]는 지사 발렝빌리에·회계 검사원·신분회·성당참사회의 집회소로서 증권 거래소의 도매업자에게도 문을 열어 주었다. 브레 위마니테[진실한 인간 사랑], 참된 믿음을 가진 아미 레위니, 앙시엔 레위니옹 데젤뤼는 도매업자가 지배하고 있었지만 귀족의 핵과 자유 직업인도 다수 포함되어 있었다. 주로 장인으로 구성된 낮은 지위의 단체는 아미티에·파르페트 위니옹·아미 피델·본 앵텔리장스[참된 지성]를 지배하였다.[79]

이 세 가지 전형은 님·오를레앙·아미앵·라로셸 같은 경제 중심지는 물론 캉과 아장에서도 나타난다.[80] 결국 프리메이슨의 세계 속에는 어디서나 인정받은 집단의 대표가 존재하였으며, 그들이 신분상의 차별을 결정하였다는 사실에 주목해야 할 것이다. 즉 낮은 신분과 중간 계급이 여러 가지 형태로 귀족의 사교 방식을 모방한 것은 사회적으로 동질성을 가진 집회소가 더욱더 늘어나는 데서 볼 수 있는 일반적인 경향으로서, "사람이 시민 사회에서 서로 사귀어서는 안 된다면, 그 사회를 프리메이슨처럼 만들 수도 없다는 중요한 이유 때문이었다."[81] 이밖에 수많은 관계를 낳은 서열과 사회적 명예, 능력과 재능, 재산과 신용(아장의 파르페트 위니옹이 생세리테에 대해 작성한 보고서에서는 "재산과 관련된 프리메이슨의 정예분자"에 대해 말하고 있다),[82] 한마디로 성공이 눈에 띄는 집회소의 프리메이슨을 결합시켰던 주요 요인이었다. 대부분의 결사가 명사를 뽑았다는 사실은 도매업자에게 문을 열어 준 것을 제외하고는 아카데미의 회원 선출 방식을 상기시킨다. 프리메이슨은 지배 계층으로 저변을 넓혀가는 대신 전체적으로는 모호함을 바탕에 두고 있었다. 왜냐하면 모든 프리메이슨은 근본에서 평등하다고 주장하면서도 명사들의 세계에 낯선 사회 계층이 들어서는 것을 제한하고 반대했기 때문이다. 프리메이슨의 두 가지 수준이 맺고 있는 관계들은 항의·비난·정화라는 공통의 몫을 가지고 있었다. 분규에 관한 문서를 열어 보면 결사의 세계를 갈라 놓은 간격과 대립을 좀더 분명하게 알 수 있다. 그러나 그 문서에서 우리는 분규의 이유를 제대로 알 수는 없다. 그들이 왜 분규를 일으켰는지는 결사의 사회학, 스코틀랜드식 의식의 매력, 그리고 도시의 사회적 관계를 모두 폭넓게 조사해야만 찾을 수 있는 것이기 때문이다.[83]

어떤 직업은 즉시 집회소에서 제외되거나 낮은 지위에 머무르게 되었다. 먼저 하인의 경우가 그러하였다. "당신은 큰 저택의 하인이던 사람들에게 설치 허가서를 내줄 때까지 속고만 있을 작정입니까…? 이 비천한 사람들은 노동 수사의 자격이나, 기껏해야 기예 수사로 들어올 수 있을 뿐입니다……."[84] 그리고 유대인(이들을 제외하였던 것은 진정한 반유대주의 때문이라기보다 정신이 서로 다른 데 소속되어 있었기 때문이다)[85]과 희극배우가 있었다. 특히 후자는 최소한 지방에서는 진실로 쫓겨난 집단이었으며, 우리는 이들을 통하여 상류 사회와 사귀면서도 계속 자리를 옮겨다니기 때문에 어디서나 유익하고 다정한 관계를 찾으려고 고심하면서 살아가는 사람에게 프리메이슨은 매력이 있는 곳이었음을 알 수 있다. 그들과 관계된 사건이 샬롱·브레스트·낭시·루앙·툴루즈에서 나타났다.[86] 기묘하게도 교회와 함께 엄격한 태도를 보였던 결사는 특히 연극인의 '의존 상태'를 겨냥해 "인간의 처지가 돈에 좌우되면 될수록 자신의 풍기를 더욱 엄격하게 지켜야 한다"는 원칙을 들먹이면서 그들의 풍습을 비난하였다. 이같은 비난은 그들과 가까운 직업, 예를 들어 음악 연주자와 가수에게까지 번질 수 있었다. 제거와 삭제의 바람은 "극장에 다니는 사람에게 아무런 증서도 줄 수 없다"[87]와 같은 극단적인 경우를 넘어서 두서없이 불어닥쳤다. 그러나 그 바람은 언제나 명성의 가장자리와 봉급생활자의 바닥과 독립한 장색의 끝에 있던 직업이나 집단에게 불었다.[88] 지배 엘리트의 합법성이자 곧 사회적 합법성이라 할 것의 정통 감시자인 보르도의 아미티에 결사회원은, 직업에 관한 자신들의 견해를 다음과 같이 분명하게 밝히고 있다. "이들은 대부분 도매업자에게 고용된 사람이다. 프리메이슨 안에 이와 비슷한 사람들을 받아들인다면 고귀한 예술을 타락시키게 될 것이다. 프리메이슨이 누리는 평등이라는 특권이 이러한 구실로 모든 신분의 사람을 받아들인다면, 그야말로 아주 위험한 권한 남용이 될 것이다.

만일 노동자에게 그들이 원하는 합법성을 부여할 경우 대부분의 프리메이슨은 자신들의 동업자를 미워하게 될 것이다. 왜냐하면 그들은 결코 노동자와 하인이 자신들과 나란히 프리메이슨 형제로서 나다니는 것, 결사의 집회소이건 식당이건, 요컨대 프리메이슨의 온갖 상황에서 같은 등급의 자리에 앉는 것을 무심하게 보아넘길 수 없을 것이기 때문이다. 그 결과 질서를 유지시켜 주는 현재의 존중할 만한 조화를 깨뜨리게 될 것이다……."[89] 브레스트에서도 해군 하사관을 쫓아냈을 때 그 사실을 두고 "지사가 마음대로 빼앗는 자리, 그리고 심지어 자기 집 하인과도 맞바꿀 수 있는 자리를 가진" 자들이라는 평을 받았던 '비천한 밧줄 장수'·'경관'·'소매상'·'무두장이' 그리고 '하급 직원', 또는 '가끔 노예처럼 취급해도 좋을 야만인'이라 할 '갤리선이나 감옥의 간수'에 대해 똑같은 비난을 퍼부었다.[90] 싸움은 공동의 사교성을 위한 이유를 넘어섰고, 진정한 계급 투쟁의 불확실한 경계선을 그리고 있었다. 이 점과 관련해 메스의 추디 남작은 다음과 같이 언급한 바 있다. "나는 우리 모두가 프리메이슨으로서 평등하다는 사실을 대단히 잘 알고 있습니다. 그러나 일반 원칙을 모든 신분에 완전히 적용한다면, 해로운 일이 발생할 수도 있습니다……. 생테티엔 결사는 그 도시와 주의 일류 법관, 군부 지도자, 시민 가운데 가장 고귀한 사람을 가지고 있습니다……. 만일 이 결사가 누리던 특권을 빼앗긴다면, 이 결사는 서기·장인, 또는 그와 같은 신분의 사람으로 채워지게 될 것입니다. 그들이 비록 아주 정직하고 존경받을 만하다 할지라도 그들은 사회에서 외톨이 집단을 이루고 있으며, 사회 저명인사와 거의 관계를 갖지 못하기 때문에, 저명인사들의 영향력 있는 규율과 결정을 기대할 수 없을 것입니다."[91] 도시의 지배 계급은 자신들을 "전국에서 볼 수 있는 사회적 사실"과 동일하게 생각하면서 엄격한 회원 선출을 통해 세력을 굳혀 나갔다.[92] 프리메이슨 세계의 사회적 조화가 중간과 그 이하 계급의 압력을 받아 깨질 때까지, 사람들은 온갖 모순과 불안을 느꼈던 것이다.

그러나 이같은 사회적 갈등이 표면화된 것은 거의 언제나 문화와 도덕의 기둥이 흔들릴 때였다. '시민권'·'거주지'·'재산'은 '지식'·'열의'·'훌륭한 행동'을 갖추지 못할 때는 아무것도 아니었다.[93] 교육과 예절은 결사 가입 자격을 위해서나 등급의 서열을 높이는 데 있어서 반드시 필요한 조건이었다. 프리메이슨이 무엇보다도 문화의 공동체에 대한 참여 행위였다는 점을 고려한다면 어째서 그 운동이 문화 계급에 다가선 사람을 대부분 포함하고 있었는지, 그리고 자신들의 계급에 낯선 사람들이 대거 몰려드는 데 경계심을 가지게 되었는지 이해할 수 있을 것이다. 그러나 '진실한 프리메이슨'은 단순히 '자기 직분을 수행할 수' 있는 사람에 그치지 않고, "풍기와 섬세한 감정을 순수하게 지킨다는 측면에서" 다른 사람과 구별되었다.[94] 한마디로 말해서 도덕성을 추구하는 세계에 완전히 참여해야만 비로소 완전한 프리메이슨이 되었던 것이다. 지방의 프리메이슨이 아카데미보다 반 세기나 뒤늦게, 여러 가지 형태의 사교 단체가 즐거움을 나누는 단체로 조직되는 자연스러운 성향을 비난하였던 것도 바로 이 때문이었다. 높은 목표를 가지고 세속의 온갖 만족을 이겨낸 단체는 규칙·정관·조사·감독을 통해 날개를 펼칠 수 있었다. 다시 말해 프리메이슨의 사회적 윤리도 아카데미의 명사회원의 윤리와 다를 바 없었다. 두 집단은 서로 달랐지만, 그들은 한결같은 정신으로 자신의 직분에 가치를 부여하면서 혼동과 정념을 몰아내었다.

바로 이같은 이유에서 논리적으로 추론하는 사람이 볼 때 품위 없고, 가증스럽고, 결점으로 가득 찬 프리메이슨의 '호적부'에는 내부의 분규·음모·파벌 싸움이 늘 기재되어 있다고 생각하는 것이 통상적인 관례처럼 되었던 것이다. 사람은 저마다 악덕을 지니고 있으며, 자기 계급에 대해서는 잘 모르게 마련이다. 중간과 그 이하의 집단이 가지고 있는 감수성의 모든 요소는 프리메이슨에게 국한된 요소가 아닌데도 모든 결사를 '방탕한 집회소'로 전락시키는 요소로 보였던 것이다. 그러나 프리메이슨의 기본 세 계급은 "비천하고 추잡한 영혼이 단지 감각의 즐거움만을 추구하는" 방탕의 세계에 동화되지 않았다.[95] 프리메이슨 형제들이 술집이나 선술집에 다니지 않도록 합시다. 불명예스러운 관행, "지나치게 음식물을 씹는 행위," 형제들을 비틀거리게 만드는 질탕한 연회, 창녀와 노는 일을 모두 비난합시다. 이러한 이유에서 프로방스 중앙회의 조사관들이 볼 때, 그라스의 '슬픈' 프리메이슨은 지나칠 정도로 즐겁고 자유분방하였던 것이다. "신전으로 여인을 끌어들인 그들이 우리의 아주 성스러운 상징을 설명해 주는 모습이 눈에 띄었다. 그들은 우리의 신비에 입문을 허락받은 문외한을 무자비하게 조롱하였으며, 아주 점잖지 못한 시련을 주기까지 하였다. 더욱이 방탕한 노름을 일삼는 천한 장소를 위해 의무를 부과하였으며, 만일 사람들이 그 의무를 이행하려 들지 않으면 수치스럽게 만들어 돌려보내는 것이 눈에 띄었다. 끝으로 사람들이 모여서 자비로운 행동이라고는 조금도 하지 않고, 그저 음식이나 씹어대는 장소를 상상해 보라……."[96] 여기서 우리는 18세기 내내 공공의 세계에서 익살맞고 노래를 좋아하는 단체의 즐거움을 몰아내려는 명사의 사회적 윤리주의를 예감할 수 있다. 프리메이슨 회원들조차 이 분야에서 문외한들의 조롱을 느낄 정도였다면, 이 협회에 대한 일반인의 시각은 더 이상 설명할 필요가 없을 것이다. 여기서 잠시 아라스의 종신 사무총장 아르두앵이 프리메이슨에게 바친 노래를 인용해 보자. (이 노래가 나온 것은 1740년이었다.) "당신들의 배는 당신들의 손으로 시멘트를 바르는 건축물이다. 위대한 예술, 당신들이 실천하는 유일한 기술은 끊임없이 대식가가 되고, 아테네의 소금으로 간을 맞춘 훌륭한 요리를 끊임없이 먹어대는 일일 뿐……."[97]

그러나 사회 정예 분자가 구성한 결사는 여전히 형제간의 우애를 지키는 연회를 충실히 따랐으며, 분위기를 지나치게 딱딱하게 몰고 가지 않는 범위 안에서 엄격한 감독을 받고 있었다. 내부 규약이 그 점을 널리 증명해 준다.[98] "모든 형제는 점잖고 깨끗하게 옷을 입고, 절제하여 먹고 마셔야 한다."[99] 자기 차례가 아닌데 말하는 사람에게는 벌금을 물리고, 옷차림은 똑같아야 하고, 거동은 점잖아야 하며, '축배의 순서'는 정돈된 참석의 표시가 되었다. 입문자가 아닌 사람에게는 공개하지 않는 집회소의 비밀 속에서 프리메이슨의 축제는 완전한 도덕을 갖추었다. 거기서 즐거움은 사회적 응집력의 상징이었고, 공동의 세계 밖에서 확인되는 명성의 표시이기도 하였다. 높은 신분 출신에게만 허용된 긴장 완화의 기회라 할 수 있는 축제는, 공동의 예절을 실천하는 가운데 보장받는 잠재적 평등의 표시 속에서 지배층의 공동체가 자신의 통일성을 강화하는 특권을 누리는 기회이기도 하였다. 사교상의 만남이라는 차원에서, 그리고 비교(秘敎)의 도덕이나 계몽된 박애주의라는 목적 안에서 프리메이슨도 아카데미처럼 공동체의 의전을 다듬어 나가는 데 참여하였다.[100]

귀족과 부르주아는 프리메이슨을 통하여 똑같은 권력 의지를 나누어 가졌고, 덕성과 재능만이 널리 인정받은 명성의 유일한 열쇠인 것처럼 제시되는 세계를 찬양하였다. "진정한 귀족은 올바른 감정과 생활 태도 속에 깃들 수 있으며"[101] 따라서 진정한 귀족의 성격은 덕의 귀족성을 의미하였다. 왜냐하면 프리메이슨의 실천은 여러 가지 차이를 부정하지 않고 초월하면서 우애의 현실을 증명하였기 때문이다. 프리메이슨에 가입한다는 것은 '가장 두드러진 존재'의 영역과 폭넓게 결합할 수 있음을 의미하였다. 다시 말해 프리메이슨 회원이 되겠다는 것은, '시민 생활의 첫번째' 문을 뛰어넘으려는 욕망의 또 다른 표현이었던 것이다.[102] 이윤을 좇는 이를 포함하여 그러한 계열의 사람 모두에게 개방된 정예 분자의 사회에 대한 꿈은 결사 내의 행동에서 구현되었고, 윤리적으로 위험하다고 판단된 노동자 계급들의 압력 앞에 선 프리메이슨 회원들의 감독으로 유지되었다.

이제 우리는 동업자 평신도회의 지방 명사가 좀더 높은 형태의 만남으로 수준을 높여 재조직한 프리메이슨 집회소로 천천히 옮겨간 행위의 의미가 무엇인지 이해할 수 있을 것이다. 아울러 귀족과 이상향의 성격을 지닌 이 모범이 다수에게 끼친 영향력도 파악할 수 있을 것이다. 이 작업을 통해서 이같은 가설을 증명할 수 없다 해도, 예로부터 내려온 평신도회가 여전히 많이 남아 있는 지역에서는 그럴 듯하게 보인다. 모리스 가르랑은 리옹에 대해 이러한 사실을 인정하였고,[103] 모리스 아귈롱도 랑그독과 프로방스의 주요 도시에 대해서 밝힌 바 있다.[104] 다시 말해 입회 의식이 지방의 지평선 위에서 정복되었던 것이다.

신교도 정예 분자가 프리메이슨 집회소에서 자신들의 찢어진 의식을 만족시켜 줄 영혼의 양식과 사회적 위안을 찾은 것은 바로 이 때문이었다. 종교상 좌절을 맛본 칼뱅파 도매업자는 프리메이슨의 의식 절차 속에서 기대에 어긋난 담론에 다시 의미를 부여할 수 있음을 발견하였다. 사회적으로 짓밟힌 그들은 거기서 잃어버린 위엄성을 회복하는 방법을 찾았던 것이다.[105] 이렇게 해서 이중의 소속으로 신학상의 소심함과 집단의 좌절, 영혼의 희망, 사회적 야망을 조화시킬 수 있었다. 이들 집단이 존속하고, 명사의 서열 속에 결합된 것은 설령 이러한 거동이 결국 믿음과 '말씀'에 대한 성실한 태도를 바꾸어 놓을지라도 대가를 치렀기 때문이다. 따라서 이 분야에서 프리메이슨의 '현대성'은 무신앙의 확산과 동일시되거나 무신앙으로 환원될 수 없는 개념으로서, 오히려 그 반대로 종교·정치·사회에 대한 순응주의의 원천에서 힘을 얻어내는 한, 분열된 형제를 화해시키지는 못한다 해도 적어도 가깝게 접근시킴으로써 그리스도교 '계몽주의'의 새로운 힘을 증명해 주었다.[106)]

이제 프리메이슨의 규칙을 넘겨다보고, 통신 서류와 축제의 보고서를 살펴보도록 하자. 어디서나 종교에 집착하고 군주에게 충성하는 모습이 나타나고 있다.[107)] 어떠한 것도 흔들리지 않았고, 성스러운 것의 위기를 보여 주는 소란스러운 표시란 조금도 없었다. 오히려 관습의 행위에 집착하고, 무신론과 방종을 비난하면서 양심의 재판정에서 뱉은 증언으로 깊은 변화를 예고하는 표시를 보여 주고 있다.[108)] 결사의 자격을 묘사한 중앙 본부의 명단 내용을 보면, 이러한 화해의 이념과 집단의 순응주의를 전반적인 수준에서 파악할 수 있는 방법을 얻을 수 있다.[109)]

지방의 집회소 가운데 56퍼센트와 파리 결사의 거의 40퍼센트가 단체의 이름을 정하면서 투명한 인간 관계를 지칭하는 통일, 조화라는 기준을 택하였다. 4백50개 이상의 모임에 대한 프리메이슨의 전갈은 무엇보다도 '행복한 결합'·'세련된 예절'·'조화'의 꿈이라 할 우정과 우애를 공표하는 것이었다. 이같은 불화의 주문을 몰아내는 단어를 모은다면 마귀를 쫓는 마력을 의미하는 수많은 이름을 만나게 될 것이다. 부드러움·진지함·온화함·조용함·선택·우애의 좋은 믿음·공감·화합·순진·친숙·평화·통찰력. 무스티에의 앵디솔뤼블[완전한 결합]과 루에르그의 빌프랑슈에 있던 코르디알리테[온정], 마옌의 벨 아미티에[아름다운 우정], (일상적인 농경지의 지리적 상징에 운명을 걸었던) 돌의 발 다무르[사랑의 계곡]는 모두 아카데미 도시의 영역 밖에서 불화의 유령을 몰아내려는 일반 의지의 보기를 제시한다.

(파리와 지방의) 결사 가운데 14퍼센트가 투명성과 관련된 윤리의 중요

한 원칙들을 하나의 직접적인 교훈 속에 모아 놓은 계몽주의 도덕류의 덕성을 선택하였다. 다시 말해 그들은 열의·열성·의연함·인내·자선·성실성·절제·인류애·중용·힘·분별력·정확성·겸손이라는 덕성을 택하였던 것이다. 프리메이슨은 '풍속의 학교'이며, '이기주의의 무덤'이었다. 그들은 기본 성향상 조화로운 사회를 가진 세계 건설을 목표로 삼았다. 10퍼센트 내지 12퍼센트에서 볼 수 있는 종교라는 요소는 이러한 공통의 기질을 강화해 주는 요소였다. 프리메이슨에 관한 전기는 아직 제대로 씌어진 것이 없지만 우리는 여기서 평신도회의 전통이 얼마나 큰 영향을 미치는지 분명히 느낄 수 있다. 모든 결사가 아주 다양한 성인의 보호를 받고 있었지만 그 중에서도 복음서의 비의(秘意)를 통한 성 요한의 지배가 두드러지게 나타나며, 성 루이는 부르봉 가문의 권력을 뒷받침해 주고 있었다.

이에 비해 사회 및 정치적 실체에게 의존하는 데는 좀더 신중을 기하였다. 명칭과 관련하여 이들에 대한 의존도는 평균 9퍼센트로서 지방에서는 7퍼센트, 파리에서는 17퍼센트로 나타났다. 국가의 대표(사르트르의 선민·클레르몽의 딸·스타니슬라스 왕·왕세자), 국가의 상징적 인물(앙리 4세·쉴리), 국가의 환호성(영광·승리·훌륭한 프랑스 국민의 결합)이라는 주제 아래 모여든 이들은 개혁의 계획보다는 국가에 대한 성실성을 더욱 불러일으켰다. 그 결과 계몽주의의 공민 정신이 계몽사상가들의 중요한 단어라 할 인간 사랑·평등·세계주의·자유·무너진 편견·인정받은 순진함, 심지어 사회 계약과 뒤섞여 나래를 펼쳤다. '삼중의 사회적 매듭'은 이해의 바탕 위에 입문의 세 가지 바람직한 단계를 상기시킨다. 미국인의 모임이 있던 파리에서는 특히 시사성이 눈에 띈다. 이 분야에서 프리메이슨의 상징성을 해독하기란 그다지 어려운 일이 아니다. 라페르의 프리메이슨은 세 가지 뜻을 가진 바실레오필이었다. 첫번째 뜻은 왕권의 친구(왕이라는 바실리우스에 근거하여), 두번째 뜻은 바실리우스 수도회 성직자의 친구, 다시 말해서 《백과전서》의 시대에 수도회의 존경을 가장 많이 받았던 사람의 후계자의 친구, 세번째 뜻은 바실(basile. 일련의 의식을 집행하는 가운데 평등주의 덕성 때문에 존중받은 도구인 크고 작은 대패의 날)이라는 상징을 가진 사람이었다.[110] 이같은 주요 노선에 국한시킨다면 자료는 무궁무진할 정도로 풍부한 것처럼 보인다. 이 자료 집단의 연표를 작성하고, 각 결사의 복종과 관련해서 이 자료 집단을 분석하며, 설립자이고 창시자인 결사와 관련하여 이 자료가 지방마다 어떻게 분포되어 있는지 연구할 역사가가 나와야 할 것이다.

어쨌든 여기서 우리가 주목해야 할 것은, 프리메이슨 운동이 도시 지배층의 문화 공동체를 보여 주는 두 가지 경향을 지니고 있었다는 점이다. 하나는 비교(秘敎)이며, 다른 하나는 아카데미의 백과전서 정신이라 하겠다. 이름의 6퍼센트(그러나 아카데미 도시들과 파리에서는 9퍼센트)가 첫번째 경향에 따라 등록되었다. 성 요한 결사들의 비의적인 뜻을 살펴보면 이 점이 한층 더 분명해진다. 여기서 우리는 문화의 정예가 자신들의 희망과 이상향의 꿈을 확인하면서 유별나게 보이려고 노력하는 경향을 볼 수 있는 것이다. 그곳에 모여든 부르주아와 계몽된 귀족은 플라톤과 피타고라스에서 기원에 관한 철학과 음악의 조화를 끌어낸 '원시 세계'의 정신 유산에 대해 깊이 사색하였다.[111] 이러한 신비성 속에서 명사는 새로운 사회 질서를 세웠다. 그 질서는 신전 기사단, 검은 독수리 기사단, 십자군 같은 중세 요소의 중요성을 생각나게 만들어 주며, 거기서 볼 수 있는 접신론과 신비술은 정신적 불안을 나타내는 동시에, 새로운 정예의 지위를 강화해 주고 싶은 꿈을 나타내기도 하였다. 상위 등급에 속한 사람들의 열기는 진정한 '모조품 귀족'의 매력을 증명하였다. (아니, 오히려 그 열기는 아무도 속이지 않는 가공의 귀족을 만들어 내는 의지보다는 사회적으로 뽑힌 사람을 인정해 준다는 사실을 증명해 주었을 것이다.) 옛 질서를 부활시킨 것은 하층 계급 형제가 밀고 들어온 질서를 재창조하려는 욕망을 인정한 결과라 하겠다. 그것의 목적은 갱생에 대한 개인적이고도 집단적인 욕망의 원천에서 힘을 끌어내는, 매력 있는 사회적 위신을 갱신하는 가운데 가장 훌륭한 사람의 자질을 높이는 데 있었다.[112] 당시에 신비술의 힘은 대다수에게 미치지 못하였지만, 우리는 신비술이 사회와 어떤 관계를 맺고 있었는지 연구하고 싶은 흥미를 느낀다.[113]

아카데미, 《백과전서》, 때로는 계몽 사상의 경향은 '아홉 자매'·'뮤즈 여신들'·'백과전서파'·'예술'·'과학'·'학예 과목'·'경쟁'·'올림피아'·'통일된 예술' 처럼 학술이나 시의 기억을 불러일으키는 단어를 선택하는 데서 나타났다. 그것들은 프리메이슨 운동의 한 분파가 시도한 지성화의 의지나 종종 합리화의 의지를 증명해 준다. 이같은 의지는 지방에서 예술과학원생과 프리메이슨을 결합하는 연대감 속에 나타나거나,[114] 아니면 다음과 같이 지방의 일부 결사가 제안한 활동을 확대하려는 시도 속에서 나타난다. 먼저 보르도의 아프리카 참사회는 과학에 대해서는 2차적 관심을 가진 채, 역사와 고대사 연구야말로 필수적인 연구라고 생각하였다. 그들의 연회는 소박하였고, 항상 예절을 지켰으며, 교훈적이고 과학적인 논고만 발표하였다."[115] 또한 툴루즈 백과전서파의 경우 이 결사를 조직할 때 보고 책임자는 이렇게 말하였다. "프리메이슨은 사회에 유익한 대상에 관심을 가져야 바람직할 것이다. 다시 말해서 예술과 과학의 소양은 공동의 행복을 위해 단지 중요한 이익만을 가져다 줄 터이므로 거기에만 관심을 쏟을 필요가 있을 것이다."[116] 기묘하게도 이 두 집회소의 회원 선출 방식은 아주 조촐하였으며, 어디서나 아카데미 회원이 눈에 띄는 명사의 모든 집회소에서는 단체의 전통적인 활동과 이 새로운 이상 사이에 생기는 관계로부터 여전히 문제가 생겼다.[117] 1백여 명의 아카데미 정회원이 비밀 결사에 가입하였는데, 이들은 1770-90년의 아카데미 세대의 5퍼센트 이하였지만 그들 가운데 다수(빌레르모즈·로지에·랄랑드·오디베르 같은 사람)가 두드러진 역할을 맡았다. 그러나 이 숫자가 지니는 중요성은 집단의 가입이라기보다는 개인을 수용하는 데 있으며, 프리메이슨의 연대감이 아카데미에서 나타나는 것보다는 아카데미의 연대감이 비밀 결사 내에서 더욱 강했으리라는 데 있다.[118] 아카데미의 사회는 여전히 프리메이슨 세계와는 부분적인 차이를 보이는 다른 집단 속에 뿌리를 내리고 있었던 것이다. 문화적 관행의 필요성에 따라 지식과 능력을 갖춘 사람을 선호한 결과 아카데미가 이윤을 추구하는 사람들에게 문을 열어 주는 일은 아주 드물었다. 그와는 달리 프리메이슨의 집회소는 더욱 다양한 사회적 범주에 속한 사람에게 계몽 시대의 생활에 참여할 수 있는 길을 제공해 주었으며, 학술 단체가 모르는 갈등을 지닌 폐쇄적인 장소가 되었다.

그러나 바로 여기서 명사들의 결사와 문화적 모임이 공통의 정예주의 속에서 느끼는 깊은 연대 의식이 드러났다. 우리는 프리메이슨의 문화와 아카데미의 문화를 지배층의 질문과 의심이 나타나는 길이 만나는 점에서 찾을 수 있다. 그럼에도 우리는 두 세계가 '혁명의 시대'의 충격에 효과적으로 저항하지 못했다는 생각을 떨치기가 어렵다.


## 2. '문학 공화국'

프리메이슨의 집회소와 학술 단체는 계몽주의를 퍼뜨리고, 지방의 학술 애호가들이 문화적 사교성의 공동 세계에 결합할 수 있도록 만들어 주는 두 가지 중요한 길이었다. 그러나 그밖의 기관도 처음에는 여러 가지 다른 조건에서 출발하였지만 이러한 기능을 맡게 되었다. 왕립농학회들[1]과 부분적으로 왕립의학회[2]의 경우에서 보듯이, 그 중 일부 기관은 행정 활동의 특징을 보여 주면서 1750-60년부터 영향과 범위를 확장시켰다. 다른 기관은 왕정에 봉사해야 하는 필요성과 아카데미가 지방에서 맡은 구실을 조화시키면서 중간 수준을 이루었다. 이들은 과학자와 문인이 최대한 공무원화되었던 수도의 중요한 단체이다.[3] 이처럼 다양한 문화 기관의 사회 기반을 살펴보면 지방 운동의 속성을 알 수 있고, 그들의 한계에 주목할 수 있다.

그러나 또한 이처럼 회원을 뽑는 서로 다른 모범과 함께 비교해야 할 것이 있다. 그것은 여론 조성을 중요시하고, '문인'과 독자의 공동체를 조직하는 여러 가지 시도이다. 《프랑스 리테레르》[4]에서 얻을 수 있는 '지도'와 '족보'를 가지고 저술가를 분석하고, 초기 《백과전서》[5]의 사회적 기초를 탐색하며, 중요한 작품(엑스피이의 《사전》, 쿠르 드 제블랭의 《원시 세계》, 그리고 《메르퀴르 드 프랑스》의 정기 구독자 명단으로 알 수 있는 자료)의 사회학적 후원자에 대한 연구[6]가 필요한 것이다. 그러나 이처럼 다양한 측면을 가지고 계몽 시대 문화 전파의 사회학을 시도할 수 있지만, 문학과 과학이 사회학을 구성할 때 생기는 문제를 모두 해결할 수는 없을 것이다.

따라서 우리는 단순하지만 중요한 문제에 대한 대답만을 구하고 싶다. 이 '계몽 시대의 단체들'은 공통의 분위기 안에 속하였던가? 그것들은 똑같은 것을 좋아하고, 똑같은 것을 제외하였던가? 그것들은 아카데미 기관에 낯선 사회 집단의 문화 생활에 접근하는 모양을 보여 주었는가?

이러한 시각에서 우리는 문학인의 현실을 재구성해 주고, '지성인'의 처지와 구실을 정확히 밝혀 주며, 더욱 분명하게 저자와 대중의 관계를 그려 줄 좀더 폭넓은 작업에 힘을 기울일 수 있다고 생각한다. 이같은 이유에서 우리는 파리와 지방의 통신을 분석하는 일이 이 연구에서 없어서는 안 된다고 생각한다.[7] 우리는 그들의 통신에서 집단이 공감한 것이 무엇인지 알 수 있을 것이다. 이 연구는 이중의 관심 사항을 가지고 있다. 첫째는 '문단'의 사회적 기초를 규정하는 일이다. 둘째는 문단이라는 공동체가 한편으로는 그 구성원의 반대와 경쟁 관계에 의하여 분열되고, 다른 한편으로는 현실이 그들의 이상과 빚는 저항에 의하여 분열되어 있는 한, 그것을 갈라 놓는 갈등과 긴장을 주목하는 일이 될 것이다.

우리는 어찌하여 왕립농학회가 아카데미에 대하여 문제를 불러일으키는지 살펴보았다.[8] 재무총감의 뒷받침을 받으면서 출발한 이 새로운 기관은 여기저기서 지사의 신뢰를 받아 힘을 내면서 학술 단체가 초기에는 누리지 못한 명성을 즉시 인정받고, 업무의 조정을 받게 되었다. 더욱이 두 기관은 모두 공통의 목적과 조직을 가지고 있었다. 그 목적은 지식을 보급하여 진보에 이바지하고, 개혁의 관점을 가지고 왕정에 문화적인 봉사를 하는 데 있었다. 이리하여 농학회 창설의 주역 가운데 아카데미 활동을 하던 베르탱 · 아베이유 · 튀르비이 같은 세 사람을 볼 수 있다 해서 놀랄 필요는 없을 것이다. 그들에게는 영국 농촌의 농무국을 본받아 실험 · 조사 · 토론에 바탕을 둔 새로운 농사 지식을 퍼뜨리는 일이 중요하였다.[9] 실무 전문가와 이론가는 아카데미보다 더욱 공식적인 성격과 더욱 기술적인 정신을 바탕으로 하는 사업에 동참하도록 권유받았다. 이러한 이유에서 나중에 생긴 기관은 여러 가지 현실을 외면하는 함정과, 닫힌 동아리 안에서 실천하려는 유혹을 물리쳐야 했다. 사실 농학회의 회원 선출은 농사 경험을 인정받는 것 외에 아무런 제한도 없이 더욱 공개되고 자유로웠으며, 설령 규칙으로 회원수를 보통 20명에서 40명 사이로 규정해 놓았다고 해도 부수적인 사무실을 설치하여 지방에 대한 영향을 넓혔다. 게다가 이러한 조직은 중간 규모의 지방이나, 때로는 아주 인구가 적은 곳에도 어쨌든 별로 다양화되지 못한 기능을 뿌리내리는 데 이바지하였는데, 그러한 곳의 농사 지휘부는 실제로 자기 주위에 '계몽 운동의 분파'를 모으고 있었다.[10]

사회적으로 사람들은 "경작자를 사상가로 만들고, 사상가가 그들과 함께 경작자가 되는 방법을 배울 수 있는" 조직을 세우고 싶어하였는데, 이것으로써 우리는 확대의 의지가 분명히 드러나고 있음을 알 수 있다.[11] 이러한 사실로 볼 때 열의와 재능에 따라 회원을 뽑아야 한다고 생각하는 농학회 설립자와 거기 관련된 지사는 회원 선출에 특히 관심을 가졌으며,[12] 그로부터 회원 선출에 대한 이중의 방향이 나왔음을 알 수 있다. 그것은 지방의 명사와 학자에게 의존하는 일과, 지주와 실무 전문가를 동원하는 일이었다.

학회 설립에 관한 문서에 덧붙여진 명단을 바탕으로 주로 1760-79년 사이에 유효한 단면도를 만들어 보면 이러한 회원 임명의 관행을 알 수 있다. 30개 정도의 위원회에 6백 명도 안 되는 소수의 회원, 이들이 전통적 사회 서열에 일치하는 대표성을 나타내고 있었다. 귀족은 35퍼센트, 성직자는 18퍼센트, 제3신분은 36퍼센트였던 것이다. '불확실'한 소수(10퍼센트)에 대해서 신분을 확인해 보면 분명히 부르주아의 비율이 늘어나게 될 것이다. 이러한 미묘한 차이를 제외하고, 우리는 여기서도 아카데미 사회에서 세 신분이 분포되어 있는 모양을 다시 한 번 볼 수 있다. '자질 있는 사람'에 대해 똑같이 중시하고, 토지 귀족이 똑같이 우세하였던 것이다.[13] 여러 가지 사회 직업 집단의 다양성을 한눈에 볼 수 있다. 전통 귀족(제2신분의 75퍼센트)이 귀족의 주류를 이루었으며, 이들 가운데에는 알랑송의 다르쿠르, 파리의 라 로슈푸코, 루앙의 뢰상부르 같은 몇몇 행정가와 거물급 귀족 가문이 포함되어 있었다.[14] 농학회를 통제한 사람은 법조계의 귀족이 아니었다. 성직자를 뽑는 일이 많았지만 이들은 특히 수도 성직자(여기서 큰 수도원이 농촌에서 맡은 구실이 두드러지게 나타난다), 마을이나 읍의 사제, 극소수의 주교, 농학회가 설립된 뒤에 뽑힌 경우가 많은 성당 참사회원들이었다.[15] 도시의 성직자가 농학회에서 담당한 역할을 통하여 우리는 농촌에 있는 교회 재산이 상당히 큰 몫을 차지하였고, 농업에 관한한 십일조가 결정적인 비중을 차지하였음을 알 수 있다.[16] 끝으로 농학회의 부르주아는 주로 행정가와 법률가(이 집단의 69퍼센트)였으며, 사업가와 농민도 일부 포함되어 있었다. 이 일반적인 그림에는 약간의 예외가 있다. 오를레앙의 경우[17] 보통 농학회보다 좀더 귀족적인 성격이 강한 이곳 농학회(귀족이 66퍼센트)도 남들과 똑같은 범주에 속한 사람을 받아들였으며, 공증인 1명, 외과의사 2명(이들은 농촌의 현실을 잘 알았다), 사회에서 아주 높은 지위에 오르고 분명히 교육을 받은 농부 9명이 단지 이 농학회의 통신원 자격으로서 끼어 있었음을 알 수 있다. 여기서 산업가와 도매업자가 완전히 제외된 점에 유념하자. 그 대신 리옹의 학회는 그들의 작은 핵을 받아들였는데, 그 중에는 푸아브르와 제네바는 물론 시장이었던 톨로장도 끼어 있었다. 그들은 모두 학문과 행정의 능력면에서 아카데미에 들어간 사람과 비슷하였다. 사실 두 세계는 비슷하고, 학술 단체가 새로운 단체의 창설을 인정하는 곳이면 어디서나 아카데미 회원이 거기에 참여하였던 것이다.[18]

왕립농학회는 세월이 흘러도 그들의 거동을 조금도 바꾸지 않은 듯하다. 어쨌든 우리는 아카데미 정신에 가까운 경향을 살펴보아야 할 것이다. 그것은 박식한 이론가들로 구성된 활동적인 핵으로 물러서는 경향으로서, 거기에는 몇몇 뛰어난 실무 전문가가 참여하였기 때문에 겨우 차이를 볼 수 있을 뿐이다. 학자들(로지에 · 테시에 · 코므렐 · 파르망티에 · 발몽 드 보마르 · 푸르크루아 · 카데 드 보 · 비크 다지르 · 샵탈)이 지배하는 파리의 농학회[19]에서도 이같은 사실은 분명하다. 정원사 페팽, 우체국장인 팔뤼엘과 프티, 자영농인 무롱과 오포렉스, 공유지 임차농인 델포르트와 로르미같이 그곳에 참가한 농민들은 전문인이었다. 귀족 대지주도 아카데미에서와 거의 똑같은 영향력을 행사하였지만, 이들은 라부아지에 · 라 로슈푸코 · 베틴 샤로스트 · 말제르브 · 드 게르시 후작으로서, 모두 '농사를 개량하는 경작자들'이었다. 한마디로 '농학의 전당'은 사회적 구성면에서 볼 때 학술 단체와 조금도 다르지 않았던 것이다. 학술 단체의 경우와 마찬가지로 그들도 지배층의 명성을 자랑하였지만, 그들은 학술 단체보다는 농촌 세계를 먼저 바꾸어야 할 책임을 진 지주로서 활약하였음에 틀림없다. 그들의 활동은 기술과 과학에 대해 생각하는 것 정도로 한정되었는데, 그 까닭은 회원의 사회적 범위가 좁았고, 가끔 지사의 태도가 불확실하였으며,[20] 여러 가지 수단을 갖지 못하였다는 점이 함께 작용하였기 때문이다. 그들은 농민의 여러 계층 속에 진정한 뜻으로 농학을 세속화시켰다기보다는 차라리 일종의 농학 아카데미 정신을 세웠다. 당시 사람들은 그 사업이 대다수의 도시민과 특권층 지배 계급의 뒷받침을 받아 인위적인 성격을 띠고 있다는 사실을 알고 있었다.[21]

왕립의학회 역시 조직상 농학회의 모범을 좇고 있었다. 그것이 뿌리를 내리고 활동하던 곳 또한 주로 지방이었고, 그것의 활동은 행정의 관점에서 자국을 남겼다. 그러나 그것이 아카데미의 서열 원칙을 따르고, 중앙 집중식 구조를 가지며, 숫자는 열어 놓았지만 사회적으로 동질성을 가진 사람을 뽑았다는 점에서 농학회와 조금 달랐다. 1718년부터 계획이 있었으나 대학 의학부의 반대로 오랫동안 주춤하였던 왕립의학회의 창설은 결국 튀르고의 개혁이 실시되었을 때의 행정과, 과학 아카데미나 혁신적인 의학에 관심을 쏟는 학술 단체가 함께 이룩한 업적이었다.[22] 따라서 그것은 '공공 복지'와 관계된 모든 문제를 해결하기 위하여 정부가 파리의 주요 아카데미를 왕정의 자연스러운 고문처럼 이용하는 관행 속에 끼어들게 되었다. 계몽 사상의 딸이었던 그것은 또한 더 나은 의학의 발전을 목표로 하는 지적 시도이기도 하였다. 설립자들은——튀르고 · 라손 · 비크 다지르——다음과 같이 세 가지 원칙을 가지고 있었다.[23] 첫째는 왕국 전체에 대해 조사하고 정보를 퍼뜨리며, 둘째는 건강을 위한 행정 조직을 만들고, 셋째는 새로운 의학을 도입하는 원칙이었다. 이러한 원칙은 공중 위생의 개선을 위하여 지식의 발전을 이용하는 국가의 의학적 중앙 집중주의를 지방주의에 호감을 가진 개인과 단체의 개별화에 대한 믿음과 조화시켰고, 그 결과 회원 자격을 모든 사람에게 개방하면서도 통제를 포기하지 않는다는 뜻으로 작용하였다. "지식에 관한 의사 소통이 모든 학문의 발전에 필수적이라 해도, 의학을 위한 의사 소통보다 더욱 급히 필요한 것은 없을 것이다……. 이러한 관점에서 이처럼 중요한 목적만을 수행하기 위하여 의학의 발전에 관계된 모든 것을 추적하는 통신의 중심지가 될 단체를 설립할 필요가 있었다. 그러나 우리는 관찰을 통하여 사물의 유익한 면을 발견하고, 더 나아가서 교육과 전염병의 구조를 위한 행정을 실시하고, 새로운 치료법을 검토하며, 왕국 내의 광천수와 약수의 분포에 신경을 쓴다면 새로 설립할 단체는 국민에게 올바로 봉사하게 될 것이며, 그와 동시에 치료 기술의 발전을 위하여 관계된 모든 지식을 얻을 수 있을 것이다. 그 단체가 생긴 결과로 나올지 모를 경쟁은 확실히 이러한 이중의 이점을 낳을 것이다."[24] 단지 전문인의 실천에 맡겨질 이러한 행동 지침 속에는 아카데미의 이상을 말해 주는 중요한 단어가 모두 들어 있었다. 이리하여 회원 구성은 거의 전부 의학에 관계된 세계에 한정되어 완전히 동질적인 방향에서 이루어졌던 것이다.[25] 1776년부터 1791년 사이에 회원은 7백 명 이상이었다. 이들 가운데 의사가 아닌 사람은 50명도 안 되었다. 그들은 자유로운 준회원 모두(12), 지방과 외국의 통신원 30명 남짓, 정회원 단지 5명, 모든 교수나 학자로 이루어져 있었다. 그 집단은 네케르·베르젠·르누아르·아믈로·트뤼덴이 대표한 행정의 보호와 라부아지에·뒤아멜 뒤 몽소·기통 드 모르보 같은 과학자의 뒷받침을 받았다. 그것은 새로운 단체를 아카데미 운동의 전적인 후원을 받도록 만들어 주었다. 왜냐하면 왕립의학회의 대표 가운데 80퍼센트 이상이 학술 단체의 명단에 오른 사람이었기 때문이다.[26] 나머지 93퍼센트 회원은 의학박사 85퍼센트, 외과의사 8퍼센트 미만, 약제사 1퍼센트 미만으로 이루어졌다. 따라서 의학을 개선해야 한다는 의견을 지지하며, 의학의 확산을 위하여 일한 직업인은 6백50명 이상으로서, 이 숫자는 15년 동안 지방 아카데미 세계의 3분의 1 정도에 지나지 않았다. 지방 아카데미의 세계는 왕립의학회 회원의 15퍼센트를 차지하였다. 두 사회는 예를 들어 집단 통신과 마찬가지로 개인·기술·제도의 모든 관계로 연결되어 있었다. 그러한 관계가 이같이 회원을 사회적으로 분석하는 데서 제기된 문제를 모두 해결해 주지는 못한다 해도, 몇 가지 중요한 사항을 가지고 의학 세계와 아카데미 사회의 기능적 공동체를 이해할 수 있다. 왕립의학회의 명단에서 대다수의 의사는 단지 '의학 박사'라는 명목하에 나타나고 있다. 오직 좀더 깊이 있는 연구를 해야 비로소 우리는 르페크 드 라 클로튀르·마레·뒤마처럼 아카데미에 속한 기라성 같은 사람에게 반드시 있게 마련인 학술상의 명성이나, 파리와 몽펠리에 의학부 출신이 다수 있다는 사실을 예감하는 연구 같은 요소들이 중요한 몫을 차지하고 있음을 알 수 있을 것이다. 외과의사 회원이 적고(그들은 자기네 단체를 가졌다)[27] 약사의 대표를 별로 볼 수 없다는 문제(우리는 그들과 건강을 위한 다른 직업 사이에 장벽이 있었음을 알고 있다)[28]를 제외한다면, 회원을 뽑는 데는 세 가지 원칙이 있었음을 알게 될 것이다. 의학부에 속하거나 의과중등학교 교수 자격을 가진다는 일이 결정적이었던 것처럼 보인다. 교수 의사는 1백여 명, 대학교 의학부나 중등학교의 집단 통신원은 40명 남짓이었다. 왕립의학회는 먼저 있던 대학과 완전히 대립하지 않았으며, 거기서 개혁가를 모았다. 폐쇄성으로 신용을 잃고 왕권에 의하여 침묵을 지켜야 했던 학교——이 경우에 파리대학교 의학부——는 신입생을 골탕먹이는 싸움 속으로 몸을 숨겼다. 거기서는 의학회 회원이 교장직을 맡는 일을 제한하였으며, 그렇지 않은 경우에는 비방이라도 하였다. 확실히 그것은 새로 떠오르는 의학 세대의 눈으로 볼 때 명성을 잃었던 듯하다.[29] 두번째 기준도 중요하다. 그것은 왕이나 왕족의 측근에서 활동하는 경우이다. 이들은 모두 의사 38명으로서 10퍼센트에 해당하였는데, 그 중에는 의사 자격만을 주장하는 다수의 외국인이 있었고, 거기에 의사직을 수행하면서 거물급 가문에게 봉사하는 일에 재능을 바친 의학부 교수 여러 명을 덧붙여야 할 것이다. 국왕 주치의의 구실은 여기서 근대 주치의의 중요성을 상징하고 있다. 끝으로 행정과 관계를 맺은 사람이 있다. 회원의 10퍼센트가 전염병이나 온천장을 위한 왕립 의사의 자격을 가지고 있거나, 군대나 민간의 병원에서 활동하였다. 한마디로 비슷한 회원은 비슷한 기능을 하고 있다는 사실이 분명하다. 왕립의학회의 회원은 사회 직업상 동질성을 가진 단체였지만 지방 아카데미의 회원과 똑같은 근본 원칙의 지배를 받았다. 교육, 권력이나 행정과 맺은 관계, 문화, 명성, 이러한 것들이 결정적인 요소였다. 파리의 전문 기관은 설립 당시부터 지식의 전파와 행정 활동이 끊임없이 뒤얽힌 1백 년 간의 발전 결과를 담고 있었다. 의학의 혁신을 위한 분위기 속에서 지방의 아카데미 정신은 무시하지 못할 정도의 역할을 맡았고, 왕립의학회가 거 둔 성공은 권력과 재능이 승리하는 하나의 세계 속에서 거둔 것이었다.

파리의 3대 주요 아카데미의 회원을 분석해 보면 훨씬 더 복잡한 성격 이 나타난다. 과연 그 성격들은 상당한 독창성을 보여 주는 다양한 거동을 제시하며, 그것은 일부 그들의 조직에서 비롯되었음이 분명하다. 과학 아 카데미와 비명문학 아카데미는 학자의 직업적 전문화와 사회적 상황을 조 화시킬 수 있도록 만들어 주고, 후원과 호사가의 애호가 정신, 행정의 필 요성과 재능을 인정받은 연구자의 독립성 사이에 균형을 이루어 준 것으 로서 17세기말에 초점이 맞추어진 서열의 모범을 충실히 지켰다.[30] 이름 을 얻은 덕분에 뽑힌 통신원 계급이 존재하였기 때문에 학술 단체는 더욱 널리 영향을 미칠 수 있었고, 아카데미 서열의 단계를 더욱 세분화하고, 준회원이나 연금수령인 자격으로 선출될 때 생기는 명성을 얻고 싶은 희 망에서 경쟁을 하는, 아카데미 회원이 될 수 있는 잠재력을 가진 사람의 예비 집단이 형성될 수 있었다. 그와는 달리 아카데미 프랑세즈는 18세기 내내 아카데미 회원 사이에 아무런 차별을 두지 않는다는 원칙을 존중하 면서, 회원으로 받아들이는 등급에 따르는 특권과, 추첨이나 회원 전체의 투표로 뽑힌 그 단체의 행정 관리가 누리는 특권 이외에는 어떠한 특권도 인정하지 않았다. 그러나 전체로 보아 수도의 학술 단체는 확실히 정예주 의의 성격을 가졌고, 그들의 회원 선출 방식은 어떠한 개혁으로도 뒤집히 지 않을 규칙과 같은 원칙에 의하여 아주 제한되어 있었다. 선출된 사람 전체에 대해서 보면 이러한 결과는 분명히 드러난다. 아카데미 프랑세즈 회원 2백 명 이하, 비명문학 아카데미 회원 2백50명 이하, 과학 아카데미 회원 8백 명 남짓, 이들의 절반 이상이 지방과 외국의 통신원이었다. 여기 서 마지막 학회의 회원 선출의 범위가 분명히 넓어진 것은 회원 집단과 진실로 활동에 참가한 사람의 범위가 좁았다는 사실을 강조해 준다. 연금 수령인과 준회원만 살펴본다면 비명문학 아카데미에 30명, 아카데미 프랑 세즈와 과학 아카데미에 각각 40명이 있었다. 파리의 순수 아카데미 회원은 18세기 내내 모두 5백 명을 넘지 않았다. 명예회원은 겨우 1백 명에 근접하였다. 문학 공화국 안에서 수도의 아카데미는 단지 소수의 회원 집단에게만 문을 열어 주었으며, 회원이 거기에 들어가기 위해서 겪은 어려움은 교양을 갖춘 대중 속에서 뿐만 아니라 문인 사이에서도 이러한 기관이 얼마나 위세를 떨쳤는가 하는 심상을 강화해 주었다. 대부분 이 기관이 왕권의 측근에서 공식 인정을 받았기 때문에 얻을 수 있던 명성을 가지고 문화와 학문의 사제이며, 정부에 의견을 내놓는 자문위원인 동시에, 당당히 승리를 거둔 인재의 이름 높은 상징으로서 아카데미 회원이 맡았던 역할은 진실한 의미에서 신성한 성격을 띠게 되었다.

파리의 아카데미 회원에 관한 사회학적 연구는 벌써 문학 공화국 내에서 거둔 성공의 사회적 의미를 보여 준다. 이러한 명목으로 신분과 사회 직업상의 위치가 어떤 관계를 맺고 있는지 분석하는 것만으로는 정확한 정보를 얻을 수 없다.[31] 한편 지방의 회원과 비교하여 파리 학회의 거동을 보면 성직자가 주된 자리를, 귀족이 중요한 부분을 차지하며, 아카데미 범주의 서열과 직접 연결된 제3신분의 역할과 같은 아주 두드러진 성격을 볼 수 있다. 이처럼 아카데미 프랑세즈와 비명문학 아카데미에서 제1신분이 차자하는 자리는 매우 큰데, 거기서 그들은 각각 전체 인원의 40퍼센트와 30퍼센트(지방의 평균 비율은 20퍼센트)를 점유하고 있었다.[32] 과학 아카데미에서 성직자의 비율은 각각 명예회원과 통신원의 18퍼센트와 16퍼센트였지만, 전체 인원의 12퍼센트에 가까운 평균을 가지고 자매 학회와 구별되었다. 학문의 전문화도 다른 곳과 마찬가지로 파리에서도 인원 선출의 세속화를 이루는 방향으로 작용하였으나, 고증학적 지식과 문학은 여전히 교회의 감독하에 최고 수준에 머물러 있었다. 과학 아카데미와 비명문학 아카데미에서 이러한 경향은 18세기 내내 변하지 않았지만 성직자의 수는 확실히 1750년(1750년까지 48퍼센트, 다음 40년 동안 29퍼센트) 이전의 아카데미 프랑세즈에서 더욱 많았다. 아카데미 회원의 성격이 세속화되는 방향으로 발전한 것은 지방의 대도시와 파리에서 마찬가지였지만, 수도의 문학 세계는 이러한 영역에서 혁신을 추구하지 않았다.

귀족의 존재가 확인되었다. 아카데미 프랑세즈에 38퍼센트, 비명문학 아카데미에 거의 40퍼센트, 과학 아카데미에 대략 30퍼센트로서, 이 비율은 제2신분의 평균치가 37퍼센트에 달하였던 지방 단체의 비율과 비슷하였다. 파리의 아카데미 가운데 후자의 두 곳에서는 상당히 큰 범주상의 차이가 일반 규칙으로 확인되었다. 명예회원은 과학자의 80퍼센트, 고증학자의 60퍼센트가 귀족이었으며, 정회원은 단지 30퍼센트 이하에 지나지 않았다. (지방의 평균은 각각 71퍼센트와 39퍼센트였다.) 아카데미의 서열은 수도에서는 좀더 사회적 서열을 닮았고, 또한 거기서는 지방보다 귀족과 평민의 관계가 후자에게 더 불리한 것이 확실하였다. 우리가 속인이건 성직자이건 귀족에 속한 아카데미 회원 전체를 살펴본다면 아카데미 프랑세즈 회원의 75퍼센트, 비명문학 아카데미 회원의 51퍼센트, 과학 아카데미 회원의 45퍼센트가 제2신분에 속하여 있음을 알 수 있다. 지방 아카데미 회원보다 파리 아카데미 회원의 세계가 좀더 무겁게 특권의 지배를 받았지만 귀족은 어디서나 제1신분의 자리를 차지하면서, 부르주아 대표와 나란히 떠올랐다. 이것은 파리의 아카데미가 문을 닫는 지점이었지만 오랜 세월에 걸쳐 교권에서 벗어나는 느린 과정이기도 하였다. 제3신분은 아카데미 프랑세즈의 실제 인원의 19퍼센트를 차지하였으며, 1750년 이후에는 상승하였다. 그들은 비명문학 아카데미의 40퍼센트에 달하였고, 연금수령인과 준회원의 64퍼센트를 점유하였던 과학 아카데미의 50퍼센트를 넘었다. 전통은 오랜 학문을 아주 돋보이게 만들었다. 문학과 역사는 귀족과 부분적으로 성직자들의 성격을 가졌으며, 과학은 부르주아의 것이었다. 이같은 사회 범주 각각의 품에서 수많은 차이가 나타나 여러 기관의 독특한 성격을 강조하였다.

아카데미 프랑세즈는 분명히 귀족의 성격을 지키는 요새였다. 궁정의 고위 성직자와 수도원장급 신부로 구성된 이 학회는 18세기 초반에 최상의 귀족 대표를 받아들였고, 평민의 문인들 세계에 신중하게 문을 열어 주었다. 전통 귀족이 회원의 62퍼센트, 그 중에서 7세대 이상의 귀족 가문이 40퍼센트에 달하였다.[33] 이처럼 귀족의 세력을 분명히 보여 주는 상징으로서 아카데미 프랑세즈의 50개 가문은 궁정의 고위직을 요구할 권리가 있었다. 다르장송·보보 크라옹·코몽·부플레르·캉부스트·데스트레·브륄라르·다게소 같은 가문과 함께, 귀족이 된 샤미야르·콜베르·플뢰리·루부아 가문으로서 귀족의 증명보다는 왕의 은총에 의하여 베르사유에 들어갈 수 있게 된 가문도 잊지 말아야 할 것이다.[34] 이렇게 볼 때 1750-60년간의 계몽 사상의 승리는 계몽사상가를 귀족주의자와 대립시키기보다는 깊은 믿음을 가진 파벌을 계몽사상가와 더욱 대립시켰음이 분명하고, 귀족주의자 가운데 공작은 '챙 없는 모자'와 '챙 달린 모자'가 같은 정도로 많았으며(로슈 교수에 따르면 '챙 달린 모자'와 '챙 없는 모자'는 각각 '계몽주의의 지지자'와 '계몽주의의 반대자'를 가리킨다), 개혁가와 전통주의자를 갈라 놓는 경계선은 사회적인 것이라기보다는 종교적이고 이념적인 것이었다.[35]

서로 다른 두 사회 속에서 전통 귀족의 수가 많아진 것은 주로 명예회원 가운데 들어간 4세대 이상의 귀족 가문의 숫자가 늘어났기 때문이다.[36] 정회원과 마찬가지로 연금수령인의 경우 지방의 아카데미 속에서 볼 수 있던 숫자보다 적었다. 사실 명예로운 애호가의 집단이 아카데미의 자리를 차지하였고, 어디에나 참가한 것으로 나타났다. 그들 중 다르장송·다게소·비뇽·보보·데스트레·라무아뇽·리슐리외·펠리포 같은 가문은, 좀더 각별히 말해서 왕의 신하가 아카데미 기관에 대하여 보내는 감독의 눈길과 일치하는 편재성의 상징이었던 것이다. 과학 아카데미 명예회원의 70퍼센트, 비명문학 아카데미의 경우 71퍼센트, 아카데미 프랑세즈에서는 거의 35퍼센트가 이 범주에 속하였다. 그와는 달리 귀족이 된 사람의 수가 늘어난 것은 고증학과 학술 활동이 전문화되었기 때문이며, 그들은 과학 활동에 전념한 진정한 귀족이 자리잡은 아카데미의 범주를 지배하였다. 아카데미 프랑세즈에 속한 제2신분의 26퍼센트, 과학 아카데미와 비명문학 아카데미의 경우는 제2신분의 40퍼센트와 64퍼센트가 그들이었던 것이다. 우리는 뷔퐁·모페르튀이·레오뮈르·콩도르세 같은 사람의 경력을 잘 알고 있지만 다른 사람도 좀더 세밀히 연구할 만한 가치가 있다.[37] 귀족의 여러 집단에서 세 가지 형태의 거동이 나타난다. 아카데미 프랑세즈는 관복 귀족과 무관 귀족에게 똑같이 문을 열어 균형을 찾으려 하였으나,[38] 그 대신 과학 아카데미에서는 연금수령인뿐만 아니라 중앙 행정부에 속하지 않은 명예회원 가운데서도 군인이 지배하였으며,[39] 비명문학 아카데미는 명예회원으로 군인보다는 법관을 좀더 많이 받아들였는데, 이 두 집단은 그곳의 연금수령인 가운데 거의 같은 수를 이루고 있었다.[40] 한마디로 말해서 파리 아카데미의 귀족회원은 행정과 군사 기능·공직·재능에 관계된 사람이 대부분이었다. 지방과는 달리 이곳의 고등법원 인사는 문화적 지배력을 일부 잃었다.

성직자의 경우 세 가지 세력이 지배하였다.[41] 먼저 주교는 어디서나 많았는데, 아카데미 프랑세즈——성직자의 40퍼센트——는 물론 다른 학회의 명예회원——60퍼센트 이상——중에도 상당수였다. 그 뒤를 이어 원장신부와 주교좌 성당 참사회원이 모두 각각 평균 40퍼센트를 학회에 보내고 있었다.[42] 끝으로 교육자와 학자가 있었다. 지방에 비해서 교구신부와 보좌신부는 없었고, 수도 성직자는 과학 아카데미의 경우를 제외하고 아주 드물었다.[43] 파리 아카데미의 성직자는 주로 고위 성직자(주교 이상의 고위직에 있거나 장래 고위직에 오를 성직자, 원장신부, 전체의 4분의 3이 귀족이던 부주교)와 교회의 인재(신학자·문학가·고증학자·과학자)였다. 그들이 아카데미에 참여한 것을 통하여 우리는 사상에 관한 토론에 제1신분이 얼마나 관심을 가졌는지 알 수 있고, 그들의 활동을 통하여 그들의 참여가 단순히 전통과 보수주의로 축소될 수 없는 것이라는 사실을 알 수 있다. 성직자와 신자를 갈라 놓은 싸움은 '작은 투쟁'이 아니었으며,[44] 그것은 오히려 자유의 문제를 위한 주요 단계 가운데 하나였다. 성직자 내부에서도 역시 개혁파와 보수파가 맞섰다. 우리는 1775년 성직자회에서 르프랑과 다른 고위직 성직자 사이에 있었던 대화를 알고 있다. "여러분, 누가 그것을 믿겠습니까? 문학의 성역은 불신과 무신앙의 소굴이 되었습니다——하지만 주교님, 그런 말씀 마세요! 우리 일곱 주교는 모두 아카데미에 들어와 있습니다."[45] 따라서 성직자의 경력에서 중요한 역할을 하였던 기관의 성격은 근본적으로 모호하였기 때문에, 어떠한 사람도 뽑힐 수 있었다. 문학상의 공적을 확실히 인정받은 경우[46]——보쉬에·플레시에·페늘롱·마시용·위에를 생각하자——국가와 교회의 고위직을 향한 승진 속에 추가되는 것을 명예롭게 인정해 주는 경우——뒤부아·플뢰리를 생각하자——그리고 국왕을 모시는 사람들에 대한 보상일 경우——
몽쟁 또는 부아예를 생각하자——등 이러한 이유가 아카데미 회원을 뽑
는 데 작용하였던 것이다. 아카데미의 명단에 오른 사람이 받은 성직록의
크기에 조금도 놀랄 이유가 없을 것이다. 고위직 성직자는 성직록을 나누
어 가졌고, 성당 참사회원은 자기 직책에 맞는 많은 봉급과 크고 작은 수
도원을 가졌다. 이들이 아카데미 회원의 자격을 얻는 경우에는 사회적 명
성은 한 단계 높아졌다. 궁정과 거물급 가문의 가정교사직, 대학교와 중등
학교 교수직, 또는 도서관 사서와 비서직 같은 교육 임무를 맡을 때에도
그 자격을 얻을 수 있었다. 아카데미 프랑세즈 회원으로서 구르네 원장신
부 알라리가 그러하였다. 그는 루이 15세, 그 뒤에는 왕세자의 부(副)가정
교사를 지내고 나서 왕실도서관의 사서직에 올랐다. 콜베르의 사생아로서
비명문학 아카데미 회원인 원장신부 몽고는 부르고뉴중등학교 교사였는
데, 한편 샤르트뢰브와 빌뇌브의 원장신부를 보병대의 사무국장으로 삼은
오를레앙 가문의 가정교사로 들어가기도 하였다. 결국 그는 아카데미의 관
을 2개나 쓰게 되었다. 왜냐하면 아카데미 프랑세즈에도 뽑혔기 때문이다.
요컨대 주요 아카데미의 성직자는 직접 궁정과 권력에 관계를 맺은 것처
럼 보인다. 그들은 귀족과 부르주아 인재가 승진하는——진실로 좁은——
독특한 길 가운데 하나를 보여 준다.
　이 인재의 경우 파리와 지방의 회원 선출 과정은 완전히 다르게 나타났
다.[47] 여기서도 이윤을 추구하는 사람은 거의 뽑히지 못한 것을 볼 수 있는
데, 그 이유는 지방의 애호가 정신보다는 지적 전문화로 말미암아 '사업'
의 관행이 제외되었기 때문이다.[48] 역시 중요한 성격으로서 행정과 사법의
대표가 후퇴한 것을 들 수 있는데, 이러한 점은 다른 두 곳보다 비명문학
아카데미에서 조금 덜 분명한 사실로 나타났으며, 이것은 부르주아 법관
속에 유지되고 있던 고증학의 전통에 대한 증거였다.[49] 끝으로 어디서나
문화 직업인이 지배하였다. 아카데미 프랑세즈의 작가, 비명문학 아카데미
의 고증학자·교수·여행가, 과학 아카데미의 의사와 학자, 이들은 모두
귀족 학자와 함께 실제 학회에서 활동하는 집단의 주요 부분을 이루는 부
르주아 아카데미 회원의 주요 핵이 되었다.[50] 그들은 내부의 서열(꼭대기

에는 연금수령인과 아카데미 프랑세즈 회원으로 이루어진 작은 클럽이 있었
고, 그 밑에는 준회원이 있었다), 특권(무시할 수 없는 코미티무스권[로슈 교
수에 따르면, 이 권리(committimus)는 아카데미 회원의 민사 사건을 최고 사
법 기관(고등법원 따위)에서 다루도록 하는 특권이다]과 면세 특권), 관습, 만
남의 장소(회의실, 공식 행사장, 공식 회의의 영향, 살롱의 비공식 만남)에 의
하여 성격이 나타나는 좁은 동아리의 특징을 보여 주었다. 사회적으로 거
기까지 온 문인은 비록 신분 상승은 아니라 해도 어쨌든 안락한 위치를
즐길 수 있었다. 모두가 필요한 것을 가졌고, 대부분이 없어도 되는 것을
가졌다. 그리고 이것은 아카데미에 주는 연금,[51] 행정직이나 교직에 주는
급료와 정기 급료[52] 같은 여러 가지 재원을 얻은 덕분이었다. 아카데미 회
원들에게는 정기 간행물의 편집권(《가제트 드 프랑스》와 《메르퀴르》), 국립
수공업 공장의 전문 기술직(고블랭과 세브르의 공장들), 그리고 행정 관료
의 한직이 주어졌다.[53] 문학과 과학의 전문직은 서적상이 욕심을 내고, 작
가의 신분이 불확실하였기 때문에 별로 많지는 못하였지만 거기서 나오는
막대한 이익도 꼽을 수 있다.[54] 더욱이 문학예술 후원을 받거나, 스스로
두번째 직업을 갖는 일도 무시하지 못할 정도였다. 아카데미에 가입한 '문
인'은 대다수가 사실상 앙시앵 레짐의 사회에 잘 결합되어 얻을 수 있는
유리한 지위를 누리고 있었다. 그러나 그들의 주된 모호성이 바로 거기에
있다고 할 수 있다. 왜냐하면 그들의 성격은 이중성을 보여 주는 모범을 가
지고 있었기 때문이다. 먼저 그 모범이란 아카데미의 기능보다는 특권이
우선시되는 동시에, 후원 제도의 역할을 크게 생각하는 면에서 구식의 모
범이었다. 또한 문학가와 학자가 되는 일은 능력을 갖춘 사람 사이에 끼
어들 수 있는 직업인이 된다는 측면에서 개혁과 자유주의의 모범이었던
것이다.[55] 이러한 전환기에 아카데미 정신은 '공공연한 주장'에 바탕을 두
고 지성인의 독립성을 인정해 주는 수직성과, 국왕에 대한 봉사 의무와
여러 가지 기능의 그물 속에 지성인을 묶어 놓는 수평성을 함께 갖춘 조
직에 대한 보증이 되었다.[56] 지방 학술 단체의 회원보다 수도의 아카데미
회원은 국가의 보수주의 활동에 더욱 활발히 참여하였지만, 그 대신 정부
는 그들에게 명성과 독립성을 보장해 주었다.[57] 여기서 모순이 발생한다.

문학 공화국의 평등주의 이상과 특권을 누리는 단체의 폐쇄적인 정예주의 사이의 긴장, 문학과 과학의 발전을 보장해 주는 개혁의 선택과 지식의 모든 분야에서 확인된 질서의 수호자 역할 사이의 갈등(우리는 계몽사상가가 돌팔이와 벌인 싸움이나 '문학의 평민'에 대해서 퍼부은 공격을 생각할 수 있다),[58] '문인'의 독립성과 검열관·기술 고문·국가 공무원의 자격으로 왕에 대한 의존성 사이의 대립이 그것이다. 1789년 여러 세대에 걸쳐 빚어진 분명한 갈등이 수많은 어려움을 더욱 깊게 만들었다. 아카데미 회원에 뽑히는 평균 나이가 높아지고, 폐쇄감이 더욱 강해지고 늘어났던 것이다. 사회와 사상이 바뀌었기 때문에 아카데미 정신에 대해 점점 더 쓴 비판의 소리가 나왔다. 저자들의 작은 세상은 깊이 흔들리는 것처럼 보였지만,[59] 계몽사상가들이 권력을 잡았다.

여기서 중요한 사실은 '문인'의 숫자가 늘었다는 점이다. 저작의 출판량 증가,[60] 아카데미 회원의 태만을 보상할 목적을 가지고 새로 설립된 기관의 증가,[61] 신문과 정기 간행물의 증가[62] 따위의 한곳으로 집중되는 여러 가지 지수가 이 점을 증명해 준다. 1780년대 초기에 유효한 《프랑스 리테레르》의 목록으로 우리는 이 사회 집단이 사태가 완전히 뒤집히기 직전에 보여 준 주요 성격을 정확히 파악할 수 있다.[63] 2천 명이 조금 못 되는 사람 중에서 1천5백 명 이상의 사회적 신분을 알 수 있는데, 그렇기 때문에 여전히 이 세계는 협소하지만 아카데미의 동아리가 가진 좁은 한계를 벌써 넘어서고 있었던 것이다. 사회 직업상, 애호가 정신과 두번째 직업의 승리가 확실하다. 아카데미에서 연금을 받는 학자와 문학가·신문기자·정경비평가 따위의 문화 분야의 직업이라는 딱지가 붙은 사람은 전체의 7퍼센트 미만이었다. 우리가 서적 시장의 실제 자료와 문화적 직업을 고려한다면, 불확실한 사람의 집단 가운데 대부분도 위와 같은 명목 아래 분류될 수 있을 것이다. 그러나 이 집단의 범위가 아주 좁았다는 사실에 주목하는 일은 재미있다. 결국 아카데미 사회의 주요 요소가 확인되고 있지만 무시하지 못할 몇몇의 미묘한 차이를 가지고 있다.[64] 분명히 가장 중요한 것은 귀족이 뒷걸음질쳤다는 사실(전체의 14퍼센트 미만)이다. 제3신분과 성직자가 승리(전체의 42퍼센트와 32퍼센트)하였다. 학술 단체를 지배하던 범주는 자기네 위치를 지켰다. 행정과 사법은 4분의 1 이상의 작가를 내놓고, 종교인이나 속인 교육자는 3분의 1 이상, 건강 집단은 전체의 10퍼센트를 각각 차지하였지만, 작가의 27퍼센트가 부르주아였다. 문인 집단의 성격을 분석하면 별로 바뀐 것이 없으며, 사업가형 부르주아가 드물고(도매업자 몇 명, 45명의 서적상 작가가 있다), 통합된 집단이 우세한 것으로 나타난다. 사회적 전경에 대해 놀랄 만한 것은 없지만, 한편 종교인의 더욱 활동적인 부분에 주목해야 할 것이다.[65] 결국 극소수의 작가와 학자가 문필 생활을 한 것으로 나타났지만, 다른 형태의 활동을 하는 데서 그들은 글을 쓰고 연구를 하는 데 유리한 지위를 차지하였다. 그러나 문인의 직업과 도덕적 지위에 대해 너무 변수가 많기 때문에 그 이상 더 정확한 결론을 얻을 수는 없다. 《프랑스 리테레르》의 명단을 가지고 그들이 앙시앵 레짐의 사회 구조에 통합되었음을 증명할 수 있다 해도, 한 가지 통일된 전형을 만들어 낼 수 있는 명확하고 완전한 심상을 가질 수는 없다. 모호성을 보였던 계몽 시대의 지성인은 진정 자율적인 세력을 가져 보지 못하였다.[66] 그들의 대부분이 비록 권력의 모든 사회적 현실과 관련을 맺고 있었고, 사회에 대하여 개혁을 추구하는 중요한 담론을 형성할 수 있었지만 그 사회에 관해서는 좀더 넓은 범위의 여러 결정 기관에 판단을 맡겼다. 백과전서파의 모험이 이러한 사실을 확인해 줄 것 같다.

《백과전서》를 만들기 위하여 처음 모인 집단의 구성을 보면 파리, 지방은 물론 외국의 여러 아카데미 회원이 다수 참여하고 있다는 사실이 두드러지게 보인다.[67] 아마 이 사업에 협력자를 보낸 단체가 열다섯 군데 이상이었음이 틀림없고, 이 협력자 가운데 4분의 1 이상이 아카데미 회원이었다. 두 집단은 확실한 관계를 맺고 있었다. 왜냐하면 학술 단체는 백과전서식의 정신을 다듬는 데 유리한 도가니였으며, 그들은 자기네 활동에 참여한 백과전서 사람들 덕택에 그 정신의 영향을 받았기 때문이다.[68]

《사전》을 만드는 무리와 아카데미의 집단 사이에 여러 가지 비슷한 점이 있었다. 가장 많은 숫자를 가진 사람들——농민——의 대표나 사업가형 부르주아는 아무도 직접 사전을 만드는 데 참여하지 않았다. 물론 노동자와 장인은 첫번째 집단에서 10퍼센트 이상을 차지하였으나, 이들은 대부분 아주 훌륭한 자질을 갖춘 기술자, '예술가'였다. 이들은 학술 단체에 '예술을 위하여 가입한' 기술 협력자의 지위와 거의 차이가 없을 정도로[69] 대부분이 사회적으로 알려지지 않았다. 그들이 참여하였다고 해서 장인의 사회적 지위가 높아졌다고 볼 수는 없다. 차라리 손을 사용하는 노동을 지적인 면에 개발하였다고 보아야 할 것이다. 이와 마찬가지로 산업, 도매업, 고위 재정직의 대표——기사 조쿠르는 거물급 질리 가문의 친척이었다——는 재능을 가지고 거기 참여하였다. 소수였던 그들은 한편 자기 확립의 꿈을 가진 부르주아의 성격과, 다른 한편 관습상 행정의 성격을 지닌 이중의 합리성을 보장해 주는 일을 실천하였다.[70]

모든 사회적 가치의 전통적 사다리 밖에서 뽑힌 사람이 《백과전서》를 만드는 일에 참여하였다는 점은 확실히 근본적인 사실이다. 제1신분이나 제2신분 가운데 누구도 학술 단체에서 차지한 위치에 비할 만한 자리를 거기서 얻어내지 못하였다. 성직자가 분명히 참여하였지만, 그들은 무엇보다도 수학자나 신학자로서 소수의 성직자 지식인과 사제를 대표하였다.[71] 여기서 사전을 만드는 데 참가한 성직자의 자질은 아카데미의 성직자 정회원을 구성하는 사람들과 아주 가까웠는데, 이 자질보다는 차라리 성당 참사회원과 수도 성직자인 고위 성직자가 사전 편찬 사업에 참가하지 않았다는 데서 차이를 볼 수 있다. 이같은 사실에서 백과전서파는 아카데미 세계보다 훨씬 더 세속화된 것으로 보인다.

귀족도 거기 참여하였다. 30여 명이 제2신분 전체의 체제 순응자보다는 제2신분의 개혁가를 대표하였다.[72] 그들은 사법·행정·군사 능력을 가지고 그 사업에 봉사하였을 뿐만 아니라, 계몽된 사회 집단으로부터 보증과 보호를 얻어내어 봉사하였다. 고등법원의 고위 귀족이 세력을 잃었고, 행정가와 군인과 평등한 영향력을 행사하였다는 점은 중요하다. 전체로 보아 그들은 중앙 행정에 관련을 맺고 있는 대지주로서 아카데미의 귀족과 아주 가까웠으며, 앙시앵 레짐의 사회 구조에 깊이 뿌리박고 있었다. 그들은 다른 도리가 없어서 귀족이 된 것은 아니었으며, 사회의 낡은 틀에서 벗어나지 않은 채 전통 귀족과 계몽사상가 모두가 되고 싶어하였다.[73]

백과전서파 부르주아 계층은 아카데미의 부르주아 계층과 큰 맥락에서 다르지 않았다.[74] 건강과 관련된 집단의 참가 정도가 동일하고(24퍼센트), 사법가·행정가·토목기사의 비중도 같으며(26퍼센트), 변호사는 분명히 적었지만 학자와 교육자는 같은 수였다. 그들은 수입면에서 이질적이었지만 권력과 관계를 맺고 안락함을 누리는 공동체 속에서 어떤 동질성을 찾았다. 그들은 거기서 중요한 방향을 발견하였는데, 우리는 그들을 제3신분 전체와 동일시해서는 안 된다. 그들은 관직·연금·부동산세와 관련된 앙시앵 레짐의 부르주아 계층이며, 명예직과 지적 원동력으로 인하여 부분적으로 독립된 지위를 누렸던 재능과 능력의 부르주아 계층이었다. 아카데미의 부르주아 계층과 같은 자격으로 그들은 국가에서 중요한 역할을 맡았다. 그들은 귀족과 함께 진정한 지배 계급을 구축하려는 의도를 보여주었다. 참고로 말해서 지배 계급은 아카데미의 세계보다 귀족과 부르주아가 더욱 개방적인 선발 기준을 가지고 있는 공동체의 특성을 보여 주며, 이념적으로는 개혁적 부르주아가 주장하는 해방적 자유주의와 고상한 자유를 강조하면서도, 특히 여러 가지 특권이 안고 있는 사회정치적 모호성을 그대로 드러내는 계급이었다.[75] 아카데미보다 백과전서파는 학술 단체의 개혁에 호소하는 일면을 지닌 개혁의 목소리를 좀더 크게 내는 경향이 있었다.[76] 그들은 아카데미의 여러 범주가 복잡하게 배합되어 있는 데서는 더 이상 서로 알아보지 못하였으며, 문화의 평등주의 관점을 주장하는 경향을 보였다. 아카데미 회원과 마찬가지로 백과전서파는 '계몽 시대의 모든 사상의 덩어리' 뿐만 아니라[77] 자신들의 꿈과 희망까지도 자기네 시대에 전해 주었지만, 그 안에 내재해 있는 모호성을 조금도 해결하지 못한 채였다. 《사전》이 보급된 사회적 범위가 이러한 모순을 확인해 준다. 구독 신청비가 올랐기 때문에 초기의 독자층은 아카데미의 모임을 성공하게 만들어 준 사회 집단에 한정되었다.[78] 그러나 작은 문학이란 중요한 작품을 베끼는 가운데 커지는 성격을 가지고 있듯이, 《백과전서》를 작은 판으로 거듭 찍어내는 가운데, 그것이 보급되는 범위는 계몽된 농민, 도시 장색을 포함한 낮은 계급으로 점점 더 넓어졌다. 책의 영역에서 첫 세대의 《백과전서》는 마치 도시의 사회문화 세계에서 개인적 모임이 한정된 범위로 확산되어 나가듯이 보급되었다. 만일 우리가 계몽 시대에 출판된 기념비적 작품 가운데 《백과전서》와 다른 것의 구독 신청자 명단을 가지고 살펴본다 해도 결론은 다를 바 없을 것이다.

우리가 손에 넣을 수 있는 명단을 바탕으로 《메르퀴르》의 정기 구독자, 엑스피이 《사전》, 그리고 쿠르 드 제블랭의 《원시 세계》의 구독 신청자를 살펴보면, 몇 가지 미묘한 차이를 제외하고 확고부동한 성질이 눈앞에 드러나게 될 것이다.[79] 우선 서적 시장의 비중을 따지면 《메르퀴르》의 7백 부(45퍼센트), 《원시 세계》의 2백 부는 직접 서적상에게 팔렸다. 그리하여 우리는 독자의 사회학에 관심을 가졌지만, 그것들이 누구의 손에 들어갔는지는 모른다. 팔린 곳을 알 수 있는 나머지에 대해서 생각하려면 집단 독서를 위하여 샀거나, 도서관 같은 곳뿐만 아니라 우체국과 우편마차 업무소장이 사들였다고 생각할 수 있는 것들은 제외해야 할 텐데, 그것은 전체의 10퍼센트 정도였을 것이다.[80] 이제 우리가 독자라고 가정한 사람만 남는다. 이들은 엑스피이 사전을 산 사람 3백 명 이상, 쿠르 드 제블랭과 《메르퀴르》의 독자 8백 명 이상으로서 매우 빈약한 두께를 가진 세계였다. 각 저작의 성격을 통하여 우리는 여러 가지 특징을 보충해서 생각할 수 있다. 정보를 담은 사전에 대해서는 권력이 최대한 뒷받침을 해주었는데, 그것은 국왕이 구입한 데 이어 지배층 가문에 속한 20여 명이 구입하고,[81] 고위 행정직에 속한 사람, 30명 남짓한 지사가 구입하면서 거의 공식화되었던 것이다. 이들은 제2신분 구독자의 51퍼센트였다. 교회도 이 사전을 그다지 무시하지 않았다. 16퍼센트, 그 중 20명 남짓한 고위직 성직자, 여러 명의 성당 참사회원과 수도 성직자가 있었는데, 마지막의 경우는 분명히 자기네 공동체를 위하여 신청을 하였음에 틀림없다.[82] 이제 행정과 사업의 양편에 갈라진 부르주아 계층이 남아 있다. 거기서 사법직이 여전히 지배적이다.[83] 값이 60리브르로 비싸다는 사실이 나머지 부류가 사전을 구입하는 데 방해가 되었다. 그리하여 교수는 전혀 없고, 의사와 문인 약간명만이 사전을 구입하였던 것이다.

반면에 정기 간행물의 경우 구독자의 범위는 최대한 열려 있었다. 《메르퀴르》에 정기 구독을 신청한 독자 가운데 31퍼센트가 부르주아 계층이었고, 귀족이 47퍼센트, 성직자가 8퍼센트였다. 이 세 집단 속에서는 거의 아무런 개혁도 찾아볼 수 없다. 종교인 60명 중 주교가 7명으로, 이 신문은 하위 성직자와 성당 참사회원(60퍼센트)뿐만 아니라 수도 성직자(28퍼센트)에게 주로 읽혔음을 알 수 있다. 4백 명 가까운 귀족 가운데 57퍼센트가 유한 귀족이었으며, 이 중 4분의 3이 지방 귀족이었다. 《메르퀴르》는 성관[84] · 지사 · 고등법원을 위한 신문이었으며, 그에 반해 군인이 귀족 독자(전체의 5퍼센트)의 12퍼센트도 못 되는 점으로 보아 그들을 위한 신문은 아니었다. 평민 가운데 역시 변호사(부르주아의 10퍼센트), 관직 보유자와 행정가(51퍼센트) 같은 관복이 승리하였다. 값이 아주 비싸고(24 내지 32리브르), 공공 도서관과 사설 도서관에서 읽는 사람이 많았다는 사실로 미루어 우리는 아마도 인재(문인 · 교수 · 교육자)의 요구가 빈약한 이유를 설명할 수 있을 것이다. 그 대신 우리는 거기서 엑스피이의 경우보다 보르도 · 낭트 · 마르세유의 도매업자의 이름을 더 많이 확인할 수 있지만, 리옹의 업자는 한 사람도 없고, 파리의 업자는 소수(부르주아의 16퍼센트)에 불과함을 알 수 있다.

《원시 세계》를 예약한 사람들의 사회적 외관은 거의 차이가 없을 정도이다. 그들은 똑같은 귀족, 똑같은 성직자——여기서는 신교도 목사와 주교가 많이 보인다——와 똑같은 부르주아 계층——여기서는 인재의 참여가 좀더 많이 확인된다——이었던 것이다. 여기서 종교의 변수가 들어갔다 해도——이 작품이 신교도에게 보급되었음이 확인된다[85]——특권층과 전통 사회에서 확고한 지위를 차지한 모두가 지배하는 교양 있는 사회의 특징이 변하지는 않는다. 분명히 우리는 구독 신청과 읽기를 같은 행위로 보아서는 안 될 것이다. 구독 신청자는 가격이 방해하는 어떤 선택과 선발 과정을 거쳤으며, 독자는 책을 사지 않고도 다른 길로 접근할 수 있기 때문이다. 그러나 이러한 여러 가지 사회적 심상을 겹쳐 놓아도 무방하리라 생각한다. 왜냐하면 우리는 거기서 지방과 파리의 학술 단체의 교양 집단과, 시작부터 도서출판의 중요한 사업을 확산시킨 집단들이 모두 보여 주는 공통점을 더욱 분명히 볼 수 있을 터이기 때문이다. 여기서 공통점이란 앙시앵 레짐의 사회 구조가 결정적인 영향을 미치고, 주로 통합된 사회 집단이 대부분 개혁을 이끌고 있으며, 그리고 사회와 경제상의 이질성에서 비롯된 모순이 존재한다는 것이다. 파리의 위대한 통신원(몽테스키외·디드로·볼테르·루소)과 지방의 몇몇 보기(그롤레·그랑디디에·레오뮈르·세기에)를 연구해 보면 대중의 범위를 정확히 하고, 사회적 윤곽을 그릴 수 있을 것이다.

물론 우리가 이용하는 자료는 여러 가지 관점에서 충분치 못하다.[86] 그것은 모든 사항을 철저히 알려 줄 만하다고는 할 수 없다. 왜냐하면 대부분의 고문서가 우여곡절의 역사를 겪었듯이, 우리의 자료도 우연성에 좌우되었기 때문이다. 그렇다고 해서 그것을 무시할 수는 없다. 그 자료는 그것을 남긴 사람의 개성에서 비롯된 동질성을 가지고 있기 때문이다. 어떤 작가가 자기 시대에 불러일으킨 메아리를 측정하는 일은 불완전한 방법임에 틀림없다. 그것은 그의 영향과 그것이 미치는 범위를 완전히 판단하는 것보다, 어떤 사람과 작품을 중심으로 어떻게 그의 경력과 성공에 중요한 사회 집단과 사람들이 구체화되었는지를 좀더 잘 이해할 수 있도록 해주기 때문이다. 계몽 시대의 사회에서 대중의 독서 습관, 영광의 빛 속에서 생생하게 파악된 위대한 저술가의 편지가 즉시 출판되는 일이 늘어나는 것, 또한 서간체 소설의 성공과[87] 편지가 이러한 것을 가지고 증명할 수 있는 중요한 자리를 여전히 차지하고 있는 한 서간집에 관한 흥미는 계속 남는다. 모든 통신은 무엇보다도 두 사람 사이에 오가는 것이지만, 이러한 교환은 언제나 집단의 메아리로 두 배가 된다. 이 때문에 이 다양한 전집과 관련된 사람들을 양적으로 분석하는 일은 비록 그 결과가 여전히 상대적이며, 좀더 세밀하고 넓은 범위의 분석으로 보완될 필요가 있다고 할지라도 완전히 정당화되는 것이다.[88] 이 분석이 갖는 중요한 장점은 일반적인 연구가 빠져들 수 있는 인상주의를 피하면서 사회의 풍경을 그리고, 그 뒤에는 곧 첫눈에 분명히 알 수 있듯이 의사 소통의 그물이 구축된 것을 이해하도록 해주는 데 있다.

통신원의 세계가 다양한 변수에도 불구하고 여전히 좁은 세계였다는 사실에 대해서 처음부터 전혀 놀랄 필요는 없다. 거물급 4명 가운데 볼테르는 1천4백 명 이상의 통신원으로 선두에 있었으며, 루소는 6백 명 이하, 몽테스키외는 2백 명 이상, 디드로는 겨우 1백 명이 넘었다. 우리가 빠뜨린 인원이 얼마나 되는지 알기는 어렵지만 상당히 많았을 것임이 분명하다 해도, 여기서 생긴 서열은 이들 각자가 자기의 경력을 이끌어 간 방법과, 각각에게 여론이 마련해 준 자리에 대해서 우리가 아는 바를 확인시켜 준다. 볼테르는 체계를 갖추어 유지한, 진정한 의미의 패권을 누렸다. 루소는 동정이라는 자본(때로 미움으로 변하였다)의 덕을 볼 수 있었다. 그러나 그는 이 중요한 자본을 '왕 볼테르'의 방식을 본받아 관리하지는 못하였다. 몽테스키외와 디드로는 모두 폭넓은 독자층을 갖지 못하였다. 우리가 지방의 서간집에서 얻고자 노력하는 교훈도 비슷하다. 통신원 1백 명도 없었던 그롤레와 그랑디디에가 얻은 이름은 확실하지만 특별한 동아리 몇몇에 한정되어 있었다. 트루아의 익살맞은 박식가가 아주 잘 알려지고 있었다 해도, 두번째 인물에 대해서는 몇 가지 짚고 넘어가야 할 필요가 있다.[89] 필리프 그랑디디에는 샤를 4세로부터 귀족 작위를 받은, 알자스와 로렌의 법관 가문에서 태어났다. 그는 학업 과정들을 빠르게 섭렵한 영리한 학생이었다. 그는 18세에 문학사 학위를 받았다. 로앙 가문의 보호를 받으면서 신학원에 들어갔고, 스트라스부르 교회의 역사에 대한 연구에 뛰어들었다. 그때부터 그의 경력은 빠르게 진행되었고, 이름을 점점 크게 날렸으며, 20개 정도의 학술 단체에 가입하게 되고,[90] 노이빌러 성당의 참사회원을 거쳐 스트라스부르 성당 참사회원, 불로뉴 성당의 부주교, 황금십자가 기사, 라트랑 궁중 백작, 사도좌 서기관이 되었다. 아카데미 회원이자 역사가와 여행가로서 그는 교회 경력의 훌륭한 모범이라 하겠는데, 그의 경력에는 문예 후원(로앙 가문의 보호는 결코 변함없었다), 가문의 전통, 명백한 재능이 함께 작용하였다. 그는 35세에 죽었다.[91] 따라서 그의 통신망은 다른 연구 대상의 통신망과 같을 수 없다. 한정된 범위 속에서 우리는 학술 단체 곁에서(집단의 통신원 자격으로 개입하면서) 온갖 개인 관계의 역할을 보여 주는 어떤 보기를 찾아야 할 것이다. 필리프 그랑디디에와 함께 아카데미의 친분 관계는 무대의 전면으로 나오게 된다.

그와는 반대로 님의 세기에는 우리가 파악한 여러 해 동안의 안정되고 잘 구축된 명성과 아주 긴 경력의 무게를 가지고 있었다. 게다가 그는 늦게 성공한 경우이다. 장 프랑수아 세기에는 하급 재판소 판사의 아들로서 부르주아 법관의 긴 전통을 물려받고 태어났으며, 법학·식물학·의학을 공부하고, 학술상의 야망을 품고 마페이 후작의 비서가 되어 보호자와 피보호자 사이의 교분이 결코 고용인과 피고용인의 관계로 빠지지 않는 가운데 진정한 우정을 맺으면서 20년 이상 그를 도왔다. 세기에의 경우는 문인의 모범을 제시한다. "그는 마치 다른 열정이라고는 가지지 않은 것처럼 고대와 모든 종류의 기념비를 연구하는 데 완전히 빠져들었다. 평원·산·숲을 두루 돌아다니고, 식물과 동식물의 화석이나 잔해를 찾기 위해 가장 가기 힘든 곳도 모두 뚫고 들어갔다……"고 그의 예찬론 작가는 말한다.[92] 보호자가 죽은 뒤 님에 은둔한 그는 고증학의 세계에서 확고한 이름을 날렸으며, 님의 신전의 명문을 솜씨 좋게 해석하여 즉시 큰 반향을 불러일으켰다. 그의 서재·수집품·책——이것은 모두 그가 죽은 뒤 님 아카데미에 기증된다——을 보려고 학자와 호기심 많은 호사가들이 그를 방문하였다. 그는 10개가 조금 넘는 학회의 명단에 이름을 올리고,[93] 수많은 연구 고찰을 하면서 통신을 주고받았다. 이 중요한 통신에 대해서는 아직 연구가 이루어지지 않았다. 1773년부터 1783년까지 1천3백83명이 그를 방문하였다. 30년 내지 40년간 그는 3백 명 이상의 통신원을 모았다. 단지 자신의 지식을 나누기 위하여 연구한 인간이었던 그는 문화적으로 떠오르는 지방 세계의 비범한 보기라 할 수 있다. 우리가 세기에와 함께 학술적이고 사교적인 성격을 동시에 가지고 있는 그물을 구축할 수 있다 해도, 파리의 학자가 지방에 있는 통신원과 관계를 맺고 있다는 중요성을 지나치지 않기 위하여 레오뮈르가 모은 집단을 추가할 필요가 있다고 믿는다. 그것은 과학적 조사를 위한 확고한 목표에서 고향인 라로셸보다는 파리를 무대로 삼은 혼합형을 제시하려는 생각과 함께 전망을 달리하고 싶은 욕심 때문이다. 요컨대 우리가 수집한 보기는 지리상의 차원(수도와 지방)뿐만 아니라 그러한 그물을 구축하는 일을 이끌어준 주된 방향에서도, 그것을 전형적이라고 생각할 수 있을 정도로 충분한 다양성을 제시한다. 이제 여러 가지 다른 집단이 차지한 자리를 살펴볼 차례이다.

통신원의 세속화 현상은 학술 단체의 세속화보다 더 분명한데, 제2신분

〔문맥으로 보아서 제1신분이어야 옳다〕의 대표는 다음과 같이 지방의 세 사람을 중심으로 짜인 그물을 제외하고는 15퍼센트를 넘지 못하였다.[94] 종교인 통신원을 그롤레는 21퍼센트, 세기에는 24퍼센트, 그랑디디에는 34퍼센트 정도 포함하고 있었는데, 특히 마지막 경우는 그가 속한 사회와 경력을 말해 주는 중요한 특성이다. 사회적 변수를 분석해 보면 지방주의가 나타난다. 볼테르와 몽테스키외의 통신원에게서 교회의 귀족, 성당 참사회원과 수도원장의 고위 성직자가 지배적인, 가장 파리답다고 할 성격이 보인다.[95] 디드로와 루소의 통신원에게서는 하위 성직자를 특별히 취급하고 사제·보좌신부·교수를 제일 앞에 놓는 지방식의 거동이 보인다.[96] 지방민의 통신원에게서 우리는 수도 성직자를 선택하였음을 알 수 있다. 그러나 종교인의 처지와 경력을 잘 살피기 위해서는 결정적인 것으로 보이는 학술상의 기능을 보아야 할 것이다. 성직자의 4분의 3이 아카데미 회원·연구자·고증학자였다. 중요한 사람의 통신원 노릇을 하던 성직자는 '문학 공화국'에 속한 성직자였다. 저자마다 가진 기질 때문에 이처럼 일반적인 특성에 독특한 차이가 생긴다. 볼테르를 위한 성직자는 좀더 귀족적이고 좀더 사교적이었으며, 이것은 몽테스키외의 통신원도 마찬가지였다.[97] 그밖의 사람에 관계된 통신원은 더 평범하다. 필리프 그랑디디에의 친구의 경우가 그러한데, 이들은 모두 주로 동부와 독일 지방의 베네딕투스회의 수도원에서 나온 학자인 수도 성직자였다.[98] 마을의 성실한 사제, 가정교사, 아주 수수한 원장신부 이외에는 편지를 주고받지 않았던 루소의 경우도 마찬가지이다.[99] 장 자크에 대한 교회의 미움과 그가 겪은 종교적 변화가 여기서 분명히 중대한 영향을 미치고 있다. 디드로의 경우 성직자는 (그의 형제와 라 포르트나 모를레 같은 정경비평가들의 경우를 제외하고) 두드러진 역할을 하지 않았다. 그 대신 그롤레·레오뮈르·세기에는 계속해서 수많은 정보원을 성직자 속에서 뽑았다. 우리가 살펴본 것처럼 님의 학자를 방문한 사람 가운데 고위 성직자가 훨씬 많고, 사제와 교수가 적었다는 사실은 매우 중요하다.[100] 이것은 주로 여행의 어려움과, 수집가를 방문하는 일은 당연히 랑그독 지방 주교의 사교 생활의 틀 속에서 이루어졌다는 사실과 관계가 있다. 그들은 신분회가 열릴 때 성당 참사회

원과 부주교를 동반하여 님을 찾았던 것이다.[101] 호사가와 여행자의 사회
적 서열은 여기서 통신원의 그물을 이루는 친구나 협력자들의 서열과 일
치하지 않는다. 비록 두 곳 전체에 아주 비슷한 수의 제1신분이 참여하고
있지만 일치하지는 않았던 것이다. 이같은 사실을 보충하기 위하여 비교
를 해볼 때 뒤부아 드 포쇠[102]가 체계를 갖추어 조직하고, 확실한 통계상
의 대표성을 가진 아라스의 그물 속에서 지방주의 특성이 상당히 두드러
진다는 사실은 중요하다. 그것은 고위 성직자가 감소하고, 부주교(설사 이
들이 조직적으로 영향을 받았다 해도)와 성당 참사회원이 후퇴한 대신 하
위 성직자·사제·보좌신부·교육자·학자(종교인의 65퍼센트)가 승리하
였다는 데서 찾을 수 있는 특성이다. 통신원 성직자와 학술 단체의 성직
자도 별로 다를 것이 없다. 사회적으로 똑같이 이질적이면서도 지적 기능
에 한몫을 참여하였다는 사실이 문학 공화국에 속한 성직자 일파가 갖는
중요한 성격이었다. 그러나 문학 공화국은 지방보다 파리에서 좀더 세속
화되고, 교회로부터 독립되었음은 이론의 여지가 없다.

　귀족의 경우를 살펴보자. 그들은 우리가 분석한 모든 경우에서 최소한 4
분의 1(디드로와 레오뮈르), 최대한 절반(볼테르와 몽테스키외)으로서 무시
못할 자리를 차지하였다. 아르투아의 경우는 포쇠의 통신원 가운데 귀족
은 겨우 15퍼센트뿐이었다는 사실에서 독창적인 모습을 보여 준다. 그밖
의 다른 통신망은 37퍼센트(루소 35퍼센트, 세기에와 그랑디디에 31퍼센트,
그롤레 32퍼센트)로서 지방 아카데미의 비율과 비슷하거나 낮은 수준이었
다. 어쨌든 지방과 파리의 일치보다는 개인적 기질의 차이로 인한 여러
가지 현상을 넘어서 나타나는 집단의 동질성이 더욱 놀랍다. 이러한 점은
몽테스키외의 경우를 제외하고 고등법원의 대귀족이 어디서나 뒷걸음질
친 예에서 볼 수 있으며 놀랄 만한 일이 아니다. 역시 군인귀족의 자리도
루소의 경우를 빼고 아카데미에서 그들이 차지한 자리와 비교할 수 없었
다. 두 가지 중요한 참고 사항은 지방과 궁정의 유한 전통 귀족과 중앙 행
정의 대표에 관한 것이다. 두 범주의 비율은 어디서나 학술 단체의 비율
보다 높았다. 지방의 그물에서는 거의 완전히 제외된 학자귀족의 핵이, 수
도의 중요한 통신원 속에 존재한다는 데서 파리와 지방의 중요한 차이를

찾을 수 있다. 그러나 귀족의 규칙적인 관계나 그들의 기능 가운데 어느 것도 정확히 일치하지 않았다.

몽테스키외의 통신원 가운데 귀족이 많은 것은 지극히 자연스러우며, 그의 통신망은 사교성의 여러 가지 극을 중심으로 구성되었다. 그의 통신망에서 궁정과 고위 행정보다 큰 자리를 차지한 것은 도시와 그곳의 살롱, 귀족의 전통, 가문, 그리고 그가 보르도에서 맺은 관계들이었다. 볼테르의 통신원 중에는 권력자가 다른 부류의 사람보다 많았다. 볼테르는 권력자를 설득하거나, 계속해서 권력자의 후의를 입어야 했기 때문이다. 관료와 대신은 법관과 군인보다 많았던 것이다. 볼테르의 왕국은 프랑스와 세계 의식이 태어난 것에 바탕을 두고 있었고, 그 의식을 사회에 보급하는 일은 제2신분 가운데 계몽된 개혁가와 책임자의 몫이었다. 그와는 달리 디드로의 경우 귀족과 맺은 관계는 이중의 성격을 띠고 있었다. 군주에게 편지를 쓰거나 답을 할 때——카트린 2세의 경우를 상상하자——전통적이던 그 관계는 과학에 전념하는 정부 요직에 있는 사람과 귀족들——튀르고, 슈발리에 드 조쿠르의 경우를 생각하자——에 대해서는 개혁과 기술주의를 받드는 관계로 바뀌었던 것이다. 루소와 관련된 집단 속에서도 이러한 두 가지 특성을 찾을 수 있다. 그러나 계몽귀족인 거물급 보호자는 인간과 작가라는 루소의 두 가지 측면에 사로잡혔으면서도, 결코 완전히 거기에 들어가지 못하였다. 그 대신 지방의 귀족과 군인이 유리한 지위를 누렸다. 왜냐하면 그들은 장 자크의 사상과 꿈을 귀족적으로 이용하는 데 가장 적합한 분위기를 만들어 주었기 때문이다. 루소는 그들이 함께 해주었기 때문에 자신이 사랑한 의식을 가장 편안하게 지휘할 수 있는 역할을 할 수 있었던 것이다. 프랑스 귀족의 일부는 바로 그의 서간문에서 자기네 원천으로 되돌아가는 주제를 길어올릴 수 있었다. 파리의 주요 통신망 가운데 어느것도 이 점에서 루소의 것과 비교할 만한 것이 없으며, 지방의 통신망은 역시 더 작았다. 거물급의 전통적 보살핌, 지배 권력의 영향, 지적 교환이나 우정으로 결정된 관계가 사상의 공화국에서 거의 메아리를 일으키지는 못하였다고 해도, 여론을 이끄는 데 결코 무시못할 서간체 사교성의 공동 기초를 이루고 있었다.

부르주아의 존재는 다른 고찰을 가능케 한다. 그것은 디드로와 볼테르의 통신원 속에서 두드러지게 보인다. 그들은 그롤레·세기에·레오뮈르의 통신원 가운데서는 아카데미의 비율을 넘어섰다. 또한 아라스에서 높은 비율로 나타났다.[103] 그와는 달리 그들은 루소나 그랑디디에 신부의 통신원 속에는 별로 많지 않았다. 끝으로 몽테스키외와 관련된 그물 속에는 분명히 극소수였다. 제3신분의 범주들을 살펴보면 두 가지 측면에서 향상이 있었음을 알 수 있다. 첫째 인재의 세계가 위로 떠올랐으며, 아카데미에서는 25퍼센트 부근에 머물렀던 데 비하면 레오뮈르의 친구 집단의 경우를 제외하고 비율이 모두 높아졌다. 루소는 24퍼센트로 아카데미에 아주 가까웠지만, 나머지 사람들의 통신원의 경우 36퍼센트가 넘었다. 통신원 속에 낀 부르주아 계층은 그들의 활동, 특히 문학 활동에 필요한 교환과 대화를 통하여 큰 동질성을 유지하였다. 어쨌든 우리는 학술 정보원의 그물을 조직하는 일이 지방에서 과학을 관습적으로 대표하던 의사의 뒷받침을 받아야만 했다는 점을 생각해 볼 때 레오뮈르의 경우가 예외라는 사실을 이해할 수 있다. 우리는 거기서 《백과전서》나 트레부 신문기자가 이끄는, 여론이 끼치는 지배적 영향에 한편으로 저항하던 인간의 독립성도 볼 수 있는 것이다.[104]

둘째 서간체 세계의 독창성은 도매업자와 산업가뿐만 아니라 프랑스와 유럽의 도서출판업자처럼 이윤을 추구하는 사람들이 중요한 자리를 차지하였다는 데서 찾을 수 있다. 지방의 여러 아카데미에서 이 집단의 참여도는 제3신분의 평균 6퍼센트였는데, 통신원 속에서는 레오뮈르(6퍼센트)와 그랑디디에(1명도 없다), 그리고 뒤부아 드 포쇠의 통신원(2퍼센트)을 제외하고는 어디서나 그 이상이었다. 그리하여 그롤레의 경우 도매업자와 서적상은 벌써 제3신분의 12퍼센트를 이루었는데, 세기에의 통신원 내에서의 비율은 14퍼센트를 넘었고, 그의 방문객의 경우에는 31퍼센트나 되었으며, 몽테스키외 16퍼센트, 디드로 18퍼센트, 볼테르 21퍼센트, 그리고 루소의 경우가 가장 많아서 26퍼센트를 각각 이루었다. 수도는 지방을 앞질렀고, 위대한 작가는 '시시한 사람들'과 전통 기관을 모두 앞섰다. '사업'을 하는 사람들은 앙시앵 레짐의 부르주아 계층의 전통적 범주를 제치고 들어간 것이었다. 그것은 분명히 여러 가지 변수와 일치하는데, 그 중에서 곧바로 머리에 떠오르는 것은 상품과 사상에 따라서 회로가 결정되는 상업 활동과 관계된 것이다. 왜 이러한 동족 관계가 생기는지 이유를 분명히 알 수는 없지만, 그러한 관계에 또 다른 결정적인 동족 관계를 겹쳐 놓을 필요가 있다. 재정과 신교도 상업 세계가 주로 국제주의와 상업의 순환을 이끌었다. 우리가 루소와 볼테르의 통신원 가운데서 찾을 수 있는 사람은 모두 '신교도 은행가'였으며, 다른 통신망 속에서도 역시 최소한의 자격으로 이들이 끼어 있었다. 전 유럽에 통신원들이 짜놓은 그물 속에서, 전통 권력의 대표들은 경제 세력가들과 어깨를 나란히 하고 있었다. 우리는 그밖의 어떠한 수준에서도 이들이 이처럼 공존하는 모양을 찾을 수 없었는데, 이것은 분명히 앙시앵 레짐의 사회에서 과거의 세계와 미래의 세계 사이에 수립되고 있던 타협을 나타내는 것이었다. 통신원의 세계는 문학 공화국 안에서 학술 기관과, 과학이나 문학의 직업인 사회를 계몽된 호사가의 대중과 갈라 놓는 모든 거리를 보여 주었다.[105]

　전통 명사가 지배하였음에 틀림없지만, 이제까지 '문화의 기관'에 어떠한 대표도 배출하지 못한 범주가 파리와 지방의 아카데미 문을 밀고 들어왔다. 그들은 불확실한 사회적 범위에 속한 막연한 대중이었다. 문학 공화국의 사회적 바탕은 학술 단체의 바탕과 다를 바가 없었지만, 그것은 좀 더 자유롭고 개방된 조직을 가지고 가치의 새로운 서열을 떠받드는 것을 전제로 하였다. 이리하여 계몽된 여론이 형성되었는데, 우리는 그것이 특권과 평등의 갈등, 개혁을 추구하는 국가와 귀족주의자의 충돌, 통합된 인재와 다른 사람 사이의 대립 같은 앙시앵 레짐의 중요한 모순을 구체화시켜서 간직하고 있기 때문에 결코 거기서 동질성을 확인하지 못한다. 지방 아카데미와 다양한 기관의 영향을 가늠해 보려는 것은, 분명히 새로우면서도 여러 모로 옛것에 의존하는 의식이 공간 속에 나래를 펴는 모양을 파악하는 일이라 하겠다.

## 3. 계몽 시대의 공간

문화의 공간에는 고유한 마디가 있다. 그 공간을 규정하기 위해서 우리는 무엇보다도 그 공간이 공동 의식에 참여하는 범위 안에서, 그것을 자율적으로 만들고 싶어하는 기관과 사람을 생각해야만 할 것이다. 이같은 이유에서 우리는 이중의 뜻을 지닌 연구 방식을 가지게 된다. 그것은 특정 공동체가 조직되는 방식을 알아내고, 그 작업을 위하여 왕국은 물론 그 범위를 넘어서서 유럽의 경계선 속에서 문학 공화국의 바탕을 이루는 여러 단체의 영향력을 가늠하는 목적을 가지고 있다. 이처럼 교환과 지식의 첫번째 장소에 있는 관행 속에서 문화지리학이 모양을 드러낸다. 이 때문에 지방과 파리의 기관을 중심으로 수많은 연대감이 형성되고, 그로부터 서로 다른 그물이 펼쳐지는 것을 볼 필요가 있다. 이러한 방식만이 학술 단체가 어떻게 '계몽 시대의 공간'에 참여하는지 평가할 수 있도록 만들어 준다. 이제까지 우리는 문학이 물려 준 수많은 고전적 심상을 바라보면서, 아마도 좁은 범위의 정예만이 나누어 가졌을 세계주의의 현실에 대하여 지나치게 빨리 결론을 내린 듯하다.[1] 그러나 이제부터라도 여행에 관한 사회사를 실천하여 문학적 전형을 단순히 되풀이하는 대신, 한 시대가 문화 수용의 집단 실천을 경험하는 데 관하여 연구해야 할 것이다. 이같은 관점을 바탕으로 우리는 아카데미 운동의 범위 안에서 통일성이 실제로 차지하는 몫이 얼마나 되는지 가늠하려고 노력할 수 있다. 이를 위하여 기존 관념을 그 시대에 나온 여행기에서 얻은 교훈과 대조하여야 한다. 우리는 아무런 놀라움이나 문제가 없는 경치보다는 여러 계층이 공존하는 대조적인 풍경의 돌발사를 좋아하는 것이다. 거기서 지역의 공간은 세계의 공간보다 더 큰 자리를 차지할 것이 분명하고, 왕국의 지평은 유럽의 지평보다 더 중요할 것이다.

학술 단체의 집단 행동은 두 가지 중요한 방식으로 조직되었다. 하나는 품위를 나누어 가지는 가입과, 다른 하나는 사회적 관행을 실천하는 통신 제도였다. 기관이 늘어나는 것은 여기서 명성을 널리 인정받고 싶어하는 요구가 늘어나는 표시가 된다. 사실 아카데미의 자격은 사회심리적으로 체면을 더욱 중시하는 일이며, 또한 긴밀한 후원을 확인해 주거나 인정해 주는 일일 수도 있었다. 우리가 살폈듯이[2] 명예회원과 마찬가지로 준회원과 통신원이 되는 일도, 사회적 가치를 반드시 존중하는 데 신경을 쓰면서 지적 분위기의 필요성에 부응하는 것을 뜻하였다. 이 때문에 그들을 선출하는 가운데 아카데미의 모든 관계는 다른 공간 속에서 이루어진 관계와 겹치게 되었고, 대중이 간절히 바라는 것을 해결해 주는 동시에, 저술가와 저명한 학자를 받아들여서 자기의 명예를 지키고 싶어하는 높은 사람의 욕구를 충족시켰다. 대다수의 경우 자기 가치를 높여 주는 데 결합할 수 있는 일은 지방의 지평선 안에서만 이루어졌다. 지방 애호가 가운데 4분의 3 이상이 한 군데 가입하는 데 그쳤고, 소수(10퍼센트)가 여러 군데에 뽑히면서 더욱 넓은 야망을 보여 주었다. 그것은 그들이 명성의 사다리를 오르고, 문학 공화국 구성원의 목록에 이름을 올리는 수단이 되었다. 여러 가지 자격이 늘어나는 것은 효과적인 광고 투자와 일치하였다. 어떤 사람이 일단 여러 자격들을 얻게 되면 지방이나 외국에서[3] 지방의 정예 분자에게 널리 알려지고 인정받게 되어 이름을 날렸던 것이다. 이렇게 얻은 이름을 저작의 첫머리에 넣어 출판하는 일은 언제나 가치의 집단 보장처럼 보였다.

이 때문에 파리의 기관을 본받은 지방 아카데미는 이 분야에서 자신의 권리를 존중하는 데 신경을 썼다. 어떠한 아카데미 회원도 아카데미의 동의를 받아야만 자기의 출판물 앞머리에 자기가 얻은 품위를 기록할 수 있다고 모든 정관과 규칙에서 규정하였다.[4] 부정을 저지른 수많은 사람이 쫓겨났다. 시인이며 극작가인 푸앵시네는 디종 아카데미에서 그러한 경험을 하였다. 첫번째 그는 자신의 〈가브리엘 데스트레부터 앙리 4세까지〉라는 제목의 영웅시 첫머리에 자신의 칭호를 붙이고, 징계를 받았다.[5] 2년 뒤 그는 어떤 소송에 쓰기 위한 의견서에서 다시 한 번 똑같은 일을 저질렀다.[6] 그에 대한 선고는 움직일 수 없는 것이었다. "우리 아카데미는 당신이 아카데미의 규칙과 아카데미가 당신에게 준 경고를 무시하고 디종 아카데미 회원이라고 스스로 칭하고, 여전히 비슷한 일을 저지른 데서 심한 고통을 받았습니다. 그러므로 우리 아카데미는 이달 2일의 회의에서 다시는 당신을 회원으로 생각지 않기로 결정하였음을 알려 드립니다……." 학술 단체가 특권을 지키는 일은 마치 작품의 질을 보전하기 위하여 꼭 필요한 것처럼 보였고, 그들이 주장하는 진보라는 이상과 쉽게 결합하였다. 이처럼 아카데미의 인정을 받는다는 것은 합법의 의미를 가지게 되었고, 지방의 아카데미 운동은 수도의 기관이 다듬은 전통을 물려받았다.[7] 위그 마레는 이러한 관심을 분명히 설명하였다. 클레르몽 아카데미의 사무총장인 소바드 신부가 발렝빌리에 예찬론을 쓴 뒤 자기의 회원 자격을 붙여 제출하였을 때, 마레는 그에게 관행상의 축하를 보낸 뒤에 이렇게 분명히 말하였다.[8] "디종 아카데미가 당신 작품에서 볼 수 있는 몇 가지 가벼운 흠을 고쳐서 완성도를 높이도록 충고의 말씀을 드리려고 결심하게 된 것은, 무엇보다도 당신의 영광에 대해 관심을 가졌기 때문이라 하겠습니다. 우리의 충고는 아마 그 흠을 아주 쉽사리 사라지게 만들어 줄 것입니다……. 그러므로 당신이 계몽 사상과, 특히 우리 아카데미의 훌륭한 뜻을 믿으시어 당신의 원고를 인쇄하기에 앞서 우리에게 맡겨 주신다면, 우리는 그것을 분명히 우정어린 눈으로 정확하게 읽은 뒤에 빨리 되돌려 드릴 것을 약속할 수 있습니다……." 아카데미에 가입하는 것은 무시할 수 없는 일이었으며, 그것은 여러 집단 그리고 '문인' 전체가 늘 심판하는 직업 윤리의 실천을 기준으로 사람을 고르는 집단으로 끌어넣는 행위였다. "우리가 문인의 평판과, 유럽 아카데미들의 훌륭한 의견을 유지하기를 원한다면, 회원을 뽑는 데 정치적으로 아주 까다로워져야 할 것이다……."[9] 이같은 제한을 두는 경향은 학회에 가입할 수 있는 만큼 가입하여 명성을 높이려는 저술가의 압력과 의지에 대립하기 위한 것이었음이 분명하다. 그러나 한편 아카데미 운동은 거물급 문인과 과학자의 덕을 보기도 하였다. 왜냐하면 이 운동을 영광스럽게 만들어 준 사람은 바로 그들이었고, 그들은 칭호를 추구하기 위하여 일한다기보다는 칭호를 거절하면서 더욱 독특한 성격을 나타내기도 하였기 때문이다. 루소와 디드로의 경우가 그러한데, 이 점에서 볼테르나 몽테스키외와 아주 달랐다.[10] 그밖의 다른 사람은 모두, 이를테면 '재치를 가진 무리'는 모두 악착같이 그 목적을 좇았

다. 티통 뒤 티예와 롤랑 드 라 플라티에르의 두 가지 보기만 들어도 충분
할 것이다.

첫번째 사람은 아카데미 칭호를 서른 가지 이상 가지고 있었기 때문에,
아마 이 방면에서는 18세기에 최고였을 것이다.[11] 1677년 파리 고등법원
귀족 가문에서 태어난 그는[12] 문학과 학술적 영광의 만신전에 대한 정의
에 집착하였으며, 이러한 의미에서 문예 애호가(딜레탕트)의 전형이다. 용
기병 대위를 거쳐 마리 아델라이드 드 사부아 공주 궁전의 급사장을 지낸
그는 한꺼번에 궁정·도시·민병대·고등법원에 대하여 관심을 가졌다. 이
처럼 여러 가지 문화의 전통이 함께 어울렸기 때문에 그의 계획은 실현되
기에 적합한 조건을 가졌지만, 그 계획이 가장 호감 있는 메아리를 불러
일으킨 곳은 오직 몇몇 문학과 학술 단체 속이었다. 미술의 영광을 기리
기 위한 기념비를 세우려는 그의 계획은 아카데미 정신의 여러 구성 요소
를 포함하였다. 그것은 군주의 행위를 예찬하고(루이 14세, 아폴론이 그 건
축물에 영광을 베푼다) 문학·문예 후원자·예술과 이들의 발전을 영광스
럽게 만들며(누구든 이름을 날린 사람들의 메달이 그의 현대식 파르나스를
장식한다), 문학 공화국이 주장하는 자유의 모양이 나타나는 이념을 아름
답게 구체화하는 계획이었던 것이다.[13] 그러나 티통 뒤 티예의 계획은 여
러 가지 차원에서 공상적인 성격을 지녔기 때문에 결코 실현되지 못하였
다. 18세기초 그것을 실현하려면 수백만 리브르가 필요하였으며, 계속 간
청을 받은 재무총감은 이러한 큰 액수를 지출하는 이유를 결코 정당화시
킬 도리가 없었다. 이 사업에서 여전히 흥미를 끄는 것은 사업을 계획한
사람이 곧 아카데미의 회원 자리를 얻어 조금도 변함없는 명예를 누릴 수
있었다는 점이다. (티통은 1763년 거의 1백 세가 다 되어 죽었다.) 《파르나
스》(고답파 시인)의 프랑스어 판에서는 데포르즈 마이야르가 "몇 가지 아
카데미에 그(티통)가 가입한 사실에 대해" 쓴 송시를 볼 수 있는데, 우리
는 거기서 문학 단체를 지배하는 것이 시적 미학이라는 놀라운 증거를 찾
을 수 있는 동시에, 아카데미가 어디에나 있었기 때문에 그 송시가 믿을
수 없을 정도로 수많은 메아리를 불러일으켰음을 알 수 있다. "칼리오프
여, 그대의 날개 위에, 티통에게 경의를 표하여, 나의 충실한 공감을 실어,

헬리콘 산마루에 날려 주오. 내 리라는 벌써 울리고 있네. 강력한 여신 라토나의 아들이여 손뼉을 쳐주오, 선견지명이 있는 형평이 상을 주는 우정의 신에게. 미네르바여, 그대의 빛나는 신전의 모든 문을 활짝 열어 주오, 그대가 가지고 다니는 종려나무 잎으로 그의 의기양양한 이마를 덮어 주오. 우리의 학술 단체, 경쾌하고, 진실하고, 숭고하며, 빛나는 천재의 공화국은 그의 재주를 기리기 위하여 모인 듯하네……. 나타나라, 티통이여, 그는[14] 자신이 소중히 여기는 핀두스 산 위에서 그대를 부르네. 그의 날개 아래서 자라고, 그의 정신이 밝혀 준 그대. 존엄자·아폴론·문예 후원자, 우리의 자손은 그의 영광스런 업적을 읽으면서 쉽사리 믿으리, 어떤 왕이 인간의 모습 아래 가장 훌륭한 신을 감추고 있음을. 미네르바가 안내해 준 수많은 유명한 사람 중에서, 그 왕은 다시 빛나 저물지 않는 날 온갖 어둠을 정복한 그대 이름이어라. 내 리라를 위하여 무엇을 할까? 그 어둠의 탄생과 발전을 그리려면 모든 예술이 필요하구나! 그러나 사람들은 어디서나 그 어둠의 성공을 괴상하게 여기면서 어둠을 읽을 수 있다." 이러한 문체의 15절짜리 시로써 티통을 소리 높여 예찬하고 있으며, 거기서 아카데미 운동이 자신의 존재를 알린다. 여러 가지 칭호를 가진다는 사실은 문학 공화국에 대한 한 가지 개념과 일치한다. 문학 공화국이란 학자, 위대한 작가, 독서가, 계몽된 아마추어 모두를 위한 자리가 마련되어 있는 곳으로서, 그곳에서 어떤 사람은 활동하고 글을 쓰며, 어떤 사람은 경탄한다. 프랑스의 파르나스는 학술 단체가 가지고 있는 화해의 이상을 천명하는 곳이다. 티통이 외국에서 거둔 성공으로 유럽에서 첫째 가는 문화 공동체의 성격, 말하자면 지중해 지방 동아리들의 문화 공동체의 성격을 규정할 수 있다. 그가 거둔 성공은 당시에도 여전히 이탈리아를 중심으로 삼고 있던 시인과 문학가들의 유럽 연합을 상기시켜 준다. 북유럽에 학술 단체가 없었다는 점이 여기서 중요한데, 그것은 문화 공간의 현실 속에서 중요한 경계선을 그어 주기 때문이다. 두 세계 사이에 지방 아카데미 운동은 현저한 전환의 성격을 띤 것처럼 보인다.

　티통보다 나중에, 롤랑 드 라 플라티에르가 아카데미에서 쌓은 경력을 보면서 우리는 새로운 운명이 있었음을 확인할 수 있다.[15] 그는 1777년 이탈리아를 여행하는 기회에 로마 아르카디아 아카데미에 가입하여 아주 전통적인 경력을 시작하였다.[16] 그러나 정부에서 그를 귀족으로 인정해 주지 않는 데 대해 그가 어떤 대책을 세우려는 의지를 가졌다는 증거를 찾아볼 수 없을 정도로 그는 아주 착실하게 경력을 쌓아 나갔다. 그가——자기 아내에게서 힘을 얻어——학술 단체의 영역에 가장 두드러진 야심을 보일 수 있었다는 증거를 발견할 수 있다. 그는 출생으로 확인할 수 없는 형태들을 재능에 따른 신분 상승으로 대신하였다.[17] 그러나 여러 가지 면에서 유리한 기회를 맞이하여 그의 계획은 더욱 쉽게 풀렸다.

가문의 전통을 배경으로 그는 자기 조상의 도시인 빌프랑슈앙보졸레 아카데미에 뽑혔다. 성당 참사회원이던 그의 형 도미니크는 1756년부터 그곳에 부임하였다. 그는 수공업 공장의 감독관으로 행정 임무를 맡거나 이주하는 가운데 여러 곳의 문을 두드릴 수 있었다. 로데브에서 클레르몽으로 지나는 동안 그는 몽펠리에의 왕립과학원에 뽑혔다. 리옹 아카데미는 그가 도시에 부임한 지 얼마 뒤에 그를 받아들였는데, 그가 가장 활발히 활동을 하게 되는 곳이 바로 거기였다.[18] 그는 능력을 인정받아 부르의 농학회와 아카데미의 문을 통과하였다. 그가 랄랑드와 아주 친하였고, 리옹 사람들로 인하여 리부와 바렌 드 프니유와 가깝게 지냈다는 사실을 잊지 말아야 할 것이다. 그 지역에서 성공을 거두었기 때문에 주로 '노쇠한 아카데미'를 지배하는 집단의 반대에 부딪혀 아미앵에서 실패한 것을 만회할 수 있었음에 틀림없다. 시행정관과 가깝게 지내고 아미앵의 도매업자 집단과 관계를 맺고 있는 귀족과 법률가로 구성된 거물급 챙 없는 모자는 그의 자만심——그는 언제나 공식적으로 회원 후보가 되기를 거부하였다[19]——그의 빈정거림——그리고 마농 롤랑의 빈정거림——제조업자들에 대한 그의 보호를 용서하지 않았다.[20] 그는 과학에서 이름을 날리면서 여러 아카데미의 회원에 차례로 뽑힐 수 있었다. 1777년 그는 과학 아카데미에 아미앵의 두 실업가로부터 영감을 얻어 현상 논문을 제출하였고, 통신원에 뽑혔다.[21] 루앙 아카데미는 그를 자기네 아카데미가 길러낸 학생으로 인정하였다. 그는 베른 아카데미——이것은 중요한 경제학회였다——디종 아카데미, 마르세유 아카데미, 볼로냐의 학사원, 보르도 아카데미의 회원 명단에 차례로 이름을 올렸다. 그의 친구인 보스크 당틱은 그를 토리노 아카데미 회원으로 만들어 주었다.[22] 목사였던 프로사르느는 그를 맨체스터와 배스 학회에 가입하도록 도와 주었다.[23] 롤랑이 아카데미 활동으로 거둔 성공을 통하여 지방 학회 운동의 비중과 지중해 연안의 전통뿐만 아니라(그가 온갖 힘을 썼지만 베를린 아카데미에는 가입하지 못하였다), 그가 북유럽에 대하여 학술상의 색채를 띤 개방적인 태도를 보여 준 것을 긍정적으로 평가할 수 있을 것이다.[24] 그의 경우는 분명히 아카데미의 회원 자격이 사회와 학술상의 지위를 확실히 다져 주는 데 이바지하였다는 점에서 훌륭한 보기라 하겠다. 중요한 의미를 담고 있는 '근무 보고서,' 그리고 마농 롤랑·브리소·보스크와 주고받은 편지를 통해서 우리는 저작들의 구실을 분명히 알 수 있으며——팡쿠크가 출판한 백과사전에 중요한 〈예술〉 항목 기고[25]——또한 재능을 가진 사람이 아카데미에 가입하였을 때, 안정감·우월감과 함께 사회가 자신의 공적을 인정해 주기를 바라는 마음을 얼마나 가질 수 있는지 잘 알 수 있다.[26]

어쨌든 편지 한 통도 주고받지 않는다면 아무도 회원이 될 수 없었으며, 그러한 이유에서 최소한의 통신이 필요하였다. 대다수의 아카데미가 소수의 통신으로 만족하였다. 후보 지원서 한 통, 감사 편지 한 통, 종종 헌사를 붙인 작품 한두 편(티통 뒤 티예는 아카데미마다 《파르나스》를 냈고, 롤랑은 훨씬 더 절충의 태도를 보여 자기 연구 보고서 가운데서 다양하게 골랐다), 때로는 회원 취임 인사, 이러한 것이——비록 완전한 것을 찾아보기는 어려워도——아카데미 회원이 구비해서 제출한 서류였다. 확실히 학회는 자신의 연계를 최대한 규칙적으로 만들고, 자기네 통신원이 체계적인 서신 교환을 하도록 만들고 싶어하였다. 왜냐하면 아카데미의 자유는 결코 (리샤르 드 뤼페의 말대로) '아무것도 하지 않을 권리'까지 확장되지는 않았음이 분명하기 때문이다. 이렇게 해서 디종 아카데미의 정관에 따르면[27] 모든 회원은 3년마다 작품 한 편 이상 내야 했고, 몽펠리에의 회원은 1769년에 이와 비슷한 규정을 만들었다.[28] 그러나 학회 대부분은 이같은 규칙을 확실히 너그럽게 적용하였으며, 극소수가 배은망덕하거나 무관심한 사람에게 위협을 주었듯이 제명 처분까지 감행하였다. 이 분야에는 아무런 일반 규칙이 없었으며, 모두가 경우에 따라 달랐다. 개인에 따라서 (많은 사람이 그러한 노력의 필요성을 중시하고, 자신을 뽑은 학회와 연락을 하려고 노력하였다), 또한 종신 사무총장의 성격에 따라서 경우가 달라질 수 있었던 것이다. 종신 사무총장의 경우 다소 당차게 일을 추진한 위그마레 같은 사람, 아니면 체념하여 관용을 일삼는 라 투레트 같은 사람이 있는가 하면, 자기 동료의 집단 열정에 떠밀려다니는 뒤부아 드 포쇠 같은 사람도 있었던 것이다. 이러한 관계가 비록 제한되긴 했지만 학술 생활의 주요 맥을 이루었으며, 모든 경우 '문학 공화국'에서 아카데미의 명성을 떨치는 바탕이 되었다. 이같은 평판은 주로 한 단체의 회원(명예회원·정회원·통신원 가릴 것 없이) 수로 가늠될 수 있는데, 그들은 왕국 안의 하나 이상의 아카데미 회원이기도 하였던 것이다. 이러한 사실을 바탕으로 그린 지도는[29] 아카데미의 영향은 물론, 그들이 파리와 지방의 지성인과 애호가 사회에 불러일으킨 매력을 모두 반영한다. 그러나 그것은 수많은 단체에 대부분 준회원과 명예회원으로 가입한 사람의 작은 집단에 대해서는 보여 주지 않는다. 예를 들어 티통·롤랑·원장신부 술라비·파스토레·비크 다지르·라세페드·라 마이야르디에르 자작·피에르 드 시브리·필리프 그랑디디에 같은 아카데미 회원의 소집단이 어디나 끼어 있다는 사실을 보여 주지는 못한다. 지방에 끼친 집단의 영향만을 놓고 볼 때, 첫번째 지도에서 우리는 중요한 집단을 발견할 수 있다. 회원 1백 명 이상이 다른 아카데미에도 이름을 올리고 있던 아카데미는 모두 14개였다. 이러한 단체 가운데 디종과 리옹이 각각 2백 명 이상이었으며, 다른 학회는 1백 명에서 1백50명을 가지고 있었다. 이중에는 루앙(1백49명)·마르세유(1백32명)·메스(1백48명)·보르도(1백 명)가 끼어 있다. 빌프랑슈 앙보졸레가 이 집단에서 차지하는 자리는 조금 뜻밖이지만, 그 학회는 놀라울 정도로 그 지역에서 인기를 누렸기 때문이다. 그 인기는 리옹 아카데미 회원(31명)·브레스 회원(9명)·부르고뉴 회원(10명)·오베르뉴 회원(10명)을 자기네 회원으로 받아들인 데서 나타난다. 50명과 1백 명 사이를 가진 학회는 님·몽토방·부르·베지에·브장송·앙제·아미앵 아카데미들이다. 50명 이하의 경우는 아장·발랑스·그르노블·오를레앙·세르부르·오세르같이 늦게 생긴 아카데미뿐 아니라, 각 지방의 학회에 대해 대단한 지배력을 가져 보지 못한 클레르몽·브레스트·포의 아카데미에서 찾을 수 있다. 별로 존중받지 못한 그들의 회원 자격을 탐내는 사람도 드물었다. 끝으로 아를과 수아송은 대략 10명을 넘지 못하였는데, 그들의 조직이 엄격하였고, 그들이 어려움을 겪고 있었음을 보여 준다.

이제부터 우리는 파리의 아카데미 회원이 바라본 대로 지방 학술 단체의 서열을 살펴볼 차례이다.[30] 그들은 지방의 단체에 명예회원, 준회원, 또는 훨씬 드물게 정회원으로 가입하면서 지방의 아카데미 운동을 뒷받침해 주기로 하였든지, 아니면 그들이 지방 아카데미 회원들을 수도의 준회원이나 통신원에 받아들이면서 지방의 운동을 부추겨 주었든지 하였다. 그러나 첫번째 부류를 확인할 수 있다. 지방의 위세는 파리에서 정한 권위의 기준과 일치하였고, 그곳의 선구적 아카데미는 수도의 지배를 받고 있었다. 언제나 첫머리에 있는 리옹과 디종은 파리 회원 1백 명 이상을 보유하고 있었으며, 몽펠리에(여기서 우리는 왕립과학 아카데미의 비중을 가늠한다)·루앙(여기서는 화학 아카데미 회원의 구실뿐만 아니라 화가·조각가·판각사들의 구실도 결정적이다)이 그 뒤를 따랐다. 그보다 낮은 수준에서 10여 개 아카데미가 1백 명을 넘겼는데, 거기에 브레스트(여기서도 역시 과학 아카데미와 맺은 관계가 한몫을 담당하고, 해양 아카데미의 명성을 지방 공동체보다는 파리에서 더욱 날릴 수 있도록 만들어 주었다)·아미앵(파리의 3대 아카데미가 똑같이 후원하였다)이 추가된다. 별로 유명하지 못한 단체들의 집단은 이제 17개 단체로서, 그 중 아장·아를·셰르부르·오를레앙·포·발랑스의 6개 단체가 3명 이하의 파리 회원을 맞이하였다. 빌프랑슈는 단지 7명을 가지고 이 집단에 속해 있었는데, 그곳의 경우 인근에는 분명한 영향을 끼쳤으나 전국에 끼친 영향은 보잘것없었다. 요컨대 18세기에는 지방 단체와 마찬가지로 수도의 아카데미의 지평에서 볼 때, 확고한 명성을 날리고 사람들이 들어가고 싶어한 문학과 학술 단체는 절반 이하에 지나지 않았다. 이들은 모두 상당한 인원을 가지고 있었으며, 활동 기간이 길고, 다른 곳과 비교해서 별로 어려움을 겪지 않은 단체도 있었고, 회원 선출의 사회적 기준을 열어 놓은 곳도 있었다. 아를·포, 게

다가 브레스트·브장송·죄 플로로는 대부분 이 분야에서 귀족주의 태도를 지켰기 때문에 별로 이름을 떨치지 못하였다. 대체로 아카데미가 이름을 날리려면 폐쇄성을 전혀 갖지 말아야 했던 것이다.

각 아카데미를 중심으로 준회원과 명예회원의 선출은 지역의 연대감을 보여 주는 관계, 상업과 교환 관계의 분명한 영향, 또한 사상·사람·책의 전파와 순환 관계의 그물에 따라 이루어지고 있었다. 이와 관련해서 작성한 지도들을 가지고, 우리는 각 단체가 주장하는 명성의 영향보다는 그 단체가 지리적으로 차지하고 있는 현실에 대해서 더 잘 알 수 있다.[31] 이러한 현실은 다음과 같이 네 가지 변수로 규정할 수 있다. 그것은 지역 출신의 몫, 전국에서 수도를 뺀 나머지 지역 출신의 몫, 파리의 몫, 외국의 몫이다. 첫번째 지수를 검사하고, 그것이 각 단체의 회원 선출에 끼친 영향을 가늠하기 위해서는 아카데미 도시의 근처에 사는 아카데미 회원의 숫자와, 그밖의 지방·수도·외국에 거주하는 회원의 숫자를 비교해 보기만 하면 될 것이다. 백분율의 도표를 보면[32] 우리는 중요한 한계가 있음을 알 수 있다. 자기 지방 회원의 몫은 결코 39퍼센트(몽펠리에의 경우) 밑으로 내려가지 않았다. 자기 지방의 비중에 대한 이러한 기준을 좇아서 세 가지 모범이 나타난다. 대다수라 할 19개 단체가 회원의 50퍼센트 내지 75퍼센트를 바로 그 지방의 지평선(도시·교구·징세구·군관구·주)에서 뽑았다. 두번째 모범에는 몽펠리에·디종·루앙·보르도의 4개 단체가 속했는데, 거기서 그 지방 회원의 몫은 50퍼센트에 미치지 못하였다. 세번째 것은 9개 아카데미로 이루어졌으며, 그들은 고도로 발달한 지방성을 보여 주었는데, 그들 회원의 75퍼센트에서 98퍼센트가 그 지방 출신이었다. 그들은 죄 플로로·아장·포·셰르부르·부르·베지에·브장송·몽토방·아를 아카데미였다. 따라서 지방 아카데미는 특히 지방의 성격을 띠었으며, 주로 자기 도시와 그 세력하에 있는 지역에만 영향을 미쳤다.

그러나 삼각 도표를 그려 보면[33] 회원의 세 요소(지방·파리·외국)는 두 가지 미묘한 차이를 보여 준다. 7개의 아카데미를 가지고 있는 첫번째 집단은 모든 조건을 평등하게 여겼으며, 국제적이었다고 평가할 만하다. (전체 회원의 7퍼센트에서 20퍼센트가 국경선 밖에서 왔다.)[34] 두번째 집단——

12개 단체——은 수도의 시선을 아주 많이 끌었던 것(18퍼센트 내지 40퍼센트)처럼 보인다.[35] 첫번째 집단에 속한 리옹·샬롱·디종의 3개 단체는 이 두번째 모범의 경계에 있다. 대다수의 단체가 각별히 지방색을 띤 행동 양식을 보여 주었는데, 어떤 곳은 외국인을 한 명도 받아들이지 않았으며,[36] 모두가 가깝거나 먼 주에서 회원의 80퍼센트 이상 뽑았다. 몇몇 보기를 가지고 이것을 뒷받침할 수 있다.

먼저 닫힌 단체에 대해서 알아보자. 수아송의 경우[37] 회원은 모두 수아송 출신이나 파리 출신(29퍼센트)이었다. 18세기 내내 이곳 아카데미는 그 지방의 샘에서 물을 긷고, 파리의 별빛을 바라보는 것으로 만족하였다. 수아송 아카데미가 고립된 이유는 거만한 전통을 오래 전부터 존중하였다는 데서 찾을 수 있으며, 주로 이 때문에 거의 영향을 미치지 못하였던 것이다. 포의 경우를 살피면[38] 그곳 아카데미는 별로 밖으로 문을 열어두지 않은 채, 자기네 사회의 단결을 굳게 지키던 베아른 문화의 불안정한 유산에 바탕을 두고 있었다. 이 아카데미가 피레네 산맥 너머로 눈길을 주었을 때, 그것은 파리(뒤클로·티통·외과의사 메달롱·의사 뷔송)·보르도(몽테스키외의 아들)·툴루즈(도르베상)로 몸을 돌리기 위함이었다. 원장 신부 귀아스코는 분명히 이탈리아 사람이었지만 보르도나 파리에서 몽테스키외와 가까이 지냈을 때 포 아카데미의 회원이 되었다. 한마디로 말해서 포의 통신원은 단지 장식 노릇밖에는 못하였다.

아장의 경우는 더욱 재미있다.[39] 그 지역에서 뽑힌 회원이 93퍼센트, 외국인은 전혀 없었고, 파리 사람이 2퍼센트였으며, 다른 지방민이 5퍼센트 있었다. 여기서 우리는 이 학회가 처음에는 자기 지방에 뿌리를 더욱 깊게 내리며, 밖으로 눈길을 돌리기 전에 보르도와 툴루즈(각각 준회원으로 6명과 3명)에 메아리를 일으키면서 천천히 세력을 뻗는 모습을 볼 수 있다. 그러나 벌써 몽펠리에·베지에·아라스·오를레앙 같은 아카데미 도시를 바탕으로 전국 규모의 망이 또렷하게 드러나고 있다. 이 아카데미가 조금 뒤 활동의 범위를 넓힐 수 있었다는 사실은 의심의 여지가 없다. 이에 반하여 툴루즈의 죄 플로로를 살펴보자.[40] 이곳은 아카데미 운동의 최연장자였지만 지방색이 두드러졌다. (아카데미 회원의 97퍼센트가 툴루즈와 인근 지역 출신이다.) 대가들은 단지 파리(5명), 서부의 바이온과 타르브, 몽펠리에, 나르본, 동부의 아그드에서만 왔음을 알 수 있다. 그 이유는 아마도 고등법원 인사들이 중요한 구실을 하였고, 죄 플로로의 조직이 엄격하게 대가의 수를 제한한 데서 찾을 수 있다. 이 지도를 툴루즈 왕립과학 아카데미의 지도와 비교해 보면,[41] 먼저 생긴 문학 단체가 그 지방에 뿌리를 두고 있는 데 비해 나중에 생긴 과학 단체는 일반형(주에서 80퍼센트 이하를, 자기 지방에서 75퍼센트 이하를 뽑는 형태)에 맞는다는 사실을 분명히 알 수 있다. 랑그독이 차지하는 몫이 여전히 압도적이라 해도, 우리는 여러 가지 개별적인 차이에도 주목해야 할 것이다. 툴루즈는 회원의 55퍼센트만을 배출하였고, 나머지의 일부는 남부의 아카데미 도시(보르도·아장·베지에·몽펠리에·님)에서 뽑혔는데, 남서/남동이라는 중요한 순환의 축이 여기서 영향을 끼치고 있음이 드러나지만, 론 강이 확실한 경계선 노릇을 하였던 것이다. 다른 일부는 주민 2천 명에서 5천 명을 가지고, 타르브·루르드·푸아·가이약·카스트르같이 피레네 산맥에서 마시프상트랄에 이르는 지방에 자리를 잡았으며, 주로 의사와 사제를 내보낸 작은 도시로부터 왔다. 그 위에 아카데미와 학교 기관을 가진 프랑스(오세르·브레스트·디종·낭시·리옹·브리엔·로슈포르), 수도와 그곳의 중요한 단체들, 계몽주의에 물든 유럽이 있었다. 툴루즈 (과학) 아카데미 회원의 유럽 공간은 남부(마드리드·카딕스·파르마·파비아·몰타), 북부(런던·코크·웁살라·암스테르담·부용, 그리고 빈·모스크바도 있었다)를 모두 포함하였다. 평범한 지방학회는 통신망을 이용하여 자기의 문화적 시각을 유럽과 세계의 지평선 끝까지(식민지에서 준회원을 3명 받았다) 넓힐 수 있었으나, 이 분야에서 좀더 개방적인 과학 아카데미가 자기의 자매이자 경쟁자라 할 수 있는 단체를 능가하고 있다는 사실을 보는 것은 놀랄 만한 일이다. 죄 플로로 아카데미에서 상을 받은 문예 경쟁자의 지도는 이에 대한 뜻깊은 검증이 될 것이다.[42] 툴루즈는 절반 이상을 내놓았고, 랑그독과 프로방스에서 4분의 3 이상이 왔다. 국어가 승리하고 있던 시대에 문예 경진 대회는 오크어(랑그독어)의 무게를 보여 주었다. 비록 문화의 내용은 바뀌었지만, 계몽 시대에 오래 된 문화적 연대감의 무리 속을 아카데미들의 지방주의가 흐르고 있었다. 이 점을 인정하려면 브장송 아카데미의 공간을 살펴보아야 할 것이다.[43] 프랑슈콩테의 수도는 거기서 첫머리를 차지하였고, 그 주위에 생트레·오르낭·봄·돌 같은 작은 도시와 큰 읍들(아카데미 회원의 80퍼센트)이 있었다. 그러나 그것을 넘어서 부르고뉴·로렌·알자스·스위스가 회원을 보내어 로타르 제국의 전통이 꾸준히 흐르고 있음을 증명하는 것처럼 보였다. 프랑슈콩테가 프랑스의 문화 공간에 완전히 결합하였을 때, 늘 귀족 중심으로 회원을 뽑고, 활동의 내용이 역사와 문학을 중심으로——우리는 이 점을 여가 활동에서 더 찾을 수 있을 것이다——벌어지는 확고한 특성과도 일치하는 이 날카로운 지방주의에 어찌 놀라지 않을 수 있겠는가? 프랑슈콩테의 학회는 국제적이지도 못하였지만 파리식도 아니었다. 그리고 그 때문에 왕국과 주의 경계선을 오직 우연에 따라서 지켰을 뿐이다. 그래도 역시 콩테의 정예는 그 단체를 통하여 국가 공동체에 결합할 수 있었다.[44] 지방의 의식이 먼저 형성되고 난 뒤 계몽주의가 발전하였던 것이다. 노르망디 출신이 많았던 세르부르, 리옹과 부르고뉴에 영향을 미친 부르, 도피네 사람들이 지배한 발랑스, 프로방스 사람들이 다스린 아를, 랑그독 사람들을 가진 베지에는 모두 완전히 비슷한 모양을 보여 주었다.[45] 아카데미 정신은 지방의 애국심을 확인하는 것이기도 하였다.

어디서나 아카데미가 있는 도시와 주의 회원이 지배하고 있었지만, 여러 가지 영향을 받아 좀더 문을 활짝 열어야 했던 대다수 아카데미의 서류를 검사해 보면 애국심을 의심할 수 없을 것이다. 스타니슬라스가 세운 아카데미가 그같은 경우이다.[46] 낭시나 로렌 지방의 몇몇 도시에서 실제 인원의 45퍼센트가 뽑혔지만, 이 아카데미는 확실히 파리를 특별히 생각하였다. 이 아카데미는 거기서 39퍼센트의 회원을 받아들였지만 이들은 대부분 궁정·행정, 또는 사교계나 문단에서 활동하던 로렌·부르고뉴·프랑슈콩테 출신자였다.[47] 우리는 아카데미 도시를 찾을 수 있는 북서/남동을 잇는 선 동쪽 지역을 특별 취급하는 옛날과 같은 관계를 지도 위에서 볼 수 있다.[48] 외국인 회원은 10명 미만으로서 낭시 아카데미가 유럽에 미친 영향은 별로 없다고 말할 수 있지만, 여기서도 역시 그것은 바젤(베르누이 가문, 이슬랭)·베른·제네바 같은 스위스 도시에 특별히 영향을 미쳤음을 알 수 있다. 더욱이 독일과 이탈리아에서도 로렌의 전통이 중시되었다. 아미앵 아카데미의 회원은 주로 피카르디(아미앵에서 60퍼센트, 아브빌·페론·바폼·몽디디에)와 파리(32퍼센트)에서 왔다.[49] 지역의 경계선 밖에서는 르아브르와 루앙을 가진 노르망디, 랭스를 포함한 샹파뉴, 칼레를 가진 플랑드르 지방, 보베지 같은 인근의 주가 유리하였다. 이곳에 왕국 밖에서 온 사람은 거의 없다. 우리는 여기서도 지방의 폐쇄 경향을 볼 수 있으며, 이것은 앙시앵 레짐의 마지막 몇 년 동안 오고간 통신문 서류를 조사하면 확인할 수 있다.[50] 오고간 편지의 대부분은 피카르디 지방의 도시들, 주 행정 수도의 권력,[51] 아카데미 도시들의 프랑스[52]와 관계된 것이었다. 외국 통신원 몇 명만이 어쨌든 관계의 그물이 조금 확장되었음을 증명하고 있다.[53] 아미앵 아카데미는 파리와 관계를 맺었기 때문에 계몽 시대의 프랑스 공동체와 잘 결합해 있었지만 국제적 성격은 거의 없었다. 아라스도 왕국 밖에 사는 회원이 4퍼센트 정도였기 때문에 전혀 국제적 성격을 가졌다고 볼 수 없다.[54] 그곳 회원은 그 지역에서 나왔지만 로자티(Rosati는 Antoio의 문자 수수께끼이다) 모임의 회원보다는 분명히 덜하였다.[55] 나머지 회원은 파리와 그밖의 아카데미 도시에 골고루 퍼져 있었다. 뒤부아 드 포쇠의 영향을 받아 통신원의 숫자가 점점 늘어난 까닭은 아카데미 안에서 남서부, 프로방스, 중부의 작은 도시까지 지리적인 확장이 있었기 때문이다. 그러나 아라스가 진실로 독창성을 발휘하는 것은 바로 통신 사무국을 설치하였기 때문이다.[56] 아라스 아카데미 사무국의 그물은 여러 개의 축 위에서 매듭을 짓고 있었다. 그것은 무엇보다도 지방의 성격을 가지고 싶어하였으며, 파리의 지배를 받지 않았고, 지방에서 이미 존재하던 관계들을 이용하였다. 우선 그들의 사무국장과 인원들이 접촉하지 않은 단체는 거의 없으며, 그들과 접촉한 단체 가운데 통신원 50여 명과 편지 1천 통 이상을 주고받은 왕립의학회, 외과학 아카데미, 디종 아카데미(통신원 40명 이상, 편지 8백 통 이상), 파리의 예술과학원(50여 명, 거의 5백 통), 발랑스의 애국회(36명, 거의 3백 통), 부르의 학회(40명, 3백 통 이상), 파리의 왕립농학회(14명, 3백 통 이상) 같은 중요한 학회가 끼어 있음은 흥미롭다.[57] 우리가 보았듯이 늦게 생긴 학술 단체가 공동으로 발전하는 경향을 보이며, 뒤부아 드 포쇠는 의사 소통의 길을 더 많이 가지고 더욱 명성을 찾으려는 희망을 완벽하게 이용할 줄 알았다. 특별하게 취급된 곳은 여전히 통신원이 집중해 있는 북부였지만, 포쇠의 그물은 브르타뉴 내륙, 마시프상트랄, 알프스를 빼고 어디에나 뻗쳐 있었다. 그것은 의사 소통의 지리학을 위한 모범이 된다. 교통의 축들을 바탕으로 집중화 현상이 보이며, 이러한 현상은 3백여 곳 이상에서 볼 수 있다. 수도는 물론 1만 명 이상의 도시에서도 지배하지 못하며, 작은 도시와 농촌의 큰 읍에 절반 이상의 통신원이 있었다. 이처럼 독창적인 회원 구성은 통신 사무국을 구성하는 방법을 가지고 설명할 수 있다. 포쇠는 지역의 가나다순 명단을 이용하고, 주와 도시의 연감에 오른 명사에게 회람을 돌리면서 인원을 될 수 있는 대로 많이 가입시키려 하였던 것이다. 거기서 각별히 다음과 같은 세 가지 사회 범주를 바탕으로 한 마디를 찾을 수 있다. 첫째는 부주교를 가지고 주교구의 수준과 교구의 수준에 결합시킬 수 있는 성직자의 범주이고, 둘째는 공동체와 자치 정부의 차원뿐만 아니라 지극히 다양한 기관(부지사·재판소 따위) 차원에서도 영향을 받는 행정의 범주이며, 끝으로 의학과 외과학 중등학교의 범주였다. 통신 사무국은 왕국 전체로 범위를 넓혀 가면서 아카데미의 지평선을 넘었고, 작은 지방의 다양한 색깔을 나타나게 만들었다. 외국인은 거의 쓰지 않았지만 계몽 시대의 프랑스 공동체를 위해서는 지방의 명사를 동원한다는 예외적인 보기를 제시하였다. "그렇습니다 여러분, 저는 조금도 주저하지 않고 그 점을 말할 수 있습니다. 우리 아카데미를 위해서 프랑스의 어떠한 도시도 통신원을 가져야 할 것이라는 점 말입니다. 우리 아카데미는 이렇게 해서 모든 문학 작품을 받아 보게 될 것이고, 모든 학자와 문인을 알게 될 터이며, 어디서나 경쟁심을 부추기는 데 이바지할 것입니다……"[58]

대다수 학술 단체는 모두 자기 지방에 뿌리내리면서 아카데미의 그물을 바탕으로 자기가 속한 주에 문을 열었으며, 파리에 대한 개방의 정도가 두드러지고, 외국인을 별로 참여시키지 않았다는 공통점을 가지고 있었다. 다음과 같은 아카데미는 모두 이러한 공통점이 있었다. 먼저 캉 아카데미는 주로 바스노르망디에 뿌리를 두는 한편, 관목숲 지대에서 도시가 이상 증대의 성격을 보이고, 루앙으로부터 아주 많은 대표를 받아들이는 가운데 캉의 농촌에 자리잡았다.[59] 라로셸 아카데미는 생통주와 오니스의 지평선에서 주로 서부의 항구 도시로부터 회원을 받아들였다.[60] 그르노블 아카데미의 경우 회원은 대부분 도피네 출신이지만 리옹에서도 많이 왔다.[61] 클레르몽페랑 아카데미에서는 오베르뉴 지방이 강세를 보이지만, 파리와 외국에 진출한 오베르뉴 출신에게도 문을 열어 주었다.[62] 오를레앙 아카데미의 경우 루아르 강의 축에 바탕을 둔 오를레앙 시는 자기네와 경제 관계를 맺지 않은 관계로 별로 영향력을 행사하지 못한 지역을 지배하였다.[63] 그리고 파리 곡창 지대와 부르고뉴의 변두리에 뿌리내린 오세르 아카데미,[64] 독일에 등을 돌린 로렌 지방의 메스 아카데미,[65] 랑그독과 프로방스 지방의 님 아카데미[66]에서도 공통점을 볼 수 있다. 지방 아카데미의 지도는 무엇보다도 작은 바탕골의 지도와 일치하였다.[67] 중앙 정부의 기관이며, 전문성을 가진 해양 아카데미는 이같은 도식에서 벗어나긴 하였지만 파리·관료·아카데미·군사와 상업 항구를 특별히 취급하여 회원으로 뽑았다. 이 모든 학술 단체에서 볼 수 있는 국제적 성격은 특히 국외로 이름을 날리고 싶어하고, 스스로 남과 구별하는 가운데 뛰어나게 되는 기회를 가지는 데서 나타났다.

외국의 영향이 결코 지배적이거나 완전하지는 못했지만, 조금씩 커지고 있던 마지막 집단의 아카데미의 경우는 달랐다. 리옹은 첫번째 보기를 보여 준다.[68] 리옹 아카데미들이 회원을 선출하는 데서 우리는 개방의 의지를 확인할 수 있다. 그것은 "과학과 문학에서 뛰어난 것으로 널리 알려진 사람들이 회원이 되고자 요구해 오기를 기다리기 전에 그들을 가입시킨다"는 확실한 원칙으로 나타났으며,[69] 그곳 출신 57퍼센트를 포함한 지방민 64퍼센트와 파리 출신 26퍼센트, 외국인 10퍼센트로 회원을 채운 독특한 비율로 구체적으로 드러났다. 확실히 기본 연대감은 여전히 짙은 지방색을 보여 주고 있다. 리옹을 중심으로 준회원과, 보졸레·포레즈·리오네의 징세구에 둔 통신원의 모임이 있었다. 특히 빌프랑슈와 생테티엔에서는 회원을 많이 냈다. 그러나 그 범위를 넘어서 우리는 부르를 가진 브레스와 도피네 지방도 중시하였음을 알 수 있다. 리옹 아카데미들은 분명히 이 대도시와 그 영향권 사이의 관계가 발전하는 데서 볼 수 있는, 지역 의식이 형성되는 과정에 영향을 미쳤다.[70] 중간 크기의 도시와 대도시의 관계는 늘어났고, 경제와 기술의 관계는 여러 모로 발전하였으며, 두드러지게 개선된 의사 소통의 그물 덕을 입었다. 지적 교류가 발전하는 것은 여기서 19세기 초반기에 더욱 꽃피게 될 리옹 중심지의 여러 가지 매력과 관련되어 있었다.[71] 이처럼 활동의 직접적인 영향을 넘어서, 리옹의 학술 단체들은 수도의 주요 아카데미 회원인 ‘지성인’ 귀족·관직 보유자·학자들을 특별히 생각하였다. 그리고 그뿐만 아니라 남북의 지방축과 함께, 모젤·손·론같이 프로방스와 랑그독에 있는 남부로 확장된 대계곡의 축도 중시하였다. 여기서 우리는 샬롱·메스·낭시·브장송·디종·그르노블·몽펠리에·베지에·마르세유의 아카데미 회원들이 있는 것에서 아카데미의 연대감을 읽을 수 있지만, 서부(루앙·캉·앙제 제외)와 남서부(툴루즈 제외)의 아카데미 도시는 빠져 있다는 점이 눈에 띈다. 리옹 아카데미들의 문화 공간은 끊임없는 의사 소통과 전통적 교환뿐만 아니라 신교도의 상업 유통로가 이어지는 속에서도 자리를 차지하였다. 그것은 늘 동부로 향한 프란시아 미디아(Francia media, 중부 프란시아)의 모양을 충실히 지키고 있었다. 유럽의 차원에서 대륙의 연대감은 전통 있는 남부 유럽과[72] 스위스를 교차로로 삼아 집중된 북부와 동부의 움직이는 유럽[73] 사이에 골고루 펴져 지배하고 있었다.[74] 리옹에서 만나게 된 남부와 북부의 계몽주의는 학술 활동에 뛰어든 유럽의 귀족·교수 성직자·대학교 정예의 계몽주의였다. 그것은 아카데미, 주요 대학뿐만 아니라 독일의 프리메이슨 전통, 이탈리아의 ‘위대한 경향’의 전통 사이에 이루어진 교환 운동을 보여 주었다. 네덜란드와 영국은 빠졌다. 리옹 아카데미의 공간은 자기 자신의 필요 때문에 마디를 갖춘 서적 거래에 아직도 결정적인 영향을 미치는 대서양 세계에 등을 돌리고 있었으나,[75] 그 대신 도매업이 발전한 유럽의 모험 속에 더욱 관련되어 있었다. 리옹이라는 대도시가 문화의 영역에서 누리던 독창성을 우리는 그 도시와 강이 만나고, 교환이 지배하며, 대륙의 매력이 비중을 차지하는 것을 설명해 주는 영향력의 지도를 그려서 찾아볼 수 있다.

　몽펠리에 왕립과학회 회원은 지방색을 많이 띠지는 않았지만, 여전히 주의 범위(회원의 66퍼센트)에 머물러 있었다. 회원 4백50명 이상 가운데 절반이 보르도와 발랑스를 잇는 줄 남쪽에 위치한 도시에 살고 있었다.[76] 따라서 랑그독 지방의 연대감은 역시 강하게 나타나고, 다음과 같은 그물 속에서도 보인다. 첫째로 보르도·아장·툴루즈(여러 가지 적대감이 있었지만)·베지에·님·아를·마르세유·발랑스 같은 남부 지방의 아카데미 그물, 둘째로 의사가 전체의 60퍼센트 이상 차지하는 몽펠리에의 의학적 그물, 셋째로 보르도와 보케르를 잇는 경제의 축을 가진 상업의 그물, 마지막으로 산업과 수공업 공장을 가진 대도시의 매력을 지닌 그물이 있었던 것이다. 이 마지막의 경우 회원의 출신지에 관한 지도는 도시로 흘러든 사람들의 지도와 일치하는데, 우리는 평원 출신이 지배하고, 이에 반발하는 산악 사람도 한몫을 하며, 기엔과 프로방스 쪽으로 범위를 늘려 나가는 경향을 볼 수 있다. 여기서도 아카데미 정신은 지방이 자기 주장을 하는 과정에서 핵심을 이룬다.[77] 아카데미의 연대감과 의학의 연대감이 우세하며, 강력한 매력을 가진 이 지대를 넘어 대서양 연안과 북부 프랑스의 도시를 제외한 나머지 아카데미 소재 도시는 모두 몽펠리에 아카데미에 회원을 보내고 있었다. 몽펠리에는 동부를 향하여 눈을 돌렸지만, 이곳이 과학 아카데미와 맺은 특별한 관계를 이용하여 파리가 여기서 중요한 구실을 맡았다.[78] 왕립학회의 세계주의는 분명히 드러나고 있다. 그것은 마르실리 백작의 통신 서류에서 볼 수 있듯이[79] 창립 당시부터 확인되었다. 문의를 받은 그는 이탈리아·독일·영국·네덜란드·스위스의 학자와 맺으려는 "교류가 아마도 무익하지는 않을 것이기 때문에" 그들의 명단을 보내 주면서 유럽의 주요 과학잡지를 읽도록 권하였다.[80] 그들은 이처럼 처음 눈을 뜬 방향을 통신 사무 속에서 1백 년에 걸쳐 꾸준히 지켜 나갔다. 이탈리아식의 모임은 볼로냐와 토리노의 학술 단체가 참가하고, 정기 교류를 가지면서 이루어졌다. 그러나 웁살라·세인트피터즈버그·네덜란드·오스트리아령 페이바·독일의 대학교·런던 왕립학회가 있는 북부 유럽도 남부의 학계에 중대한 영향을 미쳤다. 스위스는 보네·크라메·잘

라베르·제네비어·르 사즈 같은 사람의 각별한 협조 아래 핵심 역할을 맡았다. 몽펠리에의 단체는 계몽주의 유럽의 중요한 교차로 가운데 하나였음에 틀림없다. 지배적인 경제의 흐름 덕분에 그물이 마련될 수 있었겠지만, 그보다는 위그노교도의 분산의 영향이 더 컸을 듯하다.[81] 랑그독 지방의 지평 위에서 사상의 혼합은 대륙의 눈금에 따라 만들어졌지만, 그것은 문화의 전통들이 조화를 이루는 속에 깃든 지방 운동의 독창성에 맞추어 이루어졌다. 이탈리아에서 얻은 교훈을 지키는 가운데 그것의 영향을 받고, 북부의 여러 가지 기대가 메아리를 일으키는 것이 파리의 전통과 일치되었다.

보르도의 회원 분포도도 역시 비슷한 결론을 보여 준다.[82] 보르도는 특히 그 지방(50퍼센트)에 굳게 뿌리를 내렸기 때문에, 아카데미가 맺은 관계의 그물은 주의 범위(60퍼센트)를 크게 벗어나지 못하였다. 그것은 블라이·베르주라크·리부른·카스티용드도르도뉴·돔·자베를락·라레올·라포르스·므쟁·네락캉아즈네·테이자·토냉스같이 기옌 주의 여러 지방과 관련되어 있었다. 남서부의 아카데미 도시(라로셸·아장·툴루즈·포)와 함께, 오니스·생통즈·페리고르·툴루쟁의 주요 도시에 나타나는 것은 활기에 찬 주의 지적 풍경이었다. 우리는 거기서 원장신부 벨레와 수공업 공장의 감독관 라타피가 각각 1736년과 1778년에 이곳을 여행할 때 묘사한 것과 같은 읍과 도시를 볼 수 있다.[83] 응용과학·아마추어 고증학·농학에 대한 한결같은 호기심 때문에 이 지방의 수도를 중심으로 넓은 범위의 사회 부류들이 모였는데, 명사, 다시 말해서 로마 같은 소귀족은 물론 각별히 교구 사제와 의사, 몇몇 경작자가 그곳을 지배하였다.[84] 보르도는 도로와 계곡을 따라 샤랑트·도르도뉴·가론·로트·타른·제르·아두르에 영향을 미쳤다. 그 영향은 여전히 남서/남동의 큰 축과 옛 옥시타니 지방을 충실히 지켰다. 가까운 지방의 지평을 넘어 동부 프랑스, 북에서 남으로 흐르는 길의 중간축은 물론 아카데미의 계몽주의에 물든 지방들이 그 덕을 보고 있었고, 노르망디·루아르 강·피카르디의 세 지방이 부수적으로 혜택을 입었다. 파리 사람들은 이같은 협조 체제 안에서 중요한 자리를 지켰다. 어쨌든 새로운 특성은 리옹과 몽펠리에보다 유럽으로 더욱 넓게 문을 열고 있었다는 점이다. 남부 유럽은 언제나 스페인 계 포르투갈(15명)과 이탈리아(15명)가 아주 큰 몫을 차지하는 것을 통하여 늘 거기서 모습을 드러냈지만, 그 대신 북부의 나라는 분명히 보였다. 스위스는 통신원 7명으로 많은 대표를 보냈고, 영국과 아일랜드는 통신원 15명 정도, 네덜란드와 오스트리아령 페이바도 역시 15명, 아카데미와 대학교를 가진 독일에서는 20명 남짓하였다. 더욱 먼 곳을 살펴보면, 스웨덴·폴란드·러시아에서도 몇 명씩 왔다. 보르도의 문화 공간은 계몽 시대의 정예들이 새로운 형평을 이루고 정복해 나가는 곳이었다. 그것이 식민지의 성격을 거의 띠지 않았다고 해도(회원 7명), 그래도 역시 해양과 대륙의 유럽이라는 팽창된 차원을 생각나게 만들어 주었다.

영국으로 눈을 돌린 루앙 아카데미, 네덜란드·독일[85]·런던·코펜하겐·베를린·콜로뉴·라이프치히·고타·카셀은 물론 세인트피터즈버그와 프라하에도 통신원을 보냈으며, 스위스인의 두터운 핵과 이탈리아인 소수를 받아들인 마르세유 아카데미,[86] 거의 25명에 달하는 북부인에 대해 통신원 4명을 가진 디종 아카데미[87]는 모두 제 나름대로 이처럼 사상의 대규모 확장에 참여하였다. 그 대신 샬롱쉬르마른의 아카데미는 북부보다 남부를 향해 좀더 몸을 돌렸다.[88] 모든 아카데미는 지방 아카데미 운동을 세계의 공간 속에 결합시키면서 유럽의 문화적 단위를 이루는 경향을 보였다. 그러나 우리가 잊지 말아야 할 것은, 그것들은 모두 이 영역에서 모험을 일으킬 정도로 수가 많지 못하였다는 사실이다. 아카데미의 대다수는 첫째 작은 고향, 둘째 같은 주에 속한 다른 도시(전체 회원의 4분의 3이 주민 1만 명 이상을 가진 도시와 일치하였다), 그리고 파리를 향하여 눈을 돌리고 있었다. 회원의 서열 조직과 일치하는 이 삼중의 바탕은 지방의 정예가 문학과 과학의 공동체에 온건하게 혼합되는 것을 규정해 준다. 지방의 계몽주의 공간은 언제나 열광이나 좌절로 수도와 맺은 관계를 설명할 수 있는 자신들에게 적절한 차원들을 가지고 있었다. 그것은 늘 낡은 것을 가진 채로 새로운 것을 기다리는 공간이었지만, 그것의 주된 독창성은 서로 떨어져 있는 소수의 행동, 소수가 영혼의 통일성을 구축하는 데서 맡은 결정적인 역할을 돋보이게 만들어 주는 데 있다.

기이하게도 프리메이슨 결사의 영향을 보여 주는 지도——다른 것보다 훨씬 그리기 어려운 것으로서——는 거의 새로운 양상을 가져다 주지 못하였다. 독일과 지중해 세계에 문을 연 리옹과 마르세유의 모범에 대해[89] 우리는 툴루즈의 쾨르 레위니 결사,[90] 발랑스의 사제스 결사,[91] 브장송의 생세리테 결사[92] 따위의 통신원 지도에서 볼 수 있는 지방의 심상을 비교할 수 있다. 여기서도 멀리 떨어진 지방보다는 가까운 곳이 우세하고, 잘 알려진 지방이 경계선을 넘어서 이웃으로 점점 영향을 뻗쳐 나가는 모양을 볼 수 있는 것이다. 마르세유의 스코틀랜드의 성 요한 결사가 지휘한 몇몇 집회소의 구성을 살펴보면 역시 똑같은 교훈을 얻을 수 있다.[93] 먼저 프로방스, 다음에는 남서부, 론 강 계곡을 따라 결국 마르세유의 대규모 무역의 연락선을 따라서 발전하였던 것이다. 그러나 파리의 눈으로 볼 때 프리메이슨의 공간은 아카데미의 공간보다 더 컸다. 리옹의 프리메이슨이 끼친 영향을 통하여 이러한 사실을 분명히 알 수 있다.[94] 리옹의 결사들은 지나치는 길에 들린 손님을 받아들였는데, 거기서 파리 사람들이 지배적이었음을 확인할 수 있다. 그러나 여기서 우리가 살펴보아야 할 것은 다른 이야기로서, 중앙 본부와 여러 가지 다른 지부의 복잡한 역사이며, 파리 사람들의 담론에 대하여 지방민이 어떻게 반응을 보여 주었는가에 관한 역사이다. 어쨌든 모든 아카데미처럼 집회소들도 국가 차원의 융합만큼 지역 차원의 인정을 받아서도 영향력을 가질 수 있었다는 사실을 예감할 수 있다. 그렇다면 국가 차원의 융합은 '문학 공화국'의 여러 가지 그물 속에서 더 잘 이루어졌던가? 파리의 주요 기관들이 펼쳤던 그물을 분석해 보면 한편으로는 수도와 각 주의 교양 단체 사이에 생긴 관계와, 다른 한 편으로는 그것들이 유럽에 일으킨 메아리를 생각할 수 있다. 이같은 두 가지 관점에서 아카데미 프랑세즈는 달리 분류된다. 준회원이나 통신원을 하나도 가지지 않은 단체였던 이 아카데미에는 파리 사람만 들어갈 수 있었다. 말하자면 아카데미 회원은 파리에 살아야 했다. (그렇지 않으면 디종의 재판장 부이에의 경우처럼 자격을 잃게 된다.) 그러나 다른 아카데미는 외부에도 뿌리를 내렸다. 비명문학 아카데미가 바깥에 내린 뿌리는 아주 약했는데, 그들은 지방민을 7퍼센트 이하, 외국인을 13퍼센트 이하 받아들였던 것이다. 지방민은 거의 예외 없이 동부와 남부의 아카데미 도시에 살고 있었다.[95] 외국 출신의 준회원은 애호가이건 학자이건 유럽의 위대한 고증학자들이었다.[96] 대표를 10여 명 보낸 이탈리아는 북유럽보다 조금 앞섰다.[97] 파리의 역사학과 고증학은 과학과 의학보다는 덜 국제적인 성격을 가진 것으로 나타났으며, 지방의 세계와 마찬가지로 옛날식의 형평에 더욱 충실하게 보였다. 과학 아카데미 회원은 정말로 더욱 개방적인 거동을 보여 주었다.[98] 수도에 살고 있는 준회원과 연금수령인 2백30명은 전체 회원의 43퍼센트를 차지하였고, 그 지역에서 뽑힌 사람은 22퍼센트에 달하였다. 그것은 스트라스부르·렌·캉·몽펠리에처럼 의사·화학자를 배출하는 학부를 가진 도시, 아카데미 도시(아카데미 통신원이 해당 지방 회원의 40퍼센트를 이룬다), 해군 학교와 기지, 주요 항구, 제철소와 수공업 공장 같은 네 가지 중요한 꼭지점을 중심으로 뿌리를 내렸다.[99] 여기서 북부 프랑스에서 완전히 펼쳐지며, 지방의 지평선 위에 인재·학자·기술자·공무원·교육자·의사를 띄워 주는 중앙 집권의 노력이 완전히 작용하고 있다. 학술상의 연대감이 국경선의 밖에서 평면구형도 위에 펼쳐진다. 프랑스의 식민지, 영국과 스페인령 아메리카, 아랍, 예수회가 활동하는 중국이 회원을 보냈던 것이다. 어쨌든 유럽이 지배하고 있었는데, 주로 북유럽이 수많은 증거를 보여 주면서 지배하고 있었다. 왕립학회의 영국,[100] 대학교와 아카데미를 가진 독일,[101] 자연과학의 네덜란드,[102] 린네의 스웨덴,[103] 그뿐만 아니라 계몽 군주가 돋보이게 만들어 준 기관의 빛,[104] 끝으로 제네바와 베르누이 가문을 가진 바젤의 지배를 받는 스위스[105]가 그곳을 지배하고 있었다. 북부 인원의 겨우 절반에 해당하는 몫을 맡은 이탈리아는 뒤지고 있었다.[106] 과학의 세계에 생긴 새로운 형평 속에서 파리의 아카데미는 남부의 개혁을 골랐다. 그것은 타협적인 다수파를 가지고 지방의 신중한 아카데미를 옛날부터 앞질러 나갔지만, 영국의 왕립학회나 베를린 아카데미와 다르게 행동하지 않았다.[107] 유럽의 3대 기관 사이에 중요한 차이가 있다면, 그것은 회원 자격에 대한 전반적인 개방에 관한 것이다. 런던은 최대한 문을 열어 '특별 회원(fellow)'을 2천 명 이상 받아들였고, 베를린은 최소한 개방된 관계로 프레데릭 2세가 힘을 북돈아 준 이 학회는 4백 명 이상을 세지 못하였다. 파리는 7백 명 이상으로 중간이었다. 그러나 실제 인원이 늘어나면 런던에 75퍼센트, 파리에 70퍼센트, 베를린에 60퍼센트로서 여러 나라의 명성이 차지하는 비율은 더욱 높아졌다. 따라서 과학 공화국의 세계주의는 무엇보다도 과학적 혁신의 본질을 어디서나 보증해 주는 별들이 포함된 극소수에 관계된 것이었지만, 그 공화국은 국내에 확고히 뿌리를 내린 데서 제 힘의 일부를 끌어올 수 있었다.

이러한 경향은 왕립의학회의 그물이 형성되는 가운데서 더욱 격하게 나타난다.[108] 사실 수도는 실제 인원의 겨우 10퍼센트 남짓만 내놓았다. 프랑스의 지방이 60퍼센트 이상으로 우세하였다. 이 새로운 학회가 하려던 일, 그것은 옛날에 생긴 의학부와 중등학교들의 대표,[109] 아카데미 회원(모든 아카데미 도시가 몽펠리에를 선두로 참가하였다),[110] 광천수와 온천장의 의사들, 작은 도시와 큰 읍의 개업의(주민 1만 명 이하의 지방에서 실제 인원의 절반 이상이 왔다)를 가입시키면서 지방의 모든 노력을 진정한 의미로 조정하려는 것이었다. 이같은 회원 속에서 도시의 비중과 남부 학술 기관들의 명성은 남부 프랑스가 북부 프랑스와 동등한 자격을 누릴 수 있도록 만들어 주었으며(전자는 49퍼센트, 후자는 51퍼센트), 파리가 문화적 차이를 중재하여 주었다. 지방은 살아남는 것 이상을 해냈다. 공동 보조를 맞추는 가운데 지방은 독특한 자리를 찾았다. 그러나 국경선 밖에서 온 회원은 다르지 않았다. 맨 앞에 북유럽, 이탈리아와 스페인이 한참 뒤에 처지고, 식민지들도 보였다. 비크 다지르의 대담한 성격이 파리의 중앙 집중 의식과 지방주의를 조화시키려는 노력 속에 담겨 있었다.

계몽주의의 국내 확산 현상은 파리 아카데미 회원들이 태어난 곳에 대한 지도 속에 드러나 보인다.[111] 18세기는 수도의 3대 기관에서 지방주의의 성격을 가지고 있었다. 아카데미 프랑세즈에 지방민이 60퍼센트 있었지만, 그들 중에서 생말로와 제네바를 잇는 줄의 남쪽에서 온 사람은 단지 3분의 1에 지나지 않았고, 비명문학 아카데미의 연금수령인과 준회원 가운데 60퍼센트도 역시 지방민이었는데, 그 중 4분의 1이 남부 프랑스에서 왔으며, 과학 아카데미의 경우 지방민은 63퍼센트로서 그 중 30퍼센트 미만이 남부에서 왔던 것이다. 그러므로 문화가 파리에 집중된 현상은 지방에서 여러 가지 노력이 천천히 늘어나는 것과 떼어 놓고 생각할 수 없으며, 우리는 이러한 증거를 《프랑스 리테레르》[112]의 저자들에 관한 지도에서 좀더 분명히 찾을 수 있다. 그러나 여기서 수도와 지방의 주 사이의 문화적 교류를 설명하려면 다른 형태의 분석을 해야 마땅할 것이다.[113] 완전히 지방민이 되기 위해서 지방민으로 태어나는 것만으로 족하지 못하다. 가문의 사회문화적 영향 또한 여러 기관의 영향 못지않게 중요한 것으로 나타났고, 학문이나 문학의 소질은 비천한 가문에서 태어난 것과는 상관없는 맥락에서 발전하였다. 연구, 인간 관계, 궁정이나 행정과 맺은 관계가 거기서 한몫을 하였다. 그러므로 우리가 다음 연구 결과에 관계없이 주들이 지방분권주의에 빠지지 않은 채 발전한 사실을 강조하고, 그 발전이 주로 아카데미, 프리메이슨 집회소, 고등법원을 중심으로 한 모임, 귀족 같은 명사들의 살롱, 교육과 권력의 구조 같은 도시 문화의 여러 기관의 집중화와 관련되어 있다는 사실을 주목하는 것으로 족하다고 생각하는 이유가 여기에 있다.[114] 압도적인 영향력을 행사하는 파리는 자신의 취향과 사상이 강요하는 통일성 속에서만 두드러진 중심지로 남아 있었다. 그러나 각 지방의 목소리는 저마다 끈질긴 성격을 가지고 있음을 증명하였다.

우리는 저작들이 보급되는 데서 그 증거를 찾을 수 있을까? 물론이다. 여러 가지 지도를 가지고, 우리는 지방이 여러 저작을 변함없이 환영하고 있음을 알 수 있다. 1777년 뇌샤텔에서 간행된 《백과전서》의 재판을 살펴보자. 구독 신청자는 무엇보다도 프랑스에 압도적으로 많았다(84퍼센트)는 사실을 확실히 보여 준다.[115] 파리는 주문량의 10퍼센트도 못 되었는데, 이것으로 우리는 앞서 나온 판이 수도의 귀족과 부르주아 시장을 채우고 있었음을 쉽게 이해할 수 있다. 뇌샤텔 출판사의 주문 장부를 보면 10년에서 20년이나 지방이 뒤졌음을 보여 주고 있다. 어쨌든 이때의 서적상들은 구매자를 5천 명 이상 가진 지방 고객층이 존재하고 있다고 확신할 수 있었다. 지방의 서적출판업은 잠재적 요구가 있던 만큼 활발하게 나타나며, 활발한 활동을 하는 곳이 주로 계몽 시대의 지방 중심지 지도와 일치한다는 사실은 놀라운 일이 아니다.[116] 아카데미 도시가 거의 모두 거기 포함되었고, 그 중에서 문화·행정·상업의 주요 도시가 지배적이었음은 이론의 여지가 없다. 북부와 남부는 비슷한 수의 구독 신청을 받았지만[117] 주문은 남부에 더욱 집중되고, 북부에서는 더욱 흩어져 있었다. 반발하거나 별로 흥미를 갖지 않은 중심지는 브르타뉴가 있는 서부·중부·산악 지방, 그리고 두터운 식자층을 가진 샹파뉴(아마 거기서는 꾸준한 수요보다는 상업상의 변덕을 보여 주는 지수만을 찾을 수 있을 것이다) 같은 곳이었다. 그러나 모든 것을 종합해 볼 때 파리가 지방을 앞서갔으며, 서적상은 신망과 어려움을 함께 가지고 있었고, 문화적으로 뒤처진 남부 도시의 중심지가 파리를 따라잡으려고 많은 노력을 하였다는 사실이 모든 것을 통하여 드러났다.

엑스피이 《사전》·《원시 세계》의 구독 신청자를 살펴보아도 비슷한 결과를 얻을 수 있다. 어쨌든 유럽을 향하여 좀더 활짝 문이 열렸다. 각각 32퍼센트와 18퍼센트를 차지하였던 것이다. 이같은 사실을 통해서 이 《골족의 사전》은 군주정과 행정의 수도에 있는 단체가 흠모하는 권력의 도구인 것으로 나타난다. 런던·스웨덴·독일 선제후의 궁정·빈·이탈리아의 여러 공국·자유 도시는 이 출판물에 구독 신청을 하였다. 그리고 프랑스는 훌륭한 보기가 되었다. 국왕·대신·재무총감·베르사유의 귀족·총괄 징세청부업자·성직자의 대리인·지사·주교가 구독 신청금을 냈던 것이다. 그러나 이 사전이 지방에 보급된 것을 보면 남부 프랑스가 3분의 1을 차지하였다. 여기에는 아무런 신비스러운 점이 없다. 남부 프랑스에 보급된 엑스피이 사전을 직접 강력히 뒷받침해 준 계층은 그곳의 교양인 계층이었다. 엑스의 고등법원 인사,[118] 지방 신분회 임원, 툴루즈의 귀족, 그르노블과 몽펠리에의 판사, 아비뇽의 고위 성직자,[119] 브나스크 백작령의 대가문, 랑그독과 프로방스의 자치정 당국자는 이 저작이 지방과 옥시타니에서 크게 이름을 날리도록 성공을 보장해 주었다. 이야말로 파리와 아비뇽 서적출판업자가 동시에 내놓은 사업이 성공을 거두었음을 보여 주는 훌륭한 보기라 할 것이다.

《원시 세계》의 구독 신청이 행운을 잡은 것은 다른 이유 때문이다.[120] 유럽의 지평 위에서 그것은 프로테스탄트 나라의 연대감을 보여 주는 증거였다. 영국에서는 귀족·기존 교회·도매업자가 82부를 샀고, 네덜란드

에서는 목사, 상업과 은행업의 거물급 가문, 고위 공직자가 50여 부를 주
문하였으며, 스위스에서도 역시 같은 사회 집단이 30여 부를 구입하였던
것이다. 이러한 사실을 가지고 우리는 위그노교도가 대피한 곳에서, 프랑
스 프로테스탄트의 사회적 지위를 높이기 위하여 일하는 사람 가운데 한
사람이 내놓은 상징적인 간행물을 중심으로 여러 등급의 사람이 뭉쳤음
을 알 수 있다. 그리고 국내에서 이 책을 산 사람도 그들이었다. 국내에서
는 도매업자가 많은 보르도·남서부·세벤 지방의 중심지가 지배적이었
음을 볼 수 있다.[121] 파리는 궁정과 도시의 귀족·문인·도매업자 등 거의
5백 명의 신청자를 가지고 이 사업을 활발하게 만들어 주었다. 요컨대 그
것은 파리에서 성공을 거두었지만 지방에 널리 보급되고, 분명한 종교적
통일성을 지니고 있었다.

《메르퀴르 드 프랑스》의 사업에서는 앞의 두 요소가 보인다. 정부의 사
업이던 이 신문은 무엇보다도 파리에 보급되었으며, 정기 구독자 명단은
마르몽텔의 주장과 들어맞지 않는다.[122] 파리와 베르사유에 독자 50퍼센트
가 있었던 것이다. 지방에서는 우리가 살펴보았듯이, 그것의 판매는 서적
상의 일이었고 종종 집단에게 팔려 읽혔다. 판매 보급소의 지도가 설득력
이 있다.[123] 1750년 북부 프랑스가 제일 많았고, 루아르 강 남쪽에는 물
랭·리옹·보르도·툴루즈·마르세유의 다섯 곳에서 팔았다. 1750년 이
후 남부가 계속 따라잡기 시작하였지만, 북부에서는 숫자가 1780년 이전
에 두 배로 늘었다. 어쨌든 우리가 정기 구독자만 살필 것이 아니라, 각
호당 판매건 가족 단위의 구독에 의해서건 실제로 보급된 부수를 살핀다
면,[124] 지방은 점점 더 크게 이바지하였다는 사실을 알 수 있다. 파리에 28
퍼센트, 북부에 25퍼센트, 남부에 26퍼센트의 독자가 있었다. 이 신문의
지방 분포도도 역시 똑같은 지방에 집중되고(대도시, 협곡들의 순환로), 똑
같은 지방에서 외면당하였다(산악 지방, 브르타뉴에서 아주 많이 읽었던 연
안 지방을 제외한 내륙 지방)는 사실을 말해 준다. 평범한 지방에도 그것이
스며들어갔다는 사실이 중요하다. 이 사실로 인해 단지 주요 중심지에만
집중되지 않는 넓은 대중도 인쇄술의 덕을 보고 있었음을 알 수 있기 때
문이다.[125]

그러나 《메르퀴르》는 왕국의 밖에서 큰 영향을 미쳤고, 북유럽을 지배하였다. 더욱이 그 영향은 개인에 관한 것(구독자 40여 명)이라기보다는 서적상에 관한 것(1백여 부)이었다. 오스트리아령 페이바·스위스·네덜란드·독일·스웨덴이 차례로 왔다. 이 시대에 영국에서는 단 1명, 이탈리아에서는 4명만이 이 신문을 읽었다. 새로운 균형의 덕은 확실하였다.

통신원의 지도를 보면 또 다른 영향력의 모범을 규정할 수 있다. 거물 4명 가운데 가장 파리 사람은 디드로로서, 그는 지방 통신원을 단지 20명 정도만 가졌는데,[126) 이들은 가족과 학술상의 관계와 특히 친구 관계를 맺은 르장드르·카루아용·비알레·볼랑 가문이었다. 몽테스키외와 볼테르는 편지를 주고받는 사람이 파리에 42퍼센트와 43퍼센트가 있었기 때문에 이 분야에서 비슷하게 나타났다. 끝으로 루소는 수도의 동아리로부터 제일 멀리 있었지만, 이것은 특히 1750-60년대 이후의 일이다. 가장 지방적이던 사람은 《법의 정신》의 저자였으나,[127) 지방의 루소주의자는 특히 리옹과 그르노블을 중심으로 남동부, 론 계곡의 남부에 있었고, 그와 함께 동부와 파리 곡창 지대에 아주 듬성듬성 흩어져 있었다. 몽테스키외의 친구는 4분의 3이 기옌에 있었고, 가족과 귀족의 관계가 그들을 지배하였는데, 이것은 장 자크 루소와 관련된 사람과 매우 대조를 이룬다. 루소는 방황기에 이들 중 소수와 관련을 맺었거나, 아니면 대다수는 우정이나 자연발생적인 메아리를 통하여 관계를 맺었기 때문이다. 볼테르는[128) 그 방면에서 기다려야 하였다. 그는 가장 덜 지방적이었기 때문이다. 그러나 그의 지역 통신망은 확실히 '문학 공화국'이라는 넓은 관점에서 제일 많이 나타나는 그물이었다. 북부 프랑스와 남부 프랑스가 똑같이 나타나는데, 이것은 이 작가가 비상한 영향을 끼쳤다는 표시이다. 지방의 아카데미와 지방의 문화 중심지가 볼테르 통신원의 절반에 가까운 사람을 냈다.[129) 끝으로 중요한 사건으로 관심을 가진 사람이 아브빌이 있는 피카르디와 툴루즈가 있는 남부의 중심지들에게 특별한 지위를 부여하면서 지도를 독창적인 색채로 물들이고 있다. 개인적인 친분이나 관계도 역시 비슷한 방식으로 루앙과 낭시의 중심지들을 도드라지게 만들어 준다. 그러나 볼테르의 왕권은 유럽의 차원에 미치는 것이었다. 디드로처럼 그리고 몽테스키외처럼[130] 볼테르도 무엇보다도 북유럽을 향해 눈을 돌렸으며, 그들과 마찬가지로 계몽 군주의 정부가 있는 수도, 진보의 전제주의 중심지로 향하였다. 이것은 반종교 개혁의 옛날 방향을 완전히 대체한 파리-런던-베를린을 잇는 특별한 축으로서, 멀리 동부와 북부로 프랑스 문화의 위성을 쏘아보냈다. 더욱이 이들 모두에게서 파리·제네바·암스테르담·런던 같은 압도적인 출판 중심지를 정복하는 문학이 유럽에서 차지하는 몫을 무시하지 말아야 할 것이다. 이탈리아는 더 이상 문화 공간을 명령하지 못하였고, 그것은 문화의 박물관이며 존경받는 모범이었다. 그것은 18세기말 변하고 있는 기대와 고고학적 발견으로 다시금 현실로 나타나게 될 것이다. 이처럼 귀족과 문학의 접촉이 주조를 이루는 데 비해, 루소는 유럽의 지방적 관점을 좋아하였고, 그의 그물은 스위스의 영향과 흩어진 개신교도의 역할이 승리하고 있는 모호한 방향을 보인다. 루소의 세계는 중간에 있는 유럽에 집중되었다. 작은 나라, 긴밀하고 열의를 보이는 동아리, 닫힌 단체들이 거기서 독창적인 메아리를 불러일으켰다.[131]

우리가 지방의 통신망 속에서 찾을 수 있는 것은 바로 그러한 메아리이다. 그롤레의 그물은[132] 고증학·문학·우정을 바탕으로 이루어졌기 때문에 주요 중심지가 제한되어 있다. 샹파뉴·파리, 또한 세계주의의 필수적인 관계인 베를린·페르네·암스테르담, 그리고 이탈리아와 맺은 오래 된 관계가 그것이다. 레오뮈르는 남다른 그물을 만들었다.[133] 그는 친구 밖에서 프랑스 통신원의 4분의 3을 구하였는데, 주로 오니스와 생통즈 같은 항구나 바다 출신이었다. 나머지는 과학과 학술 기관의 세계에서 왔다. 서류에 대한 관심, 직업이 모두 영향을 미쳤다. 필리프 그랑디디에의 경우[134] 독일과 스위스의 베네딕투스 수도사와 얽히고, 아카데미 회원과 관계를 맺으면서 동부 프랑스가 지배적이었다. 거기서도 역시 계몽 시대 유럽의 지방화 관점이 중시되고 있었다.

이처럼 일치된 모양 속에서 세기에의 통신원이 폭발음을 낸다.[135] 그들은 60퍼센트 이상 프랑스 사람이었지만 절반 이상이 자기 지역에서 왔고, 더욱이 거기에는 남부 지방민, 랑그독의 귀족뿐만 아니라 남부의 도시와 마르브졸·망드·살롱·부르·생탕데올·쿠르트종·오베·뷔일레바로니·

생레미 같은 작은 중심지의 주민인 고증학자·의사·사제·아카데미 회원도 포함되어 있었다. 그와 함께 님은 학술상의 힘을 모았고, 오크어의 제2차 르네상스가 있기 직전에 일종의 역사적 기능을 되찾을 수 있었다. 우리는 또한 세기에가 유럽에 구축한 그물이 여전히 남부에 충실하고 있다는 사실도 알아야 한다.[136] 60퍼센트 이상의 통신원이 이탈리아와 스페인 출신이며, 북부에서 온 사람은 단 50명에 지나지 않았다. 이 학자가 개인적으로 선택한 것과 이탈리아에서 보낸 젊은 시절의 추억이 여기서 중요한 구실을 맡았고, 대학교·아카데미·고증학의 모임을 가진 유럽을 우세하도록 만들었다는 사실을 돋보이게 해준다. 여기 세기에의 지방주의가 깃들어 있다. 그래도 역시 우리는 그의 방명록에 나타났듯이 지평선이 넓었다는 사실에 더욱 놀랄 뿐이다. 거기서 지방의 학자가 어떻게 해서 계몽 시대 유럽의 호기심을 끌게 되었으며, 어떻게 그의 연구실이 '순회'의 단계 가운데 하나가 되었는지 알 수 있다.[137]

그것은 무엇보다도 프로방스와 랑그독의 교양 있는 주민이 만나는 특별한 장소였다. 지방 귀족·도매업자·행정가·학자·서적상이 거기에 정기적으로 드나들었다. 그밖의 사람에 대해서 말하자면 그것은 북부 세계주의의 박물관이었다. 거기에는 영국인이 개별적이건 가족 단위로건 거의 2백 명으로 선두에 있었고,[138] 독일[139]·폴란드[140]·러시아[141] 귀족이 그 뒤를 이었으며, 제네바[142]·네덜란드[143] 같은 공화국의 지배층과, 끝으로 이탈리아의 대사·고위 성직자 등 상류 사회의 대표가 있었다. 한마디로 귀족적 여행의 **행복한** 소수의 명단을 거기서 볼 수 있다.

결국 우리가 반드시 되짚어 보아야 할 것은 여행에 관해서이다. 최근 포모와 쇼뉘는 계몽 시대의 공간을 구성하는 데서 여행이 중요한 자리를 차지하였다는 사실에 대해서 주의를 환기시켰다.[144] 여기서는 세 가지만을 언급할 만한 가치가 있다. 첫째, 유럽의 여행은 우리가 이해하는 것보다는 훨씬 드물었다는 사실을 알 필요가 있다. 아카데미의 예찬론 1천여 편 가운데 중요한 거주지 이동을 언급하는 것은 겨우 4분의 1도 못되며, 그것도 다수가 파리인에 관계된 것이다. 여행은 유럽의 지배 계급에게 현실이었으며, 소수의 문인에게 학술 생활의 조건이었다고 해도, 지방 생활에서는 먼 지방을 여행하는 일이 우연이며 뜻밖에 이루어졌기 때문에 중요한 특성을 이루지는 못하였다. 지방 아카데미 회원은 대부분 조그마한 고향에서만 지냈고, 파리까지 가본 사람이 있다면 그것은 가장 잘살고, 가장 호기심 많은 사람에게 한정된 일이었다. 그래서 브장송 아카데미의 새 회원에 대해 "생클로드까지만 가도 그것은 벌써 큰 여행이다"라고 말하는 것은 아주 정당한 표현이었던 것이다. 어쨌든 이 말에서도 미묘한 차이를 보아야 할 것이다. 왜냐하면 아카데미 회원 중에서 행정가와 교육자의 두 범주는 직업상의 이유로 자리를 옮길 기회가 많았기 때문이다. 그 나머지 사람에게 문학 공화국의 공간은 꿈속에서만 경험할 수 있거나, 편지를 끈기 있게 주고받는 그물을 통해서 실현될 수 있는 공간이었다. 지방에 뿌리를 내림으로써 공통 의식이 빚어지는 것은 당연하였으며, 이로써 공통 의식은 특별한 영역을 차지하게 되었다.

둘째, 프랑스와 유럽의 아카데미는 여행에 없어서는 안 될 마디를 이루는 지점이라고 생각할 수 있다. 영이 이 점을 증명하고, 베르누이가 확인하였다. 여행가 1천여 명 중에서 그롤레·뒤클로·랄랑드·마담 뒤 보카즈·드 브로스·카사노바 같은 사람만 놓고 볼 때,[145] 이들은 모두 똑같은 여정을 가지고 있었다. 그들이 남긴 증거에서 우리는 그들이 학술 단체를 예의상 방문해야 했음을 알 수 있다. 이러한 문서만 읽어도 주요 문학 단체와 과학 단체가 맡은 구실의 역사를 시작할 수 있을 터이며, 그 유형을 정확히 그릴 수 있고, '문학 공화국'의 지평 위에서 아카데미 공동체가 갖는 중요성을 더욱 잘 부각시킬 수 있을 것이다. 이 점에서 런던 왕립학회와 볼로냐 학사원이 보통 이상의 자리를 누린다는 데 대해서 아무도 의심하지 않는다. 그러나 계몽주의와 진보를 담당한 기관 모두에게 여행담은 가장 훌륭하고 가장 효과적인 선전 활동이었다.

끝으로 이러한 재평가의 세번째이자 마지막 논점은 이 현상의 전반적 표현을 재고할 필요가 있다는 것이다. 이같은 주장은 현재 진행중인 이 작업의 전주곡이라 할 수 있다. 문인 공동체를 잇는 가장 저명한 줄들을 따라서 여행을 하는 것으로 참는다면 우리는 본질을 보지 못하게 될 것이다. 유럽이 문인 공동체에 천천히 문을 열어 주고, 최대 다수가 문화적인 변화를 늦게 겪으며, 18세기말의 특징이라 할 대규모 '문화 수용'[146]이 일어나는 것을 놓치게 될 터이기 때문이다.

그러므로 우리는 부세 드 라 리샤르드리가 모은 여행기를 살펴보아야 할 것이다.[147] 그는 1808년 5천 개 이상의 여행기를 모아 파리에서 여섯 권으로 발간하였다. 그것은 아마 16세기 이래 그 부류에서 간행된 것 가운데 절반을 이룰 것이다.[148] 역사가는 거기서 이상적인 도구를 이용할 수 있다. 그것은 유럽에 관한 자료집으로서 부피가 큰 동시에, 섬세함과 내용의 풍부함으로 보아 질도 높은 것이다. 우리가 통계를 내고 지도를 그려 보면 무엇을 얻을 수 있을까? 르네상스 시대로부터 산업 혁명이 시작될 때까지 여행기가 아홉 배나 늘었다는 사실이다.[149] 그리고 전체에서 유럽이 차지하는 부분은 16세기에 26퍼센트, 17세기에 35퍼센트, 18세기에 53퍼센트로 점점 늘어났다.[150] 또한 이제 전세계를 다루는 이야기가 보편화되었다는 면에서 뿐 아니라 자기 발견이 발전하였다는 면에서도 계몽 시대의 마지막 20년이 결정적인 구실을 맡았다.[151] 여러 나라의 여행기를 완전히 특별시하는 일이 1761-80년에 일어났으며, 유럽인에게 그들의 모습이 여러 면을 가졌다는 사실을 보여 준 것은 1789-99년의 격동기의 일이었다. 계량적으로 18세기말은 완전한 정신적 전복의 맥락 속에 기록되어 있었다. 그 이전의 89년 동안은 이같은 전복이 있기 위한 오랜 준비 기간일 뿐이었다. 그러므로 이국 취향, 생동감, 먼 나라의 발견같이 인정받은 가치를 18세기 전체에 대해 다시 한 번 고려해 볼 필요가 있다.

루이 14세 치세말부터 프랑스 혁명까지 '문학 공화국'은 점점 더 활발한 현실이 되었다. 작은 조국에 대해서 말하고, 여전히 친숙한 지평 위에만 충실히 머물러 있던 지방 아카데미는 모두 제 나름대로 거기에 끼어들었다. 아주 일찍 전국에 알려지고, 세계적인 메아리를 얻은 것은 그들과는 다른 기관, 다른 공동체, 다른 업적이었다. 프랑스의 문화 공간은 여러 가지 대조를 보이며, '프랑스식의 유럽'은 오직 꼭대기에서 구현되었다. 바탕에서는 교양 있는 소수의 집단이 자의식을 가지고 세계를 발견하는 데 전주곡이 될 조용한 혁명을 시작하고 있었다. 우리가 이제 살펴보아야 할 사항은 이러한 문화의 주요 수단과 그것의 가장 중요한 특성이다.

# 6

# 아카데미의 문화

  아카데미 사회를 규정하기 위하여 마지막으로 해야 할 일은 거기 속한 문화 영역을 검토하는 일이 될 것이다. 아카데미 문화의 독창성은 무엇인가? 그리고 우리는 여기서 문화에 대해서 말해야 하는가? 우리는 문화라는 낱말을 쓰기 위하여 다음과 같은 조건을 생각하여야 한다. 말하자면 시간과 똑같은 언어의 원칙을 바탕으로 통일된 논증 체계 안에서 대립하거나 만나는 서로 다른 이념을 고려할 수 있는 범위 내에서 이 낱말을 받아들여야 한다는 것이다. 앞에서 우리는 학회가 예찬론의 실천을 통하여 새 회원의 평균 문화를 중등학교에서 물려받은 인문학에 동화시키고, 또한 도덕과 학문의 규칙을 지켜 나가는 데 동화시키는 방법을 살펴보았다. 이제 우리는 이 기관이 어떻게 규범에 충실하고, 어떠한 기능을 가지며, 주요 업적으로 무엇을 가지고 있고, 특히 그 결과는 어떠한가 살펴야 한다. 이러한 질문에 답하기 위하여 우리는 학회 활동의 목록을 작성하기보다는——그 목록은 완전할 수도 없겠거니와 아카데미에서 제대로 호기심을 갖지 못하는 여러 가지 학문의 방법으로 분석할 수도 없기 때문이다——그 활동을 어떻게 조직하며, 주로 어떠한 특성을 바탕으로 하고 있는지 살피는 일이 중요하다. 그러므로 계몽 시대의 전체 문화가 지방 아카데미 정신 속에 반영되는 것을 파악하기보다는 그것이 어떻게 그 시대의 지적 총체 속에 반영되는가를 이해할 필요가 있다.

  사실 인재의 아카데미 모임은 회원 구성의 영역뿐만 아니라 사상 교류의 영역에서도 닫히기도 하고 열리기도 한 체계를 가지고 있었다. 그 모임은 특권을 누리는 세계로서 공통의 지식을 전제로 하고, 호기심과 취미의 정예주의, 유산의 순응주의를 돕는다. 자각과 개방의 분위기를 가진 그 모임은 비의(秘義)를 거부하고, 토의·유통·토론을 천거한다. 그 때문에 개인과 집단의 관심이 거기서 제자리를 찾는다. 아카데미에 대한 봉사라는 것에는 여가 시간의 산물과, 많은 경우 직업 활동의 승화된 연장에 지나지 않는 것이 뒤섞여 있다. 아카데미 회원의 지식은 양심에 비추어 이 세계의 절대적인 충고에 폭넓게 관심을 갖는 것으로 드러났다. 그러나 언제나 그 지식은 특권층의 증서이며, 유익함을 사명으로 삼는 데 뿌리내리고 있다는 사실 때문에 그 지식에 대해 제대로 해석을 내리기가 어렵다.

사회학적으로 우리는 그 지식이란 다름 아니라 그것을 다듬은 사람들의 '문화'라고 생각할 수 있을까? 다시 말해서 그 지식을 그들 각자가 개별적 이념을 한곳으로 집중한 것 이상이라 할 수 있는, 통일과 조화를 이룬 문화로 생각할 수는 없겠는가 하는 것이다. 그 지식은 정예의 규범을 구현하였는가? 아니면 좀더 분명히 고대 모방에 한몫 차지하고 귀족 전통에 애착을 가지면서 영향력을 행사하던 그 지식은 부르주아의 합리성이 승리하도록 도왔는가? 문화적으로 그 지식이 성공을 거둔 것을 통해서, 그 지식이야말로 18세기에 확인되고 역사의 인정을 받은 대대적인 지식의 증가를 가져온 중요한 요인이었다고 생각해야 하는가? 새로운 가치를 공표하는 데 이처럼 결정적 기능을 한 아카데미 정신은 어떤 진정한 학문을 수립하였으며, 그렇지 않다 해도 최소한 어떤 현대성의 바탕을 수립하였다고 말할 수 있는가? 바슐라르는 이러한 질문의 중요성을 놓치지 않았다. '호기심'과 '이성'은 사이가 좋지 못하다. "우리가 호기심을 가지면 가질수록 과학의 문화를 키우기는커녕 오히려 구속한다. 우리는 알기보다는 감탄하고, 관념 대신 심상을 지닌다……."[1] 바꾸어 말해서 호기심이라는 승수(乘數)로 늘어난 것은 무엇인가? 물론 아카데미 문화는 학술 문화의 한 국면에 지나지 않지만 아카데미는 한결같이 사상을 다듬고 전파하는 가운데 새로운 모범을 규정하는 노릇을 하였으며, 결국 체제 순응의 몫을 차지하였다.

이러한 관점에서 우리는 교양 있는 정예가 대립하고, 그들의 집단적 공명과 관심이 서로 만나는 세 곳을 가지고 아카데미의 활동이 어떻게 발전하는지 따라갈 수 있다. 첫째는 학술 경진 대회이다. 그것은 최대한 문을

열고, 문학 공화국과 대화를 나누며, 밖에서 바라는 데 대답하며, 부분적
으로 회원의 제한 조건을 뒤로 물리는 역할을 담당하는 새로운 대중을 탄
생시켰다. 둘째는 공식 회의이다. 그것은 아카데미 단체가 의전 행사를 통
해서 도시에 대하여 자신을 표현하는 보통의 방법이다. 의전 행사에서는
공민 교육의 통속화 원칙이, 지배층에 모든 신분이 참여하여 만족할 만한
승리를 거두었다는 선언과 조화를 이루게 되는 것이다. 셋째는 정규 모임
과 비공식 모임이다. 거기서 아카데미 운영을 위하여 쓰는 시간과, 문화를
다듬고 동화시키는 사명을 볼 수 있다. 이렇게 볼 때 아카데미 정신은 지
성의 축제의 은밀한 표시라 할 수 있는데, 그 축제는 동아리를 지키는 소
수를 위한 것이다. 이 세 가지 시간은 아카데미의 일정과 업적을 이리저리
재단하였지만, 그래도 그 시대의 주요 주제를 분석하면 나타나게 될 지속
성은 이 시간들의 전제 조건이 될 것이다.


## 1. 학술 경진 대회

  학술 경진 대회가 18세기 지적 생활에서 중요하였다는 사실은 더 이상
설명하지 않아도 좋을 것이다. 장 자크 루소의 이름만으로도 모든 사람은
그 중요성을 알 수 있다. 사실 아카데미에서 꾸준히 상을 주는 일은 권위
와 영향력의 확실한 상징이었고, 여러 가지 활동 가운데 이같은 노력은
특별한 시간을 가리킨다. 이 노력은 정규 회의에서 중요한 몫을 차지하는
데, 그것은 주제를 고르고 제출된 논문을 심사해야 했기 때문이다. 그것은
공식 회의의 행사에서 중요한 역할을 하였다. 아카데미 운동의 목적은 인
재의 등용을 돕고, 계몽주의의 승리를 보장하며, 문학·과학·예술의 발전
을 꾀하려는 데 있었는데, 학술 경진 대회에서 영예를 차지한 사람이 공
식 회의 행사에 참석하여 그 목적을 분명히 확인해 주었기 때문이다. 학
술 단체는 이 기회를 빌어 자기네 중요한 관심사를 밝히면서 교양 있는
대중의 주의를 끌려고 하였다. 그들의 관심사는 교양인 대중에게 지방의
지성 생활을 이끄는 구실을 맡기고, 그와 동시에 이들이 문학과 과학을 위

한 국내외의 공동체에서 한 자리를 차지하며, 교육의 사명을 수행토록 만들어 주려는 것이었다.

여기서 우리는 세 가지 중요한 사항에 주목하게 된다. 첫째 학술 경진 대회의 형식이 성공을 거둔 것은 무엇을 뜻하는지, 그 형식은 어떻게 나오게 되며, 분야의 물질적 조건과 사회문화적 조건을 규정해 준 것은 무엇인지? 둘째 학술 단체와 대중은 어떤 방식에 따라 대화를 나누며, 우리는 숫자·사회·지리의 요소를 가지고 참가 범위를 밝힐 수 있는지? 학술 경진 대회는 식자층이 새로운 사회적 부류까지 늘어난 것을 보여 주는 지표인가? 끝으로 아카데미가 내놓은 문제는 어떤 것이며, 그것은 아카데미 세계의 근본 선택에 대해 무엇을 보여 주는가? 어쨌든 지금까지 보존된 전집의 무게를 보면 이러한 야심을 줄이고 싶어진다. 학술 경진 대회로 밝혀진 집단 정신 자세를 깊이 있게 연구하거나 보존된 논문을 모두 철저히 뒤적이는 일보다 더 급한 것은, 전체의 행동 방식을 보여 주고 그것이 맡은 구실이 무엇인지 밝히는 일이라 하겠다. 문서를 인식론적으로 연구하기 위해서 우리는 좀더 많은 시간과 여러 가지 노력을 집중시켜야 할 것이다. 그러므로 우리는 여기서 오직 양과, 그것이 불러일으킨 메아리를 가지고 정당화할 수 있는 계량화된 문서 전집에 대한 교훈만을 파악하려고 노력해야 할 것이다. 이것은 평범하긴 해도 사회와 사상, 그리고 좀더 정확히 말해서 문화 계급과 그들의 관심이 만나는 모습을 볼 수 있는 소박하지만 반드시 필요한 접근 방식이다.[2]

우리는 아카데미의 학술 경진 대회가 거둔 성공을 숫자로 분명히 증명할 수 있다. 1700년부터 1790년까지 상은 열두 배나 늘었는데, 우리가 가진 증거를 보면 1700-9년에는 48개에서 1780-89년에는 6백18개로 늘었다. 그같은 방식이 부추긴 열광은 18세기 내내, 그리고 혁명 직전에 조금도 바뀌지 않았다. 들랑딘은 거기서 찬사로 가득한 어조로 이렇게 요약하였다. "수많은 아카데미와 학술 단체가 유럽을 문학적으로 수많은 지방으로 나눈다. 단체는 저마다 부지런한 학자와 문인에게 영예와 꽃을 제공하며, 연구·이론·실험에 대한 목적을 보여 준다. 우리가 그 목표를 뛰어넘는다면, 그 단체는 보상을 받은 것으로 기뻐할 것이다······."[3] 이같은 발전은 단지 프랑스에 국한된 현상이 아니며, 이중의 박자를 탄다. 1750년 이전에는 늦게 진행되다가——18세기 초기에는 50여 개의 주제, 1740년부터 1749년 사이에는 2백 개 미만——곧 빨라졌는데, 수상자의 수가 마지막 20년간 두 배가 되었을 때(3백33명에서 6백18명) 변화는 최고조에 달하였다. 이러한 관점에서 파리와 지방의 여러 가지 정황은 비슷하지만, 수도에서는 지방보다 더욱 일찍부터 이같은 변화를 분명히 보여 주었다. 그것은 (1700년부터 1710년 사이 9명에서 18세기 마지막 10년간 1백75명으로) 수상자의 수가 거의 20배 늘었을 뿐만 아니라, 파리에서는 이미 1730년 이전에 주제의 수가 두 배가 되었지만 지방에서는 그 뒤에 그렇게 되었기 때문이다. 이러한 불일치로써 우리는 파리의 기관과 주요 지방 도시의 기관이 시간의 흐름 속에서 맡은 구실이 분명히 달랐다는 사실을 알 수 있다. 파리 기관의 상대적인 몫은 1729년 이후 경진 대회의 전체 숫자 속에서 늘어났다. 그것은 18세기초에는 거의 4분의 1에 이르러, 1710년과 1719년 사이 20퍼센트, 1730년과 1739년 사이 30퍼센트, 40년대에는 50퍼센트에 달하였으며, 지방에서 따라잡기 시작하는 1769년까지는 35퍼센트를 유지하였다. 그 뒤 파리의 몫은 아카데미가 내놓은 주제의 4분의 1에도 미치지 못하게 되었다. 이렇게 살펴본 곡선에 대해 좀더 설명할 필요가 있다. 지적인 힘을 동원하는 것은 이같은 종류의 영원한 정신 경쟁에서 어떻게 나타나며, 무엇이 그것을 성공하게 만든 요인인가?

주나 수도에서 경진 대회의 형식을 시작한 사람이 진짜 누구였는지 분명히 정하기란 어렵게 보인다. 어느 학회가 먼저 생겼는가를 기준으로 삼는 것은 그럴듯하지만, 경진 대회가 늘어나는 유행을 이해할 수 있도록 해주지는 못하기 때문에 부족한 기준이다. 그래도 그것만 가지고 볼 때 죄플로로 시 경연 대회의 전통과 함께, 그것과 아주 비슷한 '시(詩) 경연 대회'와 성모수태 찬가회의 전통을 통하여, 우리는 지방이 분명히 앞섰음을 알 수 있다. 16세기 이래 '즐거운 지식'의 아카데미와 루앙과 디에프의 성모무염시태 평신도회들이 경험한 행운, 캉의 성모수태 찬가회, 아미앵의 느릅나무 아래의 놀이, 아브빌·두에·릴의 사랑의 시 경연 대회 같은 것의 운명은 분명히 서로 달랐지만, 이러한 시문학 기관은 부분적으로 아카데미가 거둔 성공에 정통성을 부여하였다.[4] 어떻게 아카데미로 이행——또는 대체 아니면 타락——이 일어날 수 있었는지 이해하려면 이러한 관행에 대한 역사를 연구해야 할 것이다. 도시 종교 단체의 관행, 성모를 소재로 체계화한 시, 숭고한 사랑과 속된 사랑이 계속 뒤섞이는 정중한 다툼, 계몽 시대에 꽃이 핀 세속화된 수사학과 시학의 대립 사이에 어떤 관계가 있었으리라는 점은 의심의 여지가 없을 듯하다. 그같은 이행을 가장 훌륭하게 준비한 것은 수백 년 동안 뿌리를 내린 집단적 태도라 할 수 있으나, 이같이 전통 있는 태도도 새로운 가치를 받은 뒤에야 비로소 의미를 지닐 수 있었다. 그리고 무엇보다도 파리가 영향을 미쳤다. 지방에서 처음 생긴 학회는 두 가지 전통을 따랐다. 그들은 옛날식의 경쟁을 지키는 한편, 1671년부터 시 분야에 상을 주고 1699년에는 수사학에 대해 상을 신설하게 된 아카데미 프랑세즈의 관행을 따랐던 것이다.[5] 그러나 이러한 노력은 조금도 성공하지 못하였다. 우리는 그러한 노력을 하였던 기관이 실패한 데서 성공하지 못한 원인을 찾을 수 있지만[6] 거기서 어떤 변화를 확인할 수 있다. 어쨌든 18세기초 지방 아카데미 가운데 제일 오래된 것, 말하자면 죄 플로로와 리슐리외가 설립한 아카데미, 이 두 기관만이 이 분야에서 시인과 수사학자의 시장을 독점하려고 서로 다투었다. 과학이라는 주제를 내놓게 되는 것은 15년 정도 뒤의 일이었으며, 이번에도 지방에서 먼저 시작하였다. 1714년 상을 신설하려는 라 포르스 공작의 의지에 따라 보르도 아카데미는 새로운 야심을 밝히고, 국제적인 구실을 맡으려는 의도가 있음을 보여 주면서 즉시 이에 반응을 보였다. "우리 학회의 주된 연구 분야가 자연에 대한 것이므로, 우리는 물리학을 주제로 삼고 싶다. 언어는 왕국 내에 시와 수사학을 제한하는 데 비해, 유럽의 모든 학자는 이 주제에 대해 더욱 흥미를 느낄 것이다⋯⋯."[7] 그때부터 과학과 실용주의를 바탕으로 상을 주는 관습이 발달하게 되고, 해마다 지식인의 시선을 모으게 되었다. 1719년 과학 아카데미는 첫번째 경진 대회를 열었다. 한편으로 호기심을 끄는 '문제'를 학술적으로 채택하고, 다른 한편으로 학교 교육을 실천한다는 두 가지 요인으로 우리는 이러한 유행을 더 잘 이해할 수 있다.

우리는 첫번째 영향을 휴머니스트 전통에서 느낄 수 있다. 질문으로 고증학을 뒷받침하고 지적 생활의 구체화된 국면을 상기할 수 있는 한, 모든 사람이 직접 질문을 던질 수 있었다. 페레스크·메르센·데카르트 같은 위대한 학자의 통신문과 과학 잡지를 분석해 보면, 몽테뉴나 파스키에 같은 사람이 이미 가지고 있던 태도가 계속 나타나고 있음을 알 수 있으며,[8] 그러한 태도는 분명히 바리에르 신부가 바라듯이 단순히 지방의 독창적인 지성주의를 표현한다기보다는 그 이상이었다. 더욱이 우리는 예수회와 오라토리오회의 교육 방법이 끼친 영향을 생각지 않고서 경진 대회가 유행한 현상을 이해할 수 없을 것이다.[9] 학급은 씨름판, 말하자면 그들이 옛 사람을 동등하게 생각하고 능가하려는 단련장이었다. 모방의 원칙으로 경쟁의 즐거움이 눈을 떴으며, 문법학자·수사학자·계몽사상가가 '협조'하여 학생을 학급 안에서 경쟁시키거나, 또는 엄격하게 더욱 넓은 대중 앞에서 서로 경쟁하도록 만들었다. 그 놀이는 상을 불러들였다. 창시자의 '점잖은 경쟁' 속에 익명·심사위원회·상이라는 아카데미 경진 대회의 원칙이 자리잡았다. 아카데미 정신은 어른의 세계에 소학교 세계의 관행을 보급하였다. 학교의 '토의'와 학술상의 다툼은 모두 명예 추구, 세속적 영예의 유혹이라는 똑같은 곳에서 나왔다. 그러나 덕을 갖추려는 노력만으로도 하늘나라의 영예를 안을 수 있을 것이라는 생각은 인재의 등장을 정당화해 주는 사회적 도덕이 확인되면서 사라졌다. 지방은 물론 파리에서도 문화의 주역은 쉽사리 이러한 형식의 성공을 확실하게 만들 수 있었다.[10]

조직의 방식도 어디서나 마찬가지였다. 회의에서 토의나 표결을 거친 후 주제를 골라서 공식 회의가 열릴 때 대중에게 알리게 되고, 중요한 잡지에 싣거나 때로는 다른 학회 종신 사무총장이나 통신원에게 안내서 형식으로 발송하였다.[11] 이러한 이유에서 리옹의 등록부에서도 님·디종·브장송·낭시의 아카데미에서 온 계획서를 낭독하였다고 기록되어 있으며,[12] 우리는 메스의 고문서 속에서 몽펠리에·낭시·디종이 보낸 주제를 찾을 수 있는 것이다.[13] 어떤 경진 대회가 영향을 미칠 수 있었던 이유는 언제나 온갖 개별적인 습관과, 유럽이나 프랑스 또는 지방 신문을 통하여 널리 보급되는 관행 사이에 어떤 합의가 있었기 때문이다. 경진 대회에서 놓고 다툴 문제를 정한 아카데미의 회원을 제외하고 누구나 그 대회에 참가할 수 있었다. 심사위원은 단지 학문과 업적만을 인정하고 싶어하였기 때문에 익명의 원칙을 엄격하게 지켰다. 부수적인 조건——논문의 길이, 우편 송달——도 가끔 정해 놓았다. 이 조건을 살펴보면 그것은 언제나 어떤 평등주의 의지를 보여 주고 있다.[14)

어쨌든 경진 대회에서는 수상자에게 상과 청중을 주었는데, 특히 청중은 서적출판 작업이나 충고로써 돈으로 환산될 수 있는 존재였다는 사실을 잊지 말아야 할 것이다. 경진 대회는 그것을 내놓은 기관의 명예와 함께 여러 가지 위세를 떨치는 동시에, 만만치 않은 이익을 즉시 얻게 되는 연단이었다. 문학 공화국의 세계에서 메달을 따기 위한 경쟁을 보면 평범한 사회 계층이 떠오르는 것을 볼 수 있다. 우리는 보르도 아카데미 회원이 거기에 관심을 쏟고, 후보자가 쓴 경비를 보상해 주고자 했다는 사실을 안다.[15) 바로 이 때문에 아카데미가 이 분야에서 성공하기 위해서는 재원을 확보해야 하는데, 그것은 얼마를 기증받을 수 있는지에 달렸다고 할수 있다.

경진 대회를 치를 정도의 자산을 운영할 수 있는 학회는 아주 적었고, 수도에서도 초기에는 개인의 노력으로 행사를 치렀다. 그러나 차츰 중앙의 공권력과 지방 권력이 더욱 많은 도움을 주었다. 마르세유의 빌라르 원수, 브장송의 탈라르 공작, 아미앵의 숀 공작이 라 포르스 공작의 보기를 따랐다.[16) 둘 다 피카르디 지방의 지사를 지낸 쇼블랭과 아게, 기옌의 뒤프레, 오를레앙의 시퍼에르, 콩테의 라코레, 그르노블의 카즈 드 라 보브는 메달 여러 개를 기증하거나 특별상을 내놓아 재정상의 뒷받침을 하였다.[17) 캉의 지사 퐁테트가 해마다 3백 리브르를 후원해서 아카데미의 경진 대회를 치르도록 하겠다는 의사를 밝힌 것은 1759년의 일이다. 더 많은 경우 독지가는 영구 기금을 설치하여 학회가 막대한 상을 놓고 경진 대회를 벌일 수 있도록 만들어 주었다. 아카데미 프랑세즈에 대해 게즈 드 발자크, 클레르몽 토네르 예하, 과학 아카데미에 대해 루이예 드 멜레·미뇨 드 몽티니·몽티용, 비명문학 아카데미에 대해[18) 재판장 누앙빌과 켈뤼스 백작이 모두 그같은 일을 하였다. 우리는 디종에 푸피에 기금, 리옹에 크리스탱과 아다

몰리의 유증, 루앙에 르장드르 유산이 쓰였음을 안다. 한마디로 개인의 자유 정신이 관의 도움보다 더 중요하였다. 그 정신은 혁명 전 20년간 분명한 문제에 관해서 제공된 금품이 늘어나는 것으로 나타났다. 화가 캉탱 드라 투르도 이렇게 해서 아미앵의 예술상을 창설하게 되었고, 엘리 드 보몽은 아르투아 백작의 이름으로 4백 리브르를 내놓아 마르캉테르 평원의 습지를 말리는 방법을 놓고 경진 대회를 벌이도록 하였던 것이다. 피카르디 지방의 도매업자도 생발레리 항구를 완성시키기 위한 최상의 계획에 돌아갈 상금을 늘이기 위하여 돈을 냈다.[19] 원장신부 레이날은 파리·마르세유·리옹에 여러 가지 상을 제정하였다. 익명의 기부도 눈에 띌 정도로 점점 늘었다.[20] 앙시앵 레짐의 마지막 몇 년 동안 겪었던 발전은 이름을 떨치려는 욕망과 진보에 대한 믿음이 만나는 아카데미의 이상을 새 주제에 대해 집단적으로 생각하여 일반화시키는 것으로 나타났다.

더욱이 모으고 나누어 준 기금은 무시하지 못할 정도의 자본을 이루었다. 분명히 파리의 상은 금액과 종류에서 지방보다 많았지만 지방 아카데미를 전부 살펴보면 18세기 마지막 몇십 년 동안 수십만 리브르를 상금으로 썼으며, 메달은 거의 3백이나 4백 리브르를 넘지 않았다. 우리는 이를 통하여 학회 운동이 해당 학회의 희망과 필요에 대하여 대답하였을 뿐 아니라 문인과 과학자의 정신 상태에 관해서도 적응한 까닭을 이해할 수 있다. 경진 대회는 그들이 공적을 쌓아 뛰어난 사람이 되고자 하는 욕망과, 연구의 필요성이 늘어나고 과학이 널리 보급되는 것을 완전히 조화시켰던 것이다. 이에 덧붙여 아카데미와는 다른 단체가 늘어나고, 이들도 제 나름대로 선전 체계를 발전시켰다는 사실——농학회의 경진 대회, 예술학과원과 경쟁 단체의 상[21]——을 통하여, 우리는 과학적 성찰뿐만 아니라 더욱 일반적으로 말해서 사상의 토론에 의하여 범위가 넓어진 대중을 더욱 열광시키는 또 하나의 방식을 설명할 수 있다. 주제가 점점 늘어나는 이유는 어떤 면에서 교양 있는 세계에서 자라나고 있는 긴장을 해소하려는 노력에서 찾을 수 있다. 이제 우리는 그러한 긴장이 어떻게 경진 대회에 참가하는 데서 나타나는가 살펴보아야 하겠다.

사료 때문에 우리는 관련된 대중의 수, 출신과 지리적 배경을 쉽사리 연구할 수 없다. 논문은 여기저기 흩어진 경우가 많았고, 때로는 등록되지도 않았기 때문에 참가자를 간결하게나마 숫자로 파악할 수 없다. 익명을 엄격히 지키는 것이 규칙이었고, 대부분의 기간중 누가 상을 탔는지 알려 줄 회람과 메달의 명문이 타버렸기 때문에 역사가는 경쟁자의 사회적 정체를 알 수 없다. 다행스러운 우연을 빼고——샬롱쉬르마른의 경우[22]——우리는 단지 수상자만 알 수 있는데, 이것만 가지고는 경진 대회라는 현상을 올바로 해석할 수 없다. 왜냐하면 그 수상자의 출신 배경의 참모습이 어떠하였으며, 그들이 사회적으로 어떤 범위에 속하였는지 제대로 밝히지 못한 채 단지 아카데미들이 가지고 있던 소중한 차이만을 반영할 수 있을 것이기 때문이다. 그러므로 우리는 거기서 경진 대회를 통하여 집중된 사회적 전체보다는 심사위원단의 집단 정신 자세를 더 잘 파악할 수 있다.

우리가 이용할 수 있는 숫자를 바탕으로 그려 본 도표를 보면[23] 두 가지 중요한 교훈을 얻을 수 있다. 첫번째 교훈은 응모자가 보통 별로 많지 않았다는 것이고, 두번째 교훈은 아카데미와 대중 사이에 대화가 계속해서 끊어지면서 각 단체마다 매년 큰 차이를 보인다는 점이다. 더욱이 모든 학회는 모두 제 나름대로 박자를 가지고 있었는데, 비록 우리가 보편적인 정황을 그려낼 수 없다 해도 그 박자에 따라 갑작스럽게 성공의 폭이 높아지거나 실패의 구멍으로 빠져들었음을 알 수 있다. 바꾸어 말해서 어떤 아카데미의 경진 대회는 닫힌 체제로 운영되었기 때문에, 우리는 어떤 기준을 가지고 작품에 대하여 좋거나 나쁜 평결을 내렸는지 알아내기가 몹시 어렵다. 또한 경진 대회에 참가한 대중은 매번 새로 동원되었다.

먼저 평균을 살펴보자. 어떤 학회가 내걸은 상의 수와 비교해서 그 학회에 접수된 대답을 가지고 우리는 그 성공 여부를 평가할 수 있다. 누가 보아도 맨 앞을 이끌던 것은 죄 플로로 아카데미였다. 우리가 숫자를 파악할 수 있는 기간인 1730-90년에 이 학회는 시를 6천5백 편 받았다. 그것은 다른 25개 아카데미에서 한번 경진 대회를 개최할 때 접수한 작품수보다 3분의 1이나 더 많은 숫자이며, 이로써 우리는 상 하나에 평균 16편이 접수되었음을 알 수 있다.[24] 이것은 죄 플로로 문학과, 시의 경쟁이라는 전통의 승리였다. 다른 2개 학회인 라로셸과 앙제는 상 하나에 13편 내지

14편으로 비슷한 평균치를 보여 주지만, 첫번째 경우 이 비율은 확실히 1787년과 1788년에 자유시 경진 대회로 얻은 두 가지 승리 덕택이었고, 두 번째 경우 그것은 오직 흥미의 불꽃과 일치하고, 경진 대회를 세 번도 치르지 않고 얻은 비율이었다.[25] 두번째 집단은 경진 대회마다 평균 5개 내지 10개 응모작을 가진 단체이다. 리옹(9), 낭시(8), 마르세유(7. 그러나 이 학회의 경우는 단지 마지막 몇 년에 관계된 숫자이다), 디종(6), 리옹과 같은 비율을 보이는 샬롱, 브장송(7), 그리고 겨우 5편이 넘는 보르도가 여기 속한다.[26] 이들이야말로 중대한 영향을 미쳤고, 사람들은 이들이 내건 상을 다투었으며, 경진 대회의 수는 때마다 응모자를 불러들이기 충분할 정도로 많았다. 보르도·브장송·마르세유는 메달 1백 개 이상, 낭시는 98개, 디종은 53개, 리옹은 46개, 샬롱은 26개를 주었던 것이다. 이와 마찬가지로 그들이 거둔 성공은 여기서 꾸준히, 그리고 다양하게 현상 논제를 내놓는 일과 결부되어 있었다는 사실을 알 수 있다. 우리는 또한 자유시 경연 대회는 프랑스 남부와 로렌 지방에서 별로 메아리를 불러일으키지 못하였음을 알 수 있다. 낭시 아카데미에서 자유시를 가지고 상을 내건 40년 동안, 전부 4백 편 이하가 응모하였다.[27] 나머지 집단은 주의 깊은 애호가의 동아리를 끌어들이지 못하였다. 그들은 상 하나에 대한 응모작으로 평균 5편 이하를 받았던 툴루즈 과학 아카데미(4)·몽펠리에(4)·그르노블(4)·포·오를레앙·몽토방·캉·아미앵(모두 3편씩)·루앙(2.5)이었다.[28] 이들은 종종 경진 대회를 늦게 시작한 학회였지만, 캉과 루앙은 거기서 독특한 색깔을 보여 주었다. 역시 노르망디 지방의 성모수태 찬가회가 그 지역에서 거둔 성공을 상기할 필요가 있다. 캉의 찬가회는 응모작을 매년 수십 편씩, 그리하여 18세기 동안 1천 편 이상 받았다.[29] 우리가 만일 루앙과 디에프의 시 경연 대회가 저마다 일정한 시인의 주목을 받았다고 생각한다면, 오직 툴루즈에서 똑같은 것을 찾을 수 있는 시적 전통의 성공에 놀라지 않을 수 없다. 그와는 달리 '즐거운 지식'의 아카데미는 같은 공간 안에 시와 수사학 경진 대회를 마련하려고 노력한 몽토방 아카데미에게 피해를 입혀 가면서 활동을 그르쳤다. 그 지역에 경쟁자가 없다는 사실은 유리한 요인으로, 응모의 자유는 성공을 뒷받침해 주는 것으로 보였다. 죄 플로로·낭시도 제 나름대로, 그리고 짧고 결정적인 경험을 가진 라로셸도 모두 이 점을 증명해 준다. 다른 학회의 경우 응모자의 자격과 아카데미의 의지는 현상 논제에 따라 주로 여러 가지 형태로 부딪혔는데, 참여도에 관한 통계와 몇몇 두드러진 성공 사례에 관한 연구를 통하여 이 점을 증명할 수 있다.[30]

죄 플로로에 대한 도표를 보면 확실한 교훈을 얻을 수 있다. 응모자의 수, 아니 좀더 정확히 말해서 한 작가가 시를 여러 편 보낼 수 있었기 때문에 응모작의 수는 결코 60 이하로 내려가지 않지만 (1730년부터 1790년까지) 분명히 오르내리고 있다. 1730-43년 첫번째 골이 파이고 난 뒤 9년 동안 발전하는데, 1749년에는 2백35편의 응모로 절정에 이르렀다. 1752-60년 또다시 골이 파이게 되며, 1761-70년에는 오름세로 돌아서지만 첫번째 최고치를 되찾지 못하였다. 1771-90년의 기간에는 1775년·1784년·1788년에 두드러지게 올라가지만 대체로 천천히 내려갔다. 이러한 도표를 그리기는 쉬워도 이해하기란 간단치가 않다. 미리 주제를 알려 준 논고에 관한 경우를 제외하고 응모작의 수는 아카데미의 의지와는 전혀 관계가 없었고, 도표는 여러 가지 자유, 열광과 의기소침의 주기라는 변화를 보여 주었다. 1750년 이전에 10편과 20편 사이, 그 뒤에는 어쨌든 1730년("악덕도 덕을 존중해야 한다"라는 주제에 29편), 1748년과 1749년("노동의 장점"에 41편, "재산은 가난보다 덕에 더욱 위험한 장애물인가"에 37편), 1750년("우리의 행복은 우리 자신에게 달렸다"에 22편)의 네 차례에 걸쳐 예외를 보여 주면서 평균 5편과 15편 사이, 끝으로 마지막 20년 동안 가장 높은 비율이 14편(1771년, "레이몽 7세 예찬")과 13편(1780년, "군주정에서 사치를 제한하는 방법은 무엇인가")로서, 언제나 두드러지게 일정한 분량을 가진 논고의 수와 중요한 경향은 별 관계가 없었다. 이 점에서 커다란 변동은 없었지만, 확실히 활동 계획을 세우는 데 변화가 있었음에도 불구하고 천천히 흥미를 잃어가고 있었다는 사실을 알 수 있다. 18세기 내내 시는 성공의 원동력이었다. 시를 통하여 툴루즈의 죄 플로로는 아카데미가 거둔 성공에서도 특별한 자리를 차지하였던 것이다.

한꺼번에 몇 개의 상을 주었다는 사실로 이 아카데미의 예외적인 행운을 부분적으로 설명할 수 있다. 1740년 이전에 4개가 있었는데, 그것은 4백 리브르짜리 황금 맨드라미, 2백 리브르짜리 은 제비꽃, 2백 리브르짜리 은 금잔화, 그리고 처음에는 은으로 만들었다가 나중에는 금으로 만든 4백50 리브르짜리 들장미였다. 그 뒤 은 나리꽃이 추가되어 상은 5개가 되었다. 꽃으로 만든 상이 마력을 발휘한 덕분에 옛날에 뿌리내린 것을 지성의 등 기부에 옮겨 적을 수 있었으며, 그것을 상기하면서 인기 있는 꽃을 후광으로 둘러쌌다. 결코 시들지 않고, 자홍색이 8월에 눈부시게 터지는 맨드라미는 친숙한 군주의 상징이 분명하였으며, 그 꽃이 가장 인기 있고 존중받는 범주인 시가(詩歌)를 위한 상이라는 사실은 놀라울 바 없다. 햇살을 받아 불타는 금잔화, 욕구를 자극하는 바늘을 가진 들장미, 부르봉 가문의 상징이자 순결한 나리꽃은 상이 가진 국왕의 상징을 나타내 주었다. 랑그독과 국가 전체의 공간 안에서 경쟁은 이처럼 은유의 뜻을 가진 존재의 영역에서 나오게 되었다. 그때부터 규칙으로 생긴 동질성을 함께 바탕에 깔고서 지극히 다양한 형태로 성공을 거두게 되었다. 그들은 서정시, 전원시나 목가, 서한체 시가나 시, 만가나 14행 정형시의 권리를 가지고 속임수를 쓰지는 않는다. 죄 플로로 회원은 전통을 유지하기 위하여 거기 있었다. 활동계획과 소집령을 보면 형식에 관련된 사회와 종교의 윤리에 대해서 만큼은 고전의 원칙에 충실한 미학에 대해서도 엄격한 조건을 정기적으로 상기시켰음을 알 수 있다. '진정한 취미'의 규칙을 바탕으로 전적으로 문화적인 성격의 단체가 창설되었다. 우리는 응모작의 숫자 곡선이 느리지만 확실하게 아래로 향하게 되는 경향을 보면서, '파르나스의 입법가들'과 그들에게 충실한 사람들 사이가 점점 멀어지게 되었다는 사실을 의심할 수 없다. 1750-70년 이전에는 언제나, 또는 거의 1백 개 이상이었던 주제의 가변성 평균치는 마지막 20년 동안 떨어졌다. 여기서 우리는 부수적으로 다음과 같은 사실을 확인할 수 있다. 5년 단위로 인쇄된 작품의 곡선은 1700년부터 1730년 사이에 1백여 개에서, 1765년부터 1790년 사이에는 50개 이하로 떨어졌다. 이 교양 있는 단체는 최소한 부분적으로라도 시(詩)의 인기를 포기하였다.

　이러한 상을 계속 주던——18세기 총 4백 개 중에서 3백 개——'즐거운 지식'의 단체도 그러한 의식을 가진 듯하다. 거기서는 1728년에 시집을 거의 8백 부 인쇄시켰지만, 1765년에는 5백 부 남짓한 정도만 주문하였으며, 매번 나오는 목록에 실린 편수는 줄고 있었다.[31] 그러나 이러한 일은 천천히 일어났고, 아직은 아카데미 사회 속에서 고전이 될 만한 구제책 때문에 억제되었다. 구제책이란 다름 아니라 한편으로는 한꺼번에 여러 개 상을 내놓아서 좀더 많은 사람의 관심을 불러일으키는 방법이었으며, 다른 한편으로는 주제의 종류를 늘릴 수 있는 가능성이었다. 죄 플로로의 경우 이것은 새로운 범주를 울타리 안에 끌어들이는 것이었다. 그리하여 시가와 다른 형태의 시에 무엇보다도 14행 정형시, 그리고 서한체 헌사(1762년)와 찬가를 추가하였다. 이렇게 해서 40년대와 60년대의 곡선이 올라가는 현상을 설명할 수 있을 것이다. 1775년이 최대치를 기록한 이유는 고등법원의 귀환을 축하하기 위하여 특별상——은 테미스 상(像)——을 마련하였기 때문이다. 우리는 어째서 이같은 굴곡이 있었는지 더 잘 밝혀내기가 어렵다. 그러나 비록 여러모로 호기심을 정기적으로 다시 부추겨 퇴조를 막으려 하였지만 결국 뜻대로 되지 않았다 할지라도, 시에 대한 취미가 건재하고 있었다는 사실을 분명히 알 수 있는 것이다. 주제뿐만 아니라 분야도 경쟁을 불러일으켰지만 거기에 영향을 받은 대중의 울타리가 끊임없이 넓어질 수만은 없으며, 결국 포화 상태에 이를 수 있다는 사실을 의심할 수 없을 것이다.

그러나 이같은 첫번째 교훈에 대한 반증을 낭시와 라로셸의 참여도를 통해서 찾을 수 있다. 라로셸에서 자유시 부문에 대한 상을 내놓아 수많은 응모작을 모았는데, 1787년부터 1789년 사이에 등록된 것은 모두 1백14편이었다.[32] 평소 10여 편의 논문밖에 받아보지 못하던 아카데미로서 이것은 확실한 성공이었다. 낭시 아카데미에서는 스타니슬라스가 두 개 부문의 상을 만들었다. 하나는 문학이고, 다른 하나는 과학과 예술에 관한 상으로서 1751년부터 형식에 얽매이지 않았다. 아카데미 회원은 이러한 자유를 이점이라고 생각하기는커녕 비판하면서,[33] 모두가 받드는 관행으로 되돌아가라고 정기적으로 주장하였다. 그러나 바로 그 자유 덕택에 일정한 응모작(거의 언제나 10편 이상)이 모였다. 낭시 아카데미 회원이 질과 양이 모두 뒷걸음쳤다고 한탄한 것으로 보아,[34] 비록 그들이 자유로운 성격을 분명히 인식하지 못하였다 해도 이러한 일은 일어났던 것이다. 그러나 우리는 여러 가지 상이 있어야 항상 대중을 동원할 수 있다는 사실을 부인할 수 없으며, 아카데미에서 주제를 (강요한 것은 아니지만) 제안하거나 새로운 상을 창설하였을 때 가장 훌륭한 성과를 올렸다. 1780년과 1781년, 특히 스텡빌 문에 새길 명문을 놓고 경진 대회를 가졌던 1785년, 그리고 풍차에 관한 문제만 가지고도 60여 편의 응모작을 받은 1789년의 경우가 모두 그러하였다.

높은 참여도를 보인 단체 가운데 성공은 덧없는 것일 수 있었으며, 출발시에만 반짝한 경우가 많았다. 앙제가 그러하였고,[35] 1776-77년의 경진 대회에 예외적인 규모의 참가자를 모았던 샬롱쉬르마른의 대대적인 성과와[36] 브장송[37]·디종[38]·메스[39]에서 초기에 나타난 증거도 그러한 것이다. 훌륭한 출발 이후로 경진 대회 응모작의 평균은 아주 낮은 수준에 고정되었다. 빈약한 참여도의 단체에서 비록 매년 눈에 띌 정도로 변화를 보이기는 하지만 숫자는 언제나 보잘것없었다. 갑작스러운 증가가 있다면, 그것은 언제나 크게 환영 받는 도덕적 경진 대회를 벌인 포[40]와 몽토방[41]의 경우처럼 어떤 주제가 성공을 거둔 경우인 동시에 아카데미가 만족스러운 답을 얻고, 그에 따라 별로 메아리를 불러일으키지 못하지만 어떤 활동을 반복하며, 여러 가지 문제를 함께 내놓아서 참가자를 늘리려는 의지의 결과이기도 하였다. 이러한 경우 수상작을 뽑지 않으려는 데서 우리는 대중의 마음이 떠났다는 지표를 찾을 수 있다. 또다시 포의 경우를 예로 든다면 더욱이 새로운 분야——사회와 경제에 관한 주제——에 대해 문제를 냈던 1750년부터 1759년 사이에 경쟁자의 수가 조금 늘었지만 만족할 만한 답은 줄었던 것이다. 이 아카데미에서는 "응모작의 수준이 낮은 것을 보고" 또 "응모작이 빈약한 것을 보고"[42] 수상작을 뽑지 않았던 것이다. 루앙 아카데미 회원도 비슷한 일을 겪었다.[43] 1756년 리스본 참사가 있은 뒤 곧바로 지진의 원인에 대한 주제를 제시하였을 때, 그들은 가장 높은 참여도를 얻고 실제로 성공을 거두었다. 15명이 응모하였던 것이다. 1779년 센강 정비 계획안을 내놓았을 때까지 이 기록은 깨지지 않았다. 그 나머지 시기에 노르망디 지방 아카데미가 내건 상은 일정치 못한 수준의 반응을 불러일으켰다. 1768년 코르네유 예찬론에 대해 8편이 응모하였으며, 1780년 지방 행정의 수립을 위한 상에 대해서도 마찬가지였다. 노르망디 지방에서 주제는 그 성격에 따라 별로 반응을 불러일으키지 못한 듯하다. 왜냐하면 응모작의 숫자가 언제나 미약하였음을 볼 수 있기 때문이다. 우리는 이러한 사실을 통하여 아카데미의 영향을 받은 대중은 아주 한정되었으며, 별로 새로워지지 못하였다는 결론을 얻을 수 있다. 아카데미는 수상작을 선정하지 않고 거듭해서 같은 주제를 낼 수 있으며——주제의 절반 이상이 두 번이나 나왔다——한번도 진정한 수상작을 뽑아 보지 못하였다. 학술 단체와 그들의 대중이 맺은 관계에 대한 역사를 보면 그 관계는 거듭 실망하고, 여전히 화합을 유지하는 사이에서 정기적으로 왔다갔다한다. 불화의 이유도 밝혀내기 어렵다. 아카데미에서 내건 주제가 너무 방대하고, 고증학이나 기술상의 전문성을 요구하기 때문에 언제나 흥미를 끌지 못하거나, 가끔 흥미를 끌지 못하였으며, 어떤 계획은 유익한지 어떤지를 놓고 여러 말이 오가는 여지가 있었다는 사실을 상상할 수 있다. 마이예 뒤 불레는 루앙 아카데미가 경진 대회의 형식에 균형을 잡아야 한다고 강력히 말하였다.[44] "루앙 아카데미는 공공의 정신 속에 널리 퍼져 있는 편견을 쳐부수어야 한다. 열성 시민 몇 명은 아주 찬양할 만한 의도를 가지고 정기적으로 작품을 내놓아, 거기서 자신들이 사회의 유일한 목적으로 생각하는 것이 무엇임을 밝히면서, 모든 아카데미는 그 목적과 좀더 밀접히 관계를 가진 주제를 제시하기 위해 노력해야 할 것임을 알렸다. 이미 수 년 전부터 (루앙) 아카데미는 우리 민족으로 하여금 제일 필요한 상업과 예술에 눈을 돌리도록 만드는 보편적인 성향을 보여 주었다. 그러나 이러한 목적이 중요하다 해도 거기만 주로 매달리기는 불가능할 것이다……." "……모든 지식은 서로 관계가 있으며, 그것들을 모두 개발하기 위한 아카데미는 거기서 정확한 균형을 유지해야 할 것이다." 바꾸어 말해서 학술 단체가 문화적 행동 강령을 지킨다면, 그들은 모든 경쟁을 공개적으로 유지할 것이다. 요컨대 그들은 단지 실용성을 가진 분야에만 경쟁을 일으켜서는 안 되고, 또한 기예와 과학의 기술자나 공공 복지의 행정에 대해서만 엄격히 고정시켜서도 안 된다. 그렇게 해서 바라는 성과를 얻을 수 없을지 모르지만 그렇게 해야 하는 것이다. 아카데미의 영향권이 좁기 때문에 그들이 조작할 수 있는 범위는 상당히 제한되었다. 문화적 개방은 아카데미가 두려워하지만 어쨌든 통제하고 싶어하던 사회적 개방성을 전제로 할 것이다.

디종과 보르도의 성공이 그것을 증명하고, 리옹의 성공은 한층 더 그 점을 증명한다. 디종에서 경진 대회에 내놓은 53개 주제에서 9개만이 두 번 나왔으며, 거의 절반이 수상작을 냈고, 참여도는 한결같았으며, 과학이 문학보다 조금 덜했지만 언제나 규칙적이었다. 디종 아카데미는 특별상을 제정하고, 대중의 취미를 고려하면서 적응해 나갔다.[45] 보르도의 경우 해마다 아주 큰 변수를 볼 수 있는데, 우리는 그것을 가지고 경쟁자의 숫자를 추상화할 수 있다. 경쟁자는 18세기 내내 꾸준히 성실성을 보여 주었고, 주제가 쉬웠다기보다는 여러 가지 주제가 함께 나왔기 때문에 숫자가 늘어났다. 그러나 다른 곳처럼 이곳에서도 아카데미와 공중의 여론 사이에 점점 불화가 나타났다. 그것은 수상작이 줄어들고, 같은 주제를 거듭 내놓는 경우가 증가하는 데서 볼 수 있다.[46] 끝으로 리옹의 경우 둘 사이의 대화는 자주 결실을 맺었고 아주 긴밀하였다. 그리하여 더욱 많은 결실을 보았으며, 그곳 아카데미는 응모자를 자기가 원하는 대로 얻었다. 기예와 과학의 두 분야가 유리하였다. 기예는 직업인 대중이 아니라 해도 적어도 전문가와 기술자의 세계에서 흥미를 보여 주었고, 과학은 일정한 범위의 대중을 가지고 있었으며, 그 대중은 전기학이나 비행선에 관한 경진 대회에서 볼 수 있듯이(이 문제에 응모작은 99개였다) 유행에 따라 늘어나기도 하였다. 그 대신 도덕이나 경제 문제와 관련된 기대는 어긋났다.[47] 리옹의 대중은 다른 도시의 주민과는 달리 따라오지 않았다. 그러나 다른 곳과 마찬가지로 리옹에서도 아카데미 회원과 대중 사이의 화해나 불화를 분석하기 위해서는 대중의 범위를 정확히 알아야 할 것이다.

경쟁자의 다양한 영역을 구분하는 일은 우리가 알다시피 규칙으로 정한 익명성과 대조를 이루는 일이 될 것이다. 어쨌든 응모자에 관한 문서를 접할 수 있는 곳에서 우리는 두 가지 확실한 결론을 얻을 수 있다. 지리적으로 경진 대회의 공간은 아카데미 회원의 공간에 밀착되어 있다. 사회적으로 새로운 범주에 대해 분명히 문을 열어 주었지만, 그것은 아카데미의 망설임을 아주 잘 보여 주는 형식의 개방이었다.

어떤 아카데미가 미치는 영향은 언제나 일정한 범위에 한정되었다. 그 이유를 정확히 말하기는 어렵다. 그러나 경진 대회에 외국은 언제나 지극히 미약한 몫을 차지하는 관계로, 지방 문화 전통의 요인과 전국의 지적 분위기의 구성 사이에 한정되었기 때문이라고 볼 수 있다. 꽃싸움과 관계된 지리적 영역은 우리가 살펴보았듯이 랑그독 지방이 지배적이었음이 확실하다. 우리가 알 수 있는 참가자만 가지고 볼 때 절반 이상이 툴루즈 사람이었고, 4분의 3이 랑그독 지방민이었던 것이다. 그 지방에서 뽑힌 회원이 지배적으로 많았음은 논란의 여지가 없으며, 그러한 모범은 세월이 흘러도 바뀌지 않았다. 그와 비슷한 등록부를 남긴 루앙과 캉의 성모수태 찬가를 살펴보면 첫번째 경우의 수상자 명단에서 70퍼센트가 그 도시, 15퍼센트는 오트노르망디 지방, 10퍼센트가 바스노르망디, 나머지는 파리와 서부의 변두리 사이, 피카르디에서 푸아투에 걸친 지역에서 각각 왔다. 두번째 경우 우리가 알 수 있는 작가의 70퍼센트는 캉, 14퍼센트는 바스노르망디, 8퍼센트는 오트노르망디, 8퍼센트는 역시 서부와 수도에서 각각 참가하였다. 캉과 루앙의 왕립 아카데미는 모두 이러한 경향을 확인해 준다. 캉의 수상자 3분의 2와 루앙의 승리자 4분의 3은 노르망디 사람이었으나, 출신 지역의 가장자리는 조금 넓어졌다.

이제 로렌 지방을 살펴보자. 낭시에서는 그 주에 사는 사람만이 경진 대회에 참가하였고, 메스에서는 그 주 출신이 5분의 4를 차지하였다. 그러나 18세기에는 개방되었다. 스타니슬라스의 도시에서 제분기에 관한 문제를 놓고 벌인 경진 대회는 그 지역 밖 대중의 반응도 불러일으켰는데(응모자의 20퍼센트), 거기에는 파리·노르망디·브르타뉴·프로방스·보스·루아르 강변 지방에서 참여하였지만, 나머지는 동부 변방의 축이 지배적이었다. 곧 로렌·프랑슈콩테·부르고뉴·샹파뉴 지방 사람이 많았던 것이다. 1780-81년을 지나면서 메스의 학회원은 점점 더 많은 곳에서 흥미를 불러일으켰다. 파리·피카르디·아르투아·샹파뉴·노르망디가 흥미를 가진 것으로 등록되었다. 마르세유·몽토방·몽펠리에·님의 경진 대회에서 수상자를 알 수 있는 경우에 우리는 비슷한 결론을 얻는다. 오를레앙도 역시 마찬가지였다. 그곳 아카데미의 영향은 징세구의 경계를 넘지 못하였다. 아카데미 경진 대회의 공간은 여전히 울타리 안에 머물러 있었다.[48]

어쨌든 학술 단체의 영향이 커지는 데 두 가지 요소를 생각할 수 있다. 하나는 제출된 문제 가운데서 어떤 문제에 대해 여론이 작용하여 성공을 거두게 되는 것이며, 다른 하나는 계몽 사상의 기관이 점점 많아지기 때문에 사상이 국내외에 더욱 널리 보급되는 것이다. 생긴 지 얼마 되지 않은 샬롱 아카데미가 거둔 성공에 대해서 다시금 생각해 보자. 비럭질에 대한 문제에 1백여 편 이상 응모하였는데, 그 중 응모자가 알려진 85편을 보면 그 문제가 골고루 관심을 끌었음을 알 수 있다. 파리에서 20명, 샹파뉴에서 19명, 남부에서 16명, 그리고 나머지는 서부와 북부의 도시에서 왔다. 그리고 플랑드르 중심지에 사는 외국인도 1명 응모하였다.[49] 프란시아 메디아의 축이 거기서 다시 한 번 드러나고 있다. 리옹에서 제출한 기구에 대한 문제에 참여한 응모자 가운데 신원을 알 수 있는 65명을 살펴볼 때 주조를 이루는 것은 무엇인가? 손 강과 론 강의 회랑 지대에 있는 아카데미 도시는 물론 외국도 대거 참여하였는데, 이탈리아(15명), 독일과 동유럽(3명), 영국(2명)을 극점으로 가지고서 '평균의 계몽 운동'의 영향을 받은 유럽이 보이고 있다. 이같은 사실을 통하여 경진 대회의 지도는 학술 단체의 연합을 보여 주는 지도와 같다는 사실을 알 수 있다. 전자와 후자는 서로 필요하며, 행운을 얻은 응모자는 언제나 유력한 학회의 회원이었다. 보르도뿐 아니라 디종에서 신원을 알 수 있는 응모자들의 출신지도 이러한 교훈을 확증해 준다.

그러나 아카데미의 활동 방식을 상당히 제한하였음이 분명한 주의 좁은 범위를 넘어서, 문학 공화국의 관행을 생각지 않고서는 경진 대회의 자리를 이해할 수 없을 것이다. 번번이 계몽 시대의 프랑스 왕국의 모든 지평 위로 애호가의 가장자리를 넓혀 나간 학술 경진 대회를 보면, 우리는 여론이 무엇을 요구하였는지 알 수 있다. 어떤 면에서 혁명에 앞선 40년 동안 아카데미의 경진 대회에 참가하는 길만이 문화 계급 전체에 접근할 수 있는 유일한 형태의 지적 참여였다고 말할 수 있다. 더욱이 학술 문화의 범위 안에 들어온 대중은 경진 대회를 통하여 합병되었다. 수상자와 응모자의 사회적 분석을 제대로 수행할 수 있는 곳이라면 어디서나 세 가지 교훈을 얻을 수 있다. 아카데미 서열이 뒤집히고, 지적 직업이 우세한 구실을 맡으며, 새로운 집단이 떠오르고 있는데, 우리는 한번도 제 목소리를 내지 않은 사람, 곧 직업인과 농민도 이들 가운데서 가끔 볼 수 있다.

무엇보다도 먼저 우리가 주목해야 할 점이 있다면 귀족은 아카데미의 경쟁에 별로 참여하지 않고 뒷걸음쳤다는 사실이다. 우리가 신원을 파악한 경쟁자 1천여 명 가운데[50] 귀족은 겨우 1백여 명(9.5퍼센트)이었다.[51] 이들이 학술 단체 속에서 실제로 차지한 자리와 모임에서 맡은 구실에 비해 참여도가 낮다는 사실을 통하여, 우리는 사회문화적 분열을 부인하는 기관 속에서도 언제나 분열이 있음을 확실히 볼 수 있다. 분명히 말해서 제2신분에 속한 특권층은 다른 경쟁자와 같은 자격으로 경진 대회에 동원되었던 것은 아니다. 그들이 참여하였다면 그것은 무엇보다도 대가를 받지 않고 솜씨를 발휘하는 것으로서, 이 경우 상은 명예보다 값이 덜하였다는 사실을 언급해 둘 만하다. 법학자·지주 또는 행정가가 참여하는 경우——능력의 문제 때문이건, 어떤 분야에서 심사위원이나 당사자가 되기 어렵기 때문이건——는 훨씬 적었다. 여기서 경쟁에 참가하는 것은 중등학교 전통을 직접 이은 선에서 젊음으로 구별되는 방식이었다. 툴루즈의 죄 플로로에서 이같은 경우를 볼 수 있다. 1708년에 라 모트에게 이겼으나 1709년에는 그에게 진 재판장 에노,[52] 마르몽텔의 친구인 장 프랑수아 드 몽테귀, 판사로서 파리에서 볼테르의 동창이었던 뒤마 데그베르, 검찰총장 르블랑 드 카스틸롱[53]의 경우가 그러하였다. 관복귀족이건 무관귀족이건 젊은 귀족이 응모하는 것은 무엇보다도 문화 행위였다. 이 점에 있어서는 명예에 대한 귀족의 감정과 경쟁에 대한 부르주아의 열정이 쉽사리 조화를 이루었다. 툴루즈에서 다섯 번이나 인정을 받은 앙투안 우다르 드 라 모트는 1705년에 지은 찬가 〈경쟁〉에서 그처럼 주장하였다. 자신을 '파리의 전통 귀족'이라고 소개한 이 모자 제조인의 아들은 이렇게 썼다. "……나는 오직 호라티우스처럼 희망과 용기에 불을 붙여 고전을 능가하려 하네. 만일 우리가 이 숭고한 희망으로 시험을 받지 않는다면, 예술은 우주에서 사라질 것이라네. 경쟁만이 **위대한 무훈과 아름다운 시를** 낳도 다⋯⋯."[54]

　　그러나 모든 곳에서 부르주아 인재, 성직자와 사법직의 인재, 의학과 '문학 공화국'의 인재가 지배적이었는데, 그들은 모두 응모자의 70퍼센트를 차지하였다. 여기서 우리는 아카데미 단체는 언제나 제 모습을 충실히 지켜 나가고 있음을 본다. 성직자는 어디서나 경쟁에 예민한 반응을 보였고, 많이 참여하였다.[55] 부유한 성직록 수혜자와 가난한 원장신부, 초등과 중등학교 교사, 신학생, 원장신부, 보좌신부, 사제, 수도사와 수녀가 무더기로 참가하였던 것이다. 모두가 아카데미의 영예 속에서 가장 큰 문화적 위신을 찾았고, 대다수가 업신여기지 못할 물질적 이익을 찾았다. "나는 이 요법에 대한 지식을 가지고 명예를 얻게 되기를 바라며, 더욱이 제단에 몸 바쳐 살아야 하는 힘든 현실의 필요성에서 벗어나게 되기를 바란다"고 그들 가운데 한 사람이 보르도 아카데미 회원들에게 썼다. 장세니스트인 원장신부 브로델도 이렇게 말하였다. "선생들께서는 내가 타고난 성격과는 조금도 어울리지 않을 것 같은 일에 아주 완전히 빠질 수 있는 자질을 가졌다는 사실에 그저 놀라시리라 믿습니다. 사실 나는 불행하고 숙명적인 조직 때문에 아무것도 하지 않고 지내면서 15년 이상이나 우울하게 보냈습니다. 그래서 나는 가장 거친 일을 하고, 나를 무력하게 만든 것과 반대되는 모든 것에 온 정신을 쏟아넣으면서 기분 전환을 할 수 있었습니다. 신 덕분에 나는 거기서 벗어날 수 있었으며, 내가 그동안 진리를 충실히 이행하고, 모든 시대에 대한 교육을 맡은 임무를 성실히 수행하였다고 해서 주교님들이 내려 주신 여가를 이용하였던 것입니다. 이제 선생들께서는 어떻게 해서 이 거품이 내 의도와는 달리 진실한 재산을 마련해 주었는지 아셨을 겁니다."[56] 여기서 경진 대회는 사회적 보상의 기능을 맡았고, 감정을 정화하는 힘을 보여 주었다. 진실한 의미로 전문가가 더 많이 응모하였고, 메달을 모았으며, 서로 살피고 서로 노리는 제한된 대중을 구성하였다. 물리학자이자 전기학자인 원장신부 베르톨롱은 보르도·툴루즈·리옹에서 성공을 거두어, 랑그독의 신분회가 창설한 과학 강좌 주임교수직을 확실히 얻을 수 있던 좋은 예를 보여 준다.[57] 성당 참사회원으로서 브장송 아카데미 회원인 탈베르는 디종에서 두 번이나 루소와 경쟁하고, 아미앵 · 보르도 · 루앙 · 툴루즈 · 빌프랑슈의 아카데미에서 상을 받았으며,[58] 라로 셸의 오라토리오회 신부인 아르세르는 죄 플로로의 송시 부문에서 세 번 이나 대상을 받고, 마르세유와 포에서도 상을 받았다. 성직자는 여러 가지 관점에서 아카데미 회원으로 뽑히는 것보다 훨씬 더 활발히 경진 대회의 생활에 끼어들었으며, 따라서 수상자 명단이 아카데미 회원 명단보다는 더 욱 늦게 세속화되었다. 성직자의 힘은 그들이 여가를 가지고, 스콜라학파 수사학을 실천하는 데서 나왔다. 이렇듯 지방의 문단은 여전히 학교와 교 회에 접목되어 있었던 것이다.

법조계 인사를 움직였던 정신도 다르지 않았다. 온갖 종류의 변호사 · 검사 · 행정가 · 법률학자 들이 많았는데(17퍼센트),[59] 그들은 도덕과 철학 의 토론을 위한 공동의 장소를 다루는 능력을 이용할 가능성뿐만 아니라 개혁을 위한 생각에 참여한다는 야망에 이끌렸다. 이들은 잡동사니였다. 이 들 속에는 지방의 법조계에서 허기진 법원 서기조합원과 점점 명성을 얻 는 사람들도 함께 어울려 있었기 때문이다. 그들은 이론의 여지없이 젊은 이들이었다. 각별히 1760년 이후에는 모두가 젊은이였다. 그것은 지방의 지평에서 한 세대 전체에게 첫번째 경험인 동시에, 그들이 남보다 돋보이 게 될 기회이며, 벌써 연단을 정복할 수단이었다. 그것은 툴루즈의 죄 플 로로에서 바레르[60] · 멜르,[61] 님의 도누,[62] 라로셸의 부아시 당글라,[63] 메스 의 라크르텔,[64] 브장송과 샬롱의 브리소[65]가 보여 준 경우였다. 로베스피 에르가 그들 가운데서 두드러졌는데, 그는 그르세 예찬론을 가지고 아미 앵에서 행운을 노리고, 메스에서 명예형(名譽刑)을 주제로 한 경진 대회에 참여하였으며, 또 같은 아카데미에서 내건 사생아에 대한 주제로 기회를 노렸던 것이다.[66] 법조계의 야심만만한 젊은 인사는 문인과 과학자, 전문 지식인, 교수나 사서와 별로 차이가 없었는데, 그들에게 아카데미의 경진 대회는 명예와 직업을 가져다 주는 확실한 발판이었다. 그들은 어디서나 얼굴을 내밀었고, 전체의 10퍼센트를 이루었다. 그들에 관한 수상자 명부 를 만들면 오늘날 잊혀지긴 하였어도 당시 상을 받을 때 성공을 거두고 있던 사람을 루소와 함께 많이 찾을 수 있을 것이다. 아직도 이름이 생생한 사람 가운데 마르몽텔(툴루즈), 베르나르댕 드 생 피에르(브장송), 마르세유에서 서로 경쟁하던 샹포르와 라 아르프를 꼽을 수 있다. 또한 정통파 학자도 역시 지방의 경쟁에서 인정을 받았다. 툴루즈에서 클레로와 원장신부 보쉬, 보르도에서 도르투 드 메랑과 베르그망, 브장송에서 파르망티에, 마르세유에서 베르나르와 기사 라 로지에르, 디종에서 라 쿠드레와 캉페르 같은 사람이 그러하였다. 문인이건 과학자이건 모두에게 똑같이, 만일 지방에서 상을 받는다면 그는 파리에서 인정받기 위한 준비를 갖추었거나, 거기서 더욱 쉽게 인정받을 수 있게 되었다.

이 점에서 의사의 숫자는 상대적으로 적은데(1백여 명으로 11퍼센트), 놀랍기는 하지만 그들은 주로 자신들이 뛰어나게 보일 수 있는 과학 경진 대회에 참가하였기 때문이다. 그들은 의학에 큰 관심을 보여 준 보르도·디종·리옹·루앙의 학회에 많이 참여하였다. 또한 화학·식물학·물리학 문제를 내놓은 곳은 어디서나 마찬가지였다. 이러한 경우 경진 대회를 통하여 인재들이 완전히 돋보이는데, 그들은 직업인으로서 의학박사와 교육자였다. 그러나 거기서도 역시 인정받은 학자가 초년생 학생과 마을의 보잘것없는 개업의와 어깨를 견주었다.[67] 단지 몇 사람의 이름만 말한다면 보르도의 부아시에 드 소바즈와 페스탈로치, 파리와 베를린의 르 카, 디종의 조베르가 경진 대회에서 이름을 날렸다. 우리가 만일 지성인의 경력에서 아카데미의 명성이 차지하는 몫을 분명히 밝혀 준 재미있는 경우를 찾는다면, 그것은 마라의 경우일 것이다.[68] 그가 루소처럼 뇌샤텔에서 보르도까지(그는 여기서 아카데미와 가까이 지내던 네락 가문의 가정교사가 되었다), 그리고 영국과 파리를 돌아다녔으며, 안정된 세계에서 벌써 세계주의자로 이름을 떨치고 있었다. 그는 비범한 학술적 야심을 억누르지 않고 아카데미의 경기장에 여러 번 도전하였다. 1783년 루앙의 의학적 전류에 관한 경진 대회, 1785년 보르도의 몽테스키외 예찬론, 1785년 리옹의 굴절성에 관한 문제, 1786년 몽펠리에의 빛에 관한 경진 대회, 1786년 루앙의 열에 관한 경진 대회, 1787년 보르도의 몽테스키외 예찬론에 응모하였다. 이같은 악착같은 면은 출세욕과 함께 여러 가지 수단 속에서 더 말할 필요 없는 보기가 되었다.[69] 루앙에서 내건 상들은 모두 그의 친구인 동 구르댕이 "그의 체계를 발표할 수 있는 장소를 그에게 제공하기 위하여" 신설한 것이며, 리옹의 상은 비유루아가 아카데미에 강요한 바로서, 거기서도 역시 동 구르댕이 관여하였다. 몽펠리에의 경우는 필시 그 지방 신분회의 재무관이자 아마추어 전기학자로서, 마라가 잘 알고 지내던 주베르가 개입하였기 때문이다.[70] 확실히 그는 자신이 개혁을 가져올 학자로서 뉴턴과 쌍벽을 이룬다고 믿었으며, 아카데미들이 그의 말을 듣지 않았다 해도——루앙을 제외하고 그는 거듭 실패하였으며, 사람들은 그가 과학 아카데미와 다툰 것을 알고 있었다——그러한 사실만 가지고 그를 과대망상증 환자 취급을 할 수는 없을 것이다. 왜냐하면 그는 조금도 박해를 받지 않았으며, 파리에서 확실한 성공을 거두었기 때문이다.[71] 그는 조금도 사기꾼은 아니었다. 왜냐하면 그의 가설과 실험은 과학을 다투어 추구하던 시기에 그와 완전히 비슷한 사람의 것과 조금도 다르지 않았기 때문이다. 후세 사람은 그의 업적을 평가하면서, 그는 당시 아주 확실하게 정당한 이유를 대기가 남보다 덜 쉬웠으며, 그의 실험은 특히 사회적 신분 상승을 꾀하기 위한 학술상의 경쟁력을 보여 주었다고 판단하였다. 마라는 성공을 스쳐 지나갔지만 그렇다고 그를 낙오자, 남의 성공을 시샘하는 실패자로 생각할 근거란 없다. 그가 일부 실패한 이유는 '고위직의 사람들'과 공식 인정을 받은 과학에 대해 싸움을 벌인 데서 찾을 수 있다. 어쨌든 그는 아카데미에서 인정을 받아 사회와 학술 분야에서 이름을 날리고 싶어하는 모든 집단이 가지고 있던 희망을 보여 주는 사람이었다. 이러한 희망을 가진 사람들 속에는 정통파 연구자·사이비 학자·신문기자·저술가가 뒤섞여 있었는데, 그들의 바람은 자주 어긋났기 때문에 아카데미 정신에 비판적인 정신이 자연스럽게 발전하게 되었다.[72]

이러한 현상은 분명히 앙시앵 레짐의 마지막 몇십 년에 국한된 일이 아니다. 그것은 오히려 그 기간 동안 더욱 많은 사람이 떠오르게 되면서 좀 더 날카롭게 드러났던 것이다. 그때 나타난 기능의 정지 현상은 30년이나 40년 전 성공하고 싶은 공통의 의지를 가지고 모였던 사람의 눈에는 분명히 드러나지 않았다. 그때 학생과 평범한 학자들은 아무런 모순 없이 과학과 재능의 발전에 함께 공감할 수 있었다. 이리하여 1739년 보헤미아의 의과대학생으로서 파리에서 3년째 공부를 마친 마르탱 장 드라시치는 보르도 아카데미에 방대한 라틴어 논문을 냈는데, 거기서 그는 자신이 20세이며, "민족상 반달족이며, 가문으로는 보잘것없고 가난한 평민"이라고 밝혔다.[73] 경진 대회는 인정받는 지위를 줄 수 있는 만큼 재능도 발굴할 수 있기 때문에, 그것에 의하여 신분 상승이 가능하다는 믿음을 그의 논지는 보여 주었다. 이렇게 볼 때 젊은이와 그들의 선배가 대결하는 데서 뿐만 아니라 전문가와 기술자에 대해 호소하는 데서도 개방이 이루어졌던 것이다.

예술의 도시에서 그들은 학술 경쟁을 통하여 새로운 위세를 얻었다. 건축가와 토목기사, 국가의 중요한 기관의 대표나 단순한 기업가는 모두 똑같은 자격을 가지고 공간을 정비하거나 관행을 체계화하는 데 관계된 것이라면 모든 것에 달려들었다.[74] 여기서 모스코비시가 훌륭하게 밝혀 놓았듯이 그들은 세계의 새로운 질서를 세우는 데 동참하였던 것이다.[75] 아카데미의 경진 대회를 통하여 한편으로 역학자인 계몽사상가의 시대가 가지는 특징을 보여 주는 전문가들이 경쟁을 시작하게 되었다. 그러나 학술 단체 편에서 볼 때 중요한 것은 과학자나 기술자 또는 문인 가운데 누구이건 상관 없이 **발명가**의 승리였는데, 왜냐하면 그들은 제각기 자기 자리에서 모든 사람에게 좀더 알려지고 싶어하는 세계의 여러 가지 모범을 제시하는 거장들이었기 때문이다. 파르나스 산에 제 이름을 새기고 싶은 꿈을 나누어 가진다는 사실로써 지적 변화가 있었음을 알 수 있는 이유가 바로 여기 있다. 다시 말해서 지방의 문학 공화국에서 자리를 잡으려고 애쓰는 문화인 대다수가 떠오르고, 개화된 세계가 필연적으로 확장되었던 것이다. 사회적 야망으로 개혁에 참여하게 되는데, 라클로와 카르노, 마라와 로베스피에르는 모두 이렇게 해서 앞으로 나아갔던 것이다. 학교에 다니는 젊은이에게 18세기는 보통 경시 대회를 만들어 주었지만, 이 제도가 영속화되기도 전에 아카데미의 경진 대회가 생겨 인재들은 지식을 증진토록 만드는 비판적 대결의 영역에서 서로 영향을 주는 습관을 가지게 되었다. 그들은 세상의 불평등을 드러내 보여 주면서 자신들의 평등을 확인하였다. 그들의 평등은 모든 사회의 질서를 뒤집어 놓는 진실이라 할 것이었다. 왜냐하면 경진 대회는 조금씩 사회의 사다리를 타고 내려갔으며, 교양 없는 사람에게도 길을 터주었기 때문이다. 말하고, 남이 말하는 것을 서로 들어 주는 사람의 세계는 아직 아무런 말도 해보지 못한 사람의 더듬거리는 담론에 때로는 아주 놀라고, 어느 정도 거부감을 가지면서도 귀를 기울였다.

여기서 언어를 정복하면 경계선을 넘을 수 있다는 사실을 알 수 있다. 그렇지 못하면 진실한 의미로 문화적 평등을 이루지 못한다. 심사위원회에서 논문을 비평한 것을 보면 아카데미 회원이 정확한 글쓰기를 가치 있게 생각하고, 훌륭한 취미의 규범을 지키려고 노력하였다는 사실을 알 수 있다. 그리고 이것은 어떠한 주제에 대해서도 마찬가지였다. 과학은 몇몇 예외가 있기는 해도 새로 성직에 오른 사람에게는 죽은 말인 라틴어를 싫어하였으며,[76] 따라서 지배적인 말을 써야 하고, 규칙성 · 명확성 · 정확성 · 정당한 표현을 지켜야 했다. 이 점에서 전반적인 아카데미 운동은 벌써 파리에서 사용하는 프랑스어의 우세한 모범에 대하여 좀더 큰 청중을 확보하였다. 경진 대회와 함께 사람들이 미리 느낄 수 있던 것은 바로 새로운 세력이 늘어났다는 점이다. 아카데미의 불평을 들어 보자. 1726년의 보르도, '웃기는 대화'; "저속한 표현, 유치한 비교; 유치한 표현, 속된 비교; 기계적인 비교; 사소한 기억, 별것 아니라고 생각해야 함; 저자는 전혀 원칙을 배우지 못하였음; 문체상 과장되고 관념상 논리 부족."[77] 1787년의 리옹, "아카데미는 법관의 법정은 아니다, 그곳도 역시 말하는 방법에 주의한다; 여러 군데의 문구에서 저자는 글을 써보지 못하였음을 알 수 있을 것이다; 시시하고 가끔 알아듣지 못할 관념들; 모든 면에서 무시됨; 미약한 생각, 미약한 글; 내가 충격을 가장 적게 받은 곳은 철자법이 틀린 곳임; 장드르는 자기가 아무런 교육도 받은 적이 없다고 미리 말하였는데——이처럼 중요한 생각을 가지고——그의 글을 몇 줄만 읽어보아도 그 점을 쉽게 알아볼 수 있을 것이다. 그는 자신을 상인이라고 말하였으나, 내 눈에는 그가 **시골뜨기**로 보인다; 지지리도 못썼음; 문체상 보잘것없음; 잘 이해하지 못할 잡동사니; 하찮은 문체."[78] 1784년의 라로셸,

"훌륭한 것은 많으나 상스러운 문체임."[79] 심사위원들의 보고서에서는 나쁜 경쟁자들의 집단 모습을 대충 그렸다. 그에 따르면 그들은 자기네 생각을 지배하지 못하고, 문체를 통제하지 못하며, 공부를 하지도 않았고, 문화의 버린 자식으로서 논문 쓰는 법이라곤 하나도 배우지 못하였다. 이처럼 문학의 소양이 없는 사람을 비판하는 데서 우리는 어떤 장벽의 의식이 있음을 느낀다. 더욱이 이같은 사회적 압력은 말할 필요도 없이 아카데미 운동 그 자체로부터 나왔다. 이 운동이 여러모로 망설이는 데서 확실한 모순이 발생한다. "문학이 단지 내용이나 흥미가 없는 문체만을 위하여 존재하고, 모든 영예가 단지 우아하지만 쓸데없는 멋을 내는 문장가에게만 돌아가던 시대는 지났다. 우리는 이제 인류의 행복에 집착하여 노력하고 싶다"[80]고 리옹의 건축가로서 1784년 라로셸에서 영예를 안은 불라르가 썼다. 사회적 개방은 관심의 분야가 넓어지는 데서 직접 영향을 받았다. 과학과 기술 덕분에 직업인은 개입할 수 있게 되었던 것이다. 거기서 부르주아에 가깝지만 분명히 구분하기 어려운 사회 집단이 나타나는데, 그들은 재산과 등급보다는 일의 관행, 현실주의 행동, 인정받지 못한 문화, 제 목소리를 내려는 의지에서 일치된 집단이었다.

  비록 익명성 때문에 그들의 진정한 모습이 어떠하였는지 근본적으로 밝힐 수 없다 해도 몇 가지 시험을 해볼 수는 있다. 몇몇 응모자의 사회적 정체에 대해 부주의하였던 보르도의 경우[81] 1719년 "중등학교도 마치지 못한 30세의 남자……." 그리고 1732년 지은이는 제 논문에서 이렇게 말하였다. "나는 초등학교도 나오지 못하였고, 하늘과 땅이라는 큰 책만 가지고 공부하였다." 1748년 비고르의 선원 하나는 이렇게 썼다. "내가 만일 마르스 신께서 도우사 넵튠의 넓은 제국에서 몇 가지 영광을 안을 수 있다면 죽어도 후회 없으리, 나는 기억의 여신의 신전에서 아폴론이 도우사 늘그막에 그렇게 되었다……." 1754년 곡물상·기업가·경작자인 바로키에 드생 므느우는 1781년 "시골에서 자라나고, 29세까지 농사일을 한……" 바를르의 주민. 이번에는 1776년부터 1782년까지 경진 대회를 연 샬롱쉬르마른의 경우에는[82] 상인 10여 명, 농부 4명, 장인 3명이 눈에 띈다. 브장송의 경우[83] 도시 정돈 사업을 놓고 현상 논문을 모집하였을 때, 건축가 외에도 석공 여러 명, 건축업자들, 그리고 브장송 경진 대회에 여러 번 응모한 도매업자 퓌리셸리가 있었고, 알려진 응모자 전체로 보아 그들 가운데에는 장인과 상인 20여 명이 있었다. 리옹에서[84] 예술과 기술에 대한 상은 염색업자·무두장이·대포 천공기사·자수업자가 각각 탔다. 이 도시의 염색업을 완전하게 발전시키기 위하여 지사 플레셀이 제안한 주제 때문에, 리옹의 직업인이 경진 대회에 참가할 수 있을지를 놓고 토론이 벌어졌다. 아카데미는 갈라졌지만 저마다 조국의 행복을 마음속에서 빌며, 모두가 참가해야 한다고 생각한 사람들이 이겼다. 낭시의 경우[85] 1751년부터 1790년까지 수상자가 알려진 경우를 살펴보면 도매업자 3명, 장색 22명, 농부 2명이었으며, 1789년 방아에 대한 문제에 응모한 사람은 장인 15명, 농부 4명, 제분업자 2명이었다. 메스에서는[86] 응모자 가운데 도매업자 4명과 장인 5명이 있었다. 마르세유에서는[87] 1725년부터 1790년까지 도매업자 6명, 장인 2명의 신분을 밝힐 수 있다. 모든 지표가 한곳으로 모이면서 아카데미 단체가 사회적 유용성과 보수주의 사이에서 오락가락하였음을 보여 준다. 우리는 낭시에서 르무안 사건이 재판에 회부되고 메아리를 불러일으킬 정도였음을 안다. 퐁타무송중등학교의 수사학 교수로서 아카데미에 세 번이나 당선되고, 정관 10조를 적용하여 자기가 아카데미 회원이 될 자격을 주장하던 그는 여러 가지 반대에 부딪쳤다. "시계공·자물쇠공, 그밖의 가장 낮은 신분도 회원이 될 수 있을 것입니다……. 우리는 사실상 농부들이 영예를 차지할 자격이 있다고 자칭하는 걸 보았습니다. 우리는 궁정에서 석탄을 나르는 사람이 작품을 여러 편 제출하였음을 모르지 않습니다. 판결에 따라야 하는 것을 제외한 모든 것에서 제약을 받는 이러한 사람이 우리 가운데 끼어들어도 좋단 말입니까?" 낭시 아카데미 회원은 '비천하고' '모호한 성격을 가진' 사람[88]을 물리치기 위하여 정관 10조를 폐기하고 르무안을 거절하는 편을 택할 것이었다. 새로운 문화적 모범을 적용하는 일이 문제였는데, 왜냐하면 학술 단체들과 대중 사이에 대화가 확대되었지만, 흐름을 거스르면서 옛날의 가치에 매달리고 폐쇄적인 이상을 가지고 있었기 때문이다. 아카데미의 청중은 전문화되었다. 단체에 드나드는 사람들, 문화 때문에 '계승자'라고 불리운 사람들은 문학·역사·

법률·도덕으로 모이게 되었다. 한편 새로운 전문가는 과학·예술·기술의 새로운 지식을 위하여 더욱 자주 동원되었다. 의사와 학자, 직업인 단체의 기술자, 가끔 직업인, 글씨를 쓸 줄 아는 농부가 거기서 제 목소리를 냈다. 상업에 종사하는 농부가 라 몽테뉴에게 밀·개자리풀·'짐승'에 대해서 쓴 편지는 잊지 못할 증거가 된다. "지는 상업을 하지만 노동을 잊지 않고 있습죠. 왜냐하면 비록 지가 시중을 들어도——그건 즐겁지 않아유——일하는 것이 먹구 사는 데 제일 좋기 때문이지유. 16세가 되었을 때, 남덜은 민병대에 가게 될지 운명을 잊으라고 했구, 지는 화두 안냈구만유——왜냐하면 불쌍한 지 아부지는 지를 조금두 공부시키지두 못하고, 아무런 방법두 몰랐으니께유. 지는 일끼하구 쓰는 뱁을 조끔 배웠서유. 지는 하느님 땜에 일을 하게 되었으니께유——그리구 지는 사람덜이 저를 믿게 만들었구유."[89] 그의 경우가 유일한 예는 아니다. 문화적 빗장이 열리는 시간을 알리는 종이 울렸으며,[90] 아카데미의 경진 대회는 제 나름대로 흥미와 가치의 새로운 법전을 제시하면서 그 시간을 위한 준비를 갖추었다.

　이러한 사실을 더 잘 알기 위한 사료는 많다. 그것은 18세기 전체에 대한 경진 대회 주제 목록으로서 거기서 우리는 1700년부터 1790년까지 나온 2천여 가지 계획을 알 수 있다. 그것들은 신중한 선택의 대상이기 때문에 집단의 의도를 명확히 밝혀 주고 있다. 18세기 전체로 보아 세 가지를 우선 골랐다. 먼저 지식의 세속화된 질서가 승리하였음을 말해 주는 과학과 예술로서 60퍼센트. 다음은 시와 수사학에 열중한 아름다운 영혼의 기분 전환이 확실히 유지된다는 사실을 알려 주는 문학으로서 30퍼센트. 끝으로 도서 목록과 도서출판 허가 등록부에서 차지하고 있는 넉넉한 자리와는 달리 경진 대회의 차원에는 조심스럽게 나타난 역사.[91] 아카데미의 경진 대회를 모두 고려해 볼 때, 아카데미 정신은 정관으로 제안한 목표를 점점 더 많이 실행에 옮기고 있었다.[92] 그것은 세계에 대한 세속적 질서를 규정하고, 자신의 영역 안에서 관습상의 서열로 되돌아가기 시작하였다. '왕국의 출판 행정'의 내용을 바꾸고, 검열 제도와 감독 활동(검찰관 데므리의 보고서를 생각하자)[93]을 불안하게 만든 문화 혁명은 양적 증거를 가지고 있다. 이제부터 아카데미 운동은 설령 새로운 지식의 윤리를 주장하는 정신 변화를 주도한 힘이라고 부르지는 못할지언정, 어쨌든 그러한 변화를 옮기는 특별한 힘이었다고 생각할 수 있지 않을까?

모호한 대답은 통하지 않는다. 확실히 학술 단체는 사람이 우주와 맺은 관계에 대하여 새로운 시각을 가져다 주었다. 그러나 이러한 믿음의 전환은 어느 면에서 오직 아카데미의 동아리 안에서, 그들이 정한 규칙을 존중하는 데서만 작용하고 완전히 인정받을 성질의 것이다. 더욱이 규칙과 감독은 신중함, 금지된 두 영역인 종교와 정치를 상정하는 자체 검열을 전제로 한다. 아카데미 회원은 자신도 모르는 사이에 문화혁명가가 되었는가? 우리는 그렇게 생각할 수 있으며, 그것은 디종 아카데미 회원 가운데 루소가 쏜 조명탄으로 시작된 논쟁 앞에서 그들 자신의 대담함이 그들의 삼류 정신보다 앞서는 것을 보는 전통적 해석이다.[94] 그곳 회원은 계몽 사상의 경향을 좇았고, 결국 그들은 논쟁과 기본적 논박을 피하게 되었다. 루소의 논고는 디종 아카데미의 범위를 벗어나 문학이 되고, 갈등의 표적이 되었다. 실로 이러한 논제는 언제나 확실한 의식 속에서 가치의 치환이 일어난다는 분명한 사실을 전제로 하지만, 우리가 생각할 수 있듯이 정확한 과학의 인식론적 교훈을 따른다면,[95] 모든 변화는 지속성과 단절을 내포하며, 그것은 사회 변화에 대한 대답인 동시에 사회 변화의 준비이기도 하다는 사실을 전제로 하는 것이다. 아카데미 경진 대회의 역사는 정복의 역사로서, 그것은 파리와 지방의 수도에서 서로 다른 가락을 타고 진행되었다.

여기서 우리는 통시성의 교훈을 쉽게 알 수 있다. 애당초[96] 지방의 중심지나 왕국의 수도에는 별토 차이점이 없었다. 그런데 제일 먼저 생긴 두 기관은 아카데미의 야심이 둘로 나뉘었음을 보여 주었다. 거듭 태어난 죄 플로로는 툴루즈에서 시를 중시하고, 아카데미 프랑세즈는 파리에서 철학과 도덕적인 수사학을 중시하였던 것이다. 1710-19년부터 보르도에서는 파리보다 조금 앞서 과학이 무대에 나타났다. 이렇게 해서 당분간 균형이 유지되었다. 그와는 반대로 1720년과 1740년 사이 지방은 세 가지 면에서 이탈을 보여 주었다. 그것은 첫째 옛날의 기관과 관행을 모방하고, 둘째 지방보다는 파리에서 더 메아리를 불러일으킨 역사 분야를 늦게 도입하고,

셋째 과학과 기술에 대하여 각각 다른 몫을 할당하였다는 점이었다. 지방에서 경진 대회의 수가 늘어난 것도 경진 대회를 부과한 지식 분야에 대해 일부 믿음을 가지고 있었기 때문이다. 첫번째 경우와 관련해서 마르세유·포·디종·루앙·툴루즈의 과학과 비명문학 아카데미가 잇달아서, 그리고 비록 덧없는 것이었지만 몇 차례 시도한 빌프랑슈도 그 뒤를 이어 옛날의 방식을 문학에 실험해 보았고, 과학적 관심을 가지면서 최대한의 독창성을 보여 주었다. 두번째의 경우와 관련해서 파리는 역사 주제를 내놓기 시작하였지만, 곧 그것을 고증학 경쟁으로 본뜨던 수아송을 제외하고, 다른 곳에서는 60년대까지 파리를 거의 본받으려 하지 않았다. 끝으로 세번째 경우에 관련해서 과학은 파리에서 빠르게 진행되었지만 근본적으로 외과학 아카데미에서 상을 내놓은 데 따른 것이었으며, 파리보다 지방에서 훨씬 빠르게 학술과 기술상 소재의 범위를 넓히는 경향을 보여 주었다. 수도에서 시작하였지만 지방은 제각기 반응을 보였다.[97]

1740년과 1749년 사이 과학과 예술의 경진 대회는 전문화된 기능을 가지고 어느 정도 자율적인 대중을 확보할 수 있었던 파리 아카데미가 승리한 것으로 나타났다. 주제의 55퍼센트는 과학·의학·기술에 관한 문제였으나 종래의 주요 부문은 후퇴하였다. 아카데미 프랑세즈는 문학 공화국에서 이름을 온전하게 지켜 나갔지만, 과학 기관보다 상을 절반 정도 적게 내놓았다. 비명문학 아카데미는 이제 고전고대를 고증학으로 해석하는 데 전념하면서 제자리를 차지하였지만,[98] 지방의 경진 대회에서는 고전 시대의 역사에 대하여 아무런 반응을 불러일으키지 않을 것이다. 여기서 우리는 1750년 이전에 수도에서 결정적인 변화가 있었음을 눈여겨볼 만하다. 이때는 정확히 식자층에 제안한 전체 계획서 속에서 파리가 제일 많은 주제를 내놓은 때였다. 바꾸어 말해서 책은 사물에 대해 좀더 늦게 반응을 보이고, 그렇지만 전통적인 주된 색깔을 더욱 오랫동안 보전한다고 해도 아카데미 경진 대회는 책보다 더욱 효과적으로 전통적인 주된 색깔을 배양하는 방식이었다.[99]

그러나 40년대가 지나자 지방의 행진이 시작되었다.[100] 과학과 예술은 어디서나 고르게 나타났으며, 1780년의 지평에서 파리는 겨우 몇 점만 앞섰을 뿐이다. 파리에서 벌어진 학술과 문학의 경쟁은 확실히 독창성을 지켜 나갔다. 문학과 고증을 위한 기관은 과학과 의학의 단체보다 세 배나 적게 상을 내걸었고, 아카데미 프랑세즈는 이제부터 철학·진보·덕성의 영웅들을 역사적으로 기리는 데 관심을 쏟게 되었기 때문에 시에 관한 주제는 두드러지게 뒷걸음쳤다. 지방의 자료집에서 도덕과 철학적 수사학은 경쟁의 영역에서 거의 완전히 사라졌다.

그렇다면 지방주의를 이렇게 규정할 수 있겠다. 역사에 거의 관심을 쏟지 않고, 문학이 비록 뒷걸음쳤지만 문학을 확실히 믿으며, 각별히 현대성을 갖고 있는 것이라고. 지방의 명사는 《백과전서》가 나오기 전부터 정밀과학보다는 응용과학을 더 중요하게 생각하는 경향을 보여 주었고, 경제와 사회의 개혁에 관계된 것을 모두 일정표에 집어넣으면서 아카데미 운동을 사회적으로 널리 교육하였다.[101] 기본적 차이는 기술을 받드는 데보다는(이 점에서 파리는 지방을 앞서고, 실제로 언제나 그러하였다), 차라리 사회의 변화 때문에 지방의 명사가 안게 된 문제에 대하여 구체적인 해결책을 찾는 데서 나타났다. 1770년이 지나면서 지방의 수도들이 파리를 앞서가기 시작하였다. 왜냐하면 그들은 번갈아가며 청원서를 작성하였기 때문이다. 그들이 바라던 것은 다름 아니라 왕과 중앙의 감독으로부터 멀어지고, 계몽 지사들의 관심을 촉구하여, 그들이 상금을 마련하여 깊은 성찰을 격려해 주도록 하며, 지방의 식자층 일부가 체제에 따르지 않고, 판사나 행정가처럼 책임 있는 사람이 실용주의를 추구하며, 지배층이 공리주의를 가지고 최고 이윤을 좇는 따위의 일이었다. 지방의 수도들에서는 이 모든 것이 함께 작용하여 지적인 몸짓을 이룰 수 있었던 것이다. 이러한 지적 몸짓이 지배층의 영역을 넘어서 널리 메아리를 일으키고 지방의 정치 의식을 빚어 주었는데, 그것은 행정 개혁이 옛날식의 개별주의와 군주제의 중앙 집권화 사이에 새로운 형평을 규정하려던 때였다.[102] 아카데미는 과거에 대한 의식, 원천에 대한 지식, 해결의 실마리를 발전시켰다. 그들은 정치의 영역에도 불법으로 스며들었다. 그들은 아마도 무엇보다 '인민을 위한 과학의 해설자'가 되려한 듯하나,[103] 교육에 봉사하면서 이미 여론을 이끌어 나갔다.[104] 이러한 태도를 보고 정부는 망설였다. 그러나 정부가 감독을 소홀히 하지 않겠다는 생각을 가졌다는 사실을 말해 주는 세 가지 중요한 사건이 있었다. 그것은 첫째 1772년 죄 플로로에서 베일 예찬론을 취소한 일,[105] 둘째 1779-80년 이후 살롱의 경진 대회 수상작 인쇄를 검열하고 주제를 감독한 일,[106] 셋째 1780년 라로셸에서 루소 예찬론을 취소한 일이다.[107] 그러나 그것은 결국 아무 일도 아니었다. 1780년이 지나면서 역사적 예찬론과 개혁에 관한 주제는 아무런 무리 없이 통과되었던 것이다. 아카데미는 분명히 정신 자세의 혁명을 준비하였다. 그러나 그들은 이러한 길을 한결같이 힘차게 걸어 나갔다고 할 수 있는가?

상관 관계를 보여 주는 삼각 도표를 통하여[108] 각 아카데미에서 경진 대회의 변화를 가져온 관심의 세 중심——문학·과학과 예술·역사——을 관련시켜 보면 다음과 같이 세 집단이 나타난다. 첫번째 집단에서는 시와 문학이 지배적이며, 두번째 집단에서는 과학과 예술이 우세하지만 역사적 고증과 문학 창작도 나타나고, 마지막 집단에서는 혁신이 후회 없이 승리하고 있다. 어쨌든 이러한 양식을 분석하려면 그들이 서로 다른 사회적 뿌리를 가지고 있으며, 경진 대회의 내용이 시대에 따라 어떻게 발전되었는지 함께 생각해야 할 것이다. 그렇게 하지 않는다면 범주를 형식적으로 규정하는 가능성을 그르칠 수 있기 때문이다.

첫번째 집단에 속한 단체는 전통을 존중하는 정신을 함께 가지고 있었지만 어떤 전체적 일관성을 보여 주지는 못하였다.[109] 죄 플로로·빌프랑슈·수아송의 3대 기관은 새로운 학문 분야 때문에 별로 혼란되지 않은 채 문학적 기질을 확실히 지켰지만 역사에도 관심을 나타내었다. 그와는 반대로 님과 라로셸은 좀더 복잡한 몸짓을 보여 주었다. 전자의 경우 과학의 개입이 두드러지며, 후자의 경우 역사의 개입이 눈에 띈다.[110] 문학적인 것과 주어진 사회적 기반은 단순히 일치하지 않는다. 죄 플로로는 말할 것도 없이 귀족풍의 아카데미였지만, 다른 것들은 회원 구성의 일반 모범에 더 잘 일치하였다.[111] 아카데미 프랑세즈는 도표에서 그들이 이룬 성좌의 중심에 자리잡고 있기 때문에,[112] 우리는 이 문학 아카데미들은 무엇보다도 자기네 기원의 모범을 충실히 지켜 나갔다고 생각할 수 있다. 그들은 그들의 관심을 지켜보는 대중과 주제를 선택하는 데 서로 영향을 끼쳤음이 분명하다. 1724년 아카데미 프랑세즈는 아첨에 대해서 주제를 냈는데, 이 계획은 1720년 죄 플로로의 주제였다. 1742년 빌프랑슈 아카데미는 슬기에 대한 담론을 가지고 경쟁을 부추겼는데, 이것은 죄 플로로가 이미 1724년에 내걸었던 주제였다. 수아송은 무엇보다도 자기 주의 역사에 대해서 대회를 벌였고,[113] 그 뒤 1750년부터는 시와 문학의 미학에 주제를 한정하였다. 님의 경우는 좀 명확하지 못한데, 거기서는 회원 자신들이 제시한 경진 대회의 만신전에 부알로·플레시에·마르그리트 드 나바르의 이름을 새기고, 물을 끌어들이는 방법과 교구에서 토지 재산의 가치를 어떻게 평가할 것인가 하는 문제를 모두 함께 생각해 보도록 권유하면서, 역사·문학·정치 개혁 사이에서 망설이다가 결국 미학과 기술을 중시하였던 것이다.[114] 그들의 경험은 폭이 좁았기 때문에 결국 파리의 모범과 지방의 혁신을 함께 가지게 되었는데, 이것은 다시 말해서 근원에 충실하면서 그 시대에 적응하려는 태도로서, 문학상을 보조해 주는 아카데미 회원의 의지와 예술상을 창설한 도시 당국의 의지라는 이중의 의지와 일치한다는 사실로서 그 자체가 뜻깊은 분열을 보여 주는 태도였다.[115] 예술로 마음을 돌린 것은 시민 정신과 관련된 일이며, 문학에 마음을 둔 것은 옛날에 대한 충성심을 용인한 것이다. 라로셸의 경험은 좀더 역사성을 띤 것으로서(거기서는 가이야르가 상을 받은 '앙리 4세 예찬론'을 내놓았고, 라 아르프도 논문을 발표하였다. 그리고 1780년의 계획에서 루소 대신 안 드 몽모랑시를 선택하였다) 아마 더욱 혁신적이었을 것이다. 기술(증류주 정제법, "가장 가볍고, 가장 단단하며, 가장 잘 구르고, 길에 조금도 해를 끼치지 않는" 차)에 관한 주제를 보조한 사람들은 도매업자였으며,[116] 게다가 그들은 더욱 많은 대중에게 말하고자 할 경우에는 시(詩)문학상도 보조하였다. 1788년과 1789년 상금을 미리 내놓고 주제를 골라 준 사람은 지사와 재무관이었다. 거기서 지방의 시민 정신은 전통과 함께 문학 경쟁의 구성 요소가 되었다. 내용을 분석해 보면 이처럼 분할되었음을 확인할 수 있으며, 옛날의 부문은 새로운 노래를 부르는 시기가 되었고, 새로운 희망을 실어나르는 도구가 되었다.

이제 툴루즈의 죄 플로로 회원이 인쇄하기 위하여 모은 작품 전체를 대충 훑어볼 차례이다. 거기서는 심사위원의 의도와 선택이 대중의 동기와 만나 그들의 공통 관심사의 평균 특성을 보여 주고 있었다.[117] 18세기 내내 두 가지 담론이 함께 있었는데, 하나는 전통 부문이 존속하면서 확인되는 것이며, 다른 하나는 시나 수사학의 관행에 따른 창작품 속에 흩어져 있는 것이다. 이렇게 해서 언제나 나타난 문학은 주로 목가풍의 기분 전환과, 미학에 관한 성찰과 고전 취미를 바탕으로 컸다. 1710-19년부터 문학은 뒷걸음치다가 안정되었지만, 1750년이 지나면서 매년 목가체 문학이 쇠퇴하고 있다고 후회의 질책이 나오면서 새로 등장한 관심사가 눈에 띄며, 경쟁자들은 독일이나 영국의 시인을 본받으라는 충고를 하였다.[118] 1700년부터 1789년까지 종교에 관한 시는 신의 존재와 위대함, 신앙의 승리, 비가톨릭 신자의 잘못을 계속 노래하였지만, 1760년 이후에는 가끔 광신주의와 편견에 관한 주제도 끼어들었다——이 때문에 죄 플로로 회원은 "수많은 작가가 종교를 가지고 빠져드는 방종"을 한결같이 비난하였다.[119] 같은 시기에 성모께 바치는 14행 정형시도 계속 경쟁의 주제가 되었는데, 거기서는 성모 숭배가 이상하게도 클레망스 이조르의 14행 시와 얽혀서 설명되었다. 1750년 이후에는 아주 분명히 쇠퇴하게 된 역사는 활기에 찬 고대를 노래하고, 진정한 뜻의 애국 윤리를 세우면서 군주권을 찬양하며, 지방의 영광을 빛나게 해주는 삼중의 기회였다.[120] 그와 함께 그것은 조국의 적대 세력, 종교적 광신주의, 불관용, 외국이 원한 전쟁을 고발하는 수단이었다. 또한 덕을 가지고 조국을 지킨 위대한 사람을 찬양하는 방법이기도 하였다. 이처럼 에티엔 뒤랑티(1770년)·미셸 드 로스피탈(1776년)·기 뒤포르 드 피브락(1778년)의 예찬론을 선택한 것은 사법관들과 군주가 연합하여 정의와 덕의 지배를 보장해 주는 엄격한 의미의 정치를 규정하는 일을 담당하게 되었다.

끝으로 과학과 예술은 주로 휴머니스트와 그리스도교의 도덕과 철학적 관점, 각자의 자리를 확인시켜 주는 사회적 슬기, 황금 시대에 대한 보수주의적 강박관념을 뒤섞어 놓았다.

"그래요, 나는 궁전을 위하여 오직 초원이라는 요람만 가졌어요,

　　난 평화로이 소박한 즐거움을 찾아요,
　　난 영원히 자연의 발치에 묶어 놓지요,
　　내 욕망의 성미 급한 도약을……
　　이 푸르른 요람은 슬기의 진정한 안식처랍니다,
　　난 멀리서 물결이 이는 소리를 듣지요……."[121]

　1750-60년 이후에는 계몽 사상의 투쟁 단계를 추적하고, 거기서 상업상의 자유를 요구하고, 온건한 중상주의의 농업적 이상을 가지고 풍습과 모든 상황을 망쳐 놓는 사치를 고발하고 있는 정치경제,[122] 계몽 절대주의의 찬양 같은 중요한 축을 강조하기란 쉽다. '아버지' 군주와, '사법관'으로서 조금씩 몽테스키외와 볼테르의 가르침에 동화되는 자유의 수호자들의 연합이 정치에서 나타났다. 1763년부터 죄 플로로 회원이 특별히 생각하게 된 교육 계획은 "프랑스의 왕·법률·사법권 같은 창설자들로서 온갖 찬사를 받을 사람의 목록"이라 할 수 있는 '프랑스 헌법'과 시민을 더욱 잘 결합하도록 만들 필요가 있다고 주장하였다.[123] 사람들은 기쁨에 북받쳐서 루이 16세의 등극과 함께 고등법원의 귀환을 축하하였다. 여론이 승리하고, 군주와 신민의 합의는 루이 16세 치세의 주요 사건을 겪는 데서 최고조에 달하였다. 그것은 "북아메리카에서 일어난 혁명"(1783년)이었다.[124] 1786년 원장신부 생 장은 혁명은 천재에게 유리하다는 생각을 발전시켰다. 끝으로 그리고 한마디로 줄여서 말하자면, 계몽 사상은 잇달아 루소·《백과전서》·볼테르·몽테스키외의 영향을 받아 널리 퍼지게 되었다.[125] 이제부터 "지방은 생각하였다." 그러나 언제나 제 나름대로——계몽사상가의 예찬은 가끔 세상의 영원한 질서를 확인해 주었으며, 사람들은 루소와 뷔퐁의 개혁적인 모습보다는 그들이 계몽 사상에 한계를 주는 방법을 보았다——생각하였으며, 신이 창조한 것을 영구히 표현하고 있는 자연을 노래하였다. 귀족적인 죄 플로로 아카데미는 옛날의 정통성과 새로운 관념을 억지로 동화시키려 하였다. 그것은 계몽주의의 몇몇 주제를 받아들이면서 이같은 전통 이상들[126]을 확인하려 하였지만, 동시에 새로운 사상가에게도 화려한 반응을 보여 주었다.

분명히 말해서 라로셸의 대중은 1786-89년에 좀더 확실한 것을 선택하였다. 그곳에서는 과학과 예술의 주장을 노래한다는 구실로서 시가 두드러지게 승리하였다.[127] 종교에 관한 작품은 조금 있었고, 역사 작품도 역시 그보다 적었으며, 몇몇 시만이 취향의 퇴폐성과 옛날 모범의 위대함을 보여 주었다. 응모작의 4분의 3은 계몽주의 시대의 세계를 찬양하였고, 3개 주제가 승리하였다. 그 주제란 도덕, 도시 세계를 고발하는 반(反)주제로 자연을 그리는 일, 그리고 과학이 인류 행복의 도구로 자리잡고 있는 계몽된 정치를 찬양하는 것이다. 40여 편의 시가 영혼의 열정, 덕성의 부드러움, 행복의 가능성을 노래하였다. 부아시 당글라는 이렇게 노래하였다.

> "에피쿠로스와 제논을 모두 피하며,
> 어떠한 체계도 따르지 않은 채 내 의무를 수행하네.
> 다른 사람을 나보다 더 잘 대해 주고,
> 불행을 반갑게 맞아 누그러뜨리길 좋아하며,
> 부드러운 즐거움을 덕성과 결합시키면서,
> 쉼과 공부를 번갈아 가지네……"[128]

이렇게 말하는 그는 가없는 행복론을 규정하였다. 모두 루소의 영감을 받은 30여 편의 노래는 시골의 매력, 도시의 타락, 은둔의 필요성을 역설하였다.[129] 끝으로 20여 편은 철학적이고 학술적인 계몽주의의 결과라 할 새로운 애국심이 나타날 것을 알렸다.[130] 전국 신분회에 바치는 노래는 이렇게 외쳤다.

> "조국의 평등한 자식들이여,
> 우리의 팔, 우리의 보물, 우리의 삶은
> 루이의 것이요, 국가의 것이라네."[131]

이처럼 아카데미 정신은 여전히 공공연하게 체제순응주의를 실어나르고 있었다.

경진 대회의 두번째 집단에는 세 가지 특성이 있다.[132] 과학과 예술이 두드러지게 승리하고(언제나 59퍼센트가 최저였다), 문학이 제일 적은 자리를 차지하였으며(9퍼센트에서 30퍼센트 사이), 특히 역사가 독특한 자리를 점유하였다.[133] 더욱이 이 집단에 속한 단체의 시와 문학의 개념과, 쥐 플로로나 아카데미 프랑세즈에서 나타나고 있는 개념 사이에는 아무런 차이가 없었다. 그것들은 모두 고전적 법칙을 옹호하고, 고상한 부문을 똑같이 좋아하였다. 또한 시적 수사학을 동원하여 선인과 후학, 주제의 참신함, 반드시 전통을 따르는 일, 과거, 계몽주의를 모두 정당화시켰다. 그것은 몽토방·마르세유·포같이 파리와 툴루즈를 본뜬 곳에서 좀더 특별히 나타났다. 그러나 그것은 또한 낭시 같은 자유 경진 대회에서도 나타났다. 로렌에서 받은 시 작품이나 문학 논고 가운데서 우리는 의무와 덕성이 똑같이 대결하고, 비슷한 윤리주의를 보여 주며, 자연·진보·과학에 모두 믿음을 가지고 있음을 본다.[134] 하지만 여기서 중요한 것은 철학과 윤리에 관한 논고가 과학과 예술의 분야 속에서도 상당한 몫을 차지하고 있다는 사실에 주목하는 일이라 하겠다. 이처럼 두번째 집단의 경진 대회에서는 무엇보다도 윤리가 지배적인 경향을 보여 주었다.

포·몽토방·브장송의 계획을 살펴보자. 생활 태도, 사람들 사이의 관계, 온갖 관계를 따지는 관심이 거기서 끊임없이 성찰의 범위를 이루고 있었다.[135] 포에서 그 관심은 1760년과 1769년 사이를 제외하고 언제나 주제의 40퍼센트 이상이었고, 브장송에서는 1770년부터 1779년 사이를 빼고 25퍼센트 이상, 몽토방에서는 1780년 이전에는 결코 50퍼센트 이하로 떨어지지 않았다. 우리는 (만일 응모작을 고려한다면) 이러한 경향을 마르세유와 낭시에서도 찾아볼 수 있으며, 툴루즈의 쥐 플로로나 수아송에서도 보거나 느낄 수 있다. 더욱이 이처럼 공통의 몸짓이 어디서나 귀족회원을 유혹하고 있는 데 비하여,[136] 경진 대회를 통해서 본 두번째 집단 속에서 3개 단체는 역사와 과학에 노력을 기울인 결과 귀족을 유혹하지 못하였다. 이와 관련해서 우리는 귀족적 모범을 구별해야 할 필요에 대해서 의심할 여지가 없다. 그 모범은 전통 부문의 지배를 부분적으로 받고 있으며, 윤리를 여전히 기본 차원으로 삼고 있고, 역사에게 큰 구실을 맡긴 것으로서 새로운 지식으로 말미암아 천천히 바뀌고 있는 모범이다. 먼저 몽토방의 경우를 살펴보면 과학은 자랑스러운 것이라는 주제(1744년)와 계몽주의 철학의 정신에 관한 주제(1788년) 사이에 연속성이 있었다. 몽토방이 과학·경제·역사·사회에 대해 관심을 보인 것은 1775-80년에 최고조에 달하였다.[137] 포의 국면은 더욱 빠르게 바뀌고 있었는데, 변화가 1755-60년경에 있었기 때문이다.[138] 브장송의 경우에는 좀더 늦게 바뀌었는데, 거기서는 도덕철학의 주제가 1750년대와 1780년대에 똑같은 자리를 차지할 정도였다. 마르세유에서는 아주 중간 정도였다. 왜냐하면 문학과 철학이 1760년 이후 함께 뒷걸음쳤기 때문이다. 그러나 아카데미의 선택에서 새로운 서열이 자리를 잡을 때까지, 이 학회 모두가 공통으로 가지고 있던 수단은 언제나 사람에 관한 것이었다. 거의 모든 시기에 이 단체들이 공공의 안녕을 위하여 아무런 위험을 주지 않은 채 모범적인 진리를 밝히도록 권유하였다고 해도, 그들의 첫번째 관심은 가끔 반박과 토론을 불러일으켰다. 풍습과 관련된 문학의 쓰임새, 사회에 해를 끼치는 악, 우정과 덕성의 필요성에 관하여 마르세유에서 선택한 주제 속에서 윤리와 정치학은 합쳐졌다. 자선, 과학과 예술의 문화에 바탕을 둔 민족의 우월성, 학술 단체의 쓸모, 재산, 편견, 철학 정신에 관한 죄 플로로의 주제, 예술의 쓸모, 아카데미의 장점, 또한 철학 정신, 취미와 풍습의 부패에 관한 몽토방의 주제, 노동, 재산, 풍습과 재능, 사치, 애국자의 덕목, 18세기에 철학이 끼친 영향에 관한 브장송의 주제 속에서도 윤리와 정치학은 합쳐졌다. 귀족형 단체는 모두 사회적 도덕의 필요 때문에 뭉쳤다. 그들은 사회 변화 때문에 과거의 매력을 향수에 젖어 돌아보고, 진보와 풍습의 관계를 구하기 위하여 끊임없이 노력을 하였던 것이다. 디종의 논고 때문에 생긴 논점은 이러한 지적 풍토 속에 뿌리내렸다.[139] 사람들은 스타니슬라스와 함께 낭시, 그리고 르프랑 드 퐁피냥과 함께 몽토방이 거기서 맡은 구실을 알고 있다. 그러나 이같이 도덕에 집착하는 일 외에도 과거로 마음이 이끌렸다.

경진 대회에서 역사는 두 가지 경향을 따랐다. 그것은 고증학의 방향에서 지방의 성격을 띠었으며, 또한 무엇보다도 그 지방의, 그리고 곧 국민의 시민 정신을 정당화해 주는 위대한 사람의 예찬론을 특별히 취급하면서 애국과 철학적인 면에서 봉사하고자 하였다. 1730년과 1740년 사이 수아송에서 시작한 지방주의적 고증학 덕분에 지방의 역사, 그 지방의 도시와 기관의 역사, 여러 가지 경계와 규정들의 역사를 연구하기 시작하였다. 그것을 위하여 근원을 추구하고, 빛나는 과거 속에 뿌리박고 싶은 의지가 중시되었다. 이 때문에 그것은 고대와 중세를 특별히 생각하고, 또한 최근의 시기를 거부하였던 것이다. 그리하여 더욱 부유하고 더욱 위풍당당한 옛날 여러 시대의 일반적인 모습을 그리게 되었으며, 주제 목록을 보면 수아송 사람과 클로비스, 뇌스트리와 루앙 사람, 벨기에와 피카르디 사람, 고대 세콰니아와 프랑슈콩테 사람, 서고트족의 시대와 툴루즈 사람이 결부되어 있다. 이러한 역사는 본질상 세속적 교훈을 주며, 따라서 언제나 문화적 연속성을 지닌다. 아카데미 회원의 집단 기억은 근원으로 돌아가는 가운데 젊어지려 하였다. 그 작업은 가끔 새로운 의지를 가질 수 있는데, 연구는 옛것들의 상태를 혁신적으로 고찰해야 했기 때문이다. 이러한 관점에서 아미앵과 브장송에서는 옛날 상업을, 아미앵에서는 역시 고대의 과학과 문화를 각각 연구하였다. 그렇다면 아카데미의 역사는 여러 가지 힘을 깨우기 위한 호소라 할 수 있으며, 아카데미의 정관은 결코 과학과 예술을 완전히 멀리하지 않았다.

그와는 반대로 경쟁자들에게 위대한 인물 예찬론을 제안하려는 의지 때문에 혁신적인 신화가 끼어들었다. 지방의 영광스런 인물을 위하여 만신전을 세우는 일은 진보의 언덕을 올라가는 위대한 행위와 근원의 뿌리내리기를 겹쳐 놓았으며, 그것은 잘못에 대한 싸움을 벌이는 전선 위에서 활약하는 특별한 전투원들을 아카데미 수사학의 영웅들 속에서 보는 것이다. 아마 그로부터 지방 신전들을 통합하려는 운동이 나왔을 터이다. 그 운동에서 군인은 사법관과 어깨를 나란히 하고, 왕과 주교도 함께 가고, 문학의 영광을 얻은 사람과 이름 없는 학자가 똑같은 믿음을 위하여 싸웠다.[140] 죄 플로로 회원이 루소 대신 너무 잊고 지내온 생 텍쥐페르의 예찬론을 선택하면서, 분명히 기대하지는 않았지만 뜻깊은 기분을 느낄 수 있었다. 그들은 응모자에게 행동 방식을 바꾸라고 요구하지 않았고, 응모자가 덕성과 관용을 주장하고 미신을 물리쳤음을 알려 주기를 기대하였다.

인물 전기를 찬양하는 일은 어디서나 토지와 전통 감각을 고취하는 한편, 부분적으로 역사의 공백을 메워 주고, 지속성을 회복해 주면서 지방주의와 시민 정신을 화해시켰다. 그것은 호기심의 확대를 가져다 주고——만일 사회가 없다면 사람은 아무것도 아니다——그렇지만 역사에 대해 낯선 기능과 형이상학적 목적을 정해 주었다. 아카데미의 역사는 진보와 전통이 만나는 전쟁터였다.

이제 13개 단체로 구성된 집단이 남아 있다. 거기서는 혁신이 승리하여 주제의 80퍼센트에서 1백 퍼센트가 과학과 예술에 관한 것이었고, 철학적 수사학은 그들 가운데 디종(13퍼센트)과 리옹(4퍼센트)의 두 군데서만 주목을 받았다.[141] 주요 관심 분야는 세 가지였다. 과학·기술·개혁론이 어디서나 제시되었고, 봉사의 문화적 모범이 승리하는 것을 확인시켜 주었다——이들 가운데 4개 아카데미만이 주제의 45퍼센트 이하를 사회적 쓸모에 관한 성찰에 바쳤던 것이다. 더욱이 순수과학이 중요한 자리를 차지하던 곳에서는 시간이 흐를수록 대체로 순수과학의 자리를 좁히는 대신, 세계의 개선에 대하여 생각하는 폭을 넓히는 방향으로 발전하였다. 이리하여 보르도에서[142] 경진 대회는 무엇보다도 과학에서 성공을 거둘 수 있었고, 물리학의 몫은 이론만큼 응용에 대한 관심에서도 자연에 대한 모든 종류의 과학이 차지하는 몫보다 작았다(전체 상 가운데 각각 17퍼센트와 61퍼센트). 1750-60년대에 들어 호기심의 중심은 바뀌고, 그 뒤에는 과학의 성격을 보여 주는 계획은 40퍼센트 미만이었다. 농업·경제·예술이 다수파가 되었고, 응용과학이 기본 성찰보다 우세해졌다. 디종에서도[143] 주제가 똑같은 방향으로 발전하지만, 베르나르 푸피에가 강요한 유언법을 준수하였기 때문에 늦추어졌음을 알고 있다. 1740년부터 1790년까지 의학은 지속적 관심사였으며(상의 32퍼센트), 루소가 물의를 빚은 뒤 새로운 상황에 따른 적응이 있었다 해도, 자기 지방으로 물러앉으면서 청중의 균형을 유지하려고 애쓰는 단체에 별 영향을 미치지 못하였다. 리옹도 역시 비슷한 것들을 충실히 지켜 나갔는데,[144] 물리학·의학·식물학은 학자와 전문가 대중의 관심을 끌고자 내놓은 계획서에 늘 나타나는 주제였다. 학술적 아카데미는 구체적인 것에 관심을 가지고, 이 때문에 관찰과 적용의 문제에 대해서 대중의 의견을 물었다. 치료와 진단은 18세기말경 좀더 넓어진 의학 주제의 기초를 이루었다. 1765년 아미앵에서는 피카르디 지방에 널리 퍼진 질병에 관한 연구, 1766년 보르도에서는 늪지대의 열병, 1761년 디종에서는 전염병을 각각 주제로 제시하였다. 혁명 직전 경진 대회에서 다루던 의학은 사회의학이었다. 지방은 즉시 왕립과학 아카데미와 왕립의학회 같은 파리의 교훈을 배웠지만, 그 나름대로 길을 넓게 열어 놓았다.[145] 1780년 디종에서 의학 부문상을 받은 토마생이 주장하듯이 아카데미가 주는 교훈을 들어야 했다. "이 작품은 의학과 외과학을 연구하는 학자를 위한 것은 아니다. 이것을 수상작으로 뽑은 아카데미의 관점에 따르면 이것은 질병에 관한 것으로서, 질병 자체의 해악 때문이라기보다는 그 치료를 맡은 사람의 음험하고, 무지하고, 나쁜 마음 때문에 더욱 큰 피해를 입고 있는 시골에 가르침을 주기 위한 저작이다. 나는 오랫동안 시골에 머물면서 고약한 종기를 고치는 의술을 사칭하는 음험한 경험주의자들을 가끔 볼 수 있었다. 이처럼 교육받지 못한 외과의사들이 성공하는 예는 아주 드물다. 어쩌다 성공하였다면 그것은 자연이 허용해 주는 경우일 뿐이다. 그들은 칼날을 가지고도 자연을 조금도 막아낼 수 없으므로, 자연은 아무런 방해도 받지 않고 적을 무찌르는 것이다. 그러므로 나는 각별히 시골의 외과의사들을 위하여 이 논문을 썼다……"[146] 자연과 물리학의 역사를 위한 계획은 부와 가능성의 목록을 작성하고, 농학자·경제학자·의사를 위하여 유익한 적용법을 찾는 이중의 노력을 기울였다. 그것들은 사람들이 공통 운명을 개선시켜 줄 것으로 바라던 과학의 실천 방안을 세웠다. 그러나 인류의 행복을 준비하기 위한 노력은 특히 예술과 기술 분야에서 이루어졌다. 이 분야에서 보기가 되는 곳은 리옹 아카데미로서(상의 38퍼센트, 50개의 계획), 보르도와 몽펠리에(15개의 계획), 캉, 메스, 오를레앙, 부르와 앙제(2와 3개)가 멀리서 그 뒤를 따랐다. 우리는 낭시를 잊지 못할 터인데, 이곳에서는 발명을 2백 개 이상 접수하여 로렌 지방의 군소 발명가의 신기루가 되었으며, 진정한 의미로 계몽 시대의 **콩쿠르 레핀**(Concours Lépine)을 열었던 것이다.[147] 지방의 백과전서적 풍경 속에는 수도의 비의(秘儀)에 담긴 것보다는 덜한 정도로 여러 가지 직업의 비의가 담겨 있었고, 아카데

미의 기술은 노동을 회복하라고 추천하기보다는 이 세상을 정돈하도록 천
거하면서 지역과 도시의 현실 속에 뿌리를 내렸다. 여러 가지 문제의 목
록은 교통·생산·생활 조건의 개선이라는 세 가지 방향으로 뻗어 나갔
다. 그것은 육로의 시대에 강과 바다를 이용하도록 하는 교통의 혁명을
위하여 지방을 개방하고자 하였다.[148] 그것은 기술의 완성,[149] 농업 자원의
개발,[150] 교환의 개선[151]에 의하여 생산을 혁신하려는 의지였다. 아카데미
는 상업 부르주아 계층에 봉사하고, 농업 지주에게 정보를 주며, 도시 행
정을 위한 이론적 고찰의 중심지가 되는 것을 임무로 삼았다.

　시청 직원·야경꾼·위생학자·도시계획자[152]였던 아카데미 회원은 따
라서 훨씬 뒤에 주요 기술 단체의 자격이 될 어떤 능력을 지녔다. 명사는
자신에게 닥친 어려움을 넘어서, 개혁 의지를 가지고 경제·사회·사법·
교육의 네 가지 영역을 특별히 생각하였다.[153] 아카데미 정신은 미래학이
되었으며, 사람들은 "인류의 행복을 위한 모든 중요한 질문"에 마구잡이
로 손을 댔다. 그들은 몹시 두려운 문제에 착수하였으며——구걸·울타
리치기·공유지·농업 정책·애국심——어떤 사람은 말하고, 다른 사람
은 들었으며, 지방의 여론이 존재하였다.

　그러나 모든 단체는 개혁을 함께 추진하는 데서 각자 제 나름대로 독창
성을 유지하였다. 자연을 유익하게 응용하는 중심지인 보르도, 예술과 기
술직 시청간부들의 동아리인 리옹, 경제학자와 사회학자의 모임인 샬롱과
메스를 살펴보자. 아주 일찍이 보르도의 경진 대회는 공익성에 유리한 기
질을 보여 주었다.[154] 1750년 이전 응모작의 절반 이상이 물리학에 관계된
것이었지만, 나머지는 벌써 응용화학, 농업에 관심을 보여 개척자의 성격
을 보여 준 식물학, 사회의 의학적 관찰에 관한 것이었다. 얼음·기압계·
나침판 바늘·바람은 물리학자의 관심뿐만 아니라 농학자와 뱃사람의 관
심도 끌었다. 아주 중요한 문제가 배의 속도에 대해 네 번——1747년,
1748년, 1770년, 1780년——에 걸쳐 제시된 주제 속에서 언제나 나타났
다. 우박과 벼락, 그리고 달·별·온도에 주목한 원시 기상학, 이러한 주
제 때문에 중요한 포도 재배인과 시골의 사물에 관심을 가진 애호가의 흥
미가 일치되었다. 한마디로 물리학의 서른 가지 주제 중에서 절반 이상이

확실히 실험물리학에 관한 것이었다. 1750년이 지나면서 사회를 개선시키는 것만이 보르도 경진 대회의 유일한 목표가 되었다. 농학은 중농주의자가 열중하는 범위를 넘어서 무엇보다도 먼저 포도주, 그 뒤에는 곡식·비료·개간 같은 본질적인 것에 손을 댔다. 더욱이 응모자에게 좀더 중요한 일이라고 할 것은, 그들이 출제된 모든 문제를 가지고 재산·세상·어린 시절 같은 기본 문제를 검토하면서 각자 자기의 자루를 비우는 기회를 가졌다는 데서 찾을 수 있겠다. 다수파가 시골풍을 벗어나지 못하고, 거의 완전히 조용히 지내던 이 학회는 좀더 기술적이거나 보편적인 도시 문제에 관하여 관심을 갖고 고찰하면서 제 목소리를 찾게 되었다. 도매업자와 군납업자의 근심, 명사의 불안이 함께 작용하여 문제의 범위를 더욱 넓혔다. 사회적인 문제가 줄곧 머리에서 떠나지 않았고, 정치 문제가 나타났다.[155]

리옹의 경우 경제와 기술에 관한 문제가 우세하였다. 1758년부터 1790년까지 50여 개 주제 가운데 예술이 17편(37퍼센트)으로 지배적이고, 정치 경제는 8편(17퍼센트)이었다.[156] 항상 이론보다는 응용이, 멀고 추상적인 관점보다는 바로 곁에 있는 문제가 우세하였기 때문에 리옹은 확고히 구체적인 전망을 보여 주었다. 이곳 아카데미는 생산을 완성시키는 방법(가죽 작업, 염색, 비단실을 뽑고 냄새를 없애는 문제 따위)을 연구하였다. 이 학회는 리옹시가 겪은 경제적 후퇴를 치료하는 방법을 찾았다. 1774년 그들은 실업 문제를 제안하고, 1780년에는 쇠퇴의 원인과 치료 방법에 대해서 생각할 것을 권유하였으며, 1789년에는 다시금 비단 제조업으로 돌아가는 길을 연구하도록 부추겼다. 아카데미는 책임감을 가지는 방향을 고찰하고, 전통을 지키는 데서 앞을 내다보는 관찰로 들어갔다. 두번째 집단에 속한 문제는 시행정관의 근심거리라 할 도시의 생필품, 물의 공급, 도로 사업, 위생, 건축, 도시 계획에 관한 문제를 보여 준다. 게다가 식물학·화학·농학에서도 실천을 위한 주제가 나타났다. 그 배경은 여전히 그 지방에 한정되었는데, 거기서는 포도 재배의 위기, 울타리치기에 대한 고찰, 동브의 늪지대에 관한 심상, 포레즈 주민의 처지가 윤곽을 나타내고 있었다. 리옹 아카데미를 위해서 경진 대회는 이 학회가 지방 자치 정부, 지사와 맺은 관계를 굳게 만들어 주는 방법이 되었고, 공리적 성격에 의하여 지배층의 위신을 정당화해 주는 기회가 되었다.

　메스 아카데미에서도 지방의 맥락에 대해서 앞의 아카데미들과 똑같은 관점에서, 그리고 여러 가지 어려움을 고치는 방법을 찾으려는 똑같은 근심을 가지고 문제를 내놓았다. 거기서는 경제에 대해서 일찍부터 관심을 보였으며, 학자는 그것이 곧 다른 곳을 앞서는 관심사가 되었음을 밝혔다.[157] 그 학회는 경진 대회를 치르기 위하여 계획을 세웠는데, "그들은 가장 먼저 경제 부문의 일반 원칙에 관심을 가지는 데서 시작하여, 곧 아주 자연스럽게 세부 사항, 다시 말해서 가장 각별히 이 지방에 관계된 것으로 들어가야 할 것으로 믿었다……"[158] 그러므로 '토지 경작을 위한 진정한 원칙'이라는 일반 주제에서 1791년에 나온 '기근을 이기는 진정한 방법'에 대한 주제로 넘어가는 것은 논리상 연속성을 가진 일이었다. 농업이 우세하였고(19개 주제의 50퍼센트), 상업과 산업이 나머지를 차지하였기 때문에 두 가지 사이에서 아무것도 무시되지 않았다고 볼 수 있다. 메스의 문학회는 농업 단체인 동시에 상공회의소의 사무국이기도 하였다. 그것은 농촌의 타성을 흔들어 놓으려고 노력하였으며(그 지방의 가장 훌륭한 농부 몇 명을 위하여 상을 주었다), 경제 정세의 변화에 따른 위험을 쫓으려고 노력하였다. (관세 장벽이라는 중대한 문제 때문에 상업에 관하여 상을 마련하였다.) 이 학회가 제 지방에서 이름을 날렸기 때문에 낭시의 회원도 그 보기를 따르게 되었다. 그렇다면 이 학회만이 지방의 범위를 벗어나 일반적 관심, 사회와 정치적 영향에 관한 문제로 범위를 넓혀서 생각하였음을 알 수 있다. 1783년에는 명예형, 1786년과 1787년에는 사생아, 1787년과 1788년에는 유대인, 1788년과 1789년에는 애국심을 주제로 하였던 것이다. 메스 경진 대회의 곡선을 보면 대담성이 높아지는 것을 볼 수 있다. 샬롱쉬르마른의 곡선은 묘하게도 그것을 거꾸로 놓은 모양을 하였다. 거기서 나중에 생긴 아카데미는 벼락에 관한 문제로 출발하였으며, 1758년부터 브장송에서 제출하고, 그 뒤 아라스·그르노블, 간접적으로 리옹에서 제출한 것으로 사회라는 집단 전체를 보여 주는 가난한 사람에서 출발하여 모든 것을 말하고, 모든 것을 함께 모아 놓을 수 있는 비럭질이라는 주제는 샹파뉴 지사 관할 구역에서 가장 큰 반응을 얻었다.[159] 1777년부터

1783년까지 부역, 지방 행정, 농부와 노동자의 조건, 형법, 사법, 교육 방식과 교육에 관한 개혁을 주장하는 문제를 15개 내놓았다. 그러나 그곳의 모든 것은 결국 행정 명령에 의하여 제자리로 되돌아가기 시작하였다. 1784년부터 1789년까지 주제는 좀더 지방색을 띠거나, 문서는 좀더 신중하게 작성되었던 것이다. 1787년 샬롱 아카데미는 애국심에 관한 문제를 가지고 학술 단체는 정치의 영역에——비록 그것이 불법 침입이라 할지라도——스며들 권리가 있다고 주장하였는데, 이것이 마지막이었다.

경진 대회 변화의 폭을 생각하면서 우리는 그 영향을 부인할 수 있을까? 우리는 여기서 두 가지 확실한 결론을 얻을 수 있다. 경진 대회는 넓힘이며, 그것은 계몽주의 운동을 추진해 주었다. 무슨 넓힘인가? 무엇보다도 확실한 점은 그것은 사회적인 넓힘이었다는 것이다. 그것은 여론을 동원할 기회를 늘려 주고, 무식한 사람에게 그들 자신의 존재에 대한 심상을 보여 주었기 때문이다. 그리고 그것은 지적인 넓힘이었다. 그것은 성실한 사람의 가치 체계의 법전 속에 과학과 그 분야의 희망을 기록하여 주었기 때문이다. 지배 계급이 볼 때 아카데미의 경쟁은 탐구하고 싶은 의지를 불러일으켜 주는 것이었고, 행정상의 운영과 학술상의 관찰을 실천 속에서 연결시켜 주는 수단이 되었다. 이러한 점에서 그들이 신중하게 처신하였다고 해도, 그리고 비록 정치라는 행위가 대부분의 경우 긍정적 개혁을 추구하는 일에만 제한되고, 따라서 일반적이라기보다는 좀더 좁은 범위의 구체적인 행동에 제한되었다 해도 그들은 더 이상 정치를 낯설게 여기지 않게 되었다. 모든 아카데미가 한결같이 경진 대회를 치르는 가운데 여러 가지 기질이 나타났다. 시·수사학·도덕·역사를 연마하는 단체는 귀족의 기질을 보여 주었고, 과학과 예술을 선택한 단체는 부르주아의 기질을 나타내었다. 그러나 1750-60년대를 지나면서 어디서나 한 가지 경향이 일어났는데, 그것은 회원 선출의 방향과는 거의 무관한 것으로서 어떤 문화적 전형이 승리하였음을 증명해 주는 경향이었다. 그것은 재산·기술·어려움과 그것을 해결하는 방법을 모두 수록하려는 것이었다. 경진 대회는 지방 행정 문서의 구성 요소였으며, 그것의 봉사 기능은 사회를 변화시킨 모든 힘들이 일관성을 잃어버렸을 때 확인되었다. 아카데미의 경진 대회는 집단의 감수성의 위험 지역을 돋보이게 만들어 주었다. 이제 학술회의가 탄생하는 가운데 경진 대회를 정착시킨 것에 대하여 살펴보는 일이 남아 있다.

## 2. 학술회의

아카데미의 학술회의는 문화를 형성하는 기회이며, 전파하는 방법이었다. 사사로운 동아리의 닫힌 울타리 안에서나, 또는 공식 만남의 자리에서나 문화적 의례는 무엇보다도 교환이었다. 하나의 사회 계층은 자기의 노력을 검사하고, 호기심을 말하며, 사교성을 통제한다. 그러한 사회 계층의 통일성과 다양성을 이해하려면 두 가지 방법이 필요하다. 먼저 그 계층이 형성되는 시간을 살펴야 할 터인데, 그것은 운영의 시간이기도 하다. 아카데미 회원은 단체의 업무를 그 시간에 맞추게 되며, 그 시간 속에서 독서와 토의는 집단의 지성을 이루는 요소가 된다. 그리고 나서 학자의 축제 내용을 살펴야 할 것이다. 그리하여 아카데미가 몸을 구부리고 있는 순간부터, 그것이 한 해에 한 번이나 여러 번 거듭 축하하는 가운데 거기 참여하여 자기네 등급의 위세와 문화의 힘을 입증하는 도시 정예 분자의 관심을 끌게 되는 개방의 순간까지, 무엇이 남고 무엇이 지나가는지 알아야 할 것이다. 모든 아카데미와 그들의 대상인 대중의 만남은 어떤 기능을 하는지 한번 살펴보면,[1] 지성을 지도하는 구실로 구체화되는 기준에서 시작하여 명사가 가진 지식의 평균치까지 밝혀질 것이다. 그러나 완전하지는 못하지만 성실하게 계량적 평가를 할 수 있다 해도 그 결과는 단지 일반적인 방향을 검토하는 정도이며, 기껏해야 계몽 시대의 아카데미 정신이라고 부를 모범의 집단 경향을 토의에 부치는 정도에 그칠 것이 뻔하다. 우리는 아카데미 단체를 위하여, 오직 그것만을 변호해 주는 본보기를 넘어서 독특한 성격을 파악할 수 없다. 개인의 전기를 들추어 가면서 그들의 특이성을 반복해서 말할 수 없기 때문에 개인의 특이성을 이해하지 못하였으며, 할 수 없이 집단적인 성격의 법칙만을 파악하여야 한다. 또한

우리는 임시변통으로 수학·동물학·식물학·시학·문법·경제·아카데
미 교육론에 대한 역사가가 될 수는 없기 때문에 여러 전문 분야·학문
분야·소재의 특이성도 역시 파악하지 못하였으며, 여기서는 에피스테메
〔épistemé. 미셸 푸코는 이것을 "특정 시대에 여러 학술 분야가 나타날 수 있
도록 만들어 주는 논증의 실천들을 통합할 수 있는 모든 관계의 총체"라는
뜻으로 썼다〕의 엄격성을 시사받았다. 여기서는 우리의 선배가 소중히 생
각하던 방법, 말하자면 하나하나 나열하는 방법의 장점보다는 전체를 훑
어보는 슬기를 택하겠다.[2] 아카데미의 극장에서는 장식과 배우가 제자리
를 잡고서, 살고 참여하는 방식에 관한 장면을 보여 주려 한다. 거기서 위
대한 사람은 집단이 이룬 조화를 대하고 말을 하지 않는다.

　이제 직접 자료를 인용해 보자. 베지에의 경우 "1786년 5월 4일, 총재
도르브카스텔·원로 회원 르 쿠앵트 드 망스·재판장 바르비에·오디베
르·원장신부 부이예·원장신부 바르비에·포레·원장신부 루브쇼·아밀
롱·외스타슈, 그리고 수사학 교수이자 원장신부인 루브의 모임. 도르브카
스텔 선생은 우리의 아카데미는 관행상 원장신부 미이예의 아파트에서 특
별회의를 열었다고 말하였다. 또한 그는 아카데미 회원에게 회람을 돌려
서 원장신부 미이예의 병이 나을 때까지 원장신부 루브가 매주 목요일 아
카데미가 모일 수 있도록 회의실을 마련할 것이라는 사실을 알려 주어야
한다고 믿었노라고 말하였다. 그리고 그 결과 아카데미 활동을 될 수 있
는 대로 중단하지 않기 위해서, 랑그독 지사이자 아카데미 명예회원인 생
프리에스트의 죽음으로 생긴 빈자리를 메워야 하며, 그렇게 하려면 신용과
학식으로 이 단체를 보호해 주고 빛내 줄 만한 인물을 임명해야 할 것이
라고 호소하였다…… 시계가 3시를 알렸을 때 원장신부 바르비에와 부이
예는 만과에 참석하러 물러갔고, 포레는 두 사람이 나갔어도 회원을 뽑는
일을 계속할 수 있지 않겠느냐고 말하였기 때문에 망스 선생은 자기 의견
을 계속해서 발표하려 하였다. 그러나 그때 아밀롱 선생도 나갔기 때문에
일이 중단될 지경이었지만, 종신 사무총장인 부이예 선생이 들어와서 망스
선생은 이야기를 계속하였다……"[3] 1천여 쪽을 빠르게 훑어만 보아도 아
카데미의 일상사가 드러난다. 회원은 명단에 오른 움직일 수 없는 순서에

따라 작은 집단으로 모여서 그 단체의 여러 가지 문제를 의논하고, 학술 토론을 하며, 진기하거나 재미있는 이야기를 듣는다. "도르브카스텔 선생은 개회사로 예술과 직업에 관한 연설을 하였다. 원장신부 부이예는 부사넬 예찬론을 늘어 놓았고, 원장신부 바르비에리는 휴대용 시계를 움직이고 조정하는 방법에 관한 논문을 읽었다. 르드리에는 자선에 관한 고찰을 읽고, 외스타슈는 회의의 마지막에 자신이 파리의 왕립외과학 아카데미에서 상을 받은 출산에 관한 논문 초록을 읽었다……"[4] 우리는 싫건 좋건 그들이 남긴 문서에 기댈 수밖에 없다. 그리하여 회의록을 잃어버린 경우 모든 보고서 목록이나, 더욱 나쁜 일로서 보존된 업적에 관한 목록을 통하여 좋건 나쁘건 아카데미 업적을 재구성할 수 있다.[5] 한두 쪽을 펼쳐 보면서 그 업적에 접근해 볼 때 보고서에서 어떤 사업이 어떻게 벌어지고 발전되었는지 파악할 수 있긴 해도, 실제로 어떤 말이 오고갔는지에 대해서는 거의 알 수 없다. 서로 인정한 수많은 다양성이나 결론에 도달한 합의를 밝혀 줄 수 있는 토의는 모두 자료에 남아 있지 않다. 사무총장은 단지 화합과 단결만을 옮겨 적고 싶어하였기 때문에 실제로 회의에서 보낸 시간을 보여 주지 않았던 것이다. 그 때문에 우리는 진짜 관심이 무엇인지 알아내기 힘들고, 주제를 밝히는 가운데 드러나는 중요한 의사 소통보다는 규칙을 싫증나도록 논평하는 일이 더 큰 자리를 차지하고 있음을 알 수 있다. 그렇지만 자료에서 최초의 통일성과 함께 토론의 주제를 찾을 수 있다.[6] 이렇게 찾을 수 있는 토론의 주제는 어떠한 사람의 참여에 대해서도 제자리를 매겨 주고, 공동의 정신이 자연스럽게 발생하는 것을 더욱 잘 파악할 수 있도록 만들어 준다. 그리고 우리가 엄밀히 말해서 지적 기능의 표시라 할 수 있는 바를 구별해 낼 수 있다면, 관리자의 기능을 특별 취급할 위험을 쉽사리 줄일 수 있을 것이다. 또한 보고서를 잃어버린 곳에서는 회의 석상에서 읽은 논문에 관한 보고서에서 출발하여 중요한 관심사를 이해하는 일로 만족해야 할 것이다. 거기서 꾸밈없는 성격 대신 지성의 승리를 보게 되겠지만, 두 가지 사이에 커다란 차이가 존재하지는 않을 것 같다.

모든 회의에는 무엇보다도 순서가 있었다. 출석의 순서, 활동의 순서는 모두 시대에 따라 달라질 수 있는 만남의 박자 속에 자리잡고 있었다. 더욱이 우리는 학회 참가 활동을 통하여 그 기관은 지지층이 누구였고, 회원에 대해서 어떠한 영향력을 가졌는지 알 수 있으며, 그로써 아카데미 회원은 얼마나 심각하게 자기네 활동의 사회적 책임에 대해 생각하였는지에 대한 암시도 받을 수 있다.

모든 학회는 회의의 수와 기간을 규칙으로 정해 놓은 공통점이 있었다. 회의는 해마다 평균 30여 차례였고, 한 번에 두세 시간이었다. 어쨌든 숫자상의 차이는 있었다.[7] 해마다 열리는 회의는 샬롱·셰르부르·포에서는 20회 정도였다.[8] 아미앵 아카데미의 경우 회합은 매주 월요일 5시부터 7시까지 열렸다. 처음에는 훌륭하게 시작하였으나(1750년은 회합이 10회도 못 미친 예외적인 해였다) 숫자가 줄어서 언제나 20회 이하, 그리고 마지막에 가서는 몇 가지를 예외로 하고 거의 언제나 15회 정도였다. 포의 경우 사료에서 어떤 경향을 파악할 수 있는 한도 안에서 살펴보면, 자주 있던 회합이 붕괴하는 것을 볼 수 있다. 1780년이 지나면서 2회나 3회를 넘기는 경우가 드물었던 것이다. 그 대신 리옹에서는 아카데미 생활은 20번 이하로 내려가는 경우가 드물고, 종종 30회 이상 모이면서 아주 훌륭히 지속되었는데, 이것은 과학과 문학 아카데미·예술 아카데미 또는 과학·문학·예술의 종합 아카데미의 모든 기관에서 볼 수 있는 동일한 현상이었다.[9] 디종의 경우 시작할 당시에는 다른 곳보다 더 머뭇거렸지만, 1760년과 1790년 사이에는 아주 규칙성을 지키면서 거의 언제나 35회 이상 회의를 열었다. 낭시는 1750년부터 1780년까지 15회에서 20회 사이의 박자를 유지하였다. 라로셸은 눈부실 정도로 지속성을 보여 주었는데, 몇 해를 제외하고 언제나 30회 이상, 가끔 40회나 모임을 가졌던 것이다. 브장송도 비슷하였지만, 마지막에 가서는 모임의 수가 조금 줄었다. 마르세유와 툴루즈는 꾸준히 모임을 늘려 나갔는데 종종 40회 수준에 달하였고, 언제나 30회를 넘었으며, 말기에 가서도 그다지 불규칙한 성격을 보여 주지 않았다. 한마디로 말해서 학회 모임의 일반적 박자를 가지고 우리는 학술 단체의 건강 상태를 진단할 수 있다. 그 박자는 최소한의 업적과 꾸준한 성격에 일치하였던 것이다. 그러한 박자가 깨졌다면 그것은 일시적인 어려움을 겪는 시기라는 지표(1756-60년의 디종,[10] 1765년경의 라로셸,[11] 1745년 이전의 툴루즈의 경우)이거나,[12] 아니면 어려움이 계속된다는 지표(포와 셰르부르의 경우,[13] 또한 1755년과 1769년 사이에 7년 전쟁 때문에, 그리고 1777년과 1785년 사이 프랑스와 영국의 적대 관계 때문에 주요 부대의 장교가 참석하지 못하여 어려움을 겪었던 브레스트의 경우)였다. 박자를 유지하고 발전시킨 곳에서는 꾸준히 모이고 활동하였음을 알 수 있다. 리옹[14]·루앙[15]·마르세유·디종·툴루즈의 경우가 모두 이에 속한다. 1789-90년에는 어디서나 박자가 무너지는 모양을 볼 수 있다. 모든 아카데미는 사라지기에 앞서 조직이 무너졌다. 정치 사건과 지역의 소요 때문에 새 회원을 받아들이는 일은 직접적으로 영향을 받았다. 학술 단체는 조용해졌고, 자료는 이때의 사정을 말해 주지 않는다.

계절의 차이를 생각해야 할까? 그것은 주로 규칙에 따라 결정되었다. 아카데미 회원은 성탄절부터 공현절(1월 6일)까지, 성지주일부터 부활절까지, 8월말부터 11월 사이의 일정치 않은 기간에는 모이지 않았다.[16] 대체로 루아르 강 이북에서 이남까지, 아미앵이나 마르세유에서도 모두 이같은 달력을 지켰다.[17] 어쨌든 계절상의 최고치는 학술회의 활동과 숫자가 강화되는 내부의 박자와 일치하였다. 거기에는 두 가지 중요한 기회가 있었다. 첫째 시기는 학술 경진 대회의 심사 기간(아미앵의 경우 5월부터 7월까지, 비록 덜 확실하기는 해도 마르세유도 마찬가지였다)이며, 둘째 시기는 공식 회의의 준비기(마르세유의 경우 3월과 4월에 공식 회의를 열 때 모임이 잦아졌고, 아미앵은 물론 1750년 이후의 마르세유에서 7월과 8월에 활동을 활발히 하였다)였다. 그 대신 활동을 별로 하지 않는 시기는 여름이 끝날 때까지 재판소의 휴정기, 성탄절과 부활절의 종교 축일 같은 도시 생활의 일정표 위에 나타나는 흔들림과, 밀이나 포도를 거둔 뒤 지주가 제 땅에 있어야 하는 농촌 생활의 중요한 박자에 따랐다. 오세르 아카데미의 종신 사무총장은 이렇게 말하였다.[18] "공식 회의를 열기 위하여 며칠 동안 모이기에는 포도를 거두어들이기 전이 적합하였다." 아카데미의 활동이 다시 시작되는 일은 그 단체의 회원 대부분이 도시에 있을 때와 일치하였는데, 어디서나 그 지방의 생활 박자와 지배층의 여가와 활동의 박자가 학술 활동의 박자를 결정하였던 것이다.

　그러나 매년 어디서나 볼 수 있는 일반적인 박자를 가지고서는 꾸준한 활동이 실제 어떻게 변하는지 밝힐 수 없다. 아카데미 회원이 의사록에 서명하는 곳에서는 그러한 활동이 소수의 개인에 바탕을 두고 있음을 쉽게 알 수 있다. 정회원, 또는 그 지방 거주 회원 전체 중에서 학술회의에 참석하는 사람은 거의 언제나 10퍼센트에도 미치지 못하였다.[19] 아미앵·브장송에서는 10여 명, 샬롱에서는 15명 정도, 1755-60년경에는 참여도가 낮았던 디종에서는 10명, 툴루즈에서는 15명 정도가 아카데미 생활의 핵심을 이루었다. 아미앵·브장송·샬롱·마르세유·낭시 같은 경우에서 1780-85년이 지나면서 이처럼 적은 숫자가 더욱 줄어드는 경향을 보여 주는데, 그것은 종종 회의의 숫자가 줄기 때문에 늘어나는 불만의 표시였다. 사료가 너무 부족하여 일반적인 결론을 분명히 내리기 어렵지만, 어디서나 실제 회의에 참가한 사람은 적었다는 사실과, 규칙적으로 참여도가 미약해지거나 강화되었다는 사실을 아주 분명히 알 수 있다. 겨울과 초봄에는 ‘아주 심하게 얼었기 때문에’ 또는 ‘매우 심한 추위 때문에’ 또는 ‘비가 너무 많이 와서’ 별로 모이지 않았던 데 비해서 여름과 늦가을에는 자주 모였다. 이처럼 꾸준한 활동을 보여 주는 시기는 언제나 경진 대회의 응모작을 검토하는 회의 기간, 회원 선출이 있기 전 아카데미의 공식 회기가 시작되는 기간과 일치하였다. 물론 공식 회의에는 비공식 회의보다 언제나 더 많은 인원이 참여하였는데, 마르세유에서 50년 동안의 통계가 그것을 증명하며, 이같은 사실은 거의 어디서나 입증되었다. 이처럼 낮은 참여도는 여러 가지 문제를 일으키고 있다.

　첫째, 참여도가 낮은 것은 한 단체의 유별난 특수성과 일치하였던가? 둘째, 어떤 학문 분야나 특별한 여가 시간을 가지고 특권을 누리는 집단 속에서 나오는 사람이 어떤 이념이나 집단 문화를 다듬어 낸다면, 낮은 참여도는 그 이념과 집단 문화를 보여 주는 것으로 생각할 수 있을까? “아카데미에 가장 충실치 못한 사람 가운데 가장 명예를 누리는 계층이 있는 경우가 보통이고, 그들은 기여금을 가장 많이 충당할 처지에 있다”고 루앙 아카데미 종신 사무총장인 르 카는 불만을 표명하였다.[20] 더욱이 학회에 참석하였다고 해서 학회를 위하여 노력하였다고 말할 수는 없다. 출석수당 제도가 있었던 관계로 실제 노력도 하지 않고서 아주 그럴 듯하게 활동을 한 것처럼 꾸밀 수 있었기 때문이다. 그렇다면 우리는 이렇게 물을 수 있다. 누가 무엇을 하였는가?

이제까지 우리가 받아들였던 지식과는 달리 명예직은 사회의 특별한 핵심 부분이 독차지한 것이 아니라는 사실을 보았는데,[21] 그렇다면 그것은 내부의 경쟁에서도 마찬가지였던가? 약 2만 5천 편의 업적을 가지고 사회 직업상의 분류를 하기란 불가능하지만, 세 군데를 조사해 보면 직업 선택의 일반적 방향을 밝힐 수 있다. 1760-69년의 기간에 디종·마르세유·루앙의 특권층은 회원 구성에서 차지하는 몫보다는 실제 활동에서 학술회의에 대한 참여도가 더욱 낮았다. 사회 직업상의 집단은 다소 차이를 보이면서도 이 학회들이 각자 원래 가진 경향에 맞도록 자리를 차지하였으며, 디종의 귀족은 마르세유의 귀족보다 더 활발하였고, 루앙의 귀족은 훨씬 덜 활발하였다. 부르고뉴 지방의 성직자는 마르세유의 성직자보다 덜 꾸준하였고, 루앙의 성직자와 거의 똑같이 활동하였다. 바꾸어 말해서 학술회의의 활동은 소수의 '적극파'를 바탕으로 이루어졌다. 이 '적극파'에는 부르주아 계층이 다른 신분보다 많이 참여하였지만, 귀족과 성직자의 대표도 몸소 참여하였을 뿐 아니라 지적으로도 참가하였다. 학자·의사·교수·변호사·성직자·교수는 아카데미풍 계몽 시대의 부르주아 문화를 다듬었다. 그러나 이것은 너무 성급한 결론은 아닐까? "아카데미는 모두 18세기 내내 부르주아식으로 생각하였다"[22]는 도식으로 쉽게 결론을 지을 수도 있겠지만, 그렇게 한다면 부르주아의 이념이 승리할 수 있도록 특권층이 사회적으로 보증해 주었다는 사실을 잊는 것이 된다. 또한 사회적 상황이 보여 주는 현실로부터 어떤 담론의 이념적 성질에 이르기까지 직접 추론하는 일은 어렵게 보인다는 사실뿐만 아니라——"제 손에 직접 전갈을 들고 갈 필요는 없다"는 레닌의 말은 모든 사회 집단에 적용될 수 있는 것 같다[23]——근사치를 가지고 만족해야 하는 사람은 아카데미의 타협의 독창성, 그 한계와 실패——이것들은 계몽주의 절대 군주 국가의 속성이기도 하다——를 제대로 파악할 수 없다. 불명확성, 역사의 망설임, 복잡한 집단 의도의 중요한 방향 때문에 우리는 아카데미풍의 계몽 사상과 지방의 부르주아 계층 사이에 투명한 등식을 간단한 말로 표시할 수 없다. 아카데미의 활동은 모든 혁신이 담고 있는 사회적 내용과 관련된 문제를 안고 있는 것이다.

학술 경진 대회가 남긴 전집을 전체로 연구하는 데서 출발하는 것보다 원래 이질적인 사료를 남긴 통상적인 학술회의 업적을 가지고 출발할 때, 어떤 문화의 모범에 대해 모든 학술 단체가 이룬 합의를 규정하기란 더욱 어렵다. 어쨌든 한번 시도는 해볼 일이다. 무엇보다도 먼저 학술 토론을 나머지 행사와 구별해야 할 것이다. 어디서나 학술 토론은 회합의 4분의 1이나 2분의 1을 차지하였고, 어디서나 그것은 1750년대를 지나면서 더욱 많은 비중을 차지하는 경향을 보여 준다. 리옹의 경우가 그러한데, 거기서는 회합에 앞서 통신문을 읽고, 규칙에 관해 토론을 벌이며, 활동을 어떻게 조직할 것인지 초점을 맞추고, 회원의 수락 연설을 듣는 일이 모두 관심사의 겨우 20퍼센트를 차지할 뿐이었다. 1760년 이후 학술 토론은 50퍼센트 이상을 차지하게 되었다.[24] 디종의 경우 학술 토론은 1750년 이전에는 전체 토의 사항의 56퍼센트를 차지하였는데, 이 숫자는 푸피에의 유언을 적용하는 일을 놓고 서로 생각을 주고받는 과정에서 높아진 것이다. 이곳의 학술 토론은 1750년과 1759년 사이에는 30퍼센트로 떨어졌다가, 1780년부터 1789년 사이에 40퍼센트를 넘어섰다. 아미앵·브장송·마르세유·낭시·루앙에서도 같은 경향을 볼 수 있고, 툴루즈에서도 똑같은 가속화 현상을 확인할 수 있다. 이러한 사업은 지칠 줄 모르고 시행되었는데, 그것은 아카데미 운동이 발전하고 각 단체의 영향력과 권위가 늘어났음을 말해 준다. 또한 학술회의는 언제나 접수하거나 발송한 편지를 읽는 절차를 거쳤으며, 모든 단체는 선거를 통하여 더 많은 후보자를 좀더 긴밀히 검토하게 되었고, 경진 대회를 위하여 더 많은 활동을 하지 않을 수 없었다. 아카데미에는 창조보다 관리를 우선하도록 만드는 경향이 있었다. 가장 완전한 의미로 말해서 아카데미는 단체를 조직하면서, 학술 관계의 영역에 체제순응주의 질서를 수립하였던 것이다. "아카데미 단체는 외관상으로만 표상의 구실을 맡지는 않는다. 그것은 자신을 목적 그 자체로 생각하면서 위상을 정립한다."[25] 그밖에도 우리는 규정에 관한 활동이 언제나 원천으로 되돌아갈 필요 때문에 정당화되는 진정한 활동이 되기보다는, 어떻게 해서 일시적인 영양실조에 대한 임시방편이 되는지 살펴보았다.[26] 그리고 그 활동은 집단 신경증의 온갖 모양을 갖출 수 있음도 보았다. 물론 극단의 경우이지만 이에 관하여 여러 가지 명목으로 재미있는 것은, 1772년 오세르에서 아카데미가 되고자 하던 단체가 해체된 뒤에 마튀랭 르페르의 아들이 다시 조직한 문학회의 덧없는 경우라 할 것이다.[27] 이들은 처음에는 7명으로 시작하였다가, 1개월 뒤에는 1명이 사임하여 6명이 되고, 이 핵에 통신원을 추가하여 1년 뒤에는 기껏해야 15명이 되었다. 간단히 말해서 그들은 지극히 자신들만 관계된 분파를 이루었으나, 그들의 지평이 좁다 해서 야심마저 제한받지는 않았다. 그들은 목적을 분명히 하고, 그 어떤 아카데미보다 아카데미 헌장을 더욱 잘 다듬어 냈다. "인간 지식의 발전을 위하여 경쟁보다 훌륭한 것은 없으며, 그와 동시에 이러한 경쟁을 더욱 부추기고 키우는 데 자기의 생각과 노력을 서로 주고받는 길보다 더 적절한 것은 없다고 생각하면서, 우리는 우리 사이에 이러한 의사 소통을 쉽게 만들어 주고, 얻을 수 있는 열매를 모두 따기 위해서 일정한 날 모임을 가지는 일이 이롭다고 생각하였다……"[28] 그리고 나서 최상의 아카데미 정신을 보여 주는 온갖 원칙을 잇달아 다듬어 냈다. 그것은 무엇보다도 회원을 엄격히 뽑고, 비밀과 절대 평등을 지킨다는 원칙이었다. "우리는 사는 곳 때문에 생긴 차이를 빼고는 어떠한 구별도 두고 싶지 않았다. 그리하여 우리는 모든 빛이 똑같이 닿고 언제나 똑같은 중심을 가진 원처럼 모두를 생각하고 있다……"[29] 그리고 구속력을 가진 세밀한 규칙도 만들어 냈다. "우리는 스스로 정한 목표를 좀더 완전하게 달성하기 위하여, 우리 사이에서 서로 가질 수 있는 관계를 돌이킬 수 없도록 정할 수 있는 세부 사항에 들어갈 필요가 있다고 만장일치로 합의하였다. 그것은 우리 각자가 맡을 기능, 이러한 기능의 목적, 끝으로 우리가 스스로 정해 놓았듯이 서로를 대하는 행동 방식과 관련된 모든 사항을 결정할 가장 이로운 방법이다……"[30] 처음에는 편집광처럼 정밀한 46개 조항이 필요하였다. 그러나 셋에서 다섯 사이였던 '적극 행동파'의 작은 핵은 그 내용을 정확히 규정하는 데 회의 시간의 5분의 4를 바쳤다. 이 활동의 방향은 세 가지였다. 첫째 왕국을 통신 구역으로 분할하고, 곧이어 우편국을 세워 자신들의 세계를 완전히 조직하기. 둘째 중요한 것으로 골라낸 작품——이들이 모인 5년 동안 1백 편도 안 된다——을 배타율과 수학적 정확성을 배제하는 일에 대한 투표 원칙에 따라 목록에 올리기.[31] 끝으로정관을 더욱 정밀하게 다듬기 위해 늘 검토하기. 그러나 결국 그것은 수정된 합의 사항을 86개 조항에 겨우 담을까말까 하였기 때문에 점점 더 이해할 수 없고 복잡하게 되었다.[32]

  물론 우리가 이같은 일탈 현상을 완전히 이해하지 못할 정도로 정보는 너무 부족하고, 심리적인 면과 문화적인 면에서 개인적인 사례가 너무 알려지지 않았다. 그러나 아카데미에 공통적인 정신 자세를 자세히 해석하기 위하여 세 가지 요소를 살펴보아야 할 것이다. 첫번째 요소로서 무엇보다도 아카데미 회원의 5중주에서 이 지구를 20개 구역으로 나눌 수 있도록 만들어 준 이상향 문학의 등록부를 들 수 있다.[33] 거기서는 이집트·페루·'콩고와 네그리티아' 가운데 그 어느것도 잊혀지지 않았고, 또한 거기서는 '순수 카프라리아와 혼합 카프라리아,' '아마존족의 나라와 마젤란의 영토,' 그리고 몽상을 특별히 뒷받침해 주는 '여러 섬들'은 정신의 도피 행각을 조직하도록 도와 준다. 오세르에서 본 세계는 상상 세계의 합리적 조각으로 나뉘었고, 우편 행정에 관한 꿈으로서 그 도시의 한정된 지평 때문에 자극을 받은 감수성이 강화되었다. 르페르는 우체국장의 아들이었고, 가상의 통신을 위한 사무국을 모집하는 일은 왕국의 우편 제도 실시가 있은 뒤였다는 사실을 잊지 말도록 하자. 두번째 요소로서 규칙을 지키려는 '편집증'이 목적 없는 공허한 활동으로부터 나왔으며, 그것 때문에 힘없는 단체의 아카데미 생활은 여러 가지 모양을 보여 주는 활동과 앞으로 창설될 단체의 정통성을 띠게 되었다. 정관에 관한 활동은 무능력과 억압의 정신분석학적 행위이다. 세번째 요소로서 모두가 집단 피해망상을 가지고 있었다는 것이며, 사람들은 교황지상권주의자 주교가 해체시킨 단체로부터 제적된 사람들(세 가지 가운데 이것은 확실하다), 또는 그들의 자식들과 해결할 문제가 남아 있었다. 그 분파의 장세니즘에 관한 연구는 아직도 이루어지지 않았는데(그들의 작품을 읽어본 결과 그 어느것에서도 그것을 이끌어 낼 수 없다),[34] 우리는 그들이 언제나 아카데미 세계를 부정하였다는 사실을 알 수 있다. 구성원은 그 단체가 아무런 재산이나 보호자를 갖지 않을 것이라고 정해 놓았으며, 또한 그 단체는 인가장을 간청하고, 자신의 권위를 공표하는 일을 스스로 금지한다고 규정하였다. 거절의 극단적인 경우로서 오세르 문학회는 합리적인 성격을 갖고자 하는 세상의 공상적인 매력을 돋보이게 만들어 주었다. 행정·규칙에 관한 토의에서 피신처를 찾는 행위, 발명보다는 경영 관리를 중시하는 일은 모두 꿈의 수단이며, 자폐성의 집단 보상이었다. 아카데미 활동에서 행정에 대한 관심이 더욱 커지는 것은 모두 건강의 표시라 하겠으며,[35] 모든 단체의 권위는 어디서나 늘어났는데, 이것은 아직 해결되지 않은 문제에 대한 지표로서 영향력이 증가하면서 정상적인 사회 활동의 규칙이 몸을 사릴 수 있는 닫힌 세계의 원칙들이 다시 문제시되었기 때문이다. 어쨌든 모든 아카데미는 노력을 강화하여 더욱 확고하게 자신을 정당화시킬 수 있었다.

　사료 전체를 양적으로 파악하는 일은 불가능하기 때문에——빈틈이 너무 많고, 너무 이질적인 관계로——어떤 모범을 정확히 규정하기가 어렵다. 다시 한 번 문학·역사·과학과 예술의 주요 상관 관계를 보여 주는 도표를 통하여, 우리는 각 아카데미의 활동을 이끄는 주요 경향을 대충 그릴 수 있다.[36] 활동을 전부 살펴보면 첫눈에 학회 사이에 차이가 심하다는 사실을 알 수 있다. 역사는 거의 언제나 모든 활동의 20퍼센트 이하를 차지하였으므로(오세르·브장송·클레르몽·님의 4개 아카데미가 이 수준을 넘었다), 그것은 전체 도식의 구조에 상당히 적은 영향을 미치기 때문에, 이 단체들이 주로 과학이나 문학에 이끌리는 모양을 가지고 중요한 세 집단을 구별할 수 있다.

　첫번째 집단은 몽토방·라로셀·마르세유·앙제·캉의 5개 단체로서, 이들은 토의의 50퍼센트 이상을 차지한 문학의 지배를 받았다. 님·낭시·브장송·아라스의 4개 단체로 이루어진 두번째 집단에서 학술상의 매력과 문학상의 매력이 서로 보충해 주고 있는데, 먼저 것과 나중 것은 각각 30퍼센트 내지 40퍼센트를 차지하였고, 여기서는 역사 작품이 15퍼센트 내지 29퍼센트로서 두드러진 구실을 맡았다. 세번째 집단에는 18개 단체가 있는데, 거기서는 과학과 예술 분야가 50퍼센트를 넘고, 때로는 1백 퍼센트를 차지하여 최상의 지위를 누렸다. 몽펠리에·브레스트·보르도·오를레앙·메스·발랑스·툴루즈는 80퍼센트 수준을 넘었고, 디종·루앙·리옹(리옹의 모든 아카데미 전부)·샬롱·아미앵·베지에·셰르부르·부르캉브레스는 60퍼센트 수준, 아장·클레르몽·오세르는 50퍼센트를 넘었다. 나머지 7개 아카데미의 경우는 모든 부문에 골고루 균형을 갖추고 있었는데, 거기서 역사는 10퍼센트 이상의 중요한 자리를 차지하였다. 학술적 이상 발달 증세를 보이는 핵은 아주 작은데, 그 이유는 3개 아카데미만이 90-1백 퍼센트의 수준에 달하였기 때문이다. 전체로 보아 아카데미 정신은 열려 있었지만, 전통과 혁신의 극을 모두 가지고 있었다. 과학과 기술의 경계선은 18세기 내내 다수의 단체가 망설임 끝에 억지로 넘었던 어떤 구체적인 현실로 남아 있었다. 어쨌든 그 운동의 관건은 아주 명확하며, 사람들은 그것을 백과전서의 이전 시기에 아카데미 창설자의 주장 속에서 가려낼 수 있었다.[37] 그것은 문화의 새로운 기능과 새로운 분배를 구성하는 객관적 지식의 추구와 기술상 변화의 정복이 이루어지는 지식의 새로운 질서에 따라 지배층의 문화를 향상시키는 일이었다. 한마디로 말해서 학식은 권력이 되었다. 전형적인 아카데미의 독창성은 이중의 성격을 가졌는데, 그것은 무엇보다도 각 단체가 출발시에 정한 규범을 따르는 일을 전체가 확인하는 것이며, 그 다음에는 전통의 안쪽에서 과학과 기술에 대한 관심을 택하거나, 아니면 역사에 마음을 빼앗기면서 혁신을 향하여 점차 올라가는 일이다. 전형적인 아카데미가 따라야 할 이 두 가지 운동은 아카데미 정신이 의식의 위기가 있던 시대부터 혁명이 일어나기 전까지 발전하였음을 분명히 보여 주었다. 그것은 한결같은 목소리를 가진 문화는 아니었으며, 문화적 거동들 중에서 언제나 형평을 되찾는 동화 작용이었던 것이다.

여러 가지 대외 선언, 경진 대회의 사다리, 비공개 토의의 다양한 주요 관심 사항이 모든 단체 속에 어떤 선택의 질서가 있음을 확인하여 준다. 언제나 거듭하여 아카데미 프랑세즈의 첫 모범을 좇는 아카데미 집단에서는 문학에 마음을 쏟았다——몽토방·마르세유·라로셸은 이러한 관점에서 조금도 벗어나지 않는다.[38] 우리는 그들 곁에서 좀더 고증학적인 수

아송, 좀더 시적인 툴루즈의 죄 플로로를 쉽게 찾아내고, 부득이한 경우에
는 빌프랑슈까지도 발견할 수 있을 것이다. 앙제 아카데미가 최후에 치른
극소수 경진 대회는 아주 반대 방향으로 나아갔지만 이 아카데미도 그들
중에 속하였다.[39] 이 경우에서 우리는 한 가지 형태 안에 갈등이 존재할 수
있으며, 결정적인 중요성은 활동에 따라서 달라질 수 있다는 증거를 본다.
1780년대 앙제 경진 대회에서 지방 지성의 새로운 구성 요소를 정의하려
던 배려는, 그 아카데미의 호기심과 다양한 대중의 관심 사이에 조화를 이
루려는 노력을 통하여 나타났다. (이것은 프로방스 백작의 보호와 앙제 주
교 로리 예하의 개입으로 각색되었다.)[40] 정규 회의에서 성실함·호기심·옛
관습·새로운 희망 사이에 필요한 균형을 유지하려는 노력을 하였음을 알
수 있다. 왜냐하면 이 아카데미가 존재한 마지막 10년 동안 그들은 과학과
예술에 관계된 주제에서 30퍼센트의 수준을 차지하였기 때문이다.[41]

　이러한 경향을 확인시켜 주는 것으로 2개 단체의 보기를 들 수 있는데
그것들은 문학적 모범의 경계선에 있으며, 모두 30퍼센트의 수준인 캉과
아라스이다.[42] 1780년과 1789년 사이 과학은 10퍼센트 높아져서, 경진 대
회에서는 90퍼센트 수준을 찾지하게 되었다. 변화는 주로 행정의 뒷받침
으로 추진되었음에 틀림없다. 캉의 경우 지사 퐁테트의 활력 덕분이었고,
아라스의 경우에는 아르투아 신분회의 보호 덕분이었다. 두 가지 경우 문
학적 소명과 공익성이 겹치게 되었다.

　이 운동에서 각 단체는 자기의 박자를 유지하였지만, 어디서나 앙시앵
레짐의 마지막 20년 동안 결정적인 시기를 맞이하였다. 마르세유 아카데
미의 경우에서도 그렇다. 1720-29년 사이 그것은 문학에서 70의 수준에
있다가 1770-79년 사이에 60 이하로 떨어지고, 다음 10년 동안은 50 이하
가 되었다. 그와 함께 과학과 예술은 10에서 40의 수준까지 발전하였다.[43]
1733년 에리쿠르가 개입하였을 때 변화가 준비되었지만, 1750년경에는 아
카데미 회원 중 겨우 5명이 과학에 관심을 쏟았다. 1773년 회원 15명(천문
학과 항해술 4명, 물리학 2명, 자연사와 농학 4명, 상업과 수공업 공장 5명)을
뽑아야 하는 정관을 마련하자 변화가 구체적으로 나타났다. 그보다 조금
전에 빌라르 공작이 창설한 예술상은 "이 아카데미의 새로운 열의를 불러

일으켰음에 틀림없다."[44] 따라서 1718년 리고르와 페이조넬이 가다듬은 계획안이 정관으로 용인되고, 업적 속에 솔직하게 나타나게 되기까지 50년이 걸렸던 것이다. 우리는 여기서 지방의 문화적 향상의 속도를 가늠하고, 그 성격을 파악할 수 있다. 그것은 무엇보다도 개인을 정복한 일이고, 그 다음에는 정복된 사람, 대부분의 경우 의사·기술자·교수의 작은 집단을 가담시키는 일이며, 끝으로 집단이 믿음을 바꾸는 일이었던 것이다.

그러나 이러한 변화 속에서 언제나 중요한 것은 여러 가지 문화적 모범 사이의 투쟁이라 할 수 있다. 마르세유에서는 아카데미 프랑세즈를 섬기는 전형화된 옛 이상과, 과학 아카데미나 백과전서파의 새로운 가치가 서로 대립하였다. 그렇다면 이러한 갈등은 사회적 분열과 일치하였는가? 사실 문학의 전통에 매달리는 단체는 개방적인 행동 방식을 보이며, 회원을 뽑는 데 본질적인 균형을 잡는 유형과 일치하였다. 몽토방의 경우만이 확실히 귀족적인 성격을 가졌을 뿐이다.[45] 비록 우리가 사료의 빈틈을 고려한다 해도 대답을 쉽게 얻을 수는 없다. 학술회의에 대한 완전한 연구를 통하여 몽토방의 곁에 18세기 첫 25년 동안의 아를, 그리고 공통의 방향을 보여 주는 경진 대회를 열었던 포·수아송·죄 플로로 같은 아카데미가 정열하는 것을 확인할 수 있다. 더욱이 1700-58년의 기간 동안 리옹에서 문학 아카데미는 분명히 귀족형 바탕을 나타내었고, 50년대 디종의 문학회에서도 같은 경우를 보여 주었다. 아카데미의 모든 활동이나 사교상의 오락, 개인적 모임에 대한 규칙적인 보고, 또는 즉흥적으로 열리는 살롱, 문학의 창작과 성찰은 여전히 지방 귀족의 특별한 선택 가운데 하나였다. 우리는 이러한 사실을 르프랑 드 퐁피냥이나 리샤르 드 뤼페같이 젊은 시절부터 늙을 때까지 조금도 마음을 바꾸지 않은 서투른 시인에게서 확인할 수 있다.[46] 이러한 모범은 18세기 내내 사회적 존경을 받았고, 우리는 새로 생긴 단체의 관심 사항의 중심에서 그것을 다시 찾을 수 있다. 보르도의 예술과학원, 아라스의 로자티 모임에서 그것이 지배하였다. 사교적 오락이라 할 예술과학원풍의 시는 보르도 정예 분자의 살롱이나, 그밖의 아카데미의 귀족적 심심풀이에 비하여 별로 새로워지지 못하였다. 형태와 내용이 통일과 안정을 이루고, 새로운 주제가 점차 등장한 것은 죄 플로로의 업적 속에서 드러난 것으로서 어디서나 볼 수 있는 모양이었다. 양식의 증가만이 흔히 단조로운 풍경에 여러 가지 미묘한 차이를 가져다 주었다.

이 영역에는 시·극작·웅변·비평과 문학의 네 극이 있다.[47] 시를 짓는 일이란 모든 아카데미 회원에게는 제2의 천성이었고, 지방이나 국가의 어떠한 사건도 그들에게는 시를 짓는 기회였다. 문학이 중요한 구실을 맡은 곳을 분석해 보면, 시가 차분하게 성공을 거두고 있음을 볼 수 있다. 리옹에서 문학의 56퍼센트, 마르세유에서 60퍼센트, 라로셸에서 75퍼센트, 루앙에서 60퍼센트였지만, 낭시와 디종에서는 단지 25퍼센트와 30퍼센트였다. 아카데미 단체는 중등학교의 모든 모범을 아주 충실히 지켜 나갔으며, 그들은 시를 지으면서 청춘기에서 벗어나지 않았다. 수사학의 서열을 이룬 어디서나 만가·14행 시·우화·노래·경구가 같은 등급을 차지하였지만, 그 꼭대기에는 송시가 자리잡고 지배하였다. 모든 것을 시로 노래하였다. 디종의 목록을 살펴보기로 하자. 〈성서에서 뽑은 영웅시〉, 〈그릇된 학자의 초상화〉, 〈트루앙에 있는 라투르 뒤 팽 후작의 영지에서 곤들매기와 함께 보내는 편지〉(이상 리샤르 드 뤼페 작품), 〈인재에 관한 철학적 송시〉, 〈그림에 대해 피카르데 선생에게 보내는 감사의 편지〉, 〈어떤 연인의 지갑, 또는 크라티드에게 보내는 나의 시〉, 〈작은 숲〉, 〈신년 선물〉, 〈연가〉 (이상 기통 드 모르보의 작품). 마르세유의 시선집을 넘겨 보자. 〈사랑의 찬가·마르티알리스·아우소니우스·오비디우스·베르길리우스의 프랑스어 번역시〉, 〈안드로메다의 안녕〉(이상 샬라몽 작품), 〈영혼의 불멸성 찬가〉, 〈단테 연옥의 프랑스어 시 번역〉(이상 기사 라 투슈 작품), 〈마르세유의 건설〉, 〈자연의 경이 속에 나타난 신의 위대함〉(이상 될라르 작품). 18세기말 시 작품은 새로운 형태의 인류애와 목가적인 서정주의로 꾸며지거나, 때로는 과학적 메아리를 담고 있었다. 이리하여 시는 새로운 것을 정복하고, 자연으로 적신 감수성을 발견하게 되었다. 그러나 지방의 주는 파리의 동아리와 조금도 다를 바 없었는데, 기껏해야 지방의 시인은 유행을 뒤늦게 접하게 되었을 뿐이다. 그들의 작품은 18세기 내내 여러 가지 일화, 아름다운 그림과 세부 사항으로 구성되었다. 그것은 본래 흉내내기였으며, 진정한 육감이라 할 열정을 드러내 보여 주는 데 관심을 가지고 있었다.[48]

수사학과 비평은 많은 작품을 낸 분야로서 상세한 설명과 아름다움을 추구하는 반성의 장이었다. 거기서도 역시 스콜라학파의 수사학과 몇몇 인물의 교훈이 판을 쳤다. 아카데미 회원은 누구나 웅변가였고, 학술회의는 모두 그 자체가 이 회의의 목적이기도 한 연설의 정통성을 가지고 학술 단체의 공익성을 유창하게 찬미하는 기회였다. 거기서 그 특별한 장소의 정신적 필요성의 하나라 할 수 있는 것으로서, 거듭되는 '훈계'에서 어떤 창조적 결과를 얻기 위한 거의 마술적인 노력을 볼 수 있다. 새로 뽑힌 회원은 인사말에서 통일 의지를 재확인하였다. 캉 아카데미에서 보케 드 오브스크는 이성의 빛을 모아들이는 인재를 공급하는 아카데미가 선택한 주제를 다시 한 번 거론하였다. "젊은이는 거기서 언어를 몸소 확인하고, 자기가 최근 공부하다가 놀라게 된 여러 가지 특성을 순간순간 기꺼이 만나고 싶어 거기 오며, 그것들을 잊을 수 없는 방식으로 차근차근 설명하고, 거기서 확고한 즐거움의 취미를 몸에 붙이며, 진실한 장점을 가지도록 이끌어 주는 아름다운 열의를 가지게 된다……."[49] 지방의 학회는 언제나 확인받은 가치가 계속 반복되고, 다시 인정을 받으면서 구현되는 극장이었다. 우리는 문학적 반성이라는 것이 모두 '공인된 작품'을 규정하고 옹호하기 위한 것임을 안다. 이로써 옛 사람과 고전에 대해 주석을 달고, 여러 가지 형태와 범주를 분석하는 일은 언제나 규범의 목록을 작성하는 것인 동시에 어떤 쇠퇴를 의식하는 일이기도 하였다. 취미는 잊혀지고 타락하게 마련이며, 아름다움의 경계선 위에서 문화적 힘의 요새는 방어 전략을 가지고 있는 것이다.

이러한 1세기에 걸친 형식주의 속에 근본적인 보수주의가 들어 있음을 어떻게 간파하지 못하겠는가? 시인·웅변가는 모두 사람을 설득하여 도시를 유지하여야 할 입법가이다. 아카데미의 시(詩)는 사회적인 실마리를 가지고 있었다. 툴루즈의 죄 플로로 회원은 이렇게 주장하였다. "훌륭한 시는 완전한 인간의 주인이 된다."[50] 규칙을 지키고, 옛 사람을 본받는 일은 아름다움의 질서를 이루는 바탕이 되었고, 이러한 질서는 타협이다. 풍기의 퇴조, 웅변의 포화를 얼어붙게 만든 철학 정신의 승리, 이같은 것들은 모두 그 누구의 힘으로도 멈추게 만들지 못한 쇠퇴의 원인으로 나타났으며, 자연스러운 서열이 무너진 것은 공동체의 붕괴를 알리는 전주곡이 되었다. 아직 제대로 연구가 이루어지지 않은 아카데미풍의 시론은 고전주의의 실패가 한 기능에 대해 분명히 묻고 있다. 아카데미 정신, 사회적 만남과 뒤섞임의 운동이며 새로운 희망의 운반자인 그것은 거기서 찢어진 채로 남아 있다.

다수의 학회는 문학에서 얻지 못한 것을 역사에서 찾을 수 있었다. 역사는 삶의 지배자이며, 여러 가지 모범을 보여 주었기 때문이다. 그러나 그 단체들을 어떤 통일된 집단으로 분류하는 작업은 기묘한 일에 지나지 않을 것이다. 왜냐하면 모든 단체가 역사학 연구에 매력을 느꼈다고 해도, 그 매력은 그들의 관심에 별로 영향을 끼치지 못하는 2차적인 힘에 불과하였기 때문이다. 그러므로 우리는 그것을 아카데미 전형의 모든 수준에서 마치 새로운 정열의 원천처럼 찾아볼 수 있는 것이다. 역사는 오세르(33퍼센트) · 브장송(29퍼센트) · 아라스(28퍼센트) · 님(28퍼센트) · 클레르몽(29퍼센트) · 낭시 · 리옹 · 셰르부르 · 툴루즈(15퍼센트에서 20퍼센트까지) · 보르도 · 샬롱 · 메스(13퍼센트)에서 나타났다.[51] 그러나 이 영역에서 움직임은 큰 동질성을 보여 주지 않는다. 역사학은 조금씩 제자리를 넓혀 갔을 뿐이다. 디종의 경우를 살펴보면 1750년 이전에는 모든 업적의 3퍼센트이던 것이 1770년을 지나면서 언제나 10퍼센트가 되었다. 낭시에서는 1759년 이전에는 11퍼센트, 혁명 직전에는 23퍼센트가 되었다. 마르세유의 경우 학회 창설시에 10퍼센트에서 마지막 10년 동안 18퍼센트가 되었다. 역사학은 또한 원래의 방향을 확인하는 것이기도 하였다. 앙제에서는 1700년부터 역사학 연구는 13퍼센트이던 것이 1780-89년에는 다시 12퍼센트가 되었다. 또는 브장송의 경우 1750년부터 1759년에는 27퍼센트였고, 학회가 문을 닫기 전에는 32퍼센트가 되었다. 역사학은 또한 새로운 호기심의 제물이 될 수도 있었다. 아라스의 경우를 보자. 40년대에는 고증학이 45퍼센트를 차지하다가 80년대에는 15퍼센트에도 미치지 못하게 되었다. 아미앵에서는 같은 기간에 역사학은 19퍼센트에서 5퍼센트로 뒷걸음쳤다. 메스를 보자. 베네딕투스파가 있었음에도 40년 동안 19점을 잃었다. 이처럼 다양한 모양은 역사학의 성공에 대하여 왕국의 도서출판 정책

에 관한 사료에서 얻은 그림과는 미세한 차이를 보여 준다.[52] 작가 세계의
규칙적인 산물로서 등기부와 정기 간행물에서 증명할 수 있는 역사학의
증가는 다양한 박자를 가진 파동이 되었고, 지방의 주 전체의 관심이 변하
는 것을 말해 주는 지도가 되었다. 점차 바뀌게 된 역사의 지위 앞에서 아
카데미의 사회가 망설임을 보였기 때문에 불확실성이 나타난 것은 분명
한데, 역사는 신성한 참고 사항들을 모두 섭렵하고 자연사와 분리되었으
며, 과학의 한 부분에 끼지 못한 채 여전히 방대한 사실의 수집으로 남아
있었지만, 시간이 흐를수록 사건의 해설자가 되고, 진보를 확인하는 특별
한 장소가 되었다.

　역사학의 소비자로서 지방 아카데미 회원은 무엇보다도 고증학의 열정
에 빠졌는데, 그는 보조 학문의 편집광이었다. 어디서나 호기심의 이해 관
계가 판을 쳤고, 증거와 토지를 파헤치고, 온갖 헌장과 사물을 추적하는
일이 성행하였다. 때로는 방대한 업적도 나왔다. 브장송의 경우가 그렇다.
거기서는 토지세 대장을 샅샅이 뒤지고, 옛 법령과 작위 목록을 베끼며,
주의 범위는 물론 국내외에 퍼져 있는 수사본을 분석하였다. 드로즈와 그
의 베네딕투스파 동료인 동 샤를·동 루, 그리고 필경사의 도움을 받고서
를롱 신부·퐁스마뉴·라퀴른 드 생트 팔레와 통신하던 동 그라팽은 베
네딕투스회와 볼란드파가 시작하고, 계몽 시대의 고문서 연구자가 이어받
은 대대적인 사업의 핵심에 있었다.[53] 어디서나 기초 작업으로서 과거를
이해하는 데 없어서는 안 되는 자료를 제공해 주는 역사학은 언제나 고대
와 중세를 특별히 취급하고, 몇몇을 예외로 하고 근대를 무시하며, 종종
교회의 역사를 깔보고, 지리학과 여행에 별로 관심을 두지 않은 채 연구
방식을 거의 개선하지 않았다. 아카데미의 역사학은 대개 완전히 지방사
였다.[54] 디종 아카데미의 역사가는 언제나 부르고뉴의 역사에 대해서 논문
을 써서 주목을 받았는데, 그들은 리샤르 드 뤼페·원장신부 피카르데·
원장신부 불르미에·페레·클로드 피카르데·즐로 같은 사람이다. 주제는
사건과 제도를 모두 포함하였다. 1513년의 디종 공략, 시의 헌장, 페도크
왕비, 지방 재판관 오브리에, 비브락트의 유적, 부르고뉴의 첫 왕국의 경
계, 디종의 고대.[55] 어디서나 똑같은 호기심을 가졌지만, 마지막 몇십 년 동

안에는 새로운 야심이 나타난 것이 확인된다.

인간 활동의 모든 영역을 덮을 역사라는 관념이 나타났다. 그것은 캉,[56] 투스탱 드 리슈부르가 '지겨운 고증학'을 비난하고, 그보다는 사회 속에 사람을 가두어두는 동기들을 이해하기 위하여 고대를 연구하자고 제안하였던 셰르부르[57]에서 나왔다. 아카데미 정신은 여기서 다시 한 번 루소식의 인류학이 제안한 관점을 지녔지만, 그것을 뒤집어 놓았다. 왜냐하면 중요한 것은 진보관을 옹호하는 일이었기 때문이다. 이러한 관점에서 오를레앙의 역사 연구가 어떻게 발전하였는지 살펴보면 재미있다.[58] 주교의 사회에서 그것은 제도·정치·사건을 주로 다루었으며, 문서를 정확히 분석한 폴뤼슈는 아주 자세하게 고증을 하면서 역사 연구를 주도하였다. 그곳 아카데미에서 역사 연구는 여전히 고고학, 옛 화폐를 연구하는 것이고, 땅에 떨어질 듯 말 듯한 과거를 주워 모으는 일이었다. 그와 동시에 문명이 없이는 역사도 없고, 역사는 하나의 학문이며 정당화 작업이 되어야 한다고 주장하면서 역사 연구를 좀더 대담하게 진행시키고자 하였다. 발전의 핵심에는 풍습이라는 관념이 역사가의 마음을 사로잡고 있었다. 사람들은 볼테르의 가르침에 귀를 기울였던 것이다. 부르고뉴의 성직자 징세관이자 1784년 디종 아카데미의 부법관이던 원장신부 라 파르의 말을 들어 보자. "부르고뉴 정부가 내놓은 경제와 정치의 계획안은" 번영을 증명하고, 공공의 행복을 그리고자 한다. "수많은 작업장이 옛날에는 가마라고는 하나도 없던 곳에서, 이제 가연성 토양으로 빚은 가마에 불을 붙여 끊임없는 활동을 이끌어 가려고 한다. 부르고뉴의 화학자는 창조적 천재를 발휘하여, 여행자의 발 아래 으스러진 조약돌을 주워 모아 자연의 비밀을 캐내기 시작하고, 자기 자신 속에서 알려지지 않은 재산을 발견하였다. 조약돌은 자연의 법칙을 따르는 것은 물론 자연의 법칙이 이끄는 가마의 활동에도 따라야 하는데, 그것은 이제까지 알려진 가장 훌륭한 술을 가장 완전한 술잔에 담아 이방인의 집에 가져다 줄 것이다……." 사람들은 모든 면에서 노력하고, 상업은 확실한 걸음을 내딛고, 그릇된 과거는 점점 사라져 갔다.[59] 클레르몽에서는 뒤프레스 드 베르닌과 펠리시에 드 펠리공드가 같은 시대에 역사학의 원리를 정의내렸다. 활발하고, 비판적이며, 고고학적인 역사학은 "우리 조상의 옛 풍습, 그들의 종교, 그리고 그들이 건물·도시를 건설하는 방법과, 여러 신분의 시민 사이에 있던 종속의 질서를 유지하는 방법을" 가르치는 것이어야 한다……[60] 끝으로 메스에서도 우리는 역사 연구를 풍부하게 하였다는 증거 2개를 찾을 수 있다. 먼저《메스의 역사》를 지은 베네딕투스회 저자에 관한 증거와,[61]《메스의 옛날 법률의 역사 계획안》에서 볼 수 있는 르 페이엥에 관한 증거이다. "지나칠 정도로 자주 군주들의 평범한 사건·전투·정복·공적 행동에 국한된 역사는 단지 호기심만을 만족시켰다. 우리가 각별히 우리를 개화시킨 정책을 가진 대신들의 행위 이유를 찾아야 할 곳은 법률과 풍습이다."[62] 아카데미의 지평에서 역사학은 실천의 범위가 좀더 넓어짐에 따라 다시 규정되었고, 인간을 목표로 삼았다. 그러나 학술 경진 대회의 차원에서 그러하였던 것처럼, 역사학은 철학을 정당화시키는 목적도 가지고 있었다.

19개 단체로 이루어진 집단은 개혁을 담당하였는데, 과학과 예술은 그들 활동의 목록에서 절반 이상을 차지하였다.[63] (전체 업적을 기준으로 하여) 80퍼센트 수준을 넘는 학회로서 몽펠리에·브레스트·오를레앙·메스·발랑스·툴루즈가 있다. 60퍼센트를 넘는 데는 디종·루앙·리옹·샬롱·아미앵·셰르부르·베지에·부르캉브레스·아장·메스의 필아텐 협회가 있다. 50퍼센트를 넘는 곳은 클레르몽과 오세르이다. 일반적으로 말해서 이처럼 주된 경향은 처음부터 있었고, 대부분의 경우 더욱 높아졌다. 몽펠리에를 살펴보자. 1700-49년에 보존된 논문의 1백 퍼센트로서, 1750-89년에도 1백 퍼센트였다. 왕립과학회는 18세기 내내 지방의 과학 운동을 위하여 진정한 남부의 축을 이루고 있었다. 그들이 1766년과 1778년에 한 권씩 낸 논문집은——세번째 것은 혁명 직전에 인쇄에 들어갔다——완전히 과학적인 내용을 포함하고 있었기 때문에 그 지역에서 출판된 것들의 목록에서 예외가 되었다. 브레스트에서도 같은 경향을 볼 수 있다. 과학과 기술의 몫은 1759년 이전에 96퍼센트였으며, 그 뒤 20년 동안 1백 퍼센트와 98퍼센트로서 1780년과 1789년 사이에 다시 96퍼센트에 달하였다. 왕립과학 아카데미의 모범은 40년 동안 고급 공무원을 위하여 조금도 바뀌지 않았다. 일반적으로 말해서 80년대에 과학은 눈에 띄게 발전하였다. 4분의 3에 해당하는 단체가 60퍼센트의 선을 넘었다. 어쨌든 전체로 보아 이 운동의 뒤에는 그 범주가 여러 가지로 침체되어, 균형을 이루려는 아카데미의 노력을 말해 주고 있다. 디종을 살펴보자. 1740-49년 과학과 예술은 85퍼센트였는데, 1760-69년에는 60퍼센트가 되고(이것은 리샤르 드 뤼페와 그의 친구들의 노력으로 문학이 발전하여 과학 분야의 상승 경향의 방향을 틀었기 때문이다), 1780-89년에는 71퍼센트가 되었는데, 높아졌다 해도 출발시의 바탕에 다다를 정도는 못 되었다. 리옹의 경우도 비슷하다. 1736년부터 1758년까지 미술 아카데미에서 과학과 기술은 학술회의 등록부 가운데 가장 큰 자리(94퍼센트)를 차지하였다. 이것은 새로 생긴 단체가 좀더 역사와 문학에 관심을 보이는 자기 경쟁 단체와 성격을 달리하는 방법이었다. 곧이어서 새로 모인 아카데미가 보여 준 얼굴은 문화의 정예 분자를 나누는 두 매력과 조화를 이루는 대답이었다. 과학과 기술이 차지하는 몫은 60퍼센트 주위에 안정되었던 것이다. 바꾸어 말해서 지방의 아카데미 정신은 언제나 모순을 제압하는 곳이었다는 사실을 잊지 말아야 한다. 여기서 학자의 관심과 문학과 역사의 호기심 사이에서 얻는 가르침은 타협이었다. 과학이 거둔 성공의 가장자리에서 그것이 다른 관심 분야와 타협한다는 사실을 배제하지 않으며, 과학은 확실한 관심 사항이었고, 과학은 18세기의 걸음에 맞춰 발전하지 않았다. 1760년 이후에 80퍼센트의 수준에 머물러 있는 아미앵, 과학의 주제가 확실히 안정을 이룬——1740년 이전에 69퍼센트, 1780년부터 1789년에 70퍼센트——루앙, 과학이 40년대에는 98퍼센트, 70년대 중반에는 66퍼센트, 1789년 이전에는 77퍼센트가 되어 가볍게 퇴조를 보여 준 툴루즈의 경우에 주목하자. 가납사니들의 유산은 아카데미 창설시에 분명히 승리를 거두고, 곧 문화적 지평의 전체를 지배하는 모습을 볼 수 없을 정도로 여러 모로 변천을 겪었다. 과학과 예술이 지방에서 거둔 승리는 명백하다. 그것들은 당시에 존재한 단체 가운데 절반 이상을 지배하였고, 전반의 업적이 알려진 아카데미 가운데 4분의 3 이상의 활동을 부추기는 원인이 되었다.[64]

어쨌든 이 범주는 혼합 양식이었으며, 그 명목 아래 세 가지 중요한 관심거리가 나타난다. 철학·과학, 그리고 경제·농학·기술을 모두 포함하는 예술 전반. 첫번째 영향은 혁신을 추구하는 단체의 모범에 별로 흔적을 끼치지 못하였으며, 도덕을 추구하는 아카데미는 (완전히 20퍼센트를 상한선으로 하고 있는데) 대체로 몽토방·앙제·님처럼 문학적 전형에 속하여 있거나, 또는 브장송·낭시·캉·아라스·마르세유·라로셸같이 균형잡힌 전형에 포함되었다. 이 첫번째 경향의 아카데미는 새로운 것을 도입하는 단체와 대립하면서 더욱 굳센 통일성을 보여 주게 되었다. 그래도 역시 어디서나 도덕적 수사학을 실천하고 있었다. 리옹의 경우도 그러한데, 우리는 데카르트나 라이프니츠의 철학에 대한 논문을 여러 편 만나게 되지만, 이들은 주로 윤리적인 문제를 다루고 있는 것이다. 주제는 변함없이 덕목, 고대의 도덕적 실천, 행복이었다. 철학적 논점으로 인간의 행복이 언제나 기본 사교성과 관련되어 있고, 과학의 발전이 루소에게는 매우적대적이고 볼테르에게는 유리한, 지적 분위기의 바탕을 이루는 흔들리지 않는 확신에서 나온 이러한 풍경을 조금도 뒤집어 놓지는 못하였다. 여기서 잘 알려진 토론의 역사를 재론할 필요는 없다.[65] 우리는 그것을 낭시에서 다시 볼 수 있고,[66] 그것은 디종의 운명도 좌지우지하였을 뿐만 아니라[67] 몽토방에서도 지배적이었다.[68] 그러나 과학을 좋아하는 아카데미 가운데 논쟁을 모르고 지내는 사람은 아무도 없었다. 이러한 점에서 루앙 아카데미가 선택한 것은 사실을 밝혀 준다.[69] 거기에는 시드빌과 원장신부 뒤 레넬이라는 확고한 볼테르 신봉자 두 사람이 있었다. 그 아카데미는 퐁트넬과 뒤클로를 가입시켰지만, 지방의 학회 운동에서 볼 때 좀더 스스럼없는 달랑베르를 사로잡지는 못하였다. 루앙 아카데미 회원은 그에 대하여 어떤 기분을 표현한다. "당신은 글 속에서 그릇되고 자만에 찬 철학의 허풍, 가장 심각한 것을 놀리는 이 추잡한 교태, 역설의 광란, 잔인한 빈정거림의 아주 쓴웃음, 사람들 가운데 가장 성스러운 것의 바탕을 염치없이 파헤치는 무모함을 보여 주었지만, 그 어떤 것으로도 철학의 부드럽고 고귀한 특성을 왜곡시키지 못하였습니다……"라고 마이예 뒤 불레는 마르몽텔에게 편지를 썼다.[70] 루앙 아카데미의 눈으로 볼 때 철학은 사회 활동의 규칙을 지키는 것과 어울릴 수 없는 정신 상태였다. 거기서부터 그들의 세심한 보수주의가 나왔다. "단체는 개인보다 더 정직하고, 또 그래야 한다……"[71]

그들은 무모함을 벗어 버리고, 아주 의연하게 종교란 바로 도덕이라는 사실을 확인하였다. 그것은 "안전과 공공의 평화를 근본적으로 뒷받침해 주는 것이다." 광신을 미워하던 그들은 칼라 가문을 변호해 준 엘리 드 보몽을 회원으로 받아들였다. "인류는 그들을 종교의 존경받는 외투 밑에 숨겨진 두려운 중상모략에 좀더 적게 노출시키기 위해 이루 헤아릴 수 없을 만큼 봉사한 그에게 빚을 갚아야 할 것이다."[72] 다른 단체와 마찬가지로 철학의 진지한 지지자와 전통의 수호자 편으로 갈라진 이 아카데미는 집단적 관용의 타협안을 마련하였다.[73] 아카데미식의 타협은 어디서나 승리하였다. 클레르몽에서는 도덕을 상기시키면서 종교의 바탕을 뒤흔들지 않은 채 조화롭고 합리적인 쾌락주의를 규정할 수 있었으며,[74] 캉에서는 영혼의 본질에 관한 논쟁으로 1740년부터 1759년 사이의 철학적 토론이 구체화되었다.[75] 풍토는 한결같았고, 메스에서도 비슷한 결론이 나왔다. 아카데미는 모두 '진정한 철학,' 다시 말해서 종교와 국가를 존중하는 철학을 전파하는 영광을 안았다.[76] 추디 남작이 분명히 밝혔듯이 종교적 윤리는 여전히 모든 단체의 바탕이었고, 개인의 자유는 그 단체를 무너뜨리는 원인이었지만, 철학의 시대에서 "국가의 낮은 계급으로 지식을 전파하는 가운데, 사회의 모든 관계를 가장 중요시하면서 이 단체 모두가 더욱 견고해질 것이었다."[77] 아카데미의 계몽주의는 반체제주의가 아니었고, 새로운 논점과 함께 전통을 확고히 만들어 주는 경향을 지니고 있었다. 그들의 담론 속에서 루소의 주제 ——불평등·불의·진보와 풍습의 부조화——가 모두 다시 나타났고, 계몽된 개혁주의자의 이념을 섬기는 데로 되돌아갔다. 이러한 의미에서 과학과 예술이 거둔 성공은 바탕부터 뒤흔들고 싶은 의지를 표현한다기보다는 차라리 사회의 영역에서 형성된 미묘한 타협을 문화적 영역에서 충실히 지켜 나가며, 따라서 어떤 원칙의 객관성을 가지고 논쟁이 없는 토양에서 멀리 떠나게 된 학문 분야를 특별히 취급하려는 유혹을 대변해 주는 것이다. 한마디로 말해서 아카데미 회원은 언제나 계몽사상가이자 그리스도교도였다.

이제 개혁의 지배적인 지평에 대해서 자세히 알아볼 차례이다. 15개 정도의 단체가 예술에 대해서, 10여 개가 과학에 대해서 분명한 관심을 보여 주었다.[78] 과학적 관심은 상당한 동질성을 보여 주고, 경제와 기술상의 호기심은 그와는 반대로 좀더 이질적이다. 첫번째 부분에서 자연과학과 의학이 대부분인데, 과학 연구 전체로 보아서 어디서나 58퍼센트의 수준을 넘었으며, 단지 브레스트와 캉의 두 단체만이 이같은 집단 매혹에서 빠졌다. 이러한 소외의 성격은 첫번째 경우에서 수학·천문학·항해술 사이에 성립하여 유지된 관계와 일치하고, 두번째 경우에서 물리학에 이끌리는 것은 이곳 아카데미가 창설된 이래 60년대까지 가장 활동적인 비트리 신부와 가장 저명한 페르드퐁 신부를 포함한 중등학교 교사가 데카르트 학설을 충실히 지켜 온 데서 비롯된 경향이었다.[79] 그러나 두 가지 의문이 일어나게 된다. 어떻게 그러한 본보기가 구성되었으며, 그것은 18세기 과학의 계획 속에서 무엇을 선택한 결과인가?

지방의 아카데미 정신은 한편으로는 딱딱한 수학의 전문성과, 다른 한편으로는 물리학의 여러 가지 분명치 못한 것을 거부하였다. 사실상 계산·대수·기하는 빠지지 않았지만, 그것들은 언제나 복잡한 성격을 극복하도록 훈련을 충분히 받은 소수를 위한 것이었다. **반대 추론에 의하여** 천문학이 좀더 쉽게 접근할 수 있기 때문에 늘 관심을 끌던 사실을 가지고 증명할 수 있듯이, 애호가의 시대는 수학에서 끝나게 되었다. 몽펠리에의 경우를 살펴보자. 그곳에는 다니지·라트·뒤 크탱·퀴송·클라피에 스 같은 수학자가 많았지만, 수학 논문의 발표는 보존된 보고서의 5퍼센트를 넘지 못하였다.[80] 그와는 반대로 천문 관측은 사람들을 열광시켰다. 클라피에스와 플랑타드는 그것을 유행시켰고, 그것은 정기적인 활동이 되었다. 항성이나 혜성의 검토와 궤도, 그리고 밤샘 관측 보고서를 분석하지 않는 학술회의는 없었다. 아카데미 회원은 자기네 관측소의 망원경을 통하여 야간 관측을 하여 천문도를 완성하고, 자료를 쌓아가면서 조금도 쉬지 않고 뉴턴을 증명하였다.[81] 남부와 마찬가지로 북부에서도 천문학은 언제나 지방 애호가의 영향권 안에 있었지만, 그렇다고 해서 그들의 관심 사항을 구체화시켜 주지는 못하였다. 그리고 물리학도 역시 언제나 부수적인 자리에 있었고, 실험이나 유행으로 그 활동의 방향이 정하여졌다. 우주 진화에 관한 토론을 의심하던 물리학은 묘사하고 수치화하는 방향으로 나가고 싶어

하였다. 보르도의 경우 그곳 아카데미 회원 앞에는 용수철·천칭·온도
계·저울·광학과 전자학의 조립품·나침판·소리굽쇠 따위의 물리학 도
구를 훌륭하게 늘어 놓은 진열실이 있었다. 로마는 그곳에서 10년 동안 전
기·번개·피뢰침에 대하여 자신이 관측한 것을 보고하였다. 어디서나 아
카데미 회원은 충전되었다. 몽펠리에에서는 원장신부 베르톨롱,[82] 리옹에
서는 드비예르,[83] 디종에서는 바르비에 드 티닝[84] 같은 사람이 그러하였다.
1780년 비즈리의 피뢰침 사건은 모든 단체에서 메아리를 일으켰다. 1780
년대 사람들은 기구에 대하여 대대적으로 열광하였고, 모든 아카데미는
저마다 기구를 가지고 싶어하였다. 루앙·낭시·디종·리옹·브장송·그
르노블·보르도·마르세유는 차례로 공중을 정복하려고 노력하였다.[85] "이
새로운 예술은 인간에게 다른 요소로 구성된 제국을 약속해 준다"[86]고 기
통 드 모르보는 외쳤다. 아카데미의 물리학은 순간의 유혹이며, 놀라움과
새로움의 매혹이었다. 18세기 내내 그것은 사교적 오락과 실용주의의 경
험론 사이를 오갔다.[87] 그것은 자연과학에 열중하는 데서 조금도 첫머리를
차지하지 못하였다.

　지방 계몽주의의 진정한 열정이 세 극을 가지고 거기에 나타났다. 첫째
의학으로서, 그것은 해부학의 묘사이자 생리학의 고찰이기도 하였으며,[88]
임상의 정의와 의약에 관한 명제(거의 언제나 과학적 업적의 4분의 1 이상
을 차지하였다), 식물학 그리고 동물학·광물학·지질학의 복합체가 뒤섞
인 것이었다. 전체는 뒤죽박죽이었지만 의학에 종사하는 집단의 수가 아
주 많다는 데서 힘을 얻었다. 이처럼 전반적으로 분산된 것은 치료술을 될
수 있는 대로 억측에서 벗어나게 만들고 싶은 의지로 이끌어 나간 계통학
을 고수하는 일만을 유일하게 통일된 주제로 가지고 있던 다양한 호기심
의 경험주의를 반영하였다. 1715년부터 1720년까지 보르도 아카데미 회원
들을 추적해 보자. 도아장·카르도즈·원장신부 올리비에·그레구아르는
모두 '의학의 편견'·'소화 불량'·'구역질'·'중독'·'공수병'·'급사'·
'열'·'취기'·'담배의 습관'·'가발'·'비가 많은 겨울과 더운 봄 때문에
생기는 병'·'침샘'·'머리털'·'돌기'·'양의 비장'·'가을의 꽃피기'·
'씀바귀의 자라남'·'포도꽃'을 뒤죽박죽으로 조사하였다.[89] 50년 뒤에도

논문들은 역시 일관성을 갖추지 못하고 있었다.[90] 의학교수의 영토였던 몽펠리에의 경우 의학을 주제로 한 업적은 모두 생리학과 해부학 논문의 20퍼센트 이하였다. 외과학, 흥미로운 임상의 예, 효과적인 치료법, 솜씨 좋은 간호법이 주류를 이루었다.[91] 아카데미의 학술회의는 사람과 자연의 복잡성이 끊임없이 대립하는 기회를 주었지만, 중요한 업적을 통하여 할 수 있는 것처럼 거기서 철학적 원칙을 끌어내기란 어렵다.[92] 자연사가 거둔 성공은 주로 대학에서 생긴 활력론과 관련된 것이 분명하다. 그것은 의학의 회의주의가 이끈 호기심이 항상 있었음을 설명해 주며, 현장에서 경력을 쌓고, 자연 현상 전체를 합리적으로 설명하기보다는 세부 사항에 대해 차근차근 언급해 나가려는 데 더욱 관심을 가진 애호가 관찰자의 세계에 적합하였다. 목록의 계획안을 전반적인 맥락에서 볼 때 새로운 관심은 언제나 합리적으로 제자리를 찾을 수 있었다. 이리하여 화학의 경우 18세기 초반기에는 별로 중요하지 않아서 의약이나 의사의 보조 학문의 지위에 머물러 있었지만, 1760-69년이 지나면서 어디서나 두드러지게 발전하였다.[93] 두세 도시가 좋은 보기이다. 하나는 디종으로 현대성을 자랑하였으며(기통 드 모르보는 거기서 라부아지에와 힘을 합쳤고, 우리는 그가 거기서 발표한 88편의 보고서를 가지고 그의 변신을 추적할 수 있다),[94] 다른 하나는 몽펠리에로서 산업 활동의 방향을 자랑하였다(새로운 방법을 도입하고, 광천수를 분석하는 데 몸을 바친 샹탈은 당시의 이론적 지식을 넓히기보다는 실제로 최대한 적용하려고 노력하였다).[95] 화학의 변화가 일어난 중심에서는 실험실의 실험이 중요한 구실을 하였고, 그것은 보르도·디종·몽펠리에처럼 이 분야에서 선구자인 아카데미를 가진 곳에서 체계적으로 실천되었다.

이 전체 속에서 급격한 변화는 별로 없었다. 한 세기에 걸친 모범은 주로 1715-19년의 주요 정기 간행물에서 알 수 있는 방향과 일치하였으며, 우리는 《주르날 데 사방》과 왕립과학 아카데미를 이어 준 관계를 알고 있다.[96] 그렇다면 지방의 관심 사항은 파리의 모범에 늦게 동화된 것일 뿐인가? 그리고 새로운 자연의 철학을 위하여 18세기 중엽에 관심을 촉구한 것은 거기서 지지 기반을 얻었는가? 그러나 다른 영역과 마찬가지로 이 분야에서도 아카데미 정신은 균형을 잡으려는 의지에 의하여 규정되는데,

그것은 점차 방향이 휘고 결국 다른 형태의 조화를 이루게 되는 자료를 가지고 있다. 애호가 정신이 분명히 늦게 만든 원인이다. 오랜 기간을 통해서 몽펠리에의 왕립학회는 1750년 이전에는 거의 조금도 활동을 바꾸지 않았다. 자연과학이 벌써 모든 업적의 59퍼센트를 이루고, 이 시기를 지나면서 61퍼센트를 넘게 되며, 수학과 특히 천문학은 뒷걸음치고, 물리학과 특히 광학은 가볍게 늘어났다. 진정한 변화는 한 세기 동안 안정을 이룬 껍질 아래 있었다. 우리는 그것을 의학이 약세를 보이고, 부아시에 드 소바즈의 대대적인 노력에 반하여 식물학이 쇠퇴하는 데 비해, 동물학·광석학 특히 화학 같은 가장자리 학문이 발전하는 데서 찾아야 할 것이다. 샹탈은 시쿠아노를 앞질렀다. 툴루즈의 예를 보자. 자연주의 연구는 좀더 분명히 발전하였는데, 특히 그것은 가납사니들의 유산에서 아주 유행이던 물리학을 제치고 발전하였던 것이다. 그러나 변화는 호기심이 잇달아 나오면서 이루어졌고, 의학은 1760년까지 성장하다가 곧 안정되었으며, 지질학과 화학은 1770-89년에 동시에 발전하였다. 루앙에서도 똑같은 모양을 볼 수 있다. 의학의 주제는 1760년이 지나면서 발판을 잃고, 광물학·동물학·화학 분석이 18세기말 점점 세력을 얻었으며, 아미앵·베지에·디종·리옹에서도 주제 선택의 변화는 다를 바 없었다.

정통 학자가 드물었기 때문에, 모든 것에 똑같이 관심을 가질 수 없는 애호가가 공익과 호기심에 좀더 쉽게 사로잡힐 수 있었던 아카데미의 과학은 다른 곳에 의존하게 되었다.[97] 아카데미는 다른 정신을 가진 일파가 서로 만나는 공공의 장소였다. 따라서 이들이 서로 닮기 위해서 과학은 평균의 관점을 갖추어야 했으며, 이러한 관점은 계속해서 관심을 다시 보이는 데서 변화를 맞이하게 되었다. 전형적인 아카데미 회원은 일반적인 것의 전문가가 될 수 있을 뿐이었다.

이제 우리는 다수의 단체가 이 주역들의 능력을 직접 활용할 수 있는 활동의 어떤 본보기를 부각시킬 수 있었고, 전반적인 아카데미 운동은 아주 넓은 예술의 분야를 특별히 취급하였다는 사실을 쉽게 알 수 있다. 이것이 백과전서의 시대가 열릴 때 아카데미 운동의 독특한 성격 가운데 하나이다.[98] 이 분야는 농학, 그 시대적 의미로 정치와 사회에 대한 성찰이 포함된 경제학, 그리고 공예와 학예를 포함한 기술의 세 가지 주요 경향을 가지고 있었다.[99] 상관 관계 도표를 그려 보면 이러한 관심이 어떻게 해서 10여 개 단체에서 상대적으로 균형——예술 분야에 최소한 20퍼센트, 농학에 25퍼센트, 정치에 20퍼센트——을 유지하고 있는지(디종·툴루즈·낭시·라로셸·오세르·셰르부르·캉·마르세유·오를레앙·부르·베지에·보르도·몽펠리에) 알 수 있다. 이들 외에 기술에 대한 관심을 가진 곳은 브레스트·리옹·루앙이었고, 농학에 대한 관심은 메스와 클레르몽에서 두드러지게 나타났으며, 끝으로 경제학이 지배적인 곳은 아장·아라스·아미앵으로서 이들은 모범보다 아래쪽 경계선에 놓여 있었다.[100] 각 단체는 저마다 독창성을 유지하였지만[101] 1750년부터 1789년까지 정치와 경제가 발전하는 방향으로 진보한 것으로 분석할 수 있다. 아미앵에서 이 주제는 30여 점 높아졌고, 브장송에서도 마찬가지였으며, 디종에서는 10여 점, 몽펠리에에서는 20여 점, 루앙에서는 10여 점, 낭시와 툴루즈에서는 거의 25점 높아졌다. 1770-89년의 기간은 그 시대의 문제를 수용하는 시기였고, 비공식 회의에서 동기와 선택은 학술 경진 대회의 방향을 따랐다.

그러므로 그때는 도시의 정비, 가능성에 대한 고찰, 농학열이 모두 승리를 거두는 시기였다. 아카데미는 모두 발명을 판단하고, 다스리고, 인정하였으며, 개혁의 초안을 잡았다. 그리고 그들은 사회에 뿌리를 내리면서 자신들의 선택 방향을 결정할 수 있었다. 루앙의 경우를 살펴보자.[102] 그곳 아카데미는 기계와 관계된 것, 그리고 산업에서 능력을 발휘(거의 2백30여 편이 보고되었다)하였다. 주제가 이상하리만큼 다양하지만 세 가지 주조를 가지고 있었다. 첫째는 펌프와 도시 계획에 집착하였는데, 그것은 위생과 공중 목욕 시설을 갖추고 화재에 대비하기 위함이었다. 둘째는 기계 직조와 염색으로서, 거기서는 그 도시의 주요 산업을 개선하려는 실질적 노력이 보였다. 끝으로 여러 가지 방법을 고안하고 조그마한 발명을 하는 것으로서 돌을 자르고, 설탕과 기름을 정제하기 위한 기관을 마련한다든지 하여 이미 인정받은 기술을 일정한 수준까지 완성시키는 일이었다. 항구와 상업 중심지의 활동은 그것의 일반적 국면을 이론화하는 동아리 안에서 메아리를 일으켜, 여러 가지 제도·세금·인구·인력이 토론의 주제가 되었다. 사상의 단체로서 언제나 생각이 깊던 아카데미는 도시의 상업과 수공업 공장의 미래를 무엇보다도 먼저 생각하였다. 그곳의 지사인 라 부르도네는 아카데미에서 기계화를 지지하는 말을 하였다. 회의에서는 상업 자유주의를 토의하였다. 학술 단체는 조금씩 도시 권위의 세 중심인 지방자치 정부·상업회의소·고등법원의 대변인이 되었다. 아카데미는 그들에게 선택의 방향을 지시해 주었고, 지식과 권력은 일치단결하여 나아갔다.

리옹은 좀더 기술적인 면에서, 디종은 좀더 농학의 측면에서 각각 비슷한 예를 보여 준다. 특히 디종에서는 중농주의자의 지지자와 적 사이에 의견 대립이 있었다.[103] 라로셸에서는 도매업의 어려움에 대해 일련의 중요한 토론이 벌어졌고, 그 위기에 대한 기술이나 제도상의 치료 방법을 찾았다.[104] 어디서나 아카데미는 위급한 문제를 다루었는데, 아마도 그들이 계몽사상가와 중농주의자의 목소리를 들었기 때문이라기보다는 차라리 경제적 어려움 때문이었을 것이다. 그들은 구체적인 연구에서 출발하여 폐단을 조사하고 해결책을 제시하는 진정한 정치철학에 이르렀다. 현실의 분석은 여론에 바탕을 두고 있었다. 브장송의 경우를 보자.[105] 그곳 아카데미는 그 지방의 상업과 농업에 관계된 모든 문제를 다루었다. 툴루즈의 아카데미는 1776년부터 중농주의자만으로 이루어진 계급을 창설하자고 제안하였는데, 이들은 시행정관과 상업회의소의 물음에 답하였다.[106] 오를레앙의 경우 솔로뉴에 관한 논문이 나와 농업상의 전망을 살피고, 쿠레 드 빌뇌브는 그 도시의 상업에 관하여 대강 묘사하였는데, 거기서 그는 주의회를 믿고 개혁을 맡기자고 호소하면서 끝을 맺었다.[107] 개별적인 업적의 분석보다 더욱 중요한 일은 방식의 독창성이며, 그것이 거의 전체에 확산되었다는 것이다. 지방 아카데미 회원은 연구를 통해서 자기네 행동 강령을 충실히 지켜 나가고 있었다. 여러 가지 위험이 늘어나게 된 결과 집단의 태도가 증폭되고, 행정부의 하소연은 통하게 되었으며, 이제부터 공리주의의 기능은 문화적 위세와 더 이상 떨어지지 않았다.

훌륭한 단체는 도시의 지배층이 자신들의 통일 의식을 가지는 공식 회의와 예식 속에서 이같은 위세를 제 눈으로 확인한다.[108] 아카데미 단체는 그들에게 자기네 업적과 경진 대회의 결과를 제출한다. 그들은 여러 차례 모

임을 가지고 만남의 계획을 정성스레 준비하였는데, 이 시기는 연간 출석
표에서 활동이 왕성한 기간이었다. 이것은 두 종류의 대중을 겨누었기 때
문에 중요한 목적을 가졌다. 첫째는 그 지방의 대중으로서, 거기서 문화 계
급이 나타났으며, 둘째는 먼 곳의 대중으로서, 이들은 《메르퀴르 드 프랑
스》처럼 모임에 관한 기사를 실은 정기 간행물의 영향을 받았다. 클레르몽
의 종신 사무총장인 펠리시에 드 펠리공드는 마르몽텔에게 이렇게 썼다.
"나는 당신이 이제까지 해오신 대로, 우리 학회의 관심 사항에 마음을 쓰
시어 우리 활동의 열매를 대중의 것이 되게 해주시길 바랍니다……"[109] 역
설적으로 그 지방의 참석자가 누구였는지 재구성하기란 어렵다. 등록부나
신문 중 그 어느것도 그들의 구성을 자세히 밝히지 않고, 단지 주교·총
독·지사·시행정부 같은 권위 있는 단체가 참석하였다는 사실만 상기시
키고 있기 때문이다. 루앙에 대해서 원장신부 야르는 이러한 침묵 속에서
아카데미 운동에 대한 여론의 몰이해를 낳은 여러 가지 원인 가운데 하나
를 보고, 좀더 긴밀한 통신망으로 메워야 할 빈틈을 발견하였다.[110] "사람
들은 그들의 개별 회의가 개최되는 바로 그 자리에서 회의에 대해 겨우
추측하게 되었고, 짧은 발췌문이나 신문기자들이 능력껏 최대한 가필하거
나 줄여 쓴 간단한 보고 기사만을 가지고서 그들의 공식 회의를 판단하고
있다." 누가 누구로 교체되었는지는 비밀이었기 때문에 우리로서는 알 수
없다.

한 번에 서너 시간 걸리는 회의가 진행되는 도중에 갖가지 일이 펼쳐졌
다. 기분 전환과 심각한 사항을 뒤섞어야 하고, 청중의 눈길을 붙들어두
고, 그들을 유혹하면서 호기심을 부추겨야 했던 것이다. 아카데미 회원과
비전문 대중을 한데 모으는 회의는 학술상의 야심이 평균의 이해 능력과
맞서는 곳이 되었고, 분명히 어떤 실질적인 교양 이상의 것을 더욱 일반
화시키는 특별한 방식이며, 또한 정보의 장이었다. 그 내용을 살피고, 여
러 가지 차이를 주목하는 일이 우리의 연구를 위하여 필요한데, 그것은
학술 단체가 가장 큰 메아리를 일으키는 사회 집단에게 어떤 특별한 얼굴
을 주는지 알 수 있는 방법이기 때문이다. 그들이 지적 관리를 위하여 노
력할 수 있던 방식이 거기서 드러나고 있다.

아카데미를 가진 도시에 제시된 문화적 모범이 일관성을 띠었다는 사실은 이론의 여지가 없으며, 그것은 정기 회의에서 볼 수 있는 일관성보다 더욱 분명하다.[111] 전자의 경우에는 과학과 예술이 증가하면서 서너 가지 방향이 나타나지만, 후자의 경우에는 과학과 기술에 대한 관심이 문학의 관심과 균형을 이루고, 역사는 점점 제 구실을 잃어 가는 경향을 보여 주는 핵심이 있다.[112] 모든 아카데미의 5분의 4에서 과학과 예술은 30퍼센트 이상이었으며, 단 한 곳에서 60퍼센트 수준을 뛰어넘었다. 정기 회의에서 17개 단체가 이 한계를 지났다. 그와는 반대로 문학에서 30퍼센트의 수준을 넘은 곳은 15개 단체인 데 비해, 그렇지 못한 곳은 단지 10여 개였다. 아카데미는 엄숙한 회의에서 마치 문학 단체처럼 행동하였다. 해마다 만나는 일은 과학을 대중화하는 것보다는 거듭해서 운동 이념을 확산시키는 담론을 위한 특별한 장이 되었다. 가까운 역사에 대한 주석, 연간 활동 보고서, 언제나 제목으로 내용을 알아맞히기 힘든 신임 회원 연설, 경진 대회의 출판물과 수상자 발표문 같은 것으로 이루어진 아카데미풍의 양식이 격증하는 것은 이러한 면과 일치하였는데, 한마디로 말해서 거의 어디서나 모임의 4분의 1이나 3분의 1을 이런 일에 보냈다. 똑같은 방향에서 도덕이 다시 등장하였다. 정기 활동이 충분히 알려진 25개 단체 중에 17개에서 도덕과 철학에 회의 시간의 5퍼센트 이하를 바쳤다. 공식 회의가 회복된 단체 19개 가운데 16개에서 5퍼센트 이상을, 그 중 8개는 10퍼센트 이상을 바쳤다.[113] 새로운 윤리를 추구하는 대중은 철학에 관한 문제에 관심을 가졌다. 도덕적 담론은 모두 지식이 세속화된 세계에 적용된 가치를 규정하고, 공익성과 진보에 대한 신화를 분명히 밝혔으며, 지배 계급의 행동을 늘 정당화시켜 주었다. 제자리를 찾은 각자가 제 나름대로 행복에 대한 권리가 있는 도덕의 질서를 이처럼 상기시키는 가운데, 깊이 만족할 만한 것이 거기 있었다는 사실을 사람들은 제대로 보지 못한 듯하다. 1756년 마르세유에서 보고 논문을 쓴 익명의 저자는, 지식이란 보잘것없는 사람보다는 위대한 사람에게 더욱 공통적인 것인지 묻는 문제에 대답을 하면서 다음과 같이 불평등한 조건을 정당화하였다. "그러한 불평등은 위대한 사람보다 하찮은 사람에게 더욱 이로운 것입니다……. 어허! 천

민에게 공통된 노동이 어떤 점에서 거칠고 어렵다는 겁니까? 거기에는 몸이 받은 힘의 일부만 필요하고, 온 정신을 쏟아넣으면 그뿐입니다. 노동의 이름은 정신의 고통을 가져다 주는 것에서만 나오고, 정신의 노력이 필요한 것에서만 나옵니다…… 몸을 쓰는 노동이나, 몸을 피로하게 만들지 않은 채 정신을 쓰는 노동은 진정한 일이라기보다는 차라리 재미있는 오락입니다……"[114] 재산가는 진정한 일의 세계를 잘 즐기는 역추진에 의하여 오락의 세계에서 지극히 편안한 마음을 가질 수 있었다. 사회의 행복이라는 주제는 학술 단체의 환상을 가지고 있었다. 그밖에 과학과 기술상의 봉사라는 이상은 완전히 나래를 폈다. 공식 회의의 심상은 언제나 비공식 회의에서 선택한 바를 확증해 주었다.

싫증을 느끼지 않을 정도로 즐기고, 전통이나 문화의 잡다한 수준과 학술상의 야심을 조화시킨다는 아카데미의 계획은 거기서 분명히 한계를 드러냈다. 극장과 마찬가지로 그 결과는 인위적인 면이 없지 않았다. 그것은 진지한 것과 사소한 것, 유익한 것과 헛된 것을 이상하게 뒤섞었다. 여러 가지 보기 가운데 한 가지만 살펴보자.[115] "1787년 8월 1일 루앙 아카데미 회원들이 시청에서 연 공개회의 보고서. 총재 뮈스텔 선생의 개회사. 총무들의 아카데미 활동 보고. 밀상 선생의 주신 찬미의 시. 쿠론 선생의 조각가 르보 예찬론. 동 구르댕의 바데 예찬론. 라 말티에르 선생의 영국풍 우화. 쿠론 선생의 원장신부 르바쇠르 예찬론. 영양 섭취의 얼개에 관한 로모니에 선생의 논문. 그렝빌 선생이 부른 서정시인을 위한 추모 노래. 생 빅토르 선생이 보고한 번개의 이상한 효과. 드마시 선생이 귀부인과 작은 개를 위해 지은 비명. 아카데미와 학교의 수상작 낭독……" 우리는 이같은 계획서 안에 담긴 균형을 잡으려는 노력을 가늠할 수 있다. 전체로 보아 모든 사람이 알 수 있는 조화를 구현하려는 경향이 시간의 흐름 속에서 완전히 드러났다. 1780-89년의 상황을 50년대의 상황과 비교해 볼 때 우리는 일관성을 지키려는 의지를 파악할 수 있다.[116] 단 한 곳 몽펠리에만이 과학과 예술에 대한 방향으로 더욱 힘차게 나아갔고, 다른 곳은 모두 가장자리에서 모범의 중심을 향해 움직였다. 디종과 툴루즈에서는 과학을 지향하는 변두리를 떠나 중앙의 핵으로 들어갔고, 앙제와 마르세유에서는 문학에 고립된 데서 나와 문학과 수사학, 과학과 예술이 서로 균형을 이루는 중심점으로 나아갔다. 아카데미 정신은 점점 더 많은 타협이 이루어짐에 따라 더욱 커졌다. 이것은 회원의 사회적 내용과 무관한 것으로 주목할 만하며, 문화적 모범이 어떤 교양 계층에서도 승리하고, 반드시 필요하게 되었다.

이제까지 분석한 결과를 종합하면 아카데미의 계획이 가지고 있던 세 가지 중요한 성찰의 축은 과학의 인정·공익성의 신비·지방주의 의식이었던 것처럼 보인다. 첫째, 우리는 거기서 자라나고 있는 '과학 정신'을 발견할 수 있는가? 학술상의 관심이 자라나는 부분을 주목하고, 여러 가지 연구의 진지한 태도에 눈길을 주며, 모든 기본 문제를 해결하기 위하여 혁신적인 정복을 하고 싶다는 희망을 거듭 선언하는 말을 들으면, 우리는 '과학 정신'을 믿고 싶어진다. 이 술어를 가지고 아마도 과학과 관련된 아카데미 정신이 실제로 가지고 있는 모호성을 규정할 수도 있을 터인데, 그것은 이 말이 행동보다는 믿음을 정의하고 있기 때문이다. 이렇게 해서 지방 아카데미 회원의 집단 정신은 완전히 과학적인 성격을 지니지 못한, 성스러운 것의 새로운 얼굴이라 할 '과학 정신'에 물들기 쉬울 수 있었다. 바꾸어 말해서 확실한 것은 두 가지 차원에 바탕을 두는 일이다. 먼저 '표준의 과학,' 말하자면 아카데미의 사회문화 집단을 학술 전통의 복합체 속에 가두는 체제순응주의를 분석하는 차원과,[117] 실천의 발전에 따라 집단 정신 자세의 발전이 가능하다는 차원이다. 혁신을 제 것으로 만드는 일은 전통의 교감을 얻는 일과, 타성을 이겨내기 위한 느리고 긴 행진을 전제로 하기 때문이다.

가스통 바슐라르의 말을 믿는다면 수많은 지방 아카데미 회원——그리고 파리 회원——은 가짜 과학자였으며——인명부를 보면 이 점이 분명해진다——아카데미의 문헌을 인식론적으로 분석해 본다면 그의 판단이 옳다고 증명될지 모른다.[118] 그러나 가장 거짓말 같은 잘못이 들끓는 이 방대한 영역 안에서 상대적인 과학성의 수준을 구별해 내야 할 것이다. 이처럼 지방의 학회에서 수학 분야가 벌써 과학 속에 들어 있었는데, 그것은 순수수학과 응용수학·천문학·기계학, 그리고 대체로 계량화할 수 있는 모든 것이었다. 어디서나 개혁의 패러다임을 향해 줄을 서는 모양을 분명히 볼 수 있었고, 모든 학회원이 아니라 해도 적어도 새로운 언어를 익힌 사람만이라도 거기에 가담하였다. 왜냐하면 거기에는 과학과 비과학의 경계를 정하는 주된 어려움이 있었기 때문이다. 그리하여 아카데미는 여전히 혼합 양식으로 남아 있었고, 개혁을 향해 다소 문을 연 사회문화적 차원을 본보기로 삼아 과학 계획을 채택하였다. 따라서 전체는 언제나 모호한 채로 머물러 있었다고 말할 수 있다. 이리하여 몽펠리에와 툴루즈 아카데미처럼 모든 아카데미가 18세기의 이사분기에 불가능한 일과 관련된 모든 문제를 고려하려 들지 않았다는 사실을[119] 가지고 현대성과, 그리고 파리의 왕립 아카데미 전통에 대한 충실성의 증거로 생각할 수 있을 것이다. 그러나 이러한 문제에 대해 논쟁을 불러일으키는 해결책을 보낼 준비가 된 애호가의 대중이 있었다는 점과, 예를 들어 브장송 아카데미처럼 아카데미 안에도 몇몇 호기심을 가진 사람이 그러한 문제를 조금도 기분을 상하지 않고 받아들였다는 사실로써 학술 연구의 수준은 분명히 차이를 가지고 있었음을 알 수 있다.[120] 더욱이 언제나 파리의 예를 좇아서 여러 가지 학문의 편견을 거부하는 일은 일반적인 규칙과 같았지만, 상반되는 효과를 동시에 가지고 있었다. 그것은 객관성을 필요하게 만들어 주었지만, 그와 동시에 몇몇 단체가 비록 그릇된 것을 성실히 추구하였다 하여도 그 성실성을 고집하도록 용기를 북돋아 주었던 것이다. 이처럼 개혁이 사회 안에 확산되는 동안 그것은 수많은 잘못과 진리가 뒤섞여 있었던 것, 다시 말해서 당시에는 보통 과학이라고 정의내릴 수 있는 것과 부딪혔으며, 그 결과 과학의 평균 수준을 확실히 설정하지 못하는 난관에 직면하게 되었다. 당시 사람들은 집단적으로 과학에 몰두하려는 이상을 가지고 있었으나 이같은 이상을 실현하지는 못하였던 것이다. 그러므로 사람들은 어떤 학술상의 비의에 대하여 정의를 내리기보다는 여러 가지 거동을 파악하였으며, 이러한 명목으로 아카데미의 과학은 전통과 혁신이 언제나 서로 아웅대지 않고 사이좋게 지내는 문화적 영역이었다.

모든 관심 사항을 온갖 방향으로 흩뜨려 놓고, 일화와 몽상을 특별 취급하는 호기심이야말로 분명한 유산이었다. 아카데미 회원은 누구나 인문주의자의 심상에 맞도록 모든 영역에서 연구자가 되고 싶어하였지만 발견자라 할 만한 사람은 거의 없었으며, 수집을 고집하였지만 어떤 가설을 정의내리지는 못하였다. 아카데미 정신은 경이로움과 신비로움으로 현기증을 느끼는 일이 지나칠 정도로 잦았다. 보르도에서는 돌과 광석의 성장에 대하여 엄숙하게 논문을 발표하였다.[121] 셰르부르의 아카데미 회원은 바위에 열린 콩에서 피를 발견하였다.[122] 브장송의 의사 아탈랭은 인체에서 나온 '벌레들'에 대한 관찰 보고서를 제출하였다.[123] 해부학과 동물학은 무서움,[124] 어린아이, 괴수들의 환상적인 전시실을 마련해 주는 기회가 되었다. 이리하여 의사 뒤클로 드 네락은 보르도 아카데미 회원에게 이 괴물은 팔이 넷, 다리가 셋, 머리가 둘 달린 것으로 보고하였으며, 몽펠리에의 왕립학회 회원이 관찰한 것은 머리가 둘이나 셋에 코가 있거나 없는 새끼양, 여섯 가지 그림으로 표현된 **아주 괴물 같은 다양한 얼굴들**, 물고기를 닮은 개, 뿔 같은 돌기를 가진 말이었다.[125] 이처럼 수많은 괴물의 꼬임에 빠지는 일을 순수히 합리적이라 할 수 없다. 전설 때문에 수많은 이상한 일이 일어나게 되었다. 사람들이 광천수의 약효를 믿고 즐겨 찾는 곳이라 할 수 있는 샘물을 살펴보자.[126] 사람들은 거기서 화학 분석으로 증명할 수 있는 치료 성분을 들추어 내고자 하지만, 물이 기적을 일으키는 힘을 가졌다는 사실을 완전히 잊어버리지 않았다. 우리는 그들의 그같은 정신 자세를 통하여 샘물에는 감동적인 신화의 무게가 실려 있었다는 사실을 무시할 수 없다. 극적인 분만, 이상 임신, 특히 정상 기간을 넘어선 임신, 암수동체에 대한 관심에서 성의 문제가 드러나 보이는 모호한 영역도 역시 모두 사람들이 특별 대우를 해준 영역이었다. "중국 여성은 아이를 14개월, 아니면 16개월, 심지어 18개월 동안 배고 다닌다." 툴루즈 아카데미는 이같은 사실을 진지하게 확인하고 싶어하였다.[127] 1776년 그들은 "기묘하면서 놀라운 방법을 써서 수음하는 행위에 대한" 보고를 들었고, 1788년에는 "전기로 몽정을 고치는 방법"에 관심을 보였다.[128] 오세르 아카데미 회원은 "캄캄한 밤, 집에 들어가지 않은 아가씨들을 상대로 혹독한 짓을 일삼은 미이의 습관"에 대하여 주의를 환기시켰다.[129] 이러한 이야기가 쌓이는 현상을 이해하기 위해서는 진정한 의미에서 집단 심리 분석을 해야 하겠지만, 그같은 현상은 아카데미 회원의 합리주의가 어느 정도 깊은 곳에서 정기를 빨아들이는가를 밝혀 준다. 집단 상상의 원천은 호기심의 여러 가지 이해 관계 뒤에서 나타나며, 완벽한 연금술이 아카데미의 화학 속에 살아남고, 완벽한 물리학은 다양한 겉모양의 손쉬운 신비 속에서 만족하였다. 지방의 식자층이 추구한 과학은 계산과 수학적 정리와 거리가 먼 경우가 가끔 있었지만, 각자 거기에 참가할 수 있었다. 여러 가지 문제의 방향을 빼앗긴 그것은 여전히 몽상에 만족하는 비과학으로 남아 있었다. 느베르의 어떤 의사가 발표한 논문에 귀를 기울이자, 그는 보르도 아카데미 회원에게 좀더 듣기 좋은 소리를 들려 주기 위하여 자기 논문을 "놀이·꿈·가공의 이야기"로 만들고 싶어하였던 것이다.[130] 효소에 대해서 논하기 위하여 그는 천재성을 불러내어 이렇게 말하였다. "지난 이틀 동안 그대 집에 머물고 있는 아름다운 여성 모험가 철학자를 채용하여 이리 데려오시오. 당신의 일을 나보다 잘 처리해 줄 사람은 바로 그 훌륭하고 재치 있는 여성 물리학자입니다. 독자여, 한 번 상상해 보시오. 이 여성 철학자는 지난날 내가 작지만, 전쟁으로 성과 도시가 모두 파괴된 옛날의 도시 생 베랭의 숲 속에서 길을 가다가 만난 아가씨라는 사실을." 그 여자의 이름은 에파엘이며, 이렇게 주장하였다. "나는 살도 뼈도 없는 공기의 몸에 담긴 영혼일 뿐이오. 나는 롱르포르의 옛 성 안에 있는 아르시 동굴이나 나무 숲 속, 또는 파도를 타고 이리저리 세상을 노니는 요정이에요." 과학은 꾸며낸 이야기에서 시작되고, 에파엘의 물리학은 몽상을 따라다녔다. 가장 터무니없는 상상과 여러 가지 직관이 널리 대중화되는 과학의 뿌리에서 뒤얽혀 있었다. 어쨌든 보르도 아카데미가 그 어리석음을 비난하였음에 주목하자. 그러나 진정한 과학의 진보를 가늠하는 일은 여전히 중요한 노력으로 남아 있었다. 이제 몇 가지를 검토해 보기로 한다.

1750년 이전부터 어디서나 토의된 뉴턴의 물리학은 그 뒤에는 반드시 필요하게 되었다. 파리보다 20년 내지 30년 늦었다. 프르드퐁 신부는 1754년 교조적 정신을 비난하면서 뉴턴의 인력에 대해서도 간접적으로 비판하였다. "만일 인력이 한 가지 사실에 지나지 않는다면, 인력을 가지고 중력을 설명하거나, 또는 그것을 행성 체계의 열쇠로 생각하거나, 결국 우리가 진압할 수 있는 혼잡을 일으키는 여러 가지 어려움에 대한 해결책으로 제시할 수는 없을 것이다……"[131] 몽펠리에[132]와 보르도[133]는 캉·셰르부르,[134] 심지어 툴루즈[135]보다 더 빨리 정복되었다. 1751년 사람들은 거기서 혼잡을 일으키기에 적합한 설명을 들었는데, 다르퀴에와 레이날은 데카르트파였고, 가리퓌는 뉴턴파였다. 마침내 1760년대 이러한 대립은 끝을 보았다. 그러나 데카르트 정신은 생리학에서 살아남았다. 1761년에 나온 카발리 신부의 논문은 '옛 의견에 기울어 있는 것으로' 나타났다. 1773년 클레르몽에서 상부아시에는 여전히 반뉴턴파였다.[136] 루앙은 다비드와 함께 1765년 이후에 물들었지만, 노르망디 지방의 아카데미는 리옹과 몽펠리에와는 반대로 마라의 반뉴턴식 광학에 상을 주었다는 사실을 잊지 말자. 요컨대 혁신의 패러다임이 확산되는 길은 일직선을 따르지 않았고, 진보는 아마도 뒷걸음질친 것을 극복하면서 앞으로 성큼 뛰어나가는 것이었음이 분명하다. 그리고 사람들이 차례로 사로잡히고, 그 뒤에는 집단들이 사로잡힌 나머지 수많은 모임이 거기에 따라붙게 되었다. 1780년대 새로운 화학에 대해서 볼 수 있듯이 몇몇 영역에서 즉시, 또는 거의 바로 합의를 이루었다. 보르도[137]·디종[138]·몽펠리에[139]·낭시는[140] 모두 1785년 이후 거의 동시에 염소(炎素)의 위험을 널리 알렸다. 의학의 영역에서 비록 한번도 이론상의 반대가 일어난 적은 없었지만, 접종가들은 요컨대 아주 빠르게 승리를 거두었다. 1754-70년 브장송에서 시드남에 의하여 믿음을 바꾼 아탈랭과 라 콩다민은 그곳 아카데미를 비웃었지만, 라코레가 개입하자 아카데미의 주장이 먹혀 들어갔다.[141] 1756-70년 디종에서는 제네바에 머물던 마레가 백신을 옹호하는 싸움을 벌이고, 그곳 아카데미에 자기 견해를 강요하였다.[142] 루앙에서도 거의 비슷한 역사가 진행되었다.[143] 그리고 바가르와 함께 낭시,[144] 앙투안과 함께 툴루즈에서도[145] 마찬가지였다. 몽펠리에는 아주 빠르게 가담하지는 않은 듯하다.[146] 한마디로 말해서 그곳에서도 직선 운동이 일어나지는 않았고, 고립 집단은 여전히 뒤편에 머물러 있었지만, 중요한 원리가 좀더 많은 사람들에게 차근차근 알려지게 되었다. 지식 분야의 자율성을 확인한 운동의 근원부터 아카데미의 계획 속에 들어 있던 과학의 승리는 새로운 지식을 끊이지 않고 추구하고,

그것을 서로 나누며, 정신과 방법을 향상시킨 결과였다.

이같은 오름세는 관찰과 실험을 인정해 주고, 모든 학문적 편견을 거부하며, 상세히 검토한다는 세 가지 특성을 가지고 설명할 수 있다. 따라서 방법론이 어디서나 우세한 것으로 확인되었다. "관찰이란 아카데미의 좋은 취미로부터 나온다. 아카데미가 준비하는 학문의 체계에 바탕이 되는 것은 이같이 관찰을 거친 자료라 할 것이다. 아카데미는 그 자료를 깊이 생각하여야 할 대상으로 삼는다. 아카데미가 연구하고 검토하는 것은 바로 자연사의 기초이다. 개별적인 현상과 특히 이 세상에 널리 펼쳐진 일반적인 것은 아카데미가 추구하는 관찰로부터 나온다……."[147] 이러한 관찰은 의학·농업·식물학·물리학의 모든 분야에서 반드시 사실을 집대성하도록 만들어 준다. 그리고 자연의 모든 현상을 기록해야 하는데, 그것만이 공상을 물리치는 단 한 가지 방법이라 할 수 있기 때문이다. 기사 비벤스의 말을 들어 보자. "우리에게 훌륭한 관찰자가 거의 없는 이유, 그리고 그 때문에 우리 지식이 상당히 늦게 발전하게 된 이유는 경이로운 것이건 호기심을 자극하는 것이건 우리의 능력이 미치는 범위 안에서 어느 정도 대접을 해주어야 마땅한 것을 우리가 거의 언제나 무시하고 있기 때문이다. 자연의 가장 신기한 효과를 늘 바라보고 지낸다고는 하지만, 거기에 무관심하거나 그저 지나쳐 버리고 있는 우리는 오직 깊이 생각하여야만 비로소 그 효과에 대하여 놀라게 될 것이다. 그제서야 비로소 그러한 것의 이유가 아직도 제대로 밝혀지지 않았다는 사실을 알게 될 것이기 때문이다. 그러나 거기까지 가려면 우리는 먼저 철학자가 되고, 우리와 너무 동떨어지거나 거의 관찰을 하지 않기 때문에 아마도 제대로 판단하지 못한 것을 설명하느라고 많은 시간을 허비하여야 한다……."[148] 아카데미 정신은 이성을 가지고 관찰과 실험으로 제공된 여러 가지 사실을 이용하는 과학의 실천을 명시해 준다. 정복하고 싶어하는 관찰자에게는 논리상의 엄격함·질서·명확함·분명함 따위가 필수적이다. 이와 마찬가지로 특히 학문의 편견을 거부하는 객관성도 필요하다. 프르드퐁 신부가 캉에서 한 말을 들어 보자.[149] "연구를 조심스럽게 하고, 추론을 냉정하게 하며, 의문에 슬기롭게 답을 내며, 결정을 신중하게 내리는 진정한 철학자는 채

울 수 없을 정도로 지나치게 많은 땅을 차지하고, 적당히 배합할 수 없을 정도로 지나치게 많은 관점을 늘어 놓으며, 가장 흐트러진 사상을 무질서하게 섭렵하는 터무니없는 사상 체계를 비난하였다……" 여기서 지방의 운동은 파리의 보기를 따랐다. 그들의 계획은 실험과 가설을 증명하기 위하여 논쟁을 포기하는 일을 전제로 하였던 것이다. 이렇게 해서 수많은 사실이 쌓이게 되면 조금씩 새로운 지식이 생긴다고 생각하는 경험적 실증주의에 대한 합의가 이루어졌다.

과학이라는 관점에서 볼 때 아카데미 정신은 말의 지배이기에 앞서 사물의 지배이다. 그로부터 분명히 각자가 자기 영역에서 제대로 작성하려고 노력하는 방대한 규모의 자세한 목록이 펼쳐지게 되었다. 보르도에서는 기엔의 자연과 문학의 역사 계획안,[150] 클레르몽에서는 오베르뉴의 과학을 자세히 평가하려는 야망이 각각 나왔던 것이다.[151] 어디서나 이같은 사업이 추진되었다. 오세르의 경우를 살펴보자.[152] "아카데미 회원은 상황이 허락할 수 있는 개별 주제에 대해 아무런 편견을 갖지 않고 각자가 추진하려는 업무의 부문과 특별한 목적에 대하여 설명하는 시간을 가졌다. 미뇨 선생은 욘느의 항해의 역사에 관한 논문을 작성하고, 모로 선생은 클로비스의 생애와 그 시대의 골이 처한 상태, 각별히 우리가 살고 있는 지역에 관하여 연구하며, 라 쿠드르 선생은 로마인의 지배부터 최초의 백작이 생길 때까지 오세르 지방에 관하여 조사하고, 국왕의 변호사 마리 선생은 관습의 개혁에 관한 역사를 쓰고, 퐁타게 선생은 병원에 관한 역사를 작성하며, 로비네 선생은 일기를 관찰하며, 우세 선생은 여러 가지 질병의 역사를 연구하며, 파쥐모 선생은 자연사·지리학·농업에 관한 논문을 쓰고, 므레 선생은 식물학과 외과학을 수행하겠다고 하였으며, 레스레 선생은 자신은 외과술을 관찰하고 해부학의 시범을 보이는 데 노력하겠다고 선언하였다……" 아카데미는 저마다 모든 산물·질병·현상에 관한 전체 지도를 작성할 꿈을 키웠다. 그들은 자연을 지배하고 싶은 의지 때문에 사물에 대하여 분류학적 관점을 지니게 되었지만, 그 관점은 호기심을 가지거나 신비스러운 것에 시달리는 일로는 충분히 설명할 수 없는 것이었다. 모든 사물을 자세히 검토하는 데에는 관리인다운 생각이 깔려 있었다.

그 생각은 부르주아나 귀족의 어느 편에도 속하지 않은 행정적인 것이었다. 아카데미 회원은 지식의 영역에서 필요성을 실천에 옮겼다. 그들은 모든 것에서 권력과 연결되었고, 그로부터 문화적 정당성을 얻었으며, 권력의 권위를 나타내고, 대다수가 권력의 기능을 확보하였다. 문화의 차원에서 그들에게 중요한 것은 자연과 역사를 다시금 권력의 통제 아래 두게 만드는 일이었다. 과학과 아카데미의 사상은 욕심이 없는 것이 아니었으며, 그것들은 모두 공리주의 성격을 가지고 있었다.

공익성, 어디서나 이 낱말을 썼다. 기술과 제대로 구분되지 못하는 과학의 연구를 이끈 것도 바로 이 낱말이었다. 우리는 본보기를 분석하면서 이 말을 살펴보았다. 이것은 농업상의 정복, 상업과 산업의 관심, 개혁에 관한 생각을 정당화시켜 주었다. 이것은 여러 가지 연구를 이어 주는 마디를 이루었다. 클레르몽 아카데미 회원에게 케리오가 제안하고, 곧이어 그들의 규정에 채택된 계획을 들어 보자.[153] "(우리 학회는) 문학사에 관심을 가져야 할 것입니다. 그리고 거기에 과학자와 그들의 업적에 관한 역사, 오베르뉴에 유익한 지식을 소개하거나 활용하는 데 이바지한 기관에 관한 역사를 덧붙여야 할 것입니다……" 그 학회는 자연사에 관심을 보여야 했는데, 그것은 "지형학, 3계(三界)를 포함하는 자연의 모든 산물에 관한 지식, 이러한 산물을 사회에서 활용하는 방안, 예술과 상업에 관련된 것을 포함합니다……" "(식물계의 역사는) 범위가 넓고 재미있지만, 그 자체의 목적이며 주요한 목표인 것, 말하자면 우리가 귀찮은 여러 가지 동물과 유달리 토지의 열매를 망치는 벌레를 죽이거나 약하게 만들 수 있는 방법을 찾고, 유익한 종을 보전하고 강화시킬 수 있는 방법을 찾는 데만 온 힘을 쏟는 일이 중요합니다." 이어서 공리주의 논리에 따라 밝혀진 연구 대상의 목록이 나온다. 모든 지식은 서로 관련을 맺고 있는데, 그것은 같은 목적을 향하기 때문이다. 그 목적이란 인류의 행복을 준비하기 위하여 모든 지식을 쌓는 데 있다. 모든 아카데미는 입법가의 손에 든 '새로운 영역'으로서, "그들은 경쟁을 부추기고, 시민을 더욱 안정시키고(이 표현에는 이익이라는 의미도 포함된다) 행복하게 만드는 데 쓰이는 이성의 빛을 널리 퍼뜨린다……"[154] 이같은 공리주의 철학은 지방의 정신 속에 아주 일찍 나타났다. 몽테스키외는 이미 1725년부터 보르도에서 그것을 다듬었고,[155] 《백과전서》가 나오기 전에 세운 아카데미의 계획으로 그것은 왕국의 모든 지평까지 확산되었으며,[156] 반세기의 학술 경진 대회·출판· 노력으로 더욱 넓은 대중에게 전파되었다. 여러 가지 사실을 접하는 모든 아카데미는 종교와 관계없는 새로운 사회 윤리를 규정하였는데, 이 윤리의 목적은 공익(국가·사회 집단·개인의 이익이 이루는 조화를 뜻한다)과 인 재의 지위 향상에 있었다. 새로운 이상이 좀더 각별히 말해서 루이 16세 가 왕위에 오를 때부터 발전하였고, 진한 감수성을 가졌으며, 그 이상을 상기시키는 일은 정신의 긴장을 집단의 노력에 동원하려는 강한 종교적 억양을 띠고 있었다. 1774년 지라르 드 마르즈볼은 이러한 보통의 의견을 설명하였다.[157] 모든 아카데미는 온갖 정신이 만나는 유리한 환경을 만들 어 줄 수 있었고, 그 덕분에 "과학이 출현하고, 예술을 더욱 완성시키며, 이성의 발전을 가져올 수 있었던 것이다." 이해 능력의 한계와 무지의 경 계선이 더욱 뒤로 물러났다. 지원자가 '뮤즈 신전'에 받아들여지면 '위엄 있고 신성한 광경'을 보게 되고, "찬탄·존경·심사숙고를 통하여 그의 영혼은 진정한 숭배의 시금석이라 할 사랑을 확인하게 된다." 아카데미 회원은 '숭고한 진리를 알리는' 사제이자 기하학자, "이제 더 이상 민중 에게 미신과 두려움의 대상이 되지 못한 하늘의 신비를 밝히는" 천문학자 이자 "사람의 시간과 노력을 아끼도록 만들어 주기 위해 주의를 기울이 는" 역학자, "선입견의 창살을 부수고, 학문의 편견을 금지하며, 실험으로 자연에 침투하는 길을 찾고, 경이로운 것의 진정한 성격을 밝혀 광신을 무너뜨린" 실험물리학자와 화학자이며 "손에 해부용 칼을 쥐고 소우주의 혼돈을 파헤치는" 해부학자, "우리의 호기심어린 눈앞에 수많은 다양한 식물을 펼쳐 놓는" 식물학자이자 "사변적 과학의 경계선을 뒤로 물려 놓 는 종합을 이루는" 자연주의자이다. 지방의 아카데미 정신은 베이컨의 이 상을 실현하였고, "아카데미 회원은 모두 함께 지켜야 할 똑같은 이해 관 계를 가지고, 공통의 보금자리를 위하여 싸우고, 똑같은 제단과 신을 지키 는 한 나라의 시민이다……"[158]

더욱이 이같은 신성한 애국심은 지방주의 의식 속에 뿌리내리고 있었다. 지방의 프랑스는 중앙집권화된 절대주의의 통일된 외투 아래 있었다. 그것은 보상과 정화의 기능을 가진 역사학의 자료를 가지고 자신을 정당화시켰다. 18세기의 일사분기에 지방 아카데미 설립자는 평등주의를 요구하면서 파리의 '높으신 양반들'과 대립하였다. 혁명이 일어나기 직전 그들은 50년 동안의 역사 연구로 열등감을 지울 수 있었다. 모든 차원에서 지방 도시와 주는 자기네 재산에 대해 의식을 지녔다. 과거와 빛나는 학식을 소유한다는 것, 그것은 수도에 맞서 모든 구실과 기회의 불평등을 완전히 거부하는 능력이었다. 님에서 나온 원고를 지은 익명의 작가는 "다스릴 권리를 가지고 태어난 사람들에게 지배 능력을 주고" 모든 사실을 인식하여 '군주로부터 독립을' 얻게 만들어 주는 역사학 연구가 발전해야 한다고 소신껏 주장하였다. 말하자면 한편으로는 지배 계급의 임무를 정당화시켜 주며, 다른 한편으로는 그 지방이 가장 큰 자유를 누리게 만드는 것이다.[159] 아카데미의 역사는 "진정한 시민을 길러내는 자연스러운 학교이다. 보편사는 그 역사의 깊고 힘든 연구 목표가 될 것이다. 만일 아카데미의 휴식 시간에 피상적인 지식을 얻는 데 만족한다면, 보편사의 축약판만 읽어도 아카데미의 여가 시간을 매력적으로 이용할 수 있을 것이다. 그러나 그들이 자기 조국의 역사만 읽는다면 자신도 모르는 사이에 가장 진정한 의무를 배울 수 있을 것이다."[160] 더욱이 지방의 완전한 재산 목록을 보면 수도와 지방 사이의 차이가 모순을 보여 주고 있음을 알 수 있다. 그 재산 목록은 더 이상 외진 지역에 관한 것이 아니라, 계몽 시대 지방의 결함을 메워 주는 왕래의 결과였다. 이러한 왕래를 통하여 주위의 모든 곳은 한데 모이고, 철학자는 우정과 연구의 관계를 지켜 나갈 수 있었다. 실증적 지식에서 정당함을 증명하는 이념으로 나아가는 방식도 마찬가지였으며, 아카데미 정신은 여전히 어떤 조화로 남아 있었다.

아카데미의 학술회의는 조화를 이루는 문화의 모범을 제시하였다. 거기서 현대성과 전통은 끊임없이 결합하고, 아카데미 기관의 기능도 역시 어떤 균형을 앞세우는 경향을 가지고 있었다. 여러 해 동안 사람들은 처음에는 여러 가지 다른 선택으로 서로 다른 길을 가던 단체가 한곳으로 조화를 이루며 모이는 것을 보게 된다. 그리하여 학술 경진 대회와 공식 회의는 어디서나 비슷한 주제를 골랐다. 그러나 우리를 놀라게 만드는 것은 수사학의 무게, 사이비 과학의 호기심, 오락의 매력, 이처럼 옛날의 영향력을 행사하는 중요한 사항이 미래에 대한 희망, 지식의 증가, 기술의 확산, 필요한 개혁에 대한 연구와 조화를 이루어 혼합되는 데서 찾을 수 있다기보다는 오히려 문화적 현실이 그 기관의 기능과 일치한다는 분명한 사실 속에서 찾을 수 있다. 지방의 아카데미는 지옥의 길이라도 닦아 놓으려는 훌륭한 의도를 구현하였다. 권력의 표시라 할 수 있는 그러한 의도의 현실주의는 바로 여러 가지 사실을 참고 이겨내는 데서 태어났다. 그 의도에 담긴 이념은 전혀 정통이라고는 할 수 없는 것이었고, 차라리 개방적인 순응주의이며, 의혹의 학교라 할 것이었다. 실험을 중시하였던 관계로 한때 개혁으로 보였지만 이제는 더 이상 개혁이라 부를 수 없는 것, 그러면서도 아무도 모르게 조금씩 기존 관념의 영역 밖으로 미끄러져 나가는 것을 하나도 제외하지 않은 채, 새로운 것이라면 모든 것을 환영하는 과학적 비의를 구축할 수 있었다. 아카데미 정신은 아무런 고통을 느끼지 않고 교체를 이루는 장소였다. 그것은 무엇보다도 이미 권력을 가진 사람의 집단만이 지닌 특성이고, 남에게 전해 줄 경험이며, 새로운 생각을 낳기보다는 서로 나누는 일이었다. 그것은 또한 진정한 시민의 자유로부터 나오고, 노동에서 해방되었을 때 얻을 수 있는 여가의 문화였다. 끝으로 그것은 계몽 운동이 널리 퍼뜨리는 지식의 확산이라는 이상과, 자신을 정당화하고 지적 행정의 전망에서 명사들의 뒷받침을 유지하려고 노력하는 군주제의 관점이 만나는 지점에 놓인 공공 봉사였다. 이리하여 우리는 화해의 바탕이 무너질 때 건물을 뒤흔든 긴장을 이해할 수 있다. 지배 계급이 분열하여 특권의 사회적 짐을 벗어 버리지 못하고, 국가가 개혁을 강요하지 못하며, 모든 어려움의 맥락에서 군주의 계획을 실현시킬 수 없었기 때문에 그 시도는 실패하였던 것이다. 이렇게 볼 때 아카데미 정신은 불안정한 이념이었다.

# 결 론

혁명기는 학술 단체의 후퇴기이자 환상이 깨지는 시대였다. 국가의 지평에서 1789년 여름부터 1793년 8월까지, 아카데미 세계에 몰아쳐 날려 버린 위기가 정확히 어떻게 벌어졌는지 살펴보려면 새로운 연구가 필요할 것이다. 그러므로 우리는 여기서 정치적 변화에도 살아남고 싶어한 의지를 보여 주다가, 나중에는 새로운 조건에 완전히 적응하지 못하는 거동의 굵직한 선을 따라가는 것으로 만족하자. 아카데미 정신과 사회의 타협은 깨졌던 것이다.

사실상 대다수의 지방 문화 기관은 1787년부터 차츰 입을 다물게 되었다. 대부분의 경우 활동은 이어졌지만 아주 불규칙하게 추구되고, '여러 가지 사건' 때문에 동아리들은 아주 빠르게 평온을 잃어 갔으며, 차츰차츰 재정 문제를 풀어 갈 수 없게 되었다. 이리하여 그 기관은 붕괴되었다. 이러한 진행 과정의 실마리를 전국 신분회를 준비하던 시기에서 찾을 수 있다. 아카데미 회원은 집단으로서가 아니라 각자가 기초 의회에 참여하였고, 자기네 공통의 진정서를 작성하지 않았으며,[1] 이러한 행동을 통하여 한 사회 집단의 불확실성은 물론 아마도 신중함까지 볼 수 있을 것이다. 사실상 진정서를 작성하면서 토론과 분열의 기회를 가지게 되었다. 우리는 이러한 사실을 오를레앙에서 볼 수 있는데, 거기서는 진정서 작성시에 한데 모인 모든 신분의 대표가 함께 토의하는 것, 이것이야말로 평등주의를 향한 아카데미의 이상에 따르는 것일 텐데, 이를 거부하는 파벌과 이들과 맞선 운동가들로서 보호를 받는 동아리 안에 갈등을 가져온 애국자 사이에 철저한 분열이 있었다. 리옹에서는 지사가 아카데미에게 진정서를 작성할 수 있도록 허락해 주었지만 그들은 작성하지 않았다.[2] 다른 곳도 모두 이러한 태도를 가졌다. 그렇다면 아카데미 회원은 자신을 결합시켜 준 균형이 얼마나 허약한지 파악하고 있었다고 볼 수 있다. 이제 개인적인 참여, 국내의 도피나 영지로 은퇴하기, 그리고 투쟁에 참여하는 따위의 개별적인 해결책이 판을 쳤다. '행동주의자' 핵은 조금씩 우그러들었다.

어쨌든 다수의 단체가 새로운 시대의 규칙을 받아들였다. 그들은 이 규칙을 자신들이 토론을 거쳐 내놓은 업적으로 생각하였다. 그들은 진행중인 변화, 완전한 계몽 군주정의 등장, 개혁 사상의 돌이킬 수 없는 승리를 이미 인정하였다고 생각하였기 때문이다. 무엇보다도 준법주의자였던 그들은 새로운 권력들을 인정하였다. 이 집단에 아라스·보르도·샬롱·디종·리옹·메스·몽펠리에·마르세유·낭시·라로셸·루앙, 그리고 툴루즈의 과학 아카데미, 또는 대도시의 학회나 이미 이름을 날리고 활동을 뒷받침받은 단체가 끼어 있었다. 각 단체가 어떤 박자로 궤도를 벗어났는지 더 잘 알기 위해서는 사회학적인 측면에서 시간상의 궤적을 따라 좀더 확실히 연구할 필요가 있겠지만, 전체로 보아 그들은 '혁명'에서 그들 자신의 시민적 임무의 원칙이 확인되고 있는 것을 보았다. 그들은 대부분 파리의 의회에 뽑힌 자기네 회원의 뒷받침을 받았다——이들 중에는 기통 드 모르보·들랑딘·로베스피에르·카르노·롤랑이 포함되어 있음을 잊지 말자. 도나 지방에서는 그들에게 의견을 묻거나 도서관의 조직, 도량형이나 화폐, 위생과 생활필수품에 관한 여론 따위를 조사할 임무를 맡길 수 있는 문화적 재판소처럼 여기면서 그들에게 선선히 도움을 주었다. 이같은 아카데미의 업적은 옛날의 활동을 직접 이어받은 것이다. 이렇게 해서 1790년 11월 25일 디종의 재판소장이 그곳 아카데미에 뽑히게 되었을 때, 원장신부 볼피위스에게 다음과 같이 대답할 수 있었다.[3] "계몽 사상과 이성이 발달한 결과 이렇게 큰 제국은 거듭나고, 우리는 지금 자유를 누리게 되었습니다. 아카데미의 품속에서 나온 위대한 사람이야말로 우리에게 주로 큰 혜택을 주고 있습니다. 그들은 민족을 계몽시키면서 아주 오래 전부터 우리를 신음하도록 만든 수많은 폐단을 밝혔습니다. 그들은 자신들에게 활력을 준 고귀한 감정을 동료 시민의 가슴에 불어넣어 주었습니다. 모든 사람에게 자기의 존엄성을 알도록 가르치고, 품위 없는 멍에를 무시하고 벗어 버리도록 가르쳤습니다. 그들이야말로 오래 전부터 짓밟힌 인류와 자연의 신성한 권리를 최초로 알리고 요구하는 용기를 보여 주었습니다. 오늘날 이러한 권리가 우리 헌법의 바탕을 이루는 것은, 바로 그들이 횃불을 붙인 이성과 진리의 어쩔 수 없는 힘에 의해서입니다……." 이 사료만 가지고 볼 때 우리는 혁명이 계몽 사상의 자식이며, 따라서 아카데미의 자식이라고 좀더 분명히 말할 수 있을까? 설령 1790년의 학술 단체가 더 이상 완전히 1780년의 아카데미와 같지 않았다 해도, 그 사이에는 어떤 계보가 있음을 알 수 있다. 군주정은 그들 속에서 정당화시키는 이념을 발전시키고 널리 알리는 편리한 도구를 발견하였다. 왕권은 이렇게 하면서, 용감하지만 신중하게 감추어진 생각들이 여러 사람의 지지를 얻는 것처럼 보이는 어떤 참고의 분위기를 구성하였다. 그렇다면 학술 단체는 정치가 변화하였음에도 이와 같은 구실을 계속 맡을 수 있었던가? 1791년부터 원장신부 모를레와 들랑딘, 공포정이 지나면서 소브리·라카날·들릴 드 사알 같은 학술 단체의 옹호자가 주장한 것은 바로 그 점이었다.[4] 원장신부 그레구아르는 학술 단체들을 없애야 하는 동기에 관하여 설명하면서, 이러한 일이 늘 지속되는 것은 불가능하다고 분명하게 밝혔다.[5] 아카데미의 공익성을 지지하는 그는 아카데미는 더 이상 '철학'과 '과학'의 유익한 진리를 구상하고 확산시키며, 개인을 통합하는 일에 착수하는 이중의 기능을 할 수 없기 때문에 없애야 한다고 고집하였다. "더욱이 이 고귀한 혁명이 수많은 관계를 바꾸고, 수많은 편견과 이해 관계를 짓뭉개 버린 결과 대부분의 아카데미 조직이 무너졌다. 애국자는 아카데미 안에서 거의 언제나 소수에 지나지 않으며, 글을 써서 자유를 향한 길을 열어 준 이들 가운데 몇몇은, 오늘날 그들을 인정하지 않고 그들에 대해 불경한 말을 한다. 그 결과 모든 아카데미는 선신 아후라 마즈다와 악신 아리만이 서로 싸우는 투기장이 되었다. 그리고 분명히 귀족주의자와 애국자 사이보다 마니교의 두 원칙 사이에 더 이상 거리가 없다." 그 기관이 더 이상 노력을 할 수 없게 되었기 때문에 이제는 비난을 받게 되었다. "아카데미의 안락의자를 뒤집어엎어야 할 것이다."

파리의 현실에 민감하게 반응을 보이던 국민공의회는 학술 단체에 대한 소송을 이끌어 가면서, 결국 지방의 문제에 대해서 거의 고려하지 않았다. 재조직의 전주곡이라 할 비난이 일자 전반의 상황에 필요한 결론이 나왔다. 역대 왕의 기관인 아카데미는 모두 사라져야 하고, 옛 지식의 도구인 그들은 '문학 공화국' 안에서 새로운 대표 집단에게 자리를 내주어야 했다. 바꾸어 말해서 국왕의 아카데미 정신은 죽었고, 공화주의의 아카데미 정신이 살았다. 그러나 형태나 기능 가운데 아무것도 부인되지 않았다. 좀 더 많은 평등을 누리면서(명예회원을 전부 없앴다), 파리의 기관(프랑스 학사원의 틀 속에 편입된다)[6]과 지방의 기관(아주 다양한 이름을 가진다)은 집정 내각과 집정 관부 시대부터 다시 기지개를 켤 수 있었다. 아카데미 정신은 몇 차례의 혁명을 뛰어넘어 우리에게까지 흘러왔다.

이제 그 정신이 걸어온 굽이치는 길의 넓이를 생각해 볼 때, 그것은 발전의 중요한 순간중에 중요한 성격을 명확히 하는 데 관심이 없지 않았다. 장기간에 걸쳐 발전한 기관인 아카데미의 내용은 언제 어디서나 똑같지 않았다.[7] 난로 구석에 정답게 모여 즐기고 웃는 기회가 있었고, 학술상의 관심은 별로 나타나지 않는 일종의 사교 모임이라 할 이탈리아의 아카데미아와, 군주나 제후의 엄숙한 아카데미 모임인 치멘토, 아카데미 프랑세즈, 런던 왕립학회, 과학 아카데미 사이를 갈라 놓는 세계가 있다. 어쨌든 지방의 평범한 아카데미도 포함하고 있는 이 단체들은 모두 일종의 사교성을 지성의 활동과 일치시키려 노력하였다. 아카데미 기관은 르네상스의 이탈리아에서 플라톤학파의 뜻을 발견하였고, 여러 군주의 통제와 17세기의 위대한 과학 혁명의 열기 속에서 그것을 유럽의 지평으로 널리 보급하였다. 여러모로 보아서 그 기관은 도시에서 세 가지 중요한 구실을 계속 맡았다. 그것은 시민에 대한 봉사라는 이상을 규정하고, 무엇보다도 교양 있는 사람을 사회적으로 통합하는 생활의 개념을 주장하며, 지식을 가다듬고 내면화하고 확산시키는 역할이었다. 지방 계몽주의 시대의 아카데미 정신은 이 세 등록부를 가지고 쉽사리 종합 평가를 받을 수 있다.

무엇보다도 아카데미의 계획은 어떻게 국가의 '개혁 기능'의 바탕을 만들어 곪지 않게 하려고 했는지를 돋보이게 만들어야 할 것이다. 모든 아카데미의 뒤에는 군주정의 망령이 떠돌았는데, 그것이 없다면 그리고 널리 알려진 권력의 보호가 없다면, 지방의 아카데미 회원은 아무것도 아니었기 때문이다. 권력과 지식은 직접 만났으며, 학회 창설의 역사가 그것을 분명히 증명해 준다. 수많은 권력 기관의 보호, 파리의 주요 기관과 그 회원의 후원이 있었기 때문에 지방에서 의도한 바가 성공을 보장받을 수 있었던 것이다. 학술 단체는 모두 재정과 건물을 위하여 군관구 사령관·지사·신분회·지방자치 정부의 호의를 얻어야 했지만, 결정적으로 그들의 성공과 실패를 좌우한 것은 그들의 본질적인 것을 감독한 베르사유 당국의 호의였다. 그리하여 학술 기관은 군주와 맺은 관계에서 자기 구실을 정당화하려 하고, 자기 목적의 일부를 찾았다. 그것은 전적으로 문화를 인정하고 무엇보다도 문화의 행동 방식인 정치의 진정한 실천에 참여하였다. 면장의 구절을 보면 군주제의 담론으로 아카데미 회원에게——이들은 교양을 갖춘 사회적 정예 분자의 대표이다——사회에 유익한 행동을 맡기고 있음을 분명하게 알 수 있다. 아카데미는 모두 권력 기관에 대해 충고를 하는 구실을 맡겠다고 주장하였다. 그들의 모임과 그들이 고안한 것으로부터 정부가 널리 보급하고 싶어하는 진보의 가능성이 생겨났음에 틀림없다. 공식 회의, 성 루이의 공식 축하 행사는 도시의 달력 속에 지도층이 아무런 망설임 없이 집단으로 모이는 상당한 자리를 차지하였다. 지도층 인사는 자신과 평등한 사람들 앞에서 허세를 부리면서 피지배층의 눈에 자기네 존재를 확인시켰다. 힘의 과시였던 학회의 잔치는 명사가 자신을 발견하는 기회였고, 전문가의 좁은 동아리에서 도시의 '훌륭한 단체'의 동아리에게 군주의 심상은 물론, 그의 찬양과 존경이 18세기 내내 설득의 관례를 이루는 공공 봉사의 이상을 전수하여 주었다. 수많은 대립을 승화시키고, 여러 가지 차이를 조화시키는 아카데미의 담론으로 변화에 문을 연 보수주의의 이념이 널리 전파되었다. 아카데미는 수많은 가치와 규범, 행동과 삶을 중시하는 재판소로 남아 있다. 아카데미의 동아리는 사회 단체에게 통일성을 되찾아 주려 하고, 보전과 개혁이 맺은 관계를 유지하려고 노력하는 말의 힘을 국가가 보증해 줄 수 있는 꿈의 장소였다. 파리의 언어가 지배하는 것은 이같은 기본 노력에서 중요한 특성을 이루었다. 왜냐하면 그것을 통하여 우리는 지방의 지배층이 기대를 충족하고 싶은 의식을 가지고 있음을 확인할 수 있기 때문이다. 두 가지 말을 함께 쓰기 때문에 분열되고, 사투리를 쓰기 때문에 문화의 면에서 늦어졌다고 언제나 가슴 아프게 느끼며 사투리를 매섭게 억누르던 때가 지나고, 프랑스어의 통일성에 공감하게 되었다. 정치의 언어와 의도는 여전히 밀접한 관계를 지켜 나갔고, 똑같은 이상향을 추구하였다. 왜냐하면 아카데미 정신은 비밀이건 공개되었건 그 꿈의 깊은 곳에 황금 시대의 이상을 실어나르고, 또한 언제나 이상향의 빛으로 절대주의를 밝혀 주었다고 하는 것을 조금도 고지식하다고 볼 수 없기 때문이다. 아카데미의 기원에 관한 플라톤의 주제 때문에 아카데미는 책임감의 가치라고 즉시 파악할 수 있는 진보와 공익성에 대한 관념을 신성시하여 한층 더 무거운 감정의 짐을 지게 되었다. 아카데미의 노력 속에 나타나는 그대로, 시민의 자기 희생에 의해 지식은 권력이 된다는 사실을 확인할 수 있다. 또한 그것으로 국가에서 영향력을 행사하는 사람의 단결을 확인할 수 있다. 18세기의 사회에서 군주는 문화 계급에게 지배 계급이 되도록 명령할 수 있었다. 그는 이렇게 해서 공공 봉사와 공적에 따라 사회는 통제될 수 있음을 입증하여 주었다. 기원·역사·기능·재산에서 분열된 귀족에게 군주는 한 가지 문화의 몸짓에 맞추어 행동하도록 제안하였다. 분열된 부르주아 계층에게 군주는 공통에 몸을 바치는 소명을 보장해 주고, 언제나 사회의 이익과 국가의 선의 이름으로 여가와 일을 조정해 줄 수 있음을 보증해 주었다. 그러므로 아카데미 정신은 새로운 사회 질서를 세우고, 신분회의 낡은 사회를 정비하기 위하여 나타난 계몽 절대주의 이념으로 생각할 수 있다.

이러한 개혁 의지는 온 힘을 다하여 회원 구성의 모범을 지키려 하였다. 그 모범은 인구의 크기(3분의 2에 해당하는 아카데미 도시가 인구 2만 명 이상이었다), 여러 가지 다양한 기능, 문화와 권력을 통제하는 곳에서 단결한 명사 집단의 존재라는 요소를 가진 주요 도시의 지평에서 나타났다. 그러므로 아카데미 정신이 제 가치를 완전히 증명하는 곳은 소수파 사회의 집단 수준이었다. 몇 가지 미묘한 차이는 접어두고, 그리고 여러 가지 범주상의 변수를 빼고, 그 모범은 18세기 내내 평균 수명이 높아져 혜택을 본 성숙한 남자의 집단을 모았다. 어디서나 그것은 도시의 지배 계급을 균형잡힌 비율에 따라 모았으며, 그렇게 하기 위하여 행정과 교육에 참여하는 일이 결정적인 구실을 맡은 수평적 연대감을 고려하였다. 이렇게 해서 문화적 몸짓에서 통일성의 일부를 찾는 도시 귀족의 대표, 사회적인 신분 상승의 전통을 따르는 길에서 재능으로 결합된 부르주아 계층의 대표, 끝으로 학술 단체 속에서 개인적 이름이나 유명한 지위를 인정받는 한도 안에서 도매업과 이윤을 추구하는 사람은 아카데미의 모임에서 나란히 자리잡았던 것이다. 기본적인 것으로서 성직자는 중요한 자리를 차지하였다 해도, 다른 사회 집단이 자기네 지위를 다질 수 있게 만들어 준 세속화의 물결에 휩쓸려 제물이 되었다. 간단히 말해서 아카데미는 갈등이나 반동의 장소가 아니라 사회적 타협을 바라는 특별한 열성이며, 귀족다운 처세술과 부르주아다운 솜씨를 군주에 대한 봉사라는 이념 속에 결합시키려는 시도가 이루어지는 시험대였다. 비록 아카데미 회원에 뽑히는 일이란 기득권과 지식의 소유를 확인받는 일임이 변함없는 사실이었다 해도, 재능과 공적이라는 역동적인 주제는 명예와 사회적 유동성의 인정을 정당하게 만들어 주었다.

운영 규칙이 분명히 정해졌기 때문에 이러한 시도를 할 수 있었다. 그 규칙은 아카데미를 평등하지만 닫힌 동아리로 규정하면서, 거기서 모든 지위는 실제 사회의 온갖 서열과 문학 공화국의 민주주의 기능의 필요성을 조절하는 능력을 가지고 있었다. 아카데미 기관은 문화의 사회화를 이루는 독창적인 형태로 나타나며, 그것은 사회적 분화를 부정하고, 평등의 울타리를 선언하였다. 이를 위하여 규칙은 어디서나 단체 정신을 규정하고 공동체를 확실히 지켜 주는 통일의 질서를 준수하도록 명령하였다. 아카데미 정신은 사교성과 관계를 맺었으며, 그것은 성실성과 도덕적 예절을 갖춘 질서였다. 회원 서로가 우정을 나누고, 서로 뽑아 주고, 서로 중요하게 여기게 만들면서, 각자가 우월한 지위를 누린다는 생각으로 편안한 마음을 갖도록 만들어 주었던 것이다. 관습과 규칙은 서로 결합하여 공동체를 조화롭게 만들고, 모두에게 그 공동체의 우월한 지위를 강요한다. 아카데미는 좀더 오래 되고 사교적인 연합의 의미를 되찾고, 만남의 취미를 구체화시키면서 거기에 포함된 속된 요소를 정화하며, 지적으로 만든 즐거움의 세계를 승리하게 만들었다. 이렇게 하면서 아카데미는 학술적이고 전형적인 기능을 위하여 애당초 자신을 태어날 수 있도록 해준 우정과 음악의 모임에서 볼 수 있는 원시 오르페우스파 신비주의를 떼어냈다. 그것은 더욱 넓은 공동체 속에 지방의 명사를 통합시키고, 이어서 지방의 문화 지체를 극복하는 데 힘을 모았다. 그러나 이같은 맥락에서 지방의 애호가가 모든 아카데미의, 따라서 모든 아카데미 회원의 평등을 전제로 한다는 사실로부터 자치주의가 함께 발전하였다. 18세기 삼사분기에 지방의 여론은 꼭대기에 있었다. 그것은 병합과 통신의 그물 위에 마디를 갖추었고, 프리메이슨, 농학회, 신문과 구독 신청 제도, 위대한 저술가의 영향 같은 '문학공화국'의 기관이 늘어나게 됨에 따라 강화되었다. 기본적으로 우리가 이같이 여러 기관 속에서 파악할 수 있는 사회적 세계는 학술 단체 속에서 분석해 낸 것과 다를 바 없다. 계몽주의에 물든 여론을 대변하는 사람은 숫자상 범위가 좁았지만 그들도 똑같은 것을 좋아하고, 똑같은 것을 싫어하였음을 보여 준다. 어쨌든 명사는 거기서 그때까지 문화에서 제외된 여러 부류를 볼 수 있었다. 그리고 아카데미 단체는 결코 사회와 혼동될 수 없는 것이었기 때문에 여러 가지 갈등과 모순이 드러났다.

사람들은 학술 단체의 문 밖에서 서로 들어가려고 떠밀던 사회 집단이 스스로 포기하였기 때문에 학술 단체가 폐쇄되었다고 생각하였다. 학술 경진 대회의 대중은 교양 있는 사회 계층까지 더욱 넓어지고, 수많은 경쟁 단체는 문화적 힘을 대표하는 사람들의 마술적인 동아리에 들어갈 기회를 늘이고 싶은 욕망에서 생겨났다. 지방의 프리메이슨 속에서 사교성의 경계선으로 하찮은 사람들의 등장을 막았다. 정예 분자, 훌륭한 사회의 결사들은 으뜸가는 세력을 정해 놓고, 엄격한 선택과 감독으로 그것을 굳게 다졌다. 프리메이슨 사회가 개방되면서 즉시 여러 가지 갈등이 생겼는데, 이에 따라 공동의 정예주의로 굳게 뭉친 명사의 프리메이슨과 아카데미 세계의 연대감이 부각되었다. 그러나 만일 우리가 이러한 표시 속에서 도시 지배층의 통일성에 관한 수사학적 표시 이외의 다른 것을 볼 수 있는지 물어도 좋다. 아카데미의 타협은 군주의 목적과 관련되었고, 그것은 각 신분 사이의 경계선에 많은 구멍을 뚫어 준 사회적 유동성에 바탕을 두었으며, 계보와 등급의 규칙과 타협한 재산과 재능을 가진 사람을 모았다. 바꾸어 말해서 프랑스 군주제 안에서 볼 수 있는 모순을 거기서 찾을 수 있다. 왜냐하면 그것은 자기가 보증하는 신분에서 완전히 해방될 수 없기 때문이다. 그리고 그것은 모든 것을 흔들어 버릴 개혁을 분명히 공포할 수 없었다. 아카데미의 평등은 특권의 불평등을 깨뜨리지 않았고, 아카데미 회원 각자가 누리는 자유는 (공통의) 자유를 규정해 주지 못하였다. 사회적 유동성이 막히고——이것은 중요한 가설이지만 아직 증명되지 않았다——정부가 더 이상 개혁 의지를 강요할 수 없으며, 계몽주의의 목표가 모순투성이의 방법 속에 용해되었다면, 특별 구역도 어떤 사회의 위기에서 벗어날 수 없을 것이다. 이러한 의미에서 1775-80년의 기간은 결정적이었는데, 이때 튀르고의 실패가 모든 희망을 뒤집어엎는 전주곡이 되었던 것이다. 군주국이 시도한 합리화의 노력 속에서 모든 아카데미는 제 구실을 하였고, 더욱이 그들의 모임에서 불평등과 특권의 작용에 따라 정해진 관습과는 다른 형태의 인간 관계가 강요되었다. 이리하여 그들은 집단 정신 자세의 폭넓은 혁명에 협력하였던 것이다.

다른 면에서 그들은 직접 귀족이나 부르주아의 이념을 형성하는 기능을 맡지 않았다. 문화적 영역이며 사회적 만남의 장소인 모든 아카데미는 계몽 시대의 복잡한 담론 체계 속에서 자기네 독창적인 담론을 다듬어 나갔다. 여기서도 교훈은 역시 타협에 관한 것이다. 왜냐하면 그들은 전통과 혁신, 인문주의와 과학의 호기심, 문학의 기분 전환과 공리주의 사이에 균형을 찾으려고 언제나 노력하였기 때문이다. 지방의 동아리는 처음부터 과학 분야의 학문을 넓히고 예술을 실천하는 일을 으뜸가는 관심거리로 놓았던 지식의 집단 활동을 규정하였다. 《백과전서》가 나오기 전 아카데미의 체계화를 통하여 과학의 모범은 본보기가 될 만한 가치를 가지게 되었으며, 도시 지배 계급의 가치 목록에 포함되었다. 이리하여 아카데미 문화는 인간과 자연이 예술의 중개로 화합을 이루는 표시 아래 놓이게 되었던 것이다. 이리하여 학술회의와 학술 경진 대회의 양적 모범은 전국에 세속화된 문화를 보급하였다. 죽음을 앞에 놓고 아카데미의 예찬론은 대대적인 가치 전도의 전주곡이 되었다. 삶을 놓고서는 비록 진정한 철학은 종교와 국가를 존중한다고 선언하였다 할지라도, 그와 동시에 의심·이상·토의·토론으로 판단의 자율성을 보장받는다는 이상을 확산시켰다. 한마디로 공통 관용의 일시 타협안이 수립되었다.

과학과 예술이 늘어나고, 이에 따라 정치학이 들어오게 되어 특권층의 문화는 경영 사상의 힘을 바탕에 깔고 있는 힘을 가지게 되었다. 여러 가지 사회의 차이를 연구하는 사회학의 결과에 관계없이 그 모범은 앞을 생각하는 세밀한 조사를 통하여 일을 하였다. 그리고 재산·자원·문제와 그 해결책의 방대한 목록을 작성하면서, 그것은 언제나 공공 봉사의 기능을 충실히 지켜 나갔다. 언어의 지배에 앞서 사물의 지배를 선포하면서, 그것은 행정과 문화를 타협시켰다. 이런 의미에서 지방 아카데미는 곱수의 구실을 맡았다. 수집품·공식 회의·학술상의 향연을 통하여 그들은 중등학교와 대학 기관과 아무런 갈등을 빚지 않은 채, 어디서나 그같은 교육 기관의 부족을 메우려는 지엽적인 교육에 대해 분명히 의견을 말하였다. 더욱이 그들은 좀더 큰 효과를 거두려는 뜻에서 기술상의 필요를 널리 퍼뜨렸다. 기계·조립·구상 같은 것들의 목적은 삶을 개선하려는 집단 기대에 답하려는 데 있었다. 그것들을 통하여 우리는 도시 사회에서 행정이 맡은 구실의 한계도 볼 수 있다. 왜냐하면 직업인에게 자유로이 호소하는 일은 공리주의의 경향과, 여가와 기분 전환의 단체가 가졌던 이상 사이에 실제로 존재하던 모호한 성격을 확실히 보여 주는 일이었기 때문이다. 아카데미 정신이 비록 인재를 길들이는 데 이바지하였고, 그들이 기계기술자인 경우 여러 가지 지식이 서로 대립하면서 이미 오름세를 타고 있던 영역에서 그들 스스로를 규정하도록 만드는 데 이바지하였다 해도, 아카데미 정신은 학식이 없는 사람을 편입시킬 준비는 되어 있지 않았다.

지방의 계몽 시대에 아카데미 정신은 두 가지 형태의 사회에서 선뜻 어느 한편을 고르지 못하였다. 하나는 신분·조합·단체를 가져서 전통적인 성격을 띠었고, 본질상 귀족주의를 따르며, 종교적인 깊은 자신감을 가진 형태의 사회였다. 다른 하나는 미래의 승리를 믿지만 행정상 군주제와 새로운 의식으로 단단해진 사회 계급의 등장에 바탕을 둔 혁신과 평등주의를 따르며, 본질적으로 세속화되고 합리화된 형태의 사회였다. 지방의 아카데미 정신은 기원에서, 이념상의 선택——망설임·모호성·꿈——에서, 그리고 실천에서 두 가지 형태의 성격을 모두 나타냈다. 국내 도시의 지평에서 그것은 지방의 자치주의와 일반적인 사업에 참여하는 일을 조화시키는 사회와 문화의 통합 모범을 규정하였다. 지방의 동아리에서 다듬어 낸 역사는 파리에 대해 이들이 느끼는 열등감을 대부분 씻어 주었다. 아카데미 정신을 통하여 타성과 개혁, 공익성에 대한 임무와 기분 전환에 충실한 태도가 아무런 마찰을 일으키지 않고 만났다. 우리가 보기에 아카데미 정신은 복잡한 역사적 상황을 증명해 주는 동시에, 역사를 쓰는 일은 여러 가지 대립이 공존한다는 사실을 받아들이는 일이며, 풍요롭고 다양한 삶을 인정하는 것이라는 생각을 확인할 수 있도록 만들어 준다.[8]

# 원 주

＊이 책의 원서는 모두 2권으로, 제1권은 본문만, 제2권은 주·참고 문헌·통계표·도표·지도로 이루어져 있다. 본 번역서에서는 제1권의 본문과 제2권의 주만을 다루었는데, 아래의 주에서 지시하는 참고 문헌과 각종 도표 및 지도를 꼭 필요로 할 분들은 원서 제2권을 구해서 참조하길 바란다.

## 제1장 아카데미의 설립

### 1. 위대한 세기의 유산

1) B. M. Nîmes, ms 241, 204 f$^{os}$ et B. M. Toulouse, ms 864, *Traité des académies*. 세기에 콜렉션(fonds Séguier)에서 발굴된 이 익명(L. P. D. B.)의 원고는 툴루즈의 아카데미와 고등법원 사회에서 나온 것임에 틀림없다. 우리는 《신엘로이즈》와 《에밀》이라는 정확한 관련 근거를 제시하고 있는 점으로 보아, 이 원고가 1762년경에 씌어진 것으로 추정할 수 있다.

2) B. M. Nîmes, ms 241, f° 8-11.

3) Gosseaume /2185/, t. I, p.148.

4) Braudel /15/, p.63 et 107.

5) Roche /144/, p.108 이하.

6) Gurvitch /40/, t. I, p.328.

7) Pelisson et Olivet /468/; 지도 1 참조.

8) Brown /414/, p.208 이하.

9) Maury /515/, 그리고 같은 이의 /514/, 특히 p.4-16.

10) Lavisse /212/, t. VII, 2, p.96-97.

11) Delorme /423/, p.115-153.

12) Fontenelle /336/, t. I, p.3 이하; Goubert /2445/, p.61 이하.

13) Gruder /204/, p.7 이하; Ravitch /237/, p.14 이하.

14) Lafont /46/, p.303 이하.

15) 제I부, 제3장 아카데미 정신을 참조.

16) Rance /809/, t. I, chap. I 이하; B. M. Aix-en-Provence-Méjanes, ms 1060, f° 1 et 2.

17) Manville /803/, Rance /809/, t. I, p.130 이하.

18) Leonard /608/, t. II, p.147 et 323.

19) *Ibid.*, t. II, p.324 et 360.

20) Menard /1988/, t. VI, p.255 이하; Roschach /2300/, t. XIII, p.566-567;

아카데미 프랑세즈의 탄생에 관해서는 Pelisson et Olivet /468/, t. I, chap. I 참조.

21) Granat /1263/, p.181-195. 그라나는 카스트르 학회에 아카데미라는 칭호를 주면서 그 회원들이 바라는 바를 미리 말하였고, 이 말의 쓰임새를 위한 일종의 혁신적인 교육의 영향을 표현하였다. 카스트르의 사교적이고 종교적인 모임은 결코 제도화되지 못하였다(Mongredien /1264/, p.89-91).

22) Galland /1251/, p.112-122, 258-262, 376-379.

23) Menard /1988/, t. VI, p.117-134.

24) Ibid., p.321-324 et t. VII, p.741; abbé Begaud, Discours prononcés à la séance du 30 octobre 1692 de l'Académie française, Paris, 1692(B. N., Z 505311).

25) Lebrun /789/; Bodet /770/, p.9 et 10; Mac-Manners /792/, p.38-39.

26) Uzureau /767/, /775/; Cf. B. M. Angers, ms 1032, f° 1 et 2. 두 자료 중 첫번째 것은 앙제 시장으로서 학회의 창설자인 프랑수아 그랑데(François Grandet)의 비망록을 출간한 것이며, 두번째 것은 학회의 서기장인 프트리노 데 눌리(Petrineau des Noulis)가 쓴 이야기이다.

27) Bodet /770/, p.21 이하.

28) Besancon /2436/; Le Mercure galant, septembre 1680.

29) Buttet /2256/; 특히 Hericourt의 라틴어 저서 /2248/, p.19 이하.; Pelisson et Olivet /468/, t. II, p.450 이하.

30) Poitevin-Peitavi /2337/, p.100 이하; /2316/, p.10 이하; /2320/, p.141-269; Roschach /2300/, t. XIII, p.656-658 et 1377.

31) Brown /414/, p.220 이하; Castelnau /1862/, p.17-25; Dulieu /1868/, p.226-249.

32) B. M. Bordeaux, ms 1699, reg. I; f° 25-26; Jullian /1119/, p.145-157; Pariset /1118/, p.77 이하; Barriere / 1058/, p.19-21 et 338-339.

33) 캉의 17세기 지적 생활에 관한 문헌은 많다. 그 중에서 우리는 근본적으로 다음을 이용하였다. Vanel /1262/, t. II, p.229 이하; Formigny de la Londe /1220/, p.9-43.

34) Brown /1214/; Delorme /1217/; Huet /1192/, p.171-172; Tolmer / 1227/; Dupront /1218/.

35) Galland /1251/, p.112, 122, 201 et 240.

36) Abdel-Halim /1210/, p.98-106. 저자는 《천일야화》를 번역한 앙투안 갈랑(A. Galland)에 대해서 밝히는 가운데 지사 푸코의 역할에 관해서 재미있게 밝히고 있다. 그리고 학회 활동의 출발에 관해서는 Martin /1225/, p.15-17을 참조. 또한 캉 학회에 관한 기본 사료는 B. M. Caen, ms 203, reg. IV, f° 113 r°-v°가 있다.

37) Dumas /1582/, p.8-11; Vachez /1589/; Chartier /1579/, p.137-138.

38) Laverdey /1546/, p.20 이하, 1700년 6월 2일, 1700년 4월 12일, 1705년

2월 12일, 1705년 3월 6일.

39) Garden /1625/. 이는 전반적 성질을 파악한 것이다.

40) 이러한 면모를 보여 주는 사료 가운데 가장 중요한 것은 Rance /809/, t. II, p.16-17에 실린 아카데미 프랑세즈에서 루뱅이 행한 연설(1677); Flandresy /808/, p.492에 실린 아카데미 프랑세즈에서 샤토르나르 후작이 행한 연설(1684); Rance, *ibid*, p.446 이하에 실린 데스투블롱 후작의 보고서; Brunot /76/, t. V, p.76-79; Rance, *ibid.*, t. I, p.176 et t. II, p.245 이하에 실린 아를 학회 정관 제16조 등이다.

41) Brunot /76/, t. V, p.76-79.

42) Laval /912/; Pelisson et Olivet /468/, t. II, p.508; Chapelain /318/, t. II, p.120-177.

43) Sautel, Gagniere, Girard, Chobaut /921/, p.509-511; Barjavel /910/, ⟨Académie⟩ 항목. 페로 후작은 아를에서 남프랑스의 학회 설립을 주도한 핵심인물이며, 님 아카데미의 창설자이기도 하기 때문에, 그의 역할을 주의 깊게 연구할 필요가 있다. 엑스의 관복 귀족 가문에서 출생하고, 왕당파인 동시에 가톨릭 동맹을 반대하는 전통을 따르며, 마리엠부르 연대의 대위였던 샤토르나르 후작 프랑수아 펠릭스 데마르(François Félix d'Aymard)도 우리가 연구해야 할 귀족이다.

44) Buttet /2256/, p.84 et 87-119. 상납금 목록은 《아카데미 프랑세즈의 등록부 *Registres de l'Académie française*》에 실려 있다. /470/. 또한 데스트레 추기경의 역할을 알기 위해서는 Saincir /2269/, t. I, p.356-357을 참조.

45) Menard /1988/, t. VI, p.260 이하.

46) Besancon /2436/, p.10 이하; Bodet /770/, t. II, p.159.

47) 이미 언급한 저작 외에도 다음을 참조. Lapierre /2328/; Desbarreaux-Bernard /2309/; Id. /2311/; Taillefer /2342/(툴루즈 연구의 권위서이다); *Mémoriaux des lanternistes*, recueil factice par M. de Méja(B. M. Toulouse).

48) Dulieu /1868/, p.227, 232-233; Castelnau /1862/, p.24-25. 그러나 여기서 우리는 Castelnau(p.21)가 확인하는 바와는 달리 드 클라피에스가 설사 아카데미 설립에 큰 역할을 하였다 할지라도, 결코 과학 아카데미의 통신원이 아니었다는 사실에 주목해야 한다. 이에 관해서는 *Index biographique des membres……* /475/를 참조. 생 틸레르 후작이며, 소비세 재판소의 재판장인 프랑수아 크사비에 봉과 드 플랑타드와 함께 그는 파리의 여러 기관과 밀접한 관계를 가지고 있다. 초기에 그는 아스트뤼크·마뇰·라페로니 같은 사람을 신설 아카데미에 대표로 보낸 의학부와 마찰을 빚은 것 같지는 않다.

49) Barriere /1058/, p.20 이하.

50) *Ibid.*, p.13-17. 연대기를 보면 그것은 너무 정확한 동시에(여러 가지 면장들의 날짜를 선택한 것) 확실치 않은(단 한 가지 문서만 참조, ms 995 de la B. M. de Dijon) 것처럼 보인다. 바리에르가 놀란 것은 리옹 아카데미가 1700년부터 때를 정하여 모임을 가졌으나, 1724년에야 비로소 모임이 시작된 것처럼 나타났다는

사실 때문이다. 더욱이 바리에르는 거기에 될 수 있는 대로 온갖 단체들을 합쳤기 때문에 설립 운동에 주어진 뜻은 너무 크게 보인다. 이러한 관점에 대해서 우리는 같은 저자의 /1055/를 참조할 필요가 있다. 이 책은 아주 고전적인 기법과 문제 제기 방식을 가지고 있지만 그 시대에는 기본 서적이었다.

51) Agulhon /639/. 만일 이 선구자다운 책이 없었다면, 이하의 부분을 제대로 쓰지 못했을 것이다. (각별히 p.212-230 참조.)

52) *Ibid.*, p.227.

53) Dinaux /426/, t. I, p.7, 120, 130, 248, 286, 345.

54) B. M. Aix-Méjanes, ms 1060, f° 1 et 2; Rance /809/, t. I, p.3-4.

55) Rance /809/, t. I, p.3-4.

56) Fabre /799/, p.30.

57) B. M. Arles, ms, reg. de l'académie, t. I, f° 80 이하; Rance /809/, création de la grande chambre des nuits de l'académie(t. I, p.38 et 88). 아를의 예는 17세기말과 18세기에 공동 거실들은 교육과 신앙의 성격을 모두 잃어버리고 야간 공동 작업, 준 동아리 모임과 동의어가 되었다.

58) Agulhon /639/, p.227-228.

59) Rance /809/, t. III, p.335-340; Flandresy /808/, p.494.

60) Rance, *ibid.*, p.339.

61) *Ibid.*, p.245, 그리고 특히 '문지방 회원'에 관한 본느망의 논고(1774)를 인용한 p.326.

62) Menard /1988/, t. VI, p.255 이하.

63) Besancon /2436/, p.10 이하.

64) Bodet /770/, t. I, p.8.

65) Buttet /2256/, p.79 이하; Hericourt /2248/, p.19 이하.

66) Duboul /2316/, p.19; Desbarreaux-Bernard /2309/, p.100; Roschach /2300/, t. XIII, p.656-657, citation du Livre des conseils de la ville, t. XXXII, p.60(1684년 5월 4일).

67) Formigny de la Londe /1220/, p.9.

68) Rance /809/, t. III, p.295; B. M. Arles, ms, reg. de l'académie, t. I, f° 153.

69) Rance, *ibid.*, p.325 이하.

70) Hericourt /2248/, p.25-26.

71) Dinaux /426/; Agulhon /639/, p.219.

72) Courteault /1067/.

73) Pariset /1118/, p.77-79.

74) *Le chevalier bordelais*⋯⋯ /1034/, p.320.

75) Celeste /1091/; Barriere /1058/, p.338.

76) Vanel /1262/, t. Ⅲ, p.301.

77) Vallas /1591/, p.3-34; 특히 Poidebard /1551/, t. Ⅰ, p.77(1708년 1월 26일 자 편지)와 p.278(1726년 5월 31일자 편지); 자유주의를 두려워하는 일은 진짜일 가능성이 많다. 우리는 재판장 뒤가가 《페르시아인의 편지》를 50페이지 이상 읽고 싶어하지 않았다는 사실을 기억할 수 있다; cf. Buche /1576/.

78) Vanel /1262/, t. Ⅱ, p.118; Galeron /1190/, t. Ⅲ, p.44.

79) Vanel /1262/, *ibid.*, p.237.

80) Duboul /2316/, p.20-21; Poitevin-Peitavi /2337/, p.101-102; Martel /2291/; *Factum*…… /2281 bis/, p.7.

81) 크루아시(Joachim Colbert de Croissy)는 자기 서재에서 아카데미의 설립자들을 맞이하였다. 거기서 그는 20년전 아저씨가 맡았던 역할을 했다. 그의 아저씨는 왕립과학 아카데미의 설립자들을 맞이했던 것이다.

82) 죄 플로로의 개혁자 랄루베르와 팔라프라에 관해서는, cf. Lahondes /2324/; Gelis /2319/. 이 아카데미를 개혁하기 직전, 전통과 시행정관들의 이름으로 말하는 팔라프라와, 1715년에야 발간된 《죄 플로로론 *Traité des Jeux floraux*》을 쓴 시몽 드 랄루베르의 의견이 서로 대립하였다. 방돔의 대수도원장의 보호를 받았던 캉피스트롱의 친구였던 장 비고 드 팔라프라와 함께, 우리는 랑그독 지방의 전통 바로크풍 시의 감수성과 에피쿠로스파 현학자의 자유주의 사이에 관계가 있음을 힐끗 볼 수 있다. 그와 비슷한 우연의 일치이긴 해도, 다른 차원의 일치가 캉의 뒤 퓌 형제의 통신원인 사뮈엘 보샤르에게 보인다. 물론 이 점에 대해서는 Pintard /140/; Spink /148/, p.195 이하 참조. 그리고 '죄 플로로'를 둘러싼 논쟁에 관해서는 Duboul /2316/, p.357-358; Gelis /2320/, p.151-152를 볼 것.

83) A. D. Hérault, D 116, reg. de délibération, Ⅰ, p.1.

84) 피에르 다니엘 위에가 1703년 마르탱 신부에게 쓴 편지는 캉 아카데미가 처한 상황을 잘 설명해 주며, 다른 상황에 대해서도 진단을 내릴 수 있도록 참조할 만한 사항을 가지고 있다. cf. B. M. Caen, ms 204, f° 118; Galland /1251/, p.261-262. "당신은 캉 아카데미에 대하여 내가 오랫동안 징조를 추측할 수 없을 방식으로 말씀하십니다……. 나는 이것이 내가 항상 이 아카데미를 그것이 생긴 이래 아주 영광스럽게 존속해 왔던 상태로 놓아두게 만든 충고를 정당화시켜 주지 않는지 알 수 없습니다. 거기서 기대할 수 있던 공익은 사람들이 아카데미에 주고자 했던 호화로운 장치에서 나온다기보다는 문학에 대한 진정한 사랑으로부터 나오는 것입니다……. 그런데 이것은 캉에서 거의 찾아볼 수 없을 지경입니다……." 눈부신 발전 뒤에 오는 어려움, 아카데미 질서 속에서 자유와 안전 사이의 망설임, '지적 활동을 위한 성실한 사랑'의 필요성 말입니다. 이 분야에서 늘 명석하였던 위에는 제도화에 따른 문제들을 훌륭히 그려내고 있다.

85) P. -D. Huet가 마르탱 신부에게 보낸 편지. 앞의 주에서 인용하였다.

### 2.《백과전서》이전에 생긴 아카데미(1715-60)

1) 섭정기에 지방민의 거동에 관한 유익한 지식은 Poidebard /1551/, t. II, p.128 이하에서 얻을 수 있다. 또한 Noel /2392/ 참조.

2) *Encyclopédie* /334/, t. I, 1751, p.55, 〈Académies〉.

3) Pont /337/; Roupmel de Chenilly /385/; Romant /383/; Gourcy /2446/.

4) Delandine /323/; *Mercure de France*, septembre 1754.

5) Saint-Maur /2107/; Bonnefous /2096/; 그리고 기본이 될 참고 문헌으로는 Dubarrat /2121/, t. I, p.110 et 이하; 그리고 특히 Desplat /2099/; 그리고 A. D. Pyrénées-Atlantiques, D 13과 D 14는 중요한 사료이다. 지도 2번을 참조.

6) Cf. B. M. Orléans, ms 953-954; 또한 cf. Fauchon /2050/, p.3; Id. /2051/; id. /2052/; 그리고 특히 Vassort /2057/.

7) Arch. communales Béziers, reg.(1767-71); Azais /1008/; Camp /1001/, I, p.64-65 et 79-81; Roche /1009/.

8) Arch. de l'académie, portefeuille Histoire académique 1716-93; Lautard /1679/, t. I, p.10 이하; Dassy /1672/, p.1 이하.

9) A. D. Somme 142-145, correspondance D 154-155; Calonne /731/, t. II, p.153 이하; Dusevel /738/; Id. /739/; Deyon /736/; 끝으로 Drutel /709/.

10) Douais /2313/(documents nombreux); Lapierre /2329/; Id. /2327/; Desbarreaux-Bernard /2311/; 특히 Arch. de l'académie, reg. I, 1746.

11) Dumas /1582/, p.28-41; Chartier /1579/, p.138-141.

12) Arch. de l'académie de La Rochelle(B. M.), reg. I, 1730; 특히 Notice historique /2149/; B. M. ms 334(3425, 3), fonds Delayant, f° 44 이하; 끝으로 Torlais /2152/.

13) B. M. Montauban, Arch. de l'académie, recueils factices de correspondance et procès-verbaux, ms 4, reg. f° 1 이하; 특히 Forestie /1819/.

14) A. D. Côte-d'Or, Arch. de l'académie, reg. I, 1740; B. M. Dijon, ms 1597-98(Société littéraire Richard de Ruffey); Bouchard /1437/; Tisserand /1434/.

15) Gosseaume /2185/, t. I; Boullet /2205/; Arch. de l'académie, reg. I, 1740, et malle noire II, pièces et documents concernant la fondation de l'académie, surtout 〈Histoire de l'académie〉, par Le Cat, in malle noire I.

16) Lecesne /876/, t. II; Cavrois /843/; Hautecloque /822/; 특히 Van Drival /856/.

17) A. D. Puy-de-Dôme, C 7040-7043; B. M. Clermont, ms 572, f° 2 이하, reg. 1747-50; Mege /1355/, p.1-120; 특히 Toquant /1356/, p.4 이하.

18) B. M. Besançon, fonds de l'académie, reg. I, 1752, et pièces n° 50; 특히 Cousin /942/, p.3 이하.

19) B. M. Cherbourg, fonds de l'académie, reg. 1, 1755-80, 65 pièces diverses,

et reg. 2; Mahieu /1325/.

20) B. M. Auxerre, ms 179 이하; Chaillou des Barres /896/.

21) B. M. Brest, ms 162 et bibliothèque du port de Brest, reg. de l'académie, cf. Doneaud du Plan /1167/.

22) Fleur /1749/(publication de documents essentiels); B. M. Metz, ms 1337-1338-1339-1340; 특히 Lebreton /1777/, p.14 이하.

23) Arch. de l'académie, Nancy, reg. I; Hatton /1940/; Druon /1936/; Marot /1943/.

24) A. D. Marne, série I, 1-7; B. M. Châlons, ms 1239; Menu /1296/.

25) A. D. Ain, E 753, fonds Riboud, pièces diverses; Bibliothèque de la Société d'émulation, ms 35(anecdotes de Bresse de J. Lalande); B. M. Bourg, ms 54(mémoires de Monnier); Jarrin /1141/; Id., /1140/; Riboud /1136/.

26) Wade /162/, p.568-569.

27) 예를 들어 수아송의 데스트레, 님의 플레시에와 추기경 봉지, 리옹과 빌프랑슈의 드 뇌빌 예하, 캉의 위에; cf. *infra.*

28) Dassy /1672/, p.16-17; Lautard /1679/, p.10-15.

29) Belzunce /1647/, t. III, p.485.

30) Ardoin /1702/, t. I, p.81, 161 et t. II, p.119-125.

31) Dassy /1672/, p.15-16.

32) Arch. de l'académie de Marseille, portefeuille I; Dassy /1672/, p.18; Ricommard /242/.

33) Dassy /1672/, p.5-9.

34) Arch. de l'académie, portefeuille I, Rigord가 Villars에게 보낸 1716년 2월 16일자 편지.

35) Rance /809/, t. III, p.310; Ardoin /1702/, t. I, p.58, 131, 138. 슈발리에 드 로미외와 명청한 주교 포르뱅 예하 사이의 갈등은 아주 미묘한 화해로 끝났다. 기사는 양측을 서로 등을 돌려보냈다. Cf. Rance /809/, t. III, p.318, 다음은 프로방스어로 쓴 명구이다. "Vaoutres, pichots coulets apelas, jansenistes trata de pelagiens les paires jesuites ——entre lei dou partis, yeou tene lou mitan —— car creon que lou piraou mascare la certan……." (표준 프랑스어와 프로방스어의 차이를 알기 위하여 표준말로 바꾸어 보면 다음과 같다. Vous autres petits collets d'appelants, jansénistes traitez de pélagiens les pères jésuites, entre les deux partis vous acceptez le milieu car je crois que le pire peut masquer le certain.)

36) Fauchon /2051/, p.30; B. M. Orléans, ms 950; Vassort /2057/, p.5-7; Fauchon /2052/, p.4-5.

37) Tougard /2216/, t. I, p.127, lettre de l'abbé Yart à M. de Cideville(1753).

38) Pingaud /951/; Cousin /942/, p.4.

39) Chaillou des Barres /896/, p.180-191; Ordioni /908/, p.122 이하; Lebeuf /893/, t. II, p.300 이하.

40) Leleu /713/; Leve /714/, p.95 이하.

41) *Cf. infra*, p.36, note 80-81.

42) Poidebard /1551/, t. II, p.33.

43) Roche /248/.

44) Babeau /1670/, p.240 이하.

45) *Ibid.*, p.246; Dassy /1672/, p.95-97.

46) Arch. de l'académie, portefeuille I, lettre à Villars du 4 janvier 1726; ode du R. P. Chaix in Lautard /1679/, t. I, p.159; texte des patentes.

47) Boullet /2205/, p.37 이하.

48) A. D. Somme, D 145, correspondance de l'académie avec le duc de Chaulnes(1748년 1월 12일, 1749년 9월 19일, 1751년 7월 17일의 편지); Leleu /713/, p.143-165.

49) A. D. Somme, D 145, 1746년 11월 13일, 1746년 12월 29일, 1747년 3월 8일.

50) Cousin /942/, p.5.

51) Milsand /1399/, p.203 이하(과학 아카데미의 개최 관계); Tisserand /1434/, p.34.

52) Douais /2313/, p.515 이하; Desbarreaux-Bernard /2311/, p.80 이하; Barriere /1058/, p.58.

53) Menu /1296/, p.193 이하.

54) Chaillou des Barres /896/, p.185.

55) Lebreton /1777/, p.21 이하; Fleur /1749/, p.51 이하.

56) Dubarrat /2121/, p.120; Douais /2313/, p.518 이하.

57) Tisserand /1434/, p.159; Milsand /1399/, p.309.

58) Douais /2313/, p.520.

59) Cousin /942/, p.5,; Arch. de l'académie, reg. I, f° 33, 136, 144.

60) Boullet /2205/, p.21; Gosseaume /2185/, t. I, p.8.

61) Babeau /1670/, p.244-250.

62) Chartier /1579/, p.135-136.

63) Poidebard /1551/, t. II, p.323-324.

64) Garden /1625/, p.492-495.

65) Poidebard /1551/, t. II, p.324; Besancon /2436/, p.18-21.

66) Lefebvre /1330/, p.97; A. D. Calvados, C 1252, Arch. de la ville de Cherbourg, AA 40, reg., f° 10.

67) Jarrin /1139/, p.70-71.

68) Druon /1936/, p.19; Hatton /1940/, p.15-16.

69) Martin /1225/, t. I, p.19-22; reg. de l'académie, ms Travers, f° 33-34; cf. aussi Mourlot /1254/.

70) Arch. de l'académie, reg. I, f° 3-4; *Mémoires de l'académie de La Rochelle*, La Rochelle, 1747, t. I, p.6(discours de Gastumeau).

71) B. M. Clermont, université, ms 572, f° 268; A. D. Puy-de-Dôme, C 7037.

72) Doneaud du Plan /1167/, p.4-5.

73) Menu /1296/, p.192 이하.

74) D 155, A. D. Somme; Leleu /713/, p.144.

75) Bordes /166/.

76) Arch. de l'académie, Cherbourg, reg. II, lettre du R. P. André à Groult, 5 octobre 1755.

77) *Recueil des lettres*…… /1005/ (discours de Bouillet, p.V).

78) Roche /1009/, p.60; 특히 Camp /1001/, p.79-80, lettre de Mairan à Bouillet, 1er septembre 1727.

79) Castelnau /1862/, p.48, 그리고 특히 Dainville /1865/. 금전과 과학에 대한 자료를 얻기 위해서, 주교구의 지도에서 보조금이 얼마나 중요한 구실을 맡았는지 알 필요가 있다.

80) Castelnau /1862/, p.50-52; *Histoires*…… /2282/, p.1-5.

81) *Histoires*…… /2282/, p.4-5.

82) Doneaud du Plan /1167/, t. II, p.59-61. 페리셰의 업적을 통하여 우리는 한편으로 해양 아카데미와, 다른 한편으로 슈아죌 프랄랭과 특히 드 부안 사이에 벌어졌던 논쟁의 바탕이 되는 사회와 정치의 조건에 대한 우리의 지식을 바꿀 수 있을 것이다.

83) Arch. de l'académie de Marseille, portefeuille 1, lettre de Rigord à Millain, le 16 novembre 1716. 우리는 이 통신원의 신분을 밝힐 수 없었다. Dassy /1672/, Lautard /1679/에서도 마찬가지이다.

84) Arch. de l'académie, Marseille, portefeuille I, pièces historiques, lettre du 12 janvier 1726.

85) Lautard /1679/, t. I, p.57-75; cf. le discours de Fontenelle à la séance publique de l'Académie française du 19 septembre 1726 :"우리는 이미 왕국 내의 여러 도시에서 아카데미가 태어나는 것을 보았으며, 오늘 태어난 마르세유 아카데미는 우리에게 이러한 생산은 전혀 멈추지 않을 것이라는 사실을 바라보는 즐거움을 줍니다……. 아카데미 프랑세즈가 생긴 이래로 설립된 아카데미들은 저마다 다른 시기에 태어났습니다. 따라서 그것은 더 이상 국가를 이끌어 가는 유행이 아니며, 실질적이고 확고한 공익성은 단지 재사들에게만 관심을 보였기 때

문에 별로 빠르게 증명되지 않았지만 오늘날 그 효과가 나타나고 있으며, 순수한 이성은 공익성이 빨리 승리하도록 만들지 못하고 있습니다. 이제 그것은 항상 공익성을 앞세워야 할 것입니다……. 로마는 식민지를 자기 제국의 주로 편입하였습니다. 왜냐하면 로마는 거기서 완전히 교육받은 로마인을 발견할 수 없었기 때문입니다. 그러나 여러분의 기관 속에서, 말하자면 로마와 그렇게 먼 곳에서 로마인이 교육을 받게 될 것입니다. 서울에서 탐내고 데려 가고 싶은 사람들이 여기서 나올지 누가 알겠습니까?"

86) 아카데미 프랑세즈 회원들이 가져온 결별의 구실은 카리가 1741년에 보낸 담론이 길다는 데 있었다. 단지 1771-80년 사이 달랑베르가 마르세유 아카데미 회원이지만 파리의 작가로 더 잘 알려진 기의 참석권을 후원해 주었을 때를 제외하고, 화해의 시도는 모두 실패로 돌아갔다.

87) Discours de M. de Joyeuse à la séance publique de 1785, in *Recueil*…… /1661/, p.238.

88) A. D. Somme, D 144, lettre de l'académie d'Angers(20 février 1750), de Lyon(25 février 1750), de Dijon(25 février 1750), de Montauban(1747), de La Rochelle(1750), de Rouen(20 février 1750).

89) A. D. Somme, D 148, f° 11-12, D 143.

90) Van Drival /856/, p.14-15.

91) Ruffey /1410/, p.84, 101. 뤼페는 앞에서 말한 휴식과 심신의 상태에 관한 구별을 다시 한 번 거론한다.

92) Poidèbard /1551/, t. II, p.102-103.

93) Discours de Bouillet in *Recueil des lettres*…… /1005/, p.17 et 25.

94) *Histoires*…… /2282/, t. I, p.2-3.

95) Quériau, discours de la séance publique de 1747, in Histoires…… /2282/, p.22-23; B. M. Clermont, ms 785.

96) Antoine /1961/, p.69-76; Marot /1943/, p.262 이하.

97) *Recueil*…… /1930/, t. I, p.58-69; Castelnau /1862/, p.68 이하; B M. Nancy, ms 308.

98) Druon /1936/, p.359-360; Recueil…… /1930/, t. II, p.2 이하. (discours de réception de Mathieu de Moulon, le 8 mai 1752.)

99) *Recueil*…… /1930/, t. I, lettre de Solignac à de Ratte du 21 septembre 1750.

100) Hatton /1940/, p.30-40.

101) Barrière /1058/, p.51-59; Id. /1056/; Starobinski /1085/, p.27-28.

102) B. M. Bordeaux, fonds de l'Académie, ms 1699, discours de Lascombe, le 21 août 1763.

103) Viguie /1825/, p.64 이하; Forestie /1819/, p.3-5.

104) Roche /1009/, p.49-55.

105) A. D. Somme, D 154-155.

106) Tougard /2216/, t. I, p.6(lettre de Lecat du 25 août 1754).

107) *Ibid.*, p.9(lettre de l'académie à Fontenelle s. d.); *cf.* de Cideville, Discours lu à la première séance de l'académie(1744), in Gosseaume /2185/, t. I, p.148. "여러분, 그는 우리의 지도자입니다. 우리 아카데미는 그의 충고를 받아 운영됩니다. 우리는 그의 날개의 보호를 받는 젖먹이입니다. 우리의 영광은 그를 흉내내려고 애써야 할 것입니다……."(Martin /512/.)

108) Jarrin /1139/, p.240-242.

109) Terrin /2007/, p.21-22; Menard /1988/, t. VI, p.630 et 631. Séguier에 대하여; *cf.* Boissier /2447/, p.445-470; Liotard /1999/.

110) B. M. Salins, ms 148(167), correspondance d'Olivet; reg. de l'académie, B. M. Besançon, I, f° 152-153, 342-343. *Cf.* 특히 Germain /946/.

111) L. Vallas /1590/, p.3-54.

112) Chartier /1579/, p.139-140; Garden /1625/, p.542; Vallas /1590/, p.7-8(lettre de M. de Sarrau, secrétaire de l'académie de Bordeaux à Christin, 12 août 1738).

113) A. D. Basses-Pyrénées, D 13, f° 138; Desplat /2099/, p.55-59.

114) Rance /809/, t. III, p.215-320.

115) Ruffey /1410/, p.10; Dumay /1389/, p.109.

116) Leleu /713/, p.133; Calonne /731/, t. II, p.369.

117) Yates /462/, p.290-315.

118) A. D. Hérault, D 290-210.

119) Dinaux /426/, t. II, p.16-25; Dassy /1672/, p.6.

120) Daire /700/, p.525-551.

121) Menu /1296/, p.191 이하; Grosley /584/, p.250-251.

122) Fleur /1749/, p.84 이하.

123) Jarrin /1139/, p.220; Passot /1157/, p.100-105.

124) Forestie /1819/, p.77-78.

125) Grellet-Dumazeau /1117/, p.33; Histoire de Bordeaux /1118/, p.100-103.

126) Ruffey /1410/, p.45 et 109-110.

127) Dassy /1672/, p.5 이하; Lapierre /2327/, p.61.

128) Hatton /1940/, p.30 이하.

129) Dainville /88/, p.28 이하.

130) Milsand /1399/, p.183-184.

131) Barrière /1058/, p.92; Castelnau /1862/, p.75.

132) Lebreton /1777/, p.20-25; Hatton /1940/, p.35 이하.

133) Milsand /1399/, p.184-185.

134) Ruffey /1410/, p.82-86.

135) Arch. de l'académie, Marseille, portefeuille 1, lettre au marchal de Villars du 15 mai 1726; Dassy /1672/, p.7-8.

136) Fleur /1749/, p.4(22 avril 1757).

137) Milsand /1399/, p.185(testament Pouffier, art. II).

138) Gosseaume /2185/, t. I, p.166-167; 같은 주제에 대해서는, Quériau(주 95 번 참조), p.28-29, à compléter par le magnifique programme rédigé en 1773, A. D. Puy-de-Dôme, C 7035 et 7037; Gastumeau in *Recueil*…… /2145/, t. I, p.13-17; Bouillet in *Recueil des lettres*…… /1005/, p.23-25; Montault in *Recueil*…… /1930/, t. I, p.159-186; Suicer(Châlons), *Tablettes*…… /1283/, p.55 이하; Menu /1296/, p.192; Leleu /713/, p.167(lettre au comte de Saint-Florentin du 15 décembre 1748); A. D. Somme, D 154, discours et lettres de Gresset; de Beaumont, discours du 20 novembre 1752, in reg. I, fonds de l'académie de Besançon(B. M.); *Histoires*…… /2282/, t. I, p.1-3.

139) Chaunu /170/, p.406-407.

140) Montesquieu, discours de rentrée à la séance du 15 novembre 1717: "우리는 특히 지방이 조금도 과학을 완성시킬 만한 상태에 놓여 있지 못하다는 편견, 그리고 아카데미가 번성할 곳은 오직 서울이라는 편견을 몰아내야 합니다."(B.M. Bordeaux, fonds de l'académie, ms 828, 3); Barriere /1058/, p.83-85.

141) Starobinski /149/, p.1-3 et 25 이하.


3. 숨가쁨과 통합 시도(1760-89)

1) Mornet /137/, p.299; *cf.* 지도 3.

2) Van Drival /856/, p.40-55, 그리고 특히 Berthe /839/, p.119-141.

3) 신분회에 들어가기 위해서는 아버지 쪽으로 6대까지 귀족의 전통을 증명할 수 있어야 했다. Berthe /839/, p.52 이하, Bultel /819/, p.231-239.

4) B. M. Cherbourg, fonds de l'académie, reg. 1, f° 22-23, pièces 12, 13, 14, 15 et R 2(46); Mahieu /1325/; Noël /1327/ ; Lefebvre /1330/, p.98; 그리고 특히 Tyl-Laborie /1336/, p.477-485.

5) Groult /1324/.

6) 1773년 3월 8일자 Bertin의 편지.

7) B. M. Cherbourg, fonds de l'académie, R 1(II).

8) Dumouriez /1314/, t. I, p.201, 210, 215.

9) A. D., Hérault, D 232, 1-2-3.

10) /606/, 1778, académie de Béziers et /1013/, p.247-255.

11) Jarrin /1142/, p.70, 그리고 특히 Riboud /1136/, p.29-46.

12) Germanes /2415/, p.11-12.

13) Colonjon /2419/, p.90-99.

14) Calendrier national du département du Lot-et-Garonne, /666/, p.159-200. "자기가 연주하는 현금의 소리에 맞추어 사람들을 모으는 아폴론을 우리에게 재현해 주는 우화는 이 단체의 건물 안에서 실현되었다……" Lauzun /673/ ; Courteault /671/, p.17-34; Habasque /679/, p.100-123; *Recueil des travaux de la Société d'agriculture, sciences et arts d'Agen*, /674/, t. 1, p.1-30. (아장 아카데미는 관련 문서를 아주 세심하게 간수하고 있는데, 그곳 종신 사무총장은 내게 편지를 보내 그것을 보지 못한다고 하면서도 그 자료를 출판할지도 모른다고 알려 주었다); *Cahier de doléances des trois ordres de la sénéchaussée d'Agenais* /665/, p.15-25.

15) B. M. Orléans, ms 943, dossier Bellisle, lettre du 13 juillet 1781.

16) Vassor /2057/, p.17-23.

17) Vaillant /1509/, p.281-301; B. M. Grenoble ms, R 9793(신청자); ms, U, 931, *Projet de fondation*, ms 8709 *Délibérations de MM. les souscripteurs*; Caulet에 관해서는 Bassette /1526/을 참조.

18) *Prospectus d'une souscription pour l'acquisition d'une bibliothèque publique* /1595/, p.2-5.

19) Revillout /1508/, 〈Discours du Docteur Henri Gagnon à la séance du 2 mai 1789〉, *Mémoires de la Société littéraire de Grenoble* /1493/, t. 1, p.14 이하.

20) *Affiches et avis du Dauphiné* /1478/, 6 mai 1774.

21) *Ibid.*, /1478/, 31 mai 1776.

22) Riollet /1520/, p.125-289.

23) Royer /1541/, p.78-82; Royer /1522/, p.590-601, 673-682; Cucuel /1513/, p.150-177; Cucuel /1514/, p.344-374. 《위험한 관계 *Liaisons dangereuses*》에 대하여 그르노블에서 일어난 문제를 살피려면, Versini /159/를 참조할 것.

24) Hostachy /1501/, p.82-89, 그리고 F. Vermale의 개입에 관해서는 p.90, Hostachy의 보고에 관해서도 이곳을 참조할 것.

25) 프리메이슨에 관한 도서 목록을 구하기란 아주 어렵다. 우리는 주로 Ligou / 652, p.98-110을 참조한다. 또한 우리가 이미 Agulhon /639/, p.161-212에 대해서 말한 것을 다시 한 번 상기한다. 끝으로 우리는 Le Bihan /647/에 나오는 프리메이슨 결사에 관한 자료를 가지고 지도 9번에서 15번까지 만들 수 있었다. 르비앙 선생의 업적이 없었다면 프리메이슨 집회소에 대한 우리의 연구는 어려웠을 것이다. 이 점에 대해서 어떻게 고마움을 표시해야 할지 모르겠다. 그러나 이 목록의 서론(p.VII-XV)은 너무 간단하기 때문에, 여러 가지 문제가 나온다. 도서목록(p.XVI-XXXI) 덕택에 우리는 다른 곳을 참조하지 않아도 된다. 그리고 지도 9번부터 14번까지 참조할 것.

26) Agulhon /639/, p.161, Ligou /652/, p.101-102.

27) *Correspondance* de Montesquieu /556/, t. II, lettre du 22 juillet 1749 à l'abbé Venuti.

28) M. Agulhon의 표현.

29) 농학회에 관한 문제를 전반적으로 다시 한 번 다루겠다. 우리는 다음의 두 가지 업적을 가지고도 충분한 도서 목록을 가질 수 있다. Justin /503/, Bourde / 490/, t. II, p.1099 이하, t. III, p.1193 이하.

30) Bourde /490/, t. II, p.1104-1105.

31) A. N. H 1506, Bourde가 /490/, t. II, p.1104에서 인용; 지도 5번.

32) Saint-Jacob /1476/, p.360 이하; Tisserand /1434/, p.627.

33) A. D. Hérault, D 181; Justin /503/, p.71.

34) A. D. Seine-Maritime, C 913; Justin /503/, p.44-45; Bourde /490/, t. II, p.1114.

35) A. D. Calvados, C 2498; Justin / 503/, p.46; Bourde /490/, t. II, p.1114.

36) Arch. de l'académie de Nancy, reg. II, 9 mars 1966; Hatton /1940/, p.190, 203.

37) Van Drival /856/, p.40-41.

38) A. D. Somme, D 150, lettre de l'intendant le 18 mai 1784; C 109, 110, 139. Lettres et mémoires sur les sociétés d'agriculture.

39) Justin /503/, p.113, Lemoigne /1778/, p.3-28.

40) Justin /503/, p.96-97, Cousin /942/, p.14. B. M. Besançon, fonds de l'académie, reg. II, 9-decembre, 1766, reg. III, 21 novembre 1774, 11 janvier 1775.

41) Mornet /137/, p.306 이하; 지도 4번 참조.

42) Affiches de Dijon /1378/, 1787.

43) Agulhon /639/, p.220 이하.

44) *France littéraire* /606/, 1769.

45) Habasque /679/, p.99-100.

46) Jarrin /1142/, p.70-75.

47) Rosatti 가문에 대해서는, Dinaux /426/, t. II, p.169 이하 외에도 주로 다음을 참조할 것. Jacob /852/, p.24 이하; J. Ott /867/, p.1-5; Reinhard /854/, t. I, p.89-95. Ott의 저술 /867/에는 수많은 시가 실려 있다.

48) *France littéraire* /606/, 1757, p.299; Cousin /942/, p.14.

49) Poitevin /2337/, p.36, p.106-107, p.185.

50) Archives de l'académie, ms 287, 2 vol. in f°. Charvet /1580/, p.196-199. Règlement du 18 juillet 1778; Leclerc /1585/, p.1-10.

51) Chartier /1579/, p.178-179.

52) Hatton /1940/, p.85, B. M. Nancy, fonds lorrain R 10060(*Mémoires de*

*l'académie de la ville neuve*) Nancy, (1757).

53) Fleur /1774/, p.171, /1763/; B. M. Metz, ms 1467-1468-1469; Lebreton /1777/, p.85-86, p.157 이하.

54) 예술학원 운동의 역사를 연구하는 사람은 아직 없다. 이 운동에 관해서는 주로 D. Mornet /137/, p.284-285를 참조할 것. 모르네는 1778년부터 1787년 사이의 정기 간행물(*Le Mercure de France · Les Mémoires secrets de Bachaumont · Le Journal de Paris*)을 인용하고, 마담 롤랑 · 원장신부 뮐로 · 아나샤르시 클로오츠의 회고록과 세바스티엥 메르시에의 글을 읽었다.

55) Villiers /460/, p.190-235. Cochin /419/, p.33-34.

56) B. M. Rennes, ms 258 A, Cochin이 /419/, p.20에서 인용; 또한 같은 책 p.32-34; 특히 Meyer /225/, t. II, p.1054, p.1180.

57) 아미앵의 예술학원은 마담 롤랑의 편지를 통해서만 알려졌다. Madame Roland /727/, I, 265-267, lettre du 21 juin 1777과 II, p.616을 참조할 것. 아마 롤랑 부인의 편지를 바탕으로 재미있는 연구가 나올지 모른다. B. N. Nouvelle acq. Fr., 6238-44; A. D. Somme, B 884. 또한 우리는 기본 저작으로 Le Guin /440/, p.1-129, 특히 p.59-61을 참조하여야 할 것이다.

58) 1783년 7월 10일 회의에서 Dupré de Saint-Maur의 연설, B. M. Bordeaux, ms 829, t. 10, f° 1 이하.

59) 보르도 예술학원에 관한 연구는 Boussy /1089/로 완전히 바뀌었지만, 유감스럽게도 이 연구는 아직 출판되지 않았다.

60) Desazars de Montgailhard /2306/; archives municipales de Toulouse, GG, 87, 6, (projet Delaistre). 또한 Les Affiches de Toulouse, /2271/, 16 juin 1784, 7 juillet 1784, 21 juillet 1784, 8 septemlse 1784, 28 janvien 1785, juillet 1785, avril 1786, juillet 1786, avril-mai 1787을 참조할 것. 또한 Du Mege /2378/, t. IV, p.399 이하.

61) Fleur /1774/, p.120-129. 메스 예술학원의 노력은 특히 그곳 아카데미의 행정통신으로 잘 알려졌다. 보르도와 툴루즈도 같은 목적을 가지고 있었다. "그 계획의 증인이 되어 준 도시의 중요한 자리에 있는 저명한 사람들은 함께 노력하여 그 단체가 도서관과 서재를 풍부하게 만들고, 언제나 품고 있던 계획상의 목표를 이루고, 과학과 예술에 관심을 가진 사람들 사이에 생기를 주고 지식의 교류를 할 수 있는 확실한 방법을 찾을 수 있도록 만들어 주었다."(Le Payen이 메스 군관구 사령관이며 메스 아카데미의 보호자인 드 브로글리 원수에게 보낸 1785년 8월 3일자 편지) 파리와 툴루즈도 분명히 모방하였다.(p.119 reg. de la Société Royale, 11 juillet 1785) 60명의 신청자 명단, p.134-135, '상석권'을 지키려 하고, 1783년의 학술 경진 대회를 싫어한 드 브로글리 원수의 반대로 그들의 시도는 물거품이 되었다. Le Breton /1777/, p.38(명예형에 대한 학술 경진 대회).

62) B. M. Bordeaux, Collection Delpit, Document sur l'académie, vol. II, p.339-

340, Ville de Mirmont이 /1100/에서 인용.

63) 1783년 6월 25일, 지사 뒤프레 드 생 모르의 연설, in Recueil des ouvrages du Musée de Bordeaux /1052/, p.168, Bdx, 1787.

64) A. D. Côte, d'Or, fonds de l'académie, reg. VII, 5 mai 1774, 4 juin 1774, 16 février 1775, etc.

65) Meyer /516/, p.729 이하, 특히 p.735-736.

66) 제II부, 제5장, 3. 계몽 시대의 공간 참조.

67) B. M. Besançon, fonds de l'académie, reg. I, II, III, IV; Chartier /1579/, p.232-233.

68) Archives de l'académie de Toulouse, reg. I, II, III, IV; B. M. Bordeaux, fonds de l'académie ms. 828, fonds La Montaigne, ms., 1696, XXVII.

69) Berthe /839/, p.145-172.

70) 우리는 툴루즈에서도 그 흔적을 찾을 수 있었다. Archives de l'académie, reg. I, f° 325(juin 1758), reg. II, f° 62, décembre 1759; à Dijon, reg. I, Nancy reg. I, Besançon, reg. I, etc……

71) Marmontel /366/, t. I, p.335. 1763-1764년, 《메르퀴르》는 정기 구독자 명단을 발간하여 문학 공화국의 관계를 더욱 다졌다.

72) B. N., 1752(Q 5121); 1753(Q 5122); 1755(Q 5123); 1756(Q 5124); 1757-1758(Q 5125); 1769(Q 5126-5127, 3 vol.); 1778(Q 5128). (각별히 1769년판의 제3권이 중요하다); 1784(Q 5129-5130); Estivals /603/, p.200-206에 자세한 도서 목록이 제시되어 있다.

73) 님·낭시·브장송·아미앵·툴루즈·디종·보르도. 좀더 많은 아카데미가 관련되었다. Cf. Q 5124, 1756, 라로셸·루앙·포·리옹·몽토방·몽펠리에·베지에·빌프랑슈·아라스·브장송의 종신 사무총장에게 보내는 감사의 편지. 이들만이 "유일하게 우리 눈에 들고, 일찍부터 우리의 사업을 실행하는 데 도와 줄 태세를 갖추고 있었다." '이 도시들에 속한 아는 사람들에게' 도움을 청하게 되면서 1756년부터 28개 단체를 접할 수 있게 되었다. 1784년 마침내 모든 지방의 단체들이 관련되었다.

74) Rizzi-Zanoni /243/, Pahin de la Blancherie가 아카데미에 관한 연감을 만들려던 노력은 열매를 맺지 못했다. 그것은 《프랑스 리테레르》의 방법을 따랐다. 다음을 참조할 것. Arch. de l'académie de Nîmes, correspondance, 30 décembre 1765. 그리고 지도 15번과 16번.

75) Saffroy /300/을 참조할 것. 제2장에서 우리는 지방의 연감이 얼마나 중요한지 뜻을 새기면서 그것을 다시 이용하게 될 것이다.

76) Daniel Mornet /137/, p.349 이하, p.529 외에도, Bellanger /619/, 지도 8번, 30번, 31번 참조.

77) Arch. de l'académie de Rouen, Délibération du 12 janvier 1774, reg. II,

dossier Yart in malle noire Ⅱ.

78) Lalane /1983/, t. 2, p.145-148. 우리는 님 시립도서관에 보관된 세기에 문서 (papiers Séguier)에서 콩도르세의 글을 찾지 못하였다. B. M. Lyon, ms 1033, fonds Coste, 이것은 다음과 같은 내용을 가진 문서이다. 1) 콩도르세가 라 투레트에게 보낸 편지, 2) 그 계획에 대해 리옹 아카데미 회원들이 붙인 주석, 3) 라 투레트가 콩도르세에게 보낸 회신, 4) 콩도르세의 대답, 모두 15장 정도의 문서이다. 이것은 Ruplinger /1587/, p.123-132에 일부 실렸다. 세기에의 대답에서 인용한 콩도르세의 편지는 2년 뒤에 리옹 사람들이 받게 될 대답과 거의 틀린 점이 없음을 보여 준다. 우리는 이 통신의 흔적을 다른 곳에서 찾아내지 못하였지만, 회람이 돌았다는 가설은 불가능하게 보이지 않는다. 다음을 참조할 것. A. D. Marne, J 195, 콩도르세가 사바티에에게 보낸 편지에서, 우리는 1777년에도 똑같은 제안을 볼 수 있다.

79) Lalane /1983/, p.146, B. M. Lyon, ms 1033(1°).

80) B. M. Lyon, ms 1033(1°).

81) Lalane, /1983/, p.148.

82) B. M. Lyon, ms 1033(2°). Note de Bollioud Mermet.

83) B. M. Lyon, ms 1033(2°). Note de Bordes.

84) B. M. Lyon, ms 1033(4°).

85) *La France littéraire* /606/, 1784, L'article est daté de 'R.. -,' et signé DLC. 우리는 루앙을 살펴보라고 권하고 싶다. 이미 보았듯이 그곳에서도 비슷한 시도를 하였지만 1774년 실패하였다. 르페크 드 라 클로튀르는 아마도 정회원이었거나, 원장신부 드 라 크루아는 준회원이었을 것이다. 또한 루앙의 문서에는 1783년 리옹 아카데미 회원이 보낸 계획안이 들어 있는데, 이 사람은 그 운동의 일관성을 보여 주는 저작들 가운데 하나를 썼다. Delandine /323/은 학술 경진 대회의 모든 주제를 모았다. 그는 "모든 유익한 단체가 쉽사리 함께 일을 할 수 있게 되도록 도움을 줄 구심점을 이루기 위하여"《아테네, 또는 문학·예술·과학에 대한 논문집 *L'Athénée ou Choix de Mémoires sur les Belles-Lettres, les Arts et les Sciences……*》이라는 잡지를 창간하자고 제안하였다.

86) Grimod de la Reyniere /1555/.

## 제12장 도심지의 아카데미

1. 아카데미와 그것이 속한 사회

1) Rizzi Zanoni /243/.

2) B. M. *Cartes et plans*, Res. Ge A 1106 et Ge C 21637(reproduction photographique), Myriem Foncin /189/, p.51-55.

3) B. M. Nîmes, ms 241, p.41-55.

4) Perrot /233/, p.241-267.

5) B. M. Nîmes, 241, p.53.

6) Pecheur /2268/, t. 6, p.534.

7) Goubert /202/, p.249-250; Mousnier /230/, p.527-530.

8) Guillaume et Poussou /205/. 우리는 이 훌륭한 책에서 도시의 인구 문제를 특별히 다루지 않았다는 사실을 유감으로 생각한다. 그것은 이 분야가 발전하였음을 뜻하는데, 그러므로 우리는 Lachiver /209/, Garden 1625/, Perrot /1259/만을 확신을 가지고 이용할 수 있을 것이다. 고드쇼(Godechot) 선생과 몽카생이 연구한 툴루즈와 테리스 선생이 연구한 마르세유를 덧붙인다면, 어느 정도 확실하게 알려진 아카데미 도시는 네 곳이라는 사실을 알 수 있을 것이다. 그리고 표 1과 지도 28·29를 참조할 것.

9) 표 1에서는 17세기말, 18세기초, 소그렝과 엑스피이의 숫자, 오리의 조사 결과(1745)와 함께 18세기 중엽(1750-70)의 평가, Hesseln이 《지리학 사전 *Dictionnaire géographique*》에서 밝힌 지극히 근거 없는 숫자, 네케르, 칼론, 그리고 1789-91년 사이의 재무 총감들의 평가, 1801년과 1806년의 숫자를 차례로 제시하였다. 이 자료의 바탕을 주신 자크 뒤파키에 선생에게 감사드린다. 우리는 표에 나타난 지방의 역사 저작을 바탕으로 사실을 증명하였다. 전체에 대한 비판을 위해서는 Mols /227/, p.539 이하; Dainville /173/, p.49-68을 참조할 것. 그들은 이 숫자가 과소평가되었다고 비판한다. 브레스트와 클레르몽같이 특정한 곳에서 그것은 옳다. 그러나 그르노블·메스·포·툴루즈 같은 도시에 대해서는 아주 과대평가되었기 때문에 과소평가라는 말은 분명치 못하다.

10) *Contributions à l'histoire démographique de la Révolution française* et documents, t. XIV, et t. XVIII, /172 bis/.

11) Braure /169/, Trenard /659/, (트레나르 선생은 지방 시립 도서관의 고문서와 모르네가 강조한 자료를 이용하였다. Mornet /137/, p.532. Archives de la Guerre 3768).

12) Michel Vovelle의 보고 사항. 또한 Baratier /1703/, Agulhon /639/, p.234를 볼 것.

13) Agulhon /639/, p.167 이하.

14) Ford /191/, p.206.

15) Agulhon /639/, p.221.

16) Aix, Dunkerque, Saint-Etienne, Limoges, Le Havre, Valenciennes, Le Mans, Bourges, Sedan.

17) Goubert /202/, p.250.

18) Le Roy Ladurie /1902/, p.546-547. 안타깝게도 몽펠피에의 숫자는 제시하지 않는다.

19) Rance /809/, III.

20) Dassy /1672/, p.5 et suiv.

21) 그 현상의 자리를 정해 주기 위하여 방법론상의 조건이 필요하며, 우리는 17세기말과 18세기초의 인구 지표를 대충 계산할 수 있다. 1789년을 지수 100으로 놓았을 때, 아장 110(?), 아미앵 80, 앙제 70, 아를 1700년 92·1725년 51(?), 아라스 65, 오세르 71(?), 브장송 47, 보르도 50, 부르 40(?), 브레스트 80(?), 캉 67, 샬롱(100-110?), 셰르부르 40, 리옹 60-70, 마르세유 91, 1772년 57, 메스 73, 몽토방 65, 몽펠리에 100(?), 낭시 62, 님 50, 오를레앙 25, 포 32, 루앙 80, 수아송 100(?), 툴루즈 70, 발랑스 70, 빌프랑슈 58.

22) Garden /1625/, p.25-81. 여기서 우리는 리옹 아카데미가 인구에 대해 가진 관심에 주목해야 할 것이다. 그들은 원장신부 라크루아가 교구 등록부를 샅샅이 뒤져 만든 보고서를 정기적으로 읽었다. 생쥐스트 성당의 고위직 신부는 1750년부터 1774년 사이 세례·결혼·사망 같은, 인구에 관한 주요 사항을 정리하여 '사망자 명부에 관한 고찰(Considératons sur le nécrologue)'이라는 제목으로 출간하였다.(Arch. départementales du Rhône, 4° L 18)

23) Le Roy Ladurie /1902/, p.640 이하.

24) Faure /188/, p.121.

25) Roche /1009/, p.59-61.

26) Chabot /19/, George /35/, Goubert /202/, p.223; 지도 32 참조.

27) *La France ecclésiastique*, 특히 1750년 이후. 아장, 3만 5천 리브르, 3백88교구; 앙제, 2만 6천 리브르, 4백70교구; 아라스 4만 리브르, 4백 교구; 아를, 3만 3천 리브르, 54교구; 아미앵, 3만 리브르, 7백80교구; 오세르, 3만 5천 리브르, 2백47교구; 브장송, 3만 6천 리브르, 8백 교구; 베지에, 3만 리브르, 1백29교구; 보르도, 5만 5천 리브르, 3백81교구; 샬롱, 1만 4천 내지 2만 리브르, 2백4교구; 클레르몽, 1만 5천 내지 2만 리브르, 8백 교구; 디종, 1만 8천 리브르, 2백11교구; 그르노블 2만 8천 리브르, 2백24교구; 리옹, 4만 8천 내지 5만 리브르, 6백94교구; 마르세유, 3만 내지 3만 6천 리브르, 37교구; 메스, 12만 내지 20만 리브르, 5백 교구; 몽토방, 2만 5천 내지 4만 리브르, 84교구; 몽펠리에, 3만 2천 리브르, 1백18교구; 님, 2만 5천 내지 3만 5천 리브르, 90교구; 낭시, 2만 5천 리브르, 2백 교구(?); 오를레앙, 2만 5천 내지 3만 리브르, 2백71교구; 라로셸, 3만 리브르, 1백8교구; 루앙, 8만 내지 10만 리브르, 1천3백88교구; 수아송, 1만 8천 내지 2만 리브르, 4백1교구; 툴루즈, 9만 내지 10만 리브르, 2백50교구; 발랑스, 1만 6천 리브르, 1백5교구. 수입에 대한 정보는 1771년에 나온 Hesseln의 《지리학 사전 *Dictionnaire géographique*》에서 보충할 수 있었다. 사실 숫자상 커다란 차이가 있음을 알 수 있는데, 프랑스 교회나 연감에 나온 숫자는 여러 가지 분명한 이유에서 과소평가되었음을 알 수 있다. 지도 27·27bis·27ter·32·33·34를 참조할 것.

28) 메스에 대해서는 Benoist /1741/을 참조. 예를 들어 메스 주교의 도서관은

p.113; 성당 참사회는 p.114; 생탄신학교, 생클레망 베네딕투스회(5천 권), 생타르누(9천3백13권)에 대해서는 p.125; 생뱅상(5천5백43권), 생생포리엥(4만 5천 권), 아우구스티누스회에 대해서는 p.133; 카르멜회, 셀레스틴회, 수도원 참사회, 생루이중등학교, 성 프랑수아 드폴 수도회, 생라자르 수도회, 도미니쿠스회, 성 프란체스코파, 삼위일체회에 대해서도 이 책을 참조할 것. 툴루즈에 대해서는 Desazars de Montgailhard /2348/, 그리고 특히 Lapierre /2358/, 1889, p.213-224, 1890, p.200-209, 1891, p.108-116을 참조할 것. 툴루즈의 도서관 가운데 라피에르는 베네딕투스회(1만 권), 샤르트르회(3천5백 권), 성 프란체스코파(2천8백 권), 코르들리에파(1천 권), 그리스도교 교의협회(1만 3천7백 권), 성 프랑수아 드폴 수도회(1만 3천4백 권), 그랑 코르들리에(1만 8천5백 권), 중등학교(2만 권)의 도서관에 대해서 강조하였다. 도라드 베네딕투스회, 도미니쿠스회, 카르멜회, 아우구스티누스회는 모두 중요한 도서관을 가지고 있었고, 툴루즈 성직자의 중앙도서관은 장서를 2만 권으로 1775년에 문을 열었다. 오를레앙에 관해서는 Cuissard /2062/를 참조할 것. 그리고 대학교 도서관에, 생트크루아 참사회의 도서관(1790년에 4천5백 권), 생테냥 도서관, 생튀베르트 도서관(3천5백 권), 오라토리오회 중등학교 도서관(3천8백 권), 신학교 도서관(6천5백 권)을 덧붙여야 하며, 또한 카푸친회는 5천 권을, 카르멜회·아우구스티누스회·성 프란체스코파는 각각 3천에서 4천 권을 가졌다. 성 프랑수아 드폴 수도회는 1천 권을 보유하였다. 성당 참사회 도서관, 베네딕투스회 도서관, 오라토리오회 도서관, 생튀베르트 도서관은 매주 며칠씩 대중에게 문을 열었다. *La France Littéraire* /606/, 1784년도 판을 참조할 것.

29) Duthil /2354/, p.34-65.

30) Durand /185/, p.97, 지도 32-33-34 참조.

31) Blanc Rouquette /2345/, p.251 이하. Baour 연감에 대해서는 Desbarreaux-Bernard /2352/, p.16-24 참조.

32) 우리는 Taylor /253/, p.469-496에 나온 숫자를 참조할 수 있다. 보르도는 1천8백 명, 《연감》에는 1천9백25명, 루앙은 8백98명, 《연감》에는 1천9백18명, 툴루즈는 1천6백 명, 《연감》에는 1천7백17명. 사실 이같은 비교를 가지고 완전히 만족할 수는 없다. 왜냐하면 우리가 살펴보았듯이 《연감》에서 모은 사람들을 도시 정예와 완전히 같다고 생각하지 않기 때문이다. 《연감》에는 중간에 걸친 사람들까지 도시의 명사 계층에 포함시켜 숫자를 불려 놓고 있는 것이다. 테일러는 귀족과 도매업자를 함께 명사에 포함시켰다. 우리는 이와 함께 사회 구조들을 분석하는 차원에서 비교를 다시 해야 마땅하리라고 생각한다. 표 2·3을 참조할 것.

33) Goubert /203/, p.200-201.

34) Fleury et Valmary /102/, p.71-92.

35) Cestrières-Dijols /2370/, Godechot et Moncassin /2384/, p.129-169. Bellanger /1705/. 특히 지방의 유언장을 분석하는 데서 출발한 Vovelle /1752/에서 우리는 올바른 정보를 얻을 수 있다. 또한 우리는 Meyer /132/, 그리고 특히

Queniart /143 bis/를 참조할 수 있다.

36) Godechot et Moncassin /2384/, p.136-137.

37) Goubert /203/, p.244-258.

38) Martin /128/, t. II, p.679 이하. 지도 24-25-26 참조.

39) Dainville /84/, p.43-52, 33-36. 지도에 오른 도시의 숫자는 파리 국립도서관에서 얻은 것이다. B. N. fonds fr. 22 184-5(1764); B. N. fonds fr. 21832(1777); Ventre /1887/.

40) Boussy et Brancolini /73/, p.3-38, 각별히 지도 1-2-3-4를 볼 것.

41) Queniart /2226/, Trenard /1617/, t. I, p.129-135, Chartier /80/, p.77-108.

42) Maignien /1518/, p.XVI-CV, Joseph Cuchet, *Récit pour le sieur J. C., Grenoble, s. d.*(1773), cité par E. Maignien p.LXI-LXII.

43) Muller /2391/. 이 저작에 따르면 1750년에 5백33명에 1명꼴로 의사가 있었음을 알 수 있다. 의사의 수는 1790년 7백 명 이하에 1명, 1960년 4백 명당 1명꼴이 되었다. 뮐러가 제시한 숫자는 툴루즈에 살았던 군의관(외과의사 포함)에 관한 것이다. 따라서 우리가 수집한 숫자는 약간 부족한 평가라고 생각할 수 있다. 우리는 어디서나 군대에 속한 의료 집단을 파악하지 못하였기 때문이다. 더욱이 뮐러는 우리가 얻은 지식이 이질적이기 때문에 파악하지 못한 치과의사의 수도 세었다. 표3에서 우리는 여러 가지 이름 아래 그들을 따로 계산하였다. 캉에서 장 클로드 페로는 우리가 계산한 결과와 같은 의료 집단의 숫자를 파악하게 되었다. 그것은 주민 1천5백 명당 1명꼴이다. 지도 19번부터 22번까지, 표 2와 3을 참조할 것.

44) *Enseignement et diffusion des sciences en France au XVIII˚ siècle* /427/, Dainville /86/, /87/.

45) 프랑스 대학교의 역사는 앞으로 다시 써야 할 것이다. A. Duruy, L. Liard, 그리고 좀더 최근에 나온 S. d'Orsay의 고전다운 책들도 18세기의 대학교라는 현실에 대해 만족할 만한 관념을 스스로 갖지 못하고 있다.

46) 특히 *Les universités européennes du XIV˚ au XVIII˚ siècles* /155/에서 프랑스 이외의 나라에 대한 언급에 주목할 것.

47) 스타니슬라스의 아카데미 정관의 40조.

48) Dumas /1582/, p.81-83, Trenard /1617/, t. 1, p.95. Dugas de Quinsonas가 1762년 12월 9일 아카데미에서 한 연설을 볼 것. 또한 Garden /1601/, p.371-392도 볼 것.

49) 아미앵·아라스·베지에에서 나온 앙시앵 레짐 말기의 연감을 참조할 것. /691/, /818/, /999/.

50) Guyton de Morveau /1394/.

51) 보르도에 대해서는, Ruplinger /1587/, Grosclaude /1604/.

52) Cousin /942/, p.84-85.

53) Droz /982/, t. I, p.212 이하.

54) Dainville /83/, p.308-312.

55) Deberre /1443/, p.131-230.

56) 아르투아 연감 /818/, 1789. 아라스중등학교.

57) Arch. de l'académie de Toulouse, reg. III, ex. 11 juillet 1738, 25 juin 1741, 1er juillet 1745, 26 mai 1746, 16 juin 1746, 13 juillet 1747, reg. XII, reg. XIII, ex. 1er juillet 1784, 6 juillet 1786, 25 juin 1789, 6 juillet 1789.

58) Reg. XIII, 4 juillet 1771.

## 2. 아카데미의 체제

1) Cousin /942/, p.10, cf. B. M. Besançon, fonds de l'académie, reg. I, 특히 f° 50, 52, 58, 60, 62, 64, 66, 70, 107-108.

2) A. Fauchon /2053/, p.14-15. Rance /809/, t. I, p.165 이하.

3) Règlements et statuts de l'académie de Châlons, Châlons, 1775, art. 28, p.8.

4) Règlement, Angers, art. 27, in Uzureau p.59 이하.

5) A. Fauchon /2053/, p.14.

6) Règlement de l'Académie des sciences, 1699, art. 14 et 15, Règlement de l'Académie des inscription, art. 12 et 13, et règlement de Bordeaux, Caen, Cherbourg, Dijon, Lyon, (처음에는 과학 아카데미에서 나중에는 통합 아카데미가 되었다), Rouen, Villefranche(règlement de 1781). 파리의 모든 아카데미 정관은 다음의 책에 들어 있다. *Lois, statuts et règlements concernant les anciennes académies* /467/.

7) B. M. Cherbourg, fonds de l'académie, R 1(44) réforme des statuts, art. XI.

8) Règlement de l'Académie française art. 1; règlement de l'académie des sciences art. 11; règlement de l'académie des inscriptions art. 9.

9) Caen art. 7; Clermont art. 13.

10) Arles art. 2; Soissons art. 1; Villefranche art. 1; Lyon art. 24; Valence art. 1; Grenoble art. 29.

11) Arles art. 13; Soissons, Villefranche, Angers, art. 13; La Rochelles 17; Nancy 41.

12) Académie française art. 11, 34; Académie des sciences art. 24, 35; inscriptions 26, 37; Agen 24; Amiens 24 et 52 des statuts de la Société littéraire; Arles 8; Angers 26; Arras 21; Besançon 11; Béziers 12; Bordeaux 15; Caen 13; Clermont 13, 18; Châlons 12, 20; Cherbourg 3; Dijon 39, 40; Grenoble 13, 29; Lyon 24, 17, 18, 19; Lyon(1758) 8, 12; Montauban 16, 24, 26; Montpellier 22; Nancy 9, 33; Nîmes 11; Orléans 14; Pau 7, 8; Toulouse 11, 21; La Rochelle 17, 23; Rouen 23, 31; Soissons 13, 14, 21, 23; Valence 4, 20; Villefranche

13, 14.

13) Duclos /331/, p.55-60, 또는 Marivaux, Laclos, Restif에 대해서는 Versini /159/, p.185 이하를 참조할 것.

14) Versini /159/, p.192(윤리주의자 투생과 토마의 저작 분석).

15) Abbé Prevost, *Le monde moral,* édition 1789, p.233, Versini /159/, p.198 에서 인용.

16) Académie française art. 21, 22, 23; Agen, Amiens 17; Angers 29; Arles 8; Besançon 12; Caen 10; Clermont 5; Châlons 20; Cherbourg 1, 2; Dijon 65; Grenoble 3; Lyon 15, 21, 1758, 12; Montauban 11; Nancy 41; Nîmes 21; Orléans, Pau 33; Toulouse 23; La Rochelle 25; Soissons 21; Valence 20; Villefranche 9; Marseille 12; Metz 8.

17) Arras, Auxerre, Béziers, Bordeaux, Brest, Bourg, Montpellier, Rouen.

18) La Rochelle art. 13.

19) Rouen art. 24.

20) Cousin /942/, p.10.

21) 예를 들어 Agen 14; Amiens 15; Angers 16; Arles 12; Arras 11; Bordeaux 12; Caen 19; Clermont 31; Châlons 13; Cherbourg 4; Dijon 18; Lyon 27; Marseille 28; Nîmes 19, 21; Rouen 31, 33; Soissons 24, 25; Villefranche 23.

22) Angers 30; Arles 12; Brest, Châlons, Cherbourg, Dijon 16; Lyon 33, 28; Marseille 28; Montauban 28; Metz 3, 36; Nîmes 16; Orléans 10; Toulouse 23; Rouen 33; Soissons 24, 25; Valence 18, 39; Villefranche 22.

23) A. D. Côte-d'Or, fonds de l'académie, reg. V, 16-XI-1770.

24) B. M. Bordeaux, fonds de l'académie, ms. 1699 1.

25) Soissons, Lyon, Grenoble.

26) La Rochelle, Toulouse(inscriptions, lettres, sciences) et Jeux floraux, Orléans, Montauban, Brest, Clermont, Besançon, Auxerre, Arras, Arles, Angers, Amiens, Agen.

27) Pau, Villefranche, Valence, Rouen, Nîmes, Nancy, Montpellier, Metz, Marseille, Dijon, Cherbourg, Châlons, Bordeaux, Béziers.

28) 일찍 사라진 아를 아카데미의 경우는 제외해야 했다. 지도 34 참조.

29) Règlement de l'académie des sciences art. 2 et suiv.; Règlement de l'Académie des inscriptions art. 2 et suiv(1699 et 1701).

30) *Ibid.,* art. 1 et 11.

31) *Ibid.,* art. 3.

32) *Ibid.,* art. 4 et 6.

33) *Ibid.,* art. 22, 23, 31.

34) *Ibid.,* art. 47, 43.

35) *Ibid.*, art. 32, 33, 21.

36) Lois, statuts /467/, p.LXI, Arrêt du Conseil du 4 janvier 1716, p.XCIII, règlement ordonné par le Roi le 3 janvier 1716.

37) Règlement de l'Académie des inscriptions du 9 mai 1750, in *Lois, statuts*······ /467/, p.LXIV-LXV; règlement de l'Académie des sciences, 23 mars 1753 in Index biographique /475/, p.II. 준회원과 통신원의 숫자는 아주 심한 차이를 보이고 있음을 주목해야 한다. 1699년부터 과학 아카데미는 회원 1명에 공식 통신원 85명을 지명하였으며, 1716년에 준회원의 숫자는 24명으로서 그 중 절반은 자유 준회원이었는데, 이들은 내국인 4명, 외국인 8명으로 이루어졌다. 1785년 준회원의 숫자는 20명으로서 그 중 8명이 외국인이었다.

38) Règlement du 23 mars 1716, in *Lois, statuts*······ /467/, p.LXIII.

39) 자연사에 관한 논고(Discours sur l'Histoire naturelle), 20 novembre 1721, B. M. Bordeaux ms 828, 6, in Montesquieu /557/, t. I, p.43.

40) Tisserand /1434/, p.64-68.

41) 한 낱말을 다른 낱말에 대해 쓰는 경우에서 가장 놀라운 용법의 보기는 포 아카데미에서 찾을 수 있다. 그곳의 명예 회원은 '정규 준회원'이며, 포 고등법원 인사의 다수파로 이룩된 정회원을 위하여 일하는 것을 '자랑으로 삼아야' 하였음에 틀림없다. Amiens, Angers, Arles(정관에서 그렇지 못하다 해도 사실상 그러하였다), Arras, Auxerre, Cherbourg, Grenoble, Toulouse(죄 플로로), Marseille, Montauban, Nîmes의 경우도 마찬가지이다.

42) Chartier /1579/, p.140-141.

43) Gosseaume /2185/, t. 1, p.12, art. 4, 9 des statuts.

44) Gosseaume /2185/, t. 1, p.12 이하, t. 2, p.8 이하, Boullet /2205/, p.57 이하.

45) B. M. Rouen, Arch. de l'académie, malle noire 2, Mémoire au Roi pour la modification des statuts de 1744-(1755).

46) Statuts de 1757, art. 2.

47) 제3장, 2. 아카데미와 계몽 사상을 참조할 것.

48) B. M. Bordeaux, fonds de l'académie, ms 1699, 2; Barriere /1058/, p.20 이하.

49) *Ibid.*, ms 1696, 25 (4), (5), (6).

50) *Ibid.*, fonds La Montagne, 57; ms 828, 105.

51) A. D. Dijon, fonds de l'académie, reg. IV, Séance du 13 novembre 1767. 개회사(Discours d'ouverture).

52) *Ibid.*, Discours d'ouverture······.

53) Agen art. 2; Amiens 3, 8; Angers 3; Arles 8; Arras 17; Besançon 16; Béziers 3; Brest 34; Bordeaux 17; Bourg 14; Caen 5, 32; Clermont 18;

Châlons 14; Cherbourg 8, 9; Dijon 5, 42; Grenoble 12; Lyon 24; Marseille 23; Metz 8; Nancy 5; Nîmes 3; Orléans 18; Pau 3; La Rochelle 3; Rouen 19; Toulouse Jeux floraux 1; Sciences, Arts et Lettres 30; Soissons 14, 15, 17; Valence 12; Villefranche 4.

54) Agen, Amiens, Angers, Arles, Arras, Besançon, Auxerre, Béziers, Bourg, Caen, Clermont, Châlons, Cherbourg, Grenoble, Lyon, Marseille, Montauban, Metz, Nancy, Nîmes, La Rochelle, Rouen(statuts de 1755), Soissons, Villefranche.

55) Mandrou /126/, p.152에서 생각하는 것과는 반대이다. 표 4를 참조할 것.

56) Tisserand /1434/ p.160 이하.

57) Barriere /1058/, p.50. 지도 35 참조.

58) Dassy /1672/, p.43-44.

59) Dumas /1582/, p.289.

60) Lebreton /1777/, p.64-65, Fleur /1772/, p.105-110.

61) Forestie /1819/, p.30 이하, p.57 이하.

62) Bodet /770/, p.69.

63) Berthe /839/, p.120 이하.

64) Tisserand /1434/, p.171.

65) A. D. Dijon, fonds de l'académie, reg. XVI, 29 juillet 1786.

66) Gilson /2449/, p.6.

67) 이 장의 모든 부분은 현대 민족학 저술에서 많은 힘을 입었다. 그 중에서도 특히 다음의 저작에서 근본적인 도움을 받았다. Malinowski /49/, p.44-45, J. Poirier /60/, p.1091-1236, 542-580.


3. 아카데미의 역할

1) 아장에 관한 정보는 없고, 앙제르에 대해서는 거의 없으며, 아를·오세르는 조금, 베지에·부르는 아무것도 없고, 브레스트·샬롱·셰르부르·클레르몽은 조금 있다. 문서가 아주 많이 남아 있는 마르세유 같은 단체에는 정보의 단편들이 있지만, 메스·몽토방·님·오를레앙에는 거의 아무것도 없다.

2) A. D. Somme, fonds de l'académie, D 145, 10 à 26——D 149.

3) B. M. Bordeaux, fonds de l'académie, ms 1699, reg. 5.

4) A. D. Basses-Pyrénées, fonds de l'académie, reg. D 15, Desplat /2099/, p.25 이하.

5) A. D. Hérault, D 209-227, Castelnau /1862/, p.91 이하.

6) Nîmes, Arch. de l'académie, note datée de 1774, (sans cote).

7) Leblanc /2331/, p.107-126. 저자는 죄 플로로 아카데미의 문서 가운데, 아카데미 문서 보관소에 들어 있지 않은 이취임 등록부(1767-93)를 이용하였다. 표 5번에서 8번까지 참조할 것.

8) Toulouse, Arch. de l'Académie des sciences, reg. XIII, 15 janvier 1784, 9 mars 1790.

9) A. D. Côte-d'Or, fonds de l'académie, D 134, D 139.

10) A. D. Somme, D 145, 16 et 26.

11) A. D. Somme, D 149, 148.

12) A. D. Côte-d'Or, D 134, 46 et suiv., D 139.

13) Toulouse, Arch. de l'Académie, reg. XIII. Douais /2313/, p.515-534에서 인용.

14) Milsand /1399/, p.197-199; Tisserand, /1434/, p.36, 103 이하.

15) Règlement art. 25, Fleur /1772/, p.68 이하.

16) 보르도 아카데미는 정기적으로 실험 도구와 기계를 사들였다. 예를 들어 1713년에는 물리학 실험 도구에 43리브르, 1715년에는 20리브르, 1740년에는 드 사로의 출자로 1천5백 리브르, 1742년에는 원장신부 놀레에게 기계를 사주기 위하여 1천3백93리브르, 1746년에는 해부도를 사기 위해 24리브르, 1747년에는 전구를 사는 데 25리브르를 썼다.

17) Bodet /770/, p.115, 178.

18) Cousin /942/, p.11-12.

19) Lavalley /1235/, III, p.274-275, Martin /1225/, p.18 이하. Perrot /1259/, t. II, p.586-600.

20) Hatton /1940/, p.39-40, p.66-70; Arch. de l'académie, reg. 9, 10 janvier 1792.

21) A. D. Côte-d'Or, reg. 3, 21 juin 1766.

22) *Mémoires de l'académie de Dijon* /1398/, t. 1, 1769, p.V 이하; reg. 2, 30 juin 1764.

23) Reg. 3, 3 janvier 1766.

24) 제II부, 제6장 아카데미의 문화 참조.

25) Dumas /1582/, p.28-30.

26) Boullet /2205/, p.23-25.

27) 시행정관들은 17세기말 투표권을 잃었다.

28) 이 문제에 관한 도서 목록은 이상할 정도로 많지만, 정말 만족스러운 수준의 작품을 꼽을 수는 없다. 그 중에서도 Desazars de Montgailhard /2308/, Duboul /2316/, Du Mege /2378/, t. II, p.411을 참조할 것.

29) Arch. de l'Académie des sciences, Toulouse, reg. XIII, 1782, p.1-2(maintien des subventions), reg. VIII, 1753, p.61-64, 16 mai 1753, *Cérémonial qui s'observe à l'égrad des capitouls.*

30) Du Mege /2378/, t. II, p.410-411.

31) Geres /1039/, p.149-150, Testament de J. -J. Bel, conseiller au Parlement

de Bordeaux.

32) Barriere /1058/, p.25 이하, Lheritier /1078/.

33) Cousin /942/, p.12.

34) Lebreton /1777/, p.23, Fleur /1772/, p.62.

35) Vaillant /1509/, p.294-295; Revillout /1508/, p.15 이하.

36) Van Drival /856/, p.40; Berthe /839/, p.122 이하.

37) Tisserand /1434/ p.122 n° 57, p.601 이하.

38) Desplat /2099/, p.31; A. D. Pyrénées-Atlantique, (Basses Pyrénées) C 807 et 808, documents publiés in Dubarrat /2100/, t. I, p.139 이하.

39) Castelnau /1862/, p.31 이하. 나르본의 대주교 디용 예하는 1764년 명예회원이 되어 몽페리에 후작과 함께 지방 신분회의 부탁을 받아 공개회의의 보고서를 인쇄하는 임무를 맡았으며(1770), 1775년에는 이 단체에 8천4백 리브르를 기부하여 빚을 갚게 해주었고, 1777년에는 3만 리브르를 보조하여 이 단체의 건물을 구하는 데 쓰게 하였다. 1778년에는 강좌를 위하여 1만 리브르를 내기도 하였다. *Ibid.*, p.47·60·61·91 이하; 표 9와 10 참조.

40) Arch. de l'Académie, Toulouse, reg. XIII, 2 janvier 1783. 보조금의 신청은 registre VIII, 2 janvier 1753. 또한 *Mémoires de l'Académie* /2282/, t. II, p.2-4; Roschach /2300/, t. XIII, p.1303-1304.

41) Douais /2313/, p.1 이하. 이들 중에서 우리는 다음과 같은 사람들을 찾을 수 있다. M. de Niquet, 5백 리브르(고등법원 재판장), de Nupces, 3백 리브르(재판장), de Caumels, 1백 리브르(귀족 변호사), Saint-Laurent, 2백 리브르(판사), de Bonrepos 1천 리브르(차장 검사), de Bousquet, 1백 리브르(판사), le marquis de Caraman, 3천 리브르(원수), de Puyvert, 3백 리브르(판사), d'Orbessan, 5백 리브르(재판장).

42) Arch. de l'académie, Nîmes, pièce datée de 1782, sans cote; Liotard /1999/, p.299-310, 312-325(pièces justificatives).

43) 예를 들어 1706년 Chirac(3백 리브르)의 경우, 그리고 1743년에는 4천 리브르를 차용하는 데 연대 보증을 선 경우. Castelnau /1862/, p.37-38, 61.

44) Barriere /1058/, p.20-21.

45) Desplat /2099/, p.26-27.

46) Arch. de l'académie, Marseille, portefeuille I, lettre du 28 juin 1728 et pièces diverses, Dassy /1673/, p.563; 그리고 같은 저자의 /1674/, p.136-142. 여기서 우리는 아를 아카데미에 관해서 주목할 점으로, 그곳의 시청은 회의실을 정돈해 주지 않았으며, 그 단체는 성 프란체스코파의 수도원이나 개인의 집에서 학술 회의를 열기 위하여 발길을 돌려야 했다는 사실을 들 수 있다. Rance /809/, t. II, p.145에서 우리는 그 단체가 사라지게 된 간접적인 원인을 볼 수 있다.

47) Rance /809/, t. II, p.90.

48) Dumas /1582/, p.35-36.

49) Toulouse, Arch. de l'Académie, reg. 8, 2 mai 1754, 계기에 대한 연구 보고 (mémoire sur les jauges), 13 mai 1783, 가론 강물의 성분에 관한 보고; Nancy, Arch. de l'académie, reg. 5, 13 janvier 1778, 낭시의 정비 사업을 위한 르크뢰의 보고.

50) B. M. Bordeaux, fonds de l'académie, ms 1696, 36, 118 et suiv.

51) Forestie /1819/, p.85 이하. 표 11 참조.

52) 제II부, 제6장의 '학술 경진 대회' 와 '학술회의' 를 참조할 것.

53) Desplat /2099/, p.31; A. D. Pyrénées-Atlantique C 808, f° 20-21.

54) Dainville /1865/, p.35-39.

55) 제II부 참조. 아미앵 · 브장송 · 베지에 · 보르도 · 브레스트 · 샬롱 · 클레르몽 · 디종 · 그르노블 · 리옹 · 마르세유 · 몽펠리에 · 낭시 · 님 · 포 · 라로셸 · 루앙 · 툴루즈. 또한 표 12 참조.

56) Tisserand /1434/, p.101 이하.

57) *Les cabinets d'Histoire naturelle en France au XVIII° siècle*, in *L'enseignement des sciences* /427/, p.659 이하.

58) Trenard /1616/, t. I, p.120.

59) Prentout /1241/, p.150 이하; Pfister /1059/, p.547-582. 낭시 아카데미의 종신 사무총장의 자리는 대학교 학예부에서 교수 자격을 얻고, 중등학교의 수학교 사직을 가진 사람만이 할 수 있다는 사실을 상기할 필요가 있다. 이처럼 아카데미의 전통과는 다른 스타니슬라스의 생각은 실현되지는 않았지만, 그것을 통하여 우리는 지방의 여러 기관이 맺고 있는 깊은 관계에 대해 상기할 수 있다.

60) 몽펠리에의 경우에 대해서는 Dulieu /1868/, p.227 이하를 참조할 것.

61) *L'enseignement des sciences*…… /427/, 그리고 특히 다음을 참조할 것. M. Lacoarret et Ter Menassian, *Les Universités*, p.125-168; P. Huard et C. Bedel, *L'enseignement de la médecine et de la pharmacie*, p.170-257.

62) Gosseaume, /2185/, t. I, p.43-45; Birembaut, *Les écoles gratuites de dessin*, in *L'enseignement des sciences*…… /427/, p.442 이하.

63) Dusevel /738/, t. II, p.52-60.

64) Trénard /1616/, t. I, p.127.

65) Cousin /942/, p.13-15; B. M. Besançon, fonds de l'académie, reg. 3, 14 avril 1779, 26 juillet 1781, 10, 17, 24, 31 janvier, 21 février 1781.

66) Ruffey /1410/, p.73, 185-186; Tisserand /1434/, p.512 이하; B. M. reg. de l'académie, VII, 18 mai 1775; Annonces de Dijon, 9 juin 1770.

67) Imperiali /1447/, p.20-21.

68) *Ibid.*, p.21.

69) A.D. Somme, D 152, *Mémoire de Sellier sur les poids et mesures, le*

*commerce et l'embellissement et autres objets particuliers de la ville* d'A-
miens(1765); 표 13 참조.

70) B. M. Bordeaux, ms 1699, 1, 2, 3; Barriere /1058/, p.97-99.

71) Tisserand /1434/, p.601 이하; A. D. Côte-d'Or, fonds de l'académie, reg.
4, 18 mai 1767, reg. 13, 8 janvier 1784, Guyton de Morveau는 70명이 자기 강
의를 들으러 왔으며, 거의 40명이 꾸준히 강의에 참석하였다고 말한다. reg. 16, 3
janvier 1788.

72) Dulieu /1868/, p.236, A. D. Hérault, D 191, (1784).

73) Gosseaume /2185/, t. I, p.36.

74) *Ibid.* /2185/, t. II, p.26.

75) Dulieu /1868/, p.242.

76) Barriere /1058/, p.99.

77) A. D. Puy-de-Dôme, C 7041; B. M. Clermont, A 70205 V-1782. 식물원
의 쓸모와 필요성에 관한 논고; Toquant /1356/, p.90-93.

78) 공개회의에 관해서 말하자면, 여러 논문에서 지적하거나 발간된 아카데미의
등록부 속에 포함된 보고서를 전부 살펴야 할 것이다. 우리는 특히 보고서의 내
용과 시상자에 관하여 말하기 위하여 거듭 제시되면서 전형을 갖춘 방대한 전집
을 이용하게 되었다. 그 전집은 아카데미 문화의 전파 수준을 가늠하기 위하여
반드시 필요한 자료이지만, 공식 행사의 전체 맥락에 대해 아주 조금밖에 알려 주
지 않는다. 이 점에 대한 사료는 매우 드물다.

79) 어디서나 매년 미사를 올리는 것으로 파악되었고, 그것은 빈도수는 덜하지만
그래도 아주 자주 볼 수 있었던 관행으로서 회원을 추모하기 위한 장례 행사를 조
직하는 일 때문에 더욱 늘어났다. Rance /809/, t. III, p.89에 잘 묘사되어 있다.

80) 우리는 여기서 Poitevin /2337/, p.155를 따르는데, 거기 나온 혁명 이후의
이야기는 노련한 배우에 관한 이야기이다.

81) Palaprat /2294/, t. I, p.78 이하; Du Mege /2318/, t. 1, p.107 이하.

82) Van Drival /856/, p.61-62.

83) Marmontel /366/, t. I, p.48-51; Poitevin /2337/, p.158; Praviel /2338/,
p.147 이하. (프라비엘은 마르몽텔에게 아주 적의를 띤 푸아트뱅의 비판적 이야기를
부드럽게 만들었다.)

84) Lettres de Madame Roland /382/, t. I, p.265-270, lettre 93, Appendice E
et notes.

85) Uzureau /766/, p.283-294.

86) Castelnau /1862/, p.33-35.

87) *Ibid.*, p.88-90.

88) Tisserand /1434/, p.634; Dumas /1582/, p.51, 45, 62, 63, 143, 146, 152;
Cousin /942/, p.13.

우리는 브장송의 보기를 자세히 살펴보자. 1755년 아카데미는 폴미 후작과 드 슈아죌 예하, 1775년에는 콩데 공과 부르봉 공, 1784년에는 다시금 콩데 공과 그의 아들, 1780년에는 오를레앙 공, 1788년에는 뷔르템부르크 공을 받아들였다.

89) 앞장과 마찬가지로 이 장에서도 민족학과 사회학의 업적에 많은 힘을 입었다. 우리는 특히 Mauss /50/; *Essai sur le don*; 그리고 Duvignaud /28/을 강조한다.

## 제3장 아카데미 정신

1. 아카데미와 권력

1) 제II부, 제6장 아카데미의 문화를 참조할 것. 우리가 여러 가지 방향을 완전히 가늠할 수 있는 것은 학술 경진 대회와 토의의 수준에서이다.

2) Chartier /1579/, p.247-248.

3) 여러 가지 보기 가운데 크루아질이 1705년 캉 아카데미에서 한 연설. 2페이지부터 리슐리외와 지사 푸코에 관한 열전이 나온다.

4) Vanel /1262/, t. III, p.45-46에서 인용.

5) *Lettres patentes du Roy données au mois de février 1706, portant établissement d'une société Royale des Sciences à Montpellier*, in Castelnau /1862/, p.248-250.

6) Marion /224/, *Encyclopédie méthodique*를 인용하고 있다.

7) 우리는 32개 단체의 면장 30개를 이용하였다. 이 중에서 아장·오세르 (사라지기 전)·부르·세르부르(사라지기 전)의 4개는 공식 인정과 기능에 대한 허가를 받은 수준에 머물러 있었다. 보르도의 지사 느비유가 아장 아카데미의 총무인 라퐁 뒤 퀴쥘라에게 전해 준 브르퇴이 남작의 편지에서 우리는 단순 허가가 무엇인지 알 수 있다. "선생, 나는 당신이 6월 23일 보내 주신 아장의 과학·예술·문학회에 관한 회신을 받았습니다. 당신에게 바라건대 국왕께서는 그 단체가 종교측이건 정부측이건 아무 데서나 조금도 불평이 나오지 않도록 세심한 신경을 쓰리라는 점을 의심치 않으시며, 공식 회의와 함께 비공식 회의도 가질 수 있도록 허락하신다는 사실을 그 단체에 알려 주시기 바랍니다."(Lauzun /673/, p.280-281) 낭시는 왕 스타니슬라스의 특별 칙령(1751년 1월 16일)으로 설립되었기 때문에 한번도 면장을 받아 본 적이 없다. 스타니슬라스 왕의 칙령은 단지 조직의 세부 사항만 규정해 놓았다. 그러니 클레르몽의 면장은 완전히 사라졌다. 30개라는 숫자는 빌프랑슈가 두 번 면장을 받았고(1685년과 1728년), 리옹의 아카데미들을 세 번 세웠기 때문이다. 우리는 루앙의 두번째 면장을 계산하지는 않았는데, 그것은 주로 첫번째의 내용을 확인하는 것이었기 때문이다. 도표 22를 참조할 것.

8) Gramsci /113/, p.429-448.

9) Belin /71/, p.1-15.

10) Chartier /1579/, p.137-138.

11) Rance /809/, t. III, p.80.

12) Besançon, reg. I, 10 janvier.

13) 브장송의 경우, Cousin /942/, p.13-14; 디종의 경우, Tisserand /1434/, p.223 이하; 리옹의 경우, Dumas /1582/, p.60 이하.

14) Dumas /1582/, p.62.

15) Starobinski /149/, p.85-87.

16) Van Drival /856/, p.38 이하, '아르투아 백작의 탄생을 위한 송가(Ode sur la naissance du comte d'Artois)'; Recueil de documents relatifs à l'ancienne province d'Artois /827/.

17) *Correspondance littéraire* /619/, t. II, p.394, 15 mai 1760.

18) 《아카데미 프랑세즈에서 행한 연설》 /466/. 1690-99년에 33, 1700-09년에 38, 1710-19년에 30, 1720-29년에 36, 1730-39년에 36, 1740-49년에 30, 1750-59년에 22, 1760-69년에 24, 1770-79년에 34, 1780-89년에 39. (우리는 매번 새로 뽑힌 회원의 연설과 총재의 연설을 한 단위로 세었다.) 전부 합해서 거의 2백70편을 연구하였는데, 이는 4절판으로 5천 페이지에 이른다.

19) *Ibid.*, (9) 샤르팡티에의 연설, (12) 원장신부 베르즈레, (13) 비농, (16) 당죠·라루베르, (21) 라 샤펠.

20) *Ibid.*, (24) 레니에, 원장신부 플뢰리.

21) *Ibid.*, (37) 원장신부 탈르망.

22) *Ibid.*, (56) 그로 드 보즈, 다시에.

23) *Ibid.*, (63) 원장신부 몽그랭, (64) 모르빌 백작, (65) 아담, (69) 말레지외, (86) 폴스마뉴, (87) 라 트레무알.

24) *Ibid.*, (106) 달랑베르.

25) *Ibid.*, (100) 벨일, (101) 드 보레알, (103) 몽크리프, (106) 그르세.

26) *Ibid.*, (110) 니베르네 공작.

27) *Ibid.*, (118) 라 콩다민.

28) *Ibid.*, (125) 원장신부 드 부아즈농.

29) *Ibid.*, (145) 라 아르프, 마르몽텔.

30) *Ibid.*, (143) 뒤라 공작, (146) 뒤시.

31) *Ibid.*, (148) 원장신부 라동빌리에.

32) *Ibid.*, (152) 르미에르, (170) 원장신부 바르텔레미.

33) B. M. Besançon, fonds de l'académie, reg. 1 à 4, 예를 들어 1784년 6월 30일, 몽테스키외 환영사.

34) Nancy, Arch. de l'académie, reg. 1 et suiv., 예를 들어 1766년 5월 11(트레상의 연설), 또는 1766년 1월 21일(솔리냐크의 연설).

35) Mémoires de l'académie de Nancy /1930/, t. IV, p.40-61, t. II, p.240-243,

t. II, p.336.

36) Bodet /770/, p.144.

37) Martin /1225/, p.75 et ms Travers, B. M. Caen, p.6, 16, 26, 31.

38) Arch. de l'académie de Nîmes, Lettre du 30 mars 1774, Lettre de mai 1774(Anecdotes).

39) *Ibid.*, Anecdotes 1-2-8.

40) *Ibid.*, 3.

41) *Ibid.*, 4, 5, 6, 7, 9, 10, 11, 12, 13.

42) *Ibid.*, 14, 15, 16, 17, 18, 19, 20, 22.

43) *Ibid.*, 19, 21.

44) *Recueil de l'Académie des Jeux floraux* /2297/, t. 38, p.124; Jacouty / 2323/, p.91-110.

45) 예를 들어 Recueil /2297/, t. 26, p.74, 'La France au Roi.'

46) *Ibid.*, 1756, t. 54, p.40. 1775, t. 67, p.67. "군주의 영광은 이같은 균형 속에 있다. 거기서 그분의 위대함과 우리의 권리가 형평을 이룬다. 다스리는 일을 아름답다고 한다면, 그것은 자유로운 인민을 다스리는 일이라 하겠다."

47) Rance /809/, t. II, p.385, 416; t. III, p.75 이하.

48) *Ibid.*, p.6 이하. 아를 아카데미의 대표인 Roubin이 1687년 7월 23일 국왕께 드리는 논고.

49) Lafont /46/, p.188 et suiv.; Lafont /2357/, p.1-11; Tisserand /1434/, p.236(d'Enghien 공작의 탄생에 부치는 부르고뉴인의 시); 프랑슈콩테의 경우 Cousin /942/, p.84를 참조할 것. 그는 1753년 마담 드 브룅 메종포르트와 변호사 브누아의 가명인 "여러 평신도회에 가입한 사쇼 거리의 어떤 포도 재배인"이라는 이름으로 브장송에서 발간된 《프랑슈콩테 사전》을 인용하고 있다. 로렌의 경우 Begin /1783/, p.551을 참조할 것. 여기서는 가장 훌륭한 가문들이 방언을 쓰는 데 주목하고 있으며, 1748년 재판과 민사 행위에서 프랑스어를 쓰게 만든 스타니슬라스의 칙령이 얼마나 중요한가 보여 주었다. 또한 Gazier /107/에 따르면 방언이 대체로 줄어들었지만, 일상의 문화를 바꿔 놓는 데까지 가지는 못하였다. 이 문제를 다시 다룬 사람은 Balibar et Laporte /68/, De Certeau, Julia, Revel /79/이다.

50) Du Mege /2378/, t. II, p.109-112.

51) Bory /1651/, p.14-15.

52) Lettres patentes de l'académie de Nîmes.

53) Lettres patentes de l'académie d'Arles.

54) Lettres patentes de l'Académie des Jeux floraux.

55) Baumes et Vincens /1980/, p.74.

56) 같은 주제에 대해서는 다음을 참조할 것. B. M. Soissons, fonds Perrin, ms 4390, 《프랑스어 발전에 관한 논고 *Discours sur les progrès de la langue française*》,

1710.

57) A. D. Hérault, D 199, (109).

58) B. M. Clermont, A. 70.205 V.

59) A. D. Côte-d'Or, reg. 11, 15 novembre 1781. 같은 주제에 대해서는, reg. 9, 17 décembre 1778; reg. 7, 24 décembre 1772, 14 août 1774; reg. 12, 21 mars 1782(콜레주 드 프랑스에서 리에르 이자크 푸아소니에가 한 강좌 주임 교수직 취임사).

60) Dom Gosse /342/, p.22-23.

61) Arch. de l'académie de Marseille, Lettre de l'intendant Monthion, Lautard /1649/, p.286-288(1772)에서 인용.

62) Tisserand /1434/, p.242-245; Barriere /1058/, p.258; Cousin /942/, p.88; 우리는 메스와 낭시에 비할 만큼 확고한 견해를 다른 곳에서 찾을 수 없었다. 루앙의 경우 아카데미는 위기를 맞이할 때마다 대표를 파견하지 않은 경우가 없다. Boullet /2205/, p.109-112; 툴루즈의 경우, Jacouty /2323/, p.106-110.

63) B. M. Besançon, reg. 4, 24 août et 29 décembre 1783.

64) B. M. Bordeaux, ms 828, 26, Discours du conseiller au Parlement, Gillet de Castelnau(1741).

65) 우리는 첫번째의 경우에서 "나는 평등한 사람들을 낳았다는 사실을 즐겁게 여기리라"는 문구를 읽을 수 있으며, /Sole/ Foventur eodem은 "그들은 같은 햇빛 아래서 반짝이고 있다"로 해석할 수 있다.

66) Rance /809/, t. I, p.67-80.

67) Chartier /1579/, p.138.

68) 우리는 리옹의 아카데미 회원들이 가다듬은 좌우명의 계획안 속에서 여러 차례 거울이라는 관념을 찾을 수 있다. Chartier /1579/, p.137-138.

69) 우리는 1714년 리옹에서 예술 아카데미를 위하여 세운 계획 속에서 벌집이라는 관념을 찾을 수 있다.

70) "그는 세 가지 영광을 위하여 겨룬다."

71) Gershoy /197/, p.269 이하.

72) Delandine /324/.


2. 아카데미와 계몽 사상

1) Durey de Noinville /96/; Matore /129/.

2) Bernard /309/, p.204; *Ambassade mémorable de la compagnie des Indes-Orientales des Provinces-Unies à l'empereur du Japon* /304/, p.103-104.

3) Pidansat de Mairobert /451/, t. 10, livre 9, p.11-14. Sur l'histoire de la secte des Anandrynes.

4) Von Wartburg, O. Bloch /302/.

5) *Encyclopédie* /354/, *Académie*.

6) Habasque /679/, p.100 이하.

7) Compayre /82/, t. 1, p.115 이하; Muchem-bled /138/, p.155-167.

8) 벨의 사전에는 아카데미라는 단어가 나오지 않는데, 신교도 아카데미들의 투쟁의 역할을 상기시켜 주기를 기다리는 사람들에게는 놀라운 일이 아닐 수 없다.

9) *Dictionnaire de l'Académie* /327/, éd. de 1694, 1718, 1740, 1762; *Dictionnaire de Trévoux* /328/, 1704, 1732, 1743, 1752, 1771; Prevost /378/, 1750; Furetieres /340/, 1690 et 1727; Richelet /380/, 1680 et 1728; Moreri /375/, 1674 et 1759; Bruzen de la Martiniere /315/, éd. 1739; *Encyclopédie* /354/, éd. 1750; Demonville, *Encyclopédie méthodique* /326/, 1782.

10) Furetiere /340/, 'Lettres': 'Toutes sortes de sciences et de doctrines.'

11) *Dictionnaire de l'Académie* /324/, 1694.

12) *Encyclopédie* /354/, I, 49(b), 50(a), 52(a).

13) *Ibid.*, I, 52(a).

14) 제Ⅱ부 참조.

15) B. M. Nîmes, ms 241, f° 122-125.

16) B. N., Z 5053(1-170).

17) 1730-39년 이전에는 단지 6회, 그 뒤에는 56회.

18) Discours prononcés······ /466/, (170,1) abbé Barthélémy.

19) Gosseaume /2185/, t. I, p.251-260; t. II, p.250-291; t. III, p.236-290; t. IV, p.276-330; t. V, p.289-341.

20) Recueils de l'Académie des Jeux floraux /2297/; Jacouty /2323/, p.9-10.

21) Dupront /94/, fasc. I, p.35-36.

22) Dictionnaire de Trévoux /328/에서는 '아카데미 회원'을 공권력이 수립한 단체의 구성원이라고 규정한다.

23) Dom Gourdin /2186/, p.III-IV.

24) Vanel /1262/, t. II, p.300-301.

25) A. D. Basses-Pyrénées, D, 4 J 131(1), Ode: "L'amour des peuples est le trésor le plus précieux des souverains."

26) B. M. La Rochelle, Arch. de l'académie, Discours de l'abbé de Brian sur l'utilité des belles-lettres(1736).

27) *Discours de Roland sur l'utilité des académies*, 6 décembre 1785, (지방의 중심지와 그밖의 지방에서 문학이 끼친 영향에 관하여), Arch. de l'académie de Lyon /266/.

28) *Encyclopédie* /354/, t. I, XXXIII.

29) Picard /450/, p.45-70.

30) Koehler /45/, p.47 이하; Vivanti /66/, p.74 이하.

31) Ganshof /431/, et /432/, t. 1.

32) Ferguson /428/, p.75-80.

33) Condorcet /320/, p.68, p.116 이하. 아카데미들에 관하여 간단하게 소개된 역사적 관점은 중요한 사전들이 소개한 도식을 한 걸음씩 따르게 되었다. 그러나 학술 단체들의 업적에 대해서는 직접 언급하지 않고 있다.

34) Chastel /417/, p.7; Del Lungo /421/, p.231; Pevsner /449/.

35) B. M. Bourg-en-Bresse, ms 756, Riboud, *Discours*; Passot /1157/, p.121 이하.

36) Delandine /324/, p.6-10.

37) B. M. Clermont, ms 785(1747) *Discours de la séance publique du 25 août*, p.5-15.

38) A. D. Hérault, D 199(109), 앞에서 인용한 수서본에서는 공리주의와 종교의 관점에 대해서 주장한다.

39) B. M. La Rochelle, Arch. de l'académie, Discours de 1739 et 1740, 공익성을 주장한다.

40) Barthélémy /307/, p.XXX-XC; 그리스라는 주제에 대한 관념을 얻기 위해서는 〈젊은 아나르샤시스의 여행〉을 참조할 수 있다.

41) Bouillet /1005/, p.28-30; Massip의 연설(1729년)은 p.31-32에서 인용된다.

42) Rance /809/, t. 3, p.190 이하, de Grille의 이탈리아 여행 보고서, 그리고 p.252도 참조할 것.

43) Delandine /324/, p.6-10.

44) Saverien /395/, p.65 이하.

45) *Encyclopédie* /354/, supplément I, 93(b), 98, 여기서는 《베를린 아카데미의 역사 *Histoire de l'académie de Berlin*》 23·24권을 인용하고 있다.

46) Voltaire /406/, t. 19, p.198, 240; t. 20, p.297, 300, 342; t. 22, p.247; t. 23, p.56(샤를마뉴의 아카데미에 관해서); t. 26, p.77.

47) Voltaire /406/, t. 20, p.342.

48) D'Alembert, *Discours préliminaire, Encyclopédie* /354/, I, XXXIII.

49) Barrière /1057/, p.19-26; Montesquieu /557/, t. 1, p.182-183, Lettre XXXVI: "그러나 이 아름다운 정신에서 내가 충격을 받은 것은 그들이 조국에 쓸모가 없다는 점입니다……" 여기서 신구의 논쟁은 파리와 지방의 대립을 보여주기 위한 계기로 이용된다. 또한 Barrière /1056/, p.33, p.112-114, 163 이하; Montesquieu /557/, t. 1, p.8.(1717년의 논고) 지방의 진지한 면은 파리의 경박함과 반대되었다.(t. 1, p.53-54, p.56) 1713년 재판장 르 베르통도 똑같은 주제를 다루었다.

50) 그의 전집 속에 있는 찾아보기를 살펴볼 수 있겠으나, 특히 Besterman판의 서한집의 찾아보기를 검토해야 할 것이다. 우리는 G. Mailhos의 연구가 나오기를 기대한다.

51) 그에게 아카데미의 기능은 숭고한 '예술가'를 생산하는 데 있다기보다는 차라리 천재가 붙인 불을 꺼뜨리지 않는 데 있었다. Voltaire /406/, t. 19, p.227, et t. 37, p.269; 또한 그의 *Dictionnaire philosophique*, in t. 26, p.79-80(1770년도판)을 참조할 것. "지방의 아카데미는 두드러진 이익을 가져다 주었다. 그들은 경쟁심을 부추기고, 강제로 노력하도록 하였으며, 젊은이가 좋은 책을 읽는 데 익숙해지도록 하고, 여러 도시에서 무지와 편견을 흩뜨렸으며, 예절을 불러일으키고, 될 수 있는 대로 현학의 냄새를 없애 버렸다……." 종신 사무총장이 지방에 미친 영향에 대해서 '왕 볼테르'는 가소롭게 생각하고, 그로부터 농담을 끌어냈다. 이 점에 관해서는 *Mémoires de Bachaumont* /622/, t. 8, 1775, p.121; Voltaire /406/, t. 14, p.95, t. 48, p.261. 볼테르는 《미네의 딸들 *Filles de Minée*》과 《마르세유 사람들과 사자에 관한 이야기 *Conte du Marseillais et du Lion*》를 모두 마르세유 아카데미 사무총장이던 샬라몽 드 라 비스클레드와 드 생디디에의 이름으로 썼다.

52) B. M. Nîmes, ms 241, f° 151, f° 75-80(아카데미의 양식에 관한 비판).

53) *Encyclopédie* /354/, 'encyclopédie' 항목 참조, t. 5, p.635-636, (Diderot); 'épargne,' t. 5, p.750; Proust /630/, Paris, 1964, p.81 et p.521-530; Roche /633/; Formey에 대해서는, *Encyclopédie* /354/, *supplément*, t. 1, p.93-98과 Marcu /442/, p.296-305를 참조할 것. 슈발리에 드 조쿠르의 견해도 아주 비슷하다. 이 점에 대해서는 *Encyclopédie* /354/, t. 14, art. 'science,' p.789를 참조할 것.

54) Freron(/339/)은 자신의 적들이 자기에 대해 비판한 데서 주로 계획의 바탕을 따왔다. '재치'를 죽이기, '진정한 취미'를 승리하도록 만들기(1·10·11조), 평등과 진정한 공훈이 세상을 다스리게 만들기(2·3·4·5·6조), '선거를 자유롭게 치르자'(7조), 아카데미에 가입하지 않은 작가 예찬론(18조), 천재를 정당화시켜 주는 것 등. 좀더 체제에 순응하는 어조로 프레롱은 라틴어의 지식도 요구하였는데, 이것은 심지어 님의 문서에서도 주장하지 않은 것이었다. 그는 여러 가지 면을 들추어서 거물급에게 알랑거렸다. 우리는 교양층에 공통된 개혁의 태도를 볼 수 있는데, 그러한 태도는 어쨌든 문인들 속에서 자주 볼 수 있는 것이다.

55) Rousseau /386/, t. 3, p.26-27(*Discours sur les sciences*), p.95(*Dernière réponse*), p.1003(*Sur le gouvernement de Pologne*). 이 표현은 마지막 글 속에서 따왔다.

56) 제1·제2논고에 관한 논쟁으로 책이 많이 나왔다. 주로 그의 전집 3권의 서문과 훌륭한 주석이 문제의 핵심을 파악하는 데 필요하다. 그러나 다음의 저작도 무시해서는 안 된다. Grosclaude /1604/, p.39 이하, p.62 이하; Grosclaude /1605/, p.15-65.

57) F. Bouchardy in Rousseau /386/, t. 3, p.XXXIX.

58) 여기서 우리는 생클루고등사범학교의 어휘 연구실에서 용어를 철저히 수집하여 분석한 결과를 이용한다. 그분들의 협력, 특히 미셸 투르니에의 노력에 감사드린다.

59) J. Starobinski in Rousseau /386/, t. 3, p.LXI-LXII.

60) 리옹 아카데미에서 1751년 5월 11일과 6월 22일에 읽은 Bordes의 논고로서, 1751년 12월 《메르퀴르》에 실렸음. Grosclaude /1605/, p.60.

61) 1768년 5월 1일자 Bordes의 연설, Ruplinger /1527/, p.222-233에서 인용.

62) Cassirer /78/, p.265-272.

63) A. D. Côte-d'Or, fonds de l'académie, reg. X, 14 janvier 1779.

64) *Ibid……*, reg. XI, 14 février 1781, Discours de Caillet, professeur au Collège des Godrans; reg. XIV, 18 août 1785, Discours d'Angelo, membre de l'académie de Valladolid agronome au service de l'Espagne, réponse de Guyton de Morveau.

65) *Recueil de l'académie de Marseille* /1661/, t. 12, 1781-1782, p.19-36.

66) 아를에 대해서, Rance /809/, t. 1, p.32-35, t. 3, p.198; 아라스·아루두앵의 1748년 2월 13일자 연설, Van Drival /856/, p.40 이하; 캉, Lavalley /1236/, p.188-189, 'l'Académie des réviseurs,' in Vanel /1262/, t. II, p.300 이하; 브장송, Société Militaire et littéraire de l'abbé de Sérent, in *France littéraire* /606/, 1758, et Cousin /942/, p.14; Grosley /582/, et Lefevre /360/, Soccard /399/, p.245, 281; Marseille, *Lettres instructives et amusantes sur l'Académie des belles-lettres de Marseille* /1658/; *Metz, Vision d'Etienne B…… citoyen de Metz, les et, du discours académique de l'ouverture, les que, les comment seraitce*, in Fleur /1772/, p.92-95; Nancy, Hatton /1940/, p.40 이하. B. M. Nancy, fonds Lorrain, R 10060, 1757, *Mémoires de l'académie de la Villeneuve*; Nîmes, Arch. de l'académie, chanson de 1756; Toulouse, Arch. de l'académie des sciences, Discours de M. de Puymaurin le 25 août 1764; Montauban, l'Académie de Mirobolant, in Forestie /1819/, p.45.

67) Rance /809/, t. 1, p.32-39.

68) Hatton /1940/, p.40 이하.

69) Grosley /1276/, le ms 241 de Nîmes, f° 85, "트루아 아카데미의 보고서들을 보시오……. 이 걸작품은 당신들의 결점으로 인하여 빛나고 있다."

70) Anthologie poétique française, XVIIIe siècle /305/: Piron, "프랑스에서 그들은 즐거운 방법으로/아카데미 회원의 안락의자에 파묻힌/어떤 작가를 수많은 글로 압도시켜, 그의 입을 다물게 만든다./마흔번째 그를, 그들은 제 사람으로 앉힌다./그가 잠들어 더 이상 깨어나지 않을 때,/더 이상 그의 산문이나 마드리갈 중에서 하나도 못 가지리,/재사에게 이 안락의자가 잠자기 위한 것이라면,/신혼부부의 침대는 사랑을 위한 것일세." p.113; Ecouchard-Lebrun, Aux quarante, p.268; Rivarol, Sur l'Académie, p.430.

71) *Projet aussi utile aux sciences et aux lettres qu'avantageux à l'état*, in Grosley /583/.

72) Grosley /588/, lettre à d'Alembert du 12 mai 1781: "그 계획안은…… 내

가 단지 몇 가지 보기만 빼버린 농담이었다……. 그 농담은 가끔 기억해 내면 좋은 사실·원칙·견해들의 틀 노릇을 하였다.”

73) Encyclopédie /354/, I, XXXIII(Discours préliminaire); VIII, p.291-292, article honoraire.

74) Ibid., /354/, VIII, p.292.

75) Voltaire /406/, t. 37, p.270, t. 38, Discours de réception à l'Académie française, p.545 “리슐리외는 당신들이 자유롭고 평등하기를 원하셨다. 과연 그는 이익을 초월해 있던 사람들, 그만큼 너그러워서 문학에 대해 그것이 누릴 수 있고, 그것 자체를 위하여 그것을 키우는 명예를 주는 사람들이 독립할 수 있도록 만들어 주어야 했다.”

76) Voltaire /406/, t. 15, p.259, l'article, ‘Société Royale de Londres’에서는 볼테르가 《철학서한》에서 말한 것을 다시 말하는데, 그것은 왕립과학 아카데미에 자유가 없다는 사실을 주장하는 기회가 되었다.

77) B. M. Nîmes; ms 241, f° 106-108.

78) Duclos /331/, p.247-255; Voltaire /406/, t. 37, Lettres philosophiques, 23ᵉ lettre; d'Alembert /463/, et ibid. /465/, t. I, préface, XXVII, XXXII, XXXIV; t. 3, p.512, 519-521. 문학인의 문제는 C. Cristin et E. Walter가 18세기의 전반기와 후반기 문인의 심상에 대해 현재 진행하고 있는 연구에 의하여, 그리고 계몽시대의 프랑스 지성의 사회학을 규정하는 단튼의 중요한 업적에 의하여 완전히 새로워지고 있다. 다음의 업적도 문제에 훌륭히 초점을 맞추었다. G. Gusdorf /116/, t. 4, p.465-515.

79) Bacon /306/, Introduction p.XVIII, p.105-107. Discours du père de la Maison de Salomon; p.168-185. 연구의 목적과 조직; p.139-145, 기능; 우리는 아카데미 운동에 관한 재미있는 관념이라 할 수 있는 ‘비밀’을 볼 수 있다, p.142, “우리는 선서를 통하여 우리가 감추자고 결정한 것을 결코 흘리지 않도록 노력하여야 한다……. 때로 우리는 국왕과 원로원에 대해서도 비밀을 가진다…….”

80) Crowther /337/; Krauss /437/; Castel de Saint-Pierre /393/, p.280-281, p.290-295, p.300-303; Goumy /433/.

82) Castel de Saint-Pierre /393/, p.302.

83) Ibid., /392/, t. 2, p.418-420.

84) Ibid., /393/, p.43-44. “인간의 예술과 모든 지식은 인간의 행복을 늘리고, 이를 위하여 좀더 효과적인 방법을 마련해 주는 만큼 유익하다…….”

85) Mercier /373/, p.276-290; Condorcet /319/, t. 8, p.521 이하.

86) Baczko /408/, p.355-386, 특히 p.371-372. 반아카데미풍의 풍자는 프랑스의 유토피아 문학의 고유한 성격이 아니다. 스위프트는 그러한 문학의 격렬하지만 사회의 실제 쓸모에 바탕을 둔 경향을 대표한다. Swift /401/, p.189-201, 라가도 아카데미의 방문; p.1637, 우리는 이 책의 프랑스어 번역이 처음 나온 해가 1727년이

었음에 주목해야 할 것이다.

87) 베이컨의 주제가 확고부동한 것은 콩도르세의 경우만이 아니다. 우리는 그러한 점을 벌써 퐁트넬에게서 찾을 수 있었다. Fontenelle /473/, t. 3, p.344-374. 볼로냐의 학사원이야말로 실현된 아틀란티스이다.(1730)

88) Georgelin de Cosquer /341/.


3. 아카데미풍의 인간

1) 우리는 다음과 같이 파리에서 5백51편, 지방에서 5백24편, 모두 1천75편의 예찬론을 뒤졌다. 그 중, 아카데미 프랑세즈 154, 과학 아카데미 188, 비명문학 아카데미 157, 왕립의학회 52, 툴루즈의 죄 플로로 아카데미와 과학 아카데미 173, 몽펠리에의 왕립학회 46, 마르세유 아카데미 42, 리옹 아카데미 58, 루앙 아카데미 95, 아미앵 아카데미 40, 낭시 아카데미 24, 브장송 아카데미 24, 기타 22.

2) 아카데미 프랑세즈를 위해서, *Discours prononcés* /466/ 참조; 왕립과학 아카데미의 경우, *Histoire et mémoires de l'Académie royale des sciences* /474/ 참조; 나는 퐁트넬・도르투 드 메랑・드 푸시・콩도르세의 전집을 뒤져 빈틈을 메우면서 연설문을 모았다. /473/ 참조; 비명문학 아카데미의 경우, *Histoire de l'Académie royale des inscriptions et belles-lettres* /478/; 왕립의학회의 경우, Vicq d'Azir /484/, et, Mémoire de la Société royale de médecine /480/; D'Alembert /465/.

3) 지방의 예찬론 5백24편 가운데 97편만이 주로 1750년 이전에 나왔고, 그 중 50편은 죄 플로로 아카데미에서 읽혔다. 지방의 예찬론을 조사한 곳은 다음과 같다. Toulouse, *Mémoires de l'Académie des Jeux floraux* /2297/; Arch. de l'académie de Toulouse, reg. 1 à 9, et *Histoires et mémoires de l'académie des sciences de Toulouse* /2282/, t. 1 et t. 2; Montpellier, A. D. Hérault, D 200-201, 몽펠리에의 예찬론은 요약이건, 원문 그대로이건 Desgenettes /1849/에 실렸다; Marseille, *Recueil de plusieurs pièces de poésie et d'éloquence* /1661/; Lyon, Arch. de l'académie, ms 124, 266, 267; Rouen, B. M. Arch. de l'académie, malle noire I et II, non classé; Gosseaume /2185/에 상당수가 실렸다. Amiens, A. D. Somme, D 150-154; Dijon, Mémoires de l'académie /1398/, A. D. Côte-d'Or, Arch. de l'académie, reg. 1 à 14; La Rochelle, B. M. Arch. de l'académie, non classé; Besançon, B. M. Arch. de l'académie, reg. 1 à 10, 51; Nancy, Arch. de l'académie, reg. 1 à 9; Cherbourg, B. M. Arch. de l'académie, non classé, R 2; Soissons, B. M. fonds Perrin.

4) A. D. Côte-d'Or, Arch. de l'académie, reg. 10, f° 238, 27 avril 1780.

5) B. M. La Rochelle, fonds de l'académie, reg. 1 et 2.

6) Arch. de l'académie de Toulouse, reg. 12 et 13; Arch. de l'académie de Nancy, reg. 6 et 7.

7) Corraze /2346/, p.III-IV.

8) 통신문을 분석해 보면 알 수 있다. 한 가지만 보기를 들면, *Correspondance de Grandidier* /567/, 예를 들어 1778년 9월 11일 브장송 아카데미의 종신 사무총장인 드로즈의 편지에서는 칼비에르 후작 예찬론을 보내 준 데 대해 감사하고, 1778년 11월 18일 그는 알레르와 볼테르 예찬론을 보냈으며, 1783년 4월 6일에는 다시 볼테르 예찬론을 보냈다.

9) *Correspondance Dugas-Saint-Fonds* /1551/, t. 1, p.104-105, p.158-159, p.256-257, t. 2, p.241.

10) Fontenelle /473/, t. 3, p.432; Thomas /403/; chevalier de Solignac, Discours du 14 novembre 1770, in Arch. de l'académie de Nancy, reg. IV, f° 636-637.

11) *Encyclopédie* /354/, t. 5, p.526-528; D'Alembert /465/, p.1-5; *ibid.*, /1/, t. 2, p.1-12.

12) Thomas /403/, p.463-467.

13) Dussault /27/, p.320-323.

14) Delisle de Sales /21/, t. I, p.120-208.

15) Lacretelle /353/, t. 3, p.261-288; *ibid.* /354/, p.335-342.

16) *Ibid.* /t. 3, p.262; Delisle de Sales /21/, p.131-133, 154-156.

17) Lacretelle /353/, t. 3, p.263.

18) D'Alembert /465/, t. 2, p.1-2 et 3-5.

19) Fontenelle /473/, t. 1, p.10-13, t. 2, p.432-435.

20) Thomas /403/, p.463; Micard /133/, p.126-128, p.291-292.

21) Dussault /27/, p.321-322.

22) B. M. Nîmes; ms 241, f° 75-81.

23) 관련 문서는 많지만, 우리는 여기서 가장 독특한 것만 언급하겠다. *Histoires et mémoires de l'académie des sciences de Toulouse* /2282/, t. 1, 1782, Eloge d'Helyot par l'abbé de Rey, p.133-141; Arch. de l'académie de Nancy, reg. II, 27 février 1755, 9 mai 1755; III, 8 mai 1763 Discours du chanoine de Tervenus; IV, 14 novembre 1770, Discours de Solignac. "이 연사는 만일 이 사람들의 이름이 그럴 만한 자격이 있다면 후세의 사람들에게 알려 줄 것입니다……. 고귀한 영혼의 소유자들은 남보다 우월한 재능을 가지고 온갖 조건의 불평등 때문에 속된 인간이 쓰고 있는 멍에에서 벗어날 수 있습니다. 우리가 읽을 만한 가치가 있는 글을 쓴 철학자·시인·웅변가는 훗날 국왕·입법가·정복자와 같은 대열에 오를 것입니다…… 위대한 문인들은 위대한 정치가와 같은 수준에 있습니다……" B. M. La Rochelle, Arch. de l'académie, pièce non classée; 1769, *Essai sur l'éloge public*; 1787, Discours de Hardy; Lyon, Arch. de l'académie, ms 124, f° 154, 236, 284; *Mémoires de l'académie de Dijon* /1398/, t. 1, CXIII, *Eloge de M.*

*Fromageot*, par Chardenon ; *Recueil de l'académie de Marseille* /1661/, t. 3, p.II-III ; A. D. Somme D 154(12), (81).

24) *Mémoires de la Société royale des sciences de Montpellier*, /1885/, t. 2, p.227.

25) Van Der Broeck /156/, 나는 이 논문을 쓴 사람과 여러 차례 대화를 나누는 가운데 그의 논지가 어떤 것인지 알았다. 우리는 좀더 전통적인 개념에 대해서 보다는 그것들에 관한 확실한 정보를 위해서 다음과 같은 저작을 참고할 수 있을 것이다. Delorme /424/, p.95-100 ; *ibid.* /425/, p.217-235.

26) 18세기부터 20세기까지 3세기의 아카데미 입회식만 따로 연구할 가치가 있다. 그 예식은 연설을 주고받는 일로 진행되었는데, 말하자면 뽑힌 사람이 한 연설에 답하여 총재가 연설을 하였던 것이다. 두 사람의 연설에서 모두 첫째는 죽은 회원에 대한 확실한 예찬이 있고, 둘째는 그의 자리를 차지한 사람이 은근히 스스로를 칭찬하고, 총재가 이 신입 회원을 분명하게 예찬해 주었다. 더욱이 두 가지 연설에 학회 설립자 찬사와 국왕 예찬이 있다는 사실을 덧붙인다면, 우리는 볼테르가 시작한 개혁의 중요성을 이해할 수 있을 것이다.

27) Arch. de l'académie de Lyon, ms 263, 65, 70, 88, 97, 98, 112, 113, 149. 그리고 아카데미 프랑세즈에서 나온 연설집도 보아야 한다. 대체로 지방의 입회 연설은 아카데미 프랑세즈의 연설보다 좀더 계몽사상가들이 바란 쓸모에 따르는 것이었지만, 그렇긴 해도 지방의 전집은 훨씬 작았다. 어쨌든 우리는 다음에서 수많은 보기를 찾을 수 있다. *Recueils de l'académie de Marseille* /1661/ ; reg. de l'académie de Dijon et de Nancy.

28) Lyon, Arch. de l'académie, ms 124, f° 112-113. *Discours de l'Académie française* /466/, 167(1788).

29) *Discours de l'Académie française* /466/, 145, La Harpe(1776).

30) Bourdieu, Passeron /11/ ; Bourdieu, Passeron, Saint Martin /13/ ; Bourdieu, Passeron /10/ ; Bourdieu, Saint Martin /14/, p.147-175.

31) Van Gennep /65/, p.93-163, p.254-263 ; *cf.* Bataille /6/, t. 2, p.354-356.

32) 설득력 있는 표현은 Boufflers의 펜 끝에서 나왔다. Chevalier de Boufflers, in *Discours de l'Académie française……* /466/, 170 ; dans le discours du marquis de Chastellux, in *Discours de l'Académie française……*/466/, 163, 죽음에 대한 위안이 필요하다는 생각이 분명히 나타나 있다. "나는 당신에게 자리를 물려 준 샤스텔뤽스 후작이 내게 대답하기 위하여 앉아 계시던 바로 이 자리를 차지한다는 일이 가장 가슴 아픈 일이라고 느낍니다"라고 재판장 니콜레에게 현역 총재가 대답하였다. in *Discours de l'Académie française……* /466/, 169 ; 뷔퐁의 자리를 물려받은 Vicq D'Azir는 "그의 자리에 앉도록 양해해 준 사람들의 뜻을 받들어 그 자리에 앉을 만한 자격을 갖추도록 노력할 것이다……." in Discours de l'Académie française /466/, 166.

33) *Eloge de Turgot, par M. de Bougainville, in Mémoires de l'Académie des inscriptions* /478/, t. 5, p.213-214.

34) Vicq D'Azir in *Histoires et mémoires de la Société royale de médecine*……
/480/, t. 1, p.4.

35) 우리는 지은이들이 가끔 출처를 밝히는 예찬론을 살펴볼 수 있다. 예를 들어 de Fouchy는 트뤼덴 예찬론에서 자신은 그의 아들인 트뤼덴 드 몽티니가 붙인 각주를 '거의 바꾸지 않고' 이용하였다고 밝혔다. 의사 볼프 예찬론을 위해서는 마데와 통신을 하였다. 메랑은 알레 예찬론을 쓰기 위하여 폴크스의 회고록을 이용하였다. 1766년 드자이이예 다르장빌은 자기 아버지의 예찬론을 위하여 몽펠리에 왕립과학회에 서류를 보냈다.(A. D. Hérault, D 203, 15)

36) 예찬론을 이러한 의미로 이용하는 것은 문인들에 관한 전반적인 역사의 사회학적 자료와 최고도로 관련이 있다. 이를 위해서는 다음을 참조할 것. Delorme /424/, /425/, 그리고 발간 준비중의 Christin et Walter의 저작.

37) B. M. Nîmes, ms 147, *Correspondance Séguier*(11 avril 1755, f° 39-42), 우리는 ms 138, f° 33에서 Lebeau, 그리고 ms 249, f° 49-50에서 Fouchy의 비슷한 질문을 볼 수 있다. 세기에의 대답은 f° 51에 사본으로 들어 있다. 지방의 총무들은 여러 가지 의사 소통의 문제로 실수를 범하지 않기 위하여 정확한 정보가 필요하였다는 사실에 우리는 주목해야 할 것이다. cf. A. D. Côte d'Or, Arch. de l'académie, reg. 13, 29 janvier 1784, "본 아카데미는 가제트에 잘못 기사가 나간 것과는 달리 달봉 백작이 죽지 않았다는 사실을 기쁨으로 확인하였다. 이 기회를 빌어 아직 죽지 않은 사람의 예찬론을 내놓는 거북한 일을 다시 하지 않기 위하여, 본 아카데미는 이제부터 아무도 본 아카데미 회원의 죽음을 그의 부모가 확인하기 전에 예찬론을 내놓아서는 안 될 것이라고 정하였다." 우리는 셰르부르에서 이 편지 가운데 한 통을 찾았다. B. M. fonds de l'académie, R 2 118(9 juin 1775, Dallet à l'académie).

38) Fouchy는 이러한 물음에서 가족에 관한 주제에 대해 두 문항(n° 13-14)을 할당하였다. 전체 문항들을 살펴볼 때 1번에서 5번까지는 비슷하고, 6번은 3번 문항을 발전시킨 것이며, 9번에서 11번까지는 유사하고, 12번에서 17번까지 푸시는 10번과 11번 문항을 좀더 정확하게 묻고 있다.

39) *Mémoires de l'Académie des inscriptions* /478/, t. 5, p.213-214.

40) *Eloge du chevalier de Solignac* par Pierre de Sivry, registre de l'académie de Nancy, 1773.

41) Grosley /574/, p.191-193, Lettre à d'Alembert du 8 août 1782. 그롤레는 콩도르세가 트롱솅의 예찬론을 쓸 수 있도록 15,6세기의 트루아 가문들의 기원에 관한 정보를 전해 주었다고 밝혔다. "콩도르세 후작은 아주 정확한 사실과…… 사후의 추론 사이에서 한 가지를 고를 것이다." 의사 테오도르 트롱솅은 자기 가문의 귀족 전통을 쉽사리 끌어낼 수 있도록 아비뇽에 묻힌 기병 대위 레미 트롱솅이

라는 사람의 후손을 자처하였다. 가게와 귀족 사이에서 콩도르세는 후자를 골랐다.

42) 전형 II에 속하는 가문에 대해서는 표 9 참조. 파리에서는 19.5퍼센트, 지방에서는 23.5퍼센트. 한마디로 **파리 출신 가족**의 거의 60퍼센트, **지방 출신 가족**의 약 68퍼센트가 귀족 전통을 자랑하였다. 표 10에서 볼 수 있는 것처럼 여기서 이 주제가 한 세기 이상 꾸준히 문제로 대두되었음에 유의하자. 관련 문서를 분석해 보면 여러 가지 변화가 있었음을 알 수 있겠지만, 그것은 처음의 도식을 바꾸어 놓지 못하는 정도였다. 예를 들어서 1791년 낭시에서 나온 퀴스틴느 예찬론과 시브리 예찬론은 그들의 조상에 관하여 언급하고 있다. "퀴스틴느 집안의 이름은 영지에서 비롯되었다……. 그 가문은 유력한 가문들과 연결되어 있으며, 나라에 봉사한 것으로 유명하다." 그리고 그 가문에 속한 칭호들은 공식적인 존경을 받을 만한 절대적 권리이다. 반세기 동안 5명이 영광스러운 죽음을 맞이하였다는 사실을 통하여, 1789년부터 자유로와진 여론이 그 가문 출신 1명(퀴스틴 후작의 동생)에게 표를 던졌다는 사실을 증명할 수 있다.(Reg. 7, 8 mai 1791)

43) 이러한 의미에서 설득력을 가진 문장은 리옹에서 나온 원장신부 라크루아 예찬론이라 하겠다. Arch. de l'académie, ms 124, f° 313-314.

44) *Eloge de Bignon*, in *Mémoires de l'Académie des inscriptions* /478/, t. 16, p.363. 증거가 넘치기 때문에 더 이상 전거를 댈 필요가 없을 정도이다. 그렇지만 아카데미의 왕조들은 툴루즈의 쥐시외·카시니·트뤼덴·레스기에의 가문들의 보기에서 볼 수 있듯이 이론의 마지막 예증이라는 사실에 주목하자.

45) 이 주제를 아주 훌륭하게 분석한 것으로는 Chartier /1579/, p.201.

46) 전형 III에 해당하는 가족들은 벌써 파리와 지방의 예찬론에서 각각 22.5퍼센트와 17.5퍼센트 이상을 차지하고 있었다. 표 9 참조. 전형 IV에 속한 가문들은 각각 5.5퍼센트와 7.5퍼센트를 차지하였다. 우리는 달랑베르 예찬론을 가지고 이 주제를 예증할 수 있다. 여기서 기원에 대해 예의상 말하지 않고 있는데, 이같은 사실을 통해서 우리는 달랑베르가 개인적인 노력에 의하여 자기 자신의 신분을 높였음을 알 수 있다. 이와 함께, Eloge de Varignon, à l'académie des sciences en 1722; celui de Rolle en 1719, celui de Parcieux en 1768도 볼 것.

47) *Cf. Eloge de M. de Maison* à l'académie des sciences(1731) et celui de Lapeyronnie(1745). 면장을 주어 귀족을 만드는 일을 통해서 우리는 여러 가지 모순의 조화를 본다.

48) *Cf. Eloge de Saint Laurens* par Forest aux Jeux floraux, le 31 août 1759. "젊은 생 로랑은 자기 선생들이 겨우 이해한 저작을 그들보다 먼저 감상하였다……"

49) *Eloge de Maniban, ibid.*, 6 février 1763.

50) *Eloge de Bojat, ibid.*, 30 mai 1772.

51) *Eloge de Duhamel du Monceau*, par Condorcet /473/, II, p.145-148(1782).

52) Aries /164/, p.201-203, et chap. IV, les âges des écoliers, p.205-297; 조

숙한 학교 생활에 관한 주제는 p.262-263; 또한 다음을 참조할 것. Bourdieu et Saint-Martin /14/, p.153-155. 17세기말부터 아카데미에서 나온 모든 예찬론은 이 같은 특성을 보여 주었다. 조금 더 앞으로 거슬러 올라가야 할 것이다. 17세기를 위해서 추도문 필자들을 분석하고, 학자들에 대한 판단과 작가들의 주요 저작에 대하여 Baillet의 저술을 연구하고, 사전들을 검토해 보면 문제를 가장 잘 알 수 있게 해주는 다채로운 자료를 얻을 수 있다. Christin은 이 작업을 일부 시작하였다.

53) 예를 들어 éloge de Séguier, Académie des inscriptions /478/, 1785를 볼 것. 시계를 분해한 Vaucanson의 일화는 때 이른 조립의 훌륭한 경우가 된다. 과학 아카데미에서 콩도르세가 1783년에 그에 관하여 쓴 예찬론 /474/을 볼 것.

54) Chaunu /171/, p.126-127.

55) Chartier /1579/, p.202, et Arch. de l'académie de Lyon, ms 157, f° 17-18.

56) 이 주제는 파리에서 90번, 지방에서 73번 나오는데, 이것은 모든 예찬론의 거의 15퍼센트에 해당한다.

57) *Eloge de l'Allouville* à l'académie des sciences /474/, 1732.

58) *Eloge de Monseigneur de Labroue*, Jeux floraux /2297/, 1721. 여가의 심상을 중심으로 펼쳐지는 주제는 두 가지 계열의 것이다. 먼저 사랑과 존경으로 둘러싸인 성실한 가장(pater familias)이 있는데, 그는 지방의 부르주아 예찬론뿐만 아니라 귀족의 예찬론에도 나온다. 그리고 여가와 신화의 꿈을 꾸는 이상적인 곳으로서 시골에 은퇴하는 주제가 따라 나온다. Cf. B. M. Cherbourg, fonds de l'académie, R 2-91, 이것은 여가에 관한 훌륭한 자료이다. 이 학회의 회원들은 다음과 같이 소개된다. "한편에는 여러 가지 주제를 믿는 계몽된 사람으로서, 무서운 궤변의 완곡한 표현과 감추어진 부분을 듣고, 그에 대해 싸우고 반박하느라고 지친 사람이 있으며, 다른 한편에는 열렬한 시민으로서 능숙한 도매 상인이 있는데, 이 둘은 모두 국가를 보전하는 데 아주 필요한 분야인 상업이 씻어 버릴 수 있는 갖가지 위험을 성공과 함께 연구하고, 관찰하며, 비교한 뒤에 문학·과학·예술을 위한 사랑으로 이곳에 와서 다른 사람들에겐 고통스런 작업이 될 휴식을 찾는다……." (이 문서가 언제 작성되었는지 정확히 알 수 없지만, 우리는 1770년 이후라고 생각한다.)

59) 선행은 영혼의 감수성을 증명해 준다. 그것은 계몽사상가들의 심성인 경우가 많았다. 그러나 그것이 '확고한 경건성'을 동반할 때, 진정한 자비와 구별하기 어려울 때가 가끔 생긴다. 신을 대하는 덕이라기보다는 자질이라고 할 수 있는 그것은 신과 인류에 대한 사랑보다는 동포에 대해 좀더 밀접한 관계가 있다. 계량적이고 의미론적인 분석만이 여러 가지 간섭과 끼어들기의 가능성이 얼마나 큰지 밝혀 줄 수 있을 것이다. 예찬론이 최대한 그 뜻을 전달할 수 있어야 한다는 사실 덕분에 모든 종류의 침투와 겹치기가 가능해진다. 아카데미 정신은 모든 사람에게 전달되어야 하는 것이다.

60) Chaunu /171/, p.301-303; 또한 Grimsley /114/, p.5-17; 물론 Starobinski

/149/, p.25 이하도 봐야 한다.

61) Breton /16/, p.473-474; Graverelle /39/, p.262-265.

62) Breton /16/, p.518-519, 그리고 수사학상의 사교성의 주제에 대하여, Lamy /47/, p.390-405; Moussaud /55/, p.37-45; Dom Gourdin /38/, p.85(l'ordre moral du discours), p.237(L'éthopée). Brulon de Saint-Remy /17/, p.47-49; numéro spécial de la revue XVII° siècle: *Point de vue sur la rhétorique* /59/, 좀더 각별히 RP F. de Dainville, 'L'évolution de l'enseignement de la rhétorique,' p.19-44, et G. Snyders, 'Rhétorique et culture,' p.79-88; 또한 연구의 시각을 위하여 다음을 참조할 것. 'Recherches rhétoriques,' in *Communications* /62/.

63) *Discours du chevalier de Boufflers*, directeur à l'Académie française, le 25 octobre 1789 /466/, (170).

64) Mauss /50/, p.313-329.

65) *Eloge funèbre du duc de Tallard* /929/.

66) Aries /3/, p.169-195; Chaunu /171/, p.167-170; Michel Vovelle /1732/, p.584-585.

67) A. D. Somme, D 154 39; Discours de l'abbé de Brian, prononcé à la séance publique du 25 août 1739, in *Recueil etc. de l'académie de La Rochelle* /2145/, p.6-7.

68) Eloge de Van Swieten, baron du Saint-Empire, premier médecin et bibliothécaire de S. M. Impériale et Royale /474/, (1772), p.114-128.

69) 이것은 중요한 부수적인 주제로서——마지막으로 내뱉은 말은 좀처럼 실리지 않았다——이 주제는 마지막 자유 행위로서 과거에 어떤 의미를 주었다.

70) A. D. Somme, D 154(41).

71) 표 13 참조. 의학상의 죽음 4백1건 가운데 원인을 밝히는 진단이 있는 경우는 50퍼센트에 지나지 않지만, 의학상의 구별은 다른 형태를 띠고 있었기 때문에 거기에는 부수적인 암시 사항이 없다. 빛의 세기, 죽음을 앞에 놓고 의사가 보여준 태도에 대해서는 아직도 조사가 이루어지지 않았지만, 다음의 글은 훌륭한 지침이 될 것이다. Peter /519/, *Eloge de Lemoine, Rouen*, 1778.

72) Groethuysen /115/, p.61-98.

73) Abbé Grandidier /568/, t. 2, p.464-465.

74) 나는 여기서 이 부분에 대해 값진 충고를 해준 안 마리 샤르티에에게 고마운 마음을 전한다.

## 제4장 아카데미 회원들

1. 아카데미의 사회
1) Mandrou /125/, p.133-138.

2) Venturi /157/, p.18-26. 벤투리가 사회학을 무시하는 태도가 방법론상의 여러 가지 제안보다는 빈정거림에 의하여 나타난다는 사실은 유감스럽다.

3) Vovelle /1732/, p.11-32.

4) Dupront /25/, p.189-207, p.192-193; *ibid.* /24/, p.3-11; Memmi in Gurvitch /41/, t. 2, p.299-314; Erhard /99/, p.171-189.

5) 우리는 여기서 Eric Walter에게 감사한다. 그는 18세기의 지식인과 그들이 프랑스에서 보여 준 모습에 대한 자신의 연구 서류를 고맙게도 우리에게 공개하였다. 우리는 그의 논문 /617/, p.2-23도 참조할 수 있다.

6) Barrière /1058/, p.9-10.

7) 여기서는 다음과 같이 단지 고전이 된 저술만을 언급한다. Erhard /98/; Mauzi /130/; Proust /630/.

8) 나는 다음과 같이 두 저작이 차이를 보여 주긴 해도 이러한 방향을 밝혀 준다고 생각한다. Barrière /1055/; Bouchard /1437/; 그리고 Trenard의 논문 /1617/은 지방사의 흐름 속에 자리를 잡지만, 온갖 측면을 가진 지방의 현실을 존중하고 있다는 이유에서 독창적인 위치를 차지하는 것처럼 보인다.

9) Taton /151/; Abraham et Desne /67/.

10) Mornet /137/, p.145-152, p.298-318; /135/, p.449-496; Furet /103/, p.1-2.

11) Braudel /15/, p.80.

12) Dupront, 'Post face' in /103/, p.186-187.

13) Dupront, *ibid.*, in /103/, p.194-195.

14) 만일 우리가 뤼시앵 골드만의 견해를 받아들이지 않는다 해도 그의 저작을 통하여 자극을 받는 관심을 무시할 수는 없을 것이다. 각별히 /36/, /37/, p.752-779.

15) Duby /22/, p.937-966에서 인용.

16) 라브루스의 제자인 A. Daumard · F. Furet · M. Vovelle 같은 사람들이 다듬은 업적과 함께 Garden이 리옹에 대해 연구한 주요 저작을 상기할 필요가 있다.

17) 신분과 계급에 대한 논쟁, 회원을 낸 사회 집단들에 대한 세심한 정의를 내리거나 내리지 않은 채 계량적 연구를 할 수 있는 가능성의 확산 같은 문제는 모두 잘 알려져 있으며, 그에 관한 저작은 많다. 여기서는 세 가지 중요한 저작만 언급하겠다. Mousnier /53/, *L'Histoire sociale* /43/, et *Ordres et classes* /57/, Durand /186/, 특히 제2권의 첫장, p.177-230.

18) Vovelle /1732/, p.44; Perrot /233/, p.241-268.

19) Roche /1297/, p.887-922; *ibid.,* /144/; *ibid.* /633/; 또한 우리가 근본적인 도움을 받은 다음의 작품들을 참조할 것. Chartier /1579/; Bodet /770/; Boullet /2205/; Desplat /2099/; Lebreton /1777/; Martin /1225/; Toquant /1356/; Vassor /2057/.

20) 두 가지 사실을 생각해야 한다. 회원들의 범주를 확실히 키워 주는 것으로서, 우리가 4백 개 이하로 평가하는 수많은 귀속 관계, 그리고 1백여 명이 어떤

아카데미 범주에서 다른 범주로 이동하는 것.

21) Fleury et Valmary /102/, p.89. 남자는 47퍼센트, 여자는 27퍼센트, 둘은 모두 37퍼센트를 차지하였다.

22) Garden /1625/, p.449-450; Fleury et Valmary /102/, p.81. 마그지올로에 따르면 문맹자는 평균 63퍼센트이다; Godechot et Moncassin /2384/, p.130-169, p.146-149; Cestrieres-Dijols /2370/, p.93에서도 비슷한 숫자를 제시한다. 남자는 51퍼센트, 여자는 거의 30퍼센트가 서명을 하였기 때문에 글을 아는 사람은 평균 40퍼센트에 달하였다. 우리가 기본 지식을 검토하기 위하여 서명의 기준치를 자세히 검토할 수 없음은 분명하다. 우리는 퓌레(F. Furet)와 메이예르(J. Meyer)가 서명의 질에 관해서 사료를 비판한다는 조건에서만 그 기준은 유효하며, 장기간에 걸쳐서만 쓸모가 있다고 생각하는 데 공감한다. 마르세유에 대해서는 Vovelle /1732/, p.388-390을 볼 것.

23) 표 16·17·18과 도표 2를 볼 것. 도표 1과 23번도 함께 볼 것.

24) 표 1, 지도 22bis 참조.

25) Chaunu /170/, p.22.

26) Gusdorf /116/, t. 5, p.474; Proust /630/, p.52-54.

27) 단튼(R. Darnton)이 뇌샤텔 인쇄소(Société typographique de Neuchâtel)의 고문서를 가지고 연구한 결과.

28) Bouyssy et Brancolin /73/, p.12-15.

29) *La France littéraire* /606/, 1784, p.521-551; Topographie de la France littéraire, et additions, p.615-616.

30) Esmonin /602/, p.272-313. 에스모냉이 구독 신청자 5백37명을 밝힌 데 비해, 《사전》의 첫머리에 끼워 넣은 구독 신청자 명단을 가지고, 우리는 단 3백65명만 찾을 수 있었다. 에스모냉이 다른 명단에 오른 사람들을 두 번 계산한 경우가 있다 해도, 왜 이런 차이가 나는지 설명할 수 없다.

31) Bourde in Duby /181/, t. I, p.250-251; Chaunu /171/, p.468.

32) *Anthologie poétique française* /305/, p.310-312: *Epitre sur l'influence des femmes sur les mœurs*; Madame du Bocage에 대해서는 다음을 참조할 것. Gillmark /108/. 보카주 부인은 루앙 아카데미에서 시 한 편을 가지고 상을 받았음에 주목하자.

33) Rance /809/, t. 3, p.125-126 et p.339-340; 아라스 아카데미에서 뒤부아드 포쇠는 명예 회원으로 뽑히게 되며, 마드무아젤 드 케랄리오와 마드무아젤 르마송 르 골프 뒤 아브르도 받아들여진다. Berthe /839/, p.151을 참조할 것. 이들은 아주 늦게 뽑혔으며——1787년——여기서는 시인과 문학자의 세계에서 이름을 날린 여류 문인에게 영광을 주었다. 한마디로 18세기 전체에서 아카데미 회원이 된 여성은 10명 미만이다.

34) Chaunu /171/, p.115-128; Fleury et Valmary /102/, p.88-89. 1686-90년

에 글씨를 깨우친 여자는 14퍼센트, 1786-89년에는 27퍼센트였다.

35) Grellet-Dumazeau /1117/; 이 문제에 관한 저작은 많다. Goncourt /195/; Duhet /182/(Paris, 1971, Collection Archives)는 조금 급하게 논리를 펴지만 주요 저작들을 제시하고 있다. Abensour /163/은 재미있는 사항들을 담고 있다. Mandrou의 논문(/223/)과 Chaunu /171/은 모두 중요한 문제를 제기하고 있다. 종교 윤리의 무게, 권리의 몫, 집단 정신 자세의 요인들 때문에 문제가 문학·철학·심리학의 논쟁에 제한되고 있다. 비교민족학·심리분석·의학의 역사·차별화 사회학의 교훈에 비추어 다시 해야 할 연구는 정서의 분석을 무시해서는 안 될 것이다. 장기간의 사료를 풍부히 하기 위하여, 우리는 1972년에도 역시 여자가 아카데미의 문을 넘은 사람은 거의 없으며, 1971년에 프랑스 학사원에 여성이 뽑힌 것은 개혁으로 환영받을 일이라는 사실을 상기하도록 하자. 여류 문인이 여러 번 아카데미 프랑세즈의 문을 두드린 뒤 재미있는 문제가 일었다. 오늘날 지방의 학회에서 여성의 몫은 거의 없다. 거기서 우리는 몇 백 년 동안 남성 위주로 운영된 아카데미의 전형적인 뻣뻣한 성격을 볼 수 있지 않는가?

36) Marmontel /366/, t. 2, *op. cit.*, p.102-103; Madame Roland /726/, t. 1, p.265-269 et t. 2, p.594.

37) 집단의 거동에서도 불평등을 볼 수 있다. Vovelle /1732/, p.40-43.

38) J. Soubeyran de Scopon /2299/, p.99-100 et 214-215.

39) 이 표현은 죄 플로로의 규정에 있다. 그것은 1694년 여성은 수상자라 할지라도 모든 회의에 참석하지 못하도록 정하였다. 1773년 여성 수상자들은 공식 회의에서 남성과 참석할 수 있게 되었다. 여성들은 언제나 공중에 모습을 드러내고, 그들 중에서 장벽을 넘은 경우는 거의 없었기 때문에 우리는 여성 회원의 증가가 미약하였다는 사실을 알 수 있다.

40) Agulhon /639/, p.185-186.

41) 표 14번 참조.

42) 표 13번 참조.

43) Marot /1429/, p.115-118 et p.29-38; Tisserand /1434/, p.128-130.

44) *Mémoires de Bachaumont* /622/, t. 3, p.82-83. 우리는 볼테르의 시 "내가 황혼을 맞이할 때, 당신은 새벽으로 빛나는가." 그리고 특히 "누가 내 뒤를 이어야 할 텐데, 그리고 난 당신이 내 뒤를 이었으면 좋겠어"를 떠올릴 수 있다. 이처럼 빛나는 문학적 후원에, 그 지방에서 입으로 전하는 전통을 충실히 지키면서 젊은 시인이 사생아로 태어났다고 하는 전설을 덧붙여서는 안 될 것이다. 이 전설에 대해서는 p. Marot /1429/, p.1-15에서 판단하고 있다. 그러나 이 전설은 지위 높은 집단들이 가장자리와 변두리를 흡수하는 현상과 목표를 확신에 차서 설명하려는 의지를 보여 주는 뜻깊은 사실이다. 젊은이가 정회원이 된 경우를 몇 가지 살펴보면 라로셀에서 아직 20세도 안 되어 회원이 된 재판장 뒤파티, 님의 레이몽드 즈나, 모두 연구 보조원으로 들어갔지만 아주 빠르게 정회원이 된 몽펠리에의

드 라트 · 아그노 · 루아가 있다.

45) B. M. Cherbourg, Arch. de l'académie, R2 90.

46) Robine /2244/. 나는 이 자리를 빌려 자기 논문을 내게 빌려 주어 루앙의 고문서에 대한 값진 정보를 알려 준 로빈 선생에게 고마움을 전한다. p.116-117, 1715년에서 1755년 사이에 들어간 판사들의 평균 나이는 25세 6개월이며, 1757년부터 1770년 사이에는 26세 5개월, 1775년부터 1787년에는 24세 3개월이었다. 이 집단의 나이가 상대적으로 젊어진 것은 법률 공부가 17세와 20세 사이에 빨리 이루어졌음을 뜻하지만, 진정한 견습 기간이 있었기 때문에 일부분 늦추어졌다.(p.120) 툴루즈의 경우 Peguilhan de Larboust /2395/, p.40-41, 평균 나이는 23세 9개월, 디종의 경우 Colombet /1461/, p.54-55, 평균은 23세이었다. Doyle /1113/, p.30 이하; Bluche /265/, p.56-60.

47) Aries /164/, p.6-22, p.204-264. 우리는 옛 프랑스가 노인들을 무시했다는 이 저자의 관점에 찬성할 수 없다. 논리를 뒷받침해 줄 보기는 아주 적기 때문에 우리를 확신시킬 수 없을 정도이다. 그리고 우리는 실제와 지배적인 모습을 혼동해서는 안 된다. 예찬론의 연구는 이러한 점에서 많은 사실을 보여 준다. 모든 예찬론은 어린아이는 아니라 해도 청년에게 중요한 자리를 주며, 제2의 청년기, 다시 말해서 인생의 제2기에 지성이 무르익는 것으로 생각하며, 끝으로 확고하고 슬기롭게 일생을 끝마친 노인을 찬미한다. 그러므로 예찬론에 대한 연구는 다시 한 번 통틀어서 이루어질 필요가 있다. Ozouf /231/, p.569-593은 훌륭하게 문제를 일으키고 있다.

48) 표 15, 도표 23과 24 참조.

49) Garden /1625/, p.141-146.

50) Levy et Henry /219/, p.807-830.

51) Goubert in *Histoire sociale* /43/, p.223-237, 이 표현은 p. Chaunu, in Discussion, p.231에서 다시 한 번 쓰인다.

52) Dassy /1672/, p.12-15; Lautard /1679/, p.8-9; 이 점에서 기본이 되는 것은 올리비에(Olivier) 예찬론이다(*Recueil de l'académie de Marseille* /1661/, 1737, p.44-45). Chalamont de La Visclède와 de Pennes 후작은 기원의 보카치오식 번안에 똑같은 의견을 가졌다.

53) Vovelle /1732/, p.42-46. 지방 인구의 겨우 1퍼센트인 귀족은 등기부에 오른 유언장에 대한 조사에서 29퍼센트를 차지한다. 귀족처럼 우아하게 사는 부르주아 · 관직 보유자 · 자유 직업인 집단은 14퍼센트, 도매업자는 10퍼센트이다. 이렇게 볼 때, 명사의 범주에 든 사람들은 통계의 53퍼센트를 차지하였다. 시간상의 차이(예를 들어 귀족은 1700년과 1790년 사이에 3분의 1에서 5분의 1이 된다) 때문에 이러한 그림은 조금 색깔이 바뀐다. 그러나 부르주아 명사는 민중 계급의 대표보다 더 많이 늘었다. 명사의 거동과 민중의 태도는 사회적으로 모방하려는 압력 때문에 눈에 띄게 깊이 관계되어 있었다. 오늘날의 인구사가들은 빛의 세기에

죽음에 대해 삶이 승리하는 것을 보여 주었다. 인구가 두 배가 되는 예가 많았으며, 지배 계층에서 70세가 될 기회는 1600년과 1699년 사이 6퍼센트에서 1700년과 1799년 사이에 16.8퍼센트로 늘었다. Chaunu /171/, p.159에서 다음을 인용하고 있으니 참조할 것. S. Peller, 'Europe Ruling families since 1500,' in D. V. Glass et D. E. C. Eversley, *Population in History*, Londres 1965, p.87-100.

54) M. de Chateauneuf /2448/.

55) Goubert /203/, t. 1, p.256.

56) 표 16 · 17 · 18과 도표 2 참조.

57) Lousse /221/, p.265-270; Robin /244/, p.43-44.

58) Berthe /839/, p.154-156; Roche /144/, p.134-136.

59) 도표 2와 표 17 참조.

60) 도표 2와 표 18 참조.

61) 도표 2 참조.

62) Tisserand /1434/, p.45-46; Bouchard /1437/, p.592-594.

63) Roche /144/, p.132-140.

64) Desplat /2099/, p.37-44.

65) Pariset, 'Les beaux arts de l'âge d'or,' in /1118/, t. 5, p.523-526; Marionneau /1097/; *France littéraire* /606/, 1784, p.285. 만일 우리가 보르도 아카데미의 총재 가운데서 예술가가 아닌 애호가만 생각한다면, 귀족은 20퍼센트 미만, 성직자는 1명도 없고, 부르주아가 나머지를 차지한다는 사실을 알 수 있다; Mesuret /2361/; Omont /2362/; *France littéraire* /606/, 1757, 1769. 툴루즈에서는 보르도에서 보았던 결과를 뒤집어 놓은 모양을 볼 수 있다. 귀족은 85퍼센트, 성직자는 8퍼센트, 제3신분은 7퍼센트를 차지하였다. 만일 우리가 예술가와 애호가들을 함께 통계 처리한다면, 귀족/부르주아의 균형잡힌 모양을 볼 수 있을 것이다. 성직자는 별로 중요한 자리를 차지하지 못했기 때문이다. 이러한 결과는 보르도에 대해서도 마찬가지이다. 그러나 지방의 미술 아카데미에 대한 연구는 좀더 정밀하게 다시 해야 할 것이다.

66) Hatton /1940/, p.40-47; Marot /1942/, p.302-326.

67) Berthe /839/, p.154.

68) Vaillant /1509/, p.293-298.

69) D. Boullet /2205/, p.107-111. 고등법원 인사들이 아카데미에 있다는 것은 별로 활동을 하지 않은 몇 명의 경우를 제하고 상당한 뒷받침이 되었다. 이처럼 독특한 성격에서 배타성에 대한 반증을 보아야 할 것인가? 고등법원 인사들이 모든 활동에 참여하는 것은 사법관들이 아카데미 기관에 대해 행사하는 감독의 정도와 직접 관련되어 있다. P. Robine, /2244/, p.307-309는 M. de Cideville이 18세기에는 드물게도 글쓰기를 좋아한 노르망디 지방 사법관이었다고 말한다.

70) Lebreton /1777/, p.45-46, p.52-53.

71) Rance /809/, t. 3, p.326-340.

72) Doneau du Plan /1167/, p.36-48.

73) 다음 페이지의 표를 볼 것.

74) Doneau du Plan /1167/, p.39, 42, 44, 67, 113.

75) Barol /1168/, p.133-141. 나는 Perrichet 선생이 자신의 업적을 빌려 준 데 대해 이 자리를 빌려 감사한다.

76) Duval le Roy /1163/.

77) 이처럼 중요한 핵의 변두리에 있는 성직자들을 가진 수아송과 발랑스의 경우에서 먼저 수아송에서는 성당 참사회원들이 있었기 때문에 상대적으로 높은 비율(42퍼센트)을 차지하였고, 발랑스에서는 교육 성직자가 있었기 때문이지만, 귀족과 성직자의 비율은 같다. 두 경우에서 회원 구성은 명사 지배층과 완전히 일치하고 있다. 수아송의 경우 명사들 중에 성직자는 42퍼센트인데, 이들은 아카데미에서 42퍼센트를 차지하고 있는 것이다. 발랑스의 경우 같은 집단은 28퍼센트와 39퍼센트를 차지한다. 애향심을 띤 단체에서는 사회 정예 분자들의 집단이 가지는 여러 가지 중요한 극 가운데 하나를 가볍게 부풀리고 있다.

78) 도표 2 참조.

79) 정회원:　　　귀족 1천1백22명　귀족 성직자 2백47명, 합계 1천3백69명.

| | | | |
|---|---|---|---|
| 명예회원: | 4백87명 | 75명, | 5백62명. |
| 준회원: | 7백63명 | 84명, | 8백47명. |
| 계: | 2천3백72명 | 4백6명, | 2천7백78명. |

성직자는 다음과 같이 구성되었다.

| | | |
|---|---|---|
| 정회원: 귀족 성직자 2백47명 | 평민 성직자 3백77명 = 6백24명. | |
| 명예회원: | 75명 | 28명 = 1백3명. |
| 준회원: | 84명 | 4백64명 = 5백58명. |

표 20 · 19와 21.

80) 표 1과 2, 도표 22 · 23 · 24.

81) 이들을 정의하려는 노력으로는 Vovelle et Roche /256/, p.419-452가 있다. 또한 Robin /244/, p.38-49에도 유익하고 날카로운 통찰력이 보인다. 아카데미 도시의 사회 직업 집단의 표에서 금리생활자 부르주아는 지역마다 차이가 있음을 알 수 있다. 그리고 제2신분 전체에서 한가한 귀족은 역사가들의 주의를 끌지 못하였다. 우리는 정부와 행정의 요직에 나아간 주요 부분을 소유한 제2신분 속에서 이 같은 틈을 뺄 수 없을 것 같다. 이것은 한가한 집단 속에 그 부분을 포함시키는 일을 완전히 거부하지 못하도록 만든다.

82) 아카데미 도시 전체 평균은 33.5퍼센트, 정회원의 평균 22퍼센트, 명예회원의 평균 15.5퍼센트, 준회원의 평균 19퍼센트, 전체는 20퍼센트.

83) 아카데미 도시 전체 평균 6.7퍼센트, 정회원 평균 3.4퍼센트, 명예회원 평균 0.3퍼센트, 준회원 평균 2퍼센트, 전체는 2.4퍼센트.

| 해군 후보생, 해군 소위 | 해군 대위 | 해군 소령 | 해군 중령, 해군 대령 | 해군 준장, 국왕 대리관, 함대 사령관 | | 장부 담당, 제도사 | 부기사, 부조선 기사 | 장부 총책, 경리 장교, 조선 기사, 기술 장교 | 경리 단장, 기술 장교 단장, 축성 총책 | 해양 행정 감독관 |
|---|---|---|---|---|---|---|---|---|---|---|
| - | - | - | - | 3 | 1752 명예회원 | - | - | - | 2 | 3 |
| - | - | - | 1 | 14 | 1769 | - | - | - | 4 | 5 |
| 4 | 9 | - | 7 | - | 1752 정회원 | - | - | 10 | 1 | - |
| 6 | 15 | 2 | 19 | 4 | 1769 | - | - | 4 | 4 | - |
| 16 | - | - | 1 | - | 1752 준회원 | 5 | 5 | 3 | 1 | - |
| 21 | 24 | 3 | 10 | - | 1769 | 3 | 4 | 8 | 5 | 3 |
| 20 | 9 | - | 8 | 3 | 합계 1752 | 5 | 5 | 13 | 4 | 3 |
| 27 | 39 | 5 | 29 | 18 | 합계 1769 | 3 | 4 | 12 | 13 | 8 |
| | 무관(Epee) | | | | | | | | 문관(Plume) | |

84) 대학교 지도 18번, 중등학교 지도 19번, 예수회의 수학교과 지도 20번, 예수회 중등학교의 물리학 교수직 21번.

85) Dassy /1672/, p.100-106.

86) Poitevin /2337/, p.160-162.

87) Bitry /2441/, p.23-150.

88) Luguet /2264/, p.68-81; Leroux /2264/, II, p.293. 1742년 주교에게 중등학교에 대한 권리를 넘겨 준 성당 참사회는 오랜 토의 끝에 오라토리오회와 전혀 공감하지 않았다. 우리는 성당 참사회원들이 이곳 아카데미를 지배하였음을 살펴보았다.

89) Amiens règlement article 13, Béziers 8, Clermont 14 et 15, Grenoble 30, Marseille 20, Metz 28, Montauban 25, Montpellier 9, Nancy 25, Toulouse(과학 아카데미) 13, Rouen 23. 죄 플로로의 경우 1694년의 면장에서는 아무런 규정도 없었지만, 1743년의 규칙에서는 성직자가 꽃놀이의 명인(maîtres es jeux, 명인이 되려면 열두 번 상을 받아야 했고, 아카데미에서는 한 번에 1명씩만 가질 수 있었다) 중에 들 수 있기 위한 엄격한 조건을 정해 놓았다. Cf. Duboul /2306/, p.80-81; Poitevin /2337/, p.160-166.

90) Arch. de l'académie de Marseille, reg. IV, 1768-73, f° 121; Dassy /1672/, p.102.

91) 표 2, 도표 22와 23.

92) 우리는 시간상 비교한 부분과 귀족, 성직자, 제3신분의 신분별 회원의 백분율을 차례로 제시하겠다. 앙제, 1700-15, 20퍼센트, 32퍼센트, 48퍼센트; 1776-89, 22퍼센트, 28퍼센트, 50퍼센트; 브장송, 1750-59, 63퍼센트, 30퍼센트, 7퍼센트; 1770-90, 50퍼센트, 50퍼센트, 부르주아 없음; 브레스트, 1752-63, 77퍼센트, 성직자 없음, 23퍼센트; 1770-90, 78퍼센트, 성직자 없음, 22퍼센트, 오를레앙, 문학회 1725, 61퍼센트, 성직자 없음, 39퍼센트; 주교단, 1740, 4퍼센트, 44퍼센트, 52퍼센트; 아카데미, 47퍼센트, 13퍼센트, 41퍼센트; 툴루즈, 가납사니들, 41퍼센트, 20퍼센트, 39퍼센트; 과학회, 55퍼센트, 17퍼센트, 28퍼센트; 왕립 아카데미, 42퍼센트, 21퍼센트, 37퍼센트; 수아송, 1700-10, 22퍼센트, 41퍼센트, 35퍼센트; 1760-84, 26퍼센트, 42퍼센트, 32퍼센트.

93) Bodet /770/, p.40 이하.

94) Lebrun /790/, p.167-176.

95) Armeux /2302/, p.255 이하; Desbarreaux-Bernard /2311/, p.75-95.

96) Chaunu /170/, p.404.

97) Vassor /2057/, p.30-32.

98) 부르, 1756년 이전, 17퍼센트, 25퍼센트, 58퍼센트; 1783-89, 30퍼센트, 16퍼센트, 54퍼센트; 몽토방, 1744-55, 56퍼센트, 22퍼센트, 22퍼센트, 1764-90, 73퍼센트, 20퍼센트, 7퍼센트; 낭시, 1750-59, 32퍼센트, 36퍼센트, 32퍼센트; 1780-

90, 50퍼센트, 25퍼센트, 25퍼센트; 라로셸, 1730-39, 16퍼센트, 38퍼센트, 46퍼센트; 1760-90, 32퍼센트, 28퍼센트, 40퍼센트; 루앙, 1744-57, 37퍼센트, 20퍼센트, 45퍼센트; 1776-90, 50퍼센트, 12퍼센트, 38퍼센트. 잠시 쇠퇴기를 거친 샬롱쉬르마른의 경우, 부르주아는 1780년 이후 문학회에서 다시 자리를 회복하고, 폭넓게 우세를 보이는 것으로 나타난다. Cf. Roche /1297/, p.887-922.

99) Roche /144/, p.237 이하.

100) Chartier /1579/, p.150 이하.

101) 죄 플로로는 18세기초 제3신분 대표를 단 1명 가졌는데, 나중에는 주로 변호사로서 10여 명이 있었다. 이는 고등법원의 세계는 끊임없이 발전을 하였고, 그 과정에서 아무것도 잃지 않았다는 사실을 돋보이게 만들어 준다.

102) Chartier /1579/, p.150-163; 디종의 발전은 모든 조건이 똑같이 아주 비슷하였다. 왜냐하면 부르주아가 그 기관을 점점 지배하게 된 것은 주로 행정가와 기술자인 새로운 범주들이 회원으로 들어오게 된 것과 함께 일어난 일이기 때문이다. Cf. Roche /144/, p.140-147. 여기서 성직자가 (각 단체의 설립부터 마지막까지) 잃어버린 백분율을 살펴보자. 아미앵 7점, 베지에 4점, 캉 6점, 샬롱 13점, 디종 10점, 클레르몽 7점, 리옹 8점, 마르세유 11점, 메스 43점, 빌프랑슈 4점. 보르도와 죄 플로로에서 제1신분이 조금 늘어났다고 해도 세속화의 방향이 바뀌지는 않았다.


2. 귀족과 권력

1) Mandrou /124/, p.146-147; Meyer /225/, t. 2, p.1135-1225, *ibid.* /226/, p.161-188.

2) Meyer /225/, t. 1, p.26-73.

3) Du Puy de Clinchamps /184/, p.54-61.

4) A. D. Côte d'Or, fonds de l'académie, ms et correspondances diverses; Tisserand /1434/, p.100-102.

5) Ruffey /1410/, p.163-164. 쥐이 가문은 부르고뉴의 전통 남작 가문의 하나로 상급 법원에서 잘 알려져 있었다. 그리고 원칙적으로 친위대 장교가 되기 위해서는 1440년까지 거슬러 올라가는 귀족이어야 했다. 쥐이가 자신의 개인적 명예를 옹호하는 것은 그가 속한 단체와도 관계가 있는 일이었다. 그 단체의 장들은 그가 아카데미에게 감사하고, 스스로 물러나는 일에 망설였다고 그를 비난하였다. 재판장 드 뤼페의 신랄함은 쥐이가 그 도시의 재정을 맡은 종신 시장의 동생이라는 사실로 설명된다. 이 문제에 대해서 기사 쥐이는 드 라 브리이예르 공작이 자기 형에게 쓴 편지를 제출하여 대응하였다. 그 편지에는 쥐이의 형이 그의 다른 형제들을 도와 주면서 고상하게 만든 직책을 그대로 지키는 편이 좋겠다고 씌어 있었다. "당신이 그 직책을 가졌다고 해서 귀족의 자격을 빼앗길 것이라고 겁내지 마시오. 당신 도시의 시장직도 역시 안전할 것이오. 드 타반이 편지에 적어온 바에 따르면, 신민들의 가난함은 적절하게 메워질 수 없다는데, 그 점에 대해서도 겁내

지 마시오." 우리는 여기서 공직자를 보호해 주는 대신의 관용주의와, 서열의 허영심에 애착을 느끼는 지방의 엄격함 사이에 대립이 있음을 분명히 알 수 있다.

6) 이 점에 대해서는 다음 저술에서 훌륭히 초점을 맞추고 있으며, 수많은 자료를 제시한다. Durand /186/, p.177-219. 우리는 두 가지 견해를 체계화할 수 있을 것이다. 1) De la Roque /210/, p.I-X. 2) Guyot /285/, t. 13, p.450-480. 다음의 저작에서도 초점을 맞추고 있음. Mousnier /229/, t. 1, p.64-80; Reinhard /238/, p.5-37.

7) A. D. Côte d'Or, fonds de l'académie, ms et correspondance, Lettre de T. de Juilly, datée du 17 février 1773.

8) Durand /186/, p.288-293; Mousnier /229/, p.67-68; 특히 Bluche /265/, p.96.

9) 표 26.

10) Durand /186/, p.297-300. 연구 대상인 총괄 징세청부업자 2백24명 가운데 43.9퍼센트가 완전히 귀족이었지만, 4대 이상의 귀족은 15퍼센트 미만이었다.

11) Robine /2244/, t. 1, p.45-51.

12) Bluche /265/, p.82-84.

13) Duby /181/, t. 1, p.214-215.

14) 정회원: 평민 출신 귀족 47퍼센트, 전통 귀족 53퍼센트; 명예회원: 평민 출신 귀족 42퍼센트, 전통 귀족 58퍼센트; 준회원: 평민 출신 귀족 47퍼센트, 전통 귀족 53퍼센트.

15) Doneau du Plan /1107/, p.66-69.

16) Lefebvre /1330/, p.51-52; Tyl /1336/, p.407-428.

17) Buisson /2425/, p.69-70, p.117-118, p.220.

18) Fohlen /986/, t. 2, p.217-220; Estignard /984/, t. 1, p.87-88; Gresset /988/, t. 2, p.1097-1104.

19) Gabrielly /283/, p.141-142. 19세기에 설립된 이 신심회 회원이 되려면 16대의 귀족 혈통을 필요로 하였다. 1786-88년 이 신심회에는 프랑슈콩테의 군인 60여 명과 성당 참사회원 15명 정도가 있었다. 이것은 고등법원에 맞서 브장송에서 가장 대표적인 귀족 기관이었다. 그러나 그들의 활동은 잘 알려지지 않았다. 아카데미 회원으로서 신심회 회원 가운데, 그라몽·르제마르네지아·몽바레·드 랑·랭쿠르·스시·로베팽이 있었다.

20) Bluche /265/, p.93-95. 파리 고등법원 인사의 5.65퍼센트에 해당하는 33개 가문의 귀족 전통은 1500년 이전으로 거슬러 올라가며, 그 중에서 5개 가문은 확실히 기사 가문이다.

21) Poitevin /2337/, p.127-130; Bluche /263/, p.369-370; F. Bluche *ibid*. /264/, t. 2, Riquet de Caraman에 대한 사항

22) Garden /1625/, p.388-389; B. N. ms français, 8716, 8717, (Famille Pianello

de La Valette).

23) Garden /1625/, p.389-390, Chartier /1579/, p.171-175.

24) Peguilhan de Larboust /2395/, p.53-58.

25) D'Aldeguier /2365/, t. 4, p.180-182.

26) Forster /2381/, p.157-158; Ford /191/, p.214-221.

27) Doyle /1111/, p.5-16; *Histoire de Bordeaux* /1118/, t. 2, p.356-357.

28) A. D. Doubs, fonds de l'académie, reg. 3, f° 169 이하, 1er mai 1777.

29) Bluche /265/, p.97-98.

30) 표 27-32.

31) Vaillant /1509/, p.285-286.

32) "Eloge de Monseigneur Henri François Xavier de Belzunce," in *Recueil de l'académie de Marseille* /1661/, 1755, p.114 이하.

33) 그에 관한 예찬론 참조. *Recueil de l'académie de Marseille* /1661/, 1783, p.125 이하. 다샤르와 페리에에 관한 전기에서 그의 교회 경력에 관한 재미있는 사실을 자세히 알려 준다. 벨중스의 반대로 그는 단지 군소 교단에만 영향을 미칠 뿐이었다.

34) Hauréau /753/; Port /763/; Lamerie /778/.

35) 표 27 · 28 · 29.

36) Hatton /1940/, p.54-56; Arch. de l'académie, reg. III, p.635-636.

37) Forestie /1819/, *op. cit.*, p.7-10. 아카데미 회원의 명단은 p.170 이하; Ligou /1834/, p.297-324. 우리는 하위 사법직의 구실에 대해서 언급하지 않았지만 그들에 대한 연구, 특히 아카데미에 여러 명을 보냈으며, 조정의 대신들과 기능상 직접 관계를 맺은 재무국에 대해서 연구할 필요가 있다. 거기서 프랑스 재무 행정가들은 투표권을 가졌던 것이다. Ligou /1837/, p.35, Taupiac /1842/, p.31-32, Mila /1840/, p.131 et 500-501; 고등법원이 우세한 아카데미에 관해서는, Roche /144/; Barriere /1058/; Tisserand /1434/; Cousin /942/; 클레르몽에 대해서는 Toquant /1356; 메스에 대해서는 J. C. Lebreton /1777/; 루앙에 대해서는 Boullet /2205/, *op. cit.*; 포에 대해서는 Desplat /2099/를 참조할 것.

38) Robine /2244/, p.309-310. 그리고 우리는 Colombet /1461/, p.208-230에 나타난 견해에 동의한다. 고위 관직은 아카데미의 뒤를 봐주는 것만으로 만족하지 않고, 아카데미의 의견을 이끌었다. 디종에서는 브로스와 기통 드 모르보, 보르도에서는 몽테스키외 · 뒤파티 · 바르보 · 브장송에서는 베르즈레 · 드로즈와 드 브제, 그르노블에서는 바랄과 세르방, 낭시에서는 드 시브리 · 뒤 파르즈 당브라쿠르, 메스에서는 뢰데레가 의견을 이끌었다. 단지 포의 가사 상태만이 전체의 성공과 맞지 않는다. 마르세유에는 부아예 다르장스 후작, 수석 재판장 갈루아 드 라 투르, 그리고 모두 재판장인 드 게당, 드 생 뱅상, 브뤼니 드 라 투르 데그 같은 엑스 사람들이 있었음을 잊지 말자. 죄 플로로의 경우 관복, 무관, 또는 교회의 대

표 몇 명씩을 낸 가족만 언급할 때, 알드기에 가문에서 4명, 오트리브에서 2명, 캉봉에서 2명, 콜레에서 3명, 다스프에서 2명, 드릴레에서 3명, 르콩트에서 2명, 롱바이에서 3명, 마니방에서 2명, 놀레에서 2명, 도르베상에서 2명, 파라자에서 2명, 랑셍에서 2명, 레세기에에서 3명, 리케에서 2명, 생로랑에서 2명, 샵트에서 2명이 있었음을 기억하자. 몽펠리에 상급 법원의 예를 통하여 우리는 왕립학회에 조제프 로레스와 그의 아들 앙투안, 피카르디 연대에서 소위를 달고 복무한 뒤에 상급 법원의 교정자가 된 드 클라피에, 또한 피토 드 로네, 특히 프랑수아 드 플랑타드와 에티엔 드 라트가 있었음을 알 수 있다.

39) Poidebard /1551/, p.XXIII-XXXIII. 필리프 보튀의 가문은 원래 부르주아 상인으로서, 1515년에 빌프랑슈 시행정관을 지냈다. 그 가문은 3대에 걸쳐서 귀족이 되었다. 제1대 무관귀족이 된 프랑수아 2세는 더 이상 자기 직책을 수행하지 않았고, 제2대인 루이 프랑수아는 1793년 리옹에서 참수될 것이다. 보튀 가문의 사람은 모두 오를레앙 공 가문에 봉사하였으며, 귀족이 된 뒤 4대와 5대에 군대에 들어갔다는 공통점을 가졌다.

40) Courteaux /2437/.

41) Roche /1297/.

42) A. D. Hérault, C. 69, cité par Laures /1015/, p.92-155.

43) Drutel /709/, p.36-41.

44) Chartier /1579/, p.150-160.

45) Vassor /2057/, p.28-43.

46) Doneaud du Plan /1167/, p.68; Rance /809/, III, p.300-325.

47) 제4장, 1. 아카데미의 사회를 참조할 것.

48) 아라스(14), 보르도(2), 캉(15), 디종(14), 리옹(9), 몽펠리에(4), 님(10), 포(4), 루앙(12), 수아송(6), 툴루즈의 과학 아카데미(4), 죄 플로로(8).

49) 아미앵(17), 앙제(30), 아를(23), 브장송(29), 베지에(20), 그르노블(29), 마르세유(31), 메스(21), 몽토방(21), 낭시(36), 오를레앙(30), 라로셸(28). 부르는 50퍼센트로 중간을 차지한다. 이것은 현역에 있는 브레스의 귀족 대표가 참가하였기 때문이다. 이들은 메이요나즈 남작으로 기병대 장교인 앙투안 콩스탕, 앙굴렘 용기병 연대장 프랑수아 드 벨베, 포병대 대위 알렉상드르 조제프 당들랭, 여단장 플로랑 알렉상드르 드 라 봄므 몽트르벨, 용기병 대위 루이 필리베르 루바 드 보앙, 트레포르 후작 피에르 루이 드 고롤리에, 포병대 중령 장 드 몽포르 드 몽트로자르, 기사 다포리외, 콩데 보병연대 대위이며 브레스 귀족 회의 의장인 클로드 가롱 드 라베이비에르 등이다.

50) 우리는 그르노블에서 이같은 경우를 보았다. 제I부, 제1장, 3절을 참조.

51) Delumeau /1162/, p.282-285에 훌륭히 제시되었다. 그리고 우리는 브장송의 군사와 문학 단체에서 일어난 사건에 주목하였다. 제1장, 2절을 참조할 것. 젊은 쉬아르의 결투는 이러한 분열을 보여 주는 또 한 가지 보기라 하겠다. Druhen /969/,

p.24-43, /970/, p.88-96 참조. 젊은 쉬아르가 받은 금고형은 상대적으로 가벼웠으며, 그것은 부르주아 젊은이가 고등법원 귀족들로부터 보호를 받았음을 증명해 준다. (그는 대학교 사무총장의 아들이었다.)

52) 툴루즈의 보기는 Dubedat /2375/, p.455-460에서 찾을 수 있다. 1763년부터 1768년까지 재정에 관한 칙령을 놓고 고등법원이 반대한 것은 피츠 제임스 공작령의 지휘권에 대한 반대 투쟁 속에 나타난다. Vivie de Regis /2405/, p.42-55 참조. 피츠 제임스는 "유럽의 웃음거리이며 프랑스의 흉물"로 제시된다. 이러한 말을 듣고 다갱·레세기에·르부르 재판장 같은 고등법원 귀족의 부인들은 대단히 열광하였으며, 그같은 사실을 통하여 그 부인들이 문화와 정치에서 끼친 영향의 한 면을 볼 수 있다. 그러나 반귀족적인 성격을 가지고 전통 귀족과 무관에 대하여 반대가 일어난 것보다는, 파리에 반대하는 성격을 띠고 왕의 지나친 중앙집권화에 대하여 더욱 큰 반대가 일었다.

53) Pomeau /2150/, p.60-72; Caussy /2146/; Dard /2147/.

54) 정회원의 28퍼센트, 명예회원의 25퍼센트, 준회원의 23퍼센트. 정회원 가운데에는 요새 사령관 장 폴 드 마라세, 기사 말라르틱, 바를레 드 라 발레 여단장 드 라클로, 그리고 수석 기술 장교, 비알르 요새 감독관, 아르튀스 요새 사령관이 있다.

55) 함대 사령관 장 프랑수아 드 라 봄, 함대 사령관 로베펭의 대리관, 로아네즈 백작으로서 일명 구피에인 기사 고노르, 생 장 사령관이며 갤리선장인 기사 로페스 드 라파르, 그의 친척 기사 마르셀 드 라 파르, 레반트 바다 총감 오를레앙 대수도원장, 바이이 타옹 드 르벨, 몽 생장 요새 사령관인 장클로드 팔라메드 드 포르뱅과 가스파르 드 빌뇌브 후작.

56) 앙제의 군사 귀족은 아카데미에 많이 들어갔고, 아주 활발히 움직였다. 그들 가운데 피에르 드 라 브뤼느티에르 드 플레시스 드 가스테, 가스파르 드 콩타드와 그의 손자, 뒤베르디에 드 라 소리니에르, 샤를 드 롱게이, 고드 드 바렌과 함께 가장 흥미로운 사람 가운데 하나인 보몽 백작 조제프 외랄리 당티샹도 찾아볼 수 있다. Bodet /770/, p.114-117, 121-122를 참조할 것.

57) 6년 동안 뒤부아 드 포쇠는 베르사유에서 국왕의 시종직을 맡았고, 자기 사촌 뒤부아 드 뒤이장, 자기 이웃 리옹 남작, 장래 자기 처남이 될 르세르장 당드쿠르와 함께 1763년 아카데미에 들어갔다. 1765년 이후, 포쇠는 자기 영지로 물러나 자기 이웃인 아르투아의 귀족 가문들과 정기적인 교류를 회복하였다. 그들 대부분은 아카데미의 회원을 내놓았다. 1785년이 되어서야 그는 종신 사무총장이 되었다. Berthe /839/, p.60-65, p.78-80, p.90-95를 참조할 것.

58) 여기서는 아장의 회원 가운데 50퍼센트, 아라스의 66퍼센트, 오세르의 1백 퍼센트(그러나 이것은 유일한 귀족 준회원이다), 베지에의 42퍼센트, 보르도의 44퍼센트, 디종의 62퍼센트, 툴루즈의 과학 아카데미 45퍼센트 같은 가장 중요한 숫자만을 제시한다. 님의 바시 도베에 관해서 우리는 주목해야 한다. 그는 모르리와 님의 역사가인 루이 므나르의 협력자이며, 원장신부 포르의 보호자였는데, 그의 도

서관은 18세기 후반 옥시타니아 지방의 '소생'의 중심지 가운데 하나였던 것이다.
다음을 참조할 것. Falgairolle /1996/, p.180; Soubeyran de Pierre /2006/.

59) 앙제 35퍼센트; 브장송 26퍼센트; 보르도 23퍼센트; 캉 23퍼센트; 클레르
몽 25퍼센트; 마르세유 25퍼센트; 몽펠리에 20퍼센트; 낭시 20퍼센트; 툴루즈 과
학 아카데미 21퍼센트; 준회원의 경우, 아장 37퍼센트; 아미앵 40퍼센트; 몽토
방 41퍼센트; 몽펠리에 45퍼센트; 포 40퍼센트; 앙제 32퍼센트.

60) Hatton /1940/, p.38-40. 뒤리발 자크 가문의 가장은 1760년 스타니슬라스
로부터 귀족 자격을 얻었다. 젊은 클로드, 그의 동생으로서 슈아죌의 비서였던 장
바티스트 가운데 그 누구도 가치가 없지 않다. 맏이인 클로드 니콜라는 분명히 가
장 흥미로운 사람이다. 그의 경력은 여러 가지 진실을 보여 주는 것이다. 그는 공
증인의 아들로서, 공작령의 행정부에 들어갔으며, 1751년 행정과 재정위원회의 서
기장이 되고, 1754년에는 로렌과 바루아의 성직록의 기탁물 관리인이 된 뒤, 1760
년에는 치안 책임자가 되었다. 그는 계몽된 행정가의 모범이었으며, 진정한 뜻으
로 '낭시의 시장'이었고, 라 갈레지에르의 보좌관이며, 공작령을 왕국에 합병하는
정책의 책임자 가운데 하나였다. 자기 영지에 물러난 뒤에, 그는 국민 공의회에 의
하여 1793년 일류 문인에 등록되는 영예를 차지하였다. 아주 부지런한 아카데미 회
원이었던 그는 몇 가지 논고를 발표하였다. 그가 쓴 다섯 권짜리 일기는 학술적으
로 출판할 가치가 있다. B. M. Nancy, ms 863, 13 vol, 1737-1795, 1767-1771년
사이가 없음. Pfister /1973/, t. 3, p.590-600.

61) 정회원의 4퍼센트, 준회원의 9퍼센트, 명예회원의 11퍼센트.

62) 그들은 다양한 성분을 가진 디종 명예회원의 주요 부분을 이루며, 준회원의
21퍼센트를 차지한다. 외국인 귀족도 다수가 자리를 차지한다. 소쉬르, 기사 랑드
리아니 드 밀랑(밀라노), 기사 키르완 드 롱드르(런던), 왕립학회 회원이자천문학
자 군인이며, 왕가의 가정교사인 자크 남작이 있다.

63) 17세기 관직으로 귀족에 오른 가문 출신이자 33년 동안 의학교수 노릇을 한
프랑수아 부아시에 드 소바즈. Proust /1878/, p.10-11 참조. 그는 백과전서파에
속한 사람의 친척이다. 그리고 왕실 자문위원이며 대학교수인 앙리 아그노, 판사
의 아들 구앙, 옛 아일란드 혈통을 가진 피츠제랄드, 시쿠아노 부자, 프랑수아 드
라뮈르도 있다. 이들은 모두 원래 귀족과 귀족이 된 사람들로서, 모두 훌륭한 의
사와 교수이다. 우리는 마르세유에서 프랑스 재무관 가문 출신인 의사 프랑수아
도미니크 드 레이몽과 특히 장 앙드레 페이소넬을 잊지 말아야 할 것이다. 장 앙
드레의 형 샤를르는 변호사이자 도매업자이고 스미른의 외교관이었는데, 고증학
과 고전학(古錢學)의 저술로 더 잘 알려졌다. 마르세유 중앙의료원 귀족 의사로서
흑사병이 돌 때 아주 중요한 구실을 하였던 사람의 아들로 태어난 이 두 사람은
1743년 귀족 자격 박탈을 놓고 오랜 소송 끝에 다시 귀족 자격을 인정받았다. 장
앙드레 페이소넬은 지중해 연안을 여행하고, 과들루프에서 살았으며, 과학 아카
데미와 런던 왕립학회의 통신원을 지냈다. 그가 산호에 대해 남긴 업적은 해양생

물학의 역사에 기원을 이룬다.

64) 아미앵의 시장인 르카롱, 아라스의 카롱, 보르도의 라퐁 드 라드바, 캉의 마시외 드 클레르발, 오를레앙의 크리농 2명과 마쉬오, 툴루즈의 구농과 마르카쉬. 마르세유의 두 사람은 먼저 귀족이 된 루이의 아들인 동시에, 역시 귀족이 된 니콜라의 조카인 루이 조제프 드니 보블리, 그리고 볼테르의 통신원으로서 국왕의 비서직으로 귀족이 되었으며, 1794년에 기요틴형을 받은 자크 세이망디이다.

65) Lefebvre /213/; Luthy /222/, t. II, p.22-23; Goubert in /206/, t. 2, p.567-599. 관계된 문제를 두 가지 질문으로 체계화시켜 보자. 귀족의 부동산세는 더 이상 충분치 못하였던가? 18세기말 더욱 빚을 많이 지게 된 예를 지방의 귀족 전체에서 두루 찾을 수 있는가?

66) Sentou /2398/, p.80-140; Bergeron /2366/, p.1066-1072.

67) Thoumas-Schapira /2402/, p.316-317; Paulhet /2394/, p.189-204.

68) Cestrière-Dijols /2370/, p.23-25; Godechot et Moncassin /2384/, p.133-137; Sentou /2398/, op. cit., p.81-82.

69) Sentou /2398/, p.145-147.

70) Bordeur /2368/, p.60-66, appendice: contrats de mariage p.222-231.

71) Sentou /2398/, p.472-474.

72) Garden /1625/, p.390-398.

73) Garden, ibid, p.391; Daumard et Furet /177/, p.37-38. (귀족의 결혼지참금의 77퍼센트가 5만 리브르를 넘었으며, 리옹에서는 귀족의 계약서 가운데 50퍼센트가 2만에서 10만 리브르 사이였다.)

74) Chartier /1579/, p.163-170.

75) 로렌 지방의 귀족에 관한 새로운 조사가 없기 때문에 우리는 Lebreton /1777/, p.65-67; Mathieu /1969/, p.290-334; Michel /1794/, p.274-289(고등법원 귀족의 인두세는 분명히 다른 귀족과 부르주아의 세금보다 훨씬 많았다); Harsany /1789/, p.31-39; Mahuet /1968/, p.60-70; Krug-Basse /1967/, p.365-370에서 확인된 정보로 만족해야 할 것이다.

76) Pierson /1975/, p.24-25.

77) Colombet /1461/, p.65-179; Garden /1465/, p.218-259. 결혼 계약서 1백75건에서 귀족 계약서 7건은 모두 지참금의 75퍼센트를 차지하는데, 모두 5만 리브르를 넘었다.

78) Histoire de Bordeaux /1118/, t. 5, p.353-356. 여기 나타난 서술은 J. P. Poussou의 것으로서, 그가 고맙게도 우리에게 아직 발간되기 전의 정보를 이용하도록 도와 준 데 대해 감사한다. 또한 W. Doyle /1113/, p.180-189를 참조할 것.

79) Robine /2244/, p.138-278; Bouloiseau /2228/, p.100-121.

80) Bayaud /2117/, p.389-400; Foursans-Bourdette /2123/, p.268; Desplat /2099/, p.40-44. Bourdette는 베아른 귀족의 평균 재산을 3만에서 2만 리브르 사

이에 놓는다. 또한 소유자를 귀족으로 만들어 주는 토지가 가지는 예외적인 중요성을 강조한다. 그렇지만 포의 재산은 조금 더 많은 것으로 판단된다. Pinon /2128/, p.43-55. 이것은 Bordes /2118/, t. I, p.25-40에서도 확인된다.

81) Puech /2025/, p.479-483. 모두 가톨릭인 10여 가족이 상업 재판관직, 상급 재판소 판사직을 서로 나누어 가졌으며, 평균 3만 리브르 정도의 재산이 있었다. Baumes et Vincens /1980/, p.463-465.

82) Delpuech /1895/, p.10-11; Thomas /1908/, p.133-137; J. P. Delpuech는 귀족과 상업 부르주아의 상호 침투를 강조한다. '수입 1만 리브르가 넘는 몽펠리에 시민 명단(Liste des citoyens de Montpellier dont les revenus dépassent 10,000 L)'을 참조할 것. 귀족 대표 83명이 수입의 48퍼센트를, 도매업자 98명이 나머지를 차지하였다. Chaussinand-Nogaret /1891/, p.267-381도 참조할 것.

83) Ligou /1837/, p.27-41 et p.51-52 et *ibid.* /1834/, p.311-317.

84) Deyon /736/, p.268-291.

85) J. C. Perrot의 논문은 귀족의 인두세(1768-1777-1789)에 관한 문제를 밝히고 있다.

86) 본격적인 연구는 없지만 Berthe /839/, p.74-88 et p.120-141에서 훌륭한 암시를 받을 수 있다. 뒤부아 드 포쇠는 영지 2백50헥타르를 운영하였으며, 3천6백68리브르의 수입에 대한 5퍼센트세를 물어야 했다. 그러나 그는 1770년 7만 리브르를 들여 가문의 성관을 다시 지을 만큼 부자였다.

87) Vassor /2057/, p.51-57; Lefebvre /2079/, t. I, p.164-195.

88) Roche /1297/, p.890-891; A. D. Marne, fonds notariaux, non classés, série B, non classés, série E, 818.

89) Tocqueville, /254/, t. 2, p.440-441.

90) 라로셸 아카데미의 회원인 몽토두앵에 대해서 생각해 보자. Meyer /225/, p.151-152, 363, 580-581, 960; 또한 마르세유의 브뤼니 가문에 대해서 생각해 보자. 이들은 도매업을 조카인 루에게 물려 주고, 엑스 고등법원에 들어갔다. 그들의 부동산에 관해서는 Sheppard /1726/, p.128-151을 볼 것. 브뤼니 가문은 부동산만 수백만 리브르가 되었다. 아카데미 회원인 장 바티스트 제롬은 아무런 해를 입지 않고 혁명기를 지날 것이다.

91) 우리는 소심하여 귀족 재산의 다양한 원천 때문에 생긴 중요한 문제들을 하나씩 생각할 수 없다. 부동산의 몫은 지배적인 것처럼 보인다. 툴루즈에 관한 J. Sentou의 연구는 결정적이다.(/2398/, p.84) 농촌 재산의 47퍼센트, 부동산 8.29퍼센트, 토지 재산의 몫은 고귀한 신분에게서 더욱 큰 영향력을 미친다. 루앙에 대해서도 Robine은 고등법원 인사들만 가지고 비슷한 결론을 얻었다.(/2244/, p.208-209) "76퍼센트의 경우에서, 사법관들의 재산은 그들의 토지 재산의 3분의 2를 차지하였다." 샬롱의 경우 내가 직접 조사한 바에 따르면 70퍼센트에서 80퍼센트까지 좀 더 높은 지배력을 보여 주었다. 리옹에서는 Garden /1625/, p.393에서 도매업자들

의 몫은 부동산의 경우 단지 20퍼센트에서 35퍼센트 사이일 뿐이며, 여기서 중요한 것은 현금이나 지불 기일을 정한 이자와 부동산세였다. 그러나 부동산 투자의 경향이 어디서나 보이며, 그것은 가문의 전통이 좀더 분명할수록 더욱 두드러졌다. 관직은 재산 전체에서 상당한 무게를 차지하는데, 좀더 쉽게 접근할 수 있고 쉽게 귀족이 될 수 있는 관직을 제외하고는 시간이 흐를수록 점점 사라져 갔다. Doyle /1112/, p.66-67을 참조할 것. 권위의 원천이며 믿을 수 없을 정도로 낮은 수입을 가져다 주는 부동산화된 자산이라 할 관직은 관복 귀족의 사회적 물신(物神)으로 분류된다. 그러나 귀족은 거기서 지방의 모든 힘을 받는다.

92) Chartier /1579/, p.165-166.

93) Barkhausen /1054/, p.50-55; Barrière /1056/, p.48-55, p.96-98; Eylaud /1076/, p.83-85; Butel /1103/, p.129-141; Forster /1116/, p.18-34; *Histoire de Bordeaux* /1118/, par R. Pijassou, p.155 이하.

94) Lebrun /790/, p.97; et *ibid.* /791/, p.16-21; Veyret /795/.

95) Hillaire /2421/, p.78-96 et p.160-178.

96) *Mémoires de Bachaumont* /622/, t. 27, 1784, 29 décembre, p.110; Babeau /1284/, p.1-16; A. D. Aube, fonds judiciaire, 1455, inventaire après décès de M. de La Louptière(1784); Besançon /2439/, p.118-187.

97) Young /257/, t. 1, p.131-137; Perrot /233/, p.255-257의 분석은 타당하다. 거기에는 아카데미의 귀족과 부르주아의 전원 예찬이 있지만, 자연에 대한 향수가 도시에 대한 긍정적인 심상으로 완전히 치장되었다. '도시의 공포'는 가까운 자연의 심상에 언제나 연결된 도시의 문화적 가치의 확인보다 덜 나타난다. 도시 정예들의 자연욕 실천은 온갖 토의의 핵심이 되었다.

98) Le Roy Ladurie /1902/, p.250.

99) Colombet /1461/, p.81-97; *Histoire de Bordeaux* /1118/, p.356; Doyle /1113/, p.209-213. 보르도에 있는 거물급 고등법원 인사들의 구역은 특히 롱브리에르 궁을 둘러싼 생트크루아 교구, 생미셸 교구에 있었음을 주목하자. 몇몇은 샤르트롱 거리와 드 투르니 가로수길에 자리를 잡았다. Robine /2244/, p.273-278, p.282-292.

100) B. M. Besançon fonds de l'académie, concours, 1770; Tournier /997/, p.19-20; C. Fohlen /986/, II, p.153-186.

101) Corbier /2012/.

102) Sentou /2398/, p.111; Garden /1625/, p.395; Robine /2244/, p.155; Colombet /1461/, p.77-79; Meyer /225/, t. 2, p.874-879. Jean Meyer는 호화 생활을 하던 궁정 귀족이 재정상 어려움에 빠졌으며, 그들은 빚과 종신 연금이나 무기한 국채의 관행 사이를 오가면서, 더욱 많은 빚을 물려 주었지만, 그를 통하여 그들의 동원 가능한 신용에 대해서도 알 수 있다고 주장하였다. *ibid.* /225/, t. 1, p.123.

103) Goodwin /200/, p.382-403; Forster /193/, p.681-691; *ibid.* /2381/, Saint-Jacob /1476/, Colombet /1461/, p.110-147.

104) Doyle /1113/, p.168-176. 사법관들의 행동에 대한 보르도 상공회의소의 예찬론, "우리의 고등법원은 국고의 전횡에 대항하여 우리의 상업 활동을 보호해 주었다"에 주목하자. Richard /1124/, p.185-190도 참조할 것.

105) Perier /2166/, p.1-9, p.12-13, p.16-17, p.33-35; Delayant /2161/, t. 2, p.136-169; Robert /2170/, p.1-209. 또한 다음의 중요한 저작을 잊지 말 것. Garnault /2162/. 그러나 안타깝게도 여기서는 라로셸 아카데미에 관한 완전한 연구를 하지 못하고 있다. 참고 문헌 목록을 통하여 우리는 좀더 두드러진 신구교도의 틈을 가진 보르도형의 구조에 대해서 생각할 여지가 있다.

106) Robine /2244/, p.269-270. 루앙에서는 토지 재산을 지키려는 관심이 지배적이었다고 해도 사법관 다수는 사업에 관심을 가졌다. Richard /2243/, p.168-178을 참조할 것.

107) Lebreton /1777/, p.69-70. 그리고 Y. Lemoigne et M. Minerbi가 보고한 내용을 참조할 것.

108) Bouchard /1416/, p.52-60, p.99-107. 국립고문서 보관서(Archives nationales)에 있는 공화력 4년 포도의 달 재산 신고서(C 353)는 1789년과 1793년의 그가 가진 기초 재산을 보여 준다. 주로 디종에 집 한 채, 모르보의 영지, 롱즈쿠르와 폴랑제의 토지, 베렝의 광산 지분 35분의 6, 자산 3만 리브르, 연금 2만 8천 리브르, 공장의 실패로 지게 된 거의 2만 8천 리브르의 빚이었다. 1813년 모르보의 재산은 26만 3천 프랑이었다. A. D. Seine, Q7 3036, f° 193.

109) Colombet /1461/, p.145-151.

110) Léon /1535/, t. 1, p.60-61, p.244-245, p.261, p.266-268, p.281.

111) Vovelle /1730/ p.391-393.

112) 앙시앵 레짐의 마지막 기간중의 사회사를 위한 기본 문제를 해결하기 위해서는 통혼 관계, 사교성의 구조, 신분 이동의 구조(귀족이 된 집단, 군대, 시행정부, 사법부)를 통해서 집단들 사이의 사회 관계들을 체계적으로 연구해야만 할 것이다.

113) Lefebvre /2079/, I, p.164-205; Bergeron /2450/, p.774-787. "상류 사회는 완전한 덩어리를 이루지 않았다. 그러나 거기서 볼 수 있는 다양한 개체는 사생활 속에서 찾을 수 있는 비슷한 습관들, 말하자면 핏줄과 재산에 대한 공통감정, 하층 신분과 결혼하는 일에 대한 혐오감, 하찮은 사람에 대해 한결같이 잘난 체하기, 민중에 대해 깔보는 태도 따위로 서로 가깝게 느낀다."(G. Lefebvre, p.205)

114) Martin /128/, t. 2, p.964-965.

115) Palaprat, *Discours sur les empiriques*, Du Mege /2378/, t. 2, p.108-110에서 인용. 캉에서도 같은 뜻으로, *Nouvelles littéraires* /1240/, 1740, "그러나 귀족이 예술을 기르지 않으면, 그것은 활기를 잃을 것이다. 가난에 찌들고, 그 때문에 더욱 멸시당하는 하층민은 가난에서 벗어나려고 노력할 것이다. 불행한 사람들의

정신은 미세한 부분에서 비굴하게 복종해야 하기 때문에 그들의 생각의 범위는 좁
아지고, 정신의 섬세함은 무뎌지게 된다. 보통 더 많은 교육을 받은 훌륭한 가문
에서 태어난 사람이 더욱 감정이 풍부해야 하는 것과 달리……."(p.12-13)

116) Moreau /1403/, p.6-8.

117) A. D. Somme, Eloges, D 154, *Eloge de M. de La Ferriére*, gouverneur
d'Amiens.

118) A. D. Somme, Eloges, D 154, *Eloge du duc de Chaulnes*; *Recueil de
l'Académie des Jeux floraux*, t. 30, *Eloge du président de Nupées*, t. 66, *Eloge
du conseiller de Bojat*, t. 72, *Eloge de Lefranc de Pompignan*. 브장송에서 같은
주제가 '진정한 위대함'을 다룬 원장신부 다게의 논고에 나타난다. B. M. fonds
de l'académie, reg. 6, p.77-80, (29 décembre 1755).

119) A. D. Somme, D 152, Discours, (62).

120) *Correspondance de Montesquieu* /556/, t. 1, p.106-108.

121) *Correspondance* /556/, I, p.161, p.194-196.

122) Puis /2396/, p.106-110. 우리는 계몽 시대의 귀족 교육에 관한 연구를 해
야 할 것이다. 장 자크 루소에 관하여 연구한 결과 우리는 그 중요성을 알게 되
었으며, 이 분야에서 새로운 조사가 있어야 할 것이라고 생각하였다. 디종에서
한 가지 보기를 살펴보자. 1768년 드 생 로맹은 왕이 주재하는 시민과 군사 단체
를 창설하도록 아카데미에 제안하였다. 그것은 수입에 비례하여 가입 신청금을
걷어 만든 기금을 관리하기 위함이었는데, 신청금은 수입이 1만에서 1만 5천 리브
르까지인 사람에게 연간 1백 리브르, 1만 리브르까지는 연간 50리브르, 3천 리브
르까지는 25리브르를 받았다. 새로 생길 단체는 각 징세구에서 무관 귀족 2백 명,
젊은 귀족 여성 1백 명, 남녀 부르주아 각 1백 명, 농민과 수공업자 4천 명, 여자
농민과 수공업자의 딸 5백 명을 돌보아 주기 위함이었다. A. D. C ô te d'Or, fonds
de l'académie, reg. 4, 11 mars 68, p.93 이하.

123) *Histoires et Mémoires de l'académie des sciences de Toulouse* /2282/, t.
I, *Eloge du président de Riquet* par M. de Puymaurin, p.121-129.

124) Dom Gourdin /2186/, p.III 이하.

125) A. D. Côte d'Or, fonds de l'académie, reg. 14, p.617.

126) Hugues Maret, *Eloge de Legouz de Gerland*, discours prononcé à la séance
publique du 14 août 1774, Dijon, ms, Arch. académiques.


3. 공적과 봉사

1) Perrot /233/, p.263.

2) Ruffey /1410/, p.89.

3) *Ibid.* /1410/, p.96.

4) 이 증거로서 긍정적인 덕목의 목록을 들 수 있다. 그것은 다름 아니라 집단

업적에서 모두가 나누어 가진 재능들에 관한 지배적인 확인이다. 셰르부르의 종신 사무총장 그루는 문학회의 인정을 받기 위하여 대신에게 편지를 냈다. "르발루아 선생은 20년 이상 세계 구석구석을 항해하였으며, 그가 항해중에 쌓은 관찰 결과는 조국의 과학을 아주 멀리까지 밀고 나갈 정도로 영향을 주었습니다……." "출신이 시시한 (오멜 가문은) 우리의 주 귀족 가운데서 아주 뛰어납니다……. 오멜 선생은 우리의 단체에 수많은 문학과 물리학 업적을 바쳤습니다……." B. M. Cherbourg, fonds de l'académie, R I, 14.

5) Furet /195/, p.274-276; Robin /244/, p.18-58; Robin /245/, p.285-308.

6) 표 33·34·35.

7) 표 30·31·32.

8) Beauséjour /938/, p.193-210 et p.292-312; Pingaud /956/, p.222-290.

9) Bodet /770/, p.72-74.

10) 표 32 참조.

11) 드 므누 신부는 중요한 노릇을 하였고, 잘 알려진 사람이었다. '1760년의 물의'를 연구한 사람은 많다. Vier /1949/, p.337-354; Hatton /1940/, p.59-69; Pfister /1973/, t. 3, p.728-731, p.713-718, p.767. 조제프 드 므누는 귀족이었지만, 그의 곁에서 우리는 스코틀랜드 예수회 레슬리 신부를 찾을 수 있는데, 이 낭시신학교 도서관 사서에 대해서 우리는 귀족의 신분을 제대로 확인할 수 없다. Hatton /1940/, p.55. 퐁타무송의 교장이자 유명한 천문학자인 바를레 신부, 교단을 떠나게 될 클레망 신부, 우리가 경력을 잘 알고 있는 세루티 신부.

12) Chartier /1579/, p.152-155.

13) 우리는 메스의 베네딕투스회가 차지한 몫을 살펴보았다. Lebreton /1777/, p.16-17, p.55-57. 오빌리에에서 신학을 가르치고, 메스에서 고증학과 수도원 생활에 바친 돔 장 프랑수아에 관해서는 다음을 참조할 것. Chauchot /1771/, p.18-25; Taveneaux /1798/, p.658-660.

14) Loye /990/, p.10-12. 생뱅상 수도원의 수도사 17명은 고문서와 역사에 관한 주요 업무를 맡았다. 돔 그라팽과 돔 베르토가 거기서 중요한 일을 하였다.

15) Bignon /2204/, p.293; Verrier /2218/, p.292-295.

16) Martin /1225/, p.46-47.

17) 각별히 리옹에 대해서는 Chartier /1579/, p.155, 그리고 라로셸의 아르세르(Arcère) 신부에 관해서는 Delayant /2137/, p.229-252 참조.

18) 주로 툴루즈의 롬바르 신부, 교단의 본느푸 신부, 다로드 신부, 리코 신부, 레이날 신부. 왕립 아카데미에는 중요한 베네딕투스회 2명인 돔 돌리브와 르 도라드의 대표인 돔 퐁, 카르멜 수도사로서 관구장인 이야생트 세르메가 있음에 주목하자.

19) Lebreton /1777/, p.56.

20) 브장송의 옥손 수도원 관리인 뒤낭 신부.

21) 표 33 · 34 · 35 참조.

22) Boullet /2205/, p.42-43, p.122-125.

23) Douais /2314/, p.224-250; Poitevin /2337/, p.314-316; Mortier et Charlier /2336/, p.24-25. 장 카스틸롱은 죄 플로로의 사무총장이기도 하였다. 그에게는 베를린에 살면서 그곳 아카데미의 회원이 된 동생이 있었다. 《주르날 앙시클로페디크》의 편집장인 피에르 루소는 1782년 툴루즈의 과학 아카데미에 뽑혔다.

24) Lebreton /1777/, p.65.

25) 정회원 가운데 아무런 기사를 가지지 못한 12개 도시는 아장·아를·앙제·아라스·베지에·브장송·클레르몽·마르세유·몽토방·수아송·빌프랑슈·발랑스이다.

26) 이에 관한 정보는 디드로의 서한집에 있다. *Correspondance* de Diderot /549/, t. 2, p.134, t. 3, p.51, t. 4, p.118; Proust /630/, p.28-29.

27) 장클로드 페로의 보고, 또한 Martin /1225/, p.45-47 참조.

28) Chartier /1579/, p.156-160.

29) Dainville /175/, p.32-33; Blanchard /1888/, p.161-170. 낭시에서 프랑수아 미셸 르크뢰가 맡은 구실을 살펴볼 만하다. 페로네의 학생으로서 오를레앙과 투르에서 토목기사 노릇을 한 뒤, 1775년에는 로렌 지방의 수석 기사가 된 그 덕택에 프루아르 다리, 뤼네빌의 정비 사업, 지리와 토목 기술에 관한 수많은 업적을 누릴 수 있었다. 그는 나폴레옹 제국에서 토목 건설부 장관을 지내다 죽었다. Boye /1693/, p.11-15 참조.

30) 블랑샤르(Blanchard)의 업적을 기대하면서, 우리는 어쩔 수 없이 옛날에 나온 저작에 기댈 수밖에 없다. Cilleuls /172/; Debauve /178/. 기사의 독창성에 관해서는 특히 Moscovici /52/, p.199-257을 참조할 것. 18세기의 기사는 여전히 건축가 노릇을 하였기 때문에, 그는 공공 건물의 건축을 지휘하였다. 지방에서는 도시, 신분회 등의 건축가와 기사를 망설이면서 쓴다. 브레스트에서 그들은 해군에 봉사하는 기계 기술자와 건축가들과 통일체를 이루고 있었다.

31) Perrot /233/, p.262-263.

32) Drutel /709/, p.37-40에서는 이 점에 대해 너무 간단하게 분석하고 있다.

33) Martin /1225/, p.54-58; A. D. Calvados, 2 D. 1539. 예를 들어 그가 자신의 글을 제출한 지사 퐁테트의 편지를 보자. "당신은 내가 감히 말하자면 누구나 알 수 있는 일반 사항만을 제안합니다. 당신은 다루기에 적합하지 않은 행정에 관한 부분만 자세히 들어갑니다. 한마디로 말해서 당신의 저작은 어떤 사람에게도 가르침을 주지 못하는 대신 여러 사람을 거스르며, 다른 사람들의 용기를 꺾고, 정부의 비위를 상하게 할 것으로서, 당신에게 아무런 명예를 안겨 주지 못할 것입니다. 따라서 당신에게 충고하노니 그 글을 불 속에 집어넣고, 누구에게도 보이지 않는 편이 좋겠습니다."(2 D. 1539-18-)

34) Noël /1327/, p.63-72.

35) Passot /1157/, p.4-6, p.142-144, p.180-189; A. D. Ain, E, ms 756, Notes philosophiques et littéraires de Riboud.

36) 브장송의 정회원 가운데에는 변호사가 1명도 없고, 보르도에는 18세기말에 단 1명, 메스와 그르노블에 4명, 포와 루앙에 5명, 낭시에 6명, 디종에 7명, 툴루즈에서는 과학 아카데미에 6명, 그러나 죄 플로로에 10명이 있었다. 아라스는 20명으로 고등법원 도시에서 기록을 세웠다.

37) 마르세유는 물론 아미앵과 클레르몽에 8명, 라로셸에 10명, 앙제에 11명, 베지에에 12명, 리옹에 13명, 빌프랑슈에 11명, 님에 17명, 몽토방에는 단 7명.

38) 아장에 2명, 아를에 3명, 오세르·셰르부르·샬롱·캉·몽펠리에·수아송에 2명, 부르에 4명.

39) Paquin /1972/. 이 주목할 만한 논문에서는 지방의 변호사의 역할을 돋보이게 만들고 있다. 변호사만이 수많은 관습과 사법의 밀림의 자질 높은 안내인이다. 퐁타무송과 낭시에 관한 법률학 연구는 눈에 띄게 조직을 갖추었고, 젊은이들을 위하여 너무 추상적인 가르침의 결함을 막는 강좌가 있었다. 낭시 아카데미의 회원인 변호사는 개혁과 관련된 재미있는 계획을 내놓았다. Carrelet /979/, p.65-75; Muller /992/, p.137-147; Chauvot /1107/, p.9-22; Grellet-Dumaseau /1117/, p.385-390; Dubedat /2375/, t. 2, p.540-542.

40) Muller /992/, p.138-139, p.142-145. Carrelet /979/, p.54-59, p.62-64, p.85-86, p.96. 낭시의 자선 신심회를 본떠서 바이이·상급 재판소의 판사·변호사·검사·공증인 등 모든 법조인을 받아들일 신심회를 조직하려는 계획이 있었음에 유의하자.

41) Roche /144/, p.129.

42) Bouyssy /1089/, p.59-62. 변호사는 실제 인원의 20퍼센트를 이루었다. 거기서 우리는 가라, 마르티냑, 드 세즈(de Sèze), 고등법원에 들어갈 세즈(Saige), 베르니오, 아카데미의 준회원으로 소속될 교단의 장이며, 보르도의 모든 주요 회의의 장인 거물급 뒤랑토, 주의 중요한 법학자 뤼미에르, 1780년에 교단의 장이 된 드비뉴를 볼 수 있다. 그리고 신교도 귀족의 가문 출신이자 변호사인 니콜라 드 릴르페름므에게 예술학원의 장 직책이 되돌아갔다.

43) 변호사 9명, 이들은 이 단체에 들어간 부르주아의 20퍼센트를 이룬다.

44) Berthe /839/, p.127-141.

45) Chartier /1579/, p.153, p.156, p.160; Garden /1625/, p.540-541.

46) Egret /1530/, p.80-89; Boys /1498/, p.409-419; Vermale, /1510/, p.1-24; Egret /187/. 서적상 Faure de Beauregard는 변호사단에 등록되어 있었고, 도매업자 Gaspard Bovier도 마찬가지였음에 주목하자.

47) 툴루즈의 변호사들은 지방자치의회에서 중요한 일을 맡았다. Dumege /2378/, t. 2, p.397-420 참조. 고등법원과 결합에 관해서는 Duboul /2376/, p.1-45 참조. 그들은 귀족·군인·사법직 관리·검사·공증인·병원장·부르주아 친

위대 하사들과 함께 있었다. Lamouzele /2386/, p.70-71 참조. 바레르에 대해서는 Gershoy /2322/, p.17-43 참조. 죄 플로로의 주요 변호사에 대한 지식은 Poitevin /2337/에서 얻을 것.

48) 낭시 아카데미 회원으로서 자신의 《어떤 시민의 편지 Lettres d'un citoyen》에서 지방의 해설자 구실을 맡은 J. F. Coster에 대해서도 생각해 보자. Paquin /1972/, p.223-228, p.232-248.

49) 1786년 12월 19일 자 뒤부아 드 포쇠에게 보낸 편지, Berthe /839/, p.256에서 인용.

50) 표 33·34·35 참조.

51) 14개 단체는 준회원에서도 그들을 뽑지 않았다.

52) 21개 아카데미에서는 통신원 가운데 그들을 뽑지 않았다.

53) 의료업 전체로 보아 9백5명 가운데 정회원 32명, 준회원 27명.

54) Lebrun /790/, p.217-228.

55) 정회원 가운데 대학교의 화학실험자인 Joyeuse에 대해서 알아보자. 약사의 아들인 그는 몽펠리에에 정착하여 외과의사 Serre의 딸과 결혼을 하였다. 그가 초산과 질산에 관해서 남긴 업적은 중요하다. Peyre는 증류주와 포도주의 탈색에 관한 연구 보고서로서 이름을 날렸다. Jacques Montet는 Venel의 친구로서, 열렬한 탐구자인 루엘의 학생이었다.

56) 중앙의료원(Hôtel Dieu)의 군약사인 Le Danois, 화학실험자였던 Mesaise, 그리고 특히 Charles Baillère de Laisement은 모두 정회원 중에서 가장 중요한 활동을 하였다.

57) Baudot /1456/, p.241-500. 이 훌륭한 저작은 재판이 나올 만하다.

58) 'Discours de Durande,' in Affiches de Bourgogne, 6 août 1776, cité par Baudot /1456/, p.488-491. 1777년 파리에는 약학중등학교가 생기고, 1782년부터 디종 시정부는 약사 후보자들은 아카데미의 강좌를 들어야 한다는 규칙을 발간하였으며, 1784년 이후 그들은 약학과 화학의 원칙에 관한 시험을 보았다.

59) 1731년 외과학 아카데미 창설; 1743년 외과학중등학교 조직과 학위 수여에 관한 국왕의 발표; 1756년 산업에 대한 5퍼센트세 면제에 관한 최고 행정 재판소의 명령.

60) 낭시의 정회원 중에는 외과의사가 1명도 없었고, 준회원은 1명 있었다. 보르도의 경우 정회원 1명, 준회원 2명, 캉에는 정회원과 준회원 모두 없고, 브장송에도 1명도 없었다. 앙제에 정회원은 없었지만 준회원 3명, 클레르몽에는 정회원 없고 준회원 9명이 있었다.

61) 리옹은 정회원 6명, 준회원 6명, 디종은 4명과 9명, 아미앵은 3명과 1명, 오를레앙은 3명과 6명, 툴루즈(과학 아카데미)는 8명과 6명, 루앙은 9명과 16명, 몽펠리에는 9명과 35명.

62) 정회원 외과의사 가운데, 라모리에·니솔·사로 형제·비가루·라보리는 모

두 생코슴중등학교 교수였고, 공당주와 토마 굴라르도 있었다.

63) Mevel /1471/.

64) Tisserand /1434/, p.175-186.

65) 툴루즈의 의사 가운데 정회원 10명, 준회원 49명, 루앙은 10명과 16명, 마르세유에는 9명과 17명, 리옹에는 15명과 25명, 디종에는 18명과 42명, 보르도에는 2명과 30명, 아라스에는 3명과 20명.

66) 훌륭한 분석으로는 Berthe /839/, p.257-271. 아카데미에 들어온 의사 가운데 가장 중요한 인물을 말하는 일은 이 논문의 자료의 한계를 불러일으킨다. 그렇지만 몇 명 꼽아보면 디종의 마레, 몽펠리에의 아스트뤽·브넬·아모뢰, 캉의 르페크 드 라 클로뛰르, 루앙의 르카, 캉의 장 바티스트 칼라르 드 라 뒤크리와 그의 아들 프랑수아, 낭시의 자들로와 바가르, 샬롱의 나비에와 즐레, 리옹의 질리베르·비테·빌레르모즈, 툴루즈의 구아제·메이나르·가르데일·뒤베르나르·마자르 드 카젤이 있고, 앙제의 위노, 피에르 베르틀로 뒤 파스티 형제, 뷔롤로 드 펠르도 잊지 말아야 할 것이다.

67) 우리는 제II부, 제5장 문학 공화국의 3절 계몽 시대의 공간에서 왕립학회의 그물에 대한 연구로 되돌아갈 것이다.

68) Chartier /1579/, p.161. 의료 생활에 관해서는 다음과 같은 고전적인 저작을 참고할 수 있다. Bariéty et Coury /69/, Delaunay /179/. 그리고 다음의 저작들은 역사가들이 가졌던 전통 관념을 완전히 바꾸어 준다. Meyer /516/ et /517/, Peter /518/ et /519/. 또한 Desaive /180/도 참조할 것.

69) M. Debauve /178/, p.250-280. 우리는 Hesseln /349/, t. 4, p.231-329, t. 5, p.430-437에서 봉급표와 함께 그 집단 전체에 관한 훌륭한 서술을 보게 된다. 다리 건설을 위한 봉급은 부기사의 7백 리브르에서 감독관의 1만 5천 내지 2만 리브르까지였다. 토목기사들은 7백20리브르에서 1만 5천 리브르 이상이고, (브레스트에 많았던) 해양 건설기사는 8백 리브르(학생의 봉급)에서 5천 리브르였다. 사무원과 서기는 1천 리브르에서 2만 4천 리브르(해양 행정 감독관의 봉급)이었다.

70) Pierson /1975/, p.242; Boye /1964/, p.9-25.

71) 캉의 경우 Perrot /1259/; Mourlot /1255/, p.68-75, p.125-127; Passot /1157/, p.20-44; Kisliakoff /1534/, p.173-175. 봉급 2천4백 리브르로서는 "여행을 많이 해야 하는 도피네 지방의 기사의 생활을 유지"할 수 없다. 그는 거기서 부수입(행하) 6백에서 1천2백 리브르를 얻었다.

72) Nicolai /1048/, p.80-88; Desgraves /1110/, p.142-154. 부르에서 토마 리부는 대리관으로서 연봉 7천 리브르를 받았다. Passot /1157/, p.44.

73) Antoine /975/, p.84-95. 봉급은 1788년에 4백 리브르였는데, 거기에 정기적인 행하가 4백 내지 5백 리브르, 그리고 어떤 활동에 대한 특별 사례금이 있었다. 물론 에티스는 이 수입만 가지고 백만장자가 될 수 없었다. 더욱이 그 시대 사람들은 별로 다르지 않았다. 왜냐하면 에티스의 상속금은 그의 아들과, 보르도

의 거물급 건축가 빅토르 루이의 딸이 결혼할 때 계약서상에 60만 리브르로 평가
되었다. Pariset /1118/, p.185-189; *Mémoires de Bachaumont* /622/, t. 26, 8
juin 1784에서는 그를 백만장자로 다루며, 그의 상속자에게 60만 리브르가 돌아갔
다고 말한다. Antoine /975/, p.97-98에서는 비난의 소리를 밝히지 않은 채 완곡
하게 표현하며, 다음과 같이 기병대 장교인 세르비에의 말을 옮겨 적고 있다. "이
돼지 같은 에티스는 스위스에서 돼지를 들여 올 수 있는 허가를 팔아서 재산을
마련하였다. 그는 돼지 한 마리에 3리브르씩 받았다."

74) Lauzun /681/, p.44-48.

75) Du Mege /2378/, t. 4, p.618-619; Nicolai /1048/, p.50-70; Mac-Manners
/792/, p.35-38, p.57-86.

76) Liard /122/, p.20-30. 보르도: 법학, 고정급 4백 리브르, 사례금 2천7백31
리브르, 의학 5백 리브르와 4백30리브르, 신학 7백 리브르, 학예부 교수 4백65리
브르. 브장송: 법학, 고정급 1백80에서 2백74리브르, 사례금 1천 리브르, 의학 2천
4백 리브르. 캉: 신학 1천2백 리브르, 의학 1천2백 리브르, 교수 1천5백 리브르,
학예부 1천2백에서 1천5백 리브르. 디종: 법학 1천 리브르에 1천2백 리브르 부
수입. 앙제: 법학 1천 리브르에 사례금 5백에서 6백 리브르. 오를레앙: 법학의 고
정급과 사례금 1천4백 리브르에서 2천3백 리브르. 낭시: 2백 리브르의 고정급. 프
랑스법 교수는 사례금 없이 고정급만 2천 리브르를 받았다. 의학부의 화학교수는
1천5백 리브르, 의사는 2백 리브르와 사례금을 받았다. 툴루즈: 법학 고정급 9백
94리브르, 신학 고정급 1천 리브르, 의학 6백 리브르에 사례금 2천4백 리브르, 법
학 고정급 8백50리브르에 사례금 8백50리브르, 신분회의 교수 봉급은 1천2백 리
브르였다. 발랑스: 법학 7백에서 1천5백 리브르에 사례금으로 5백에서 1천 리브
르, 의학 9백과 5백 리브르, 신학 5백에서 9백 리브르에 6백 리브르 더, 학예부 사
례금 없이 1천 리브르. 우리는 공화력 9년의 조사 결과(AN, F 17)는 과소평가된
것임에 틀림없다고 생각한다. Delpuech /1880/, p.19-20; Pingaud /974/, p.165-
175. A. D. Doubs, N, 154에 따르면, 숫자는 신학교수 1천6백 리브르, 법학 3천
리브르, 의학 2천4백 리브르이다. 툴루즈의 경우, Delorme /2374/, p.152-155,
1794년의 순수 연봉 2천 리브르.

77) Binet /1962/, p.5-28; Pfister /1959/, p.547-582, 연봉으로 고정급 2백 리
브르, 사례금 3천 리브르에서 4천 리브르였다.

78) Carrelet /979/, p.137-148. 변호사들은 언제나 그들의 사례금의 비밀을 지켰다.

79) Lebrun /790/, p.220-221.

80) Denier /1529/, p.1175; Riviere /1540/, p.155-158; B. M. Grenoble, R.
7582, reg. de Pierre Flauvans; B. M. Nîmes, ms 291, 1773-1792, reg. de p. J.
Amoreux.

81) Desgenettes /1849/, p.125 이하. Lapeyronie는 1천5백 리브르를 가지고 아카
데미 상을 창설하는 한편, 파리 외과의사 공동체에 마리니의 토지, 몽펠리에의 외

과의 공동체에는 자기 집 몇 채와 10만 리브르, 그리고 두 공동체의 교수 봉급을 확보해 주기 위한 연금으로 거의 1만 1천 리브르를 기부하였다. 수석 외과의사로서 그는 연봉 1만 리브르를 받았다. A. D. Hérault, D 200, f° 61-83도 볼 것.

82) Muller /2391/, p.62-83. 빌프랑슈의 유일한 의사는 시행정부에서 연봉 1백리브르, 성 우르술라 수녀회에서 1백10리브르, 성모 방문회에서 60리브르, 시청에서 1백10리브르를 받아 1712년에는 3백80리브르의 수입을 가졌으며, 모든 세금을 면제받았다. Missol /2442/, p.300-308 참조.

83) Lothe /1282/, 인쇄소를 차리기 위해 모은 자산은 12만 리브르였다. 사바티에는 지사로부터 여러 차례 특별수당을 받았다. 1793년 그는 완전히 망했으며, 국민공의회에서 연금 3천 리브르를 받았다.

84) Lebreton /1777/, p.64-65.

85) Passot /1157/, p.15-47.

86) Paradis de Raymondi /1134/, p.12-13, Passot /1157/, p.28에서 인용.

87) 툴루즈에 관한 훌륭한 연구로서는 Bordeur /2368/, p.70-73; Deyon /736/, p.278-283; Lebrun /790/, p.168-175; Garden /1625/, p.356-362, p.381-387.

88) Babeau /573/, p.1-15; Delorme /579/, p.94-117; 특히 Grosley /584/, p.125-128; Babeau /587/, p.208-209. 그롤레의 수입은 사례금을 빼고 2천4백 리브르였다. 우리는 그의 편지에서 그가 작가의 직업을 통하여 얻는 돈에 대해서 알 수 있다. 그는 자기 원고를 장당 25리브르에 넘겼다. 《런던》은 12절판으로 출판되었는데, 그것은 판에 따라서 3권 내지 4권(1768년 2월 22일 계약서)이었다.

89) 여기서 우리는 전반적으로 잘 알려진 문제의 부분까지 들어갈 수 없다. 이에 대해서는 Vovelle /255/, p.28-29를 볼 것. 우리는 두 가지 보기를 찾을 수 있다. 브장송의 원장신부 베르지에는 성당 참사회원 자격을 4천 리브르에 팔았고, 크리스토프 드 보몽은 그에게 연금으로 2천 리브르를 제안하였다. 그는 다르네에 집 한 채를 3백 리브르에 구하였고, 조금 뒤에는 연금을 끼지 않고 4천5백 리브로로 자기 수입을 계산하였다. 여러 가지 성직록(파리 성당 참사회원직, 베르됭 주교구의 수도원장직 6백 리브르)은 그에게 아주 안락한 생활을 보장해 주는 수입이 되었다. Pingaud /956/, p.247-249, p.253-288. 오르낭의 사제이며, 브장송중등학교장인 원장신부 Trouillet는 2천 내지 2천5백 리브르 정도의 조금 적은 수입을 가졌다. 재산의 기준 때문에 몇몇 사제가 제약을 받았던 것 같다. 트루아의 사제 생트 사빈이 샬롱 아카데미의 사무총장에게 한 말을 생각해 보자. "나의 보잘것없는 성직 수입은 당신이 내게 주시겠다고 희망을 불어넣어 준 자격과 일치할 수 있을까요?"(in Roche /1297/, p.892)

90) 이들의 사회적 범주 전체에 관한 연구가 없기 때문에, 단지 개인들의 보기만으로 이 안락한 집단의 평균 생활을 살펴볼 수 있다. Vialet의 경우에 대해서는 Proust /630/, p.28-29, 툴루즈에서 랑그독 공공 사업 총감독관 가리퓌이의 유산은 4만 리브르가 넘었다. Sentou /2398/, p.87.

91) Chartier /1579/, p.164-167.

92) Sentou /2398/, p.243, 194.

93) P. J. Amoreux, Mémoires sur les abus qui s'opposent aux progrès de l'agriculture aux environs de Montpellier, Discours du 4 mai 1789(B. M. Montpellier, ms 30588 mémoire adressé à la Société d'agriculture de Paris). Dainville /1894/, p.47-55; Soboul /1906/, p.10-12.

94) Lebreton /1777/, p.67-68.

95) Vassor /2057/, p.55-59.

96) *Cf.* Deyon /734/, p.19-26; Arch. communales d'Amiens, CC, 1113-1114, (1722-1758-1776); Lebrun /790/, p.169-175, p.221-222; /791/, p.84-131; Dauphin /786/, p.201-211, p.288-306; B. M. Angers, Arch. municipales, CC 105-107; Roche /1297/, p.889-896; B. M. Châlons, CC 77, 85, 95, 99.

97) Chartier /1579/, p.167-170; Garden /1625/, p.196-229.

98) Sentou /2398/, p.185-291.

99) 1768-1777-1789년의 캉에서 걷은 카피타시옹에 관한 사항은 장 클로드 페로의 보고서; Vovelle /1731; Bellanger /1705/, p.70-98.

100) 우리는 여기서 Chartier /1579/, p.170-171의 결론을 다시 제시한다.

101) Eloge de M. Dreux du Radier par M. de Couronne, in Gosseaume /2185/, t. 4, p.318-320.

102) 이것은 Quesnay /61/, t. 2, p.827에 나온 말이다. "상인들은 모든 국민의 부에 관계하지만, 모든 국민은 상인들의 부에 관계하지 않는다. 도매업자는 자기 조국에서 이방인과 같다." 부연해서 말하자면 우리는 사업가형 부르주아를 정확히 상업 자본과 수공업형의 생산 양식을 가지고, 주로 이윤에서 수입을 얻는 사회 집단이라고 정확히 규정한다.

103) 표 33·34·35.

104) Barrière /1058/, p.40, 그리고 훨씬 더 미묘한 차이를 가진 Proust /1878/, p.84-85.

105) 제I부 제2장과, 제II부 제1장을 참조할 것. 부르주아 도매업자를 가지지 못한 아카데미 가운데 클레르몽은 은퇴한 도매업자이자 티에르의 부르주아로서, 서재에 묻혀서 공부에 열중하고, 물리학을 애호하는 Delotz Tissandier를 뽑았기 때문에 특별히 언급할 만하다. Toquant /1356/, p.44. 또한 툴루즈의 아카데미 회원(과학과 비명문학)들도 귀족이 된 도매업자 2명을 받아들였음을 잊지 말자.

106) Lebrun /790/, p.73-76, p.167-176.

107) Delaporte /2414/, p.254-269; Buisson /2425/, p.89-94, p.98-103; Brun-Durand /2411/, p.118-126. 발랑스의 상인 포레스트는 일기장에 전통적인 활동이 상인 집단에 끼친 매력과 함께 그러한 활동이 작은 도시의 경제에서 맡은 구실에 대한 증언을 남겼다. "어떤 상인이 5천이나 6천 리브르를 벌었다면, 그는 자기 아

들에게 어떤 관직을 사주거나 자신이 어떤 교수직을 노릴 수 있게 될 때까지 교육을 받으려고 생각할 것이다……" Nadal /2424/, p.192-193에서 인용.

108) Roche /1297/, p.891-892.

109) Fohlen /986/, t. 2, p.147-152.

110) Marinière /2388/, p.251-308; Thore /2400/, p.180-191; Wolff /2407/, p.240-280.

111) 메스에 대해서는 Lebreton /1777/, p.67-68, Lemoigne /1778/, p.3-28을 참조하고, 낭시에 대해서는 Léon /1957/, p.105-125를 참조할 것.

112) Ligou /1837/, p.89-127; Ligou et Garrisson-Estebe /1839/, p.377-404.

113) 이 표현은 1768년의 '몽펠리에 모습'에서 '부르주아 신분이나 제2신분'이라는 제목의 장에서 찾을 수 있다. "재정과 상업이 거기 종사하는 사람들에게 단시간 안에 재산을 마련해 준 이후, 제2신분은 자기 경비와 사치를 이용하여 제1신분이 그들을 쓸데없이 시기하는 평가를 얻을 수 있었다. 반드시 필요한 종류의 사람들에 의하여 그들이 뒤섞여야 했다. 오늘날 그들 사이에는 집·식탁·장신구 같은 데서 아무런 차이도 볼 수 없다……" Thomas /1908/, p.197-198에서 인용. 또한 Souyris /1907/, p.617-626도 참조할 것.

114) Thomas /1908/, p.199. 특히 Paulin Durand의 회고록에서 자기 가족에 대해 재미있게 언급한 부분.

115) Thomas /1908/, p.149-150, p.195-198; Lamoignon de Basville /2287/, p.267.

116) Dainville /85/, p.323-340; Ehrard /99/, p.176-179.

117) 아카데미의 도매업자.

| 도매업자 : | 평민 | 귀족 | 도매업자 : | 평민 | 귀족 |
|---|---|---|---|---|---|
| • 아장 | 1 | - | 그르노블 | 4 | - |
| • 아미앵 | 2 | 1 | 리옹 | 10 | - |
| • 아라스 | 2 | 1 | 마르세유 | 20 | 2 |
| • 베지에 | 4 | - | 몽펠리에 | 4 | - |
| • 보르도 | 4 | 1 | 님 | 12 | - |
| • 부르 | 2 | - | 오를레앙 | 10 | 3 |
| • 브레스트 | 2 | - | 라로셸 | 10 | - |
| • 캉 | 5 | 1 | 루앙 | 13 | - |
| • 샬롱 | 1 | - | 툴루즈 | - | 2 |
| • 셰르부르 | 5 | - | 빌프랑슈 | 2 | - |
| • 디종 | 3 | - | | | |

118) Lauzun /681/, p.67-70; Lauzun /672/, p.9-10, p.32-35.

119) Jubert /1222/, p.279-306.

120) *Correspondance de Madame Roland* /382/, t. 2, p.46-48.

121) Chartier /1579/, p.161-162; Garden /1625/, p.542-543; Grimod de la Reynière /1555/, et /1556/.

122) Trenard /1617/, t. 1, p.130-170; Boullet /2205/, p.81-88, p.92-93. 루앙의 부르주아 도매업자에 관한 중요한 연구가 빠졌다. 캉에 관해서는 J. C. Perrot의 연구를 참조할 것. 우리는 페로의 연구를 통하여 캉 시와 거기 아카데미에 관한 지식을 모두 얻었다.

123) Poussou in *Histoire de Bordeaux* /1118/, p.346-353; Bouyssy /1089/, p.52-59.

124) 마르세유에 관해서는 Bellanger /1705/, p.57-65, p.85-95; Chabaud /1714/, p.47-143; Spannel /1727/, p.95-130. 여기서 우리는 보벨이 우리에게 전해 준 모든 지식에 대해 감사한다. 또한 Carriere /1710/ et /1712/도 참조할 것.

125) Grimod de la Reynière /1656/, p.7-8, p.11-12. 여기서 우리는 마르세유의 맥락에서 도매업자, 아카데미 회원, 프리메이슨 회원으로 "삼중의 정통성을 지닌" 루이 네케르가 아카데미 회원이었다는 사실에 주목하자. Luthy /222/, t. II, p.93 참조.

126) Bellanger /1705/, p.79-80에서 인용, Fournier /1654/에 편집됨.

127) Lettre de Le Cat à Fontenelle, 11 janvier 1740, in Tougard /2216/, t. 1, p.41.

128) Eloge de M. de La Follie par M. d'Ambournay, in Gosseaume /2185/, t. 4, p.325-328.

129) Discours de réception de Journu, in *Recueil de l'académie de Marseille* /1661/, 1774, p.24-35.

130) Thomas /1908/, p.179-182. La Paille의 수공업 공장은 신분회와 아카데미의 보호를 받아서 선구적인 사업을 하였다. 거기서 연구실은 직접 판매국 및 제조실과 협력을 할 수 있었다. 우리는 이와 비슷한 사례를 기통 드 모르보와 타를라탱을 가진 디종, 제철업에 종사하는 귀족과 광석학자 기사들을 가진 그르노블에서만 찾을 수 있다.

131) B. M. Bordeaux, Arch. de l'académie, ms 1699, Correspondance, 160; (lettre à S. de Boynet, juin 1727); Arcere /2134/, t. 2, p.387-388에서 재미있는 사항을 제시한다. "상업은 가장 높은 이론을 지닌 학문으로서, 그 원칙은 단지 금세기에 들어서 발전되었을 뿐이다. 상인은 국가의 행복을 위하여 여러 가지 체계를 세우는 사상가로서, 그는 조용한 연구실에서 민중의 껍데기를 벗기기 위해서라기보다는 그들을 부유하게 만들어 주기 위하여 궁리하며, 어떤 문제에 관한 보고서·분석을 바탕으로 계산한다. 해군의 장비는 과학적 연구의 결과이다……"

132) Duclos /331/, p.220-221, p.242-243, p.275-276; Guyton de Morveau /1395/, p.12-13, p.26-27.

133) D'Alembert /463/, p.45-59, p.357-359.

134) Arch. municipales, B. M. Bourg, ms 54, f° 4-10; Passot /1157/, p.58-64.
135) D'Alembert /465/, t. 3, Eloge de Boileau, p.4-5.

## 제5장 '문학 공화국' 의 기관들

### 1. 지방의 프리메이슨

1) 18세기 사회에서 지성인 일꾼의 심상에 관해서는 C. Christin과 E. Walter 의 저작을 참조하라고 권하고 싶다.

2) Dupront /94/, p.9-13에서 기본적인 성찰을 하고 있다.

3) Ligou /652/, p.98-110. 1789년, 6백89개 집회소 가운데 50개가 활동을 하지 않았다. 18세기에 설립된 집회소의 정확한 숫자를 알기 위해서는 Le Bihan /647/, /648/을 보아야 할 것이다. 우리는 이 기념비 같은 해박한 저술에 힘입은 바가 많다. 이 저술에서는 지방의 집회소를 거의 9백 개를 조사하였는데, 주어진 시기에 비록 활동중의 집회소가 몇 개나 되는지 사진 찍듯이 가르기는 힘들어도, 이 숫자에서 많은 집회소가 일시적으로 존재하였으며, "곧 활동을 쉬게 되었다" 는 것을 알려 준다. 파리에 1백여 개 집회소가 있었다는 사실과, 중앙 본부에 가입한 군인 집회소를 1백 개 미만을 셀 수 있다는 사실을 가지고, 우리는 단지 수도를 중심으로 해서 다소 길게 존재한 집회소만도 1천 개 이상 있었다고 생각한다.

4) 도표 3·4·5 참조. 1750년 이전의 기간에 대해서는 Weil /660/, p.1787-1814를 참조.

5) Le Bihan /648/, p.37-47; Hubrecht /1094/, p.143-150.

6) Le Bihan /647/, p.110-117; Joly /1876/.

7) Le Bihan /647/, p.120-126; Agulhon /639/, p.166-168; Verrier /1688/.

8) Gros /2356/, p.234-318; Le Bihan /647/, p.237-243.

9) 지도 9, 지도 28, 지도 32.

10) 지도 28.

11) Le Bihan /647/, p.18-20, p.202-205, p.54-55, p.50-52, p.68, p.199-200; 캉에 대해서는 Mancel /1238/, Sauvage /1242/, Luquet /654/, p.79-96.

12) Le Bihan /647/, p.181-182. p.173-174, p.144-147, p.150-157; 포에 대해서는 Lemaitre /2115/, p.79-92; 몽토방에 대해서는 Granier /1829/, p.246-271; 몽펠리에에 대해서는 Delpuech /1895/, p.27-49.

13) Le Bihan /647/, p.248, p.48, p.127-141; 부르에 대해서는 처음 아카데미를 설립하려는 시도를 하다가 실패한 1756년, 집회소가 활동을 시작한 1759년에 주목하자. 징세관 랄랑드는 첫번째와 마찬가지로 두번째 설립에도 참여하였는지 아무도 모른다. 그것의 역사를 쓴 Jarrin이나 Passot /1157/, p.148-150에서도 아무런 메아리가 없다. 어쨌든 그는 1774년 파리에서 집회소의 의원이었다. 메스에 관해서는 Chevallier in La Lorraine /1957/, p.76-94.

14) Le Bihan /647/, p.177-180; Lefebvre /2079/, t. 1, p.159, p.188, p.203-204, 여기서는 이전의 업적을 종합한다. 또한 Simon /2064/; Bonnot /2060/, t. 5, p.49-51도 볼 것. 클레르몽에 대해서는 Le Bihan /647/, p.69, Manry /1360/, p.20 이하.

15) 보르도에 집회소 4, 브레스트에 2, 캉에 3, 클레르몽에 3, 리옹에 최소한 7, 마르세유에 3, 메스에 4, 몽펠리에에 7, 몽토방에 1, 라로셸에 1, 루앙에 5, 님에 4, 툴루즈에 1.

16) Le Bihan /647/, p.165-167, p.75-176, p.34-36, p.93-94; 낭시에 대해서는 Ch. Bernardin /1954/ et Chevallier /1957/, p.80-81; 그르노블에 대해서는 Barral /1511/, p.373-395; 아라스에 대해서는 Lesueur /865/, p.25-150.

17) 아장에는 1771-80년 사이에 집회소 3, 아미앵은 1771-80년에 1, 1781-90년에 2, 앙제는 1770년 이전에 1, 1781년 이후에 1, 아라스는 1780년 이후에 2, 부르에는 1781년 이후에 두번째 집회소, 브레스트는 1771-80년에 3, 그 뒤에는 2, 캉에는 같은 기간에 2와 2, 샬롱에는 1777년에 단 하나, 셰르부르에는 1782년에 하나가 활동을 다시 시작, 오세르에는 1778년에 1, 브장송에는 1771-80년에 3, 그 뒤에 1, 베지에에는 1777-78년에 하나가 활동을 다시 시작, 보르도에는 1761-70년에 3, 1771년에 2, 1781년에 11, 클레르몽에는 1774년에 1, 디종에는 1771년과 1772년에 2, 리옹에는 1771년 이후에 4, 1781년 이후 9, 그르노블에는 1771-80년에 1, 마르세유에는 1771-80년에 1, 1781년 이후에 10, 메스에는 1773년에 1, 곧이어 2, 몽토방에는 1771년 이전에 4, 곧 1, 몽펠리에에는 1781-90년에 6, 낭시에는 1771년 이후 3, 1781년 뒤 1, 님에는 1781-90년에 4, 포에는 1775년에 하나가 다시 시작, 라로셸에는 1771-80년에 2, 루앙에는 1771-80년에 3, 곧이어 3, 그리고 주로 루앙의 고등법원 인사들로 구성된 라울 집회소를 덧붙일 수 있는데, 이것은 오리앙 드 파비이 소속이었다. 수아송에는 1772년에 첫번째 집회소, 1781년에 두번째가 생겼다. 툴루즈에는 1771-80년에 3, 1781년이 지나서 3, 빌프랑슈에는 1784년에 첫번째 집회소가 생겼다.

18) B. N. FM$^2$ 273(Grande Loge Provinciale), f$^o$ 51-67, Lettre du 15 décembre 1783.

19) FM$^2$ 189(Loge Thémis), 1773, f$^o$ 7.

20) FM$^2$ 170(Loge L'Amitié), f$^o$ 130, 1786; Le Bihan /647/, p.38-39.

21) Le Bihan /647/, p.39.

22) Agulhon /639/, p.166-178.

23) Ligou /652/, p.108-109.

24) FM$^2$ 387(Parfaite Harmonie), f$^o$ 26; FM$^2$ 386(Paix Ecossaise), f$^o$ 50, février 1786.

25) Le Bihan /647/, p.203; FM$^2$ 382와 함께 FM$^2$ 111, f$^o$ 380-385.

26) FM$^2$ 111 fonds Chapelle, f$^o$ 43-114, f$^o$ 191-205; FM$^2$ 298(Saint-Jean de

Metz).

27) FM² 333(Bienfaisance), f° 2-27, (rapport sur la franc-maçonnerie à Nîmes);
FM² 334(La Philanthropique).

28) FM²(La Française Saint-Joseph des Arts), f° 51-64; FM² 14(*ibid*……), f°
1-26; FM² 28(Saint-Jean d'Ecosse), f° 1-31, 33-37, 39-73.

29) FM²(Saint-Jean d'Econnse), f° 59-60. 같은 오리앙에서 또 한 번 다툼이 일
어나 데젤뤼 드 샤르트르와 쾨르 레위니가 대립하였다. FM² 28(Saint-Jean d'Eco-
sse), f° 77-78; FM² 1-7(Cœurs Réunis) f° 5-6.

30) FM² 302(La Bienfaisance), mai 1774.

31) Lemaitre /2115/, p.85, rapport de Suberbie Cazalet au Grand Orient, 26 sep-
tembre 1775. 포의 고등법원 프리메이슨이 아카데미가 어려움을 겪은 것과 비슷
한 어려움을 겪어 실패하였다는 사실을 보면 재미있다.

32) Dossier fondamental in FM² 134(Grande Loge Provinciale d'Aix), Mémoire
du 3 mai 1786; Agulhon /639/, p.168-169. 엑스의 중앙회의 노력은 엑상프로
방스의 프리메이슨의 발전과 일치하며, 지역의 수도가 차지하는 우위를 인정해 주
는 것처럼 보인다. 이 가설은 다른 중앙회의 경우에서 증명되어야 할 것이다. 이
점에 대해서는 Amiable /640/; FM² 318, Loge Auguste Fidélité de Nancy, Mé-
moire du Frère Bayerlé, conseiller au Parlement, sur la nécessité d'unir les
tendances de la maçonnerie(septembre 1784).

33) FM² 213(La Fidèle Maçonne), f° 9-10, 4 novembre 1783.

34) Ligou /652/, p.102. 이 작품은 Le Forestier의 저작에 의존하고 있다. 우리
는 이 점에 대해서 단지 몇 가지 가설만을 제시할 수밖에 없다. 그것은 진정한
복종과 의전의 역사로 증명하려고 노력해야 할 가설이다. 스코틀랜드 정신의 사
회적 뒷받침은 정규 프리메이슨 집회소의 정신과 아주 다른가? 우리는 그렇게 보
지 않으며, 스코틀랜드 의식과 중앙 본부가 접근하려는 시도가 있었음을 잊지 말
아야 할 것이다. 아카데미 도시에서 문외한이 구별할 수 있는 차이를 가진 의식
을 집전하는 결사들은 회원 구성상 사회적인 통일성을 나타내는 것처럼 보인다.
이 점에 관해서 조사가 다시 이루어져야 할 것이다.

35) 도표 4. 우리는 거기서 우리가 사회적 구성을 알고 있는 집회소의 숫자는
1771년 이후에 생긴 집회소에서 최대치를 이룬다는 사실을 분명히 볼 수 있다.
그전에 생긴 1백여 개 집회소 가운데 우리가 연구한 것은 30여 개 집회소였으며,
그 회원 구성은 1770년 이전까지는 거의 알려지지 않았다.

36) 표 42. 지방민의 정확한 숫자는 1만 1백67명, 파리인은 A. Le Bihan에 의
하면 8천2백92명이다.(/648/)

37) 도표 4 · 5.

38) 프로방스에 관한 결론은 일반화시킬 만하다. Agulhon /639/, p.177-179,
p.262-266. 우리가 지방의 분명한 정황의 존재를 예감할 수 있다 해도, 그것을 완

전히 알기 위해서는 아카데미 도시의 범위를 넘어서 조사를 해야 할 것이다. 파리를 위해서는 A. Le Bihan의 연구로 독창적인 결론에 도달할 수 있다. 결국 우리는 언제나 각 본부뿐만 아니라 경우에 따라서는 각 집회소의 개별 조건의 영향을 고려해야 한다.

39) Agulhon /639/, p.171.

40) 도표 5.

41) 표 42. 각 집회소마다 작성되어 중앙 본부에게 보낸 표에서는 등록자의 자질과 직업을 표시하였다. 우리는 각 집회소의 고위직은 그들이 집회소를 구성하도록 허가를 요청하면서 내는 그 표를 가지고 그들을 엄격히 심사한다는 사실을 보게 될 것이다. 분류된 사회 직업상의 범주들은 아카데미 단체의 분석 범주들과 같지만, 집회소의 표에서 새로운 상황이 몇 가지 나타나고 있다. 표 50. 우리는 여기서 노동 수사(frère servant)가 집회소에 완전히 받아들여지지 않고, 부수적인 자리에 머물러 있는 경우 그들을 통계에 넣지 않았다.

42) 표 42.

43) Ligou /652/ , p.108; Hutin /645/, p.81-82. Hutin은 고등법원이 교황의 교서를 등록하지 않은 것을 증거로 제시한다. 우리는 이 논점을 충분하다고 생각지 않는다. 고위 성직자가 모두 프랑스 국교회주의자가 아니었기 때문이다. 켕페르 주교가 프리메이슨을 반대하는 설교를 하였다고 비웃었던 투르의 대주교에 관한 일화는 일반화시킬 수 없는 성질의 것이다. 우리의 관점으로 보면 숫자는 성직자가 프리메이슨 현상을 마주 대하고 주춤하는 태도를 증명해 준다. 이러한 행위의 동기는 분명치 않으나, 이 점에 대해서는 좀더 조사가 이루어져야 할 것이다. Mellor /655/는 교서를 내놓지만, 엄밀히 프랑스가 처한 상황에 대해서는 아무것도 제시하지 못한다. 우리는 성직자의 가입 문제와, 프리메이슨과 크리스트교의 관계의 문제를 구별해야 할 것이 분명하다.

44) Leonard /217/, p.288-289.

45) 라코레(Lacorée)가 브장송의 생세리테에 있다는 사실, 지사 라포르트가 보르도의 프랑세즈와, 카즈 드 라 보브가 가입한 브레스트의 외뢰즈 랑콩트르에 있다는 사실에 주목하자. 또한 지사 시피에르 도를레앙도 역시 프리메이슨이었다. 우리는 파리의 몇몇 집회소에 가입한 지사들을 찾을 수 있다. 랑그독의 지사 발렝빌리에는 몽펠리에의 프리메이슨이었다.

46) Durand /186/, p.598-602에서는 총괄 징세청부업자들이 프리메이슨에 가입한 것은 아마도 대부분 이념적인 문제보다는 좀더 사회적인 의미를 지니고 있다고 생각한다. Chaussinand-Nogaret /1891/는 제목에서 말하고자 하는 것보다 더 많이 말하고 있는 책의 결론에서 재정가들의 프리메이슨 이념에 관한 훌륭한 부분을 제시하고 있다.(p.288-304)

47) 메스의 낮은 비율(7.4퍼센트)은 아마도 사람들이 메스의 집회소 전반에 관한 표를 찾을 수 없었다는 데서 비롯된 듯하다. 우리는 몽토방(21퍼센트)과 몽펠리

에(29퍼센트)에서 비슷한 비율을 찾을 수 있다는 사실을 보게 될 것이다. 우리는 아라스에서 고등법원 인사 단 한 사람을 볼 수 있으며, 포에서는 1명도 볼 수 없다. 엑상프로방스에서 관직 보유자의 비율은 주로 고등법원 인사로 구성된 대표 30여 명을 가지고 50퍼센트를 넘었다는 사실에 주목하여야 한다.

48) Amiable /640/, p.48-68; 또한 아미아블의 논점을 되풀이하는 Bluche /265/, p.358-360; 특히 Bord /641/, p.340-360.

49) 표 45.

50) 지방에 4천 명과 파리에 1천5백 명 정도. 지방의 프리메이슨은 파리의 것보다 더 개방되어 있었다.

51) 지방의 프리메이슨의 '다양한' 범주의 4분의 3 정도.

52) 파리의 경우, Le Bihan /648/ 참조. 우리는 집회소마다 회원이 어떻게 구성되었는지 살펴볼 필요를 느끼지 않았다. 파리의 보기는 더 잘 알려져 있고, Le Bihan의 저작은 이 점을 밝혀 줄 것이기 때문이다.

53) 표 38.

54) FM² 510(Le Parfait Accord)와 표.

55) FM² 493(La Sagesse)와 표.

56) FM¹ 151(Vrai Zèle)와 표.

57) FM² 213(Fidèle Maçonne)와 표.

58) FM² 207(Saint-Louis)와 표.

59) FM² 182(Les Elus et les Vrais Amis), FM¹ 110, fonds Chapelle, (Les Elus)와 표.

60) FM² 140-141(Tendre Accueil), FM² 147(Amitié)와 표

61) FM² 140-141(Père de Famille) et FM² 147(Amis réunis)와 표.

62) FM² 147(Amis réunis), 25 août 1785, correspondance avec le Grand Orient.

63) FM² 421(Frères Amis et Saint-Julien de l'Aurore).

64) FM² 421(Frères Amis), Rapports de Lebeuf, f° 18-32, 17 octobre 1780.

65) FM² 421(Frères Amis), Rapport de Lebeuf, f° 29-31. 비슷한 일이 아미앵에서 같은 기간에 일어나 재판을 받았다. FM² 139, 29 septembre 1785, Lettre de Gillet de La Croix à la suite de la plainte contre la Parfaite Sincérité adressée au Grand Orient par la Sincère Amitié.

66) FM² 266-276; Chartier /1579/, p.181-188; Garden /1625/, p.546-549. 도매업자는 파트리오티슴·레귈라리테·생세르·아미티에·사제스·로즈 레위니 같은 결사에서 60퍼센트 이상을 차지하면서 지배하였다.

67) FM² 272-273(La Paix), (Parfaite Harmonie), FM² 274(Saint-Jean de Jérusalem).

68) FM²(Loge Saint-Jean d'Ecosse); R. Verrier, op. cit., p.100-110; Agulhon, op. cit., p.226-227; FM² 290(Réunion des Elus); FM² 289(Nouveau peuple

éclairé); FM² 284(Choix des Vrais Amis); FM²(Amateurs de la Vraie Sagesse);
FM² 290(Les Philadelphes); FM² 285(Disciples de Saint-Jean); FM² 288(Frères
Unis); 또한 표 50에서 마르세유의 집회소에 관한 사항도 볼 것.

69) *Tableau historique de Marseille et de ses dépendances* /1662/, p.311-313;
Ferran /1716/, p.140-145; Chabaud /1714/, p.76-80. 또한 엑스의 집회소에 관
해서도 알아보아야 한다. FM² 133-134-135 참조.

70) FM² 164-165(Sincérité, Parfaite Egalité); FM¹ 110, fonds Chapelle, (Parfaite
Egalité)와 표.

71) FM² 223(La Concorde); A. D. Côte-d'Or, fonds Boudot(39), Papiers de
Devoyo; Colombet /1461/, p.244-245; 그리고 특히 Robin /1451/, p.433-446에
나온 타당한 논점을 살필 것.

72) FM² 170-174(Amitié et Française Elue Ecossaise)와 표; Hubrecht /1094/,
p.143-150.

73) FM² 239-240(Bienfaisance)와 표 50(보르도).

74) FM² 298; FM¹ 111(fonds Chapelle, Loge Saint-Jean), 그리고 표.

75) FM² 318-322(Auguste Fidélité, Saint-Louis, Saint-Philippe)와 표.

76) FM² 388-389(Parfaite Union et Loge Raoul et la Parfaite Réunie de l'Union);
Robine /2244/, p.323-328.

77) FM² 1-8(Cœurs Réunis); FM² 11(Elus de Chartres); FM² 2022(La Sagesse);
FM² 19(La Parfaite Amitié); FM² 35(La Vérité Reconnue); FM² 36-37(Les Vrais
Amis Réunis); FM² 19(La Paix).

78) FM² 303-304(Bonne Foi, Bienfaisance et Parfaite Union); Ligou et
Garrisson-Estebe /1839/, p.395-397. 신교도 도매업자의 숫자는 지방의 고문서의
숫자와 같으며, 도매업 전체에 관한 중앙 본부의 표에서 알 수 있는 숫자와는 조금
다르다. Granier /1829/; Ligou /1837/, p.159-160; 클레르몽에 대해서는 FM²
215(Saint-Maurice, Saint-Michel de La Paix, Saint-Hubert).

79) FM² 308-314(Urbanité, Vraie Humanité, Amis Réunis, Ancienne Réunion,
Amitié, Parfaite Union, Amis Fidèles et Bonne Intelligence).

80) FM² 333-334(Nîmes); FM² 339-340(Orléans); FM² 138-139(Amiens); FM²
131-132(Agen); 캉에서도 마찬가지로 FM² 189-190, 라로셸에서는 FM² 377-379.

81) FM² 138(Parfaite Sincérité). Lettre du 29 septembre 1785.

82) FM² 132(Parfaite Union). Rapport du 28 novembre 1774.

83) Agulhon /639/, p.177-178에서 타당한 성찰이 보인다.

84) FM² 269(Mère Loge de Lyon). Lettre du 26 septembre 1765.

85) FM² 273, II, (La Sagesse), "성실한 사람이며 훌륭한 프리메이슨으로 알려진
유대인 도매업자 한 사람이 우리의 성전에 들어오기를 바랍니다. 프리메이슨의 규
칙에 약점이 있지나 않을까 하는 두려움 때문에 우리는 당신의 슬기를 빌리려고

합니다……."(우리는 이 1783년 9월 21일자 편지에 대한 답장을 찾지 못하였다);
FM² 289(La Parfaite Sincérité de Marseille), Réglement, article 12. "유대인, 흑인,
또는 이슬람교도가 될 정도로 불행한 사람은 어떠한 사람도 가입할 수 없다……."
 86) FM² 184(Les Amis Intimes), dénonciation de la loge les Elus de Sully;
(Les Elus de Sully) 이들의 구성에 대해 중앙 본부는 희극배우 3명이 있다는 이유
를 들어 거절하였다; FM² 207(Saint-Louis de Châlons), Lettre du 1er octobre
1777; FM² 319(1) (Saint-Jean de Jérusalem de Nancy), dossier d'exclusion 1786;
FM² 381(Accord Parfait de Rouen) dénonciation de la loge composée de comédiens
et artistes par les autres loges de Rouen; FM² 389(Parfaite Union) rapport sur les
conditions sociales du 3 mai 1778, "기사 아이예 형제는 회원 자격이 취소되었
다. 그는 실제로 희극배우이기 때문이다." 여기서 우리는 낭시 희극배우들을 제외
하는 사건 속에서 그 인물이 들어 있음에 유의해야 할 것이다. FM² 319 rapport
du frère Toussain sur le chevalier Aillet; FM² 1-7(Cœurs Réunis de Toulouse)
dossier 14, circulaire du 24 juin 1776; Aix FM² 134(Grande Loge) rapport de
1786 au Grand Orient.
 87) 낭시·루앙·툴루즈에서도 분명하다. 주 86번 참조.
 88) 여러 단체에 관한 중요한 문서를 참조할 것. 아장 FM² 132(Parfaite Fraternité);
아미앵 FM² 138(Parfaite Sincérité); 아라스 FM² 147(Amis Réunis); 보르도 FM²
173-174(Famille Unie-Etoile Flamboyante); 브레스트 FM² 184(Constante Réu-
nie); 캉 FM² 189(Themis-Ardente Maçonne); 디종 FM² 223(Concorde et Arts Réu-
nis); 그르노블 FM² 241(Parfaite Union, Egalité); 리옹 FM² 269(Loge Provinciale);
마르세유 FM² 288(Frères Unis), FM² 291(Parfaite Sincérité), FM² 285(Disciple de
Saint-Jean), FM² 282-283(Amateur de Sagesse), FM²(Réunion des Elus); 엑스 FM²
133(Chapitre provincial et Réunion des Vrais Amis), FM² 135(Réunion des Vrais
Amis), FM² 134(Grande Loge), affaires de la Vraie Humanité de Grasse, Réunion
des Elus de Marseille, Parfaite Harmonie de Marseille, Parfaite Sincérité de
Marseille; 메스 FM² 295(Saint-Jean); 루앙 FM² 382(Ardente Amitié); 수아송 FM²
(Frères Amis); 툴루즈 FM² 11(Elus de Chartres), FM² 14(Saint-Joseph des Arts).
 89) 보르도, FM² 174(La Famille Unie) rapport de la loge Amitié au Grand
Orient, 23 mars 1785.
 90) 브레스트, FM² 184(Amis Intimes, Heureuse Rencontre, Constante Réunion).
Enquête du frère Lenoble de Morlaix, 3 mars 1776; opposition des loges militaires
à la loge Constance, 9 février 1777; refus de constitution des Elus de Sully(1783);
opposition à la loge des Amis Intimes(1786); affaire Bru.
 91) 메스, FM² 298(Saint-Jean de l'Amitié de Saint-Etienne) juillet 1765, f° 205-
207. Rapport de Tschoudy contre Tifaine qui est directeur de la Régie des vivres;
FM² 134(Grande Loge d'Aix), rapport du 19 mars 1787. "중앙 본부는 공예 직업

에 종사하는 사람들 가운데 십장에 오르지 못하는 사람을 모두 우리의 집회소에
서 내보내기로 하는 슬기로운 결정을 발표하였다……. 왜 이러한 결정을 전문 직
업인 십장에게까지 적용하지 않는가…?"

92) Leuillot /650/, p.241-244.

93) FM² 298(Les Vrais Amis de Metz), 26 avril 1788, rapport sur la bonne
marche des loges.

94) FM² 298(Vrais Amis de Metz) …d°…, et FM² 135(Loge et chapitre réunion
des Vrais Amis), défense de la loge contre la grande loge provinciale, 15 avril
1784, FM² 134(Grande Loge), affaire de la Loge Parfaite Sincérité de Marseille.
폴 수사는 지부장직을 맡을 수 없다. "그는 겨우 읽고 쓰기 때문이다……. 그는 좀
더 너그러운 법을 만들어서 우리의 집회소를 어릴 때부터 전혀 교육을 받지 못하
여, 자라서도 여전히 무지와 온갖 악덕을 갖추어 별로 개화되지 않는 사람들로 우
글거리게 만들고 싶어할 것이다……", 1787년 9월 24일.

95) Amiens FM² 138(Parfaite Sincérité) rapport du vénérable de la Sincère Amitié,
"그들은 푼돈만 받고서 아무나 받아들입니다"; Arras FM² 147(Amis Réunis);
Bordeaux FM² 170(L'Amitié), Affaire de l'Harmonie, (1774), Affaire de l'Etoile
flamboyante et affaire Desgranges: 여기서는 창녀 4명을 가입시켰다; FM² 171
(Etoile Flamboyante) affaire Desgranges(1782); FM²(Famille Unie), (1785); Brest
FM² 184(Amis Intimes) opposition des Loges Heureuse Rencontre et Elus de
Sully(1786); affaire de la loge Constante(1777); Caen FM² 189, (Thémis) affaire
de l'Ardente Maçonne; FM² 190(Union et Fraternité-Vraie Union), opposition à la
loge Vraie Union; Dijon FM² 222(Arts Réunis) affaire Nogaret, rapport des loges
de Bourgogne(1774); FM² 223, *ibid.*; Lyon FM² 273(La Régularité) rapport du
médecin David; 또한 Trenard /1617/, t. 1, p.294-295도 참조할 것; FM² 274
(Saint-Jean de Jérusalem), affaire Baron(1784); Aix FM² 134(Grande Loge);
Marseille, FM² 289(Parfaite Sincérité) Règlement, article 22; FM² 282(Amateurs de
la Sagesse); Montpellier FM² 311(Coeurs Réunis) règlement article 1, FM² 308
(Bonne Intelligence) Affaire des Amis Fidèles, FM² 311(Coeurs Réunis) affaire
de la Parfaite Union et des Amis Réunis; Nancy FM² 322(Vertu); Toulouse FM²
1-2(Coeurs Réunis), exclusion, banquet et mascarade.

96) FM² 134(Grande Loge) Rapport sur la Vraie Humanité de Grasse, 19 janvier
1785.

97) Luquet /654/, p.302.

98) Amiens FM² 139(Sincère Amitié), Règlements de 1776; Châlons FM² 207
(Saint-Louis), *ibid.* 1777; Lyon FM² 270(Parfait Silence), *ibid.* 1780; Aix FM²
135(Réunion des Vrais Amis), *ibid.* 1787; Marseille FM² 290(Parfaite Sincérité)
ibid. 1781; Montpellier FM² 311(Coeurs Réunis) *ibid.* 1781.

99) Aix FM$^2$ 135(Réunion des Vrais Amis) Règlement art. V.

100) 제2장, 2. 아카데미의 체제 참조.

101) Aix FM$^2$ 102(Loge la Réunion des Vrais Amis) lettre du 15 avril 1788. 프리메이슨에 관련된 저술은 어떤 것이거나 평등의 문제를 다룬다. Priouret /658/, p.62-65; Robin /1451/, p.440-443은 재미있는 사료를 다루며, 그들이 찬양하는 추상적인 평등과 실제의 불평등 사이의 대립을 강조한다. 그것은 자유의 문제와 같이 "성실한 사람들, 말하자면 재산가들의" 평등이었다.

102) Barral /1511/, p.375-376(Parfaite Union de Grenoble), p.376-377. 프리메이슨은 "사람들의 특성을 죽이지 않은 채, 그들을 평등하게 만드는 예술……"이다.

103) Garden /1625/, p.548-549.

104) Agulhon /639/, p.326-342.

105) Ligou /220/, p.33-34; Leonard /216/, p.178 이하; Agulhon /639/, p.188-189; Weill /660/, p.1803-1805.

106) Gayot /644/, p.413-429에 기본적인 성찰이 보인다. 또한 Chaussinand-Nogaret /1891/, p.302-303, Plongeron /141/, 1969, p.555-605.

107) 우리는 프리메이슨에 관한 중요한 역사 업적을 보아야 하며, Ligou /652/, p.103-104의 결론에 귀 기울여야 한다. '아카데미풍의' 집회소에 관해서는 Agen FM$^2$ 132(Réception du duc de Chartres le 13 avril 1776); Amiens FM$^2$ 139 (Règlement, mémoire sur les cérémonies à l'occasion de la naissance du dauphin); Auxerre FM$^2$ 151(…d°…); Châlons FM$^2$ 207(règlements); Grenoble FM$^2$ 239 (règlement et fête pour le dauphin); Lyon FM$^2$ 266(Discours du vénérable de la loge Parfaite Réunion), FM$^2$ 275(Discours de la loge Sincère Union); Aix FM$^2$ 135(règlement de la loge l'Amitié) et(Services religeux); Marseille FM$^2$ 289(règlements de la loge Parfait Silence, articles 32, 33, 34); FM$^2$ 292(Discours du vénérable de la loge Triple Union); FM$^2$ 290(règlement de la loge Parfaite Sincérité) et (fête en l'honneur de la naissance du dauphin). FM$^2$ 282(Ordre des toasts pour l'installation de la loge les Amateurs de la Sagesse 14 juillet 1783); Metz FM$^2$ 295(exclusion du frère Pantalou pour athéisme), FM$^2$ 298(cérémonie funèbre); Montpellier FM$^2$(règlement de la loge Coeurs Réunis); Nancy FM$^2$ 318(Soumission aux lois in dossier de l'Auguste Fidélité); La Rochelle FM$^2$ 377(réception dans la loge Concorde et éloge de Joseph II); Rouen FM$^2$ 382(Dossier de l'Ardente Amitié); Toulouse FM$^2$ 1-7(Dossier de la loge Coeurs Réunis-Naissance du dauphin, cérémonie, service funèbre, Te Deum, etc……); Gayot /644/, p.416.

108) Vovelle /255/, p.88.

109) Le Bihan /647/, 우리는 이름을 바꾼 경우 엄격히 분석해야 하지만, 손을 대지 않고 집회소마다 이름 하나씩을 분석의 대상으로 삼았다.

다음의 표를 참조할 것.

| 범례 | 통일성-결합-화합-감정 | | 계몽 사상의 윤리 | | 사회와 정치 | | 신비주의와 이상향 | | 종교 | | 여러 가지 아카데미 정신 | | 합계 |
|---|---|---|---|---|---|---|---|---|---|---|---|---|---|
| 아카데미 도시 | 100 | 56% | 27 | 13.5% | 15 | 6,5% | 18 | 9% | 19 | 10% | 11 | 6% | 200 |
| 파리 | 52 | 39% | 18 | 15% | 24 | 17% | 12 | 9% | 14 | 18% | 12 | 9% | 132 |
| 지방의 다른 도시 | 305 | 57% | 78 | 14% | 42 | 7% | 31 | 5.5% | 69 | 12% | 25 | 4,5% | 550 |
| 합계 | 467 | 55% | 123 | 14% | 81 | 9% | 61 | 6% | 102 | 11% | 48 | 5% | 882 |

110) Encyclopédie /334/, t. 2, (Basile), p.116.

111) 높은 지위의 세계에 관해서는 다음을 참조해야 한다. Le Forestier /649/; Naudon /656/, p.28-31; Chevalier /642/, p.187-188에서는 "프랑스의 귀족은 스코틀랜드 의식에서 고개를 숙였다"고 생각한다. 이러한 가설은 일반적인 모방의 관념과 위배되지 않는다. Agulhon /639/, p.177에서는 스코틀랜드 의식은 좀더 민주적이었다고 말한다. 이에 관한 조사는 아직 완전하지 못하다.

112) Naudon /656/, p.28; Chaussinand-Nogaret /1891/, p.298 이하.

113) 위의 각주 111 참조.

114) Bouissy /1089/, p.89-94; Trenard /659/, p.47-66. 우리는 이 기구 속에서 '하찮은 오락'에 대한 반응이 고개를 내미는 것을 볼 수 있으며, 설립자 가운데 한 사람이 다음과 같이 썼다는 사실은 뜻깊은 일이다. "크기·주민·상업에서 상당히 중요한 도시로서 부유하고 교역량이 많은 중심지에서 학술 단체라는 이름조차 모르고 있다니. 몇몇 개인이 나누어 가진 지식은 널리 전파될 수 없었다……." 메스의 필아텐에 관해서는 Lebreton /1777/, p.85-86에서 훌륭하게 초점을 맞추고 있다.

115) Le Bihan /647/, p.44.

116) Le Bihan /647/, p.239.

117) 앙제(2), 아장(4), 아라스(4), 아미앵(3), 오세르(2), 베지에(1), 브장송(13), 보르도(15), 브레스트(16), 부르(3), 캉(5), 샬롱(2), 셰르부르(2), 클레르몽(3), 디종(10), 낭시(7), 님(5), 오를레앙(5), 메스(5), 몽토방(5), 포(1), 몽펠리에(5), 마르세유(10), 툴루즈(20), 리옹(9), 루앙(20), 발랑스(2), 빌프랑슈(2).

118) Chartier /1579/, p.190.


## 2. '문학 공화국'

1) 왕립농학회에 관해서는 Justin /503/, p.275-306; Bourde /490/, t. 2, p.1099-1121; t. 3, p.1193-1205. 우리는 회원의 구성과 업적에 관한 연구를 다시 해야

할 필요를 느낀다. 회원의 명단은 Justin을 참조할 것.

2) Meyer /516/, p.729-749. 우리는 회원 명단을 *Histoire et mémoires de la Société royale de médecine*, Paris, 1776-89, /480/.

3) 과학 아카데미에 대해서는 *Index biographique des membres et correspondants* /475/; Maury /515/; Bertrand /488/; Maindron /511/. 그리고 그 방법론, 연구 결과, 명단에 대해서는 Hahn /500/을 참조할 것. 비명문학 아카데미에 관해서는 *Histoire et mémoires de l'Académie des inscriptions et belles-lettres* /478/; Maury /514/; *l'Académie des inscriptions et belles-lettres*, 1663-1963 /485/. 아카데미 프랑세즈에 관해서는 d'Alembert /465/, *les registres de l'Académie française* /470/; Brunel /491/; Rouxel /524/; Vedrenne /531/.

4) *La France littéraire* /606/, 1784, t. 4, p.313-432, p.245-249.

5) Proust /630/, p.515-529; Proust /1878/, p.34-58. 《백과전서》에 관한 저작은 지극히 많다. 그 중에서도 Proust /632/, p.36-52. 《백과전서》 사업의 사회학을 중시한 주요 저작은 Lough /628/, /629/; Shackleton /635/, /636/; Kafker /626/, /627/. 우리는 새로운 발견에 맞추어서만 문제를 다루고, 사전 발간 사업의 여러 단계를 구별하면서 첫번째 사업에 대해서 연구하였다. Roche /633/ 참조.

6) Expilly /604/; Court de Gebelin /596/, *Le Mercure de France* /623/, 1763, p.204 이하, 1764, p.211-214; D. Mornet에 의하여 발굴된 명단이 우리가 찾은 유일한 명단이다.

7) *Correspondance de Diderot* /549/; *Correspondance de Montesquieu* /556/, *Correspondance de Rousseau* /560/ et /561/; *Correspondance de Voltaire* /564/. 지방의 중요한 서한집 가운데 몇 가지를 소개하자면, Grandidier, *Correspondance* /567/ et /568/; Grosley /574/, /575/, /576/, /577/, /578/, /580/, /581/, /584/, /585/, /586/, /587/, /588/, /589/. Reaumur, Torlais /592/, p.315-326 et Arch. de l'académie des sciences, carton 6, et correspondants in Papier Réaumur, IV à VI; Séguier, in Papiers Séguier, B. M. Nîmes, ms 135-284, ms 415-416; B. M. Avignon, ms 2364.

8) 제1장 3. 숨가쁨과 통합 시도 참조.

9) Bourde /490/, t. 2, p.1101-1102.

10) Goubert /201/, p.162-163. 규칙과 조직에 관한 보기는 Justin /503/, p.263-274. 그리고 지도 5 참조.

11) Dangeul, Bourde /490/, t. 2, p.1101에서 인용.

12) Justin /503/, p.117-119; Lettre de Le Carlier directeur du bureau de Soissons, (14 décembre 1773).

13) 표 49 참조.

14) Justin /503/, p.75-106, p.117-124; Bourde /490/, t. 2, p.1119-1120.

15) Justin /503/, p.117-118.

16) Bourde /490/, t. 2, p.1119-1120, p.1124; Justin /503/, p.147. 중요한 사료는 역시 A. N. H 1495이다. 만일 우리가 1761년부터 노트르담 참사회, 생제르멩데프레 공동체, 브르타뉴의 성직자들이 개간지에 대해 십일조를 면제해 주도록 결정하였다고 생각한다면, 십일조에 관한 문제를 다시 살펴보는 일이 중요할 것 같다.

17) Vassor /2057/, p.40-47과 p.41의 표 3-4. 농학회의 회원에 관한 연구는 처음의 명단뿐만 아니라 나중에 뽑은 사람들에 관한 명단을 가지고 만든 전형에 따라 다시 한 번 해볼 필요가 있다. 우리는 그 결과가 우리의 가설이 약점을 가지고 있다고 만들지는 못할 것으로 생각한다.

18) 우리는 그들이 오를레앙의 2개 단체에서 26명, 리옹의 첫 회원 20명 가운데 10명인 것을 알고 있다. 후자의 경우 누아엘 드 벨르로슈와 클라레 드 라 투레트의 사무총장도 들어 있다.

19) A. N. H 1501 et Justin /503/, p.111-112; Bourde /490/, t. 3, p.1311-1312.

20) Bourde /490/, t. 3, p.1201-1202.

21) Saint-Jacob /1476/, p.403-404 et Bourde /490/, t. 3, p.1201-1202; Lebrun /790/, p.121-122, p.125-126; Morineau /228/, p.68-87.

22) Meyer /516/, p.729-735. 다음과 같이 훌륭한 논문 3편을 참조할 것. J. Peter /518/, /519/, /520/. 나는 여기서 J. P. Peter와 J. Lecuir이 이 주제에 관해서 내게 알려 준 지식에 대해 감사한다.

23) Peter /519/, p.73-74.

24) *Histoire et mémoires de la Société royale* /480/, t. I, p.VII-VIII. 또한 면장과 규칙에 관한 사료도 보아야 한다. *Ibid.*, p.17-24.

25) 표 51 참조.

26) 파리와 지방 단체의 명예 회원과 정회원 자격.

27) 외과학 아카데미는 왕립학회보다 먼저 설립되었지만, 아직도 이것을 연구한 역사가는 없다. 어쨌든 이 점에 관해서는 Verneuil /532/, et Guardia /499/, p.307-323. 설립된 해는 1731년이다. 우리는 T. Gelfand의 연구를 기다린다.

28) 파리의 약학중등학교는 아카데미를 대신한다. 아직도 이에 관한 연구가 없다. 이 기구에 관한 본질적인 면과 토론을 밝힌 두 저작이 있다. Caze /493/, Prevert /521/.

29) 의학회에 관한 재조사에서 중요한 평가를 내릴 만한 것은 아무것도 없다.

30) Hahn /500/, p.15-25, p.58-83.

31) 가문의 기원과 사회적 결합(친척과 보호 관계)에 관한 연구, 연구·교과 과정·교육 단계의 구실이라는 두 가지 사항에 주목할 필요가 있다. 파리의 단체들에 관한 연구에서 아무도 이러한 문제를 건드리지 않았다. R. Hahn은 이러한 관점에서 우리가 지극히 해박한 저작에서 기대할 수 있는 범위 속에 머물러 있다고 볼 수 있다.

32) 표 16 · 17 · 18 · 45B.

33) 표 45B. 아카데미 프랑세즈, 과학 아카데미, 비명문학 아카데미의 연금수령인 가운데, 귀족이 된 사람의 비율은 37.5퍼센트, 55.7퍼센트, 55.5퍼센트이다. 4대부터 6대 사이의 귀족은 각각 22.5퍼센트, 19.4퍼센트, 27.7퍼센트. 7대 이상의 귀족은 39.8퍼센트, 24.6퍼센트, 16.6퍼센트이다. 뒤의 두 아카데미의 명예 회원 가운데 같은 범주의 사람들이 차지한 비율은 13.5퍼센트와 18.1퍼센트; 19.6퍼센트와 36.3퍼센트; 56.7퍼센트와 45.4퍼센트이다.

34) Bluche /264/.

35) 우리는 다음과 같은 고전적인 연구를 참조해야 한다. Brunel /491/, p.28-44, p.71-76, p.105-114, p.130-140; Rouxel /524/, p.131-189; Grimm /619/, t. 8, p.28-36, t. 7, p.252-255.

36) 귀족의 전통을 알기 위해서는 주 33 참조.

37) 이 분야에서는, 단지 '미성년기'의 연구뿐만 아니라 집단사회학의 관점에서 거의 모든 것을 시작해야 할 것이다.

38) 관복 귀족 7.9퍼센트, 군인 7.4퍼센트. 법조계 인사 가운데, 가장 잘 알려진 사람을 꼽아 보면 Henri d'Aguesseau, 재판장 Bouhier, Louis Cousin, 재판장 Hénault, Lefranc de Pompignan, 재판장 de Mesme, Montesquieu가 있다. 군인 중에는 기사 Boufflers, Dangeau 후작, Florian, Saint-Lambert, Mimeure 후작, Richelieu가 있다.

39) 무관의 경우 연금수령인의 36퍼센트, 명예회원의 25퍼센트. 관복의 경우 6퍼센트와 2퍼센트. 군인 가운데 Vauban, de Maillebois 원수, Richelieu, d'Estrée 부제독, 그리고 모두 공작인 Albert, Castres, le maréchal d'Arcy, Belidor, Chabert de Cogolin, Borda, La Galissonnière.

40) 무관귀족의 경우 연금수령인의 11퍼센트와 명예회원의 5퍼센트. 관복귀족의 경우 각각 14.2퍼센트와 14.5퍼센트.

41) 표 45B.

42) 아카데미 프랑세즈 성직자의 53퍼센트, 비명문학 아카데미에도 마찬가지, 과학 아카데미에서는 37퍼센트.

43) 연금수령인의 43퍼센트, 통신원의 거의 60퍼센트. 전체로 보아 성직자가 50여 명. 그 대신 비명문학 아카데미에는 10명 미만, 아카데미 프랑세즈에는 1명도 없었다.

44) Buisson /492/, p.46.

45) Buisson /492/, p.73.

46) Huet에 관해서는 Dupront /1218/.

47) 표 45B.

48) 상업 재판소에 플랑드르 대표로 파견된 도매업자 Gosselin은 연금수령인에 뽑혔다. 우리는 과학 아카데미의 통신원 가운데 그같은 사람 10여 명을 볼 수 있다.

49) 부르주아 연금수령인의 28퍼센트, 아카데미 프랑세즈에서는 15퍼센트. 변호사 2명과 행정가 4명으로서, Collardeau, Target, 라마른 지방의 행정가인 Hardion, 변호사인 de Sacy, 외무부 대신인 Rulhière를 들 수 있고, Gaillard도 역시 변호사단에 끼어 있었지만 일을 하지는 않았다. Thomas도 마찬가지, 그리고 Charles Perrault도 있다.

50) 전체로 보아, 아카데미 프랑세즈에는 회원의 4분의 1, 과학 아카데미에는 4분의 1 이상, 비명문학 아카데미에는 3분의 1 이상.

51) 1790년 아카데미 프랑세즈의 회의 참석권의 평균값은 5백 리브르였지만, 회원의 대다수는 연금을 받고 있었다. 정부는 과학 아카데미에서 8명에서 3천 리브르짜리, 8명에서 1천8백 리브르짜리, 8명에게 1천2백 리브르짜리, 그리고 16명에게 5백 리브르짜리 연금을 주었고, 사무총장은 재무관과 함께 3천 리브르씩 받았다. 비명문학 아카데미의 경우 10명이 2천 리브르, 5명이 8백 리브르씩 받았다. Maindron /514/, p.111-118 참조.

52) 데투슈는 퓌세귀르의 비서이고, 바이이는 공주궁의 비서, 샹포르는 콩데 가문의 도서관 사서이자 비서, 다시에는 국왕 도서관 관리인, 아담은 콩티 가문의 비서, 르미에르는 뒤팽 가문의 비서, 말레는 데마레의 서기, 토마는 슈아죌프랄랭의 비서였다. 고증학자와 과학자 가운데에는 특히 교수가 많았다. 그들은 Vauvilliers · Sallier · Pouchard · Oudinot · Melot · Lévêque · Le Beau · Henrion · Gaillard · Dupuis · Danchet · Couture · Boivin · Capperonnier · Dacier와, 고증학자의 경우에는 Berger · Bezout · Bomié · Brisson · Camus · Charles · Chevalier · Chazelle · Darcet · Delambre · Delisle · Hauy · La Hire · La Place이다. 또한 Le Monnier · Lieutaud · Monge도 있다. 또한 볼테르 · 뒤클로 · 마르몽텔이 맡았던 사관(史官)의 직책이 차지하는 자리에 대해서도 생각해 보자.

53) Hahn /500/, p.58-83. Marmontel, Suhard에 대해서 생각해 보아야 할 것이다. 원장신부 Barthélémy는 스위스 친위대의 총무 비서로 3만 리브르를 받았다.

54) 이 분야에는 별로 볼 책이 없다. 단지 /630/, p.81-116; Donvez /495/, p.130-135.

55) 이 구절에 대해서 우리는 많은 토론을 벌였으며, 지금 연구 결과의 발표를 준비하고 있는 E. Walter와 함께 많은 의견을 나누었다.

56) Hahn /500/, p.81-83, p.119-158.

57) Durand /185/, p.125. 우리는 이러한 태도가 어떻게 논고 속에 나타나는지 살펴볼 수 있었다.

58) Hahn /500/, p.95-110.

59) Darnton /600/, p.81-115.

60) Estivals /603/, p.231-312; Furet /103/, p.3-32

61) 이 주제에 관해서 만족할 만큼 종합해 놓은 것이 없다. 그러나 Hahn /500/, p.100-116에는 빼어난 견해가 보인다.

62) Trenard, 'L'essor de la presse,' in Bellanger /618/, p.159-249.

63) 1752년 이래 *France littéraire*는 "실제로 프랑스에 살고 있는 유명한 문인·과학자·예술가들의 이름과 업적"을 발간하였다. 이처럼 즉각적이며 회고성의 도서 목록을 제시하려는 계획은 그 뒤에 나온 판에서도 추진되었다. 1769년에는 생존 작가와 사망한 작가를 구별하고, 1784년에는 문학의 지형학과 탄생에 관한 달력을 실었다. 우리는 1784년의 명단을 샅샅이 뒤졌지만, 이러한 자료는 Ersch의 *France littéraire*(1776-1805)의 분석과 함께 Querard의 《사전》과 그의 *Siècles littéraires*를 체계적으로 이용하면서 추진되고 확대될 수 있는 연구의 기초를 제공하는 한에서 앞으로도 오랫동안 이용할 수 있는 것이다.

64) 표 45C.

65) 예수회와 베네딕투스회가 우세하며(각각 66과 45), 회원을 내보낸 카푸친회·도미니쿠스회·교의회·오라토리오회 같은 종교 단체 가운데 그들이 으뜸이었다.

66) 이 문제도 역시 E. Walter의 연구 결과를 참조해야 할 것이다.

67) Roche /633/, p.73-89, Proust /631/, p.78-105, 그리고 Proust가 랑그독 지방의 백과전서파에 대해서 한 연구 참조. 더 이상 첫번째 집단의 분석만으로 만족할 수 없는 것처럼 보이지만, 신중한 태도로 다음과 같은 업적에서 참을성 있게 수행한 작업의 결과를 기다려야 할 것이다. Lough /628/, Schwab /634/, Kafker /626/, Shackleton /635/. 첫번째 작업반의 경우 거의 2백 명에 달하지만, 요컨대 부록, 주네브와 이베르동에서 발간된 재판(再版)에 관계한 사람들을 모두 치면 두 배가 될 것임에 틀림없다. Proust /632/, p.41-43 참조.

68) Roche /633/, p.74-75; Proust /631/, p.21-39, p.101-102.

69) Roche /633/, p.82-83; Proust /631/, p.95.

70) Chaussinand-Nogaret /1691/, p.281-288.

71) 원장신부 9명, 사제 3명. 이 사업에 참가하는 일은 그들의 교단 경력에 아주 이롭지 못하다는 사실이 분명하다.

72) 기사 조쿠르·트레상 백작·돌바크 남작·클레 백작·몽테스키외·기사 튀르고·에루빌의 이름을 들 수 있다. 또한 법학부 교수인 부쇼, 최근에 귀족이 된 사람들이 거기서 좀더 전통 있는 가문의 출신들과 함께 있었다.

73) Proust /630/, p.23-24. 백과전서파의 유일한 귀족인 Véron de Forbonnais는 자기가 누리던 조세상의 특권과 그밖의 특권을 포기하였다.

74) Roche /633/, p.82에서 아카데미의 부르주아의 구성에 관한 표와 도표를 참조할 것.

75) Soboul /637/, p.15; Robin /247/, p.32.

76) 제3장, 2. 아카데미와 계몽 사상 참조.

77) Chaunu /171/, p.560-561.

78) Proust /630/, p.54-70; Proust /631/, p.102-103.

79) 표 49.

80) 엑스피이 사전의 구독 신청자 가운데 서적상을 제외하고서도 지방의 도시와 신분회에서 신청한 사람이 많았음을 알 수 있다. 여객마차 사무실이나 대합실에서 책을 읽는 현상 중에 특히 《메르퀴르 드 프랑스》의 경우에 주목할 필요가 있다.

81) 《메르퀴르》도 이같은 성격을 가지고 있다. 그 구독 신청자 명단은 이렇게 시작된다. 국왕·왕비·왕세자·왕세자비·베리 공작·프로방스 백작·공주…….《원시 세계》의 구독 신청자 표도 똑같이 시작한다. 왕가는 가나다 순서를 무시하고 제시된 뒤에 다른 사람들은 그 순서를 따르고 있다. 또한 《메르퀴르》는 독자 사이에 의사 소통을 쉽게 해주기 위하여 지리상의 순서를 채택하였다.

82) 주교 24, 참사회원 21, 사제와 원장신부 6, 수도 성직자 10.

83) 변호사 9, 관직 보유자와 행정가 35, 도시 건축가 1, 54퍼센트.

84) 여기서 여성이 차지하는 몫이 크다는 사실을 주목해야 한다. 이러한 특성은 다른 종류의 구독 신청에서도 볼 수 있는데, 여성이 교양인의 세계에서 맡은 구실이 더욱 늘어나는 현상은 무엇보다도 귀족에 의한 것이다.

85) Baldensperger /595/, p.315-330; Leonard /608/, t. 3, p.67 et 137. 여기에 프리메이슨의 변수를 더해야 한다.

86) 중요한 출판물의 서문 외에도 Launay et Roche /593/, p.339-360을 참조할 수 있다.

87) Versini /159/, p.231-284. 우리는 공상적 이야기의 부문에서 몽테스키외와 루소의 영향을 잊어서는 안 된다. 서한체와 주요 서한문에 대한 명백한 취향이 사회적으로 어떤 의미를 지니는지 연구해야 할 것이다. 사료는 출판물, 혼합 양식의 전집 등으로 존재한다. 특히 '사무용 책상,' '궁정의 사무용 책상,' '유행중인 사무용 책상'으로 존재한다. 서간문에 관한 열쇠를 쥐는 일은 성실성의 열쇠를 가지는 일이며, 문화의 문을 열고, 또한 지배 계급의 윤리적인 세계로 들어서는 일이다.

88) 각 통신원이 받거나 보낸 편지의 숫자를 세는 일이 중요하다. 이 점에 대해서는 Roche /594/, p.151-172.

89) 그 누구의 전기도 없다. 그러나 우리는 Haillet de Couronne가 스스로 쓴 자기 '예찬론'을 참조할 수 있다. Gosseaume /2185/, t. 5, p.322-324. 그리고 그의 자서전에 대해서는 Notices biographiques /2193/, t. 1, p.2-37.

90) 바덴의 문학회·클레르몽 아카데미·뮌헨·바젤·디종·취리히·헤세 홈부르크·솔뢰르·만하임·샬롱·루앙·에르푸르트 헤세 카셀·로마 홍예문 아카데미·아라스·메스·라로셸·툴루즈·앙제·브장송. 그는 비명문학 아카데미의 통신원이었다.

91) 돔 그라펭이 쓴 그의 예찬론을 볼 것. Strasbourg 1788.

92) Eloge dans *Histoire et mémoires de l'Académie des inscriptions* /478/, t. 47, p.314-328.

93) 님·몽펠리에·툴루즈·디종·볼로냐·팔레르모·베로나·로베레도·페루

지아. 그는 1772년에 비명문학 아카데미의 자유 준회원이 되었으며, 1749년 이후 과학 아카데미의 통신원이었다.

94) 표 45B.

95) 주교: 볼테르파 가운데 20퍼센트, 몽테스키외의 통신원 가운데 33퍼센트. 성당 참사회원, 원장신부, 부주교: 24퍼센트와 33퍼센트. 모두 44퍼센트와 66퍼센트.

96) 루소와 디드로의 경우 고위 성직자는 아무도 없다. 그랑디디에의 경우에도 없다. 레오뮈르와 세기에의 통신원에 5퍼센트. 성당 참사회원과 원장신부의 경우 각각 4퍼센트, 30퍼센트(그러나 단지 3명), 21퍼센트, 26퍼센트이다. 그롤레는 통신원 가운데 주교 31퍼센트를 가지고 있었지만, 성당 참사회원은 단 10퍼센트였다.

97) 볼테르파 성직자 가운데에는 뒤부아 · 플뢰리 · 베르니스뿐만 아니라 문학가와 과학자 사제의 대다수가 있었다. 그들은 드 부아즈농, 알라리, 포레, 모를레, 원장신부 르블랑, 원장신부 드 라빌, 원장신부 뒤보, 원장신부 뒤 레넬이다. 몽테스키외의 통신원 가운데 드 폴리냑 추기경, 아장의 주교 드 샤반 예하, 보르도의 대주교, 플뢰리, 수이송 주교 드 피치 제임스 예하, 원장신부 드 귀아스코와 드 베누티, 신부 카스텔, 원장신부 돌리베가 있었다.

98) 돔 푸아리에, 돔 라포르카드, 돔 베르토, 돔 그라팽, 돔 제르베르 드 오르노, 돔 라르제르 드 뮈리, 돔 메이예 드 수.

99) Roche /594/, p.162.

100) 세기에의 통신원 가운데 주교 4, 성당 참사회원 21, 모두 31퍼센트, 또한 성모 방문회의 경우 각각 27과 70으로 모두 35퍼센트. 성모 방문 회원 가운데 사제와 교직자는 22퍼센트, 문인은 40명.

101) 제5장, 3. 계몽 시대의 공간 참조.

102) Berthe /839/, p.242-291, /840/, p.16-24.

103) 볼테르와 디드로는 각각 42퍼센트와 64퍼센트, 그롤레는 47퍼센트, 레오뮈르는 50퍼센트, 세기에는 42퍼센트, 뒤부아 드 포쇠는 59퍼센트, 그랑디디에는 35퍼센트, 루소는 37퍼센트.

104) Torlais /2153/, p.232-266 et p.270-286.

105) 중요한 다른 변수로서 여성의 역할을 들 수 있는데, 그 영향은 지방의 통신망에서는 아무것도 아니었으나 파리에서는 중요하다. 루소와 볼테르에 대해서 생각하고, Sophie Volland을 잊지 말자.


3. 계몽 시대의 공간

1) Chaunu /171/, p.43-54; Pomeau /234/, p.13-31.

2) 제4장, 1. 아카데미의 사회 참조. 또한 Dupront /94/, t. 1, p.33-36.

3) 아카데미의 연합은 프리메이슨의 가맹보다 복잡한 역할을 하고 있다. 그러나 두 모형은 모두 여행의 사교성에 적합하였다. 이 점에 대해서는 Agulhon /639/, p.171. 집회소들의 차원은 좀더 직접 이용할 만한 것 같다.

4) Hahn /500/, p.30-35.

5) A. D. Côte d'Or, Arch. de l'académie, ms, Lettre de Maret du 21 décembre 1766; Tisserand /1434/, p.84-87.

6) A. D. Côte d'Or, Arch. de l'académie, ms, Lettre de Maret du 2 décembre 1768.

7) Hahn /500/, p.27-28; Bertrand /488/, p.35-50.

8) A. D. Côte d'Or, Arch. de l'académie, ms, Lettre de Maret(1767).

9) A. D. Côte d'Or, Arch. de l'académie, ms, Lettre du comte de La Touraille à Maret, 24 juin 1775.

10) 이미 언급한 중요한 서한집의 찾아보기에 주어진 참고 사항을 볼 것.

11) Titon에 대해서는 아무런 저작도 없다. 우리는 Du Boullay가 쓴 그의 예찬론을 Gosseaume /2185/, Rouen, *op. cit.*, t. 3, p.256-262에서 찾을 수 있다. Baron /707/, p.270-273; Girodie /109/, p.151-153. 시간의 순서를 무시하고 이름을 꼽으면 라 크루스카, 로마 홍예문 아카데미, 리스본 아카데미, 마드리드 왕립 아카데미와 역사 아카데미, 루앙・마르세유・보르도・툴루즈의 죄 플로로와 과학 아카데미, 앙제・라로셸・샬롱・클레르몽・리옹・몽토방・캉・포・코르톤・파두아・낭시・브장송・베지에・볼로냐 학사원, 페루지아・팔레르모의 훌륭한 취미 아카데미, 시칠리아의 왕립농학 아카데미.

12) Bluche /263/, p.400.

13) 우리는 1726년에 나온 Parnasse français /404/를 참조하였다. 이 저작에 관한 심미적이고 문학적인 연구는 아직도 시도된 적이 없다. 그러나 일단 그 연구가 이루어지면 지성의 어떤 면에서 확고한 취향에 대해 지극히 많은 사항을 알려줄 것이다. 또한 우리는 티통(Titon)이 다음의 작품을 지은 사람이라는 사실을 잊어서는 안 된다. *Sur les honneurs et sur les monuments accordés aux savants illustres pendant la suite des siècles /405/.*

14) 여기서는 왕 스타니슬라스를 가리킨다. 송시를 지은이는 앙제・라로셸・오를레앙・샬롱・파두아・오슬로 아카데미에 가입하였다는 사실을 강조하는 바이다.

15) Le Guin /440/, p.53-61.

16) *Lettres italiennes* /381/을 참조할 것. 그리고 '홍예문 아카데미 회원(Les Arcadiens)'에 대해 Pui가 쓴 보고서도 참조할 것. B. N. fonds français nouvelles acquisitions, ms 6243, Papiers Roland, VI, (correspondance académique) f° 82 이하, La Société des Arcades.

17) Le Guin /440/, p.57, 그리고 사료에 대해서는 주 29-30을 볼 것. 혁명 전의 집단 정신 자세의 역사를 위한 기본 사료로서는 *Mémoires de services* de Roland, B. N., fonds français nouvelles acquisitions, ms 6243, f° 1-58.

18) Arch. de l'académie de Lyon, Registres de séances, XVIII-XXI, 1785-1792; *Lettres de Madame Roland* /725/, t. 2, p.650-655.

19) Mmd Roland /725/, t. 1, p.265-270; t. 2, appendice E, p.616.

20) *Ibid.* /725/, t. 1, p.701; Deyon /734/, p.19-26; *Ibid.* /735/, p.201-211.

21) Mme Roland /725/, t. II, p.602-603.

22) *Ibid.* /725/, t. II, p.647-648.

23) *Ibid.* /725/, t. II, p.649-650.

24) *Ibid.* /725/, t. II, p.645에서는 그가 도스테르발 남작에게 보낸 편지를 인용한다. "저는 남작께서 아시다시피 파리의 과학 아카데미와 그것의 자매 학회인 몽펠리에의 왕립학회의 통신원이며, 그밖에도 여러 가지 아카데미에 가입하고 있습니다. 또한 프랑스에서 다른 학회에 가입하는 일도 더 이상 어려운 일은 아니지만, 저는 외국의 몇몇 학회에 들기 위해서 참기로 하였으며, 우리 사이에 베를린 아카데미가 거론되어 기쁩니다……"(1781년 9월 6일) 롤랑은 이 때문에 프레데릭 2세에게 편지를 썼지만 허사였다.

25) *Ibid.* /725/, t. II, p.645; Le Guin /440/, p.49-51.

26) Le Guin /440/, p.60.

27) Tisserand /1434/, p.78-80.

28) A. D. Hérault, série D, D 121, f° 170-175, Règlement du 13 juillet 1769.

29) 표 59 A, 59 B. 이 숫자는 물론 개인들의 숫자와 일치하지 않는다. 왜냐하면 어떤 아카데미 회원은 다른 단체에게 들어갈 수 있기 때문이다. 우리는 모든 단체를 위하여 모은 가맹 단체를 지도에 표시하면서 명성의 서열을 강조하였다고 생각한다.

30) 지도 59 B. 우리는 여러 가지 기능과 인구가 많은 도시들이 지배하고 있다는 사실을 알게 될 것이다.

31) 지도 36(1-42)을 작성하기 위한 자료를 살펴보고, 표 46을 참조할 필요가 있다.

32) 도표 8-9.

33) 도표 8-9.

34) 보르도·몽펠리에·리옹·마르세유·메스·샬롱쉬르마른·디종.

35) 낭시·루앙·아미앵·오세르·님·수아송·라로셸·아라스·캉·오를레앙.

36) 부르·아장·아를·포·수아송·툴루즈 죄 플로로·발랑스.

37) 지도 36(40).

38) 지도 36(33); 또한 Desplat /2099/, p.46-49.

39) 지도 36(1).

40) 지도 36(38).

41) 지도 36(37).

42) 지도 36(39).

43) 지도 36(12).

44) Cousin /942/, p.8-9, p.102-106.

45) 지도 36(20), 36(15), 36(40), 36(4), 36(11). 앙제 회원에 관한 지도 36(4),

몽토방 지도 36(28)은 사실상 별로 다르지 않다. 그 지방민이 각각 84퍼센트와 91퍼센트이고, 파리인이 13퍼센트와 10퍼센트, 외국인은 없다.

46) 지도 36(30).

47) 슈아죌 가문이 그렇다. 폴란드 대사를 지낸 폴미, 에냉 리에타르와 결혼한 드 카라망 후작·벨일 공작·플뢰리 공작(메스와 낭시의 군관구 사령관). 아카데미 회원 가운데 부르고뉴 사람인 뷔퐁·도방통·랄랑드·라퀴른·프랑슈콩테 사람인 마르느지아 후작과 뒤레 가문, 로렌 사람으로 미티에·티에리·코스트·마니에르 백작이 있다.

48) 손과 론을 잇는 축 위에 있는 브장송, 빌프랑슈, 리옹, 부르고뉴 지방의 오세르와 몽바르, 샹파뉴 지방의 트루아와 랭스. 그밖에도 앙제(코르베지에, 튀르비이), 오를레앙(성당 참사회원 토르네, 베랑제), 보르도(몽테스키외의 아들), 몽펠리에(재판장 봉, 의사 굴라르)가 아카데미의 빛을 뿜는다.

49) 지도 36(2).

50) 지도 36(3). A. D. Somme D 150. 루이 16세에게 피카르디의 운하를 바치는 주제에 대해(1781-82) 아미앵·칼레·루아·불로뉴·몽디디에·페론·생발미·생캉탱·아르슈·아브빌·몽트뢰유·둘렌스 같은 도시와 나눈 주요 통신에 주목해야 할 것이다.

51) 지사 다게·페리고르 백작·생 토방 백작·플레셀·샤로 공작. 아카데미 당국자 가운데에는 랄랑드·라 콩다민·카데 드 보·뒤클로·클레로·비크 다지르가 있다.

52) 수아송·루앙·리옹·그르노블·몽펠리에·디종·메스·오를레앙·보르도·빌프랑슈.

53) 산토-도밍고·함부르크·부뤼셀·주네브. 화재에 관한 저작을 보낸 함부르크 시의 의사인 J. F. Glazer의 편지를 인용해 보면, 그는 "독일어는 너무 상냥하지 못하여 독서에 지장을 준다는 사실만을 믿을 수 있다"고 썼다.(A. D. Somme, 150, 23 janvier 1787)

54) 지도 36(6).

55) 지도 36(7).

56) 지도 36(8), (9). Berthe /639/, p.172-203, 지도 36(8)은 Berthe /640/의 자료를 토대로 만들었다. 그것은 저자가 뒤부아 드 포쇠에 관한 저작에서 발간한 것과 일치한다, p.232의 지도 4번.

57) Berthe /639/, p.168-169 지도 3번, p.386-389, p.391-401.

58) Berthe /639/, p.152에 소개된 뒤부아 드 포쇠의 논고.

59) 지도 36(18), 캉은 회원의 60퍼센트, 노르망디는 10퍼센트. 우리는 개영시 아카데미(Académie des palinods)에서 완전히 비슷한 영향권을 볼 수 있다. Perrot /1239/, p.405-440을 참조할 것. 신원이 파악된 응모자 2백78명 가운데, 캉 주민은 70퍼센트, 나머지는 바스노르망디 14퍼센트, 오트노르망디 8퍼센트였다. 그것

은 캉 대학교의 구성과 같다.

60) 지도 36(34). 라로셸의 도시권이 우세하며(58퍼센트), 도시의 담 너머에서 우리는 서인도 제도, 오니스의 전원, 그리고 항구 중에서 낭트, 보르도, 로슈포르가 있음을 본다. 식민지 회원 5명, 외국인 5명, 독일인 3명, 영국인 1명, 로마인 1명이 있었다.

61) 지도 36(23), 그르노블 시(47퍼센트), 가프·로만·크레스트·비엔·발랑스·브리앙송은 13퍼센트, 리옹에 회원 6명, 파리에 13명.

62) 지도 36(21), 클레르몽과 징세구(57퍼센트), 오베르뉴, 모두 70퍼센트. 파리에서 우리는 들릴르, 토마를 볼 수 있고, 로마의 대표는 예수회 신부 모네스티에와 성 프랑수아 드폴 수도회의 플로라 신부이고, 이 둘은 모두 오베르뉴 사람들이다.

63) 지도 36(32). **Vassor** /2057/, p.58-59, p.89-90. 준회원으로 파리에 뽑힌 오를레앙 사람의 숫자는 수도의 강력한 집중화 현상을 설명해 준다. 어쨌든 식물학을 위한 집단 통신망의 비중이 크다는 사실을 알 수 있다.

64) 지도 36(10).

65) 지도 36(27).

66) 지도 36(31). 님이 우세하게 나타나며, 옥시타니아의 인적 자원으로 구성된 모양을 보여 주는데, 여기서는 아카데미 도시들이 우세하며, 또한 지방의 작은 수도인 위제스·알레·생장뒤가르 같은 곳이 나타나는 주교구들이 우세하였다. 랑그독과 프로방스의 범위를 넘으면 파리가 우세하며, 법원과 문단, 이것이 프랑스의 지방 계몽주의의 모습이었다. 12지방의 8개 도시가 학술 단체를 가지고 있었던 것이다.

67) 브레스트의 경우는 완전히 독특하다. 1752년은 물론 1769년에도, 그리고 1789년까지 브레스트·파리(과학 아카데미와 법원), 그리고 툴롱을 선두로 로슈포르·로리앙·디에프·마르세유·르아브르·생말로·바이온 같은 항구와 해군 공창의 세 가지 활동의 중심. 외국인에게는 항구, 해군과 관계된 기관(아카데미와 학교, 사령부, 보험회사) 같은 것들 때문에 앙베·암스테르담·코펜하겐·피렌체(피사)·카디스·카르타고의 존재가 정당화되었다.

68) 지도 36(24); **Chartier** /1579/, p.192-199.

69) **Chartier** /1579/, p.194.

70) **Léon** /1632/, p.31-61.

71) **Trenard** /1617/, t. 2, p.573-589, p.700-731.

72) 샹베리·니스·로마·볼로냐·피렌체·파르마·파비아·밀라노·튀렝·리스본.

73) 런던·더블린·괴팅겐·튀빙겐·드레스덴·에를랑겐·베를린·코펜하겐·바르샤바·세인트피터즈버그.

74) 주네브(통신원 5), 베른(2).

75) **Chartier** /80/, p.77-108.

76) 지도 36(29); **Proust** /1878/, p.71-92.

77) Dermigny /1896/, p.355-436, p.387, p.386의 지도, p.429-431.

78) Proust /1878/, p.72.

79) A. D. Hérault, série D, 207(8).

80) 예를 들어 《Acta eruditorum》 de Leipzig, 《Les Ephémérides de l'Académie léopoldine》, 《Nouvelles littéraires du Nord》, 《Actes de la Société royale de Londres》, 《Journal littéraire》 de l'abbé romain Nazari. 로마인 원장신부 나자리는 독일과 네덜란드의 책을 얻기 위해서는 바젤의 서적상 쿠닉에게 알아보라고 충고하였다. 그는 바젤에서 헤르만과 베르누이이, 취리히에서 한트·소벡·야콥 키아세드(?), 이탈리아에서는 특히 볼로네 가문·만프레디·트리옹페티·스탕코니 같은 사람들을 지명하였다. 그와 함께 로마인·나폴리인·피렌체인·파두아인도 지명하였다. 이들은 대부분 의사였다. 영국에 대해서 그는 영국인은 '아주 실용화되지 못한' 자기네 말로 글을 쓰는 습관을 가지고 있다고 말하였다. 끝으로 그는 독일과 네덜란드의 과학자 10여 명을 지명하였다. 요컨대 이것은 새로운 의식의 연대기를 위한 중요한 사료이다.

81) Proust /1878/, p.83-86; Chaussinand-Nogaret /1891/, p.159-189, p.205-213.

82) 지도 36(14), 이 지도를 보르도 예술학원생의 주거지를 기록한 지도 36(13)과 비교해 볼 수 있다. 지방·파리, 그리고 국제적으로 조금 범위가 좁은 영향에서 여러 가지 차이가 나타난다. Bouyssy /1089/, p.70-74. 통신원은 단지 60명. 주로 파리인(20)으로 그 중에는 파리의 보르도인인 가라·라몽타뉴·시카르가 있다. 그리고 가론 강 계곡과 연안 지방에도 통신원이 있었다.

83) Abbé Bellet, *Voyage littéraire en Périgord*, in B. M. Bordeaux, Arch. de l'académie, ms 828, 17; Courteault /1065/, p.474-495; Barrière /1058/, p.70-71.

84) B. M. Bordeaux, Arch. de l'académie, lettre de G. Jalanihat à Javerlhac, 23 mars 1787, in fonds La Montagne 1696, II, (XXIX). "불상한 우리 아부지는 나를 핵교에 보닐 수 없었고, 생활도 형편 업섰따. 나는 일꼬 쓰기를 쪼끔 배와따."(그의 철자를 고치지 않았음)

85) 지도 36(35).

86) 지도 36(25).

87) 지도 36(22).

88) 지도 36(19); Roche /1297/, p.894-896.

89) 지도 37(3), 지도 37(4-5-6); Garden /1625/, p.550; Agulhon /639/, p.169-170.

90) 지도 37(7); B. N. fonds maçonnique 2/8.

91) 지도 37(8); B. N. FM² 493 et FM¹ 87.

92) 지도 37(1); B. N. FM² 165.

93) 지도 37(5).

94) 지도 37(3).

95) 지도 42 참조. 디종(피레·뒤레·드 브로스), 수아송(브뢸라르), 메스(코알랭), 님(세기에), 마르세유(페이소넬), 몽펠리에(봉), 그르노블(발보네).

96) 런던의 체스터필드 경, 로마의 파시오네이 추기경과 키리니 추기경, 베로나의 마페이, 변방 요새 사령관 드 혜세, 노보고로드 궁중 백작 야블로노프스키, 공작 주교 빌노뿐만 아니라, 괴팅겐대학교수 3명, 베를린의 비타우베, 바젤의 이슬랭, 주그의 주를라우벤 남작, 끝으로 파치오디·베누티·구아스코 같은 이탈리아 성직자 박사 다수.

97) 이탈리아(11), 스위스(2), 독일(4), 폴란드와 러시아(2), 영국(1).

98) 지도 40.

99) 르아브르·루앙·덩케르크·브레스트·로슈포르·낭트(몽토두앵)·불로뉴·툴롱·마르세유. 샹파뉴의 베야르·엔봉·루엘·생고벵·플랑슈레민·생트마리오민·랑그르(부셰르)·아노네(몽골피에 형제).

100) 런던(32), 에든버그(2), 옥스퍼드(3), 맨체스터(1).

101) 할레·함부르크·베를린·드레스덴·베르트하임(선제후령)·빈.

102) 라이든(6), 이 중에 Muschembroek가 있다. 로테르담(3), 헤이그(3), 암스테르담(6), 그로닝겐, 할렘, 프라넥커, 위트레흐트(1).

103) 웁살라(6), 스톡홀름(3), 노르웨이의 트론헤임(1), 코펜하겐(4).

104) 세인트피터즈버그(7), 폴란드(2).

105) 주네브(13), 이중에 보네·잘라베르·말레·소쉬르·루이 네케르가 있다. 바젤(6), 베른(2), 로잔(2), 뇌샤텔(1), 루체른(1), 샤프하우젠(1).

106) 로마(9), 이중에 보스코비치·자키에·트리옴페티가 있다. 볼로냐(6), 이중에 자네티가 있다. 피렌체(5), 토리노(4), 나폴리(4), 파두아(3), 밀라노(2), 베로나(2), 파비아(1),(볼타), 팔레르모(1), 피사(1), 루케(1), 베네치아(1), 모두 합해서 준회원과 통신원 40여 명.

107) 지도 60 참조. Listes de la Royal Society in *The record of the Royal Society of London* /544/, et liste de l'*académie de Berlin in Harnack* /539/.

108) 지도 38.

109) 트루아의학중등학교, 랭스대학교 의학부, 르망중등학교, 오를레앙, 부르즈, 디종, 디에프의 중등학교, 캉 의학부, 루앙중등학교, 앙제 학부, 리옹중등학교, 엑스 의학부와 의학회, 마르세유중등학교, 그르노블중등학교, 리모즈중등학교, 물랭중등학교, 툴루즈 의학부, 몽토방중등학교, 님중등학교, 몽펠리에 의학부, 베지에중등학교, 페르피냥 의학부, 보르도중등학교, 라로셸중등학교, 낭트 의학부, 렌중등학교, 푸아티에 의학부, 낭시 의학부와 중등학교, 스트라스부르 의학부, 아브빌중등학교, 아미앵중등학교, 릴중등학교, 두에 의학부, 지도 18 참조.

110) 제4장을 참조할 것.

111) 지도 39·41·43. 우리는 파리-지방의 관계에 관한 연구로 시작된 문제들을 파리 아카데미 회원들의 구성에 대한 좀더 세밀한 사회문화적 분석의 틀 속에

서 다시 검토해야 할 것으로 믿는다.

112) 지도 44, 1784년 프랑스 문학의 지형도. 북프랑스의 몫이 여기서 크게 나타나지만 랑그독과 지방의 중요성, 론 강의 축이 차지하는 몫에도 눈을 돌려야 한다. 거기서도 역시 주민을 1만 명 이상 가진 도시 그물의 힘이 5 이상의 숫자를 보여 주고 있다.

113) Escarpit /29/, p.41-44; Barrière /1058/, p.XVI, p.133-147, p.295-317에서 문제를 다루고 있다. 우리는 뒤의 저자가 중앙에서 지방으로 삶의 중심이 이동하는 17세기와 그것이 변두리에서 중앙으로 퍼지는 18세기를 대립시키는 '지방주의' 논점에 동조할 수 없다. 파리-지방의 균형은 그와는 달리 복잡하다. 균형은 상호 교환의 결과이며, 혁신은 어떠한 경우에도 지방보다는 좀더 파리의 성격을 띤 문학과 과학의 분야에서 이루어졌다. 지방이 주는 것은 인적 자원이며, 그것은 아마도 계몽주의의 전반적인 구성에서 중요한 여러 가지 태도의 복합체일 것이다.

114) 이 점에 대해서 우리는 다음의 두 저작에서 생각이 바뀐 쇼뉘의 의견을 참조하였다. Chaunu /170/, p.407, p.631; /171/, p.205, p.333.

115) 유럽에 대해서는 10퍼센트 미만, 그 중에 스위스 지방의 주문 4백 건 정도, 이탈리아의 주문 1백여 건이 있으며, 대체로 북유럽에서 많은 주문을 하였다.(R. Darnton의 보고)

116) 북부에서 남부로, 아미앵(59권), 수아송(56), 메스(16), 낭시(128), 루앙(125), 캉(229), 앙제(109), 오를레앙(43), 디종(151), 브장송(338), 리옹(468), 부르(78), 그르노블(80), 발랑스(61), 마르세유(221), 님(212), 몽펠리에(169), 툴루즈(450), 몽토방(105), 포(52), 보르도(356), 라로셸(58). 그러나 아라스 · 샬롱 · 셰르부르 · 오세르 · 빌프랑슈 · 베지에 · 아장은 없다.

117) 파리를 포함하여 37퍼센트. 물론 북부가 우세하다.

118) 구독 신청자 중에는 프로방스 신분회, 신분회의 모든 검사, 신분회의 서기, 고등법원 수석 재판장, 차장 검사, 판사 다수, 상업 재판관 다수, 지사 사무총장. 모두 20명 이상.

119) 베종의 주교, 카바이용의 주교, 아비뇽의 부주교, 상업 재판관 단체, 상업 재판관 다수, 드 생트콜롱브 후작, 모두 20여 명.

120) 지도 47.

121) 남서부와 남동부에 22퍼센트. 노르망디의 주문은 상당히 집중되었으며(24), 새로 가톨릭이 된 가문들도 거기에 분명히 들어 있었다. 아직도 60여 부가 나간 샤르트르와 인근 지역에 대한 보급 현황이 밝혀지지 않았다.

122) Trenard /618/, p.219.

123) 지도 30과 31.

124) 지도 48.

125) Trenard는 혁명 직전 구독 신청자의 숫자를 1만 5천 명이라고 한다. 1764년 보급된 부수는 1천6백을 살짝 넘었다는 사실을 상기할 때, 보급률은 아주 높았던

것 같다. (발행 부수가 15년 사이에 10배가 되었다.)

126) 지도 52, 디드로의 통신원, 파리인 79퍼센트, 지방민 18퍼센트.

127) 지도 49, 루소의 통신원, 파리인 34퍼센트, 지방민 23퍼센트. 지도 51, 몽테스키외의 통신원, 파리인 42퍼센트, 지방민 35퍼센트.

128) 지도 50, 파리인 43퍼센트, 프랑스 북부 12퍼센트, 남부 10퍼센트, 지역 미상의 프랑스인 4퍼센트.

129) 아미앵 · 루앙 · 캉 · 앙제 · 디종 · 오세르 · 브장송 · 낭시 · 샬롱 · 라로셸 · 보르도 · 몽토방 · 툴루즈 · 몽펠리에 · 마르세유 · 포 · 리옹 · 그르노블.

130) 볼테르: 스위스(140), 이탈리아(78), 스페인(4), 영국(76), 페이바, 네덜란드(34), 독일(103), 스웨덴(7), 덴마크(1), 러시아(18), 폴란드(3). 디드로: 러시아(13), 영국(10), 독일(5), 스위스(3), 네덜란드(4), 나폴리(1). 몽테스키외: 영국(14), 독일(6), 스위스(6), 암스테르담(1), 스페인(1), 이탈리아(13).

131) Roche /594/, p.166-167, 이탈리아와 사부아(33), 영국(39), 페이바(6), 독일(15), 폴란드, 러시아, 스웨덴(3).

132) 지도 53, 파리(40), 지방(38), 이탈리아(7), 베를린(1), 암스테르담(1).

133) 파리에 20여 명, 프랑스의 지방(95), 폴란드(4), 독일(9), 네덜란드와 페이바(9), 스위스(8), 영국(21), 스웨덴(3), 덴마크(5), 식민지(11), 이탈리아(3). 지도 54 참조.

134) 지도 60, 지방(19), 파리(4), 독일과 스위스(5).

135) 지도 55와 56, 파리(46), 남동과 남서(127), 프랑스 나머지 부분(43).

136) 지도 55. 영국(20), 북부와 동부 유럽(9), 네덜란드(5), 스위스(7), 독일(15), 스페인(9), 이탈리아(54).

137) 지도 57과 58. 날마다 3-4명이 세기에를 찾아갔다. 우리는 이중의 박자가 있음을 알 수 있다. 첫번째 박자는 해마다 그를 찾은 손님의 숫자에 관계된 것이다. 1773년에 80명, 1774년에 1백42명, 1775년에 1백41명, 1776년에 1백35명, 1777년에 2백54명, 1778년에 1백71명, 1779년에 1백58명, 1780년에 94명, 1781년에 1백12명, 1782년에 1백29명, 1783년에 1백20명이 방문하였다. 세기에는 점점 더 이름을 크게 날렸고, 어느 정도 고정된 이름을 누리다가 말년에 찾아오는 손님이 급히 줄게 되는데, 그 이유를 우리는 분쟁 때문에 영국이 점점 관심을 보이지 않게 되는 것과, 자기의 손님을 골라 받는 이 학자의 나이와 건강이 더욱 나빠졌다는 사실 때문이라고 생각한다. 그리고 두번째 박자는 달마다 그를 찾은 숫자에 관계된 것이다. 1월에 제일 적었고(66명), 9월에 제일 많았다(2백2명). 3월에는 1백51명, 6월과 7월에 1백40명, 10월에 1백85명이었다. 봄과 늦은 여름, 그리고 초가을은 여행에 알맞았고, 9월부터 11월까지 신분회의 회기 때문에 역시 가을철 손님이 많았다.

138) 스탠리 · 스펜서 · 새비지 · 드 윈터 · 크로퍼드 · 퍼시 · 애슬리.

139) 조제프 2세, 페르디낭 공, 바덴 변방 요새 사령관, 키이스 각하, 폰 후텐

백작.

140) 보르치 백작·포토스키 백작, 폴론스키 공.

141) 지노비에프·보론초프.

142) 트롱셍·장쟁·소쉬르.

143) 예를 들어, 드 위트 같은 사람.

144) Pomeau /234/, p.16-31; Chaunu /171/, p.44-50.

145) Pomeau /234/, p.178-180. 지성인과 프리메이슨의 여행은 여행의 두 가지 차원이다.

146) 우리는 여기서 이 술어를 민족문화를 누리는 여러 가지 집단들의 관점이 다른 집단들을 발견하게 되면서 겪는 변화라는 뜻으로 쓴다.

147) Boucher de la Richarderie /8/.

148) 사료를 검증하기 위하여 두 가지를 비교해야 한다. 먼저 아트킨슨(Atkinson) 은 16세기 프랑스 저작 가운데 거의 2백여 가지 여행기를 모았는데, 부셰르(Bou-cher)는 1백여 개를 모았다. 그리고 H. J. Martin은 국립도서관 도서 목록을 샅샅이 뒤져 17세기 프랑스 여행기 1천여 점을 모았는데, 부셰르는 6백 미만을 모았다. 앵글로색슨의 세계에서 콕스(Cox)의 전체 도서 목록은 아주 비슷한 숫자를 준다. Cox /20/을 참조할 것. 파리의 국립도서관의 도서 분류 기호 O의 목록 *Historia exotica, peregrina Sive Rerum Africanarum, Asiaticarum, Americanarum, et novi orbis, etc…… 1500-1864*를 가지고 우리는 먼 지역까지 연구를 확대시킬 수 있을 것이다. 내가 A. M. Chartier와 공동 연구로 준비중인 'L'invitation au voyage: recherche sur la géographie et l'histoire des récits de voyages du XVI<sup>e</sup> au XVIII<sup>e</sup> siècle'의 발간을 기대한다.

149) 16세기에 456, 17세기에 1566, 18세기에 3540.

150) 지도 61 A와 B. 16세기: 유럽 26퍼센트, 아프리카 80퍼센트, 아시아 24퍼센트, 아메리카 26퍼센트. 17세기: 유럽 35퍼센트, 아프리카 8퍼센트, 아시아 22퍼센트, 아메리카 14퍼센트, 남반구 2퍼센트. 18세기는 각각 53퍼센트, 7퍼센트, 13퍼센트, 13퍼센트, 2퍼센트.

151) 지도 61 B, 지도 62 A와 B.

## 제6장 아카데미의 문화

1. 학술 경진 대회

1) Bachelard /4/, p.29; Chaunu /171/, p.20-23, p.239-242.

2) 우리는 18세기 전체에 걸쳐 지방의 1천5백 건 이상과 수도의 5백 건 이상의 학술 경진 대회에 걸린 상의 목록을 주로 분석하였다. 우리는 주제가 아니라 거기에 걸린 상을 기본 단위로 계산하였다. 왜냐하면 수많은 반복을 생각하지 않으면 안 되기 때문이다. 우리는 아카데미의 고문서인 경진 대회 등록부와 관계 서

류를 샅샅이 뒤지고, 필요하다면 파리나 지방의 신문(《메르퀴르》와 각 지방의 '게시문')의 도움을 받아 이 목록을 만들었다. 또한 이 작업을 위해서 Barrière /409/, p.11-14, Barrière /1058/, p.135-139에 수록된 디종 시립도서관의 9백95건 문서를 참조하였다. 이 두 업적의 결론은 부분적으로 논란의 여지가 있는 것처럼 보인다. 더욱이 다음의 저작은 주로 연대를 증명하기 위하여 필요하였다. Delandine /323/. 도표 10과 11은 아카데미의 학술 경진 대회에 관한 것으로 한 가지 이상의 상을 내건 단체의 숫자는 1750년 이전에 5, 1751년과 1770년 사이에 15, 혁명 직전에 24였으며, 6개 단체가 한 번도 학술 경진 대회를 실시하지 않았다.

3) Delandine /323/, p.II-III.

4) 문학과 예술에 관한 것이기 때문에 이처럼 복잡한 운동의 역사는 15세기부터 18세기까지 장기간에 걸쳐 다시 써야 한다. 죄 플로로 아카데미에 대해서 벌써 말한 저작 외에도 우리는 Tougard /2215/에서 모아 놓은 정보를 이용할 수 있다. 방법론으로서는 Perrot /1239/를 참조할 것. 초상학의 측면은 Richard /728/의 소책자와, 전시회 목록인 *Le seizième siècle européen* /457/, p.144-148에 나타난다.

5) Masson /513/, p.173-174. 이 경진 대회에 대한 연구는 하나도 없다. 연설문의 상은 맨 처음 게즈 드 발작이 1646년 창설하였지만, 그것이 성공을 거두었는지 정보가 없어서 알지 못한다. 학술 경진 대회가 시작된 해는 실제로 1671년이었다.

6) 제I부, 제1장 아카데미의 설립 참조. 우리는 루앙과 캉에서 비록 특별한 연구를 할 가치가 있는 종교와 대학교의 경쟁을 '아카데미'라는 말을 빌려서 쓰고 있지만, 이곳의 개영시 아카데미가 제안한 상을 아카데미의 학술 경진 대회 가운데 포함시키지 않았다. 우리는 장 클로드 페로의 저작과 우리 스스로 관련 문서를 샅샅이 뒤져서 그것에 대한 참고 사항을 따로 마련하였다.

7) B. M. Bordeaux, ms 1699, 3, Lettre au duc de La Force, 12 juillet 1714; Barriere /1058/, p.115-125.

8) Barrière /1058/, p.120-121. 또한 예를 들어 《주르날 데 싸방》의 창간호부터 몇 년치를 참고할 수 있다. Bachelard /4/, p.215에서는 메르센 신부를 인용하고 있다. Bouchard /1437/, p.180-220에 보기가 많이 제시되어 있다.

9) Dainville /83/, p.142-156; Snyders /147/, p.48-56.

10) 도표 10, 아카데미 학술 경진 대회의 증가. 단 6개 단체만이 한 번도 상을 내걸지 않았다. 그들은 아장·오세르·베지에·브레스트·셰르부르(어쨌든 이곳은 수리학도에게 상 하나를 내걸었다), 그리고 클레르몽이다. 도표는 운동의 여러 단계와 1750-60년 이후의 발전을 분명히 보여 준다.

11) Roche /144/, p.157-158; Tisserand /1434/, p.535-538; Barrière /1058/, p.118-120.

12) Chartier /1579/, p.242-243.

13) Lebreton /1777/, p.163-165.

14) Roche /144/, p.158.

15) Barrière /1058/, p.117; B. M. Bordeaux, ms 1699, registre 2, Lettre au duc de La Force, 16 août 1761.

16) 그들은 각각 3백 리브르, 3백50리브르, 6백 리브르짜리 상을 제정하였다.

17) 3백 리브르, 8백 리브르, 6백 리브르, 3백 리브르, 1백50리브르짜리 상.

18) Masson /513/, p.173, p.177-183, 1789년. 아카데미 프랑세즈는 5개 상을 걸었는데, 그 중에 덕성에 관한 상이 있다. Maindron /510/, p.2-14, p.52-53; Maury /514/, p.195-197.

19) A. D. Somme, fonds de l'académie, D 148, 149, 150.

20) 도시 당국도 역시 관련을 맺고 있었다. 예를 들어 브장송의 경우 또한 과학 아카데미에 치안 총감의 상을 내건 파리의 경우. 마르세유에서는 시당국이 상업 회의소와 함께 몇 가지 메달을 내걸었다. Cousin /942/, p.11-12; Maindron /511/, p.28; Lautard /1679/, p.40-45.

21) B. M. Dijon, ms 995; Delandine /323/.

22) A. D. Marne, fonds de l'académie, J 35-42; Roche /1297/.

23) 도표 11, 학술 경진 대회의 참여. 우리는 아미앵 · 브장송 · 보르도 · 캉(일부) · 샬롱 · 디종 · 리옹 · 메스 · 몽토방(일부) · 몽펠리에(일부) · 낭시 · 포 · 루앙 · 툴루즈의 죄 플로로와 과학 아카데미에 대한 참여 도표를 만들었다. 우리는 앙제 · 그르노블 · 마르세유 · 님 · 오를레앙의 몇몇 경진 대회에 대해서는 단지 일부의 숫자만을 이용할 수 있었고, 아라스 · 아를 · 빌프랑슈 · 발랑스에 관해서는 아무런 정보를 얻지 못하였다.

24) Archives de l'Académie des Jeux floraux, registre de réception des piéces de poésie et des discours, 1730-90. 그 이전의 기간에 대해서는 인쇄된 자료만 이용할 수 있었다. 그것은 Recueil des Jeux floraux /2297/이다. 이 점에 대해서는 Blanc-Rouquette /2345/, p.207 이하. Jacouty /2323/. 1700년부터 1730년까지, 죄 플로로 회원들은 거의 6백 편을 인쇄하였다. 도표 12.

25) B. M. La Rochelle, fonds de l'académie, dossiers de concours, 1787-89; B. M. Angers, ms 1032(1261-1262), ms 639, (577), ms 489(473); Bodet /770/, (Angers), p.176-183.

26) Arch. de l'académie, Palais des arts, registres de séances, ms 265-266(I-XXIV) ms 266(XXV, nomenclature des sujets à proposer); Chartier /1579/, (Lyon), p.234-246; Arch. de l'académie de Nancy, registres des séances 1751-1790; Arch. de l'académie de Marseille, registres de séances, portefeuilles des mémoires conservés, III à XV; Dassy /1672/, p.431-497; *Recueils de l'Académie de Marseille* /1661/, t. I à XIV; A. D. Côte d'Or, fonds de l'académie, registres de séances, I à XVI, portefeuilles des mémoires déposés au concours (1742-91), I à III; Tisserand /1434/, p.536-600; B. M. Besançon, fonds de

l'académie, registres de séances I à IV, ms 12-49(mémoires envoyés), ms 52; J. Cousin op. cit., p.19-100; B. M. Bordeaux, ms 1699-3, et Recueil de dissertation couronnées, 1715-39(6 vol.) H 18262, 1741-79(10 vol.) H 5138; Barrière /1058/, p.117-137.

27) 정확히 시와 연설문 1백70편, 그러나 아카데미에서는 문학의 항목 아래 윤리와 역사 논고까지 등록하여, 전체 응모작의 숫자는 3백63편이 되었다.

28) Arch. de l'académie, registres de séances, et Histoire et mémoires de l'Académie royale des sciences de Toulouse /2282/, 1782, I, p.15-19; A. D. Hérault, fonds de l'académie, D 182, D 186, D 191은 중요한 논문을 수록하고 있다. 그리고 특히 B. M. Montpellier, ms 30588, Assemblée publique de la Société royale des sciences, 1771 et suiv.; Affiches du Dauphiné /2408/, 1784-90, B. M. Grenoble, ms 2166, 2167, 2168, 2169, et Mémoires de la Société littéraire de Grenoble /1593/, t. 1 et 2, Grenoble, 1788-89; A. D. Pyrénées atlantiques, D 13 et Desplat /2099/, p.69-80; B. M. Orléans, ms 943-954, Fauchon /2053/, p.45-52, Vassor /2057/, p.135-139; B. M. Montauban, ms 4-5, et A. M. Montauban GG 3 et 4, Forestie /1819/; A. D. Calvados, 2 D 1493 à 2 D 1504, 2 D 1539(18), Martin /1225/, t. 2, p.2-27; A. D. Somme, D 145-148; Arch. de l'académie de Rouen, registres de séances I à IV, Gosseaume /2185/, t. 1 à 5, Boullet /2205/, p.180-188.

29) Perrot /1239/, p.406-409.

30) 도표 11·12.

31) Blanc-Rouquette /2345/, p.207-241.

32) B. M. La Rochelle, Arch. de l'académie, dossier de concours.

33) Nancy, Arch. de l'académie, reg. I, 25 août 1755, 11 décembre 1756, 12 janvier 1757, reg. III, 10 janvier 1760, reg. VI, 27 avril 1779.

34) Nancy, Arch. de l'académie, reg. VI, 20 avril 1779; 또한 Druon /1935/ et /1936/ 참조.

35) 1687-94년의 학술 경진 대회에 참가한 숫자에 주목하자. 그것은 평균 20편 정도였다. 1747-48년의 숫자는 10여 편, 그리고 1787-88년의 숫자는 20여 편이었다. B. M. Angers, ms 1032, 1033; Bodet /770/, p.176-182 참조.

36) Roche /1297/, p.899-905, et /144/, p.162-163.

37) B. M. Besançon, fonds de l'académie, reg. 52 et dossiers des concours.

38) A. D. Côte d'Or, fonds de l'académie, portefeuille des concours; Roche /144/, p.160-162.

39) B. M. Metz, ms 1342; Lebreton /1777/, p.163-165.

40) Desplat /2099/, p.70-73.

41) Forestie /1819/, p.48 이하.

42) A. D. Pyrénées atlantiques, D 13, concours de 1734.

43) B. M. Rouen, Arch. de l'académie, Malle noire I, dossiers de concours, et reg. I à IV; Boullet /2205/, p.175-180.

44) Discours de Maillet du Boullay à la séance publique du 11 août 1764, in reg. IV.

45) Roche /144/, p.160-164.

46) *Ibid.*, p.159-160.

47) Chartier /1579/, p.239-240. 아미앵에서도 비록 덜 분명히 알려졌지만 이와 비슷한 발전이 있었다. 출발시의 평균치는 점점 응모자가 늘어나 1784-85년에는 성공을 거두었다. (이때의 주제는 화재 예방과 그르세 예찬론이었다.)

48) 마르세유의 보기로서 이같은 경향을 확인할 수 있다. 78명의 응모자의 출신지를 알 수 있다. 프로방스와 마르세유가 26과 8, 랑그독이 9, 보르도는 1, 리옹은 6, 부르는 1, 르크루아직은 1, 아발롱은 1, 클레르몽은 1, 라로셸은 1, 아미앵은 2, 파리는 15.

49) Roche /1297/, p.899-906과 896페이지의 지도 3.

50) 응모자와 수상자: 아미앵 39, 아라스 17, 보르도 51, 브장송 194, 캉 20, 샬롱 147, 디종 33, 그르노블 17, 마르세유 83, 메스 50, 몽토방 48, 낭시 132, 포 20, 루앙 34, 툴루즈의 죄 플로로 160과 과학 아카데미 16, 리옹의 종합 아카데미 45.

51) 귀족: 브장송 13, 아미앵 1, 샬롱 20(13퍼센트), 디종 2, 그르노블 1, 마르세유 8(9퍼센트), 리옹 1, 메스 4, 몽토방 9(18퍼센트), 낭시 5, 루앙 5, 죄 플로로 11.

52) Lion /508/, p.4-5.

53) Jacouty /2323/, p.21-22; Peguilhan de Larboust /2395/, p.147-148.

54) Praviel et Brousse /2339/, p.35-40.

55) 아라스 2, 아미앵 10, 보르도 19, 브장송 98(응모자의 50퍼센트), 캉 7(30퍼센트), 샬롱 27(18퍼센트), 디종 6, 그르노블 3, 마르세유 42(50퍼센트), 메스 5, 몽토방 20(41퍼센트), 낭시 11, 포 10(50퍼센트), 루앙 6, 툴루즈의 죄 플로로 54(50퍼센트)와 과학 아카데미 5(30퍼센트). 한 가지 비교하기 위해서 예를 들면 캉의 개영시 아카데미는 신분이 밝혀진 작가 2백78명 가운데 거의 25퍼센트이며, 루앙에는 4백24명 응모자 가운데 성직자 2백42명이 있었다.

56) B. M. Bordeaux, fonds de l'académie, ms 828, 76, concours de 1756, 90, concours de 1779.

57) Dulieu /1871/, p.1-18.

58) Tisserand /1435/, p.14-15. Talbert는 1747년, 1750년, 1754년, 1772년에 응모하였으며, 1775년에는 회원에 뽑혔다.

59) 아미앵 9, 아라스 8, 보르도 2, 브장송 30, 캉 9, 샬롱 44, 디종 2, 그르노블 9, 마르세유 15, 리옹 3, 메스 10(20퍼센트), 몽토방 9(18퍼센트), 낭시(22퍼센트), 포 3, 루앙 2, 툴루즈의 죄 플로로 16(10퍼센트)과 과학 아카데미 2.

60) Gershoy /2322/, p.17-42.

61) Thoumas /2343/, p.220-247.

62) Arch. de l'académie, dossier des concours.

63) B. M. La Rochelle, fonds de l'académie, dossiers des concours 1786-89.

64) Sechehaye /1779/, p.587-602.

65) Pingaud /955/, p.214-229; Ellery /1297/.

66) Berthe /841/, p.11-54, /834/, p.43-52.

67) 리옹의 보기, 1774년의 학술 경진 대회에서 식용 작물 가운데 외국의 식물로 대체할 수 있는 것에 관한 문제를 낸 아카데미는 응모자 가운데 칼레의 의사 코스트, 낭시의 약사 비유메, 마인츠대학교 의학교수 칼 슈트라치를 뽑았다. Arch. de l'académie, ms 234(dossier des concours)를 참조할 것. 보르도의 경우 1751년 생소뵈르의 외과의사인 르루, 프티탕들리스의 의사인 막마옹. 그리고 우박에 관한 상은 투르농중등학교의 물리학 선생인 모네스티에 신부에게 돌아갔다. Bordeaux, fonds de l'académie, ms 828, 74-75 참조. 디종의 경우 1780년 브레반의 의사 샹봉, 돌의 외과의 토마생은 석탄에 관한 논제에서 공동 수상자가 되었다. Tisserand /1234/, p.588-589 참조.

68) 마라의 아카데미 경력을 취급하지 않지만, 다음의 세 저작을 참조할 수 있다. Martin /444/, p.11-17; A. Cabanes /415/, p.32-36, p.72-130; Massin /445/, p.69-78.

69) 이것은 장 마생의 표현이다. 이 논점은 Roux /456/ p.1-18에서 풍부히 발전되고 있다.

70) A. D. Hérault, fonds de l'académie, D 135, et 145, f° 96-97, 146-147, 150-159, 162-188.

71) Vovelle /461/, p.10-13에서 타당한 관점이 보인다.

72) 집단적인 맥락에 집어넣을 수 있는 개인적인 태도는 R. Hahn /500/, p.116-158; 그리고 각별히 Darnton /597/, et id. /600/, p.81-115에 보인다. 바뵈프에 대해 신중하게 초점을 맞춘 훌륭한 보기는 Berthe /835/; Dommanget /849/, p.68-94.

73) B. M. Bordeaux, fonds de l'académie, ms 828, 62.

74) 보르도 · 브장송 · 리옹 · 몽펠리에 · 툴루즈에 수많은 보기.

75) Moscovici /52/, p.276-278.

76) Bordeaux, B. M. fonds de l'académie, ms 828, 47 et 69를 제외하고는 별로 보기가 없다. 1737년 아카데미의 전문가들은 프랑스어로 논쟁을 가진 뒤에 동업자조합 대표에게 기옌중등학교의 수학교사직을 얻기 위하여 노력하는 테지스의 보증을 서 주었다. ms 828-104 참조.

77) B. M. Bordeaux, fonds de l'académie, ms 828, 45, 82, 85, 95, 106.

78) Arch. de l'académie, ms 237, 25 mémoires, dossier de concours(1787).

79) Arch. de l'académie, dossier de concours, 1784.

80) *Ibid.*

81) B. M. Bordeaux, fonds de l'académie, ms 828, 47, 48, 55, 56, 69, 71, 73, 94.

82) A. D. Marne, J 37 à 39.

83) B. M. Besançon, fonds de l'académie, reg. 33, concours de 1784. 우리는 1755년, 1756년, 1759년, 1766년에 있은 중요한 '경제' 학술 경진 대회마다 퓌리셸리(Puricelli)가 응모하였다는 사실을 알 수 있다.

84) Chartier /1579/, p.239-241.

85) Arch. de l'académie, reg. I à IX, 1751-93.

86) Lebreton /1777/, p.205-208.

87) *Recueils de l'académie de Marseille* /1661/, compte rendu des séances publiques, 1727-86.

88) Arch. de l'académie, reg. II, 9 janvier 1755. 자유로워진 결과 낭시의 학술 경진 대회는 예술과 직업의 세계에도 더욱 넓게 문을 열 수 있었다.

89) B. M. Bordeaux, fonds La Montaigne, ms 1696, II, XXIX, Lettre du 23 mars 1787.

90) Le Roy Ladurie /1902/, p.640-654.

91) Furet /103/, p.1-32, /104/, p.101-119.

92) 제I부, 제1장, 2. 백과전서 이전에 생긴 아카데미 참조.

93) /123/ 참조. 특허 부문에서 과학과 예술은 26퍼센트이며, 묵인의 부문에서는 38퍼센트. 그리고 《주르날 데 사방》의 1715-19년에서 31퍼센트, 1785-89년에는 38퍼센트, 《주르날 데므리》에서는 56퍼센트, 《바쇼몽의 비밀 수기》에서는 27퍼센트, 그림의 《서한집》에서는 42퍼센트를 차지하였다. 또한 Wagner /624/, p.83-95 참조. Boissy, Marmontel, Laplace의 지도 아래 각각 작성된 보고서의 34퍼센트, 33퍼센트, 28퍼센트가 과학과 예술에 관계된 것이었다.

94) Bouchard /1418/, p.61; Tisserand /1235/, p.23-40.

95) Canguilhem /18/, p.9-23.

96) 세 가지 주요 항목의 발전을 주목해 보자. 1700-09년, 문학: 지방 77퍼센트, 파리 56퍼센트, 도덕 23퍼센트와 44퍼센트. 1710-19년, 문학 60퍼센트와 40퍼센트, 도덕 20퍼센트와 40퍼센트, 과학 20퍼센트와 20퍼센트. 1720-29년, 문학 57퍼센트와 29퍼센트, 도덕 25퍼센트와 24퍼센트, 과학 18퍼센트와 37퍼센트. 1730-39년, 문학 44퍼센트와 15퍼센트, 과학과 예술 46퍼센트와 68퍼센트, 이 중에 도덕 10퍼센트와 17퍼센트, 역사 10퍼센트와 17퍼센트. 1740-49년, 문학 42퍼센트와 11퍼센트, 과학과 예술 49퍼센트와 69퍼센트, 이 중에 도덕 24퍼센트와 13퍼센트, 역사 9퍼센트와 21퍼센트. 도표 13 참조.

97) 과학과 예술 부문에서 1720-29년 지방에서 식물학 주제 1, 의학 3, 물리학 8, 파리에서 물리학 6, 천문학 1, 예술 3. 1730-39년, 지방에서 농학 2, 식물학 2,

의학 4, 물리학 6, 화학 1, 응용과학 3, 파리에서 의학 10, 물리학 5, 천문학 1, 예술 5(주로 과학 아카데미에서 내놓은 항해술에 관한 주제). 1740-49년, 지방에서 식물학 2, 의학 10, 물리학 11, 화학 5, 응용과학 3, 예술 2, 경제학 2, 파리에서 의학 10, 물리학 5, 천문학 1, 예술 9.

98) 이 점에 대해서는 Schwartz /525/ 참조. 지방에서 처음 역사학에 관한 주제를 내놓은 곳은 수아송으로서, 원장신부 르뵈프가 눈에 띄었다. 그리고 40년대에는 단 한 군데에서 처음으로 역사적 예찬론을 논제로 내걸었다. 그것은 1741년 마르세유의 생 루이 예찬론이었다. 그 뒤를 이어 루앙에서도 역사적 예찬론을 제시하였다. 50년대에는 아미앵·브장송·루앙·툴루즈가 역사를 주제로 내놓았으며, 파리의 역사적 예찬론은 1759년과 1760년에 처음 나왔다(작센 원수와 대법관 다게소 예찬론), 그리고 같은 시기에 포에서는 '드 마르카 예하 예찬론'과 '스웨덴 여왕 크리스틴 예찬론'을 내놓았다. 이 영역에서도 개혁이 함께 일어났으며, 파리에서는 어디서나 60년대에 이 분야가 성공을 거두었다. 우리는 또한 죄 플로로에서는 설립 당시부터 클레망스 이조르의 예찬론을 주제로 제시하였음을 잊지 말아야 하겠다.

99) Furet /103/, p.17-22; Chaunu /171/, p.250-252.

100) 문학, 1750-59년, 지방 31퍼센트와 파리 13퍼센트. 1760-69년, 25퍼센트와 9퍼센트. 1770-79년, 22퍼센트와 5퍼센트. 1780-89년, 16퍼센트와 3퍼센트. 역사, 1750-59년, 지방 12퍼센트와 파리 29퍼센트. 1760-69년, 14퍼센트와 39퍼센트. 1770-79년, 18퍼센트와 24퍼센트. 1780-89, 15퍼센트와 22퍼센트. 그리고, 과학과 예술, 1750-59년, 지방 57퍼센트와 파리 58퍼센트. 1760-69년, 61퍼센트와 52퍼센트. 1770-79년, 60퍼센트와 71퍼센트. 1780-89, 69퍼센트와 75퍼센트. 도표 13 참조.

101) 1750-59년, 예술과 기술은 지방에서는 모든 주제의 6.6퍼센트이며, 파리에서는 13퍼센트였다. 경제 개혁은 9.2퍼센트와 4.9퍼센트. 농학은 10퍼센트와 0퍼센트. 1760-69년, 예술은 지방의 11퍼센트와 파리의 23퍼센트, 개혁은 12.9퍼센트와 4.6퍼센트. 농학은 12.2퍼센트와 0퍼센트, 농학은 7퍼센트와 0퍼센트. 1780-89년, 예술은 13퍼센트와 17퍼센트, 개혁은 24퍼센트(107 주제)와 0.5퍼센트(1 주제), 농학은 11.2퍼센트와 3.9퍼센트.

102) Faure /188/, p.87-96; Lavergne /211/; Renouvin /240/.

103) Condorcet, 'Eloge de Duhamel du Monceau,' in /319/, t. 2, p.610-643.

104) Condorcet, *Sur l'Instruction publique*, in /319/, t. 2, p.362-363(renseignement communiqué par S. Farandjis).

105) Montbrun /2335/, 1912, p.310-325, p.337-354. 이 저자는 우리가 빌려 볼 수 없어서 접근하지 못한 죄 플로로의 고문서(의결 등록부와 통신문)를 가지고 연구할 수 있었기 때문에, 우리는 그의 저술을 부분적으로 원사료로 생각해야 한다고 믿는다.

106) Menu /1296/, p.10-220; Roche /1297/, p.907.

107) B. M. La Rochelle, Arch. de l'académie, reg. II, 17 juin 1780, 20 juin 1780, 12 juillet 1780, 19 juillet 1780.

108) 도표 14.

109) 문학: 죄 플로로 80퍼센트, 빌프랑슈 50퍼센트, 수아송 73퍼센트. 역사: 5퍼센트, 50퍼센트, 24퍼센트. 과학과 예술: 15퍼센트, 0.3퍼센트.

110) 문학: 라로셸 25퍼센트, 님 55퍼센트. 역사: 41퍼센트와 0퍼센트. 과학과 예술: 34퍼센트와 45퍼센트.

111) 표 13 참조. 또한 제II부, 제4장, 1. 아카데미의 사회 참조.

112) 아카데미 프랑세즈에서도 균형을 이룬 것을 볼 수 있다. 문학 41퍼센트, 역사 25퍼센트, 과학과 예술 34퍼센트(주로 도덕).

113) Buttet /2256/, p.110-111, p.164-165.

114) Arch. de l'académie, dossiers de concours 1774. 위원회는 정부의 원리들, 법률과 풍습의 관계, 공공 사업에서 범죄자의 이용, 구걸에 대한 대책, 중등학교 개혁, 최선의 국내 상업, 통화 유통의 일곱 가지 '정치' 주제를 내놓았다. 그리고 '문학' 주제로 관용어와 지역의 발음, 님의 고대사, 볼스키족의 풍습, 로마의 집, 고전 연구의 유익함, 골족의 인구, 플레시에의 영향, 몽테뉴 예찬론, "문학적 교양을 가장 유익하게 여길 시민 계급은 무엇인가?" 그리고 철학 정신과 시학 정신의 관계 따위의 열 가지를 내놓았다. 이 아카데미는 이 모든 제안 가운데 단지 설립자의 예찬론만을 받아들였다.

115) Arch. de l'académie, dossier, 14 mai 1779, compte rendu d'une délibération consulaire du mois de septembre 1770. 보전되고 있는 작품들을 보아도 우리는 어떤 식으로 상의 창설이 기능을 발휘하였는지 잘 알 수 없다. 1774년 6월 23일자 문서에서는, '문학과 역사, 과학과 수학, 자연사·농업·상업·예술'의 3개 위원회가 조직되어야 할 것이라고 기록되어 있다.

116) Carrayon et De Baussay.

117) Jacouty /2323/, p.34-145; 도표 15.

118) 죄 플로로의 미학은 시간을 많이 필요로 하는 연구의 대상이다. 그것은 무엇보다도 고상한 부문과 고전주의 규칙에 충실하였지만, 또한 점차 쇠퇴 의식에 사로 잡히기도 하였는데, 이러한 의식은 규칙을 상기하고, 좀더 풍부한 주제들을 채택하여 지워 버려야 할 것이었다. "건전한 이성이 활발하게 만들어 주는 감정과 천재, 자 여기 우리가 자연의 품에서 퍼 담아야 할 창조자의 숨길이 있다"고 1789년의 회의 소집장에서 말하고 있다. *Semonces* in *Recueil* /2297/, 1744, p.252 이하 참조; *ibid.*, p.1763, p.55 이하; *ibid.*, 1789, p.293 이하.

119) L'ode 'L'existence de Dieu,' in *Recueil* /2297/, 1709, t. 11, p.26-30; l'ode 'La puissance de Dieu,' in *ibid.*, 1761, t. 58, p.23-29; le poème 'La vérité de la religion chrétienne,' in *ibid.*, 1717, t. 19, p.89-90; l'ode 'Le préjugé,' in

*ibid.*, 1763, t. 60, p.72-75; l'ode 'Le fanatisme dans le Pérou,' in *ibid.*, 1780, p.50-55; 또한 'Eloge de Raymond VII' dans le *Recueil de 1770, programme pour 1772.* 여기서는 "툴루즈에서 비관용과 광신이 일으킨 병폐의 역사"에 대해서 강조한다.

120) Jacouty /2323/, p.130-145; *cf.* Le poème 'La mort de Socrate,' in *Recueil* /2297/, 1742, t. 41, p.59-60; 'Le discours de 1767': 어떤 국가 정치의 목표에 대해 밝혀져야 할 이익을 결정하기, in *ibid.*, 1780, t. 63, p.24 이하; l'ode, 'à Marie Thérèse,' in *ibid.*, 1781, p.49-50, p.70; l'ode, 'Colbert,' in *ibid.*, 1774, t. 64, p.6-7.

121) Ode 'La liberté,' in *Recueil* /2297/, t. 37, p.52-53.

122) Montbrun /2335/, 1918, p.135-147, p.196-217, p.265-280; 1921, p.285-307; 1922, p.161-180, p.280-295; 1923, p.115-132.

123) Montbrun /2335/, 1921, 'Discours sur l'éducation,' citant l'Encyclop die.

124) Montbrun /2335/, 1923, p.115-125; Thoumas /2343/, p.233-241.

125) Montbrun /2335/, 1912, p.310-323, p.337-355(Analyse des concours sur Rousseau et sur Bayle); 1918, p.135-147, p.196-217, p.265-282(철학 문제 전반에 관한 분석).

126) Jacouty /2323/, p.76-87.

127) 도표 15.

128) Arch. de l'académie, dossiers de concours, 1786-89, pièce n° 61(1786, signée Boissy d'Anglas).

129) Arch. de l'académie, dossiers de concours 1786-89, par exemple n° 13 (1786) 'Epitre à un ami retiré du commerce'; n° 29(1786) 'Les plaisirs les pus doux sont ceux de la nature,' 'Epitre à un célibataire,' n° 30(1786) 'Vie d'un philosophe à la campagne'; n° 26(1788) 'L'horloge qui instruit les hommes.'

130) Arch. de l'académie, dossiers de concours 1786-89, Ode à Rousseau, n° 32(1786), Sur le progrès des lumières, n° 6(1786), Sur la mort du prince de Brunswick, n° 10(1786), Epitre sur la sécheresse et l'épidémie de 1785, n° 21(1786), Lettres d'un curé de campagne, n° 24, (1786), L'espérance des pauvres, n° 42, 1786, L'électricité, n° 29(1788).

131) Arch. de l'académie, dossier de concours, 'Ode aux Etats généraux,' 1789, n° 8.

132) 문학: 몽토방 30퍼센트, 낭시 (응모작의) 27퍼센트, 마르세유 27퍼센트, 포 21퍼센트, 루앙 16퍼센트, 아미앵 9퍼센트, 브장송 3퍼센트, 툴루즈 0퍼센트. 과학과 예술: 툴루즈 77퍼센트, 낭시 66퍼센트, 마르세유 68퍼센트, 포 63퍼센트, 몽토방과 아미앵 61퍼센트, 브장송 61퍼센트, 루앙 59퍼센트.

133) 역사: 브장송 36퍼센트, 아미앵 30퍼센트, 루앙 25퍼센트, 툴루즈 23퍼센트,

마르세유 15퍼센트, 포 16퍼센트, 낭시 7퍼센트, 몽토방 9퍼센트.

134) 1751년의 경우 L'ode sur l'éducation, Lettre à un ami, Les progrès des sciences et des arts. 1754년의 경우 Les causes de la décadence des lettres. 1756년의 경우 Le poème sur l'émulation, Les réflexions sur le sublime. 1758년 L'ode sur le bonheur. 1759년 L'ode sur la caducité des choses temporelles. 1760년 Le discours sur l'écrivain. 1761년 L'essai sur la médisance. 1762년 Le poème sur le luxe. 1764년 팔므리의 물이라는 제목을 가지고, 스타니슬라스 치세를 비유한 이야기를 발전시킨 드 베르망의 시, Le poème sur la paix. 1768년 Le traité de l'amitié, Le discours du bonheur. 1769년 La qualité de l'esprit. 1773년 Le poème sur la vanité de la gloire. 1774년 l'Eloge de la poésie. 1776년 L'Eloge des anciens. 1779년 L'Idylle marine. 1785년 L'épître d'un bachelier à son amante. (아카데미는 예를 들어 '음란한 그림을 가진 품위 없는 것'이라는 식으로 범주에 따라 판단을 내렸다.) Reg. 7, p.152 참조. (원장신부 아통도 나도 이 작품들을 거의 모두 찾지 못하였다.)

135) 관계는 다음과 같이 수립되었다. 포: 1720-29년에 50퍼센트, 1730-39년에 78퍼센트, 1740-49년에 39퍼센트, 1750-59년에 43퍼센트, 1760-69년에 13퍼센트, 1770-79년에 67퍼센트. 브장송: 1750-59년부터 10년 단위로 33퍼센트, 26퍼센트, 15퍼센트, 33퍼센트. 몽토방: 1740-49년부터 10년 단위로 50퍼센트, 67퍼센트, 57퍼센트, 55퍼센트, 8퍼센트. 마르세유: 1720-29년부터 10년 단위로 40퍼센트, 70퍼센트, 45퍼센트, 46퍼센트, 33퍼센트, 10퍼센트. 루앙: 1749-50년 11퍼센트와 10퍼센트, 그리고 도덕에 관한 주제가 일반적으로 사라진다. 낭시: 응모작은 1750-59년부터 11퍼센트, 14퍼센트, 15퍼센트, 6퍼센트. 아미앵은 1770년 이후 아무런 주제도 없다. 툴루즈의 과학 아카데미에는 아무런 주제도 없다. 윤리적 관심은 과학과 문학 사이에서 갈팡질팡하는 집단에 의하여 다양하게 나타나고 있음을 볼 수 있다.

136) 도표 2; 제II부, 제4장, 1. 아카데미의 사회 참조.

137) 몽토방의 학술 경진 대회, 1780-89, 역사 31퍼센트, 도덕 7.5퍼센트, 문학 19퍼센트, 경제 7.5퍼센트, 농학 31퍼센트, 식물학 4퍼센트.

138) Desplat /2099/, p.76-77; 1750-59년 학술 경진 대회, 역사 14퍼센트, 도덕 43퍼센트, 문학 9.5퍼센트, 경제와 개혁 28.5퍼센트. 1760-59년, 40퍼센트, 13퍼센트, 13퍼센트, 34퍼센트.

139) Launay /559/, p.117-145.

140) 아미앵: 뒤캉즈·보아뒤르·그르세·장바티스트 루소·바이예(문학사의 창시자)·돔 뢰 다슈리·드 크레키 원수·크리용의 예찬론. 앙제: 코세 브리삭 예찬론. 브장송: 장 드 비엔·그랑벨·앙투안 드 브룅. 보르도: 몽테뉴·몽테스키외·뒤 게클랭·공토 비롱. 베이야르. 마르세유: 뒤켄·가상디·마시용·라신·라 퐁텐·드 뮈이 원수·방돔·페레스크, 기사 폴·쿠크. 몽펠리에: 식물학

자 리샤르 드 벨발, 올리비에 드 세르. 몽토방: 조르즈 당부아즈·대법관 드 로스
피탈·드 라발레트 원수·르프랑. 낭시: 스타니슬라스. 님: 플레시에·부알로.
포: 가시옹·몽테스키우·다르타냥. 라로셸: 앙리 4세·안 드 몽모랑시·뒤파티.
루앙: 코르네유·푸생·원장신부 드 생 피에르·드 투르빌 원수. 툴루즈: 프르
마·뷔퐁·생 텍쥐페르·루이 12세·레이몽 7세·피브락·퀴자스, 대법관 로스
피탈. 아카데미 프랑세즈: 작센 원수·다게소·뒤게트루앵·쉴리·데카르트·샤
를 5세·페늘롱·콜베르·몰리에르·카티나·로스피탈·쉬제르·볼테르·몽테
스키외·퐁트넬·루이 12세·달랑베르·보방·루이 11세, 그리고 1789년에 루소.

141) 아라스, 과학과 예술 1백 퍼센트. 앙제, 역사 20퍼센트, 과학과 예술 80퍼
센트. 부르, 과학과 예술 1백 퍼센트. 캉, 역사 4퍼센트, 과학과 예술 96퍼센트.
보르도, 역사 10퍼센트, 과학과 예술 90퍼센트. 샬롱, 과학과 예술 1백 퍼센트. 디
종, 역사 9퍼센트, 과학과 예술 91퍼센트, 이 중에서 도덕은 전체의 9퍼센트. 그
르노블, 역사 15퍼센트, 과학과 예술 85퍼센트. 리옹, 과학과 예술 1백 퍼센트, 이
중에서 도덕이 4퍼센트. 메스, 역사 4퍼센트, 과학과 예술 96퍼센트. 몽펠리에, 역
사 13퍼센트, 과학과 예술 87퍼센트. 오를레앙, 과학과 예술 1백 퍼센트. 발랑스,
과학과 예술 1백 퍼센트.

142) Roche /144/, p.162-167.

143) Tisserand /1434/, p.539-589; Roche /144/, p.168-172.

144) Chartier /1579/, p.234-240.

145) 1770년 왕립의학회는 돌림병의 원인에 대해서 상을 걸었고, 1771-89년에는
모유·결핵·군대의 질병·괴혈병·질식·체육·후두염·우유·흑사병·속립
진·수역·수공업자의 질병·마마에 대해서 상을 내놓았다. 학술 경진 대회는 중
요한 조사와 함께 우리가 연구해야 할 아주 재미있는 지식 전파의 수단이었다.

146) Thomassin /1412/, p.2-3. 한때 군대의 외과의사를 지낸 토마생은 돌에서
개업하였다.

147) 응모작 가운데 시계, 펌프, 배와 자동차의 모형, 14행 정형시, 굴뚝, 비밀번
호를 가졌거나 없는 자물통, 모든 종류의 기계, 기적의 처방, 함정 같은 것이 판
을 쳤다. 이제 보고서가 남아 있지 않는 분야로서 풍차에 관한 학술 경진 대회는
일종의 종합이었다. 이 아카데미는 혼란을 피하고 싶어하였다.

148) 1750년 이전: 보르도의 함대에 관한 연구. 1750-59년: 루앙의 센 강 중류
의 항해. 1760-69년: 아미앵에서 생 발레리의 정비 사업, 브장송에서 두브의 뗏
목, 두브의 정비 사업, 디종에서 부르고뉴 운하 계획, 보르도에서 함대의 빠르기,
마르세유에서 연안 지방의 고기잡이, 메스에서 모젤 강의 운항에 대한 물리학과
정치학상의 장애, 몽펠리에에서 수로, 툴루즈에서 둑. 1770-80년: 보르도의 함대,
캉의 둑, 리옹의 수문과 바퀴의 테두리에 관한 주제, 마르세유의 론-마르세유 연
안 항해, 메스의 모젤 강 운항. 1780-1789년: 앙제의 오티옹 정비 사업, 부르의
레이슈즈 준설 사업, 디종의 바람, 마르세유의 배좀벌레조개과 항구 준설 사업, 루

앙의 센 강 운하, 오를레앙의 루아르 강 제방.

149) 1750년 이전: 보르도의 금속의 가연성. 1750-59년: 아미앵, 양털의 질, 피카르디의 이탄, 연료의 절약; 브장송, 프랑슈콩테의 용광로, 염전, 방아, 종이 산업; 루앙, 노르망디의 광산. 1760-69년: 브장송, 기와 공장; 보르도, 모직; 캉, 노르망디의 수공업 공장; 포, 베아른의 상업을 활성화시킬 가장 적절한 방법; 리옹, 비단, 방아, 가죽. 1770-79년: 아미앵, 기와 공장; 브장송, 도자기, 직조 공업; 보르도, 제당, 유리, 방아; 디종, 비누 제조; 리옹, 비단 염색; 마르세유, 비누, 토탄; 메스, 수공업 공장; 몽펠리에, 코크스 제련, 랑그독의 광산. 1780-89년: 아미앵, 기와; 아라스, 아르투아의 수공업 공장; 브장송, 도자기, 석탄; 보르도, 나무; 부르, 기와; 캉, 석탄광; 샬롱, 나무; 그르노블, 나무, 비단; 리옹, 수공업 공장, 방수 가죽, 양모 공업; 마르세유, 나무; 몽토방, 기옌 광산; 낭시(현상 주제), 나무, 방아; 몽펠리에, 납유리, 염색, 거울; 라로셸, 증류주; 루앙, 솜, 석탄; 툴루즈, 도자기, 제련.

150) 1750년 이전: 보르도, 나무진의 움직임, 나뭇잎의 기능. 1750-59년: 밀의 썩음, 포도나무 가지치기, 공기와 식물, 포도주, 나무진, 목초지, 기름진 땅의 질, 참나무 씨뿌리기, 식물에 끼치는 달의 영향, 양모; 캉, 사과나무; 디종, 포도주; 리옹, 포도주. 1760-69년: 브장송, 포도원과 포도주, 수역(1763), 대체 식물; 보르도, 흙의 질, 접목, 양모, 밀 대체 작물, 찰흙; 캉, 바스노르망디의 농업, 개간; 디종, 포도주, 부르고뉴의 윤작; 리옹, 포도주; 마르세유, 올리브나무, 포도주; 메스, 기름진 흙에 관한 진정한 원리, 메스 토양의 생산력, 나무, 아마포, 대마, 포도주; 몽펠리에, 올리브 기름, 곡물을 심는 흙의 성분; 포, 누에; 루앙, 지력을 높이기. 1770-79년: 아미앵, 마르캉테르의 습지 없애기; 아라스, 큰 길에 나무심기; 브장송, 나무, 기근이 들었을 때 유익한 식물, 포도원의 질병; 보르도, 찰흙, 나무의 성장, 목초지에 해로운 풀, 보르도 황야의 정비; 리옹, 늪지의 활용; 마르세유, 올리브나무, 무화과나무, 아몬드나무, 프로방스의 비료; 메스, 포도원; 몽토방, 물과 식물; 몽펠리에, 포도주의 도수, 식물에 끼치는 기후의 영향, 포도주의 발효, 랑그독 토지의 일반 성분; 포, 베아른의 초원; 루앙, 찰흙. 1780-89년 : 아미앵, 마르캉테르, 아마포, 맥각병, 프로방스의 농업; 아라스, 윤작, 길, 아르투아의 목장, 전원의 한계, 털을 깎아 쓰기 위한 동물, 가지친 나무; 브장송, 콩테 농업을 완전히 발전시키는 방법, 양, 재배의 한계; 보르도, 포도나무의 기생충, 나무, 옥수수, 나무의 성장, 재배의 한계; 부르, 인공 목초지; 샬롱, 나무, 아마, 삼, 샹파뉴의 농업, 불모지의 개간; 디종, 초원; 그르노블, 나무; 리옹, 비단, 포도주, 전기와 식물, 포레즈; 마르세유, 올리브나무, 나무, 양각초, 감, 늪지의 재배; 메스, 압착기; 몽토방, 바구미, **농촌의 부동산**(Praedium rusticum), 포도나무 가지치기, 맥각병, 유실수, 옥수수; 몽펠리에, 온실의 올리브나무; 낭시(현상 주제) 나무; 오를레앙, 솔로뉴의 개선; 루앙, 노르망디의 자연사; 툴루즈, 느릅나무; 발랑스, 농촌경제학.

151) 1750-59년: 아미앵, 프랑수아 1세 치세의 상업의 역사와, 위그 카페부터 프랑수아 1세까지 상업의 역사에 관한 주제, 이것은 북부 민족들의 상업의 범위였다. 또한 직업 공동체의 개혁(1757년)과 상업과 농업에 끼친 은의 비율의 영향; 브장송, 프랑슈콩테의 상업. 1760-69년: 아미앵, 프랑수아 1세부터 루이 14세까지 상업, 피카르디의 실제 상업, 생발레리 항구; 캉, 바스노르망디의 상업; 메스, 3주교구의 상업에 유리한 생산물, 모젤 강 운항의 정치적 장애; 포, 베아른에 유익한 상업을 활성화시킬 가장 적절한 방법. 1770-79년: 브장송, 프랑슈콩테의 도량형; 캉, 캉의 상업; 메스, 운항의 장애물, 상업과 수공업 공장의 역사, 메스의 정기 시장; 툴루즈, 정치와 경제의 자유 주제(1776년). 1780-89년: 앙제, 앙제의 상업; 아라스, 아르투아의 상업; 브장송, 프랑슈콩테의 상업과 수공업 공장; 그르노블, 도피네의 수공업 공장; 리옹, 리옹의 수공업 공장; 메스, 정기 시장, 상업과 수공업 공장의 역사와 회복, 메스의 상업의 분야, 각 면의 이해 관계; 오를레앙, 오를레앙과 오를레앙 주민의 예술과 상업; 라로셸, 소금의 매매; 툴루즈, 툴루즈의 상업.

152) 1750-60년: 아미앵, 난로; 포, 불 안붙는 집. 1760-69년: 브장송, 공중 목욕탕, 브장송의 미화 사업; 리옹, 병원의 공기, 밀가루 빻기. 1770-79년: 아라스, 도로; 브장송, 석고 붕대; 보르도, 벽난로; 리옹, 도시 수도; 낭시, 석고 붕대 님, 도시의 물; 루앙, 우물과 펌프, 땅 밑의 물찾기; 툴루즈, 수도관 속의 흐름. 1780-89년: 아미앵, 화재; 브장송, 샘물; 캉, 화재; 리옹, 둥근 천장; 낭시, 석고 붕대; 오를레앙, 총개머리; 님, 물, 툴루즈, 다리, 도시 수도.

153) 여기서는 **사회·사법·교육**의 성격을 가진 주제를 모아 보자. 1750-58년: 브장송, 프랑슈콩테의 가난한 사람들을 관리하는 방법; 포, 교육의 이점, 군사 아카데미의 필요성. 1760-69년: 브장송, 울타리치기 칙령; 캉, 농업 노동자와 인구, 군주 국가의 신민의 자질, 개간 사업의 사법상 장애를 물리치는 방법, 옛날 프랑스의 일상 옷차림에서 유별난 표시가 있었는가? 그것은 유익하였던가?, 그것들을 어떻게 복원할 것인가?; 디종, 중등학교 도덕론; 마르세유, 여행, 사치 단속령; 리옹, 여행, 신세계의 발견; 몽토방, 시민과 자유; 메스, 유산의 분할; 포, 베아른의 공공 곡식 저장소의 활용; 죄 플로로, 계몽주의와 결투, 정부에서 체계적 정신의 위험, 연구 계획, 계몽 국가, 사법관과 문인, 법률. 1770-79년: 아미앵, 거지 자녀의 교육; 브장송, 풍습과 신분의 존중, 여성 교육, 유산 상속 불능의 법; 보르도, 임산부의 질병, 흑인의 보호, 주은 아이 모유 먹이기; 샬롱, 비럭질, 부역, 샹파뉴의 행정, 법전의 개혁, 교육계획안; 리옹, 유익한 발견, 도시 실직자; 마르세유, 상업과 풍습; 메스, 유산의 분할, 전원의 필수품 공급; 죄 플로로, 사회의 기원, 군주국의 사치; 포, 신세계의 발견; 루앙, 고등법원. 1780-89년: 아미앵, 피카르디 농촌 문제, 인민의 교육(1790-91); 앙제, 주은 아이 기르기; 아라스, 농장의 분할, 농촌의 교육, 전원의 한계; 브장송, 애국의 덕, 종교와 질서, 사치, 무위도식의 폐단, 각 민족의 대립, 고등법원 예찬론; 보르도, 주은 아이 모유

먹이기; 샬롱, 농업 노동자의 조건, 결혼의 증가, 군주 국가의 애국심, 농촌민의 도시 이주, 일반 교육 계획, 여성 교육, 중등학교 교육, 재정 파산; 디종, 정부에 끼치는 도덕의 영향, 가문들의 법정, 요새; 그르노블, 비럭질; 마르세유, 가정 경제와 덕, 교육 계획; 리옹, 아메리카의 발견, 포레즈 주민의 직업, 인류의 행복; 메스, 사생아, 유대인, 제3신분의 애국심, 생활필수품; 몽토방, 평화를 찾은 유럽; 낭시, 주은 아이; 님, 토지 재산; 루앙, 지방 행정, 《백과전서》의 완성; 쾨 플로로, 아메리카 혁명의 위대함, 천재에게 유리한 차분하고 평화로운 시기; 툴루즈, 지방 신분회의 이점.

154) Roche /144/, p.163-166.

155) 예를 들어 양털에 관한 주제, 교역에 관한 주제, 설탕 정제에 관한 주제를 볼 것. 그리고 주은 아이에 대한 학술 경진 대회는 네 번 있었고, 가장 훌륭한 투표 방식에 관한 주제도 있었다. 또한 우리가 살핀 것처럼 정치적인 고찰을 속에 감추고 있는 여러 가지 예찬론도 잊지 말아야 할 것이다.

156) Arch. de l'académie de Lyon, Palais des arts, ms 171-266; Dumas /1582/, p.186 이하; Chartier /1579/, p.233-240.

157) Lebreton /1777/, p.166-180; Lemoigne /1778/, p.3-28.

158) B. M. Metz, fonds de l'académie, ms 1343, p.529-563.

159) A. D. Marne, J 35-55; Roche /144/, p.99-100; 가난에 관해서는 Gutton /1267/을 참조할 것. 또한 Janis Spurlock이 샬롱쉬르마른에 대해서 연구한 결과가 출판되기를 기대해도 좋다.


2. 학술회의

1) 제I부, 제2장, 3. 아카데미의 역할 참조.

2) 여러 가지 보기 가운데, Cousin /942/, p.25의 보기를 들어 보자. "사람들이 무미건조함에 변화를 주거나 무질서——또는 질서 없음——를 언급하고 싶어 하지 않았던 방대한 목록……"

3) Arch. de l'académie de Béziers, reg. 1786-88, p.1-2.

4) Arch. de l'académie de Béziers, reg. 1786-88, p.11.

5) 다음과 같이 종합 평가를 내릴 수 있다. 아장, 보고서의 목록; 아미앵, 학술 회의 등록부; 앙제, 목록; 아를, 17세기 등록부; 아라스, 1775-85년의 기간에 대한 등록부, 그러나 참조할 수 없음, 그리고 목록; 오세르, 등록부; 브장송, 등록부; 베지에, 목록과 등록부; 보르도, 모두 여러 차례 중단된 목록과 등록부; 부르, 목록; 브레스트, 등록부와 목록; 캉, 목록; 샬롱, 부분 등록부와 목록; 셰르부르, 등록부; 클레르몽, 목록; 디종, 등록부; 그르노블, 목록; 리옹, 등록부; 마르세유, 등록부; 메스, 목록과 등록부; 몽토방, 목록; 몽펠리에, 목록; 낭시, 등록부; 님, 목록; 오를레앙, 목록; 루앙, 등록부; 수아송, 일부 파손된 문서; 툴루즈 쾨 플로로, 열람할 수 없는 등록부; 툴루즈 과학 아카데미, 등록부; 발랑스,

목록; 빌프랑슈, 열람할 수 없는 문서. 이렇게, 33개 가운데 3개 단체에 관하여 아무런 정보도 가지지 못하고, 12개 단체에 대해서는 보고되거나 보존된 논문의 완전하거나 부분적인 목록으로 정보를 재구성할 수 있었으며, 나머지는 보고서를 완전히 뒤져서 정보를 캐낼 수 있었다.

6) 우리는 토의 단위에 대해서 말할 수 있을 것이다. 그것은 길이에 관계없이 논문·통신문, 그리고 발췌문 하나씩으로 이루어질 수 있다. 이리하여 논문 한 편은 3, 4, 또는 5회에 걸쳐 읽혔다. 이리하여 이 한 편을 3단위, 4단위, 또는 5단위로 불렀는데, 이것은 각 논문의 중요한 공헌을 돋보이게 만드는 방법이었다. 논문의 목록에 관한 경우에서, 빈도수에 의하여 균형을 잡을 수 없는 제목이 단위가 되었다.

7) 도표 16. 우리는 사료가 있는 경우 도표를 만들어 보았다. 그리하여 보고서를 발간한 단체의 절반 이하에 관해서만 도표를 만들 수 있었던 것이다. 등록부를 가지고 전체를 재구성할 수 없는 아카데미는 제외하였다. 리옹·루앙·포의 세 경우, 이 작업에 쓰일 도서 목록을 이용할 수 있었다.

8) Desplat /2099/, p.52-55.

9) Chartier /1579/, p.217-226.

10) 이같은 후퇴는 1759년 2월 16일, 리샤르 드 뤼페가 가입하기 이전의 시기에 해당한다. 그것은 1750년과 1754년의 논고들이 불러일으킨 논쟁과, 사회의 명사들이 전반적인 화해를 기다리는 형세 관망주의에 따라 일어난 문제 때문일 것 같다. 이 점에 대해서는, Tisserand /1434/, p.40-51.

11) 만일 이것이 도시의 모든 활동에 타격을 주면서 학회의 꾸준한 활동에 영향을 미친 육해군의 사건이 불러일으킨 메아리가 아니라면, 그밖의 어떠한 설명도 할 수 없다. 어쨌든 위기는 브레스트만큼 분명하지 않았다.

12) 번영과 조직상의 위기가 문제이며, 학술회의의 숫자는 여전히 중간 수준에 머물렀으며, 다른 단체들의 학술 회의는 만족할 만한 수준에 달하여 있었다.

13) 제I부, 제1장, 2·3절.

14) Chartier /1579/, p.218-219.

15) Boullet /2205/, p.129-130.

16) 제I부, 제2장, 2. 아카데미의 체제 참조. 좀더 각별히 아미앵·앙제·오세르·브장송·베지에·보르도·브레스트·캉·샬롱·셰르부르·클레르몽·디종·리옹,·마르세유·메스·몽토방·몽펠리에·낭시·오를레앙·라로셸·루앙·툴루즈 과학 아카데미.

17) 도표 18.

18) B. M. Auxerre, ms 179, reg. 1766-72, 9 septembre 1767.

19) 도표 16.

20) B. M. Rouen, Arch. de l'académie, registre des séances, II, 8 août 1764.

21) 제I부, 제2장, 2. 아카데미의 체제 참조.

22) Mandrou /126/, p.168-169; Labrousse /206/, 특히 t. 2, p.726-727.

23) Vovelle /256/, p.86에서 인용.

24) Chartier /1579/, p.217-218, p.225-226.

25) Chartier /1579/, p.226.

26) 제I부, 제2장, 2. 아카데미의 체제 참조.

27) 제I부, 제1장, 2. 백과전서 이전에 생긴 아카데미 참조. B. M. Auxerre, ms 185-186-187-188-189, registres de la Société littéraire, 1772-78.

28) B. M. Auxerre, ms 185, 5 février 1772, p.1-2.

29) B. M. Auxerre, ms 185, p.3-4.

30) B. M. Auxerre, ms 185, p.4-5.

31) B. M. Auxerre, ms 186, p.400-420; ms 187, p.599-600; ms 188, p.699-700; ms 189, p.1001-1002.

32) B. M. Auxerre, ms 185, p.1-14, p.83-113.

33) B. M. Auxerre, ms 185, p.151-157, p.189-195(ordre des correspondances étrangères), ms 186, p.603-604, p.623-624; ms 187, p.667-668.

34) 대다수의 저작은 시이다. Epître à mon bonnet de nuit, Discours à ma bien-aimée, Vers à Madame la marquise de…… et à Monsieur le marquis de …… pour le jour de l'an par leurs enfants âgés l'un de six, l'autre de quatre ans, plus rarement des mémoires d'histoire ou de sciences. ms 186, p.611, 9 juin 1776에는 사제직의 신성한 성격에 관한 아름다운 글이 있다.

35) 이 점에 대해서 살펴볼 것은 전원 회의에서 학술 경진 대회, 재정, 도서관에 관한 보고를 하는 특별위원회를 창설하여 여러 가지 필요에 적응하였다는 사실이다.

36) 도표 19 참조. 우리는 /123/, p.14-16, p.30의 분류 형태를 지킨다.

37) 제I부, 제1장, 2. 백과전서 이전에 생긴 아카데미 참조.

38) 같은 곳 참조. 몽토방, 문학 76퍼센트, 과학과 예술 11퍼센트, 역사 13퍼센트; 마르세유, 67퍼센트, 22퍼센트, 11퍼센트; 라로셸, 71퍼센트, 14퍼센트, 15퍼센트.

39) 앙제, 문학 63퍼센트, 과학과 예술 30퍼센트, 역사 7퍼센트. Bodet /770/, p.140-142 참조.

40) Bodet /770/, p.176-181.

41) 도표 19 참조. 앙제, 1780-89년, 문학 52퍼센트, 과학과 예술 37퍼센트, 역사 11퍼센트.

42) 아라스, 문학 40퍼센트, 과학과 예술 38퍼센트, 역사 27퍼센트; 캉, 52퍼센트, 40퍼센트, 8퍼센트; 아라스, 43퍼센트, 44퍼센트, 13퍼센트; 캉(1780-89년), 45퍼센트, 44퍼센트, 11퍼센트; 도표 19 참조.

43) 마르세유, 1720-29년, 문학 73퍼센트, 과학과 예술 16.5퍼센트, 역사 10.5퍼

센트: 1770-79, 53퍼센트, 35퍼센트, 12퍼센트; 1780-89년, 40퍼센트, 43퍼센트, 17퍼센트.

44) Dassy /1672/, p.8-10, p.101-120.

45) 제II부, 제4장, 1. 아카데미의 사회와 도표 2 참조.

46) B. M. Dijon, ms 1734-1735-1736, Richard de Ruffey가 지은 시 3권; Finch /101/, p.177-202. 근본 주제는 조화를 이루는 뮤즈 신이다.

47) 우리가 여러 범주로 문학을 나눈 결과 다음과 같이 시·산문·비평, 그리고 문학과 문헌학의 4항목에 대한 비율을 보면 디종은 30퍼센트, 48퍼센트, 12퍼센트, 10퍼센트; 리옹은 56퍼센트, 11퍼센트, 6퍼센트, 7퍼센트; 마르세유는 60퍼센트, 35퍼센트, 4퍼센트, 1퍼센트; 낭시는 25퍼센트, 70퍼센트, 2퍼센트, 3퍼센트; 라로셸은 75퍼센트, 20퍼센트, 4퍼센트, 2퍼센트; 루앙은 60퍼센트, 27퍼센트, 7퍼센트, 6퍼센트로서 문학의 영역은 확실히 시의 지배를 받고 있다.

48) Finch /101/, p.77-100. 아카데미풍의 시에서 볼 수 있는 특성 가운데 하나는 고전의 관점과 새로운 사항들을 조화시키려는 것이다. 따라서 여기서 Titon du Tillet와 앙드레 신부를 첫머리에서 볼 수 있다는 사실은 놀라울 바 없다.

49) Recueils et mémoires de l'académie de Caen /1205/, 1755, p.149-163, Discours lu à la séance du 13 février 1755.

50) Recueil des Jeux floraux /2297/, 1718, t. 20, p.128; Jacouty /2323/, p.148-159. 문학적 순응주의와 쇠퇴 의식에 관하여, Bodet /770/, p.148-155; Drutel /709/, p.76-77; Martin /1225/, p.75-82; Toquant /1356/, p.73-79; Tisserand /1434/, p.413-440; Chartier /1579/, p.222; Lebreton /1777/, p.150-153; Boullet /2205/, p.153-163을 참조할 것.

51) 모든 저작 가운데 역사는 몽펠리에와 브레스트에서 5퍼센트 미만, 오를레앙·루앙·캉·베지에·부르·아장·몽토방에서 6퍼센트에서 10퍼센트까지, 발랑스·메스·보르도·디종·리옹·샬롱·아미앵·셰르부르·낭시·마르세유·라로셸에서 10퍼센트에서 20퍼센트까지, 클레르몽·브장송·아라스·님에서 20퍼센트에서 30퍼센트까지, 그리고 오세르에서는 30퍼센트를 넘었다.

52) Livre et société /123/, t. 1, p.20-21, p.25, p.40-41, p.45, p.50-51; Livre et société /123/, t. 2, p.15, p.50-51, p.57, p.101-119.

53) B. M. Besançon, fonds de l'académie, registre de séance, t. 1, p.20-21; Cousin /942/, p.20-34.

54) 역사 저작의 67퍼센트는 브장송의 지역사에 관한 것이다. 클레르몽은 60퍼센트, 디종은 55퍼센트, 리옹은 70퍼센트, 마르세유는 62퍼센트, 메스는 50퍼센트였다.

55) Tisserand /1434/, p.478-480, p.499-506.

56) Martin /1225/, p.87-91.

57) B. M. Cherbourg, Arch. de l'académie, R 1(4), Réflexions sur l'étude de

la haute antiquité; Duchet /93/에서는 인류학 이론의 역사에 의한 접근이 시도
되었다.

58) B. M. Orléans, ms 427-430, ms 640(Travaux historiques de Polluche); Vassor
/2057/, p.128-129.

59) A. D. Côte d'Or, Arch. de l'académie, reg. XIV, 18 novembre 1784.

60) B. M. Clermont, ms 785(1748), ms 785(1751); Toquant /1356/, p.71-73;
Bodet /1225/, p.142-144; Barrière /1058/, p.305-322; Boullet /2205/, p.164-
168.

61) Dom François, dom Tabouillot, dom Maugeard /1752/, t. 1, p.1.

62) B. M. Metz, ms 1353, p.303-312(10 avril 1769); Lebreton /1777/,
p.135-145. 리옹의 같은 주제에 대해서는 Discours de Deparcieux, A quel genre
d'études doit se livrer un académicien? in Arch. de l'académie, Palais des arts,
ms 157(1743), p.22-29: "역사는 절대 지배권을 누릴 만한 지식이다⋯⋯." "역
사는 시대의 증인이며, 정치·풍습·덕성에 의한 인류의 학교이다⋯⋯. 언제나
완전한 역사의 단체가 필요하다⋯⋯."

63) 과학과 예술의 비율을 상기하자. 몽펠리에 1백 퍼센트, 브레스트 96퍼센트,
보르도 93퍼센트, 오를레앙 89퍼센트, 메스 83퍼센트, 발랑스 83퍼센트, 툴루즈
83퍼센트, 디종 69퍼센트, 루앙 72퍼센트, 리옹 67퍼센트, 샬롱 64퍼센트, 메스
(필아텐 협회) 54퍼센트, 베지에 63퍼센트, 부르 61퍼센트, 아장 59퍼센트, 클레
르몽 52퍼센트, 오세르는 평균 수준의 아래로 49퍼센트이지만, 단 10년간의 활동
에 대해서만이다.

64) 아를·포·수아송·죄 플로로에 관한 지식을 얻을 수 없음에 유의하자. 우
리가 죄 플로로의 학술 경진 대회의 내용에 대해서 생각한다면 학술 회의의 도표
위에서 그 단체를 평균의 단체 집단(역사 19퍼센트, 과학과 예술 41퍼센트, 문학과
종교시 40퍼센트) 속에 집어넣을 수 있을 것이다. 도표 19 참조. 만일 이 범주를
헤쳐 본다면 철학은 아장에서 18퍼센트, 앙제 50퍼센트, 아미앵 3퍼센트, 오세르
2퍼센트, 아라스 29퍼센트, 브장송 12퍼센트, 보르도 9퍼센트, 베지에 19퍼센트,
브레스트 14퍼센트, 부르 0퍼센트, 캉 34퍼센트, 샬롱 3퍼센트, 셰르부르 8퍼센
트, 클레르몽 12퍼센트, 디종 6퍼센트, 리옹 14퍼센트, 그르노블 22퍼센트, 마르
세유 22퍼센트, 낭시 6퍼센트, 몽토방 81퍼센트, 몽펠리에 0퍼센트, 메스 0퍼센
트, 님 55퍼센트, 오를레앙 0퍼센트, 라로셸 13퍼센트, 루앙 2퍼센트, 툴루즈 2퍼
센트, 발랑스 1퍼센트, 메스(필아텐) 15퍼센트를 각각 차지한다. 이러한 변화는
물론 어떤 사실을 말해 주는 지표의 가치를 가진다. 왜냐하면 우리가 모든 계열
의 글, 즉 예찬론, 개회사, 환영사, 역사와 과학의 문헌 속에서 철학이나 도덕의
증거를 찾을 수 있기 때문이다. 양적인 예시는 두 가지 관심에서 비롯된 것이다.
하나는 어떠한 질적 방법으로도 이해할 수 없는 단체들 사이의 전체 관계를 밝히
는 일이며, 다른 하나는 여러 가지 호기심을 불러일으키는 영역의 주어진 분야에

서 상대적인 지배 요소가 무엇인지 알아내는 일이다. 학술회의의 모든 업적에서 비율은 다음과 같다. 아장 10퍼센트, 아미앵 2.1퍼센트, 앙제 16퍼센트, 오세르 1.5퍼센트, 아라스 8.4퍼센트, 브장송 5.1퍼센트, 보르도 5퍼센트, 베지에 13퍼센트, 브레스트 1.0퍼센트, 부르 0퍼센트, 캉 8퍼센트, 샬롱 1.7퍼센트, 셰르부르 5.1퍼센트, 클레르몽페랑 6.2퍼센트, 디종 3.9퍼센트, 리옹 9.5퍼센트, 그르노블 11퍼센트, 마르세유 5퍼센트, 낭시 2.5퍼센트, 몽토방 7퍼센트, 몽펠리에 0퍼센트, 메스 0퍼센트, 님 18퍼센트, 오를레앙 0퍼센트, 라로셸 2퍼센트, 루앙 1.9퍼센트, 툴루즈 1.9퍼센트, 발랑스 1.9퍼센트, 메스의 필아텐 협회 9.1퍼센트.


65) Grosclaude /1604/, chap. I, p.25-35; Ruplinger /1587/, p.15-65, p.193-205, p.219-252.

66) Vier /1942/, p.347-354.

67) Tisserand /1434/, /1435/; Rousseau /386/, t. 3, p.LXXI-XXVII; Launay /559/, p.117-177.

68) Duffo /1817/, p.257-315.

69) Boullet /2205/, p.210-224.

70) Lettre à Marmontel in Boullet /2205/, p.213, note 1; 또한 Toustain de Richebourg(fils)의 저작에 관한 토론도 다음에서 참조할 것. Arch. de l'académie, reg. III, 26 janvier 1767, 24 mars 1767, (철학 정신의 이점에 관하여).

71) Arch. de l'académie, reg. III, discours de Maillet du Boullay, 7 août 1765.

72) Arch. de l'académie, reg. III, lettre de Maillet du Boullay à Elie de Beaumont, 24 mars 1767.

73) Boullet /2205/, p.219-220.

74) Toquant /1356/, p.80-81, citons *La démonstration sur l'être nécessaire*(1707) par Garmages, *Les lettres morales à un ami sur la vieillesse* par David(1772), (B. M. Clermont, ms 787), le *Discours sur l'humanité* de Caillot de Begon(1779), (B. M. Clermont, ms 787), le discours de l'abbé de Solignat sur *La cause physique du plaisir*(1775), (B. M. Clermont, ms 785).

75) Discours de dom Cassaux, 3 mars 1740, de dom du Pire, 7 avril 1740, débat repris le 2 mars et le 13 avril 1741; le Discours de Costard d'If(1745), celui du p. André, 8 janvier 1750, 6 mai 1751, 3 février 1752; la dissertation du père de La Rue, professeur au Collège du Bois, 1er février 1753, analyse in Martin /1225/, p.82-83. 과학과 예술에 대한 논쟁은 캉의 집회에서 큰 비중을 차지하였다. *Ibid.* /1225/, p.83-87 참조.

76) Lebreton /1777/, p.148-154.

77) B. M. Metz, ms 1342, p.1-2(Discours de la séance publique du 25 août 1769). 앙제에 관해서도 같은 결론이 나왔다. Bodet /770/, p.157-162 참조. 더욱이 무신론의 문제를 다룰 때(Discours du marquis de Contades, cité p.158), '철

학'에 대해 드러내 놓고 적개심을 나타내는 어조가 가끔 보이며, 그리스도교도 철학자의 모습을 널리 권하려는 의지도 보인다. 아미앵의 경우는 A. D. Somme, fonds de l'académie, D 152, D 153, 좀더 각별히, Discours de M. de Richery sur les sentiments et la philosophie(1764) et de l'abbé Houlleau를 참조할 것. Ariste와 Eugène는 1752년 벼락에 관한 논고를 놓고 6회에 걸친 회의에서 대화를 가졌다.

78) 과학과 예술의 범주를 살핀다면 다음에서는 과학이 지배적임을 알 수 있다. 아미앵, 과학 64퍼센트에 예술 33퍼센트; 리옹, 57퍼센트와 28퍼센트; 루앙, 67 퍼센트와 31퍼센트; 오를레앙, 72퍼센트와 28퍼센트; 클레르몽, 66퍼센트와 22 퍼센트; 베지에, 62퍼센트와 19퍼센트; 보르도, 73퍼센트와 17퍼센트; 디종, 76 퍼센트와 18퍼센트; 오세르, 81퍼센트와 17퍼센트; 툴루즈, 83퍼센트와 14퍼센 트; 몽펠리에, 85퍼센트와 15퍼센트. 또한 예술이 지배적인 곳으로는, 부르캉브 레스, 예술 61퍼센트와 과학 39퍼센트; 메스, 62퍼센트와 38퍼센트, 메스(필아 텐), 53퍼센트와 32퍼센트; 셰르부르, 52퍼센트와 40퍼센트; 발랑스, 52퍼센트 와 47퍼센트; 브레스트, 61퍼센트와 38퍼센트; 낭시, 47퍼센트와 47퍼센트; 샬 롱, 42퍼센트와 55퍼센트; 브장송, 47퍼센트와 41퍼센트. 두 분야가 비슷한 곳으 로는 아장, 39퍼센트와 43퍼센트; 라로셸, 37퍼센트와 49퍼센트; 캉, 36퍼센트 와 30퍼센트; 아라스, 38퍼센트와 33퍼센트; 마르세유, 32퍼센트와 46퍼센트. 도표 19와 20 참조.

79) Martin /1225/, p.70-74.

80) A. D. Hérault, D 124, 125, 126; Dulieu /1868/, p.230-231, p.245.

81) A. D. Hérault, D 127, 128, 129, 130. 아미앵에서는 천문학이 모든 과학 업적의 5퍼센트를 차지하였다. 그것은 또한 브장송 4퍼센트, 베지에 18퍼센트, 브레스트 25퍼센트, 캉 5퍼센트, 셰르부르 10퍼센트, 클레르몽 1퍼센트, 디종 3퍼 센트, 마르세유 10퍼센트, 낭시 20퍼센트, 몽펠리에 18퍼센트, 라로셸 10퍼센트, 루앙 12퍼센트, 툴루즈 11퍼센트, 리옹의 종합 아카데미 18퍼센트였다.

82) A. D. Hérault, D 131-134.

83) Dumas /1582/, p.309.

84) Tisserand /1434/, p.350-358.

85) Le *Mercure de France* /623/, 21 février 1784, (8) et 30 octobre 1784, récapitule les ascensions provinciales.

86) A. D. Côte d'Or, reg. XIV, 29 avril 1784.

87) 참고로 말하자면 몽펠리에에서는 물리학에 굉장한 관심을 보였다. 모두 1 백99개 연구 보고서를 가지고 1750년의 앞과 뒤로 나누어 볼 때, 기계 5퍼센트 와 13퍼센트, 전기 38퍼센트와 33퍼센트, 광학 10퍼센트와 11퍼센트, 기상학 44 퍼센트와 39퍼센트, 기타 3퍼센트와 4퍼센트였다.

88) 의학은 아미앵의 학술회의에서 과학적 업적의 44퍼센트를 차지하였다. 그

것은 또한 오세르 55퍼센트, 브장송 46퍼센트, 베지에 25퍼센트, 보르도 26퍼센트, 브레스트 11퍼센트, 캉 28퍼센트, 샬롱 27퍼센트, 셰르부르 24퍼센트, 클레르몽 22퍼센트, 디종 43퍼센트, 리옹 36퍼센트, 마르세유 32퍼센트, 낭시 36퍼센트, 메스 29퍼센트, 오를레앙 24퍼센트, 라로셸 28퍼센트, 루앙 27퍼센트, 툴루즈 34퍼센트, 몽펠리에 32퍼센트.

89) B. M. Bordeaux, ms 828, 3, 4, 6, 15, 27, ms 1699, 3; fonds Navarre, ms 20. Barriere /1058/, p.193-225.

90) B. M. Bordeaux, ms 828, 13, 85, 86, 87.

91) A. D. Hérault, D 165 à D 178에서 몽펠리에에 대한 조사 결과에 따르면, 의학에 관한 3백67개의 연구 보고서 가운데 54개가 해부학과 생리학, 3백13개가 임상 소견, 치료법, 외과술에 관한 것이었다.

92) Roger /145/, p.749-771.

93) 화학은 거의 어디서나 발전하였다. 사료가 남아 있어서 1750-59년과 1780-89년을 비교할 수 있는 곳을 살펴보면, 아미앵은 30퍼센트에서 40퍼센트, 디종은 7퍼센트에서 15퍼센트, 몽펠리에는 3퍼센트에서 6퍼센트, 낭시는 8퍼센트에서 11퍼센트, 루앙은 4퍼센트에서 8퍼센트, 툴루즈는 5퍼센트에서 8퍼센트로 각각 발전하였다. 화학은 리옹에서는 거의 변함없었고, 브장송과 마르세유처럼 별로 과학의 성격이 두드러지지 않은 곳에서는 발전하지 않았다.

94) Bouchard /1416/, p.149-161, Tisserand /1434/, p.382-398.

95) A. D. Hérault, D 151-152, Dulieu /1858/, p.242-243.

96) 《Mémoires de Trévoux》와 《주르날 데 사방》에서 의학이 예외적으로 큰 자리를 차지하고, 수학이 아주 미약하게 나타나는 가운데, 자연과학의 영역은 50퍼센트에서 70퍼센트이다. Erhard et Roger /100/, p.33-59 참조.

97) Canguilhem /18/, p.57-58.

98) 제I부, 제1장, 2. 백과전서 이전에 생긴 아카데미 참조.

99) 어떠한 분류도 만족스럽지 못하다. 따라서 우리는 《책과 사회 Livre et société》의 제1권, op. cit., p.14-16, p.30에서 세웠던 분류 기준을 지켰다. 그것은 전반적인 발전을 늦게 수용한 사회 집단에게 적합한 것처럼 보인다.

100) 도표 20 참조. 아장, 농학 10퍼센트, 정치경제 79퍼센트, 예술 11퍼센트; 아미앵, 20퍼센트, 65퍼센트, 15퍼센트; 오세르, 35퍼센트, 40퍼센트, 25퍼센트; 아라스, 30퍼센트, 60퍼센트, 10퍼센트; 브장송, 25퍼센트, 21퍼센트, 54퍼센트; 베지에, 35퍼센트, 45퍼센트, 20퍼센트; 보르도, 54퍼센트, 26퍼센트, 20퍼센트; 부르, 37퍼센트, 42퍼센트, 21퍼센트; 브레스트, 5퍼센트, 4퍼센트, 91퍼센트; 캉, 24퍼센트, 54퍼센트, 22퍼센트; 샬롱, 20퍼센트, 70퍼센트, 10퍼센트; 셰르부르, 23퍼센트, 52퍼센트, 25퍼센트; 클레르몽, 47퍼센트, 12퍼센트, 41퍼센트; 디종, 22퍼센트, 35퍼센트, 43퍼센트; 리옹, 19퍼센트, 14퍼센트, 67퍼센트; 마르세유, 30퍼센트, 54퍼센트, 16퍼센트; 낭시, 33퍼센트, 29퍼센트, 38퍼센트; 메스,

43퍼센트, 11퍼센트, 16퍼센트; 오를레앙, 47퍼센트, 30퍼센트, 23퍼센트; 몽펠리에, 56퍼센트, 31퍼센트, 13퍼센트; 라로셸, 21퍼센트, 49퍼센트, 30퍼센트; 루앙, 11퍼센트, 25퍼센트, 64퍼센트; 툴루즈, 18퍼센트, 42퍼센트, 40퍼센트.

101) 미술은 결국 별로 중요한 구실을 맡지 못하였다. 이같은 부분을 설명할 수 있는 이유를 두 가지를 들 수 있다. 첫째 우리가 보았듯이 아카데미 회원들이 가입해 있는 미술과 음악의 전문 아카데미가 있다는 점, 둘째 유익한 성격을 중시하는 너절한 1차적 관심들에 대해 미학적 고찰을 이끌어 내기 어렵다는 점. 지방의 단체들이 개혁을 할 수 있었던 것은 예술 교육을 통해서였다. 제I부, 제2장,을 참조할 것.

102) Gosseaume /2185/를 참조하여 제목들과 문헌의 분석을 찾아볼 것. 그리고 Boullet /2205/, p.151-152, p.169-175, p.236-252.

103) Chartier /1579/, p.226-227; 또한 천문학에 관한 정확한 서술을 보려면 Tisserand /1434/, p.215-230을 참조할 것. 그리고 Bourde /490/, t. 3, p.1536-1540은 주로 농학의 역할과 한계를 다루고 있는데, 이것을 되새길 필요는 없다고 생각한다.

104) B. M. La Rochelle, Arch. de l'académie, registre des séances, mémoires de Gastumeau de Montaudoin, sur le commerce de la Hollande, l'agriculture de l'Ouest, les impôts, le luxe, le commerce du royaume, les lettres de change, le raffinage du sucre.

105) Cousin /942/, p.47-82.

106) Arch. de l'académie, registre des séances, II, 1745, sur la jauge des tonneaux, III, 1738, Mémoire sur les teintureries, reg. XII, 1767, Mémoire sur les mines, rapport sur les mesures du blé, Essai d'économie politique, XIII, 1776, Essai sur le commerce et l'agriculture, 5 septembre 1776 proposition d'une classe d'économistes par M. Garipuy.

107) Vassor /2057/, p.142-148.

108) 제I부, 제2장, 3. 아카데미의 역할 참조.

109) B. M. Clermont, ms 787, Correspondance.

110) Yart /407/.

111) 도표 19·21 참조. 과학과 예술·문학·역사의 관계는 다음과 같다. 아미앵, 42퍼센트, 50퍼센트, 8퍼센트; 앙제, 35퍼센트, 55퍼센트, 10퍼센트; 오세르, 30퍼센트, 25퍼센트, 45퍼센트; 브장송, 27퍼센트, 44퍼센트, 29퍼센트; 보르도, 37퍼센트, 50퍼센트, 13퍼센트; 샬롱, 43퍼센트, 38퍼센트, 19퍼센트; 셰르부르, 57퍼센트, 27퍼센트, 16퍼센트; 클레르몽, 33퍼센트, 12퍼센트, 55퍼센트; 디종, 54퍼센트, 34퍼센트, 12퍼센트; 그르노블, 50퍼센트, 28퍼센트, 22퍼센트; 리옹, 37퍼센트, 54퍼센트, 9퍼센트; 마르세유, 19퍼센트, 72퍼센트, 9퍼센트; 메스, 65퍼센트, 18퍼센트, 17퍼센트; 몽토방, 25퍼센트, 69퍼센트, 6퍼센트; 몽펠리에,

70퍼센트, 30퍼센트; 낭시, 33퍼센트, 54퍼센트, 13퍼센트; 님, 12퍼센트, 60퍼
센트, 28퍼센트; 라로셸, 35퍼센트, 48퍼센트, 17퍼센트; 루앙, 38퍼센트, 55퍼
센트, 7퍼센트; 툴루즈, 48퍼센트, 35퍼센트, 17퍼센트.

112) 모범의 변두리에 있는 클레르몽은 무엇보다도 역사의 성격이 뚜렷하였고,
몽토방·마르세유·님에서는 비공식 회의와 마찬가지로 문학 성격이 두드러졌다.

113) 도덕과 철학이 공식 회의에서 차지하는 비율은 다음과 같다. 아미앵 5.5퍼
센트, 앙제 9.9퍼센트, 오세르 4퍼센트, 브장송 14.8퍼센트, 보르도 0퍼센트, 캉
12퍼센트, 샬롱 7.5퍼센트, 셰르부르 9.1퍼센트, 클레르몽 1퍼센트, 디종 13.2퍼센
트, 그르노블 11.1퍼센트, 리옹 9퍼센트, 마르세유 7.1퍼센트, 메스 10.8퍼센트,
몽토방 21퍼센트, 낭시 9퍼센트, 님 18퍼센트, 라로셸 8.9퍼센트, 루앙 3.4퍼센트,
툴루즈 5퍼센트. 비공식 회의와 비교해 보려면 전체 업적 가운데 과학과 예술의
범주의 내용과 철학의 자리를 자세히 다루고 있는 주 63번을 참조할 것.

114) *Recueil de l'académie de Marseille* /1661/, p.52-54.

115) Gosseaume /2185/, t. 5, p.45-46.

116) 도표 21에서 1750-59년과 1780-89년의 공식 회의를 비교할 것.

117) Kuhn /120/, p.25-60.

118) Bachelard /4/, p.28-29, p.253-256. 우리는 거기서 원장신부 베르톨롱, 수
맥 발굴자 블르통, 카스텔 신부, 숄리악, 크로세, 라세페드, 라페리에르, 르루아,
로제랑 뒤 페스크, 몽테스키외, 무르그, 놀레, 퐁슬레, 시고 드 라퐁, 트레상 백작
을 볼 수 있다.

119) Arch. de l'académie de Toulouse, registres de séances, 26 avril, 17 juillet
1752; A. D. Hérault, D 125, 126.

120) Arch. de l'académie de Toulouse, de Vausonville은 아카데미 앞으로 1775
년 1월 12일 구적법의 해답을 보냈으나, 아카데미에서는 그것을 검토하려 들지
않았다. 1755년, 국방위원인 de Caussus는 그의 해답에서 틀린 점을 증명하는 사
람에게 1만 리브르를 주겠다고 하였다. 그는 왕립학회에 가입하게 되었다. Castelneau
/1862/, p.133-134; B. M. Besançon, registre de séance, I, p.92.

121) B. M. Bordeaux, ms 1699, 13, ms 828, 4, 13, 16, 22.

122) B. M. Cherbourg, Arch. de l'académie, R1(4).

123) B. M. Besançon, Arch. de l'académie, reg. I, f° 224, 17 décembre 1753.

124) Arch. de l'académie de Toulouse, registre de séances, 1730년 1월 15일
기형아, 1737년 2월 14일 눈금반을 나타내는 어린아이의 눈; 1758년 어떤 거인
의 출현에 대하여; 1759년 2월 1일 악마에게는 질병을 일으키거나 고칠 힘이 없
다. 1786년 6월 1일 되새김질하는 세 사람에 관한 연구 보고서, 1782년 2월 28일
다리가 여럿에 항문이 2개, 성기가 2개 달린 기형의 새끼 양. 리옹에서도 같은 것
이 보고 되었다. Chartier /1579/, p.225 참조. 루앙에 대해서는 Boullet /2205/,
p.48-50, p.139-148, 오를레앙에 대해서는 Vassor /2057/, p.121-122, 낭시에 대

해서는 Hatton /1940/, p.135-137 참조.

125) A. D. Hérault, D 164, 165.

126) B. M. Bordeaux, ms 828, 61, 62, 84; A. D. Hérault, D 155, 156, 157, 158; Toulouse, Arch. de l'académie, registre de séances, 1758; 1771; 1773; 1781; 1786; 1787; A. D. Côte d'Or, registre académique, t. IX, 7 janvier 1779, t. X, 11 février 1779, t. XII, 29 mai et 8 août 1782, dossier intéressant présenté par le docteur Crommelin sur le sourcier Bleton.

127) Arch. de l'académie de Toulouse, registre de séance, IX, 1756, p.151.

128) Arch. de l'académie, registre de séances, XIII, 23 mai 1776, XIV, 30 janvier 1788.

129) B. M. Auxerre, ms 178, 1er mars 1762, des faits analogues à Bordeaux, ms 828 et 1688, Montpellier, A. D. Hérault, D 166, 175.

130) B. M. Bordeaux, ms 828, 45.

131) *Recueils et mémoires de l'académie de Caen*, /1205/, t. II, p.7-55; Martin /1225/, p.70-75. 물론 Brunet /75/.

132) A. D. Hérault, D 131-133; Dulieu /1868/, p.244-245.

133) Barrière /1058/, p.169-175.

134) B. M. Cherbourg, Arch. de l'académie, $R^2$ 55 et 59, La Perrière의 연구 보고서는 반 뉴턴주의의 잡동사니로서 1760-70년대의 것으로 추정할 수 있다. ($R^2$ 55) 이것은 밀물과 썰물에 관한 대화를 예로 들면서 결론에서는 아주 망설이 고 있다. "외독스: 기지 있는 사람이 되려면 뉴턴주의자가 되어야 해. 타원들이 서로 끄는 힘과 몇 가지 대수학의 조작을 통하여 사람들은 모든 것을 설명하 지……"(발행일 미상)

135) Arch. de l'académie, registre de séance, reg. 1, 15 janvier, 22 janvier 1739. Baron은 아카데미에서 뉴턴의 체계를 설명하였다. II, 16 avril 1744, mé- moire newtonien de Garipuy; III, 1er avril 1751, lecture du livre de Pumberton sur Newton, 3 juin 1751, mémoire sur la nécessité du tourbillon de la lune; reg. IX, 23 janvier 1755, dissertation sur les lois du mouvement de Descartes, XII mémoire cartésien du p. Cavallery, le 12 février 1761.

136) B. M. Clermont, ms 786, 1773, *Essai sur le mouvement*, et, A. 70205 V. "나는 결코 인력을 인정하지 않으리……"라는 데카르트주의의 시론은 거의 뉴턴 식의 기묘한 신앙 선언을 하면서 끝마친다. 한 사람의 속에서 개혁과 '시대에 뒤 짐' 사이의 모호함을 볼 수 있다.

137) Barrière /1058/, p.190-192.

138) Tisserand /1434/, p.382-398.

139) Dulieu /1868/, p.246.

140) Hatton /1940/, p.352.

141) B. M. Besançon, Arch. de l'académie, registre de séances, I, 28 mars 1754, IV, 24 mai 1778, 아카데미 보고서에 따르면 거의 2천 명이 접종을 받았다. 1768년, 아카데미는 이 문제에 대해 거의 5개의 연구 보고서를 접수하였다. Cousin /942/, p.47 참조.

142) A. D. Côte d'Or, registre de séances, t. I, 17 décembre 1756, 6 juillet 1759, 22 février 1760; t. X, 12 août 1779. 1769년 7월 14일 마레는 라콩다민에게 디종의 여론이 그 방법을 인정하기 시작하였다고 썼다.(reg. V)

143) Boullet /2205/, p.136-137.

144) Arch. de l'académie, registre de séances, II, 12 février 1756, Discours de Bagard, 8 mai 1758, Discours de M. de Bressey, IV, 8 mai 1767, Discours de Gandoger.

145) Arch. de l'académie, registre des mémoires présentés, I, 81. 툴루즈에서 실시된 접종의 단계들이 잘 나타나 있다. 1772년 아카데미의 학술 경진 대회는 그 목적을 밝히고 있다. 또한 registre de séances, XII, 21 août 1760, observations d'Antoine, 15 juillet 1773, lecture des inoculations faites par M. Mazars, D. M. à Bédarieux.

146) A. D. Hérault, D 176, 90-96, mémoire de Symmons(1777).

147) B. M. Bordeaux, ms 1699(4), mémoire de l'abbé Bellet sur le pays de Cadillac.

148) B. M. Bordeaux, ms 1699, 24, (1743?).

149) *Recueils et mémoires de l'académie de Caen* /1205/, 1760, t. II, p.7-55.

150) B. M. Bordeaux, ms 828, 15-27; ms 1699, 1; Barrière /1058/, p.88-94, p.308-325.

151) A. D. Puy-de-Dôme, C. 7037; "Idées générales des matières qui entrent dans le plan et dans les vues de la Société Littéraire de Clermont par rapport à l'histoire civile et à l'histoire naturelle de la province d'Auvergne," cf. statuts et règlement; B. M. Clermont, A. 70205 V. Discours de Queriau, et Toquant /1356/, p.50-59.

152) B. M. Auxerre, ms 178, 26 novembre 1762.

153) A. D. Puy-de-Dôme, C 7037.

154) B. M. Metz, ms 134 a, Discours de Emmery à la séance publique du 25 août 1771, p.152-154, p.290-291.

155) B. M. Bordeaux, ms 828(6), *Sur les motifs qui doivent nous encourager aux sciences.* 과학은 유익하다. 왜냐하면 그것은 편견을 고쳐 주고, 지력을 높이며, 호기심을 만족시켜 주고, 진리를 발견하는 방법을 발전시키며, 개인의 행복으로 이끌어 주고 사회의 이익에 쓰이기 때문이다.

156) 제I부, 제1장, 2. 백과전서 이전에 생긴 아카데미 참조.

157) A. D. Hérault, D 199, (1774).

158) Arch. de l'académie de Bordeaux에는 기사 뤼뱅이 '남위 20도 아래의 인디언 뱃전에서' 쓴 편지가 있는데, 거기서 이같은 주제들을 볼 수 있다. B. M. Bordeaux, ms 1696(XXXI)에는 주제를 널리 퍼뜨리려는 좀더 두드러진 의도가 보인다.

159) B. M. Nîmes, ms 241, f° 151-161.

160) B. M. Bordeaux, ms 828, 27. 지방사를 완전하게 쓰는 수많은 안이 다소 실현되어 있다. 아미앵, D 142; 앙제, Bodet /770/, p.164-165 참조; 아라스, Van Drival /856/, p.21-22; 브장송, J. Cousin /942/, p.19-25; 베지에, Recueil des travaux /1005/, p.21-25; 부르, notes philosophiques et poétiques de Riboud, A. D. Ain, ms 756, p.120-135; 캉, Martin /1225/, p.87-90; 디종, Tisserand /1434/, p.300-307, p.499-510; 마르세유, Discours de M. de Porrade à la séance publique de 1757, in *Receuil de plusiuers pièces* /1661/, 1767; Discours de Malouet, in *Recueil de plusieurs pièces* /1661/, 1781; 메스, Lebreton /1777/, p.97-98, p.138-144; 몽토방, Forestie /1819/, *op. cit.*, p.55 이하. (특히 원장신부 딜피오와 기야르의 안들을 참조); 낭시, Hatton /1946/, p.265-267, p.336-337, p.341-342(낭시에서 이같은 생각을 대표하는 사람은 특히 Coster와 Mosy l'Elvange이다); 님, Corbier /2012/; 오를레앙, Vassor /2057/, p.127-128; 라로셸, Arch. de l'académie, mémoires sur l'histoire de La Rochelle; 루앙, Boullet /2205/, p.213; 툴루즈, Arch. de l'académie, registre des mémoires lus, I, p.65-110; registre de séances, IX, p.45, p.86-87(continuation des annales de Toulouse), XII, p.262.

# 결론

1) 33개 아카데미에서 오를레앙의 진정서만을 찾을 수 있었다. Vassor /2057/, p.151-152 참조.

2) Bonnel /1574/, t. 32, p.401-421; t. 33, p.13-47, p.112-131.

3) Tisserand /1434/, p.250.

4) Morellet /374/, Delandine /324/, Sobry /398/, Lakanal /355/, Delisle de Sales /325/.

5) Aucoq /486/, James /501/, 2 t., t. 1, p.82-89; t. 2, p.240-259.

6) Hahn /500/, p.287-312.

7) *Dictionnaire Littré*에는 이 단어에 10개 이상의 뜻을 밝히고 있다.

8) Dupront /94/.

# 해　제

## 프랑스 사회사와 로슈의 연구

### 1

이 책은 다니엘 로슈(Daniel Roche)의 *Le Siècle des Lumières en province. Académies et académiciens provinciaux, 1680-1789*(Paris-La Haye, 1978)를 옮긴 것이다. 원서는 두 권으로 이루어졌는데, 1권은 본문만 394쪽, 2권은 주와 참고 문헌, 그리고 통계 자료에 의한 표, 도표, 지도를 포함해 총 520쪽이다. 지금 파리1대학에서 프랑스 앙시앵 레짐의 사회와 문화를 강의하고 있는 로슈는, 알퐁스 뒤프롱(Alphonse Dupront)의 지도를 받아 1973년 국가 박사 학위 논문을 발표했다. 본서의 번역 자료로 이용한 것은 바로 이 논문을 1978년에 출판한 책이다. 나는 1982년 가을 로슈를 처음 만나 그의 지도를 받으면서 이 책을 처음 접했다. 그때만 해도 나는 논문을 쓰는 데 이 책을 제대로 이용하지 못했다. 그만큼 이 책의 내용을 간단히 정리하기가 어려웠기 때문이다. 그러나 나는 그때부터 이 책이 서양사학자뿐만 아니라 모든 역사 연구자에게 도움이 될 만하다고 생각하고 우리말로 번역하여 소개하려고 결심했다. 번역 작업은 7년 전부터 시작하여 이제야 끝을 보게 될 만큼 시간을 많이 잡아먹었지만, 나는 작업을 진행하면서 이 책의 진정한 가치를 비로소 알게 되었다. 책읽기라는 것은 그 자체가 문화의 소비인 동시에 문화의 창조이기도 하다는 점을 다시금 깨닫게 되었다. 처음 읽을 때의 느낌과 어쩔 수 없이 거듭 읽으면서 새로운 점을 알게 된 뒤의 느낌의 차이는 실로 컸기 때문이다. 그리고 나는 이 책을 우리말로 옮기는 과정에서 로슈가 전혀 생각지도 못한 독자를 창조하는 작업을 하고 있다. 프랑스어를 읽는 사람도 나의 번역판을 보면 전혀 새로운 느낌을 받을 것이 뻔하다. 그러므로 번역은 아주 중요한 창조 작업일 수밖에 없다. 이 작업의 성과가 어떠한 것인지는 독자의 판단에 맡기고, 지금은 단지 이 작업이 그의 명예에 흠이 되지나 말았으면 하고 바랄 뿐이다. 이 책을 번역하고 이해하는 과정에서 내가 몇 해 전 모르네(D. Mornet)의 《프랑스 혁명의 지적 기원》(민음사, 1993)을 번역 출판하면서 얻은 지식에서 큰 도움을 받았다. 나는 프랑스 혁명 이전의 계몽주의 확산 과정에 대해 내 나름대로 정리할 수 있는 기회를 가졌다. 그리하여 자칫하면 계몽주의를 혁명 사상쯤으로 단순하게 정리할지 모르는 데서 벗어나, 계몽주의 운동의 진정한 본질이 무엇인지를 생각할 수 있는 계기를 찾을 수 있었다. 그런데 로슈의 이 책은 계몽주의 운동의 진정한 성격에 대한 나의 생각을 다시 한 차원 높여 주었다. 로슈는 모르네가 계량사의 차원으로 끌어올리지 못한 지방 아카데미의 역사를 집중 탐구함으로써, 무엇보다도 먼저 모르네의 가설을 뒤엎어 놓았다. 다시 말해서 로슈는 지방 아카데미 설립 운동이 모르네의 말대로 1750년대 이후의 일이 아니라 이미 18세기초의 일이며, 과학의 보급도 《백과전서》가 나오기 4반세기 전부터 시작된 일임을 증명했다. 그리고 '말의 질서'를 다루는 문학과 '사물의 질서'를 다루는 과학을 통하여 지방 아카데미 회원은 파리에서 쓰는 말을 표준어로 삼고 파리의 모범을 좇으면서도, 또한 체제순응주의에 물들었으면서도 될 수 있는 대로 지방의 특수성을 찾으려 했다는 사실도 이 책을 통하여 밝혀졌다. 로슈는 모르네의 가설——혁명 전 사상이 엘리트에서 사회 저변까지 위에서 아래로, 중심부(파리)에서 주변부(지방)로, 그리고 시간이 흐를수록 더욱 빠른 속도로 전파되었다고 한 가설——을 수정했던 것이다. 지방은 무조건 파리를 좇지 않았다. 이로써 문화는 언제나 중심에서 주변으로 흐른다고 단순하게 생각할 수 없음을 알 수 있다. 사실 무엇이 위고 무엇이 아래이며, 어디가 중심이고 어디가 주변인가? 이 책의 가치를 꼽으려면 아직도 많지만 그 중에서 우리가 소중히 생각해야 할 점을 한 가지만 든다면, 이 책이 사회문화사의 모범이 된다는 사실이다. 물론 이 책을 발간하고 난 뒤에도 로슈는 계속해서 '문화의 소비'라는 주제에 대해 생각하고 있으며, 따라서 이 책에서 발전시킨 방법론이 더욱 발전된 형태라 할 수 있는——다시 말해서 '문화의 사회사'가 아니라——'사회적인 것의 문화사'를 추구하고 있다. 나는 이같은 방법론의 발전에 대해서 기회가 닿는 대로 정리했다: 《사회사에서 문화사로》(〈한국사시민강좌〉 8집, 1991), 《프랑스 역사학의 새 경향: 사회문화사 연구 방법》(〈역사비평〉 23호, 1993), 《'새로운 역사' 연구와 문화사》(〈문화사와 미술사〉, 일지사, 1996). 관심 있는 독자는 참고하기 바라며, 여기서는 먼저 로슈의 약력과 주요 저술에 대해서 《Who's who in France》의 내용을 중심으로 소개하기로 한다.

로슈는 1935년 7월 26일 앙리 로슈의 아들로 파리 14구에서 태어났다. 1960년에 결혼하여 부인과 아들과 함께 파리 5구에 살고 있다. 그는 쿠르브부아의 보방 중등학교, 파리의 샵탈고등학교, 생클루의 고등사범학교, 파리대학교 소르본 문학부를 거쳐 역사학 교수 자격증, 역사학 박사 학위, 고등 연구원의 박사 학위를 땄다. 그는 샬롱쉬르마른고등학교 교수(1960-62), 고등사범학교 조교수와 부교수(1962-69), 그리고 국립과학연구소 연구원(1969-73), 파리7대학 교수(1973-78)를 거쳐 1978

년부터 파리1대학 교수로 재직하고 있다. 그는 한때 피렌체의 유럽 연구소(Institut européen)에서 유럽 문화사 교수(1985-89)로 일하기도 했다. 1989년부터 사회과학 고등연구원의 지도 교수, 1990년에는 국립과학연구소의 근현대사 연구소장직을 차례로 맡은 그는 여러 아카데미의 회원이며, 《근현대사 잡지 *Revue d'histoire moderne et contemporaine*》의 편집을 맡고 있다. 저서는 다음과 같다.

저서:

1. *Le Siècle des lumières en province. Académies et académiciens provinciaux 1660-1789*(1978).

2. *Le Peuple de Paris. Essai sur la culture populaire*(1981).

3. *Le Journal de ma vie, par Jacques-Louis Ménétra*(présentation, 1982).

4. *Les Français et l'Ancien régime*, t. II: *Sociétés et cultures*(1984).

5. *Les Républicains des lettres*(1988)

6. *La Culture des apparences*(1989) ——1990년 〈아카데미 프랑세즈〉의 마담 외젠 콜라(Mme Eugène Colas)상을 받았음.

7. *La France des Lumières*(1993)

8. *Histoire des choses banales. Naissance de la consommation XVIIᵉ-XVIIIᵉ siècle*(1997).

2

지금 이 자리를 통해 로슈의 저작이 프랑스 역사학에서 위치하는 자리를 살피기 위해서, 우리는 무엇보다도 '프랑스 사회사의 동향'을 말해야 하겠지만, 그것은 시대에 뒤떨어진 일처럼 보인다. 최근에 《오늘의 역사학》을 이야기하는 사람들은 자신들이 '사회사 이후 현대 구미 역사학의 동향'을 소개하고 있다고 자부하고 있음(안병직, 〈서론〉, 《오늘의 역사학》(한겨레신문사, 1998), 16쪽)을 볼 수 있기 때문이다. 그들은 사회사란 무엇보다도 "거대 구조와 과정에 초점을 맞춘 역사 서술, 역사를 통일되고 일관된 체계로 파악하는 접근 방식, 사회경제적 결정론의 관점에 입각한 분석과 설명 방식"을 갖고 있기 때문에, 새로운 연구 경향은 "그동안 역사학계를 지배해 왔던 기존의 사회사 연구의 오류와 한계를 극복하려 한다"(같은 책, 14쪽)고 말한다.

나는 《오늘의 역사학》의 저자들이 하고자 하는 말의 뜻을 이해하고 근본적인 방향에 대해서 찬성한다. 그러나 나는 그들이 야심찬 포부를 제대로 실천했는지 믿을 수 없다. 그들은 "이 책에서 논의된 역사 연구와 서술의 새로운 경향들은 무엇보다도 구체적인 연구 성과를 통해 그 유용성을 증명한다"(같은 책, 15쪽)고 말하면서도, 구체적인 연구 성과를 소개하는 과정에서 무척 자의적인 방식을 취하기 때문이다. 나는 《오늘의 역사학》에 대한 육영수의 비판적 검토(육영수, '내일의 서양사'를 위한 제언──《오늘의 역사학》에 대한 비판적 검토, 〈역사학보〉 제158집 (1998), 271-291쪽)에 공감하고 있다. 그리고 한걸음 더 나아가 나는 그 비판적 검토가 묵설법으로 말하고자 하는 바에 공감한다. 그것은 비단 《오늘의 역사학》에 실린 글만 아니라 그보다 앞서 나온 글을 쓴, 말하자면 나를 포함한 모든 사람을 겨냥한 '말없는 비판'이라고 나는 이해하고 있다.

육영수가 말하지 않고 말하려 한 것, 그것은 서양사 동향에 대해 발빠르게 우리 나라에 소개하는 사람은 자기가 소개하고 있는 저작을 제대로 소화하고 그 작업에 임하는가 하는 질문일 것이다. 설사 그가 몇 작품을 직접 읽고 분석했다 할지라도, 나머지는 남의 글을 통해서 소개받아 자기 것으로 만드는 과정에서 자의적인 선택과 때로는 '창조적 오독(creative misreading)'(김응종이 《오늘의 역사학》 127쪽에서 인용)이 일어날 수 있는 가능성에 대해 육영수는 경고했을 것이다. 나 자신도 그러한 성격의 글을 쓰는 것이 얼마나 위험한 일이 될 수 있는지 처음부터 지금까지 잘 알고 있으며, 최근에 《오늘의 역사학》을 둘러싸고 나온 논의를 접하면서 다시금 그 일을 생각할 수 있는 기회를 가졌다. 그리하여 일단 《오늘의 역사학》이 던진 문제에 대해 내 나름대로 생각을 정리하고, 프랑스 사회사의 동향을 쓰는 일이 아직도 시대에 뒤떨어진 일이거나 무의미한 일이 아니라는 결론을 얻게 되었다.

먼저 《오늘의 역사학》의 저자들이 분명하게 말하지 않고 지나가는 문제에 대해서 짚고 넘어가려 한다. 그들의 글을 읽으면 역사가는 마치 컴퓨터처럼 세대 교체를 하는 것처럼 보인다. 예를 들어 로제 샤르티에를 '아날의 4세대'(같은 책, 124쪽, 310쪽)라고 부르는 이유를 나는 쉽게 수긍할 수 없다. 우리 나라에서 아날학파에 대한 체계적 연구서를 낸 김응종(《아날학파》 민음사, 1991)은 원래 샤르티에를 아날의 3세대로 인식하다가 최근에 생각을 바꾼 듯하다. 또한 《오늘의 역사학》에서 김응종과 생각을 공유하고 있는 백인호는 한걸음 더 나아가 샤르티에를 '아날학파 4세대의 선두주자'로 인식하면서도, 그 세대에 누가 속해 있는지에 대해서는 침묵한다. 말하자면 두 저자는 모두 샤르티에가 3세대에서 4세대로 탈바꿈을 하는 사이, 자크 르벨이나 그밖의 역사가는 3세대의 껍질 속에 그대로 머물러 있는지 아닌지는 설명하지 않는다.

그런데 김응종은 아주 신중하다.

"문화사 연구는 섬세하고 참신하다. 그렇지만 그 성과에 대해서 어떠한 평가를 내리기는 아직 이른 것 같다. 민중이 어떻게 책을 읽었나 하는 유의 문제를 해명하기란 지극히 어려운 문제가 아닐까? 앞에 소개한 책읽기에서 열거하였듯이, 샤르티에 자신의 방법론적인 고찰과 실제 연구 성과를 비교할 때 그런 느낌을 가지게 된다."(《오늘의 역사학》, 127쪽. 김응종이 샤르티에의 어떤 글에 대해 이같은 느낌을 가졌는지 구체적으로 밝히지 않은 점이야말로 아쉽다.)

그가 이처럼 신중한 태도를 취하는 까닭은 무엇인가? 샤르티에가 앞으로 5세대로 탈바꿈할 수 있다고 전망할 수 있기 때문인가, 아니면 샤르티에의 방법론은 4세대라고 부를 수 없을 정도로 취약하기 때문인가? 역사가의 세대 교체는 어떤 기관지의 편집 태도와 관련한 것인가, 또는 단지 역사가의 나이에 따라 이루어지는 것인가?

《오늘의 역사학》의 저자들은 "전체 집필진이 서로의 원고를 돌려가며 읽고 비판적으로 검토하는 과정을 수 차례 되풀이"하고, 특히 "이 책이 공동 작업을 거친 단행본 연구서로서 내용뿐 아니라 형식적인 표현에서도 일관성과 통일성을 유지"하도록 노력했다고 하지만, 김응종과 백인호는 서로 맞지 않는 이야기를 하고 있음을 볼 수 있다. (같은 책, 17쪽. 여기서 김응종과 백인호의 글에 대해서 주로 말하는 이유는 내가 쓰려는 글과 직접 관련이 있기 때문이다.) 예를 들어 김응종의 《아날학파》에서는 로슈·보벨·샤르티에가 함께 아날의 핵을 이루다가(《아날학파》, 146쪽 참조) 샤르티에만 4세대로 탈바꿈한 것처럼 보이며, 더욱 혼란스러운 것은 "샤르티에·로슈(D. Roche)·보벨·파르주(A. Farge)·줄리아(D. Julia)" 같은 사람들의 "연구 덕분에 계몽 시대는 프랑스 문화사의 선구적인 영역이 되었다"(《오늘의 역사학》, 268쪽)는 백인호의 설명이다.

그리고 《오늘의 역사학》의 저자들이 여러 가지 개념의 늪에서 헤어나지 못하고 있는 것은 아닌지 의심할 수 있는 대목을 백인호의 글에서 찾을 수 있다. 백인호는 김응종이나 그밖의 공저자와 다른 인식을 보여 준다. 그는 "샤르티에가 앞으로 사회문화사의 더욱 넓고 새로운 영역을 열어 줄 것을 기대해 마지않는다"(같은 책, 310쪽)는 말을 덧붙이고 있기 때문이다. 여기서 사회문화사와 문화사는 같은 것인가? 《오늘의 역사학》 저자들은 사회사 이후의 동향을 소개한다고 하면서, 그 가운데 한 명은 샤르티에가 사회문화사의 더욱 넓고 새로운 영역을 열어 줄 것을 기대하고 있다. 그같은 소망을 가진 사람이 무엇을 기준삼아 아날의 3세대와 4세대를 구분하는지 알 길이 없다. 그의 원고를 돌려 가며 읽고 의견을 통일시키려고 노력한 저자들은 사회문화사가 '문화적 전환'이나 '언어적 전환'으로 지평을 열 수 있는 것이라고 생각하는지, 그렇다면 사회문화사의 연장선 위에 이루어진 발전을 가지고 패러다임의 변화로 인식하여 세대 교체를 말하는 것을 정당하게 생각하는지 알 수 없다.

그럼에도 불구하고 《오늘의 역사학》은 원래 의도했건 안했건간에 '비공시성(非共時性)이 공존'(자크 르 고프, 《서양 중세 문명》(유희수 옮김, 문학과지성사, 1992), 16쪽)하는 현실을 보여 주고 있다. 다시 말해서 그 책의 의도가 사회사 이후 '언어적 전환'이나 '문화적 전환'을 다루려는 데 있다 할지라도, 사회사·사회문화사·문화사의 개념을 제대로 가려내지 못하고 있는 까닭은 저자들이 주제를 소화하지 못했기 때문이거나, 설득력 있는 서술 방식을 찾지 못했기 때문이라 할 수 있겠지만, 우리는 거기서 역설적으로 사회사의 동향을 이해하지 못한다면 그 뒤의 동향까지 이해할 수 없다는 진부한 교훈을 얻을 수 있다. 그리하여 《오늘의 역사학》이 본의와 달리 인정한 점이야말로 내가 그 책의 서론을 읽으면서 느꼈던 두려움, 다시 말해서 《오늘의 역사학》이 출판된 마당에 프랑스 사회사에서 로슈 연구가 차지하는 자리에 관한 글을 쓰는 일이 시대착오일지 모른다는 두려움에서 벗어날 수 있는 돌파구가 되었다. (이 글의 목적이 비록 《오늘의 역사학》을 비판적으로 검토하는 데 있지 않지만, 우리 나라에서 서양사 방법론을 소개하는 학자 사이에 있는 개념상의 혼란과 인식상의 오류에 대해서 주의를 환기하기 위하여 조금 긴 듯하지만 최근에 일반 독자의 교양을 위해 나온 그 책을 화두로 삼았다.)

이상과 같은 이유에서 프랑스 사회사의 동향을 논한다는 일은 아직도 진행되는 일에 눈길을 돌리는 일로서, '언어로의 전환' '문화사적 전환' '신문화사' 따위의 최신 경향을 소개하는 일 못지않게 중요하며, 최신 경향을 제대로 소개하기 위해서 반드시 필요하다는 확신을 얻을 수 있었다. 이제 프랑스 사회사의 발전 과정에 대해서 논의한 뒤, 사회사에서 신문화사로 나아가는 길목에 있는 로슈의 연구에 대해서 언급하겠다.

3

사회사는 정치사의 약점을 보완하기 위하여 20세기초에 나왔다. (이 부분은 특히 주 3의 1번 문헌을 참고할 것.)

정치사가 소수 정예 중심의 질적인 역사, 따라서 '위'에서 보는 역사, 숨이 짧은 시간에 바탕을 둔 사건사, 이야기식의 서술적 역사였다면, 사회사는 경제 활동으로 분화된 사회 집단을 통해서 사회 전반을 이해하려는 전체사, 숨이 긴 장기 지속적 시간 속에서 대중을 중심으로 보는 양적인 역사, 따라서 '아래'에서 보는 역사, 사회 구조를 중심으로 보는 구조사, 그리고 다량의 사료를 다루는 과정에서 분석적 역사가 되고자 했다.

사회사는 1920년대 자본주의가 위기를 맞이했을 때, 경제를 중심으로 사회를 연구하려는 자연스러운 관점의 전환에서 시작했다. 이같은 방법론의 발달은 무엇보다도 기존의 사료를 새로운 방식으로 읽는 것과 함께 새로운 사료를 발굴함으로써 가능했다. 한마디로 역사가는 기본 태도를 바꾸었던 것이다. 그들은 무엇보다도 세 가지 구습을 거부했다.

1) 사료를 전적으로 글로 씌어진 것과 동일시하고, 역사가의 일이란 원전의 비판에 있다고 믿는 관습에서 벗어났다.

2) 일단 비판된 것은 비판의 여지가 없다는 생각을 버렸다. 역사적 사실이란 그 해석에 영향을 미치는 가설에 따라 구성되는 대상이기도 하다는 사실을 인정했다.

3) 역사는 현재의 정통성을 주장하거나, 국민·국가·발전 따위를 정당화하는 임무를 띤 학문이 아니라는 점을 인식했다.

그들은 세 가지 필수적인 태도를 발전시켰다.

1) 하나의 추상화된 인간, 또는 개인의 역사보다 사회 단체의 역사를 좋아하게 되었다.

2) 전체성을 이해하려고 노력했다.

3) 문화의 실제 역사를 집단심리학적 전망에 자리매김했다. 그렇게 하기 위해 모든 차이점을 인정하게 되었다. 사실에 대해 사전에 의미를 부여하는 시대착오에 빠진 해석을 내리지 않으려고 노력했다.

사회사는 특히 라브루스(E. Labrousse)의 《앙시앵 레짐 말기와 혁명 초기의 프랑스 경제의 급격한 변화》(1944)와 함께 도약기를 맞이했다. 라브루스는 1920년대에 나온 '새로운 역사'를 마르크스주의와 접목시키면서 사회사를 경제사에 깊이 뿌리박게 만들었다. 이리하여 초기의 사회사를 사회경제사로 부를 수 있는데, 그것은 무엇보다도 계량적인 역사였다. 사회경제사가가 이용하는 문서는 성격상 1백 년 이상의 중장기적인 역사를 위한 자료이기 때문이다. 이같은 자료는 사회사를 위해서 새로 발굴된 것으로서, 세무 관계 문서·공증 서류·호적 등기부 같은 것이다. 이같은 사료의 발굴과 탐구 결과 프랑스 앙시앵 레짐과 프랑스 혁명의 관계를 정립할 수 있게 되었다. 오늘날 우리 나라 고등학교 세계사 교과서에서는 아직도 앙시앵 레짐을 모순투성이로 묘사하고 있지만(고등학교 교과서를 말하는 이유는 간단하다. 우리 나라에서 교과서 집필자는 거의 모두가 대학교수라는 사실로 볼 때, 대학교에서 새로운 경향과 성과에 대해 얼마나 저항이 있는지 드러내기 위함이다. 역사적 사실은 옳고 그름과 상관 없이 권력 관계의 산물인 경우가 많음을 지적해 둔다), 구미 학계에서는 앙시앵 레짐의 모순과 타성뿐만 아니라 다양한 현실의 조화와 역동성을 이해하고 있다.

세무 관계 등록부는 농촌의 타이유세, 도시의 카피타시옹세, 동산세에 관한 자료로서, 납세자의 수입을 계층화하고 급료의 등급을 연구하는 데 반드시 필요한 자료이며, 공증 서류는 세금에 대한 지식뿐만 아니라 재산의 수준을 밝혀 주고, 유산이 어떤 것으로 구성되어 있는지 밝혀 주는 동시에 사망자의 사회적 행위를 보여 주는 귀중한 자료이다. 호적 문서는 도시와 농촌의 인구 변동뿐만 아니라 계급과 직업의 분화에 따라 인간의 가장 은밀한 거동, 즉 부부관계에 대한 정보도 제공하는 자료이다. 이러한 자료를 계량화하는 연구자는 한정된 공간·종교·도시, 더욱이 한 구역을 세밀히 관찰하고 정의할 수 있는 데까지 깊이 들어갈 수 있다.

이같은 연구의 모범을 구베르(P. Goubert)의 《보베와 보베 주민, 1600-1730》(1960)에서 찾을 수 있다. 주지하다시피 구베르는 작은 지방의 징세구에 대한 다량의 고문서를 완전히 파헤침으로써, 전적으로 다양한 모습을 지닌 옛 프랑스는 그 주민의 아주 한정된 일부를 자세히 관찰하지 않고서는 이해할 수 없다는 신념을 반영했다. 그밖에도 르 루아 라뒤리(Le Roy Ladurie)의 랑그독, 자카르(J. Jacquard)의 일드프랑스, 뒤랑(G. Durand)의 보졸레, 느뵈(H. Neveux)의 캉브레에 관한 연구는 모두 앙시앵 레짐기의 프랑스 사회에 관한 연구이다. 이들은 거의 5세기에 걸친 프랑스 농촌 사회의 현실을 생생히 파헤쳐 산업 사회 이전의 프랑스 경제·사회·문화의 성격을 규명했다.

사회경제사를 통해서 역사학은 더욱 풍부하게 발전했다. 그러나 역사가는 경제가 중요한 요소이긴 해도, 그것만이 모든 것을 설명해 주지 못한다는 사실을 깨달았다. 사람들은 수입에 따라 계급이 분화될 수 있지만, 같은 계급에 속한다 해서 모두가 한결같은 문화를 소비하지 않고, 같은 문화라 해도 같은 방식으로 소비하지 않는다. 그러므로 역사가는 문화의 소비는 계급에 따라 다르긴 해도, 문화의 소비 자체가 계급의 분화를 가져오기도 한다는 사실을 깨달았다. 이같은 깨달음은 역사학의 인접 학문이 발달하면서 생겼고, 이로 인해 라브루스식의 역사학의 한계를 보완하려는 역사가 나타났다.

특히 1960년대에 들어서 사회의 구조를 중점적으로 생각하던 데서 탈피하여 관계를 좀더 민감히 추적하게 되었다. 그것은 언어학·사회학·역사인류학의 발달에 자극을 받은 결과였다. 이같은 인접 학문, 새로운 분야는 역사학을 궁지에 몰아넣었지만, 역사학은 이러한 인접 학문의 방법론을 제 것으로 이용하면서 거듭 태어났다. 특히 역사인류학은 경제적 관계보다 상징적 의미에 더 많은 주의를 기울이도록 만들어 주었다. 이처럼 관점과 근본적 문제는 탈바꿈했다. 이리하여 경제에서 문화로 중심이 이동하여 사회문화사가 탄생했다.

새로 태어난 역사학은 종래의 사료를 새로운 방식으로 읽었다. 예를 들어 옛 사람의 출생, 결혼, 출산과 사망에 관한 인구 변동과 수적 연구를 가능케 만들어 주던 교구 등록부가 이제 인생에 대한 사람들의 태도를 보여 주는 근본적인 사료가 되었다. 이러한 태도는 사생(私生)과 피임의 변화를 보여 준다. 그밖에도 사회문화사가는 결혼시 서명자 계산에 의해 식자층의 비율을 파악하여, 재산과 문화 소비의 관계를 이해할 수 있게 되었다. 다시 말해서 사회문화사가는 전통적 방식으로 모든 사실을 분류하거나 계층화시키는 일보다 경제적인 것에서 사회적인 것으로, 사회적 문제에서 문화적 문제로 점진적인 발전을 보이는 모든 수준의 상호 작용에 관한 연구를 좋아한다.

이러한 관점에서 사회문화사는 '집단 정신 자세의 역사'를 포함하는데, 여기서 잠깐 '집단 정신 자세의 역사'에 대해서 논의할 필요가 있다. 우리 나라에서는 이 말 대신 일본에서 건너온 '심성사'라는 말을 널리 쓰고 있고, 최근에는 이 말이 우리말 번역어로 적합하기 때문에 널리 사용하자고 주장하는 학자도 있다. 이 자리를 빌려 그 부당함을 지적하고자 한다. '집단 정신 자세'는 'mentalités'의 번역이다. 사회학적으로 이 말은 "집단의 사고를 형성하고 명령하는 정신의 믿음과 습관의 총체로서, 그 집단에 소속한 개인이 공유하고 있는 것"을 뜻하기 때문이다. 그런데 김응종은 《오늘의 역사학》에서 "망탈리테사는 의외로 손쉽게 그 정체가 파악된다"고 하면서 세 가지 성격을 나열한 뒤 '심성사'라는 번역어를 천거한다. 그는 참고 문헌 목록에서 내 글(주 1의 글 참조)을 나열하면서도 내가 제안한 번역어뿐만 아니라 자신이 제안할 번역어조차 언급하지 않은 채, 영어권이나 우리 나라에서는 아직까지 만족스러운 역어를 찾지 못했기 때문에 그냥 '망탈리테사'라고 쓰는가 하면, '집단 심리의 역사,' '습속사,' 인류학적 역사, 역사적 인간학 등의 단어를 사용하기도 한다고 말한 뒤, 자기가 즐겨 쓰는 말인 '심성사'가 현재 가장 널리 사용되고 있는 번역어이며 그런대로 통용될 만하다고 언급한다. 그는 가급적 우리말 번역어를 찾아야 한다는 점에서 '심성사'(《오늘의 역사학》, 80쪽)가 적당한 번역이라고 말한다.

그러나 나는 '심성사(心性史)'라는 번역이 우리말로 존재하기 전에 일본말로 존재했음을 알고 있다. 우리 나라에서 일본어를 잘하는 서양사학자들이 서양 용어의 일본말 번역어를 거의 무비판적으로 수용하면서, 일본 한자를 우리말 음으로 바꾸어 사용했음을 잘 알고 있는 나로서는 우리 스스로 번역어를 찾는 노력을 기울이자고 틈나는 대로 제안하고 있다. 나는 오래 전부터 이미 '집단 정신 자세의 역사'라는 말을 쓴 이유를 자세히 설명했다.(주 1의 글 참조) 미국에서 《사생활의 역사 *Histoire de la vie privée*》의 제3권을 영어로 번역하는 사람도 'mentalité'를 'fundamental attitude'로 번역하고 있다. 김응종은 '심성사'를 천거하기 위해, 영어권이나 우리 나라에서는 이제까지 만족스러운 역어를 찾지 못하고 있다고 말한다. (이 말은 사실일지 모른다. 그러나 이미 존재하는 번역어를 제대로 소개하지 않은 채 이처럼 말하는 의도가 석연치 않다.) 그가 말한 대로 '심성사'가 현재 가장 널리 사용되기 때문에 통용될 만하다고 생각해야 하는가? 그리고 일본에서 쓰는 '心性史'를 우리말로 '심성사'로 읽을 수 있다는 이유에서 우리말 번역을 찾았다고 자부할 수 있을까? 참고로 김응종이 찾은 것은 '심성사'라는 번역어가 아니라, 그 낱말을 그대로 써야 한다고 그 나름대로 생각한 이유뿐이다. 그는 '망탈리테사'의 세 가지 모습으로 "첫째 사회경제적 뿌리를 가진 정신사, 둘째 민중의 집단 심리를 탐구 대상으로, 셋째 이성적 사고뿐만 아니라 감성까지 포괄"한다고 정의한다. 그의 정의에서 '심성'을 유추할 수 있는 근거란 없다. 또한 그가 내린 두번째 정의로 미루어 보건대, 그가 '집단 정신 자세의 역사'를 민중의 집단 심리를 연구하는 것으로 잘못 파악하고 있음을 알 수 있다.

4

우리는 로슈의 아카데미 연구를 지금까지 살펴본 사회사의 발전 과정에서 1960년대 이후에 발전한 사회문화사 저작으로 분류할 수 있다. 그는 이 책에서 우리가 알고 있던 계몽주의 세계의 참모습을 눈부시게 복원한다. 18세기 프랑스의 32개 지방 도시에 설립된 아카데미와 그 회원 6천 명에 대한 방대한 사료를 바탕으로 앙시앵 레짐 사회의 서열화된 세계를 반영하는 지적 세계의 다양한 모습을 두텁게 묘사하고 있는 것이다. 저자는 자신에 대해서 말하지 못하는 사람들의 바다 속에 섬 같은 존재인 아카데미 회원이 다른 문화 기관에 속한 사람과 함께 구축하는 의사 소통의 그물을 복원하면서, 그들이 반영하는 계몽주의의 성격이 무엇보다도 체제순응주의였음을 밝히고 있다. 그들은 국가를 근대화하려는 절대군주정의 이념을 실천하였기 때문이다. 앙시앵 레짐의 역사에 이처럼 새로운 측면을 보태 준 이 책은 지방 아카데미와 권력의 관계, 아카데미 회원의 성분과 경제적 조건, 아카데미의 이념과 이상, 아카데미의 역할, 아카데미가 속한 사회와 문화, '문학 공화국'의 구성 원리, 아카데미의 문화를 묘사하는 가운데 계몽 사상과 혁명의 관계뿐만 아니라 앙시앵 레짐의 사회와 문화에 대해서도 올바른 시각을 가질 수 있도록 도와 준다. 로슈는 이렇게 하는 가운데 사상의 사회사, 파리 중심의 사고 방식, 그리고 주변부는 중심의 영향을 받는다는 사고 방식이 얼마나 그릇된 것인지 보여 주었다. 독자는 계몽 시대의 지방이 제 나름대로 중앙의 지도 노선에 자발적으로 참여했지만, 중앙과 어느 정도 거리를 두고 독자적인 걸음을 내디뎠다는 사실과 함께, 아카데미의 계몽주의는 체제순응적인 측면을 갖고 있었음을 깨우칠 수 있다. 로슈는 이 연구를 출발점으로 삼았다. 앞에서 소개한 로슈의 저작 목록을 살펴보면 그같은 사실을 분명히 알 수 있다. 그는 앙시앵 레짐의 사회 집단의 물질적 조건에 따른 문화적 차이를 부각시키는 데 관심을 쏟고 있다. 파리의 민중 문화에 대한 연구(1981), 옷과 관련한 문화 연구(1989)를 거쳐 계몽 시대의 프랑스(1993), 17-18세기 소비 문화에 관한 평범한 것의 역사(1997)까지, 그의 연구는 가장 물질적인 조건을 바탕으로 이루어지는 문화적 차이에 관심을 가지고 있다. 또한 그는 유리 끼우는 직업인의 일기를 발굴하여 해설했다. 자크 루이 메네트라의 일기(1982)는 18세기에 자신에 대해 별로 사료를 남겨 놓지 않던 계층의 글을 발굴한 것으로서 문화사 연구에 귀중한 자료로 활용되고 있다. 로슈는 이 일기를 발굴하고 내용을 분석하여 한 직업인(상퀼로트)의 일상 생활을 통해서 '18세기 삶의 방식'을 복원했다. 이같은 사실을 통하여 우리는 로슈의 연구가 사회문화사라는 거시적 문화사에서 미시적 문화사로 넘어가는 과정을 모두 보여 주고 있음을 알 수 있다. 한마디로 말해서 모범적인 저작이 존재한다고 해서 역사 서술이 끝났다고 생각할 수 없다. 역사학은 과거를 연구하면서도 어쩔 수 없이 역사가가 처한 현실을 반영하는 학문이기 때문이다. 역사가는 인접 학문과 끊임없이 교류하는 가운데 과거를 새롭게 바라보는 방식에 눈을 뜬다. 사회경제사에서 사회문화사로 변화하는 가운데 전체사의 이상이 일단 뒤로 물러난 것도 그러한 맥락에서 이해해야 한다. 그것은 전체사를 서술한다는 일이 아직까지는 거의 불가능하다는 사실을 인식했기 때문인 동시에, 사회사의 성과가 축적됨에 따라 개별적인 것의 역할과 중요성에 대한 관심이 되살아났기 때문이다. 사회문화사의 중요한 주제인 '책의 역사'를 예로 들어 보자. 1960년대에는 퓌레(F. Furet)의 주도하에 18세기 책과 사회에 대한 연구를 수행했다. 이 연구는 모르네의 방식을 좀더 철저히 적용하여 책의 전파를 조사하려는 목적을 가진 것이었다. 그리하여 계몽 시대에 서적 출판물의 증가와 함께 분야별 증감을 통해 계몽주의의 보급과 관심의 변화를 추적할 수 있었다. 그러나 역사가들은 같은 책의 독자가 반드시 똑같은 방식으로 의미를 받아들이지 않는다는 사실에 주목하게 되었다. 책의 전파와 그것의 영향이 일치하지 않는다는 생각은 사회문화사에서 '신문화사'로 나아가는 길을 열어 주었다. 사실 과거의 사람을 사회학적 방식에 따라 분류하는 일은 편리하긴 해도, 그 사람은 같은 사회 범주에 속한 다른 사람과 똑같은 방식으로 생활하지 않는다는 점을 생각할 때, 그같은 분류 방식만 가지고 과거를 이해하기에는 부족함이 있다. 그러므로 우리는 수입에 따른 사회적 분화를 연구하고, 사회 집단간의 상호 관계를 이해하는 사회문화사의 부족함을 보완할 필요가 있다. 그리하여 '신문화사'를 추구하는 사람은 과거의 개인을 입구로 하여 그가 속한 사회를 연구하는 방법을 개발했다. 그러한 방법을 위해 훌륭한 자료를 제공하는 것이 많겠지만, 책과 독서 행태에 대한 역사야말로 지금 활발히 성과를 축적하는 분야라 하겠다. 책은 철학적 내용을 가진 상품이기 때문에 그 보급과 관련한 정치·경제·문화의 조건을 연구할 수 있는 대상이 된다. 그런데 책을 매개로 하여 생기는 인간 관계——살롱, 문학회, 아카데미, '문학 공화국'——에 관한 연구는 원래 계량적인 성격을 띤 것이었다. 그러나 오늘날 책을 읽는 방식에 관한 연구는 역사학의 새로운 지평을 열었다. 샤르티에(Chartier)의 말대로 독서는 '텍스트'의 전유(專有; appropriation)이기 때문이다. 로슈의 말로 '문화의 소비', 샤르티에의 말로 '문화의 전유'는 개인이 저마다 창조적으로 문화를 이용한다는 사실에 주목하려는 태도에서 나온 말이다. 그런데 이 역사가들이 사회사의 연구 성과라는 바탕이 없이 그저 개인이나 동질성을 가진 집단의 문화 소비를 주장했다면 얼마나 공허한 이야기로 끝났을까? 다행히 이들은 각자 사회문화사의 훌륭한 연구 업적을 가지고 있으며, 다른 역사가의 연구 업적을 함께 활용할 수 있기 때문에 이제 개인의 문화 소비에 눈을 돌릴 수 있게 되었다. 이렇게 볼 때 우리는 다음과 같이 정리할 수 있다. 오늘날 프랑스 사회사는 거듭 태어나는 가운데 더욱 풍부한 연구 성과를 내놓고 있다. '신문화사'를 추구하는 역사가도 사회사를 외면하지 않는다. 역사가는 자기가 다루는 사료의 성격에 따라 다양한 방법론을 적용하여 풍부한 해석을 끌어내야 하므로, 지금까지 축적된 사료 분석의 지식을 총동원할 필요가 있다. (예를 들어 지금 프랑스 혁명을 정치적 사건으로 보고 앙시앵 레짐의 정치 문화에 관심을 돌리고 있다. 이것은 사회사의 연구 성과를 바탕으로 하는 연구이기 때문에 더욱 설득력이 있다.) 그리하여 역사사회학이나 문화사회학의 지식을 바탕으로, 개인이 자기가 속한 사회와 맺는 관계에서 발생하는 행위의 의미를 파악하는 데까지 나아갈 수 있게 되었다. 장기 지속의 역사뿐만 아니라 짧은 시간의 경과를 보여 주는 사건이나 정치의 의미를 새로운 방식으로 해석하게 되었다. 그러므로 역사가의 세대 교체를 말하면서 세대간의 대화 단절을 암시하는 것은 별로 유익하지 못하다. 특히 어떤 역사가가 피카소처럼 자기 세계를 구축하는 과정에서 겪는 변화를 세대 교체로 이해하는 일도 유익하지 않다. 역사가는 사회의 일부이며, 사회와 함께 변하는 존재로서 자기 시대의 문제 의식과 지적 수준을 반영하기 때문이다. 로슈 같은 역사가는 자기가 다룰 수 있는 사료의 범위와 장단점을 잘 알고, 그것을 다루는 방법론을 다듬기 위해 부단히 노력한다. 구미 역사학계에 이같은 역사가가 어찌 로슈뿐일까? 물론 게으른 역사가가 존재하고 있음을 부정하고 싶지 않다. 오늘날에도 19세기식의 정치사나 문화사에 머물러, 굵직한 인물이나 사건의 대표성을 분석하지 않은 채 겉모양만 묘사하는 일로 만족하는 역사가가 있기에, 또한 신문화사의 발전에 밑거름이 된다는 의미에서 사회사의 성공이 더욱 눈부시지 않겠는가? 우리는 로슈의 아카데미 연구와 그 뒤의 업적을 이처럼 프랑스 사회사는 물론 신문화사 발전이라는 맥락에서 이해해야 마땅하다.

주명철
서강대학교에서 영문학사, 역사학 석사, 파리 1대학 박사
현재 목원대학교 사학과 교수
저서: 《바스티유의 금서》(문학과 지성사, 1990)
《지옥에 간 작가들》(소나무, 1998)
《파리의 치마밑》(소나무, 1998)
역서: 《프랑스인의 역사》(소나무, 1991)
《프랑스 혁명의 지적 기원》(민음사, 1993)
《옛 프랑스인의 부부 생활》(까치, 1994)

문예신서
176

# 지방의 계몽주의

초판발행 : 2002년 9월 30일

지은이 : 다니엘 로슈
옮긴이 : 주명철
펴낸이 : 辛成大
펴낸곳 : 東文選
제10-64호, 78. 12. 16 등록
110-300 서울 종로구 관훈동 74
전화 : 737-2795

편집설계 : 李妵昊 李惠允 韓仁淑

ISBN 89-8038-169-7 94920
ISBN 89-8038-000-3 (문예신서)

【東文選 現代新書】

| | | |
|---|---|---|
| 1 21세기를 위한 새로운 엘리트 | FORESEEN 연구소 / 김경현 | 7,000원 |
| 2 의지, 의무, 자유 — 주제별 논술 | L. 밀러 / 이대희 | 6,000원 |
| 3 사유의 패배 | A. 핑켈크로트 / 주태환 | 7,000원 |
| 4 문학이론 | J. 컬러 / 이은경 · 임옥희 | 7,000원 |
| 5 불교란 무엇인가 | D. 키언 / 고길환 | 6,000원 |
| 6 유대교란 무엇인가 | N. 솔로몬 / 최창모 | 6,000원 |
| 7 20세기 프랑스철학 | E. 매슈스 / 김종갑 | 8,000원 |
| 8 강의에 대한 강의 | P. 부르디외 / 현택수 | 6,000원 |
| 9 텔레비전에 대하여 | P. 부르디외 / 현택수 | 7,000원 |
| 10 고고학이란 무엇인가 | P. 반 / 박범수 | 근간 |
| 11 우리는 무엇을 아는가 | T. 나겔 / 오영미 | 5,000원 |
| 12 에쁘롱 — 니체의 문체들 | J. 데리다 / 김다은 | 7,000원 |
| 13 히스테리 사례분석 | S. 프로이트 / 태혜숙 | 7,000원 |
| 14 사랑의 지혜 | A. 핑켈크로트 / 권유현 | 6,000원 |
| 15 일반미학 | R. 카이유와 / 이경자 | 6,000원 |
| 16 본다는 것의 의미 | J. 버거 / 박범수 | 10,000원 |
| 17 일본영화사 | M. 테시에 / 최은미 | 7,000원 |
| 18 청소년을 위한 철학교실 | A. 자카르 / 장혜영 | 7,000원 |
| 19 미술사학 입문 | M. 포인턴 / 박범수 | 8,000원 |
| 20 클래식 | M. 비어드 · J. 헨더슨 / 박범수 | 6,000원 |
| 21 정치란 무엇인가 | K. 미노그 / 이정철 | 6,000원 |
| 22 이미지의 폭력 | O. 몽젱 / 이은민 | 8,000원 |
| 23 청소년을 위한 경제학교실 | J. C. 드루엥 / 조은미 | 6,000원 |
| 24 순진함의 유혹 〔메디시스賞 수상작〕 P. 브뤼크네르 / 김웅권 | | 9,000원 |
| 25 청소년을 위한 이야기 경제학 | A. 푸르상 / 이은민 | 8,000원 |
| 26 부르디외 사회학 입문 | P. 보네위츠 / 문경자 | 7,000원 |
| 27 돈은 하늘에서 떨어지지 않는다 | K. 아른트 / 유영미 | 6,000원 |
| 28 상상력의 세계사 | R. 보이아 / 김웅권 | 9,000원 |
| 29 지식을 교환하는 새로운 기술 | A. 벵토릴라 外 / 김혜경 | 6,000원 |
| 30 니체 읽기 | R. 비어즈워스 / 김웅권 | 6,000원 |
| 31 노동, 교환, 기술 — 주제별 논술 | B. 데코사 / 신은영 | 6,000원 |
| 32 미국만들기 | R. 로티 / 임옥희 | 근간 |
| 33 연극의 이해 | A. 쿠프리 / 장혜영 | 8,000원 |
| 34 라틴문학의 이해 | J. 가야르 / 김교신 | 8,000원 |
| 35 여성적 가치의 선택 | FORESEEN연구소 / 문신원 | 7,000원 |
| 36 동양과 서양 사이 | L. 이리가라이 / 이은민 | 7,000원 |
| 37 영화와 문학 | R. 리처드슨 / 이형식 | 8,000원 |
| 38 분류하기의 유혹 — 생각하기와 조직하기 G. 비뇨 / 임기대 | | 7,000원 |
| 39 사실주의 문학의 이해 | G. 라루 / 조성애 | 8,000원 |
| 40 윤리학 — 악에 대한 의식에 관하여 A. 바디우 / 이종영 | | 7,000원 |
| 41 흙과 재 〔소설〕 | A. 라히미 / 김주경 | 6,000원 |

| 37 오페라의 역사 | L. 오레이 / 류연희 | 절판 |
| 38 인도종교미술 | A. 무케르지 / 崔炳植 | 14,000원 |
| 39 힌두교의 그림언어 | 안넬리제 外 / 全在星 | 9,000원 |
| 40 중국고대사회 | 許進雄 / 洪 熹 | 22,000원 |
| 41 중국문화개론 | 李宗桂 / 李宰碩 | 15,000원 |
| 42 龍鳳文化源流 | 王大有 / 林東錫 | 25,000원 |
| 43 甲骨學通論 | 王宇信 / 李宰碩 | 근간 |
| 44 朝鮮巫俗考 | 李能和 / 李在崑 | 20,000원 |
| 45 미술과 페미니즘 | N. 부루드 外 / 扈承喜 | 9,000원 |
| 46 아프리카미술 | P. 윌레뜨 / 崔炳植 | 절판 |
| 47 美의 歷程 | 李澤厚 / 尹壽榮 | 22,000원 |
| 48 曼茶羅의 神들 | 立川武藏 / 金龜山 | 19,000원 |
| 49 朝鮮歲時記 | 洪錫謨 外/李錫浩 | 30,000원 |
| 50 하 상 | 蘇曉康 外 / 洪 熹 | 절판 |
| 51 武藝圖譜通志 實技解題 | 正 祖 / 沈雨晟 · 金光錫 | 15,000원 |
| 52 古文字學첫걸음 | 李學勤 / 河永三 | 14,000원 |
| 53 體育美學 | 胡小明 / 閔永淑 | 10,000원 |
| 54 아시아 美術의 再發見 | 崔炳植 | 9,000원 |
| 55 曆과 占의 科學 | 永田久 / 沈雨晟 | 8,000원 |
| 56 中國小學史 | 胡奇光 / 李宰碩 | 20,000원 |
| 57 中國甲骨學史 | 吳浩坤 外 / 梁東淑 | 35,000원 |
| 58 꿈의 철학 | 劉文英 / 河永三 | 22,000원 |
| 59 女神들의 인도 | 立川武藏 / 金龜山 | 19,000원 |
| 60 性의 역사 | J. L. 플랑드렝 / 편집부 | 18,000원 |
| 61 쉬르섹슈얼리티 | W. 챠드윅 / 편집부 | 10,000원 |
| 62 여성속담사전 | 宋在璇 | 18,000원 |
| 63 박재서희곡선 | 朴栽緒 | 10,000원 |
| 64 東北民族源流 | 孫進己 / 林東錫 | 13,000원 |
| 65 朝鮮巫俗의 研究(상 · 하) | 赤松智城 · 秋葉隆 / 沈雨晟 | 28,000원 |
| 66 中國文學 속의 孤獨感 | 斯波六郎 / 尹壽榮 | 8,000원 |
| 67 한국사회주의 연극운동사 | 李康列 | 8,000원 |
| 68 스포츠인류학 | K. 블랑챠드 外 / 박기동 外 | 12,000원 |
| 69 리조복식도감 | 리팔찬 | 절판 |
| 70 娼 婦 | A. 꼬르벵 / 李宗旼 | 22,000원 |
| 71 조선민요연구 | 高晶玉 | 30,000원 |
| 72 楚文化史 | 張正明 / 南宗鎭 | 26,000원 |
| 73 시간, 욕망, 그리고 공포 | A. 코르뱅 / 변기찬 | 18,000원 |
| 74 本國劍 | 金光錫 | 40,000원 |
| 75 노트와 반노트 | E. 이오네스코 / 박형섭 | 절판 |
| 76 朝鮮美術史研究 | 尹喜淳 | 7,000원 |
| 77 拳法要訣 | 金光錫 | 20,000원 |
| 78 艸衣選集 | 艸衣意恂 / 林鍾旭 | 14,000원 |

| 79 漢語音韻學講義 | 董少文 / 林東錫 | 10,000원 |
|---|---|---|
| 80 이오네스코 연극미학 | C. 위베르 / 박형섭 | 9,000원 |
| 81 중국문자훈고학사전 | 全廣鎭 편역 | 15,000원 |
| 82 상말속담사전 | 宋在璇 | 10,000원 |
| 83 書法論叢 | 沈尹默 / 郭魯鳳 | 8,000원 |
| 84 침실의 문화사 | P. 디비 / 편집부 | 9,000원 |
| 85 禮의 精神 | 柳 肅 / 洪 熹 | 20,000원 |
| 86 조선공예개관 | 日本民芸協會 편 / 沈雨晟 | 30,000원 |
| 87 性愛의 社會史 | J. 솔레 / 李宗旼 | 18,000원 |
| 88 러시아미술사 | A. I 조토프 / 이건수 | 16,000원 |
| 89 中國書藝論文選 | 郭魯鳳 選譯 | 25,000원 |
| 90 朝鮮美術史 | 關野貞 / 沈雨晟 | 근간 |
| 91 美術版 탄트라 | P. 로슨 / 편집부 | 8,000원 |
| 92 군달리니 | A. 무케르지 / 편집부 | 9,000원 |
| 93 카마수트라 | 바짜야나 / 鄭泰爀 | 10,000원 |
| 94 중국언어학총론 | J. 노먼 / 全廣鎭 | 18,000원 |
| 95 運氣學說 | 任應秋 / 李宰碩 | 8,000원 |
| 96 동물속담사전 | 宋在璇 | 20,000원 |
| 97 자본주의의 아비투스 | P. 부르디외 / 최종철 | 6,000원 |
| 98 宗敎學入門 | F. 막스 뮐러 / 金龜山 | 10,000원 |
| 99 변 화 | P. 바츨라빅크 外 / 박인철 | 10,000원 |
| 100 우리나라 민속놀이 | 沈雨晟 | 15,000원 |
| 101 歌訣(중국역대명언경구집) | 李宰碩 편역 | 20,000원 |
| 102 아니마와 아니무스 | A. 융 / 박해순 | 8,000원 |
| 103 나, 너, 우리 | L. 이리가라이 / 박정오 | 10,000원 |
| 104 베케트연극론 | M. 푸크레 / 박형섭 | 8,000원 |
| 105 포르노그래피 | A. 드워킨 / 유혜련 | 12,000원 |
| 106 셸 링 | M. 하이데거 / 최상욱 | 12,000원 |
| 107 프랑수아 비용 | 宋 勉 | 18,000원 |
| 108 중국서예 80제 | 郭魯鳳 편역 | 16,000원 |
| 109 性과 미디어 | W. B. 키 / 박해순 | 12,000원 |
| 110 中國正史朝鮮列國傳(전2권) | 金聲九 편역 | 120,000원 |
| 111 질병의 기원 | T. 매큐언 / 서 일·박종연 | 12,000원 |
| 112 과학과 젠더 | E. F. 켈러 / 민경숙·이현주 | 10,000원 |
| 113 물질문명·경제·자본주의 | F. 브로델 / 이문숙 外 | 절판 |
| 114 이탈리아인 태고의 지혜 | G. 비코 / 李源斗 | 8,000원 |
| 115 中國武俠史 | 陳 山 / 姜鳳求 | 18,000원 |
| 116 공포의 권력 | J. 크리스테바 / 서민원 | 23,000원 |
| 117 주색잡기속담사전 | 宋在璇 | 15,000원 |
| 118 죽음 앞에 선 인간(상·하) | P. 아리에스 / 劉仙子 | 각권 8,000원 |
| 119 철학에 대하여 | L. 알튀세르 / 서관모·백승욱 | 12,000원 |
| 120 다른 곳 | J. 데리다 / 김다은·이혜지 | 10,000원 |

| 121 | 문학비평방법론 | D. 베르제 外 / 민혜숙 | 12,000원 |
| 122 | 자기의 테크놀로지 | M. 푸코 / 이희원 | 16,000원 |
| 123 | 새로운 학문 | G. 비코 / 李源斗 | 22,000원 |
| 124 | 천재와 광기 | P. 브르노 / 김웅권 | 13,000원 |
| 125 | 중국은사문화 | 馬 華·陳正宏 / 강경범·천현경 | 12,000원 |
| 126 | 푸코와 페미니즘 | C. 라마자노글루 外 / 최 영 外 | 16,000원 |
| 127 | 역사주의 | P. 해밀턴 / 임옥희 | 12,000원 |
| 128 | 中國書藝美學 | 宋 民 / 郭魯鳳 | 16,000원 |
| 129 | 죽음의 역사 | P. 아리에스 / 이종민 | 18,000원 |
| 130 | 돈속담사전 | 宋在璇 편 | 15,000원 |
| 131 | 동양극장과 연극인들 | 김영무 | 15,000원 |
| 132 | 生育神과 性巫術 | 宋兆麟 / 洪 熹 | 20,000원 |
| 133 | 미학의 핵심 | M. M. 이턴 / 유호전 | 14,000원 |
| 134 | 전사와 농민 | J. 뒤비 / 최생열 | 18,000원 |
| 135 | 여성의 상태 | N. 에니크 / 서민원 | 22,000원 |
| 136 | 중세의 지식인들 | J. 르 고프 / 최애리 | 18,000원 |
| 137 | 구조주의의 역사(전4권) | F. 도스 / 이봉지 外 | 각권 13,000원 |
| 138 | 글쓰기의 문제해결전략 | L. 플라워 / 원진숙·황정현 | 20,000원 |
| 139 | 음식속담사전 | 宋在璇 편 | 16,000원 |
| 140 | 고전수필개론 | 權 瑚 | 16,000원 |
| 141 | 예술의 규칙 | P. 부르디외 / 하태환 | 23,000원 |
| 142 | "사회를 보호해야 한다" | M. 푸코 / 박정자 | 20,000원 |
| 143 | 페미니즘사전 | L. 터틀 / 호승희·유혜련 | 26,000원 |
| 144 | 여성심벌사전 | B. G. 워커 / 정소영 | 근간 |
| 145 | 모데르니테 모데르니테 | H. 메쇼닉 / 김다은 | 20,000원 |
| 146 | 눈물의 역사 | A. 벵상뷔포 / 이자경 | 18,000원 |
| 147 | 모더니티입문 | H. 르페브르 / 이종민 | 24,000원 |
| 148 | 재생산 | P. 부르디외 / 이상호 | 18,000원 |
| 149 | 종교철학의 핵심 | W. J. 웨인라이트 / 김희수 | 18,000원 |
| 150 | 기호와 몽상 | A. 시몽 / 박형섭 | 22,000원 |
| 151 | 융분석비평사전 | A. 새뮤얼 外 / 민혜숙 | 16,000원 |
| 152 | 운보 김기창 예술론연구 | 최병식 | 14,000원 |
| 153 | 시적 언어의 혁명 | J. 크리스테바 / 김인환 | 20,000원 |
| 154 | 예술의 위기 | Y. 미쇼 / 하태환 | 15,000원 |
| 155 | 프랑스사회사 | G. 뒤프 / 박 단 | 16,000원 |
| 156 | 중국문예심리학사 | 劉偉林 / 沈揆昊 | 30,000원 |
| 157 | 무지카 프라티카 | M. 캐넌 / 김혜중 | 25,000원 |
| 158 | 불교산책 | 鄭泰爀 | 20,000원 |
| 159 | 인간과 죽음 | E. 모랭 / 김명숙 | 23,000원 |
| 160 | 地中海(전5권) | F. 브로델 / 李宗旼 | 근간 |
| 161 | 漢語文字學史 | 黃德實·陳秉新 / 河永三 | 24,000원 |
| 162 | 글쓰기와 차이 | J. 데리다 / 남수인 | 28,000원 |

205 카프카의 고독　　　　　　　　M. 로베르 / 이창실　　　　　　　　　근간
206 문화 학습 — 실천적 입문서　　J. 자일즈 · T. 미들턴 / 장성희　　　　근간
207 호모 아카데미쿠스　　　　　　P. 부르디외 / 임기대　　　　　　　　근간
208 朝鮮槍棒教程　　　　　　　　金光錫　　　　　　　　　　　　　40,000원
209 자유의 순간　　　　　　　　　P. M. 코헨 / 최하영　　　　　　　　근간
210 밀교의 세계　　　　　　　　　鄭泰爀　　　　　　　　　　　　　　근간
211 토탈 스크린　　　　　　　　　J. 보드리야르 / 배영달　　　　　　19,000원

## 【기 타】

▨ 모드의 체계　　　　　　　　　R. 바르트 / 이화여대기호학연구소　18,000원
▨ 텍스트의 즐거움　　　　　　　R. 바르트 / 김희영　　　　　　　15,000원
▨ 라신에 관하여　　　　　　　　R. 바르트 / 남수인　　　　　　　10,000원
▨ 說 苑 (上·下)　　　　　　　　林東錫 譯註　　　　　　　　　각권 30,000원
▨ 晏子春秋　　　　　　　　　　林東錫 譯註　　　　　　　　　　30,000원
▨ 西京雜記　　　　　　　　　　林東錫 譯註　　　　　　　　　　20,000원
▨ 搜神記 (上·下)　　　　　　　林東錫 譯註　　　　　　　　　各권 30,000원
■ 경제적 공포〔메디시스賞 수상작〕V. 포레스테 / 김주경　　　　　7,000원
■ 古陶文字徵　　　　　　　　　高 明 · 葛英會　　　　　　　　20,000원
■ 古文字類編　　　　　　　　　高 明　　　　　　　　　　　　　절판
■ 金文編　　　　　　　　　　　容 庚　　　　　　　　　　　　36,000원
■ 고독하지 않은 홀로되기　　　　P. 들레름 · M. 들레름 / 박정오　　8,000원
■ 그리하여 어느날 사랑이여　　　이외수 편　　　　　　　　　　　6,500원
■ 딸에게 들려 주는 작은 지혜　　N. 레흐레이트너 / 양영란　　　　6,500원
■ 노력을 대신하는 것은 없다　　　R. 쉬이 / 유혜련　　　　　　　　5,000원
■ 미래를 원한다　　　　　　　　J. D. 로스네 / 문 선 · 김덕희　　8,500원
■ 사랑의 존재　　　　　　　　　한용운　　　　　　　　　　　　3,000원
■ 산이 높으면 마땅히 우러러볼 일이다　　　유 향 / 임동석　　　5,000원
■ 서기 1000년과 서기 2000년 그 두려움의 흔적들　 J. 뒤비 / 양영란　8,000원
■ 서비스는 유행을 타지 않는다　B. 바게트 / 정소영　　　　　　5,000원
■ 선종이야기　　　　　　　　　홍 희 편저　　　　　　　　　　8,000원
■ 섬으로 흐르는 역사　　　　　　김영희　　　　　　　　　　　10,000원
■ 세계사상　　　　　　　　창간호~3호: 각권 10,000원 / 4호: 14,000원
■ 십이속상도안집　　　　　　　편집부　　　　　　　　　　　　8,000원
■ 어린이 수묵화의 첫걸음(전6권)　趙 陽 / 편집부　　　　　　각권 5,000원
■ 오늘 다 못다한 말은　　　　　이외수 편　　　　　　　　　　7,000원
■ 오블라디 오블라다, 인생은 브래지어 위를 흐른다　무라카미 하루키 / 김난주　7,000원
■ 인생은 앞유리를 통해서 보라　B. 바게트 / 박해순　　　　　　5,000원
■ 잠수복과 나비　　　　　　　　J. D. 보비 / 양영란　　　　　　6,000원
■ 천연기념물이 된 바보　　　　최병식　　　　　　　　　　　　7,800원
■ 原本 武藝圖譜通志　　　　　　正祖 命撰　　　　　　　　　　60,000원
■ 隷字編　　　　　　　　　　　洪鈞陶　　　　　　　　　　　　40,000원
■ 테오의 여행 (전5권)　　　　　C. 클레망 / 양영란　　　　　各권 6,000원

東文選 文藝新書 73

# 시간, 욕망 그리고 공포

## 알랭 코르뱅 / 변기찬 옮김

　최근 역사학계에서는 '새로운 문화사,' 즉 문화를 통해 역사를 보는 일이 중요한 과제로 제기되고 있다. 문화는 특정한 사회나 시대의 제반 현상들과 상호 분리되어 독립적으로 존재할 수 없다. 더욱이 특정한 계급이나 집단에게만 온전히 귀속된 문화란 있을 수 없다. 문화란 하나의 계급에서 다른 계급으로, 하나의 집단에서 다른 집단으로 파급되는 것이 아니라 상호 공유하는 것이기 때문이다. 그러므로 문화를 통하여 역사를 본다는 의미는 "문화를 단순히 서술해야 할 대상으로 하나의 고립된 객체로 보는 것이 아니라, 그것을 통하여 사회의 거의 모든 단면을 여과시켜 부분을 잃지 않으면서도 전체를 바라볼 수 있는 총괄적인 상을 얻으려는" 것이다.

　알랭 코르뱅의 이 책 역시 이러한 '새로운 문화사' 적인 연구 결과의 한 부분을 차지하고 있다. 그의 다른 저서들에서와 마찬가지로 이 책에서 나타나는 주요한 특징은, 19세기 프랑스 사회에 많은 충격을 주었던 사건들이었으나 이후 신속하고 쉽게 잊혀진 사건들, 그렇기 때문에 역사가들의 관심을 끌지 못했던 사건들에 대한 기록을 찾아내어 그것들을 해석하고 새롭게 의미를 부여하는 데 있다. 그는 또한 욕망·폭력 혹은 공포 등을 통해 나타나는 집단심리를 서술하고자 시도한다. 이 집단심리는 특정 계급의 문화를 통해 표출되는 동시에 다른 계급의 문화와도 관계를 맺고 있다.

　이 책에서 알랭 코르뱅은 역사가의 관점으로 생물학적인 문제와 함께 성교(性交)로부터 비롯되는 위험을 어떻게 예방할 것인가를 다루고 있다. 그는 부수적으로 이주 노동자들에 대해 보여 주었던 후각적인 혐오감을 강조한다. 그는 생태학적인 관심이 역사 속에서 어떻게 반영되었는지를 개괄적으로 드러내 보여 주는 동시에, 산업의 발전으로 인한 공해 문제를 사람들이 어떻게 인식하고 있었는가를 분석한다.

東文選 文藝新書 87

# 性愛의 사회사

**자크 솔레** / 이종민 옮김

　교황 알렉산데르 6세의 방탕으로부터 왕공들의 난행까지, 귀족들의 난교로부터 빈민들의 치정까지. 세기적인 호색가 카사노바로부터 사드를 비롯한 대문호들과 예술가들의 性과 사랑. 신학의 가르침과 육체혐오, 에로티시즘의 숭배, 묵인된 매춘…… 등 결코 채워지지 않는 性에 대한 인간의 영원한 욕구를 적나라하게 파헤친 訣定版 性愛史!

　이 저작의 특징은 무엇보다도 총합적인 연구의 성과에 있다고 할 수 있다. 이 경우, 총합적이란 어휘는 다음과 같은 의미를 함축하고 있다.
　우선 이탈리아와 프랑스·스페인·독일·영국·네덜란드, 나아가 신대륙이나 식민지 등 포괄적인 의미에서 서구라고 부르는 전지역의 모든 계층을 대상으로 삼아 각 지역과 계층에서의 성애의 이념과 현실적인 차이점, 그리고 공통된 양상과 발전을 그려내고자 한 것이 첫번째 성과일 것이다. 아울러 성애라는 인간의 원초적 행위를 역사적이고 사회적인 모든 측면에서 고찰했다는 것이 이 연구에서의 두번째 성과일 것이다. 저자는 한 국가의 통치체제가 부르주아적인 질서 속에서 종교의 힘을 빌려 인간의 개인적인 성애를 얼마나 억압하고 있었는가를 탐색하는 한편으로, 그 같은 억압 속에서도 예를 들면 농민들 사이에서의 성애가 자유를 구가하고 있었다는 사실을 분명히 깨닫고 있었던 것이다. 이 연구서의 최종적 성과로서 저자는 마녀나 매춘에서부터 동성애와 나아가 문학이나 음악·미술 등에 표현된 환상에 이르기까지, 지금까지의 전통적인 역사학에서 거의 다루지 않았던 몇몇 분야를 포함하여 성의 억압이 초래한 갖가지 현상을 총체적으로 제시했다는 것이다. 이렇듯 방대한 작업이 가능할 수 있었던 것은, 성애의 다양한 개인적·사회적 제반 형태에 관한 연구와 각 지방이나 계층을 대상으로 한 수많은 모노그래프가 이미 나와 있었기 때문이다. 기존의 혹은 현재 진행중인 제반 연구의 총합성을 지향하는 이 책은, 그런 의미에서 한 시대의 연구 수준을 보여 주는 기념비적인 저작으로 간주될 수 있다.

東文選 文藝新書 123

# 새로운 학문

## 잠바티스타 비코

李源斗 옮김

독일의 위대한 작가 요한 볼프강 폰 괴테는 1787년 나폴리에서 비코의 열렬한 한 제자를 방문했을 때 《새로운 학문 제2판》을 받았다. 같은 해에 출판한 한 논문에서 괴테는 고인이 된 저자에 대해 "그의 지혜는 이제 이탈리아 법률 저술가들에 의해 끝없이 칭송되고 있다"고 말했다. 괴테는 자기에게 전달된 책을 '성스러운 물건'처럼 여기면서 "이 책이 미래에 우리가 얻게 되거나 얻어야 할 선과 정의라는 주제에 관한 예언적 통찰, 삶과 미래에 대한 맑은 사색에 기초한 통찰을 담고 있다"고 했다. 비코의 논증이 견실하다고 확신한 괴테는 인류의 진화를 연속적으로 상승하는 선이 아니라 나선으로 보아야 한다고 생각했다.

19세기 프랑스의 위대한 민족주의자이자 낭만주의 역사가인 쥘 미슐레는 비코를 자신의 '프로메테우스'로, 자신의 '지적 선구자'로 불렀다. 미슐레는 결국 섭리에 호소한다는 생각을 버렸지만 베르길리우스와 비코를 계속 典據로 인용했다. 프랑스의 실증주의 철학자 오귀스트 콩트는 자기가 인류 발전의 세 가지 상태 내지 시대의 법칙을 형성하는 데 영향을 준 사람이 비코라고 말했다. 카를 마르크스는 역사에 관한 경제적 해석을 전개하면서 스스로 인정한 것보다 훨씬 더 많은 것을 비코에게 힘입었다. 사실 둘 사이에는 일정한 의존 관계가 있었다. 그러나 두 사람은 종교에 관한 한 다른 관점을 가지고 있었다.

오늘날에는 많은 학자들이 비코를 인류학과 민속학의 선구자로 본다. 사실 최근 비코는 그 문체의 모호함에도 불구하고 점차 유럽 지성사에서 중요한 인물로 인정받고 있으며, 《새로운 학문》은 유럽 지성사의 한 이정표로 평가받고 있다.

東文選 文藝新書 134

# 전사와 농민

주르주 뒤비 / 최생열 옮김

## ★폴 발레리상 수상

　조르주 뒤비는 아날학파의 제2세대로서 마르크 블로크의 제자이다. 전후 프랑스 중세 사학을 선도한 인물로 연구 분야 전반에 걸쳐 학계에 지대한 영향을 끼쳤다.

　뒤비는 7세기를 전환점으로 하여 유럽 경제가 서서히 성장(농업 생산의 진전)하며, 12세기말에 이르러 비약(도시경제가 농촌경제를 압도)하는 것으로 파악하였다. 그는 중세초 제후의 선물, 교회의 장려함, 유력한 자의 묘지에 비장되었던 주화, 희생제의 등 여러 면에서 엿볼 수 있는 장식적 사치에 관심을 기울였다. 뒤비의 이같은 논지는 7,8세기부터 오히려 유럽 경제가 현저히 후퇴했다고 보는 종래의 유력한 견해와는 현저히 대비되고 있다. 또한 중세초를 순례나 기근, 전쟁과 약탈로 점철된 시대로만 보려는 일반인의 생각을 뒤엎는 것이라고 할 수 있다. 이를 증명함에 있어 그는 방대한 통계수치, 이론적 논의를 동원하거나 현대의 경제 모형을 당대에 적용하려는 일반 경제사가들의 연구방식을 취하고 있지 않다. 그는 중세초 유럽인의 경제활동을 당시 경제뿐만 아니라 그들의 심성·종교·생활방식·정치제도·전쟁 등과 관련하여 고려하였다. 저자는 최근의 고전학(古錢學)·화상학·수목학·기후학·고고학 등의 연구성과를 충분히 받아들이고 있다. 또한 인도·중국·러시아 및 여타 원시사회에 대한 인류학적 연구성과물을 이용하였다. 그는 이같은 방법론들에 부가하여 풍부한 역사학적 상상력을 동원하여 사료가 부족한 실정임에도 불구하고, 중세초 경제 성장의 양상을 실감나게 묘사하였다. 그리고 그 업적으로 폴 발레리상을 수상하였다. 평소 오케스트라를 지휘할 정도의 풍부한 감성과 상상력을 겸비했던 필자는, 탁월한 어휘 선택과 문장력으로 자신의 학문적 성과를 더욱 돋보이게 하였다.

東文選 文藝新書 155

# 프랑스 사회사

조르주 뒤프
박 단 + 신행선 옮김

　본서는 사회사의 진정한 원조로 평가받고 있는 라브루스계열 학자들의 연구를 종합한 사회사 개설서이다.

　뒤프는 이 책을 서술함에 있어 그의 스승의 연구 목적에 부합하게끔 기본 접근방식을 사회집단의 발전에 맞추었다. 더 구체적으로 이야기하자면, 본서는 하나의 '사회집단의 역사'이며, 동시에 '그들 관계의 변화'를 추적한 연구서이다. 시대가 흐름에 따라 특정 사회집단이 어떠한 변화를 겪었으며, 억압받던 집단은 어떤 방식으로 자신들의 입지를 향상시켰고, 지배집단은 어떻게 음지 속으로 내쫓겼는가? 이 책에서는 이러한 사회 변화를 설명하기 위하여 경제 변동의 국면들, 인구 구조의 변화, 기술 진보의 다양한 리듬·전쟁·집단 의식 등 다양한 내적·외적 요인을 제시, 설명하고 있다. 즉 이 책은 저자 자신이 밝히고 있듯이 "각 사회집단의 규모·구성·내부 구조·응집력의 강도를 알려는, 그리고 그 위에 그 집단의 일상양식·심리적 태도 등을 규정"하려는 연구서이다. 이와 같은 각 집단에 대한 연구에 이어 저자는 집단간의 관계를 추적한 것이다.

　결국 이 책에서 뒤프는 라브루스학파의 일원들이 개별적인 지역 연구 및 하나의 사회적 범주에 대하여 기울인 관심을 기초로 하여 그 개별 연구들을 충분히 이용, 종합하고 있다고 볼 수 있다. 물론 시기적인 이유로 70년대 이후의 연구 성과를 담지 못하고 있다는 한계를 염두에 두어야 할 것이지만, 그럼에도 불구하고 본서는 프랑스 혁명에서 1970년까지의 정치·경제·사회·문화를 아우르는 프랑스 사회에 대한 입문서로서, 더 나아가 하나의 뛰어난 프랑스 현대사 개설서로 독자들에게 소개될 수 있을 것이다.

東文選 文藝新書 70

# 창부娼婦

알렝 꼬르벵

李宗旼 옮김

가장 오래 된, 영한한 직업 매춘을 역사의 장으로 끌어들인 아날학파의 걸작.

돈으로 매매되는 성행위. 사회심리학적으로 보아도 매우 중요한 이 측면을 오늘날의 아카데믹한 역사학은 무시하고 있다. 그들이 침묵하며 말하지 않는 것은 단지 금기이기 때문일까. 그들의 침묵은 요컨대 매춘이라는 현상을 비역사적으로 보고 있는데서 나온 것이다. 그러나 매춘이 〈세상에서 가장 오래 된 직업〉이라는 점만은 결코 역사에서 벗어날 수 없는 것이다. 지금까지 사회심리학자들의 손에서 버림받은 19세기의 성과학사는 도덕적인 문제나 출산장려, 성병, 혹은 우생학의 차원에서 탈피하여 욕망과 쾌락과 굶주린 성의 역사가 되어야 한다.

투철한 의식의 역사학자로서 알렝 꼬르벵은 이 책속에 새로운 테마와 독창적인 방법으로 19세기의 프랑스 매춘사를 쏟아부었다. 그는 19세기 프랑스 사회에 있어서 욕망과 쾌락, 그리고 채워지지 않는 성의 역사를 기술할 목적으로 성에 얽힌 행동들을 추구하고 부부의 침실을 비롯해서 공인창가와 비밀창가의 내부에 이르기까지 분석의 메스를 가했다. 따라서 학술적인 이 연구서는 매춘에 관한 언설을 통하여 현시대로 계승되고 있는 19세기의 사회적 고민과 욕구불만을 냉철하게 해독하는 역작이다.

딱딱한 학술서적의 성격을 띠고 있는 이 책에서, 그러나 우리는 매춘의 주체로서 매춘부들에 대한 신랄한 비판보다는 오히려 그들에 대한 저자의 따뜻한 눈길을 포착할 수 있다.

東文選 文藝新書 136

# 중세의 지식인들

**자크 르 고프** / 최애리 옮김

　중세의 문사(文士)는 성직자가 되기 위한 교육을 받기는 했으나 수사와는 구별되어야 할 인물이다. 서양 중세의 도시라는 일터에, 여러 가지 직업인들 가운데 한 직업인으로 등장한 그들은 '지식인'의 독창적인 계보를 이룬다. '지식인'이라는 이 현대적인 말은 그를 생각하고 가르치는 것을 생업으로 삼은 자로 정의함으로써, 그의 본령을 확실히 드러내 준다.

　그러나 저자는 중세의 '지식인'을 단순히 '교육받는 자'가 아니라 '노동의 분화가 이루어지는 도시에 정착하는 직업인들 중 하나'로, 글을 쓰거나 가르치는 것을 직업으로 삼아 '일하는 자'로 정의한다. 즉 수도원이나 성당 부설학교에서 교육을 받기는 했으되, 성직으로 나아가지 않고 학문 그 자체를 생업으로 추구하는 집단이 등장했다는 말이다. 물론 개중에는 성직이나 관직에 오르는 이들도 적지않았고, 또 중세말로 갈수록 그러한 경향이 짙어진다는 것도 본서의 주요한 논지들 가운데 하나이지만, 어떻든 저자가 애초에 '지식인'으로 정의하는 집단은, 말하자면 유식무산(有識無產)——농민계급 혹은 군소 기사계급 출신이라도 장자로 태어나 가문의 '명예'를 잇지 못하고 성직에도 돌려지는 작은아들들은 무산자였으니까——의 지적 노동자들이다. 그리하여 중세에는 철학자·성직자·교사 등으로 지칭되던 막연한 집단이 '지식인'이라는 이름으로 비로소 그 모습을 드러내게 된다.

　자크 르 고프의 이 저서는, 말하자면 '서양 지식인에 관한 역사사회학 입문'에 해당한다. 그러나 그것은 또한 다양하고 개별적인 세부들에도 조명하여, 수세기에 걸친 군상들을 파노라마처럼 그려내고 있다. 일찍이 1957년에 발표된 이래 수많은 연구들에 영감을 제공해 온 이 저서는, 서양 중세사는 물론이고 지식인 연구의 고전으로 꼽힌다.

東文選 文藝新書 115

# 성의 歷史

**장 루이 플랑드렝**

편집부 옮김

아날학파의 유럽 性에 대한 기념비적인 논고.

대부분 인간의 행동양식은 어떤 문화의 틀 속에서 만들어져야 한다는 의미에서, 자연인은 결코 존재하지 않는다. 그런데 모든 문화란 시간의 흐름 속에서 조금씩 완성되어 온 것으로, 과거에 존재했던 갖가지 체계, 과거에 받았던 정신적 상처가 깊이 아로 새겨져 있다. 문학·도덕·법률·언어·과학·기술·예능, 요컨데 우리들의 문화를 구성하는 모든 것을 사이에 두고, 우리들은 태어나면서부터 자신도 모르는 사이에 과거에 의해 계속 침략당하고 있는 것이다. 우리들에게는 이 유산 수취를 거부할 자유가 없다. 특히 性에 관한 한 우리들 과거로부터의 해방을 철저히 방해받고 있다.

몇 세기 전부터 사랑은 시인·소설가, 혹은 독자들이 원하는 주제가 되어 왔다. 이런 점은 예를 들어 16세기부터 20세기 사이에 이렇다할 변화가 없다. 그러나 이 5백 년 동안 사랑으로 불리어 온 것이 모두 같은 감정이었을까? 사랑의 자극원인·대상은 항상 같은 것이었을까? 또한 사랑의 행동은? 본서에 정리되어 있는 몇 편의 논고도 연애·결혼·부부의 성교·친자관계·독신자의 성생활에 관한 것이다. 시간의 축을 잃어버린 지식이 우리들에게 주어진 이미지를 변화시키는 작업에 참가할 수 있게 되기를 저자는 내심 기대한다.

東文選 文藝新書 173

# 세계의 비참 (전3권)

**피에르 부르디외 外**

김주경 옮김

사회적 불행의 형태에 대한 사회학적 투시——피에르 부르디외와 22명의 사회학자들의 3년 작업. 사회적 조건의 불행, 사회적 위치의 불행, 그리고 개인적 고통에 대한 그들의 성찰적 지식 공개.

우리의 삶 한편에는 국민들의 일상적인 삶에 대해 무지한 정치 책임자들이 있고, 그 다른 한편에는 힘겹고 버거운 삶에 지쳐서 하고 싶은 말조차 할 수 없는 사람들이 있다. 이들을 바라보면서 어떤 사람들은 여론에 눈을 고정시키기도 하고, 또 어떤 사람들은 그들의 불행에 대해 항의를 표하기도 한다. 물론 이들이 항의를 할 수 있는 것은 자신들이 그 불행에서 벗어나 있기에 가능한 것이다.

여기 한 팀의 사회학자들이 피에르 부르디외의 지휘 아래 3년에 걸쳐서 몰두한 작업이 있다. 그들은 대규모 공영주택 단지·학교·사회복지회 직원, 노동자, 하층 무산계급, 사무직원, 농부, 그리고 가정이라는 세계 속에 비참한 사회적 산물이 어떠한 현대적인 형태를 띠고 나타나는지를 이해하고자 했다. 그들이 본 각각의 세계에는 저마다 고유한 갈등 구조들이 형성되어 있었고, 그 안에서 발생하는 고통을 직접 몸으로 체험한 자들만이 말할 수 있는 진실들이 있었다.

이 책은 버려진 채 병원에 누워 있는 전직 사회복지 가정방문원이라든가, 노동자 계층의 고아 출신인 금속기계공, 정당한 권리를 찾지 못하고 떠돌아다닐 수밖에 없는 집 없는 사람들, 도시 폭력의 희생자가 된 고등학교 교장과 교사들, 빈민 교외 지역의 하급 경찰관, 그리고 이들과 함께 살아가는 수많은 사람들의 만성적이면서도 새로운 삶의 고통을 이야기한다.